Controlling

SCHÄFFER
POESCHEL

Rolf Eschenbach (Hrsg.)

CONTROLLING

Schriftleitung:
Werner Hoffmann, Hermann Kunesch

1995
Schäffer-Poeschel Verlag Stuttgart

O. Univ.-Prof. Dipl.-Ing. Dr. Rolf Eschenbach
ist Direktor am Institut für Unternehmensführung der Wirtschaftsuniversität Wien.

Mag. Dr. Werner Hoffmann und Mag. Dr. Hermann Kunesch
sind Wissenschaftliche Mitarbeiter am Institut für Unternehmensführung
der Wirtschaftsuniversität Wien.

Die Deutsche Bibliothek – CIP-Einheitsaufnahme

Controlling / Rolf Eschenbach (Hrsg.) – Stuttgart : Schäffer-Poeschel, 1994
ISBN 3-7910-0801-3
NE: Eschenbach, Rolf [Hrsg.]

Gedruckt auf säure- und chlorfreiem, alterungsbeständigem Papier

ISBN 3-7910-0801-3

Einbandgestaltung: Willy Löffelhardt
Druck und Bindung: Franz Spiegel Buch GmbH, Ulm
Printed in Germany

Schäffer-Poeschel Verlag Stuttgart
Ein Tochterunternehmen der Verlagsgruppe Handelsblatt
und der Spektrum Fachverlage GmbH

Vorwort

Das Institut für Unternehmensführung der Wirtschaftsuniversität Wien und das Österreichische Controller-Institut forschen und lehren seit 20 Jahren auf dem Gebiet des Controlling. In dieser Zeit haben sich in Europa Ziele und Aufgaben des Controlling rasch entwickelt, und es ist eine Vielzahl an Lehrbüchern und Praktikerleitfäden erschienen. Dennoch fehlte eine geschlossene und systematische Zusammenführung wissenschaftlich fundierter konzeptioneller Grundlagen mit praktischem Anwender-Know-how. Ein Team von 30 Autoren aus Wissenschaft und Praxis hat diese Lücke geschlossen - als Resultat liegt dieses Buch vor:

Controlling als managementergänzendes System.

Alle Autoren fühlen sich durch dieselbe Controlling-Philosophie verbunden und stehen in einem Naheverhältnis zum Institut für Unternehmensführung der Wirtschaftsuniversität Wien, zum Österreichischen Controller-Institut und zur Contrast Consulting Wien. Die einzelnen Kapitel wurden durch Autorenteams verfaßt, in denen jeweils ein Wissenschaftler und ein Praktiker zusammenarbeiteten Auf diese Weise entstand ein Gesamtwerk, nicht ein Sammelband, das sich als umfassende und praxisorientierte Einführung in das strategische und operative Controlling versteht.

Das Buch richtet sich an Studenten und Praktiker. Die Autoren haben sich um einfache Sprache bemüht und weisen immer wieder auf Anwendungsbeispiele aus dem Alltag der Controller und Manager hin. Besonderes Augenmerk wird auf Aufgaben und Verantwortung des Controllers gelegt, weil darüber in Literatur und Praxis noch manche Unklarheit herrscht.

Dieses Buch ist ein Beispiel für fruchtbare Teamarbeit von Spezialisten. Einer allein hätte die ganze Breite und Tiefe der Themen nicht abdecken können. Ich danke allen Autoren für die kollegiale Zusammenarbeit – ein schönes Beispiel für Controllerkultur. Damit ein studentenfreundlicher Buchpreis zustande kommen konnte, haben alle Autoren auf Honorar verzichtet. Die Mühe der Koordination bei Inhalten und Terminen haben die Schriftleiter Dr. Hermann Kunesch und Dr. Werner Hoffmann übernommen. Dr. Christa Hanten besorgte das Lektorat, Dipl.-math.oec. Stefan Güldenberg kümmerte sich um das Literaturverzeichnis, Helene Sereinig und Karin Exner waren verantwortlich für das Layout. Der Verlag hat uns vorbildlich unterstützt. Ich danke allen für die erfreuliche Zusammenarbeit, ohne die wir unser Ziel nicht erreicht hätten.

Wien, im August 1994 Rolf Eschenbach

Inhaltsübersicht

TEIL 1: Konzeptionelle Grundlagen

TEIL 2: Aufgabenfelder und Instrumente

TEIL 3: Aufbau und Gestaltung

Inhaltsverzeichnis

TEIL 1: Konzeptionelle Grundlagen

TEIL 2: Aufgabenfelder und Instrumente

TEIL 3: Aufbau und Gestaltung

TEIL 4: Ausblick

Autoren

Mag. Dr. Christian Böhm

Studium an der Wirtschaftsuniversität Wien. Von 1985 bis 1992 in der Simmering Graz Pauker AG, zunächst im Bereich Controlling, später als Bereichsleiter Unternehmensplanung und Bereichsleiter Wassertechnik tätig. Seit 1992 kaufmännischer Leiter der Warimpex Gruppe. Vortragender des Österreichischen Controller-Instituts, Lehrbeauftragter an der Wirtschaftsuniversität Wien.

Mag. Peter De Martin

Studium an der Wirtschaftsuniversität Wien. Seit 1991 in der EA Generali AG zunächst im Bereich Systemanalyse, seit 1993 im Bereich Konzernrechnungswesen für Controllinginformationssysteme zuständig.

Dr. Robert Denk

Studium an der Wirtschaftsuniversität Wien, 1972 bis 1981 Universitätsassistent am Institut für Betriebswirtschaftslehre der Industrie der Wirtschaftsuniversität Wien. Seit 1981 in der ÖMV AG in der Abteilung Konzernkontrolle und als Leiter der Abteilung Operatives Controlling tätig. Derzeit Leiter der direkt dem Finanzvorstand unterstellten Abteilung Gruppencontrolling. Vortragender des Österreichischen Controller-Instituts.

Dr. Günter Eichhübl

Studium der Rechtswissenschaften an der Universität Wien. Nach Tätigkeiten in der Wirtschaftsprüfung der Allgemeinen Treuhand GmbH und im Rechnungswesen der General Motors Austria GmbH derzeit Leiter des Holding-Controlling der Asea Brown Boveri AG, Wien.

o. Univ. Prof. Dipl.-Ing. Dr. Rolf Eschenbach

Studium und betriebswirtschaftliche Habilitation an der Technischen Universität München. 15 Jahre Industriepraxis, zuletzt als Vorstandsmitglied der Dortmunder Hansa-Brauerei AG und der Deutschen Brau AG, Hamburg. Seit 1975 Ordinarius an der Wirtschaftsuniversität Wien, Gründer und Geschäftsführer des Österreichischen Controller-Instituts und der Contrast Consulting Wien.

Dipl.-Kfm. DDr. Alfred Friedinger

Studium der Betriebswirtschaftslehre und der Rechtswissenschaften an der Universität Linz. 1975 bis 1989 Internal Auditor und Controller in der VOEST-Alpine-Gruppe, Linz. Seit 1989 Leitender Controller in der Elin Energieversorgung GesmbH, Wien. Vortragender des Österreichischen Controller-Instituts.

Mag. Wilhelm Großeibl

Studium an der Wirtschaftsuniversität Wien. Als Controller zwei Jahre bei der DIE ERSTE UND CONSTANTIA Beteiligungsfonds AG und weitere zwei Jahre als Kundenbetreuer bei der Österreichischen Investkredit AG tätig. Seit September 1991 im Wienerberger-Konzern tätig, derzeit als Finanz- und Controllingmanager in die Pipelife-Gruppe (Pipelife International Holding GmbH) entsandt.. Vortragender des Österreichischen Controller-Instituts.

Mag. Dr. Werner Hoffmann

Studium an der Wirtschaftsuniversität Wien, seit 1988 Geschäftsführer des Österreichischen Controller-Instituts, Geschäftsführer der Contrast Consulting Wien. Lehrbeauftragter der Wirtschaftsuniversität Wien.

Mag. Dr. Christian Horak

Studium an der Wirtschaftsuniversität Wien, von 1987 bis 1994 Assistent am Institut für Unternehmensführung der Wirtschaftsuniversität Wien. Berater der Contrast Consulting Wien und Vortragender des Österreichischen Controller-Instituts. Lehrbeauftragter der Wirtschaftsuniversität Wien und der Universität Wien.

Dr. Wolfgang Klien lic. oec. HSG

Studium an der Hochschule St. Gallen und an der Wirtschaftsuniversität Wien. Von 1990 bis 1991 Universitätsassistent am Institut für Unternehmensführung (Ordinariat Prof. Eschenbach). 1990 bis 1993 Lehrbeauftragter an der Wirtschaftsuniversität Wien. Zahlreiche Forschungsaufenthalte im Ausland. Referent des Österreichischen Controller-Instituts. Seit 1994 Projektleiter und Dozent am MZSG Management Zentrum St. Gallen.

Dkfm. Dr. Franz-Gerhard Kolarik

Studium an der Hochschule für Welthandel, Hochschulassistent am Institut für Revisions- und Treuhandwesen von 1964 bis 1969. Von 1969 bis 1973 Leiter des Rechnungswesens der Firma Wertheim AG. Seit 1973 Leiter des Rechnungswesens, seit 1981 Leiter des Bereichs Controlling und Information der Creditanstalt-Bankverein.

Mag. Christian Kreuzer

Studium an der Wirtschaftsuniversität Wien, seit 1989 Universitätsassistent am Institut für Unternehmensführung der Wirtschaftsuniversität Wien. Vortragender des Österreichischen Controller-Instituts, Berater der Contrast Consulting Wien. Lehrbeauftragter der Wirtschaftsuniversität Wien und der Universität Kiew.

Mag. Dr. Hermann Kunesch

Studium an der Wirtschaftsuniversität Wien, seit 1988 Assistent am Institut für Unternehmensführung der Wirtschaftsuniversität Wien. Berater der Contrast Consulting Wien und Vortragender des Österreichischen Controller-Instituts. Lehrbeauftragter der Wissenschaftlichen Landesakademie für Niederösterreich und der Universität für Bodenkultur, Wien und Lehrbeauftragter der Wirtschaftsuniversität Wien. Im Wintersemester 1994/95 Gastprofessor an der Universität Dortmund.

Mag. Dr. Christof Müller

Studium an der Wirtschaftsuniversität Wien, seit 1991 Österreichisches Controller-Institut. Leiter Kongreßmanagement, Berater der Contrast Consulting Wien, Lehrbeauftragter der Wirtschaftsuniversität Wien.

Mag. Jürgen Müller, MBA

Studium an der Wirtschaftsuniversität Wien, MBA-Post Graduate Study an der Management School der Universität Lancaster, U.K. 1989 und 1990 Berater der Unternehmensberatung trust consult. Seit 1990 Berater der Contrast Consulting Wien im Bereich Informationstechnologie. Lehrbeauftragter der Wirtschaftsuniversität Wien.

Mag. Falko Müller-Tyl

Studium an der Wirtschaftsuniversität Wien, 1992 bis 1994 Universitätsassistent am Institut für Unternehmensführung der Wirtschaftsuniversität Wien. Geschäftsführer der VCH GmbH, Vortragender des Österreichischen Controller-Institutes und Berater der Contrast Consulting Wien. Lehrbeauftragter der Wirtschaftsuniversität Wien.

MMag. Katharina Neumann

Studium der Rechtswissenschaften an der Universität Wien und der Handelswissenschaften an der Wirtschaftsuniversität Wien, seit 1993 Universitätsassistentin am Institut für Unternehmensführung der Wirtschaftsuniversität Wien. Lehrbeauftragte der Wirtschaftsuniversität Wien.

Mag. Dr. Rita Niedermayr

Studium an der Wirtschaftsuniversität Wien, seit 1990 Geschäftsführerin des Österreichischen Controller-Instituts. Prokuristin der Contrust Consulting Wien.

Prof. Dr. Linda Pelzmann

Studium der Psychologie an der Universität Graz. 1974 bis 1983 Universitätsassistentin an der Universität Graz. Seit 1987 bzw. 1989 Lehrtätigkeit an den Universitäten Wien und Innsbruck. Seit 1992 Gastprofessorin für Wirtschaftspsychologie an der Wirtschaftsuniversität Wien. Gastprofessuren an der Kardelj Universität Ljubljana und der Bulgarischen Akademie der Wissenschaften in Sofia. Vortragende des Österreichischen Controller-Instituts.

Mag. Dr. Günter Rattay

Studium an der Wirtschaftsuniversität Wien. Von 1990 bis 1993 Vorstandsmitglied von INTERNET, dem Dachverband der europäischen Projektmanagement-Gesellschaften. Seit 1988 selbständiger Trainer und Berater, Eigentümer der Primas Consulting, Vorstandsmitglied im Projekt & Management Center an der Technischen Universität Wien.

o. Univ. Prof. Dr. Johann Risak

Studium und Hochschulassistent an der Hochschule für Welthandel, Wien. Besuch diverser Executive Education Programme an der Harvard Universität. Von 1969 bis 1990 in der ÖMV tätig, zuletzt als Leiter der Planung und Kontrolle. Seit 1990 Vorsitzender des Vorstands der Chemie-Holding AG, nunmehr Chemie Linz GmbH und Agrolinz Melamin GmbH. Lehrtätigkeit an der Wirtschaftsuniversität Wien und an der Universität Linz.

Dipl.-Kfm. Peter Stahl

Studium der Wirtschaftswissenschaften. Mehrjährige Tätigkeit in der Marktforschung und in einer Marketing-Agentur. Fünf Jahre in der Zentralverwaltung der Oetker Gruppe in Marketing und Controlling und Strategischem Controlling tätig. Seit 1979 Geschäftsführer der DEGEMA, der Deutschen Gesellschaft für Strategische Unternehmensführung, Frankfurt am Main, seit 1994 selbständiger Strategie-Moderator. Vortragender des Österreichischen Controller-Instituts.

Dipl.-Bw. Walter Steidl

Studium der Betriebswirtschaftslehre an der Fachhochschule Nürnberg. Seit 1972 in der EA Generali, München tätig. Seit 1987 Leiter des Konzernrechnungswesens und Controlling der EA Generali, Wien und seit 1992 Finanzvorstand in diversen Tochtergesellschaften des Konzerns.

Mag. Herbert Synek

Studium an der Wirtschaftsuniversität Wien, zwischen 1977 und 1987 als Techniker im Großanlagenbau tätig, von 1987 bis 1989 Universitätsassistent am Institut für Organisation und Materialwirtschaft der Wirtschaftsuniversität Wien. Seit 1989 in der Flughafen Wien AG tätig, derzeit als Leiter Strategie, Konzernwesen und Organisation. Lehrbeauftragter der Wirtschaftsuniversität Wien.

Prof. Dr. Georg Turnheim

Studium Maschinenbau (Spezialrichtung Flugzeugbau) in Wien und Dresden und Landwirtschaft mit Promotion zum Doktor agrar. Haupttätigkeit in der Forschung und Entwicklung, vorwiegend in Unternehmen der Branchen Klima- und Kältetechnik, Landwirtschaft, Freizeitindustrie und Aluminiumindustrie. Seit 1980 auf dem Gebiet der Strategie tätig, zuletzt Leiter des Strategiebereichs in den Unternehmen Austria Metall AG, Steyr Daimler Puch AG, ÖIAG bzw. Austrian Industries AG. Seit 1990 Leiter, seit 1993 auch Gesellschafter der Management-Consulting-Firma AIC.

Mag. Martin Unger

Studium an der Wirtschaftsuniversität Wien, seit 1991 Berater der Contrast Consulting Wien.

Mag. Gerhard Unterganschnigg, MBA

Studium an der Wirtschaftsuniversität Wien, MBA-Post Graduate Study an der Management School der Universität Lancaster, U. K. Seit 1991 Berater der Contrast Consulting Wien.

Mag. Alexander Weger

Studium an der Wirtschaftsuniversität Wien, seit 1992 Universitätsassistent am Institut für Unternehmensführung der Wirtschaftsuniversität Wien. Vortragender des Österreichischen Controller-Instituts, Berater der Contrast Consulting Wien. Lehrbeauftragter der Wirtschaftsuniversität Wien.

Mag. Harald Wimmer

Studium an der Wirtschaftsuniversität Wien. Seit 1991 in der EA Generali AG im Bereich Konzernrechnungswesen für den Aufbau und die Umsetzung von Controlling zuständig.

Mag. Dr. Karlheinz Zügner

Studium an der Wirtschaftsuniversität Wien, Post Graduate-Ausbildung am Institut für höhere Studien, Wien. Von 1980 bis 1984 Universitätsassistent am Institut für Unternehmensführung der Wirtschaftsuniversität Wien, seither Lehrbeauftragter an der Wirtschaftsuniversität Wien. Seit 1984 in der DIE ERSTE & CONSTANTIA Beteiligungsfonds AG, Wien und in der ECO Unternehmensbeteiligungs-Aktiengesellschaft, Wien in den Bereichen Beteiligungs-Controlling, Rechnungswesen, Finanzierung und Fondsemission tätig. Vortragender des Österreichischen Controller-Instituts.

Teil I:

Konzeptionelle Grundlagen

1 Führungsergänzung durch Controlling

Werner Hoffmann, Rita Niedermayr, Johann Risak

Ausgehend von einer systemtheoretischen Aufarbeitung des Begriffs Unternehmensführung werden die aktuellen Anforderungen an die Gestaltung und Lenkung von Unternehmen herausgearbeitet und die wichtigsten Management-Ansätze zu ihrer Bewältigung dargestellt.

Ziel der Unternehmensführung ist das vitale Unternehmen, das zum innengeleiteteten, außenorientierten Wandel fähig ist. Voraussetzungen dafür sind Anpassungsfähigkeit und Fortschrittsfähigkeit. Zur Erfüllung dieser Führungsaufgabe brauchen Manager eine umfassende integrierte Führungsergänzung – Controlling.

1.1 Unternehmensführung als System

Das Bild vom Unternehmen wird heute in Theorie und Praxis vom Systemgedanken geprägt. Unter einem System versteht man eine Menge von Elementen, zwischen denen Beziehungen bestehen. Der Systembegriff eignet sich hervorragend dazu, einen komplexen Betrachtungsgegenstand (das Unternehmen) in seine einzelnen Bestandteile (Subsysteme) zu gliedern und die Beziehungen zwischen diesen Elementen zu zeigen. Das System Unternehmen steht in vielfältigen Beziehungen mit anderen Systemen (Wettbewerbern, Kunden, Staat, Lieferanten, Medien etc.). Die Gesamtheit aller um das Unternehmen herum operierenden Systeme wird als unternehmerisches Umfeld bezeichnet.

Das Umfeld beeinflußt Aktionen und Reaktionen jedes Unternehmens. Wer wissen will, wie ein Unternehmen funktioniert, muß wissen, wie das unternehmerische Umfeld funktioniert und wie sich Umfeld und Unternehmen gegenseitig beeinflussen.

Stellt man die These auf, daß die Unternehmensführung durch Controlling verbessert wird, muß eine Vorstellung über das System Unternehmen und seine Ziele existieren, bevor die Systembestandteile des Controlling konkretisiert werden können. Dabei hilft dieser kurze Abriß über die systemtheoretische Sicht des Unternehmens und des Subsystems "Unternehmensführung", dessen grundsätzliche Aussagen zur Unternehmensführung sowie zu aktuellen Anforderungen an die Gestaltung und Führung von Unternehmen in der Wirtschaftspraxis die Grundlage für die Ableitung des Controllingbedarfs, der Anforderungen an zeitgemäßes Controlling und der Hauptfunktionen des Controlling bilden.

1.1.1 Das System Unternehmen

Ulrich* machte den Systemansatz erstmals umfassend für die deutschsprachige Betriebswirtschaftslehre nutzbar. Er faßt Unternehmen als "produktive soziale Systeme" auf, "als von Menschen geschaffene reale Gebilde, welche u.a. aus Menschen bestehen und den Zweck verfolgen, irgendwelche Leistungen für die menschliche Gesellschaft bereitzustellen." (Ulrich [Unternehmung], S. 134)

Das System Unternehmen kann durch folgende Eigenschaften charakterisiert werden:

- Ein Unternehmen ist ein **sozio-technisches** System. Die Elemente des Unternehmens sind Menschen und Sachmittel, das Zusammenwirken der einzelnen Elemente ist zweckorientiert (im Sinne der betrieblichen Leistungserstellung).
- Zwischen den Elementen bestehen **Beziehungen** in Form von Kommunikations- und Leistungsstrukturen. Das Unternehmen ist aber nicht nur ein Ergebnis bewußter Gestaltungsprozesse, sondern hat sich auch ungewollt und informal gebildet.
- Ein Unternehmen ist ein **offenes und komplexes** System, da es mit dem Umfeld durch ein Netz von Transaktionen ständig in Beziehung steht und durch Kontextfaktoren beeinflußt wird. Die Offenheit schafft Abhängigkeit vom Umfeld und beschränkt damit die Handlungsautonomie des Systems.
- Ein Unternehmen ist ein **dynamisches** und **probabilistisches** (an Wahrscheinlichkeiten ausgerichtetes) System, das aufgrund laufender unternehmensexterner und unternehmensinterner Zustandsänderungen flexibel sein muß.
- Als **zielgerichtetes** und **zielsuchendes** System verfolgt ein Unternehmen Ziele, die einem sich ändernden Umfeld situationsgerecht angepaßt und neu definiert werden müssen. Nach Malik** liegt der Sinn eines Unternehmens in seiner Zwecksetzung, die durch außerhalb liegende Kriterien beurteilt wird. "Die gesellschaftliche Relevanz, die Fähigkeit, dauerhaft bestimmte gesellschaftlich nützliche Leistungen zu erbringen, ist (...) 90 % des Sinns, den eine Unternehmung haben kann." (Malik [Strategie], S. 495)
- Als **wirtschaftlich selbsttragendes** System muß das Unternehmen zur Erhaltung seiner Existenz und zur Erfüllung seiner Funktionen ertragbringend, zumindest aber kostendeckend wirtschaften.
- Das **multifunktionale System** erfüllt als "pluralistische Wertschöpfungseinheit" Funktionen für verschiedene Anspruchsgruppen (Stakeholder): Kapitalgeber, Mitarbeiter, Umfeldgeber.
- Alle Veränderungsprozesse als Reaktion auf externe und interne Einflüsse sind für das **lebendige** soziale System gleichzeitig Lernprozesse.

---

*) Hans Ulrich (*1919) bis 1985 Professor an der Hochschule St. Gallen. Begründer des St. Galler Managementansatzes durch die Transformation des systemtheoretischen Gedankenguts in die Betriebswirtschaftslehre.

**) Fredmund Malik (*1944) Leiter des Managementzentrums St. Gallen (MZSG). Entwickelte aufbauend auf den Arbeiten Ulrichs einen systemisch evolutionären Managementansatz. Dabei greift er auf Analogien zur Biologie und Biokybernetik zurück.

Aus den genannten Systemeigenschaften lassen sich die Notwendigkeit von und die Anforderungen an Controlling ableiten (vgl. dazu die Ausführungen unter Punkt 1.4).

Grundsätzlich ist eine Trennung des Gesamtsystems Unternehmen in ein Ausführungssystem und in ein Führungssystem möglich. Das Ausführungssystem beschäftigt sich im Prozeß der Leistungserstellung mit dem Einsatz von Gütern und Personen, umfaßt sämtliche primären Subsysteme eines Unternehmens (Produktion, Absatz, Einkauf, F&E etc.) und läßt sich in ein ausführungsbezogenes Gütersystem und in ein Personalsystem unterteilen. Das Gütersystem enthält die inputorientierten und die outputorientierten materiellen sowie immateriellen Realgüter und Nominalgüter (Sachmittel), die Arbeitsleistungen und die Finanzmittel. Das Personalsystem besteht aus den zur Leistungserstellung erforderlichen Individuen (vgl. Töpfer [Planungssysteme], S. 89f.).

Zum Führungssystem gehören die sekundären Subsysteme, die die primären Subsysteme überlagern und eine direkte Gestaltungs- und Lenkungsfunktion wahrnehmen. Es können folgende sekundäre Subsysteme unterschieden werden:

- Wertesystem
- Planungs- und Kontrollsystem
- Informationssystem
- Organisationssystem
- Personalführungssystem (Management-Development-System und Motivations- und Anreizsystem).

Für eine Standortbestimmung des Controlling ist die Auseinandersetzung mit dem Führungssystem notwendig, was sich durch eine zentrale Aussage des systemtheoretischen Ansatzes der Managementlehre begründen läßt: Sieht man Controlling als Instrument systematischer Gestaltung und Lenkung von Unternehmen, ist die "Einsicht" in das zu lenkende und gestaltende System von fundamentaler Bedeutung. Die Qualität des Modells des Systems bestimmt die Qualität der Lenkungsmaßnahmen. Das Erdenken der Funktionen und der Strukturen des Systems Unternehmen in seinem Umfeld führt zur qualitativen Aufwertung der Gestaltung und Lenkung.

1.1.2 Das Führungssystem

1.1.2.1 Formen der Unternehmensführung

Betrachtet man das Führungssystem eines Unternehmens, können zwei völlig verschiedene Sichtweisen der Unternehmensführung angewendet werden: die konstruktivistische und die systemisch-evolutionäre. Beiden Ansätzen ist gemeinsam, daß sie versuchen, Vorgehensweisen und Techniken zu entwickeln, deren Anwendung zu einer rationalen Problemlösung führt.

Der konstruktivistische Ansatz lebt von der Anmaßung der Vernunft und geht davon aus, daß grundsätzlich alle Probleme lösbar sind: Alles ist machbar und unter Kontrolle zu bringen. Alle Probleme sind lösbar. Im Mittelpunkt des Ansatzes stehen formalisierte und standardisierte Ordnungsformen, die auf bewußter Gestaltung, auf Planung im Detail sowie auf Befehl und Anweisung beruhen und eine analytische Form des Problemlösens und Entscheidens bevorzugen. Der Planungsprozeß ist vor diesem Hintergrund streng determiniert: Zielfestlegung, Wegentscheidung oder Maßnahmenentscheidung, Analyse der Auswirkung einer Weg-Entscheidung und Auswahl der Alternative mit dem höchsten Grad der Zielerreichung. Der Großteil der herkömmlichen Managementlehre baut auf einem derartigen Bezugsrahmen auf. Diese konventionellen Managementansätze definieren Führung als zielorientiertes Einwirken auf Menschen und reduzieren damit den Problemkreis der Führung auf Menschenführung.

Unter idealistischen Bedingungen führt die konstruktivistische Methode zu einer besseren Problemlösung als die systemisch-evolutionäre Methode, in der Realität sind aber meistens keine idealtypischen Bedingungen anzutreffen (vgl. Eschenbach; Kunesch [Konzepte], S. 123).

Der systemisch-evolutionäre Ansatz sieht Führung als Gestaltung und Lenkung ganzer Systeme oder Institutionen. Abbildung 1.1 faßt die Annahmen beider Sichtweisen zusammen.

Konstruktivistisch-technomorph (K)	**Systemisch-evolutionär (S)**
Management ...	Management ...
1. ... ist Menschenführung	1. ... ist Gestaltung und Lenkung ganzer Institutionen in ihrer Umwelt
2. ... ist Führung weniger	2. ... ist Führung vieler
3. ... ist Aufgabe weniger	3. ... ist Aufgabe vieler
4. ... ist auf Optimierung ausgerichtet	4. ... ist auf Steuerbarkeit ausgerichtet
5. ... hat im großen und ganzen ausreichende Information	5. ... hat nie ausreichende Information
6. ... hat das Ziel der Gewinnmaximierung	6. ... hat das Ziel der Maximierung der Lebensfähigkeit

Abb. 1.1: Konstruktivistische versus systemisch-evolutionäre Sichtweise (Malik [Strategie] S. 49)

Gestalten und Lenken eines Gesamtsystems ist weder ein wirtschaftliches, psychologisches oder technisches Problem, sondern eine neue Disziplin. Zur zentralen Methode wird die Kybernetik als Wissenschaft von der Kontrolle von Systemen (vgl. Malik [Strategie], S. 51). Erkenntnisse der biokybernetischen und neurokybernetischen Forschung werden auf die Managementlehre übertragen.

Systemische Ansätze bringen der Richtigkeit von Planungen großes Mißtrauen entgegen, weshalb vollständige Kontrolle und Beherrschung des komplexen Systems Unternehmen unmöglich ist. Ein Unternehmen ist nicht beherrschbar und sein Umfeld ist nicht in allen Wirkungszusammenhängen erfaßbar und beschreibbar. Es gehorcht strengen Verlaufsgesetzen nicht so, daß seine Entwicklungen prognostizierbar wären. Daher scheitert die Idee einer linearen Durchplanbarkeit des Unternehmens an der Komplexität des Unternehmens und seines Umfelds.

Planung wird im systemischen Ansatz nicht als gedankliche Antizipation zukünftiger Zustände verstanden. Sie ist vielmehr darauf ausgerichtet, entweder in der Gegenwart Entscheidungen mit größtmöglicher Berücksichtigung zukünftiger Wirkungen zu treffen oder zukunftsdeterminierende Wirkungen von Vergangenheitsentscheidungen herauszufinden oder eine laufende Anpassung eines Unternehmens an Umfeldveränderungen vorzunehmen.

Als Alternative einer alles determinierenden Planung sollen Vorsorgemaßnahmen in die Steuerungsfähigkeit des Unternehmens getroffen werden. Diese Vorsorge ist im Kontext einer sich spontan, sich selbst generierenden Ordnung zu sehen (entsprechend dem Beispiel des lebenden Organismus). Aus systemischer Sicht verfügen alle derartigen Systeme – so auch das System Unternehmen – über ähnliche Lenkungsstrukturen und verfolgen das gleiche ultimative Ziel: die Lebensfähigkeit. Eine gewisse Orientierung im System beziehungsweise Lebensfähigkeit kann nur ermöglicht werden, wenn man auf Detailregelung verzichtet und generelle Verfahrensregeln einsetzt. Je komplexer Systeme sind, desto höher wird der Anteil an generellen Verfahrensregeln sein.

Die Forderung nach Verfahrensregeln kann durch eine weitere zentrale Aussage des systemisch-evolutionären Ansatzes bekräftigt werden: Denkweisen und Methoden der Führung, die in einfachen Systemen wirksam und erfolgreich sind, können nicht ohne weiteres auf komplexe Systeme übertragen werden. Komplexe Systeme können nur dann unter Kontrolle gebracht werden, wenn die Steuerungsinstrumente und Steuerungssysteme genauso vielfältig sind wie das zu lenkende System selbst (vgl. "Gesetz der erforderlichen Varietät" von Ashby; zum Ashby/Conant-Theorem: vgl. Malik [Controlling], S. 199ff.), sie sollten daher nicht auf der unmittelbaren Objektebene gesteuert werden. Erfolgreiche Beeinflussungsstrategien bedürfen der 'metasystemischen Regulation', weshalb Steuerungsaktivitäten nicht auf das unmittelbare Erreichen angestrebter Ergebnisse gerichtet sein sollten, sondern auf das Schaffen günstiger Bedingungen, unter denen die Ergebnisse zustande kommen können. Der Preis für eine derartige Komplexitätsbeherrschung ist die Unbestimmtheit des Details.

Innerhalb des systemischen Ansatzes können zwei Richtungen differenziert werden: der radikal und der gemäßigt systemisch-evolutionäre Ansatz. Entsprechend dem radikalen Ansatz sind zur Erhaltung der Steuerungsfähigkeit nur Vorsorgemaßnahmen möglich beziehungsweise sinnvoll. Planungen und diskretionären Entscheidungen wird größte Skepsis entgegengebracht. Gemäßigte Ansätze nehmen eine Art Mittelstellung zwischen der konstruktivistischen und der radikal systemischen Sichtweise ein. Sie zeichnen sich durch eine evolutionäre

Grundeinstellung aus, Unternehmen als selbstorganisierende, selbstevolvierende Systeme zu verstehen, die in geringerem Ausmaß steuerbar sind, als man im allgemeinen annimmt. Unternehmensführung ist ein Versuch, die Evolution des Unternehmens zumindest zeitweise zu beeinflussen, vor allem aber die Erfolgsvoraussetzungen und Erfolgsbedingungen dafür zu schaffen (z. B. Lernfähigkeit). Im Mittelpunkt des Ansatzes steht die Idee der fortschrittsfähigen Organisation und die geplante Evolution. Das bedeutet, daß die Entwicklung eines Unternehmens durch konzeptionelle Gesamtsicht oder Vision gesteuert wird, sich aber in vielen kleinen und überschaubaren Schritten vollzieht, die diese Gesamtsicht modifizieren und somit einen systematischen Lernprozeß anregen (vgl. Kirsch*; Esser; Gabele [Management], S. 319ff.). In weiterer Folge wird die gemäßigt systemisch-evolutionäre Sichtweise vertreten.

1.1.2.2 Ziele der Unternehmensführung

Der Gedanke der metasystemischen Regulation ist maßgeblich für die Bestimmung der wichtigsten generellen Ziele der Unternehmensführung: Das System Unternehmen kann durch die Zustände beschrieben werden, in denen sich seine Elemente und deren Beziehungen zueinander befinden. Der Bereich möglicher Zustände, in dem ein System überlebt, ist jedoch begrenzt. Überschreitet der Systemzustand diese Grenzen, wird das System zusammenbrechen. Ein (über-)lebensfähiges System muß bestimmte Eigenschaften besitzen, die es ihm ermöglichen, den Systemzustand innerhalb des zulässigen Bereichs zu halten. Diese Eigenschaften kann man als "funktionale Erfordernisse des Überlebens" bezeichnen. Kirsch bezeichnet diese Variable als kritisch für den Fortbestand des Unternehmens (vgl. Kirsch [Unternehmungsziele], S. 666).

Die funktionalen Erfordernisse gewinnen unter dem Aspekt der Umfelddynamik an Bedeutung: Problemsituationen sind in der Regel das Resultat der Wechselwirkungen zwischen dem System Unternehmen und seinem Umfeld. Sie verändern sich und treten als neue Bedingungskonstellationen wieder auf. Das oberste Ziel der Unternehmensführung kann deshalb nicht in der Optimierung von Zuständen (Gewinn oder Umsatz) liegen, sondern in der Kultivierung von dauerhaften Fähigkeiten beziehungsweise Systemeigenschaften. Zustände sind an bestimmte Bedingungskonstellationen im Unternehmen und in seinem Umfeld gebunden. Zustände, die optimal gewesen sein mögen, sind nach den Änderungen der Bedingungen häufig das Gegenteil. Es geht in erster Linie nicht um die Entwicklung von Fähigkeiten einzelner Personen, sondern um das Unternehmen als Ganzes. Das Management soll Systemeigenschaften so ändern, daß Problemsituationen nicht mehr bestehen können oder sich aus dem System herausnehmen und lösen lassen.

---

*) Werner Kirsch (*1937) Professor an der Universität München. Begründer und Hauptvertreter des Münchner Ansatzes des evolutionären Managements. Im Mittelpunkt steht die geplante Evolution von Organisationen.

Umschreibung des primären Ziels der Unternehmensführung ist die Lebensfähigkeit als Eigenschaft von Systemen,

- sich an ein wandelndes Umfeld aktiv und reaktiv anzupassen (Anpassungsfähigkeit) und
- die Identität durch Erfahrungsaufnahme und Erfahrungsverwertung, durch Lernen und Reifen zu bewahren und zu entwickeln (Fortschrittsfähigkeit).

Ein künstliches System, das keinen Selbstzweck hat, ist nur dann lebensfähig, wenn es durch seine Aktivitäten Funktionen für andere Systeme erfüllt. Überleben kann daher immer als Resultat der Auseinandersetzung des Unternehmens mit seinem Umfeld gesehen werden.

Der Gedanke der Lebensfähigkeit ist in der Literatur – zum Teil unter anderen Bezeichnungen – immer wieder zu finden. Kirsch/Esser/Gabele weiten die Betrachtung im Vergleich zum Begriff der Lebensfähigkeit um Wertaspekte aus und sprechen von der fortschrittsfähigen Organisation. Voraussetzung dafür ist, daß ein Unternehmen über ein Führungssystem mit einer Reihe von Fähigkeiten verfügt: Handlungsfähigkeit, Empfänglichkeit und Lernfähigkeit, d.h. Fähigkeit zum Erkenntnisfortschritt (vgl. Kirsch; Esser; Gabele [Management], S. 133). Siller konkretisiert seine Vorstellung der Existenzsicherung des Unternehmens im Begriff der strukturellen Anpassungsfähigkeit, der sich auch bei Ansoff* findet. "Structural responsiveness" ist die Fähigkeit des Unternehmens zum innengeleiteten Wandel.

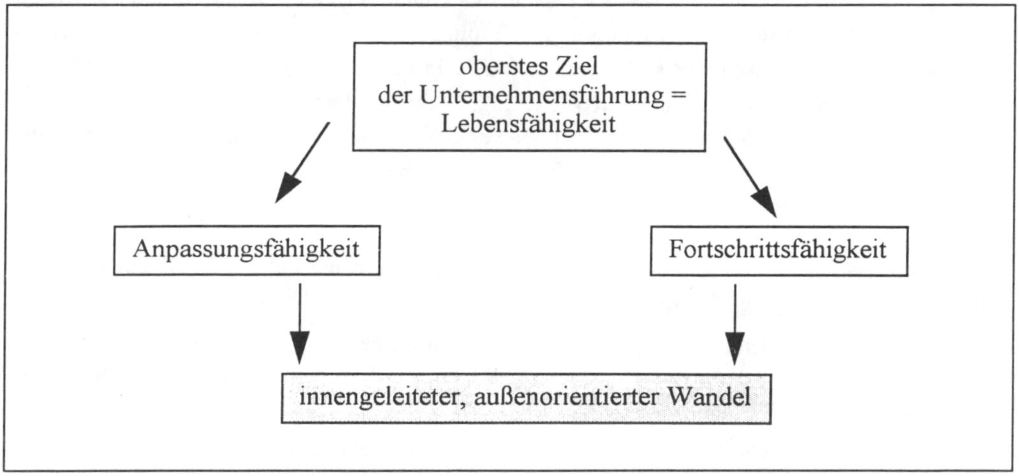

Abb. 1.2: Anpassungs- und Forschrittsfähigkeit als Ziele der Unternehmensführung

Innengeleitet bedeutet, konsequente Unternehmensentwicklung zu betreiben und Änderungen aufgrund von Wandlungserscheinungen im Umfeld von sich heraus vorzunehmen. Zweck-

*) Igor Ansoff (*1918) Professor an der United States International University in San Diego. Begründer der systematischen strategischen Planungs- und Managementlehre.

orientierte Systeme können sich bewußt mit ihrem Umfeld auseinandersetzen und sich in ihrer Struktur verändern. Die strukturelle Anpassungsfähigkeit ist nicht naturgegeben, sondern muß durch entsprechendes Gestalten und Lenken des Systems geschaffen und aufrechterhalten werden (vgl. Siller [Grundsätze], S. 81ff.).

Im folgenden Abschnitt werden die Funktionen und der Prozeß der Unternehmensführung als Kontext des Controlling näher betrachtet.

1.1.2.3 Funktionen der Unternehmensführung

Unternehmensführung ist als Gesamtheit der Funktionen zu verstehen, die im Unternehmen zur Aufrechterhaltung der Lebensfähigkeit erfüllt werden müssen. Als offene Systeme stehen Unternehmen in ständiger Austauschbeziehung mit ihrem Umfeld. Um dabei als System bestehen zu können, muß ein Unternehmen trotz der damit verbundenen Beeinflussungen und Veränderungen in der Lage sein, ein Fließgleichgewicht aufrechtzuerhalten (vgl. Vester [Welt], S. 41ff.]. Fließgleichgewichte haben den Charakter von dynamischen Gleichgewichtszuständen und bedeuten, daß ein System nach einer Störung nicht wieder zum alten Gleichgewicht zurückkehrt, sondern einen neuen Gleichgewichtszustand findet. Ungleichgewichtszustände sind für ein System in einem veränderlichen Umfeld charakteristischer als Gleichgewichtszustände, da sich die Soll-Werte des Unternehmens laufend verändern. Durch diese Instabilität entsteht im Unternehmen Evolution. Ungleichgewichtssysteme können durch die Überschreitung einer kritischen Schwelle in ein neues Ordnungsmuster gelangen. Verharrt ein Unternehmen in bleibendem Gleichgewicht, wird es aufgrund von Inflexibilität, Tabus und stereotypen Verhaltensweisen unbeweglich und störungsanfällig. Gefahren völliger Angepaßtheit (Starrheit) und völliger Nichtangepaßtheit (Instabilität) erklären die Bedeutung des Fließgleichgewichts.

Wenn man das Umfeld eines Unternehmens einbezieht, kann man folgende Gleichgewichtspostulate formulieren (vgl. Hopfenbeck [Betriebswirtschaftslehre], S. 469]:

- Das Streben nach **finanzwirtschaftlichem Gleichgewicht** beinhaltet die Forderung, den längerfristigen Anforderungen der Eigenkapitalgeber in bezug auf bestimmte Dividendenzahlungen Rechnung zu tragen.
- Für das **güterwirtschaftliche Gleichgewicht** ist es notwendig, den Erwartungen und Anforderungen der Kunden bestmöglich zu entsprechen.
- Das Streben nach **personalwirtschaftlichem Gleichgewicht** impliziert, bei der Gestaltung der Arbeitsbedingungen und Arbeitsinhalte und bei der Bemessung der Leistungsbeiträge den Erwartungen der Mitarbeiter, der Gesellschaft und der Gesetzgeber gerecht zu werden.
- Das **informationswirtschaftliche Gleichgewicht** entspricht der Forderung, daß der objektive Informationsbedarf eines Unternehmens mit der durch die Umfeldbedingungen erzwungenen Informationsaufnahme übereinstimmt.

Die zentrale Aufgabe jeder Managementtätigkeit besteht darin, die vom kybernetischen Paradigma des Fließgleichgewichts zwingend geforderte Harmonie zwischen Unternehmen und

Umfeld herzustellen (**externe Harmonisation**) (vgl. Bleicher*; Meyer [Führung], S. 30ff.). Die interne Harmonisationsaufgabe stellt das Management vor die Aufgabe, einem Auseinanderdriften der Aktivitäten und Systeme durch Koordination und Integration entgegenzusteuern. Interne Harmonisation kann als originäre Aufgabe der Führung gesehen werden, da erst dadurch der spezifische Systemcharakter eines Unternehmens geschaffen und erhalten und der Ganzheitscharakter des Unternehmens berücksichtigt wird (vgl. Hopfenbeck [Betriebswirtschaftslehre], S. 470).

Externe und interne Harmonisation erfüllen im Hinblick auf das oberste Ziel der Lebensfähigkeit eine Mittlerfunktion und haben im Zusammenhang mit sämtlichen Aktivitäten eines Führungssystems den Charakter von Führungszielen. Aus der originären Aufgabe der Harmonisation können derivative Aufgabenbereiche der Führung abgeleitet werden.

- Die **Lokomotionsfunktion** bezieht sich auf die sachbezogene Initiative und auf steuernde Aktivitäten und abstrahiert von den Beziehungen zwischen Vorgesetzten und Geführten (sachlich-rationale Komponente der Führung).
- Die **Motivations- beziehungsweise Kohäsionsfunktion** bezieht sich auf motivierende, zusammenhaltende Aktivitäten und Aufgaben im Bereich der Menschenführung (sozioemotionale Komponente der Führung).

Aus der Lokomotionsfunktion ergeben sich folgende Führungsaufgaben (vgl. Probst; Ulrich [Anleitung], S. 89):

- Die **Gestaltung** umfaßt die aktive Einflußnahme auf das betriebliche Umfeld und auf das Unternehmen, im besonderen auf die Organisation von Strukturen und Abläufen, die Bestimmung der grundsätzlichen Zielrichtungen, die Festlegung von Regeln und Normen. Gestalten bedeutet, eine Institution als handlungsfähige Ganzheit so zu schaffen und zu erhalten, daß sie ihre Aufgaben erfüllen kann und lenkungs- und entwicklungsfähig bleibt (Ziel: Fortschrittsfähigkeit).
- **Lenkung** im kybernetischen Sinn ist eine Eigenschaft des Systems, seine eigene Struktur zu bewahren und seine innere Kohärenz herzustellen. Dabei werden zum einen Aspekte der Steuerung und Regelung, zum anderen wichtige Selbstlenkungseigenschaften sozialer Systeme einbezogen. Lenkung bewirkt Komplexitätsreduktion. Die Lenkungsaufgabe ist primär dem Planungs- und Kontrollsystem und dem Informationssystem zuzurechnen (Ziel: Anpassungsfähigkeit).

---

*) Knut Bleicher (*1929) Professor an der Universität Gießen und der Hochschule St. Gallen. Bedeutender Vertreter der deutschen Organisations- und Managementlehre.

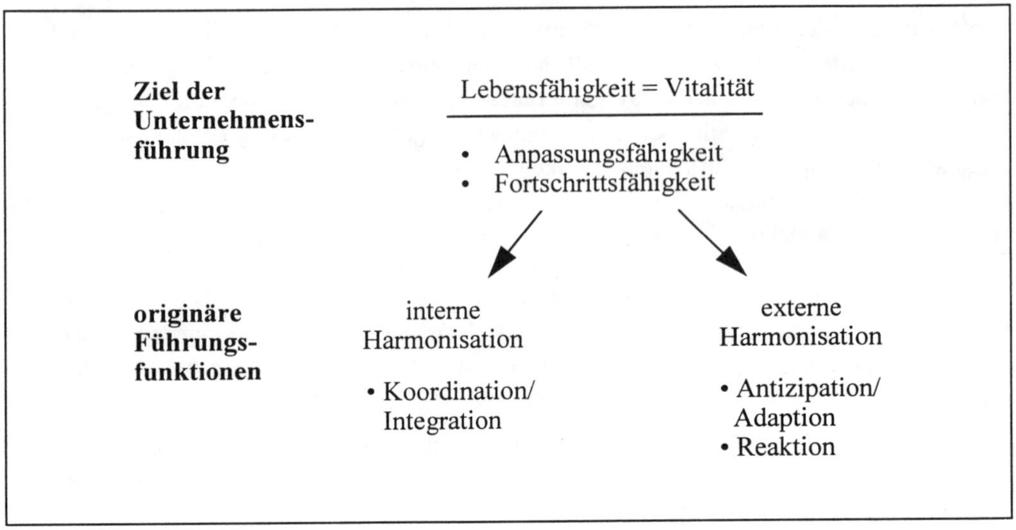

Abb. 1.3: Funktionen der Unternehmensführung

1.1.2.4 Unternehmensführung als Prozeß

Die prozessuale Sichtweise der Unternehmensführung beschäftigt sich mit dem Prozeß der Willensbildung und Willensdurchsetzung. Der Prozeß, in dem sich Führung vollzieht, kann – ausgehend von den Erkenntnissen der Entscheidungstheorie – als Entscheidungs- und Durchsetzungsprozeß verstanden werden.

Als wichtige Voraussetzung für eine funktionsfähige Führung und Wahrnehmung der Führungsfunktionen muß eine vorgesetzte Instanz über operationale Ziele, Kontrollstandards zur Messung des Zielerreichungsgrads, eine rechtzeitige Vorkopplung und geeignete Steuerungsinformationen, eine rasche und präzise Rückkopplung und Kontroll- und Abweichungsinformationen verfügen.

Die Prozesse, durch die sie gewonnen beziehungsweise verarbeitet werden (Zielbildung, Planung, Entscheidung, Organisation, Durchsetzung sowie Kontrolle der Zielerreichung und etwaige Plan- und Systemanpassungen) wiederholen sich im Sinne eines Lernprozesses ständig. Dieser Managementzyklus tritt auf jeder Organisationsebene auf, so daß ein Unternehmen als ein mehrstufiges Netz vermaschter Regelkreise betrachtet werden kann.

Steuerung bedeutet, bestandsbedrohende Entwicklungen so rechtzeitig zu identifizieren, Veränderungsnotwendigkeiten zu signalisieren und präventive Korrekturmaßnahmen in Gang zu setzen, daß Störungen überhaupt nicht eintreten. Dabei muß man alle Eingangsgrößen eines Prozesses kennen, was in der praktischen Umsetzung unwahrscheinlich erscheint.

Regelung liegt dann vor, wenn zwei Größen (Soll/Ist) miteinander verglichen werden und man eine Größe so beeinflußt, daß sie der anderen angepaßt wird (Rückkoppelung).

Steuerung und Regelung sollen entsprechend dem systemischen Grundgedanken nicht nur auf der Objektebene, sondern vor allem auch auf der Metaebene eines Unternehmens erfolgen.

Geht man vom betriebswirtschaftlichen Systemansatz aus, werden die Grenzen des Phasenschemas der Führung deutlich. Dieses Schema zielt auf geplante Managementprozesse ab, deren Probleme eindeutig identifiziert sind und deren Ablauf gesteuert werden kann. Im Management liegt eine Vielzahl ungeplanter Führungsprozesse vor, die sich nach dem Muster des "muddling-through" jeglicher analytischen Planung und Steuerung entziehen (vgl. Risak [Blick], S. 25).

1.1.2.5 Führungsebenen

Das Konzept der Unternehmensführung unterscheidet zwischen operativer, strategischer und normativer Führung. Gälweiler* arbeitet den Unterschied zwischen strategischen und operativen Führungsproblemen am deutlichsten heraus, indem er dem operativen Erfolg eine Vorsteuergröße vorschaltet (Erfolgspotential) und unter Strategie die Schaffung und Erhaltung von Erfolgspotentialen versteht. Operation besteht in der Nutzung strategisch geschaffener Erfolgspotentiale, die Voraussetzungen für den Erfolg sind. Daher können versäumte strategische Entscheidungen auch durch noch so große operative Bemühungen nicht wettgemacht werden. Umgekehrt können voreilig getroffene operative Entscheidungen den Handlungsspielraum für den Aufbau von Erfolgspotentialen beeinträchtigen. Operative und strategische Führung verlangen nach einem normativen Wertegerüst. Dieses steckt den Rahmen für unternehmerische Entscheidungen ab und legt die Verhaltensgrundsätze des Unternehmens fest.

Gälweiler wies als erster auf die logische Verknüpfung der Potentialsicherung und der Sicherung des Erfolgs hin. Die Bedeutung der Vorsteuerung besteht nicht nur in der Erweiterung des zugänglichen sachlichen und zeitlichen Wirkungskonzepts, sondern auch als Vorübung der Unternehmenssteuerung. Je besser die Vorsteuerung beherrscht wird, umso leichter wird die Steuerung.

Die Wechselbeziehungen zwischen strategischer und operativer Führungsaufgabe sind in ihrer Struktur vergleichbar mit denen, die im laufenden Geschäft innerhalb der operativen Führungsaufgabe zwischen Erfolgs- und Liquiditätssteuerung bestehen. Folgende Aussagen

---

*) Aloys Gälweiler (1922-1984) Generalbevollmächtigter und Zentralbereichsleiter Unternehmensplanung der Brown, Boveri & Cie sowie Vorstandsvorsitzender der agplan-Gesellschaft für Planung e.V. Sein wesentlichstes Verdienst liegt in der verknüpften Darstellung operativer und strategischer Unternehmensführung, insbesondere in der Anknüpfung des Strategieverständnisses am Potentialbegriff.

verdeutlichen das Zusammenspiel zwischen Strategie und Operation (vgl. Gälweiler [Determinanten], S. 205ff.):

- Die strategische Führung hat die Aufgabe, Liquidität und Erfolg vorzusteuern. Vorsteuern bedeutet, etwas rechtzeitig zu erkennen und sein Verhalten danach auszurichten.
- Die strategische Führung vermag in Gestalt von Erfolgspotentialen nur Voraussetzungen mit hohen Erfolgschancen, aber keine Sicherheiten für spätere Erfolge zu schaffen.
- Erfolgspotentiale stellen die Obergrenze für den zu realisierenden Erfolg dar. Je höher diese ist, desto größer ist der Spielraum für die Erfolgssteuerung.
- Schwindende Erfolgspotentiale können auch bei steigenden Gewinnen als erstes Anzeichen für später eintretende Erfolgseinbußen angesehen werden.
- Erfolgspotential und Erfolg können sich entgegengesetzt entwickeln. Beide Steuerungsgrößen erfordern unabhängig von der personellen Zuordnung separate Steuerung und "Bilanzierung".
- Der Unterschied zwischen strategischen und operativen Überlegungen konkretisiert sich, wenn man die den Ebenen zugrundeliegenden Steuerungsgrößen und Orientierungsgrundlagen betrachtet. Lebensfähigkeit als oberstes Ziel der Unternehmensführung verlangt Orientierung der Manager an strategierelevanten Steuerungsgrößen. Anhand der Orientierungsgrößen kann beurteilt werden, ob die Steuerungsgrößen tatsächlich unter Kontrolle sind oder nicht. Die Unternehmensstrategie hat daher ihre eigenen Orientierungsgrundlagen.
- Die strategischen Orientierungsgrundlagen sind abstrakter und komplexer als die Orientierungsdaten für die Erfolgssteuerung, da sie das gesamte Wirkungsgefüge der externen und internen Faktoren abdecken müssen, die für nachhaltige Erfolgsrealisierung notwendig sind. "Wer langfristig steuern will, muß sich als erstes an denjenigen Grundlagen und Größen orientieren, die in sich eine langfristige Wirkung haben." "Wer eine langfristige Wirkung haben will, seine Entscheidungen aber an Grundlagen und Daten orientiert, denen von Natur aus eine kurzfristige Wirkungsdauer inhärent ist, erreicht auch durch eine noch so geistig hochentwickelte Extrapolation keinen langfristigen Wirkungshorizont." (Gälweiler [Determinanten], S. 208) Während für den operativen Erfolg die Orientierungsgrößen Aufwendungen und Erträge beziehungsweise Kosten und Leistungen maßgebend sind, müssen für Erfolgspotentiale Orientierungsgrößen mit langfristigem Charakter herangezogen werden, da sie bereits vor Beginn der Nutzung existieren müssen und ihre Schaffung meist einen langen Zeitraum erfordert. Ohne strategische Orientierung der Führung ist eher reaktives als antizipatives Verhalten des Unternehmens zu erwarten.

Dem obersten Ziel, der Sicherung der Lebensfähigkeit, dienen folgende vier Steuerungsgrößen:

- Neue Erfolgspotentiale
- Bestehende Erfolgspotentiale
- Erfolg (im Sinne von Gewinn)
- Liquidität.

Die Zielgemeinsamkeit stellt nach Gälweiler die Koordination zwischen der strategischen und der operativen Führung her.

Die Funktionsfähigkeit des Zusammenspiels von Strategie und Operation ist an zwei Voraussetzungen geknüpft, die in allen hierarchisch organisierten Systemen gelten: Obersysteme dürfen Untersysteme nicht überfordern – die Steuerung der Erfolgspotentiale und des Erfolgs darf sich nur in den Schranken der langfristig verfügbaren Liquidität bewegen. Untersysteme haben sich in dem durch das Obersystem geschaffenen Rahmen zu bewegen ("Operativ kann nur das herausgeholt werden, was strategisch geschaffen wurde."). Daher müssen sich operative Handlungen strikt an den strategischen Leitlinien orientieren, und strategische Optionen dürfen durch sie nicht preisgegeben werden.

1.2 Unternehmensinnen- und Unternehmensaußenwelt im Wandel

Nach der Einführung in das Wesen und in die Dimensionen der Unternehmensführung geht es im folgenden um die aktuelle Situation in der Wirtschaftspraxis. Aus den unter Punkt 1.1.1 herausgearbeiteten Eigenschaften des Systems Unternehmen – insbesondere Offenheit und Komplexität – in Verbindung mit der aktuellen Ausprägung des unternehmerischen Umfelds (Komplexität und Dynamik) resultiert ein steigender Bedarf an Führungsergänzung.

1.2.1 Das Unternehmensumfeld im Umbruch

Viele Unternehmen sind zur Zeit mit einem massiven Strukturumbruch in ihrem unternehmerischen Umfeld konfrontiert. Die Wettbewerbsbedingungen ändern sich in zahlreichen Branchen grundlegend, die Unternehmen sehen sich den einschneidendsten Strukturveränderungen in der Weltwirtschaft seit dem Zweiten Weltkrieg gegenüber. Diese Veränderungen haben vor allem folgende Ursachen:

- Politische Integration Europas (Europäische Union, Osteuropa-Öffnung und Osteuropa-Assoziation)
- Deregulierung, Abbau staatlicher Eingriffe in das Wirtschaftsleben
- Weltweiter Abbau von Handelshemmnissen (GATT, EWR, NAFTA etc.)
- Rapide wirtschaftliche Entwicklung der Schwellenländer, insbesondere im Fernen Osten
- Eintritt von Sättigungserscheinungen auf zahlreichen, traditionell wichtigen Konsum- und Investitionsgütermärkten der OECD-Staaten
- Immer rascher voranschreitender technologischer Fortschritt und sich laufend verkürzende Technologielebenszyklen
- Zunehmende Automatisierung der Leistungserstellung und Leistungsverwertung
- Weitreichende leistungswirtschaftliche und informationstechnische Vernetzung der wirtschaftlichen Akteure.

Die **politische Neuordnung und Integration Europas** führt zu einer weitreichenden Veränderung der politisch-rechtlichen Rahmenbedingungen des Wirtschaftslebens. Durch die Bildung der Europäischen Union (Politische Union, Wirtschafts- und Währungsunion), durch die die politische und wirtschaftliche Kraft Europas im Wettbewerb mit den USA und mit Japan gestärkt werden soll, kommt es durch den Abbau aller tarifarischen und nicht-tarifarischen Handelshemmnisse zwischen den Mitgliedsstaaten zur Vereinheitlichung von Rechtsnormen und zur Realisierung eines einheitlichen Binnenmarkts.

Der politische Umbruch und die angestrebte Assoziation Osteuropas eröffnen einerseits neue Märkte für hochentwickelte Konsum- und Investitionsgüter, andererseits kommen zahlreiche Produzenten von Standardgütern in Westeuropa aufgrund komparativer Kostennachteile unter erheblichen Wettbewerbsdruck.

Der weltweite Trend, durch **Deregulierung** und **Abbau staatlicher Eingriffe** die Wirtschaft zu beleben und die internationale Wettbewerbsfähigkeit zu steigern, hat in zahlreichen Branchen zur Intensivierung des Wettbewerbs geführt (z.B. Luftfahrtindustrie). Einige Wirtschaftsbereiche, die traditionell von staatlich kontrollierten Monopolbetrieben beherrscht waren (besonders "natürliche Monopole" wie Versorgungsbetriebe, Bahn, Post etc.) werden dem Wettbewerb geöffnet, was neue Chancen für Unternehmertum schafft und längerfristig die Qualität und Kostengünstigkeit derartiger Dienstleistungen erhöhen soll.

Der Trend zur Deregulierung steht im Zusammenhang mit dem **weltweiten Abbau von Handelshemmnissen** durch die Bildung von Wirtschaftsblöcken und den Abschluß von Freihandelsabkommen (GATT, EWR, NAFTA etc.). Ein Blick auf die Wirtschaftsstatistiken zeigt, daß in den letzten Jahrzehnten das Welthandelsvolumen stetig gestiegen ist und regelmäßig größere Wachtumsraten als Bruttonationalprodukte verzeichnete. Für die nächsten Jahre ist mit weiterem Anstieg der internationalen wirtschaftlichen Verflechtung und mit Intensivierung des Waren- und Dienstleistungsverkehrs zu rechnen.

Die **rapide wirtschaftliche Entwicklung zahlreicher Schwellenländer** (speziell im Fernen Osten) führt zur Beschleunigung des volkswirtschaftlichen Strukturwandels. Zahlreiche Produktionen – vornehmlich mit Technologien, die sich in der Reifephase ihres Lebenszyklus befinden – wandern von hochindustrialisierten Ländern in Schwellenländer ab und bilden dort die Grundlage für den fortschreitenden Abbau des Entwicklungsrückstands. Die hochindustrialisierten Staaten werden ihren Wohlstandsvorsprung gegenüber diesen Schwellenländern nur erhalten können, wenn sie durch laufende Innovation ihren Know-how-Vorsprung absichern und ihre Fähigkeit verbessern, Wissen in wirtschaftlichen Nutzen umzuwandeln.

Die wirtschaftliche Entwicklung der Schwellenländer eröffnet den hochindustrialisierten Ländern wichtige neue Absatzchancen – ein bedeutender Faktor, weil auf den Heimmärkten der OECD-Staaten **Sättigungserscheinungen** auftreten, die Ausdruck der Grenzen des quantitativen Wachstums sind.

Ein weiterer Faktor der Dynamisierung des Wirtschaftslebens ist die zunehmende Innovationsintensität. Die **Technologiezyklen verkürzen sich laufend**, die Halbwertszeit von Wissen nimmt ab, gleichzeitig wird Know-how zum wichtigsten Erfolgspotential. Unternehmen sind gezwungen, einen immer größeren Teil ihres Umsatzes in Forschung und Entwicklung zu reinvestieren, um ihre Wettbewerbsposition zu erhalten. Das langfristig in Forschung und Investitionen gebundene Kapital steigt. Weil das Scheitern von F&E-Projekten aufgrund der Höhe der eingesetzten Mittel auch für große, kapitalstarke Unternehmen existenzbedrohend ist, schließen sich Unternehmen zunehmend zu F&E-Allianzen zusammen, um das einzelwirtschaftliche Risiko zu verringern.

Ein wesentlicher Motor der Produktivitätssteigerungen im Leistungssystem – zunehmend aber auch im Führungssystem – ist die **Automatisierung und informationstechnische Vernetzung** der einzelnen Wertschöpfungsschritte. Diese Entwicklung ist möglich, weil immer leistungsfähigere und preiswertere Hardware sowie ausgereiftere Software für eine Fülle von Anwendungsfeldern zur Verfügung steht. Während im Fertigungsbereich die Möglichkeiten zur Rationalisierung durch Roboterisierung und Automatisierung bereits stark genutzt werden, läßt die Intensivierung des Informationstechnologie-Einsatzes zur Unterstützung intellektueller und administrativer Tätigkeiten in den nächsten Jahren erhebliche Produktivitätssteigerungen erwarten.

Neben der Zunahme der informationstechnischen Vernetzung innerhalb der Unternehmen ist auch eine fortschreitende informationstechnische und leistungswirtschaftliche Verflechtung zwischen den Unternehmen durch unterschiedliche Formen der zwischenbetrieblichen Kooperation (Allianzen, Joint Ventures etc.) zu beobachten. Beispielsweise ist mit der Reduktion der Fertigungstiefe zahlreicher Produktionsunternehmen eine längerfristig orientierte Zusammenarbeit (Entwicklungspartnerschaft) mit sogenannten Systemlieferanten verbunden. Die Lieferanten werden von ihren Abnehmern weitgehend in ihren Planungs- und Wertschöpfungsprozeß integriert.

Die skizzierten Entwicklungen sind Ausdruck eines grundsätzlichen volkswirtschaftlichen Strukturwandels, der die Wettbewerbsbedingungen für Unternehmen maßgeblich verändert.

Folgende – daraus resultierende – Merkmale sind für die gegenwärtige wirtschaftliche Entwicklung charakteristisch:

- Angebotsüberhang auf vielen traditionellen Märkten
- Kürzere Produktlebenszyklen
- Globalisierung der Märkte und des Wettbewerbs
- Konzentration der Anbieter und Nachfrager
- Steigende Wettbewerbsintensität (Rivalität) und Wettbewerbsdynamik
- Schwer prognostizierbare Veränderungen im Käuferverhalten
- Genereller Wertewandel.

Der Aufbau weiterer Kapazitäten bei gleichzeitiger Marktsättigung führt zu **strukturellem Angebotsüberhang** auf zahlreichen Konsum- und Investitionsgütermärkten. Daraus resultiert eine Intensivierung des Wettbewerbs und ein – teilweise dramatischer – Preisverfall, der eine Anbieterselektion auslöst ("shake-out-Prozeß"). Die mit der Marktsättigung einhergehende Anbieterkonzentration und Marktsegmentierung eröffnet allerdings solchen Unternehmen Chancen, die sich einen Volumens- oder Differenzierungsvorteil gegenüber ihren Mitbewerbern erarbeiten.

Eine unmittelbare Folge der Intensivierung des Wettbewerbs und der kürzer werdenden Technologiezyklen ist eine **Verkürzung der Produktlebenszyklen** in zahlreichen Branchen. Aus diesem Grund wird der Faktor Zeit zu einem entscheidenden Wettbewerbsfaktor, was besonders für die Zeitspanne vom Beginn eines F&E-Projekts bis zur Markteinführung des Produkts oder der Dienstleistung gilt ("time to market").

Die politisch-rechtlichen Veränderungen, speziell der Abbau von Handelshemmnissen und Eintrittsbarrieren für Direktinvestitionen, und das "Zusammenrücken" der Welt durch Telekommunikationsdienstleistungen haben zur **Globalisierung der Märkte und des Wettbewerbs** geführt. An Stelle der regionalen beziehungsweise nationalen Marktsegmentierung tritt zunehmend eine internationale Segmentierung nach Zielgruppen und Bedürfnisstrukturen.

Viele auf ihren regionalen (nationalen) Heimmarkt konzentrierte Unternehmen müssen daher den Aktionsradius ihrer Geschäftstätigkeit ausweiten, um ihre Marktposition im weltweiten Wettbewerb behaupten zu können.

Die **Konzentration der Anbieter und Nachfrager** ist ein wesentliches Charakteristikum von Märkten beziehungsweise Branchen, die ihre Sättigungs(Reife)-Phase erreicht haben. Durch externes Wachstum (durch Akquisitionen, Fusionen, Allianzen) versuchen die Unternehmen, mangelndes internes Wachstum zu kompensieren. Ziel des externen Wachstums ist es, weitere Größenvorteile (Economies of Scale) und eine marktdominierende Stellung zu erreichen. "Reife" Branchen sind in der Regel durch hohe Anbieterkonzentration gekennzeichnet, es handelt sich dabei meist um ein Oligopol von wenigen Großunternehmen, die den Markt beherrschen. Gleichzeitig eröffnen diese Branchenriesen kleinen, hochinnovativen Unternehmen gute Entwicklungschancen in Nischen. So sind zahlreiche "etablierte" Branchen durch ein Nebeneinander von wenigen Großunternehmen (Unternehmensgruppen) mit hoher Marktpräsenz und Kapitalstärke und kleinen, auf Marktnischen konzentrierten (teilweise hochinnovativen) Unternehmen gekennzeichnet. Zwischen diesen beiden Unternehmenstypen gibt es immer stärkere Vernetzungen ("spinn-offs", "new-style joint-ventures").

Die dargestellten Entwicklungen und Strukturveränderungen bewirken weltweit **Intensivierung und Dynamisierung des Wettbewerbs**. Neben der gegenwärtigen Markt- und Wettbewerbsstellung wird daher die Schnelligkeit der Wahrnehmung von relevanten Umfeldveränderungen sowie der Entscheidungsfindung und Entscheidungsdurchsetzung zu einer weiteren zentralen Voraussetzung des unternehmerischen Überlebens.

Dazu kommen ein sich veränderndes, immer schwerer prognostizierbares **Kunden- und Verbraucherverhalten** sowie neue Anforderungen seitens des Staates und der kritischen Öffentlichkeit. Diese geänderten Erwartungen sind Ausdruck eines generellen gesellschaftlichen Wertewandels.

Die Vielschichtigkeit und Interdependenz des Beziehungsgeflechts, in das Unternehmen eingebunden sind, und die Schnelligkeit, mit der sich die Umfeldkonstellationen verändern, stellen die Unternehmensführung vor neue Herausforderungen. Wenn man es als zentrale Managementaufgabe ansieht, ein "Fließgleichgewicht" zwischen der Unternehmensinnenwelt und der Unternehmensaußenwelt aufrechtzuerhalten, so erkennt man, daß sich die Rahmenbedingungen und Aufgabenstellungen des Managements in jüngster Zeit erheblich verändert haben. Der Anpassungsdruck, der vom Umfeld auf das Unternehmen ausgeübt wird, ist deutlich gestiegen. Die Beobachtung des Unternehmensumfelds und die Beeinflussung und Erfüllung der Anforderungen und Ansprüche, die von den einzelnen Subsystemen des Umfelds (den Stakeholdern) an das Unternehmen gerichtet werden, verlangen immer mehr Managementkapazität sowie entsprechende methodische und instrumentelle Unterstützung.

1.2.2 Die Anforderungen an zeitgemäße Unternehmensführung

Die unter Punkt 1.2.1 dargestellten Entwicklungstendenzen können zu folgenden drei Hauptmerkmalen der Rahmenbedingungen für unternehmerisches Handeln zusammengefaßt werden (vgl. Hopfenbeck [Betriebswirtschaftslehre], S. 471f.):

- Komplexität
- Dynamik
- Differenziertheit.

Komplexität äußert sich in der Anzahl, Verschiedenartigkeit und Interdependenz der relevanten Umfeldtatbestände, die bei der Entscheidungsfindung berücksichtigt werden müssen.

Dynamik entsteht dadurch, daß sich das Unternehmensumfeld zunehmend rascher und häufiger verändert. Diese Veränderungen sind unterschiedlich stark, unregelmäßig und kaum vorhersehbar (diskontinuierlich). Dynamik erfordert ständige Anpassung und Ergänzung der operativen Führung durch strategische Planung und Steuerung.

Differenziertheit bedeutet, daß primäre und sekundäre Subsysteme des Unternehmens im Rahmen der Systemdifferenzierung eine eigene Identität ausbilden, die sich von der Identität des Gesamtsystems unterscheidet. Je stärker die Subsysteme differenziert sind, desto größer ist die Notwendigkeit, die Eigendynamik der Subsysteme zu begrenzen und Gesamtinteressen gegenüber Partikularinteressen zu stärken.

Aus der Notwendigkeit, ein Fließgleichgewicht zwischen Unternehmensinnenwelt und Unternehmensaußenwelt (interne und externe Harmonisation) zu erhalten, ergeben sich unter Berücksichtigung der angeführten Rahmenbedingungen folgende Anforderungen an zeitgemäße Unternehmensführung:

- Schnelligkeit der Willensbildung und Willensdurchsetzung
- Antizipations- und Adaptionsfähigkeit
- Reaktionsfähigkeit
- Komplexitätsreduktion und Komplexitätsbeherrschung.

Alle diese Tätigkeiten sind Voraussetzung für eine chancen- und risikoorientierte Unternehmensentwicklung.

Die Geschwindigkeit und das Ausmaß von Veränderungen im unternehmerischen Umfeld sowie der Zeitwettbewerb um die Nutzung der damit verbundenen unternehmerischen Chancen machen **Schnelligkeit der Willensbildung und Willensdurchsetzung** zum kritischen Erfolgsfaktor, dessen Erfüllung sowohl für Adaptions- als auch für Reaktionsfähigkeit notwendig ist und nach kurzen Entscheidungswegen und Entschlußkraft des Managements verlangt.

Antizipations- und Adaptionsfähigkeit haben proaktiven Charakter und sollen rechtzeitige Anpassung an Umfeldveränderungen gewährleisten, bevor existenzgefährdende Ungleichgewichte entstanden sind. Voraussetzung für Stärkung der Antizipationsfähigkeit ist Sensibilisierung des Unternehmens für "schwache Signale" aus dem unternehmerischen Umfeld. Das kann durch höheres Problembewußtsein und höhere Wachsamkeit der Mitarbeiter sowie durch Implementierung eines Frühaufklärungssystems erreicht werden.

Die abnehmende Voraussehbarkeit künftiger Umfeldentwicklungen verlangt trotz proaktiver Steuerung ein hohes Maß an **Reaktionsfähigkeit und struktureller Flexibilität** zur Anpassung an unvorhergesehene Ereignisse. Während man früher versuchte, auf die zunehmende Unsicherheit des Eintritts künftiger Ereignisse oder der Konsequenzen unternehmerischer Entscheidungen mit Verlängerung des Planungs- und Prognosezeitraums und "Aufrüstung" der Instrumente und Methoden zu reagieren, hat sich mittlerweile die Einsicht durchgesetzt, daß es notwendig ist, das Unternehmen auch im Umgang mit Überraschungen zu trainieren ("Surprise Management"). Dadurch sollen die Voraussetzungen geschaffen werden, mit überraschenden Ereignissen zurechtzukommen, ohne auf ein im vorhinein ausgearbeitetes Problemlösungsprogramm zurückzugreifen.

Ziel der Unternehmensführung muß es sein, die **Komplexität** des Beziehungsgeflechts, in dem es agiert, **in den Griff zu bekommen**. Dafür muß das Führungssystem eine Varietät aufweisen, die dem zu "kontrollierenden" (zu lenkenden) Beziehungsgeflecht entspricht. Nur dadurch können unerwünschte Zustände des Systems Unternehmen vermieden ("zerstört") werden (vgl. Malik [Controlling], S. 198f.). Die häufig geforderte "Reduktion der Komplexität" von Führungsaufgaben kann daher nicht bedeuten, ein Führungssystem geringerer Varietät zu schaffen. Eine solche Vorgangsweise würde zwangsläufig dazu führen, daß das System

Unternehmen außer Kontrolle gerät. Komplexitätsreduktion kann vielmehr nur auf folgende zwei Arten erreicht werden:

Erstens durch gezielte Gestaltung oder Beeinflussung jener Faktoren des Leistungssystems des Unternehmens und des unternehmerischen Umfelds, die vom Management (Führungssystem) gestaltet und beeinflußt werden können (z.B. Sortimentsstruktur, Kundenstruktur, Anspruchsniveaus bestimmter Stakeholder).

Zweitens durch "Einbau" von Selbstregulierungsmechanismen. Selbstregulierung bedeutet, daß die Struktur des Systems so gestaltet ist, daß das Systemgleichgewicht von selbst – ohne lenkende Eingriffe – aufrecht bleibt: strukturbedingte Selbstkontrolle (vgl. Malik [Controlling], S. 200). Bezogen auf das Unternehmen bedeutet die Idee von der Selbstregulierung, daß Strukturen und Mechanismen zu schaffen sind, die ohne Eingriff des Managements (der "zentralen Intelligenz") zur Selbststeuerung fähig sind, also "automatisch" im Gleichgewicht bleiben.

Bei der Gestaltung des Führungssystems und seiner Teilsysteme (Werte-, Planungs-, Kontroll-, Informations-, Organisations- und Personalführungssystem) muß den genannten Anforderungen Rechnung getragen werden. Häufig wird daraus die Forderung nach Entscheidungsdezentralisierung und nach projektartigen (organischen) Strukturen abgeleitet. Eng damit verbunden ist die Forderung nach einer "schlanken", nicht-hierarchischen, prozeßkonformen Aufbauorganisation und nach Reduktion der Aufgabenspezialisierung zugunsten einer integrativeren Aufgabenwahrnehmung.

Die Unternehmensführung muß bestrebt sein, "robuste" Strategien und Strukturen zu schaffen, die trotz Diskontinuitäten gute Chancen auf unternehmerisches Überleben bieten. Dabei ist zu beachten, daß Anpassungsfähigkeit und Komplexitätsbeherrschungsfähigkeit von selbstorganisierenden, evolvierenden Systemen wesentlich höher sind als von außengeprägten Systemen, deren Verhalten durch externe Eingriffe in ihr inneres Funktionieren bestimmt wird (fremdgestaltete Systeme). Für die Gestaltung von Unternehmen bedeutet das, Organisationen so anzulegen, daß sie in die Lage versetzt werden, sich selbst zu organisieren und fortzuentwickeln. Die Führungsaufgabe wird zur Aufgabe des Managements von Selbstorganisation und Evolution. Dabei müssen laut Malik einige Aspekte besonders beachtet werden (vgl. Malik [Management], S. 226f.):

- Leistungsorientierung und Leistungstransparenz als zentrale Werthaltungen
- Zeitnahe Rückkoppelung zwischen Resultaten und Zielen als Anstoß für Regelungseingriffe und Quelle von Lernprozessen
- Sanktionen, Bonifikationen und Verantwortlichkeit
- Personalentscheidungen (Auswahl- und Beförderungskriterien, Karrierewege etc.).

Geplante Selbstorganisation (im Unterschied zur spontanen Selbstorganisation im Sinne Hayeks, die ohne menschlichen Entwurf entsteht (vgl. Hayek [Studien], S. 128) kann in Unternehmen vor allem in Form von Selbstkoordination und Selbststrukturierung eingesetzt werden (vgl. Kieser [Management], S. 218f.). Unter **Selbstkoordination** ist die Reduktion von organisatorischen und planerischen Vorgaben im Arbeitsprozeß zugunsten einer selbständigen, eigenverantwortlichen Wahrnehmung umfassender Aufgabenpakete zu verstehen. **Selbststrukturierung** bedeutet die Gestaltung der Organisationsstruktur und der Geschäftsprozesse durch die betroffenen Mitarbeiter (Partizipation).

Selbstorganisation, Anpassungs- und Wandlungsfähigkeit dürfen allerdings nicht mit Instabilität und Fragilität gleichgesetzt werden. Gerade bewegliche und außenorientierte Unternehmen müssen "in sich ruhen", robust und stabil sein, um den permanenten Wandel zu ertragen und trotz Veränderungen ihre Identität nicht zu verlieren. Robuste und stabile Unternehmen benötigen eine starke verbindende Wertebasis und Verhaltens(Glaubens)-Grundsätze als Orientierungsgrundlage und Basis zur Selbstregression. Eine weitere Voraussetzung zur Erlangung von innerer Stabilität trotz raschen unternehmerischen Wandels ist die Begrenzung der Außenabhängigkeit, die den Handlungsspielraum des Unternehmens einschränkt und die Möglichkeit zum innengeleiteten Wandel reduziert. Aus diesem Grund hat im Rahmen der Strategieentwicklung längerfristig orientierte, gezielte Gestaltung von Abhängigkeiten gegenüber externen Anspruchsgruppen hohen Stellenwert.

Die folgende Abbildung faßt die strukturellen, kulturellen (verhaltensbezogenen) und methodisch-instrumentellen Konsequenzen der genannten Anforderungen an zeitgemäße Unternehmensführung zusammen:

Anforderung	Konsequenzen strukturell	Konsequenzen kulturell	Konsequenzen methodisch-instrumentell
Schnelligkeit der Willensbildung und -durchsetzung	- flache Hierarchien - kurze Entscheidungswege - Enscheidungsdezentralisierung - prozeßkonforme Organisation	- Entscheidungsautonomie - Entschlußfreudigkeit - starke gemeinsame Wertebasis als Entscheidungsgrundlage	- Führungskräfteinformationssystem - Decisions-Support-systeme / Expertensysteme - Geschäftsprozeßoptimierung - Leitbild / Unternehmensphilosophie
Antizipations- und Adaptionsfähigkeit	- Offenheit gegenüber und Vernetzung mit Umfeld (Einrichtung von Sensorstellen, Interfusion) - zwischenbetriebl. Kooperation - projektartige, organische Struktur	- Außenorientierung - Sensibilität - Fähigkeit zum innengeleiteten, außenorientierten Wandel	- Frühaufklärung / Umfeldradar - Szenarien - strategische Planung
Reaktionsfähigkeit	- strukturelle Flexibilität durch einfache, überschaubare Aufbauorganisation und temporäre Organisationsformen (Projektgruppen und Teams) - rasche Rückkoppelung über Erfolg und Mißerfolg	- Lernfähigkeit - Kreativität - Improvisationsfähigkeit	- laufendes Berichtswesen/ Monitoring - Führungskräfteinformationssystem - Alternativenpläne
Komplexitätsreduktion und -beherrschung	- Selbstregulierung / Selbstorganisation - Lernorganisation - Reeginiering	- systemisches Denken und Handeln - "Komplexitätsbewußtsein"	- Führungssystem mit ausreichender Varietät - Anspruchsgruppen-Management - Sortiments- und Kundenstrukturgestaltung

Abb. 1.4: Anforderungen an zeitgemäße Unternehmensführung

1.3 Aktuelle Managementkonzepte zur Bewältigung des Strukturumbruchs

Es verwundert nicht, daß als Reaktion auf die geänderten Anforderungen an die Unternehmensführung in jüngster Vergangenheit eine Reihe von Managementkonzepten entwickelt wurde. Die Managementansätze betonen unterschiedliche Aspekte der Führungsaufgabe, teilweise liegen ihnen auch unterschiedliche Sichtweisen des Managements zugrunde. Im folgenden wird ein Überblick über unterschiedliche, aktuelle Managementkonzepte gegeben sowie der Versuch unternommen, eine Einordnung und Kategorisierung vorzunehmen.

1.3.1 Überblick über aktuelle Managementkonzepte

Managementansätze kann man in zwei Gruppen unterteilen:

- Systemisch-evolutionäre Konzepte
- Konstruktivistisch-technomorphe Konzepte.

Dieses Buch basiert auf der gemäßigt systemisch-evolutionären Managementsichtweise. Ziel der Unternehmensführung (die Begriffe Management und Unternehmensführung werden synonym verwendet) ist Gestaltung und Lenkung eines fortschritts- und anpassungsfähigen Unternehmens durch primär indirektes Einwirken auf und Kultivieren von Erfolgsvoraussetzungen. Unter das systemisch-evolutionäre Managementparadigma ist eine Vielzahl unterschiedlicher Managementansätze einzuordnen, die häufig auf einen zentralen Autor beziehungsweise eine abgrenzbare Autorengruppe zurückgehen.

Zur weiteren Kategorisierung der systemisch-evolutionären Managementkonzepte empfiehlt es sich, zwischen **abstrakt-erkenntnisgeleiteten** und **instrumentell-gestaltungsgeleiteten** Ansätzen zu unterscheiden. Bei abstrakt-erkenntnisgeleiteten Konzepten steht die theoriegeleitete Ableitung und Begründung der Ziele und Funktionen des Managements im Vordergrund, bei den instrumentell-gestaltungsgeleiteten Ansätzen dominieren Handlungsanweisungen und Empfehlungen zur praktischen Umsetzung. Die folgende Übersicht zeigt die Einordnung der in der deutschsprachigen Literatur am häufigsten genannten Vertreter des systemisch-evolutionären Managementparadigmas in diese beiden Untergruppen (vgl. Eschenbach; Kunesch [Konzepte], S. 8f.; Hopfenbeck [Managementlehre], S. 569f.):

abstrakt-erkenntnisgeleitet	instrumentell-gestaltungsgeleitet
Ulrich	Probst/Gomez
Malik	Pümpin
Kirsch/Esser/Gabele	Mann
Bleicher	Turnheim

Abb. 1.5: Gegenüberstellung wichtiger Vertreter des systemisch-evolutionären Managementansatzes

Nachdem Kapitel 1.1 sich ausführlich mit der theoretischen Relevanz des systemisch-evolutionären Managementparadigmas beschäftigt hat, soll die Diskussion aktueller Managementansätze mit der Betrachtung von sogenannten Praxisansätzen abgeschlossen werden, die nicht unmittelbar einem Managementparadigma zuordenbar sind. Ihre Bedeutung wird dadurch bestimmt, daß sie die aktuelle Diskussion in der Wirtschaftspraxis beherrschen und eine Antwort der Unternehmen (und ihrer Berater) auf die geänderten wirtschaftlichen Rahmenbedingungen darstellen. Diese Ansätze greifen wiederholt auf Gedankengut des systemisch-evolutionären Managementparadigmas zurück und berufen sich zum Teil auch auf die oben genannten Autoren.

1.3.1.1 Time-based Management

Time-based Management beziehungsweise Time-based Competition sind als Reaktion auf die Dynamisierung des Wettbewerbs und die Beschleunigung des Wandels des unternehmerischen Umfelds zu verstehen (vgl. dazu Stalk; Hout [Competing], S. 1ff.). Zeit wird als zentraler Wettbewerbsfaktor erkannt. Time-based Management hat daher zum Ziel, die innerbetrieblichen Entscheidungs- und Aufgabenerfüllungsprozesse zu beschleunigen, um Wettbewerbsvorteile zu erschließen. Durch den effizienteren Umgang mit der Ressource "Zeit" sollen gleichzeitig die Produktkosten gesenkt und die Servicequalität erhöht werden. "Time is the key performance variable to be managed to attain improved cost and quality." (Stalk; Hout [Competing], S. 83)

Häufig genannte Einzelziele des Time-based Management sind:

- Reduktion der Zeitspanne vom Beginn eines Entwicklungsprojekts bis zur Markteinführung des Produkts ("time to market")
- Verkürzung der Auftragsbearbeitungs- und Durchlaufzeiten
- Beschleunigung der Reaktion auf Kundenwünsche und Kundenbeschwerden.

Durch Erhöhung der Kundennähe und **rascheres "Ansprechen" auf Kundenwünsche** (responsiveness) kann die Kundenbindung gesteigert und ein Wettbewerbsvorteil aufgebaut werden. Stalk/Hout weisen darauf hin, daß schnellere Reaktion und ein breiteres Dienstleistungsangebot bei entsprechender Organisation durchaus mit einer Verbesserung der Kostensituation in Einklang gebracht werden können. Voraussetzung dafür ist eine Erhöhung der Arbeitsproduktivität: Einsparungen bei zeitabhängigen Kostenarten (speziell Personalkosten) durch Beschleunigung der betrieblichen Abläufe. Hinzu kommt, daß Erhöhung der Dienstleistungsqualität auch die Möglichkeit schafft, eine Preisprämie am Markt durchzusetzen.

Beschleunigung der Auftragsbearbeitung und Fertigung führt nicht nur zur Erhöhung der Arbeitsproduktivität und Senkung der Herstellkosten, sondern ermöglicht auch Verringerung des Nettoumlaufvermögens (working capital). Empirische Studien weisen für industriell organisierte Produktionen häufig sehr geringe Zeitproduktivität aus. Der Anteil der Wartezeiten an der gesamten Durchlaufzeit, also jener Zeitspanne, in der keine direkte Wertschöpfung passiert, beträgt mitunter 90% und mehr. Zur Erhöhung der Zeitproduktivität im Fertigungs- und Administrationsbereich dienen verbessertes Schnittstellenmanagement und Ablaufoptimierung (process-reengineering).

Besonders gravierend kann sich der ineffiziente **Umgang mit dem kritischen Erfolgsfaktor Zeit in Forschungs- und Entwicklungsprojekten** bemerkbar machen. Aufgrund der kurzen Produktlebenszyklen kann ein halbes Jahr Zeitverzögerung bei der Markteinführung eines neuen Produkts über Erfolg oder Mißerfolg der gesamten Entwicklungsarbeit entscheiden. Doch nicht nur der Zeitvorsprung bei der Ersteinführung ist wichtig, auch ständige, zeitnahe Verbesserung und Anpassung der Produkte im Laufe ihres Lebenszyklus sind von Bedeutung (Produktpflege). Know-how-Führerschaft im Investitionsgüterbereich und Produkte im Konsumgüterbereich, die den aktuellen Bedürfnissen und Modetrends entsprechen, sind die wettbewerbswirksamen Früchte von straffem Zeitmanagement in Forschung und Entwicklung. Bewußter Umgang mit Zeit im F&E-Bereich soll durch den Einsatz modernster Technologien nicht nur niedrigere Produktkosten und höhere Produktqualität ermöglichen, sondern auch (primär entwicklungszeitabhängige) F&E-Aufwendungen senken.

Stalk/Hout weisen für mehrere Branchen der US-Wirtschaft nach, daß "time-based-competitors" dreimal höhere Wachstumsraten und doppelt so hohe Gewinnmargen als der jeweilige Branchendurchschnitt aufweisen (vgl. Stalk; Hout [Competing], S. 77f.). Offensichtlich ermöglicht der bewußtere Umgang mit dem Engpaßfaktor Zeit, der mit Stärkung der Wettbewerbsfähigkeit und Differenzierung gegenüber den Mitbewerbern verbunden ist, das Gewinnen von Marktanteilen.

Um zu einem "time-based competitor" zu werden, sind entsprechende strukturelle, organisatorische und kulturelle Voraussetzungen zu schaffen. Dazu zählen funktionsbereichsübergreifende Zusammenarbeit durch Vorgangs- und Datenintegration, flexible Projektorganisation, straff-lockere Führung und eine Unternehmenskultur, die von Aktivitätsorientierung, Kundennähe und Innovationsfreudigkeit geprägt ist (vgl. Peters; Waterman [Suche], S. 36ff.).

1.3.1.2 Total Quality Management

Während beim Time-based Management der Fokus auf den Wettbewerbsfaktor Zeit gerichtet ist, steht beim Total Quality Management (kurz TQM) die Qualität der betrieblichen Leistungserstellung und Leistungsverwertung im Vordergrund. Qualität im umfassenden Sinn wird als bedeutender strategischer Erfolgsfaktor erkannt, der systematischer Planung und Steuerung zu unterziehen ist (vgl. Bösenberg; Metzen [Management], S. 153f.). Damit wird Qualitätssicherung zur Managementaufgabe, die nicht an Qualitätssicherungsabteilungen delegiert werden kann. Solchen Abteilungen kommt lediglich koordinierende und unterstützende Querschnittsfunktion zu. Zentrale Aufgabe des Top-Managements ist es, durch Vorleben und Missionierung für hohes Qualitätsbewußtsein im Unternehmen zu sorgen. Jede Führungskraft ist für Qualität der Arbeitsausführung in ihrem Bereich verantwortlich.

Dem Total Quality Management liegt eine kundenorientierte Qualitätsdefinition zugrunde. Nicht die "objektive Qualität" im Sinne von Belastbarkeit, Langlebigkeit etc. steht im Vordergrund, sondern "subjektive Qualität" aus Sicht des Kunden. Qualität heißt: den Anforderungen des Kunden entsprechend; oberstes Ziel des TQM ist maximale Kundenzufriedenheit. Die kundenorientierte Qualitätssicht zwingt dazu, die adressierte Zielgruppe exakt zu bestimmen, deren Bedürfnisse und Qualitätsanforderungen möglichst genau zu erfassen und etwaige Veränderungen in der Kundenerwartung frühzeitig zu erkennen.

Qualität ist relativ, insbesondere gegenüber den spezifischen Kundenanforderungen, dem Wettbewerb und "State of the Art" auf dem jeweiligen Gebiet. Außerdem verändern sich Qualitätsanforderungen im Zeitverlauf: Was gestern noch hervorragend war, kann heute bereits Mittelmaß und morgen schon unterdurchschnittlich sein.

Zeitgemäßes Qualitätsmanagement versucht nicht, die Auswirkungen von Fehlern zu minimieren oder das Auftreten von Fehlern im Einzelfall zu verhindern, sondern zielt darauf ab, bestehende Qualitätsprobleme an der Wurzel zu packen und potentielle Fehlerquellen auszumerzen (systematische Fehlervorbeugung anstelle von improvisatorischer Fehlerkorrektur). Dabei helfen permanente Produkt- und Prozeßoptimierung und Prozeßdokumentation.

Der durch TQM angestrebte Leistungsstandard ist Null Fehler (vgl. Crosby [Qualität], S. 228). Jedes Nicht-Erreichen dieses Leistungsstandards verursacht aufgrund von Ausschuß, Nacharbeit, Gewährleistung und Kundendienst Kosten (Fehlleistungskosten). Null Fehler bedeutet gleichzeitig maximalen Gewinn, was allerdings nicht als Aufruf zu "Überqualitäten" mißverstanden werden darf. Überqualitäten im Sinne einer Übererfüllung von Qualitätsanforderungen führen zu Zusatzkosten, denen kein entsprechender Zusatzerlös gegenübersteht ("quality give away"), und sind daher ebenso zu vermeiden wie Fehlleistungskosten.

Qualitätssicherung im Sinne des TQM darf nicht auf den Fertigungsbereich reduziert bleiben, sondern muß auch auf den Verwaltungs- und Vertriebsbereich ausgedehnt werden. Daher müssen auch für administrative Prozesse Qualitätsindikatoren definiert und Qualitätskosten erfaßt und überwacht werden. Wichtige Kenngrößen auf Gesamtunternehmensebene sind Kundenzufriedenheitsquoten und das Verhältnis von Fehlleistungskosten zu Umsatz.

Ziel des TQM ist es, Qualität aus Kundensicht meßbar und damit planbar und steuerbar zu machen. Die hohe aktuelle Bedeutung des TQM in der Wirtschaftspraxis wird vor allem durch die Möglichkeit der Zertifizierung nach ISO 900x hervorgerufen. Damit wurde erstmals ein Instrument geschaffen, das den Qualitätsstandard der Leistungserstellung und Leistungsverwertung eines Unternehmens durch unabhängige Auditoren feststellt. In dem Maße, in dem Arbeitsteilung und wertschöpfungsstufenübergreifende Zusammenarbeit von Unternehmen weiter zunimmt, wird auch überbetriebliches Qualitätsmanagement an Bedeutung gewinnen. Die Zertifizierung wird in Zukunft in vielen Branchen zur wichtigen Voraussetzung für Aufrechterhaltung der Wettbewerbsfähigkeit von Unternehmen werden.

1.3.1.3 Lean Management

Eng verwandt mit den konzeptionellen Stoßrichtungen des Time-based Management und des Total Quality Management ist der Ansatz des Lean Management. Lean Management, nicht ganz zutreffend mit "schlankes Management" ins Deutsche übersetzt, ist als Korrektiv zu Funktionszentralismus aus falschverstandenem Synergiestreben, unüberlegter Vor- und Rückwärtsintegration und immer aufwendigeren betriebs- und informationswirtschaftlichen Systemen (besonders EDV) zu verstehen. "Lean" bedeutet schlank im Sinne von fit und leistungsfähig (athletisch). Dem Lean Management-Konzept liegt ein systemisch-evolutionäres Managementverständnis zugrunde. Durch Vereinfachung und "Abschlankung" der durch das Management beeinflußbaren Faktoren des Systems Unternehmen und seines Umsystems soll die Komplexität der Unternehmenssteuerung reduziert und die Transparenz des betrieblichen Geschehens gesteigert werden (bei der Abschlankung des Führungssystems darf allerdings das Gesetz der erforderlichen Varietät nach Ashby nicht verletzt werden). Dadurch können gleichzeitig Kosten gesenkt und Abläufe beschleunigt sowie die Qualität der Produkte und Dienstleistungen erhöht werden.

Das Konzept des Lean Management integriert die Ansätze des Time-based Management und des Total Quality Management. Im Mittelpunkt der Betrachtung stehen Geschäftsprozesse, das sind (abteilungsübergreifende) betriebliche Aktivitäten, die hinsichtlich der drei Dimensionen Qualität, Zeit und Kosten simultan optimiert werden.

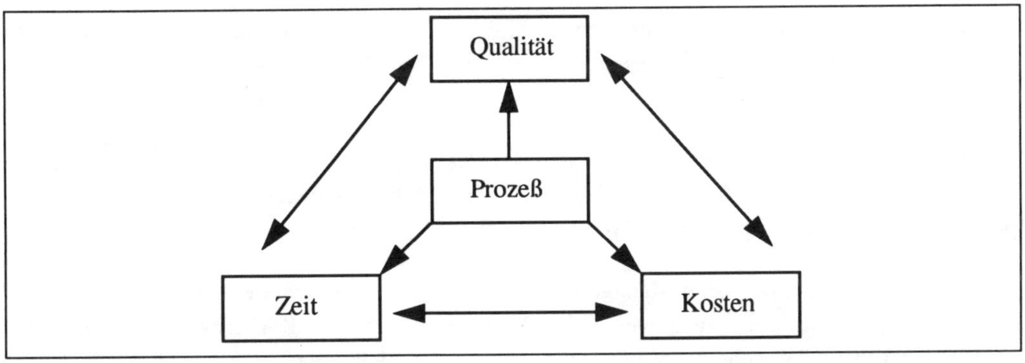

Abb. 1.6: Das "magische Dreieck" des Lean Management

Mit der Konzentration auf betriebliche Prozesse trägt das Lean Management der Erkenntnis Rechnung, daß Konzentration der Planung, Steuerung und Organisation auf Funktionen und Funktionsbereiche zu suboptimalen Ergebnissen aus Sicht des Gesamtunternehmens führt (Bereichsegoismen, Schnittstellenprobleme). Nachdem betriebliche Leistungserstellung und Leistungsverwertung funktionsbereichsübergreifend erfolgt, muß auch Planung, Steuerung und Organisation bereichsübergreifend und bereichsverbindend durchgeführt werden. Schlanke Unternehmen vollziehen einen konsequenten Schwenk vom Abteilungs- zum Prozeßmanagement (Activity-based Management). Neben prozeßkonformer Organisation sind dazu vor allem Instrumente zur Prozeßplanung und Prozeßsteuerung notwendig (Prozeßkostenrechnung etc.). Unternehmensplanung und -steuerung in "schlanken" Unternehmen reduziert sich nicht auf (Prozeß-)Kosten- und Leistungsdaten, sondern verwendet zusätzlich Schnelligkeits-, Produktivitäts- und Qualitätskennzahlen, die sich auch hervorragend für einen überbetrieblichen Leistungsvergleich eignen (Benchmarking).

Bei der Abschlankung von Unternehmen gibt es verschiedene Ansatzpunkte (vgl. Rommel [Unternehmenskonzept]; S. 8f.):

Sortiments- und Kundenstruktur: Reduktion von Komplexitätskosten durch Reduktion der Sortimentsvielfalt auf Kernbereiche und Bereinigung der Kundenstruktur.

Leistungstiefe, Lieferantenintegration: Reduktion der Fertigungstiefe durch Auslagerung von wenig wertschöpfungsintensiven Fertigungsschritten und Konzentration auf die strategisch erfolgskritischen Wertschöpfungsschritte bei gleichzeitiger Erhöhung der Integration der (System-)Lieferanten (Verbesserung der überbetrieblichen Planung und Koordination).

Strukturen und Prozesse: Schaffung von homogenen, marktorientierten selbststeuerungsfähigen Einheiten in überschaubarer Größe, Transparenz von Ursache und Wirkung, schnelle Rückkoppelung über Erfolg und Mißerfolg.

Entwicklung: Kostenbewußte Produktentwicklung durch Target Costing und konstruktionsbegleitende Kalkulation sowie Beschleunigung der Forschungs- und Entwicklungsarbeit durch Simultaneous Engineering.

Logistik: Reduktion der Durchlaufzeiten und der Bestände durch kontinuierlichen inner- und überbetrieblichen Materialfluß sowie Einfachheit und Überschaubarkeit durch Differenzierung ("ein Werk, ein Produkt" bzw. "Werke im Werk").

Ein weiteres Merkmal des Lean Management ist laufende inkrementale Produkt- und Prozeßverbesserung (Continuous Improvement). Diese in Japan als KAIZEN perfektionierte "Führungsphilosophie" geht davon aus, daß wiederholte kleine Verbesserungen den möglichen technischen Fortschritt besser ausnützen als Warten auf den nächsten "großen Wurf". Die Abbildung verdeutlicht den Nutzen der laufenden Verbesserung:

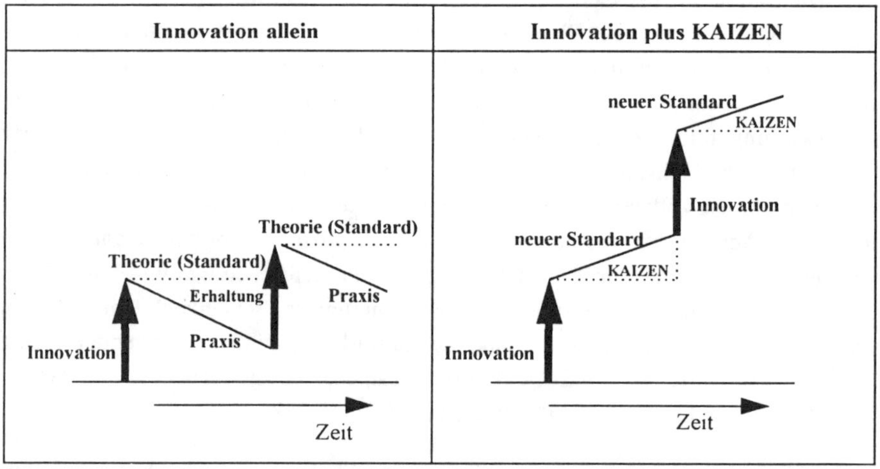

Abb. 1.7: Innovation und Kaizen (Imai [Kaizen], S. 50f.)

KAIZEN ist der Grundgedanke der Lean Production, wo im Rahmen sogenannter "Quality Circles" von den involvierten Mitarbeitern laufend Verbesserungsvorschläge erarbeitet und umgesetzt werden. Kaizen fördert prozeßorientiertes Denken, weil zuerst Prozesse optimiert werden müssen, bevor verbesserte Ergebnisse erwartet werden können.

Eine wesentliche Voraussetzung für schlankes Management ist "schlankes Denken": das Top-Management muß zur Einsicht kommen, daß flache Hierarchien, flexible und überschaubare Strukturen sowie rasche und fehlerfreie Aufgabenerfüllungsprozesse die Kosten senken und die Wettbewerbsfähigkeit des Unternehmens nachhaltig steigern. Erst nach Selbstverpflichtung des Top-Managements kann man darangehen, Strukturen und Abläufe zu überdenken und an die geänderten Anforderungen anzupassen. Begleitend dazu müssen anstelle bürokratischer Koordinations- und Kontrollregelungen verstärkt Selbstabstimmung und Eigenverantwortung treten. Voraussetzung dafür sind eine gemeinsame Wertebasis und ein strategisches Leitbild, das als Orientierungsrahmen für Einzelentscheidungen dient.

Lean Management hat in jüngster Vergangenheit vor allem als das Geheimnis des japanischen Managementerfolgs Furore gemacht. Japanische Unternehmen sind zwar besonders erfolgreich in der praktischen Nutzung dieses Gedankenguts, die wichtigsten Grundideen des Lean Management gehen aber auf Arbeiten von US-Amerikanern (u. a. Ford, Taylor, Mayo, Lewin, Deming, Juran) zurück (vgl. Bösenberg; Metzen [Management], S. 30f.). Lean Management wurde in der Folge von japanischen Unternehmen zu einem komplexen, in sich geschlossenen Managementkonzept weiterentwickelt, das einzelne Konzeptelemente wie Kaizen, Kanban, Just in Time, TQM, Quality Circles und Time-based Management zu einem harmonischen Ganzen verbindet. Empirische Studien belegen, daß auch europäische und US-amerikanische Unternehmen dieses Gedankengut erfolgreich umsetzen können (vgl. z. B. Rommel [Unternehmenskonzept], S. 1ff.). Die zentrale Aussage des Lean Management – "weniger ist mehr" – ist mit hoher Wahrscheinlichkeit für die Unternehmensführung in allen Kulturkreisen gültig.

Einfachheit als Korrektiv zu unnötiger Komplexität und konsequente Verringerung nicht wertschöpfender Tätigkeit sind notwendige Voraussetzungen für die Bewältigung des gegenwärtigen wirtschaftlichen Strukturumbruchs. Unternehmerischer Erfolg wird von einigen Faktoren abhängen: von operativen Spitzenleistungen hinsichtlich Zeit, Kosten und Qualität (Effizienz), von strategischer Differenzierung im Kundennutzen und von Konzentration auf Kernkompetenzen und Kernfähigkeiten (Effektivität). Aus diesem Grund muß zukunftsgerechtes Management auf jeden Fall schlankes Management sein.

1.3.1.4 Bewegliches Management

Aufgrund des immer rascheren Wandels des unternehmerischen Umfelds und der Zunahme von nicht vorhersehbaren Diskontinuitäten gewinnen Managementansätze an Bedeutung, die hohe Flexibilität und Anpassungsfähigkeit an geänderte Rahmenbedingungen ermöglichen. Diese Konzepte kann man unter dem Titel Bewegliches Management zusammenfassen. Bewegliche ("fraktale") Unternehmen zeichnen sich durch maximale strukturelle Flexibilität und hohe Anpassungsschnelligkeit auch bei Eintritt unvorhergesehener Störereignisse aus. So gelingt es ihnen, das Fließgleichgewicht mit ihrem Umfeld auch in turbulenten Zeiten aufrechtzuerhalten.

Bewegliche Unternehmen sind hinsichtlich zeitlich befristeter Vorhaben projektartig strukturiert: Für jedes Vorhaben wird (sofern dies vom Umfang her gerechtfertigt ist) eine eigene Projektgruppe gebildet, die sich nach Erfüllung der Projektaufgabe wieder auflöst. Auf Dauer gerichtete Aktivitäten werden prozeßkonform organisiert, wobei für in sich geschlossene Aktivitäten selbstorganisierende und selbststeuernde Teams eingesetzt werden. Anstelle einer großen, integrierten Produktionsstätte werden mehrere kleine, weitgehend autonome Werke ("plants within the plant") geschaffen. Fraktale Unternehmen sind eine Summe von Projektgruppen und Teams, die mehr oder weniger eng miteinander verknüpft sind. Fällt eine Aufgabe weg, wird die entsprechende Projektgruppe aufgelöst; kommen neue Aufgaben hinzu, werden zusätzliche Projektgruppen geschaffen.

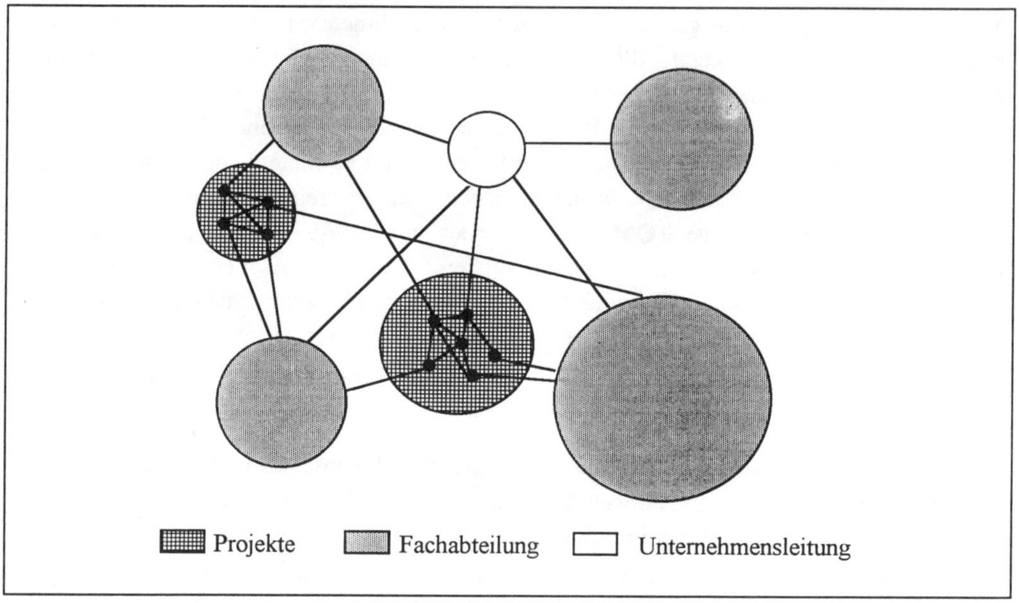

Abb. 1.8: Das projektorientierte Unternehmen

Die Koordination der einzelnen Unternehmensteile wird zur zentralen Aufgabe der Unternehmensführung. Aufgrund der hohen Autonomie der Unternehmensteile steht dabei Koordination durch Selbstabstimmung (auf Grundlage einer gemeinsamem Wertebasis) und Abstimmung über gemeinsame Kenntnisse und Fähigkeiten sowie über Ergebnisziele im Vordergrund. Mit dem Grundgedanken des beweglichen Unternehmens nicht im Einklang stehen die bürokratischen Koordinationsformen der Ablaufstandardisierung und Ablaufprogrammierung sowie der direkten Anweisung und Überwachung (vgl. dazu die fünf Koordinationsformen nach Mintzberg* [Organisation], S. 103-116).

Das Management von beweglichen Unternehmen führt nur in Ausnahmefällen direkte steuernde Eingriffe durch. Neben der Koordinationsfunktion ist es Aufgabe des Top-Managements fraktaler Unternehmen, optimale Erfolgsvoraussetzungen für die Unternehmensteile zu schaffen. Wichtigste Quelle für Leistungsverbesserungen in den autonomen Teilbereichen sind nicht Anordnungen und Vorgaben der Unternehmensleitung, sondern konsequente Nut-

*) Henry Mintzberg (*1939) Professor an der McGill University Montreal. Begründete den Konsistenzansatz in der Organisationsforschung. Weitere richtungweisende Arbeiten beschäftigen sich mit dem Tätigkeitsfeld des Managers und mit der Strategieentwicklung.

zung von Lernprozessen. Das fraktale Unternehmen kann als Paradebeispiel für eine lernende Organisation bezeichnet werden (zum Konzept der lernenden Organisation vgl. z.B. Sattelberger [Organisation]).

Eine ähnlich "fraktale" Struktur wie in der Unternehmensinnenwelt haben bewegliche Unternehmen auch in der Interaktion mit ihrem Umfeld. Sie sind durch zwischenbetriebliche Kooperationen und Allianzen Teil eines Unternehmensnetzwerks, das über vielfältige Austauschbeziehungen verknüpft ist. Jedes einzelne Unternehmen bringt seine Kernfähigkeiten und Kernkompetenzen in dieses Netzwerk ein. Gegenüber den wichtigen Kunden wird maximale Interfusion angestrebt: Einklinken direkt in die Kundenorganisation und enge Zusammenarbeit schon im Entwicklungs- und Planungsstadium. Im Extremfall des virtuellen Unternehmens lösen sich die Systemgrenzen zwischen Unternehmensinnen- und Unternehmensaußenwelt auf. An Stelle eines oder mehrerer kooperierender Unternehmen tritt eine Vielzahl von kleinsten Organisationseinheiten, die miteinander verknüpft sind.

Zusammenhalt und Koordination der einzelnen Elemente des Unternehmensnetzwerks werden vor allem durch eine starke gemeinsame Wertebasis und Selbstabstimmung sichergestellt. Wie bereits unter Punkt 1.2.2 ausgeführt wurde, muß gerade ein bewegliches Unternehmen in sich stabil und robust sein, um permanente Veränderung ertragen zu können.

Als zentrale Kernfähigkeit beweglicher Unternehmen ist der Umgang mit Veränderung anzusehen. Diese Fähigkeit setzt zum einen entsprechende Strukturen und Planungs- und Steuerungssysteme voraus; zum anderen stellen bewegliche Unternehmen besondere Verhaltensanforderungen an die Organisationsmitglieder. Bewegliche Unternehmen "trainieren" ihre Mitarbeiter im Umgang mit Veränderung und mit Wandel, um jene geistige Flexibilität und Mobilität sicherzustellen, die für ein Reüssieren in fraktalen Strukturen notwendig ist.

1.3.1.5 Value-based Management

Während die bisher vorgestellten Managementansätze primär auf Neugestaltung betrieblicher Strukturen und Abläufe abgestellt haben, thematisiert der Ansatz des Value-based Management die Frage nach dem Zweck und nach dem Erfolgsmaßstab unternehmerischer Tätigkeit. Dabei rückt Value-based Management das Aktionärs- beziehungsweise Eigentümerinteresse in den Vordergrund. Sinn und Zweck eines Unternehmens ist es, den Eigentümerwert (Shareholdervalue) eines Unternehmens langfristig zu maximieren. Das ist nur dann der Fall, wenn das investierte Kapital eine höhere Verzinsung als die Kapitalkosten erzielt, wobei in den Kapitalkosten das geschäftsimmanente Risiko in Form einer Risikoprämie zu berücksichtigen ist.

Das zentrale Instrument des Value-based Management ist die Shareholder Value-Analyse (Wertsteigerungsanalyse). Anders als mit konventionellen Maßstäben des Finanz- und Rechnungswesens kann damit die tatsächliche nachhaltige Ertragskraft von Unternehmen und damit der langfristige Marktwert des Eigenkapitals abgeschätzt werden.

Als Managementphilosophie ist Value-based Management insofern von Bedeutung, als Generierung ökonomischer Werte (reale Vermehrung des Eigenkapitals) als primäre Aufgabe der Unternehmensführung in den Mittelpunkt gerückt wird, was besonders wichtig erscheint, weil Bedeutung und Einfluß der Kapitalmärkte auf die Unternehmensführung auch in Kontinentaleuropa zunimmt. Speziell Non-Profit-Organisationen versuchen, den Shareholdervalue-Ansatz zum Stakeholdervalue-Konzept auszuweiten, um auch Interessen und Erwartungen von anderen Anspruchsgruppen als nur von den Kapitaleignern berücksichtigen zu können.

1.3.2 Das vitale Unternehmen

Die Vorstellung der unterschiedlichen Managementansätze illustriert das Spektrum an Ansatzpunkten zur Anpassung der Unternehmensführung an die aktuellen Anforderungen aus dem unternehmerischen Umfeld. Alle Managementparadigmen und Managementansätze haben – bei durchaus unterschiedlichen konzeptionellen Bezugsrahmen – ein gemeinsames Ziel: Erhaltung beziehungsweise Wiederherstellung der langfristigen Existenzfähigkeit des Unternehmens. Langfristige Existenzfähigkeit (Vitalität) verlangt Anpassungsfähigkeit und Fortschrittsfähigkeit. Anpassungsfähigkeit ist notwendig, um durch Adaption und Reaktion das Fließgleichgewicht mit dem unruhigen Umfeld aufrechtzuerhalten beziehungsweise vorübergehende Ungleichgewichtszustände rasch zu beseitigen. Fortschrittsfähigkeit verlangt nach Antizipation künftiger Rahmenbedingungen für unternehmerisches Handeln, Chancenorientierung (aktive Suche nach neuen Geschäftsmöglichkeiten) und Visionskraft. Anpassungs- und Fortschrittsfähigkeit schaffen gemeinsam die Voraussetzung für Vitalität (Lebensfähigkeit) und müssen daher zentrale Ziele der Unternehmensführung sein.

Ein vitales Unternehmen zeichnet sich durch Symbiose von Stabilität und Wandel beziehungsweise Umbruch aus. Das stabile Element gibt dem Unternehmen Sicherheit und Ordnung und erlaubt effiziente, überraschungsfreie Ausführung von Routinetätigkeiten. Wandel bedeutet Anpassung an geänderte Verhältnisse (reaktiv) oder Eröffnung neuer Chancen durch Innovation (proaktiv). Charakteristisch für Wandel ist, daß die Veränderungsrichtung durch eine Vision vorgegeben ist und der Wandlungsprozeß von der Unternehmensleitung angestoßen und gesteuert wird (vgl. Henzler [Vision], S. 51).

Demgegenüber steht die Veränderung durch Umbruch. Setzt die Unternehmensleitung den Wandel nicht aktiv durch, kommt es zum Rückstau im Sinne zunehmenden Ungleichgewichts und zum Potentialabbau (vgl. Risak [Vorüberlegungen], S. 18). Fehlender Wandel führt zur Unternehmenskrise, die nur mehr durch Umbruch – durch tiefgreifende Einschnitte – beherrscht werden kann. Befindet sich ein Unternehmen wegen in der Vergangenheit versäumten Wandels bereits in der Phase der akuten, nicht mehr beherrschbaren Krise, so ist ein Gegensteuern auch durch Umbruch nicht mehr möglich – das Unternehmen geht unter (vgl. dazu das Krisenmodell von Krystek [Krisenbewältigungs-Management], S. 39). Umbruch ist im Unterschied zu Wandel nicht visionsgetrieben, sondern krisengetrieben. Die Wahl zwischen Wandel oder Umbruch zur Veränderung ist somit eine zwischen Evolution und Revolution (vgl. Risak [Vorüberlegungen], S. 18). Empirische Studien belegen, daß die Mehrzahl der Unternehmen nur bei Eintritt akuter Krisen zu einer Veränderung bereit ist (Risak [Personalplanung]). Vitale Unternehmen zeichnen sich durch höhere proaktive Wandlungsfähigkeit (im Sinne von Fortschrittsfähigkeit) aus. Sie sind auch in der Lage, sich aufgrund potentieller Krisen beziehungsweise sich in der Zukunft bietender Chancen in ihrem Verhalten zu ändern (antizipative Lern- und Wandlungsfähigkeit).

Vitalen Unternehmen gelingt es, Balance zwischen evolutionärem Wandel und Stabilität herzustellen. Sie erreichen dieses Kunststück durch simultanes Bewahren, Werden und Abschaffen. **Bewahren** richtet sich an das gesunde Kerngeschäft des Unternehmens. Aufgabe des Bewahrens ist laufende Verbesserung und Rationalisierung der Produkte und Prozesse, wodurch in der Vergangenheit Bewährtes auch für die Zukunft bewahrt und gestärkt werden soll. Bewahren bedeutet Reduktion der Vielfalt sowie Effizienzsteigerung durch Spezialisierung, Standardisierung und Programmierung. Der Großteil des betriebswirtschaftlichen Instrumentariums richtet sich an diesen Aufgabenkomplex.

Jene Teile des Geschäfts, die sich in der Vergangenheit nicht bewährt haben beziehungsweise für die Zukunftssicherung des Unternehmens keinen Beitrag leisten können, müssen abgeschafft werden. Sollte ein Unternehmen kein zukunftsträchtiges Kerngeschäft besitzen, erhebt sich die Frage nach ordnungsmäßigem Beenden des gesamten Unternehmens (vgl. Grün; Risak [Weg], S. 646ff.). Ziel des **Abschaffens** ist Freisetzen von gebundenen Ressourcen und Abschlanken des Unternehmens um nicht überlebensnotwendige beziehungsweise das Überleben gefährdende Teile im Sinne eines "Fitneß-Programms". Dabei ist zu überlegen, ob der nach Redimensionierung des Unternehmens verbleibende Teil groß und ertragsstark genug ist, die Fixkosten zu tragen. Dadurch erhält Teilbarkeit und Abbaubarkeit von fixkostenverursachender Infrastruktur besondere Bedeutung.

Zur Zeit wird Abschaffen unter dem Titel "Lean Management" thematisiert, da es sich dabei um eine Aufgabenstellung handelt, die im Unternehmen in der Regel nur mit straffem Projektmanagement unter Überwindung erheblicher Widerstände durchgesetzt werden kann.

Werden zielt darauf ab, neue Potentiale für die Unternehmenszukunft zu erschließen. Im Mittelpunkt stehen Erschließung neuer Geschäftsfelder und Entwicklung neuer Kernkompetenzen. Innovation entsteht aus Vielfalt und Gewährenlassen. Aus systematischer Suche und spontaner Assoziation kommen neue Geschäftsideen (Varietät), die im Zuge eines Selektionsprozesses fokussiert, konkretisiert und schließlich auf dem Markt eingeführt werden. Etablierte Geschäfte wechseln in den Bereich des Bewahrens und werden dort professionalisiert.

Daraus erkennt man, daß der Aufgabenkomplex des Werdens gänzlich andere Anforderungen an die Unternehmensstruktur und an die Verhaltensweisen der Organisationsmitglieder stellt als Bewahren und Abschaffen. Spontaneität, Kreativität und Freiraum für Unternehmertum dominieren gegenüber Effizienzorientierung und Plandeterminiertheit. Die Schwierigkeit besteht darin, die drei Entwicklungsstrategien Bewahren, Werden und Abschaffen zu einer Unternehmensidentität zu verbinden. Herausforderung der Gestaltung und Führung vitaler Unternehmen heißt, in einem Unternehmen simultan – gleichzeitig und aufeinander abgestimmt – zu bewahren, abzuschaffen und zu innovieren, um Vielfalt und Fokus zugleich zu realisieren. Nachdem Bewahren, Werden und Abschaffen völlig unterschiedliche Anforderungen an das Führungsverhalten sowie an die Organisationsstruktur und Organisationskultur stellen, werden die drei Entwicklungsstrategien in der Regel nur sequentiell abgearbeitet (als "Schwerpunktprogramm"). Diese Vorgangsweise führt zu einem Zick-Zack-Kurs im Sinne eines wiederholten Umbruchs (und Kulturschocks) und entspricht nicht der Idee der evolutionären Unternehmensführung.

Anpassungs- und fortschrittsfähige Unternehmen schaffen das Kunststück des simultanen Bewahrens, Werdens und Abschaffens durch differenzierte (Sub-)Kulturen, Strukturen, Prozesse, Führungssysteme, Planungs- und Steuerungsinstrumente und eine gemeinsame Wertebasis und Vision als verbindende Klammer. Diese Unterschiedlichkeit je nach Aufgabenbereich und Entwicklungsstrategie wird als sinnvolle schöpferische Ergänzung, nicht als unerträglicher Widerspruch begriffen. Während in der F&E-Abteilung oder im Produktentwicklungsteam Freiraum, Kreativität und Spontaneität herrschen, müssen gleichzeitig in der Produktionsabteilung die Taktfrequenz der Montagebänder und die Betriebsmittelbelegung für die nächste Schicht optimiert werden.

Die folgende Abbildung illustriert das simultane Zusammenspiel von Bewahren, Werden und Abschaffen in einem vitalen Unternehmen:

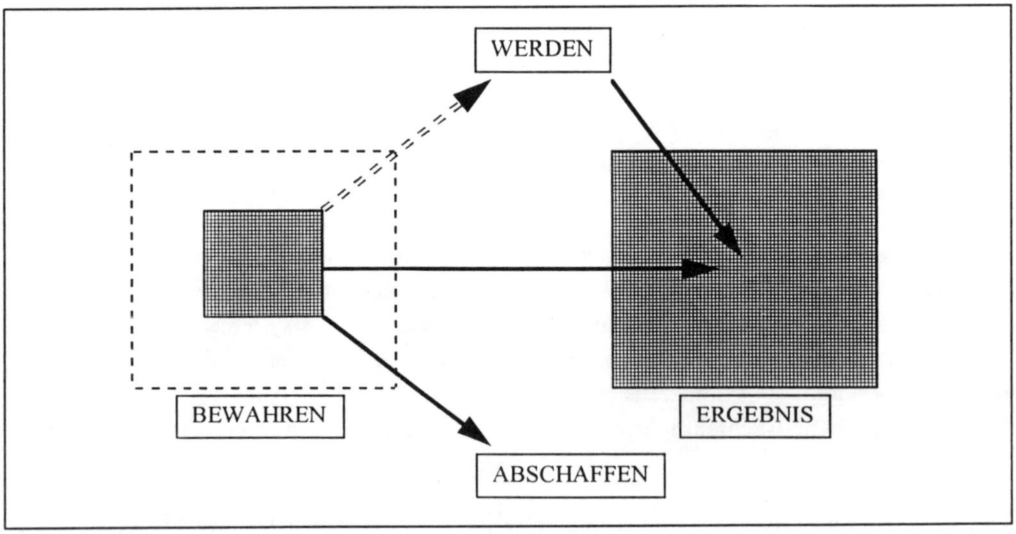

Abb. 1.9: Simultanes Bewahren, Werden und Abschaffen (Risak [BWA-Modell], S. 13)

Die besondere Schwierigkeit, ein vitales Unternehmen zu gestalten und zu lenken, besteht darin, daß nicht nur einzelne Unternehmensbereiche (z. B. F&E-Abteilung und Produktionsabteilung) nach unterschiedlichen Entwicklungsstrategien verlangen, sondern auch Geschäftsfelder und Geschäftsbereiche im Laufe ihres Lebenszyklus alle drei Stadien Werden, Bewahren und Abschaffen durchmachen. Die Konsequenz ist, daß sich nicht nur Struktur, Kultur und Führungssysteme der dem Geschäftsfeld oder Geschäftsbereich zugeordneten strategischen Geschäftseinheit oder Division wiederholt verändern müssen, sondern sich auch die Anforderungen an die verantwortlichen Führungskräfte im Laufe des Lebenszyklus verschieben. Wird in der Innovationsphase der innovative und dynamische Pionierunternehmer oder Produktchampion gebraucht, so verlangt das Bewahren eher nach einem Managementtechnokraten und das Abschaffen nach einem "Macher" mit "dicker Haut". Es ist schwer vorstellbar, daß eine einzige Person alle genannten Eigenschaften in sich vereinigen kann. Daher sollten mit Änderung des Aufgabenschwerpunkts (z.B. vom Werden zum Bewahren) auch die Führungskräfte der strategischen Geschäftseinheit beziehungsweise Division wechseln.

Realisierung eines vitalen Unternehmens verlangt nach Übereinstimmung von Strategie, Struktur, Systemen und Kultur miteinander (interner "Fit") sowie mit Markt- und Wettbewerbsbedingungen (externer "Fit"), was in der folgenden Abbildung veranschaulicht wird:

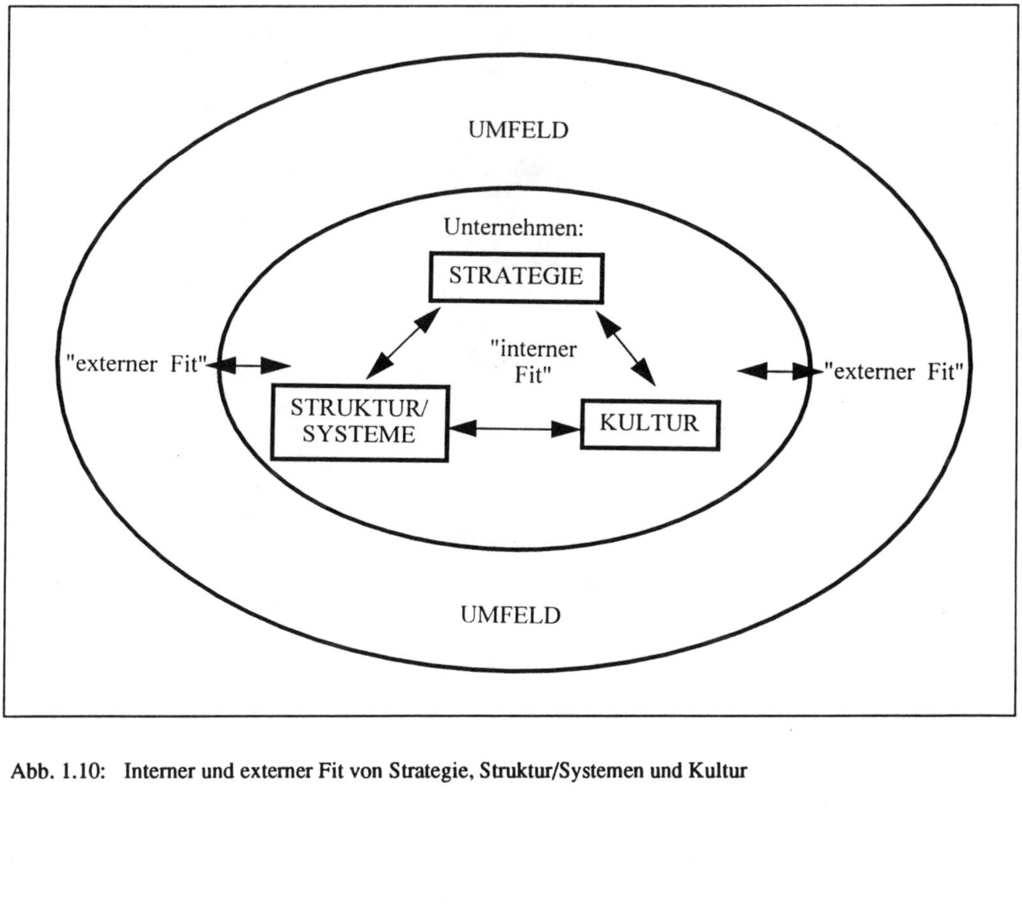

Abb. 1.10: Interner und externer Fit von Strategie, Struktur/Systemen und Kultur

Strategie, Struktur, Systeme und Kultur sind eng miteinander verknüpft und sollten daher nicht getrennt voneinander gestaltet und optimiert werden. Aufgabe der Unternehmensführung ist es, die Gestaltungsparameter Strategie, Struktur, Systeme und Kultur aufeinander abzustimmen und in Einklang mit dem unternehmerischen Umfeld zu bringen. Bezogen auf das Gesamtunternehmen bedeutet das, eine Konfiguration zu realisieren, die aufgrund ihrer Differenziertheit, Anpassungsfähigkeit und Offenheit simultanes und wechselndes Bewahren, Werden und Abschaffen zuläßt. Die Konfiguration für die einzelnen Unternehmensteile wird durch die vorherrschende Entwicklungsstrategie (Bewahren – Werden – Abschaffen) determiniert, die ihrerseits wieder Ausfluß der Unternehmenspotentiale und der Markt- und Wettbewerbsverhältnisse des betrachteten Ausschnitts ist.

Die nachstehende Tabelle gibt einen Überblick über die idealtypische Konfiguration eines vitalen Unternehmens (Gesamtheit der Ausprägung der Gestaltungsparameter):

	Rahmen-bedingungen	Strategie	Struktur	Systeme	Kultur
Gesamt-unternehmen	gesundes Kern-geschäft vorhanden	Entwicklungsstrategie = simultanes Bewahren, Werden und Abschaffen Basisstrategie = Differenzierung oder Kostenführerschaft je nach Kernkompetenz	differenziert nach vorherrschender Entwicklungsstrategie; generell: flexibel, wandlungsfähig, starke Vernetzung mit Umfeld	differenzierte Anreizsysteme je nach Entwicklungsstrategie; schlanke Planungs- und Steuerungssysteme für Wert- und Mengengrößen	starke gemeinsame Wertebasis; visionsgetrieben, hohe Wandlungs- und Lernfähigkeit, Vielfalt und Widerspruch werden bejaht
	hohes Chancenpotential; starke Entwicklungsdynamik (Question Marks, Stars)	Werden (Vielfalt) -innovieren -investieren	Projektorganisation Adhocracy* Simple Structure*	Belohnung von Kreativität und "Querdenken"; überwiegend qualitative Planung und Steuerung über Vorsteuergrößen	Freiraum für Unternehmertum, Kreativität und Spontaneität; Begeisterungsfähigkeit
Unter-nehmens-teilbereiche (Geschäfts-bereiche, Divisionen)	starke Marktstellung; reife Geschäfte (Cash-cows)	Bewahren (Fokus) -Halten -Effizienzsteuerung	Prozeßorganisation Spartengeschäftsbereichsorganisation Machine Bureaucracy* Professional Bureaucracy*	Belohnung von Qualitäts- und Produktivitätssteigerung; überwiegend quantitative Planung und Steuerung über operative Wert- und Mengengrößen	Proffesionalität, Effizienz; Produktivitäts- und Qualitätsorientierung
	schwache Marktstellung; hohes Risikopotential	Abschaffen (Fokus) -Ressourcen freisetzen -Gesundschrumpfen	Projektorganisation (zum Abschaffen)	Belohnung von Schnelligkeit und Konsequenz; Planung und Steuerung über Liquidations- und Residualwerte und -kosten	straffes Projektmanagement; Aktionsorientierung, Emotionslosigkeit, Sachlichkeit

*)vgl. die 5 Strukturtypen von Mintzberg (Structuring)

Abb. 1.11: Die Konfiguration des vitalen Unternehmens

Die Gegenüberstellung macht deutlich, daß ein vitales Unternehmen nicht eine einzige, klar definierte Konfiguration aufweist, sondern ein differenziertes, aufeinander abgestimmtes Bündel von Strategie-, Struktur-, System- und Kulturmerkmalen verbindet. Der interne und externe Fit (Konsistenz und Kontingenz) ist dabei wesentlich wichtiger als die Orientierung an aktuellen Moden (vgl. Mintzberg [Organization], S. 116).

Neben der Fähigkeit, diese Unterschiedlichkeit und teilweise Gegensätzlichkeit unter einem Dach zu ertragen, zeichnet sich das vitale Unternehmen noch durch hohe Lern- und Wandlungsfähigkeit aus. Es ist eine lernende Organisation, die durch individuelle und kollektive Lernprozesse den Vorrat an zweckorientiertem Wissen laufend erweitert. Dadurch verschafft sich das Unternehmen gegenüber seinen Mitbewerbern zunehmenden Know-how-Vorsprung. Die Fähigkeit, mit Vielfalt und Widerspruch umzugehen sowie die Lern- und Wandlungsfähigkeit können daher als Kernfähigkeiten (core capabilities) eines vitalen Unternehmens aufgefaßt werden.

Daraus läßt sich folgender Bauplan ableiten:

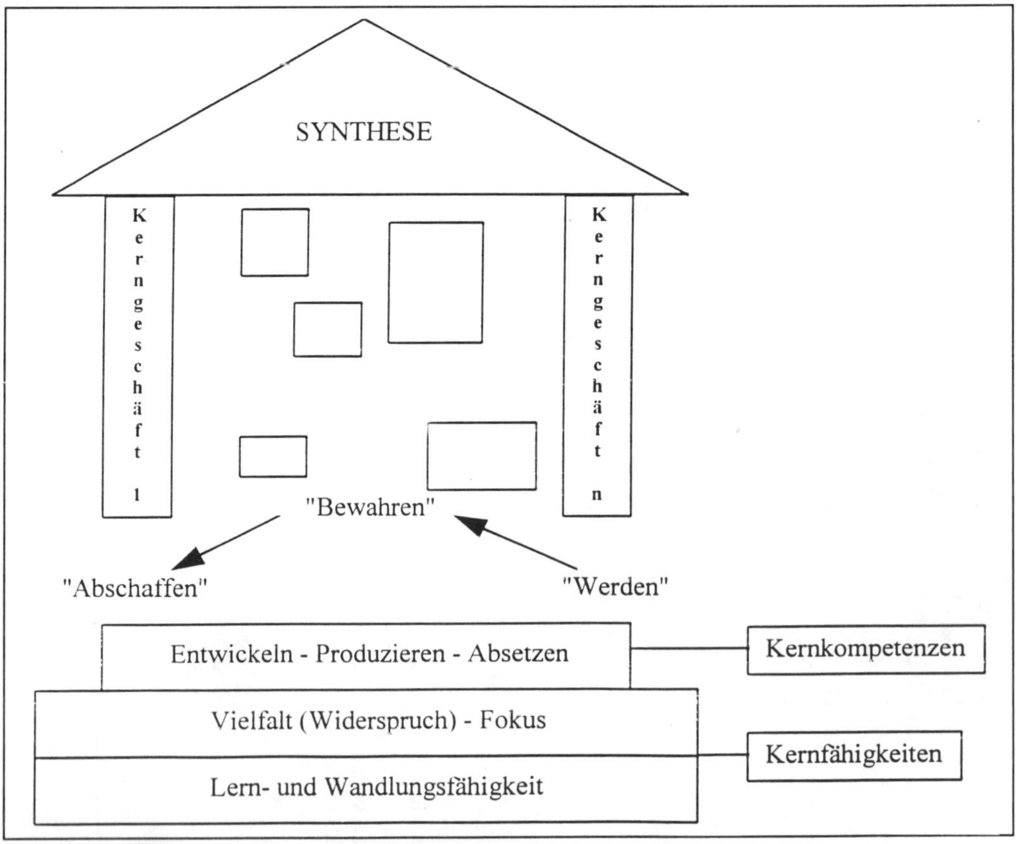

Abb. 1.12: Bauplan eines vitalen Unternehmens (nach Risak [BWA-Modell], S. 16)

Das Fundament des vitalen Unternehmens wird von den Kernfähigkeiten gebildet. Aus diesen entstehen die Kernkompetenzen Entwickeln, Produzieren und Absetzen in bezug auf bestimmte Technologien und Geschäfte, wobei der Vorrang der Kompetenz vor dem Geschäft beziehungsweise der Technologie zu betonen ist. Geschäfte und Technologien, die nicht kompetenzgetrieben sind, halten dem Wettbewerb nicht stand und sind daher nur von kurzer Dauer. Die Kernkompetenzen bilden die Basis für die Errichtung der "Wände" des skizzierten Hauses, der Kerngeschäfte. Diese sind aus früheren Innovationen entstanden und müssen laufend verbessert und rationalisiert werden (Bewahren). Die einzelnen Kerngeschäfte sind durch das Unternehmensdach verbunden, das die zwischen ihnen wirkenden Synergien symbolisiert. Ein "wetterfestes" Unternehmenshaus muß aus mindestens zwei gesunden Kerngeschäften mit Verbundvorteilen bestehen.

Im vitalen Unternehmenshaus schweben die Wände über der Basis – ein Sinnbild für die Beweglichkeit, Anpassungsfähigkeit und Offenheit der Struktur. Durch die Öffnungen können einerseits neue Geschäftsideen hereinkommen, die sich zu – kernkompetenzgetriebenen – Geschäften entwickeln (Werden). Andererseits können Projekte und Geschäfte, die nicht (mehr) zukunftsträchtig sind, durch die Öffnungen aus dem Haus hinausgebracht werden (Abschaffen). Das Unternehmenshaus kann sich so ständig erneuern und trotz "Unwetter" und "Erdbeben" das Fließgleichgewicht aufrechterhalten.

Die gewählte Darstellung ergänzt Bestandsdenken durch Denken in Flußgrößen. Aus zu Bewahrendem sind Ressourcen für Werden und Abschaffen zu generieren. Durch Abschaffen von Obsoletem entsteht Freiraum für Neues. Aufgabe der Führung bei diesem Ressourcentransfer ist die Synthese als Sicherstellung von Synergien und des Vorrangs des Gesamtinteresses des Unternehmens vor Einzelinteressen.

1.4 Führung braucht Ergänzung

1.4.1 Führung und Führungshilfe

Nachdem Gestaltung und Lenkung vitaler Unternehmen als zentrale Managementherausforderung abgeleitet wurden, stellt sich die Frage, auf welche Hilfestellungen das Management bei der Bewältigung dieser Aufgabenstellung zurückgreifen kann. Dazu müssen die einzelnen Dimensionen von Management beziehungsweise Führung herausgearbeitet werden. Dem systemorientierten betriebswirtschaftlichen Ansatz folgend, werden Unternehmensführung und Management als Gestaltung und Lenkung des soziotechnischen Systems Unternehmen bezeichnet (vgl. Ulrich [Unternehmenspolitik], S 181). Der Begriff Unternehmensführung kann dabei in institutionellem und in funktionellem Sinn verstanden werden (vgl. Hopfenbeck [Betriebswirtschaftslehre], S. 451ff.). Als Unternehmensführung im institutionellen Sinn bezeichnet man die Träger der Managementtätigkeit: Führungskräfte und Führungsstellen (Instanzen). Im Unterschied dazu beschäftigt sich der funktionale Aspekt der Unternehmensführung mit Management als Tätigkeit (Gestaltungs- und Lenkungsprozeß). Dabei kann in sachbezogene und in personenbezogene Aspekte der Führung unterschieden werden (vgl. 1.1.2.3). Die sachbezogenen Führungsaufgaben umfassen die einzelnen Funktionen im Prozeß der Willensbildung und Willensdurchsetzung (Planung, Entscheidung, Organisation, Durchsetzung, Kontrolle, Koordination), während die personenbezogenen Führungsaufgaben Beeinflussung und Steuerung des Mitarbeiterverhaltens zum Ziel haben (Motivation etc.).

Führungshilfe zerfällt in Führungshilfe im engeren und im weiteren Sinn. Unter Führungshilfe im weiteren Sinn versteht man Managementkonzepte und Managementphilosophien, die einen Denk- und Bezugsrahmen zur Gestaltung und Lenkung von Unternehmen liefern und damit die Führungskräfte bei der Erfüllung ihrer Führungsaufgabe unterstützen. Führungshilfe im engeren Sinn bezeichnet Institutionen und Funktionen, die einen eigenständigen Beitrag zur Erfüllung von Führungsaufgaben leisten, indem sie die Entscheidungsvorbereitung (Willensbildung) und Entscheidungsumsetzung (Willensdurchsetzung) unterstützen; sie hat demnach – genauso wie Führung – eine institutionelle und eine funktionale Komponente.

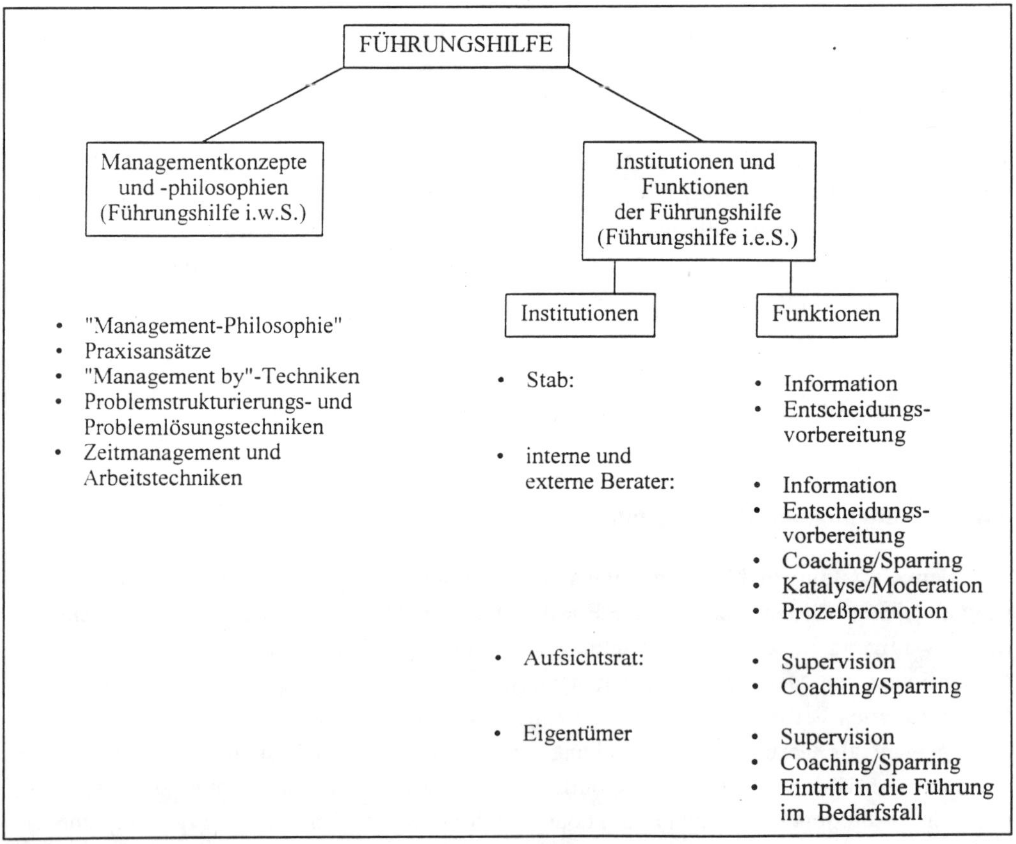

Abb. 1.13: Dimensionen der Führungshilfe

Die konzeptionellen Führungshilfen reichen von Tips zur Gestaltung des persönlichen Arbeitsumfelds der Führungskraft bis zu normativen Grundaussagen über das Wesen des Managements. Sie spannen einen weiten Bogen von "Managementphilosophien" über die sogenannten Praktikeransätze (vgl. dazu Punkt 1.3.1) bis zu "Management by"- und Problemstrukturierungs- und Problemlösungstechniken sowie zu persönlichen Zeitmanagement- und Arbeitstechniken für die Führungskraft. All diese Führungshilfen haben gemeinsam, daß Führungsunterstützung immateriellen, "geistigen" Charakter hat. Ihre konkrete Ausformung (Materialisierung) erfahren die immateriellen Führungshilfen in den danach gestalteten Führungs-, Planungs- und Steuerungssystemen sowie im Führungsverhalten. Der praktische Nutzen der Führungshilfe im weiteren Sinn leitet sich daher aus dem Orientierungs- und Anweisungsgehalt der (impliziten) Handlungs- und Gestaltungsempfehlungen ab.

Den konzeptionellen Führungshilfen gegenüber steht die Führungshilfe durch führungsunterstützende Funktionen und deren institutionelle Träger. Zu den wichtigsten führungsunterstützenden Aufgaben zählen:

- Information
- Entscheidungsaufbereitung (Problemstrukturierung, Problemlösungsvorschläge, Alternativenbewertung)
- Coaching/Sparring
- Katalyse/Moderation
- Prozeßpromotion (von Analyse- und Problemlösungsprozessen)
- Supervision.

Als unternehmensinterne und unternehmensexterne Träger dieser Funktion kommen in Frage:

- Stäbe: Stäbe werden Instanzen (Stellen mit Leitungsbefugnis) zur Seite gestellt, um sie insbesondere bei der Entscheidungsvorbereitung zu unterstützen (z. B. Assistent der Geschäftsleitung).
- Interne und externe Berater: Berater fungieren quasi als Stabsstellen auf Zeit, um das Management bei der Analyse, Problemlösungskonzeption und Problemlösungsimplementierung zu unterstützen. Je nach Beraterstil und Klientenerwartung übernimmt der Berater die Funktionen des Informationslieferanten, Problemlösers, Katalysators/Moderators, Prozeßpromotors oder Coachs (vgl. Hoffmann [Faktoren], S. 87f.).
- Ausichtsrat: Aufsichtsräte oder Beiräte leisten (neben ihrer teilweise vom Gesetz vorgeschriebenen Kontroll- und Aufsichtsfunktion) Führungshilfe durch Supervision und Coaching beziehungsweise Sparring.
- Eigentümer: Einen Sonderfall der Führungshilfe stellt Führungsergänzung durch den Eigentümer dar, der neben seiner Supervisions- und Sparringfunktion dazu verpflichtet ist, im Bedarfsfall selbst in die Führung einzutreten, um Schaden vom Unternehmen abzuwenden.

Die Auflistung und Gegenüberstellung der Konzepte, Funktionen und Institutionen der Führungshilfe im engeren und weiteren Sinn zeigt, daß es an einer umfassenden Konzeption fehlt, die – aufbauend auf einem fundierten, zeitgemäßen Führungsverständnis – die wichtigsten führungsunterstützenden Funktionen integriert und institutionalisiert. Alle genannten Institutionen decken lediglich ein kleines Spektrum der Führungshilfe ab, ohne daß ihrer Funktionserfüllung eine spezifische Auffassung von Unternehmensführung zugrunde liegt. Die Art und Weise, wie diese Institutionen ihre führungsunterstützenden Leistungen erbringen, ist von Fall zu Fall stark unterschiedlich.

Im Unterschied dazu stellt die Controllingkonzeption ein umfassendes, integratives Konzept zur **Ergänzung** der Gestaltung und Lenkung vitaler Unternehmen dar. Unter dieser Führungsergänzung versteht man das Zusammenwirken einer "controllinggerechten Führungsphilosophie", die den aktuellen Managementanforderungen entspricht, und einer umfassenden, integrierten Führungshilfe durch die Controllingfunktionen und Controllinginstitutionen.

1.4.2 Controlling als die Unternehmensführung ergänzendes System

Führungskräfte müssen Gestaltung und Lenkung vitaler Unternehmen auf Basis unvollkommener Information und unter enormem Zeitdruck bewältigen. Aus diesem Grund haben sich die unter Punkt 1.4.1 beschriebenen Führungshilfen herausgebildet, die jedoch alle nur einen Teil der notwendigen Führungsunterstützung abdecken.

Der Bedarf nach einem die Unternehmensführung umfassend ergänzenden (komplettierenden) System ergibt sich aus den Eigenschaften des Systems Unternehmen und aus den aktuellen Anforderungen an die Unternehmensführung. Der **umfeldinduzierte Controllingbedarf** resultiert aus der Offenheit des Systems Unternehmen gegenüber einem dynamischen und komplexen Umfeld und aus der Notwendigkeit zur externen Harmonisation (vgl. Niedermayr [System], S. 43ff.). Der **unternehmensinduzierte Controllingbedarf** ist einerseits eine Folge der Umfeldkomplexität und Umfelddynamik, andererseits verlangen die Systemeigenschaften Multifunktionalität, Ertragsorientierung (Notwendigkeit der Kostendeckung) sowie Zielsuche (Selbstreferenzierung) nach entsprechender Controllingunterstützung zur internen Harmonisation (vgl. Niedermayr [System], S. 45ff.).

Dabei ist zu beachten, daß der Bedarf nach Führungsergänzung wesentlich vom Grad der internen und der externen Komplexität abhängt. Die interne Komplexität wird insbesondere durch Größe und Internationalität des Unternehmens sowie durch Vielschichtigkeit der Leistungserstellung und Leistungsverwertung (Diversifikationsgrad, Sortimentsbreite, Kunden- und Abnehmerstruktur) determiniert. Die externe Komplexität wird vor allem durch Dynamik, Internationalität und Intensität des Branchenwettbewerbs, durch Wandel der Erwartungen der Anspruchsgruppen des Unternehmens (Stakeholder) sowie durch allgemeine Umfeldveränderungen (in den Bereichen Gesellschaft, Politik, Recht, Technologie, Konjunktur etc.) bestimmt.

Die folgende Abbildung illustriert die Ableitung des Controllingbedarfs aus der Zielsetzung der Gestaltung und der Lenkung eines vitalen – anpassungs- und fortschrittsfähigen – Unternehmens:

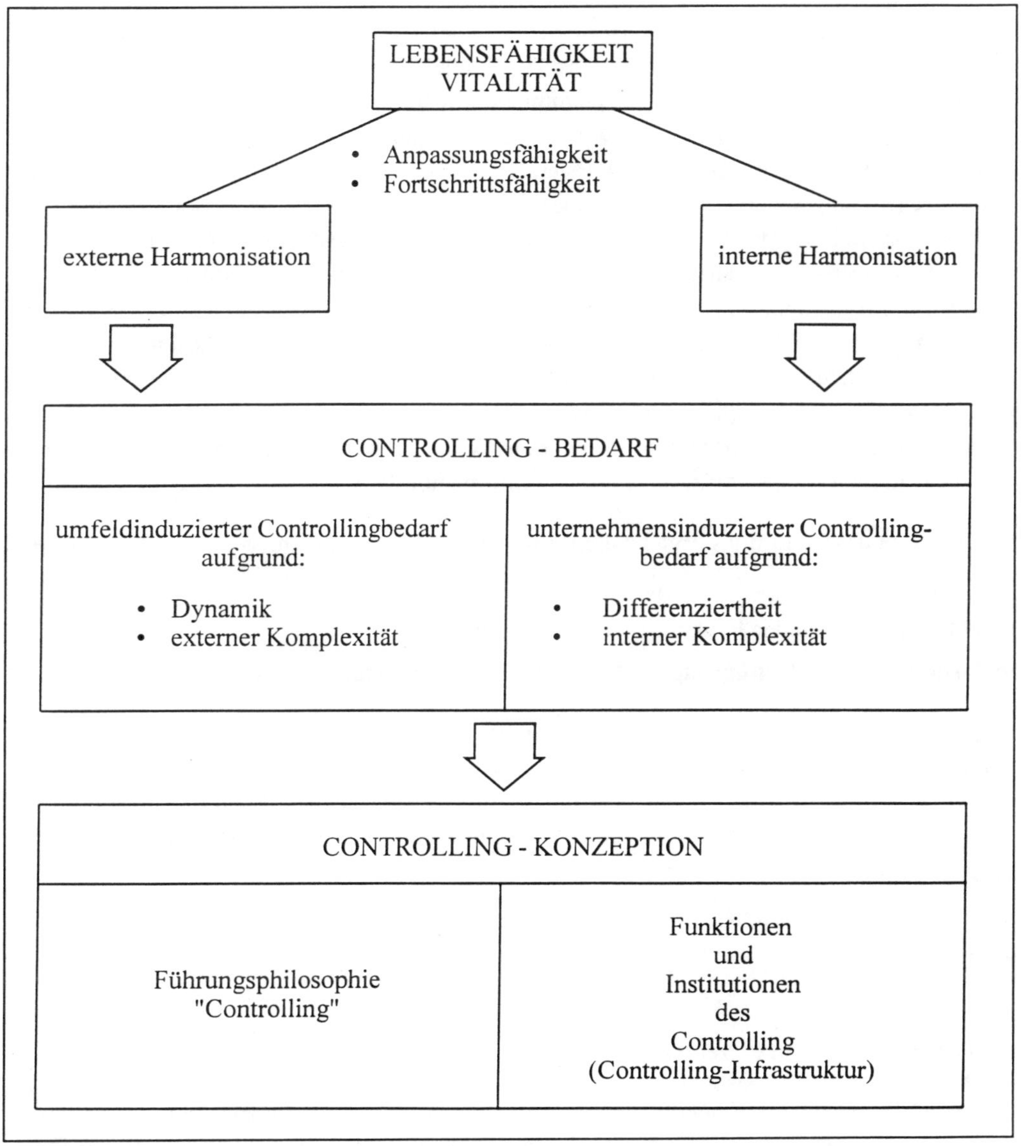

Abb. 1.14: Ableitung des Controllingbedarfs

Der umfeldinduzierte Controllingbedarf resultiert aus der Notwendigkeit zur externen Harmonisation, zur Beherrschung von Umfelddynamik und Umfeldkomplexität. Der unternehmensinduzierte Controllingbedarf folgt aus der zunehmenden internen Differenziertheit und

Komplexität von Unternehmen, die nach interner Harmonisation verlangen. Die interne Differenziertheit und Komplexität ist dabei als Reaktion auf die externe Komplexität und Dynamik zu begreifen. Das Unternehmen kann das Fließgleichgewicht mit dem turbulenten, vielschichtigen Umfeld nur aufrechterhalten, wenn es seine eigenen Strukturen entsprechend differenziert und die für Evolution erforderliche Varietät schafft. Das stellt hohe Anforderungen an die Koordinations- und Integrationsfähigkeit des Unternehmens, die allein durch Hierarchie und durch organisatorische Programmierung nicht gewährleistet werden können (vgl. Kieser; Kubicek [Organisation], S. 291). Zur Bewältigung dieser Aufgabe werden von der Unternehmensführung im Rahmen von Planung und Kontrolle Regeln, Programme und Pläne erarbeitet (Bildung sekundärer Subsysteme), durchgesetzt und überwacht. Bei arbeitsteiliger Unternehmensführung ist es notwendig, die einzelnen Führungshandlungen im Hinblick auf die übergeordneten Ziele abzustimmen. Damit wird Koordinationsfähigkeit neben der Fortschritts- und Anpassungsfähigkeit zur dritten Voraussetzung für Lebensfähigkeit. Aus diesem Koordinationsbedarf des Führungssystems erwächst ein eigenständiger (funktionaler) Zweck des Controlling, der durch andere Führungssubsysteme (wie Planung und Kontrolle) nicht erfüllt werden kann (vgl. Küpper* [Konzeption], S. 100). Der originäre Zweck des Controlling ist daher Koordination des Führungssystems des Unternehmens, um interne und externe Harmonisation sicherzustellen, sowie Informationsversorgung.

Das Konzept des Controlling ergänzt die Unternehmensführung durch:

- "Führungsphilosophie Controlling"
- Führungsergänzenden Funktionen des Controlling
- Institutionen und Instrumente des Controlling (Controllinginfrastruktur).

Die **Führungsphilosophie des Controlling** zielt auf Gestaltung und Lenkung vitaler Unternehmen ab. Der Denkhaltung des Controlling liegt ein planungs-, steuerungs-(vorkoppelungs)- und regelungs(rückkoppelungs)-basiertes Führungsverständnis zugrunde. Unternehmensführung ist nur dann controllinggerecht, wenn sie folgende Kriterien erfüllt:

- Zielorientiert
- Planungs- und kontrollbasiert
- Antizipativ
- Adaptiv
- Flexibel und schnell (dezentral).

Ziel controllinggerechter Unternehmensführung ist Sicherung der Lebens- und Wertschöpfungsfähigkeit des Unternehmens. Controlling unterstützt die Verwirklichung dieses Führungsziels durch spezifische **Controllingfunktionen**, die bei Bedarf mit Unterstützung eige-

*) Hans-Ulrich Küpper (*1945) Professor an der Universität München. Begründer der koordinationstheoretischen Definition des Controlling.

ner **Controllerstellen** erbracht werden, sowie durch **Controllingsysteme und Controllinginstrumente**.

Die Hauptfunktion des Controlling ist Koordination des Führungssystems, um Abstimmung und Integration der einzelnen Führungsteilsysteme zu sichern und um externe Komplexität und Dynamik durch interne Komplexität und Differenziertheit zu kontrollieren. Voraussetzung dafür ist entsprechende Versorgung mit Führungsinformation, wodurch die Informationsfunktion zur zweiten wichtigen Controllingfunktion wird.

In der betrieblichen Praxis manifestiert sich der Bedarf nach Führungsergänzung durch Controlling im Zeit- und Informationsmangel des Managements sowie in zum Teil fehlenden betriebswirtschaftlichen Fach- und Detailkenntnissen der Entscheidungsträger. Manager sind Generalisten, die eine Fülle von unternehmerischen Entscheidungen unter unvollkommener Information und unter Zeitmangel treffen und durchsetzen müssen und dabei laufend mit der begrenzten Gestaltbarkeit von Situationen und Organisationen konfrontiert werden. Aus diesem Grund bewährt sich personelle Arbeitsteilung zwischen Manager und Controller, bei der der Controller als "betriebswirtschaftlicher Servicemann" und "Informationsmanager" eigenständige Beiträge zur Willensbildung und Willensdurchsetzung leistet. Die Rolle des Controllers besteht darin, das bestehende Informations- und Koordinationsbedürfnis des Managements zu decken, um dadurch die Managementkapazität und Managementqualität zu erhöhen. Die Beiträge des Controllers können quantitative und qualitative Führungsengpässe verringern. Der Sparringprozeß zwischen Manager und Controller verbessert die betriebliche Entscheidungsqualität und erhöht die Transparenz der Entscheidungskonsequenzen.

Die personenbezogene Ergänzungsfunktion des Controllers kann noch einen Schritt weiter gehen. Weil jedes Management spezifische Eigenschafts- und Fähigkeitsprofile aufweist, wäre es Aufgabe des Controllers, diese Profile symbiotisch zu ergänzen. Im Idealfall agieren Manager und Controller als "Gespann" einander ergänzender und befruchtender Verantwortungsträger im Unternehmen. Aus diesem Idealbild ergibt sich, daß unterschiedliche Managertypen nach unterschiedlichen Controllertypen verlangen, was bei der Besetzung von Controllerstellen und beim "Controller-Development" berücksichtigt werden muß.

Beim Controlling handelt es sich um die einzige Konzeption, die umfassende Führungshilfe anbietet (Managementphilosophie, führungsunterstützende Funktionen und Instrumente/ Systeme sowie institutionelle Träger). **Controlling ergänzt und integriert das Management in konzeptionellem, funktionalem und institutionellem sowie (bei Einrichtung eigener Controllerstellen) personellem Sinn. Controlling-Denkhaltung ("Software") und Controllinginfrastruktur ("Hardware") sind die beiden Säulen dieser Führungsergänzung. Mit ihrer Hilfe wird es möglich, die Komplexität der Unternehmensführung unter Kontrolle zu bringen**, was den enormen Erfolg und die ungebrochene "Nachfrage" nach Controlling in der Wirtschaftspraxis erklärt.

2 Die Konzeption des Controlling

Rolf Eschenbach, Rita Niedermayr

Die Konzeption (das Konzept) des Controlling ist die grundlegende Auffassung über Controlling. Sie ist vergleichbar mit der Verfassung eines Staats und umfaßt alle Grundgedanken über Zweck, Funktionsweise und Zusammenwirken mit anderen Systemen.

Bevor die Konzeption des Controlling aus seinem Umfeld abgeleitet wird, sollen vorhandene Controllingauffassungen der Literatur und damit der Stand der gegenwärtigen Controllingdiskussion beleuchtet werden.

2.1 Controllingauffassungen in der Literatur

Ein auffälliger Widerspruch kennzeichnet die Controllingdiskussion: Auf der einen Seite gibt es kein größeres Unternehmen, das nicht mehrere Stellen im Controlling aufweist, auf der anderen Seite findet man in der Literatur eine fast unüberschaubare Variationsbreite an Definitionsvorschlägen und Konzeptionen vor. "Jeder hat seine eigenen Vorstellungen darüber, was Controlling bedeutet oder bedeuten soll, nur jeder meint etwas anderes." (Preißler [Controlling], S. 10) Die Ergebnisse zahlreicher empirischer Untersuchungen aus dem amerikanischen und deutschsprachigen Raum bestätigen die Aussage: "In practice, people with the title controller have functions that are, at one extreme little more than bookkeeping, at the other extreme, de facto general management." (Anthony [Management], S. 28)

2.1.1 Der Begriff des Controlling

2.1.1.1 Begriffsauffassung im anglo-amerikanischen Sprachraum

Mit dem Begriff des Controlling werden unterschiedliche Vorstellungsinhalte verbunden. Er leitet sich vom Wortstamm "control" ab, dieser Terminus wird von Drucker* als "ambiguous word" bezeichnet (vgl. Baumgartner [Controllingkonzeption], S. 20). Rathe stellte in der Umgangssprache über 50 verschiedene Bedeutungen des Begriffs fest (vgl. Rathe [Management], S. 32). In der Verb-Form hat der Begriff die Bedeutung von (1) lenken, steuern, regeln; (2) führen, leiten und (3) bedienen, beherrschen, kontrollieren; in der substantivischen

*) Peter Drucker (*1909) Professor an der Claremont Graduate School. Drucker ist einer der bekanntesten amerikanischen Management-Gurus und herausragender Management-Vordenker.

Form die Bedeutung von Kontrolle, Prüfung, Zwang, Aufsicht, Überprüfung, Macht, Befehl, Gewalt, Einschränkung, Führung, Zurückhaltung.

Control wird darüber hinaus als Soll-Ist-Vergleich definiert: "The process of control is the measurement of performance by comparision with instruction, or programme or plan." (Milward [Approach], S. 5) Der Begriff des Controlling wird gleichzeitig in einer Reihe von Fachsprachen angewandt, wie in denen der Mechanik, der Elektrotechnik, der Biologie, der Psychologie, der Wirtschaftswissenschaften. Im betriebswirtschaftlichen Bereich dominiert heute die kybernetisch orientierte Interpretation des Begriffs "control" (zum kybernetischen Control-Begriff: vgl. Beer [Kybernetik], S. 35f.), der als Lenkung, Steuerung und Regelung von Prozessen verstanden wird. Nach Anthony umfaßt Control in einem Unternehmen "all devices that insure that it goes where its leaders want it to go" (Anthony [Management], S. 22). Control im kybernetischen Sinn ist dabei weniger etwas, was man tut, sondern eine immanente Eigenschaft des Systems (Unternehmen), sich selbst unter Kontrolle zu haben (vgl. Malik [Controlling], S. 197). Eine wesentliche Aufgabe des Managements ist das Lenken des Systems Unternehmen, es unter Kontrolle zu bringen (vgl. Ulrich [Controlling], S. 15ff.). Controlling im amerikanischen Sinn entspricht dieser Sichtweise.

Controlling ist die indefinite Form des Verbs "to control". Controlling stellt in der angloamerikanischen Managementlehre neben Planning, Organizing etc. eine zentrale Managementfunktion dar. Sie kann interpretiert werden als "measurement of accomplishment of events against the standard of plans and the correction of deviations to assure attainment of objectives according to plans" (Richter [Strukturkriterien], S. 16). Controlling als zentrale Managementaufgabe sollte von Linieninstanzen aller Hierarchiestufen erfüllt werden und ist daher nicht ausschließlich eine Tätigkeit des Controllers. Erfolgreiches Controlling stellt sicher, daß potentielle und aktuelle Planabweichungen erkannt und nach mehrmaligem Durchlauf der Management-Cycles oder -Phasen beseitigt werden. Control ist somit das Resultat des Controllingprozesses im amerikanischen Sinn. Die institutionelle Variante des Controlling, die Tätigkeit und das Aufgabengebiet des Controllers als Träger einer Dienstleistungsfunktion, wird im Amerikanischen vornehmlich als "Controllership function" bezeichnet.

2.1.1.2 Begriffsauffassung im deutschen Sprachraum

Da es im Deutschen nach übereinstimmender Auffassung der Fachliteratur kein entsprechendes Wort mit gleichem Bedeutungsinhalt gibt, wurde der Begriff Controlling in den deutschen Sprachschatz übernommen. Die Literatur bietet bis heute keine einheitliche Definition des Begriffs, aber es zeichnen sich Tendenzen zur Festigung ab (vgl. Harbert [Controlling], S. 4ff.; Franzen [Controlling], S. 608). Von den drei wichtigsten Interpretationsmustern des Controlling – Controlling als Soll-Ist-Vergleich, Controlling als Einheit von Planung und Kontrolle und Controlling als Verhaltensbeeinflussung – werden hauptsächlich die erste und zweite Sichtweise aufgegriffen. Der Aspekt einer umfassenden Steuerung des menschlichen

Verhaltens als dritte Interpretation wird im Gegensatz zur anglo-amerikanischen Literatur nur selten berücksichtigt.

Mit der gängigen Bezeichnung Controlling wird entweder Controllership oder die Wahrnehmung von "control" ausgedrückt; der Begriff Controllership hat im Deutschen kein Äquivalent. In der Literatur unterscheidet man eine funktionale und eine institutionale Variante des Controlling. Zahlreiche Autoren haben den Controllingbegriff analog zur amerikanischen Auffassung gewählt. Danach bedeutet Controlling die Steuerung des Unternehmens im Rahmen einer vorgegebenen Zielrichtung und ist eine Aufgabe des Managements. Als Instrument der Unternehmenssteuerung verursacht es in dieser Form Abgrenzungsschwierigkeiten zum Begriff der Führung.

In der deutschsprachigen Literatur ist die institutionale Begriffsdefinition tendenziell weiter verbreitet als die rein funktionale Sichtweise. Einige Autoren beschreiben den Controller als eine Hilfsinstanz, die für die eigentlichen Träger der Controllingfunktion, das Management, Dienstleistungen erbringt (vgl. Horváth* [Controlling], S. 26). Andere Autoren vertreten die Auffassung, daß der Controller selbst Träger der Controllingfunktion ist (vgl. Baumgartner [Controllingkonzeption], S. 35).

Schwierigkeiten begrifflicher Art zeigen sich auch in zahlreichen Versuchen, den Begriffsinhalt durch die metaphorische Übertragung von nicht-betriebswirtschaftlichen Inhalten auf den Ausdruck Controller zu beschreiben. So findet man für den Controller die Bezeichnungen Lotse, Steuermann, Navigator, Copilot, betriebswirtschaftliches Gewissen, Arzt, Thermostat etc.; auffallend die Häufigkeit der aus der Nautik stammenden Bedeutungen. Der Wert derartiger Metaphorik für deskriptive und auch präskriptive Aussagen über das Controlling ist begrenzt, da durch individuell variierende Assoziationen eine breite Auslegung des Controlling gefördert wird. Die mangelnde Konsistenz und Präzision der Beispiele zeigt, welche vielfältigen Ausrichtungen sich für Controlling ergeben können (zur Konsistenz und Präzision von Begriffen: vgl. Buchner [Controlling], S. 9).

2.1.2 Controllingkonzeptionen im deutschen Sprachraum

Konzeptionen beinhalten Aussagen über controllingrelevante finale Beziehungen. Die funktionale, instrumentale und institutionale Gestaltung des Controlling wird vor dem Hintergrund operationaler Ziele des Controlling betrachtet.

In der Betriebswirtschaftslehre wurde bereits eine Reihe von Konzeptionen entwickelt. Der Aufgabenbereich und die Instrumente des Controlling werden im Rahmen einer Controllingkonzeption auf Grundlage der Controllingziele abgegrenzt, daher können die funktionalen

*) Peter Horváth (*1937) Professor an der Universität Stuttgart. Er betonte als erster die Koordinationsfunktion des Controlling. Weiters adaptierte er das Gedankengut des activity based costing auf kontinentaleuropäische Voraussetzungen.

und instrumentalen Unterschiede einzelner Controllingkonzeptionen auf einen Unterschied der Controllingziele zurückgeführt werden.

Man unterscheidet daher zwei Arten von Controllingzielen: direkte/unmittelbare und indirekte/mittelbare Ziele. Die unmittelbaren Controllingziele (Sachziele) grenzen den Umfang der Controllingaufgaben ein und legen fest, ob die Unterstützungsfunktion des Controlling Informationsversorgung, Führungskoordination oder auch Mitentscheidung umfaßt. Die unmittelbaren Controllingziele weisen nach Baumgartner (vgl. Baumgartner [Controllingkonzeption], S. 55) im Hinblick auf Unternehmensziele einen Mittel-Zweck-Charakter auf, sind Gegenstand des Führungsverhaltens und werden daher auch des öfteren als "Führungsziele" bezeichnet.

Die mittelbaren Ziele sind jene Ziele einer Organisation, deren Erreichung Controlling fördern soll. Das Controlling selbst kann dazu nur einen indirekten Beitrag leisten, deshalb werden diese Ziele auch als indirekte Ziele bezeichnet. Sie präzisieren die Controllingaufgaben inhaltlich. Unternehmen stehen den Erwartungen ihrer Anspruchsgruppen (Stakeholder) gegenüber, deren Beeinflussung und Erfüllung letztendlich den Unternehmenserfolg bestimmen. Unternehmen sollten deshalb nicht nur das finanzielle Erfolgsziel verfolgen, sondern ein Zielbündel aus wirtschaftlichen, sozialen, ökologischen und anderen Zielen.

2.1.2.1 Darstellung ausgewählter Controllingkonzeptionen

Die Abbildung 2.1 gibt einen Überblick über die direkten und indirekten Ziele ausgewählter Controllingkonzeptionen.

Stehen die direkten Ziele der einzelnen Controllingansätze in Beziehung zueinander oder lassen sie sich auf ein gemeinsames Ziel zurückführen, wird dies mit Hilfe von Pfeilen dargestellt.

Ziele/Controllingkonzeptionen		BAUMGARTNER (1980)	DEYHLE (1993)	HAHN (1991)	HORVÁTH (1994)
Indirekte Controllingziele	alle Unternehmensziele	Unternehmensziele	"WEG" = Wachstum Entwicklung Gewinn	-	Unternehmensziele
	Beschränkung auf bestimmte Unternehmensziele	-		Ergebnisorientierung	-
Direkte Controllingziele	Koordinationsziel	Sicherung der Koordinations- und Adaptionsfähigkeit der Unternehmensführung	Sicherung der Mobilität und Anpassungsfähigkeit	Koordination von Planung, Steuerung und Überwachung	Sicherung der Koordinations- und Adaptionsfähigkeit der Unternehmensführung ↓ Koordination von Planung und Kontrolle sowie Informationsversorgung
	Informationsziel	Sicherung der Antizipations- und Reaktionsfähigkeit der Unternehmensführung	Sicherung von Ergebnistransparenz	Informationelle Sicherung einer ergebnisorientierten Planung, Steuerung und Überwachung	↑ Sicherung der Antizipationsfähigkeit und Reaktionsfähigkeit der Unternehmensführung

Abb. 2.1: Überblick über ausgewählte Controllingkonzeptionen – Teil I

Ziele/Controllingkonzeptionen		KÜPPER (1990)	MAYER (1990)	MÜLLER (1974)	PREIẞLER (1994)
Indirekte Controllingziele	alle Unternehmensziele	Zielausrichtung (abgeleitetes Controllingziel)	Unternehmensziele	-	Unternehmensziele
	Beschränkung auf bestimmte Unternehmensziele	–	–	–	–
Direkte Controllingziele	Koordinationsziel	Koordination im Führungssystem (zentrales Controllingziel)	Existenzsicherung Koordination durch die Verkettung und Vernetzung biokybernetischer Regelkreissysteme	–	Sicherung von Planung und Kontrolle ↓ Sicherung des betriebswirtschaftlichen Gewissens des Unternehmens
	Informationsziel	↓ Anpassungs- und Innovationsfunktion, Servicefunktion (abgeleitete Controllingziele)	Sicherstellung einer empfängergerechten und zukunftsorientierten Informationsbereitstellung	Abstimmung von Informationsbedarf und Informationsangebot	↑ Sicherung der Informationsversorgung

Abb. 2.1: Überblick über ausgewählte Controllingkonzeptionen – Teil II

Ziele/Controllingkonzeptionen		REICHMANN (1991)	SCHWEITZER/ FRIEDL (1992)	WEBER (1993)	WELGE (1988)
Indirekte Controllingziele	alle Unternehmensziele	–	Zielsystem des Unternehmens	Unternehmensziele	Unternehmensziele
	Beschränkung auf bestimmte Unternehmensziele	Erfolgsziel	–	–	–
Direkte Controllingziele	Koordinationsziel	–	Koordination der Unternehmensführung	planungs- und kontrolldeterminierte Koordination des gesamten Führungssystems	Sicherung der Planung und Integration von Planung und Kontrolle, Sicherung und Erhöhung der Flexibilität, Sicherung der Koordinationsfähigkeit
	Informationsziel	Informationsbeschaffung und -verarbeitung zur Planung, Koordination und Kontrolle	Sicherstellung der Informationsversorgung der Unternehmensführung	–	Sicherung der Informationsversorgung

Abb. 2.1: Überblick über ausgewählte Controllingkonzeptionen – Teil III

Der Großteil der angeführten Konzeptionen berücksichtigt das Informationsziel. Es fordert, daß Controlling die Versorgung der Unternehmensführung mit Planungs- und Steuerungsinformationen sowie mit Methoden und Modellen sicherstellt. Ähnliche Inhalte weisen auch die Ziele Sicherung der Reaktionsfähigkeit, Antizipations- und Adaptionsfähigkeit auf. In diesem Zielzusammenhang hat Controlling Informationen über erwartete beziehungsweise bereits eingetretene Umfeldinformationen und ihre Wirkung auf die Zielerreichung sowie interne Planungs- und Kontrollinformationen bereitzustellen.

Eine Reihe von Konzeptionen führt das Koordinationsziel als direktes Controllingziel an. Koordination hat generell die Abstimmung arbeitsteilig vollzogener Handlungen im Hinblick auf übergeordnete Ziele zum Gegenstand. Es geht dabei um die Abstimmung von Führungshandlungen im Gegensatz zur Abstimmung von Realisationshandlungen.

In der Literatur werden noch weitere direkte Controllingziele angeführt, die sich aber alle entweder auf die Informations- oder Koordinationsdimension zurückführen lassen. Wie man der Abbildung 2.1 entnehmen kann, zählen einige Controllingkonzeptionen das gesamte unternehmerische Zielsystem zu den indirekten Zielen des Controlling. Andere betrachten dagegen lediglich das Erfolgsziel als indirektes Controllingziel. Dies führt zur Unterscheidung zwischen zielsystemorientierten und erfolgszielorientierten Konzeptionen.

Neben Konzeptionen, die sowohl auf direkte als auch auf indirekte Controllingziele Bezug nehmen, gibt es Praktikeransätze, die weniger wissenschaftlich an die Zielfrage herangehen.

Sie verfolgen insbesondere die Absicht, in Unternehmen ein einheitliches Controllingverständnis zu schaffen, und betonen die praktische Umsetzung des Controlling. Geringere Bedeutung haben dabei begriffstheoretische Aspekte und die Frage nach der originären Zwecksetzung des Controlling. Das bedeutet, daß solche Beiträge bespielsweise keinen ausdrücklichen Bezug auf die direkten Ziele des Controlling nehmen (z.B. Deyhle*, Preißler oder auch Mayer**). Sie machen aber wiederum implizit die Informations- beziehungsweise Koordinationsdimension des Controlling erkennbar. Die Praktikeransätze stellen zwar weniger auf eine theoretisch-präzise Abgrenzung des Controlling ab, leisten aber durch den starken empirischen Bezug einen wichtigen Beitrag zur konzeptionellen Entwicklung des Controlling.

2.1.2.2 Systematisierung von Controllingkonzeptionen

Nach den unmittelbaren Controllingzielen ergeben sich folgende Konzeptionstypen (vgl. Niedermayr [System], S. 12ff.):

- Rechnungswesenorientierte Konzeption
- Informationsorientierte Konzeption
- Führungssystembezogene Konzeption
- Praktikeransätze.

Diese unterschiedlichen Controllingkonzeptionen verfügen über unterschiedliche Problemlösungspotentiale.

Rechnungswesenorientierte Konzeption

Rechnungswesenorientierte Ansätze berücksichtigen das Informationsziel, sofern es mit Hilfe des Rechnungswesens erfüllt werden kann. Das Informationsziel wird durch das indirekte Ziel (das Erfolgsziel) im Hinblick auf den Inhalt der bereitzustellenden Informationen konkretisiert. Hier geht es ausschließlich darum, Rechnungswesen-Informationen bereitzustellen, weshalb die Konzeption auch als eingeschränkt informationsorientiert bezeichnet werden kann.

---

*) Albrecht Deyhle (*1934) Gründer des Controller Verein e.V. und Leiter der deutschen Controller Akademie. Wesentlichstes Verdienst Deyhles ist die Verbreitung des Controllinggedankens in der deutschsprachigen Unternehmenspraxis.

**) Elmar Mayer (*1923) Professor an der Fachhochschule Köln. Hauptvertreter des kybernetischen Controllinggedankens: Controlling als Regelkreis von Planung, Kontrolle und Steuerung.

Im Mittelpunkt der rechnungswesenorientierten Ansätze steht mehr die materielle Veränderung des Rechnungswesens als die funktionale Ausweitung. Ziel der Ansätze sind die zukunftsorientierte Ausrichtung des Rechnungswesens und die Zentralisation von Rechnungswesen sowie Planungs- und Kontrollrechnung zu einer quantitativen Planung, Kontrolle und Steuerung des Unternehmensgeschehens zur Sicherung der Liquiditäts- und Gewinnziele bei allen Entscheidungen und Handlungen des Unternehmens. Diese Ansätze beschreiben einseitig Aspekte der (Plan-)Kosten- und Leistungsrechnung als Ausgangspunkt für die Ausbreitung des Controlling (vgl. Bannow [Controlling], S. 22). Die Idee, das Rechnungswesen als Management-Instrument zu konzipieren, ist vor allem im Zug der entscheidungsorientierten Betriebswirtschaftslehre auch ohne Anleihen aus der Controllingdiskussion Allgemeingut geworden. Daraus kann man allerdings kaum die Berechtigung ableiten, das bekannte Konzept des entscheidungsorientierten Rechnungswesens mit dem neuen Namen Controlling zu versehen.

Aus definitorischer Sicht sind jene Ansätze zu kritisieren, die das Spezifische des Controlling aus der Informationsverwendung der Daten des Rechnungswesens herzuleiten versuchen. Der Aspekt der Informationsverwendung ist keine originäre Funktion des Controlling und trägt nicht dazu bei, Controlling von anderen Disziplinen (z. B. dem Rechnungswesen) abzugrenzen. Das beweist auch die Tatsache, daß sich ein eigenständiger Forschungszweig des Rechnungswesens unter dem Titel "behaviorial accounting" mit dem Problembereich der Informationsverwendung beschäftigt. Das gesamte Controllingpotential kann somit wegen des niedrigen konzeptionellen Entwicklungsstadiums der rechnungswesenbezogenen Ansätze nicht genutzt werden.

Informationsorientierte Konzeption

Informationsorientierte Ansätze bauen auf den rechnungswesenbezogenen Ansätzen auf. Sie postulieren ebenso das Informationsziel des Controlling, allerdings mit dem gesamten unternehmerischen Zielsystem als erweitertem Informationshintergrund. Daher ist die Erweiterung der informatorischen Basis des Controlling ein zentrales Merkmal der Ansätze. Als generelle Aufgabe des Controlling rückt die Koordination der Informationsbeschaffung und des Informationsbedarfs in den Vordergrund.

Diese Auffassung ist in folgenden Definitionen erkennbar: Controlling ist als "Unterstützung der Steuerung der Unternehmung durch Information" (Hoffmann [Führungsorganisation], S. 85) und als "Beschaffung, Aufbereitung und Prüfung von Informationen für deren Anwendung zur Steuerung der Betriebswirtschaft auf deren Ziel hin" (Heigl [Controlling], S. 3) zu verstehen. Die Notwendigkeit eines durch die Koordination der Informationswirtschaft geprägten Controllingverständnisses wird mit den Zahlenfriedhöfen in den Unternehmen begründet, mit unbrauchbaren, nicht entscheidungsgerecht aufbereiteten Informationen des Rechnungswesens und mit der notwendigen Einführung von EDV-Anlagen.

Einige Beispiele sollen die informationsorientierte Konzeption verdeutlichen:

Reichmann (vgl. Reichmann; Voßschulte [Controlling], S. 75) sieht das Ziel der Controllingtätigkeit in der Vorbereitung von Entscheidungen durch problemadäquate Informationen. Nach Scheffler ist Controlling eine Funktion, die führungsrelevante betriebswirtschaftliche Daten für das Management auf verschiedenen Entscheidungsebenen aufbereitet und analysiert, um betriebswirtschaftlich rationale und zielgerichtete Entscheidungen und Maßnahmen zu veranlassen (vgl. Scheffler [Grundlagen], S. 382ff). Serfling definiert Controlling als ein "informationsversorgendes System zur Unterstützung der Unternehmensführung durch Planung, Kontrolle, Analyse und Entwicklung von Handlungsempfehlungen zur Steuerung des Betriebsgeschehens" (Serfling [Controlling], S. 18). Weitere Vertreter dieser Denkrichtung sind u.a. Heigl, Link und Müller (vgl. Heigl [Controlling]; Link [Aspekte], S. 261f.; Müller [Koordination], S. 686f.).

Um eine Zentralisation der betrieblichen Informationswirtschaft zu erreichen, wird dem Controlling eine meist organisatorisch eigenständige Informationsabteilung zugewiesen. Controlling wird zum Entwickler und Betreiber eines Management-Informationssystems (MIS), wobei insbesondere ein aussagefähiges Berichtssystem und die Integration der EDV in das Informationssystem gemeint ist. Das geht bis zur Forderung, die EDV gänzlich in den Controllingbereich einzugliedern.

Durch die Betonung der "im Kern informationswirtschaftlichen Dimension" des Controlling versucht man, Controlling einzugrenzen und damit dem Allmächtigkeits-Anschein des Controlling entgegenzuwirken – zweifellos kein wirksamer und gangbarer Weg. Genaugenommen wird ein seit langem bearbeitetes Problemfeld, die Informationswirtschaft eines Unternehmens, zum Hoheitsgebiet des Controlling erklärt. Die neuere Controllingliteratur kritisiert, daß dieses Vorgehen dem Anspruch einer schlüssigen und präzisen Verankerung des Controlling in der Führungstheorie nicht genügen kann. Läßt man die Definitionsprobleme außer acht, kann in der Praxis eine derartige Umsetzung des Controlling unter bestimmten Umfeldbedingungen durchaus sinnvoll sein.

Führungssystembezogene Konzeption

Im Gegensatz zu den schon dargestellten Controllingschwerpunkten "Rechnungswesen" und "Informationswirtschaft" leitet die führungsbezogene Konzeption Controllingaspekte aus dem gesamten Spektrum der Unternehmensführung ab: Controlling wird als Teilsystem der Unternehmensführung betrachtet.

Führungssystembezogene Ansätze versuchen verstärkt, die originären Funktionen des Controlling herauszuarbeiten und Controlling gegenüber der Unternehmensführung abzugrenzen. Sie können daher als die ausgereiftesten und umfassendsten Darstellungsvarianten des Controlling bezeichnet werden, da sie sowohl das Informationsziel als auch das Koordinationsziel verfolgen.

Führungssystembezogenes Controlling unterscheidet zwischen einerseits planungs- und kontrollorientierten und andererseits koordinationsorientierten Ansätzen.

a) Planungs- und kontrollorientierte Konzeption

Das Koordinationsziel der planungs- und kontrollorientierten Ansätze bezieht sich auf die betriebliche Planung, Steuerung, Kontrolle und die dazugehörige Informationsversorgung (vgl. Schweitzer; Friedl [Beitrag], S. 145). Diese Ansätze sehen die zentrale Funktion des Controlling in der Koordination von Planung und Kontrolle sowie Informationsversorgung. Die Konzeption schließt die Aufgaben einer gewinnziel- und informationsorientierten Controllingkonzeption ein. Die Aufgaben des Controlling werden nicht nur auf den operativen Führungsbereich beschränkt, Koordination sollte auch auf strategischer Ebene erfolgen. Deshalb betonen die Vertreter dieser Konzeption die Notwendigkeit eines strategischen Controlling. Horváth (vgl. Horváth [Controlling], S. 108-109) bezeichnet Controlling als ein Subsystem der Führung, das Planung und Kontrolle sowie Informationsversorgung systembildend und systemkoppelnd koordiniert und auf diese Weise die Adaption und Koordination des Gesamtsystems unterstützt. Welge (vgl. Welge [Unternehmungsführung], S. 6) greift auf einen instrumentellen Controllingbegriff zurück: "... wir sehen Controlling als ein Instrument an, mit dem das Management bestimmte Ziele verfolgt." Als Ziele des Controlling führt er die "Sicherung der Planung und Integration von Planung und Kontrolle", die "Sicherung der Informationsversorgung" (zum Zwecke der Planung und Kontrolle), die "Sicherung der Koordinationsfähigkeit" und die "Sicherung und Erhöhung der Flexibilität" an. Er weist darauf hin, daß diese Ziele nicht überschneidungsfrei und auch nicht voneinander unabhängig sind.

b) Koordinationsorientierte Konzeption

Dieser Konzeptionstypus faßt das Koordinationsproblem weiter. Das Koordinationsziel bezieht sich auf das gesamte Führungssystem mit seinen Teilsystemen Wertesystem, Planungs- und Kontrollsystem, Informationssystem, Personalführungssystem, Motivations- und Anreizsystem und Organisationssystem.

Fraglich ist, in welcher Form das Controlling die Koordination wahrnimmt und in welcher Weise sich die Koordination des Controlling von der Koordination als einer der wichtigsten Führungsaufgaben unterscheidet, sprechen doch Koontz und O'Donnell im Hinblick auf Koordination von "the essence of managership" bzw. "Each of the managerial functions is an exercise in coordination" (Koontz; O'Donnell [Principles], S. 50).

Das Koordinationsverständnis der koordinationsorientierten Ansätze basiert auf drei Grundannahmen:

- Unterscheidung von Führungs- und Leistungssystem
  Durch die Trennung von Führung und Ausführung ergeben sich Spezialisierungsvorteile, aber auch zusätzlicher Koordinationsbedarf.

- Unterscheidung von Führungssystem und Führungsteilsystemen
  Aus der Unterteilung des Führungssystems in mehrere Führungsteilsysteme entsteht im Unternehmen gesonderter Koordinationsbedarf.
- Konzentration auf primäre Koordination durch Pläne
  Grundsätzlich unterscheidet man Koordination durch Programme, Koordination durch Pläne, Koordination durch Selbstabstimmung und Koordination durch persönliche Weisungen, wobei keine der Koordinationsmechanismen generell den anderen überlegen ist. Ihre jeweiligen Vorteile beruhen auf einer Reihe von Kontextfaktoren (vgl. Kieser; Kubicek [Organisation], S. 103ff.).

  Aus konzeptioneller Sicht sollte Controlling auf Unternehmen beschränkt sein, deren Führung die Ausführung primär durch Pläne koordiniert, was eine idealtypische Sichtweise darstellt. In der Praxis werden alle vier Koordinationsformen gleichzeitig eingesetzt. Es soll aber zum Ausdruck gebracht werden, daß ein funktionsfähiges Controlling erst durch das Vorliegen einer planungs- und kontrollbasierten, aktions- und reaktionsfähigen Führung des Unternehmens möglich wird. Das teilweise Fehlen solcher Voraussetzungen schränkt die Umsetzung des Controlling in der öffentlichen Verwaltung ein.

Controllingorientierte Koordination wird zusammenfassend in Abbildung 2.2 visualisiert. Controlling hat die Aufgabe, das Führungssystem zu koordinieren. Die Aufgabenstellung der Sekundärkoordination läßt Controlling zu einem eigenständigen Führungsteilsystem werden, das mit den anderen Systemen auf gleicher Ebene steht und diese nicht dominiert. Das Management nimmt Aufgaben der primären Koordination wahr, es koordiniert das Leistungssystem.

Die Koordinationshandlungen des Controlling müssen selbst koordiniert werden (Tertiärkoordination). Diese Tertiärkoordination spricht bereits institutionale Aspekte an und wird in Kapitel 3 behandelt. Nach Weber* ist der Umfang der Tertiärkoordination weitaus geringer als der Umfang der Koordination der Führung.

*) Jürgen Weber (*1953) Professor an der Wissenschaftlichen Hochschule für Unternehmensführung Koblenz. Bedeutender Vertreter der koordinationstheoretischen Fundierung des Controlling.

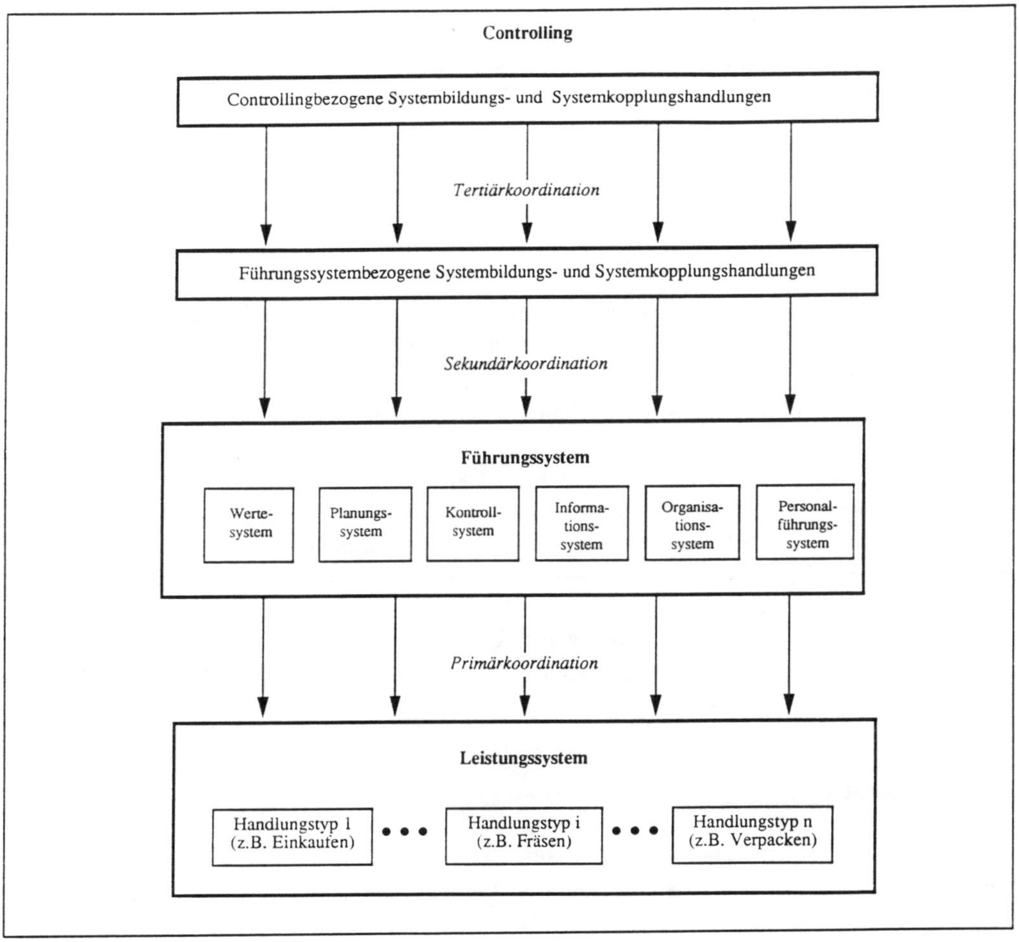

Abb. 2.2: Einordnung von Controlling in das System Unternehmen (vgl. Weber [Einführung], S. 293)

Einige Beispiele verdeutlichen die koordinationsorientierte Konzeption:

Weber sieht das Ziel des Controlling darin, die Effizienz und Effektivität der Führung zu erhöhen und die Anpassungsfähigkeit an Veränderungen in der Um- und Innenwelt des Unternehmens zu steigern (vgl. Weber [Einführung], S. 46). Küpper/Weber/Zünd verstehen Controlling in diesem Sinn als "eine Komponente der Führung sozialer Systeme" (Küpper; Weber; Zünd [Verständnis], S. 282). Es unterstützt die Führung bei ihrer Lenkungsaufgabe durch eine Koordination des Führungsgesamtsystems. Controlling setzt ein planungs- und kontrollorientiertes Führungsparadigma voraus. Wenn das Controlling koordiniertes Handeln bewirken soll, muß es nicht nur auf das Planungs- und Kontrollsystem und Informationssystem, sondern auch auf das Organisationssystem, das Personalführungssystem etc. Einfluß haben.

Eine ähnliche Controllingdefinition entwickeln Schweitzer/Friedl: "Controlling ist die Gesamtheit der Aufgaben, die die Sicherstellung der Informationsversorgung und die Koordination der Unternehmensführung zur optimalen Erreichung aller Unternehmensziele zum Gegenstand haben". (Schweitzer; Friedl [Beitrag], S. 153)

Der zusätzliche Erkenntniswert des koordinationsorientierten Ansatzes kann folgendermaßen zusammengefaßt werden:

- Koordination wird als originäre, begriffsbestimmende Funktion des Controlling erkannt.
- Es handelt sich bei der Koordination durch das Controlling um Sekundärkoordination (siehe auch 2.2.2.2), also ausschließlich um die Koordination der Führungsteilsysteme.
- Koordination durch Controlling wird auf Unternehmen eingeschränkt, die eine planungs- und kontrollorientierte Unternehmensführung praktizieren.

Weist man dem Controlling führungssystembezogene Koordinationsaufgaben zu, wird es zu einer Art "Führung der Führung". Die Breite des Aufgabenfelds beziehungsweise der Aspekt der Führung der Führung lassen nach Weber zu Unrecht Umsetzungs- und Akzeptanzprobleme des Ansatzes in der Unternehmenspraxis erwarten.

Die 4. Auflage des Standardwerks von Weber "Einführung in das Controlling" beinhaltet ein weitreichendes Plädoyer für den koordinationsorientierten Ansatz (vgl. Weber [Einführung], S. 293).

Praktikeransätze

Praktikeransätze heben vielfach die allgemeine Zielorientierung des Controlling hervor. Controlling wird dabei als Instrument zur zielorientierten Unternehmensführung gesehen. Zielorientierung heißt in diesem Fall auch, daß nicht auf die indirekten Ziele des Controlling, sondern auf die direkten Ziele abgestellt wird.

Nach Deyhle bedeutet Controlling "über Ziele führen (statt durch den täglichen Sattelbefehl: der Chef kommandiert aus dem Sattel, wenn er gerade vorbeigaloppiert)" (Deyhle [Management-Brevier], S. 35f.). Controlling findet im Team zwischen Manager und Controller statt. Die Aufgabe des Controllers besteht in einer Art "Lotsen- und Navigationsdienst zum Ziel Gewinn". Er soll für "eine Methodik sorgen, die darauf hinwirkt, daß das Unternehmen das Gewinnziel erreicht" (Deyhle; Steigmeier [Controller], S. 26). Bei den indirekten Zielen bezieht sich Deyhle nicht nur auf das Gewinnziel, sondern auf das Zielbündel Wachstum, Entwicklung, Gewinn. Aus den Anfangsbuchstaben dieser drei Wörter wird die Symbolbezeichnung "WEG" gebildet, die zur zentralen Fragestellung des Controlling führt: "Ist die Unternehmung auf dem richtigen Weg?" Für das Management ist Controlling eine Philosophie des Vorausdenkens und der Vorsorgetherapie. Deyhle betont neben dem Vorausdenken bei Entscheidungen die Philosophie des Self-Controlling: Im Mittelpunkt steht der Selbstkontrolle betreibende Mitarbeiter. Aus instrumenteller Sicht sollte Controlling engen Planungs- und Entscheidungsbezug aufweisen und zielorientierte Zahlen bereitstellen und vermitteln.

Auch Preißler stellt die Zielorientierung des Controlling in den Mittelpunkt: Controlling ist ein funktionsübergreifendes Steuerungsinstrument, das die Unternehmensführung durch Informationen unterstützt und die Ziele des Unternehmens durch das Controllinginstrumentarium realisieren hilft (vgl. Preißler [Controlling], S. 19 und S. 181). Je nach den Zielen des Unternehmens sieht die Aufgabenstellung des Controlling unterschiedlich aus. In einem Unternehmen, in dem das Gewinnziel oberste Priorität hat, wird Controlling andere Aufgaben wahrzunehmen haben als in einem Unternehmen, in dem Sicherheit, soziale Verantwortung gegen Mitarbeiter, Umsatz oder Liquidität im Vordergrund stehen.

Bei Mayer findet neben dem Zielbezug der Gedanke an ein ganzheitlich orientiertes Führungskonzept und ein biokybernetischer Grundansatz besondere Beachtung: Controlling ist engpaß-, ziel-, nutzen- und zukunftsorientiertes Führungskonzept für eine erfolgreiche Unternehmensführung und nachhaltige Existenzsicherung. Es integriert das traditionelle Rechnungswesen und die Unternehmensplanung in ein ganzheitliches Führungskonzept. Durch Controlling werden Wirkungsketten- und Wirkungsnetzwerkdenken koordiniert. Der Controllerdienst gibt über ein empfänger- und zukunftsgerechtes Berichtswesen wesentliche Entscheidungshilfen. Operative und strategische Werkzeugkästen unterstützen das Unternehmen dabei, im Rahmen von Zielvereinbarungen den Kurs unter Wahrung des finanziellen Gleichgewichts zu steuern (vgl. Mayer [Controlling], S. 35).

Die unterschiedlichen Formen von Controllingkonzeptionen können anschließend hinsichtlich ihres Zielumfangs und damit auch hinsichtlich des erhobenen Problemlösungsanspruchs eingeordnet werden, soweit sie Aussagen über direkte und indirekte Controllingziele beinhalten.

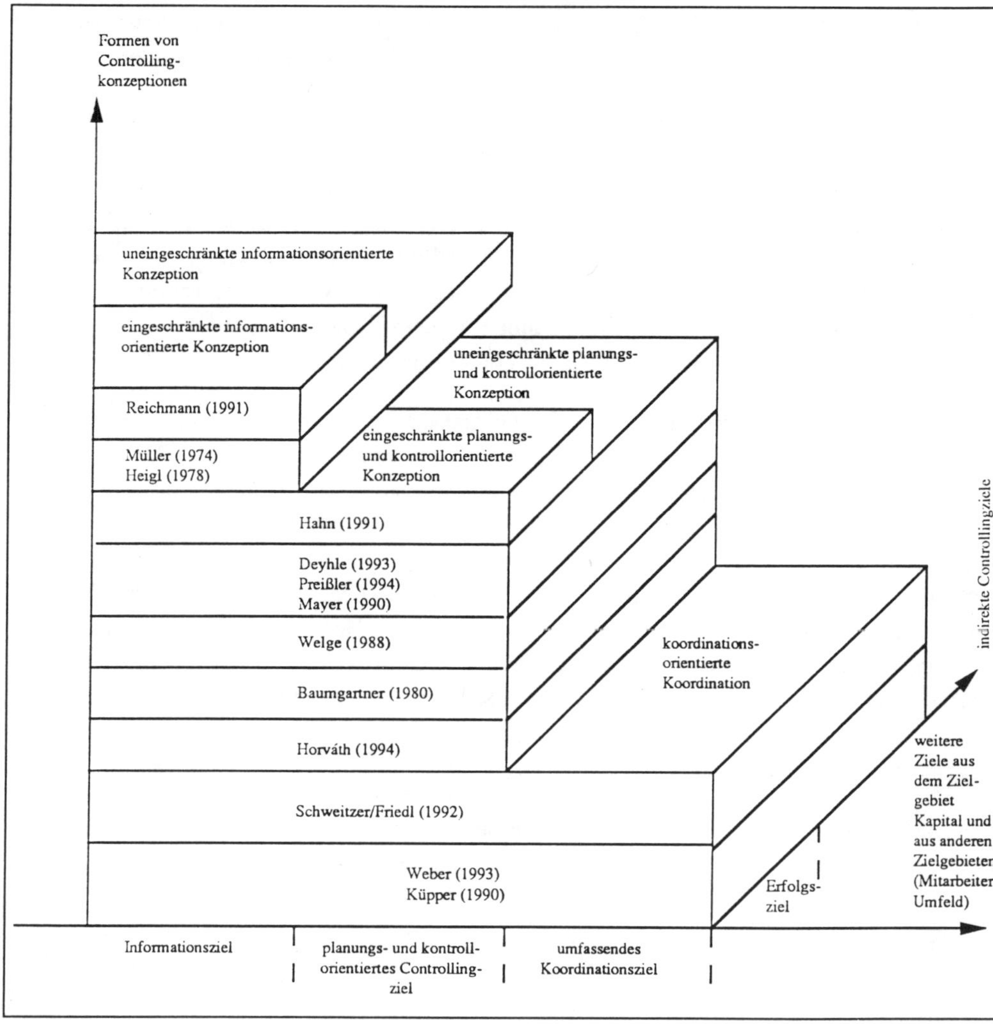

Abb. 2.3: Formen von Controllingkonzeptionen (vgl. Schweitzer; Friedl [Beitrag], S. 148)

Nach der Darstellung des breiten Spektrums an Controllingkonzeptionen soll die im folgenden vertretene Controllingauffassung konkretisiert werden. Bei der systematischen Ableitung der Controllingkonzeption sind folgende Dimensionen von Bedeutung:

- Umfeld des Controlling (siehe 1.2.2)
- Controllingbedarf (siehe 1.2.3) und die darin begründeten Ziele des Controlling
- Funktionen des Controlling als Mittel zur Zielerreichung.

2.2 Controlling als Subsystem der Unternehmensführung

2.2.1 Ziele des Controlling

Die Ergebnisse der Zielforschung liefern – bildlich gesprochen – Blickwinkel, Blende und Filter, um betriebliche Strukturen und Prozesse zu betrachten (vgl. Heinen [Industriebetriebslehre], S. 14). Die Zieldiskussion durchleuchtet die finale Beziehung zwischen Controlling und betriebswirtschaftlichen Zwecken. Controllingziele sind Grundlage und Ursache für den Aufbau von Controllingsystemen und die dort wahrzunehmenden Controllingfunktionen.

Unmittelbare Ziele des Controlling

Aufgrund der in Kapitel 1 herausgearbeiteten Ergänzungsfunktion des Controlling gegenüber der Unternehmensführung hat Controlling das generelle Ziel, einen Beitrag zur Sicherung der Lebensfähigkeit von Unternehmen zu erbringen. Die Sicherung der Lebensfähigkeit umfaßt folgende Führungsziele (vgl. Niedermayr [System], S. 46ff.):

- Sicherung der Antizipations- und Adaptionsfähigkeit
- Sicherung der Reaktionsfähigkeit
- Sicherung der Koordinationsfähigkeit.

Der Terminus "Beitrag" zur Zielerreichung drückt aus, daß die Erreichung der Führungsziele nicht nur von den Leistungen des Controlling abhängt, sondern auch vom Einsatz anderer Führungsinstrumente. Da die Unternehmensleitung die Verantwortung für die Zielerreichung trägt, hat Controlling im engeren Sinn prinizipiell den Charakter einer das Management ergänzenden Funktion.

Im folgenden wird der Beitrag des Controlling zur Sicherung der drei Führungsziele erläutert:

a) Sicherung der Antizipations- und Adaptionsfähigkeit

Controlling soll sicherstellen, daß die Voraussetzungen für Anpassungshandlungen vorliegen, das sind im besonderen die notwendigen Informationen. Es sorgt für die Bereitstellung von Informationen über bereits eingetretene Veränderungen des Umfelds (Adaptionsfähigkeit) beziehungsweise für die Ermittlung relevanter Daten über mögliche künftige Umfeldveränderungen (Antizipationsfähigkeit). Problemerfassung und -beschreibung reichen nicht aus, um die Adaptions- und Antizipationsfähigkeit zu sichern; Controlling wird im gesamten Führungsprozeß aktiv: im kreativen Prozeß der Entscheidungsvorbereitung, unterstützend bei der Realisierung der Entscheidungen und bei der Ergebnis- und Durchführungskontrolle.

b) Sicherung der Reaktionsfähigkeit

Der Beitrag des Controlling zur Sicherung der Reaktionsfähigkeit besteht in der Implementierung eines Informations- und insbesondere Kontrollsystems, das den Entscheidungsträgern laufend das Verhältnis zwischen der geplanten und der tatsächlichen Entwicklung zeigt und zielgerichtete Korrekturen gegenüber internen und externen Störungen ermöglicht.

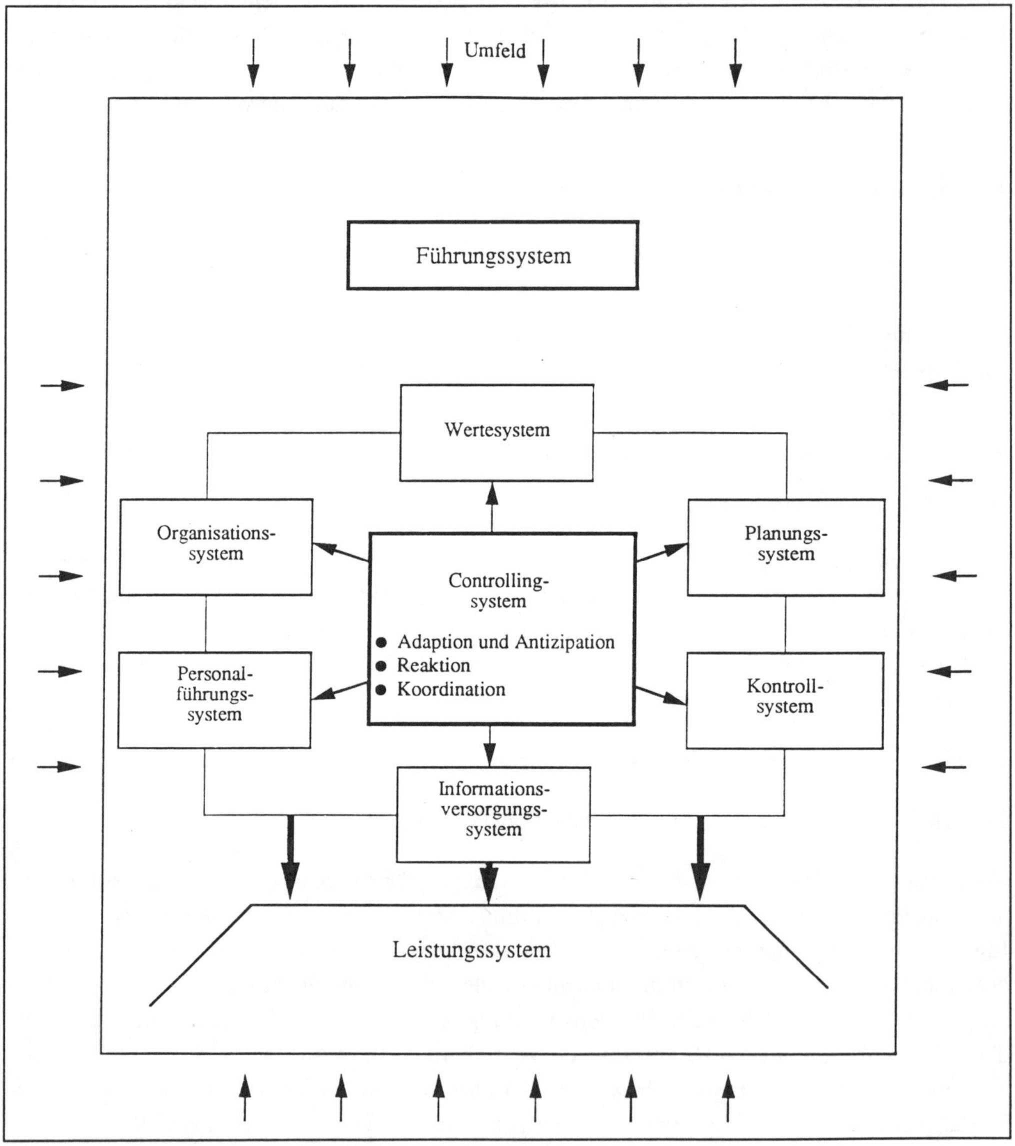

Abb. 2.4: Ziele des Controlling im Führungssystem (vgl. Küpper [Konzeption])

c) Sicherung der Koordinationsfähigkeit

Koordination durch das Management bezieht sich primär auf das Ausführungssystem des Unternehmens. Controlling hat die Aufgabe, die Koordination im Führungssystem zu gewährleisten, indem es die führungstechnischen Voraussetzungen zur Abstimmung des Handelns der einzelnen Subsysteme der Führung des Unternehmens schafft.

Die Sicherung der genannten Fähigkeiten erfordert bestimmte kulturelle und strukturelle Voraussetzungen im Unternehmen: Zum einen muß die Unternehmenskultur im Einklang mit dem Streben nach permanenter Flexibilität, Anpassung und dezentraler Koordination stehen. Zum anderen dürfen Aufbau- und Ablaufstrukturen eines Unternehmens einen permanenten Wandel nicht beeinträchtigen. Controlling sollte daher bei der Verfolgung seiner direkten Ziele immer auch gestaltend auf die Unternehmenskultur und -struktur einwirken.

Mittelbare Ziele des Controlling

"Die Frage nach den Zielen unternehmerischer Betätigung zählt zu den bedeutsamsten und interessantesten Problemstellungen der Betriebswirtschaftslehre." (Heinen; Dietel [Ziele], Sp. 2073ff.) Das Unternehmen ist als selbständiger Organismus, abgesehen von seiner rechtlichen Konstruktion, eine Abstraktion; es kann als Vehikel gesehen werden, mit dessen Hilfe die Koalitionspartner Kapital, Mitarbeiter und Umfeld ihre im Zweifel unterschiedlichen Ziele zu verwirklichen trachten. Die Rolle des Managements in diesem Führungsprozeß besteht in erster Linie in der Koordination der Zielvorstellungen und -ansprüche der Koalitionsteilnehmer.

Der Koalitionsteilnehmer Kapital – als Eigen- oder Fremdkapitalgeber – formuliert Ziele, die er im Unternehmen verwirklichen möchte. Alle diese Ziele lassen sich auf die Erhaltung, Steigerung und Verzinsung des eingesetzten Kapitals zurückführen.

Die Koalitionsteilnehmer Mitarbeiter leiten ihre Ansprüche aus gegenwärtigen, vergangenen und zukünftigen persönlichen Leistungen ab. Zu den Mitarbeitern zählen Betriebsangehörige aller Hierarchiestufen, Mitglieder von Aufsichtsratsorganen, ausgeschiedene Mitarbeiter, eventuell auch Angehörige von Mitarbeitern etc. Mitarbeiterziele können auf Zielinhalte wie Steigerung der Attraktivität von Arbeitsplätzen, Arbeitszufriedenheit, Steigerung des Ausbildungsniveaus, Sicherung der sozialen Fürsorge, Lohn, Pension etc. aufgebaut sein. Im Zielgebiet gibt es kein einheitliches Wertsystem. Es ist in der Praxis kaum Gegenstand systematischer Unternehmenssteuerung, weil sich die Zielvorstellungen meist einer Quantifizierung entziehen.

Das Umfeld eines Unternehmens schafft die Bedingungen für seine physische, technologische, rechtlich-politische, ökonomische und soziokulturelle Existenz. Eingebettet in dieses globale Umfeld agieren Interessentengruppen, Protestgruppen und Einzelakteure. Typische Umfeldbestandteile sind Kunden, Wettbewerber, Lieferanten, Verbände, Bürgerinitiativen und Medien. Wissenschaft und Praxis sind von der Möglichkeit, Umfeldziele zu quantifizieren und somit planbar zu machen, weit entfernt. Ausnahmen gibt es auf dem Gebiet des Umweltschutzes und der traditionellen geschäftlichen Rechtsbeziehungen.

Die Wirtschaftswirklichkeit zeigt, daß die Voraussetzung für den Bestand des Unternehmens eine annähernd gleichmäßige Zielerfüllung in allen Zielgebieten ist. Dabei sind alle drei Zielgebiete gleich kritisch. Mangelnde sektorale Zielerfüllung kann auch nicht durch Übererfüllung in einem anderen Zielgebiet kompensiert werden. Im günstigsten Fall befindet sich das Unternehmen im labilen Gleichgewicht. Der Gleichgewichtszustand wird dabei nur durch einen einheitlichen Zielerfüllungsgrad in allen drei Zielgebieten erreicht.

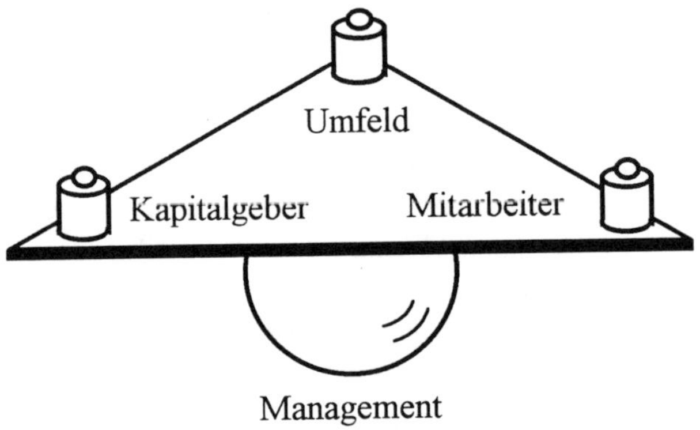

Abb. 2.5: Gleichgewichtsmodell der Unternehmensziele

Das Management "rotiert" unter der Last der Zielerfüllungswünsche der Koalition umso hektischer, je unruhiger, unberechenbarer und unbeeinflußbarer die Koalitionäre Ziele artikulieren und auf ihre Erfüllung dringen. Controlling sollte das Management bei der Vorbereitung von Balancestrategien zur Sicherstellung einer angemessenen Zielerreichung unterstützen. Dabei sind die Ansprüche und Erwartungen sämtlicher Koalitionspartner als mittelbare Controllingziele anzusehen.

Eine Beschränkung der mittelbaren Controllingziele auf das ökonomische Erfolgsziel (Kapitalziel) würde bedeuten, daß Controlling nur die ökonomisch relevanten Informationen bereitstellt. Verfolgen einzelne Bereiche des Unternehmens unterschiedliche Ziele, würde die Koordination dieser Bereiche nicht Gegenstand des Controlling sein. Die Sicherung der Koordinationsfähigkeit verlangt jedoch die Führungskoordination zwischen allen Unternehmensbereichen und deren Zielen.

Für das Zielgebiet Kapital kann Controlling nach dem gegenwärtigen Stand der Technik ein reichhaltiges Instrumentarium zur Zielfindung, Zielerreichung und Zielkontrolle anbieten. Entwicklungsbedarf besteht in Hinblick auf die Integration der Zielgebiete Mitarbeiter und Umfeld in das unternehmerische Steuerungssystem.

Die genannten Controllingziele bestimmen den Umfang und die Art der wahrzunehmenden Funktionen, zwischen denen ein komplementäres Verhältnis besteht. Sie sind eng miteinander verknüpft und können nur kombiniert wahrgenommen werden.

2.2.2 Funktionen des Controlling

2.2.2.1 Controlling als ein die Unternehmensführung ergänzendes System

Controlling ist ein Subsystem der Unternehmensführung. Zweck, Aufgaben und Institutionen werden daher in erster Linie durch die wesentlichen Funktionen und Aufgaben der Unternehmensführung bestimmt:

- Planen
- Entscheiden
- Koordinieren
- Motivieren
- Informieren
- Kontrollieren ...

Controlling "ergänzt" die Unternehmensführung; ergänzen bedeutet dabei: "zu einem Ganzen machen." Unternehmensführung ist ohne die Ergänzung durch Controlling nicht vollständig. Grundsätzlich gibt es zwei Arten der Ergänzung:

- Führungsdienstleistungen
- Führungsleistungen.

Führungsdienstleistungen (betriebswirtschaftlicher Service) sind typische Stabsleistungen, durch die Manager bei der Erfüllung ihrer Aufgaben unterstützt werden. Controlling übernimmt dabei die Verantwortung für die sachgerechte, rechtzeitige, in Form und Adressat angemessene Unterstützung (z. B. durch Information). Die Führungskraft trägt im Rahmen des Controlling die Verantwortung für die Entscheidungen, die gemäß oder auch entgegen den Ratschlägen des Controllers gefällt werden können. Controlling steht in diesem Bereich neben anderen führungsunterstützenden unternehmensinternen und -externen Dienstleistern, z. B. Rechtsabteilung, Unternehmensberater, Wirtschaftsprüfer etc.

Die Führungsdienstleistungen umfassen

- Führungskräfteinformation und betriebswirtschaftliche Beratung (Informationsfunktion)
- Integration des Führungsprozesses durch Vor- und Rückkoppelung, d.h. Unterstützung der Unternehmensplanung und -steuerung durch Feed-back- und Feed-forward-Information (Integrationsfunktion).

Controlling hat auf diesem Gebiet Informations-, Beratungs- und Zielerreichungstransparenzverantwortung. Wieweit Manager in dieser Hinsicht auf Führungsunterstützung zurückgreifen können und wollen, hängt von der Größe des Unternehmens, von seiner wirtschaftlichen Lage, seiner personellen Ausstattung, vom Führungssystem und anderen Bedingungen ab. Im Extremfall, beispielsweise in einem Kleinunternehmen, ist Controlling als betriebswirtschaftliche Dienstleistungsfunktion überhaupt nicht gesondert institutionalisiert, d.h. es gibt keine Controllerstelle im engeren Sinn. Die Führungskräfte müssen betriebswirtschaftliche Dienstleistungsfunktionen entweder selbst erbringen oder auf externe Dienstleister zurückgreifen, um die führungsergänzende betriebliche Funktion des Controlling zu ersetzen.

Die zweite Art der Führungsergänzung durch Controlling geschieht durch die Übernahme von Führungstätigkeiten. Diese Führungsleistungen betreffen folgendes:

- Aufbau und Wartung betriebswirtschaftlicher Systeme und Instrumente (systembildende Koordination),
- Systemkoppelnde Koordination des Führungssystems
- Aktive Mitgestaltung der Unternehmensentwicklung und -erneuerung durch Einbringen des Controlling-Gedankenguts in unternehmerische Entscheidungen (Innovationsfunktion).

Führungsleistungen umfassen jene Aufgaben, zu deren Erfüllung Ziel- und Maßnahmenentscheidungen direkt vom Controlling (Träger der Controllingfunktion) getroffen werden. Originäre Führungsaufgabe des Controlling ist die systembildende und systemkoppelnde Koordination des Führungsgesamtsystems (Koppelung von Werte-, Planungs-, Kontroll-, Informations-, Organisations- und Personalführungssystem). Das Controlling ist verantwortlich für Ziele und Art der Erfüllung dieser Koordinationsleistung.

Im Rahmen der systembildenden Koordination gewährleistet Controlling den Aufbau, die Wartung und die Abstimmung der Methoden und Instrumente, die in den einzelnen Führungsteilsystemen eingesetzt werden. Der Träger der Controllingfunktion kann auf diesem Gebiet keinen Alleingestaltungsanspruch für sich erheben, sondern Controlling wird hier ergänzend zu den Trägern der jeweiligen betrieblichen Funktionen (z. B. der Personalwirtschaft oder der Organisation) – falls institutionalisiert – tätig. Die Verantwortung des Controlling liegt darin, den Systementwicklungsbedarf aufzuzeigen, dessen Erfüllung anzuregen und gegebenenfalls fachliche Hilfestellung beim Abbau der bestehenden Defizite zu leisten (Initiierungs- und Selbsteintrittspflicht). In der Praxis konzentriert sich die systembildende Funktion in erster Linie auf die "controllingnahen" Führungsteilsysteme Informations-, Planungs- und Kontrollsystem.

Die Führungsergänzung des Controlling kann darüber hinaus auch das aktive Mitwirken an der Unternehmensführung und -erneuerung durch ein Hinterfragen von Entscheidungen des Managements umfassen. Controlling initiiert Diskussions- und Meinungsbildungsprozesse, übernimmt Prozeßverantwortung und leistet durch das Aufzeigen von Führungslücken und Entscheidungsnotständen einen wesentlichen Beitrag zur Zukunftsvorsorge eines Unternehmens. Die Führungsbeiträge des Controlling konzentrieren sich auf die Mitgestaltung langfristiger Unternehmensstrukturen und auf das Vordenken künftiger Entwicklungen. Im Vordergrund steht die Verwirklichung einer controllinggerechten Führung, also die Durchsetzung von Controlling als zentraler Denkhaltung aller Führungskräfte. Die von allen Führungskräften getragene Führungsphilosophie "Controlling" ist Voraussetzung für die Entfaltung des Nutzens der Controllinginfrastruktur.

Die Innovations- und Sparring-Funktion des Controlling begründet eine inhaltliche Führungsverantwortung, die über jene der systembildenden und systemkoppelnden Koordination hinausgeht. Der Umfang solcher Führungsergänzung ist von Unternehmen zu Unternehmen sehr unterschiedlich. Er reicht von Kompetenzen bei wichtigen unternehmerischen Entscheidungen (z. B.: der Chefcontroller ist Organmitglied, d.h. er gehört dem Vorstand oder der Geschäftsführung an), bis zu Befugnissen, die sich auf den engsten Arbeitsbereich des Controllers beschränken.

Umfang und Art der Führungsergänzung durch die Übernahme von Führungsaufgaben durch Controlling hängen von der Art und Größe des Unternehmens, vom Führungsstil, von der historischen Entwicklung des Controlling im Unternehmen, von den handelnden Personen in der Unternehmensführung und im Controlling, von der herrschenden Wettbewerbsdynamik und -intensität und zahlreichen anderen Determinanten ab. In der Praxis reicht die Spanne von Controllern ohne jede Führungskompetenz (ausschließlich mit Serviceaufgaben betraut) bis zu Controllern, die informell entscheidende Führungsaufgaben in eigener Verantwortung übernehmen. In solchen Unternehmen heißt es dann, "bei uns läuft ohne unseren Controller nichts".

Zusammenfassend läßt sich sagen, daß Controlling durch Wahrnehmung von Führungsleistungen und Führungsdienstleistungen eine effektive Verhaltenssteuerung im Unternehmen gewährleistet.

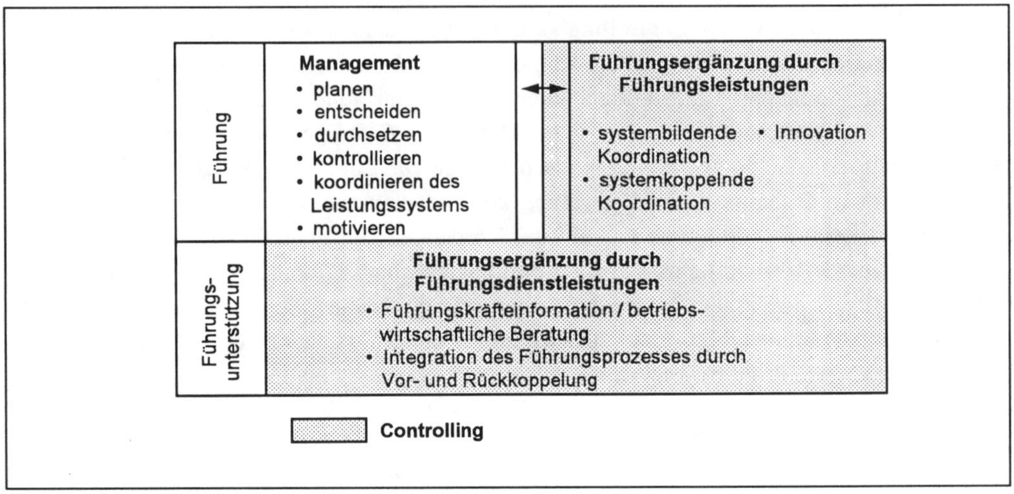

Abb. 2.6: Ergänzung des Managements durch Führungsdienstleistungen und Führungsleistungen des Controlling*

2.2.2.2 Koordinationsfunktion

Controllingorientierte Koordination

Wie bereits bei 2.1.2.2. ausgeführt, läßt sich controllingorientierte Koordination folgendermaßen beschreiben:

- Sekundärkoordination des Führungssystems beziehungsweise der Führungsteilsysteme
- Idealtypische Konzentration auf Unternehmen, deren Leistungssystem in erster Linie durch Pläne koordiniert wird, also auf Unternehmen mit planungs- und kontrollorientierter Führung.

Darüber hinaus hängt controllingorientierte Koordination von der Systemsicht ab. Aus systemisch-evolutionärer Sicht (siehe Kapitel 1.1) sind Unternehmen zwar bestrebt, ein auf bestimmte Ziele abgestimmtes rationales Handeln zu erreichen. Vielfach fehlt aber ein einheitliches Ziel, weil die Komplexität der Systembeziehungen die beschränkte Fähigkeit der Individuen, rational zu handeln, überfordert. Koordination bedingt in diesem Fall dezentrale Problemlösung und Entscheidungsfindung. Basis von controllingorientierter Koordination ist

*) Dieses Modell der Führungsleistungen und Führungsdienstleistungen des Controlling wurde im Rahmen des Arbeitskreises "Controlling – State of the Art" unter maßgeblicher Mitarbeit von o. Prof. Dr. Risak und Dr. Hoffmann konzipiert.

deshalb die dezentrale Gestaltung der Planung und Kontrolle: ein Lenkungsmodell, das Planung und Kontrolle als gleichbedeutende Bestandteile in kybernetischen Regelkreisen sieht.

Ein wesentlicher Aspekt der Dezentralisierung ist die Nutzung dezentraler Intelligenz in Unternehmen. Bürokratisierte, zentralisierte Organisationen neigen dazu, die in ihren Teilen vorhandene Intelligenz durch Spezialisierung, Bereichsdenken, zeitaufwendige Entscheidungsprozesse, Marktferne, selektive Wahrnehmung und hierarchische Filter einzuebnen und zu verspielen (vgl. Wilke [Kontextsteuerung], S. 66). Damit werden oft Informationsreichtum, Innovativitätsfähigkeit und spezifisches Problemlösungspotential vernichtet.

Die Konsequenz für Controlling heißt, daß es im Rahmen seiner Koordinationsfunktion die dezentrale Intelligenz der Unternehmensteile zu unterstützen hat und nicht gegen diese gerichtet sein darf im Versuch, ein Super-Koordinationsinstrument zu werden. Controlling hat die Kommunikationsbeziehungen so zu gestalten, daß eine optimale Kombination aus der Verknüpfung und Vernetzung der Teile entsteht. Besondere Bedeutung haben dabei die organisatorischen Voraussetzungen. Die dezentralen Einheiten (Divisionen, Sparten, funktionale Subsysteme) müssen über ein hohes Maß an Autonomie, Freiheit und Entscheidungskompetenz und komplemetär dazu über eine systemimmanente Verpflichtung für das Ganze verfügen. Das Ganze bürgt wiederum für den Einsatz der Intelligenz und der Potentiale der Teile. Unter der qualitativen Koordination autonomer Teile ist zu verstehen, daß Controlling die notwendigen Voraussetzungen für eine Selbstkoordination dezentraler Einheiten zu schaffen hat.

Die sekundäre Koordination des Führungssystems hat zwei Ausprägungsformen: die systembildende und die systemkoppelnde Koordination.

Systembildende Koordination

Die systembildende Aufgabe des Controlling ist es, Koordinationsvoraussetzungen im Führungssystem zu schaffen. Sie umfaßt:

- Entwicklung der einzelnen Führungsteilsysteme
- Aufbau von Gebilde- und Prozeßstrukturen
- Koordinationsgerechte Gestaltung und Ausrichtung beider Bereiche.

Gebildestruktur ist die Anordnung von Systemelementen (Systembausteine, Methoden, Instrumente) und ihre dauerhaften Beziehungen untereinander. Prozeßstrukturen zielen auf eine Gliederung der Aktivitäten und Abläufe ab, die innerhalb der Gebildestruktur stattfinden (z.B. Arbeitsabläufe, Leitungsprozesse) (vgl. Hill; Fehlbaum; Ulrich [Organisationslehre], S. 26).

Systembildende Koordination findet daher sowohl in den einzelnen Führungsteilsystemen als auch zwischen diesen statt. Die systembildende Koordinationsfunktion des Controlling läßt sich nur näher beschreiben, wenn die einzelnen Führungsteilsysteme definiert werden. Es gibt fünf Führungsteilsysteme: Wertesystem, Planungs- und Kontrollsystem, Informationsversorgungssystem, Organisationssystem und Personalführungssystem (zur Operationalisierung vgl. Niedermayr [System], S. 76ff.).

Wertesystem

Das Wertesystem umfaßt sämtliche ethischen, ökonomischen und gesellschaftlichen Wertvorstellungen und Normen der Unternehmensführung in bezug auf das Unternehmen, seine Mitarbeiter und das Unternehmensumfeld. Das Wertesystem ist Grundlage des Führungshandelns und nimmt dadurch Einfluß auf die inhaltliche Gestaltung aller anderen Führungsteilsysteme.

Bestandteile des Wertesystems
Unternehmensphilosophie ⇒ Unternehmensleitbild
Planungsphilosophie ⇒ Controllinghandbuch
Kontrollphilosophie ⇒ Controllinghandbuch
Informationsphilosophie ⇒ Controllinghandbuch
Organisationsphilosophie ⇒ Organisationshandbuch
Personalführungsphilosophie ⇒ Führungsgrundsätze

Abb. 2.7: Bestandteile des Wertesystems

Planungs- und Kontrollsystem

Das Planungssystem steht im Gegensatz zur isolierten Planung einzelner Unternehmensbereiche und kann als die Gesamtheit aller im Unternehmen erstellten Pläne sowie ihrer gegenseitigen, funktionalen und institutionalen Beziehungen bezeichnet werden. Die Vorteile eines Planungssystems liegen in der einheitlichen Planung, der Berücksichtigung von Managementinteressen aufgrund einheitlicher Planungsgrundlagen, Planungsbegriffe und Planungsmethoden und in einer besseren Vergleichsmöglichkeit dezentral erstellter Pläne. Die Systemplanung umfaßt die Festlegungen hinsichtlich der Systemelemente, der Ablauforganisation und der Aufbauorganisation der Planung:

- Planträger: Wer produziert, koordiniert, steuert mit welcher Beteiligung?
- Planadressaten: Für wen?
- Pläne: Welche Pläne?

- Planungshorizont: Bis zu welchem Zeitpunkt?
- Planungsfelder: Mit welchen Inhalten?
- Planungsprämissen: Unter welchen Annahmen?
- Planungsinstrumente: Mit welchen Methoden?
- Ressourcen/Budget: Mit welchen Mitteln?

Bestandteile des Planungssystems
Strategisches Planungssystem
Strategische Zielplanung
Strategieplanung auf Unternehmens- und Geschäftsfeldebene und auf der Ebene der Funktionen
Instrumente zur Beurteilung der strategischen Position eines Unternehmens (strategische Erfolgsfaktoren, Erfahrungskurvenkonzept etc.)
Instrumente zur ganzheitlichen strategischen Positionierung eines Unternehmens (SWOT-Analyse, Potentialanalyse, strategische Bilanz etc.)
Instrumente zur Beurteilung einzelner Strategie-Felder (Produkt-Markt-Portfolio-Analyse, Technologie-Portfolio-Analyse etc.)
Strategie-Bewertung bzw. Quantifizierung von Strategie-Alternativen
Strategische Budgetierung und Maßnahmenplanung
Operatives Planungssystem
Mittelfristige Sachzielplanung (Absatzplanung, Beschaffungsplanung, Produktionsplanung etc.)
Mittelfristige Formalzielplanung (Leistungs-, Kosten- und Finanzbudgetierung)
Kurzfristige Sachzielplanung (Absatzplanung, Beschaffungsplanung, Produktionsplanung etc.)
Kurzfristige Formalzielplanung (Leistungs-, Kosten- und Finanzbudgetierung)
Budgetierungsverfahren
Operative Planungsinstrumente für sichere Erwartungen (Kostenvergleichsrechnungen, einfache und differenzierte Deckungsbeitragsrechnungen, Scoring-Modelle, Investitionsrechnungsverfahren etc.)
Operative Planungsinstrumente zur Bewältigung der Unsicherheit (Nutzschwellenanalyse etc).

Abb. 2.8: Bestandteile des Planungssystems

Die Aufbauprinzipien des Kontrollsystems stehen in Analogie zu denen des Planungssystems. Um ein geschlossenes Planungs- und Kontrollsystem sicherzustellen, sind die Ablauf- und Aufbauorganisation und die Kontrollelemente festzulegen:

- Kontrollträger: Wer ist am Kontrollprozeß beteiligt? Welche Normen gelten?
- Kontrollfunktionen: Welche Kontrollaufgaben übernehmen die Kontrollträger?
- Kontrollinstrumente: Mit welchen Instrumenten und welchen Kriterien?
- Kontrollinhalte: Was sind die Kontrollinhalte?
- Informationsbasis: Wie ist das Berichtswesen geregelt?

Bestandteile des Kontrollsystems
Strategisches Kontrollsystem
Strategische Prämissenkontrolle
Strategische Ergebniskontrolle und Durchführungskontrolle (Strategische Soll-Ist-Vergleiche)
Strategische Überwachung
Strategische Abweichungs- und Ursachenanalyse
Operatives Kontrollsystem
Operative Zielkonsistenzkontrolle
Operative Ergebniskontrolle und Soll-Ist-Vergleiche
Planfortschrittskontrolle und Erwartungsrechnung
Operative Abweichungs- und Ursachenanalyse
Operative Prämissenkontrolle

Abb. 2.9: Bestandteile des Kontrollsystems

Informationsversorgungssystem

Das Führungssystem hat die Aufgabe, die Ausführungshandlungen möglichst effektiv und effizient zu steuern. Die Erfüllung setzt Wissen über diese Handlungen und deren Rahmenbedingungen voraus. Diese Informationen sind Bestandteil des Informationsversorgungssystems, das sämtliche führungsrelevanten Tatbestände, Merkmale und Ereignisse des Ausführungssystems umfaßt.

Informationsversorgungssysteme sollen sich nicht auf eine "1:1-Abbildung" des Ausführungssystems beschränken, sondern darüber hinaus Führungsinformationen erzeugen ("Informationsveredelung").

Der Unterschied zu Planungssystemen, die ebenfalls Informationen hervorbringen, liegt in der Zielsetzung: Während Planungssysteme auf der Basis gegebener Informationen arbeiten, soll mit Informationsversorgungssystemen der Informationsstand im gesamten Führungssystem – im Planungs- und Kontrollsystem etc. – verbessert werden.

Führungsinformationen stehen im Gegensatz zu Ausführungsinformationen; sie sind auf eine Verbesserung des Informationsstands im Führungssystem ausgerichtet und werden zur Lösung von Führungsaufgaben benötigt. In der Regel handelt es sich um verdichtete und verknüpfte Informationen: Sie entstehen aus der Zusammenfassung von Einzelinformationen, drücken Bezüge verschiedener Informationsarten untereinander aus und sind Grundlage für Führungsentscheidungen.

Die Auffassung, welche Informationen das System umfassen sollte, wandelt sich mit der Entwicklung der Anforderungen an das Führungssystem. Das Informationsversorgungssystem soll aus modulartig vernetzten Teilsystemen bestehen, das sind:

- Basissysteme wie die Betriebsdatenerfassung und Abrechnungssysteme, die die Grundlage für die Funktionsfähigkeit der Informationsversorgung verkörpern
- System der Kosten- und Leistungsrechnung
- Entscheidungsunterstützendes System
- System zur Übermittlung von Führungsinformationen.

Bestandteile des Informationsversorgungssystems
Operatives Informationsversorgungssystem
Operative Informationen und Abrechnungsdaten aus Produktion, Beschaffung, Vertrieb etc. (Basis- bzw. Abrechnungssysteme)
Finanzrechnung (Basissystem)
Kosten- und Leistungsrechnung, Kostenarten-, Kostenstellen und Kostenträgerrechnung, Ergebnisrechnung (Basissystem)
Mehrdimensionale Entscheidungs- und Verantwortungsrechnung
Prozeßkostenrechnung
Kennzahlen und Kennzahlensysteme
Berichtswesen und Berichtssysteme
EDV-Tools zur Führungsinformation (EIS/FIS)
Strategisches Informationsversorgungssystem
Früherkennungssysteme
Unternehmensanalyse
Umfeldanalyse, z.B. Branchen- und Wettbewerbsanalysen

Abb. 2.10: Bestandteile des Informationsversorgungssystems

Organisationssystem

Unter Organisation im Sinn eines instrumentellen Organisationsbegriffs versteht man die Gesamtheit der zielgerichteten Maßnahmen, durch die ein soziales System strukturiert wird und die Aktivitäten der zum System gehörenden Menschen, der Einsatz von Mitteln und die Verarbeitung von Informationen geordnet werden. Der Objektbereich der Organisation umfaßt alle sozialen Systeme, die zielgerichtete, formale Regelungen aufweisen. Formale Regelungen gelten in einem System dann, wenn bestimmte Verhaltenserwartungen in einem bewußten Gestaltungsakt geschaffen werden und durch die Leitung des Systems für gültig erklärt sind (vgl. Hill; Fehlbaum; Ulrich [Organisationslehre], S. 26).

Die Instrumente beziehungsweise Bestandteile des Organisationssystems müssen zwei organisatorische Teilprobleme bewältigen, die als Differenzierung und Koordination bezeichnet werden können (vgl. Kieser; Kubicek [Organisation], S. 344ff.). Differenzierung bedeutet, die vom System zu erfüllenden Aufgaben in Teilaufgaben zu zerlegen und verschiedenen Aufgabenträgern zuzuordnen. Koordination bedeutet, die Teilaufgaben und deren Träger aufeinander abzustimmen und die durch die einzelnen Aufgabenträger erbrachten Teilleistungen zur Gesamtleistung zusammenzufassen.

Merkmale des Organisationssystems
Zentralisation und Dezentralisation
Funktionalisierung
Delegation
Partizipation
Standardisierung
Arbeitszerlegung

Abb. 2.11: Merkmale des Organisationssystems

Personalführungssystem

Das Personalführungssystem umfaßt alle Handlungen, die Vorgesetzte zur Steuerung des Mitarbeiterverhaltens einsetzen. Mitarbeiter sollen durch geeignete Instrumente und Prozesse zu rollenkonformem Verhalten und zum bestmöglichen Einsatz der eigenen Fähigkeiten für das Unternehmen bewegt werden. Generell haben Personalführungssysteme den Charakter von Anreizsystemen.

Bestandteile des Personalführungssystems
Führungsstile und Führungsverhalten
Entgeltsysteme
Weiterbildung
Karrieregestaltung
Arbeitsstrukturierung

Abb. 2.12: Bestandteile des Personalführungssystems

Systemkoppelnde Koordination

Art und Umfang der systemkoppelnden Funktion hängen davon ab, in welchem Umfang Koordinationsprobleme bereits durch systembildende Koordination gelöst wurden beziehungsweise welches Maß an Flexibilität von der bestehenden Systemstruktur verlangt wird. Die Tendenz zur Regelung nimmt mit abnehmender Variabilität betrieblicher Tatbestände zu (vgl. Gutenberg* [Grundlagen], S. 238).

Man kann auch einfache Systeme a priori nicht völlig und eindeutig durch Systembildung beschreiben, daher sollte ein systeminternes Problemlösungspotential in Form der systemkoppelnden Koordination vorhanden sein, um den konkreten Koordinationsbedarf innerhalb des gesamten Führungssystems zu befriedigen. Der ad-hoc-Koordinationsbedarf kann innerhalb eines Führungsteilsystems auftreten (z. B. innerhalb des Planungssystems), aber auch zwischen den einzelnen Führungsteilsystemen. Ziel der systemkoppelnden Koordination ist sowohl die optimale Ausrichtung der einzelnen Teilsysteme als auch die Vermeidung von Ineffizienzen in der Abstimmung an den Schnittstellen der Führungsteilsysteme.

Beispiele für systemkoppelnde Koordination sind der Einsatz von Verrechnungspreissystemen oder die Budgetierung. Genaugenommen handelt es sich dabei um Systemkopplung innerhalb des Planungssystems. Insbesondere die Budgetierung hat sich zum festen Aufgabenbestandteil des Controlling entwickelt. Die Vereinbarung von Budgets für alle Bereiche und Ebenen im Unternehmen gilt übereinstimmend als das wirkungsvollste Mittel, Entscheidungsträger zu zielkonformem Verhalten zu bewegen, vielleicht deshalb, weil Budgetierung den Zwang zur Koordination und wechselseitigen Information in sich trägt. In größeren Organisationen bezieht sich systemkoppelnde Koordination gleichzeitig auf das Management des Budgetierungsprozesses. Die Durchführung der Budgetierung ist in der Regel ein ebenso komplexer wie zeitaufwendiger Prozeß, aus dem zusätzlicher Bedarf an koordinierenden, integrierenden und kommunikativen Tätigkeiten entsteht, der vom Controlling befriedigt werden muß.

Vertreter der koordinationsorientierten Controllingkonzeption versuchen vielfach, Koordination als originäre und einzige begründende Funktion des Controlling darzustellen. Aufgabenbereiche im Rahmen der Planung, Kontrolle oder Informationsversorgung werden nur als "Voraussetzung" für ein funktionierendes Controllingsystem gesehen. Diese speziell von Weber vertretene Auffassung kann nur insofern geteilt werden, als sich aus der Koordinationsproblematik eine eigenständige, klar abgrenzbare Zwecksetzung des Controlling ableiten läßt.

Die Ausführungen zu den Führungsleistungen und Führungsdienstleistungen des Controlling lassen erkennen, daß es nicht sinnvoll erscheint, alle an das Controlling herangetragenen Probleme nur unter dem Aspekt der Koordination zu betrachten. Gleichwertige Control-

*) Erich Gutenberg (1897-1984) Professor an der Universität Köln. Mit seinem Hauptwerk "Grundlagen der Betriebswirtschaftslehre" nahm er wesentlichen Einfluß auf die Entwicklung der deutschsprachigen Betriebswirtschaftslehre. Gutenberg wurde insbesondere für seine Kosten- und Produktionstheorie bekannt.

lingaufgabenfelder sind die Integration des Führungsprozesses, die Informationsversorgung und die Innovationsfunktion.

2.2.2.3 Innovationsfunktion

Die Innovationsfunktion des Controlling leitet sich aus dem Bedarf eines Unternehmens nach laufender Anpassung und Erneuerung ab und stellt die Steuerung innovativer, strategischer Entscheidungsprozesse in den Vordergrund. Diese Prozesse legen den Grundstein zur Existenzsicherung des Unternehmens. Ihr Gegenstand sind Erfolgspotentiale. Innovation bedeutet in diesem Zusammenhang nicht nur objektiv Neues, sondern auch subjektiv Neues, also Neuerungen, die erstmals in einem Unternehmen auftreten (vgl. Witte* [Organisation], S. 3).

Innovative, strategische Entscheidungsprozesse weisen eine Reihe spezifischer Merkmale auf:

- Die Zielvereinbarung erfolgt vielfach erst im Verlauf des Prozesses.
- Im Lauf des Entscheidungsprozesses fallen vielfach Vorentscheidungen, die durch Finalentscheidungen nicht rückgängig gemacht werden können.
- Die Entscheidungspraktiken sind häufig durch inkonsistente Ziele, Konflikte, ein dynamisches Umfeld und das Einfließen persönlicher Ziele der Entscheidungsträger gekennzeichnet.
- Es gibt einen unkontrollierbaren Wechsel der Teilnehmer an Entscheidungsprozessen, die versuchen, ihre Interessen zu vertreten.
- Es besteht die Gefahr, daß strategische Problemlösungsprozesse nicht initiiert und weiterverfolgt, sondern abgebrochen werden oder versanden. Daher müssen prozeßorientierte Förderungsimpulse gesetzt werden, die Entscheidungen entsprechend vorantreiben.
- Strategische Entscheidungen unterliegen dem Greshamschen Gesetz der Planung. Dieses Gesetz besagt, daß strategische Entscheidungen und deren Umsetzung vom Tagesgeschehen dominiert werden.

Aus diesen Überlegungen leitet sich die zentrale Forderung der Innovationsfunktion des Controlling ab: Controlling soll je nach Situation und Entscheidungskonstellation in strategische, innovative Entscheidungsprozesse prozeßsteuernd eingreifen. Prozeßsteuernd heißt konkret, daß die für Controlling verantwortliche Führungskraft zum bereichsübergreifenden Impulsgeber wird, der die Qualität der Entscheidungsprozesse sicherstellt (vgl. Siller [Grundsätze], S. 121). Impulse sind Aktivitäten, die eine Reihe von Folgeaktivitäten auslösen und dadurch prozeßaktivierende Wirkung haben (Sensibilisierung, Energetisierung), gleichzeitig wirken sie richtungsgebend auf Folgeaktivitäten.

---

*) Eberhard Witte (*1928) Professor an der Universität München. Wesentlicher Vertreter der deutschsprachigen Organisationslehre. Er leistete zahlreiche wesentliche Beiträge zur Erarbeitung einer empirisch fundierten Theorie der Unternehmensführung.

Speziell an dieser Stelle tritt das Problem auf, Inhalte einer Funktion zu konkretisieren, ohne Bezug zu nehmen auf die handelnden Personen, die diese Funktionen wahrnehmen. Bei der Innovationsfunktion steht die Rolle des Controllers als Impulsgeber im Mittelpunkt. Wesentliche Erfolgsfaktoren zur Erfüllung liegen im persönlichen Bereich des Controllers: Er benötigt daher eine entsprechende Impulsbasis, persönliche Ausstrahlung, Neutralität bei Urteilen und ausgereifte Problemlösungskonzepte. Durch seine Fachkompetenz nimmt er Einfluß auf die den Entscheidungsprozeß steuernden Promotoren und Opponenten und wird dadurch selbst zum Fachpromotor beziehungsweise Fachopponenten. Die Innovationsfunktion des Controlling nutzt so auch den informalen Beziehungen innerhalb einer Organisation.

Der führungsergänzende Charakter des Controlling wird auch hier erkennbar: Controlling tritt nicht an Stelle des Managements in den Entscheidungsprozeß ein, sondern agiert gemeinsam mit dem Management. Das Ausmaß der Wahrnehmung der Innovationsfunktion hängt von mehreren Einflußfaktoren ab. Einer der wichtigsten ist der aktuelle Systemzustand eines Unternehmens. Befindet sich ein Unternehmen in – wenn auch nur labilem – Gleichgewicht mit seinem Umfeld, so ist der Bedarf nach Anpassung und aktiver Erneuerung (externer Controllingbedarf: siehe 1.3.2.1) geringer ausgeprägt als in markanten Ungleichgewichtssituationen. Weitere Einflußfaktoren sind die Bereitschaft des Managements, dem Controlling Mitwirkung in zentralen strategischen Entscheidungen zuzugestehen, und der Entwicklungsstand des Controlling insgesamt.

2.2.2.4 Integrationsfunktion

Controlling stellt im Rahmen seiner Integrationsfunktion

- die Geschlossenheit des Führungsprozesses im Sinne eines kybernetischen Regelkreissystems sicher und
- sorgt dafür, daß Regelkreise auf sämtlichen Führungsebenen miteinander vernetzt sind. Dadurch soll die Integration sämtlicher Regelkreise auf normativer, strategischer und operativer Ebene erfolgen.

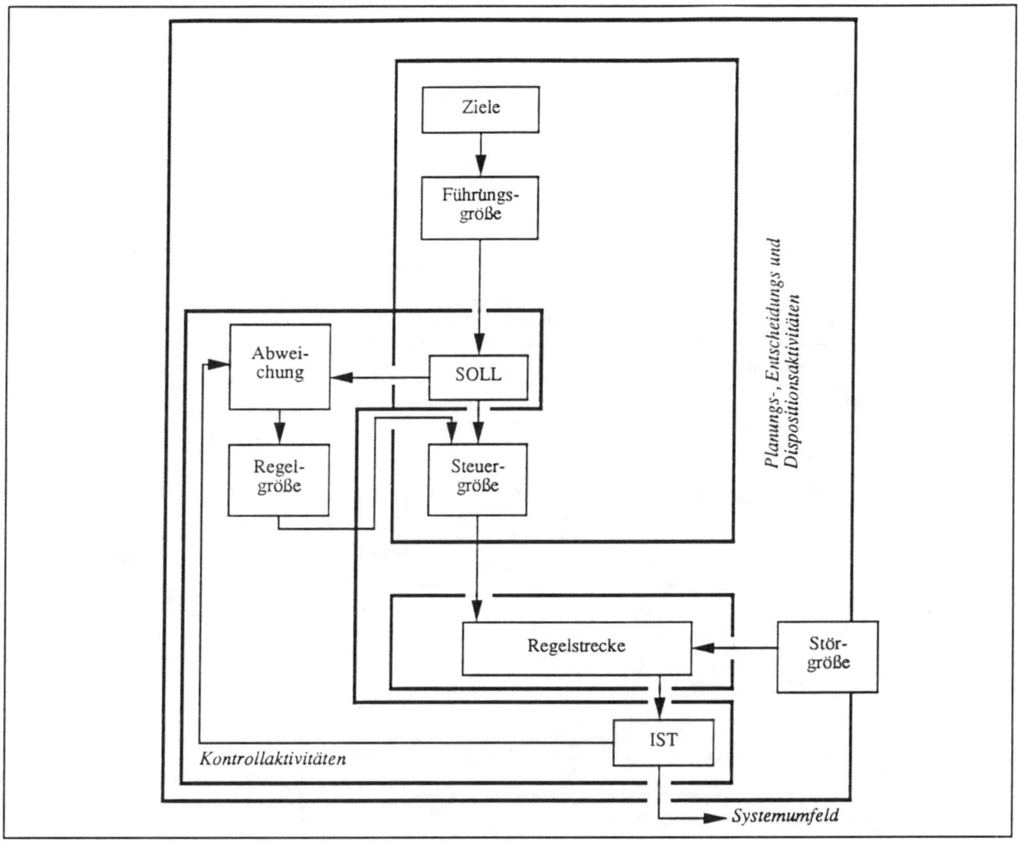

Abb. 2.13: Steuerung und Regelung als Funktionsprinzipien kybernetischer Systeme

Kybernetische Regelkreissysteme entstehen aus der Kombination von Steuerung und Regelung. Das System Unternehmen wird durch kybernetische Lenkung, das sind steuernde Vorwärtskoppelungen und regelnde Rückkoppelungen, in einen homöostatischen Zustand versetzt.

Welche Funktionen erfüllt Controlling im Rahmen des kybernetischen Modells? Der Controller ist weder als Regler/Steuerungseinheit noch als Steuer-/Regelstrecke einzustufen. Regelung/Steuerung sind die Aufgaben der Linieninstanzen. Controlling trägt im Rahmen des Führungsprozesses die Verantwortung, durch Information der Regler-/Steuereinheiten für das Funktionieren der kybernetischen Regelkreise zu sorgen (vgl. Becker [Funktionsprinzipien], S. 302f.).

Controlling gewährleistet einen geschlossenen Regelkreis: Der Zielvereinbarung folgen die konsequente Umsetzung der Ziele, die Kontrolle der Zielerreichung und das Feststellen der Zielabweichung, diese bildet die Grundlage für die Planung und Umsetzung von Korrekturmaßnahmen und für zukünftige Zielvereinbarungsprozesse.

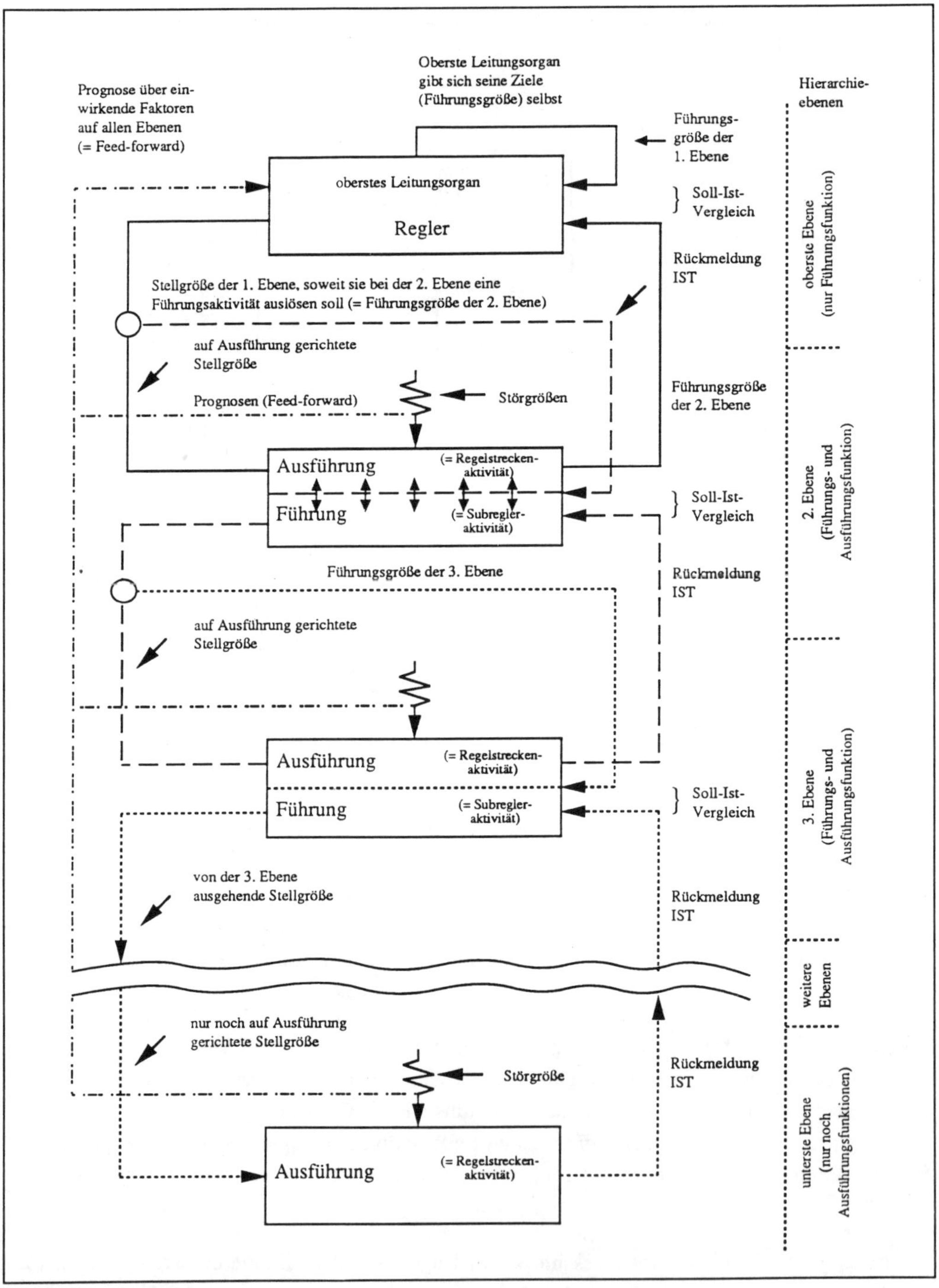

Abb. 2.14: Integration von Regelkreisen (vgl. Hopfenbeck [Betriebswirtschaftslehre], S. 64)

Controlling stellt die Geschlossenheit der Regelkreise einerseits durch ein Informationsversorgungssystem sicher, das die kybernetischen Führungsprozesse adäquat abbildet und ihre Integration ermöglicht, andererseits durch Verhaltenssteuerung und -beeinflussung.

Controlling soll die Regelungs- und Steuerungsmechanismen des Unternehmens auf die komplexen und dynamischen Randbedingungen des Führungssystems ausrichten. Einfache Steuerungs- und Regelungsmechanismen basieren auf prospektiven Feed-forward-Informationen und reaktiven Feed-back-Informationen, die sowohl im Hinblick auf operative als auch auf strategische Probleme über ein zu geringes Anpassungspotential verfügen. Die Sicherung der Adaptions- und Antizipationsfähigkeit erfordert einen konsequenten Übergang zu komplexer Steuerung und Regelung.

Komplexe Steuerung und Regelung basiert auf antizipativen Steuerungsinformationen, die ideal keine Abweichungen auftreten lassen. Störungen werden abgefangen, bevor sie Einfluß auf den Realisationsprozeß nehmen können. Korrekturmaßnahmen gehen von der frühzeitigen Antizipation potentieller Abweichungen aus. Dieses Vorgehen führt nur dann zur Homöostase, wenn sämtliche Störungen bekannt sind, für jede Störung eine Steuerungsmaßnahme gefunden werden kann und der Realisationsprozeß ohne Unbestimmtheiten abläuft.

Wirksame Controllingprozesse dürfen nicht die Illusion erzeugen, daß ein "probabilistisches" System völlig bestimm- und beherrschbar wäre. Der wesentliche Aspekt des Zusammenspiels von komplexer Steuerung und Regelung liegt in der nachhaltigen Verbesserung der Informationslage im Unternehmen.

2.2.2.5 Informationsfunktion

Die Führungsziele Koordinations-, Antizipations- und Adaptionsfähigkeit und Reaktionsfähigkeit enthalten in ihrer Problemstellung den Aspekt der Information. Jeder Zielbildungs- und Entscheidungsprozeß wird durch vorgeschaltete Informationsprozesse bestimmt. Informationsaspekte wurden vor dem Hintergrund der Koordinationsfunktion und Integrationsfunktion des Controlling bereits implizit behandelt, daher soll an dieser Stelle die Informationsversorgung des Planungs- und Kontrollsystems und der restlichen Führungsteilsysteme als eigenständiger Gegenstand des Controlling herausgearbeitet werden. Die Schaffung von Informationskongruenz ist eine Aufgabe, die die restlichen Controllingfunktionen unterstützt.

Die Informationsfunktion des Controlling basiert darauf, daß sich betriebliche Informationsversorgung nicht nur auf die bloße Beschreibung und Abbildung des Ausführungssystems beschränken darf. Aus der Vielfalt der Informationen des Ausführungssystems sind Führungsinformationen zu selektieren oder herauszuarbeiten und in weiterer Folge in einem eigenen Führungsinformationssystem zusammenzufassen. In diesem Sinn umfaßt Informationsversorgung alle Aktivitäten, die die formalisierte Bereitstellung unternehmensexterner und -interner Führungsinformationen betreffen. Dazu zählen auch informale Informationsbeziehungen.

Die Gewinnung und Aufbereitung von Informationen für den Betrieb des Führungssystems werfen in der Praxis eine Reihe von Problemen auf, so daß diese Aufgaben sinnvollerweise von einem besonderen Informationsversorgungssystem wahrgenommen werden (vgl. Horváth [Controlling], S. 350):

- Mengenprobleme
  Empirische Untersuchungen ergaben, daß die Informationsnachfrage nur zwischen 6 und 11% des objektiv deckbaren Informationsbedarfs beansprucht. Über 90% der bereitgestellten Informationen werden verhaltensbedingt nicht genutzt. Es besteht kein positiver Zusammenhang zwischen der Intensität der Informationsversorgung und der Qualität der unternehmerischen Finalentscheidungen. Je mehr das Informationsangebot die Informationsnachfrage übersteigt, umso qualitativ schlechtere Entscheidungen sind zu erwarten (vgl. Hauschildt [Informationsverhalten], S. 377f.).

- Zeitprobleme
  Die zunehmende Umfelddynamik macht schnellere Erfassung und Bereitstellung von Informationen notwendig.

- Relevanzprobleme
  entstehen aus der Notwendigkeit der Beurteilung und Gewichtung von Informationen zur Sicherung ihrer Entscheidungsqualität. Probleme liegen aber auch darin, daß die Nachfrage nach Informationen nur unzulänglich – unpräzise und unvollständig – formuliert werden kann, da in unstrukturierten Problemlösungsprozessen Relevanzkriterien von Informationen vielfach noch unbekannt sind.

- Kommunikationsprobleme
  ergeben sich aus der Trennung von Informationsentstehung und -verwendung. Daraus entsteht die Forderung nach zweckmäßiger Informationsübertragung.

- Wirtschaftlichkeitsprobleme
  machen das Informationswesen in manchen Unternehmen zu einem schwer beherrschbaren Kostenproblem, weil die steigenden Kosten der Informationsbeschaffung und -verarbeitung kaum meßbar ist.

Zwei Faktoren sind für eine Problemlösung entscheidend:

- Informationsaufnahme- und -verarbeitungskapazität der Führungskräfte
- Koordinierte, arbeitsteilige Informationsversorgung.

Eine koordinierte Informationsversorgung basiert auf der Abstimmung zwischen der vom Management geäußerten personenbezogenen, subjektiven Informationsnachfrage, dem von verschiedenen Unternehmensbereichen bereitzustellenden und extern zu gewinnenden Informationsangebot und dem für eine zielorientierte Führung erforderlichen Informationsbedarf. Gewinnung und Aufbereitung der Planungs- und Kontrollinformationen können am effizientesten von einem zentralen System der Informationsversorgung wahrgenommen werden, das den Vorteil der Spezialisierung nutzen kann. Der daraus entstehende Koordinationsbedarf läßt das System der Informationsversorgung zum Kern jedes Controllingsystems werden.

Dem Controlling stellen sich dabei folgende Aufgaben:

- Aufbau eines Systems der Informationsversorgung (siehe systembildende Koordination)
- Laufender Betrieb des Systems der Informationsversorgung.

Die Systembildung und die einzelnen Bausteine eines Informationsversorgungssystems wurden bereits im Rahmen der Koordinationsfunktion behandelt, im Blickpunkt steht nun der zweite Aufgabenbereich.

Controlling hat den Betrieb des Informationsversorgungssystems zu gewährleisten. Der Betrieb umfaßt die Informationsbeschaffung, -verarbeitung und -übermittlung sowie die laufende Systempflege.

Ermittlung des Informationsbedarfs

Die zentrale Aufgabe besteht darin, die Informationsnachfrage der Führungskräfte durch bedarfsgerechte Informationsversorgung zu decken. Die zentrale Fragestellung lautet: "Welche Informationen benötigen die Empfänger mit welcher Genauigkeit, Aktualität und in welchem zeitlichen Abstand, damit sie die ihnen gestellte Managementaufgabe erfüllen können?"

Informationsbeschaffung

Informationsbeschaffung ist, soweit sie das Controlling betrifft, einzugrenzen. Wesentlich erscheint eine Konzentration des Controlling auf die Aufbereitung der Grunddaten, deren Analyse und Interpretation. Controlling ruft steuerungsrelevante Informationen von allen relevanten Stellen im Unternehmen ab, verarbeitet diese zentral und stellt sie anschließend den Führungskräften in den gewünschten Verdichtungsstufen zur Verfügung. Controlling sorgt eher für die Koordination der Informationsbeschaffung und sollte nicht mit der Erfassung und Erstellung der dafür notwendigen Grunddaten belastet werden.

Informationsaufbereitung und -übermittlung

Informationsentstehung und Informationsverwendung fallen in Unternehmen je nach Grad der Zentralisation und Dezentralisation organisatorisch, zeitlich und sachlich auseinander. Durch das Berichtswesen stellt Controlling die Informationsübermittlung zwischen den Stellen der Informationsentstehung und -verwendung sicher.

Controlling kann seine Informationsfunktion nur erfüllen, wenn es mit entsprechenden Informationsrechten augestattet ist, die den Zugang zu Informationen aus den verschiedenen Unternehmensbereichen ermöglichen. Über die Informationspflicht hinaus sollte Controlling ein außerplanmäßiges Informationsmarketing betreiben. Das bedeutet, Informationen aktiv anzubieten und Problembewußtsein für bestimmte Fragestellungen zu schaffen.

Neben der Betreuung des zentralen Berichtswesens kommt der persönlichen Informationsweitergabe durch das Controlling besondere Bedeutung zu, da Controlling Informationen im Führungsprozeß verhaltensorientiert zur Stimulierung von Entscheidungen einsetzen sollte. Die formale Informationsversorgung deckt in den meisten Unternehmen aber nur einen Teil der Informationsbeziehungen ab. Das formale, von Spezialisten wie aus dem Controlling entworfene Informationsversorgungssystem wird von den (internen) Adressaten (Geschäftsleitung, Aufsichtsrat, Führungskräfte aller Ebenen) meist nur bruchstückhaft in Anspruch genommen. Ein großer Teil der betrieblichen Informationsversorgung ist informal und wird von den betroffenen Führungskräften selbst gestaltet. Wesentlich erscheint, daß informale Gesichtspunkte im System der Informationsversorgung bestmöglich integriert werden. Controlling sollte das formale System der Informationsversorgung durch die Berücksichtigung folgender Kriterien ansprechend gestalten: Empfängerorientierung, Fokussierung auf das Wesentliche, Kontinuität trotz Anpassung (keine permanenten Änderungen), Zeitnähe der Information und Aufzeigen von Erfolgs- und Mißerfolgsquellen.

Entscheidend ist, daß die Informationsleistungen des Controlling Bestandteil des von Managern selbst aufgebauten Informationsversorgungssystems werden. Das wird umso eher eintreten, je stärker Controlling im Unternehmen akzeptiert wird. Die ursprünglich informationsbereitstellende Funktion des Controlling erhält dadurch immer mehr den Charakter interner, betriebswirtschaftlicher Beratung. Betriebswirtschaftliche Beratung unterscheidet sich von der reinen Informationsbereitstellung und geht über die Aktivitäten der Informationsbereitstellung hinaus

- durch stärkere Einflußnahme auf Entscheidungsprozesse,
- durch Mitarbeit an der Erstellung betriebswirtschaftlicher Konzepte und deren Umsetzung und
- durch stärkere Gewichtung persönlicher Informationsbeziehungen.

Controlling sollte im Lauf seiner Entwicklung die Informationsfunktion zunehmend in Richtung interne Beratung erweitern. Fachkompetenz macht die für Controlling verantwortliche Führungskraft zum akzeptierten Gesprächspartner von Managern. Controlling wird zum persönlichen Serviceangebot für jeden Manager und steuert dadurch auch auf informalem Weg Prozesse der Entscheidungsvorbereitung. Trifft dieses Bild auf die Person des Controllers zu, übernimmt er die Rolle eines persönlichen Sparringspartners für das Management. Die Informationsfunktion eines ausgereiften Controlling kann daher auch als Sparringsfunktion bezeichnet werden. Sparringspartner sind aber nur dann nützlich, wenn sie annähernd gleichm stark wie der "Wettkämpfer" – das heißt der Manager – sind. Sie müssen über angemessene Kenntnisse verfügen und einen durch ihre Position in der Hierarchie als gleichwertig dokumentierten Status haben.

2.2.3 Controller & Controlling

2.2.3.1 Controlling als Interaktion

Die Funktionen des Controlling und die Stelle des Controllers sind auseinanderzuhalten. Zur Umsetzung des Führungskonzepts Controlling ist nicht unbedingt die Bildung von Stellen und Instanzen notwendig, die spezialisierte Träger dieser Funktion sind. Die Controllingfunktionen können auch von anderen, bereits bestehenden Stellen und Instanzen übernommen werden. Im Sinne einer zeitgemäßen Aufgabenteilung und Spezialisierung bietet es sich allerdings zumindest in mittleren und großen Organisationen an, eigene Controllerstellen einzurichten.

Auch wenn Controllerstellen geschaffen werden, ist Controlling nicht allein "Controllers Sache", sondern Sache jedes Managers. Unabhängig von seiner Position in der Hierarchie und von seinem Ressort verfolgt jeder Manager Ziele, plant seinen Weg zur Zielerreichung, nimmt die sich daraus ergebenden Aufgaben wahr und beurteilt von Zeit zu Zeit den Stand seiner Zielerreichung. Das gilt sowohl für den einzelnen Manager als auch für das Unternehmen als Ganzes. Der Controllingprozeß muß von allen Führungskräften des Unternehmens getragen und mit bestimmten Leistungsbeiträgen unterstützt werden. Damit übernimmt auch das Managament Controllingfunktionen und -verantwortung.

Der Controller hingegen managt das Controlling. Er sorgt nach Deyhle für die Rahmenbedingungen, liefert Instrumente und leistet Anwendungsberatung. Ein funktionsfähiges Controllingsystem setzt in der Regel voraus, daß bestimmte Funktionen von controllingverantwortlichen Stellen im Unternehmen wahrgenommen werden. Die Beiträge von Controllern und Managern ergänzen sich im Controlling. Controlling entsteht erst durch die Zusammenarbeit von Managern und Controllern. Das Controllingbild der Schnittmenge visualisiert diesen Zusammenhang. Die Schnittmenge ist der größte gemeinsame Teiler zwischen Managern und Controllern.

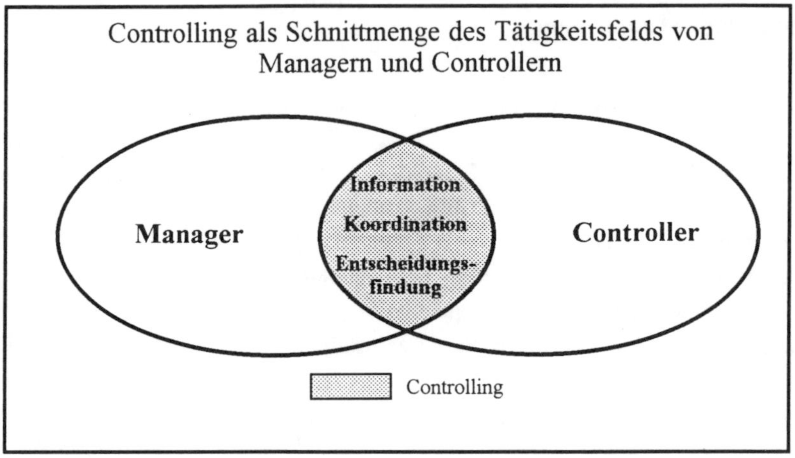

Abb. 2.15: Controller und Controllingkooperation (in Anlehnung an Deyhle; Steigmeier [Controller], S. 23)

Von Controlling im umfassenden Sinn kann daher nur dann gesprochen werden, wenn es durch Kooperation zwischen Manager und Controller zu einem gemeinsamen Ganzen wird.

2.2.3.2 Funktionen des Managements im Controlling

Bisher wurde die Rolle des Managers im Controllingprozeß wenig beachtet. Als Ergänzung zu den bereits diskutierten Controllingfunktionen sollen an dieser Stelle Überlegungen zu den Funktionen angestellt werden, die Manager im Controlling – im Sinne des obigen Schaubilds – übernehmen sollen. Mit der umfassenden Darstellung der einzelnen Aufgabenfelder des Controllers beschäftigt sich der zweite Teil des Buchs.

Controllingbewußtsein

Controllingbewußtsein hat die Bedeutung einer Vorsteuergröße für strategisches und operatives Controlling. Beide verlangen eine Reihe von Instrumenten und Abläufen, mit denen Manager laufend konfrontiert werden. Das Erlernen dieser Instrumente und Abläufe erfordert nicht nur von den Controllern, sondern auch von den "Kunden" des Controlling, den Managern, entsprechendes Problembewußtsein, und zwar bewußte Auseinandersetzung mit der Notwendigkeit des Controlling.

Controllingbewußtsein äußert sich zum einen in der praktizierten Controlling-Denkhaltung des Managements und zum anderen in der Einstellung und dem "commitment" der Unternehmensleitung gegenüber Controlling. Die Unternehmensleitung muß die Möglichkeit anerkennen, daß der Einsatz des Führungsinstruments Controlling den Erfolg des Unternehmens verbessern kann. Daraus sollte sich im Lauf der Zeit eine positive Einstellung gegenüber

Controlling entwickeln, die zum Einsatz von Controlling führt. Controllingbewußtsein zieht in diesem Sinn immer bewußte Planung und Steuerung nach sich.

Controllinggerechte Führungsphilosophie

Eine wesentliche Voraussetzung für die Funktionsfähigkeit des Controlling ist das Vorhandensein einer Führungsphilosophie, die einen zukunftsgerichteten Orientierungsrahmen für sämtliche betriebliche Entscheidungen darstellt und dadurch einen ordnungsgemäßen Controllingprozeß ermöglicht. Die Unternehmensleitung hat die Aufgabe, die Führungsphilosophie controllinggerecht zu gestalten.

Eine controllinggerechte Führungsphilosophie konkretisiert sich in zwei Elementen:

a) Controllinggerechter Führungsstil

Führungsstile sind langfristige, stabile, situationsunabhängige Verhaltensmuster einer Führungskraft beziehungsweise aller Führungskräfte eines Unternehmens. Führungsstile lassen sich danach einteilen, wieweit Mitarbeiter an der Willensbildung und an den Entscheidungen einer hierarchisch höheren Ebene im Unternehmen beteiligt sind. Auf einer Skala von möglichen Führungsformen lassen sich eher autoritäre Führungsstile und eher kooperative oder partizipative Führungsstile unterscheiden. Ein autoritärer Führungsstil äußert sich darin, daß der Vorgesetzte kraft seiner Position die Führungsfunktionen allein, ohne Beteiligung seiner Mitarbeiter ausübt. Ein partizipativer oder kooperativer Führungsstil bedeutet, daß der Vorgesetzte erst nach Konsultation seiner Mitarbeiter und nach Diskussion entscheidet. Mehrheitsentscheidungen sind formal auf wenige Organe im Unternehmen beschränkt. Kooperativer Führungsstil zeigt sich konkret in Delegation von Aufgabe, Kompetenz und Verantwortung und ist dann angebracht, wenn es zur Realisierung von Entscheidungen notwendig ist, daß sich Mitarbeiter mit diesen Entscheidungen identifizieren.

Die Mitarbeiter an der Zielfindung im Rahmen des Controllingprozesses müssen entsprechend beteiligt sein, wenn sie ausreichend motiviert sein sollen und ihre Ziele wirklich erreichen wollen. Wesentlich erscheint auch ihre Mitarbeit bei der Planung der Maßnahmen zur Zielerreichung, da sie selbst es sind, die die Maßnahmen umsetzen müssen. Auf strategischer Ebene kann darüber hinaus das Kreativitätspotential möglichst vieler Mitarbeiter nutzbar gemacht werden.

Controlling setzt daher einen kooperativen Führungsstil voraus. Die Einführung dieses Führungsstils ist Aufgabe der Unternehmensleitung und sollte im Zuge der Schaffung von Controllingbewußtsein vor sich gehen. Entscheidend ist der von der Unternehmensleitung praktizierte Führungsstil: Verhält sie sich gegenüber den direkten Mitarbeitern autoritär, wird sich der autoritäre Führungsstil voraussichtlich auch auf den unteren Führungsebenen fortsetzen.

b) Zielorientierte Führung

Zielorientierte Führung rückt die Zielfestlegung und -vereinbarung als Führungsinstrument in sämtlichen Verantwortungsbereichen eines Unternehmens in den Vordergrund. Die operational geplanten Ziele werden regelmäßig kontrolliert, um die Sicherheit der Zielerreichung zu erhöhen. Innerhalb dieses Zielsystems soll die einzelne Führungskraft Autonomie und Eigenkontrolle verwirklichen können.

Controlling kann nur funktionieren, wenn es sich an Zielen orientiert. Das Planen, Steuern, Regeln kann nur in Verbindung mit vorher festgelegten Zielen erfolgen. Das bedeutet, daß Controlling von der Unternehmensführung – von der Unternehmensleitung und von jeder verantwortlichen Führungskraft, klare, verbindliche und erreichbare Ziele durch eindeutige Zielformulierung verlangt: eine in der Praxis nicht immer festzustellende, aber zwingend notwendige Forderung. Eine wesentliche Aufgabe des Managements im Controllingprozeß besteht darin, klare und verbindliche, idealerweise schriftliche Zielvereinbarungen zu initiieren und zu fördern. Das Management muß bereit sein, sich selbst zu verpflichten und Ziele in operationaler Form zu entwickeln, und darf sich nicht auf Globalfloskeln wie "Streben nach Rentabilität" oder "Produktivitätssteigerung" beschränken. Entscheidend ist, daß der Wille zur Zieltransparenz von der Unternehmensleitung vorgelebt wird.

Neben der Bereitschaft zur Zielvereinbarung ist "organisierte Konsequenz" von Bedeutung (vgl. Stahl [Konzept], S. 159). Darunter versteht man, daß Ziele nicht um ihrer selbst willen formuliert werden, sondern daß in regelmäßigen Abständen eine Zielerreichungskontrolle erfolgt und keine Zielverfehlung ohne entsprechende Korrekturmaßnahmen bleibt. Das Management muß deshalb auch Bereitschaft zur Kontrolle der vereinbarten Ziele zeigen, je nach Entwicklungsstand des Controlling wird es sich um Fremd- oder Selbstkontrolle handeln.

Systembildung und -entwicklung im Controlling

Der Aufbau und die Abstimmung von controllingfernen Führungsteilsystemen wie Organisationssystem, Personalführungssystem oder Wertesystem liegen in der Praxis nur selten im Aufgabenbereich des Controlling. Controlling kann zwar den Prozeß der Systemgestaltung anstoßen und betreiben, federführend auf den Prozeß einwirken wird in der Regel aber die Unternehmensleitung oder der funktional verantwortliche Manager.

Beiträge im Planungs- und Kontrollprozeß

Als Planungs- und Kontrollmanager übernehmen Controller keine inhaltlichen Aufgaben und Entscheidungen im Planungs- und Kontrollprozeß. Für Aufgaben, die sich auf den Inhalt der Planung und Kontrolle beziehen, sind linienverantwortliche Manager verantwortlich: beispielsweise für die Beschaffung von planungsrelevanten Informationen aus dem eigenen Betätigungsfeld, die Erarbeitung von Zielen bezüglich angestrebter Erfolgspotentiale und Fähigkeiten, die Erarbeitung der dazu notwendigen Rahmenbedingungen, die Erstellung von Zielentwürfen, die Bewertung von Plan-Alternativen, die Plan-Genehmigung, die Vornahme von Ziel- und Wegkorrekturen, das Entscheiden über Korrekturmaßnahmen.

Generell kann man feststellen, daß Controller mit zunehmendem Entwicklungsstand des Controlling verstärkt Planungs- und Kontrollaufgaben an Linienverantwortliche abgeben sollen. Haben die Linienverantwortlichen einmal genügend Controllingbewußtsein und -Know-how, ist die Basis für eine selbständige Planungskoordination geschaffen. Der Aufgabenschwerpunkt des Controllers verlagert sich auf diese Weise sukzessive auf die Entwicklung neuer Systeme, auf die systemkoppelnde Koordination und auf die Wahrnehmung der Sparringfunktion.

Aufgaben der Manager, d.h. Linienverantwortlichen ("Planer")	Aufgaben der Controller ("Planungsmanager")
● Identifikation	● Entwürfe zum Plan sammeln und bewerten
● Informationen beschaffen	● Entwürfe zur Entscheidungsvorbereitung aufarbeiten
● Informationen auswerten	● Planungstechniken für die Generierung zur Verfügung stellen
● Ziele bezüglich aufzubauender Erfolgspotentiale und Fähigkeiten aufstellen	● Einsatz der Techniken koordinieren
● Rahmenbedingungen dazu erarbeiten	● DV-Unterstützung warten und pflegen
● Zielentwürfe erstellen	● Training der Partner initiieren
● Alternativen bewerten	● Richtlinien erarbeiten und genehmigen
● Bewertung zur Entscheidung vorschlagen	● Planungsarbeiten terminieren
● Korrekturen an den Zielen vornehmen	● Planerstellung kontrollieren
● Pläne genehmigen	● zur Mitarbeit bei der Planung motivieren
	● Koordination und Integration mit anderen Plänen im Unternehmen

Abb. 2.16: Beiträge von Managern und Controllern im Planungsprozeß (in Anlehnung an Szyperski; Müller-Böling [Gestaltungsparameter], S. 365)

Controllinggerechte Unternehmensorganisation

Die Aufbauorganisation des Unternehmens muß den Erfordernissen von operativem und strategischem Controlling entsprechen. Operatives Controlling verlangt möglichst genau abgegrenzte Verantwortungsbereiche, deren Leiter selbständig entscheiden, handeln und die Ergebnisse innerhalb ihrer Bereiche verantworten. Vielfach erscheint die Bildung von Profit- und Cost-Center als geeigneter Organisationsansatz. Strategisches Controlling verlangt die Ausrichtung der Organisation an den zu erhaltenden und zu schaffenden Erfolgspotentialen. Die Beteiligung von operativ tätigen Führungskräften am strategischen Controllingprozeß kann beispielsweise durch die Einrichtung strategischer Geschäftseinheiten oder durch die Bildung einer ständigen strategischen Projektgruppe sichergestellt werden.

Die Ausrichtung der Aufbauorganisation an den Erfordernissen des Controlling ist ein wesentlicher Beitrag zu seiner Funktionsfähigkeit und liegt primär in den Händen der Unternehmensleitung.

2.3 Zusammenfassende Darstellung der Controllingkonzeption

Die bisherigen Überlegungen über

- die aktuellen Herausforderungen des Unternehmensumfelds,
- das System Unternehmen, das Führungssystem und das systemisch-evolutionäre Verständnis der Unternehmensführung,
- die Orientierung neuer Managementkonzepte und
- den Bedarf nach Führungsergänzung und Controlling

bilden den Rahmen für die funktionale Beschreibung der Controllingkonzeption, die als Grundlage für die weiteren Ausführungen dienen soll.

Aufbauend auf den vorangehenden Ausführungen, läßt sich die aktuelle Konzeption des Controlling folgendermaßen bestimmen:

- Die Controllingziele bestehen in der Sicherung der Koordinationsfähigkeit, Reaktionsfähigkeit und Antizipations- und Adaptionsfähigkeit der Führung. Controlling unterstützt dadurch indirekt die Erreichung von Zielen aus den Zielgebieten Kapital, Mitarbeiter und Umfeld.
- Aus den Controllingzielen lassen sich die Controllingfunktionen ableiten. Die Erfüllung der einzelnen Funktionen hat im Hinblick auf die Erreichung der Controllingziele instrumentellen Charakter (Mittel-Zweck-Relation). Controlling ergänzt die Führung, indem es bestimmte Funktionen wahrnimmt. Grundsätzlich kann das auf zweierlei Weise geschehen: durch Führungsdienstleistungen und durch Führungsleistungen.
- Die Führungsdienstleistungen des Controlling betreffen die Informationsfunktion und die Integrationsfunktion. Die Führungsleistungen des Controlling erfolgen im Rahmen der systembildenden beziehungsweise systemkoppelnden Koordinationsfunktion und der Innovationsfunktion als aktive Mitgestaltung der Unternehmensentwicklung und -erneuerung.
- Werden zur Wahrnehmung von Controllingaufgaben spezialisierte Stellen geschaffen, entsteht Controlling erst durch das Zusammenspiel von Managern und Controllern. Daher ist es wesentlich, daß nicht nur die führungsergänzenden Funktionen des Controlling erfüllt werden, sondern daß auch das Management seinen Beitrag zum Controlling leistet.

Die Funktionen des Managements im Controlling konkretisieren sich in der Schaffung und Verbreitung von Controllingbewußtsein, Etablierung einer controllinggerechten Führungsphilosophie, in Mitarbeit an Systembildung und -entwicklung, in der Erbringung inhaltlicher Beiträge im Planungs- und Kontrollprozeß und in der Schaffung einer controllinggerechten Unternehmensorganisation.

- Controlling wird zu einem eigenständigen Führungsteilsystem. Der Begriff Controllingsystem wird zur Bezeichnung des funktionalen beziehungsweise institutionalen Subsystems der Unternehmensführung, das die Controllingfunktionen wahrnimmt. In Anlehnung an den Systemansatz bestehen Controllingsysteme ihrerseits wiederum aus einer Reihe von Subsystemen und Elementen: Controllingaufgaben, Controllingorganisation und Controllinginstrumente.

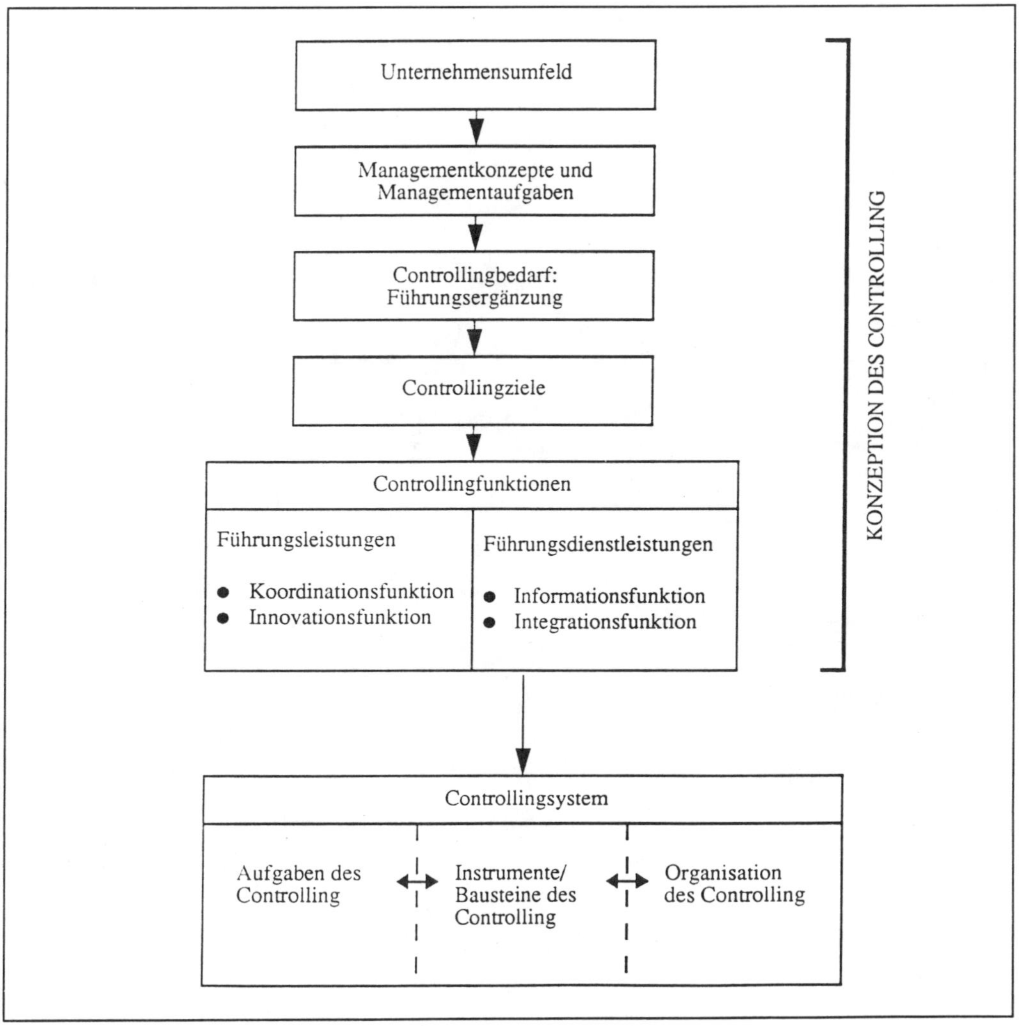

Abb. 2.17: **Zusammenfassende Darstellung der Controllingkonzeption**

3 Die Organisation des Controlling

*Herbert Synek**

Die organisatorische Gestaltung des Controlling gehört zu den bedeutendsten Fragen des Controlling. Im folgenden sollen die wesentlichsten Gestaltungsvariablen der Controllingorganisation behandelt und die organisatorischen Schnittstellen in der Arbeit von Controllern und Managern erläutert werden. Dabei soll insbesondere die Problematik organisatorischer Musterlösungen aufgezeigt werden.

3.1 Institutionale Grundfragen zur Organisation des Controlling

3.1.1 Eigene Controllingstellen oder Wahrnehmung der Controllingaufgaben "nebenbei"?

Die Grundsatzfrage lautet, ob die Controllingaufgaben konzentriert von eigenen Stellen wahrgenommen werden sollen oder ob auch nebenamtliche Erledigung, eventuell aufgeteilt auf mehrere Stellen, möglich ist. Die Antwort auf diese Frage beeinflußt die organisatorische Gestaltung in entscheidendem Ausmaß, wobei es ohne Bedeutung ist, wie man die jeweiligen Stellen bezeichnet: Neben "Controlling" sind Benennungen wie "Betriebswirtschaftliche Abteilung", "Planung und Ergebnisrechnung", "Administration" oder "Kommerzieller Dienst" anzutreffen (vgl. Deyhle [Controller-Handbuch], Bd. I, S. 123).

Die Frage läßt sich nicht mit entweder/oder beantworten. Besonders bei kleinen und mittleren Unternehmen ist ein Abwägen der Vor- und Nachteile erforderlich, um zu einer befriedigenden Lösung zu gelangen (vgl. Weber [Einführung/3], Teil 1, S. 121ff.):

- Die Kommunikation in Klein- und Mittelunternehmen zwischen den wenigen Führungskräften ist oft besser als in Großunternehmen. Entsprechend geringer ist die Bedeutung der Koordinationsfunktion des Controllers.
- Da zum verringerten Koordinationsbedarf ein größenbedingt verminderter Planungs- und Kontrollaufwand kommt, ist die Controllerstelle häufig nicht voll ausgelastet.
- Man wird daher controllingfremde Aufgabenbestandteile hinzunehmen (vgl. Schmutz [Organisation], S. 375f.) und die Controllingaufgaben zum Beispiel dem Assistenten des Unternehmensleiters übertragen. Dadurch kann dieser allerdings die Rolle einer "grauen Eminenz" – eines Machtzentrums unmittelbar unterhalb der Leitung – übernehmen, was die objektive Wahrnehmung der Controllingaufgaben beeinträchtigt.

---

* mit Unterstützung von Falko Müller-Tyl

- Auch der Leiter des Finanz- und Rechnungswesens wird in vielen Fällen mit Controllingaufgaben betraut. Diese Vorgangsweise kann sich als zweckmäßig erweisen, wobei zu prüfen ist, ob das Konzept des Controlling tatsächlich in die Praxis umgesetzt wird. Ansonsten würde nur die Funktionsbezeichnung verändert (sogenannter "Türschild-Controller").
- Die erforderliche Qualifikation eines Controllers ist am Arbeitsmarkt nur gegen entsprechendes Entgelt zu finden. Gemeinsam mit der hohen faktischen Macht kann das leicht zu Akzeptanzschwierigkeiten führen. Diese Probleme können durch Verteilung der Aufgaben auf vorhandenes Personal vermieden werden.
- Eine Aufteilung der Controllingaufgaben zwingt zur intensiven Zusammenarbeit des Managements, was zweifellos ein großer Vorteil dezentralen Controllings ist. Andererseits müssen aus der Aufteilung der Controllingaufgaben auf das Management Akzeptanzprobleme aufgrund des erhöhten Arbeitsanfalls erwartet werden.
- Controlling erfordert spezielles Fach- und Methodenwissen, das bei "Nebenbei-Controllern" nicht vorausgesetzt werden kann. Es ist fraglich, ob genug Bereitschaft und Motivation zum Aufbau der erforderlichen Kenntnisse besteht.

Zusammenfassend gilt, daß die Etablierung eigener Controllingstellen in Klein- und Mittelunternehmen eine Frage des Abwägens bleiben wird. Neben der Betriebsgröße sind auch andere Kriterien von Bedeutung, zum Beispiel der aktuelle Entwicklungsstand des Controlling im Unternehmen: Je entwickelter der Controllinggedanke, je weiter die Einführung des Controlling im Unternehmen fortgeschritten ist, desto eher wird man sich für die Einrichtung einer eigenen Controllingstelle entscheiden.

In Großbetrieben kann man weitgehend eigene Controllingstellen annehmen. Schon 1978 gab es solche in 90% der deutschen Großunternehmen (vgl. Hahn [Konzept], S. 101ff.). Aber auch in kleineren Unternehmen setzt sich Controlling zunehmend durch: Nach einer jüngeren Untersuchung für Österreich (vgl. Niedermayr [System], S. 188) verfügen über 70% der befragten Unternehmen über eine Controllingabteilung.

Der vereinzelt geäußerte Vorschlag, das Controlling – ähnlich wie die Steuerberatung – an einen unternehmensexternen Spezialisten zu vergeben, soll hier nicht im einzelnen besprochen werden. Diese Aufgabenwahrnehmung dürfte sich in den meisten Fällen als unzweckmäßig erweisen, da insbesondere operatives Controlling in Kommunikations- und Entscheidungsabläufe voll eingebunden sein muß und nicht erst im nachhinein involviert werden darf. Eine externe Betreuung kann bei der Unterstützung von Einzelprojekten sinnvoll sein, zum Beispiel bei der Initiierung eines Strategieprozesses oder bei der Einführung neuer Instrumente des Controlling.

3.1.2 Die "ideale" Controllingorganisation gibt es nicht!

Es erscheint wenig sinnvoll, für die Organisation des Controlling – sei es die Einbettung des Controlling im Unternehmen oder die interne Organisation der Controllingabteilung – verbindliche Empfehlungen abzugeben. Das folgende Beispiel zeigt die Problematik:

Manche Autoren empfehlen die Etablierung des Chefcontrollers in der **obersten Hierarchieebene** (vgl. z.B. Liessmann [Bestimmungsfaktoren], S. 515), was im Einzelfall zweckmäßig sein kann. Da jedoch zahlreiche andere Disziplinen der Betriebswirtschaftslehre nachdrücklich Anspruch auf einen Vorstandssessel reklamieren, wird man nicht umhin können, eine Auswahl zu treffen.

Die Verankerung des Controllers in der obersten Etage ist nicht unproblematisch, weil der Beratende und Informierende zum Mitentscheidenden wird. Daraus kann Unvereinbarkeit der Aufgaben entstehen, die ihre Fortsetzung findet, wenn der Controller die von ihm mitgetragenen Entscheidungen zu einem späteren Zeitpunkt beurteilen soll.

Aus dem Aspekt der Führungsergänzung als zentraler Aufgabe des Controlling folgt nicht nur unmittelbar, daß es sich um eine Stelle ab der zweiten Ebene handeln dürfte (vgl. Weber [Einführung], S. 354), sondern auch, daß eine optimale Controllingorganisation den Notwendigkeiten dieser Unterstützungsaufgabe anzupassen ist.

Diese Tatsache impliziert,

- daß die Festlegung der Controllingorganisation situativ aus den strategischen Gegebenheiten des Unternehmens abzuleiten ist (vgl. das bekannte Wort "structure follows strategy") und
- daß neben diesem statischen Gesichtspunkt auch die dynamische Weiterentwicklung der Controllingorganisation nicht vernachlässigt werden darf. Das bedeutet, daß ein Chefcontroller, der in Zeiten höchster Bedeutung des Controlling für das Unternehmen in die oberste Hierarchieebene berufen wird, nicht unbedingt dort bleiben muß, wenn das Controlling nicht mehr der strategische Engpaß im Unternehmen ist.

Welche **Bestimmungsfaktoren** beeinflussen die Auswahl einer geeigneten Controllingorganisation? Mehrere Autoren haben versucht, entsprechende Aufstellungen zu erarbeiten. Mann (vgl. Mann [Controlling], S. 167ff.) führt beispielsweise vier Faktoren an:

- Innovationsbedarf: Mit der Menge der ungelösten Probleme und mit dem Umfang der organisatorischen Umstellungen bei der Einführung von Controlling steigt die Bedeutung der organisatorischen Verankerung.
- Unternehmensgröße (vgl. 3.1.1): Mit steigender Unternehmensgröße werden eigene Controllingstellen etabliert. Großbetriebe haben Controllingabteilungen mit zahlreichen Verästelungen, die in das ganze Unternehmen hineinreichen.
- Komplexität: Je komplexer die zu lösenden Probleme im Unternehmen und in der Unternehmensumwelt sind, desto größer ist die Bedeutung der Koordinations- und Integrationsfunktion des Controlling.
- Essentials: Die Ausprägung der Unternehmensgrundsätze (z.B. der Führungskultur) beeinflußt ein der Führungsergänzung dienendes Controlling.

Zünd stellt die Aufgabe des Controllers auf die Unternehmensumwelt ab. Mit steigender Dynamik der Umwelt unterscheidet er (vgl. Zünd [Begriff], S. 15ff.)

- den buchhaltungsorientierten "Registrator",
- den auf Planungs- und Kontrollfunktionen konzentrierten "Navigator" und
- den mit Problemlösungen beschäftigten "Innovator".

Der Katalog von Mann scheint ergänzungsbedürftig; Weber führt folgende weitere Kontextfaktoren an:

- Strategische Grundposition des Unternehmens: Strebt das Unternehmen Kostenführerschaft oder eine technologische Leitposition an? Diese Entscheidung wird die Schwerpunkte der Controllingarbeit erheblich mitbestimmen.
- Controllingtradition: Hier wird das Controllingverständnis im Unternehmen angesprochen, also die herrschende Meinung darüber, was Controlling umfaßt und wie es auszuführen ist.
- Stand der Informationstechnologie: Ein Beispiel ist die Verbreitung von PCs, die die dezentrale Informationsbedarfsdeckung wesentlich erleichtert und zur Entlastung des Controllers führt (vgl. Weber [Einführung/3], S. 136).

3.1.3 Einführung und Reorganisation von Controlling

Die im vorigen Kapitel genannten Kontextfaktoren sind einem zeitlichen Wandel unterworfen. Daher muß auch die Controllingorganisation regelmäßig angepaßt werden. Als Spezialfall ist die Ersteinführung einer Controllingorganisation zu betrachten.

Das "Organisieren der Organisation" beziehungsweise der Organisationsänderung wird in der umfangreichen Spezialliteratur der Organisationslehre behandelt, hier soll lediglich auf einige Besonderheiten bei der Neueinführung von Controlling im Unternehmen eingegangen werden.

Dabei wird man nur **schrittweise vorgehen**, um die Gefahr des Scheiterns des Prozesses zu reduzieren:

- Nur einzelne Controllingfunktionen werden unternehmensweit etabliert (zum Beispiel Unternehmensplanung und Budgetierung).
- In Teilen des Unternehmens (zum Beispiel in einem Betrieb oder in einer Division) werden mehr oder weniger große Teile des Controllingkonzepts verwirklicht. Bei der Auswahl wird man neben fachlichen Gesichtspunkten auch das Ausmaß der Bereitschaft der Betroffenen berücksichtigen, an einem solchen Projekt aktiv mitzuarbeiten.

Vereinfachend wirkt sich aus, daß einzelneMethoden und Instrumente des Controlling im Unternehmen oft schon eingeführt sind. In diesem Fall geht es vor allem um Abstimmung und Vereinheitlichung des Vorhandenen. Horváth spricht von der Aufgabe des "Metacontrolling" (Horváth [Controlling], S. 859).

Erschwerend sind Akzeptanzprobleme und Widerstände im Unternehmen, die unter anderem folgende Ursachen haben können (vgl. Horváth [Controlling], S. 864f.):

- Die Geschäftsleitung fürchtet einen Machtverlust.
- Das bestehende Finanz- und Rechnungswesen scheut die neue Konkurrenz.
- Der Vertrieb erwartet Erfolgskontrollen.
- Die Produktion sieht unangenehme Wirtschaftlichkeitskontrollen auf sich zukommen.

Horváth weist in diesem Zusammenhang auf die entscheidende Bedeutung der Machtpromotion durch die Unternehmensführung hin. Die Einführung von Controlling ist eine **unternehmensstrategische Entscheidung** und ist über den gesamten Organisationsprozeß hinweg nicht nur von der Genehmigung, sondern auch von der Unterstützung und aktiven Teilnahme der Unternehmensspitze abhängig.

Reorganisationsvorhaben gestalten sich in den meisten Fällen problemloser. Dabei ist die Grundsatzentscheidung für Controlling bereits gefallen, und es besteht keine Gefahr, daß das Gesamtkonzept scheitert.

3.2 Die Schnittmenge von Controller und Manager

3.2.1 Controlling: Stabs- oder Linienfunktion?

Ob die Controllingstelle beziehungsweise -abteilung organisatorisch als Stabs- oder als Linieneinheit eingerichtet werden soll, hängt davon ab, ob man ihr Anordnungsbefugnisse einräumt oder nicht.

"Typische Aufgaben eines **Stabs** sind: Entscheidungsvorbereitung, Beschaffung und Auswertung von Informationen, Koordination von Teilplänen, Überwachung der Ausführung getroffener Entscheidungen. Ausgenommen gegenüber direkt unterstellten Mitarbeitern (Stabshierarchie) verfügen Stabsstellen nicht über Anordnungsbefugnisse; sie können jedoch im Interesse der Koordination über gewisse Richtlinienkompetenzen verfügen." (Grochla [Grundlagen], S. 133)

Diese Beschreibung scheint genau auf das Controlling zuzutreffen, und viele Autoren stimmen dem auch zu (vgl. z.B. die Aussage "Controlling-Funktion ist Management-Service", Deyhle [Controller-Handbuch], Bd. I, S. 125): Aber es gibt zu Recht zahlreiche Gegenstimmen.

In die Literatur Eingang gefunden hat vor allem die Argumentation von Mann (vgl. Mann [Controlling], S. 177f.):

- Der Controller hat neben seinen **Serviceaufgaben** auch Entscheidungskompetenz, zum Beispiel die Geschäftsleitung bei gravierenden Abweichungen einzuschalten.
- Als Stab hätte sich das Controlling auf die **Unterstützung** der Vorgesetzten zu berufen. Daraus resultiert ein Verlust an Autorität.

- Die Tätigkeit des Controllers ist für das Unternehmen so bedeutsam, daß ein **Anweisungsrecht** unerläßlich ist.

Dazu kommt, daß der Controller eindeutige **Führungsleistungen** zu erbringen hat.

Der Controller ist für eine unternehmensweite Querschnittsfunktion verantwortlich und muß für dieses Subsystem die notwendigen Anordnungskompetenzen erhalten. Das organisatorische Kongruenzprinzip (Deckung von Aufgabe, Kompetenz und Verantwortung) sollte soweit wie möglich eingehalten werden.

Bei einer Neueinführung von Controlling im Unternehmen kann es günstiger sein, zunächst eine Stabsstelle einzurichten, der mit fortschreitender Entwicklung und Notwendigkeit Linienbefugnisse eingeräumt werden, die vor allem in betrieblichen Krisensituationen später erweitert werden (vgl. Horváth [Controlling], S. 828).

Die Controllingabteilung kann je nach Entwicklungsstand und Situation im Unternehmen sowohl als Stabs- als auch als Linieneinheit agieren, was davon abhängt, ob sie primär als Führungsunterstützung oder als Führungsleistung betrachtet wird.

3.2.2 Systemtheoretische Betrachtung von Controller und Manager

Ausgangspunkt ist das bekannte Bild des kybernetischen Regelkreises:

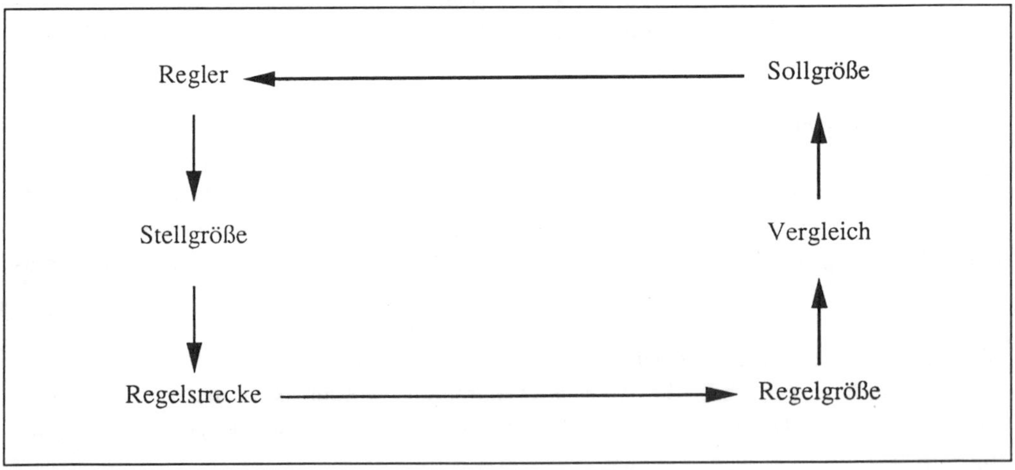

Abb. 3.1: Kybernetischer Regelkreis in allgemeiner Darstellung

Überträgt man diese Darstellung auf die Zusammenarbeit von Controller und Manager, so ergibt sich folgendes:

- Das Management fungiert als Regler. Es erteilt Anweisungen (= Stellgrößen) an die Ausführenden (= Regelstrecke).

- Das Ergebnis der Anweisungsausführung (= Regelgröße) wird erfaßt, zum Beispiel in Form von Erfolgs- und Finanzzahlen der einzelnen Betriebe.
- Der Controller vergleicht die Ergebnisse mit den Unternehmenszielen (= Sollgröße), analysiert die Abweichungsursachen, kommentiert diese und regt beim Management Maßnahmen an, um die wichtigsten Eckdaten des Unternehmens ansteuern zu können.

Die rechte Hälfte der Abb. 3.2 zeigt das Aufgabengebiet des Controllers, deckt aber nicht das vollständige Aufgabenspektrum eines Controllers ab.

3.2.3 Arbeitsteilung und Zusammenarbeit zwischen Controller und Manager

Aus den vorhergehenden Abschnitten ergeben sich einige wichtige Punkte für das Funktionieren der Achse Controller – Manager:

Die weitreichende und hochqualifizierte **Ergänzungsfunktion** des Controllers setzt selbständiges Agieren als gleichberechtigter Partner voraus. Das Bild des Regelkreises veranschaulicht die Bedeutung beider Stellen für eine zufriedenstellende Zusammenarbeit.

Die tatsächlichen Formen der Zusammenarbeit zwischen Controller und Manager sind **situativ** unterschiedlich ausgeprägt. Im folgenden wird ein Beispiel einer möglichen Arbeitsteilung auf dem Gebiet der Finanzplanung und -kontrolle gezeigt.

	Planungsphase	Realisationsphase	Kontrollphase
Aktionsbereich des Finanzvorstandes	– Finanzielle Rahmenplanung für Investitionen – Planung der Anpassung im Liquiditätenengpaß – Planung exzeptioneller Finanzierung	– Abstimmung von Investitionen und Finanzierung – Durchsetzung liquiditätspolitischer Anpassungsmaßnahmen – Führung von Finanzierungsverhandlungen in Repräsentationsfunktion	– Kontrolle der Reserve-Haltung – Kritik der Planabweichungen
Aktionsbereich der skalaren Kollegialität (T) = Treasurer (C) = Controller	– Planung der strukturellen Liquiditätssicherung (T) – Planung der ordentlichen Finanzierung (T) – Planung der Reserven bzw. der Klassenüberschüsse (T) – Koordination der Teilpläne (C)	– Einsatz der Liquiditätsreserven (T) – Führung der Finanzierungsverhandlungen ohne Zwang zur Repräsentation (T)	– Feststellung der realisierten Werte (C) – Auswertung der Kontrollergebnisse, Abweichungsanalyse (C)
Aktionsbereich der zweiten hierarchischen Ebene (T) = Treasurer (C) = Controller	– Planung der laufenden operativen Einnahmen und Ausgaben (T) – Laufende Planabstimmung mit operativen Instanzen, Planrevolving (Einkauf, Produktion, Absatz etc.) (C) – Planung der Kreditannuitäten (C)	– Verfügung über Investitionsbeträge (Anweisung) (T) – Regulierung der laufenden Ausgaben (T) – Anlage von flüssigen Mitteln (T) – Inkasso und Mahnwesen (T) – Tägliche Finanzdisposition (T)	– Kontrolle des Investitionsbudgets (C) – Kontrolle der laufenden Finanzplanung (C)

Abb. 3.2: Arbeitsteilung auf dem Gebiet Finanzplanung und -kontrolle zwischen Finanzvorstand, Treasurer und Controller (vgl. Hauschildt; Sachs; Witte [Finanzplanung], S. 26)

Unter "skalarer Kollegialität" in Abb. 3.2 werden Aufgaben angeführt, deren Verantwortung entweder dem Finanzvorstand vorbehalten bleibt oder delegiert wird.

Dem Controller sind in diesem Beispiel vor allem planende, koordinierende und kontrollierende Aufgaben zugeordnet. Solche Aufgaben werden aber auch von den beiden anderen Stellen wahrgenommen, was bedeutet, daß nicht nur der Controller das Controlling macht. Die Analogie zum Regelkreis ist in diesem Punkt irreführend. Auch der Manager plant und koordiniert, kontrolliert und informiert, und der Controller wirkt an der Gestaltung und Lenkung des Unternehmens mit. Der Unterschied liegt in den Objekten, im Detaillierungsgrad und in den Methoden und Instrumenten.

Das abschließende Beispiel zeigt mögliche Wege der Zusammenarbeit für drei verschiedene Arbeitsgebiete.

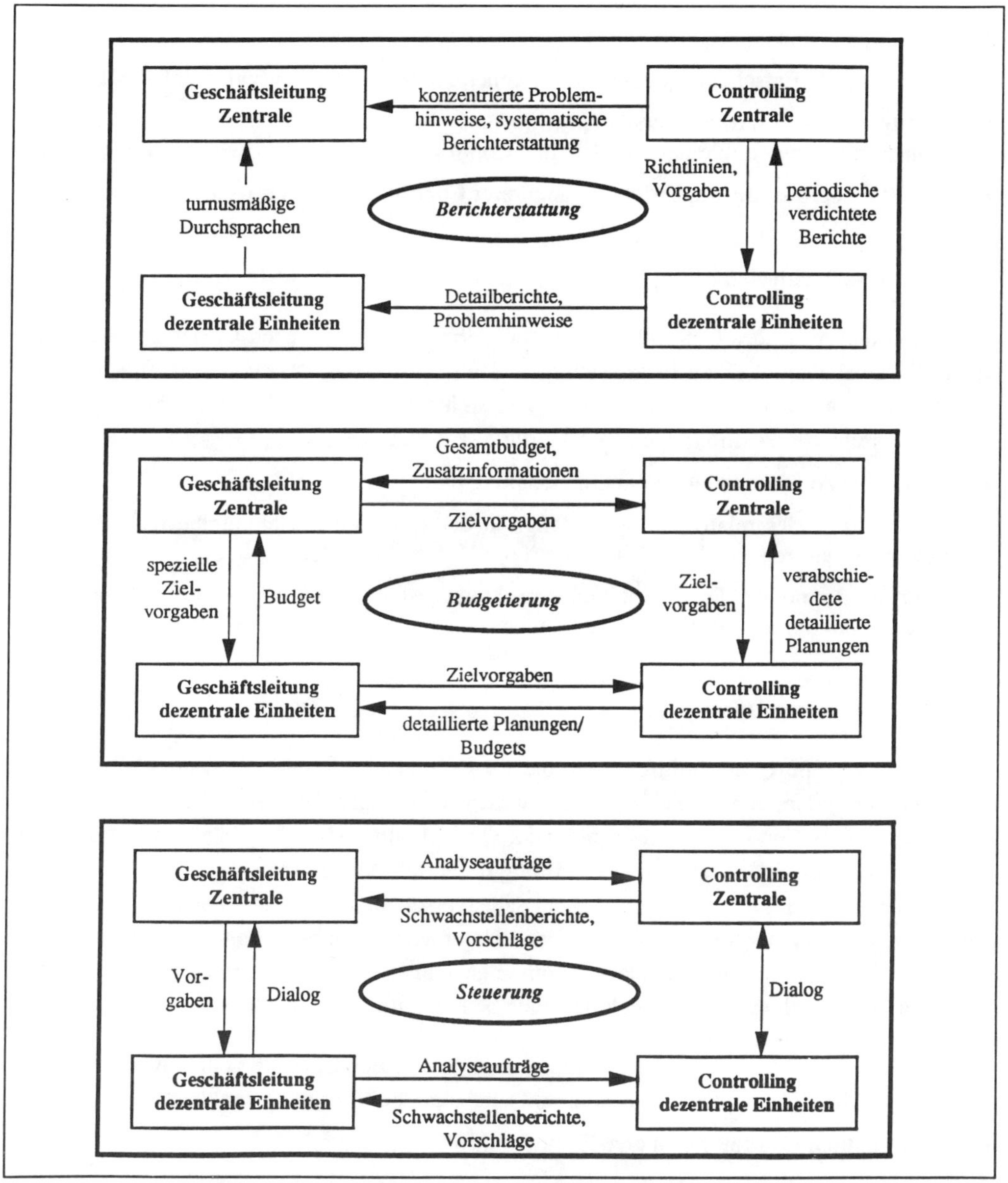

Abb. 3.3: Arbeitsteilung und Zusammenarbeit zwischen Controlling und Geschäftsleitung auf den Gebieten Berichterstattung, Budgetierung und Steuerung (vgl. Weber [Einführung], S. 359)

3.3 Aufbauorganisatorische Eingliederung und Untergliederung des Controlling

3.3.1 Die Einbettung des Controlling in die Aufbauorganisation

Ausgangspunkte sind

- die vorliegende Entscheidung zugunsten eigener Controllingstellen (vgl. Kapitel 3.1.1),
- ein zeitgemäßes Controllingverständnis im Unternehmen und Verständnis für die Aufgabenvielfalt eines entwickelten Controlling und
- eine Betriebsgröße, die die Errichtung mehrerer Controllingstellen erfordert.

3.3.1.1 Hierarchieebene

Bei den Grundsätzen des Controlling ist unter aufbauorganisatorischen Gesichtspunkten vor allem die Unabhängigkeit zu berücksichtigen. Diese Forderung ist leicht zu erfüllen, wenn der Controller auf der ersten oder zweiten Hierarchieebene angesiedelt wird. Sollte er eine tiefere hierarchische Position besetzen, ist dafür Sorge zu tragen,

- daß er seine Aufgaben objektiv und unabhängig durchführen kann,
- daß er trotz seines relativ geringen Rangs in der Unternehmenshierarchie unmittelbaren Zugang zur und regelmäßigen Kontakt mit der Unternehmensleitung hat und
- daß er mit der notwendigen Gestaltungsmacht ausgestattet wird, um die ihm zugeordneten Führungsfunktionen wahrnehmen zu können.

3.3.1.2 Dezentralisation

Controlling ist eine Querschnittfunktion, die im gesamten Unternehmen wahrzunehmen ist, was auch für andere Bereiche wie Personalwesen oder Logistik zutrifft: Aufbauorganisatorisch wird für das Controlling das Problem der Querschnittfunktion in größeren Unternehmen so gelöst, daß neben dem zentralen Controlling dezentrale Stellen in den Unternehmensteilen eingerichtet werden. Diese Lösung ist nicht selbstverständlich, weil beispielsweise Personalangelegenheiten in der Regel von nur einer Unternehmenseinheit (Personalbüro) wahrgenommen werden, die entsprechende Befugnisse gegenüber den anderen Einheiten hat. Dieses Vorgehen wird in kleineren Unternehmen auch beim Controlling angewandt.

Für den Fall einer Kombination von zentralen und dezentralen Controllingstellen ist die Frage nach der Art der Zusammenarbeit zu klären. Dabei sind drei Varianten denkbar:

- Das dezentrale Controlling ist dem Zentralcontrolling unterstellt.
- Das dezentrale Controlling ist dem Leiter der Unternehmenseinheit unterstellt. Mit dem Zentralcontrolling findet lediglich ein Informationsaustausch statt.

- **Dotted-line-principle:** Das dezentrale Controlling ist disziplinär dem Leiter der Unternehmenseinheit, fachlich dem Zentralcontrolling unterstellt.

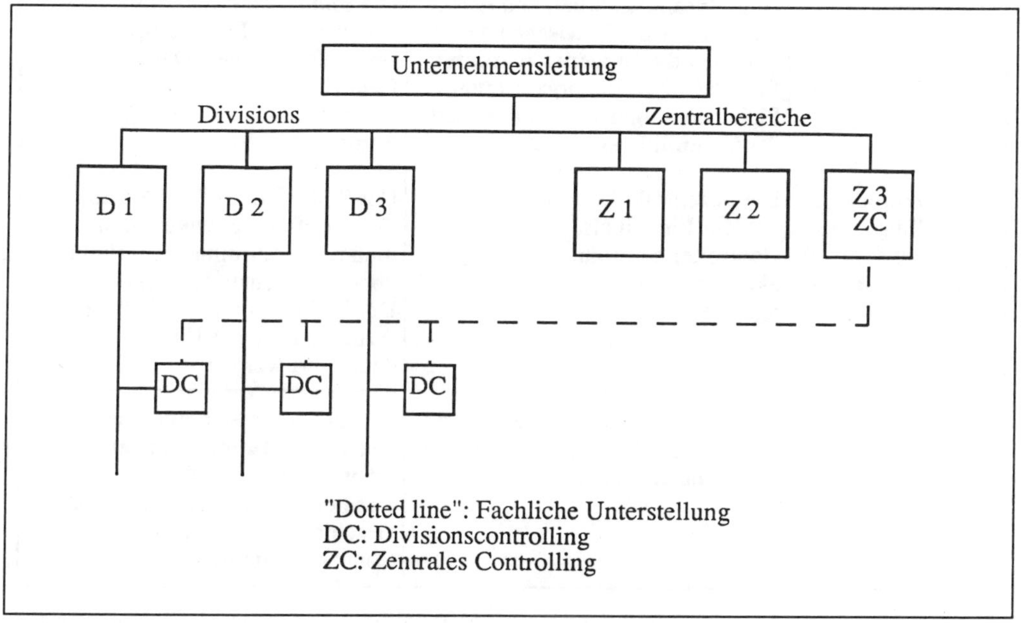

Abb. 3.4: Dotted-line-Organisation (Prinzipdarstellung)

Alle drei Varianten haben spezifische Vor- und Nachteile:

Variante	Potentielle Vorteile	Potentielle Nachteile
Das dezentrale Controlling untersteht dem Zentralcontrolling.	Gute Zusammenarbeit und guter Informationsfluß zwischen dezentralem und zentralem Controlling. Straffe Controllingorganisation. Sicherstellung der Einheitlichkeit der Controllingsysteme.	Die Einheit empfindet ihre Controller als Fremdkörper oder sogar als "Spione". Das dezentrale Controlling ist zu zentral orientiert und unterstützt die Einheit zu wenig.
Das dezentrale Controlling untersteht dem Leiter der Einheit.	Der dezentrale Controller wird von der Einheit als "eigener" Controller empfunden. Er wird akzeptiert und kann entsprechend agieren.	Der Zentralcontroller hat kaum Durchgriffsmöglichkeiten und muß entweder mittels Einfluß oder über den Dienstweg vorgehen. Der Einheitscontroller kann zum Administrator der Einheit degradiert werden.
Dotted-line-principle.	Im Idealfall werden die genannten Vorteile kombiniert, ohne daß die Nachteile auftreten.	Die Doppelunterstellung des dezentralen Controllers kann zu erheblichen Konflikten führen, was hohe Anforderungen an das Geschick des dezentralen Controllers stellt.

Abb. 3.5: Vor- und Nachteile möglicher Varianten der Zusammenarbeit zwischen dezentralem Controlling und Zentralcontrolling

Der Aufgabenumfang der dezentralen Controllingstellen orientiert sich einerseits an der Aufgabenteilung zwischen zentralem und dezentralem Controlling, andererseits an der Aufgabe der Unternehmenseinheit.

3.3.1.3 Praxisbeispiele

Im folgenden einige Beispiele für Controllingaufbauorganisationen:

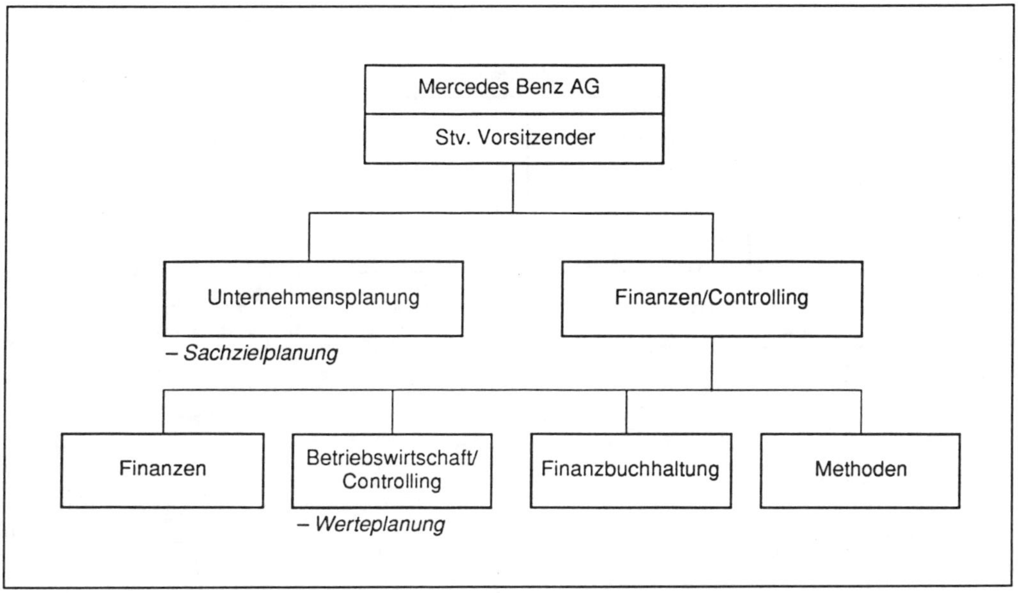

Abb. 3.6: Organisation des Controlling bei der Mercedes-Benz AG (vgl. Horváth [Controlling], S. 879)

Die hohe Bedeutung des Controlling (zwei dem stellvertretenden Vorsitzenden des Vorstands direkt unterstellte Abteilungen) wird dadurch verstärkt, daß dem Vorstand ein spezialisiertes Vertriebs- und Marketingcontrolling direkt unterstellt wurde (nicht aus der Abbildung ersichtlich).

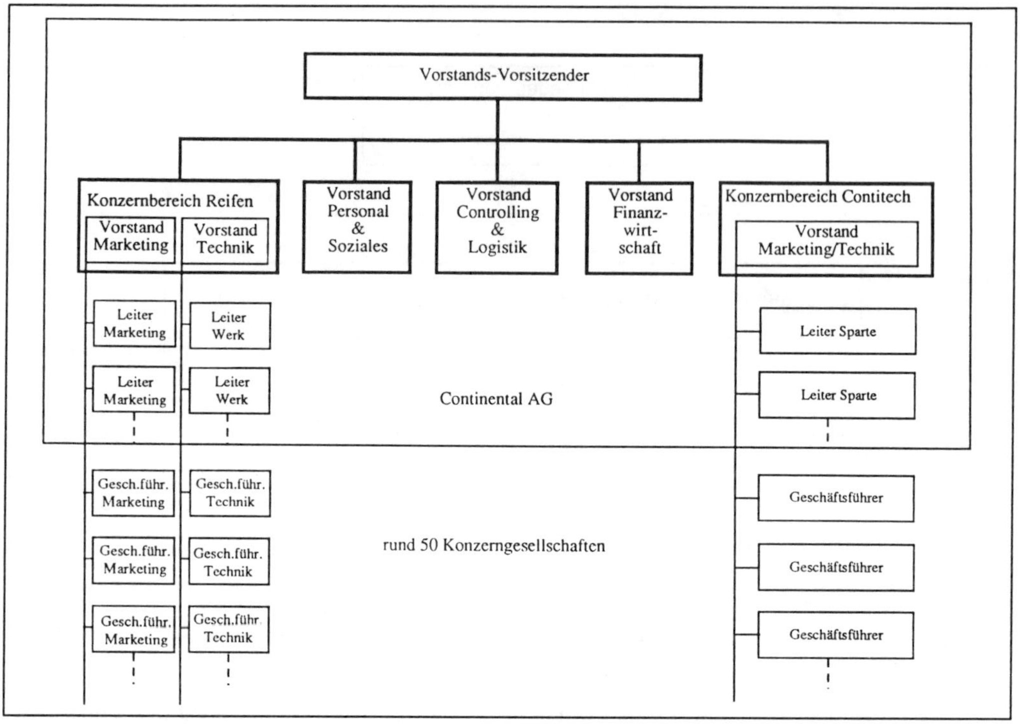

Abb. 3.7: Organisation des Controlling bei der Continental AG (Fischer [Organisation], S. 568)

Hier ist das Controlling auf der Vorstandsebene angesiedelt. Dem "Vorstand Controlling und Logistik" unterstehen vier Abteilungen, die sich mit Controlling befassen (vgl. Abbildung 3.12).

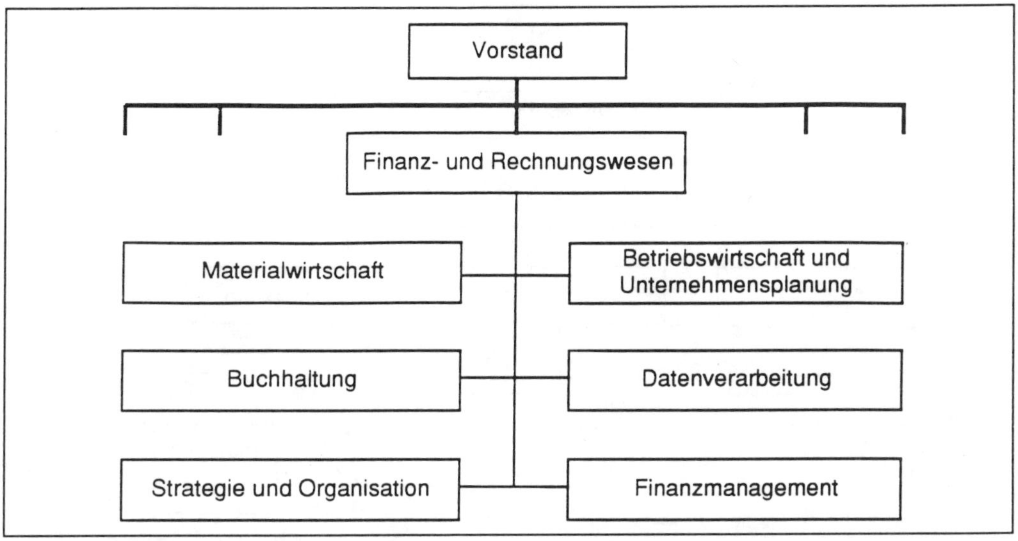

Abb. 3.8: Organisatorische Einbettung des Controlling bei der Flughafen Wien AG

Das Controlling ist Teil der dritten Ebene: Die Abteilung "Betriebswirtschaft und Unternehmensplanung" nimmt die Aufgaben des Zentralcontrolling und der Kostenrechnung wahr. Allen Divisionen des Unternehmens sind Ressortcontroller beigestellt.

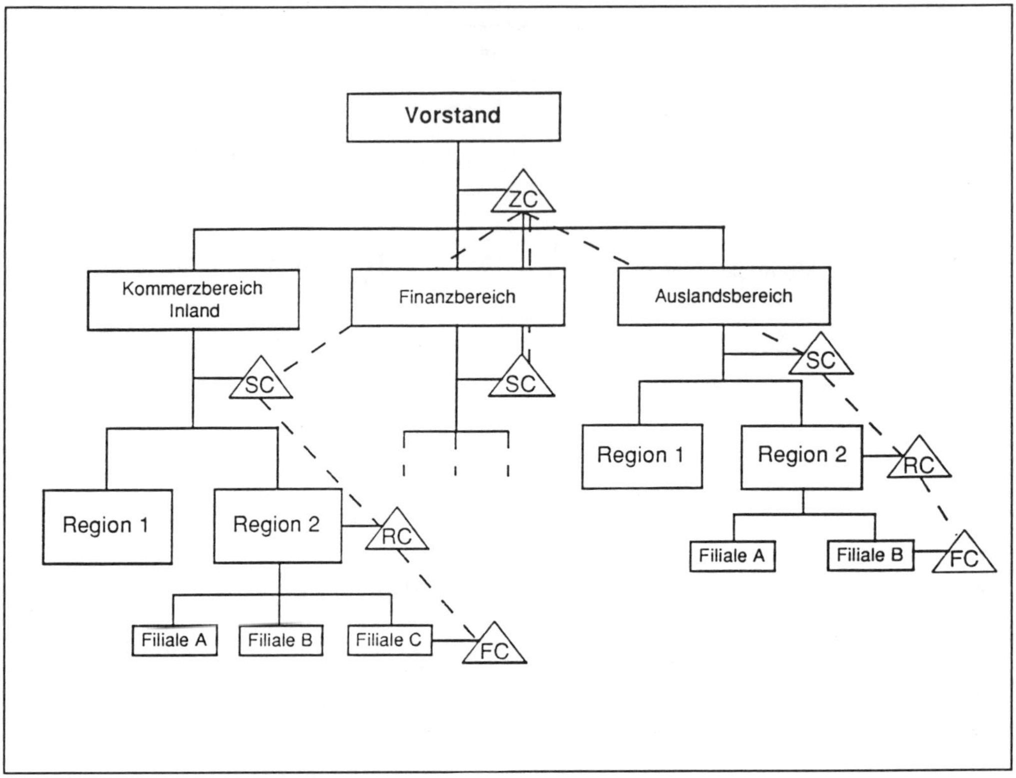

ZC ... Zentralcontrolling
SC ... Spartencontrolling
RC ... Regionalcontrolling
FC ... Filialcontrolling

Abb. 3.9: Organisation des Controlling in einem Kreditinstitut (vgl. Schmutz [Organisation], S. 379)

Die Darstellung zeigt ein stark hierarchisiertes Controlling in Verbindung mit einer Dotted-line-Lösung. Der organisatorische Aufbau des Unternehmens wird in der Controllingorganisation nachgebildet. Die klare Struktur erleichtert Routinetätigkeiten. Ob aber sogenannte "schwache Signale" von einem Filialcontroller bis ins Zentralcontrolling gelangen oder in den dazwischenliegenden Controllingstellen "versickern", sei dahingestellt.

Eine grundsätzlich eigenständige Controllinglösung ist die **duale Organisation** (vgl. Grün [Organisation], Sp. 307ff.): eine Form der Matrixorganisation, bei der die operativen Einheiten als Basiselemente und die strategischen Abteilungen als zweite Dimension etabliert werden. Durch die Wahrnehmung operativer und strategischer Kompetenzen in Personalunion wird die ansonsten als Stabsarbeit angesehene strategische Planung zur Linienfunktion, was zu einer Stärkung des strategischen Bewußtseins im Unternehmen führt.

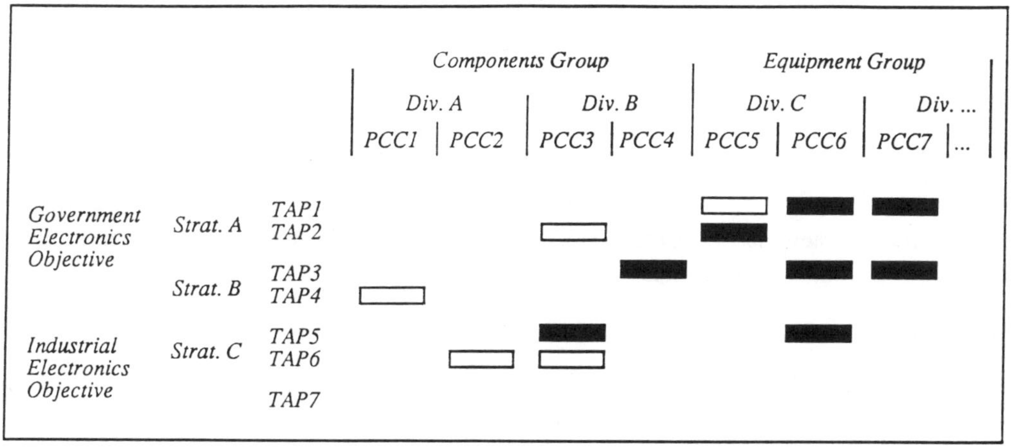

Abb. 3.10: Duale Aufbauorganisation bei Texas Instruments (vgl. Grün [Organisation], Sp. 307)

In diesem Beispiel sind die operativen Einheiten spaltenweise dargestellt (PCC: Product Customer Center), die strategischen Einheiten zeilenweise (TAP: Tactical Action Programs). Das strategische Vorhaben TAP1 wird in den PCCs 5, 6, 7 wahrgenommen, TAP2 in den PCCs 3 und 5 etc. (d.h. in verschiedenen "Groups").

3.3.2 Die innere Struktur der Controllingabteilung

Spezialisierungen innerhalb des Controlling finden sowohl in bestehenden Abteilungen als auch bei Neuetablierung statt. Unter diesen sogenannten "Bindestrich-Controllern" sind vor allem folgende Ausprägungen anzutreffen:

- Spezialisierung nach **Verrichtungen**
- Spezialisierung nach **Funktionen**
- Spezialisierung nach **Adressaten**.

Bei der ersten Gruppe werden einzelne Verrichtungen aus der Gesamtaufgabe der Controllingabteilung zusammengefaßt, es entstehen z. B. Controller für

- Unternehmensplanung und Budgetierung,
- Berichtswesen oder
- Investitionsanalysen.

Die Spezialisierung nach Funktionen führt zur Etablierung von

- Marketing-Controller und
- Materialwirtschafts-Controller,

aber auch von Controllingstellen für andere unternehmerische Querschnittaufgaben wie

- Logistik-Controller,
- Personal-Controller und
- Projekt-Controller.

Bei beiden Gruppen wird ein definiertes Fachgebiet von Spezialisten bearbeitet. Nachteilig kann sich auswirken, daß im Unternehmen Unsicherheit besteht, welcher Controller in welchem Fall der richtige Ansprechpartner ist.

Bei der Spezialisierung nach Adressaten sind vor allem der

- Divisions-Controller und der
- Regional-Controller (in international tätigen Unternehmen)

zu nennen. Vorteil dieser Aufgabenzuweisung sind die hohen Produkt- beziehungsweise Marktkenntnisse. Ist das Unternehmen divisional spezialisiert, kommt als weiterer Pluspunkt der eindeutige Ansprechpartner für die Division (Region) im zentralen Controlling hinzu.

Die einzelnen Ausprägungen schließen einander nicht aus. Daher kann eine große Controllingabteilung so aussehen:

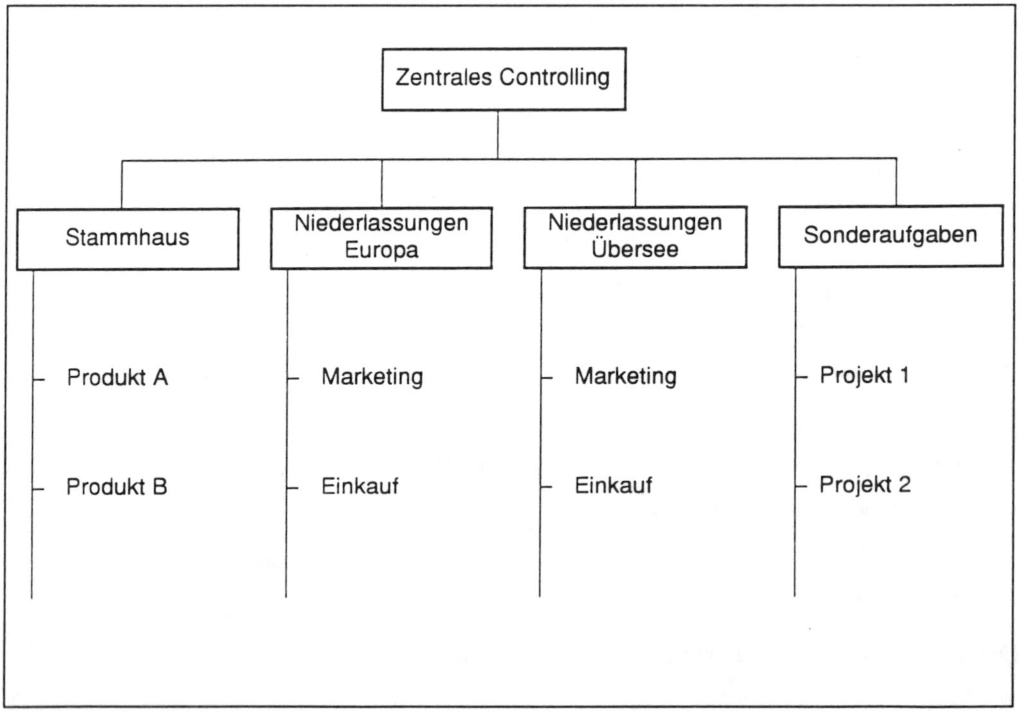

Abb. 3.11: Controllingabteilung mit verschiedenen Kriterien der Aufgabenteilung

In diesem Beispiel sind mehrere Spezialisierungsmöglichkeiten eingebaut. Dennoch erscheint die Struktur logisch und übersichtlich.

Bei der Festlegung der Organisation des **Zentralcontrolling** muß die Struktur des dezentralen Controlling berücksichtigt werden, dessen Ausrichtung der Basisorganisation entspricht. Es ist vorteilhaft, wenn zentrales und dezentrales Controlling nicht nach den gleichen Kriterien organisiert sind. In einem nach Produktgruppen divisionalisierten Unternehmen kann einem dezentralen Controlling ein funktional organisiertes Zentralcontrolling gegenüberstehen. Das sich ergebende mehrdimensionale Spezialwissen im Controlling wiegt stärker als die Vorteile, die aus gleichartigen Aufbauorganisationen von Zentral- und Divisionscontrolling entstehen.

In einem realen Unternehmen haben folgende Faktoren situativen Einfluß auf den Aufgabenumfang einer Controllingeinheit:

- Betriebliche Erfordernisse: In bestimmten Unternehmen sind manche Controllingaufgabengebiete nicht erforderlich, manche intensiver als gewöhnlich.
- Historische Entwicklung des Unternehmens und seines Controlling: Eine Reihe von Aufgaben wurde ursprünglich anderen Stellen zugewiesen und wird nach wie vor von ihnen erfüllt.
- Geringe Entwicklung des Controlling im Unternehmen: Bestimmte Tätigkeiten werden – obwohl erforderlich – nicht wahrgenommen.
- Personelle Gründe: Steckenpferde, Abneigungen, Übergangslösungen etc.
- Sonstige situative Faktoren (vgl. Kapitel 3.1.2).

Abschließend ein Beispiel für eine entwickelte Controllingabteilung in einem Großunternehmen:

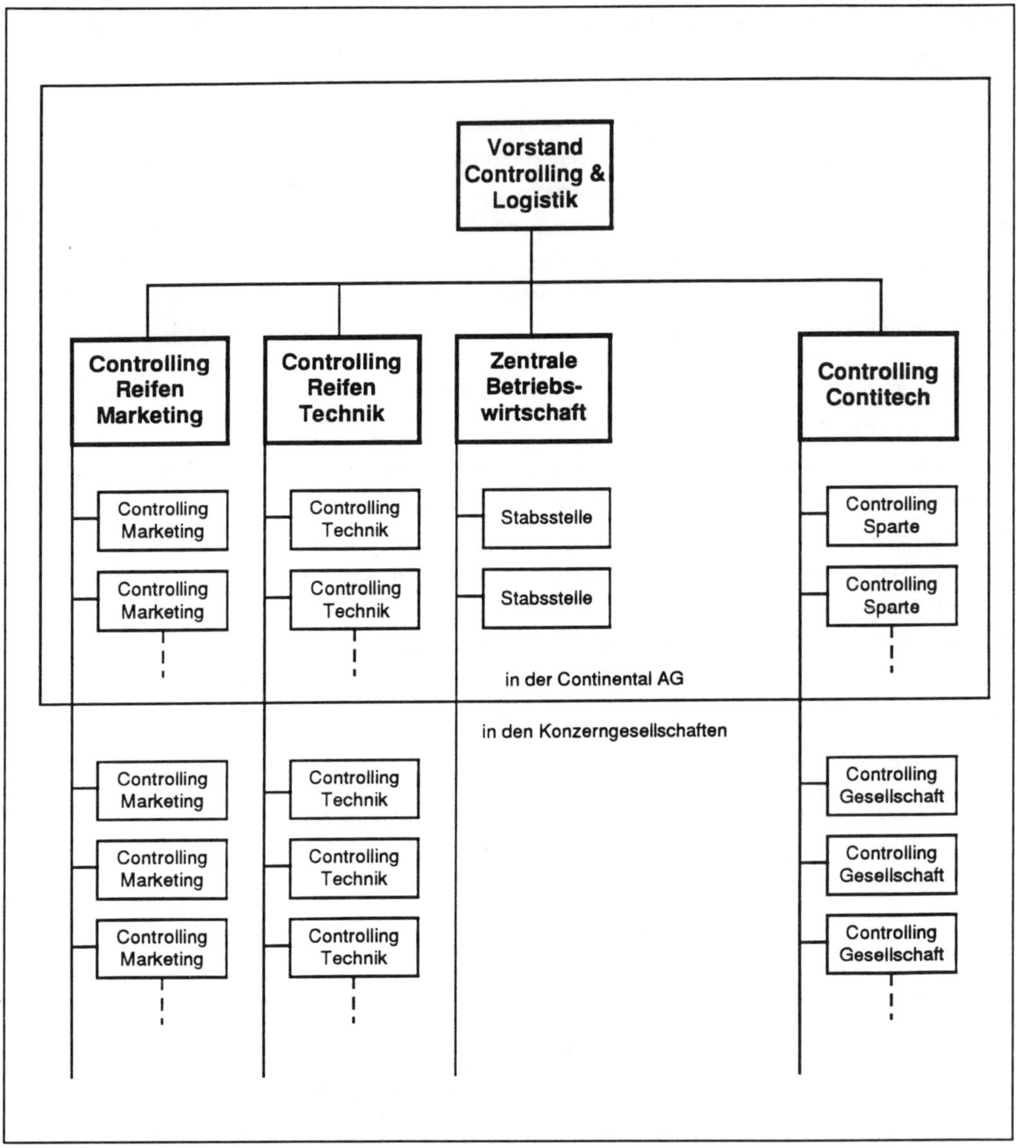

Abb. 3.12: Organisation des Vorstandsbereichs Controlling und Logistik der Continental AG (vgl. Fischer [Organisation], S. 569)

Die Abbildung zeigt das Detail der Controllingorganisation zu Abb. 3.7 und läßt funktionale (z. B. Marketing, Technik), divisionale (z. B. Sparte) und regionale (Konzerngesellschaften) Kriterien der Aufgabenverteilung erkennen.

3.3.3 Konzerncontrolling

Die Führung eines Konzerns ist schwieriger als die eines einzelnen Unternehmens, was auch auf folgende – auch controllingrelevante – Gründe zurückzuführen ist:

- Höhere regionale Dezentralisation
- Zunehmende Diversifizierung des Konzernprogramms
- Unterschiedliche Unternehmenskulturen
- Tendenzen zur unerwünschten Verselbständigung in den Töchtern
- Beschränkte Durchgriffsmöglichkeiten und Alleinentscheidungen der Zentrale (in Abhängigkeit von der Beteiligungshöhe)
- Unterschiedliche Rechts- und Rechnungslegungssysteme etc.

Der Controller hat im Konzern bei der Führung der Töchter eine besondere Bedeutung. Seine Aufgaben umfassen (vgl. Vellmann [Organisation], S. 541ff.):

- Zielfindung: Koordinierung des Zielsystems (Umsatz-, Ergebnis-, Rentabilitätsziele etc.) für den gesamten Konzern. Man geht von den gewünschten Konzernzielen aus und erstellt die Ziele der einzelnen Gesellschaften (top-down). Je nach Markt-, Produkt- und Unternehmensgegebenheiten der einzelnen Töchter sind die Zielkataloge gemeinsam abzustimmen.
- System: Vor allem bei zugekauften Tochterunternehmen besteht die Notwendigkeit, deren Planungs-, Rechnungs- und Informationswesen den Konzernstandards anzupassen, was nicht nur für konzerninterne Vergleichsrechnungen, sondern auch für alle Controllingtätigkeiten erforderlich ist. Bei Auslandstöchtern mit anderen Bestimmungen für die Rechnungslegung sind die Unterschiede zwischen internem und externem Rechnungswesen unter Umständen größer und verursachen Mehrarbeit in den Tochterfirmen.
  Bei Gesellschaften mit noch unterentwickelten Planungs- und Rechnungssystemen muß das Controlling entsprechende Unterstützung zur Erreichung der Konzernstandards leisten. Das zentrale Controlling muß konzernweit wenigstens Richtlinienkompetenz erhalten. Eine fachliche Unterstellung der Controller der Tochtergesellschaften unter das Konzerncontrolling ist zu erwägen.
- Information: Die Konzernführung braucht ein Informationssystem, das rasch über die (z. B. monatlichen) Eckdaten jeder Tochtergesellschaft informiert. "Fünf Tage früher" ist in diesem Zusammenhang höher zu werten als "10% genauer".
  Informationen außerhalb des standardisierten Berichtswesens sind im Konzern meist schwieriger zu erhalten, verlangen besonders bei Mischkonzernen spezielle Kenntnisse bei der Aufbereitung und müssen ausführlicher kommentiert werden.
- Koordination und Schulung: Die Koordination konzernweiter Projekte (Qualitätsprogramme, Informationssysteme etc.) ist vom Aufgabenumfang und vom Durchgriff des Controlling abhängig und kann durch das zentrale Konzerncontrolling erfolgen.

3.4 Ablauforganisatorische Regelungen von Controllingprozessen

In der Standardliteratur zum Thema Controllingorganisation sind zwar zahlreiche Ausführungen über aufbauorganisatorische, aber kaum über ablauforganisatorische Fragestellungen zu finden, obwohl hinlänglich bekannt ist, daß letztere in der Praxis sowohl arbeitsintensiver als auch für das Funktionieren des Unternehmens bedeutsamer sind (vgl. Thom; Brölingen [Berufsbild], S. 27f.).

Aus dem großen Aufgabenbereich des Controlling sollen beispielhaft Fragen zur Ablauforganisation des Planungsprozesses erläutert werden:

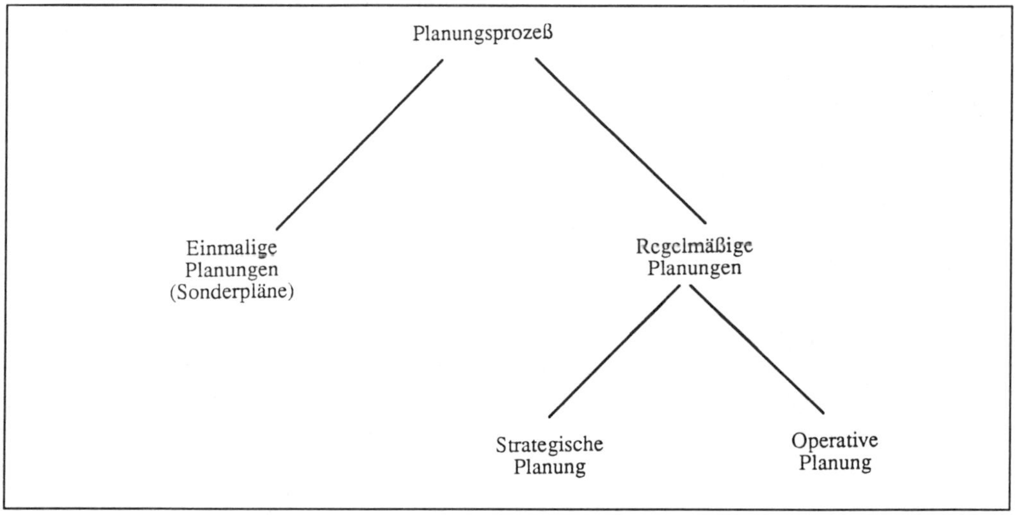

Abb. 3.13: Arten von Planungsprozessen

Die organisatorisch intensivste Gruppe, die operative Planung, ist gekennzeichnet durch

a) einen gegebenen strategischen Plan als Ausgangsbasis,

b) eine Vielzahl von Beteiligten,

c) ein (oft paralleles) Nebeneinander zentraler und dezentraler Planungstätigkeiten,

d) zahlreiche Einzelpläne, die einerseits aufeinander abgestimmt und andererseits zu Gesamtplänen verdichtet werden müssen,

e) die notwendige Einhaltung terminlicher Vorgaben und

f) die Abhängigkeit von anderen Controllingprozessen.

a) Die strategische Planung darf nicht "wie eine Wolke" über der operativen Planung schweben, ohne sie zu beeinflussen, sondern sie muß in die operative Zielfindung einfließen. Noch vor Beginn der operativen Planungen sollten die Strategien überprüft und gegebenenfalls aktualisiert werden. Das Zentralcontrolling muß nach Einlangen der operativen Ziele und Maßnahmen der einzelnen Einheiten die Übereinstimmung mit den strategischen Vorgaben überprüfen und eventuell eine Revision der operativen Werte veranlassen.

b) Die große Zahl der Beteiligten (vor allem der operativ Planenden) ist unvermeidlich, kompliziert aber die Organisation der Planung. Pläne werden nur akzeptiert und verfolgt, wenn die Ausführenden in die Planung eingebunden waren. Für eine befriedigende Planungsqualität ist das Fachwissen der Planausführenden in den einzelnen Unternehmenseinheiten unentbehrlich, daher sollte jeder Kostenstellenverantwortliche auch Planender sein. Die Komplexität aus der Sicht des zentralen Controlling kann durch eine Vorverdichtung der Pläne, zum Beispiel beim Divisionscontroller, gemildert werden. Beim Rücklauf der Planungsunterlagen ist trotzdem mit Rückfragen und Verspätungen zu rechnen. Als hilfreich haben sich in der Praxis schriftliche Anweisungen oder Dokumentationen der wichtigsten Planungsregeln erwiesen, die entweder unabhängig voneinander erstellt oder in Form von Controllinghandbüchern oder -leitfäden herausgegeben werden können.

c) Bestimmte Teile der Planung können dezentral nicht erstellt werden. Das betrifft nicht nur typische Gesamtunternehmenspläne (z. B. Steuerplan, Finanzplan etc.), sondern auch Pläne für Unternehmenseinheiten. Grund dafür ist, daß das spezifische Fachwissen, die erforderlichen Werkzeuge (Software) oder die nötige Datenbasis dezentral nicht vorhanden sind. An diesem Punkt müssen zentrale Stellen eingreifen, die die Pläne um die fehlenden Werte ergänzen. Die erforderliche Aufgabenteilung muß unmißverständlich und lückenlos definiert werden.

Beispiel: Die Berechnung von Plan-Lohn- und -Gehaltskosten ist aufgrund der Komplexität der Materie einer Kostenstelle kaum möglich. Der Kostenstellenverantwortliche plant daher – auf Basis des Personalstellenplans des Unternehmens – lediglich seine Personalzu- und -abgänge. Die Personalabteilung berechnet anhand dieser Daten die Lohn- und Gehaltskosten, die in die Kostenstellenplanung eingespielt werden.

d) Die große Zahl unterschiedlicher Pläne erklärt sich aus

- den zahlreichen Planerstellern (vgl. c) und aus
- den verschiedenen Planarten, zwischen denen logische Verknüpfungen bestehen, die bei der Ablaufplanung einzuhalten sind.

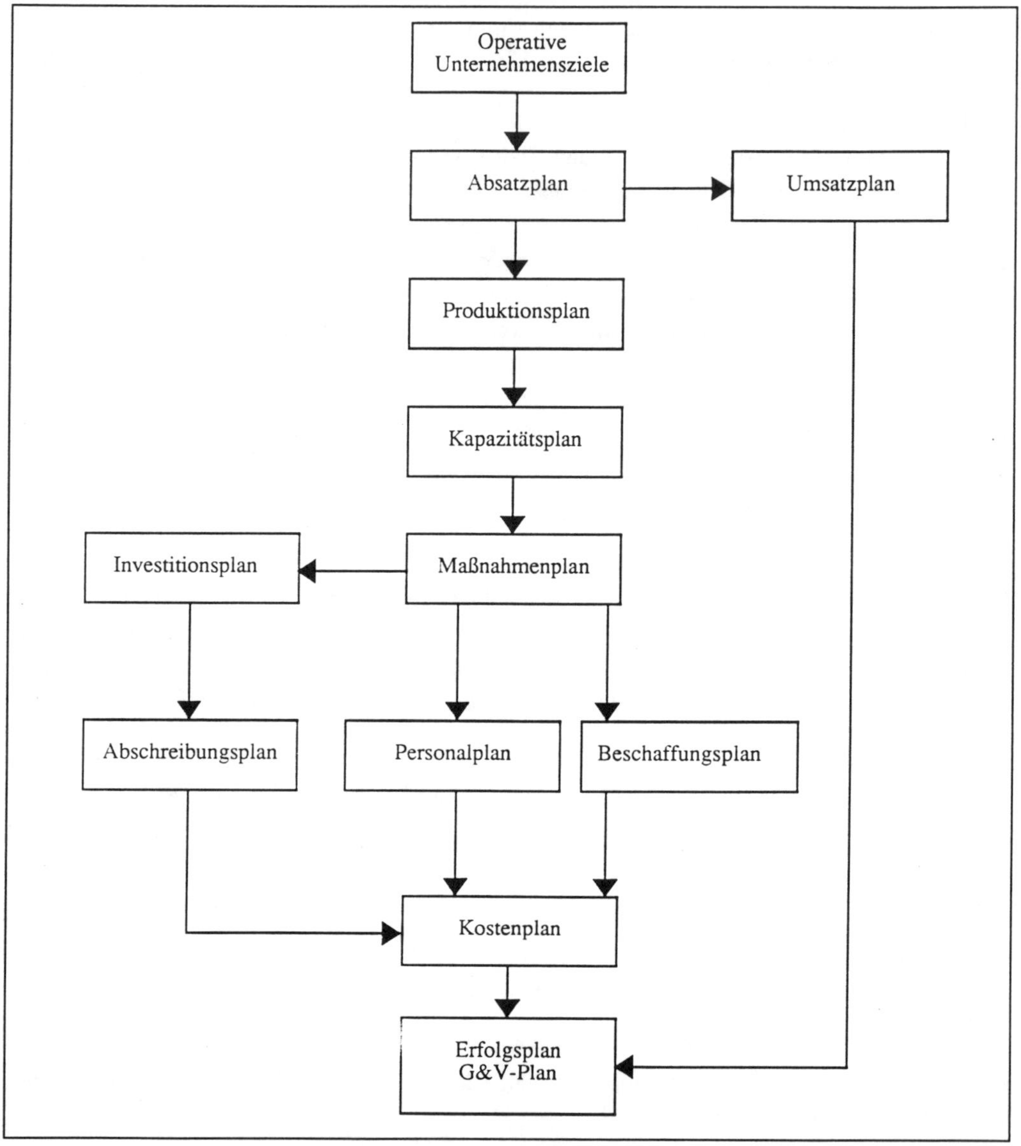

Abb. 3.14: Beispiel für die Verknüpfung unterschiedlicher Planungsarten zur Erstellung eines Erfolgs- beziehungsweise G&V-Plans

Diese Abbildung berücksichtigt noch nicht,

- daß die Detailpläne teilweise pro Kostenstelle erstellt werden müssen,
- daß im Einzelfall weitere Planarten erforderlich sein können,
- daß zu anderen Plansystemen (z. B. Planbilanz, Finanzplan, Steuerplan) Querverbindungen bestehen,

- daß sich Rückkopplungen ergeben können und
- daß normalerweise bis zum Vorliegen der endgültigen Pläne mehr als ein Planungsdurchlauf erforderlich ist.

e) Für die Erstellung des operativen Planwerks steht meist nur ein halbes Jahr zur Verfügung: In den ersten Monaten fehlen oft zahlreiche Informationen (inbesondere der Jahresabschluß des Vorjahrs), und im Herbst sollte der Plan für das Folgejahr bereits verabschiedet werden. Präzise Terminplanungen sind daher unerläßlich. Zu berücksichtigen sind auch Perioden mit besonders hohem Geschäftsanfall (Saison), um die Planungsverantwortlichen in dieser Zeit möglichst wenig zusätzlich zu belasten. Als Werkzeug für die terminliche Ablaufplanung haben sich Netzpläne bewährt.

Eine operative Planung läuft in der Regel folgendermaßen ab:

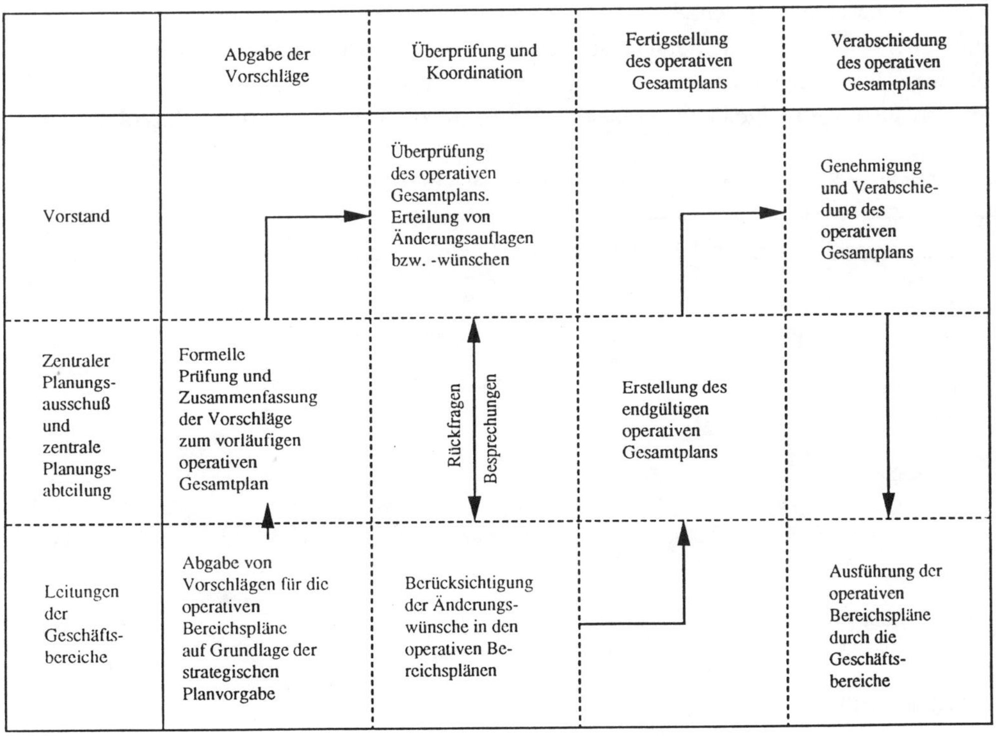

Abb. 3.15: **Ablauf der operativen Planung (Perlitz [Organisation], Sp. 1303f.).**

f) Der operative Planungsprozeß verläuft nicht isoliert vom restlichen Controllinggeschehen. Zur Abhängigkeit von den Inputs der strategischen Planung und vom Vorliegen der Vorjahres-Istwerte kommen unter anderem folgende Punkte hinzu:

- Vor Beginn der Planungsarbeiten sollte die Plan-Ist-Abweichungsanalyse für das Vorjahr vorliegen. Die Erkenntnisse daraus sind ein wesentlicher Faktor für die Verbesserung der Planungsqualität.
- Unterjährige, den Plan für das laufende Jahr aktualisierende Erwartungsrechnungen liefern wertvolle Daten für die Planung (z.B. über die Marktsituation). Diese Arbeiten laufen parallel zur operativen Planung.
- Das Berichtswesen muß mit den Planungsterminen so abgestimmt werden, daß die Planungstätigkeit durch die jeweils letztgültigen Daten unterstützt wird.

3.5 Stellenbeschreibung eines Controllers

Die Stellenbeschreibung legt – unabhängig vom jeweiligen Stelleninhaber – die Eingliederung der Stelle in das Unternehmen sowie ihre Ziele, Aufgaben, Kompetenzen, Verantwortlichkeiten, Beziehungen zu anderen Stellen und eventuell Anforderungen an den Stelleninhaber schriftlich, verbindlich und in einheitlicher Form fest (vgl. Grochla [Grundlagen], S. 328).

Die Stellenbeschreibung zählt zu den Darstellungstechniken der Aufbauorganisation.

Beispiel einer Stellenbeschreibung für einen Projekt-Controller (gekürzt)

1. Stellenbezeichnung
   Projekt-Controller beziehungsweise Projektbereichs-Controller

2. Dienstrang
   Sachbearbeiter

3. Unterstellung
   Der Stelleninhaber ist disziplinarisch dem Abteilungs- beziehungsweise Bereichsleiter des jeweiligen Geschäftsbereichs unterstellt, fachlich dem Abteilungsleiter Controlling. Das Zentral-Controlling erhält die fachliche Weisungskompetenz.

4. Überstellung
   Dem Stelleninhaber ist ein(e) Sekretär(in)/Assistent(in) unterstellt.

5. Ziele der Stelle
   - Stärkung des Controllingbewußtseins in den einzelnen Geschäftsbereichen
   - Übertragung der Controlling-Philosophie und -Instrumente auf die einzelnen Bereiche beziehungsweise die einzelnen Kundenprojekte des Unternehmens
   - verstärkte Führungsunterstützung und Entlastung der Projektleitung und Projektbereichsleitung
   - Verbesserung der Zielbildungs- und Zielerreichungsprozesse (Leistungs-, Kosten- und Terminziele) in den dezentralen Projektbereichen und in Einzelprojekten
   - Erhöhung der Entscheidungsqualität in den Projektbereichen und Einzelprojekten

- Effizienzsteigerung in der Multiprojekt-Koordination
- Unterstützung beziehungsweise Entlastung des Zentralbereichs Controlling durch Information und Koordination

6. Stellvertretung
Der Stelleninhaber wird durch die Abteilungsleitung "Controlling" beziehungsweise deren Stellvertretung vertreten.

7. Die Aufgaben im einzelnen

a) Systembildende Aufgaben

- Entwurf und Wartung eines controllinggerechten Systems der Projektkostenrechnung in Zusammenarbeit mit dem zentralen Controlling

- Entwurf und Wartung eines projektbezogenen Planungs- und Kontrollsystems:

  - o Schaffung eines Systems der Projektbereichsplanung (periodische Planung der Leistung, der Kosten und der Deckungsbeiträge eines Geschäftsbereichs)
  - o Schaffung eines Systems der Projektplanung (Projektstrukturplan, Zeitplanung, Ressourcenplanung, Kapazitätsabstimmung, Kosten- und Finanzplanung, interne Auftragsplanung)
  - o Entwurf und Wartung eines Systems zur integrierten Projektkontrolle

- Entwurf und Wartung eines projektbezogenen Berichtssystems

- Entwurf und Wartung eines projektbezogenen Dokumentationssystems

b) Systemkoppelnde Aufgaben

- Projektauswahl:

  - o Durchführung der Multiprojektplanung über die gewünschte Zusammensetzung des zukünftigen Projekt-Mix
  - o Analyse und Beurteilung der Offertmöglichkeiten
  - o Federführung bei der Auftragsevaluation
  - o Vornahme grober Kostenschätzungen und von Risikoanalysen
  - o Überprüfung von Projektvorschlägen
  - o Offenlegung der für die Projektauswahl entscheidenden Prämissen

- Projektplanung:

  - o Unterstützung der Projektleitung bei der Angebotserstellung
  - o Durchführung einer Grobplanung
  - o Erstellung einer Projekt-Vorkalkulation
  - o Terminmanagement im Projekt-Planungsprozeß
  - o Unterstützung bei der Erarbeitung eines Projekt-Gesamtzielkatalogs
  - o Abstimmung der Zielsetzungen unterschiedlicher Projekte
  - o Unterstützung der Projektleitung bei ihren Planungsaufgaben
  - o Mitwirkung im Rahmen der Projektablaufplanung
  - o Durchführung einer Multi-Projektplanung und Koordination von Zeit- und Ressourcenengpässen beziehungsweise -interdependenzen bei mehreren Projekten
  - o Erstellung einer Projekt-Finanzplanung

- o sachliche und zeitliche Koordination aller Projekte eines Geschäftsbereichs

– Projektkontrolle:

- o Beratung und Unterstützung des Projektleiters bei der Projektsteuerung
- o Veranlassung von Vor- und Rückkopplungen während des Projektablaufs (begleitende Projektkalkulation, Soll-Ist-Vergleiche am Ende definierter Projektphasen, Planfortschrittskontrollen mittels Erwartungsrechnung, laufende Kontrolle der Planannahmen)
- o Durchführung von Abweichungsanalysen
- o Analyse der Abweichungen eines Einzelprojekts und Präsentation der Ergebnisse
- o Initiieren von Korrekturmaßnahmen zur Planeinhaltung

– Informationsversorgung

- o laufende Abstimmung von Informationsbedarf, -nachfrage und -angebot
- o Erstellung, Präsentation und Interpretation der definierten Berichte
- o Organisation von Abstimmungs- und Termingesprächen

Abb. 3.16: Beispiel einer Stellenbeschreibung für einen Projekt-Controller (gekürzt)

4 Die Realität des Controlling

Rita Niedermayr

Es ist allgemein anerkannt, daß Controlling ein Instrument zur Stärkung der Wettbewerbsfähigkeit von Unternehmen ist. Ob und in welcher Gestalt Controlling in der Unternehmenspraxis zur Anwendung kommt, und welche Wirkungen von Controlling ausgehen, soll an dieser Stelle beantwortet werden.

Im Mittelpunkt der Betrachtung steht die Realität des Controlling. Sie wird anhand der Dimensionen **Entwicklungsstand, Kontext und Effizienz** des Controlling analysiert.

Ergebnisse ausgewählter, empirischer Untersuchungen geben ein aussagekräftiges Bild über den Entwicklungsstand des Controlling im deutschsprachigen Raum. Sie lassen erkennen, daß der Entwicklungsstand in entscheidendem Ausmaß vom jeweiligen Umfeld, in dem Controlling angesiedelt ist, beeinflußt wird (Kontextanalyse). Darüber hinaus kann ein systematischer Zusammenhang zwischen dem Entwicklungsstand des Controlling und seiner Effizienz nachgewiesen werden (Effizienzanalyse).

4.1 Empirische Ergebnisse im deutschsprachigen Raum

Empirische Controllingforschung gibt in erster Linie Einblick in die Realität des Controlling.. Ergebnis empirischer Forschung ist quantitative und qualitative Information über die Leistungsfähigkeit der in der Praxis eingesetzten Controllingsysteme. Die auf diesem Weg gewonnenen Erkenntnisse geben den Unternehmen Anregungen zur individuellen Gestaltung des Controlling.

Empirische Ergebnisse leisten darüber hinaus einen wesentlichen Beitrag für das Vorankommen der Controllingforschung, denn Controlling erfordert zu seiner wissenschaftlichen Absicherung und Weiterentwicklung sowohl wirtschaftspraktische Erfahrung als auch wirtschaftswissenschaftliche Analysen, beispielsweise Kontextforschung. Empirische Ergebnisse sind auch ein wichtiges Regulativ für die Controllingtheorie: Sie haben die Aufgabe, die (in der Regel) theoretisch-deduktiv abgeleitete Controllingkonzeption auf ihren Realitätsbezug zu überprüfen.

Welchen Entwicklungsstand hat das Controllingkonzept im deutschsprachigen Raum erreicht? Controlling hat in der zweiten Hälfte der fünfziger Jahre Verbreitung gefunden und in der Zwischenzeit allgemeine Bedeutung erlangt, was nicht zuletzt zahlreiche empirische Untersuchungen zeigen.

Die Untersuchungsobjekte und die Untersuchungstechnik im Bereich der Controllingforschung sind mannigfach. Bei den Erhebungen reicht das Spektrum von persönlichen Interviews, schriftlichen Befragungen, Inhaltsanalysen bis hin zu Case Studies.

Empirische Untersuchungen	**Erhebungsmethode**	**Rücklauf**	**Stichprobe**
Studie von MAIER (1976) (D)	Analyse von Stellenanzeigen, schriftliche Befragung	19%	44
Studie von HAHN (1977) (D)	Schriftliche Befragung	39%	95
Studie von BRAUN (1979) (D)	Schriftliche Befragung	7%	183
Studie von GAYDOUL (1980) (D)	Zweistufige schriftliche Befragung	7%	463
Studie von UEBELE (1982) (D)	Zweistufige, schriftliche Befragung	16%	227
Studie von HORVÁTH/DAMBROWSKI (1982) (D)	Schriftliche Befragung	15%	161
Studie von ARLT (1983) (Ö)	Analyse von Stellenanzeigen	-	-
Studie von KREIKEBAUM/GRIMM (1984) (D)	Schriftliche Befragung	16%	223
Studie von PFOHL/ZETTELMEYER (1985) (D)	Analyse von Stellenanzeigen, Expertenbefragung mittels Fragebogen	66%	6
Studie von DÖPKE (1986) (D)	Vergleichende Feldstudie mit zweiteiliger schriftlicher Befragung	11%/ 21%	21/ 37
Studie von KÜPPER/HOFFMANN (1986) (D)	Schriftliche Befragung	40%	184
Studie von v. LANDSBERG (1986) (D)	Schriftliche Befragung	15%	307
Studie von v. LANDSBERG/ MAYER (1986) (D)	Schriftliche Befragung	-	251
Studie von REICHMANN/KLEINSCHNITTGER (1987) (D)	Analyse von Stellenanzeigen, schriftliche Befragung	28%	117
Studie von PEEMÖLLER/SCHMID/MEISTER (1988) (D)	Analyse von Stellenanzeigen	-	1661

Empirische Untersuchungen	Erhebungsmethode	Rücklauf	Stichprobe
Studie von COENENBERG/GÜNTHER (1989) (D)	Dokumentenanalyse, schriftliche Befragung	47%	134
Studie von HAHN/OPPENLÄNDER/SCHOLZ (1989) (D)	Schriftliche Befragung, persönliche Interviews	42%	1.461
Studie von KOSMIDER (1991) (D)	Schriftliche Befragung	40%	440
Studie von AMSHOFF (1992) (D)	Schriftliche Befragung	13%	292
Studie von NIEDERMAYR (1993) (Ö)	Schriftliche Befragung	33%	292

Abb. 4.1: Empirische Untersuchungen zum Controlling im deutschen Sprachraum mit Angabe des Erhebungsjahrs und Erhebungslands

Für eine Beschreibung der Realität des Controlling sind statistisch relevante Aussagen von besonderer Bedeutung. Die Tatsache, daß solche Aussagen häufig das Vorliegen einer größeren Stichprobe bedingen, läßt den Einsatz des Erhebungsinstruments der schriftlichen Befragung am geeignetsten erscheinen.

Im Überblick werden daher nur Studien mit schriftlicher Befragung berücksichtigt. Studien, die sich anhand von Stellenanzeigen in Zeitungen mit Controlling beschäftigen, werden nicht behandelt, da ihre Aussagekraft durch die Idealisierung der Aufgaben in den Stellenanzeigen beschränkt ist.

Empirische Untersuchungen	Forschungsergebnisse bezüglich:
Studie von MAIER (1976) (D) '*Der deutsche Controller*'	• Controllingbezeichnung • Funktions- und Stellenziel • Entscheidungsbefugnisse, Informationsrechte und Informationspflichten • Aufgaben des Controllers
Studie von HAHN (1977) (D) '*Hat sich das Konzept des Controlling in der deutschen Industrie bewährt?*'	• Controllingbezeichnung • Funktions- und Stellenziel • Entscheidungsbefugnisse, Informationsrechte und Informationspflichten • Beratungsrecht und Weisungen des Controllers • Weiterbildung des Controllers
Studie von BRAUN (1979) (D) '*Die Controller-Funktion in der Praxis*'	• Aufgaben des Controllers • Organisation des Controlling

Empirische Untersuchungen	**Forschungsergebnisse bezüglich:**
Studie von GAYDOUL (1980) (D) '*Controlling in der deutschen Unternehmenspraxis*'	• Bausteine des Controlling • Organisation des Controlling • Auswirkungen von Unternehmensgröße, Konzernabhängigkeit, Rechtsform und Branchenzugehörigkeit auf den Entwicklungsstand des Controlling
Studie von HORVÁTH/DAMBROWSKI (1982) (D) '*Die Budgetierung im Planungs- und Kontrollsystem der Unternehmung*'	• Funktionale Differenzierung von Budgetsystemen • Zeitliche Differenzierung von Budgetsystemen • Aufbauorganisation der Budgetierung • Ableitungsrichtung der Budgeterstellung • Informationsquellen und Budgetierungsinstrumente
Studie von UEBELE (1980) (D) '*Verbreitungsgrad und Entwicklungsstand des Controlling in deutschen Industrieunternehmen*'	• Funktionen des Controlling • Organisation des Controlling • Kompetenzen des Controlling • Einfluß der Branchenzugehörigkeit, Unternehmensgröße, Konzernabhängigkeit, Leistungsprogramm und Organisationsstruktur auf Existenz und organisatorische Gestaltung des Controlling
Studie von KREIKEBAUM/GRIMM (1984) (D) '*Strategische Unternehmensplanung in der BRD*'	• Planungsverständnis • Planungszeiträume • Erstellung von Teilplänen • Einführungsgründe für strategische Planung • Einfluß von Unternehmensgröße, Branche, externer Abhängigkeit, Organisation, Führungsstil, Marktsituation, Konkurrenzsituation, Komplexität und Dynamik auf die Existenz einer strategischen Planung
Studie von DÖPKE (1986) (D) '*Strategisches Marketing-Controllership*'	• Aufgaben des Marketing-Controllership • Einflußgrößen auf die Gestaltung des Marketing-Controllership: Marktverhältnisse, Abhängigkeit, Unternehmensgröße, Marketing-Philosophie, Produktionsprogramm, Organisationsstruktur • Effizienz des Marketing-Controllership • Einfluß der Controllinginstitution und Controllingfunktion auf die Effizienz
Studie von KÜPPER/HOFFMANN (1986) (D) '*Ansätze und Entwicklungstendenzen des Logistik-Controlling in Unternehmen der Bundesrepublik Deutschland*'	• Ziele und Aufgaben des Logistik-Controlling • Organisation des Logistik-Controlling • Instrumente des Logistik-Controlling • Qualitätsanforderungen an Logistik-Controller

Empirische Untersuchungen	**Forschungsergebnisse bezüglich:**
Studie von v. LANDSBERG (1986) (D) '*Berufsbild des Controllers*'	• Organisation des Controlling • Berufsaufgaben • Entscheidungsbefugnisse, Kompetenzen • Person des Controllers • Bedarfsentwicklung, Verdienst, Aufstiegschancen des Controllers • Kosten des Controlling
Studie von v. LANDSBERG/MAYER (1986) (D) '*Der Controller und seine Berufsprobleme*'	• Aufgabenfelder für Controller • Person des Controllers • Berufsmerkmale • Berufsprobleme
Studie von REICHMANN/KLEINSCHNITTGER (1987) (D) '*Die Controllingfunktion in der Unternehmenspraxis*'	• Aufgaben des Controlling • Organisation des Controlling • Einfluß der Branchenzugehörigkeit und der Unternehmensgröße auf die Aufgabenerfüllung
Studie von COENENBERG/GÜNTHER (1989) (D) '*Erfolg durch strategisches Controlling*'	• Bedeutung der strategischen Planung • Bestandteile des Planungssystems • Organisation der strategischen Planung • Einsatz strategischer Instrumente • Strategische Frühaufklärung und strategische Kontrolle • Abhängigkeit ausgewählter Bilanzkennzahlen von der Intensität des strategischen Controlling • Zusammenhang zwischen Performance und Intensität des strategischen Controlling • Zusammenhang zwischen Risiko und Intensität des strategischen Controlling
Studie von HAHN/OPPENLÄNDER/SCHOLZ (1989) (D) '*Stand und Entwicklungstendenzen der strategischen Unternehmensplanung in der BRD*'	• Vorhandensein eines Leitbilds • Durchführung einer regelmäßigen Gesamtplanung • Planungszeiträume • Einfluß verschiedener Faktoren auf die Unternehmensentwicklung
Studie von KOSMIDER (1991) (D) '*Controlling im Mittelstand*'	• Controllingverständnis im Mittelstand • Anwendung von Controllinginstrumenten • Controllingorganisation • Systementwicklung im Controlling • Einfluß von Unternehmensgröße, Branchenzugehörigkeit, wirtschaftlicher Situation, Konzernabhängigkeit, Führungsstruktur, Organisationsstruktur, Konkurrenzintensität auf den Entwicklungsstand des Controlling

Empirische Untersuchungen	**Forschungsergebnisse bezüglich:**
Studie von AMSHOFF (1992) (D) '*Controlling in deutschen Unternehmungen*'	• Ziel-Typen des Controlling • Philosophie-Typen des Controlling • Controllingsystem-Typen • Einfluß von Unternehmensgröße, Organisationsstruktur, Diversifikation, Fertigungstechnologie, wirtschaftlicher Situation, Abhängigkeit, Branche, Dynamik, Konkurrenzsituation, Marktentwicklung, technologischem Wandel, Komplexität auf die Typenbildung • Funktionale Effizienz des Controlling in den einzelnen Typen
Studie von NIEDERMAYR (1993) (Ö) '*Controllingsystem, Kontext und Effizienz in österreichischen Unternehmen*'	• Funktionen (Funktionsbreite und Einfluß) des Controlling • Organisation des Controlling • Systembausteine und Instrumente des Controlling • Wirksamkeit des Controlling • Entwicklungsstand-Typen des Controlling • Einfluß von Unternehmensgröße, Erfolgssituation, Unternehmenswachstum, Organisationsstruktur, Führungsstruktur, Führungsstil, Führungsformen, Innovationsfähigkeit, Umfelddynamik und Umfeldkomplexität, externer Abhängigkeit, Branchenzugehörigkeit auf den Entwicklungsstand des Controlling • Einfluß des Entwicklungsstands auf die funktionale Effizienz des Controlling • Situative Entwicklung des Controlling

Abb. 4.2: Empirische Untersuchungen zum Controlling im deutschen Sprachraum mit Angabe des Erhebungsjahrs und des Erhebungslands

Da Controlling in der Unternehmenspraxis einer dynamischen Entwicklung unterliegt, erscheint es wenig sinnvoll, Ergebnisse von Erhebungen näher zu betrachten, die zehn Jahre oder länger zurückliegen. In der nachfolgenden Analyse werden Ergebnisse eines empirischen Forschungsprojekts über den Entwicklungsstand des Controlling besonders berücksichtigt, das vom Herbst 1992 bis zum Frühjahr 1993 vom Österreichischen Controller-Institut durchgeführt wurde. Das Forschungsprojekt verfolgte das Ziel, den Entwicklungsstand des Controlling in österreichischen Unternehmen zu analysieren. Darüber hinaus wurde überprüft, welche Einflußfaktoren auf den Entwicklungsstand und die Effizienz von Controllingsystemen wirken (vgl. Niedermayr [System], S. 120ff. und 236ff.).

Im Rahmen einer schriftlichen Befragung wurden 905 nach dem Zufallsprinzip ausgewählte Unternehmen angeschrieben. Der Stichprobe liegt die Grundgesamtheit der 3.800 größten Unternehmen Österreichs mit mindestens 70 Mio. öS Umsatz oder mindestens 100 Beschäftigten oder mindestens 15 Mio. öS Kapital zugrunde. Der Rücklauf der Erhebung betrug 302 Fragebögen (292 davon waren auswertbar), was einer überdurchschnittlich hohen Quote von rund 33% entspricht.

Die Ergebnisse dieser Studie dienen als Leitfaden für das vorliegende Kapitel. In die Beschreibung der Realität des Controlling fließen aber auch Ergebnisse anderer aktueller Studien ein. Dadurch wird es möglich, ein aussagekräftiges Bild über die Realität des Controlling in der Unternehmenspraxis zu vermitteln.

Die Beschreibung der Realität des Controlling orientiert sich an folgendem Bezugsrahmen:

Die Variablengruppe **Kontext** beinhaltet Aussagen über das Umfeld, in das Controlling eingebettet ist und von dem es maßgeblich beeinflußt wird. Das Controllingumfeld umfaßt unternehmensexterne und allgemeine unternehmensinterne Einflußfaktoren sowie Einflußfaktoren des Führungssystems eines Unternehmens.

Die Variablengruppe **Entwicklungsstand** des Controlling beleuchtet die Qualität realisierter Controllingansätze. Der Entwicklungsstand kann anhand folgender Dimensionen erfaßt werden: Funktionen und Aufgaben des Controlling, Einfluß des Controlling, Systembausteine und Instrumente und Organisation des Controlling.

Effizienz wird als globale Größe für den Erfolg des Controlling aufgefaßt. Langfristig ist die Existenzberechtigung des Controlling nur dann gegeben, wenn sowohl effizientes Handeln im engeren Sinn als auch nutzenstiftendes und wirkungsvolles Handeln gegeben ist. Effizienz läßt sich daher als Überbegriff für den Zielerreichungsgrad und die Wirksamkeit des Controlling begreifen (vgl. Liedtke [Controlling], S. 85).

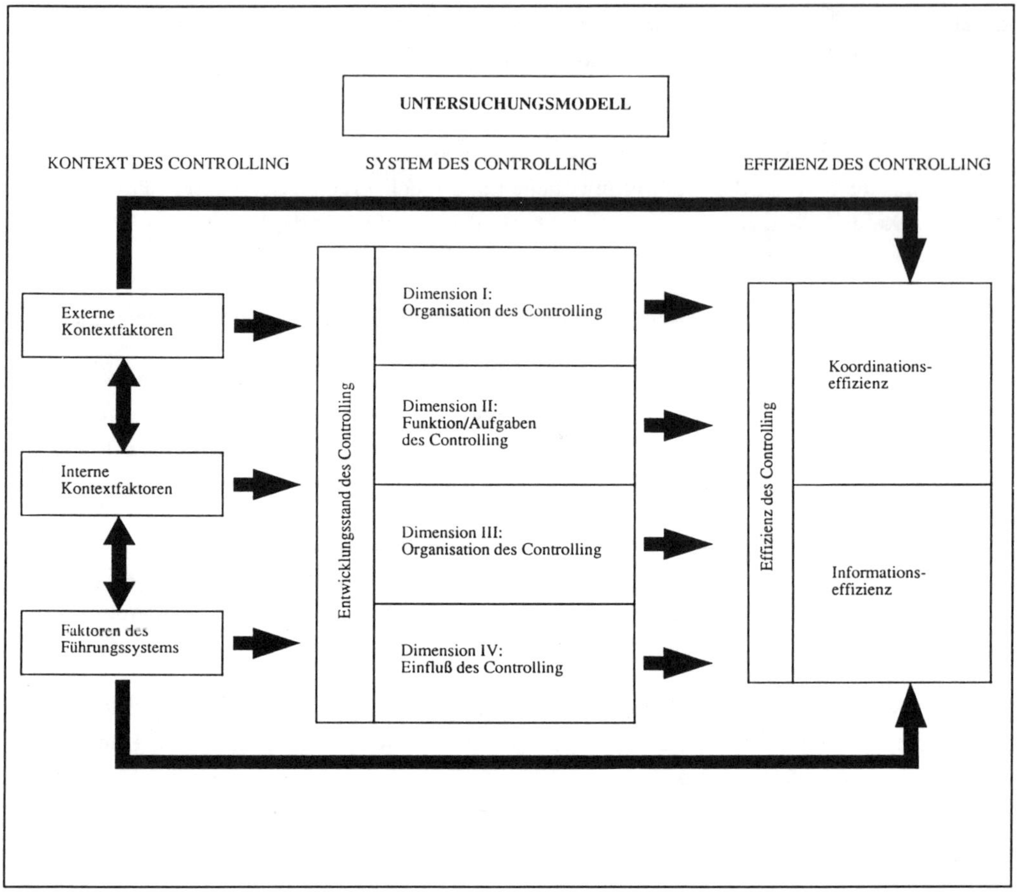

Abb. 4.3: Das empirische Untersuchungsmodell (vgl. Niedermayr [System], S. 151)

Bevor die einzelnen Dimensionen des Bezugsrahmens näher betrachtet werden, sind die Ziele des Controlling in der Unternehmenspraxis von Interesse. Diese Ziele haben nachhaltigen Einfluß auf die Gestaltung und auf die einzelnen Dimensionen der Realität des Controlling.

4.2 Ziele des Controlling

Nur bei Amshoff findet sich eine tiefergehende Untersuchung der Ziele des Controlling, indem er theoriegeleitet entworfene Controllingziele anhand der erhobenen Daten auf ihre Bedeutung hin analysiert. An der Spitze der Operationalisierung der Controllingziele stehen acht Zieldimensionen, aus denen Amshoff einzelne Zielkriterien beziehungsweise Zielindikatoren ableitet.

ZIELDIMENSIONEN	ZIELKRITERIEN	ZIELINDIKATOREN
Sicherung der Planung	● inhaltliche Planung ● formale Planung	– systematische (Unterstützung der) Ermittlung und Bildung von Zielen – systematische (Unterstützung der) Entwicklung von Strategien und Handlungsprogrammen – Gewährleistung organisatorischer Rahmenbedingungen für die Planung – methodisch-technische Unterstützung der Planung
Sicherung der Kontrolle	● Aufdeckungseffekt ● Erfahrungseffekt ● Verhaltenseffekt	– Verbesserung der laufenden Aufgabenerfüllung (durch Kontrollinformationen über zurückliegende und gegenwärtige Situationen) – Verbesserung der zukünftigen Aufgabenerfüllung (aufgrund von Erfahrungen/Lerneffekten, die aus Kontrollinformationen resultieren) – Herbeiführung eines zielgerichteten und ziel(plan)-konformen Verhaltens
Integration von Planung und Kontrolle	● strukturorientierte Integration ● prozeßorientierte Integration ● organisatorische Integration	– wechselseitige Abstimmung des Planungs- und Kontrollsystems – Vereinheitlichung und Synchronisation von Planungs- und Kontrollabläufen – organisatorische Verbindung von Planung und Kontrolle in einer Stelle
Sicherung der Steuerung	● Initialisierungseffekt ● Präventiveffekt	– Auslöser von Entscheidungen und Korrekturhandlungen – Vermeidung und Antizipation von zukünftigen Abweichungen
Sicherung der Informations-kongruenz	● Informationsmarketing ● Transformation – inhaltliche Transformation – räumliche Transformation – zeitliche Transformation	– Verbesserung des Informationsnachfrageverhaltens der Entscheider – systematische Gewinnung/Bereitstellung bedarfsgerechter Informationen – Gewährleistung eines optimalen Informationsflusses zwischen den einzelnen Unternehmungs-einheiten (vertikal/horizontal/diagonal) – systematische Aufzeichnung aller notwendigen Informationen
Beitrag zur Sicherung der Harmonisation	● Integration ● Koordination – intersystemische Koordination – intrasystemische Koordination	– systematische Bildung von unternehmungsgerechten Planungs-, Kontroll- und Informationsversorgungssystemen – integrierende Verknüpfung bestehender Planungs-, Kontroll- und Informations-versorgungssysteme sowie -prozesse (Schnittstellenproblematik) – interne Abstimmung bestehender Planungs-, Kontroll- und Informationsver-sorgungssysteme sowie -prozesse
Beitrag zur Sicherung der Entscheidungsqualität	● Perzeptibilität ● Fundierung ● Transparenz ● Entscheidungskoordination	– Beschleunigung der Problemerkennung (Früherkennung/Frühwarnung) – Verbesserung der Informationsbasis für Entscheidungen – Nachvollziehbarkeit der Entscheidungs- und Realisationsprozesse – vertikale und/oder horizontale Abstimmung von Entscheidungen zwischen verschiedenen Unternehmungseinheiten
Beitrag zur Sicherung der Flexibilität	● externorientierte Flexibilität ● internorientierte Flexibilität – Aktionsflexibilität – Systemflexibilität	– rasche Anpassung an sich veränderdne externe Bedingungen – systematische Schaffung und Erhöhung von Handlungsspielräumen – Vermeidung der Erstarrung von internen Strukturen und Systemen

Abb. 4.4: Dimensionen, Kriterien und Indikatoren des Controllingzielsystems (vgl. Amshoff [Controlling], S. 207)

Die Befragung ergab vier bedeutende Controllingziele in den Unternehmen: An der Spitze Sicherung der Kontrolle, gefolgt von Sicherung der Steuerung, vom Beitrag zur Sicherung der Harmonisation und vom Beitrag zur Sicherung der Entscheidungsqualität.

Während den Zielen Sicherung der Planung und Sicherung der Informationskongruenz noch mittlere Bedeutung zukommt, ist das Ziel Integration von Planung und Kontrolle eher von nachgeordneter Relevanz. Die deutlich geringste Einschätzung hat Sicherung der Flexibilität.

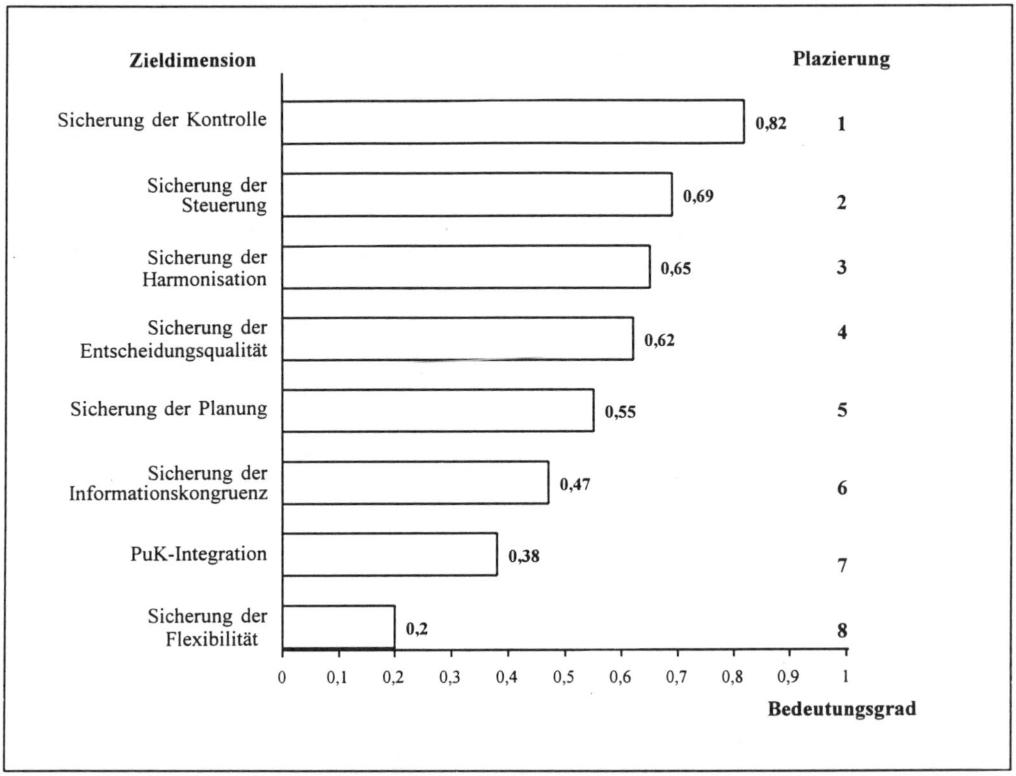

Abb. 4.5: Bedeutungseinschätzung der Controllingzieldimensionen (vgl. Amshoff [Controlling], S. 216)

Vergleicht man diese Plazierungen mit den Diskussionsschwerpunkten der Controllingliteratur, stellt sich heraus, daß Sicherung der Integration von Planung und Kontrolle und der Informationskongruenz in der Praxis keinen hohen Stellenwert hat. Ebenfalls überraschend ist, daß Sicherung der Kontrolle die klare Spitzenposition einnimmt.

Keine der Zieldimensionen beziehungsweise der einzelnen Zielindikatoren weist einen Bedeutungsindex (zwischen 0% und 100%) von nahe 0% auf. Ein solcher Wert würde zum Ausdruck bringen, daß die jeweilige Dimension oder der Indikator kein Controllingziel ist. Die theoretisch diskutierten Ziele haben somit gemäß den Ergebnissen praktische Relevanz. Die

Vielzahl der oben dargestellten Ziele läßt sich auf das Informationsziel und auf das Koordinationsziel des Controlling zurückführen, was eine Vergleichbarkeit der Ergebnisse mit den Überlegungen unter Punkt 2.2.1 erleichtert.

4.3 Organisation des Controlling in der Unternehmenspraxis

Controllingstellen

Zunächst wird untersucht, ob in den befragten Unternehmen Controllinginstitutionen vorhanden sind oder welche anderen Stellen Controllingaufgaben mit zu erfüllen haben.

- 52,9% der befragten Unternehmen verfügen über eine eigene Controllingabteilung.
- 18,2% ordnen die Aufgaben des Controlling einer Stelle mit synonymer Bezeichnung (Betriebswirtschaft, kaufmännische Leitung, Organisation etc.) zu. Es ist anzunehmen, daß in diesem Kontext nicht nur Controllingaufgaben, sondern auch andere kaufmännische Aufgaben erfüllt werden.
- 29,1% der befragten Unternehmen haben keine Controllingstelle. Die Controllingaufgaben werden – wenn überhaupt – durch die Geschäftsleitung und durch andere Fachabteilungen (z. B. das Rechnungswesen) "nebenberuflich" wahrgenommen.

Hierarchische Einordnung des Controlling

Die hierarchische Position des Leiters der Controllingabteilung beziehungsweise die Position der für Controlling hauptverantwortlichen Führungskraft befindet sich in 24% der Fälle auf der ersten Ebene, in 63% auf der zweiten Ebene und in 13% auf der dritten Ebene. Bei der Frage nach der fachlichen Unterstellung des Controllingleiters kann festgestellt werden, daß der Leiter in rund 66% der Fälle der Unternehmensleitung, in 25 % dem Leiter des Finanz- und Rechnungswesens, in 4% dem Leiter des Bereichs interne Verwaltung, in 1% dem Leiter der Buchhaltung, in 2% dem Controller der Konzernmutter und in 2% sonstigen Stellen fachlich unterstellt ist (Controller, die nicht auf der ersten Ebene angesiedelt sind).

Nach der Untersuchung von Amshoff wird Controlling primär auf der zweiten und dritten Ebene eingeordnet, seltener auf der ersten und zweiten Ebene, was weniger auf eine im Zeitablauf geänderte Einordnungspraxis zurückzuführen ist als auf die spezifische Form der Fragestellung im Rahmen der genannten Untersuchung. Dieser Befund stimmt nur teilweise mit den Ergebnissen anderer Untersuchungen überein.

Abteilungsorganisation

In 76% der befragten Unternehmen findet die klassische zentrale Controllingorganisation Anwendung. Nur ein geringer Anteil der Unternehmen verfügt über eine kombiniert zentrale-dezentrale Controllingorganisation. 20% der Unternehmen haben eine Kombination aus zentralem und dezentralem Controlling institutionalisiert – mit einer zentralen Controllingabteilung und Controllingverantwortlichen in den verschiedenen Sparten des Unternehmens. 4% der Untersuchungseinheiten haben Controlling als dezentrale Einheiten ohne zentrale Stelle organisatorisch verankert.

Die Aufgabenbereiche Controlling und Finanz- und Rechnungswesen sind großteils in einer Abteilung zusammengefaßt. Der Leiter des Controllingbereichs ist gleichzeitig Leiter Finanz- und Rechnungswesen und hat daher eine Doppelrolle. Es liegen Ergebnisse einer Befragung von 220 deutschen Leitern des Finanz- und Rechnungswesens vor, die besagen, daß die Aufgaben des Controlling – wenn auch unter gleichnamigem – Titel in 76% der Unternehmen vom Leiter Finanz- und Rechnungswesen beziehungsweise von einem ihm untergeordneten Mitarbeiter wahrgenommen werden. In lediglich 24% der Gesellschaften hat man die Bereiche getrennt (vgl. v. Landsberg [Berufsbild], S. 27).

Die aktuelle Studie von Amshoff ermittelt ein differenziertes Bild: Er stellt fest, daß in den Unternehmen vorzugsweise die Abteilungen mit der Bezeichnung 'Berichtswesen' (50,7%), 'Planung' (47,4%), 'Betriebswirtschaft' (41,7%) und 'Rechnungswesen' (41,2%) dem Controlling untergeordnet sind. Abteilungen wie 'Finanzbuchhaltung', 'Finanzwirtschaft', 'EDV', 'Organisation' und 'allgemeine Verwaltung' sind dem Controlling seltener unterstellt und befinden sich in der überwiegenden Zahl der Unternehmen auf gleicher Ebene.

Form der Institutionalisierung

Controlling ist großteils als Stelle mit Linienbefugnissen eingerichtet. 33% der befragten Unternehmen geben an, daß Controlling als Stabsstelle institutionalisiert ist. 67% der Unternehmen sehen in ihren Controllingabteilungen beziehungsweise Controllingstellen eine Führungsposition oder Linienfunktion. Die Stabslösung ist tendenziell auf höheren Hierarchieebenen zu finden (erste Ebene), während die Organisation als Linienfunktion eher auf der zweiten und dritten Ebene zu beobachten ist. Ähnliche Erkenntnisse mit beinahe identen Prozentsätzen liefern die Studien von Amshoff und von v. Landsberg. (vgl. Amshoff [Controlling], S. 334 und v. Landsberg [Berufsbild], S. 3 und S. 188).

Amshoff untersucht die Organisation des Controlling auch als Querschnittsbereich – eine Lösung, die in nur 8,2% der befragten Unternehmen bevorzugt wird (häufig als Dotted-Line-Prinzip bezeichnet). Dieser Befund widerspricht weitgehend den theoretischen Überlegungen, was daran liegen könnte, daß geteilte Weisungsbefugnisse in der Praxis nur schwer handhabbar sind (vgl. Amshoff [Controlling], S. 329).

Ressourcen der Abteilung

Die durchschnittliche Controllingabteilung beschäftigt 5,25 Mitarbeiter, davon 35,4% mit einem abgeschlossenen Universitätsstudium. Lediglich 47% der Unternehmen stellen ein jährliches Kostenbudget für den indirekten Leistungsbereich 'Controlling' auf.

Externes Controlling

Besonders bei Amshoff finden sich Aussagen über die Übertragung von Controllingaufgaben auf externe Aufgabenträger. Controlling durch Externe hat nur geringe Bedeutung: 64% der befragten Unternehmen geben explizit an, keine Controllingaufgaben an externe Aufgabenträger zu vergeben. Lediglich 29% machen von dieser Möglichkeit Gebrauch und wenden sich dabei an Fachverbände oder Unternehmensberater. Da es sich dabei um Unternehmen der kleinsten Größenklasse handelt, kann man annehmen, daß mit abnehmender Unternehmensgröße das Ausmaß des externen Controlling zunimmt. (vgl. Amshoff [Controlling], S. 340ff.).

Insgesamt kann ein Vergleich mit Studien aus dem deutschsprachigen Raum nur bedingt vorgenommen werden: wenn die Studien sich jeweils auf die gleiche Grundgesamtheit beziehen. Da sich die einzelnen Grundgesamtheiten in der Zusammensetzung der Unternehmen erheblich voneinander unterscheiden – die eine Untersuchung arbeitet mit zufällig ausgewählten mittelständischen Unternehmen, die andere mit nicht zufällig ausgewählten Großunternehmen –, ist ein Vergleich der Ausprägungen nur begrenzt aussagefähig. Eine weitere Voraussetzung für einen Vergleich ist die inhaltliche Kongruenz der erfragten Variablen. Die Variable 'Vorhandensein einer Controllingabteilung' kann vielfältig interpretiert werden. (Daß dies bei den genannten Untersuchungen der Fall ist, sollte berücksichtigt werden.)

Um die Vergleichbarkeit herzustellen, sind neben den 53% der Unternehmen mit Controllingabteilung auch jene Unternehmen heranzuziehen, die eine Abteilung mit synonymer Bezeichnung und mit ähnlicher Aufgabenstruktur haben. Insgesamt ist Controlling dann in 71% der befragten Unternehmen institutionalisiert.

Vergleichbare Untersuchungen	**Abteilung 'ja'**	**Abteilungs-Organisation**	**Hierarchische Einordnung**
Studie von AMSHOFF (1992)	66%	A=94%/B+C= 24-38%	I=9%/II=36%/III=55%
Studie von BRAUN (1979)	57%	—	—
Studie von HORVÁTH U. A.. (1982)	59%	—	—
Studie von HORVÁTH/GAYDOUL (1978)	30%	—	I=34%/II=30%/III=36%
Studie von KOSMIDER (1991)	40%	—	I=42%/II=51%/III=7%
Studie von V. LANDSBERG (1986)	80%	—	I=60%/II=9%/III=31%
Studie von REICHMANN U. A. (1987)	90%	—	—
Studie von UEBELE (1982)	81%	A=37%/B=9%/C=35%	I=42%/II=45%/III=13
Studie von KÜPPER/HOFFMANN (1986)	87%	A=46%/B+C=41%	—

A ...	Zentrales Controlling
B ...	Ausschließliches Spartencontrolling
C	Kombiniert zentrales-dezentrales Controlling
I. ...	1. Ebene (Geschäftsleitung/Spartenleitung)
II ...	2. Ebene (Linien- und Stabsinstanzen unterhalb der Geschäftsleitung)
III ...	3. Ebene (Linien- oder Stabsinstanzen auf der 3. Ebene und darunter)

Abb. 4.6: Die Organisation des Controlling als Gegenstand empirischer Studien

4.4 Funktionen des Controlling in der Unternehmenspraxis

Eine Funktion kann auch als Aufgabenkomplex bezeichnet werden. Sie ergibt sich aus der Zuordnung einer Reihe von Einzelaufgaben zu einer organisatorischen Einheit (vgl. Harbert [Controlling-Begriffe], S. 59f.). Einzelne Controllingaufgaben sind als Soll-Leistungen zu verstehen, die der Erfüllung der Controllingziele und Controllingfunktionen dienen.

Zwei Aspekte sind in der Controllingpraxis von Interesse: die Funktionsbreite und die Funktionstiefe.

- Die Funktionsbreite beschreibt das Maß der Verschiedenartigkeit der vom Controlling wahrgenommenen Aufgaben. Je mehr (controllingspezifische) Aufgaben durchgeführt werden, desto größer ist auch die Funktionsbreite.

- Die Funktionstiefe definiert das Ausmaß des Einflusses des Controllers auf Entscheidungen des Unternehmens. Je stärker Controller formell und informell in den Führungsprozeß einbezogen sind, desto größer ist die Funktionstiefe.

4.4.1 Funktionsbreite des Controlling

Verbreitungsgrad: Wie viele Unternehmen nehmen eine Controllingaufgabe wahr?

Als Grundlage für die Erhebung der Controllingfunktionen diente ein Aufgabenkatalog (siehe Abbildung 4.7). Fragen zur Wahrnehmung der einzelnen Aufgaben ergeben kein überraschendes Bild:

- Die stärkste Verbreitung, 92%, findet die Aufgabe 'Budgetkontrolle/Durchführung von Soll-Ist-Vergleichen'.
- Über einen hohen Verbreitungsgrad, zwischen 70% und 80%, verfügen die klassischen operativen Controllingaufgaben, wie 'Durchführung von Abweichungsanalysen', 'Berichtswesen', 'Kostenrechnung', 'Budgetierung' und 'Systementwicklung'.
- 78% der befragten Unternehmen sind damit beschäftigt, ihr Controllingsystem weiter auszubauen. Die Entwicklung im Controlling der Unternehmenspraxis ist keineswegs abgeschlossen.
- Mit einem Verbreitungsgrad von 66% erscheint die 'Mitarbeit an der Strategie-Planung' außerordentlich hoch, was darauf beruht, daß es sich in 29% der Fälle beim Aufgabenträger nicht um eine eigenständige Controllingstelle handelt, sondern Controlling vielfach zu den Agenden der Geschäftsleitung zählt.
- Die breite Mitwirkung bei der Strategie-Planung relativiert sich, wenn man weitere Aufgaben des strategischen Controlling betrachtet: 'Durchführung strategischer Soll-Ist-Vergleiche' (53%), 'Strategische Abweichungsanalysen' (42%), 'Strategischer Informationsservice' (40%) oder 'Koordination der Früherkennung' (51%) .
- Ähnliche Bedeutung wie das strategische Controlling hat der Aufgabenbereich 'Finanzbuchhaltung und Finanzwesen' (rund 50%). Bereiche wie 'Organisation/Verwaltung', 'EDV', 'Steuern' und 'Interne Revision' werden in der Mehrzahl der befragten Unternehmen nicht mit Controlling in Verbindung gebracht (60% bis 80%).

Wahrnehmungsintensität: Welcher Stellenwert kommt dieser Aufgabe zu?

In einem nächsten Schritt wird die Wahrnehmungsintensität der Controllingaufgaben beurteilt. Um zu erkennen, wie groß die praktische Bedeutung der einzelnen Aufgaben ist, wird eine Rangliste der Einzelaufgaben nach ihrer durchschnittlichen Wahrnehmungsintensität in der Gesamtstichprobe gebildet. Die Ausprägungen der Skala sind dabei folgendermaßen zu interpretieren:

Wert 1: Keine Controllingaufgabe.
Wert 2: Keine Controllingaufgabe, kann aber in Ausnahmefällen wahrgenommen werden.
Wert 3: Controllingaufgabe, wird aber nur in Ausnahmefällen wahrgenommen.
Wert 4: Controllingaufgabe, wird nur selten wahrgenommen.
Wert 5: Wichtige Aufgabe, die öfter wahrgenommen wird.
Wert 6: Wichtige Aufgabe. eine der Hauptaufgaben des Controlling.

Die Rangliste der Einzelaufgaben läßt sich in Abschnitte unterteilen. Die Ränge 1 bis 10 können als oberer Teil, die Ränge 11 bis 13 und die Ränge 14 bis 18 als mittlere Teile und die Ränge 19 bis 26 als unterer Teil der Rangliste bezeichnet werden.

- Im oberen Teil der Rangliste befinden sich die wichtigsten Controllingaufgaben der Praxis. Es zeigt sich, daß die klassisch operativen Controllingaufgaben, voran die Durchführung von Soll-Ist-Vergleichen, den Controllingalltag dominieren und daß Controlling, entgegen theoretischen Überlegungen, primär operativ orientiert ist. Aus der hohen Wahrnehmungsintensität der Aufgaben im Bereich der Systementwicklung kann man schließen, daß dem Controlling Aufgaben zugeordnet werden, die durch technokratische und formale Merkmale gekennzeichnet sind. Amshoff erzielt im Rahmen seiner Aufgabenanalyse vergleichbare Ergebnisse. (vgl. Amshoff [Controlling], S. 320) Bei den genannten Aufgaben handelt es sich durchwegs um Aufgaben, die in enger Beziehung zum Rechnungswesen stehen.
- Das zahlenorientierte Bild wird durch die Aufgaben 'Interne betriebswirtschaftliche Beratung im Entscheidungsprozeß' und 'Mitarbeit des Controlling an der Strategie-Planung' aufgelockert. Der durchschnittliche Wert von '4' bedeutet, daß diese Aufgaben zwar nur selten wahrgenommen werden, aber zum Aufgabenbereich des Controlling gezählt werden.

Rang	Controllingaufgaben
1.	Budgetkontrolle+Soll-Ist-Vergleiche (5,3)
2.	Durchführung der Kostenrechnung (5)
3.	Durchführung des Berichtswesens (5)
4.	Federführung bei der Budgetierung (5)
5.	Abweichungs- und Ursachenanalyse (4,9)
6.	Budget-Koordination (4,9)
7.	Budget-Konsolidierung/Integration (4,7)
8.	Systementwicklung (4,6)
9.	Systemkontrolle (4,5)
10.	Berichtsinterpretation (4,5)
11.	Interne bwl. Beratung im Entscheidungsprozeß (4,3)
12.	Federführung bei der Investitionsplanung (4,1)
13.	Mitarbeit bei der Strategie-Planung (4,1)
14.	Zentraler bwl. Informationsservice (3,9)
15.	Einleiten von Korrekturmaßnahmen (3,7)
16.	Bilanzierung (3,7)
17.	Finanzierung und Finanzwesen (3,7)
18.	Strategische Soll-Ist-Vergleiche (3,5)
19.	Koordination der Früherkennung (3,3)
20.	Einleiten von Präventivmaßnahmen (3,3)
21.	Strategische Abweichungsanalyse (3,1)
22.	Elektronische Datenverarbeitung (3,1)
23.	Informationsservice für Strategie-Planung (3,1)
24.	Organisation und Verwaltung (3,1)

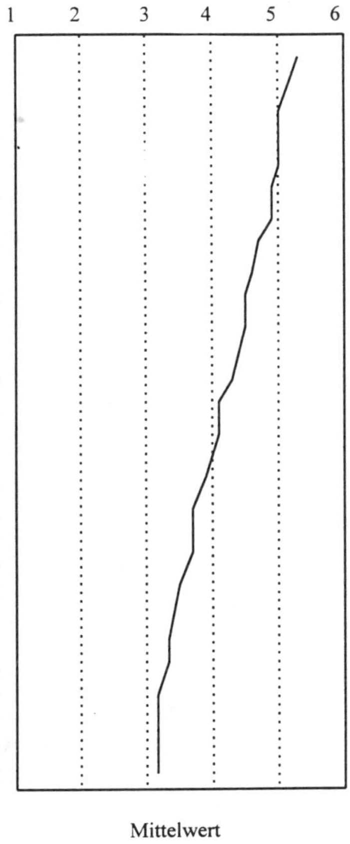

Abb. 4.7: Rangreihe der Controllingaufgaben

- Die untere Hälfte der Rangliste enthält zum einen jene Aufgaben des Controlling, die man insgesamt als 'innovativ' umschreiben kann und die, entsprechend den konzeptionellen Überlegungen, einen notwendigen Bestandteil eines funktionierenden Controllingsystems darstellen. Es handelt sich dabei um prozeßorientierte Steuerungsaufgaben des Controlling und um Aufgaben aus dem Bereich der strategischen Kontrolle und der Informationsversorgung. Wie die durchschnittliche Wahrnehmungsintensität von 3 bis 2 zeigt, wird ihnen in den befragten Unternehmen keine allzu große Bedeutung beigemessen, daher besteht in diesen Bereichen erheblicher Entwicklungsbedarf.

- Zum anderen sind in der unteren Hälfte die sekundären Aufgaben des Controlling wie Organisation, Verwaltung etc. aufgelistet. Überraschend erscheint, daß sich das Controlling der befragten Unternehmen weitgehend von der Dominanz buchhalterischer Aufgaben emanzipiert hat und diese nur nebenbei wahrnimmt. Die geringe Bedeutung der sekundären Aufgaben läßt darauf schließen, daß sich in österreichischen Unternehmen ein festes, wenn auch vorwiegend operatives Funktionsbild des Controlling etablieren konnte.

Die Studie von v. Landsberg gelangt zu beinahe identen Ergebnissen. Nach Ansicht der 270 befragten Controller gibt es drei Hauptaufgaben: die Federführung bei Planungs- und Budget-Arbeiten, die Mitwirkung bei der Errichtung und Weiterentwicklung von operativen Informations-, Entscheidungs-, Planungs- und Berichtssystemen und die Kontrolle durch Soll-Ist-Vergleiche beziehungsweise die Durchführung von Abweichungsanalysen (vgl. v. Landsberg [Berufsbild], S. 69).

Funktionsbreite: Wie vielfältig sind die Aufgaben?

Die 26 Einzelaufgaben konnten mit Hilfe des statistischen Instruments 'Faktorenanalyse' auf eine geringe Zahl empirischer Funktionen des Controlling zurückgeführt werden. Für eine umfangreiche Darstellung der Faktorenanalyse sei aus Gründen der Komplexität des Verfahrens auf die einschlägige Fachliteratur verwiesen (vgl. z. B. Backhaus u. a. [Analysemethoden], S. 251ff.).

Es wurden sechs Faktoren extrahiert, die gemeinsam rund 70% der Varianz in den latenten Variablen erklären. Die einzelnen Faktoren können als Controllingfunktionen interpretiert werden, da jeder Faktor von bestimmten Einzelaufgaben beschrieben wird. Eine ähnliche Vorgangsweise wählt v. Landsberg (vgl. v. Landsberg [Berufspraxis], S. 82).

Funktion I: Operative Koordinations- und Informationsfunktion

Faktor I beschreibt den operativen Alltag des Controlling und – wie sich dem Aufgaben-Ranking entnehmen läßt – die Hauptaufgaben des Controlling. Stellt man diese Ergebnisse den konzeptionellen Überlegungen gegenüber, erkennt man in Faktor I die operative Koordinations- und Informationsfunktion des Controlling. Faktor I (Eigenwert: 3,6) erklärt 34,3% der Gesamtvarianz. Mit diesem Faktor sind acht Einzelaufgaben eng verbunden:

Federführung bei der Investitionsplanung, Federführung bei der Budgetierung, Koordination der Budgets, Konsolidierung/Integration der Budgets, Durchführung der Budgetkontrolle (operative Soll-Ist-Vergleiche), Betreuung des Berichtswesens, Berichtsinterpretation, zentraler betriebswirtschaftlicher Informationsservice.

Funktion II: Steuerungs- und Regelungsfunktion

Faktor II ist ein Gradmesser für die Maßnahmenorientierung des Controlling, der sich als Steuerungs- und Regelungsfunktion interpretieren läßt. Mit einem Eigenwert von 3,3 erklärt er 15% der Gesamtvarianz. Mit diesem Faktor sind fünf Einzelaufgaben eng verbunden:

Durchführung von Abweichungs- und Ursachenanalysen, Einleiten von Korrekturmaßnahmen, Einleiten von Präventivmaßnahmen, Koordination der Früherkennung, interne betriebswirtschaftliche Beratung im Entscheidungsprozeß.

Funktion III: Strategische Koordinations- und Informationsfunktion

Faktor III beschreibt die strategischen Aufgaben des Controllers, seine strategische Koordinations- und Informationsfunktion. Mit einem Eigenwert von 3,2 erklärt er 10% der Gesamtvarianz. Vier Einzelaufgaben sind eng mit dem Faktor verbunden:

Mitarbeit an der Strategie-Planung, Durchführung strategischer Soll-Ist-Vergleiche, Durchführung strategischer Abweichungsanalysen, Informationsservice für Strategie-Planung.

Funktion IV: Systembildende Koordination

Faktor IV beschreibt die systembildende Koordinationsfunktion des Controlling. Er erklärt 5% der Gesamtvarianz (Eigenwert: 2,9). Zwei Einzelaufgaben sind eng mit dem Faktor verbunden:

Systemaufbau, Systemkontrolle.

Funktion V: Sekundäre Aufgaben

Bei Faktor V handelt es sich nicht um eine Controllingfunktion im engeren Sinn, sondern um sekundäre Aufgaben des Controlling. Der Faktor (Eigenwert: 2,5) erklärt 5% der Gesamtvarianz. Drei Einzelaufgaben sind eng mit dem Faktor verbunden:

Organisation und Verwaltung, Interne Revision, Elektronische Datenverarbeitung.

Funktion VI: Finanz- und Rechnungswesen

Faktor VI umfaßt Aufgaben des Rechnungswesens. Aus konzeptioneller Sicht ist das Rechnungswesen, insbesondere die Kostenrechnung, ein Teil der Informationsfunktion des Controlling. Die separate Bildung des Faktors 'Rechnungswesen' zeigt, daß die praktische Realisierung wesentlich von den konzeptionellen Überlegungen abweicht. In der Praxis sind auch durchführende Aufgaben des Rechnungswesens Fixpunkte im Pflichtenheft des Controllers. Die Controlling-Wissenschaft definiert diese Aufgaben häufig in das Vorfeld des Controlling. Dieser Unterschied ist ein Resultat des Entwicklungsstands von Controllingsystemen der Praxis und der Ausprägung bestimmter Kontextfaktoren. Faktor VI (Eigenwert: 2,4) erklärt 5% der Gesamtvarianz. Vier Einzelaufgaben sind empirisch eng mit dem Faktor verbunden:

Durchführung der Kostenrechnung, Bilanzierung (FIBU und Jahresabschluß), Finanzwesen, Steuern.

Auch Gaydoul ortet in seiner bereits 1980 durchgeführten Studie starken Rechnungswesenbezug im Controlling. Daran hat sich offensichtlich auch nach mehr als einem Jahrzehnt nichts geändert (vgl. Gaydoul [Controlling], S. 72).

4.4.2 Funktionstiefe

Die befragten Personen beurteilten ihren aktuellen Einfluß der Funktionsausübung als Indikator für die Funktionstiefe des Controlling. Die Intensität beziehungsweise die Reichweite des Einflusses wurde auf einer sechsstufigen Ordinalskala gemessen, wobei der Wert '6' für hohe Einflußnahme steht.

- Den stärksten Einfluß übt das Controlling der befragten Unternehmen im Rahmen der Budgetierung und im Rahmen von Soll-Ist-Vergleichen oder Gegensteuerungsmaßnahmen aus. 77% der Unternehmen schätzen die Intensität des Einflusses in diesen Bereichen tendenziell hoch bis sehr hoch ein.
- Der Einfluß auf die übergeordnete strategische und operative Formal- und Sachzielplanung stellt sich in etwas abgeschwächter Form dar. In 63% der Fälle hat das Controlling einen tendenziell hohen bis sehr hohen Einfluß auf diesen der Budgetierung vorgelagerten Prozeß.
- Mittelmäßig bis gering zeigt sich der Einfluß in Form eines Mitspracherechts bei Investitionsentscheidungen. Rund 51% der Unternehmen befinden sich im Einfluß-Wertebereich 4 bis 6 (trotz hoher Methodenkompetenz im Rahmen der Investitionsplanung).
- Wenig bis keinen Einfluß kann das Controlling im Rahmen von Marktentscheidungen wie Neuproduktplanung, Produktpositionierung, Preisgestaltung etc. geltend machen.

Vergleicht man die empirischen Ergebnisse mit den konzeptionellen Überlegungen, kommt man zu folgendem Schluß: Sämtliche Führungsleistungen und Führungsdienstleistungen der Controllingkonzeption können auch in der Controllingpraxis beobachtet werden, wenn auch in abgestufter Intensität.

Von den untersuchten Controllingfunktionen haben 'Operative Koordination und Information', 'Internes Rechnungswesen' und 'Systementwicklung' den höchsten Verbreitungsgrad. Die Funktionen 'Steuerung/Regelung' und 'Strategische Koordination und Information' sind von geringerer Bedeutung. Die Ergebnisse lassen erkennen, daß das Funktionsbild des Controlling in den befragten Unternehmen bereits eindeutige Konturen angenommen hat und sich den 'State of the Art-Vorstellungen' annähert. Insgesamt kann der Einfluß des Controlling im Führungsprozeß als derzeit noch eingeschränkt bezeichnet werden.

4.5 Bausteine und Instrumente des Controlling

4.5.1 Ausbaugrad des strategischen Planungs- und Kontrollsystems

Der Ausbaugrad der strategischen Planungs- und Kontrollsysteme der Gesamtstichprobe ist gering bis mittel. Die Beurteilung des Ausbaugrads erfolgt – wie bereits bei der Organisation und bei den Funktionen – auf Basis einer Checkliste.

Leitbild

Ansatzpunkt für die strategische Orientierung eines Unternehmens sind formulierte Unternehmensleitlinien (Leitbild, Vision). Die Existenz eines schriftlich formulierten Leitbilds in 67% der Fälle bestätigt diese Aussage ebenso wie die große Bedeutung, die dem Leitbild als Grundgerüst der Strategie-Planung zugewiesen wird. 56% der Unternehmen mit Leitbild versuchen, den Führungskräften und Mitarbeitern dessen Kernaussagen über eine Präsentation im jährlichen Geschäftsbericht hinaus zu kommunizieren.

Formalisierte Strategie-Planung

Nahezu parallel stellt sich die Frage nach der Fortsetzung der Gedanken eines Leitbilds im Rahmen der Strategie-Planung. 73% der Unternehmen bejahen die Existenz einer Strategie-Planung, wobei dieser überaus hohe Prozentsatz aber durch eine Zusatzfrage nach der Formalisierung des Planungsprozesses relativiert wird. Nur durch Formalisierung oder Dokumentation wird Strategie kontrollierbar und steuerbar, was auf 42% der Unternehmen mit strategischer Planung zutrifft. Daraus kann man schließen, daß die Existenz einer controllingkonformen Strategie-Planung in nur etwa 30% der Fälle vorliegt.

Zu interessanten Ergebnissen kommen Coenenberg/Günther: 82% der befragten Unternehmen geben an, strategische Planungsinstrumente einzusetzen. Diese Unternehmen zeigen ebenso hohe Selbsteinschätzung wie im oben angeführten Fall. 40% der Stichprobe etablierten strategisches Gedankengut erst in den achtziger Jahren – der eigentlichen Geburtsstunde des strategischen Controlling.

Inhalt der Strategie-Planung

Bei der Frage nach der Planung strategischer Ziele formulieren 67% der Unternehmen mit Strategie-Planung quantitative Ziele (Marktziele, Rentabilitätsziele etc.). Qualitative Erfolgsziele – Erfolgspotentiale wie 'Produktimage' oder 'vom Kunden wahrgenommene Qualität' – haben annähernd gleiches Gewicht (62%), während Umweltziele insgesamt geringer ... eingeschätzt werden (39%). Beachtenswert ist auch der hohe Anteil an Unternehmen, der einer strategischen Zielplanung keinerlei Bedeutung zusprechen.

Im Vergleich zur Zielplanung werden in nur 55% der Unternehmen Strategien für das Gesamtunternehmen definiert, ähnliches gilt für Geschäftsbereichsstrategien (53%) und für Funktionsbereichsstrategien (42%). Diese Diskrepanz – 67% formulieren strategische Ziele, aber nur 55% planen eine Gesamtunternehmensstrategie – ergibt sich aus dem Antwortverhalten von Unternehmen, bei denen Strategie-Planung nicht formalisiert wird, sondern lediglich in den Köpfen der obersten Führungskräfte stattfindet.

Anwendung strategischer Planungsinstrumente

Die Realität wird spätestens bei Betrachtung der strategischen Planungsinstrumente erkennbar. Die Anwendungsintensität der Instrumente erweist sich als auffällig niedrig, gemessen an einer sechsstufigen Skala.

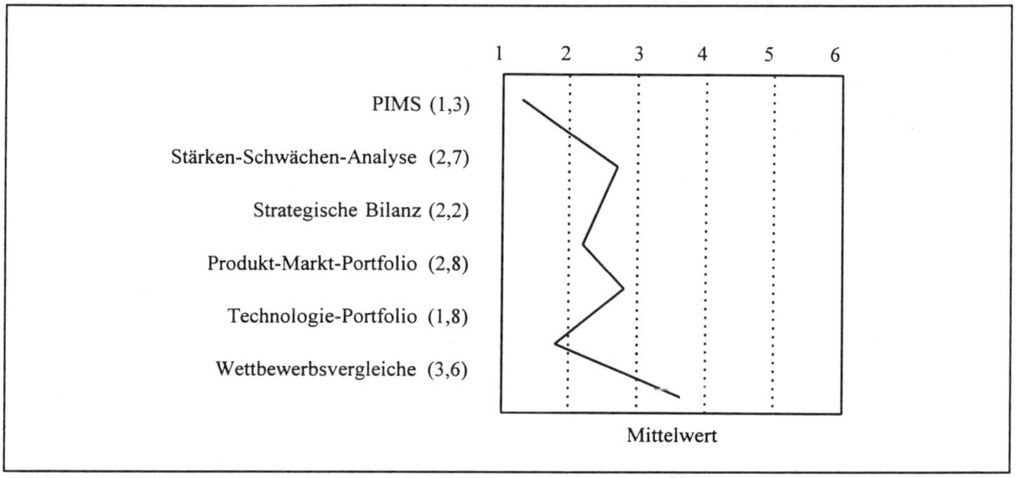

1: Anwendungsintensität = gering
6: Anwendungsintensität = hoch

Abb. 4.8: Anwendungsintensität strategischer Controllinginstrumente

Strategische Planungsinstrumente finden nur dann Eingang in die Planungspraxis, wenn sie eine einfache, unkomplizierte Handhabung zulassen. Wie Abbildung 4.8 zeigt, gilt dies am ehesten für Wettbewerbsvergleiche und für die klassische Boston I-Portfolioanalyse, die in 38% der Unternehmen (mit Strategie-Planung) zum Einsatz kommt. Stärken-Schwächen-Analysen sind zu 36% im Instrumentenrepertoire des Controlling.

Coenenberg/Günther stellen einen vergleichsweise stärkeren Einsatz strategischer Planungsinstrumente fest. Von einer größeren Anzahl von Unternehmen werden neben quantitativen Analysen und EDV-Modellen auch Portfoliomatrizen, Stärken-Schwächen-Analysen und Checklisten intensiver angewendet. Das bestätigt die Vermutung, daß der Entwicklungsstand des strategischen Controlling in den von Coenenberg/Günther untersuchten Unternehmen in allen Belangen weiter fortgeschritten ist (vgl. Coenenberg; Günther [Stand], S. 464f.).

Umsetzung der Strategie-Planung

Strategien sind in der operativen Planung zu berücksichtigen und in das laufende Geschäft einzubinden. Ein Indikator für die stringente Umsetzung von Strategien in Operation ist die

Vereinbarung strategischer Budgets. Die strategische Budgetierung ist ein Instrument zur Durchführung der strategischen Planungskoordination in dezentralen Strukturen und baut auf einer Formal- und Sachzielplanung auf, deren Elemente Erfolgspotentiale und strategisch relevante Fähigkeiten sind (vgl. Lehmann; Weber [Budgetierung], S. 93ff.). Die durchschnittliche Anwendungsintensität von 3,3 zeigt die mittelmäßige Bedeutung strategischer Budgets. Gleiches gilt für die Einbindung von operativ tätigen Führungskräften in den Strategieplanungsprozeß. Den vergleichsweise intensivsten Einsatz finden strategische Maßnahmenpläne, die mit einer durchschnittlichen Anwendungsintensität von 3,5 an oberster Stelle der Umsetzungsmechanismen stehen. 53% der Unternehmen (mit Strategie-Planung) geben an, strategische Maßnahmenpläne zu erstellen.

Insgesamt ist der Anteil an Unternehmen, der die Wichtigkeit der Konkretisierung von Strategien betont, höher als der Anteil, der über eine formalisierte Strategie-Planung verfügt. Aus diesen Diskrepanzen kann man schließen, daß zahlreiche Unternehmen Strategie-Planung infolge inhaltlicher Unklarheiten falsch verstehen und falsch anwenden.

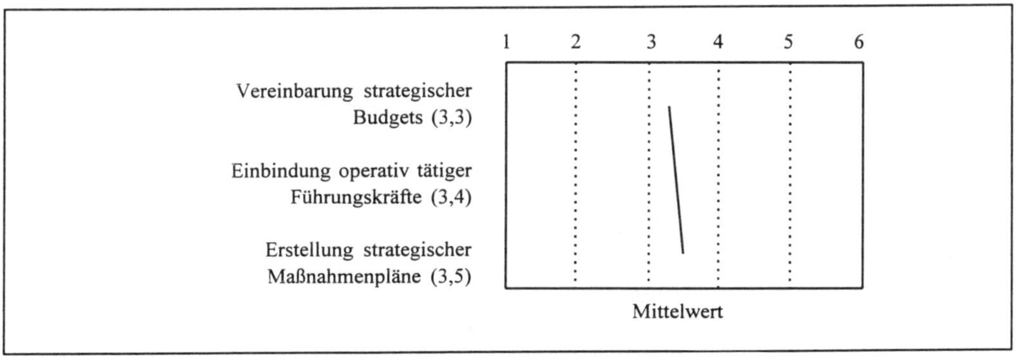

1: Anwendungsintensität bzw. Relevanz = gering
6: Anwendungsintensität bzw. Relevanz = hoch

Abb. 4.9: Umsetzungsmechanismen der Strategie-Planung

Strategische Kontrolle

Strategische Kontrolle beinhaltet Maßnahmen zur Anpassung der Strategie-Planung an ein sich änderndes Umfeld und liefert primär Anregungen zur Verbesserung des strategischen Planungsprozesses, während die operative Kontrolle primär Verbesserungen des Realisationsprozesses unterstützt (vgl. Steinmann; Schreyögg [Management], S. 219ff.).

- 51% der Unternehmen mit Strategieplanung führen eine regelmäßige Prämissenkontrolle durch, indem sie die Schlüsselannahmen der Strategie-Planung einer laufenden Prüfung unterziehen. Es ist zu berücksichtigen, daß nicht in allen 51% die Schlüsselannahmen der Strategie-Planung der Kontrollgegenstand sind. Die Beantwortung der Frage bezieht sich auch auf operative Planannahmen, sonst wäre der hohe Prozentsatz nicht zu erklären.

- 44% der Unternehmen mit Strategieplanung kontrollieren den Erfolg strategischer Projekte mit Hilfe von Zwischenzielen oder Meilensteinen. Diese Form der strategischen Kontrolle (Durchführungs- und Ergebniskontrolle) stellt anhand von Störungen und prognostizierten Abweichungen von strategischen Zwischenzielen fest, ob der strategische Kurs gefährdet ist oder nicht.
- 60% dieser Unternehmen greifen bei der strategischen Kontrolle auf Kennzahlen des Rechnungswesens zurück, die nicht allein strategierelevant sein können, wenn man den hohen Prozentsatz betrachtet.
- Nur 36% führen eine laufende Umfeldbeobachtung durch, die die Mängel der Prämissen- und Durchführungskontrolle und das damit verbundene Risiko kompensieren soll.

Die Regelmäßigkeit beziehungsweise die fortlaufende Anwendung der strategischen Ergebniskontrolle ist ein Indikator für Institutionalisierung und Formalisierung des strategischen Controlling. Da nur 22% der Unternehmen eine regelmäßige Kontrolle der strategischen Vorgaben durchführen, kann man annehmen, daß der strategische Controllingprozeß im Großteil der befragten Unternehmen nicht institutionalisiert beziehungsweise formalisiert ist.

4.5.2 Ausbaugrad des operativen Planungs- und Kontrollsystems

Der Ausbaugrad der vorgefundenen operativen Planungs- und Kontrollsysteme kann als mittel bis hoch eingestuft werden.

Operative Planung und Budgetierung

Weit verbreitet sind klassische kurzfristige Budgetierungselemente, wie Leistungsbudgets, Finanzpläne und Plan-Bilanzen. Damit sind die Grundfesten eines operativen Planungssystems vorhanden. Rund 80% der befragten Unternehmen geben an, über eine integrierte, kurzfristige Erfolgs- und Finanzbudgetierung zu verfügen. Kunesch stellt in seiner Untersuchung 'Materialwirtschaftlicher Erfolgsnachweis' fest, daß 68% der Unternehmen eine zumindest weitgehend integrierte Unternehmensplanung aufweisen (vgl. Kunesch [Erfolgsnachweis], S. 160).

Der hohe Integrationsgrad der kurzfristigen Planung und Budgetierung sagt aber wenig über die Qualität der Budgetgrößen aus, die wesentlich von der Philosophie der Leistungs- und Kostenplanung abhängig ist. Insbesondere Instrumente der Kostenplanung sind im Großteil der Unternehmen unterentwickelt.

Die Studie von Horváth/Dambrowski trifft darüber hinaus Aussagen über die funktionale Differenzierung der Budgetierung (Vorhandensein von Investitions-, EDV-, Personal-, F&E-Budgets etc.). Im allgemeinen gilt, daß das Ausmaß der funktionalen Differenzierung der Budgetierung positiv von der Unternehmensgröße abhängig ist. Weiters fällt auf, daß Planung beziehungsweise Budgetierung primär mit einem Planungshorizont bis zu einem Jahr erfolgt.

Mittelfristige Budgetierung mit einem Planungshorizont von ein bis drei Jahren wird in nur 22% der Unternehmen in integrierter Form durchgeführt.

Anwendung operativer Planungsinstrumente

Operative Planungsinstrumente, die im Zuge der Planung und Budgetierung – sozusagen prozeßbegleitend – eingesetzt werden, haben nur geringe Bedeutung

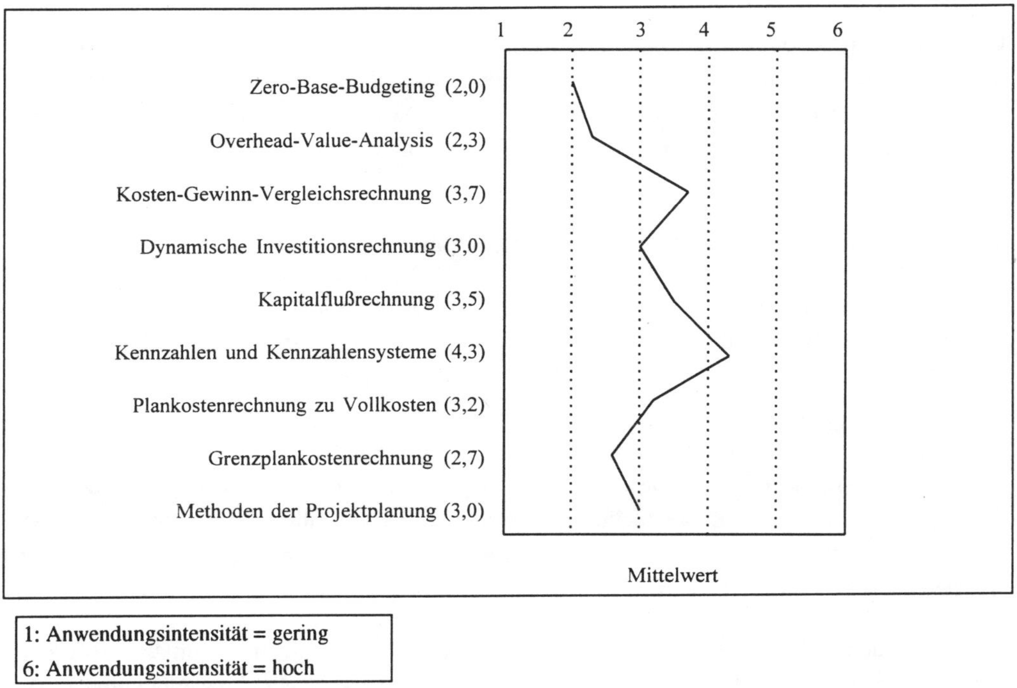

Abb. 4.10: Anwendung operativer Planungsinstrumente

Operative Kontrolle und Soll-Ist-Vergleiche

Im Bereich der operativen Kontrolle liegt der Schwerpunkt eindeutig auf der Realisationskontrolle in Form der Ergebnis- und Planfortschrittskontrolle, wofür formale Planung als Meßlatte unerläßlich ist. Da diese in bestimmten Unternehmensgruppen noch nicht anzutreffen ist, sind die hohen Anwendungszahlen der einzelnen Kontrollformen zu relativieren: 89% für die Kostenstellenkontrolle, 97% für die die Umsatzkontrolle und 99% für die Ergebniskontrolle.

In den Fällen, wo keine analytische Planung vorliegt, ist eine fundierte Abweichungsanalyse unmöglich. Häufig werden nur Korrekturmaßnahmen – begleitet von Sanktionen – vorgenommen, ohne die Abweichungsursachen zu kennen. Kosmider spricht in diesem Zusammenhang von einer Überwertung operativer Kontrollhandlungen. Man kann daraus schließen, daß viele Unternehmen im Rahmen der Kontrollen auf Vergangenheitsdaten zurückgreifen (Ist-Ist-Kontrolle) (vgl. Kosmider [Controlling], S. 124). Geben noch 91% der Unternehmen an, laufend Soll-Ist-Vergleiche vornehmen, sind es nur 65%, die regelmäßig und in institutionalisierter Form Erwartungsrechnungen durchführen.

Formalisierung des operativen Planungs- und Kontrollsystems

Der Einsatz eines Controllinghandbuchs mit Inhalten wie Budgetierungsrichtlinien ist ein Indikator für die Formalisierung der operativen Planung und Kontrolle. Nur 35% der befragten Unternehmen geben an, ein Handbuch zu verwenden. Dieser geringe Prozentsatz deutet darauf hin, daß die Formalisierung des operativen Controlling noch nicht weit fortgeschritten ist.

4.5.3 Ausbaugrad des Informationsversorgungssystems

Der Ausbaugrad der vorgefundenen Informationsversorgungssysteme kann insgesamt als mittelmäßig eingestuft werden.

Kosten- und Leistungsrechnung

Der Entwicklungsstand der Kosten- und Leistungsrechnung ist differenziert zu beurteilen. Auf der einen Seite sind Kostenrechnungsinstrumente die von allen am intensivsten eingesetzten Instrumente des Controlling. Auf der anderen Seite läßt die Qualität der realisierten Ansätze häufig zu wünschen übrig.

Die vorhandenen Kostenrechnungsansätze der Praxis können abhängig von den Informationsbedürfnissen der Unternehmensführung in Basissysteme, Entscheidungsrechnungen, Systeme der Kostenplanung, Ansätze für ein Gemeinkostenmanagement und moderne Ansätze der Kostenrechnung unterschieden werden. Bei den vorhandenen Kostenrechnungsansätzen handelt es sich in erster Linie um Basissysteme beziehungsweise um entscheidungsorientierte Ansätze.

Basissysteme dienen der Istzustandsanalyse und stellen nur das Vorfeld einer für Controlling geeigneten Kosten- und Leistungsrechnung dar. Sie erfüllen im wesentlichen die Aufgabe des kostenstellenbezogenen Kostennachweises und der Kostenträgerkalkulation im Sinn der Selbstkostenpreisermittlung, wobei gewöhnlich die der Vollkostenrechnung zurechenbaren klassischen Methoden der Kostenarten-, Kostenstellen- und Kostenträgerrechnung Anwendung finden. 71% der befragten Unternehmen nutzen das Instrumentarium der Kostenstellenrechnung zu Vollkosten. Mit einer durchschnittlichen Anwendungsintensität von 4,3 steht das Instrument an dritter Stelle in der Rangliste der Controllinginstrumente.

Daß sich einige Unternehmen mit Informationen aus der Gewinn- und Verlustrechnung zufriedengeben, zeigt die Tatsache, daß das Instrument 'Kurzfristige Erfolgsrechnung' zwar mit einer Anwendungshäufigkeit von 87% das am weitesten verbreitete Controllinginstrument ist, aber nur 71% der Unternehmen über eine Kostenstellenrechnung zu Vollkosten beziehungsweise 66% über eine Deckungsbeitragsrechnung verfügen. Der verbleibende Rest der Unternehmen führt die kurzfristige Erfolgsrechnung in pagatorischer Form und nicht auf Basis von Kostenwerten durch.

Ansätze der **Teilkostenrechnung** kommen in überraschend vielen Unternehmen zum Einsatz, wobei dort Deckungsbeitragsrechnungen großteils die klassische Vollkostenrechnung ergänzen. Nur in einem geringen Teil der Unternehmen gibt es ein geschlossenes System der Teilkostenrechnung ohne Kostenstellen- und Kostenträgerrechnung zu Vollkosten. Es überrascht daher auch nicht, daß nur rund 40% der befragten Unternehmen mit einer stufenweisen Fixkostendeckungsrechnung arbeiten.

Vergleichbare Ergebnisse präsentiert auch Kosmider. Etwa 77% der von ihm befragten Unternehmen, die regelmäßige Anwender der Deckungsbeitragsrechnung sind, verwenden gleichzeitig auch eine Vollkostenrechnung. Umgekehrt haben nur rund 50% der Vollkostenrechner diese um eine Deckungsbeitragsrechnung erweitert (vgl. Kosmider [Controlling], S. 108ff.).

Zur entscheidungsorientierten Gestaltung der Kosten- und Leistungsrechnung steht neben der einfachen und differenzierten Deckungsbeitragsrechnung eine Reihe weiterer Instrumente zur Verfügung, wie Nutzschwellenanalysen (Break-Even-Analyse), Kosten-Nutzen-Analysen oder Sensitivitätsanalysen. Die durchschnittliche Anwendungsintensität von 3 und 2 zeigt, daß diese Instrumente weniger häufig und intensiv genutzt werden.

Instrumente der **Kostenplanung** wie Grenz- und Plankostenrechnung sind in den befragten Unternehmen gering bis mittel entwickelt. Die Grenzplankostenrechnung zählt in lediglich 32% der befragten Unternehmen zum Instrumentenrepertoire des Controlling. Für die Plankostenrechnung zu Vollkosten trifft das immerhin in 45% der Fälle zu. Intensiv wird Grenzplankostenrechnung nur in 17% der Unternehmen eingesetzt. Die durchschnittliche Anwendungsintensität von 2,6 und 3,2 läßt ein Defizit in der analytischen Kostenplanung erkennen und zeigt den reaktiven, vergangenheitsbezogenen Charakter vorhandener Kostenrechnungen.

Von noch geringerer Bedeutung sind **moderne Kostenrechnungsansätze**, wie Prozeßkostenrechnung oder Instrumente zur Senkung der Gemeinkosten. Instrumente wie Zero-Base-Budgeting (2,0), Overhead-Value-Analysis (2,3) und Prozeßkostenrechnung (1,2) spielen in der Controllingpraxis eine vernachlässigbare Rolle, wobei letztere das Schlußlicht im Instrumentenkatalog des Controlling bildet. Betrachtet man die Novität des Instruments, überrascht es, daß 9% der Unternehmen angeben, Prozeßkostenrechnung anzuwenden. Strategische Ansätze der Kostenrechnung wie Target Costing oder Life-Cycle-Accounting haben bisher eher in der einschlägigen Fachliteratur als in der betrieblichen Praxis Eingang gefunden – überraschend daher die Werte der durchschnittlichen Anwendungsintensität von 1,9 und 1,5. Es scheint, daß die befragten Personen in diesem Fall weniger die Anwendung des Instruments als die Geläufigkeit der Begriffe beurteilten.

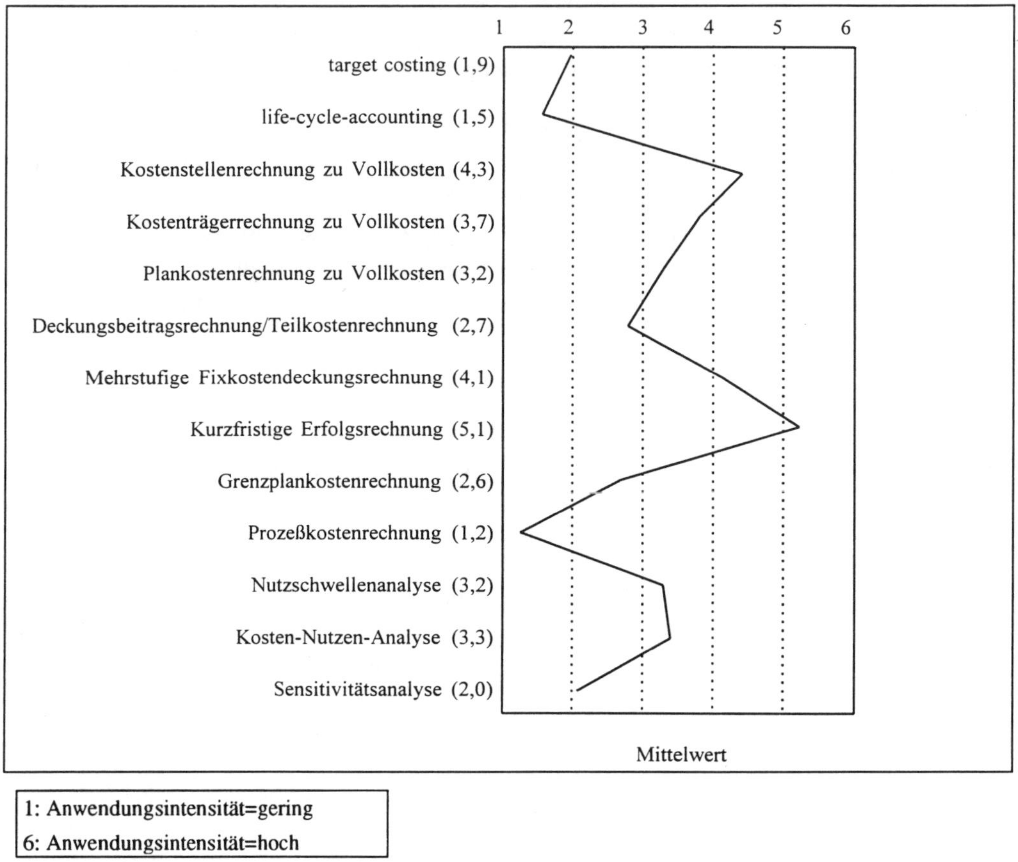

Abb. 4.11: Anwendung von Instrumenten der Kosten- und Leistungsrechnung

EDV-Unterstützung im Controlling

Der Großteil der befragten Unternehmen nimmt Controllingaufgaben EDV-gestützt wahr. In diesem Bereich wurde der Einsatz von PC-Software als entwicklungsstandbestimmendes Merkmal untersucht. Es zeigt sich, daß die Systembausteine 'Operatives Planungssystem und Budgetierung' und 'Berichtswesen' bereits zu 70% beziehungsweise zu 80% mit entsprechenden PC-Softwarepaketen ausgestattet sind.

Mit der Entwicklung von Methodenbanken, Modellbanken und Expertensystemen eröffnen sich für die Erfüllung der Controllingaufgaben neue Möglichkeiten, die in der Praxis aber kaum genutzt werden, was die Auswertungsergebnisse von Amshoff bestätigen (siehe Abb 4.12).

Klassische Hilfsmittel wie Planungssprachen und Tabellenkalkulationssysteme sowie Datenbanken werden bereits intensiv eingesetzt. Das könnte darauf zurückzuführen sein, daß Tabellenkalkulationssysteme und Datenbanksysteme als fertige Produkte erworben werden können und isoliert als dezentrale Lösungen einsetzbar sind, während Methodenbanken sich unter anderem dadurch auszeichen, daß sie einzelne Modelle und Instrumente zu einem integrativen Konzept zusammenfassen. Ihr Einsatz ist meist nicht ohne aufwendige Entwicklungsprozesse möglich.

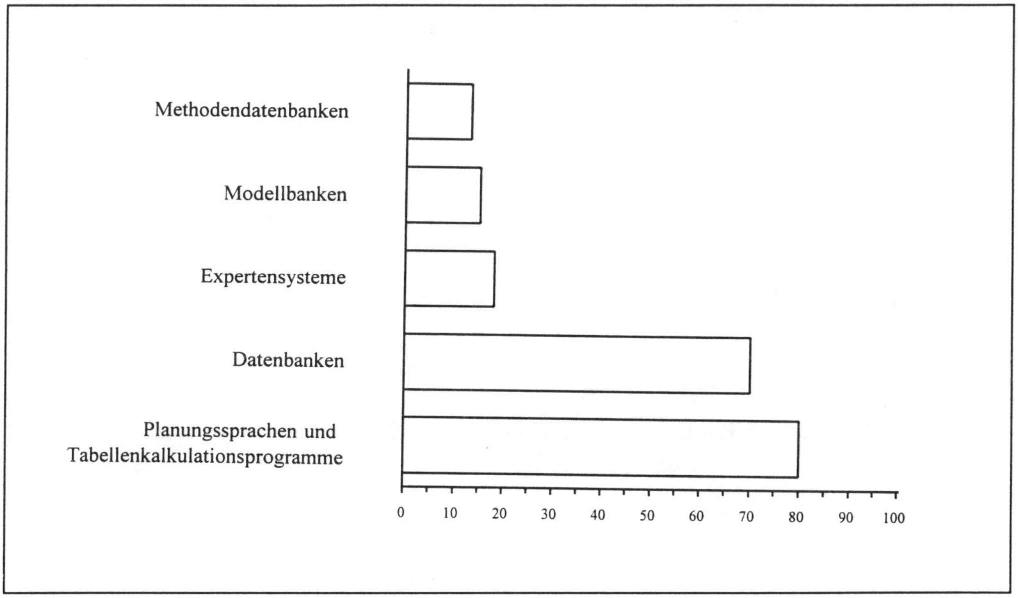

Abb. 4.12: Einsatzintensität von EDV-Hilfsmitteln (vgl. Amshoff [Controlling], S. 327)

Berichtswesen

86% der befragten Unternehmen verfügen über ein standardisiertes Berichtswesen, das vorrangig Standard- und Abweichungsberichte erstellt. Eine deutlich geringere Einsatzintensität haben Abfragesysteme mit standardisierten Abfragen, Ausnahme- und Bedarfsberichte, Abfragesysteme mit freier Abfrage und Dialogsysteme. Die Formalisierung des Berichtswesens ist noch nicht gänzlich ausgereift. Nur rund 55% der Unternehmen, die auch über ein Berichtswesen verfügen, arbeiten über dokumentierte Berichtsrichtlinien.

Einzelne Berichtselemente haben in der Unternehmenspraxis unterschiedliche Bedeutung:

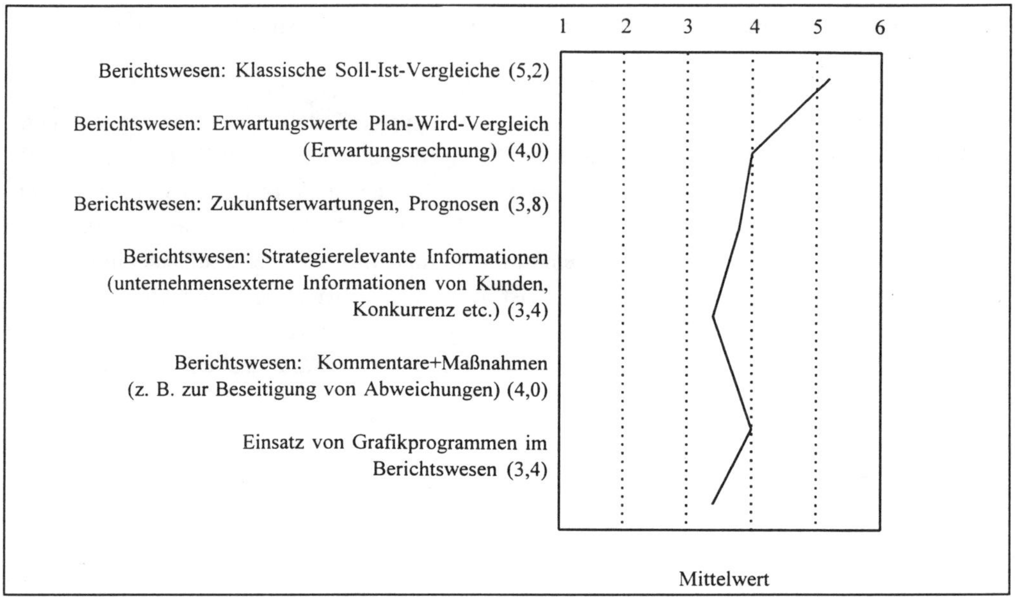

1: Bedeutung = gering
6: Bedeutung = hoch

Abb. 4.13: Berichtsinhalte

Soll-Ist-Vergleiche, Erwartungswerte, Kommentare beziehungsweise Maßnahmenvorschläge sind die wichtigsten Elemente des Berichtswesens der befragten Unternehmen. Strategierelevanten Informationen als Fixbestandteil wird in der Regel eine geringere Bedeutung beigemessen.

Als Indikator für die Aktualität des Berichtswesens wurden jene Zeiträume nach dem Ende einer Rechnungsperiode erfragt, innerhalb derer die schriftlichen Berichte (wie Quartalsberichte) vorliegen. Im allgemeinen handelt es sich in den befragten Unternehmen um einen Zeitraum zwischen einer Woche und einem Monat. Der Großteil der Unternehmen wartet einen Monat auf Berichte des Controlling. Die Aktualität des Berichtswesens kann vor diesem Hintergrund als verbesserungsfähig eingestuft werden.

Der Verbreitungsgrad des Standard-Berichtswesens mag hoch erscheinen, doch zeigen die Qualität der vorgefundenen Berichtssysteme und die Ergebnisse zu den Berichtsmethoden, daß noch erheblicher Entwicklungsbedarf besteht.

Informationsversorgung für die Strategie-Planung

Die Anwendung strategischer Planungsinstrumente setzt entsprechende Umfeldinformationen voraus. Erst damit können schwache Signale geortet, Trends richtig eingeschätzt und Erfolgspotentiale analysiert werden. Bevor sich das Controlling der Koordination der Strategie-Planung widmen kann, setzt es die Beschaffung externer und interner Informationen und deren Aufbereitung in Gang. Erster Schritt für die Kontinuität in der Informationsversorgung ist eine formalisierte und systematische Vorgangsweise.

Der Großteil der Unternehmen (58%) hat kein festes System der Umfeldanalyse aufgebaut, sondern beschafft strategisch relevante Informationen unsystematisch und anlaßgetrieben. Am häufigsten werden auf diese Weise Umfeldanalysen im Bereich der 'aktuellen Kunden' und 'potentiellen Kunden' durchgeführt. 'Wettbewerbsanalysen' gibt es in 72% der befragten Unternehmen. Die überraschend hohen Anwendungszahlen können nicht darüber hinwegtäuschen, daß es sich großteils um unkoordinierte und informelle Informationsverarbeitung handelt.

Fraglich ist, ob diese Informationen an entsprechender Stelle gebündelt und selektiert werden und in den strategischen Planungsprozeß Eingang finden. Die geringen Anstrengungen, die strategische Informationsbeschaffung zu systematisieren, spiegeln sich auch im Einsatz dafür geeigneter Instrumente (z. B. Szenariotechnik) wider. Vor diesem Hintergrund ist anzunehmen, daß das hohe Ausmaß der externen Orientierung eher Impulse für das laufende Geschäft als für eine systematische Strategie-Planung liefern kann. Der Entwicklungsstand sollte in diesem Bereich daher nicht überschätzt werden.

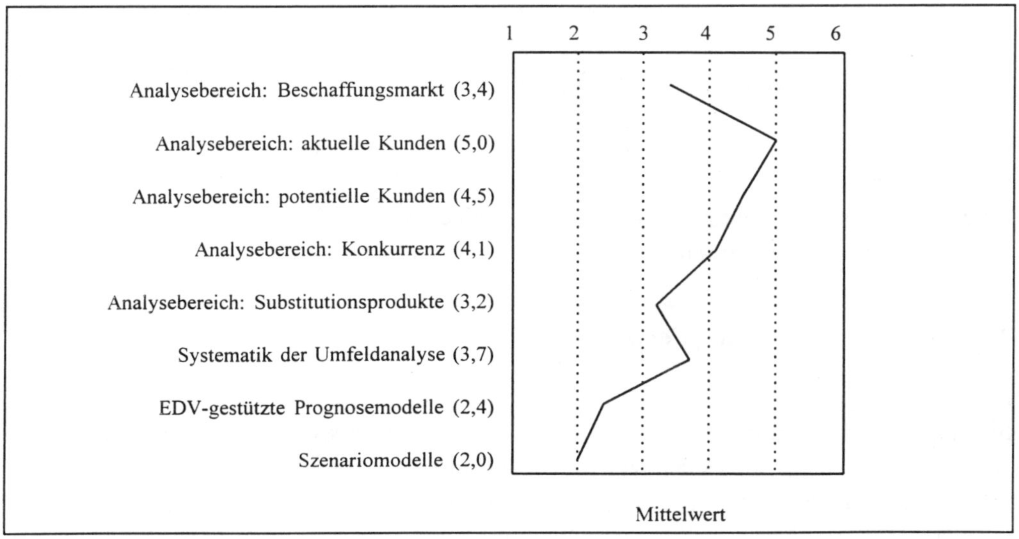

1: Bedeutung = gering
6: Bedeutung = hoch

Abb. 4.14: Anwendung strategischer Informationsinstrumente

4.6 Entwicklungsstand-Typen des Controlling

Eine Clusteranalyse ermöglicht eine vernetzte Darstellung der vier Entwicklungsstand-Dimensionen des Controlling: Organisation, Funktionsbreite, Funktionstiefe und Systembausteine/Instrumente des Controlling. Erst vor dem Hintergrund eines Gesamtbilds können Aussagen über das empirische Phänomen 'Entwicklungsstand' des Controlling getroffen werden. Instrument für die Typenbildung ist die Clusteranalyse, da weder Anzahl noch Art der Gruppen im vorhinein bekannt sind. Zur Errechnung der Ähnlichkeit wird die Ward-Methode verwendet (vgl. Steinhausen; Langer [Clusteranalyse], S. 12). Damit konnten – abhängig von den Ausprägungen der einzelnen Entwicklungsstandsmerkmale – drei globale Typen identifiziert werden.

Typ I: Integriertes Controlling/Controlling-Pioniere

26% der befragten Unternehmen haben Controllingsysteme installiert, die den 'State of the Art'-Überlegungen in weiten Bereichen entsprechen und deshalb als hoch entwickelt gekennzeichnet werden können. Die Bezeichnung 'Integriertes Controlling' trägt den hohen Ausprägungsformen des strategischen und operativen Controlling Rechnung. Die Controllingsysteme zeigen in allen vier Dimensionen des Entwicklungsstands überdurchschnittliche Ausprägungen. Beachtlich ist auch der überdurchschnittliche formelle und informelle Einfluß des Controlling.

Typ III: Gering entwickeltes Controlling

Der hoch entwickelten Gruppe (26%) stehen 38% gering entwickelte Controllingsysteme gegenüber. Typ III teilt sich in Controllingansätze des Typs IIIa und des Typs IIIb. Beide Typen lassen sich durch eine geringe Funktionsbreite, einen starken Rechnungswesen-Bezug und einen geringen Ausbaugrad sämtlicher Systembausteine beschreiben.

Typ IIIa: Unterentwickeltes Controlling

Die Controllingansätze des Typs IIIa (10% der Fälle) haben großteils funktionalen Charakter: Sie sind nicht institutionalisiert. Auf rudimentäre unsystematische Weise werden Elemente der Strategie-Planung berücksichtigt. Die Unternehmen dieser Gruppe geben vor, systematische strategische Planung zu betreiben. Bei näherer Betrachtung zeigt sich jedoch, daß sämtliche Elemente des Strategischen Controlling unterentwickelt sind. Ebenso ist das operative Controlling in sämtlichen Entwicklungsstand-Dimensionen unterentwickelt.

Typ IIIb: Rechnungswesenorientiertes Controlling

Bei den restlichen 28% handelt es sich um Controllingsysteme, deren strategischer und operativer Entwicklungsstand im Vergleich zu den Typen I und II deutlich geringer ist. Im Unterschied zu Typ IIIa verfügt dieser Typ über eine entwicklungsfähige Controllingbasis, die sich in rudimentär realisierten operativen Systembausteinen und in einem höheren Anteil an Controllingstellen äußert. Die Frage nach der Existenz einer Strategie-Planung wird von den Unternehmen eindeutig verneint. Es liegt deshalb kein Gegenstand für ein strategisches Controlling vor. Die Controllingansätze sind inhaltlich stark an das Finanz- und Rechnungswesen gebunden.

Typ II: Operativ entwickeltes Controlling

Zwischen den genannten Extremgruppen liegt ein Typ, der 36% der Controllingsysteme umfaßt. Controllingsysteme des Typs II arbeiten im Unterschied zum Typ I nur auf der operativen Führungsebene. Dabei sind die operativen Systembestandteile annähernd so ausgereift wie in Typ I und überwiegend institutionalisiert. Dieser Typ wird in weiterer Folge als 'Operativ entwickeltes Controlling' bezeichnet und beschreibt die klassische Form des institutionalisierten operativen Controlling, das in den Unternehmen auf breiter Front Fuß faßt, aber sein gesamtes Entwicklungspotential noch nicht ausschöpfen konnte.

Abbildung 4.15 gibt einen Überblick über die Ausprägungen der einzelnen Entwicklungsstand-Dimensionen in den verschiedenen Controllingtypen.

Es stellt sich nun die Frage nach Entwicklungsstufen und Entwicklungsrichtungen des Controlling. Möchte man eine generelle Entwicklungsrichtung identifizieren, wäre eine Längsschnittuntersuchung durchzuführen. Solche Untersuchungen beobachten ein Untersuchungsobjekt im Zeitablauf und erlauben dadurch die Beschäftigung mit dynamischen Untersuchungsmodellen. Die empirische Controllingforschung kann bisher nur auf Querschnittuntersuchungen verweisen. Man kann aber annehmen, daß die empirisch herausgearbeiteten Controllingtypen den Charakter von genetischen Entwicklungsstufen haben. Das Entwicklungsgefälle von einer Entwicklungsstufe zur anderen zeigt den Entwicklungsbedarf und kann als Anhaltspunkt für die Ableitung von Handlungsempfehlungen gesehen werden.

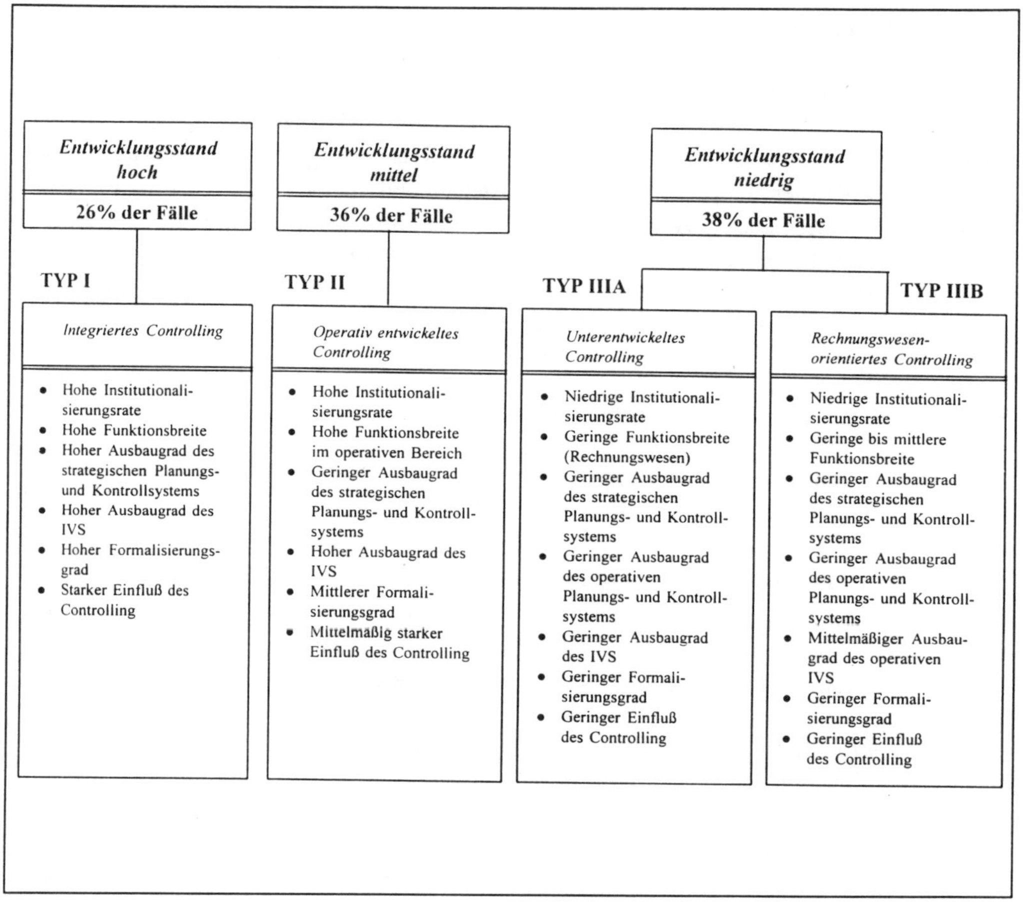

Abb. 4.15: Entwicklungsstand-Typen des Controlling (vgl. Niedermayr [System], S. 217)

Die Bildung von Controllingtypen liefert auch Aussagen über die Zweckmäßigkeit von Entwicklungswegen. Aus entwicklungslogischer Sicht erscheint die Realisierung eines Pfads am wahrscheinlichsten, der die Stufen 'Rechnungswesenorientiertes Controlling', 'Operativ entwickeltes Controlling' und 'Integriertes Controlling' beschreibt, was durch folgende Ergebnisse bestätigt wird: Die drei ermittelten Entwicklungsstand-Typen des Controlling arbeiten mit unterschiedlicher Effizienz. Die Effizienz des Typs 'Rechnungswesenorientiertes Controlling' hat nur ein bescheidenes Ausmaß, während beim Typ 'Operativ entwickeltes Controlling' eine deutliche Effizienzsteigerung zu beobachten ist. Die höchste Effizienz weisen Controllingsysteme des Typs 'Integriertes Controlling' auf. Betrachtet man die funktionale Effizienz als das maßgebliche Kriterium für Controllingentwicklung, steht fest, daß die wünschenswerte Entwicklung von einem gering entwickelten 'Rechnungswesenorientierten Controlling' über ein 'Operativ entwickeltes Controlling' zu einem 'Integrierten Controlling' verlaufen muß.

Controlling muß sich aber nicht in jedem Fall in Richtung eines hoch entwickelten, integrierten Systems bewegen. Dieser Entwicklungsweg ist nur die plausibelste, aus Struktur- und Umfeldveränderungen induzierte Entwicklungsrichtung. Der Übergang von einer Entwicklungsstufe zur anderen hängt mit einer Veränderung von Umfeld und Struktur zusammen, was auch für die empirischen Entwicklungsstand-Typen nachgewiesen werden konnte.

4.7 Kontext und Effizienz des Controlling

4.7.1 Kontext des Controlling

Controlling unterliegt in der Unternehmenspraxis situationsspezifischen Einflüssen und muß daher im Zusammenhang mit dem Unternehmen und mit seinem Umfeld betrachtet werden, in dem es zur Anwendung kommt. Es gibt kein Controllingsystem, das für alle Unternehmen – unabhängig von deren Situation und Struktur – einsetzbar ist.

Die situative Sicht bedeutet, daß das Management bei der konkreten Ausgestaltung des Controlling Wahlmöglichkeiten hat, die von den gegebenen Bedingungen abhängig sind (z. B. Aufgabe, Technologie, Organisationsstruktur etc) (vgl. Welge [Unternehmungsführung], S. 53). Unter Berücksichtigung des situativen Ansatzes der Organisationslehre wird untersucht, welche Einflußgrößen für die Ausprägung und den Entwicklungsstand eines Controllingsystems von signifikanter Bedeutung sind (vgl. Kieser; Kubicek [Organisation], S. 45ff.).

Dazu werden aus dem Umfeld des Controlling Einflußfaktoren abgeleitet und operationalisiert. Durch den Einsatz statistischer Hypothesentests gelingt es, signifikante Einflußfaktoren des Controlling von nicht-signifikanten zu trennen (in Klammer sind die Signifikanzniveaus der jeweiligen Tests angeführt, n. s. steht für 'nicht-signifikant):

I. FAKTOREN DES FÜHRUNGSSYSTEMS

Controllinggerechte Führung

- Führungsstil (1%)
- Ergebnisverantwortung (1%)
- Ziel-Überwachungsintensität (1%)

II. ALLGEMEINE UNTERNEHMENSINTERNE FAKTOREN

Unternehmensgröße

- Unternehmensgröße/Mitarbeiterzahl (5%)
- Unternehmensgröße/Umsatz (5%)
- Rechtsform (10%)

Unternehmensorganisation

- Spartenorganisation (5%)
- Matrixorganisation (n. s.)

Professionalisierung des Managements

- Führungsstruktur/Managerführung (1%)

Stadium im Lebenszyklus eines Unternehmens (n. s.)

Unternehmenswachstum der vergangenen drei Jahre (n. s.)

III. UNTERNEHMENSEXTERNE FAKTOREN

Umfelddynamik

- Technologischer Fortschritt der Branche (5%)
- Erwartete Änderung der Technologie der Leistungserstellung (5%)
- Marktdynamik (Veränderung der Kundenbedürfnisse) (5%)
- Geplantes Unternehmenswachstum (5%)

Umfeldkomplexität

- Konkurrenzintensität (1%)
- Diversifikationsgrad (n. s.)

Abhängigkeit von Kunden (n. s.)

Branchenzugehörigkeit (n. s.)

(Vertikale) Abhängigkeit

- Konzernzugehörigkeit (1%)
- Ausländische Tochtergesellschaft (5%)
- Inländische Tochtergesellschaft (10%)

Abb. 4.16: Untersuchte Kontextfaktoren des Controlling

Erst die Vernetzung der Einflußfaktoren liefert ein Gesamtbild, das sinnvolle Aussagen über die Auswirkungen auf das Controlling zuläßt. Mit der Clusteranalyse ist es möglich, vier Umfeldtypen herauszuarbeiten.

Umfeldtyp I: Herausforderndes Controllingumfeld

Ein herausforderndes Umfeld, das die Entwicklung des Controlling besonders stark vorantreibt, kann durch folgende Merkmale charakterisiert werden: Konzernabhängigkeit mit vorwiegend international tätiger Mutter, Manager statt Eigentümer/Inhaber als oberste Führungskräfte, Anwendung controllinggerechter Führungsprinzipien (kooperativer Führungsstil und zielorientierte Führung), überdurchschnittlich ausgeprägte Innovationsfähigkeit (hoher Umsatzanteil an Produkten, die weniger als fünf Jahre auf dem Markt sind) auf der einen Seite und durch hohe Dynamik des Umfelds und intensiven Wettbewerb auf der anderen Seite. 33% der untersuchten Unternehmen stellen ein herausforderndes Controllingumfeld dar. In dieser Gruppe sind international tätige Großunternehmen überdurchschnittlich häufig angesiedelt. Die restlichen 67% der Unternehmen stehen in einem Umfeld, in dem sich das Controlling nur in vergleichsweise weniger hoch entwickelten Formen etablieren konnte.

Umfeldtyp II: Geschütztes Controllingumfeld

Das geschützte Controllingumfeld kann folgendermaßen charakterisiert werden: Auch hier handelt es sich um konzerngebundene Großunternehmen (24%). Im Gegensatz zu Typ I bewegen sich diese Unternehmen aber in einem statischen Umfeld, das geringen Änderungseinflüssen ausgesetzt ist (geringer technologischer Wandel, geringe Marktdynamik). Die Konkurrenzintensivität ist deutlich geringer ausgeprägt als in Typ I, die betroffenen Unternehmen weisen möglicherweise als Konsequenz nur bescheidene Ansätze eines straffen Führungssystems auf (tendenziell autoritärer Führungsstil, geringe Bereitschaft zur Zielplanung etc.). Unternehmen dieses Typs sind großteils Töchter national tätiger Konzerne, während Unternehmen des Typs I Töchter ausländischer Muttergesellschaften sind. International tätige Konzerne schaffen offensichtlich ein für Controlling günstigeres Klima.

Umfeldtyp III: Dynamisch mittelständisches Controllingumfeld

Das dynamisch mittelständische Controllingumfeld findet sich in mittelständisch strukturierten Unternehmen und kann durch folgende Merkmale beschrieben werden: Es handelt sich fast ausschließlich um Unternehmen, die vom jeweiligen Inhaber geführt werden, in einen Beteiligungsverbund als Mutter- oder Tochtergesellschaft eingebettet sind und mit ausgeprägter Innovationsfähigkeit am Markt auftreten. Das Umfeld, in dem sich die Unternehmen bewegen, ist hoch dynamisch, es herrscht rasanter technologischer Wandel, dem allerdings im Großteil der Unternehmen ein nicht unbedingt controllinggerechtes Führungsverständnis gegenübersteht (patriarchalischer Führungsstil etc.). Die Unternehmen sehen sich hoher Konkurrenzintensität gegenüber. Dieser Kategorie gehören 25% der befragten Unternehmen an.

Umfeldtyp IV: Konzernfreies mittelständisches Controllingumfeld

Umfeldtyp IV (18%) rekrutiert sich wie Typ III aus mittelständischen Unternehmen. Diese Unternehmen weisen keinerlei Konzernverflechtungen auf und konnten in den letzten Jahren ein überdurchschnittlich hohes Umsatzwachstum verzeichnen. Das wirtschaftliche Umfeld der Unternehmen zeichnet sich durch hohe Konkurrenzintensität aus.

Die Ausführungen deuten darauf hin, daß ein Zusammenhang zwischen dem Entwicklungsstand und dem Umfeld des Controlling vorliegt. Im Rahmen einer hypothesengeleiteten Kontextanalyse werden die Zusammenhänge näher betrachtet. Im ersten Schritt bestätigt sich der statistisch relevante Zusammenhang zwischen den Umfeldtypen und den Entwicklungsstand-Typen. Jeder Entwicklungsstand-Typ weist ein spezifisches Controllingumfeld in Gestalt einer spezifischen Kontextfaktoren-Kombination auf:

- Controlling-Pioniere sind meist im Umfeldtyp I (herausfordendes Umfeld) zu finden.
- Unternehmen des Umfeldtyps II rangieren mit deutlichem Abstand an zweiter Stelle. Nur rund ein Viertel dieser Unternehmen ist zu den Controlling-Pionieren zu zählen.
- Dynamisch mittelständische Unternehmen des Umfeldtyps III zeigen intensivere Bemühungen im Controlling als vergleichbare konzernfreie Unternehmen. Letztere bilden mit hohem Nachholbedarf das Schlußlicht in der Entwicklung des Controlling.

Beim Übergang vom rechnungswesenorientierten zum operativ entwickelten Controlling-Typ ist die Unternehmensgröße nicht – wie erwartet – der ausschlaggebende Einflußfaktor. Die Etablierung eines operativ hoch entwickelten Controllingsystems wird von verstärkter Umfelddynamik und Umfeldkomplexität getrieben, hängt aber auch vom Wandel der Führungskultur eines Unternehmens ab. Der Einfluß der Unternehmensgröße wird beim Übergang vom operativ entwickelten zum integrierten Controlling-Typ stärker bemerkbar. Hier sind neben der Unternehmensgröße auch die steigenden Anforderungen an das Controlling zu erkennen, die von der Einbindung in einen internationalen Konzern ausgehen. Die vorher genannten Faktoren wie Umfelddynamik, Umfeldkomplexität und controllinggerechte Führung begünstigen auch hier einen hohen Entwicklungsstand des Controlling.

Abbildung 4.17 gibt einen Überblick über statistisch signifikante Detailzusammenhänge zwischen einzelnen Einflußfaktoren und Entwicklungsstand-Faktoren des Controlling.

Signifikante Zusammenhänge zwischen den Kontextfaktoren und den Entwicklungsstandfaktoren

Entwicklungsstandvariable \ Kontextvariable	Unternehmensgröße	Organisationsstruktur	Unternehmenswachstum	Zielwachstum	Branchenzugehörigkeit	Umfelddynamik	Konkurrenzintensität	Konzernabhängigkeit	Internationalität	Controllinggerechte Führung	Führungsstruktur
Existenz einer formalisierten Strategie-Planung	○	○		○				●	○	●	●
Tiefe der Strategie-Planung		●				○		○		●	●
Umsetzungsintensität von Strategien		○				○		●		●	●
Anwendungsintensität strategischer Planungsinstrumente	○	○		●		○		●	○	●	●
Strategische Kontrollintensität	●	○				●		●		●	●
Anwendungsintensität operativer Planungsinstrumente	●					●		●		●	●
Integration der Kurzfristplanung	○					●		●	●	●	●
Operative Kontrollintensität						○				●	●
Qualität der Kostenrechnung (TKR)	●							○		●	
Qualität der Kostenrechnung (moderne Ansätze der Kostenrechnung)						●				●	
Qualität des Berichtswesens	●			●		●	○	●	●	●	●
Externe Orientierung des Controlling				○		●	●	●	○	●	●
Qualität der EDV-Unterstützung	●					●		○		●	●
Formalisierungsgrad des Controlling	○							●	●	●	●
Funktion: Operative Koordination und Information	●			●		●		●	●	○	●
Funktion: Steuerung/Regelung							○			○	
Funktion: Strategische Koordination und Information						○	○	○		●	
Funktion: Systementwicklung	●			○						○	
Wahrnehmung sekundärer Aufgaben	●										
Funktion: Rechnungswesen						●					○
Einfluß des Controlling						●		○		●	
Existenz einer Controllingabteilung	●	●						●	○	●	○
Globales Merkmal "Entwicklungsstand"	○	○				○	●	●		●	●

● Signifikant am 1%-Niveau ○ Signifikant am 5%-Niveau

Abb. 4.17: Zusammenhang zwischen den Faktoren des Entwicklungsstands und den Faktoren des Umfelds

4.7.2 Effizienz des Controlling

Der dritte Beschreibungsfaktor der Controllingrealität ist die Effizienz. Im Mittelpunkt des Interesses steht die Frage, ob ein nachweisbarer Zusammenhang zwischen dem Entwicklungsstand und der Effizienz des Controlling besteht. Es ist zu untersuchen, ob die Effizienz des Controlling höher ist, je vollständiger, je stärker, je formeller etc. ein Controllingsystem ausgeprägt ist (Effizienzhypothese).

Controllingeffizienz wird als das Ausmaß verstanden, in dem ein Controllingsystem zur Erfüllung der Controllingziele beiträgt. Die einzelnen Effizienzindikatoren können inhaltlich aus den Controllingzielen abgeleitet werden (funktionale Effizienz). Zur Beurteilung der Effizienz werden sieben ordinal skalierte Variablen eingesetzt. Dabei handelt es sich lediglich um eine grobe Betrachtung der Controllingeffizienz; eine Detailanalyse nimmt hingegen Amshoff vor (vgl. Amshoff [Controlling], S. 445ff.).

Die nachfolgenden Ergebnisse der Effizienzanalyse deuten darauf hin, daß die Effizienz des Controlling in der Gesamtstichprobe nur mittelmäßig ausgeprägt ist. Controlling konnte in den befragten Unternehmen offensichtlich seine volle Wirksamkeit bisher nicht entfalten.

1. Zufriedenheit mit dem Controlling (3,5)
Werden die Leistungsempfänger des Controlling/ Linienmanager durch die Leistungen des Controlling im Planungs- und Kontrollprozeß administrativ entlastet?

2. Termintreue/Durchsetzung des Controlling (4,1)
Werden die festgesetzten Planungstermine von den Linienmanagern eingehalten?

3. Existenz von Bereichsdenken (4,1)
Entsprechen die Ziele und die Grundsätze der Geschäftsleitung jederzeit den Zielen einzelner Unternehmens- oder Geschäftsbereiche?

4. Rechtzeitigkeit der Informationen (3,8)
Liegen die für Entscheidungen erforderlichen Informationen in der gewünschten Form immer rechtzeitig vor? Werden unerwünschte Entwicklungen vom Controlling frühzeitig erkannt?

5. Relevanz der Informationen (4,2)
Halten Sie die Informationen und Berichte, die Controlling üblicherweise liefert, für vollständig und relevant?

6. Relevanz der Kommentare und Maßnahmen (3,7)
Sind die vom Controlling vorgelegten Korrekturmaßnahmen und Korrekturkonzepte geeignet, eingetretene Abweichungen zu beseitigen oder in Zukunft zu vermeiden?

7. Ausmaß an Konflikten (4,0)
Wie beurteilen Sie das Ausmaß an Konflikten, das durch die Anwendung des Controlling bei Führungskräften und Mitarbeitern entsteht?

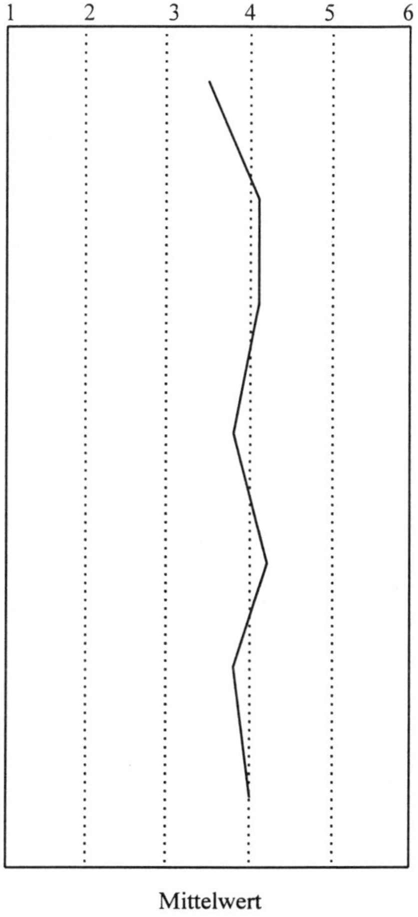

1: nein, überhaupt nicht
6: ja, vollständig

Abb. 4.18: Controllingeffizienz –Ausprägungen der Effizienzmerkmale

Im Hinblick auf die Steigerung der Wirksamkeit des Controlling besteht Handlungsbedarf. Daher ist der Zusammenhang zwischen dem Entwicklungsstand und der Effizienz des Controlling näher zu untersuchen. Die Ergebnisse eines mehrstufigen Hypothesentests sind hier überblicksweise dargestellt (vgl. Niedermayr [System], S. 290ff.).

Mit Hilfe der Clusteranalyse gelingt es, zwei grundsätzliche Effizienztypen des Controlling herauszuarbeiten. In einem ersten Schritt werden den Entwicklungsstand-Typen des Controlling die Effizienz-Typen gegenübergestellt. Bei einem Signifikanzniveau von 1% kann ein starker Zusammenhang zwischem dem Entwicklungsstand und der Effizienz des Controlling beobachtet werden. Die unterschiedlichen Entwicklungsniveaus schlagen sich eindeutig in der Effizienz des Controlling nieder.

- 77% der Controlling-Pioniere können der Gruppe der effizienten Controllingsysteme zugeordnet werden.
- Bei Controllingsystemen mit geringem Entwicklungsstand verhält es sich genau umgekehrt: 85% der Controllingsysteme aus Entwicklungsstand-Typ IIIa beziehungsweise 77% aus Typ IIIb sind der Gruppe mit geringer Effizienz des Controlling zuzuweisen.
- Man kann eine Rangreihe der Effizienz der Entwicklungsstand-Typen erkennen, die auch der Rangreihe des Entwicklungsstands entspricht (Typ I > Typ II > Typ IIIb > Typ IIIa): Kontinuierliche Entwicklungsarbeit im Controlling zeigt Erfolg. Die eingangs formulierte Effizienzhypothese kann damit – wie bei Amshoff – auf globalem Niveau bestätigt werden.

In weiteren Schritten der Effizienzanalyse werden statistisch signifikante Detailzusammenhänge zwischen einzelnen Entwicklungsstand-Dimensionen und der Effizienz des Controlling identifiziert. Als statistisches Instrumentarium kommen beispielsweise der parametrische t-Test, die einfache und die stufenweise Diskriminanzanalyse, die univariate, multiple Varianzanalyse und eine Reihe nichtparametrischer Tests zum Einsatz. Folgende Entwicklungsstand-Faktoren üben maßgeblichen Einfluß auf die Effizienz des Controlling aus (die Ergebnisse sind einer Checkliste zur effizienten Gestaltung des Controlling entnommen: vgl. Niedermayr [System], S. 323):

Vorhandensein einer controllinggerechten Führung
Kooperativer Führungsstil, Vorhandensein einer planungs- und kontrollbasierten Führung mit gelebter Ergebnisverantwortung und konsequenter Überwachung und Sanktionierung der Zielerreichung
Einfluß/Funktionstiefe des Controlling
Formeller und informeller Einfluß im Führungsprozeß
Funktionsbreite des Controlling
Intensive Wahrnehmung sämtlicher Controllingfunktionen, insbesondere strategischer Koordinations- und Informationsaufgaben und Aufgaben im Rahmen der Integrationsfunktion
Organisatorische Eigenständigkeit des Controlling
Vorhandensein einer Controllingstelle, Vereinbarung von Leistungs- und Kostenzielen im Controlling (Controlling-Leitbild), Sicherung des hierarchischen Potentials des leitenden Controllers
Ausbaugrad des strategischen Planungs- und Kontrollsystems
Erstellung eines Unternehmensleitbilds, Vorhandensein einer formalisierten, institutionalisierten Strategie-Planung, durchgängige Strategie-Planung in allen Unternehmensbereichen, intensive Anwendung strategischer Planungsinstrumente, Durchführung strategischer Kontrollen, intensive Umsetzung der Strategie-Planung
Ausbaugrad des operativen Planungs- und Kontrollsystems
Integration der kurz- und mittelfristigen Unternehmensplanung und Budgetierung, intensive Anwendung operativer Planungsinstrumente, Durchführung der Budgetierung im Gegenstromverfahren, Durchführung von maßnahmenorientierten Erwartungsrechnungen
Ausbaugrad des Informationsversorgungssystems
Qualität des Berichtswesens, externe Orientierung des Controlling
Formalisierung des Controlling
Dokumentation der Strategie-Planung, Institutionalisierung des strategischen Soll-Ist-Vergleichs, Systematisierung der strategischen Informationsbeschaffung, Einsatz eines Controllinghandbuchs

Abb. 4.19: Controllingeffizienz – Einflußfaktoren

Zum Thema Gesamteffizienz untersucht die Studie von Günther die Auswirkung der Intensität des strategischen Controlling auf unterschiedliche Performance-Maße eines Unternehmens. Günther klassifiziert die Gesamtstichprobe in sechs unterschiedliche Planungstypen (Exzellente Planer bis Nicht-Planer) und vergleicht Performance-Maße wie Gewinn, Liquidität und Wachstum der einzelnen Typen.

Die Ergebnisse:

- Zwischen den Merkmalen Intensität des strategischen Controlling und der Cash-flow-Rendite besteht ein statistisch signifikanter Zusammenhang. Unternehmen mit 'gut entwickelten' strategischen Controllingsystemen schneiden besser ab als Unternehmen mit weniger ausgefeilten Systemen.
- 'Exzellente Planer', die über sehr ausgefeilte strategische Ansätze verfügen, schneiden statistisch schlechter ab als 'gute' Planer. Ein zu ausgefeiltes strategisches Controlling scheint

sich nicht bezahlt zu machen. Man kann annehmen, daß sich eine übertriebene Methodenverliebtheit zu Lasten der Aktionsorientiertheit des Controlling auswirkt.

- Das oft von seiten der Praxis geäußerte Argument, erfolgreiche Unternehmen verfügen deshalb über ein hoch entwickeltes strategisches Controlling, weil erst gute Ertragslage Investitionen in ein Planungs- und Kontrollsystem erlaubt, kann nicht bestätigt werden. Unternehmen mit guter Ertragslage sind sowohl in der Gruppe der Nicht-Planer als auch in der Gruppe der guten Planer anzutreffen.
- Der Schluß, Unternehmen mit unterdurchschnittlicher Performance verfügen über ein unzureichendes strategisches Controlling, ist ebenso zu verwerfen (vgl. Günther [Erfolg], S. 344).

4.8 Zusammenfassung

Die Ausführungen zeigen, daß in der Wirtschaftspraxis im Controlling noch erheblicher Entwicklungsbedarf besteht. Mehr als die Hälfte arbeitet mit einem mittelmäßig bis gering entwickelten Controlling, was sich auch in der Effizienz niederschlägt.

Es konnten vier Entwicklungsstand-Typen des Controlling nachgewiesen werden, die signifikant mit bestimmten Einflußfaktoren des Unternehmens und des Umfeldes in Zusammenhang stehen. Der Entwicklungsstand eines Controllingsystems wird nicht allein durch systeminterne Merkmale, wie z. B. Funktionsfähigkeit der Kosten- und Leistungsrechnung oder des Berichtswesens, sondern auch wesentlich durch das Management eines Unternehmens des Controlling geprägt. Nachweislich entscheidet nicht nur der Controlling betreibende Controller über den Erfolg des Controlling, sondern auch das Controlling betreibende Management.

Insgesamt ist der Entwicklungsstand signifikant vom jeweiligen Umfeld (Kontext) abhängig, in dem Controlling angesiedelt ist. Neben den Ergebnissen der Kontextanalyse sind auch die Ergebnisse der Effizienzanalyse von Bedeutung, die einen systematischen Zusammenhang zwischen Entwicklungsstand und Effizienz des Controlling deutlich macht.

Vergleicht man die Ergebnisse der vorliegenden Untersuchung mit den Ergebnissen weiterer Untersuchungen deutschsprachiger Autoren, ist keine spezifisch nationale Ausprägungsform eines 'österreichischen' Controlling festzustellen. Wie die Typenbildung offenlegt, gibt es neben Unternehmen, die an der Spitze der Entwicklung stehen, Unternehmen im controllerischen 'Embryonalzustand' und sämtliche Zwischenstufen. Der Entwicklungsstand des Controlling wird dabei wesentlich von den einzelnen Kontextfaktoren und ihrer Vernetzung bestimmt. Die Ausprägung und Verteilung einzelner Kontextfaktoren gestaltet sich in jeder Volkswirtschaft unterschiedlich, wobei Österreich über einen überdurchschnittlich hohen Anteil an Klein- und Mittelbetrieben verfügt. Die grundsätzliche Wirkung der Kontextfaktoren auf das Controlling ist jedoch überall gleich.

Teil II:

Aufgabenfelder und Instrumente

1 Die Aufgabenfelder im Überblick

Werner Hoffmann

Nachdem der erste Abschnitt den konzeptionellen Grundlagen des Controlling gewidmet war, werden im zweiten Abschnitt die einzelnen Aufgabenfelder des Controlling detailliert beschrieben und die jeweils wichtigsten Instrumente vorgestellt.

Information und Koordination des Führungssystems, die Führungsergänzung, wurden als zentrale Funktionen des Controlling herausgearbeitet. Controlling hat diese Informations- und Koordinationsfunktion auf allen Ebenen des betrieblichen Führungssystems wahrzunehmen. Grundsätzlich gibt es drei Ebenen der Unternehmensführung (vgl. Bleicher [Konzept], S. 72ff.):

- **Normative Unternehmensführung:** Das normative Management beschäftigt sich mit dem Selbstverständnis und mit den grundsätzlichen Werthaltungen des Unternehmens und legt die unternehmerischen Verhaltensgrundsätze gegenüber Mitarbeitern, Kunden, Lieferanten, Wettbewerbern, dem Staat etc. fest.
- **Strategische Unternehmensführung:** Im strategischen Management geht es um die Sicherung vorhandener und die Schaffung neuer Erfolgspotentiale. Dabei soll die Diskrepanz zwischen den aktuellen Fähigkeiten und der vorhandenen Ressourcenausstattung des Unternehmens einerseits und den künftigen Anforderungen des Wettbewerbs andererseits überwunden werden.
- **Operative Unternehmensführung:** Aufgabe des operativen Managements ist die bestmögliche Nutzung der vorhandenen Erfolgspotentiale, deren Umsetzung in Liquidität und Gewinn.

Beim Herausarbeiten der Controllingaufgabenfelder ist zwischen dem Routinegeschäft (den standardisierten Geschäftsprozessen) und den außerordentlichen Vorhaben und Aufgabenstellungen (Projekten und Investitionen) zu unterscheiden. Beide Bereiche berühren alle drei Dimensionen des Managements und werfen normative, strategische und operative Probleme auf.

Die Abbildung illustriert diesen Zusammenhang:

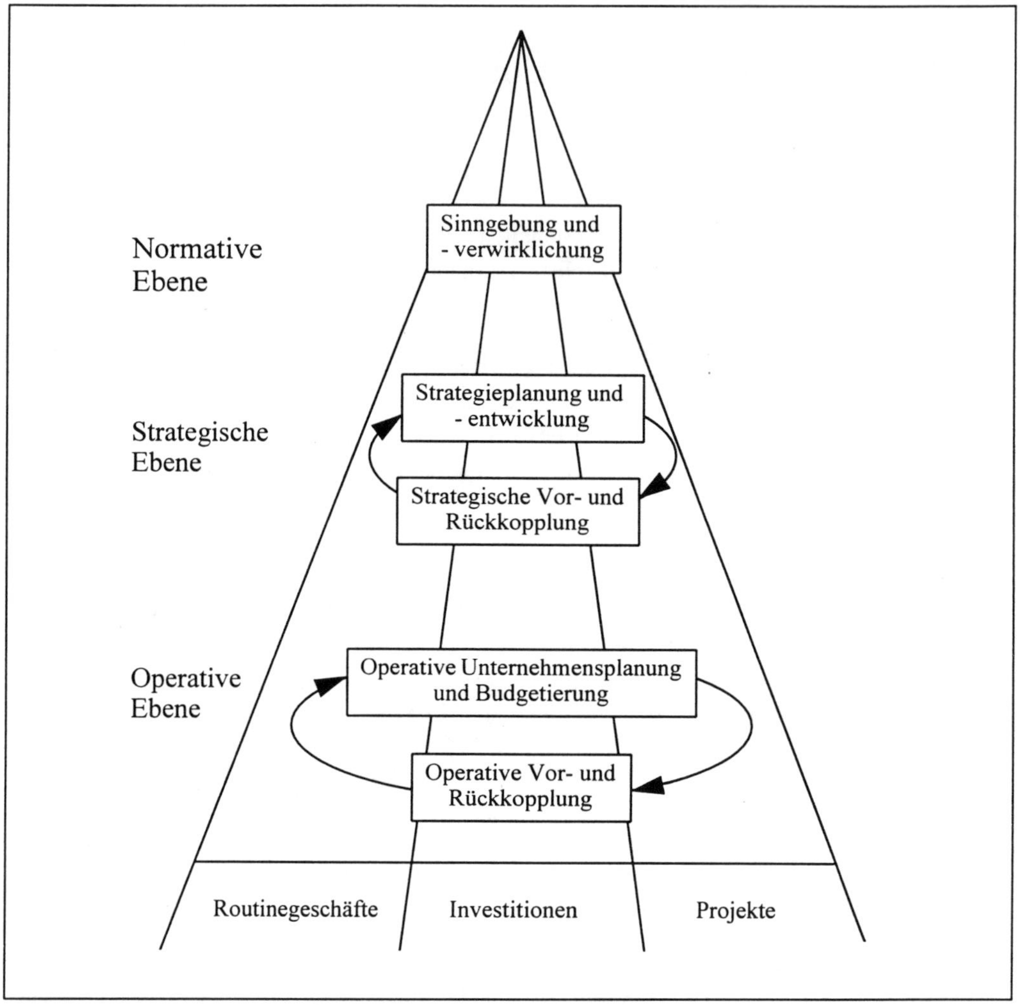

Abb. 1.1: Die Aufgabenfelder des Controlling im Führungssystem

Zur Ergänzung der Unternehmensführung hat das Controlling folgende Aufgabenfelder abzudecken:

- Sinngebung und Sinnverwirklichung
- Strategieplanung und Strategieentwicklung
- Strategische Vor- und Rückkopplung
- Investitionsplanung und Investitionssteuerung
- Projektplanung und Projektsteuerung
- Operative Unternehmensplanung und Budgetierung
- Operative Vor- und Rückkopplung (Erwartungsrechnung).

Diese sieben Aufgabenfelder des Controlling bilden den Bezugsrahmen für die Darstellung der Controllingprozesse und die eingesetzten Instrumente und Methoden. Über alle Bereiche des betrieblichen Führungssystems hinweg übernimmt Controlling die Aufgabe der Führungskräfteinformation, die somit als weiteres wichtiges Aufgabenfeld zu den oben genannten Dimensionen hinzutritt.

In den folgenden Kapiteln werden die Aufgabenstellungen für die identifizierten Aufgabenfelder des Controlling konkretisiert, der Ablauf sowie die Instrumente und Methoden zur Aufgabenerfüllung beschrieben sowie die Leistungsbeiträge und Verantwortlichkeiten des Controllers herausgearbeitet.

2 Entwicklung und Umsetzung sinngebender Unternehmensziele: Die Voraussetzung für ein motivierendes Controlling

Christof Müller, Peter Stahl

Ein Unternehmen ist nur dann lebensfähig, wenn die Aufgaben, die es erfüllt, "Sinn" machen. Seit Ulrich taucht in der betriebswirtschaftlichen Literatur die Forderung nach einer sinnstiftenden Unternehmenstätigkeit auf.

Im folgenden Kapitel werden qualitative Forderungen aufgestellt, und zwar immer vor dem Hintergrund, daß das Management danach trachtet, seiner Tätigkeit Sinn zuzuweisen – ein Management, das als ultimatives Ziel die nachhaltige Sicherung seiner "Lebensfähigkeit" zu verwirklichen versucht und sich nicht allein mit der Überlebensfähigkeit begnügt. Die Unterscheidung zwischen den beiden **Zieldimensionen "Lebensfähigkeit" – "Überlebensfähigkeit"** ist in der Ethik begründet. Im Gegensatz zur Überlebensfähigkeit hat der Begriff der Lebensfähigkeit auch qualitative Komponenten. In Analogie zur menschlichen Existenz kann diese Unterscheidung verdeutlicht werden: Der Mensch kann "überleben", indem er seine physiologischen Bedürfnisse befriedigt, "leben" bedeutet aber viel mehr.

Die folgenden Aussagen dienen der Entwicklung sinngebender Unternehmensziele. In diesen liegt eine intrinsische, also in ihnen selbst erwachsende Motivation für die Mitarbeiter. Damit wirken diese Ziele motivierend auf die Umsetzung von Controlling, wobei Controlling selbst das Management bei der Entwicklung derartiger Unternehmensziele ergänzen und unterstützen soll.

2.1 Aufgabenstellung

2.1.1 Die Verantwortung für die ethische Positionierung des Unternehmens

Normative Empfehlungen und Leistungen müssen ihre Begründung in der Ethik finden, hier im besonderen in der Wirtschaftsethik. Die begriffliche Unterscheidung zwischen Ethik und Moral ist dabei ebenso fein wie notwendig. Moral beschreibt "das, was ist" (was aufgrund von gesellschaftlichen Entwicklungen als richtig angesehen wird), während Ethik gängige Moralvorstellungen hinterfragt und versucht, das tatsächlich Richtige zu finden – "das, was sein soll". Diese Unterscheidung spielt in der Folge eine bedeutende Rolle, da die unternehmensindividuelle Ausprägung der Wirtschaftsethik mit dem Begriff der Unternehmensphilosophie beschrieben wird, hingegen Unternehmenskultur zunächst wertfrei ein real existierendes Phänomen im Unternehmen beschreibt. Jedes Unternehmen hat eine Unternehmenskultur, ob es will oder nicht, sie kann sowohl positiv als auch negativ sein. Eine Unternehmensphilosophie entsteht aus einem bewußten Akt des Managements und steht auf einer ethischen, also in jedem Fall positiven Basis.

Aufgabe des **normativen Managements** ist es, gemeinsam mit dem Controlling darauf hinzuwirken, daß die Inhalte von Unternehmenskultur und Unternehmensphilosophie einander möglichst entsprechen. Zentrales Instrument dafür ist das Leitbild. In der Literatur werden die Begriffe "Unternehmensphilosophie" und "Strategisches Leitbild" oft synonym gebraucht. In der Folge wird das Leitbild allerdings als Instrument der Entwicklung der Unternehmenskultur in Richtung Unternehmensphilosophie gesehen. Das Leitbild steht als Instrument zwischen Kultur und Philosophie und hilft, daß im Idealfall eine mit der Unternehmensphilosophie idente Unternehmenskultur besteht.

Ist der Idealfall der Identität von Unternehmensphilosophie und Unternehmenskultur gegeben, so soll das Leitbild dabei helfen, eine Auseinanderentwicklung möglichst zu verhindern. Die Unternehmensphilosophie ist "Geisteshaltung", nicht Instrument. Sie soll allen Handlungen des Unternehmens zugrunde liegen. Die Begriffsinhalte von Leitbild und Unternehmensphilosophie sind aber insofern ident, als die Philosophie im Leitbild ausformuliert wird. Darüber hinaus können im Leitbild noch Aussagen getroffen werden, wie diese Philosophie in der Realität umgesetzt werden kann, also zur Unternehmenskultur gemacht wird. Das Controlling hat dabei vor allem Prozeßverantwortung, indem es dafür Sorge zu tragen hat, daß ein Leitbild erstellt und auch umgesetzt wird.

Bei der Entwicklung sinngebender Unternehmensziele geht es primär um die Definition der Unternehmensphilosophie und deren Ausformulierung im strategischen Leitbild. Die Unternehmensphilosophie ist jedenfalls ein positiver Begriff und muß daher ihre Wurzeln in der Ethik finden, hier in ihrer besonderen Ausprägungsform der Wirtschaftsethik. (Wirtschaftsethik kann immer nur ein Teilbereich einer allgemein zu formulierenden Ethik sein und unterliegt daher denselben Objektivitätsansprüchen.) Die folgende ethische Verantwortung des Unternehmens und die folgenden ethischen Imperative können als Orientierungsmaßstab für die Definition einer Unternehmensphilosophie gelten.

Hier kommen die beiden wichtigsten Baugesetze der menschlichen Gesellschaft zum Tragen, nämlich das **Solidaritäts- und das Subsidiaritätsprinzip** (vgl. v. Nell-Breuning [Baugesetze], S. 11ff.). Menschliche Handlungen haben beiden Prinzipien zu entsprechen, denn Solidaritäts- und Subsidiaritätsprinzip bilden eine Einheit und bedingen einander als wechselseitige Ergänzung. Schlußfolgernd kann das Subsidiaritätsprinzip aus dem Solidaritätsprinzip abgeleitet werden und vice versa (vgl. v. Nell-Breuning [Baugesetze], S. 114). Beide Prinzipien sind zentrale Grundsätze der Gesellschafts- und Wirtschaftsethik: Während das Solidaritätsprinzip das Grundgesetz der gegenseitigen Verantwortung bedeutet, kann das Subsidiaritätsprinzip mit "hilfreichem Beistand" verdeutscht werden (vgl. v. Nell-Breuning [Baugesetze], S. 11). Das Management hat als handelndes Organ des Unternehmens aufgrund des Subsidiaritätsprinzips höhere Verantwortung als die Individualperson. Das Subsidiaritätsprinzip besagt, daß Verantwortung im Rahmen des jeweiligen Handlungsspielraums erwächst und wahrzunehmen ist. Das Unternehmen als soziales System kann im Regelfall entsprechend seiner Bedeutung für die Mitarbeiter und im sozialen Gefüge Handlungen von größerer Tragweite als die Einzelperson setzen und ist damit auch einer höheren Verantwortung verpflichtet.

Bei dem Versuch, einheitliche Kriterien für eine ethische Positionierung und Verantwortung eines Unternehmens zu finden, können folgende **drei wirtschaftsethischen Imperative** aufgestellt werden (vgl. Schasching [Renaissance], S. 81ff.).

Imperativ
Wirtschafte sachgerecht
Wirtschafte menschengerecht
Wirtschafte gesellschaftsgerecht

Die Imperative haben im Detail folgende Bedeutung:

Wirtschafte sachgerecht

In einer Wirtschaft der Hochtechnologie und der weltweiten Märkte wird keine ernstzunehmende Wirtschaftsethik leugnen, daß es – unbeschadet des existierenden Wirtschaftssystems – Gesetze gibt (hier sind vor allem die Marktgesetze gemeint), die nicht ungestraft übergangen werden können. Diese Gesetze sind einfach Realität. Damit sie "fair" greifen können, ist ein ethischer Gesamtkontext notwendig. Bei Verstoß gegen solche Gesetze, die für die Wirtschaft quasi naturgesetzlichen Charakter haben, hat schon Adam Smith gefordert, positive Gesetze des Zwanges anzuwenden, um Nachteile für die Allgemeinheit abzuwenden Doch die Sachgerechtigkeit ist immer im Einklang mit den beiden folgenden Imperativen zu sehen.

Wirtschafte menschengerecht

Menschengerecht wirtschaften bedeutet, daß die grundlegenden Ansprüche der Menschenwürde in zweifacher Hinsicht auch im Wirtschaftsprozeß bedeutsam sind. Die Wirtschaftsethik ist davon überzeugt, daß der Einbau von Freiheit, Verantwortung, Kreativität und Solidarität direkt mit wirtschaftlicher Sachgerechtigkeit und Effizienz korreliert. Sie ist aber auch davon überzeugt, daß das Menschenbild, auf dem eine freie Gesellschaft aufbaut, nicht nur in Reservaten der Freizeit, sondern in allen Bereichen des gesellschaftlichen Lebens – also auch im Wirtschaftsprozeß – zur Geltung kommen muß. Die Bedeutung dieses Imperativs ergibt sich daraus, daß die Wirtschaft durch Menschen und für Menschen arbeitet.

Wirtschafte gesellschaftsgerecht

Dieser Imperativ spricht das Öffentlichkeitsmandat der Wirtschaft an. Den Unternehmen kann zwar nicht jegliche Verantwortung übertragen werden, sie müssen sich aber ihrer gesellschaftlichen Verantwortung immer mehr bewußt werden. Hier kommt einer der zentralen Grundsätze der Gesellschafts- und Wirtschaftsethik zum Tragen, nämlich das Subsidiaritätsprinzip. Dieses fordert, daß das, was der einzelne und die gesellschaftlichen Kräfte aus sich heraus leisten können, nicht von einer übergeordneten und letztlich staatlichen Kompetenz an sich gezogen werden darf. Daraus ergibt sich aber auch für alle gesellschaftlichen Kräfte – auch für die Wirtschaft – ein verpflichtendes Öffentlichkeitsmandat, das ihnen nicht abgenommen werden kann und das sie auch nicht abgeben dürfen. Man kann in diesem Zusammenhang von einer Sozialverantwortung der Unternehmen sprechen (vgl. Ulrich [Unternehmung], S. 166ff.).

2.1.2 Die Notwendigkeit der Übereinstimmung sachlogischer und psychologischer Unternehmensziele

Das Management trifft Entscheidungen, nachdem es einen Zielvereinbarungsprozeß mit den von einer Entscheidung Betroffenen vollzogen hat, und es muß mit diesen Entscheidungen leben. Die Adressaten jeder Ethik sind die Menschen, die in Unternehmen in einem ganz besonderen Dilemma stecken können: wenn sich ihre Handlungen und Entscheidungen nicht mit ihren persönlichen Wertvorstellungen decken. Der Mitarbeiter sieht sich dann in einer für ihn schwer zu lösenden Konfliktsituation. Auf der einen Seite stehen seine Überzeugungen und seine Persönlichkeit, auf der anderen Seite seine Loyalität gegenüber dem Unternehmen – oder, wodurch die Situation für ihn noch verschärft wird, seine wirtschaftliche Abhängigkeit. Die Folgen reichen von der innerlichen Kündigung bis zur tatsächlichen Kündigung jener Kräfte, die in der Regel keine Probleme haben, eine alternative Arbeit zu finden. Die Schlüsselrolle der Mitarbeiter für den Unternehmenserfolg macht das zu sehr ernst zu nehmenden Tatsachen für die betroffenen Unternehmen (vgl. Nash [Ethics], S. 60f.). Eine **Ethik für Manager** ist auch deshalb notwendig geworden, weil die bisherigen Verhaltensweisen von Managern wiederholt zu grundlegenden und weitreichenden Konflikten zwischen Unternehmen und Gesellschaft geführt haben (vgl. Steinmann [Unternehmensethik], S. 293).

In solchen Fällen spricht man vom **"managerial mischief"**, der sehr vielschichtig auftreten kann: Konsumententäuschung, Bestechung, Insider trading, Interessenkonflikte, illegale Entsorgung gefährlicher Materialien, Verletzung von Arbeitsschutzvorschriften, Reinwaschung von Drogengeldern etc. (vgl. Madsen; Shafritz [Essentials], S. 2ff.).

Der Manager lebt im ständigen Spannungsfeld mannigfaltiger Interessen und will dabei auch seine eigenen Interessen und Überzeugungen wahren. Genau hier setzt die **Managementethik** an, die dem Orientierung suchenden Manager Halt geben will. Nash fordert eine von

Managern akzeptierte und verstandene Ethik, die nicht antikapitalistisch klingt (vgl. Nash [Ethics], S. 41f.). Antworten können die erwähnten ethischen Imperative geben.

Besonders der Imperativ "Wirtschafte menschengerecht" tritt hier in den Vordergrund. Dieser gilt einerseits für das Verhalten der Manager gegenüber den Menschen innerhalb und außerhalb des Unternehmens, andererseits haben Manager auch den Anspruch, daß dieser Imperativ genauso ihnen selber gegenüber gilt. Diese Forderung stellt sicherlich ein Ideal dar, aber letztendlich kann ein Manager zum Teil auch selbst entscheiden, in welchem Umfeld er arbeiten will.

Drucker möchte den vor 2500 Jahren formulierten Hippokratischen Eid "primum non nocere" auch auf das Management ausgedehnt wissen (vgl. Drucker [Ethics], S. 30f.). Dieser Anspruch, nicht wissentlich das Umfeld zu schädigen, gilt für alle Handlungen und Taten eines Managers, für die er verantwortlich ist. Dadurch wird deutlich, wie wichtig eine **ethische Orientierung** des Unternehmens im Sinn der drei Imperative ist. In deren Licht kann ein Manager sein Verhalten steuern und die Ausrichtung des Unternehmens mit seinen persönlichen Überzeugungen in Einklang bringen.

Der Controller hat das Management insofern zu unterstützen, als er darauf achtet, daß im Unternehmen eine gemeinsame Wertebasis besteht, die ihren Niederschlag im Leitbild findet, dem zentralen Instrument zur Entwicklung einer umsetzbaren Unternehmensphilosophie. Genauso wie das Controlling dafür verantwortlich ist, daß jede operative Entscheidung im Einklang mit der Strategie steht, so trägt es auch dafür Sorge, daß strategische (und in der Folge der vorher genannten Forderung entsprechend auch operative) Entscheidungen auf der normativen Wertebasis des Unternehmens beruhen. Vorgelagert muß es das Management bei der Suche dieser gemeinsamen, auf der Ethik beruhenden Wertebasis ergänzen.

Das Problem des Managerial Mischief gilt nicht nur für das Management, sondern es existiert für jeden Mitarbeiter im Unternehmen und damit auch für die Controller. Voraussetzung für ein motivierendes Controlling ist daher, schon die Ursachen dieses Problems zu vermeiden. Denn die intrinsische Motivation eines ethischen Vorgehens liegt in der Tatsache, daß sich die persönlichen Wertvorstellungsprofile der Mitarbeiter – und damit natürlich auch der Controller – und jene, die das Gesamtunternehmen verfolgt, einander möglichst entsprechen.

2.1.3 Erarbeiten einer gemeinsamen Wertebasis als bewußte Gestaltung der Unternehmenskultur

"Ohne Vision verkommt mein Volk" soll schon König Salomon gesagt haben. Nicht erst seit jenen Tagen, sondern (nachweisbar) schon früher haben sich größere Gemeinschaften durch herausfordernde gemeinsame Ziele verständigt, Zusammenhalt gefunden, sich auf Wesentliches konzentriert, innere Konflikte zurückgedrängt und sich einer äußeren Herausforderung zugewandt. Damit wurden immer wieder Fortschritte erzielt, sei es die Wanderung des

Volkes Israel aus Ägypten, der Bau des Tempels im Altertum oder auch die Erfüllung des amerikanischen Traums von der Landung auf dem Mond.

Das häufig verwendete Zitat: "Wer kein Ziel hat, für den ist jeder Weg richtig ..." formuliert bildhaft, worum es geht: Einigkeit im Ziel beschleunigt den Erfolg – das ist gesunder Menschenverstand, aber leider nicht durchgängig geübte betriebliche Praxis! Nicht jeder ist bereit, Ziele zu akzeptieren, weil an ihnen nämlich seine Leistung, seine Erfolge und seine Mißerfolge transparent werden. Insofern finden wir in vielen Unternehmen ein "gespaltenes Bewußtsein" beziehungsweise eine gemischte Mentalität zum Bereich Planung und Transparenz von Zielen:

- Einerseits wird rational akzeptiert, daß ohne Ziele jede Entwicklung, jeder Erfolg und jeder Mißerfolg zur Ermessenssache wird, daß autonome Erfolgserlebnisse weder für das Unternehmen noch für seine verantwortlichen Mitarbeiter möglich sind.
- Andererseits scheut man sich jedoch emotional davor, daß Ziele im vorhinein formuliert und bekannt sind und später in der laufenden Plan-Ist-Abweichung der Zielerreichungsgrad und damit die Leistung transparent, vergleichbar und diskutabel wird.

Das macht verständlich, warum in Unternehmen bestimmte Bereiche der Planung (als bewußte gedankliche Gestaltung und Vorwegnahme von zukünftigen Maßnahmen und Zielen) immer erst dann möglich zu werden scheinen, wenn externe oder interne **Entwicklungskrisen** zur realen Existenzbedrohung werden.

Beispielsweise nutzten die überwiegende Zahl von Unternehmen mit zukunftsorientierten Früherkennungssystemen diese meist erst dann konsequent, wenn sie bereits eine erste existenzbedrohende Krise – möglicherweise sogar glücklich – überstanden hat (vgl. Risak [Einführung]).

Heute ist es gesichertes Wissen, daß sich Wirtschaftsabläufe auf mikrokosmischer – unternehmerischer – Ebene wie auch auf makrokosmischer – gesamtwirtschaftlicher und volkswirtschaftlicher Ebene – nicht mehr linear entwickeln, sondern daß analog zur **Chaostheorie** alle organischen Entwicklungen – und zu denen gehört insbesondere auch das soziale System Unternehmen – in Wachstumsschüben verlaufen. Das heißt: Zeiten relativer Kontinuität in der Wirtschaftsentwicklung werden immer wieder von Wachstums-Schwellen unterbrochen, in denen sich volkswirtschaftliche und betriebswirtschaftliche Wert- und damit Zielsysteme krisenhaft verändern.

Die westliche Wirtschaft steht gerade an einer solch evolutionären Wachstums-Schwelle. Der wirtschaftliche Aufbau der Nachkriegszeit ist längst abgeschlossen. Die Betriebe der Grundstoff-, Energie- und Bauindustrie hatten bereits Mitte der sechziger Jahre ihren ersten konjunkturellen Einbruch, weil die Märkte gesättigt waren. Statt einer Erstinvestition fielen als Beschäftigung mehr oder weniger nur noch der Reparatur- und der qualitative Verbesserungsaufwand an.

Mitte der siebziger Jahre begannen die Konsumgütermärkte zu stagnieren, da die physikalische Endlichkeit der Eß- und Getränkemärkte bis hin zum Körpergewicht des einzelnen Konsumenten nachvollziehbar waren. An einer solchen "Sättigungsgrenze" der Aufnahme verändern sich die Wertsysteme radikal (z. B. der Stellenwert des Konsums in der Prioritätenskala sozialer Wünsche), so daß hier die pragmatische Anwendbarkeit der Maslow-Pyramide anschaulich wird.

Dieser Wertewandel bei den Abnehmern, die letztendlich die Arbeitgeber aller Unternehmen sind, erfordert umgekehrt eine radikale Anpassung der Unternehmensgrundsätze und eine Überarbeitung aller Produkt-, Vertriebs- und auch Produktions- und Technologiekonzepte.

Mit der Endlichkeit der Beschäftigungsmenge ändern sich auch die **Abhängigkeiten** radikal: Verkäufermärkte werden zu Käufermärkten. Es genügt nicht mehr, im Angebotsmarkt wettbewerbskonform zu funktionieren. Im Betriebsablauf, in Produktion und Vertrieb grobe Fehler zu vermeiden, ist keine Erfolgsgarantie mehr, sondern es gilt ein quasi darwinistisches Gesetz:

- In jedem Lebensraum wollen mehr Lebewesen groß werden, als in ihm wachsen können. Mit dem Wachstum beginnt der Kampf um die knappen Nahrungsmittel. Den werden nur jene überstehen, die sich einerseits schneller an die gegebenen Bedingungen anpassen und andererseits im Vergleich zu ihren Artgenossen Stärken entwickeln.

Diese Herausforderung gilt quasi als Naturgesetz: Wer über die **Knappheitsfaktoren** verfügt, bestimmt auch die Spielregeln im sozialen Umgang mit den von ihm Abhängigen! Im Klartext heißt das, daß an solchen Wachstums-Schwellen Unternehmen vor eine grundsätzliche Alternative gestellt werden:

- Entweder sie verändern ihre Vertriebs-, Produktions- und Technologiekonzepte und entwickeln Vorteile für den Käufer, damit dieser sich bewußt für die Wertschöpfung dieses Unternehmens entscheiden kann,
- oder das Unternehmen wird aufgrund seiner Profillosigkeit und Austauschbarkeit in einen Preis-Leistungs-Kampf hineingezogen, der letztendlich zum Verlust der Selbständigkeit in Fusionen, Ausscheiden aus dem Wettbewerb, in jedem Fall aber zu Ertrags- und Marktanteilsverlusten führt.

In diesen Wirtschaftskrisen ist nicht die Größe eines Unternehmens für den Fortbestand entscheidend, es ist lediglich nachvollziehbar, daß größere Unternehmen meist länger von ihrer Substanz zehren und sich deshalb in einer Krise länger behaupten können. Der entscheidende Überlebensfaktor eines Unternehmens ist die Fähigkeit und Bereitschaft, sich zu verändern: sich einer neuen Situation zu stellen, umzudenken und die Unternehmensaufgabe neu zu verstehen und umzusetzen.

Dabei ist die bewußte Gestaltung einer veränderten und modifizierten Unternehmenskultur sicherlich erfolgversprechender als das unbewußte Reagieren auf nur mäßig und zudem noch spät verstandene externe Veränderungsprozesse!

So wie Kostenbewußtsein durch die "mentale" Prägung der Betroffenen erfahrungsgemäß den Verbrauch von Kostengütern um rund 10% positiv verändern kann, so ist auch die bewußte Gestaltung der Unternehmenskultur eine der wesentlichsten Voraussetzungen für die entsprechende Umsetzung.

Menschen planen nur, was sich ändern soll, beziehungsweise sie reagieren nachdenklich, analysierend und später planend, gestaltend auf Veränderungen, von denen sie sich betroffen fühlen. Diese Betroffenheit ist maßgeblich für den Motivationsschub, der zum einen zur Planung, zum anderen zur Umsetzung von neuen Wertbegriffen und neuen Bestandteilen einer veränderten Unternehmenskultur führt.

Wer die Notwendigkeit der zeitgemäßen Anpassung seiner Unternehmenskultur negiert, wer die erlebte Veränderung nur als Verschlechterung der Zeiten und damit als unabwendbares Schicksal versteht, der gibt sich selbst auf! Die positive Gestaltung der Unternehmenskultur ist für jedes Unternehmen notwendig und erfolgversprechend, unabhängig von seiner Größe.

2.1.4 Übertragung normativer Unternehmensziele in die Praxis als Führungsauftrag des kulturellen Managements

"Es gibt nichts Gutes, es sei denn, man tut es ..." ist ein oft gebrauchter Ausspruch, der auf den ersten Blick etwas oberflächlich wirkt. Im Kern beschreibt er aber folgende Wahrheit: Die Phänomene unserer sozialen und betrieblichen Wirklichkeit lassen sich nur auf zwei Ebenen begreifen und verändern – entweder man tut etwas, oder man macht sich Gedanken und redet darüber.

Das "darüber" reden ist die gedankliche Beschäftigung mit gewesenen und kommenden Ereignissen. Hier handelt es sich um die Ebene des Analysierens und Gestaltens beziehungsweise des Planens und Kreisens. In Zeiten autoritärer Bevormundung, in Zeiten, in denen der Faktor "Arbeit" überwiegend zum gedankenlosen Funktionieren bestimmt war, wurde die "Kopf-Arbeit" von der ausführenden Tätigkeit getrennt und in Obrigkeitsfunktionen wie Vorgesetzte oder Stabsbereiche verlagert. Solange der Mensch als Individuum und insbesondere als Gruppe gleichbleibende Routinetätigkeiten auszuführen hat, ist diese Organisation von Anordnung und Ausführung durchaus vertretbar, da die menschliche Kraft sich nach dem Energiegesetz nur dann verstärkt, wenn sie gleichmäßig und in gleicher Richtung – auf gleiche Ziele hin – wirksam wird. Es ist auch einsehbar, daß eine reale Gleichrichtung und -schaltung leichter ist, wenn ihr eine geistige vorausgeht. Produktivität entsteht dann als Humankapital, weil – wie es die Erfahrungskurve lehrt – mit jeder Verdoppelung der kumulierten Erfahrung 20 bis 30% Produktivitätsverbesserung möglich sind.

Solange also Kontinuität angesagt ist, genügt die Anordnung, weil ja das Wesentliche verstanden ist ... "Management by Objectives" funktioniert deswegen über die Vermittlung von Zielvorgaben, weil die Tätigkeits- und Werte-Inhalte vertraut und beherrscht sind.

Anders verhält es sich an den oben beschriebenen Wachstums-Schwellen, an denen sich ein Unternehmen aufgrund äußerer oder betriebsinterner Entwicklungskrisen im Angebotsverhalten, im Wertschöpfungskonzept neu orientieren und verhalten muß beziehungsweise aufgrund interner **Wachstums-Schwellen** die Organisations- und Führungskultur neu erarbeiten beziehungsweise gravierend weiterentwickeln muß:

- Immer wenn neue Konzepte erforderlich sind, die das bewährte, reale Verhalten beeinflussen, genügt es nicht, aus der Analyse heraus die Notwendigkeit konzeptioneller Veränderungen zu begründen und aus der fachmännischen Weitsicht heraus neue Konzepte zu formulieren, wie viele Stabsstellenmitarbeiter und überwiegend akademisch geschulte Berater gerne glauben.
- Anspruchsvolle und schwierige Aufgabe bei der Entwicklung und Veränderung der Unternehmenskultur (in Richtung Unternehmensphilosophie) ist es, neue Werte, Grundsätze und Verhaltensmuster zu begreifen und zu formulieren.
- Noch weit schwieriger ist es aber, diese neuen Gedanken und Ideen mit Leben zu füllen und sie mit den davon Betroffenen im Betrieb oder bei Zulieferbetrieben und Absatzmittlern umzusetzen.

Veränderte Konzepte der realen Unternehmenskultur werden auch gern "neue Strategien" genannt. Gerade der Begriff "Strategie" erläutert aus seiner Wortentstehung heraus, worum es geht: Mit dem Wortelement "stratos" ist "das Übergeordnete" gemeint, mit dem Wortbestandteil "geos" "das Irdische". Die weitere Erklärung kann man in zweierlei Hinsicht verstehen:

- Strategische Überlegungen gehen dahin, das über der realen Praxis liegende Geistige zu überdenken und wiederum auf die Praxis zu übertragen.
- Der Stratege ist jemand, der andere durch für sie fremdes Gelände nach eben "übergeordneten Einsichten" führt.

Dieser Begriff des "Führens", des "Vorangehens", "Vorbild-Seins" und "Helfens" gewinnt an existentieller Bedeutung, wenn ein Unternehmen und seine Mitarbeiter durch Krisen geführt werden müssen.

Gerade in dieser Situation braucht jedes Unternehmen eine Vision, die ihm wie ein Leitstern – besser gesagt: Leitbild – vorschwebt.

So wie früher ein Feldherr seine Truppen in die Schlacht geführt hat, so muß heute die Führungskraft die anvertrauten Mitarbeiter im Sinne des Leitbilds führen, auf das Leitbild und seine Anregungen zuführen und dafür sorgen, daß die im Leitbild gewollten Ziele und Zustände herbeigeführt werden.

Nach plausibler Analogie unterscheidet sich die leitbildorientierte Führung von der bisher praktizierten personenorientierten Autokratie dadurch, daß die obersten Führungskräfte durch ein Leitbild selbst erkennbar "führende Mitarbeiter" des Unternehmens sind, die nicht ihre eigenen Vorstellungen, Einfälle und Launen durchsetzen, sondern sich in den Dienst eines Leitbilds stellen. Auch das ist ein weiterer Aspekt von Unternehmenskultur und reicht weit in die reale Umsetzung ansonsten fiktiver Inhalte von Unternehmensphilosophien hinein. Wenn also die Hauptaufgabe der Führungskräfte darin besteht, mit den Mitarbeitern aus der **Unternehmensphilosophie** heraus die reale **Unternehmenskultur** zu leben, dann ist es in der oben beschriebenen Krisensituation die herausragende Aufgabe aller Führungskräfte und auch Mitarbeiter, gemeinsam über die Notwendigkeit und die möglichen Inhalte einer veränderten Unternehmensphilosophie und der daraus abzuleitenden Unternehmenskultur zu sprechen:

- Der erste Schritt muß darin bestehen, sich die Lage des Unternehmens und seine Zukunftsperspektiven bewußtzumachen, um daraus den Handlungsbedarf und die Grobkonturen eines neuen Wertesystems zu entwickeln.
- Der zweite Schritt ist die Formulierung und in sich stimmige Abrundung der Unternehmensphilosophie und der daraus abzuleitenden Unternehmenskultur: mit den Herausforderungen der Wettbewerbslage, der übereinstimmenden Kontinuität der bisher praktizierten Unternehmenskultur und der daraus sich ergebenden realen Veränderungsmöglichkeiten.
- Aus dem Zueinanderführen von Veränderungsnotwendigkeit und -möglichkeit ergibt sich dann ein konkreter Ziel- und Handlungsrahmen, wie der Anpassungsprozeß des Unternehmens und seiner Mitarbeiter ablaufen kann.

Nach dem Naturgesetz von **"Kraft und Gegenkraft"** genügt es nicht, wenn die Mitarbeiter die Unternehmenskultur prägen, sie müssen sich in diesem Prozeß auch selbst prägen! Die "Kunst" der Menschenführung besteht darin, die Mitarbeiter so in den Prozeß der Entwicklung der Unternehmenskultur einzubeziehen, daß sie die Chance haben, in einem Lern- und Gestaltungsprozeß sich auch selbst mitzuentwickeln – ohne das als Bruch zu erleben.

2.2 Instrumente zur Entwicklung sinngebender Unternehmensziele

So wie die Kostenplanung und letztendlich ein ertragsorientiertes Management erst durch eine differenzierte Kostenrechnung zur Veranschaulichung der Kosten möglich wurden, so kann auch ein kulturelles Management und die Entwicklung der Unternehmenskultur zur Identität mit der Unternehmensphilosophie erst dann als Gestaltungsprozeß beginnen, wenn die planende und gestaltende Thematik durch geeignete Meß- und Veranschaulichungsinstrumente transparent gemacht werden kann.

Ein besonderes Element der Führungskunst und der Personalentwicklung ist es, die Betroffenen in den Planungsprozeß einzubeziehen – mit dem Ziel der gestalterischen Wechselwirkung zwischen der unternehmensphilosophischen Prägung der Unternehmenskultur einerseits und der mentalen Prägung der Mitarbeiter andererseits. Hinter dem menschlichen Verhalten steht eine besondere Form von "Trägheit der Masse", die immer wieder zum Rückfall in bewährtes Verhalten führt: die Summe von geprägten, gelernten oder auch nur habitualisierten Gewohnheiten (siehe Abb. 2.1). Jeder von uns, der schon einmal versucht hat, eine unliebsame **Verhaltensgewohnheit** – z. B. das Rauchen – zu ändern, weiß, wie schwierig es ist, die gesamte Batterie von Gefühls-, Denk- und Wollensgewohnheiten zu verändern – und wieviel schwerer ist das im Team! Diese Veränderung der Gewohnheiten geschieht entweder schnell durch den momentanen Leidensdruck, den Adrenalinstoß und die Betroffenheit, oder aber er vollzieht sich als langsamer Lernprozeß. Beides ist im Rahmen der Veränderungs-Steuerung, des Change-Managements eines Unternehmens denkbar – unabhängig davon, wie rasant sich die Veränderungsentwicklung vollziehen kann oder muß. Aber sie ist undenkbar, ohne die Betroffenen einzubeziehen.

Noch ein anderer Gesichtspunkt spricht für die Mitwirkung der Betroffenen bei der Gestaltung der Unternehmenskultur: Nur was der Mensch im einzelnen wie auch im Kollektiv für möglich und machbar hält, ist auch erreichbar! Die "gedankliche Unmöglichkeit" führt zum vorprogrammierten Mißerfolg, weil mangelnde innere Überzeugung spätere Schwierigkeiten als voreiligen Beweis des Scheiterns ansieht. Häufige Ursachen für Mißerfolg und auch Untergang von Firmen sind Verzagtheit und mangelnde Konsequenz. Deshalb ist die Überzeugungsleistung in der mentalen Prägung aus einer kollektiven Zusammenarbeit äußerst wichtig. In einer Gruppe entstehen anspruchsvollere Ziele und gleichzeitig auch größere Gewißheit, sie zu erreichen. Diese Erweiterung gemeinsamen Vorstellungsvermögens ist ein weiterer und sicherlich nicht der letzte Grund, warum die Mitarbeiter bei der Entwicklung von Unternehmensphilosophie und Unternehmenskultur zwingend einbezogen werden müssen; was im übrigen in sich selbst häufig bereits einen Schritt in eine neue Unternehmenskultur bedeutet, da in der Regel in früheren Planungs- und Realisierungsmaßnahmen die Mitarbeiter niemals in diesem Umfang an der Unternehmensgestaltung mitwirken konnten.

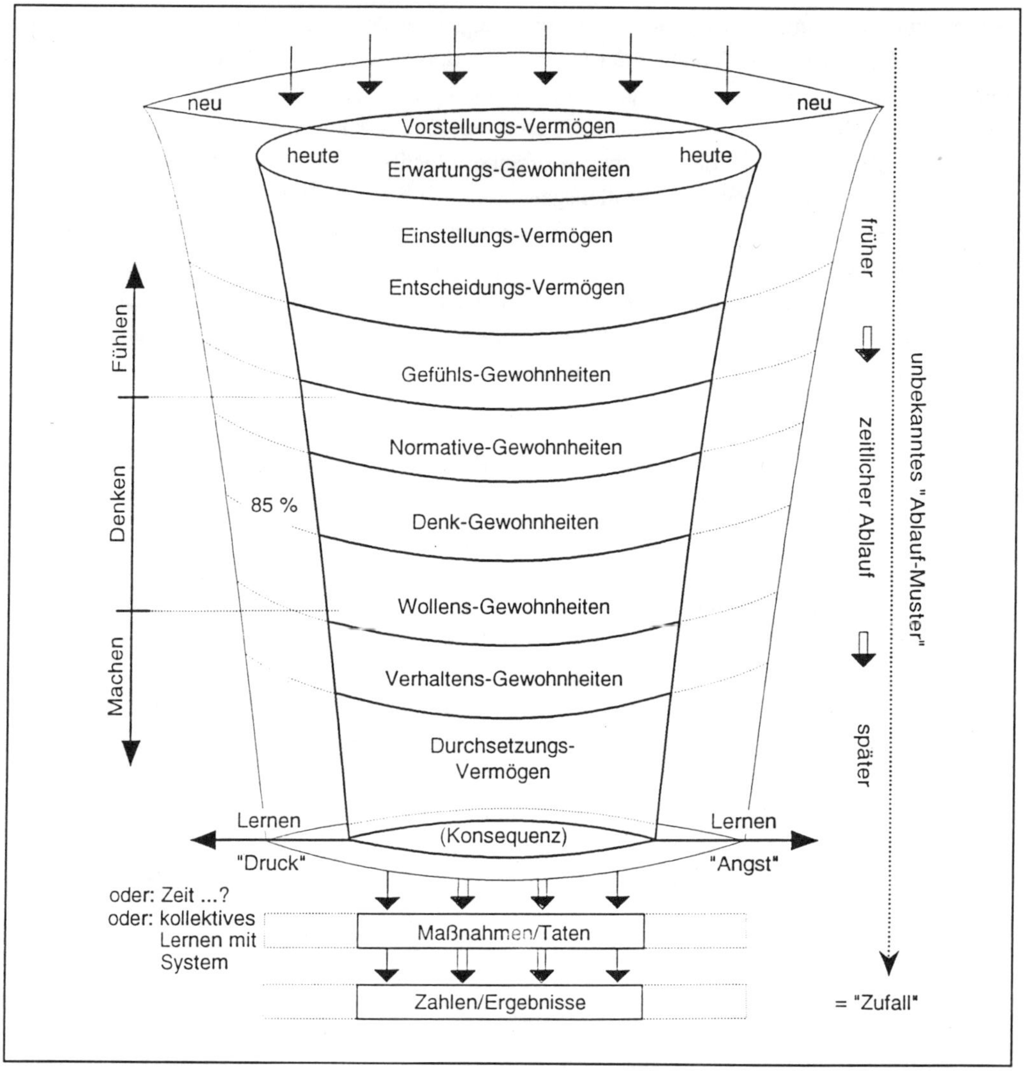

Abb. 2.1: Die menschlichen "Vorsteuerungs-Größen": Zahlen kommen von menschlichem Tun und Lassen (die Gewohnheit als "Trägheit der Masse")

In den zurückliegenden drei Jahrzehnten ist viel experimentiert worden: zur Veranschaulichung von Strategien, zur Entwicklung von Corporate Identity oder aber auch nur zur Weiterentwicklung von Organisations- und Persönlichkeitsprofil. Während die pragmatische Strategie-Planung bereits eine Fülle von Instrumenten bereithält – erinnert sei nur an die Vielzahl in sich variierender Portfolios –, ist über die Entwicklung von Unternehmens-Philosophie und Unternehmenskultur zwar schon sehr viel geredet, an praktizierbaren Instrumenten jedoch noch sehr wenig entwickelt worden. Eigentlich existiert als zentrales Instrument zur Veranschaulichung und Weiterentwicklung von Unternehmensphilosophie und Unternehmenskultur lediglich das Leitbild, das im folgenden daher auch detaillierter beleuchtet werden soll.

2.2.1 Das Leitbild als zentrales Instrument zur Entwicklung einer umsetzbaren Unternehmensphilosophie

Der Begriff Leit-Bild versteht sich von selbst, wenn man sich die ursprüngliche Wortbedeutung des Begriffs Strategie (stratos geos: nach übergeordneten Gesichtspunkten führen) vor Augen hält. Die weiteren Begriffe wie "Vorbild", "Bild unseres Unternehmens, das uns für die Zukunft vorschwebt", "ein zukünftiges Bild, wie wir sein wollen" beschreiben sehr gut den Charakter des Leitbilds: Das Leitbild ist die an den geistigen Horizont der Unternehmenszukunft projizierte erste Vorstellung, in welcher Art sich das Unternehmen als Ganzes entwickeln kann und muß – wie ein Anzug, in den man noch hineinwachsen will, wie eine Form, die man noch ausfüllen muß.

Die folgende Abbildung soll verdeutlichen, was die wesentlichen Elemente für ein prägendes und umsetzbares Leitbild sind:

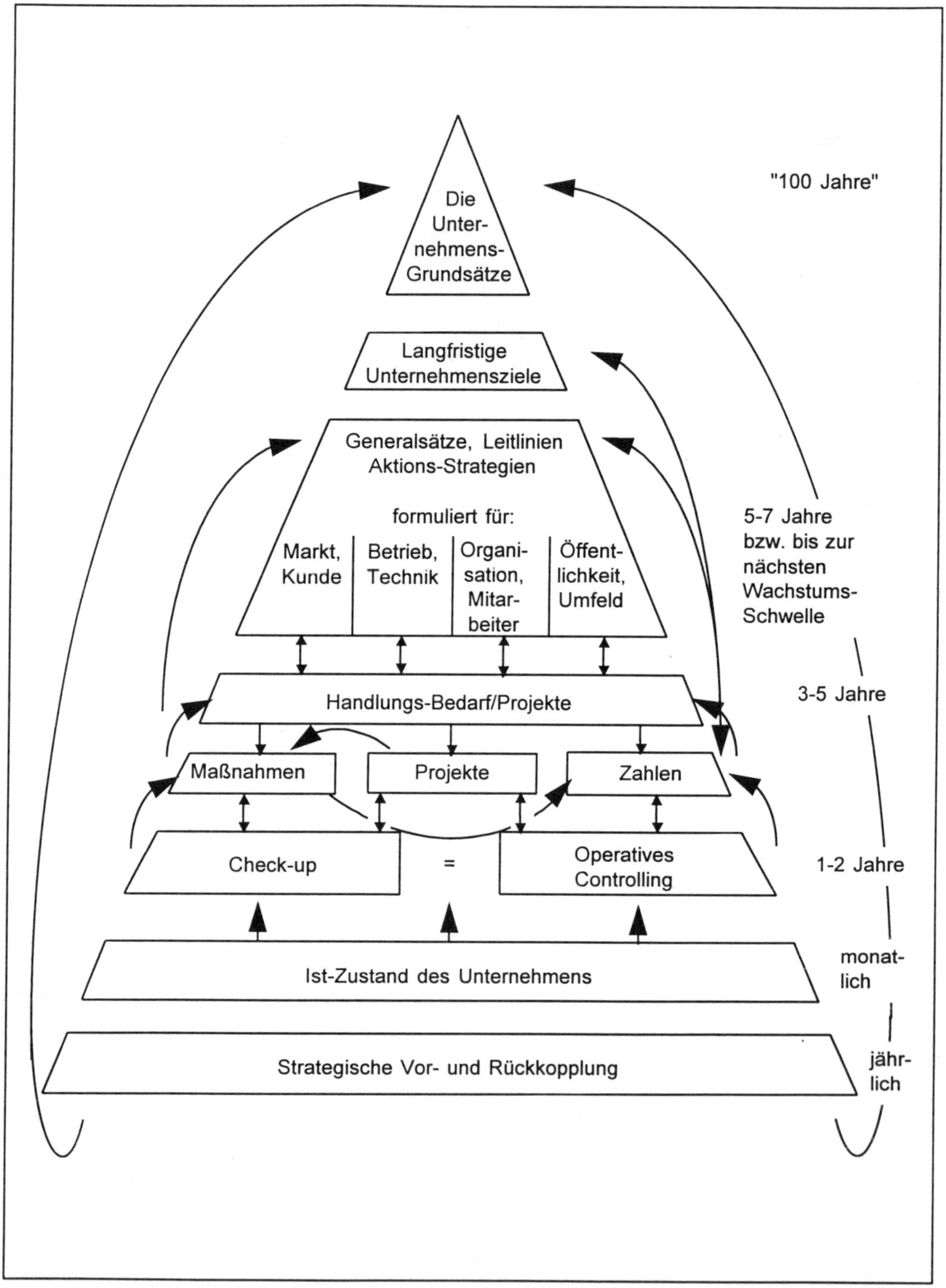

Abb. 2.2: Das System Leitbild und dessen Realisierung durch Strategisches und Operatives Controlling

Die Unternehmensgrundsätze

Unternehmensgrundsätze haben den Charakter einer "Unternehmensverfassung", in der festgelegt ist, welche grundlegenden Aufgaben ein Unternehmen in unserer Gesellschaft übernehmen will. Dieser grundlegende Charakter und die so bestimmte grundlegende Aufgabenstellung sind als dauerhafte Wesensbestimmung der Unternehmenspersönlichkeit zu verstehen. Genaugenommen gelten die Unternehmensgrundsätze als Charaktereigenschaften des Unternehmens für die gesamte Dauer des Bestands einer solchen Gesellschaft. Da die Unternehmensgrundsätze zur Ausrichtung des alltäglichen Tuns bestimmt sind, regeln sie die wesentlichen Fragen der Unternehmensphilosophie (der wirtschaftlichen Ethik), formieren so die Unternehmenskultur und gelten somit als Leitlinie, Leitbild, Leitstern für alle Mitarbeiter.

Am besten wird der Charakter solcher Unternehmensgrundsätze am Beispiel einer kleinen Volksbank deutlich, die am Ende des 20. Jahrhunderts wieder einmal neu über den Inhalt ihres ursprünglichen genossenschaftlichen Förderauftrags nachgedacht hat und dabei zu folgenden Aussagen kam:

Wir sind die Kaiserstühler Volksbank eG., die vor 125 Jahren als genossenschaftliche Selbsthilfeeinrichtung in unserem Geschäftsgebiet gegründet wurde. Der 1868 gegründete "Vorschußverein" war in erster Linie eine wirtschaftliche "Bürgerinitiative", um sich vor den Launen der Natur und der Raffgier unseriöser Geldverleiher in der damals extrem landwirtschaftlich orientierten Region des Kaiserstuhls zu schützen.

Wie schon in der Vergangenheit, so lauten auch für die Zukunft unsere Unternehmensgrundsätze:

1. Mit Kompetenz und Engagement sind wir der starke Partner des privaten und gewerblichen Mittelstandes! Denn:

   Gesunder Mittelstand = gesunde Region!

   Dies erfordert eine starke, selbständige Bank, die sich speziell um die Interessen des Mittelstandes kümmert. Unser genossenschaftlicher Förderauftrag verpflichtet uns, unsere wirtschaftlichen Bemühungen in erster Linie daraufhin auszurichten, den Unternehmenserfolg und das wirtschaftliche Wohlergehen der Menschen unseres Geschäftsgebietes zu fördern.

2. Wir wissen, daß die Förderung eines leistungsstarken Mittelstandes und die Sicherung des eigenen Unternehmenserfolges kein Gegensatz, sondern wechselseitige Bedingungen sind. Damit meinen wir, daß es im wohlverstandenen eigenen Interesse unserer Kunden ist, unsere Leistungen möglichst umfassend in Anspruch zu nehmen.

3. Wir wollen Marktführer in möglichst allen Geschäftsfeldern werden! Dies verlangt, daß wir in den relevanten Bereichen schneller wachsen als der Markt. Wir erreichen dies durch eine strikte Kundenorientierung; das heißt: Maßstab unseres Handelns ist die optimale Problemlösung für unseren Kunden.

4. Unser Ziel ist nicht die zunehmende Ähnlichkeit unserer Bank mit unseren Wettbewerbern, sondern – im Gegenteil! – die zunehmende Unterscheidung von ihnen durch Ausprägung unserer speziellen Stärken und Leistung. Dabei ist für uns die genossenschaftliche Rechtsform mit der Identität von Kunden und Mitglied Chance und Verpflichtung für eine einzigartige Hinwendung zu unseren Miteigentümern und Kunden. Unser Ziel ist es, daß unsere Mitglieder stolz sind auf ihre Bank.

5. Demokratie und Marktwirtschaft sind für uns als genossenschaftliches Unternehmen mit zutiefst demokratischen Strukturen unverzichtbare Grundlagen.

Neben unserer wirtschaftlichen Verantwortung fühlen wir uns mitverantwortlich für den Erhalt einer umfassenden Lebensqualität. Wir wissen um unsere Verantwortung für den Schutz unserer Umwelt, und wir fördern gemeinnützige Projekte und kulturelle Initiativen.

Abb. 2.3: Unternehmensgrundsätze der Kaiserstühler Volksbank eG

Diese "Original-Unternehmensgrundsätze" sind selbstverständlich vom Sprachgebrauch, der Handschrift der Beteiligten und dem Geist der Landsmannschaft und Branche geprägt. Sie zeigen aber, in welch dauerhaft grundsätzlicher Art Leitbildaussagen gedacht und formuliert sein müssen. Und sie zeigen – das wird ohne weitere Erklärung deutlich –, daß sich in den Unternehmens-Grundsätzen der Kern der Unternehmensphilosophie in verdichteter Form darstellt und ausdrückt.

Wie in Abbildung 2.2 symbolisch dargestellt, sind die Unternehmensgrundsätze vom derzeitigen Ist-Zustand des Unternehmens entfernt, der durch eine ganze Batterie aktueller Stärken und Schwächen geprägt ist – wie der Nordstern über dem Boden der Tatsachen, so schweben diese Unternehmensgrundsätze über den Realitäten der Praxis. Deshalb müssen im Leitbild konkretere Ausführungen über die Art und Weise der Umsetzung der Unternehmensgrundsätze für die nächste Wachstums- und Entwicklungsperiode des Unternehmens gemacht werden. Diese nennen wir Strategien, und sie stellen das zweite wesentliche Element des "Systems Leitbild" dar.

Die Aktions-Strategien

Da die Unternehmensgrundsätze stark philosophischen Charakter haben, besteht immer die Gefahr, daß sie nicht handlungsrelevant werden. Deshalb muß in einem Leitbild beziehungsweise in seinen Anlagen eine zunehmende Konkretisierung dieser Unternehmensphilosophien formuliert werden, damit sie auch die reale Kultur und die alltägliche Praxis des Unternehmens nachhaltig verändern.

Die Aktions-Strategien, gelegentlich auch Leitlinien genannt, sorgen dafür, daß die Unternehmensgrundsätze

- zeitnah,
- menschengerecht,
- sachgerecht und
- gesellschaftsgerecht

ausgebildet und umgesetzt werden.

- **Der Aspekt "zeitnah"**

Das Leitbild ist ein wesentlicher Bestandteil der Eigenmotivation für Führungskräfte und Mitarbeiter. Schon der Begriff "Motivation" hängt mit dem "Motiv", mit dem Bild einer besseren Zukunft zusammen. Motivation entsteht, wenn Wunsch und Wirklichkeit auseinandergehen, wenn Anspruch und Realität in ein gewisses Spannungsfeld treten – bei jeder Form einer für den Betroffenen relevanten Plan-Ist-Abweichung. Im Gegensatz zur Plan-Ist-Abweichung des Operativen Controlling, wo die Abweichung in einzelnen Zahlen oder Erfüllungsgraden von Maßnahmen besteht, herrscht im Leitbild eine ganzheitliche Unternehmens-Vision, die später im Strategischen Controlling in einem ganzheitlichen Plan-Ist-Vergleich mündet: Es werden die gewollte und die reale Unternehmens-Entwicklung verglichen.

Damit aber die soeben beschriebenen Unternehmensgrundsätze zeitnah motivieren, müssen aus den langfristigen Grundsätzen zeitnahe und in mittelfristiger Zukunft erfüllbare Teilziele, Maßnahmen und Verhaltensmuster abgeleitet werden. So soll hier der Begriff "Aktions-Strategie" verstanden werden. Der Verlauf und die Veränderung von zukünftigen Erwartungen und Zuständen in gegenwärtige Konkretisierung ist ein zunehmender Prozeß der materiellen Verdichtung von bevorstehenden Ereignissen. Deshalb müssen und können auch die Aktions-Strategien auf etwa fünf bis sieben Jahre wesentlich konkreter und handlungsrelevanter formuliert werden als die Unternehmensgrundsätze, die längerfristig und verbindlicher sein müssen.

- **Der Gesichtspunkt sachgerecht**

Auch in Betrieb, Technik und in der klassischen Organisation eines Unternehmens muß ein Leitbild Zeichen setzen. Die Harmonie von Mitarbeitern, Kunden, Lieferanten und Unternehmensinteressen, eingebettet in eine gemeinsame soziale Verantwortung, erfordert neben der Regulierung der Ordnung von Wertschöpfungsaufgaben und der Regelung von Verteilungsinteressen Aussagen über den Stellenwert der Technik und die investive Politik des Unternehmens. Im folgenden wird aus dem Leitbild eines Bremsbelagherstellers zitiert, der als europäischer Marktführer erhebliche Anstrengungen unternimmt, kooperative Beziehungen zu seinen Kunden, Technologiepartnern und Lieferanten, aufzubauen:

Wir produzieren in mehreren europäischen Ländern mit gleichen Technologie- und Qualitätsstandards. Dies wird gewährleistet durch

- ein zentrales Technologie-Zentrum,
- ein zentrales europäisches Engineering,
- ein zentrales europäisches Planungs-und Vertriebssystem,
- ein konzernumspannendes, kundenorientiertes Qualitätssicherungssystem.

Mit unseren Lieferanten verbindet uns eine kooperative Partnerschaft, die uns in die Lage versetzt, langfristig allen Herausforderungen des Marktes und der Kunden in bezug auf Technologie und Wirtschaftlichkeit zu begegnen. Dies erreichen wir durch

- langfristige vertragliche Bindungen,
- integrierte Qualitätssicherungssysteme,
- produktionssynchrone Beschaffung,
- Einbeziehung in die Technologiearbeit.

Wir sichern den Erfolg durch aktive Marktforschung, Öffentlichkeitsarbeit und Werbung. Damit fördern wir gleichzeitig den Bekanntheitsgrad unserer Unternehmen und Produkte.

Abb. 2.4: Leitbild eines Bremsbelagherstellers

• Der Aspekt "menschengerecht"

Ein Unternehmen ist ein soziales Gebilde, in dem Menschen mit Menschen im Unternehmen und für Menschen außerhalb des Unternehmens zusammenarbeiten und sich nützlich machen. Unternehmen leben vom Leistungswillen, der fachlichen Qualifikation und dem redlichen Bemühen, basierend auf der Qualifikation des einzelnen Mitarbeiters des Unternehmens und auf der funktionierenden Zusammenarbeit an den durch die Organisation sich ergebenden Schnittstellen. Jede Form von Arbeitsteilung in Volkswirtschaft und Branche, aber auch im Unternehmen selbst bildet Schnittstellen und an diesen wiederum Abhängigkeiten.

An den Schnittstellen innerhalb, aber auch außerhalb des Unternehmens, sowohl zu den Lieferanten als auch zu den Abnehmern hin, entwickelt sich die Notwendigkeit der Zusammenarbeit, um eben diese Abhängigkeiten zu kompensieren. Neben der "unteren Basis" der realen Arbeit gibt es die über der realen Praxis liegende Ebene der geistigen Steuerung oder Planung – hier besser gesagt: Kommunikation. Jedes reale Güter- und Leistungsangebot eines Unternehmens ist deshalb auch ein kommunikatives Angebot, das sich den Abnehmern mitteilen muß.

Das Leitbild richtet sich daher an Menschen innerhalb und außerhalb des Unternehmens und sagt diesen, welche Produkte, Dienstleistungen und Wertschöpfung erbracht und in welcher Qualität und mit welcher Ethik die Geschäftsbeziehungen gepflegt werden.

Im Unternehmen sagt das Leitbild den beteiligten Menschen, wie die Arbeitsplätze ausgestattet sind, nach welchen Prinzipien die Organisation funktioniert und welche zukünftige Entwicklung ein Mitarbeiter im Unternehmen erwarten darf – vorausgesetzt, er erbringt seinerseits die zu erwartende und ihm zumutbare Leistung.

Ein weiteres Beispiel aus dem Leitbild einer anderen Genossenschaftsbank soll verdeutlichen, wie dem Kunden ein konkretes, nachvollziehbares Wertschöpfungsversprechen gemacht wird, das dieser gegebenenfalls von der Bank konkret abverlangen kann beziehungsweise dessen Erfüllungsgrad sich über Marktforschung sozialempirisch nachweisen ließe (hier würden Marketing-Controlling und Strategisches Controlling enge Berührungspunkte aufbauen.).

Unsere Leistung dient dem Vorteil des Kunden:

- Eine umfassende Lösung aller Probleme rund ums Geld.
- Faire, objektive Beratung.
- Individuelle Problemlösungen und
- schnelle, unbürokratische Bearbeitung der Geschäfte.

Diesen Anforderungen werden wir gerecht durch eine breite Palette jeweils zeitgemäßer Finanzdienstleistungen:

- Vom einfachen Zahlungsverkehr bis zur qualifizierten Vermögensberatung,
- vom Kleinkredit bis zur Firmenfinanzierung,
- vom Sortenumtausch bis zur Vermittlung von Weltreisen,
- vom Sparbuch bis zur kompletten Altersversorgung.

Abb. 2.5: Leitbild einer Genossenschaftsbank

Ähnlich konkret sehen die Teilstrategien aus, die den Mitarbeiterbereich betreffen. Auch hier soll ein Zitat belegen, worum es geht:

Die Mitarbeiter – Garant für Qualität und Leistung:

Die Zufriedenheit unserer Kunden und damit der Erfolg der Bank werden entscheidend von unseren Mitarbeitern bestimmt. Die fachliche und menschliche Qualifikation entwickeln wir durch:

- Umfassende Aus-, Fort- und Weiterbildungsmaßnahmen aufgrund individueller Personalentwicklungspläne.
- Übertragung von Verantwortung ohne Überforderung des Mitarbeiters.
- Regelmäßige Anerkennungs- und Erwartungsgespräche, in denen zwischen den Führungskräften und Mitarbeitern konstruktive und wechselseitige Kritik geübt wird.
- Regelmäßigen Erfahrungsaustausch über die Ursachen von Erfolg und Mißerfolg im Rahmen der Planung und Erfolgskontrolle.
- Ein ausgewogenes Verhältnis von Lob und Kritik im Umgang miteinander.
- Die Mitarbeiter beteiligen sich initiativ an ihrer eigenen fachlichen und menschlichen Weiterentwicklung.

Abb. 2.6: Leitbild einer Genossenschaftsbank

Ähnliche Aussagen sind zu "funktionierender Arbeitsteilung und Organisation und Einsatzfreude und Leistungswille und Führung der Bank" gemacht worden, jedoch würde das vollständige Zitat den Rahmen dieser Ausführungen sprengen.

- **Der Gesichtspunkt gesellschaftsgerecht**

Auch zur Einordnung der Unternehmen in das öffentliche, wirtschaftliche und geographische Umfeld werden im Leitbild Aussagen getroffen, die dem Unternehmen später bestimmte Leistungen abverlangen und es auch in dieser Rolle berechenbar machen. Auch hier soll ein kurzes Zitat belegen, wie diese Art von Themen im Leitbild angesprochen werden kann:

> Wir fördern das wirtschaftliche Wohl unserer Mitglieder und Kunden:
>
> Der genossenschaftliche Förderauftrag war nicht nur der Gründungsgedanke unserer Bank, er ist auch das tragende und fruchtbare Element für die Zukunft.
>
> Als mittelständische Bank leben wir letztendlich davon, daß es dem Mittelstand unserer Region gutgeht.
>
> Uns geht es auf Dauer nur so gut wie unseren Kunden!
>
> Deshalb unternehmen wir besondere Anstrengungen in
>
> - der Unterstützung von mittelständischen Unternehmen in unserem Wirtschaftsraum – nicht zuletzt auch zur Erhaltung interessanter Arbeitsplätze an unseren Wohnorten.
> - Wir gehen auf junge Unternehmer zu und helfen ihnen bei der Gründung einer eigenen Existenz – auch um neue Arbeitsplätze für unsere jüngeren Kunden in der Zukunft zu sichern.
> - Wir unterstützen den Einzelhandel und die Betriebe der Gastronomie und Freizeit, damit möglichst viel Kaufkraft in unserer heimischen Region gebunden bleibt.

Abb. 2.7: Aus einem Leitbild einer mittelständischen Bank

Solche und ähnliche Aussagen werden je nach Charakter des Unternehmens, seiner bisherigen Unternehmenstradition und dem Naturell der Führungskräfte für die Unterstützung von Kunst, Kultur, Umwelt, Brauchtum, Förderung der Jugend, Sorge um die älteren Menschen usw. gemacht. Die Berücksichtigung der Verantwortung für die natürliche Umwelt ist aufgrund der besonderen Problemlage hervorzustreichen.

Auch die Formulierung von mittelfristigen Aktions-Strategien ist noch kein Garant für die konsequente Umsetzung dieser guten Vorsätze. Deshalb wird das Leitbild noch um die "Langfristigen Unternehmensziele" ergänzt, in denen Wachstums-, Marktanteils-, Umsatz-, Ertrags-, Eigenkapitalziele etc. formuliert werden. Zur Veranschaulichung dient ein Leitbild einer Genossenschaftsbank, das beispielhaft zeigt, daß auch die finanziellen, technischen und monetären Grundlagen des Unternehmens essentielle Bestandteile eines Leitbilds und das komplementäre Spiegelbild zu Unternehmensphilosophie und Geschäftsethik sind:

- Wir wachsen im Geschäft mit unseren wichtigsten Zielgruppen mindestens so stark wie der Markt, zur Zeit streben wir ein durchschnittliches, jährliches Wachstum von 5% und ein Wachstum des Dienstleistungsergebnisses von 10% an.
- Wir erwirtschaften ein Betriebsergebnis, das eine marktgerechte Dividende auf unsere Geschäftsguthaben, eine angemessene Eigenkapitaldotierung und eine ausreichende Risikovorsorge ermöglicht – zur Zeit halten wir ein Betriebsergebnis von 1,5% vom Bilanzvolumen für notwendig.
- Um unseren Kunden loyal beistehen zu können, müssen wir wirtschaftlich robust sein, d. h. wir benötigen eine ausreichende Kapitalausstattung. Dies verlangt, daß das Gesamtkapital mindestens im gleichen Maße wächst wie das Bilanzvolumen bzw. die "Risiko-Aktiva". Wir wollen die derzeitige Eigenkapitalquote von 5% des Bilanzvolumens für die kommenden Jahre halten.

Abb. 2.8: Aus einem Leitbild einer Genossenschaftsbank

Wichtig ist bei den quantifizierenden Unternehmenszielen, daß sie im gedanklichen Kontext zu den Unternehmensgrundsätzen und zur durchgängigen Unternehmensphilosophie passen.

Mit den Unternehmensgrundsätzen, den langfristigen Unternehmenszielen und den Aktionsstrategien ergibt sich ein komplexes Leitbild, das aber immer noch relativ viel Abstand zum derzeitigen Ist-Zustand des Unternehmens hat, da es auch für mehrere Jahre Motivation liefern muß.

Deshalb wird in einer größeren Klausurbesprechung aus dem formulierten Leitbild und in einer Abweichungs-Analyse zum derzeitigen Ist-Zustand der absehbare Handungsbedarf für Maßnahmen und Projekte formuliert. Selbstverständlich läßt sich die gesamte Arbeit zur Erfüllung des Leitbilds im Moment der Formulierung nicht absehen, so daß hier vielleicht ein Projektionszeitraum von drei bis fünf Jahren entsteht (siehe Abbildung 2.2).

Aus dem Handlungsbedarf werden dann nach Dringlichkeit und Machbarkeit **Prioritäten** gebildet, die wiederum in konkrete Zahlen und Maßnahmen übersetzt werden.

Das alles gehört zum Komplex Leitbild und ist Voraussetzung für eine ethisch einwandfreie Unternehmensgesinnung – gleichzeitig aber auch unerläßliche Voraussetzung für eine pragmatische Operationalisierung guter Vorsätze. Die größte Gefahr für das Leitbild ist nicht der Charakter der philosophischen Utopie, sondern die häufig anzutreffende Praktikermentalität, daß es ausreicht, ein Leitbild zu "haben", und die mangelnde Beachtung, daß Leitbilder auch "leben" beziehungsweise gelebt werden müssen.

Mit dem abschließenden Maßnahmen- und Projektplan und den auf Jahresbasis heruntergebrochenen Teilzielen der langfristigen Unternehmensziele berührt das Leitbild die operative Ebene und damit auch das Operative Controlling.

Wenn Jahr für Jahr der Erfüllungsgrad der konkreten Jahresziele und Jahresmaßnahmen erfolgt, wenn also das unterjährige Operative Controlling dafür sorgt, daß die aus der Strategie abgeleiteten Teilziele erreicht werden, dann kann auch Jahr für Jahr mit folgenden Fragen eine totale Bestandsaufnahme der Unternehmensentwicklung vorgenommen werden:

- In welchem Umfang hat sich der momentane Ist-Zustand unseres Unternehmens im Sinn des Leitbilds bewegt?
- Wo haben wir, bezogen auf das Leitbild, Erfolge erzielt?
- Wo haben wir Ziele und Anforderungen des Leitbildes vernachlässigt oder nicht umgesetzt?
- Welche Aufgaben nehmen wir uns für das jeweils kommende Geschäftsjahr vor?

Dieser überjährige Plan-Ist-Vergleich der Unternehmensentwicklung mit dem Leitbild ist das überjährige "Strategische Controlling", die jährliche Umsetzung der einzelnen Losgrößen, die aus dem gesamten Leitbild herausgearbeitet werden. Die Verfolgung der Ergebnisse über zwölf Monate ist demgegenüber das Operative Controlling.

Die Einbeziehung der Mitarbeiter und die konkrete Berücksichtigung ihrer beruflichen Ziele in dem die Unternehmensentwicklung beschreibenden Leitbild stellen die Übereinstimmung von Unternehmens- und Mitarbeiterinteressen dar und wirken somit in höchstem Maß motivierend.

2.2.2 Weitere Instrumente zur Entwicklung von Unternehmenskultur

Das Leitbild stellt hohe Anforderungen an Weitsicht, Zielklarheit und unternehmerische Identität. Deshalb kann ein kulturprägendes – die Unternehmensphilosophie langfristig verbindlich kommunizierendes – Leitbild nicht ad hoc "aus dem Ärmel geschüttelt" werden. Die geistige Vorarbeit zu einem motivierenden Leitbild findet heute in aller Regel im Rahmen einer Strategie-Diskussion und Strategie-Entwicklung statt. Alle bekannten Instrumente der Strategie-Planung sind mehr oder minder gut geeignet, neben dem Material für die Aktions-Strategien auch Gedanken zur Unternehmensphilosophie und Unternehmenskultur zu liefern (siehe die entsprechenden Kapitel, z. B. Potentialanalyse, Strategische Bilanz oder die Portfolios). Wesentlich ist immer, daß auch qualitative Komponenten in die Instrumente einfließen. Kulturprägend wirken die Instrumente vor allem während des Prozesses ihrer Anwendung. Durch den dabei erfolgenden Diskussionsprozeß kommen wiederum Feed-back- und Feed-forward-Schleifen in Gang. Durch diese wird die Notwendigkeit einer Unternehmensphilosophie und der zumeist vorhandene Entwicklungsbedarf der Unternehmenskultur offensichtlich. Letztendlich kulminiert alles in einem Punkt: Ein strategisches Leitbild ist notwendig und muß leben, damit strategische Instrumente umgesetzt werden können und sie ihre Auswirkungen im operativen Tagesgeschehen haben. Das Leitbild ist immer im Zusammenhang mit den übrigen strategischen Instrumenten zu sehen und vice versa. Ist das Leitbild das bestimmende Instrument zur Entwicklung der Unternehmenskultur und wirkt es nur subsidiär als Basis für die weiteren strategischen Instrumente (Leitbild als Schnittstelle zwischen normativem und strategischem Management), so wirken die weiteren strategischen Instrumente nur subsidiär, praktisch als "Nebeneffekt" zur Entwicklung der Unternehmenskultur (nämlich durch den durch sie induzierten Diskussionsprozeß und durch die Umsetzung der durch sie veranlaßten Maßnahmen).

2.3 Aufgaben und Verantwortung des Controllers zur Entwicklung und Festigung der Unternehmenskultur

Die Entwicklung einer Unternehmenskultur aus einer konsensfähigen Unternehmensphilosophie heraus kann unmöglich die Arbeit eines einzelnen Mitarbeiters sein. Selbst ein Inhaber oder Alleingeschäftsführer könnte hier zwar eigene Gedanken entwickeln, er müßte jedoch in einem größeren Abstimmungsprozeß dafür sorgen, daß er von seinen Überlegungen eine ganze Mannschaft überzeugt beziehungsweise sie mit dieser abstimmt. Aus vielen Gründen ist deshalb die Formulierung einer Unternehmensphilosophie, die Gestaltung der Unternehmenskultur, die Entwicklung und Umsetzung dazu notwendiger Maßnahmen und Spielregeln immer eine Teamaufgabe für Verantwortungs- und Leistungsträger.

Daß wir im Zusammenhang mit Unternehmenskultur und wirtschaftlicher Existenzgrundlage des Unternehmens zweimal von einem Regelkreis sprechen, der unter dem Begriff "Controlling" subsumiert wird, zeigt nur, daß die Unternehmensentwicklung nach dem kybernetischen Prinzip der autonomen Gestaltung funktioniert.

2.3.1 Der Controller in der Rolle des Moderators im Prozeß der Kulturgestaltung

Die Abbildung 2.9 zeigt symbolisch, wie sich durch das Erarbeiten gemeinsamer Ziele und durch den Konsens in den Grundwerten eine einheitliche Unternehmenskultur und Vorgehensweise ergibt.

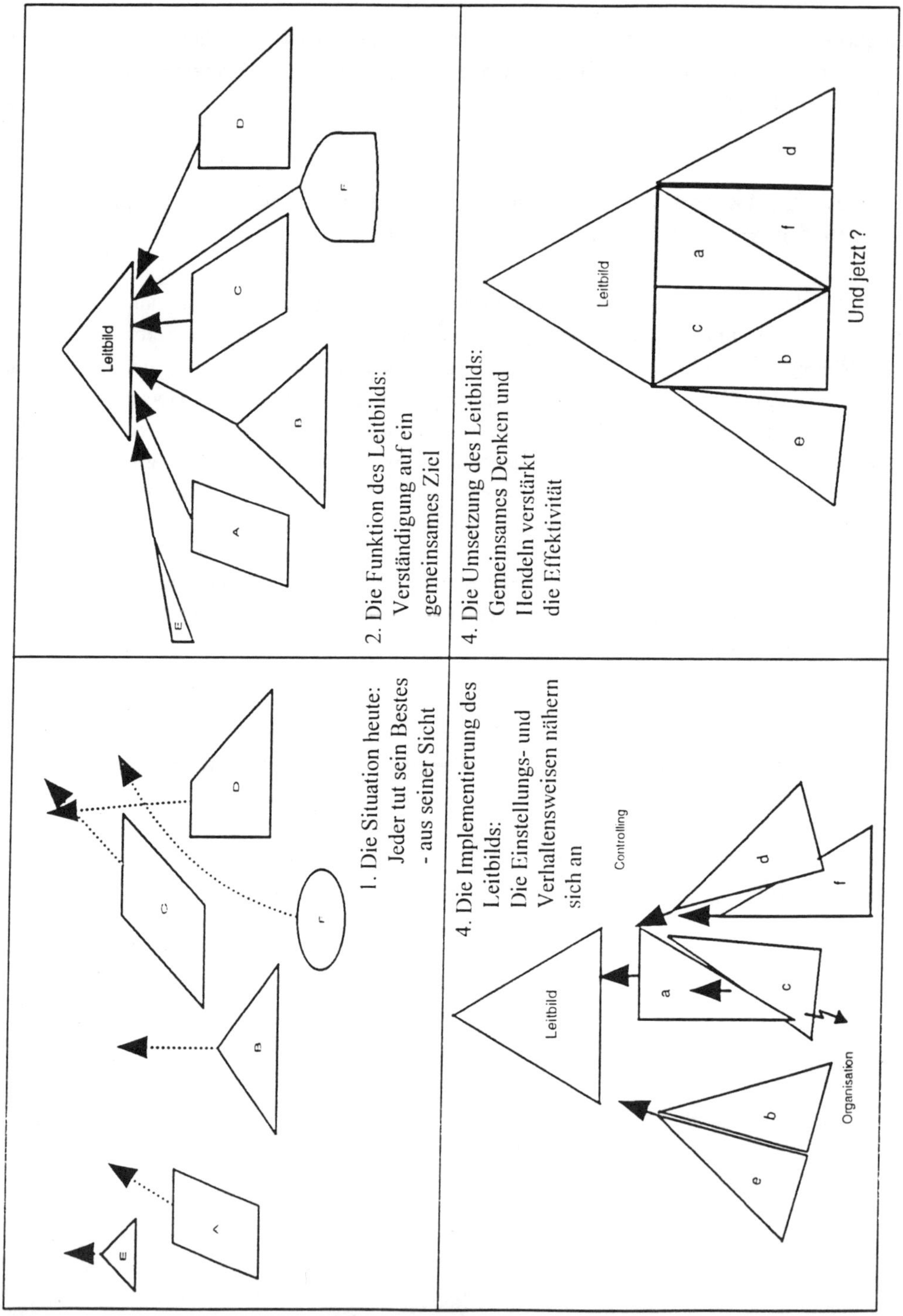

Abb. 2.9: Die Entwicklung einer einigenden Unternehmenskultur mit Hilfe der gemeinsamen Ausrichtung auf ein Leitbild

Ohne gemeinsames Unternehmensziel, ohne ein Leitbild, ohne geistige Prägung arbeiten die einzelnen Unternehmensteile und -abteilungen nach "bestem Wissen und Gewissen" vor sich hin – und jeder ist zu Recht der Meinung, das Beste für seinen Verantwortungsbereich und das gemeinsame Unternehmen zu tun.

Durch die Diskussion über Grundwerte und Ziele kanalisiert sich die Blickrichtung der Beteiligten, so daß ein erster Eindruck über Zielkonsens und Zielkonflikte deutlich wird. Auch unterschiedliche Philosophien und Werthaltungen kommen ins Gespräch, wenn Unternehmensteile in die Strategiediskussion eintreten.

In dieser Phase hat der Controller die Funktion, den Diskussionsprozeß einzuleiten und durch Moderationstechniken dafür zu sorgen, daß sich ein relativ konflikt- und störungsfreier Verständigungsprozeß ergibt. Im einzelnen könnte ein Controller folgende Aufgaben übernehmen:

- Problembewußtsein bei den Verantwortlichen dafür erzeugen, daß die Formulierung einer gemeinsam tragenden Unternehmensphilosophie und die damit verbundene Prägung der Unternehmenskultur für den Fortbestand des Unternehmens wichtig sind.
- Einen Konsens in der Unternehmensleitung darüber herbeiführen, daß ein solcher Prozeß zu einem bestimmten Zeitpunkt und mit einem bestimmten Aufwand (rund ein Jahr und fünf Klausuren á drei Tage) eingeleitet wird.
- Die Entscheidung darüber ableiten, daß die Entwicklung der Unternehmensphilosophie und Unternehmenskultur nicht Dritten übertragen, sondern zur Herausforderung an einen eigenen Meinungsbildungsprozeß genutzt wird.
- Der Controller kümmert sich um die Einführung der Grundzüge des strategischen Denkens im Unternehmen, er sorgt für Aufklärungsgespräche, -vorträge, -diskussionen, -seminare, um eine mentale Vorbereitung und Einstimmung von Führungskräften, Kollegen und Mitarbeitern zu erreichen. Der Prozeß zur Entwicklung einer eigenen Unternehmensphilosophie und die Realisierung der davon abzuleitenden Unternehmenskultur wird niemals ganz ohne Irritation, Konflikte und Schwierigkeiten abgehen. Deshalb ist es wichtig, daß der Moderator im Vorfeld der Erarbeitung ein hohes Maß an Übereinstimmung aller Beteiligten herbeiführt und daß ein solcher Prozeß gewollt ist und auch in schwierigen Phasen durchgestanden wird. Größer noch als die Gefährdung aus der Diskussion und Formulierung einer Unternehmensphilosophie ist die Bedrohung, die sich aus späteren Unbequemlichkeiten der Umsetzung, der Realisierung und der Controllingkonsequenz ergibt. Gerade die unter dem Aspekt "menschengerecht" gemachten Aussagen des Leitbilds stellen hohe Anforderungen an die Verhaltensnormen und die praktizierten Führungsspielregeln. Die Gefahr ist nicht wegzudiskutieren, daß in einer späteren Phase der Realisierung die notwendigen Selbstkontrollen und Kurskorrekturen unterbleiben, wenn von vornherein das gesamte Projekt zur Entwicklung und Umsetzung der Unternehmensphilosophie zu halbherzig oder nicht entschlossen genug angegangen worden ist.

Der Controller sorgt in der Phase der Diskussion und Entwicklung einer Unternehmensphilosophie für die Formulierung und Einhaltung wesentlicher Kommunikationsspielregeln:

- Tabu und Vertraulichkeit: Es wird verabredet, daß es keine Tabus gibt, daß aber Problemgespräche vertraulich behandelt werden. Wenn eine Unternehmensphilosophie auch schwerwiegende Probleme des Unternehmens lösbar machen will, dann muß zuerst die Unternehmensleitung lernen, auch über ihre ureigenen und unangenehmen Probleme zu reden.
- Fragen statt Sagen: Viele Probleme entstehen durch die Unfähigkeit des Zuhörens. 80% aller Probleme sind Mißverständnisse, weil durch Unterstellungen Aussagen gedeutet werden, ohne mit dem ursprünglichen Absender klärende Gespräche zu führen.
- Entscheidungen-Revision: Wird das Unternehmen als lebendiges, sich permanent bewegendes soziales System verstanden, dann ist Stillstand immer ein Verlust – und sei es nur einer an Zeit! Auch können im Sinn des Controlling nur Prozesse gesteuert werden, die sich in Entwicklung befinden. Entwicklungen entstehen aber nur durch Entscheidungen! Insofern ist eine vielleicht zunächst falsche Entscheidung immer noch besser als gar keine.
- Der Controller sorgt dafür, daß nach jeder Entscheidung auch Maßnahmen formuliert werden, die der "MOSES"-Analyse genügen: Es besteht gerade bei den "großen" Themen der Unternehmensphilosophie und Unternehmenskultur die Gefahr, daß Verabredungen und Maßnahmen zu komplex und zu pauschal formuliert werden. "Man sollte" oder "Wir müssen" sind häufig nur Postulate, die sich nicht realisieren lassen, weil sich letztendlich niemand zuständig fühlt. "Wenn nicht ich, wer sonst, wenn nicht jetzt, wann dann" – dieses Zitat, einem Rabbi in den Mund gelegt, bezeichnet, worum es geht: Maßnahme kommt von "Maß nehmen", das Angemessene tun, um ein Ziel zu erreichen. "Wer tut was mit wem bis wann mit welchem Ergebnis" ist die Mindestform, in der Maßnahmen formuliert sein müssen.

Die MOSES-Analyse prüft, ob die Maßnahme so operational formuliert ist, daß jeder weiß, was er zu tun hat, ob die Maßnahme wirklich sofort beginnen kann und ob sie wirklich effizient genug ist, um ein konkret gestecktes Ziel zu erreichen.

- Der Controller hat die Aufgabe, die Diskussions- und Beschluß-Klausuren zu organisieren, denn eine Unternehmens-Philosophie erfordert sehr viel Diskussionszeit in abgeschlossener Atmosphäre. Es empfiehlt sich, zu diesem Zweck ein entsprechendes Tagungshotel aufzusuchen.
- Der Controller sorgt für ein aussagefähiges Protokoll und dafür, daß alle Maßnahmenverantwortlichen von ihren Pflichten erfahren.
- Der Controller sorgt dafür, daß regelmäßig ein Check-up stattfindet, an dem die Umsetzung und der Realisierungsgrad von Beschlüssen und Maßnahmen überprüft werden.

Alles in allem ist der Controller dafür verantwortlich, daß der Prozeß zur Entwicklung und Umsetzung sinngebender Unternehmensziele läuft, daß Konsequenzen eingehalten und einmal eingeschlagene Wege auch tatsächlich begangen werden. Insofern ist der Controller der "gute Geist" für das Gelingen und das lebende "schlechte Gewissen" für den Fall, daß gute Vorsätze und Ziele nicht beachtet werden.

2.3.2 Das Zusammenspiel externer und interner Moderation zur Entwicklung von Synergie und Konsens in der Unternehmensführung

Den Strategieprozeß und die Entwicklung von Unternehmensphilosophie und Unternehmenskultur kann ein interner Moderator manchmal nicht allein bewältigen: Um in großen Gremien und mit Vorgesetzten konfliktbeladene Sitzungen zu moderieren, bedarf es einer immensen Selbstdisziplin und Gesprächskultur. Gerade bei mangelnder Übung und beim ersten Mal ist hier häufig die soziale Rolle und Akzeptanz des Controllers zu schwach: Er kann nicht mit der notwendigen Autorität moderieren, da er später mit allen Beteiligten im "normalen" Tagesgeschäft wieder zusammenarbeiten muß. Deshalb empfiehlt es sich – zumindest für die erstmalige Entwicklung der Unternehmensphilosophie und der dazu notwendigen Klärungsprozesse –, einen externen, neutralen Moderator einzuschalten, der im Zusammenspiel mit den internen Kollegen den Prozeß steuert.

Der externe Moderator leitet die Schlüsselszenen und moderiert Sitzungen, in denen die wichtigsten Verantwortungsträger ihre Grundsatzdiskussionen führen und ihre Beschlüsse fällen. Wesentliche Qualifikation des externen Moderators ist Methodenkompetenz und soziale Kompetenz. Er muß in der Lage sein, die Situation in absolut neutraler und souveräner Form zu moderieren, ohne einzelne Personen und Persönlichkeiten zu verletzen. Der Moderator muß auch bezüglich hierarchischer Unterschiede und fachlicher Schwerpunkte der Beteiligten neutral sein.

Da die wichtigsten gedanklichen Entwicklungsprozesse zur Festlegung einer Unternehmensphilosophie und zur Entwicklung der entsprechenden Unternehmenskultur nicht vorprogrammiert und geprobt werden können, da gruppendynamische Konsenseffekte immer auch mit Überraschungsmomenten verbunden sind, braucht der Moderator hohe Situationsintelligenz und die Fähigkeit, sehr schnell aus der Intuition heraus zu reagieren. Gelingt ihm das nicht, wird er schnell von den beteiligten Leistungsträgern als sozial inadäquat und als fachliche und zeitliche Behinderung erlebt, abgelehnt und verliert damit – und das meist in relativ kurzer Zeit – die fachliche und menschliche Kompetenz, einen solchen Prozeß zu moderieren.

Der interne Controller hat im Zusammenspiel mit einem externen Moderator die Möglichkeit, sich auf Teilaufgaben zu konzentrieren. Zunächst muß er den externen Moderator in die Entwicklung und auch in die subtilen inneren Beziehungen des Unternehmens einweihen.

Der interne Moderator sollte stärker die nach den Schlüsselklausuren beschlossenen Maßnahmen und Projekte koordinieren, die Check-ups vorbereiten und den gesamten Umsetzungsprozeß betreuen.

Das Zusammenspiel zwischen externem und internem Moderator im kleinen zeigt ein ähnliches Bild wie das Controlling selbst. So wie das Strategische und das Operative Controlling ineinandergreifen, so moderiert der externe Moderator die strategisch wichtigen Schlüsselszenen, der interne Controller moderiert im operativen Bereich die Projekte, koordiniert die spätere Umsetzung und moderiert gemeinsam mit dem externen Moderator die Controlling-Klausuren zur Fortschrittskontrolle und zur Steuerung der Umsetzungsmaßnahmen.

Im Verlauf der Zusammenarbeit kann es leicht vorkommen, daß der externe Moderator seinen "Vorsprung" langsam verliert, daß die Aura der externen Kompetenz und der Neutralität langsam verblassen, während der interne Moderator über die übernommene Aufgabe und die spürbar werdenden Erfolge an Autorität gewinnt und nach und nach die Prozeßbetreuung der Umsetzung von Konsequenzen der Unternehmensphilosophie übernimmt. Das wenigste, was der Controller als Prozeßbegleiter und interner Moderator erwarten darf, ist, daß in Zukunft die beteiligten Führungskräfte besser verstehen, was das (Operative) Controlling im wesentlichen will und wie das Rollenverständnis und Rollenverhalten zwischen einem Controller und den Ergebnisverantwortlichen ist. Es wird dann in Zukunft leichter sein, über das Konzept des Controlling und über die Rolle des Controllers differenziert zu diskutieren.

2.3.3 Verantwortung für die organisatorischen Konsequenzen – Konsistenz nach innen und Kontingenz nach außen

In diesem Kapitel ist mehrfach angeklungen, daß das Controlling **Klammerfunktion** hat, also eine organisatorische Aufgabe bewältigt. Es sorgt dafür, daß alle Handlungen des Unternehmens auf der Basis der Unternehmensphilosophie beruhen, daß der normativ definierten Wertebasis entsprochen wird. Ebenso hat das Controlling Sorge dafür zu tragen, daß alle operativen Tagesentscheidungen die strategische Grundausrichtung einhalten, bei deren Entwicklung es maßgeblich beteiligt ist. Das Controlling hat das Management dahingehend zu unterstützen und zu ergänzen, daß die Unternehmensstrategie permanent auf ihre Stimmigkeit mit den sich dynamisch ändernden Rahmenbedingungen zu überprüfen ist und es bei einer nachhaltigen und wesentlichen Änderung derselben zu Anpassungsmaßnahmen oder auch zu einer neuen strategischen Positionierung kommt. Damit hat der Controller eine integrierende Funktion in bezug auf die **Schnittstellenproblematik** Unternehmensumfeld/Unternehmen.

Das Management trägt unternehmensintern die Verantwortung dafür, daß die bestehende Unternehmenskultur der gewünschten – durch die Unternehmensphilosophie bestimmten – möglichst entspricht. Die Unternehmensstrategie, die festlegt, wie das Lebensziel des Unternehmens verwirklicht werden soll, baut zwar auf dieser Philosophie auf, definiert sich aber aus unternehmensexterner Sphäre. Wenn Strategie letztendlich bedeutet, daß das Unternehmen den Kundenbedürfnissen nachhaltig besser entspricht als die Konkurrenz, dann muß sie sich an diesen Kundenbedürfnissen und den umfeldbezogenen Rahmenbedingungen orientieren. Das heißt, daß sich das Unternehmen aus seinem Umfeld zu erklären hat und daß unternehmensintern solche Strukturen zu schaffen sind, die geeignet sind, daß die von der unternehmensexternen Sphäre her zu definierende Strategie auch verwirklicht werden kann. Mit anderen Worten ausgedrückt: Diese Forderung bedeutet, daß das Management Konsistenz nach innen **und** Kontingenz nach außen garantiert. Beides ist notwendig, gleichzeitig und gleichrangig, denn die Inhalte beider Begriffe hängen voneinander ab. Diese Forderung spannt wieder den Bogen zu den Forderungen zurück, die eingangs dieses Kapitels aus der Ethik und dem Gleichgewichtsmodell definiert wurden. Auch die wirtschaftsethischen Imperative und die korrespondierenden Ansprüche der Koalitionäre des Unternehmens sind annähernd gleichzeitig und gleichmäßig zu erfüllen.

Die **Controllingverantwortung** liegt darin, das Management bei der Wahrnehmung seiner Aufgaben zu ergänzen und zu unterstützen Damit bezieht sich diese Verantwortung auch auf die Sicherung der Konsistenz und Kontingenz. Controlling sorgt dafür, daß das Management gewährleistet, daß sich die normative Basis, also die Unternehmensphilosophie, aus der Ethik und die darauf aufbauende Unternehmensstrategie aus dem Umfeld erklärt (Kontingenz). Darüber hinaus müssen unternehmensinterne Strukturen ermöglichen, daß die Unternehmensphilosophie im Unternehmen ihre kulturelle Verankerung findet und die Unternehmensstrategie auch umgesetzt werden kann (Konsistenz).

Die Verantwortung des Controlling liegt daher nicht in der Verwirklichung der Begriffsinhalte von Konsistenz und Kontingenz, sondern darin, daß Konsistenz und Kontingenz vom Management getragen werden. Erfüllt das Management diese Aufgabe nicht, so hat das Controlling darauf hinzuwirken, daß vom Management entsprechende Maßnahmen getroffen werden. Jedenfalls muß das Controlling das Management darüber informieren, daß Handlungsbedarf besteht und welche Konsequenzen eine entsprechende Nichterfüllung für das Unternehmen hat. Spätestens wenn das Management diese Informationen vom Controlling bekommt, ist Verantwortung zum Handeln gegeben – und diese "Handlungsverantwortung" liegt eindeutig beim Management.

3 Strategieplanung

Werner Hoffmann, Wolfgang Klien, Martin Unger

Die Formulierung von strategischen Zielsetzungen und die Erarbeitung und Durchsetzung von Strategien zur Absicherung vorhandener und Schaffung neuer Erfolgspotentiale gehören zu den wichtigsten Managementaufgaben. Aus diesem Grund nehmen der Prozeß der Strategieentwicklung und die wichtigsten Instrumente und Methoden zur Aufgabenerfüllung in diesem Buch breiten Raum ein.

Die Beschreibung der Aufgabenstellung und der Instrumente und Methoden zur Aufgabenerfüllung ist nach den einzelnen Phasen des strategischen Controllingprozesses gegliedert – Unternehmens- und Umfeldanalyse, Strategiekonzeption, Bewertung und Quantifizierung von Strategien, Implementierung und strategische Überwachung. Besonderes Augenmerk wird weiters den Leistungsbeiträgen und Verantwortlichkeiten des Controllers bei der Ergänzung des strategischen Managements geschenkt.

3.1 Aufgabenstellung

3.1.1 Einleitung

In unserem dynamischen Zeitalter stehen Unternehmen nicht in einem stabilen oder kontinuierlichen Umfeld, sondern sehen sich insgesamt mit immer rascher werdenden Veränderungen, Umwälzungen und Diskontinuitäten konfrontiert. Risikobehaftete Umfeldentwicklungen wie Marktsättigungserscheinungen, Unternehmenskonzentrations- und Internationalisierungstendenzen, kürzer werdende Technologie- und Produktlebenszyklen sowie der sukzessive Wegfall von Wettbewerbsbarrieren sind typisch für die heutige Wettbewerbssituation und gefährden laufend Marktpositionen. Für jene Unternehmen, die diese Veränderungen möglichst früh antizipieren, können dadurch Chancen entstehen, indem die eigenen Stärken durch gezielte Strategien zum Aufbau neuer Wettbewerbsvorteile eingesetzt werden.

Nach dem Zweiten Weltkrieg gab es zwar auch Veränderungen, doch diese Entwicklungen verliefen langsamer und waren aufgrund weitgehend ungesättigter Märkte weniger gefährlich. Unter diesen Voraussetzungen war im allgemeinen ein weitgehend am Gewinn und an der Liquidität orientiertes operatives Management ausreichend.

Operative Informationen und Daten haben die Eigenschaft, daß sie erst die Auswirkungen von Veränderungen, nicht aber die tiefer liegenden Ursachen registrieren können. Unternehmensführung, die sich ausschließlich auf operative Daten stützt, wird die notwendigen Anpassungsschritte bei Umfeldänderungen zu spät treffen, wodurch die Existenz des Unternehmens ständig bedroht ist. Auch besteht die Gefahr, daß die operativen Daten das Unternehmen in einem falschen Licht erscheinen lassen, wenn operativ zwar noch ein zufriedenstellendes Ergebnis erzielt wird, die strategische Position des Unternehmens sich jedoch bereits erheblich verschlechtert hat. Eine weitere Folge fehlender strategischer Denkhaltung ist die falsche Reaktion auf Unternehmenskrisen: Unternehmen, die sich ausschließlich operativ orientieren, tendieren in Krisensituationen zum Ausbau und zur Perfektionierung der operativen Instrumente und vernachlässigen ihre strategische Positionierung.

Es ist häufig zu beobachten, daß sich Unternehmen zuviel mit internen Strukturen und Abläufen und zuwenig mit der Branchen-/Marktentwicklung und der Markt-/Wettbewerbsstellung des Unternehmens beschäftigen.

Aufgrund des spezifischen Informationsbedarfs ist das strategische Management auf eigenständige Informations- und Orientierungsgrundlagen angewiesen, die wesentlich stärker auf die Zukunft gerichtet sind und neben den betriebsinternen Daten auch Informationen aus der betrieblichen Außenwelt beinhalten. Damit kann die gegenwärtige Situation im Kontext des künftig zu erwartenden wettbewerblichen Umfelds analysiert werden – eine notwendige Voraussetzung für eine proaktive Strategieentwicklung.

3.1.2 Der Begriff des strategischen Managements

Lange Zeit wurde in der Betriebswirtschaft der Begriff der strategischen Planung mit langfristiger Planung gleichgesetzt. Erst in den letzten 20 Jahren wurde die langfristige Planung zur strategischen Planung und schließlich zum strategischen Management weiterentwickelt.

Die moderne Strategielehre ist wesentlich vom Strategiebegriff Gälweilers geprägt, der unter strategischer Führung "... die Suche, den Aufbau und die Erhaltung hinreichend hoher und sicherer Erfolgspotentiale unter Berücksichtigung der damit verbundenen langfristigen Liquiditätswirkungen" versteht (vgl. Gälweiler [Unternehmensführung], S. 28). Gälweiler stellt bei der Abgrenzung zwischen Strategie und Operation nicht auf die herkömmliche kurz-, mittel- und langfristige Unternehmensplanung ab, sondern rückt den Aufbau und die Erhaltung von Erfolgspotentialen in den Mittelpunkt des strategischen Managements. Operative Führung ist auf die unmittelbare Erfolgserzielung, auf die bestmögliche Realisierung der gegebenen Erfolgspotentiale ausgerichtet.

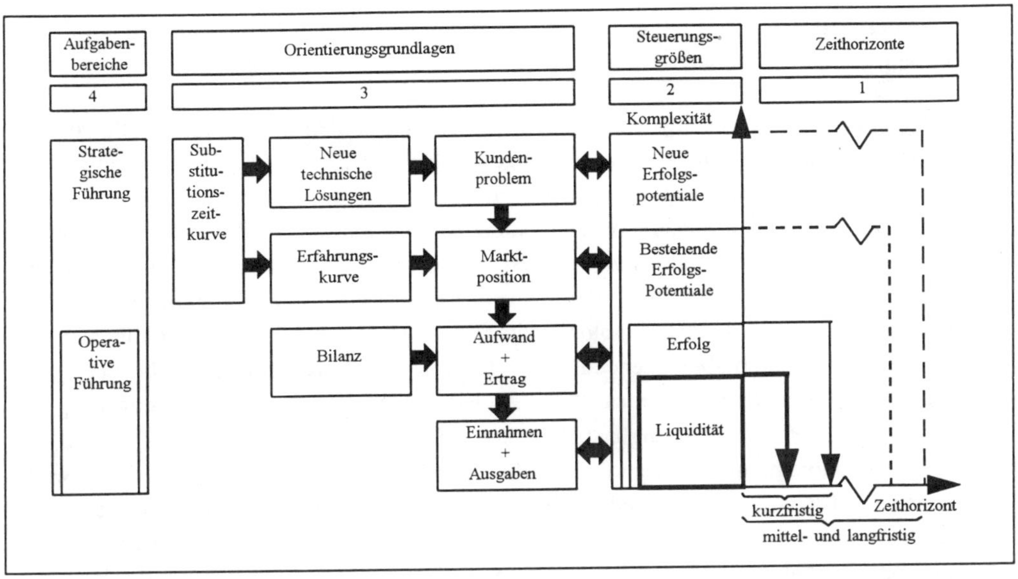

Abb. 3.1: Aufgabenbereiche der Unternehmensführung mit ihren Steuerungsgrößen und mit der zunehmenden Komplexität der jeweiligen Grundlage (vgl. Gälweiler [Unternehmensführung], S. 34)

Unter "Erfolgspotential" versteht Gälweiler alle produkt- und marktspezifisch erfolgsrelevanten Voraussetzungen, die spätestens zum Zeitpunkt der Erfolgsrealisierung vorhanden sein müssen. Dabei stehen der Aufbau und die Erhaltung von Marktpositionen – und damit die Schaffung neuer Produkte beziehungsweise Märkte – im Vordergrund.

Aufbau und Steuerung von Erfolgspotentialen stehen im Mittelpunkt der strategischen Unternehmensführung und ermöglichen eine systematische "Vorsteuerung" der für die operative Führung maßgebenden Steuerungsgrößen Erfolg und Liquidität. Daher gilt: Was an Erfolgspotentialen von der strategischen Führung nicht aufgebaut wird, kann von der operativen Führung auch nicht realisiert – in Gewinn und Liquidität transferiert – werden. Erfolgspotentiale sind somit Obergrenzen für den realisierbaren Erfolg, wobei sie nur Voraussetzung, nicht aber Sicherheit für spätere Erfolge schaffen.

Über Erfolgspotentiale können Wettbewerbsvorteile aufgebaut werden, die wiederum die nachhaltige Existenzfähigkeit des Unternehmens gewährleisten. Zentrale Notwendigkeit für Unternehmen ist die Entwicklung kreativer und tragfähiger Strategien, mit denen einzigartige und möglichst nachhaltige Wettbewerbsvorteile aufgebaut werden können.

Die Abbildung 3.1. illustriert die Orientierungsgrundlagen und Steuerungsgrößen der strategischen Unternehmensführung. Zentrale Zielsetzung jeder unternehmerischen Tätigkeit ist die Befriedigung von spezifischen Kundenbedürfnissen, wobei der Nutzen der Problemlösung aus Sicht des Kunden (ausgedrückt in dessen Bereitschaft, einen bestimmten Preis für die Problemlösung zu bezahlen) höher sein sollte als die Kosten der Leistungserstellung. Am

Beginn jeder strategischen Analyse muß daher die Frage nach der Zielgruppe und dem Kundenproblem stehen ("In which business are we really in?").

Die Möglichkeiten zur Lösung des adressierten Kundenproblems sind wesentlich von der technologischen Entwicklung auf dem jeweiligen Gebiet abhängig. Jede Technologie folgt in ihrer Entwicklung und Reifung einem S-förmigen Verlauf, der sogenannten Substitutionszeitkurve. Die Kurve veranschaulicht, daß jede neue Technologie am Beginn ihrer Entwicklung eine geringe Leistungsfähigkeit aufweist, im Zuge ihrer Weiterentwicklung eine alte Lösungstechnik verdrängt und im Verhältnis zum Ressourceneinsatz eine exponentielle Leistungssteigerung erfährt. Jede Technologie tritt allerdings im Lauf ihrer Entwicklung in eine Reifephase ein, die durch abnehmenden Grenznutzen weiterer Investitionen in die Leistungssteigerung der Technologie gekennzeichnet ist. Ein weiterer Sprung in der Steigerung der Qualität beziehungsweise Kostengünstigkeit der Lösung des Kundenproblems ist mit der etablierten Technologie nicht mehr möglich, die Technologie ist ausgereizt. Erst die Entwicklung neuer Technologien erlaubt die Erschließung neuer Leistungsdimensionen (Technologiesprung). Gerade der rechtzeitige Sprung von einer arrivierten zu einer neuen Produkt- oder Verfahrenstechnologie ist von enormer strategischer Bedeutung, da damit Erfolgspotentiale für die Zukunft geschaffen (oder verschlafen) werden.

Das Konzept der Substitutionszeitkurve ist eng mit der Erfahrungskurve verbunden, die den funktionalen Zusammenhang zwischen der kumulierten Erfahrung in der Anwendung einer Technologie und der relativen Kostenposition des Unternehmens zum Ausdruck bringt (für eine ausführliche Darstellung der Erfahrungskurve vgl. Punkt 3.2.3.3). Zeit- und Erfahrungsvorsprung bei der Anwendung von erfolgskritischen Technologien schaffen eine günstige relative Kostenposition und dadurch eine starke Position am Markt. Das verdeutlicht die enorme Bedeutung von Technologiesprüngen – die zu einer Neubestimmung der Markt- und Wettbewerbsposition führen – für die künftige Potentialausstattung von Unternehmen. Aus diesem Grund bewirken fundamentale Technologiesprünge häufig eine Neuordnung ganzer Branchen, da sie neuen oder nachrangigen Wettbewerbern die Chance geben, ihre etablierten Konkurrenten mit Hilfe neuer Technologien zu überrunden (man denke zum Beispiel an den Einfluß der Entwicklung der Halbleitertechnologie auf die Unterhaltungselektronikindustrie oder der Bio- und Gentechnologie auf die chemisch-pharmazeutische Industrie).

Die folgende Abbildung verdeutlicht den Zusammenhang zwischen Substitutionszeitkurve und Erfahrungskurve, also zwischen der Technologiebeherrschung und der relativen Kosten- und Marktposition:

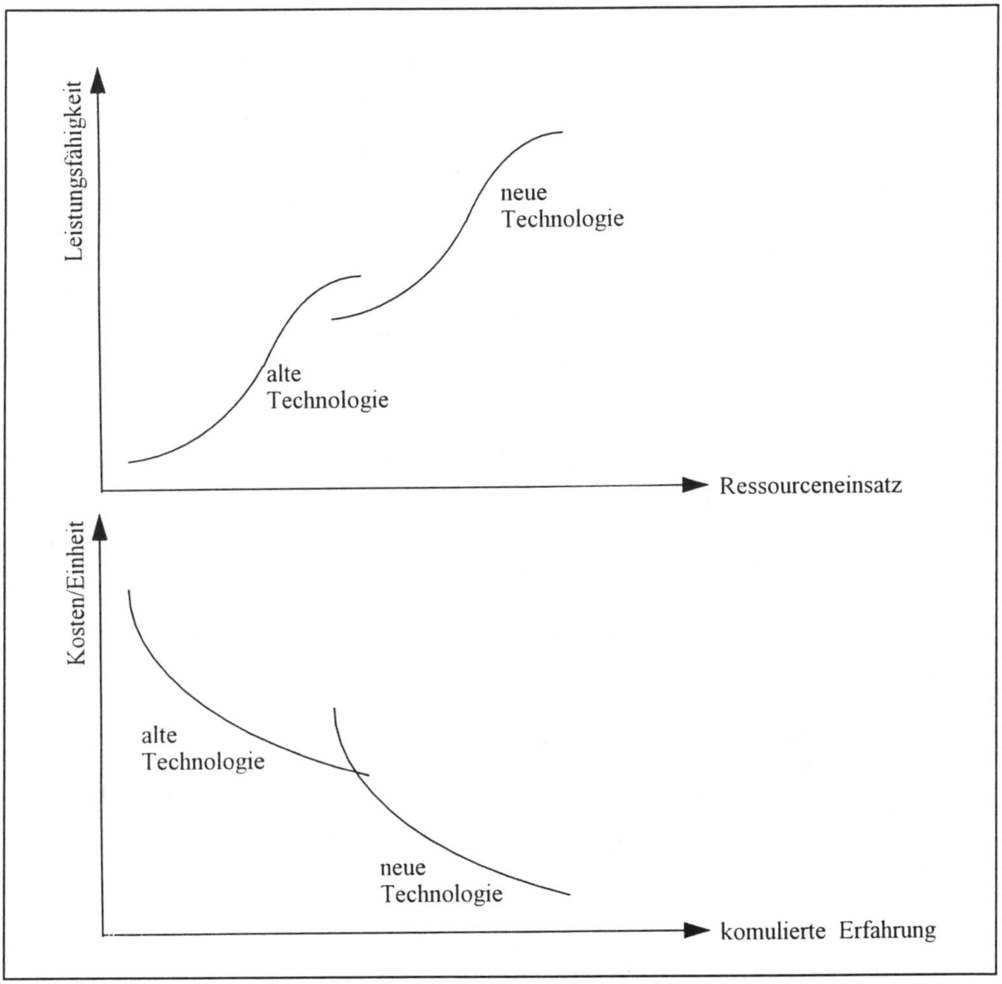

Abb. 3.2: Der Zusammenhang zwischen Substitutionszeitkurve und Erfahrungskurve

Die Kompetenz des Unternehmens zur Lösung des Kundenproblems in Verbindung mit der relativen Technologie- und Kostenposition determiniert die Markt- und Wettbewerbsposition, die als unmittelbare Vorsteuergröße der Rentabilität des Geschäfts anzusehen ist.

Im Rahmen der Strategieplanung sind im Unternehmen die traditionellen Denk- und Verhaltensweisen zu überprüfen und auf die neuen Bedürfnisse des relevanten Umfelds – insbesondere der Branche, in der es konkurriert – anzupassen. Dabei müssen die skizzierten Zusammenhänge zwischen Technologie-, Kosten- und Marktposition sowie der zu erwartenden Rentabilität des Geschäfts berücksichtigt werden. Im Mittelpunkt jeder Strategieentwicklung muß jedoch das Kundenproblem stehen.

Die Entwicklung einer Unternehmensstrategie besteht im wesentlichen darin, das Unternehmen in Beziehung zu seinem relevanten Umfeld zu setzen (vgl. Kreilkamp [Management], S. VI), indem Umfeld – Branche (Markt und Wettbewerb) – und interne Konfiguration des Unternehmens aufeinander abgestimmt werden. Analyse der Branchenstruktur und Erkennen der Branchendynamik sind deshalb von besonderer Bedeutung, weil dadurch die Spielregeln des Wettbewerbs begreifbar und zum Teil auch antizipierbar werden. Das Unternehmen beginnt sich selbst als Element eines komplexen Systems zu begreifen und löst sich von der ausschließlichen Selbstbetrachtung ("Nabelschau").

Hauptaufgabe der **strategischen Planung** ist es, die wirtschaftlichen, politischen, gesellschaftlichen und technischen Veränderungen und Entwicklungen zu erkennen und bei der zielgerichteten Bestimmung von künftigen Geschäftsfeldern oder Tätigkeitsfeldern zu berücksichtigen (vgl. Hammer [Unternehmungsplanung], S. 49). Strategien werden durch Veränderungen der Umfeldbedingungen beeinflußt. Sie geben die Richtung an, in die sich ein Unternehmen entwickelt, und bilden den Rahmen für nachfolgende Konkretisierung und Maßnahmenplanung. Strategien enthalten auch Aussagen darüber, in welcher Weise finanzielle und menschliche Ressourcen eingesetzt und welche Mittel und Wege zur Zielerreichung beschritten werden (vgl. Kreilkamp [Management], S. 4ff.).

Strategisches Management ist umfassender als strategische Planung und als Prozeß zu verstehen, der nicht nur die einmalige strategische Planung umfassen darf, sondern eine zukunftsorientierte, strategische Denkhaltung oder – weiter gefaßt – eine strategiekonforme Unternehmenskultur in allen Management- und Funktionsbereichen bewirken muß. Strategische Planung ist zwar das zentrale Element des strategischen Managements, aber eben nur ein wichtiger Teilbereich. Das Ziel des strategischen Managements liegt in der Schaffung und im Aufbau von möglichst stabilen, nachhaltigen und einzigartigen Wettbewerbsvorteilen durch strategiegeleitetes Handeln.

Im Gegensatz zum strategischen Management ist das **Marketing** durch eine Denkhaltung gekennzeichnet, die sich primär am Markt (vom Unternehmen bis zum Verbraucher) orientiert (vgl. Haedrich [Entwicklung], S. 175). Dabei wird in der Regel häufig die am Produkt orientierte Marketingperspektive in den Vordergrund gerückt. Marketing wird als primär vertriebsunterstützende Funktion betrachtet, was zur Isolierung der Marketingaktivitäten und zur Beschränkung der Marketingfunktionen auf kurzfristige Maßnahmen ohne strategische Perspektive führt (vgl. Henzler [Marketing], S. 86).

Unter **strategischem Marketing** versteht man vorwiegend Instrumentalstrategien für den kombinierten Einsatz des Marketing-Mix. Die strategische Marketingplanung wird häufig auf die Planung des Marketing-Mix beschränkt und losgelöst von der strategischen Unternehmensplanung gesehen, wobei Analyse und Einbeziehung der Wettbewerber in den Strategieprozeß meist ebenso zu kurz kommen wie die gesamtunternehmensbezogene Perspektive. Strategisches Management geht über das strategische Marketing hinaus und betrachtet alle Bereiche und Ressourcen des Unternehmens und des relevanten Umfelds einschließlich der Mitbewerber und des Markts. Im Unterschied zum strategischen Marketing stehen dabei die Stellung des gesamten Unternehmens im Wettbewerb und die Positionierung der einzelnen strategischen Geschäftsfelder im Vordergrund.

Das **strategische Controlling** hat die Aufgabe, die nachhaltige Existenzsicherung des Unternehmens zu gewährleisten (vgl. Mann [Praxis], S. 37). Strategisches Controlling bedeutet einerseits eine Denkhaltung ("strategisches Denken und Handeln") und andererseits die Errichtung einer Infrastruktur (Institutionen, Systeme, Instrumente, formalisierte Prozesse) zur Unterstützung des Strategieplanungs- und Strategiedurchsetzungsprozesses durch Informations- und Koordinationsleistungen. Ausgehend von der Strategiedefinition Gälweilers, wonach die Aufgaben der strategischen Führung im Aufbau und im Erhalten von Erfolgspotentialen unter Berücksichtigung der damit verbundenen Liquiditätswirkungen bestehen, muß das strategische Controlling Probleme und Zielabweichungen erkennen, bevor sie sich in operativen Zahlen niederschlagen. Operatives und strategisches Controlling greifen in einem vermaschten Regelkreissystem ineinander. Dadurch können die Auswirkungen strategischer Entscheidungen gezeigt und die Umsetzung der Strategien in die operative Planung und in die nachfolgende Ausführung der Maßnahmen sichergestellt werden.

3.1.3. Struktur und Ablauf des Strategieplanungsprozesses

3.1.3.1 Der Strategieplanungsprozeß im Überblick

Jeder Strategieplanungsprozeß gliedert sich in:

- Analysephase (Umfeld/Unternehmen)
- Konzeptionsphase
- Implementierungsphase/Erfolgskontrolle.

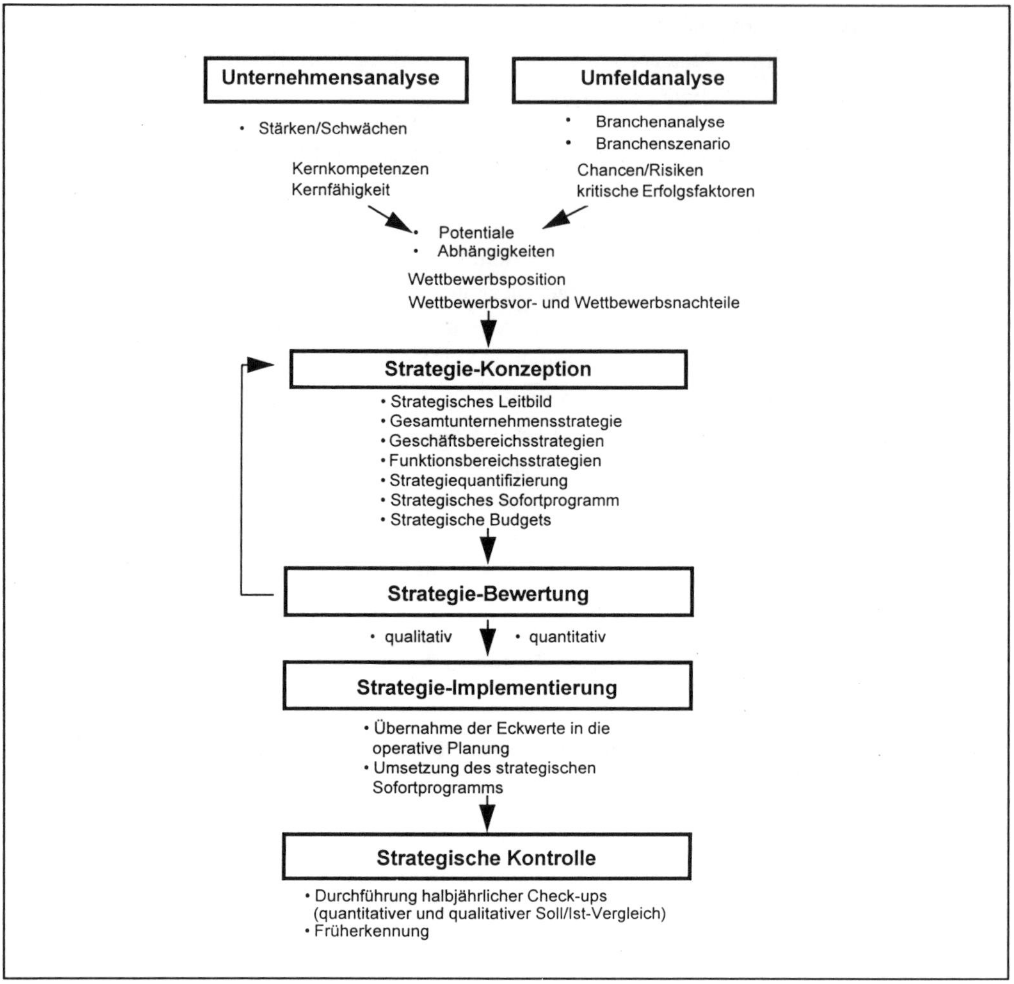

Abb. 3.3: Der Strategieplanungsprozeß im Überblick

Die Umfeldanalyse steckt den strategischen Handlungsraum mit seinen Chancen und Risken ab, während die Unternehmensanalyse feststellt, was das Unternehmen in Anbetracht seiner Stärken und Schwächen strategisch realisieren kann. Aus diesen Analysen kann die Wettbewerbsposition des Unternehmens mit seinen Wettbewerbsvorteilen und Wettbewerbsnachteilen abgeleitet werden.

Aufgabe der Strategiekonzeption ist es, ein strategisches Leitbild zu erarbeiten, die Gesamtunternehmensstrategie festzusetzen, Geschäftsbereichs-/Geschäftsfeld-Strategien und Funktionsbereichs-Strategien auszuarbeiten sowie ein strategisches Sofortprogramm und ein strategisches Budget zu erstellen.

Strategieimplementierung und Erfolgskontrolle sorgen für eine konsequente Umsetzung der Strategie. Das institutionalisierte strategische Controlling als organisatorische Verbindung zwischen Strategieplanung und strategischer Kontrolle kann Abweichungen oder Verzögerungen bei der Strategieumsetzung rechtzeitig erkennen und notwendige Steuerungsmaßnahmen einleiten.

3.1.3.2 Analyse des wettbewerblichen Umfelds

Die Umfeld- und Unternehmensanalyse kann in folgende Bereiche strukturiert werden (vgl. Kreilkamp [Management], S.74]:

- Analyse des globalen Umfelds (politische, gesellschaftliche, technologische, wirtschaftliche und ökologische Rahmenbedingungen)
- Analyse regulativer Gruppen (Kapitalgeber, Kammern und Verbände, Gewerkschaften, staatliche und überstaatliche Institutionen etc.)
- Branchenanalyse mit den Bereichen:

  Marktanalyse (Analyse der Marktentwicklung, des Kaufverhaltens, der Bedürfnisstruktur und der Verhandlungsstärke der Abnehmer)

  Wettbewerbsanalyse (Analyse der Wettbewerbsstruktur und der Wettbewerbsdynamik sowie Bedrohung durch neue Konkurrenten)

  Lieferantenanalyse (Verhandlungsstärke der Lieferanten)
- Unternehmensanalyse (Analyse der Leistungspotentiale des Unternehmens).

Aufgabe der Umfeldanalyse ist die Bestimmung der Wettbewerbsdeterminanten und der sie bestimmenden Kräfte, wobei wesentlich ist, von welchen aktiven Elementen die wichtigsten Impulse auf die Branche ausgehen, beziehungsweise welche Faktoren für die Branchenentwicklung verantwortlich sind und welche "Gesetzmäßigkeiten" in der Branche herrschen. Neben der Umfeld-Ist-Analyse ist eine Prognose zu erstellen, um die künftige Branchenentwicklung antizipieren zu können. Dadurch findet die Zukunftsorientierung der strategischen Planung ihren Ausdruck.

Aus der Umfeldanalyse können neben den Chancen und Risken der erwarteten Umfeldentwicklung auch die kritischen Erfolgsfaktoren abgeleitet werden, die aufzeigen, von welchen Faktoren der Erfolg eines Unternehmens in einem bestimmten Markt oder in einer bestimmten Branche abhängt.

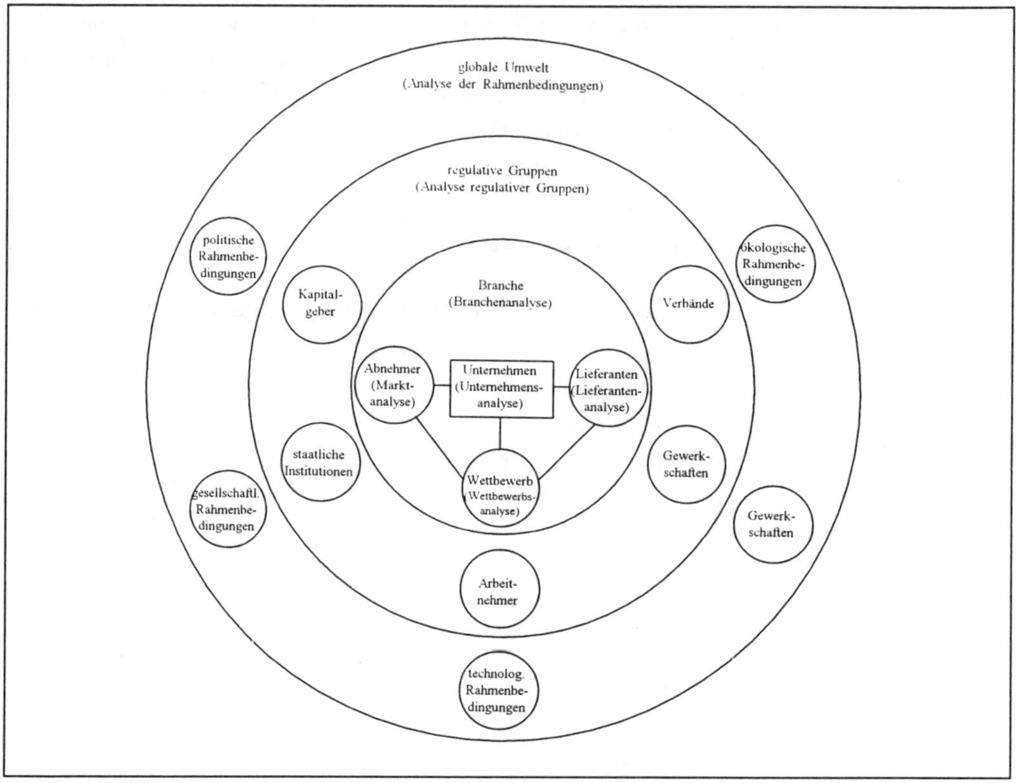

Abb. 3.4: Analysefelder der Unternehmens- und Umweltanalyse (vgl. Kreilkamp [Management], S. 74)

3.1.3.3. Die strategische Unternehmensanalyse

Die Aufgabe der Unternehmensanalyse besteht darin, aus der bisherigen Entwicklung des Unternehmens eine gesamtunternehmensbezogene Beurteilung der Leistungspotentiale und der Kernfähigkeiten des Unternehmens abzuleiten (vgl. Hammer [Unternehmungsplanung], S. 30).

Die strategische Unternehmensanalyse umfaßt vier Analysefelder:

1. **Analyse der strategischen Grundposition des Unternehmens**: Die Analyse der strategischen Grundposition umfaßt eine Bestandsaufnahme der Potentiale und Abhängigkeiten des Unternehmens sowie eine grundsätzliche Bewertung der Positionierung des Unternehmens im Wettbewerb. Sie bildet damit die Grundlage für die weiteren strategischen Analyseschritte und schafft die Voraussetzung für die Erarbeitung der künftigen Unternehmensstrategie.
2. **Analyse der Strategischen Geschäftsfelder (SGF)**: Unter einem Strategischen Geschäftsfeld versteht man einen isolierten Ausschnitt aus dem Leistungsprogramm eines Unternehmens – eine Produkt-/Markt-Kombination – mit eigenen Ertragsaussichten, eigenstän-

digen Marktaufgaben, Chancen und Risken, wofür voneinander relativ unabhängige eigenständige SGF-Strategien entwickelt und relative Wettbewerbsvorteile erzielt werden können. Dabei hat die spezifische und sinnvolle Aufteilung des Leistungsprogramms in einzelne SGF besondere Bedeutung. Das wichtigste Analyseinstrument ist die Portfoliotechnik.

3. **Analyse der Funktionsbereiche:** Da die Funktionsbereiche (Marketing, Materialwirtschaft, Personal etc.) einen wesentlichen Beitrag zur Strategieumsetzung leisten, müssen die Funktionsbereiche hinsichtlich ihrer Leistungen, Aufgabenbereiche, Systeme und Ressourcen analysiert werden. Ein wichtiges Analyseinstrument ist auch hier die Portfoliotechnik in Form von Personalportfolios, Materialwirtschaftsportfolios etc.; andere Instrumente sind vom jeweils untersuchten Funktionsbereich abhängig.

4. **Analyse der Wertschöpfungskette**: Die Gliederung des Unternehmens in "Wertaktivitäten" (Porter* [Wettbewerbsvorteile], S. 18) erlaubt es, jede einzelne Wertaktivität eines Unternehmens zu analysieren. Bei der Analyse sind primäre Wertaktivitäten, die sich mit der physischen Herstellung des Produkts und dessen Verkauf und Service befassen, und unterstützende Aktivitäten zu unterscheiden. Die Analyse der Wertkette erstreckt sich auch auf Lieferanten und Abnehmer und sollte auch für die wichtigsten Wettbewerber durchgeführt werden. Damit können Rationalisierungsmöglichkeiten in allen Funktionsbereichen des Unternehmens aufgedeckt und Entscheidungen über vertikale Integration (z. B. Make-or-buy-Entscheidungen) sowie über horizontale Kooperationen bei internationalen Unternehmen getroffen werden (z. B. Synergien durch Konzentration auf einzelne Wertschöpfungsstufen pro Niederlassung).

Im Zuge der strategischen Unternehmensanalyse werden die Stellung des Unternehmens in bezug auf die relevanten Markt- und Wettbewerbsbedingungen analysiert und die Stärken und Schwächen des Unternehmens herausgearbeitet. Durch die Verbindung von Umfeld- und Unternehmensanalyse kann die Wettbewerbsstellung des Unternehmens in der jeweiligen Branche bestimmt werden. Aus den Stärken und Schwächen werden die Wettbewerbsvorteile sowie die Kernkompetenzen und Kernfähigkeiten des Unternehmens abgeleitet – als Basis für die inhaltliche Strategiekonzeption.

3.1.3.4. Die Strategiekonzeption

Im Rahmen der inhaltlichen Strategieplanung ist die normative und strategische Grundhaltung des Unternehmens festzulegen und in einem Leitbild zusammenzufassen. Die normativen Ziele legen das Selbstverständnis und die grundsätzliche Werthaltung sowie das prinzipielle Marktauftreten fest.

---

*) Michael Porter (*1947) Professor an der Harvard Business School. Porter verknüpfte die Industrieökonomie mit betriebswirtschaftlichen Konzepten der Strategieentwicklung. Er ist ein Vertreter eines systematischen Analyseansatzes. Sein wesentlichstes Verdienst liegt in der Erarbeitung von Bezugsrahmen zur Branchen- und Wettbewerbsanalyse und zur strategischen Grundposition.

Das Selbstverständnis umfaßt Rechtsform, Eigentümerstruktur, Aktivitätsfelder, angestrebte Wettbewerbsstellung und Aktionsradius. Die Werthaltung muß in folgenden Bereichen präzisiert werden:

- Kapitalziele (z. B. langfristige Ertragsoptimierung)
- Mitarbeiterziele (z. B. Grundsätze der Personalentwicklung und der Karriereplanung)
- Umfeldziele (z. B. gesellschaftliche Verantwortung, ökologisches Bewußtsein etc.).

Die Prinzipien des Marktauftretens sind auf mehreren Ebenen zu konkretisieren:

- Kunden (z. B. Service-, Kundenorientierung)
- Absatzmittler und Absatzkanäle (z. B. Grundlagen zur Zusammenarbeit mit Großhandel, Einzelhandel, eigenen Filialen)
- Lieferanten (z. B. Einkaufsverhalten, Fairness)
- Mitbewerber (z. B. faires Wettbewerbsverhalten, Bereitschaft zu Allianzen und Kooperationen).

Wesentlich ist, daß sich aus dem Leitbild das eigentliche, maßgeschneiderte und einzigartige normative Selbstverständnis klar ergibt – Leitbilder sollten unverwechselbar und für das Unternehmen typisch sein.

Unter Berücksichtigung des normativen Selbstverständnisses und nach der Unternehmens- und Umfeldanalyse ist zunächst die Basisstrategie im Sinn einer strategischen Hauptstoßrichtung festzulegen. Dabei werden bestehende Wettbewerbsvorteile, Kernkompetenzen, Kernfähigkeiten und Ressourcenausstattung des Unternehmens herangezogen. Nach M. Porter können drei verschiedene Basisstrategien angewendet werden (vgl. Porter [Wettbewerbsstrategie], S. 62):

- Differenzierung
- Umfassende Kostenführerschaft
- Konzentration auf Schwerpunkte (Nischenstrategie).

Grundsätzlich kann ein Wettbewerbsvorteil nur in zwei Bereichen begründet werden: im höheren Wert für den Kunden oder in niedrigeren Kosten (vgl. Timmermann [Haupterfolgsfaktoren], S. 14). Porter unterscheidet daher die Strategie der Kostenführerschaft und die Strategie der Differenzierung.

Ziel der Kostenführerschaft ist es, einen umfassenden Kostenvorsprung gegenüber den Wettbewerbern zu erreichen.

Ziel der Differenzierung ist es, mit Produkten oder Dienstleistungen des Unternehmens einen zusätzlichen Wert zu schaffen, für den der Kunde eine entsprechende Preisprämie zu zahlen bereit ist.

Die Nischenstrategie besteht in der Konzentration eines Unternehmens auf die speziellen Bedürfnisse eines Segments innerhalb der Branche (= Marktnische), beispielsweise eine bestimmte Abnehmergruppe, ein Teil eines Produktprogramms oder ein geographisch abgegrenzter Markt. Die Nischenstrategie kann auf einer Strategie der Kostenführerschaft oder der Differenzierung aufsetzen, bezieht sich jedoch nur auf einen Teilmarkt.

Neben der Festlegung der Grundsatzstrategie (Basisstrategie) umfaßt die **Gesamtunternehmensstrategie** noch Festlegung der vorherrschenden Entwicklungsstrategie (Vielfalt versus Fokus), des angestrebten wirtschaftlichen Aktionsradius (Arealstrategie, Internationalisierungsstrategie) und der Gestaltung der Wertschöpfungskette (z. B. Optimierung der Wertschöpfungstiefe).

Auf der Grundlage der genannten Dimensionen der Gesamtunternehmensstrategie können detailliertere Strategiekonzepte für einzelne Geschäftsbereiche und Geschäftsfelder (Produkt-Markt-Kombinationen) sowie für Funktionsbereiche des Unternehmens erarbeitet werden.

Geschäftsfeld(SGF)-Strategien bilden die eigentlichen – spezifischen – Produkt-Marktstrategien je SGF: Mit welchen Produkten möchte das Unternehmen auf welchen Märkten präsent sein, und welche Wettbewerbsposition wird dabei angestrebt? Das Ziel liegt dabei immer im Aufbau oder im Halten von Wettbewerbsvorteilen bei einzelnen Produkten und Marktsegmenten. Hinter den SGF-Strategien steht die Notwendigkeit zur Optimierung des Geschäftsportfolios unter Investitions- und Ertragsgesichtspunkten aus Gesamtunternehmenssicht (Portfolio-Management).

Funktionsbereichsstrategien dienen der Konkretisierung der Unternehmensstrategie auf der Ebene einzelner betrieblicher Funktionsbereiche wie Marketing-, F&E-, Personal- oder Logistikstrategie. Die Funktionsbereichsstrategien stellen sicher, daß alle strategierelevanten Funktionsbereiche ihren Beitrag zur Umsetzung der Gesamtstrategie leisten, Rationalisierungspotentiale realisiert und zusätzliche Fähigkeitspotentiale aufgebaut werden.

Die Abbildung gibt einen abschließenden Überblick über die einzelnen Dimensionen der Strategiekonzeption:

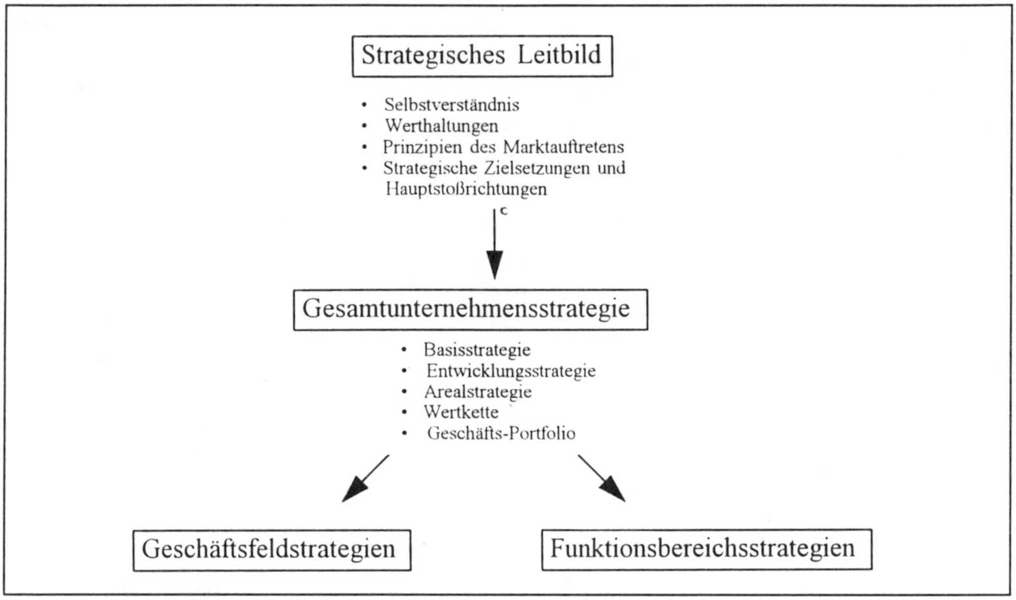

Abb. 3.5: Dimensionen der Strategiekonzeption

3.1.3.5 Strategiebewertung

Die Entwicklung von Strategien ist ein kreativer, schöpferischer Akt. In der Regel gibt es nicht eine "richtige" Strategie, sondern mehrere strategische Optionen, die jeweils spezifische Vor- und Nachteile aufweisen. Im Rahmen der Strategiekonzeption sind daher mehrere Strategievarianten auszuarbeiten und anschließend zu bewerten. Diese Beurteilung erlaubt es, die vorliegenden Strategieoptionen auf ihre Vorteile zu untersuchen und unter Berücksichtigung aller relevanten Einflußfaktoren die beste Strategieoption auszuwählen. Die Strategiebewertung steht dabei in enger, rückkoppelnder Beziehung zur Strategiekonzeption. Strategieformulierung und Strategiebewertung vollziehen sich häufig in Form iterativer Problemlösungsschleifen, die so lange durchlaufen werden, bis eine aus Sicht der Entscheidungsträger optimale Strategie erarbeitet wurde.

Die Strategiebewertung kann prinzipiell quantitativ und qualitativ erfolgen. Für die qualitative Bewertung strategischer Optionen sind folgende drei Dimensionen maßgeblich:

- **Interne Durchführbarkeit:** Die interne Durchführbarkeit von Strategien ist anhand der erforderlichen internen Fähigkeiten und Ressourcen sowie der zu erwartenden Akzeptanz bei den Mitarbeitern zu prüfen.
- **Stimmigkeit:** Unter Stimmigkeit versteht man die Widerspruchsfreiheit zwischen den einzelnen Strategiedimensionen (z. B. zwischen zwei SGF-Strategien oder der Marketing- und der Personalstrategie): **Intra-Strategie-Fit**, Übereinstimmung (Konsistenz) zwischen der geplanten Strategie, der Struktur, der Kultur und den Führungssystemen des Unter-

nehmens – **Konfigurations-Fit** – **Unternehmens-Umfeld-Fit,** Übereinstimmung (Kontingenz) der gewählten Strategie mit dem unternehmerischen Umfeld.

- **Risiko:** Die grundsätzliche Problematik der Strategieplanung, trotz hoher Komplexität und Unsicherheit definitive Entscheidungen über die Gestaltung der Unternehmenszukunft treffen zu müssen, führt zwangsläufig zur Bewertung der Risikoexponiertheit von Strategien. Dazu dienen Verfahren wie die Sensitivitätsanalyse, die Risikoanalyse und die Entscheidungsbaumanalyse. Im Vordergrund dieser Bewertung steht nicht die exakte "Errechnung" von Risikoerwartungswerten, sondern die bewußte Auseinandersetzung mit den strategieimmanenten Risken und mit den Eintrittswahrscheinlichkeiten strategierelevanter Ereignisse.

Als Vorteil der qualitativen Bewertung erweist sich, daß sich einzelne Dimensionen der Strategieplanung einer Quantifizierung weitgehend entziehen. Dem steht der Nachteil der mangelnden Eindeutigkeit und Objektivität gegenüber. Eine weitverbreitete Möglichkeit zur (scheinbaren) Kombination der Vorteile der quantitativen und der qualitativen Bewertung strategischer Alternativen sind Punktwertverfahren (Scoring-Modelle). Sie weisen allerdings den Nahteil auf, daß sowohl durch die Wahl als auch durch die Gewichtung der Bewertungskriterien sowie durch die Punktevergabe selbst die Bewertungsergebnisse stark beeinflußt werden können. Die Objektivität und die quantitative Eindeutigkeit der Bewertung wird lediglich vorgetäuscht, in vielen Fällen handelt es sich bei den Bewertungsergebnissen um die Scheinlegitimation bereits vorgefaßter Meinungen.

Neben der mangelnden Objektivität und Eindeutigkeit haben qualitative Bewertungen und Scoring-Verfahren den Nachteil, keine ausreichende Basis für die Dotierung strategischer Budgets und für die Vorgabe von Eckwerten für die operative Mittel- und Kurzfristplanung zu liefern. Die Konkretisierung der Unternehmensplanung zwingt dazu, qualitative Planungsinhalte in Form von Geldwerten zu quantifizieren (Umsetzung von Sachziel- in Formalzielplanung). Diese monetäre Bewertung von Sachzielen und Maßnahmenplänen muß bereits im Rahmen der Strategieplanung stattfinden, um die Auswirkungen von Strategien auf die künftige Ertrags- und Liquiditätssituation des Unternehmens abschätzen zu können. Dies unterstreicht den Bedarf an Methoden zur Quantifizierung von Strategien im Sinn einer Prognose der – aufgrund eingeschlagener Strategien – zu erwartenden Cash-Flows beziehungsweise Rentabilitäten.

Wegen des längeren Betrachtungszeitraums bietet sich die Zahlungsstrombetrachtung anstelle der kalkulatorischen Betriebsergebnisrechnung an. Zur Unterstützung der quantitativen Strategiebewertung kann einerseits die **PIMS-Datenbank** eingesetzt werden, die die Bestimmung der zu erwartenden Rentabilitäten in Abhängigkeit von strategierelevanten Parametern erlaubt (wie relativer Marktanteil, relative Qualität aus Kundensicht, Investitionsintensität etc.). Andererseits ermöglicht das Instrument der **Wertsteigerungsanalyse** die strategiebasierte Abschätzung von Zahlungsströmen für die "Lebensdauer" der Strategie sowie des Residualwerts des Unternehmens nach dem Planungshorizont als Basis zur Bestimmung des "strategischen Unternehmenswerts" beziehungsweise des Eigentümerwerts des Unternehmens. Mit Hilfe von empirischen Befunden über den "gesetzmäßigen" Zusammenhang von (angestrebten) Markt- und Wettbewerbspositionen und der Rentabilität von Geschäften aus der PIMS-Datenbank und der – im Idealfall darauf aufbauenden – Abschätzung des Ertragswerts der Strategie (und damit des Unternehmens beziehungsweise des entsprechenden Unternehmensteils) kann eine monetäre Bewertung von Strategieoptionen erfolgen, die es nicht nur erlaubt, die vorteilhafteste Alternative auszuwählen, sondern auch die Grundlage für die strategische Budgetierung und die Umsetzung der Strategieplanung in die operative Planung schafft.

Die folgende Abbildung gibt einen abschließenden Überblick über die unterschiedlichen Dimensionen der Strategiebewertung:

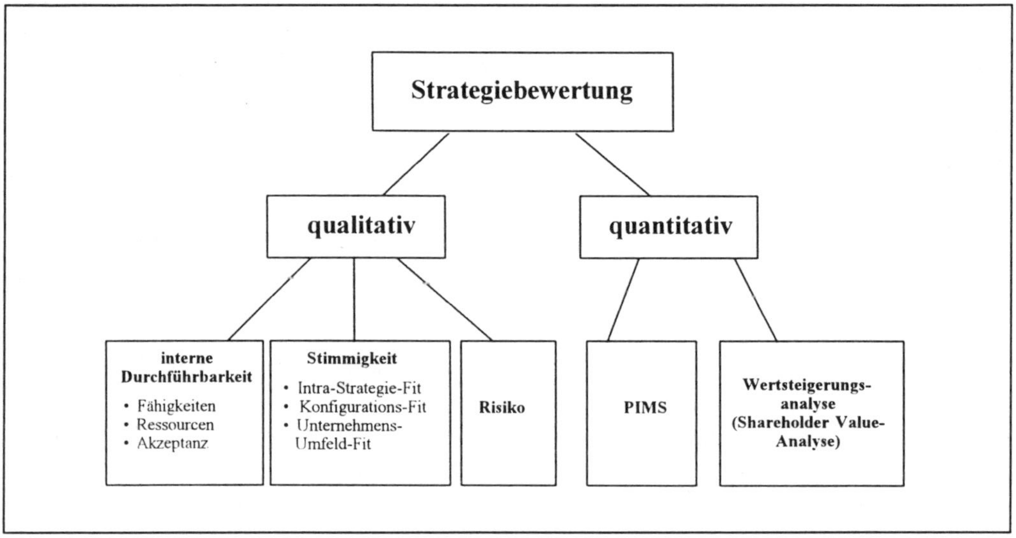

Abb. 3.6: Die Dimensionen der Strategiebewertung

3.1.3.6 Strategieimplementierung und strategische Kontrolle

In der Konzeptionsphase sind die Voraussetzungen für die Implementierung und die Durchsetzung der Strategien zu schaffen. Dazu zählen einerseits die Konkretisierung, die Operationalisierung und die laufende Aktualisierung von Maßnahmen zur Strategieumsetzung (Maßnahmen-Controlling) sowie die Bereitstellung der für die Durchführung notwendigen Ressourcen (Dotierung entsprechender strategischer Budgets als Basis für ein Budget-Controlling). Andererseits ist in der Analyse- und in der Konzeptionsphase durch Einbeziehen der (für die Strategierealisierung) verantwortlichen Führungskräfte sicherzustellen, daß ein ausreichendes Ausmaß an Identifikation mit den verabschiedeten strategischen Zielen und Strategien und genügend Motivation zur zügigen Strategieumsetzung vorhanden sind. Nur durch angemessene Partizipation an der Strategieentwicklung, umfassende Kommunikation der erarbeiteten strategischen Ziele und Strategien sowie durch Delegation von Verantwortung zur

Strategieumsetzung und Schaffen entsprechender Freiräume können günstige Voraussetzungen für eine erfolgreiche Strategierealisierung entstehen (vgl. Rufer; Wüthrich [Grundfragen], S. 64).

Strategieentwicklung darf nicht isoliert betrieben werden, sondern nur im Spannungsfeld mit der Unternehmensstruktur und Unternehmenskultur. Daher muß die Struktur (Konfiguration) des Unternehmens parallel zur Strategieumsetzung an die geänderte Strategie angepaßt werden ("structure follows strategy"). Schwieriger als die Anpassung der Unternehmensstruktur gestaltet sich regelmäßig die gezielte Veränderung der Unternehmenskultur, um den "Fit" mit einer neuen Strategie herzustellen. Dafür muß vielfach bereits parallel zur Strategieentwicklung ein Organisationsentwicklungsprozeß initiiert werden. Am erfolgversprechendsten erscheint die Integration der Organisationsentwicklung in den – am besten breit getragenen, partizipativen – Strategieentwicklungsprozeß, um nach der Realisierung der Strategie ein strategiekonformes Verhalten aller Führungskräfte zu gewährleisten. Zur organisatorischen Abwicklung empfiehlt sich die Kombination von Strategieklausuren (Workshops) und Kleinarbeitsgruppen für die Detailanalyse und die Detailkonzeption, die mit der folgenden Abbildung illustriert wird:

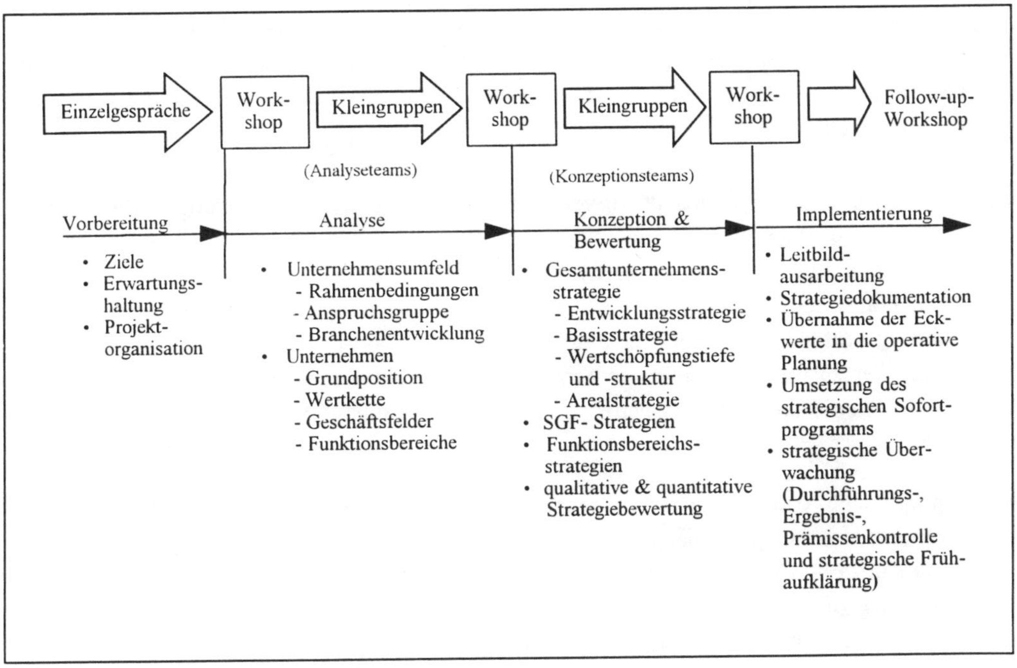

Abb. 3.7: Chronologischer Ablauf des Strategieplanungs- und Strategieimplementierungsprozesses

Am Beginn des Prozesses steht die **Vorbereitungsphase**, in der Ziele, Erwartungshaltungen und Projektorganisation zu klären sind.

Die inhaltliche **Analysephase** wird am besten im Rahmen einer ersten gemeinsamen Strategieklausur (Kick-off-Workshop) gestartet, in der die grundsätzliche Unternehmens- und Umfeldanalyse (Ausgangsanalyse) erarbeitet wird. Anschließend kann in Kleingruppen die Analysearbeit detailliert und vervollständigt werden. Die Ergebnisse werden im Rahmen eines zweiten Workshops präsentiert und diskutiert, um daraus die strategischen Implikationen abzuleiten.

Nachdem in der gemeinsamen Klausur die Hauptstoßrichtungen der **Konzeptionsarbeit** abgesteckt wurden, erfolgt in Kleingruppen die detaillierte Konzeptionsarbeit. Die Ergebnisse sowie eine Bewertung der bestehenden Optionen aus Arbeitsgruppensicht werden ins Plenum eingebracht. In dieser dritten Strategieklausur werden strategische Hauptstoßrichtungen auf Unternehmens-, Funktionsbereichs- und Geschäftsfeldebene festgelegt und ein erstes Maßnahmenprogramm zur **Strategieumsetzung** (strategisches Sofortprogramm) verabschiedet.

Im Anschluß an den dritten Workshop können die einzelnen Strategiebausteine fertiggestellt und das Strategische Leitbild ausformuliert werden, das als Orientierungsgrundlage zur Sicherstellung eines strategiekonformen Verhaltens im Unternehmen dient. Die Eckpfeiler der Strategie und das künftige Selbstverständnis und das Marktauftreten des Unternehmens müssen an alle Funktions- und Hierarchiebereiche kommuniziert werden, denn nur kommunizierte Strategien können auch gelebt werden. In diesem Zusammenhang bietet es sich beispielsweise an, Leitsätze ("Guiding Beliefs") herauszuarbeiten, die die Kommunikation der Strategien erleichtern.

Jede erfolgreiche Strategieumsetzung verlangt aufgrund der zu überwindenden Barrieren – Eckhardt unterscheidet zwischen Fähigkeits-, Informations-, Motivations- und Organisationsbarrieren (Eckhardt [Strategie], S. 95ff.) – nach sichtbarer Selbstverpflichtung (commitment) und nach Förderungsimpulsen seitens der Unternehmensleitung. Das persönliche Verhalten der Führungskräfte muß Vorbildfunktion erfüllen. "Symbolische Handlungen" betonen die Bedeutung der zu implementierenden Strategie oder Struktur für die Unternehmenszukunft, um eine Missionierung der Mitarbeiter in bezug auf die strategischen Unternehmensziele zu erreichen.

Es empfiehlt sich, einen Strategie-Ausschuß zu institutionalisieren, der die Durchsetzung der verabschiedeten Strategien überwacht. In diesem Ausschuß, der in periodischen Abständen (z. B. halbjährlich) zusammentritt, sollten alle Führungskräfte mitwirken, die einen wesentlichen Beitrag zur Strategieumsetzung leisten. Hauptaufgaben sind die Durchführungs-, Ergebnis- und Prämissenkontrolle der verabschiedeten Strategien sowie die Diskussion schwacher Signale (Früherkennung).

Der Strategie-Ausschuß wird damit zu einem zentralen Bestandteil des Maßnahmen- und Budgetcontrolling auf strategischer Ebene. Im Rahmen des Maßnahmen-Controlling werden laufend Maßnahmen zur Strategieumsetzung in operationalisierter Form verabschiedet und auf Durchführung und auf erzielte Ergebnisse kontrolliert. Durch das Budgetcontrolling werden die Mittel zur Finanzierung der Strategien disponiert und ihre Einhaltung überwacht. Die Maßnahmen zur Strategieumsetzung und die strategischen Budgets zu ihrer Finanzierung sind wichtige Schnittstellen der Strategieplanung zur operativen Planung und Steuerung, da sie die Umwandlung von strategischen Sollvorstellungen in operative Ziele ermöglichen.

Durch die Prämissenkontrolle (Überprüfung der den Strategien zugrundeliegenden Annahmen) und die Diskussion schwacher Signale übt der Strategieausschuß auch eine Feedforward-Kontrolle aus, die – sofern notwendig – einen Strategieanpassungsprozeß auslösen kann.

3.2 Instrumente zur Aufgabenerfüllung

3.2.1 Möglichkeiten und Grenzen der strategischen Gestaltung

Bevor die einzelnen Instrumente der Umfeld- und Unternehmensanalyse vorgestellt werden, erscheint es notwendig, die Bedeutung des systemtheoretischen Gedankenguts für die strategische Unternehmensführung hervorzuheben und vor diesem Hintergrund die Möglichkeiten und Grenzen der strategischen Gestaltung zu beleuchten. Gerade in der Strategieentwicklung, die eine Vielzahl von internen und externen Faktoren berücksichtigen muß und das primäre Ziel hat, die "Ganzheit" des Systems zu begreifen, um gezielte Steuerungsmaßnahmen abzuleiten, kann der systemtheoretische Ansatz einen wesentlichen Beitrag für ein besseres Problemverständnis liefern. Vor allem der Ansatz des vernetzten, ganzheitlichen Denkens stellt einen fruchtbaren gedanklichen Bezugsrahmen zur Bewältigung strategischer Analyse- und Planungsaufgaben dar.

Bei der Umfeld- und Branchenanalyse und in der Strategiekonzeption gibt es eine Menge von Faktoren, die untereinander in Beziehung stehen und sich wechselseitig beeinflussen. Um mit den verabschiedeten Strategien die angestrebten Ziele tatsächlich erreichen zu können, ist es notwendig, diese Interdependenzen im Zuge der Analyse sichtbar zu machen und im Rahmen der Strategieplanung zu berücksichtigen. In einem vernetzten System kommt es weniger auf die Einzelbereiche als auf die Beziehung zwischen ihnen an (vgl. Vester [Neuland], S. 19).

Vernetztes Denken ist ein Ansatz, der nicht aus der Betriebswirtschaft, sondern aus naturwissenschaftlichen Theorien (Biologie, Physik, Systemtheorie etc.) kommt. In der Betriebswirtschaft haben sich besonders unter anderem Probst/Gomez ausführlich mit diesem systemtheoretischen Ansatz auseinandergesetzt (vgl. Probst; Gomez [Systemdenken], S. 179ff.). Nach ihren Untersuchungen wird in Unternehmen im Umgang mit komplexen Problemsituationen eine Reihe von Denkfehlern begangen, die dazu führt, daß die Probleme nicht befriedigend gelöst werden können (vgl. Probst; Gomez [Denken], S. 6ff.):

"Probleme sind objektiv gegeben und müssen nur noch klar formuliert werden."

Probleme sind in der Regel nicht objektiv abgrenzbar oder faßbar, sondern können vom Beobachter nur beschrieben, niemals aber in ihrer Wirklichkeit erfaßt werden.

"Jedes Problem ist die direkte Konsequenz einer einzigen Ursache."

Man ist gewohnt, in einfachen kausalen Ursache-Wirkung-Beziehungen zu denken. Zur Problemlösung in vernetzten, komplexen Systemen ist diese Betrachtung jedoch völlig ungeeignet.

"Um eine Situation zu verstehen, genügt eine Photographie des Ist-Zustands."

Diese Sichtweise nimmt keine Rücksicht auf Entwicklungen und Wechselwirkungen im Zeitablauf, wodurch auch die Dynamik komplexer Systeme nicht erfaßbar wird.

"Verhalten ist prognostizierbar, notwendig ist nur eine ausreichende Informationsbasis."

Obwohl Informationen Unsicherheit beseitigen können, liegt es im Wesen komplexer Situationen, daß Unsicherheit sich auch durch höchsten Informationsstand nicht zur Gänze beseitigen läßt.

"Problemsituationen lassen sich beherrschen, es ist lediglich eine Frage des Aufwands."

Nur einfache Systeme sind vollständig beherrschbar, nicht aber komplexe Systeme mit ihrer Eigendynamik und Selbstorganisation.

"Ein Macher kann jede Problemlösung in der Praxis durchsetzen."

Die Unternehmensführung tendiert dazu, die Durchsetzungsproblematik als Kern der Problemlösung anzusehen. Die Eigenaktivitäten und die Reaktionen des Systems werden dabei vernachlässigt. Häufig werden nur Symptome beseitigt, ohne die problemverursachenden Strukturen und Prozesse anzutasten.

"Mit der Einführung einer Lösung kann das Problem endgültig ad acta gelegt werden."

Vernetzte Systeme reagieren auf jede Beeinflussung mannigfaltig und unvorhersehbar. Daher verändert sich mit jedem Problemlösungsschritt auch die Grundlage des weiteren Problemlösungsprozesses. Endgültige Problemlösungen sind starr, unsensibel und geschlossen und verhindern harmonische Weiterentwicklungen der Systeme und ihrer Umwelten.

Probst/Gomez legen zur Vermeidung der angeführten Denkfehler sieben Schritte zur ganzheitlichen Lösung komplexer Probleme vor, die sich hervorragend auf die Analyse und Planung strategischer Sachverhalte anwenden lassen. Obwohl diese Schritte – aufeinander aufbauend – als logische Abfolge erscheinen, müssen sie als Netzwerk gesehen werden, in dem jeder Teilschritt jeden anderen beeinflußt.

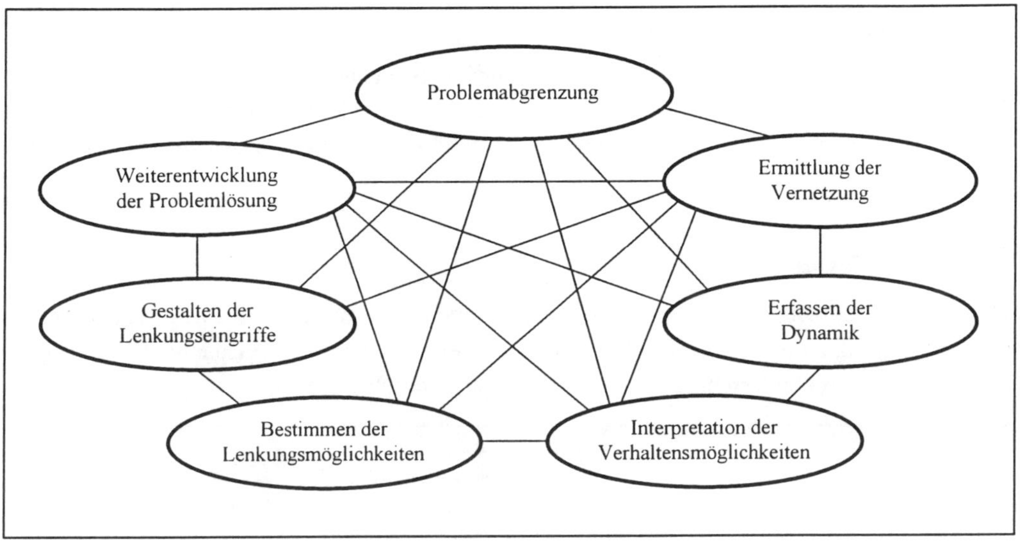

Abb. 3.8: Die Problemlösungsmethodik – ein vernetztes System (vgl. Probst; Gomez [Denken], S. 17)

1. Schritt: Abgrenzung des Problems

Vor der Problemabgrenzung müssen Zweck und Funktionen des Systems aus der Sicht der Interessengruppen definiert werden. Das Ergebnis der Abgrenzung ist eine Aufstellung aller wesentlichen Systemelemente (Einflußfaktoren).

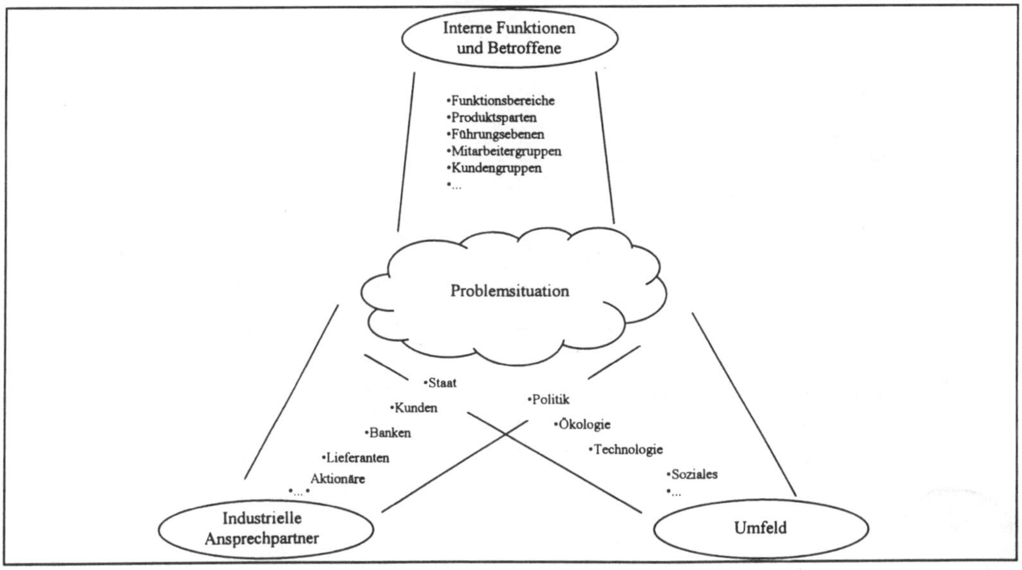

Abb. 3.9: Abgrenzung der Problemsituation (vgl. Probst; Gomez [Methodik], S. 10)

2. Schritt: Ermittlung der Vernetzung

Die einzelnen Einflußfaktoren werden zueinander in Beziehung gesetzt und verknüpft. Die Darstellung erfolgt mit Pfeilen in einem Netzwerk, wobei die Beeinflussung mit den Symbolen "+" (bei gleichgerichteter Beeinflussung) und "-" (bei entgegengesetzter Beeinflussung) gekennzeichnet wird.

3. Schritt: Erfassung der Dynamik

Um den unterschiedlichen Reaktionszeiten der Interdependenzen Rechnung tragen zu können, wird der Zeitfaktor in eine kurz-, eine mittel- und eine langfristige Zeitspanne differenziert, die graphisch durch unterschiedlich dicke Pfeile dargestellt werden.

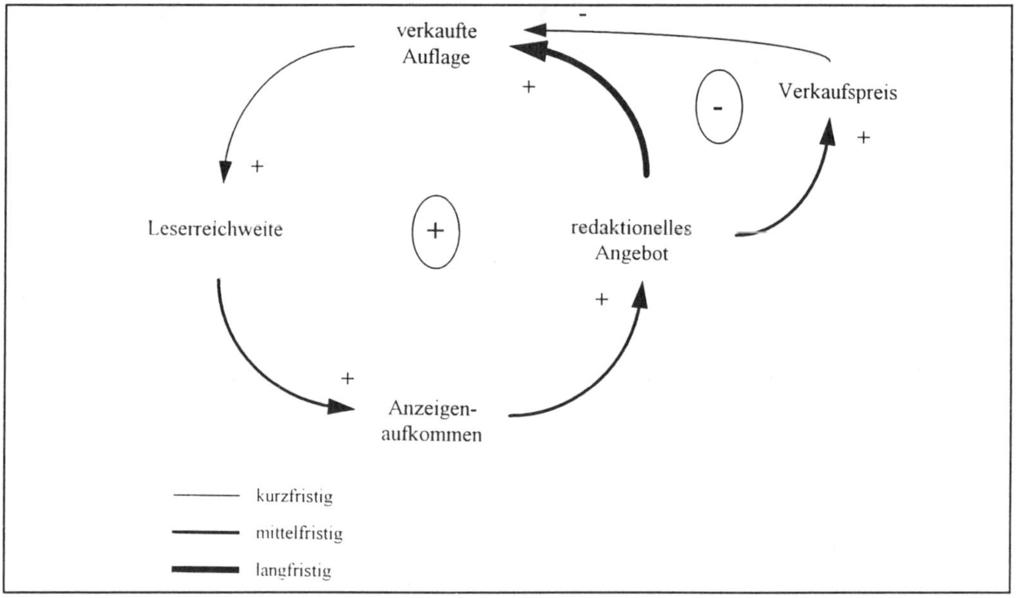

Abb. 3.10: Zeitliche Wirkungen im Netzwerk eines Verlags (vgl. Probst; Gomez [Denken], S. 23)

Neben dem Zeitfaktor ist es von besonderer Bedeutung, die Intensität der Beeinflussung zu erkennen und darzustellen. Die Elemente weisen unterschiedliche wechselseitige Beziehungsintensitäten auf. Anhand der Intensität der Einflußnahme und der Beeinflussung können aktive, passive, kritische und träge Elemente unterschieden werden: Die aktiven Elemente beeinflussen andere Elemente, bleiben selbst jedoch unbeeinflußt; die passiven Elemente werden von anderen Elementen beeinflußt, beeinflussen andere Elemente jedoch nicht.. Besonderes Augenmerk ist jeweils auf die kritischen, in zweiter Linie auf die aktiven Elemente zu legen, da von ihnen die größten Veränderungen ausgehen.

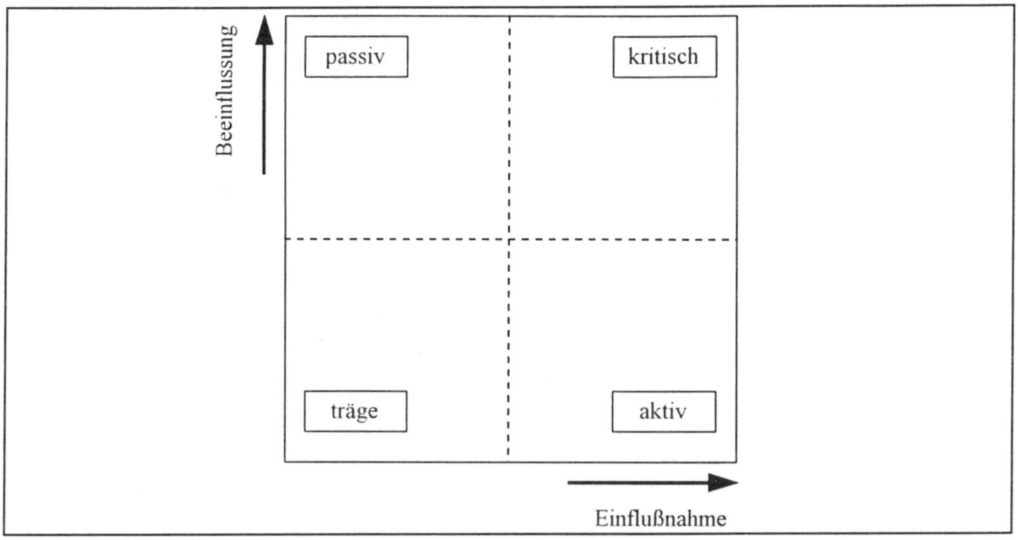

Abb. 3.11: Einflußmatrix (vgl. Ulrich; Probst [Anleitung], S. 141ff.)

4. Schritt: Aufzeigen der Verhaltensmöglichkeiten der Situation

Damit die Lenkungseingriffe Erfolg haben, müssen die Maßnahmen zur zukünftigen Weiterentwicklung des Systems passen und die Eigendynamik des unternehmerischen Umfelds berücksichtigen. Erleichtert wird das durch die Erstellung von Szenarien, die mögliche zukünftige Zustände des Unternehmensumfelds beschreiben. Diese Technik ist daher insbesondere für die Umfeld-/Branchen-Analyse von großer Bedeutung.

Die Szenariotechnik ist die bekannteste Methode der strategischen Frühaufklärung und wurde wesentlich durch Ute von Reibnitz (vgl. von Reibnitz [Szenarien], S. 71ff.) entwickelt. Szenarien sollen von eindimensionalen Prognosemodellen wegführen und verhindern, daß die Zukunft durch Extrapolation der Vergangenheit beschrieben wird. Die Aufgabe der Technik besteht darin, alternative Umfeldsituationen aufzuzeigen und die Entwicklungspfade exakt zu beschreiben, die zu diesen Zukunftsbildern hinführen. Alle Aussagen innerhalb eines Szenarios sollen in sich konsistent und stimmig sein. Szenarien sollen nicht die Zukunft vorhersagen, sondern nur Möglichkeiten aufzeigen, was sein könnte. Durch die Erarbeitung alternativer Entwicklungsmöglichkeiten für das unternehmerische Umfeld können sich Unternehmer rechtzeitig auf eventuelle Änderungen vorbereiten. Die Szenariotechnik möchte deutlich machen, welche Faktoren zur Beschreibung der Umfeldentwicklung relevant sind und wie sie sich wechselseitig beeinflussen.

Quantitative und qualitative Informationen werden verarbeitet und Störereignisse (Diskontinuitäten) bei der Szenarioentwicklung berücksichtigt. Als Denkmodell wird der sogenannte "Szenariotrichter" (Geschka; von Reibnitz [Szenario-Technik], S. 129) verwendet.

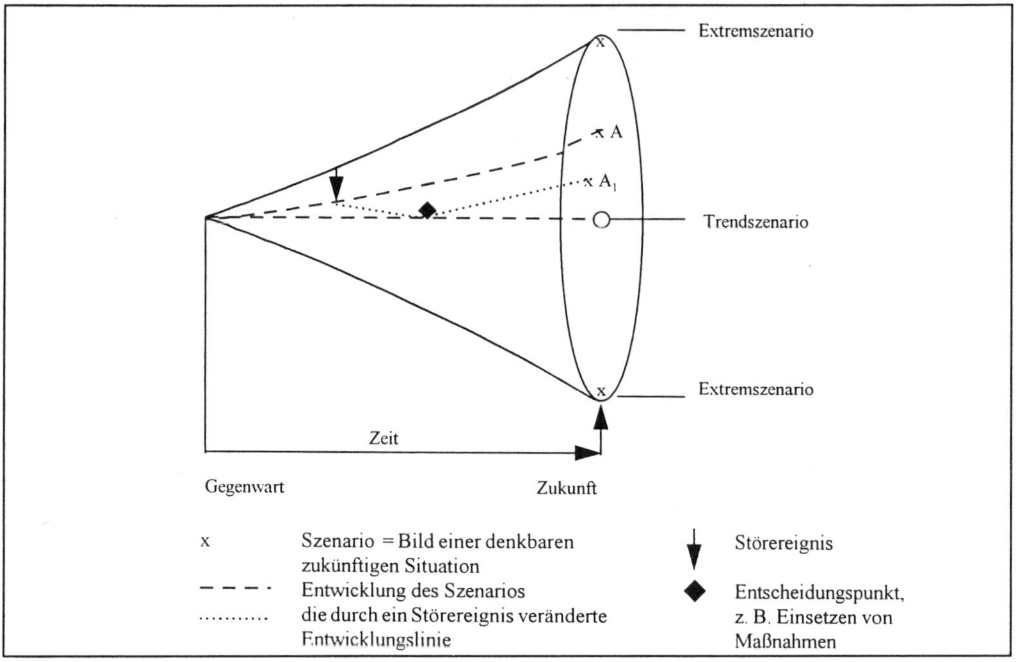

Abb. 3.12: Denkmodell zur Darstellung von Szenarien (vgl. Geschka; von Reibnitz [Szenario-Technik], S. 129)

Die Gegenwart ist durch vorhandene Strukturen, Verhaltensmuster etc. geprägt, die sich kurzfristig nicht verändern. Die Entwicklung der nahen Zukunft (drei bis fünf Jahre) ist durch die gegenwärtigen Strukturen weitgehend festgelegt. Je mehr man versucht, die weitere Zukunft (fünf bis zehn Jahre) zu prognostizieren, desto stärker nimmt der Einfluß der heutigen Gegebenheiten ab: Das Möglichkeitsspektrum öffnet sich trichterförmig. Alle Zukunftsbilder befinden sich auf der Schnittfläche des Trichters. Ein bestimmtes Bild entsteht dadurch, daß eine trendmäßige Entwicklung (gestrichelte Linie) – unter Berücksichtigung der Einflußfaktoren und ihrer Entwicklungsmöglichkeiten – verfolgt wird (Szenario A) (vgl. Kreilkamp [Management] S. 286). Führt man ein Störereignis in die Szenarioanalyse ein, dann entsteht aufgrund dieser Auswirkungen ein völlig neues Szenario (Szenario A1). Das Denkmodell des Szenariotrichters verdeutlicht, daß aufgrund der Variablen mehrere unterschiedliche Szenarien denkbar sind, die eine Bandbreite möglicher Zukunftsbilder ergeben.

In der Praxis werden meistens zwei bis drei Szenarien entwickelt. Auf jeden Fall sollten die Extremszenarien – optimistisches und pessimistisches Szenario – erstellt werden, empfehlenswert ist auch die Entwicklung eines Trendszenarios, das die Trendverlängerung aus heutiger Sicht darstellt.

5. Schritt: Bestimmung der Lenkungsmöglichkeiten

Auf Basis der Umfeldszenarien und der Verhaltensmöglichkeiten sind im nächsten Schritt die Lenkungsmöglichkeiten zu bestimmen. Dabei ist zu beachten, daß der Problemlöser nur über eingeschränkte Lenkungsmöglichkeiten verfügt, da viele Einflußfaktoren nicht kontrolliert werden können. Grundsätzlich unterscheidet man:

- Indikatoren
- Lenkbare Größen
- Nicht-lenkbare Größen.

Mit Hilfe von Indikatoren kann man die Ausprägung der Einflußfaktoren messen. Nicht-lenkbare Größen können nur hinsichtlich ihrer zu erwartenden Ausprägung prognostiziert werden (z. B. durch die Erstellung von Szenarien), für lenkbare Größen können gezielte Strategien erarbeitet werden.

6. Schritt: Gestaltung der Lenkungseingriffe

Folgende Regeln sollen dazu beitragen, bei der Erstellung der Lenkungseingriffe systemwidrige Eingriffe zu vermeiden (Probst; Gomez [Denken], S. 30):

1. "Passe deine Lenkungseingriffe der Komplexität der Problemsituation an."
2. "Richte deine Maßnahmen auf die aktiven und kritischen Einflußgrößen aus."
3. "Vermeide unkontrollierte Entwicklungen mit Hilfe stabilisierender Rückkopplungen."
4. "Nutze die Eigendynamik und die Synergien der Problemsituation."
5. "Finde ein harmonisches Gleichgewicht zwischen Bewahrung und Wandel."
6. "Fördere die Autonomie der kleinsten Einheit."
7. "Erhöhe mit jeder Problemlösung die Lern- und Entwicklungsfähigkeiten."

7. Schritt: Weiterentwicklung der Problemlösung

Auf klare Zieldefinitionen folgt die Gestaltung von Maßnahmen, die eine neuerliche Anpassung der Problemlösung erlauben (Reparaturfähigkeit): Die Lösung kann weiterentwickelt werden (Entwicklungsfähigkeit), und neue Probleme können frühzeitig erkannt werden (Früherkennung). Die Ausführungen über ganzheitliches Denken und Handeln zeigen die Grenzen der zielgerichteten strategischen Gestaltung. Die Instrumente zur strategischen Analyse und zur Strategiekonzeption dürfen nicht darüber hinwegtäuschen, daß auch mit bester instrumenteller und methodischer Unterstützung die menschliche Fähigkeit limitiert ist, komplexe Sachverhalte zu begreifen und in seinem Sinn zu gestalten. Neben der begrenzten Fähigkeit zur gedanklichen Durchdringung komplexer Zusammenhänge und der beschränkten Informationsverarbeitungskapazität des Menschen treten in der Unternehmenspraxis häufig noch Durchsetzungsprobleme auf, die die Möglichkeiten der strategiegeleiteten Lenkung und Gestaltung weiter einschränken. Gerade die strategische Unternehmensführung erfordert daher eine systemisch-evolutionäre Sichtweise anstelle eines technokratischen Managementverständnisses. Dabei ist nicht so sehr die Auswahl einzelner Instrumente und Methoden des strategischen Managements wesentlich, sondern die Art und Weise ihrer Anwendung und das Selbstverständnis der am Planungsprozeß Beteiligten, ob eine konstruktivistisch-technomorphe oder eine systemisch-evolutionäre Strategieentwicklung betrieben wird. Bei der folgenden Beschreibung ausgewählter Instrumente und Methoden der Strategieplanung darf dieser Zusammenhang nicht aus den Augen verloren werden.

3.2.2. Analyse des wettbewerblichen Umfelds

3.2.2.1 Analyse des globalen Wettbewerbsumfelds und der regulativen Gruppen

In der Analyse des globalen Umfelds und der regulativen Gruppen werden sowohl die Entwicklung allgemeiner externer Faktoren als auch deren Einfluß auf die gegenwärtigen und zukünftigen Tätigkeitsgebiete untersucht (vgl. Hinterhuber* [Unternehmungsführung], S. 73ff.). Ziel dieser Analyse ist es, Aussagen über die relevanten Umfelder und ihre Veränderungen abzuleiten und die Konsequenzen auf Unternehmensebene zu transformieren. Darüber hinaus ist die Kenntnis der Interdependenzen zwischen den einzelnen Faktoren von großer Bedeutung.

Die globalen Rahmenbedingungen wie auch die regulativen Gruppen haben im allgemeinen keinen direkten Einfluß auf die Produkt/Markt-Beziehung, stehen aber miteinander in einer Wechselbeziehung: Die politischen Rahmenbedingungen sind nicht von den staatlichen Institutionen loszulösen, die Kapitalgeber haben großen Einfluß auf die wirtschaftlichen Rahmenbedingungen etc. Die technologischen, wirtschaftlichen, gesellschaftlichen, politischen und ökologischen Rahmenbedingungen sollten daher gemeinsam mit den regulativen Gruppen als ein Analysekomplex betrachtet werden.

Die Analyse der globalen Umfeldfaktoren und die Schlußfolgerungen daraus sind insbesondere in turbulenten Zeiten eine der wesentlichen Grundlagen für die Unternehmensentwicklung. Vor allem sind jene Umfeldfaktoren zu erkennen, von denen die für die jeweilige Branche beziehungsweise für das jeweilige Unternehmen wichtigsten künftigen Entwicklungen ausgehen. Obwohl potentiell viele Aspekte relevant sind, zeigt sich in der Praxis, daß nur wenige Schlüsselvariablen sorgfältig analysiert werden müssen. Diese Variablen müssen aber kontinuierlich beobachtet werden, um Veränderungen möglichst frühzeitig erkennen zu können. Zur praktischen Durchführung von globalen Umfeldanalysen eignen sich vor allem strategische Frühaufklärungssysteme, Netzwerktechnik und Szenariotechnik.

---

*) Hans Hinterhuber (*1938) Professor an den Universitäten in Innsbruck und Mailand. Bedeutender Autor der deutschsprachigen Strategieliteratur. Er entwickelte ein systematisches, in sich geschlossenes Konzept der strategischen Unternehmensführung.

Obwohl an dieser Stelle nicht detailliert auf die Umfeldanalyse eingegangen werden kann, sollen doch beispielhaft einige Faktoren behandelt werden. In vielen Branchen ist das technologische Niveau ein wichtiger Erfolgsfaktor und damit **technologische Innovation** eine wesentliche Vorsteuergröße für den Unternehmenserfolg. Technologien können in zweifacher Weise für das Unternehmen von Bedeutung sein: einmal als direkte Auswirkung auf das Produkt (Produktinnovation), andererseits als Auswirkung auf die Fertigung (Verfahrensinnovation). In neuen Technologien liegen die wirkungsvollsten Differenzierungspotentiale, da sie direkt am Produktkern ansetzen (vgl. Kreilkamp [Management], S. 76). Der Einsatz neuer Technologien in der Fertigung kann Kosteneinsparungspotentiale realisieren helfen oder durch die daraus resultierenden Produktverbesserungen neue Differenzierungsmöglichkeiten eröffnen.

Wesentlich ist für Unternehmen wichtige Technologien kontinuierlich zu beobachten und deren Lebenszyklus abzuschätzen, um auf neue Technologien vorbereitet zu sein oder um die eigene technologische Innovation besser steuern zu können. Neue Technologien haben in der Vergangenheit mehrmals dazu geführt, daß ganze Branchen, die auf diese Entwicklung nicht eingestellt waren, in die Krise geraten sind. Beispielsweise hat die japanische Telefax-Technologie zum Niedergang der gesamten Fernschreiberproduzenten geführt, da die neuen Geräte das Kundenproblem besser und kostengünstiger lösen konnten. Häufig – wie auch im genannten Beispiel – sind die "Erfinder" der neuen Technologie nicht ident mit den Erfindern der alten Technologie. Anders ist es bei Quarzuhren: Die Produktion durch japanische Hersteller hat die Schweizer Uhrenindustrie in eine tiefe Krise gestürzt. Die Beispiele zeigen, daß die Substitution einer bekannten Technologie durch eine neue zur grundsätzlichen Veränderung der Wettbewerbsverhältnisse führen kann (vgl. dazu auch die Ausführungen zum Zusammenhang von Substitutionszeitkurve und Erfahrungskurve unter Punkt 3.1.2).

Bei der Analyse der **politischen und rechtlichen Rahmenbedingungen** und der dazugehörenden regulativen Gruppen besteht die wichtigste Aufgabe darin, bevorstehende Änderungen in beiden Bereichen möglichst früh in Erfahrung zu bringen und ihre Auswirkung auf das Unternehmen abschätzen zu können. Die Relevanz der einzelnen Faktoren hängt wesentlich von der jeweiligen Branche beziehungsweise vom jeweiligen Unternehmen ab. Veränderungen in der Subventionspolitik, Einfluß der Gewerkschaften, neue EU-Normen, Entwicklungstendenzen im Arbeitsrecht, Zulassung von bestimmten Technologien (z. B. Gen-Forschung), parteipolitische Entwicklungen etc. können von Bedeutung sein. Auch hier gilt es, sich auf wenige Bereiche zu konzentrieren und diese laufend zu beobachten.

Ähnlich ist bei der Analyse der gesellschaftlichen, wirtschaftlichen und ökologischen Rahmenbedingungen und der anderen regulativen Gruppen vorzugehen.

Die Interdependenzen zwischen den einzelnen Schlüsselvariablen und den regulativen Gruppen sind zu bestimmen, beispielsweise mit der vorgestellten Netzwerktechnik. Strategien sind zukunftsorientiert und daher nicht für die derzeitige Umfeldkonstellation zu erstellen, sondern sie müssen sich an zu erwartenden "Zukunftsbildern" orientieren. Durch den Einsatz der

Szenariotechnik werden die Schlüsselvariablen für die Zukunft prognostiziert, wodurch Zukunftsbilder – Szenarien – erstellt werden, auf die die Strategieentwicklung aufbauen kann. Die Analyse der gesellschaftlichen, wirtschaftlichen und ökologischen Rahmenbedingung und der anderen regulativen Gruppen erfordert ein analoges Vorgehen. Wichtig erscheint es dabei, sich auf wenige Bereiche mit entscheidenden Einflußfaktoren und auf die relevanten regulativen Gruppen zu konzentrieren.

3.2.2.2 Die Branchen-Wettbewerbs-Analyse

Branchenstruktur und Branchenentwicklung beeinflussen direkt die Regeln des Wettbewerbs und damit indirekt die Strategien, die das Unternehmen sinnvollerweise einsetzen kann. Daher ist es für die Strategieentwicklung von entscheidender Bedeutung, Klarheit darüber zu gewinnen, wie sich die gesamte Branche entwickelt, in der man tätig ist oder in Zukunft tätig sein will, welche Wettbewerbssituation zu erwarten ist und welche Maßnahmen zu ergreifen sind, damit das Unternehmen in der jeweiligen Branchenkonstellation in eine langfristig wettbewerbsfähige Position gebracht werden kann.

Bei den methodischen und konzeptionellen Ansätzen zur Branchenstrukturanalyse kommt den Arbeiten von Porter besondere Bedeutung zu (vgl. Porter [Wcttbewerbsstrategie]), der in seinem Konzept "Industrial Organization" die Frage in den Vordergrund stellt, welche Determinanten des Wettbewerbs, gemessen am langfristigen Ertrag des eingesetzten Kapitals, für das Gewinnpotential einer Branche ausschlaggebend sind. Dieses Modell läßt zu, multidimensionale Einflußfaktoren unter Beachtung evolutionärer Prozesse zu analysieren und in Beziehung zu setzen.

Grundlegend für Porters Strategiekonzept ist das "Five-Forces-Model", in dem die fünf entscheidenden Wettbewerbskräfte – Bedrohung durch neue Konkurrenten, Bedrohung durch Ersatzprodukte, Verhandlungsmacht der Abnehmer, Verhandlungsmacht der Lieferanten und Rivalität unter den bestehenden Unternehmen – die enge Konkurrenzbetrachtung erweitern und Kunden, Lieferanten, Abnehmer, Ersatzprodukte und potentielle Anbieter als weitere Bestimmungsfaktoren des Branchenwettbewerbs in die Analyse einbeziehen, da auch diese Gruppen den Wettbewerb entscheidend beeinflussen. Porter geht davon aus, daß nicht alle Branchen das gleiche Gewinnpotential haben, sondern daß die zusammengefaßte Stärke der fünf Wettbewerbskräfte die Wettbewerbsintensität – und damit das Gewinnpotential einer Branche – weitgehend bestimmt. Der Extremfall der vollkommenen Konkurrenz ist dadurch gekennzeichnet, daß die etablierten Unternehmen keine Marktmacht gegenüber Lieferanten und Kunden besitzen, die Rivalität unter den bestehenden Unternehmen durch die hohe Anbieterzahl und die Gleichartigkeit der Produkte sehr groß, ist oder Substitutionsprodukte das Kundenbedürfnis besser oder billiger befriedigen.

Die Weinwirtschaft ist beispielsweise durch relativ kleine Betriebe gekennzeichnet, die im Lebensmittelhandel mit einer starken Stellung der Abnehmer konfrontiert sind, deren Produkte weitgehend austauschbar sind und durch Bier sowie teilweise durch alkoholfreie Getränke bedroht werden. Das Ergebnis ist eine verhältnismäßig schlechte wirtschaftliche Lage der Branche. Die deutsche Brauwirtschaft ist durch die hohe Anzahl der Anbieter, die sich mit austauschbaren Produkten ebenfalls dem relativ stark konzentrierten Lebensmittelhandel und der Gastronomie gegenübersehen, weniger profitabel als die amerikanische Brauwirtschaft, wo wenige große Unternehmen mit starken Marken den Gesamtmarkt beherrschen.

Für ein Unternehmen innerhalb der Branche ist es Aufgabe der Wettbewerbsstrategie, eine Position zu finden, in der es die Wettbewerbskräfte am besten nützen oder sich vor ihnen schützen kann (vgl. Porter [Wettbewerbsstrategie], S. 25f.). Dabei ist entscheidend, zunächst die eigene Wettbewerbsposition innerhalb der Branche zu bestimmen.

Die Definition der Branche umfaßt eine Gruppe von Unternehmen, deren Produkte sich gegenseitig nahezu ersetzen können (vgl. Porter [Wettbewerbsstrategie], S. 27). Dabei sollte die Abgrenzung nicht primär anbieterseitig, sondern nachfrageseitig erfolgen, indem aus Sicht des Kunden geklärt wird, welche Produkte das gleiche Bedürfnis erfüllen, beziehungsweise welche Produkte dieselbe Problemlösung erbringen können. Diese Produkte, Unternehmen und Branchen sind bei der Analyse einzubeziehen. Beispielsweise wird es in der Mineralwasserbranche ratsam sein, auch die anderen Produzenten alkoholfreier Getränke zu berücksichtigen und bei den anderen Getränken zu klären, wie stark die Substitutionsbeziehungen sind, um Produkte mit hoher Substitutionswirkung (z. B. Bier) in die Analyse aufzunehmen. Als ein Indikator für die Stärke der Substitutionsbeziehung wird dabei häufig die Kreuzpreiselastizität der Produkte verwendet.

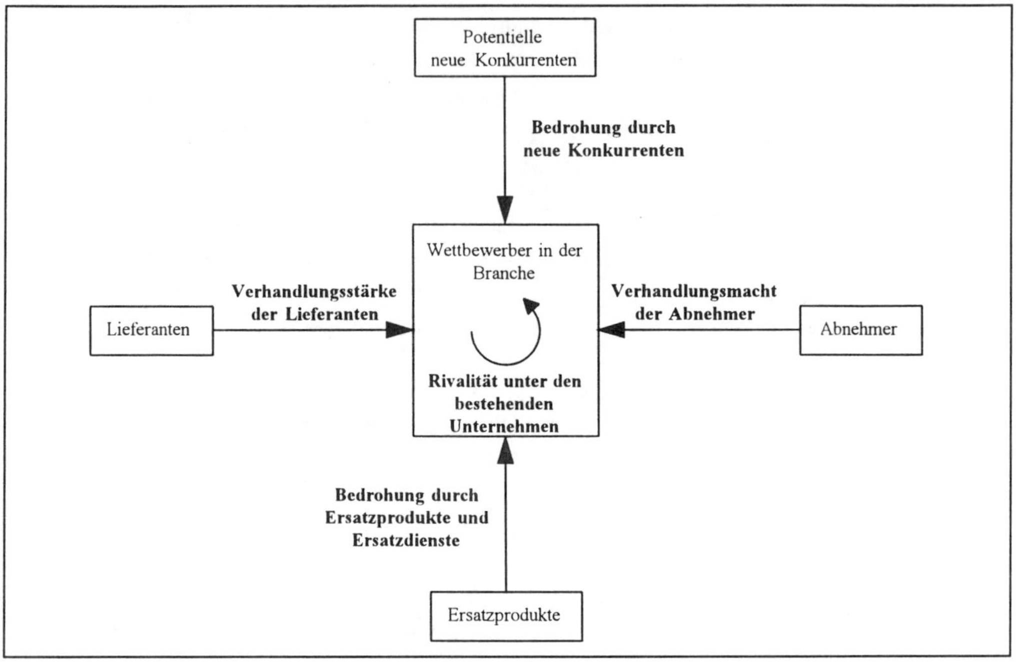

Abb. 3.13: Die Triebkräfte des Branchenwettbewerbs (Quelle: Porter [Wettbewerbsstrategie], S. 26)

Von den fünf Determinanten des Wettbewerbs beschäftigen sich drei direkt oder indirekt mit Konkurrenten. Neben den bestehenden Wettbewerbern werden potentielle neue Konkurrenten betrachtet, und durch den Vergleich mit Substitutionsprodukten werden auch Wettbewerber aus anderen Branchen analysiert.

1. Bedrohung durch neue Konkurrenten

Das Auftreten neuer Wettbewerber in einer Branche kann für die bereits etablierten Unternehmen entscheidende Auswirkungen haben und im Extremfall die Branchenstruktur völlig neu ordnen und die Rentabilität der etablierten Unternehmen gefährden. Neue Marktteilnehmer treten mit neuen Kapazitäten und dem Ziel in die Branche ein, von etablierten Anbietern Marktanteile zu gewinnen, häufig unter erheblichem Ressourceneinsatz.

Bei der Abschätzung des Bedrohungspotentials durch den Eintritt neuer Konkurrent steht die Frage im Vordergrund, wie hoch die Wahrscheinlichkeit des Eintritts neuer Konkurrenten ist und welche Barrieren neuen Wettbewerbern den Eintritt in den Markt erschweren. Die Gefahr des Markteintritts neuer Konkurrenten hängt einerseits von den Barrieren ab, die dem Neueintretenden entgegenstehen und andererseits von den absehbaren Reaktionen der etablierten Wettbewerber auf das Eintreten neuer Konkurrenten. Sind die Eintrittsbarrieren hoch und die zu erwartenden Gegenmaßnahmen scharf und mächtig, so ist die Gefahr des Markteintritts meistens gering.

Eintrittsbarrieren

- Betriebsgrößenersparnisse (economies of scale): Betriebsgrößenersparnisse etablierter Unternehmen schrecken neue Wettbewerber ab, da diese gezwungen werden, mit hohen Anlaufverlusten und großen Produktionsvolumina in den Markt einzusteigen, um anfängliche Kostennachteile rasch zu kompensieren.
- Größenunabhängige Kostennachteile: Etablierte Unternehmen können über Kostenvorteile verfügen, die für neue Konkurrenten schwer oder gar nicht erreichbar sind, wie F&E-Know-how, Zugang zu Rohstoffen etc.
- Kapitalbedarf: Eintrittsbarrieren werden auch dann geschaffen, wenn hohe Mittel investiert werden müssen, um wettbewerbsfähig zu sein. Die Eintrittsbarrieren sind besonders hoch, wenn bei einem Mißerfolg die Investitionen zum Markteintritt nicht liquidierbar sind (sunk costs).
- Umstellungskosten: Umstellungskosten fallen an, wenn der Abnehmer vom Produkt eines Lieferanten zu dem eines anderen wechselt. Sind die Umstellungskosten ihrer potentiellen Kunden hoch, sind die neuen Wettbewerber gezwungen, zu deutlich niedrigeren Preisen anzubieten, oder sie benötigen einen hohen objektiven Produktvorteil.
- Produktdifferenzierung: Unternehmen, die über bekannte Marken verfügen oder aus anderen Gründen eine hohe Käuferloyalität haben, schaffen Eintrittsbarrieren, indem sie neue Wettbewerber zwingen, erhebliche Ressourcen aufzuwenden, um die bestehende Kundenloyalität zu überwinden. Der Aufbau von Eintrittsbarrieren durch Markenbindung hat besondere Bedeutung bei Kosmetika, Waschmitteln oder auch bei PKWs.
- Zugang zu Vertriebskanälen: Eintrittsbarrieren können auch darin bestehen, daß die etablierten Unternehmen eine starke Stellung bei den Vertriebskanälen innehaben und der neue Mitbewerber viel Zeit und hohe finanzielle Mittel aufwenden muß, um sich Vertriebskanäle aufzubauen.
- Staatliche Politik: Eine maßgebliche Ursache von Eintrittsbarrieren kann die staatliche Politik sein, die so weit führen kann, daß der Markteintritt verhindert wird. Staatliche Eintrittsrestriktionen können in Monopolen, Zöllen, Ausschreibungspolitik von öffentlichen Aufträgen, produktbezogene Vorschriften (z. B. Inhaltsstofe von Nahrungsmitteln), Kennzeichnungsbestimmungen, Umweltschutzauflagen etc. liegen. Die meisten europäischen Länder waren bisher durch zahlreiche offensichtliche oder subtile Eintrittsbarrieren geschützt. Durch das Zustandekommen des EU-Binnenmarkts, aber auch durch das GATT-Abkommen entfallen viele dieser tarifären und nichttarifären Handelshemmnisse, die klassische staatliche Eintrittsbarrieren darstellen. Für die Branchenstrukturentwicklung bedeuten diese Veränderungen im allgemeinen eine neue Wettbewerbssituation und eine völlige Neuordnung der Branchen.
- Patente: Ein besonders wirksamer Schutz vor neuen Wettbewerbern stellt die patentrechtliche Absicherung von Know-how dar.

Eintrittsbarrieren sind nicht statisch, sondern unterliegen dauernden Veränderungen, die zum Teil von Unternehmen gesteuert werden können, zum Teil durch das Branchenumfeld vorgegeben sind.

Erwartete Vergeltung der etablierten Wettbewerber

Die zu erwartenden Reaktionen der bestehenden Wettbewerber auf den Eintritt neuer Mitbewerber werden ebenfalls das Risiko des Eintritts beeinflussen. Wenn etablierte Unternehmen über hohe finanzielle Mittel und umfangreiche sonstige Ressourcen verfügen, das Marktwachstum niedrig ist und daher ein reiner Verdrängungswettbewerb stattfindet sowie harte Vergeltungsmaßnahmen gegen früher Eintretende ergriffen wurden, ist die Wahrscheinlichkeit des Mißerfolgs und die Höhe des zu erwartenden Verlusts relativ hoch. Geringe Erfolgsaussichten des Markteintritts schrecken neue Wettbewerber in der Regel wirksam ab. Die neu in den Wettbewerb eintretenden Unternehmen müssen abschätzen, ob die Ertragschancen eines Eintritts höher sind als die zusätzlich zu erwartenden Kosten aus der Überwindung von Eintrittsbarrieren und den zu erwartenden Reaktionen der etablierten Mitbewerber.

Immer wieder ist zu beobachten, daß neu eintretende Unternehmen die Branchenstruktur und die Wettbewerbssituation entscheidend verändern. Das Auftreten des zur Metro-Gruppe gehörenden "Mediamarkts", hat den Elektro-Facheinzelhandel in Österreich empfindlich getroffen und eine Reihe von Unternehmen zur Geschäftsaufgabe gezwungen; das Eindringen der japanischen Automobilproduzenten hat die Branche weltweit völlig neu geordnet und den Wettbewerb in völlig andere Bahnen gelenkt; der Markteintritt von Procter & Gamble mit "Punica" hat die gesamte Fruchtsaftindustrie verändert.

2. Die Rivalität unter den bestehenden Wettbewerbern

Das Wettbewerbsverhalten eines Unternehmens führt in der Regel zu entsprechenden Reaktionen der Mitbewerber, da die im Wettbewerb stehenden Unternehmen in ein vernetztes System eingebunden sind. Beispielsweise können Preissenkungen eines Mitbewerbers einen allgemeinen Preiswettbewerb auslösen, der die Rentabilität einer gesamten Branche verschlechtert. Andererseits können Werbeoffensiven einzelner Unternehmen die Nachfrage ganzer Branchen ausweiten.

Der Grad der Rivalität ist von Branche zu Branche unterschiedlich und von einer Reihe zusammenwirkender struktureller Faktoren abhängig (vgl. Porter [Wettbewerbsstrategie], S. 42ff.):

- Zahlreiche oder gleich ausgestattete Wettbewerber mit einer vergleichbaren Kostensituation sind der Grund dafür, daß die Position des Marktführers noch nicht besetzt und die Rivalität unter den bestehenden Wettbewerbern im Kampf um die Marktführerschaft relativ hoch ist. Ist ein Unternehmen in einer marktdominierenden Position, passen sich die anderen Mitbewerber meistens an das Verhalten des Marktführers an.
- Heterogene Wettbewerber, die sich in Zielen und Strategien, Herkunft, Einstellungen oder Stellung in ihrem Konzern deutlich voneinander unterscheiden, lassen nicht zu, daß sich allgemeingültige "Wettbewerbsspielregeln" durchsetzen. Die Heterogenität kommt häufig durch das Auftreten internationaler Konzerne zustande oder wird auch dadurch bewirkt, daß Unternehmen einen Markt nur als "Überschußventil" für überschüssige Kapazitäten

betrachten. Auch weisen in der Regel vom Eigentümer geführte Unternehmen andere Einstellungen auf als Kapitalgesellschaften mit einem breit gestreuten Aktionärskreis.

- Hohe strategische Einsätze können für die Rivalität unter den etablierten Unternehmen von Bedeutung sein, wenn einige Unternehmen Alles darauf ausrichten, die Gesamtstrategie des Konzerns zu vollziehen und zur Erreichung der gesteckten Ziele zu aggressiven Mitteln greifen (Preissenkungen, Dumping etc.). Das ist häufig der Fall, wenn internationale Konzerne primär hohe Marktanteile in bestimmten Ländern anstreben und bereit sind, dieses Ziel auch über niedrige Preise und schlechtere Wirtschaftlichkeit zu erreichen.
- Langsames Branchenwachstum führt zu einem harten Wettbewerb um Marktanteile.
- Hohe Fix- und Lagerkosten, insbesondere in Kombination mit Überschußkapazitäten, können eskalierende Preissenkungen und in aggressives Wettbewerbsverhalten hervorrufen.
- Große Kapazitätsausweitungen, die mit dem Ziel getätigt werden, Kostenvorteile zu erreichen, können das Angebot/Nachfrage-Verhältnis destabilisieren und den Wettbewerb intensivieren.
- Fehlende Differenzierung verstärkt den Rivalitätsgrad, da aufgrund weitgehend austauschbarer Produkte der Wettbewerb primär über den Preis geführt wird.
- Hohe Austrittsbarrieren liegen dann vor, wenn der Austritt aus einer Branche durch ökonomische, strategische oder auch emotionale Faktoren erschwert wird und daher Unternehmen im Wettbewerb verbleiben, obwohl die Rentabilität unbefriedigend ist. Gründe für Austrittsbarrieren können hohe Fixkosten des Austritts, emotionale Barrieren des Managements oder der Eigentümer, staatliche Eingriffe oder strategische Wechselbeziehungen zwischen verschiedenen Geschäftseinheiten sein.

Die Faktoren, die für den Grad der Rivalität verantwortlich sind, können sich ebenso ändern wie die erwähnten Eintrittsbarrieren. Veränderungen im Branchenwachstum wirken sich ursächlich auf die Intensität des Wettbewerbs aus. Auch der Erwerb eines bestehenden Unternehmens durch einen Mitbewerber, aber vor allem durch ein branchenfremdes Unternehmen kann die Rivalität entscheidend verändern. Duch den Kauf der Miller Brewing Company durch Philip Morris ist beispielsweise die Wettbewerbssituation auf dem amerikanischen Biermarkt wesentlich verändert worden, oder der Einstieg von Unilever in die Kosmetikbranche (durch Firmenübernahmen) hatte Auswirkungen auf die gesamte Kosmetikindustrie. Unternehmen können einen Teil der Faktoren, die entscheidend für die Rivalität innerhalb einer Branche sind, zumindest zum Teil beeinflussen: Durch Markenaufbau, Marketinginvestitionen oder auch durch intensive Serviceleistungen kann eine Produktdifferenzierung erreicht, oder durch Konzentration der Aktivitäten auf Märkte mit hohem Marktwachstum kann die Rivalität vermindert werden.

Grundsätzlich bildet eine eingehende Konkurrenzanalyse die Basis für die Strategieentwicklung, denn das Ziel jeder Wettbewerbsstrategie ist es, das Unternehmen so zu plazieren, daß es seine Stärken und Wettbewerbsvorteile gegenüber den Konkurrenten optimal ausspielen kann. Unentbehrlich sind Kenntnisse über gegenwärtige und zu erwartende Strategien der Wettbewerber, deren Inhalte und Erfolgschancen, über die zur Verfügung stehenden Ressourcen der Mitbewerber, überdie zu erwartenden Reaktionen der Konkurrenten auf mögliche

Aktivitäten anderer Mitbewerber und auf die Branchenentwicklung (vgl. Porter [Wettbewerbsstrategie], S. 78ff.). Solche Informationen können Hinweise dafür geben, wo die Stärken und Schwächen der Mitbewerber liegen, welche Konkurrenten mit welchen Maßnahmen angegriffen werden können und welche Reaktionen der Mitbewerber auf eigene Aktivitäten zu erwarten sind.

In der Praxis wird die Konkurrenzanalyse oft mit der Argumentation vernachlässigt, daß man die Mitbewerber kenne, da man mit ihnen täglich im Wettbewerb stehe, und interne Informationen über Konkurrenten nicht zu bekommen seien. Bei näherer Betrachtung stellt sich oft heraus, daß in Unternehmen selten systematisch Daten über Konkurrenten gesammelt und verdichtet werden und die vorhandene Wettbewerbsinformation daher meist unzureichend ist. Mögliche Quellen für eine systematische Wettbewerbsbeobachtung sind Messepräsentationen, Geschäftsberichte, Verkaufsunterlagen (inkl. Preislisten), Marktanalysen, Kunden, Lieferanten, Handelsverbände, Berater und frühere Mitarbeiter der Konkurrenten.

Aus den gewonnenen Informationen können Ziele und Strategien der Konkurrenten abgeleitet, die Bedeutung der einzelnen Geschäftszweige für das Unternehmen herausgearbeitet, die Risikoeinstellung und die zur Verfügung stehenden Ressourcen abgeschätzt sowie die Werte und persönlichen Einstellungen der Eigentümer oder des Managements erkannt werden (für eine ausführlichere Darstellung vgl. Porter [Wettbewerbsstrategie], S. 78ff.). Diese Kenntnisse sind Voraussetzung für die strategische Positionierung des eigenen Unternehmens.

Ein weiteres grundlegendes Analyseinstrument im Rahmen der Konkurrenzanalyse ist das Konzept der **Strategischen Gruppen**. Der Ausgangspunkt des Konzepts liegt in den hohen Rentabilitätsunterschieden innerhalb einer Branche (vgl. Porter [Wettbewerbsstrategie], S. 177ff.). Die Ursachen sieht Porter im unterschiedlichen Wettbewerbsverhalten der Konkurrenten, wobei sich bei näherer Analyse einer Branche Gruppen von Konkurrenten identifizieren lassen, die gleiche oder ähnliche Strategien verfolgen. Ein derartiger Cluster von Unternehmen, die im Hinblick auf die branchenspezifisch wichtigen Wettbewerbsdimensionen eine ähnliche Strategie einsetzen, wird als "Strategische Gruppe" bezeichnet.

Grundsätzlich gibt es in einer Branche drei Möglichkeiten der Zusammensetzung Strategischer Gruppen:

- Die Branche besteht aufgrund der homogenen Wettbewerber aus einer einzigen Strategischen Gruppe.
- Jedes Unternehmen repräsentiert aufgrund der spezifischen Situation und Fähigkeiten eine eigenständige Strategie beziehungsweise Strategische Gruppe.
- Es existieren mehrere homogene Strategische Gruppen in einer heterogen zusammengesetzten Branche, was in der Realität den häufigsten Fall darstellt.

Strategische Gruppen entstehen aus unterschiedlichsten Gründen (ungleiche Zeitpunkte des Brancheneintritts, ungleiche Stärken und Schwächen, verschiedene Eigentümerinteressen etc.). Sobald sich die Gruppen gebildet haben, beginnen sich die Unternehmen einer Strategischen Gruppe in mehrfacher Weise zu ähneln: Die Marktanteile nähern sich an, die Unternehmen werden aufgrund ihrer ähnlichen Strategie von externen Ereignissen und Wettbewerbsentwicklungen tendenziell in gleicher Weise betroffen und zu ähnlichen Reaktionen veranlaßt.

Die Strategischen Gruppen einer Branche können in einer Karte veranschaulicht werden, die im einfachsten Fall die zwei wichtigsten strategischen Dimensionen beinhaltet. Der Marktanteil einer Strategischen Gruppe wird durch die Größe des Kreises symbolisiert.

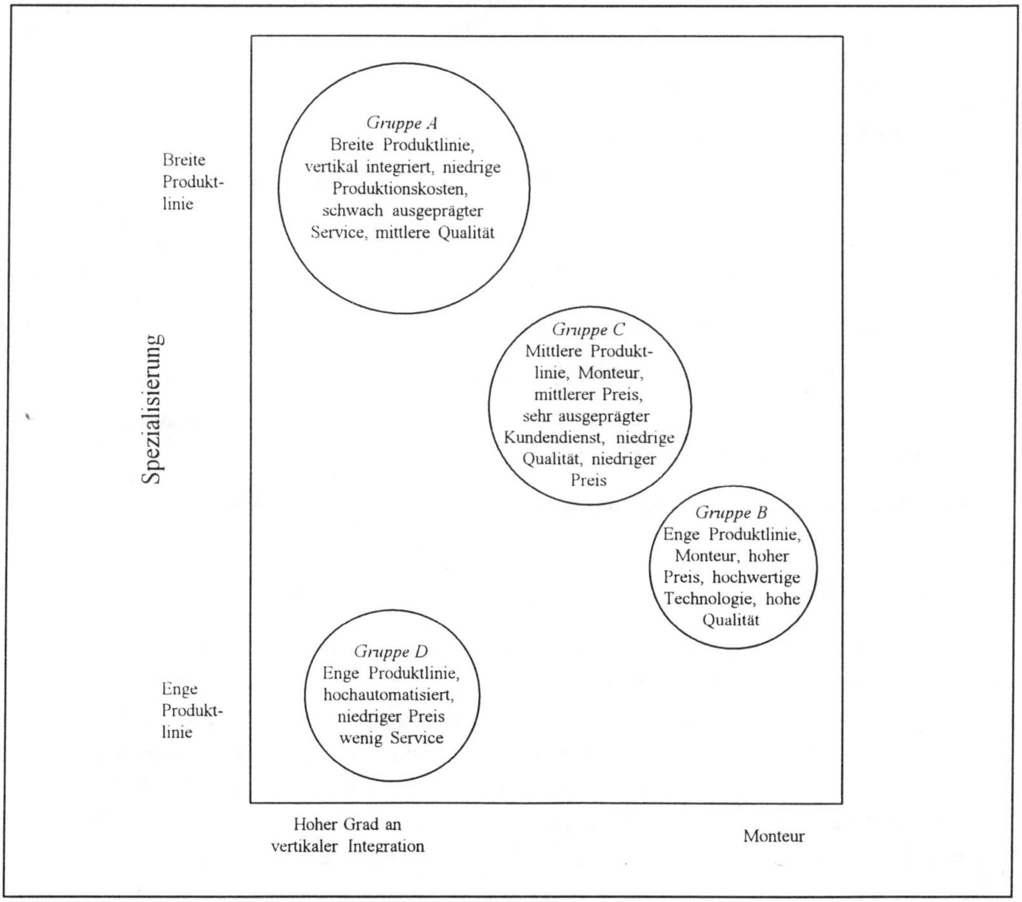

Abb. 3.14: Karte der strategischen Gruppen in einer hypothetischen Branche (vgl. Porter [Wettbewerbsstrategie], S. 179)

Das Konzept der Strategischen Gruppen gliedert sich folgendermaßen in die Analyse der grundlegenden Determinanten der Unternehmensrentabilität:

1. Allgemeine Branchenanalyse, die alle konkurrierenden Unternehmen betrifft (Wachstumsrate, Marktnachfrage, Struktur der Zulieferer, Potential für Produktdifferenzierung etc.)

2. Analyse der Strategischen Gruppe auf:
   - Höhe der Mobilitätsbarrieren, die die Strategische Gruppe schützen
   - Verhandlungsstärke der Strategischen Gruppe gegenüber Kunden und Lieferanten
   - Verwundbarkeit der Strategischen Gruppe für Substitutionsprodukte
   - Ausmaß, in dem die Strategische Gruppe des Unternehmens der Rivalität durch andere Gruppen ausgesetzt ist.
3. Analyse der Position des Unternehmens innerhalb seiner Strategischen Gruppe:
   - Wettbewerbsgrad innerhalb der Strategischen Gruppe
   - Größe des Unternehmens im Vergleich zu anderen in seiner Gruppe
   - Kosten des Eintritts in die Gruppe
   - Fähigkeit des Unternehmens, die von ihm gewählte Strategie umzusetzen.

Aus den Ergebnissen der Analyse lassen sich folgende **Handlungsoptionen** kategorisieren (vgl. Porter [Wettbewerbsstrategie], S. 201):

- Eine neue Strategische Gruppe bilden
- In eine günstiger gelagerte Strategische Gruppe wechseln
- Die strukturelle Position der bestehenden Gruppe festigen oder die Position des Unternehmens in der Gruppe stärken
- In eine neue Gruppe wechseln und deren strukturelle Position stärken.

3. Druck durch Substitutionsprodukte

Substitutionsprodukte können auch aus weit entfernt liegenden Branchen stammen und dennoch die gleichen Funktionen erfüllen wie die Produkte der etablierten Unternehmen. Entscheidend ist ausschließlich die Problemlösungskompetenz und die Funktionserfüllung aus Kundensicht. Kunststoffrohre haben in vielen Fällen die gleiche Funktion wie Stahlrohre; Wein wird in bestimmter Weise durch Bier substituiert und umgekehrt; Banken konkurrieren bei ihren Anlageformen mit Versicherungen, Immobilien und anderen Substituten; Handwerker mit Heimwerkern, die das notwendige Werkzeug in Baumärkten beziehen.

Ersatzprodukte begrenzen das Gewinnpotential einer Branche, indem sie eine Preisobergrenze darstellen. Der Einfluß von Substiutionsprodukten kommt in der Kreuzpreiselastizität zum Ausdruck. Um Ersatzprodukte ausfindig zu machen, ist nach der eigentlichen Problemlösung zu fragen, die der Kunde sucht. Alle Produkte, die aus Sicht des Kunden diese Funktion erfüllen können, sind grundsätzlich als Substitut zu betrachten. Dabei gelangt man häufig in Geschäftszweige, die weit von der eigenen Branche entfernt sind. Die Wettbewerbsposition gegenüber Ersatzprodukten kann im allgemeinen nicht durch ein einzelnes Unternehmen, wohl aber durch die gesamte Branche verbessert werden, indem beispielsweise durch dauerhafte

Werbung und Öffentlichkeitsarbeit die Lage der Branche verbessert und ein gewisser Schutz vor Ersatzprodukten erzielt wird. In manchen Fällen wird man allerdings versuchen müssen, Ersatzprodukte als unvermeidlichen Wettbewerbsfaktor in die eigene Strategie einzubeziehen.

Zentrale Bestandteile des Strategieentwicklungsprozesses sind die Analyse der Bedrohung durch neue Konkurrenten, des Wettbewerbsverhaltens etablierter Unternehmen sowie der Bedrohung durch Ersatzprodukte. In der Praxis ist häufig zu beobachten, daß Unternehmen zuwenig über gegenwärtige und potentielle Wettbewerber wissen und sich nicht ausreichend mit deren Strategie und Absichten beziehungsweise mit deren Stärken und Schwächen auseinandersetzen. Auch die eigene Marktstellung und Wettbewerbsposition wird zu selten in Beziehung zu den Mitbewerbern gesetzt und die Rolle zuwenig analysiert, die das eigene Unternehmen und die Hauptkonkurrenten im Wettbewerb spielen. In vielen Unternehmen weiß man wenig über Ressourcen, Fähigkeiten oder Stärken/Schwächen der aktuellen und potentiellen Konkurrenten. Die Folge dieser Unkenntnis sind nicht selten unliebsame Überraschungen und das Übersehen wichtiger Entwicklungen.

4. Verhandlungsstärke der Lieferanten

Lieferanten können ihre Verhandlungsstärke ausspielen, indem sie Preise erhöhen, Qualitäten verändern, Lieferzeiten verlängern etc. Mächtige Lieferanten können die Rentabilität von Branchen drücken, wenn Unternehmen nicht in der Lage sind, die Kostensteigerungen in ihren eigenen Preisen weiterzugeben. Die Lieferantenmacht ist von folgenden Faktoren abhängig:

- Konzentrationsgrad und Anzahl der Lieferanten: Ist der Konzentrationsgrad der Lieferanten hoch und wird der Lieferantenmarkt von einem oder von wenigen Unternehmen dominiert, so ist ihr Einfluß auf Preis, Qualität und Verfügbarkeit und damit auch die Abhängigkeit der Abnehmer groß.
- Die Lieferanten sind nicht durch Substitute bedroht, mit denen sie konkurrieren müssen.
- Wenn die Branche des Kunden für die Lieferanten relativ unbedeutend ist, ist der Kunde umso mehr auf das Wohlwollen des Lieferanten angewiesen.
- Wenn die Lieferanten beim Kunden Produktdifferenzierungen aufgebaut haben oder der Umstieg zu anderen Lieferanten hohe Umstellungskosten mit sich bringen würde, wird die Verhandlungsstärke der Lieferanten ebenfalls erhöht.
- Eine besondere Machtposition haben Lieferanten, wenn sie die Möglichkeit zur Vorwärtsintegration haben.

Im Rahmen der Strategieentwicklung ist nach der eingehenden Lieferantenanalyse auf eine strategiegerechte Beschaffungspolitik zu achten, in der die eigene Position gegenüber den wichtigsten Lieferanten möglichst gestärkt wird. Die Maßnahmen können vom Aufbau langfristiger Lieferantenkooperationen bis hin zur Realisierung einer Rückwärtsintegration reichen, aber auch im bewußten Aufbau und in der Unterstützung von kleineren Lieferanten bestehen.

5. Die Verhandlungsstärke der Abnehmer

Die zusammengefaßte Verhandlungsmacht der Abnehmer hat wesentliche Auswirkungen auf die potentielle Rentabilität in einer Branche: Mächtige Abnehmer lösen Preisdruck aus, verlangen höhere Leistungen und Qualitäten, spielen Wettbewerber gegenseitig aus oder betreiben eine Rückwärtsintegration, indem sie selbst das Produkt oder die Leistung erstellen. Die Verhandlungsstärke ist je nach Struktur und Beschaffenheit der Abnehmer unterschiedlich.

Für die Stärke der Abnehmergruppe gelten folgende Bedingungen (vgl. Porter [Wettbewerbsstrategie], S. 50ff.):

- Die Abnehmergruppe ist stark konzentriert und hat einen hohen Anteil am Gesamtumsatz des Verkäufers. Besonderes Gewicht haben Großabnehmer in Branchen mit hoher Fixkostenbelastung, beispielsweise Rohchemikalienfabriken oder Stahlwerke, wo eine kontinuierliche Auslastung der Kapazitäten erforderlich ist.
- Je höher der Anteil der Einkaufskosten an den Gesamtkosten der Abnehmer ist, desto intensiver versuchen diese, zu einem möglichst günstigen Preis einzukaufen. In einer Schuhfabrik wird im allgemeinen auf die Ledereinkaufspreise stärker geachtet als auf den Einkauf von Klebstoffen.
- Je niedriger die Gewinne des Abnehmers sind, desto eher wird er versuchen, die Einkaufspreise zu senken (aktuell bei den Automobilherstellern).
- Bei standardisierten, nicht-differenzierten Produkten sind die Abnehmer meist in der Lage, die Lieferanten zu wechseln oder diese gegeneinander auszuspielen, beispielsweise bei einfachen Stahlprodukten.
- Je niedriger die Umstellkosten sind, denen sich der Abnehmer beim Wechseln der Lieferanten gegenübersieht (z. B. Kosten für Umschulung, konstruktive Änderungen), desto leichter kann der Wechsel der Lieferanten erfolgen.
- Wenn die Abnehmer eine Möglichkeit zur Rückwärtsintegration haben, können sie oft Zugeständnisse bei ihren Lieferanten erreichen.
- Ist das Produkt des Unternehmens für die Qualität des Produkts der Abnehmer weitgehend unerheblich, so ist der Käufer meist preisempfindlicher als bei starker Qualitätsabhängigkeit. Ausfallzeiten bei Baumaschinen sind oft mit hohen Kosten für den Kunden verbunden, EDV-Systeme können bei Defekten ebenfalls erhebliche Kosten hervorrufen.
- Je umfassender die Abnehmer über die Lieferanten, ihre aktuellen Marktpreise oder ihre Kostenstruktur informiert sind, desto ausgeprägter wird gewöhnlich die Verhandlungsstärke sein.

Die meisten dieser Punkte treffen sowohl für Konsum- als auch für Investitionsgüterbranchen zu. Die Preisempfindlichkeit des privaten Verbrauchers ist aber auch von der Höhe des Produktpreises im Verhältnis zum Gesamteinkommen und vom Differenzierungsgrad gegenüber den Konkurrenzprodukten abhängig.

Bei Groß- und Einzelhändlern ist zusätzlich zu beachten, daß ihre Position gegenüber den Herstellern dann gefestigt werden kann, wenn es ihnen gelingt, die Kaufentscheidung der

Konsumenten zu beeinflussen. Beispiele sind der beratungsintensive Verkauf von Wein in Vinotheken, von Schmuck bei Juwelieren oder von Sportartikeln in Fachhandelsgeschäften.

Die Verhandlungsstärke der Abnehmer ändert sich mit der Ausprägung der genannten Faktoren. Große Lebensmittelhersteller kommen beispielsweise unter den Druck der immer mächtiger werdenden Lebensmittelhandelsorganisationen, die sich länderübergreifend zu Einkaufskooperationen zusammenschließen.

Das Verständnis für die Marktentwicklung und für die Fähigkeit, Veränderungen zu antizipieren, ist für die Marktanalyse und für die Abschätzung der eigenen strategischen Position besonders bedeutend. Bei der Beurteilung des Produkt- und Marktentwicklungsstadiums können das Produktlebenszykluskonzept und das Marktlebenszykluskonzept hilfreich sein (vgl. dazu Punkt 3.2.3.3).

Eine Sonderstellung im Zusammenhang mit der Branchenanalyse kann der Staat einnehmen: Er verändert Eintrittsbarrieren durch gesetzliche Bestimmungen, tritt als Lieferant oder Abnehmer auf oder agiert mit staatlich kontrollierten Unternehmen als Wettbewerber. Die Bedrohung durch Ersatzprodukte kann ebenfalls vom Staat beeinflußt werden, beispielsweise bei der Forcierung des öffentlichen Verkehrs. Die Rivalität unter den bestehenden Unternehmen wird maßgeblich durch das Wettbewerbsrecht bestimmt, das vom Staat festgelegt wird. Bei jeder Marktanalyse sollten die Auswirkungen der staatlichen Aktivitäten auf die fünf Wettbewerbskräfte untersucht und berücksichtigt werden.

Die Branchenanalyse ist die Zusammenführung von Aspekten der Wettbewerbsorientierung und der Markt-/Konsumenten-Orientierung. Porter konzentriert sich im wesentlichen auf die Wettbewerbsanalyse, daher sind die angeführten Aspekte um eine detaillierte Analyse des Markts, der Marktentwicklung und der Konsumentenbedürfnisse zu ergänzen (vgl. Kreilkamp [Management], S. 87ff.). Im Rahmen der Verhandlungsstärke der Abnehmer müssen auch die Bestimmungsfaktoren des Kaufentscheidungsprozesses, des Kaufverhaltens sowie der Nutzenerwartung und der Nutzenwahrnehmung einbezogen werden. Eine strategische Branchenanalyse berücksichtigt Markt-, Konsumenten- und Wettbewerbsaspekte gleichermaßen, um die Dynamik der Marktentwicklung und des Wettbewerbs zu erfassen und den Erfolg oder Mißerfolg bestimmter Strategien zu verstehen. Die Markt- und Konsumentenforschung ist auch ein wesentlicher Ausgangspunkt für den Aufbau von Wettbewerbsvorteilen, sodaß eine strategische Analyse ohne eine Markt-/Konsumenten-Analyse unvollständig wäre.

Die Branchenanalyse und die Wettbewerbsstrategie des Unternehmens

Aus der Analyse der auf den Branchenwettbewerb einwirkenden Kräfte und ihrer Ursachen können die kritischen Erfolgsfaktoren und die zukünftigen Chancen und Risken im jeweiligen Geschäftsfeld sowie die Wettbewerbsstellung des Unternehmens und die Möglichkeiten zum Aufbau von Wettbewerbsvorteilen herausgearbeitet werden. Zur Vervollständigung der strategischen Analyse sind im Rahmen einer Unternehmensanalyse die Ressourcenausstattung und die Kernfähigkeiten des Unternehmens festzustellen.

3.2.3 Strategische Unternehmensanalyse

Unter Punkt 3.1.5 wurden die vier wesentlichen Dimensionen der strategischen Unternehmensanalyse herausgearbeitet:

- Strategische Grundposition
- Strategische Geschäftsfelder
- Betriebliche Funktionsbereiche
- Wertschöpfungskette/Kostenstruktur.

Im folgenden sind die wichtigsten Instrumente zur Durchführung strategischer Unternehmensanalysen überblicksartig dargestellt, wobei am Beginn Instrumente und Methoden zur Analyse der strategischen Grundposition von Unternehmen stehen. Anschließend geht es um Instrumente und um Methoden zur Analyse der Wertkette/Kostenstruktur und zur Analyse Strategischer Geschäftsfelder. Auf eine instrumentelle Beschreibung der Funktionsbereichsanalyse wurde bewußt verzichtet, da sich die methodischen Ansätze – abhängig vom Funktionsbereich – stark unterscheiden. Gemeinsam ist nur, daß alle Funktionsbereichsanalysen in Stärken-/Schwächen-Katalogen und in die Einschätzung des Fähigkeitspotentials münden.

3.2.3.1 Analyse der strategischen Grundposition des Unternehmens

Ausgangspunkt der strategischen Unternehmensanalyse ist die Position des Unternehmens im Branchenwettbewerb und die für die Zukunft erwartete Branchenentwicklung. Darauf aufbauend sind die bestehenden Potentiale und Abhängigkeiten des Unternehmens festzustellen. Die Bedeutung der Potentiale und der Abhängigkeiten für die Strategieentwicklung liegt darin, daß sie die Basis und den limitierenden Faktor für die künftige Unternehmensentwicklung bilden. Im Sinne Gälweilers sind Potentiale und Abhängigkeiten die zentralen Vorsteuergrößen des unternehmerischen Erfolgs.

Bei der Analyse der Erfolgspotentiale kann zwischen **marktgerichteten Erlöspotentialen** (Produktkompetenz, Markenbekanntheit, Distributionssystem etc.) und **unternehmensinternen Fähigkeitspotentialen beziehungsweise Ressourcenausstattung** (Know-how, Innovationskraft, Managementkapazität, Finanzstärke etc.) unterschieden werden.

Untersucht man die Abhängigkeiten des Unternehmens von seinen Anspruchsgruppen, muß man zwischen aktiven und passiven Abhängigkeiten unterscheiden. Unter **aktiven Abhängigkeiten** versteht man Abhängigkeiten der betrachteten Anspruchsgruppe vom Unternehmen, **passive Abhängigkeiten** sind Abhängigkeiten des Unternehmens von der jeweiligen Anspruchsgruppe. Dabei gibt es hinsichtlich aller relevanten Anspruchsgruppen in der Regel sowohl aktive als auch passive Abhängigkeiten, die in Summe bewertet ("Abhängigkeitsbilanz") den Handlungsspielraum des Unternehmens gegenüber der betrachteten Anspruchsgruppe determinieren.

Die folgende Abbildung illustriert den Zusammenhang zwischen den Vorsteuergrößen und den operativen Steuerungsgrößen Gewinn und Liquidität:

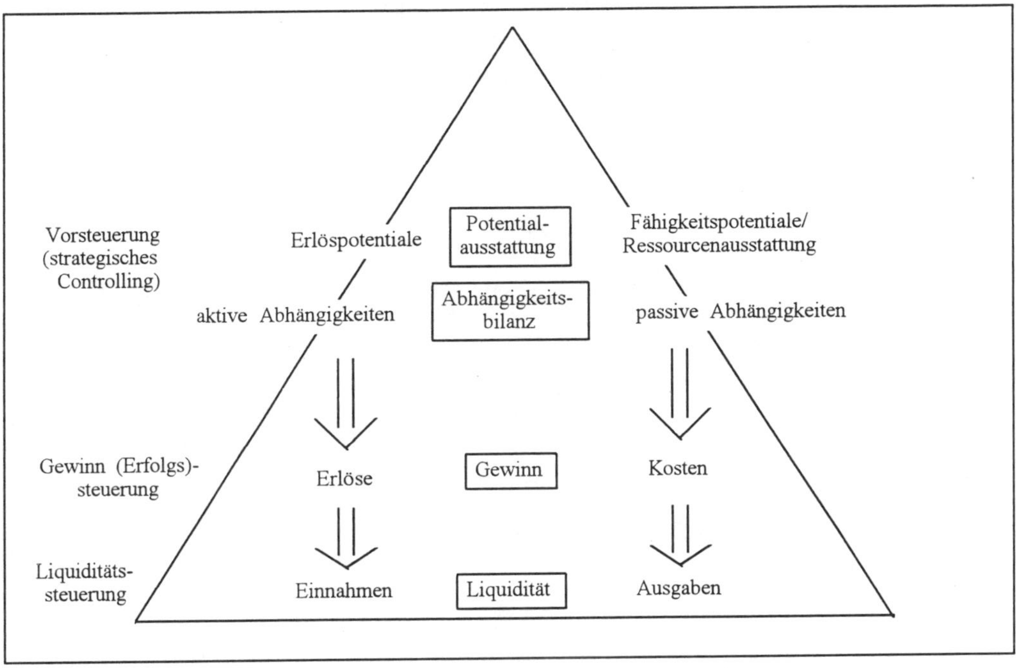

Abb. 3.15: Der Zusammenhang zwischen Vorsteuergrößen und operativen Steuerungsgrößen

Potentialanalyse und strategische Bilanz sind die zentralen Instrumente zur Analyse der Erfolgspotentiale und zur Erstellung von Abhängigkeitsbilanzen. Vor der Anwendung ist es mitunter erforderlich, den Handlungsbedarf – die Notwendigkeit zur formalisierten Strategieentwicklung – herauszuarbeiten und zu begründen. Dafür eignet sich die GAP-Analyse hervorragend, mit der die strategische Leistungslücke des Unternehmens aufgezeigt werden kann.

GAP-Analyse

Zielsetzung der GAP-Analyse ist die Identifikation von Art und Umfang der Lücke zwischen der von der Unternehmensleitung beziehungsweise von der Eigentümervertretung gewünschten Unternehmensentwicklung und der – aufgrund der gegenwärtigen unternehmerischen Aktivitäten – in der Zukunft zu erwartenden Unternehmensentwicklung (vgl. z. B. Kreikebaum [Unternehmensplanung], S. 44ff.). Klafft zwischen gewünschter Unternehmensentwicklung (SOLL) und durch Trendextrapolation erwarteter Unternehmensentwicklung (WIRD) eine Lücke, so stellt sich die Frage, ob diese Leistungslücke operativen oder strategischen Charakter hat. Die **operative Lücke** stellt die Differenz zwischen der Weiterführung der bisherigen Aktivitäten (des Basisgeschäfts) ohne Veränderungen und der mit operativen Maßnahmen optimierten potentiellen Entwicklung des Basisgeschäfts dar (vgl. Becker [Grundlagen], S. 347). Unter operativen Maßnahmen sind dabei solche Aktivitäten zu verstehen, die nicht zu substantiellen Veränderungen im Leistungsprogramm (kein "Neugeschäft") sowie in der Potentialausstattung und in der Abhängigkeitsbilanz führen. Als **strategische Lücke** bezeichnet man den Unterschied zwischen der strategischen SOLL-Vorgabe und der bestmöglichen Entwicklung des Basisgeschäfts unter Ausschöpfung aller operativen Optimierungsmöglichkeiten (KANN).

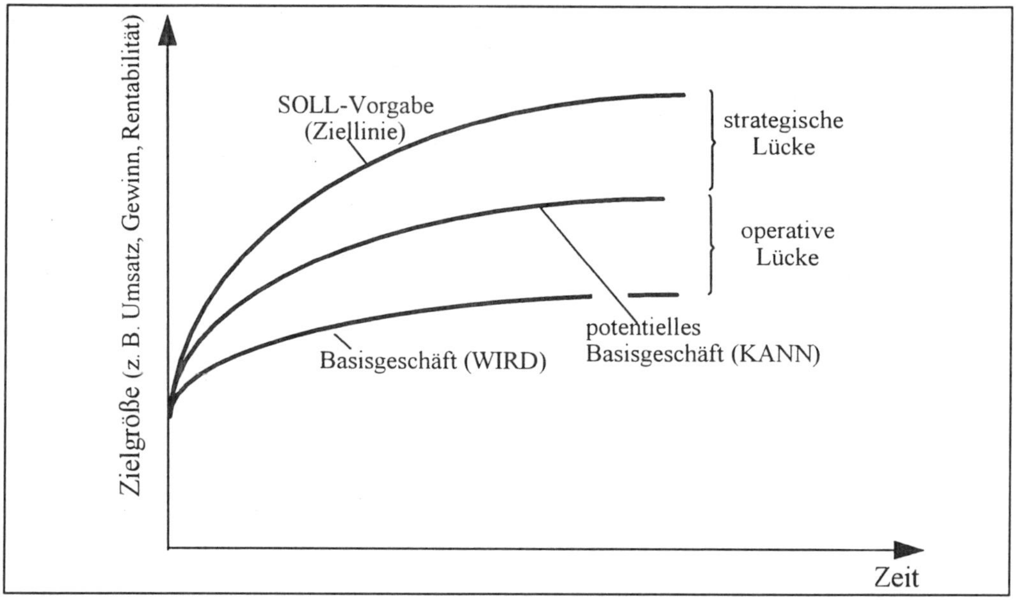

Abb. 3.16: Die GAP-Analyse

Anstoß zur Durchführung von GAP-Analysen ist in der Regel der Wunsch, am Beginn von Strategieentwicklungsprozessen die Notwendigkeit zu dokumentieren, neue Erfolgspotentiale zur Zukunftssicherung des Unternehmens zu schaffen. Das Herausarbeiten einer strategischen Lücke kann die Betroffenheit und Akzeptanz des Strategieprojekts bei den maßgeblichen Führungskräften sicherstellen.

Darüber hinaus kann die GAP-Analyse zur Unterstützung der Strategiekonzeption eingesetzt werden. Mit ihrer Hilfe wird der Beitrag einzelner Strategiebausteine oder Strategieoptionen zur Füllung der strategischen Lücke ermittelt und visualisiert (vgl. Becker [Grundlagen], S. 347f.). Es handelt sich dabei um gedankliches Wiederholen der GAP-Analyse nach Realisierung der geplanten strategischen Maßnahmen, um festzustellen, ob die geplanten Strategien ein Erreichen der gewünschten strategischen Ziellinie ermöglichen. Um die Risikoexponiertheit der Strategien zu berücksichtigen, können die Zielerreichungsbeiträge der einzelnen strategischen Maßnahmen mit den Erfolgswahrscheinlichkeiten gewichtet werden (siehe Abbildung 3.17).

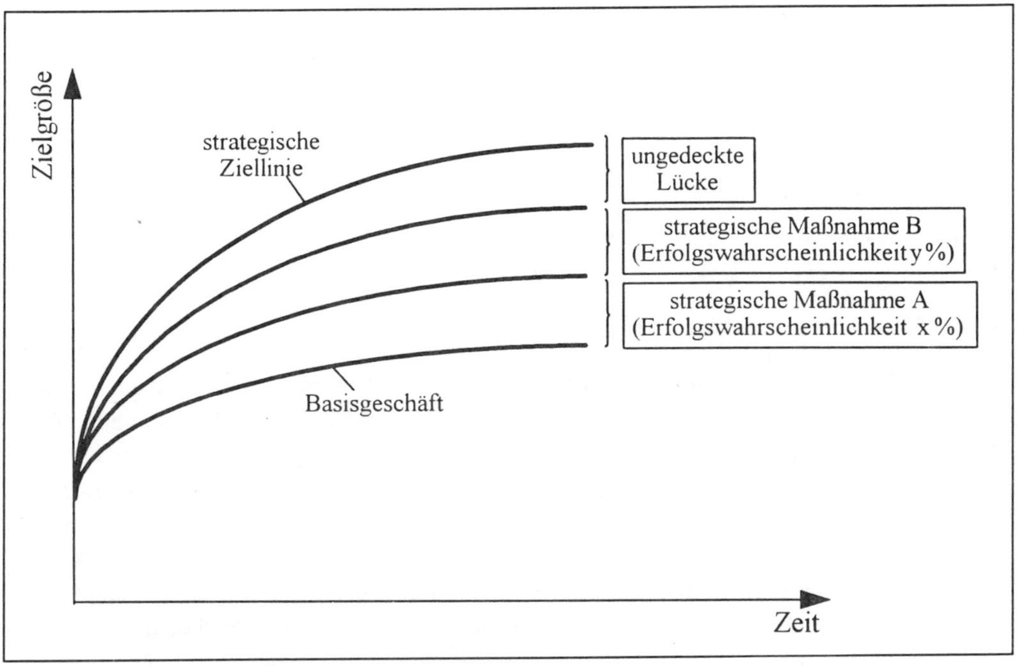

Abb. 3.17: Einsatz der GAP-Analyse in der Strategiekonzeption

Der Nutzen der GAP-Analyse besteht im wesentlichen darin, den strategischen Handlungsbedarf aufzuzeigen und einen ersten Analyseraster für die Strategieselektion zur Verfügung zu stellen. Da die Analyse auf quantitative Größen und deren Extrapolation beschränkt ist, kann sie im Unterschied zur Potentialanalyse und zur strategischen Bilanz keine inhaltlichen Ansatzpunkte zur Strategieplanung liefern.

Potentialanalyse

Die Potentialanalyse ist das Instrument zur Analyse der bestehenden Erfolgspotentiale und strategischen Ressourcen des Unternehmens (vgl. Mann [Controlling], S. 58f.). Ihr Ziel ist die Feststellung der vorhandenen Erfolgspotentiale und strategischen Ressourcen, um marktrelevante Unternehmensstärken und Wettbewerbsvorteile herauszuarbeiten. Darauf aufbauend können Maßnahmen zur bestmöglichen Absicherung und Nutzung der vorhandenen Potentiale und Ressourcen sowie zur Entwicklung zusätzlicher Potentiale und Ressourcen geplant werden. Damit ist die Potentialanalyse ein zentrales Instrument der strategischen Unternehmensanalyse und Ausgangspunkt der Strategieplanung.

Der erste Schritt der Potentialanalyse ist eine **Stärken-Schwächen-Analyse**. Folgende Objekte (betriebliche Teilbereiche oder Funktionen) sollten dieser Analyse unterzogen werden (vgl. Kreikebaum [Unternehmensplanung], S. 60):

- Produktbereich
- Forschungs- und Entwicklungsbereich
- Produktionsbereich
- Logistikbereich
- Absatzbereich
- Personalbereich
- Management
- Finanzbereich.

Bei der praktischen Durchführung der Stärken-Schwächen-Analyse bietet es sich an, in einem ersten Schritt für jeden Bereich vergangene Erfolge und Mißerfolge zu sammeln und in einem zweiten Schritt deren Ursachen zu ermitteln. Dabei kann zwischen internen (unternehmensbezogenen) und externen (umfeldbezogenen) Ursachen unterschieden werden. Die erarbeiteten internen Ursachen vergangener Erfolge und Mißerfolge bilden die Basis für die Ermittlung der relevanten Stärken und Schwächen eines Unternehmens, die externen Ursachen liefern erste Anhaltspunkte zur Bestimmung der künftigen Chancen und Risken aus dem Unternehmensumfeld, müssen aber durch eine umfassende Umfeldanalyse fundiert und konkretisiert werden. Bei der Ermittlung der internen (unternehmensbezogenen) Stärken und Schwächen sind nur jene Eigenschaften des Unternehmens zu erfassen, die auch in Zukunft wirksam sein werden und als Basis für die künftige Unternehmensstrategie dienen können. Wird die Stärken-Schwächen-Analyse im Rahmen eines Strategie-Workshops durchgeführt, kann die relative Bedeutung der einzelnen Stärken und Schwächen aus Sicht des Analyseteams durch die Vergabe von Gewichtungspunkten zum Ausdruck gebracht werden. Dadurch lassen sich aus einer Vielzahl von erkannten Stärken und Schwächen die wichtigsten herausarbeiten. Abbildung 3.18 zeigt ein Beispiel für eine Stärken-Schwächen-Analyse in einem Markenartikelunternehmen.

Aufbauend auf der Stärken-Schwächen-Analyse kann die **eigentliche Potentialanalyse** durchgeführt werden. In einem ersten Schritt werden die Schlüsselfaktoren (kritischen Erfolgsfaktoren) herausgearbeitet. Darunter versteht man diejenigen Variablen, deren Ausprägung den Markterfolg wesentlich bestimmen, auf die es "ankommt", wenn man im Branchenwettbewerb erfolgreich sein möchte. Die Bestimmung der kritischen Erfolgsfaktoren der Branche ist – so wie die Chancen-Risken-Analyse – Ausfluß der Ergebnisse der Branchen- und Wettbewerbsanalyse. Eine wichtige Hilfestellung zur Bestimmung von Schlüsselfaktoren liefern Marktstudien, Kundenbefragungen und die PIMS-Datenbank, die empirische Befunde über die wichtigsten Einflußgrößen der Rentabilität von Geschäftsfeldern enthält. Eine ausschließlich subjektive Einschätzung von kritischen Erfolgsfaktoren aus Sicht der Führungskräfte des planenden Unternehmens sollte jedenfalls vermieden werden, da sonst die große Gefahr besteht, daß dem Analyseteam aufgrund der fehlenden Neutralität und der subjektiven Situationsdiagnose substantielle Fehleinschätzungen unterlaufen.

vergangene

Erfolge	Mißerfolge
• Großauftrag X bekommen • Kunde Y gewonnen • Produkt B erfolgreich am Markt eingeführt • ISO-Zertifizierung erlangt • Akquisition des Mitbewerbers C	• hohe Fluktuation im Außendienst • Stelle des Marketingleiters konnte ein Jahr lang nicht besetzt werden • hohe Lagerbestände • schwankende Produktions-auslastung • Vertriebspartner in Italien verloren

Ursachen vergangener

	Erfolge	Mißerfolge
intern:	• Produktqualität • Verfügbarkeit • Vertriebssystem im Inland • gute persönliche Kontakte zu Key-Accounts • hohe Finanzierungs-reserven • eigene Forschung & Entwicklung	• keine Personalentwicklung • keine Nachfolge- und Karriereplanung • keine Just-in-time-Anlieferung • hohe Abhängigkeit von wenigen Großkunden • kein Exportmarketing-Konzept
extern:	• Ostöffnung • niedriger Dollarkurs	• Konjunktureinbruch • Aufstreben neuer Billigwett-bewerber aus Fernost

zukünftige interne

Stärken	Schwächen
• Produktqualität • Verfügbarkeit • hohe Marktpräsenz am Heimmarkt • moderne Produktions-mittel • Innovationskraft • Finanzkraft	• Personalentwicklung • Nachfolge- und Karriereplanung • ungünstige Kostenstruktur in der Logistik • Kundenstruktur • Exportmarketing • zu hohe Sortimentsbreite (Komplexitätskosten)

Abb. 3.18: Stärken-Schwächen-Analyse

Beispiele für kritische Erfolgsfaktoren sind:

- Kundennähe
- Markenbekanntheit
- Markenwertschätzung
- Produktqualität
- Sortimentsbreite
- Distributionsgrad
- Hohe Verfügbarkeit
- Kundendienst/Service

- Vertriebsorganisation/Außendienst
- Kostengünstige Produktion
- Flexible Automatisation
- Finanzkraft
- Innovationskraft
- Technologisches Know-how.

Auf Basis der erarbeiteten Schlüsselfaktoren wird das eigene Unternehmen mit dem schärfsten Wettbewerber verglichen. Ist es nicht möglich, einen einzigen schärfsten Mitbewerber zu identifizieren, kann das **Potentialprofil** im Vergleich zu mehreren Mitbewerbern erstellt werden. Keinesfalls sollte ein "künstlicher" schärfster Mitbewerber durch Kombination der maximalen Stärken mehrerer Wettbewerber als Vergleichsmaßstab herangezogen werden. Mann schlägt für die Bewertung eine siebenstufige ordinale Skala (von +3 bis -3) vor (vgl. Mann [Praxis], S. 58f.). Dabei gilt der schärfste Wettbewerber als Referenzmaß, als "Null-Linie". Ist das eigene Unternehmen hinsichtlich des untersuchten kritischen Erfolgsfaktors besser als der schärfste Wettbewerber (+1 bis +3), so besteht auf diesem Gebiet ein Potential im Sinn eines Wettbewerbsvorteils. Bei der Durchführung der Potentialanalyse wird zuerst das bereits genutzte Potential (die bestehenden Wettbewerbsvorteile) des Unternehmens ermittelt. Danach kann in einem zweiten Schritt das zusätzlich aufbaubare Potential untersucht werden, unter der Annahme, daß der bestehende strategische Engpaßfaktor abgebaut wurde. Der strategische Engpaß ist jener Faktor, der das Unternehmen beim weiteren Ausbau seiner Stärken am nachhaltigsten behindert. Dieser Engpaßfaktor wird mit Hilfe der strategischen Bilanz ermittelt. Daher kann die Potentialanalyse erst abgeschlossen werden, nachdem die strategische Bilanz erstellt wurde. Das verdeutlicht das symbiotische Zusammenspiel dieser beiden Basisinstrumente der strategischen Unternehmensanalyse.

Das Ergebnis der Potentialanalyse läßt sich in Form eines Potentialprofils (Schlüsselfaktorenprofil) graphisch anschaulich darstellen:

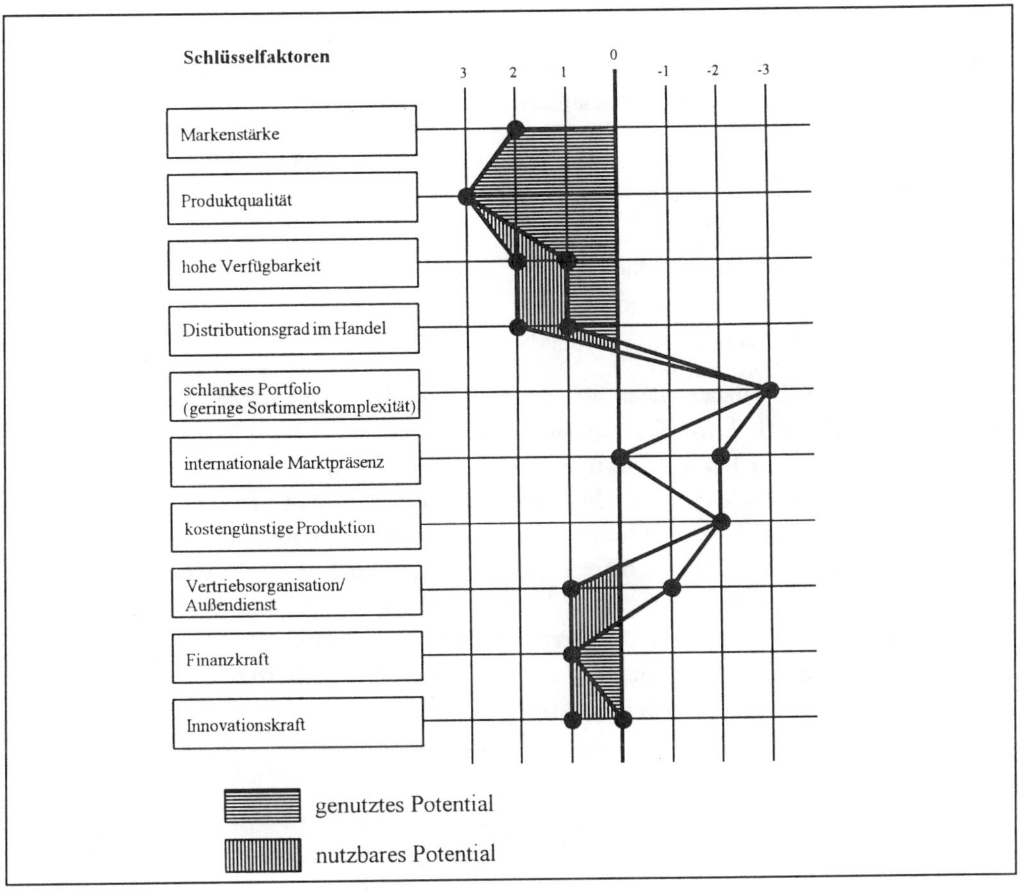

Abb. 3.19: Potentialanalyse (Schlüsselfaktorenprofil) im Vergleich zum schärfsten Wettbewerber (vgl. Mann [Praxis], S. 62)

Ist das Leistungsprogramm eines Unternehmens so stark diversifiziert, daß unterschiedliche Branchen berührt werden und teilweise unterschiedliche Schlüsselfaktoren relevant sind, dann muß die Potentialanalyse differenziert nach Geschäftsbereichen (Divisionen) durchgeführt werden.

Die Potentialanalyse liefert auch die Grundlage zur Destillation von **Kernkompetenzen und Kernfähigkeiten**. Durch die Identifikation marktrelevanter Unternehmensstärken und Wettbewerbsvorteile mit Hilfe der Potentialanalyse kann eine Strategie der Stärke – der Konzentration – auf die zentralen Stärken des Unternehmens, die zugleich Schlüsselfaktoren sind, erarbeitet werden. Zielsetzung jeder Strategieplanung ist die Konzentration der eigenen Stärken auf die Schwächen der Mitbewerber. Nur dadurch kann das Unternehmen sein Profil am Markt stärken und wird unverwechselbar und nicht austauschbar. Austauschbare Unternehmen sind auf reifen Märkten hohem Preisdruck ausgesetzt, der Marktpreis für austauschbare Leistungen nähert sich schrittweise den Grenzkosten an. Durch Konzentration auf bestimmte Ziel- und Bedürfnisgruppen und Aufbau von – auf dieses Marktsegment – maßgeschneiderten

Wettbewerbsvorteilen kann ein Unternehmen diesem ruinösen Preisdruck entgehen. Voraussetzung dafür ist das Erkennen der eigenen Erfolgspotentiale, der strategischen Ressourcen und der dahinterliegenden Kernfähigkeiten und Kernkompetenzen.

Kernfähigkeiten sind die zentralen Fähigkeitspotentiale des Unternehmens und stellen die Wurzeln des unternehmerischen Erfolgs dar. Sie müssen folgenden Kriterien genügen (vgl. Prahalad/Hamel [Core Competence], S. 83 f.):

- Zugang zu einer Vielzahl von Märkten
- Signifikanter Beitrag zum wahrgenommenen Kundennutzen
- nur schwer von den Wettbewerbern initierbar.

Eine Kernfähigkeit ist daher mehr als ein einzelnes, für sich stehendes Produkt (vgl. Schoemaker [Vision], S. 75f.). Kernfähigkeiten sind vielmehr als Prozeß- und Technologiebeherrschung zu begreifen (vgl. Stalk u. a. [Capabilities], S. 66). Honda sieht beispielsweise die Entwicklung und Produktion von Motoren und das Dealer-Management – die Entwicklung und Unterstützung der Honda-Importeure und Händler – als seine Kernfähigkeiten an. Aus Kernfähigkeiten können Kernkompetenzen entwickelt werden, betriebliche Leistungsfelder, auf denen der Markt dem Unternehmen besondere Leistungsfähigkeit zubilligt ("Kompetenz ist, was einem zugetraut wird".). Kernkompetenzfelder werden ihrerseits durch Kernprodukte repräsentiert, die sich durch besonders hohen Kundennutzen auszeichnen (vgl. Prahalad; Hamel [Core Competence], S. 85ff.):

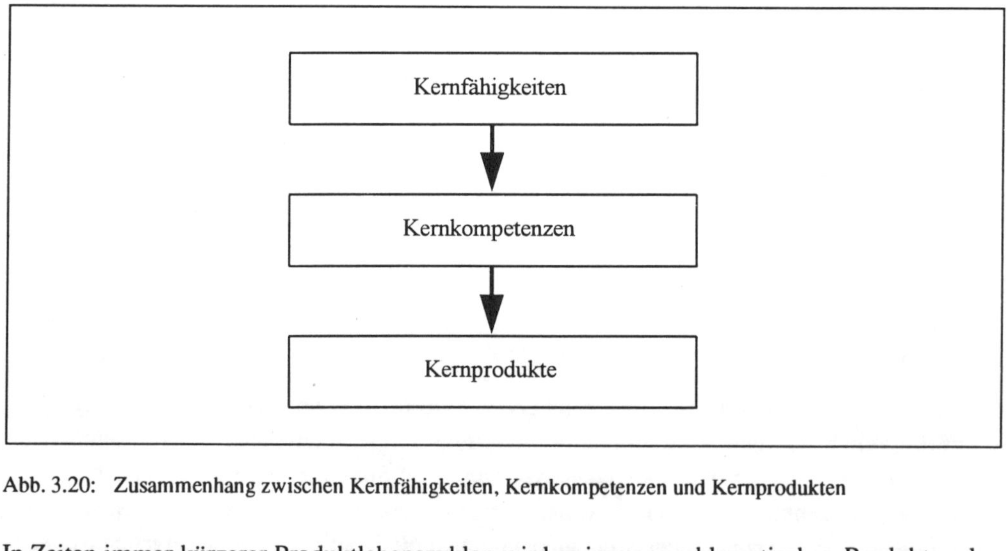

Abb. 3.20: Zusammenhang zwischen Kernfähigkeiten, Kernkompetenzen und Kernprodukten

In Zeiten immer kürzerer Produktlebenszyklen wird es immer problematischer, Produkte oder Produktbereiche zum Gegenstand strategischer Planungen zu machen. In dem Maß, in dem sich die Produktlebenszyklen verkürzen, verschiebt sich der Fokus der Strategieplanung von Produkten und Dienstleistungen zu den dahinterliegenden – dauerhafteren – Kernkompetenzen und Kernfähigkeiten des Unternehmens. Die Kernkompetenz-Kernfähigkeits-Analyse muß daher als dritter Schritt in eine umfassende Potentialanalyse (nach Stärken/Schwächen-

Analyse und Potentialprofil) aufgenommen werden, in den allerdings auch Erkenntnisse aus der strategischen Bilanz einfließen sollten. Die abschließende Abbildung verdeutlicht die einzelnen Teilschritte einer umfassenden Potentialanalyse:

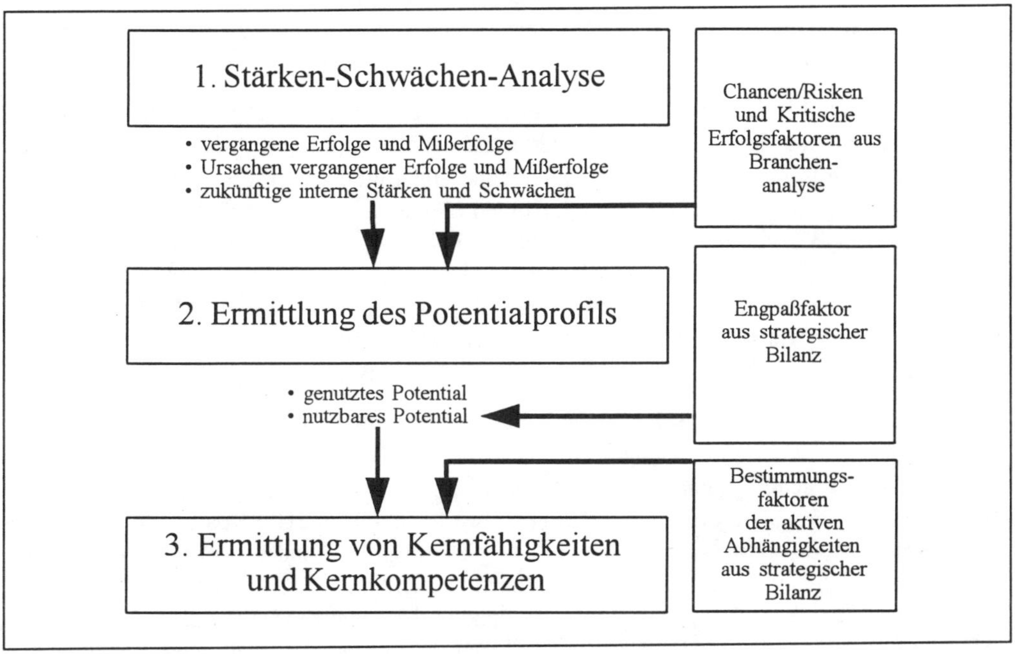

Abb. 3.21: Die Teilschritte einer umfassenden Potentialanalyse

Die Potentialanalyse liefert wertvolles "Ausgangsmaterial" für die Strategiekonzeption:

- Kernfähigkeiten
- Kernkompetenzen
- Anzahl und Stärke der bestehenden Wettbewerbsvorteile beziehungsweise des genutzten Potentials
- Aufbaubare Wettbewerbsvorteile oder zusätzlich nutzbares Potential als Indikator für zusätzliche Profilierungsmöglichkeiten
- Zukünftige (gewichtete) interne Stärken und Schwächen.

Die zweite Säule der Unternehmensanalyse ist die strategische Bilanz, die konzeptionell eng mit der Potentialanalyse verbunden ist.

Strategische Bilanz

Während sich die Potentialanalyse mit der Vorsteuergröße "Erfolgspotential" beschäftigt, hat die strategische Bilanz die Analyse der Vorsteuergröße "Abhängigkeit" zum Ziel. Dabei wird das traditionelle Bilanzverständnis auf Erfassung und Darstellung von unternehmerischen

Abhängigkeiten übertragen. Abhängigkeiten sind deshalb für die Strategieplanung relevant, weil sie den langfristigen Gestaltungs- und Handlungsspielraum des Unternehmens begrenzen. Damit wird die bewußte Beeinflussung und Gestaltung der Abhängigkeiten des Unternehmens gegenüber seinen Anspruchsgruppen (Stakeholder) – neben der Absicherung bestehender und neben dem Aufbau neuer Erfolgspotentiale – zur zweiten zentralen Aufgabe des strategischen Managements.

Die strategische Bilanz wurde von Mann in die betriebswirtschaftliche Literatur eingeführt (vgl. Mann [Praxis], S. 43ff.). Im Vordergrund stand die Ermittlung des strategischen Engpasses (Minimumsektors): Ausgangspunkt war die von Gutenberg in die Theorie der Unternehmensplanung eingeführte Überlegung, daß jede Planung vom betrieblichen Minimumfaktor ausgehen muß (vgl. Gutenberg [Grundlagen], S. 163ff.). Daher schlägt Mann für die Erstellung der strategischen Bilanz die wichtigsten Unternehmensfunktionen und unternehmerischen Ressourcen vor: Kapital, Material, Personal, Absatz und Know-how. Aktive Abhängigkeiten werden mit Stärken und hohem Leistungsvermögen auf dem betrachteten Gebiet, passive Abhängigkeiten mit Schwächen und geringem Leistungsvermögen gleichgesetzt.

Mit der Entstehung des Koalitionsmodells des Unternehmens hat sich das Instrument der strategischen Bilanz zu einer Methode für die Erfassung von Abhängigkeitsbeziehungen des Unternehmens gegenüber den wichtigsten Anspruchsgruppen (Kapitalgeber, Arbeitskraftgeber, Kunden, Lieferanten, öffentliche Hand etc.) weiterentwickelt. Die Koalitionstheorie sieht das Unternehmen als abstraktes Gebilde, in dem sich Ansprüche und Erwartungen einer Vielzahl unterschiedlicher Personen und Institutionen treffen und befriedigt werden müssen (für eine ausführliche Darstellung des Koalitionsmodells des Unternehmens vgl. z. B. Staehle * [Management], S. 369ff.). Unter aktiven Abhängigkeiten sind Abhängigkeiten der Anspruchsgruppen vom Unternehmen zu verstehen, passive Abhängigkeit bedeutet umgekehr Abhängigkeit des Unternehmens von den jeweiligen Stakeholdern. Ein Unternehmen ist so lange lebensfähig, wie es ihm gelingt, die Erwartungen aller Anspruchsgruppen ausreichend zu befriedigen und die Abhängigkeitsbilanz ausgewogen zu halten. Dabei kann Untererfüllung auf einem Anspruchsgebiet (Zielgebiet) nicht durch Übererfüllung auf einem anderen Zielgebiet kompensiert werden. Der Unternehmensleitung steht bei diesem Anspruchsgruppen-Management neben der Erfüllungsstrategie auch die Manipulationsstrategie offen (die gezielte Beeinflussung von Erwartungen; vgl. dazu den interaktionstheoretischen Effizienzansatz von Grabatin [Effizienz], S. 152ff.). Aufgabe der Strategieentwicklung muß es daher sein, die künftigen Erwartungen und Ansprüche der Stakeholder zu antizipieren und bewußt im Sinne der Unternehmensziele zu gestalten.

Eine strategische Bilanz zur Analyse der aktiven und der passiven Abhängigkeiten gegenüber Stakeholdern wird in der Regel zumindest folgende Positionen aufweisen (jeweils mit Beispielen für aktive und passive Abhängigkeiten):

*) Wolfgang Staehle (1938 - 1992) Professor an der Freien Universität Berlin. Hauptvertreter des verhaltenstheoretischen Managementansatzes.

Anspruchsgruppe	**aktive Abhängigkeit** (Abhängigkeit der Stakeholder vom Unternehmen)	**passive Abhängigkeit** (Abhängigkeit des Unternehmens von den Stakeholdern)
Kapitalgeber	• überdurchschnittliche Verzinsung des eingesetzten Kapitals • einzige Einkommensquelle für den Kapitalgeber (Familienbetrieb) • erstklassige Bonität	• hoher Außenfinanzierungs-bedarf • ausgeschöpfte Kreditlinien
Arbeitskraftgeber	• hohes Lohn- und Gehaltsniveau • attraktives Arbeitsumfeld (Betriebsklima etc.) • gute Entwicklungs- und Karrieremöglichkeiten • positives Unternehmensimage	• starke Unternehmensexpansion (hoher zusätzlicher Personalbedarf) • wenige Know-how-Träger im Unternehmen • fehlende Personalentwicklung und Nachfolgeplanung • keine Stellvertretungsregelung • angespannter Arbeitsmarkt
Kunden	• geringe Anzahl von Anbietern (monopolähnliche Situation) • geringe Substitutions-möglichkeiten • attraktives Leistungsangebot • Markenprofilierung • Konzentration auf maßge-schneiderte Problemlösungen ("Wir lösen das Kundenproblem besser als die Mitbewerber") • starke Verkettung des Leistungserstellungsprozesses	• wenige Hauptkunden (im Extremfall nur ein Abnehmer) • kein direkter Kontakt zu den Endkunden (Einschaltung von Absatzmittlern) • besonders imagefördernde Kunden • "lead-user" (technologisch führende Kunden)
Lieferanten	• Hauptkunde des Lieferanten • "Imagekunde" für den Lieferanten • "lead-user" aus Sicht des Lieferanten	• hohe Lieferantenkonzentration • Know-how-Lieferanten • starke Verkettung des Leistungs-erstellungsprozesses (System-Lieferanten, fertigungs-synchrone Anlieferung)
öffentliche Hand	• Sicherung der Arbeitsplätze • Erhaltung der Wertschöpfung • Steuerleistung • Förderung und Unterstützung kultureller, sportlicher und sozialer Aktivitäten	• Zurverfügungstellung der notwendigen Infrastruktur (Verkehrswege, Energie, Telekommunikation...) • gesetzliche Rahmenbedingungen (Steuersystem etc.) • Betriebsanlagengenehmigung • internat. Marktzugang (EU-Mit-gliedschaft, Freihandelsabkommen) • Qualität der öffentlichen Schulen und Universitäten

Abb. 3.22: Positionen der Strategischen Bilanz

Weitere wichtige Anspruchsgruppen können externe Know-how-Geber (Lizenzgeber, Universitäten), die kritische Öffentlichkeit (Medien) sowie Allianz- und Kooperationspartner sein. Speziell im Bereich der Non-Profit-Organisationen kommt in der Regel eine Reihe spezifischer Anspruchsgruppen (Mitglieder, Sponsoren etc.) hinzu.

In einem ersten Schritt werden die bestehenden aktiven und passiven Abhängigkeiten für die festgelegten Anspruchsgruppen aufgelistet. Dabei ist zu beachten, daß in der Regel gegenüber jeder Anspruchsgruppe sowohl aktive als auch passive Abhängigkeiten bestehen. In einem zweiten Schritt sind die aktiven und passiven Abhängigkeiten je Bilanzposition jeweils für sich zu bewerten. Dabei wird üblicherweise eine Prozent-Skala (0% bis 100%) verwendet. 100% bedeutet maximale (aktive oder passive) Abhängigkeit, 50% entspricht einer durchschnittlichen (aktiven oder passiven) Abhängigkeit, und 0% heißt, daß keinerlei Abhängigkeitsbeziehungen bestehen. Nachdem diese Bewertung für aktive und passive Abhängigkeiten getrennt durchgeführt wurde, ergeben sich je Bilanzposition zwei Prozentwerte, die den strategischen Handlungs- und Gestaltungsspielraum abstecken. Die folgende Abbildung illustriert die Erstellung der strategischen Bilanz für ein Markenartikelunternehmen:

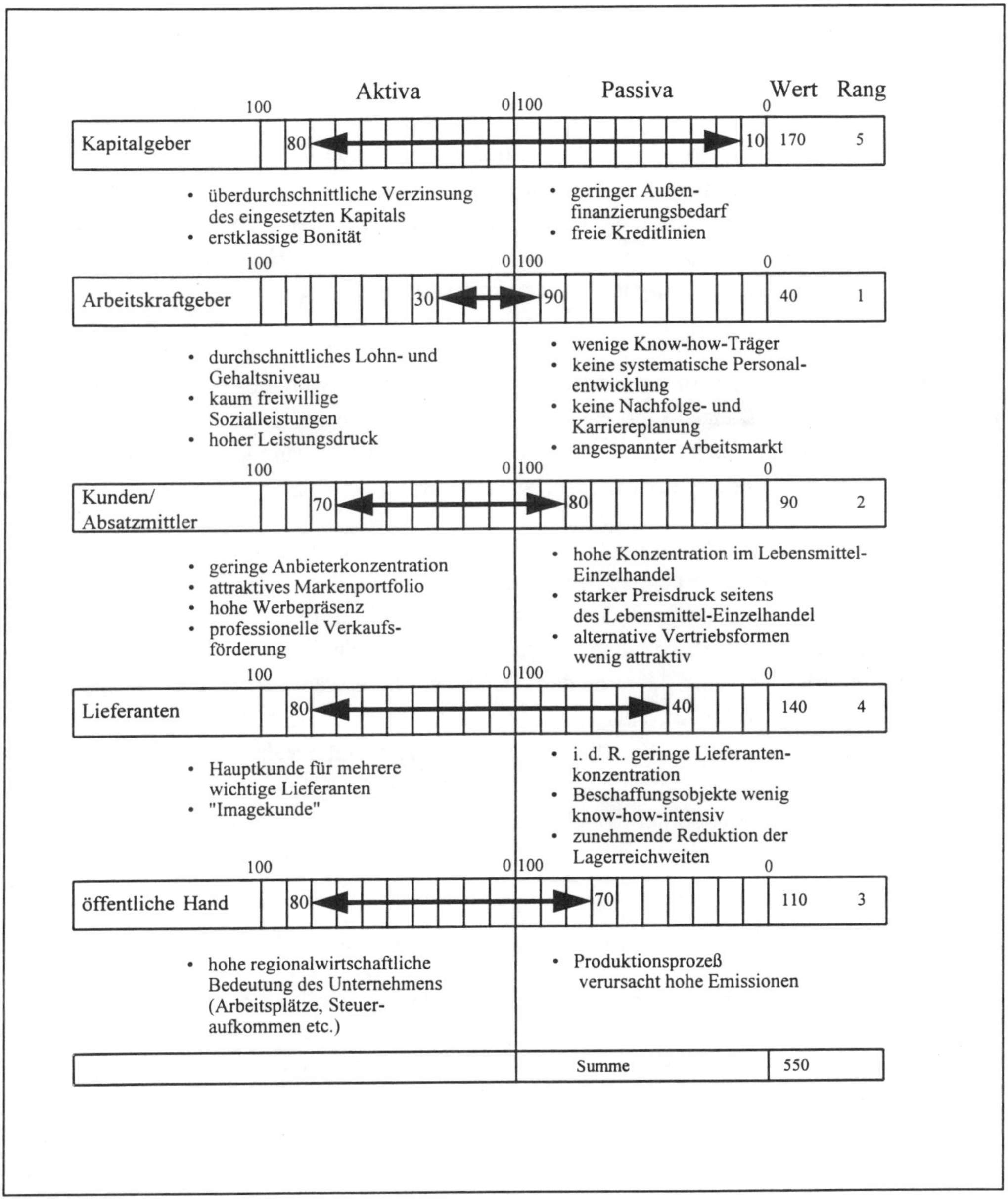

Abb. 3.23: Die strategische Bilanz

Die Punktesumme je Bilanzposition ergibt sich durch die Addition des Werts der aktiven Abhängigkeit mit dem Differenzbetrag auf 100 des Werts der passiven Abhängigkeit. Die Bilanzposition mit der geringsten Punktesumme ist der strategische Engpaßfaktor (im gewählten Beispiel der Personalbereich). Im Sinne Mann's handelt es dabei um den die künftige Unternehmensentwicklung limitierenden Faktor. Die Bilanzpositionen können – beginnend mit dem Engpaßfaktor – nach aufsteigenden Punktesummen in eine Rangfolge gebracht werden, die das relative Bedrohungspotential der dahinterliegenden Abhängigkeitsbeziehungen widerspiegelt.

Die Punktesummen je Bilanzposition ist Ausdruck der gesamten Abhängigkeitskonstellation, in der sich das Unternehmen befindet. Im dargestellten Beispiel entspricht ein Wert von 500 (fünf Bilanzpositionen) einer durchschnittlichen Abhängigkeitsbilanz, Werte größer als 550 signalisieren einen hohen strategischen Handlungs- und Gestaltungsspielraum, Werte unter 450 sind Ausdruck einer ungünstigen Abhängigkeitssituation.

Nach der Identifikation des strategischen Engpasses, der die zukünftige Leistungsfähigkeit des Unternehmens limitiert, müssen Ansatzpunkte zur Verbesserung der Abhängigkeitssituation erarbeitet werden. Danach kann eine strategische "Plan-Bilanz" erstellt werden, die zeigt, ob die geplanten Maßnahmen tatsächlich in der Lage sind, die Abhängigkeitssituation zu verbessern, und um den künftig zu erwartenden (neuen) strategischen Engpaß zu antizipieren.

Mit der Potentialanalyse kann auch das Potential bestimmt werden, das durch die Beseitigung des Engpaßfaktors zusätzlich nutzbar wird (vgl. dazu Abbildung 3.19). Die Verbindung der strategischen Bilanz und der Potentialanalyse kann einerseits zur Prüfung der Plausibilität und der Konsistenz der Analyseergebnisse verwendet werden. Andererseits sind die zusätzlich aufbaubaren Wettbewerbsvorteile durch den Abbau des strategischen Engpasses ein Indikator für die Wichtigkeit und die Attraktivität der erarbeiteten Strategien, um die Abhängigkeitsbilanz zu verbessern. Damit schaffen die strategische Bilanz und die Potentialanalyse gemeinsam eine wesentliche Grundlage für eine strategiegeleitete Ressourcenallokation. Grundprinzip ist dabei die Konzentration der Mittel auf die Verstärkung der bestehenden Wettbewerbsvorteile des Unternehmens sowie auf die Beseitigung existenzbedrohender Abhängigkeiten.

3.2.3.2 Analyse der Wertkette und der Kostenstruktur des Unternehmens

Nach der Analyse der Potentiale und der Abhängigkeiten des Unternehmens muß der gesamte betriebliche Leistungserstellungs- und Leistungsverwertungsprozeß einer detaillierten Analyse unterzogen werden. Als Analyseraster dient das Geschäftssystem des Unternehmens, die Abfolge der Schritte, mit denen ein Unternehmen in einem gegebenen Geschäft seine Güter oder Dienstleistungen produziert und an den Kunden bringt (vgl. Kreilkamp [Management], S. 194). Ziel einer umfassenden Wertkettenanalyse ist die Identifikation von Ansatzpunkten zur Verbesserung der strategischen Position des Unternehmens in den einzelnen Wertschöpfungsstufen (vgl. Porter (Wettbewerbsvorteile), S. 59ff.) und zur Optimierung der Wertschöpfungskette. Die Grundidee der Wertkettenanalyse besteht darin, die strategisch relevanten betrieblichen Aktivitäten zur Leistungserstellung und Leistungsverwertung zu isolieren und jeweils die strategische Position des eigenen Unternehmens im einzelnen Wertschöpfungsschritt einem Wettbewerbsvergleich zu stellen. Dabei werden wesentliche Teile der strategischen Ausgangsanalyse, die in einem ersten Schritt für das gesamte Unternehmen (oder große Unternehmensbereiche) erstellt wurde, in einem zweiten Schritt für einzelne

Wertschöpfungsstufen differenziert durchgeführt. Mittelpunkt der Wertkettenanalyse ist eine vertiefte Ressourcen- und Fähigkeitsanalyse des Unternehmens im Vergleich zu ausgewählten Wettbewerbern (vgl. Kreilkamp [Management], S. 191ff.).

Beim Wettbewerbsvergleich ist zu beachten, daß die Wertketten der Unternehmen einer Branche aufgrund unterschiedlicher Unternehmensstrategien und Unternehmensstrukturen, aber auch aufgrund von verschiedenen historischen Entstehungsgeschichten erhebliche Unterschiede aufweisen können. Die Wertkette jedes einzelnen Unternehmens ist in ein System vor- und nachgelagerter Wertketten von Abnehmern, Lieferanten und Kooperationspartnern eingebettet. Die Gesamtheit aller Wertketten der Unternehmen einer Branche bildet das Wertschöpfungssystem, das Grundlage einer umfassenden Wertkettenanalyse sein sollte. In die Wertkettenanalyse des Unternehmens müssen jedenfalls die vor- und nachgelagerten Wertschöpfungsstufen der Lieferanten und Kunden einbezogen werden (u. a. als Grundlage etwaiger Vorwärts- oder Rückwärtsintegrationsentscheidungen).

Porter unterscheidet bei der Wertkettenanalyse zwischen primären und unterstützenden Aktivitäten (vgl. Porter [Wettbewerbsvorteile], S. 62). Primäre Aktivitäten sind unmittelbar mit der Leistungserstellung und Leistungsverwertung beschäftigt, sekundäre Aktivitäten haben unterstützenden Charakter. Die primären Aktivitäten im Sinn Porters können im wesentlichen mit den Funktionen des Leistungssystems gleichgesetzt werden, die sekundären Aktivitäten entsprechen weitgehend den Aufgaben des Führungssystems. Als die drei zentralen **primären Funktionen** jedes Unternehmens sind Entwickeln (von Produkten und Dienstleistungen), Produzieren und Absetzen anzusehen. Dabei wird die Beschaffung der Funktion "Produzieren" zugeordnet, nachdem in der Regel überwiegend Roh-, Hilfs- und Betriebsstoffe sowie Produktionsmittel beschafft werden. Natürlich muß auch die Ressourcenausstattung für die anderen betrieblichen Funktionsbereiche sichergestellt sein, hat aber in der Regel – gemessen am gesamten Beschaffungsvolumen – nur untergeordnete Bedeutung. Eine weitere primäre Aktivität ist die Logistik, eine Querschnittfunktion im betrieblichen Leistungssystem. Sie koordiniert den kompletten physischen Güterfluß von der Eingangslogistik über die Lagerung und den innerbetrieblichen Transport bis zur Ausgangslogistik (zur Funktion der Logistik als Koordinationsinstrument des Leistungssystems vgl. Weber [Logistik], S. 11ff.). Der Forschungs- und Entwicklungsbereich ist nur zum Teil in die Logistikkette eingebunden. Unter **unterstützende Aktivitäten** fallen die Führungsfunktionen und das – führungsergänzende – Controlling sowie die Bereitstellung der betrieblichen Infrastruktur.

Die entstehende Wertkette läßt sich folgendermaßen veranschaulichen:

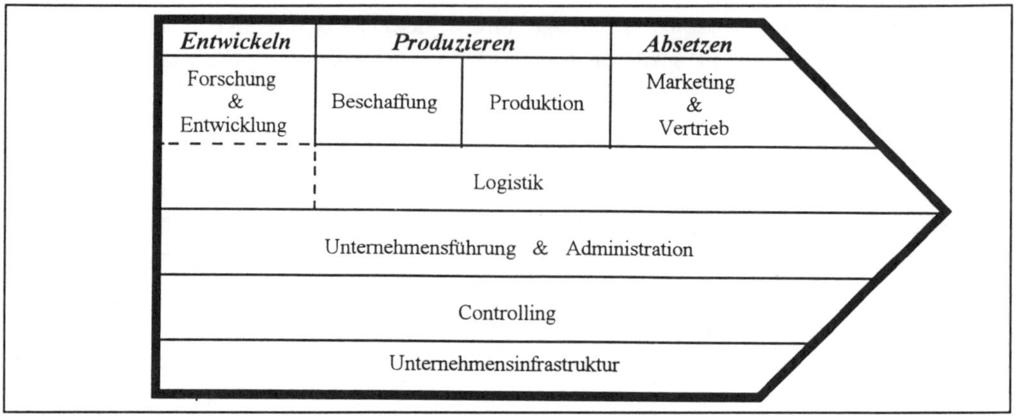

Abb. 3.24: Die betriebliche Wertkette

Im Rahmen der Wertkettenanalyse werden der Wertschöpfungsbeitrag und die verursachten Kosten für jede betrachtete Aktivität untersucht und einem Wettbewerbsvergleich unterzogen. Die Wertschöpfung entspricht dabei dem Wert der jeweiligen Aktivität aus Sicht des Kunden (Kundennutzen). Die Gegenüberstellung des Nutzens aus Kundensicht mit den Kosten der jeweiligen Wertaktivität ermöglicht eine Kosten-Nutzen-Optimierung auf der Ebene einzelner Wertschöpfungsstufen.

Die Wertkettenanalyse fördert ein prozessuales Unternehmensverständnis und veranschaulicht den Güter- und Informationsfluß im Zuge des Leistungserstellungs- und Leistungsverwertungsprozesses. Durch die Orientierung an Wertschöpfungsschritten werden die Schnittstellen zwischen den betrieblichen Funktionsbereichen transparent. Dadurch schafft man die Voraussetzung zur Überwindung der funktionalen Spezialisierung und Suboptimierung und zur Etablierung eines integrativen Prozeßmanagements. Bei stark diversifizierten Unternehmen mit unterschiedlichen, voneinander weitgehend getrennten Prozessen der Leistungserstellung- und Leistungsverwertung ist es notwendig, eine eigene Wertkettenanalyse je Division oder Geschäftsbereich durchzuführen.

Die folgende Abbildung zeigt die Strukturierung des Leistungserstellungs- und Leistungsverwertungsprozesses eines Ziegelwerks mit Hilfe des vorgestellten Wertkettenmodells.

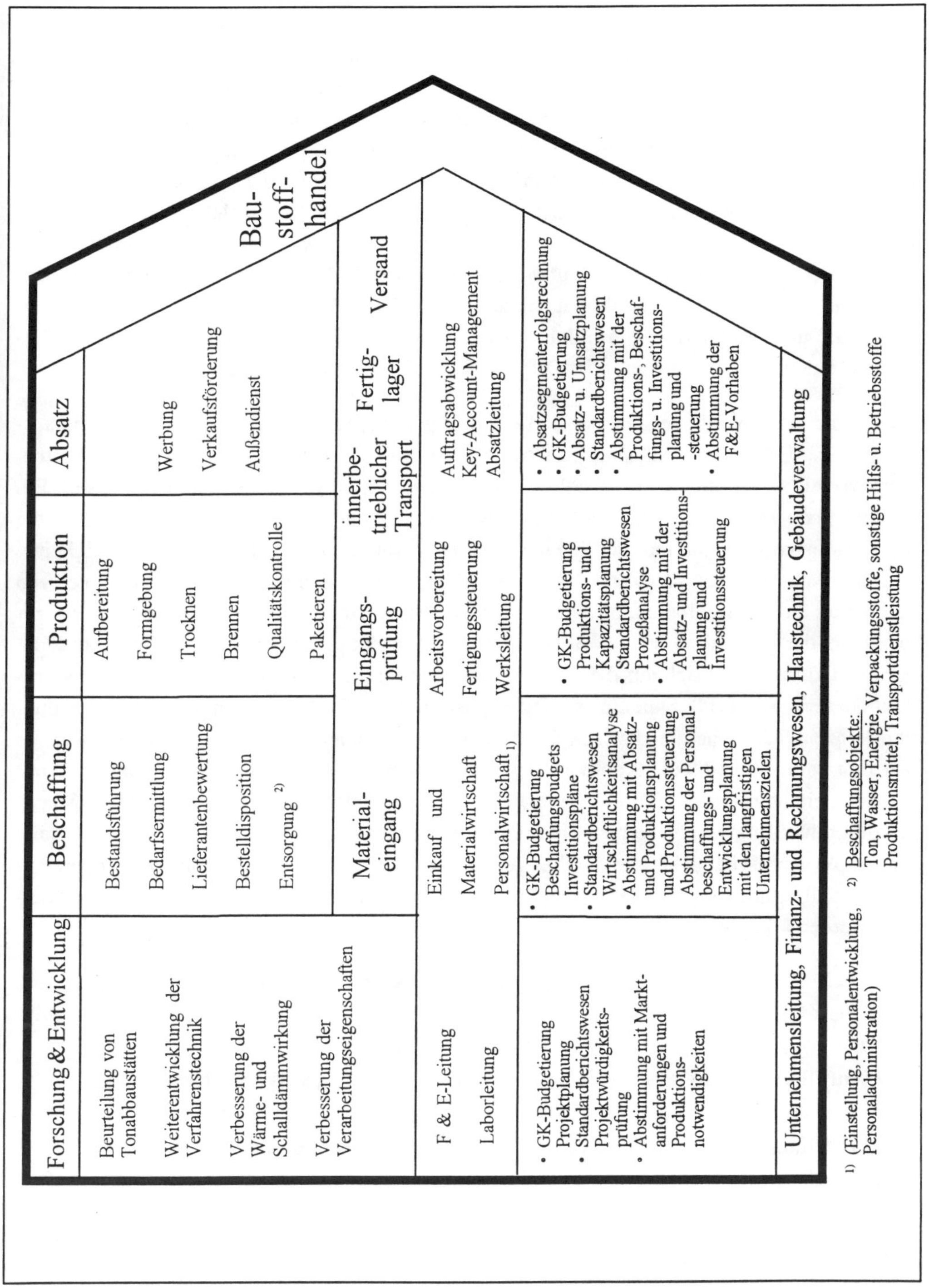

Abb. 3.25: Die Wertkette eines Ziegelwerks

Die Gestaltung und Optimierung der Wertkette des Unternehmens kann als strategische Dimension des Prozeßmanagements und als notwendige Voraussetzung für darauf aufbauende Ablaufoptimierungen und Prozeßkostenrechnungssysteme begriffen werden. Insbesondere im Zusammenhang mit der Optimierung der Fertigungstiefe (Wertschöpfungstiefe) von Unternehmen hat die Wertkettenanalyse in den letzten Jahren hohe praktische Bedeutung erlangt. Dabei steht in der Regel die Reduktion der Fertigungstiefe und die Konzentration der betrieblichen Aktivitäten auf Kernkompetenzen im Vordergrund (d. h. solche Wertschöpfungsschritte, bei denen das Unternehmen gegenüber seinen Mitbewerbern diesen deutlichen Kosten- oder Differenzierungsvorteil aufweist). Für Wertschöpfungsschritte, bei denen ein Unternehmen Wettbewerbsnachteile hat, bieten die Optionen "Auslagerung und Zukauf" (outsourcing)" und "Kooperation" attraktive Alternativen zur Eigenerstellung. Dabei ist die Variante mit dem größten Kosten- oder Differenzierungsvorteil vorzuziehen.

Im Rahmen der Wertkettenanalyse sind die erfolgskritischen Wertschöpfungschritte herauszuarbeiten. "Erfolgskritisch" sind jene Aktivitäten, die eine wesentliche Quelle von Wettbewerbsvorteilen sein können oder hohes Innovationspotential für die Zukunft aufweisen. Ein Unternehmen wird bei der Optimierung seiner Wertkette nur solche Aktivitäten auslagern, die nicht erfolgskritisch sind und mit deren Zukauf kein Aufbau unkalkulierbarer Abhängigkeiten und kein substantieller Know-how-Abfluß verbunden ist. Apple hat sich zum Beispiel von Anfang an dazu entschlossen, die Produktion von Standardteilen zur Kostensenkung und zur Erhöhung der Flexibilität bei der Anpassung an sich ändernde Produktionsvolumina auszulagern und konzentriert sich auf die informationstechnische und logistische Steuerung des Produktionsverbunds (vgl. Quinn u. a. [Dienstleister], S. 140). Mit einem ähnlichen Produktionskonzept hat Benetton die Textilwirtschaft revolutioniert. In der Entwicklung und im Vertrieb von Multi-Media-Applikationen verfolgt Apple eine Kooperationsstrategie mit Nachrichtenunternehmen (Time Warner) und mit Unterhaltungselektronikkonzernen (Sony), um durch Nutzung von Synergien eine raschere Marktpenetration zu erreichen. Das Beispiel von Apple veranschaulicht, wie die drei genannten Alternativen Eigenerstellung, Kooperation und Fremdbezug in unterschiedlichen Wertschöpfungsschritten sinnvoll miteinander kombiniert werden können.

Abschließend werden die einzelnen Schritte zur Gestaltung der Wertkette eines Unternehmens zusammengefaßt.

1. Identifikation der einzelnen Wertaktivitäten mit Hilfe des Wertkettenmodells

2. Ermittlung der Kostenstruktur und der relativen Kostenposition je Wertschöpfungsstufe

Folgendes Beispiel zeigt die Analyse der Vollkosten je Wertschöpfungsschritt bei Biererzeugung und Biervertrieb einer 50.000 hl-Brauerei im Vergleich mit einer 500.000 hl-Brauerei (jeweils eine Braustätte) bei Eigenvertrieb und Absatz über den Lebensmitteleinzelhandel:

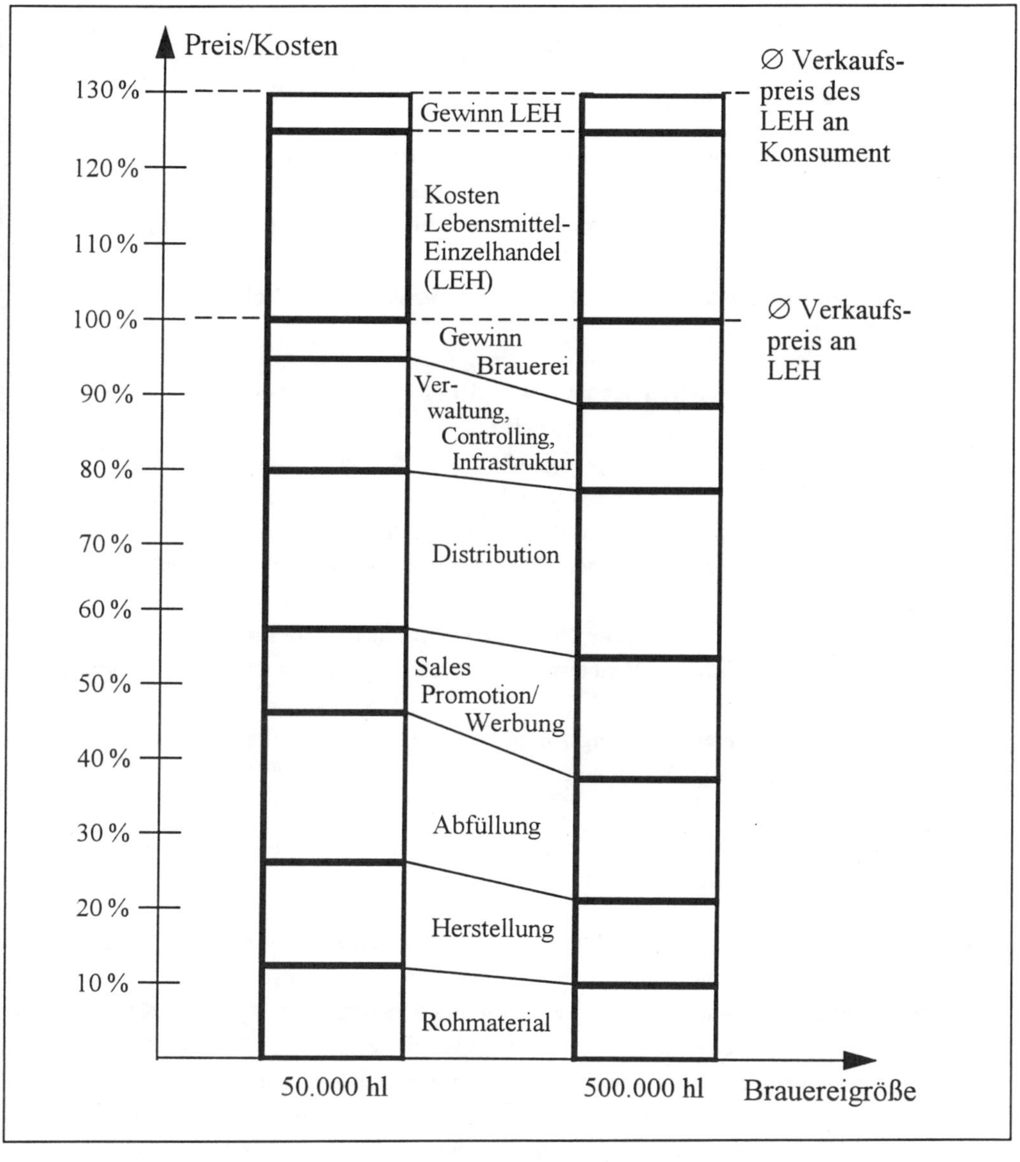

Abb. 3.26: Beispiel zur Bestimmung der relativen Kostenposition von Brauereien

Die Kostenstrukturanalyse zeigt die Kosten je Wertaktivität und (im konkreten Beispiel) die Abhängigkeit der relativen Kosten von der Unternehmensgröße und liefert damit wichtige Anhaltspunkte zur Strategieplanung. Die Kostenstrukturanalyse wird zu einem wichtigen Instrument der Konkurrenzanalyse und ermöglicht es, Kostenvor- und Kostennachteile gegenüber Mitbewerbern festzustellen. Ursachen für Unterschiede in der relativen Kostenposition können neben Kostendegressionseffekten (economies of scale) unterschiedliche Kernfähigkeiten und Ressourcenausstattungen (Organisation, Fertigungsverfahren, Automatisierungsgrad, Know-how, Standort etc.), aber auch verschiedene Kunden- und Sortimentsstrukturen sein. Mit Hilfe dieser Analyse können auch die "Kostenantriebskräfte" identifiziert und auf ihren Einfluß untersucht werden (vgl. Porter [Wettbewerbsvorteile], S. 102f.).

Die Kostenstrukturanalyse muß nicht ausschließlich statisch – zur Diagnose der Ist-Situation – verwendet werden, sondern kann auch zur Veranschaulichung der Auswirkungen von geplanten Strategien herangezogen werden, indem man den Zeitaspekt berücksichtigt.

3. Ermittlung des Kundennutzens und der Differenzierungsmöglichkeiten je Wertschöpfungsstufe

Neben den Kosten der Wertaktivitäten muß auch der Nutzen aus Kundensicht einer detaillierten Analyse und einem Wettbewerbsvergleich unterzogen werden. So wie im Rahmen der Kostenstrukturanalyse jeder Wertschöpfungsschritt nach Kostensenkungspotentialen zu untersuchen ist, muß in diesem Schritt jede Wertaktivität nach Differenzierungsmöglichkeiten untersucht werden. Dabei ist zu beachten, daß nicht jede Stufe des Wertschöpfungsprozesses den gleichen Einfluß auf die durch den Abnehmer wahrgenommene Produktleistung hat. Leistungsmerkmale sind nur dann von Bedeutung, wenn sie vom Kunden auch wahrgenommen werden und der damit verbundene Nutzen aus Sicht des Kunden den Ressourceneinsatz (Preisaufschlag) rechtfertigt. Im Wettbewerbsvergleich zeigt sich, welche Dimensionen der Leistungserstellung und -verwertung bei den jeweiligen Wettbewerbern besser gelöst sind beziehungsweise welche Wertschöpfungsstufen einen besonderen Beitrag zur Profilierung am Markt leisten (vgl. Kreilkamp [Management], S. 198).

4. Ermittlung der relativen Technologieposition und des Innovationspotentials je Wertschöpfungsstufe

Eng verbunden mit der relativen Kostenposition und mit den Differenzierungsquellen ist die Technologieposition des Unternehmens in den einzelnen Wertschöpfungsstufen. Einsatz moderner Technologien und entsprechendes Know-how können sowohl Motor für Kostenvorteile als auch für Differenzierung gegenüber dem Wettbewerb sein. Das für die einzelnen Wertaktivitäten erwartete Innovationspotential ist für die Gestaltung der Wertkette besonders wichtig. Ein Unternehmen sollte über Wertschöpfungsbereiche mit hohem Innovationspotential (speziell bei Schlüsseltechnologien) nicht die Kontrolle verlieren, weil dadurch potentielle künftige Wettbewerbsvorteile aus der Hand gegeben und strategisch gefährliche Know-how-Abhängigkeiten aufgebaut werden.

5. Bestimmung der erfolgskritischen Wertaktivitäten

Aus den ersten vier Analyseschritten lassen sich die erfolgskritischen Wertaktivitäten identifizieren. Erfolgskritische Wertschöpfungsschritte zeichnen sich dadurch aus, daß sie eine wichtige Quelle von Kosten- oder Differenzierungsvorteilen darstellen oder über hohes Innovationspotential verfügen.

6. Erarbeitung von Strategieempfehlungen

Aufbauend auf den Analyseergebnissen müssen im Rahmen der Strategiekonzeption Optionen für die Neugestaltung der Wertkette erarbeitet und bewertet werden. Grundsätzlich stehen dabei für jede einzelne Wertschöpfungsstufe folgende drei Alternativen zur Auswahl:

- **Eigenerstellung/Integration:** Eigenerstellung bietet sich vor allem für jene Wertaktivitäten an, in denen das Unternehmen seine Kernfähigkeiten nützen kann und bei denen es über Wettbewerbsvorteile verfügt. Alle Wertaktivitäten mit hohem Innovationspotential sollten kontrolliert werden. Gerhardt u. a. haben im Rahmen von Transaktionskostenanalysen festgestellt, daß der Integrationsgrad umso höher sein sollte, je spezifischer, je unsicherer und je größer die strategische Relevanz einer Teilleistung ist (Gerhardt u. a. [Optimierung], S. 137f.). Wird die Strategieoption Eigenerstellung auf Wertschöpfungsstufen angewendet, die zur Zeit der Planung noch nicht vom Unternehmen selbst abgedeckt werden, handelt es sich aus Sicht des Unternehmens um Vorwärts- oder Rückwärtsintegration.
- **Zukauf/out-sourcing:** Out-Sourcing und Zukauf sind vor allem für jene Wertaktivitäten zu empfehlen, bei denen das Unternehmen nicht über Kernfähigkeiten verfügt und unter Wettbewerbsnachteilen leidet. Mit überlegter Reduktion der Wertschöpfungstiefe sind häufig eine Verbesserung der Kostenposition und eine Erhöhung der Flexibilität und der Anpassungsfähigkeit des Unternehmens verbunden.
- **Kooperation:** Kooperationen sind ein "Mittelding" zwischen Eigenerstellung und Zukauf. Darunter versteht man in der Regel die längerfristig ausgerichtete, punktuelle (auf einzelne Wertschöpfungsschritte beschränkte) Zusammenarbeit von wirtschaftlich und rechtlich selbständigen Unternehmen zum gemeinsamen Vorteil (vgl. z. B. Meimberg [Aspekte], S. 245). Voraussetzung für eine wertschöpfungsstufenbezogene Kooperation sind komplementäre Kernfähigkeiten und Ressourcen der potentiellen Partner ("complementary assets"). Die Kooperationsstrategie bietet sich insbesondere für jene Wertschöpfungsstufen an, die erfolgskritisch sind, aber aufgrund der gegebenen Ressourcenausstattung und des vorhandenen Know-hows mit vertretbarem Risiko nicht allein bewältigt werden können (z. B. gemeinsame Entwicklung des 64 Megabit-Chips durch IBM und SIEMENS). Die Verschärfung und Internationalisierung des Wettbewerbs machen Kooperationen (strategische Allianzen, Joint Ventures etc.) immer beliebter, und sie werden mit Erfolg in allen Wertschöpfungsstufen eingesetzt (F&E-Kooperationen, Beschaffungs-Kooperationen, Produktions-Kooperationen, Logistik-Kooperationen, Vertriebskooperationen usw.).

Analyse und Gestaltung der Wertkette eines Unternehmens sind eine wichtige Dimension der Strategieentwicklung. Eine rein produkt- beziehungsweise geschäftsfeldorientierte Strategieplanung ohne Berücksichtigung des Wertschöpfungsprozesses wäre einseitig und würde einen wesentlichen Teil der strategischen Gestaltungsparameter außer acht lassen.

3.2.3.3 Analyse der Strategischen Geschäftsfelder (SGF) des Unternehmens

Definition und Bildung der Strategischen Geschäftsfelder

Die Bildung Strategischer Geschäftsfelder ist eine wesentliche Voraussetzung für die Unternehmensanalyse und für die Anwendung von Portfoliotechniken. Nur in dem Maße, in dem es gelingt, Geschäftsfelder so abzugrenzen, daß sie sowohl den Bedingungen des Markts als auch den Bedingungen des Unternehmens entsprechen, kann die Analyse zu richtigen Schlußfolgerungen führen und die Entwicklung geeigneter Strategien gewährleisten. In der Praxis wird die Bedeutung der SGF oft vernachlässigt, wodurch es in der Folge häufig zu Fehlinterpretationen und zu Fehlschlüssen bei der Geschäftsfeldanalyse kommt.

Das Strategische Geschäftsfeld ist ein möglichst isolierter Ausschnitt aus dem gesamten Betätigungsfeld eines Unternehmens mit eigenen Ertragsaussichten, Chancen und Risken, für den relativ unabhängig eigenständige Strategien entwickelt und realisiert werden können. Die SGF sollten in sich möglichst homogen und nach außen zu anderen SGF möglichst heterogen und abgrenzbar sein (vgl. Kreilkamp [Management], S. 317).

Folgende Merkmale definieren Strategische Geschäftseinheiten (SGF) (vgl. Kreilkamp [Management], S. 319):

- Vorhandensein – ausgehend vom Kundenproblem – einer eigenständigen Marktaufgabe
- Selbständige Managebarkeit und strategische Unabhängigkeit von anderen SGF
- Möglichkeit, relative Wettbewerbsvorteile zu erzielen
- Vorhandensein klar abgrenzbarer externer Wettbewerber
- Stabilität und entsprechende Mindestgröße des Marktsegments.

Entscheidend für die Bildung eines SGF ist die eigenständige Marktaufgabe und die Möglichkeit für das Unternehmen, Wettbewerbsvorteile in diesem Marktsegment aufbauen und realisieren zu können. Für ein eigenständiges SGF muß eine gewisse Stabilität der Abgrenzung möglich sein (meist keine SGF-Bildung bei extrem kurzfristigem Kundenproblem) und eine gewisse Mindestgröße des Marktsegments vorliegen.

Für eine Brauerei, die Lagerbiere, Bierspezialitäten und ein alkoholfreies Bier erzeugt, kann es beispielsweise sinnvoll sein, für jedes Segment ein eigenständiges SGF zu bilden, wenn die einzelnen SGF eine eigenständige Marktaufgabe haben und das Unternehmen in den einzelnen Segmenten durch eigenständige Strategien Wettbewerbsvorteile erzielen kann. In einer Verkaufsabteilung von Geländewägen kann es ratsam sein, unterschiedliche SGF nach Kundengruppen zu bilden, wenn sich herausstellt, daß der Verkauf an Jäger und Forstwirte andere Strategien erfordert als der Verkauf an das Militär.

Bei Pharmafirmen kann es sich als vorteilhaft erweisen, die SGF nach Kundengruppen (praktische Ärzte, Facharztgruppen, Krankenhausbereich etc.) und nach Indikationsbereichen

(Herz-Kreislauf, Stoffwechsel etc.) einerseits und nach verschreibungspflichtigen und nach rezeptfreien Präparaten andererseits auszurichten. Die Abgrenzung zwischen den Kundengruppen und den Indikationsfeldern kann positiv sein, da ein Urologe, der urologische Präparate verschreibt, mit einer anderen Vermarktungsstrategie angesprochen werden muß als praktische Ärzte oder der Krankenhausbereich. Die Unterscheidung zwischen verschreibungspflichtigen und rezeptfreien Medikamenten wird deshalb notwendig sein, weil die "Kaufentscheidung" im ersten Fall primär vom Arzt getroffen wird, der das Präparat verschreibt und im zweiten Fall vom Konsumenten selbst, wobei der Apotheker als beratender Absatzmittler fungiert. Das rezeptfreie Geschäft weist zahlreiche Parallelen zum Markenartikelgeschäft auf, während für das rezeptpflichtige Geschäft andere Erfolgsfaktoren gelten.

Der Aggregationsgrad bei der Bildung Strategischer Geschäftsfelder orientiert sich an der Größe und an der Komplexität des Unternehmens und am Verantwortungs-/Hierarchie-Bereich: Große, internationale Unternehmen installieren die SGF in der Konzernzentrale häufig auf Geschäftsbereichsebene, Tochtergesellschaften auf Profit-Center-Ebene oder auf Produktgruppenebene, kleine Unternehmen oder Produktmanager unterteilen manchmal einzelne Produkte nach unterschiedlichen Kundengruppen in einzelne SGF. Auf diese Art können hierachisch aufgebaute SGF gebildet werden, die es erlauben, je nach Notwendigkeit Komplexität zu reduzieren oder Detailbetrachtungen durchzuführen.

Im Rahmen der Gesamtunternehmensplanung sollen die einzelnen Geschäftsfelder geplant und aufeinander abgestimmt werden, wobei die Anzahl der SGF überschaubar bleiben muß. Werden die SGF auf einer zu hohen Ebene aggregiert, so können keine differenzierten Strategien für die einzelnen Marktsegmente entwickelt werden.

Die Strategische Planung startet häufig mit Geschäftsfelddefinitionen, da es erst nach einer sinnvollen Abgrenzung einzelner SGF möglich wird, Umfeld-, Branchen- und Unternehmensanalysen durchzuführen, Chancen und Risken beziehungsweise Stärken und Schwächen zu ermitteln und in der Folge Ziele und Strategien zu formulieren. Dabei muß man beachten, daß sich Geschäftsfelddefinitionen ändern können und daher regelmäßig überprüft werden sollten (neue Technologien oder sich ändernde Konsumentenbedürfnisse erfordern oft Neubildungen von SGF).

Die strategischen Gesetzmäßigkeiten

● Das Lebenszykluskonzept

"Strategische Gesetzmäßigkeiten" sind empirisch beobachtbare Zusammenhänge von strategischer Relevanz, die bei der Strategieentwicklung zu berücksichtigen sind.

Das Lebenszykluskonzept als Instrument zur Analyse der dynamischen Entwicklung von Produkten, Märkten, Unternehmen und Technologien dient als Grundlage für die Ableitung strategischer Implikationen.

Die Konzeption des Produktlebenszyklus geht davon aus, daß fast alle Produkte auf dem Markt eine begrenzte Lebensdauer haben, wobei man im wesentlichen vier Phasen unterscheiden kann (vgl. Kreilkamp [Management], S. 133ff.):

Einführung – Wachstum – Reife – Rückgang

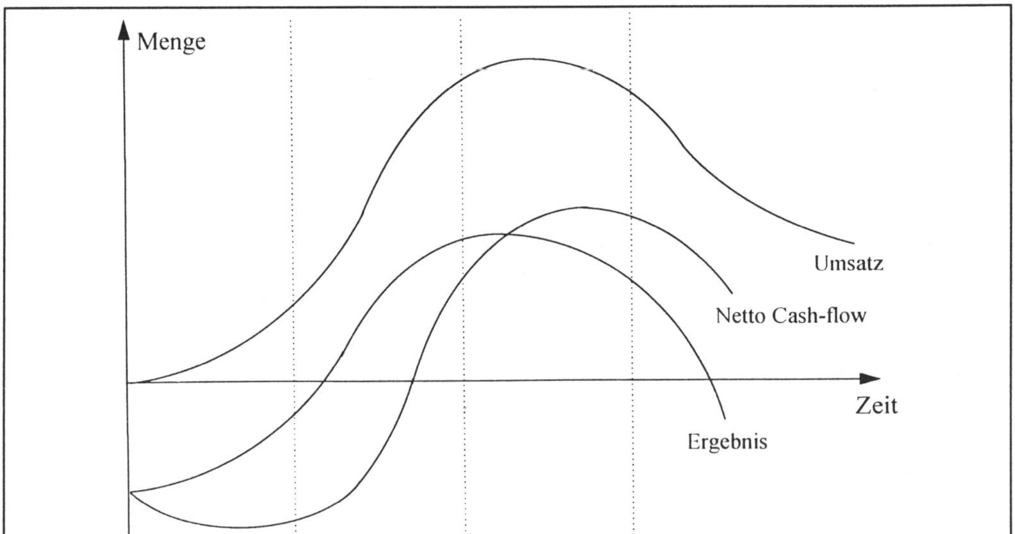

Abb. 3.27: Schematische Darstellung des Produktlebenszyklus eines Produkts (vgl. Kreilkamp [Management], S. 134)

Die **Einführungsphase** ist durch einen zunächst langsam, dann stark steigenden Umsatz gekennzeichnet, da Markteintrittsbarrieren wie Verbrauchergewohnheiten etc. überwunden werden müssen. Die Kosten pro Einheit sind aufgrund der geringen Menge und der Einführungskosten (Werbung etc.) relativ hoch, sodaß in dieser Phase meist Verluste erwirtschaftet werden. Die Anzahl der Wettbewerber ist sehr gering, manchmal ist der "Pionier" der einzige Anbieter.

In der **Wachstumsphase** steigt der Gesamtumsatz wegen der verstärkten Nachfrage an, neue Wettbewerber steigen in den Markt ein, die Kosten sinken. In dieser Phase sind zumeist Erweiterungsinvestitionen notwendig, da durch den raschen Gewinn von Marktanteilen Produktionsmengen erhöht werden müssen, die durch Ausnutzung von Kostendegressionseffekten zu günstigeren Herstellkosten führen sollen. Der Netto-Cash-Flow kann sich aufgrund der hohen Investitionen nicht im Ausmaß der Umsatzsteigerung verbessern. Gewinne ergeben sich ab Überschreitung des Break-even-Points.

In der **Reifephase** wird das Umsatzmaximum überschritten und der Gewinnhöhepunkt erreicht. Der starke Wettbewerb läßt die Preise sinken, der Kapitalbedarf beschränkt sich auf das Halten der Marktanteile, der Netto-Cash-Flow erreicht seinen größten Wert. Die Anzahl der Wettbewerber stagniert oder geht im Zuge eines Selektionsprozesses ("shake out") zurück. Neue Wettbewerber werden durch Eintrittsbarrieren vom Markt ferngehalten.

In der Rückgangs- bzw. Schrumpfungsphase sind Umsatz-, Gewinn-, Netto-Cash-Flow und die Anzahl der Wettbewerber rückläufig, die Kunden wechseln zu Konkurrenzprodukten oder zu Ersatzprodukten, die das ursprüngliche Produkt sukzessive aus dem Markt drängen.

Produktlebenszyklen sind je nach Branche und von Produkt zu Produkt unterschiedlich und von vielen Faktoren abhängig. Daher können allgemeingültige, idealtypisch S-förmige Kurvenverläufe nur als Orientierung dienen. Produktlebenszyklen machen bewußt, daß sich Absatz-, Markt- und Gewinnbedingungen von Produkten im Zeitablauf ändern und alle Produkte und Geschäfte an eine Sättigungsgrenze stoßen.

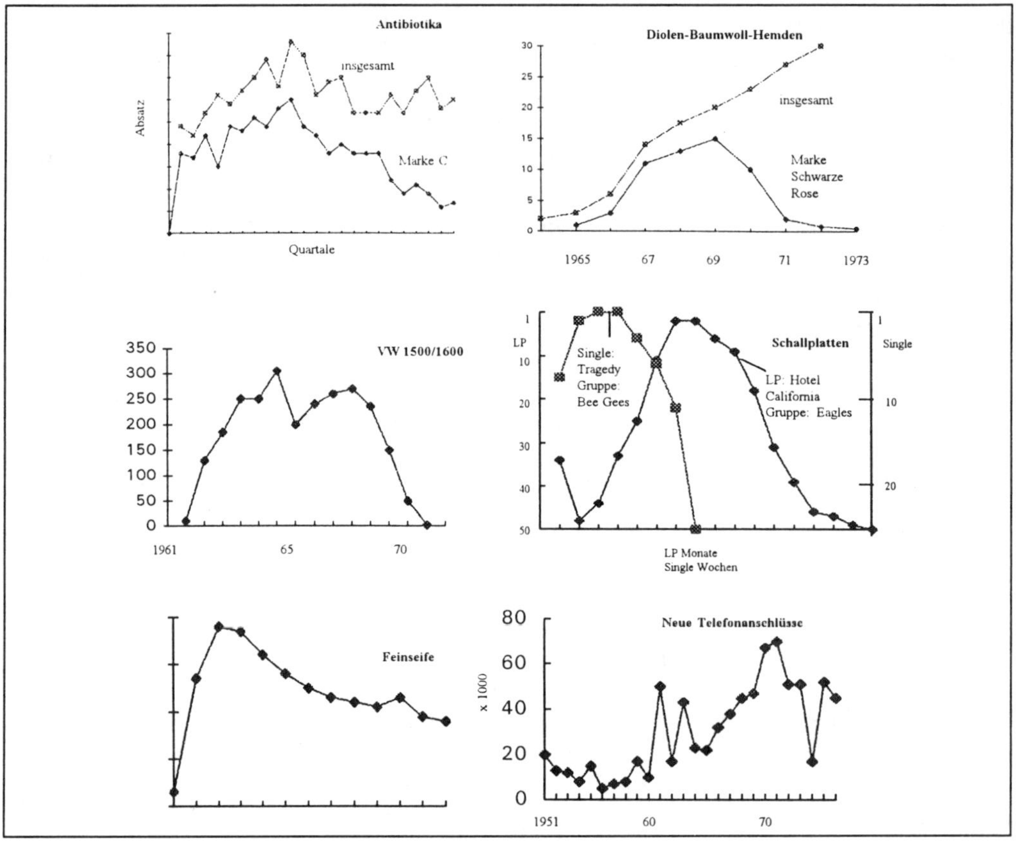

Abb. 3.28: Beispiele empirisch beobachteter Verläufe des Produktlebenszyklus (vgl. Simon [Preismanagement], S. 188)

Aus der Produktlebenszyklus-Analyse können auch allgemeine Empfehlungen abgeleitet werden, die Hinweise für strategische Grundsatzentscheidungen und Entscheidungen für den Marketing-Mix geben.

Das Produktlebenszykluskonzept kann für die Durchführung einer Altersstrukturanalyse verwendet werden, die Aufschluß darüber gibt, in welcher Phase des Lebenszyklus sich die einzelnen Produkte innerhalb eines Sortiments befinden. Die Lebenszyklen verschiedener im Programm befindlicher Erzeugnisse werden mit der Zielsetzung analysiert, die Anteile der Produkte in den einzelnen Phasen des Produktlebenszyklus zu bestimmen. Dabei werden die Umsätze und die Deckungsbeiträge der Produkte berücksichtigt, um zu sehen, wieviel Prozent des Umsatzes beziehungsweise des Deckungsbeitrags von Produkten in der Einführungs-, Wachstums-, Reife- und Rückgangsphase erzielt werden. In der Praxis legt man die Phasen häufig in Jahresspannen um, damit man beispielsweise zeigen kann, welcher Umsatzanteil auf Produkte entfällt, die jünger als fünf Jahre sind.

Tendenziell bestehen bei jungen Produkten günstige Wachstumsaussichten, meist aber auch eine hohe Investitionsintensität. "Reifere" Erzeugnisse weisen im allgemeinen hohe Deckungsbeiträge aus, bergen aber die Gefahr der Überalterung und des damit verbundenen Umsatz- und Gewinnrückgangs in sich. Durch entsprechende Produktpolitik muß die Ausgewogenheit des Produktsortiments erreicht werden.

- **Der Marktlebenszyklus**

Der Produktlebenszyklus stellt zwar die Entwicklung des einzelnen Produkts im Zeitablauf in den Vordergrund, vernachlässigt aber die Entwicklung des Gesamtmarktgeschehens, die mehrfache Auswirkungen auf die Wettbewerbssituation, auf das Entwicklungspotential von Produkten und damit auf die Produktstrategieempfehlungen hat. Um fundierte strategische Empfehlungen geben zu können, ist daher neben einer Produktbetrachtung auch eine Marktbetrachtung notwendig.

Der Marktlebenszyklus weist zahlreiche Parallelen mit dem Produktlebenszyklus auf: Man unterscheidet ebenfalls die Phasen Entstehung-Wachstum-Reife/Sättigung-Rückgang. Da sich sowohl die Attraktivität des Markts als auch der Handlungsspielraum des Unternehmens verändern können, kommt der Antizipation der Marktentwicklung besondere Bedeutung zu (vgl. Kreilkamp [Management], S. 142ff.).

Im Zeitverlauf der Marktentwicklung nehmen sowohl die Struktur und die Stabilität der Abnehmer als auch die Struktur, die Intensität und die Regeln des Wettbewerbs neue Formen an, die sich in unterschiedlicher Anzahl, Bedeutung und Marktanteilsgröße der Wettbewerber sowie in deren (Marketing-)Strategien ausdrücken. Dementsprechend anders sehen auch die Eintrittsbarrieren, die eingesetzten Technologien etc. aus.

In der folgenden Tabelle sind die Veränderungen der wesentlichen Kriterien in den Phasen des Marktlebenszyklus kurz beschrieben:

Kriterien	Entstehung	Wachstum	Reife bzw. Sättigung	Rückgang
Wachstums-rate des Markts	steigende Wachs-tumsrate	steigende Umsätze bei sinkender Wachstumsrate	Höchstwert des abso-luten Umsatzes	negative Wachstums-rate
Struktur und Stabilität der Abnehmer-kreise	keine Bindung an die Anbieter; vorwiegend Erstkäufer	gewisse Kunden-treue, häufig unter Beibehaltung alternativer Bezugsquellen	festgelegte Einkaufs-politik der Abnehmer	abnehmende Stabilität der Abnehmerkreise; sinkende Zahl der An-bieter = weniger alter-native Bezugsquellen
Markt-potential	nicht überschaubar; Erfüllung eines klei-nen Teils der poten-tiellen Nachfrage	Unsicherheit in der Bestimmung des Marktpotentials	Überschaubarkeit des Marktpotentials (Marktsättigung)	rückläufiges Markt-potential; häufig nur begrenzter Ersatzbedarf
Anzahl der Wettbewerber	klein; zunächst temporäres Monopol (Quasi-Monopol)	Eintritt vieler Wett-bewerber; Höchst-wert der Anzahl der Wettbewerber	Konsolidierung des Wettbewerbs; Ausscheiden der Konkurrenten ohne Produkt- und/oder Kostenvorteile	weitere Verringerung der Anzahl der Wett-bewerber
Marktanteile	Entwicklung der Marktanteile nicht abschätzbar	Konzentration der Marktanteile auf wenige Anbieter		Verstärkung der Kon-zentration durch das Ausscheiden schwa-cher Konkurrenten
Stabilität der Marktanteile	starke Schwankungen, d.h. hohe Instabilität der Marktanteile	Konsolidierung der Marktanteile	Änderungen in den Marktanteilen nur aufgrund außergewöhnlicher Ereignisse	
Eintritts-barrieren in den Markt	im allgemeinen keine Eintrittsbarrieren, wenn kein dominierender Wettbewerber den Markt beherrscht (ggf. fehlendes Know-how als Eintrittsbarriere)	schwieriger Markt-zugang, wenn von führenden Unter-nehmen das Kosten-senkungspotential ausgeschöpft wird; im allgemeinen Eintritt nur über die Schaffung von Produktvorteilen	aufgrund wachsender Erfahrungen der Konkurrenten hohe Markteintritts-schwierigkeiten; wegen geringem bzw. stagnierendem Wachstum müssen Marktanteile den Konkurrenten abgeworben werden; Eintritt meist nur in Marktnischen	im allgemeinen keine Veranlassung, in einen rückläufigen Markt einzutreten

Kriterien	Entstehung	Wachstum	Reife bzw. Sättigung	Rückgang
Schwerpunktmäßige Marketingaktivität	Marktausdehnung, hohe, selektive Werbeausgaben	Marktpenetration, Intensivierung des Vertriebs	Verteidigung der Marktposition, Produktvariation	Kostenmanagement, Sortimentsbereinigung
Sortiment	flexibles Produktspektrum und große Dienstleistungsvielfalt	Erweiterung des Produktspektrums und Dienstleistungsangebots; zunehmende Standardisierung	Konzentration auf Produktverbesserungen, Sortimentsbereinigung	Segmentierung des Markts
Technologie	Entwicklung einer neuen Produkttechnologie; häufig ist eine technische Innovation Voraussetzung für die Erschließung neuer Märkte	technologische Produkt- und Verfahrensverbesserung; teilweise Unsicherheit über die beste Technologie	Verfeinerung von Verfahren, da die Marktanforderungen bekannt sind	bekannte, verbreitete und stagnierende Technologie; gleichzeitig Suche nach einer neuen Technologie, da Ersatzprodukte häufig aufgrund einer geänderten Technologie entwickelt werden
Produktion	anfänglich hohe Kosten, aber steigender Kostenrückgang	Kapazitätsausbau	Rationalisierung	Kapazitätsabbau

Abb. 3.29: Marktlebenszyklus (vgl. Kreilkamp [Management], S. 146f.)

Ähnlich wie im Produktlebenszykluskonzept folgt das Marktwachstum nicht immer dem S-förmigen Verlauf. Auch das Konzept des Marktlebenszyklus kann nur Hinweise für die Branchenentwicklung bieten und das Unternehmen für Entwicklungstendenzen sensibilisieren.

● Das Erfahrungskurvenkonzept

Die Erfahrungskurve beschreibt die Entwicklung der Kosten in Abhängigkeit von der kumulierten Produktionserfahrung (Produktionsmenge). Das Erfahrungskurvenkonzept wurde von der Boston Consulting Group im Jahre 1966 maßgeblich entwickelt und umfaßte ursprünglich die Beschreibung der langfristigen Preis- und Gesamtkostenentwicklung in Beratungsunternehmen. In einem weiteren Schritt wurde die Abhängigkeit der langfristigen Gesamtkosten von der kumulierten Produktionsmenge aufgezeigt.

Die Kernaussage der Erfahrungskurve lautet: Eine Verdoppelung der kumulierten Produktionsmenge führt zu einer potentiellen Reduktion der in der Wertschöpfung enthaltenen – inflationsbereinigten – Stückkosten um bis zu 30% (Gesamtkosten, jedoch ohne Vor- und

Fremdleistungen) (vgl. Kreilkamp [Management], S. 335). Der Erfahrungskurveneffekt beschreibt ein Kostensenkungspotential, das im Fall einer Verdoppelung der Produktionsmenge durch bewußtes Kostenmanagement erreichbar ist, keineswegs aber automatisch eintritt.

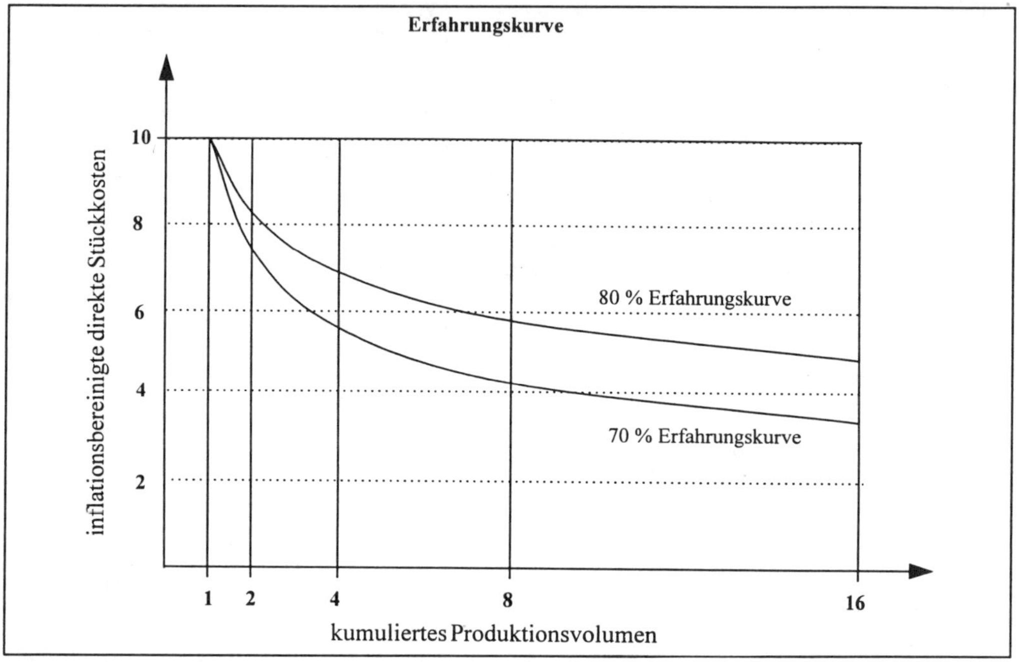

Abb. 3.30: Erfahrungskurve als logarithmische Funktion (vgl. Hax; Majluf [Management], S. 135)

Die Höhe der Erfahrungsrate von bis 30 % ist ein Erfahrungswert, der auch in weit auseinanderliegenden Industriezweigen annähernd gleich groß ist (vgl. Hax; Majluf [Management], S. 135).

Die wichtigsten Ursachen für das Kostenreduktionspotential bei Erhöhung des kumulierten Produktionsvolumens sind:

- **Lernkurveneffekte** gehen von einem degressiv abnehmenden Zeitbedarf und einer Verringerung der Lohnkosten bei repetitiven Arbeitsgängen mit zunehmender Gesamtstückzahl aus.
- **Die Betriebsgrößendegression** bezeichnet die Abnahme der Stückkosten mit zunehmender (Fertigungs-)Kapazität.
- **Rationalisierung und Arbeitsteilung** können insbesondere durch Verfahrens- und Prozeßoptimierung sowie durch wertanalytische Optimierung zu signifikanten Kostenreduktionen führen.
- **Der technische Fortschritt** kann eine Veränderung der Produktions- und der Kostenfunktionen bewirken, indem beispielsweise neue Fertigungstechnologien eingesetzt werden, die allerdings oft mit hohen Investitionen verbunden sind. Insgesamt können durch den Ein-

satz neuer Technologien ab einer bestimmten Produktionsmenge geringere durchschnittliche Stückkosten erzielt werden.

Die Auswirkungen der Erfahrungskurve lassen sich in jedem Wertschöpfungsschritt über die gesamte Wertschöpfungskette hinweg beobachten (F&E, Materialwirtschaft, Produktion, Marketing, Vertrieb etc.).

Die Aussagen der Erfahrungskurve rücken den (relativen) Marktanteil in den Mittelpunkt des strategischen Interesses, da die Abnahme der Stückkosten eine Zunahme der kumulierten Produktionsmenge (und damit des Marktanteils) erfordert. Folgende wesentliche strategische Schlußfolgerungen können aus dem Erfahrungskurvenkonzept abgeleitet werden (vgl. Kreilkamp [Management], S. 339ff.):

- **Marktanteil**: Die Kosten verhalten sich umgekehrt proportional zum Marktanteil, so daß sich ein hoher Marktanteil auch in niedrigen Kosten niederschlagen sollte. Da es gilt, Wettbewerbsvorteile gegenüber dem stärksten Mitbewerber aufzubauen, ist der relative Marktanteil entscheidend (eigener Marktanteil zum Marktanteil des stärksten Mitbewerbers). Produkte mit dem höchsten relativen Marktanteil haben potentiell die niedrigsten Kosten und damit den potentiell höchsten Gewinn.
- **Wachstum**: Damit die Kosten eines Unternehmens schneller sinken als die der Wettbewerber, muß das Unternehmen auch schneller wachsen als diese. Um auf schnell wachsenden Märkten keine absoluten Marktanteile zu verlieren, muß das Unternehmen mindestens so schnell wachsen wie der Markt; will das Unternehmen keine relativen Marktanteile verlieren, muß das Unternehmen mindestens so schnell wachsen wie der größte Mitbewerber. Bei hohem Marktwachstum steigen auch die kumulierten Mengen rasch, so daß Erfahrungskurveneffekte schnell deutlich werden.
- **Kumulierte Erfahrung**: Die Geschwindigkeit der Kostensenkung ist unter anderem davon abhängig, ob bestimmte Wertschöpfungsstufen, Prozesse oder einzelne Komponenten von mehreren Produkten genutzt werden können. Bereits bei der Produktionskonzeption ist auf solche Synergien zu achten, um von Anfang an eine möglichst günstige Kostenstruktur zu erzielen.
- **Make-or-buy-Entscheidung, Einkaufspolitik:** Bei der Entscheidung zwischen eigener Herstellung und Fremdbezug sollte die eigene Erfahrung mit jener des Lieferanten verglichen werden. Generell ist es ratsam, bei der Wahl der Lieferanten und bei Preisverhandlungen die Erfahrung des Lieferanten (und damit dessen Kostenniveau und Preisspielraum) zu berücksichtigen.
- **Kostenmanagement/Marketing**: Der (potentielle) Kostenrückgang bei Erhöhung der Ausbringungsmenge (und damit der Verkaufsmenge) läßt sich im voraus ungefähr abschätzen und sollte Grundlage für das Kostenmanagement und die Marketingentscheidungen sein.

Die Erfahrungskurve kann nicht nur bei der Analyse des eigenen Unternehmens neue Erkenntnisse bringen, sondern auch die Kostensituation (und damit den preispolitischen Spielraum) der Konkurrenten und der Lieferanten aufzeigen und Schlußfolgerungen für strategische Überlegungen ermöglichen.

Neben den oben angeführten strategischen Schlußfolgerungen zeigt die Erfahrungskurve die Relevanz von zwei Größen, die für das Verständnis des Portfoliokonzepts entscheidend sind: die des relativen Marktanteils und die des Marktwachstums.

Nach Henderson (vgl. Henderson [Erfahrungskurve], S. 34) sind die Kosten eine Funktion der kumulierten Erfahrung und die Gewinnspanne eine Funktion des Marktanteils. Der eigene absolute Marktanteil sagt nichts darüber aus, wie günstig die eigene Marktstellung im Verhältnis zum stärksten Konkurrenten ist. So können 20% absoluter Marktanteil eine sehr gute Marktstellung darstellen, wenn die Mitbewerber weitaus kleiner sind; die gleiche Zahl kann aber auch eine schlechte Position bedeuten, wenn es einen Mitbewerber gibt, der beispielsweise 40 % Marktanteil besitzt und auf der Erfahrungskurve dementsprechend weiter fortgeschritten ist.

Entscheidend ist der relative Marktanteil, der als Quotient aus dem eigenen absoluten Marktanteil und dem absoluten Marktanteil des größten Wettbewerbers definiert ist. Hat das eigene Unternehmen einen absoluten Marktanteil von 20% und das größte Konkurrenzunternehmen einen absoluten Marktanteil von 10%, ist der relative Marktanteil 2. Hat das Konkurrenzunternehmen einen Marktanteil von 40%, beträgt der relative Marktanteil 0,5. Daraus folgt, daß der volumenstärkste Anbieter einen relativen Marktanteil von größer als 1 haben muß.

Ist der Erfahrungssatz (Neigung der Erfahrungskurve) für die spezielle Branche bekannt, können über den relativen Marktanteil die Kostenunterschiede zwischen den Mitbewerbern ermittelt werden. Beträgt beispielsweise der Erfahrungssatz 20% und geht man davon aus, daß ein doppelt so großer Marktanteil einer doppelt so großen kumulierten Menge entspricht, so ergeben sich daraus ein (potentieller) Kostenunterschied von 20% beziehungsweise relative Kosten von 0,80 (bezogen auf die Wertschöpfung). Würde die Menge nochmals verdoppelt werden, ergibt sich eine weitere Reduktion um 20%, so daß relative Kosten von 0,64 entstehen. Umgekehrt hat ein Unternehmen mit einem relativen Marktanteil von 0,5 relative Kosten von 1,25.

Die Größe des Marktanteils bedingt die Zunahme der kumulierten Produktionsmenge und damit die Möglichkeit zur Kostensenkung. Daraus wird die strategische Empfehlung abgeleitet, daß ein Unternehmen in den Märkten, in denen es tätig ist, einen dominanten Marktanteil anstreben sollte. Der Marktführer kann – wenn er das Kostensenkungspotential realisiert – bei gleichen Preisen erheblich höhere Gewinne erwirtschaften als Unternehmen mit einem geringen relativen Marktanteil.

Die Unternehmen, die nicht Marktführer sind, müssen sich entweder mit dieser Situation zufriedengeben und geringere Gewinnmargen akzeptieren oder versuchen, ein entsprechend attraktives Marktsegment zu finden, um sich darauf zu konzentrieren und in diesem Segment die Marktführerschaft anzustreben (Nischenstrategie).

In langsam wachsenden oder stagnierenden Märkten ist es für Unternehmen im Regelfall besonders schwierig, die Marktführerschaft zu gewinnen, da die Wettbewerbsverhältnisse transparent und relativ stabil sind und Aktivitäten eines Unternehmens rasch zu entsprechenden Reaktionen der etablierten Mitbewerber – insbesondere des Marktführers – führen. Erheblich leichter kann eine führende Marktstellung in jungen, wachsenden Märkten erreicht werden, da der Wettbewerb intransparenter ist, andere Wettbewerber nicht verdrängt werden müssen und Kostendegressionseffekte schneller erzielt werden können.

Bei hohem Marktwachstum können die kumulierten Produktionsmengen auch bei konstantem Marktanteil rasch verdoppelt werden, so daß entsprechende Kostenreduktionen innerhalb kurzer Zeit möglich sind. Durch den Erfahrungskurveneffekt fließen in einem wachsenden Markt die Investitionsaufwendungen zur Erzielung des zusätzlichen Marktanteils auch relativ schnell zurück. Damit amortisieren sich derartige Aufwendungen in wachsenden Märkten schneller und mit weniger Risiko. Die Schlußfolgerung lautet (vgl. Kreilkamp [Management], S. 349): Je höher das Marktwachstum und je höher der (relative) Marktanteil, umso höher ist der kumulierte Gesamtabsatz des Unternehmens im Vergleich zu seinen Konkurrenten und umso besser ist die (potentielle) Rentabilität.

Das Marktwachstums-/Marktanteils-Portfolio

Grundsätzlich werden Portfoliomodelle zur gesamtunternehmensbezogenen Beurteilung einzelner Geschäftsbereiche des Unternehmens mit ihren Ertragsaussichten, Chancen und Risiken herangezogen, wobei man sich dabei einer Matrixdarstellung bedient, in der jedes Geschäftsfeld anhand der Marktchancen oder des Investitionsrisikos einerseits und der eigenen Wettbewerbsstärken andererseits positioniert wird.

Das Portfoliokonzept ergibt sich aus der Notwendigkeit, die knappen Ressourcen des Unternehmens optimal einzusetzen. Je attraktiver ein Markt und je stärker die Position des Unternehmens in diesem Geschäftsfeld ist, desto höher ist die Priorität bei der Ressourcenallokation. Geschäftsfelder mit unterschiedlichen Wachstumspotentialen und Wettbewerbsbedingungen brauchen daher auch unterschiedliche Strategien, wobei ein Portfolio hinsichtlich des Risikos die Balance zwischen risikoreichen und risikoarmen Erfolgsobjekten halten sollte und im Hinblick auf Mittelbedarf und auf Mittelerzeugung ausgewogen sein muß, damit die langfristige Existenzfähigkeit des Unternehmens sichergestellt ist (vgl. Kreilkamp [Management], S. 446ff.).

Zweck der an Cash-Flow orientierten Portfolioanalyse und Portfolioplanung ist die Zuteilung knapper Ressourcen nach Gewinn- und Risikoaussichten in Abhängigkeit von der Markt- und Wettbewerbsposition. Die zwei Schlüsselfaktoren setzten sich aus einem Chancen- beziehungsweise Risikowert (im wesentlichen extern vorgegeben, nur beschränkt beeinflußbar) und einem Stärkenwert (beeinflußbar) zusammen, wobei ersterer die Marktattraktivität beziehungsweise das Investitionserfordernis und letzterer die Stärke im Geschäftsfeld (und damit die Ertragserwartung) in Relation zu den Wettbewerbern ausdrückt (vgl. Eschenbach; Kunesch [Konzepte], S. 17). Die Reduktion auf zwei Schlüsselfaktoren ermöglicht eine einfache und dennoch hinreichend genaue Analyse der strategischen Position des Geschäftsfelds und des Unternehmens, indem generalisierende Typen von Geschäftsfeldern gebildet, in ihrer Charakteristik analysiert und beschrieben werden können, um danach strategische Hauptstoßrichtungen (sogenannte "Normstrategien") abzuleiten.

Der Vorteil der Portfoliomodelle liegt in ihrer Einfachheit, Anschaulichkeit, Aussagekraf und in ihrem hohen Kommunikationswert, die Nachteile sind in der simplifizierenden zweidimensionalen Einordnung und im Verleiten zur unreflektierten Anwendung der Normstrategien zu sehen.

Der Portfolioansatz stammt ursprünglich aus der Finanztheorie und umfaßte die optimale Zusammensetzung eines Wertpapierportefeuilles, indem Anlage- beziehungsweise Investitionsobjekte durch die Dimensionen Risiko und Rendite beschrieben und in eine Matrix eingeteilt wurden. Das Marktwachstums-/Marktanteils-Portfolio wurde Anfang der siebziger Jahre von der Boston Consulting Group in Zusammenarbeit mit General Electric entwickelt und beruht auf der Verwendung des relativen Marktanteils (Marktanteil des Strategischen Geschäftsfelds des eigenen Unternehmens durch Marktanteil des größten Mitbewerbers im SGF) als unternehmensbezogene Ertragskomponente und des Marktwachstums als umfeldbezogene Risiko- und Chancenkomponente.

Das Marktwachstums-/Marktanteils-Portfolio baut wesentlich auf den Erkenntnissen der Erfahrungskurve und des Lebenszykluskonzepts auf. Entsprechend dem Erfahrungskurvenkonzept sollten Investitionen vor allem in wachsenden Märkten getätigt werden, um die kumulierten Mengen rasch zu vermehren und Kostendegressionsvorteile zu erzielen. Aus dem relativen Marktanteil kann die relative (potentielle) Kostenposition und die (potentielle) Rentabilität des Unternehmens errechnet werden. Die unterschiedlichen Phasen, die ein Geschäftsfeld im Normalfall durchläuft, entsprechen im wesentlichen den Phasen des Lebenszyklus.

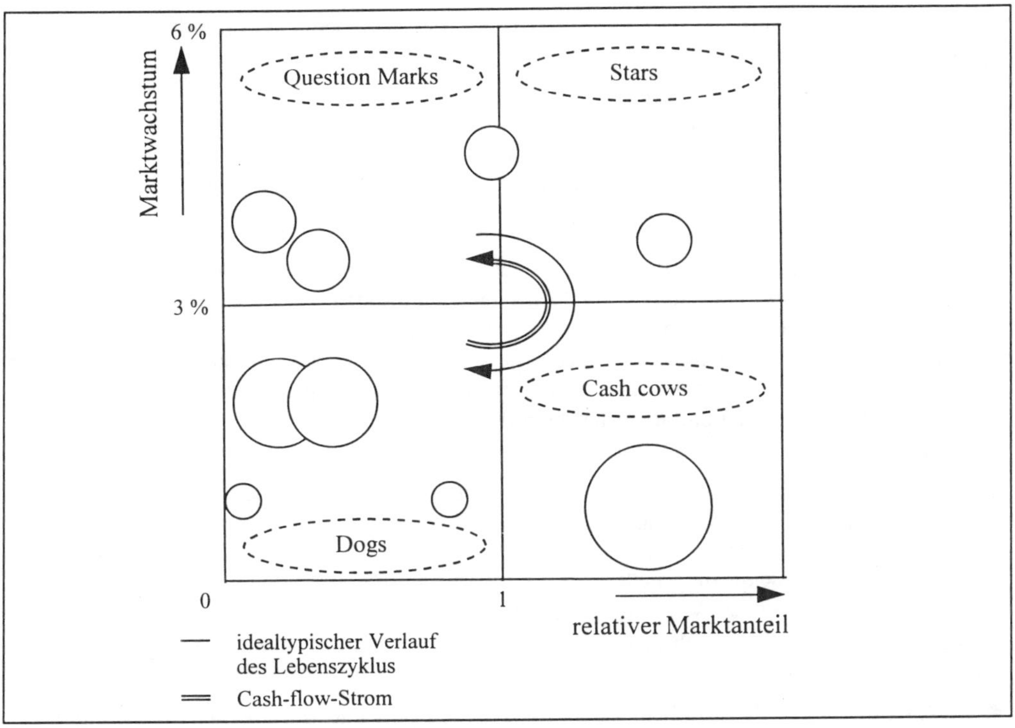

Abb. 3.31: Marktwachstums-/Marktanteils-Portfolio

Auf der vertikalen Achse wird das erwartete Marktwachstum auf einem linearen Maßstab abgetragen, wobei für das Ist--Portfolio das mengenmäßige (nicht das wertmäßige) durchschnittliche Marktwachstum der zukünftigen drei Jahre zugrunde zu legen ist (vgl. Kreilkamp [Management], S. 472f.). Es ist zu beachten, daß das Marktwachstum auch negativ sein kann, wodurch sich der Koordinatenursprung entsprechend verschiebt. Auf der horizontalen Achse wird der relative Marktanteil im Vergleich zum größten Mitbewerber aufgetragen.

Die einzelnen Strategischen Geschäftsfelder eines Unternehmens werden durch Kreise dargestellt, die analog zum erwarteten Marktwachstum und zum relativen Marktanteil in der Matrix positioniert werden. Die Größe der Kreise entspricht der relativen Bedeutung der SGF, die sich aus dem Anteil des jeweiligen SGF am Gesamtumsatz oder am Deckungsbeitrag berechnen läßt und durch die proportionale Bemessung der Kreise visualisiert werden kann.

Das Portfolio wird mit zwei Hilfslinien in vier Quadranten aufgeteilt, um strategische Geschäftseinheiten mit ähnlichen Charakteristiken bezüglich Marktwachstum und Wettbewerbsstärke zusammenzufassen. Auf der vertikalen Achse kann das durchschnittliche Branchenwachstum (mengenmäßig) als Determinante für die Unterteilung verwendet werden, auf der horizontalen Achse bildet der Wert 1 (größer als 1 bedeutet Marktführerschaft) die Determinante für die Trennung der Marktanteilsachse. Häufig wird vertikal eine lineare und horizontal eine logarithmische Skalierung verwendet, um auch sehr hohe relative Marktanteile darstellen zu können.

Aufgrund der Einordnung der Strategischen Geschäftsfelder in einem der vier Quadranten kann die Bedeutung und Position der SGF interpretiert werden. Für jede dieser vier strategischen Positionen haben sich Bezeichnungen herausgebildet, mit denen die Bereiche veranschaulicht werden können (vgl. Dunst [Portfolio], S. 95ff.):

- Question Marks: SGF, die durch hohe Marktwachstumsraten und niedrige Marktanteile gekennzeichnet sind und sich in der Regel in der Einführungs- beziehungsweise Wachstumsphase befinden. Sie erfordern ständig mehr finanzielle Mittel, als sie erzeugen, da der rasch wachsende Markt hohe Investitionen verlangt, um in eine starke Marktposition zu kommen. Geschäftsfelder in dieser Kategorie weisen hohe Chancen und Risken auf. Gelingt es, einen hohen relativen Marktanteil zu erzielen, werden die Question Marks zu Stars.
- Stars: SGF, die durch hohes Marktwachstum und dominanten Marktanteil gekennzeichnet sind und sich meist in der Wachstumsphase befinden. Sie weisen meist hohe Einnahmeüberschüsse auf, erfordern aber zur Erhaltung ihrer Marktanteilsposition auch hohe Finanzmittel (z. B. Kapazitätsausbau, Produktverbesserungen, Werbebudgeterhöhung) und finanzieren ihr weiteres Wachstum im Regelfall selbst. Stars tragen zum aktuellen Umsatzwachstum des Unternehmens bei und werden bei nachlassendem Marktwachstum zu Cash-Cows.
- Cash-Cows: SGF, die durch niedriges Marktwachstum und dominanten Marktanteil gekennzeichnet sind und sich meist in der Reifephase oder Rückgangsphase befinden. Cash-Cows erwirtschaften im Regelfall den höchsten Cash-Flow, da die Einnahmenüberschüsse hoch sind und Investitionen aufgrund des langsamer wachsenden oder stagnierenden Markts abnehmen. Cash-Cows bilden meist die Hauptquelle für die erwirtschafteten Cash-Flows, die auch zur Finanzierung der Question Marks verwendet werden.
- Dogs: SGF, die durch niedriges Marktwachstum und relativ niedrigen Marktanteil gekennzeichnet sind und sich in der Rückgangsphase befinden. Mit diesen ist im allgemeinen kein angemessener Cash-Flow oder Gewinn zu erzielen; es wird aber auch kein Beitrag zum künftigen Unternehmenswachstum geleistet, da kaum Chancen für eine Verbesserung der Marktposition gegeben sind. Es ist unverhältnismäßig teuer, gegenüber dem Marktführer Marktanteile hinzuzugewinnen. Oft befindet sich das eigene SGF bereits am Ende des Lebenszyklus, so daß ein Fortbestand des SGF aus ökonomischen Gründen nur im Ausnahmefall gerechtfertigt werden kann.

Das Wachstum eines Unternehmens kommt primär aus dem Star- und aus dem Question-Mark-Bereich, die Kapitalkraft aus dem Cash-Cow-Bereich. Im Regelfall beginnt das SGF als Question Mark (bei Innovationen manchmal auch als Star) und wird durch die Überholung des Marktführers zum Star. Reduziert sich das Wachstum, avanciert das SGF zur Cash-Cow, am Ende des Lebenszyklus (durch das Auftreten besserer Problemlösungen etc.) zum Dog, der anfangs noch positive Gewinnbeiträge erbringen kann, die sich jedoch mit der Zeit zu Verlusten wandeln können.

Die Portfoliointerpretation macht deutlich, daß die alten, etablierten Geschäftsfelder die neuen finanzieren müssen, bis diese stark genug sind, ihr weiteres Wachstum selbst zu tragen.

Aus der grundsätzlichen Beschreibung und Interpretation der einzelnen strategischen Positionen können unterschiedliche strategische Hauptstoßrichtungen – sogenannte **Normstrategien** - abgeleitet werden, die überwiegend auf eine horizontale Verschiebung (da sich das Marktwachstum kaum beeinflussen läßt) der Geschäftsfelder mit einer Veränderung des relativen Marktanteils abzielen (vgl. Kreilkamp [Management], S. 455ff.). Sie werden deshalb "Normstrategien" genannt, weil sie die im Normalfall von den SGF einzuschlagende Hauptstoßrichtung vorzeichnen.

- **Investitionsstrategie**: Bei Question Marks müssen alle Möglichkeiten genutzt werden, um den Marktanteil zu steigern, was meist hohe Investitionen, entsprechend aggressive und konsequente Marketingbemühungen etc. erfordert. Verfügt ein Unternehmen über mehrere Question Marks, sind die erfolgversprechendsten auszuwählen, um eine Zersplitterung der Ressourcen zu vermeiden. Gibt es keine Möglichkeiten, den relativen Marktanteil deutlich zu verbessern, ist eine rasche Desinvestition zu empfehlen, damit das Unternehmen in SGF investieren kann, in denen die Chance wahrscheinlicher ist, Marktführer zu werden. Die Alternative eines Haltens der Wettbewerbsposition ist nicht ratsam, da mit Nachlassen des Marktwachstums das SGF in den Dog-Bereich abrutschen würde und im Regelfall keine angemessenen Cash-Flows erzielt werden könnten.

- **Wachstumsstrategie**: Bei Stars müssen alle Anstrengungen unternommen werden, die Wettbewerbsposition weiter auszubauen und Konkurrenten vom Markteintritt abzuhalten. Damit soll der relative Kostenvorteil für die Zukunft erhalten bleiben, auch wenn durch die hohen Aufwendungen kurzfristig geringere Ergebnisse in Kauf genommen werden müssen.

- **Abschöpfungsstrategie**: Cash-Cows bringen die höchsten Einnahmeüberschüsse und sichern den gegenwärtigen Erfolg des Unternehmens; die dominierende Wettbewerbsposition sollte daher möglichst lang gehalten werden. Abschöpfungsstrategie bedeutet, den Marktanteil zu halten, aber nicht durch Einsatz finanzieller Mittel weiter auszubauen. Aufgrund des niedrigen Marktwachstums und der ohnedies schon dominanten Wettbewerbsposition ist ein weiterer Ausbau der Marktführerschaft im Regelfall unwirtschaftlich. Die vorhandenen Mittel sollten primär zum Aufbau der Question Marks und der Stars verwendet werden.

- **Desinvestitionsstrategie**: Dogs sollten so gemanagt werden, daß sie für das Unternehmen nicht zur Cash-Belastung werden. Ein Rückzug aus dem Markt ist dann notwendig, wenn es nicht gelingt, die Marktanteilsposition und damit den Cash-Flow deutlich zu verbessern: In diesem Fall würden Ressourcen gebunden, die an anderer Stelle des Unternehmens (z. B. für Question Marks) gewinnbringender eingesetzt werden können. Das gilt auch für Question Marks, die keine realistischen Aussichten auf eine dominante Marktposition haben. Bei der Desinvestitionsstrategie ist allerdings zu berücksichtigen, daß die auf die abzuschaffenden Geschäftsfelder entfallenden Gemeinkosten von anderen Geschäftsfeldern mitgetragen werden müssen.

Die Normstrategien zeigen die Verbindungen und Abhängigkeiten zwischen den einzelnen Strategischen Geschäftsfeldern auf und verdeutlichen die Notwendigkeit eines ausgewogenen Portfolios.

Die prognostizierten Positionsänderungen der einzelnen SGF in Abhängigkeit von den zukünftigen eigenen Strategien und jenen der Konkurrenten können in einem Zielportfolio dargestellt werden. Wird dem Ist-Portfolio das durchschnittlich zu erwartende Wachstum der nächsten drei Jahre zugrundegelegt, empfiehlt es sich beim Zielportfolio, das durchschnittliche zu erwartende Wachstum des vierten und fünften Jahrs als Marktwachstumswert heranzuziehen. Als relativer Marktanteil wird beim Ist-Portfolio der gegenwärtige Marktanteil herangezogen, beim Zielportfolio der zu erwartende relative Marktanteil am Ende des Betrachtungszeitraums (meist nach fünf Jahren).

Mißerfolgsstrategien zeigen sich insbesondere dann, wenn das Question Mark zu langsam wächst, das Marktwachstum zurückgeht und das SGF zum Dog wird, der Star seine Marktführerschaft verliert und zum Question Mark oder Dog wird und sich schließlich die Cash-Cow zum Dog entwickelt.

In der Praxis sind im Zusammenhang mit dem Portfoliomanagement folgende Fehlentwicklungen in Unternehmen zu beobachten:

- Das Portfolio ist nicht ausgewogen. Besonders häufig ist das bei etablierten Unternehmen zu beobachten, die durch die starken Cash-Cows gegenwärtig hohe Cash-Flows erwirtschaften und daher wettbewerbsstark erscheinen, bei denen allerdings keine entsprechenden Question Marks und Stars vorhanden sind, die die langfristige Überlebensfähigkeit des Unternehmens sicherstellen. In jüngeren Unternehmen werden im Gegensatz dazu die Question Marks oft überbetont, mangels starker Cash-Cows aber nicht ausreichend gestärkt.
- Die freien Mittel und Ressourcen werden nicht in die Question Marks und in die Stars, sondern in die Cash-Cows investiert. Dieser strategische Fehlschluß wird deshalb begangen, da es in vielen Unternehmen schwierig ist, dem SGF-Verantwortlichen, in dem die Cash-Flows erzielt werden, die Mittel zumindest zum Teil zu entziehen und an andere SGFs umzuleiten.
- Die freien Mittel werden ausschließlich in die Question Marks und in die Stars investiert, der Cash-Cow-Bereich wird vernachlässigt. Dieser Fehler ist häufig in Unternehmen mit starkem Expansionswunsch anzutreffen. Kaum ist in einem SGF eine dominante Marktposition erreicht, wendet man sich den anderen SGF unter Vernachlässigung der Cash-Cows zu. Der Effekt: Die Cash-Cows rutschen sehr schnell zu Dogs ab und können keine entsprechenden Cash-Flows erzielen.
- Die Dogs werden auch bei niedrigem oder negativem Cash-Flow nicht entsprechend abgebaut. Oft fehlt es Unternehmen an Konsequenz, um aus SGF mit nachhaltig schlechter strategischer Positionierung auszusteigen, wodurch es zwangsläufig zu einer suboptimalen Ressourcenallokation, zu einer Erhöhung der Komplexität, zu einer Zersplitterung der Ressourcen und zu einer insgesamt schlechteren Rentabilität des Unternehmen kommt. Auch bei mehreren Question Marks ist oft zu beobachten, daß Unternehmen keine Vorauswahl treffen und daher eine Vielzahl von SGF mit teilweise unrealistischen Erfolgschancen zu

Stars machen wollen. Aufgrund der knappen Ressourcen fehlen dann die Mittel für die wirklich erfolgversprechenden SGF.

Das Marktanteils-/Marktwachstums-Portfolio hat durch die weitgehend objektiv meßbaren Dimensionen – Marktwachstum und relativen Marktanteil – einen quantitativen Bezug. Auch wenn Marktanteile der Wettbewerber häufig geschätzt werden müssen, eine gewisse Unsicherheit bei der Prognose des Marktwachstums besteht und die Definition des Strategischen Geschäftsfelds Schwierigkeiten machen kann, ist zu bedenken, daß die Zuordnung zu einem der Quadranten und die daraus resultierende Normstrategie weitaus wichtiger sind als die exakte Positionierung der Geschäftsfelder.

Das Marktanteils-/Marktwachstums-Portfolio ermöglicht aufgrund des zugrundeliegenden Selektions- und Verdichtungsprozesses eine vereinfachte Bearbeitung komplexer strategischer Planungsaufgaben. Darin verbirgt sich allerdings eine Reihe von Risken, die sich insbesondere bei unreflektierter Anwendung des Portfoliokonzepts niederschlagen können. Eine Anwendungsvoraussetzung ist zunächst die richtige Abgrenzung der Geschäftsfelder, um den relativen Marktanteil und das Marktwachstum für das jeweilige SGF bestimmen zu können. Danach ist zu klären, ob der relative Marktanteil für die spezifische Branchensituation ein guter Indikator ist, um den Kostenverlauf und damit die Wettbewerbsposition festzulegen. Schließlich muß überprüft werden, ob das Marktwachstum einen sinnvollen Indikator für den Finanzmittelfluß darstellt oder ob andere Indikatoren für die Investitionen und die Cash-Flow-Entwicklung verantwortlich sind. In der Realität sind die Wettbewerbsverhältnisse zu komplex, um SGF ausschließlich anhand des relativen Marktanteils und des Marktwachstums zu bewerten und Schlußfolgerungen daraus abzuleiten. Portfolios können einen wichtigen Beitrag zur grundsätzlichen strategischen Diagnose eines Unternehmens leisten, sind aber nicht in der Lage, umfassende Analysen zu ersetzen und komplexe Therapieempfehlungen zu geben.

Das Marktattraktivitäts- Wettbewerbsstärken-Portfolio

Das Marktattraktivitäts-Wettbewerbsstärken-Portfolio wurde von Mc Kinsey in Zusammenarbeit mit General Electric entwickelt und setzt an der Kritik des Marktanteils-Marktwachstums-Portfolios an. Es wird argumentiert, daß die beiden verwendeten Dimensionen – relativer Marktanteil und Marktwachstum – nicht für eine realitätsnahe Portfolioplanung ausreichen.

Die Alternative: Marktattraktivität und relative Wettbewerbsstärke werden als Hauptdimensionen verwendet, die entsprechend dem Multifaktorenkonzept durch verschiedene gewichtete Kriterien bestimmt werden.

Folgende Kriterien eignen sich zur Bestimmung der Marktattraktivität (vgl. Hinterhuber [Unternehmungsführung], S. 112ff.):

- Marktwachstum und Marktgröße
- Marktqualität
  Rentabilität der Branche
  Stellung im Marktlebenszyklus
  Spielraum für Preispolitik
  Technologisches Niveau und Innovationspotential
  Schutzfähigkeit des technischen Know-hows
  Investitionsfähigkeit
  Wettbewerbsintensität und Wettbewerbsstruktur
  Anzahl und Struktur potentieller Abnehmer
  Verhaltensstabilität der Abnehmer
  Eintrittsbarrieren für neue Anbieter
  Anforderungen an Distribution und Service
  Variabilität der Wettbewerbsbedingungen
  Substitutionsmöglichkeiten etc.
- Energie- und Rohstoffversorgung
  Störungsanfälligkeit der Versorgung
  Beeinträchtigung der Wirtschaftlichkeit der Produktionsprozesse
  Existenz alternativer Rohstoffe und Energieträger etc.
- Umweltsituation
  Konjunkturabhängigkeit
  Inflationsauswirkungen
  Abhängigkeit von der Gesetzgebung
  Abhängigkeit von der öffentlichen Einstellung
  Risiko staatlicher Eingriffe
  Umweltbelastung etc.

Die relative Wettbewerbsstärke (relativ in bezug zum stärksten Konkurrenten) steht für die internen, weitgehend unternehmensabhängigen Faktoren. Folgende Kriterien eignen sich zur Beschreibung:

- Relative Marktposition
  Marktanteil und seine Entwicklung
  Größe und Finanzkraft des Unternehmens
  Wachstumsrate des Unternehmens
  Rentabilität
  Risiko (Grad der Etabliertheit im Markt)
  Marketingpotential (Image, Abnehmerbeziehung, Preisvorteile, Qualität etc.)
  etc.
- Relatives Produktionspotential (in bezug auf die erreichte und die geplante Marktposition)
  Prozeßwirtschaftlichkeit
    Kostenvorteile aufgrund der Modernität der Produktionsprozesse, der Kapitalausnutzung,

der Produktionsbedingungen etc.
Innovationsfähigkeit und technisches Know-how
Lizenzbeziehungen
Anpassungsfähigkeit der Anlagen an wechselnde Marktbedingungen
etc.
Hardware
Erhaltung der Marktanteile mit den gegenwärtigen oder in Bau befindlichen
Kapazitäten
Standortvorteile
Steigerungspotential der Produktivität
Umweltfreundlichkeit der Produktionsprozesse
Lieferbedingungen, Kundendienst etc.
Energie- und Rohstoffversorgung
Erhaltung der gegenwärtigen Marktanteile unter den voraussichtlichen
Versorgungsbedingungen
Kostensituation der Energie- und Rohstoffversorgung
etc.

- Relatives Forschungs- und Entwicklungspotential
  Stand der orientierten Grundlagenforschung, der angewandten Forschung, der experimentellen Entwicklung und anwendungstechnischen Entwicklung im Vergleich zur Marktposition des Unternehmens
  Innovationspotential und Innovationskontinuität
  etc.

- Relative Qualifikation der Führungskräfte und der Mitarbeiter
  Professionalität und Urteilsfähigkeit, Einsatz und Kultur der Mitarbeiter
  Innovationsklima
  Qualität der Führungssysteme
  Gewinnkapazität des Unternehmens, Synergien
  etc.

Das Marktattraktivitäts/Wettbewerbsstärken-Portfolio geht davon aus, daß die Marktattraktivität im wesentlichen nicht vom Unternehmen beeinflußt werden kann, während die relative Wettbewerbsstärke sehr wohl vom Unternehmen direkt steuerbar ist. Die Auswahl der relevanten Kriterien ist je nach Branchencharakteristik situativ so zu bestimmen und abzuschätzen, daß sie die Attraktivität des Marktes und die Stärke der Geschäftsfelder möglichst realitätsnahe widerspiegeln.

Nicht jedes Einzelkriterium wird für die Festlegung der beiden Dimensionen die gleiche Bedeutung haben. Daher sind die relevanten Kriterien nach der Auswahl zu gewichten und anschließend zu bewerten, um die gewichtete Punktezahl berechnen zu können.

Bei der Bestimmung der Marktattraktivität kann beispielsweise das Kriterium Marktwachstum und Marktgröße mit 40% gewichtet sein. Gelangt man aufgrund der vorliegenden Marktinformation zur Erkenntnis, daß das Marktwachstum weit überdurchschnittlich und die Marktgröße durchschnittlich ist, können (bei einer Bewertung zwischen 0 und 100 Punkten) 75 Punkte vergeben werden; multipliziert man diesen Wert mit der Gewichtung, erhält man eine gewichtete Punktezahl von 30. Führt man diese Bewertung bei allen Kriterien der Marktattraktivität durch, so erhält man die Gesamtbewertung der Marktattraktivität. Die Ermittlung der relativen Wettbewerbsstärke erfolgt auf dieselbe Weise.

Danach können die beiden Werte in eine Neun-Felder-Matrix eingetragen werden, wobei die Bedeutung (Umsatz- bzw. DB-Anteil) der Strategischen Geschäftsfelder durch die Kreisgröße visualisiert werden kann.

Die Bestimmung der Kriterien, ihre Gewichtung und Bewertung sollten in einer strategischen Arbeitsgruppe stattfinden, die sich aus (wenigen) – aufgrund ihrer Marktnähe, ihrer Wettbewerbskenntnis und ihrer möglichst umfassenden, objektiven Unternehmenseinschätzung besonders geeigneten – Mitarbeitern zusammensetzt.

Bei der Interpretation des Portfolios können im wesentlichen drei Zonen ("Ampelphasen") unterschieden werden, die jeweils unterschiedliche Normstrategien erfordern (vgl. Dunst [Portfolio], S. 105ff.).

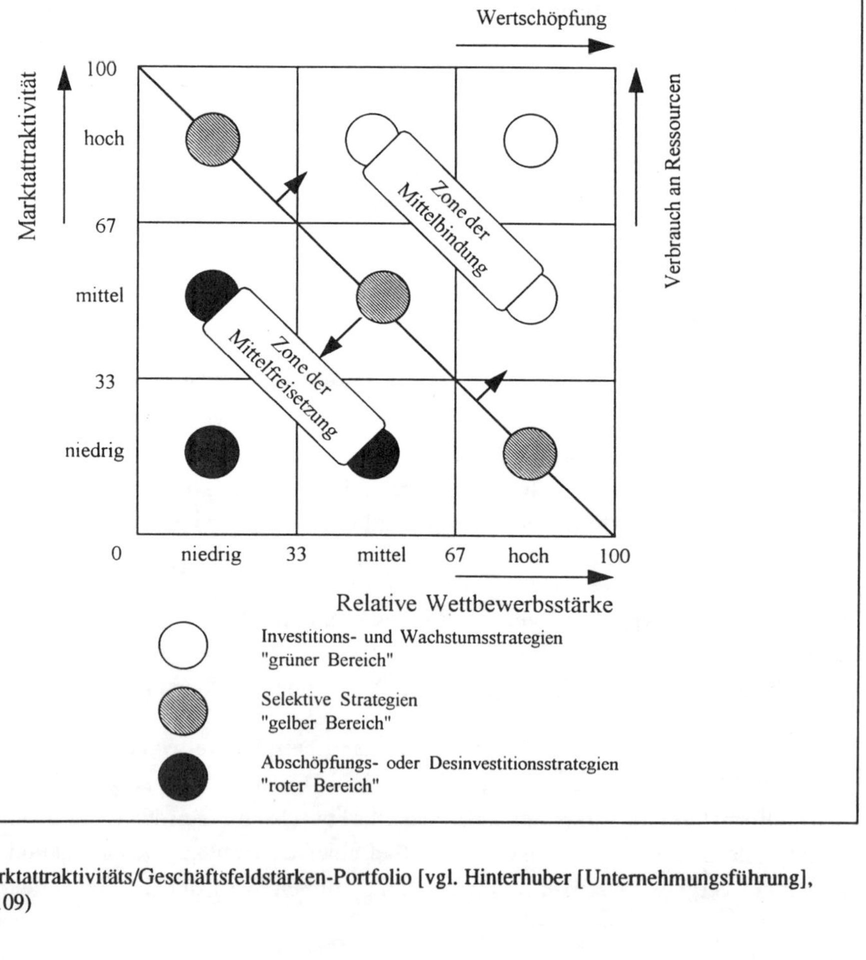

Abb. 3.32: Marktattraktivitäts/Geschäftsfeldstärken-Portfolio [vgl. Hinterhuber [Unternehmungsführung], S. 109)

- Die Zone der Kapitalbindung (rechts oben; zumindest eine Dimension hoch; "Grüner Bereich"): Dieser Bereich zeichnet sich durch mittlere bis hohe Marktattraktivität und durch mittlere bis hohe relative Geschäftsfeldstärke aus. Das Ziel besteht im Halten der Wettbewerbsvorteile durch eine Investitions- und Wachstumsstrategie. Der Cash-Flow kann kurzfristig negativ sein, ist mittel- und langfristig jedoch stark positiv, das Risiko ist berechenbar. Insgesamt tragen diese SGF zum künftigen Gewinn und Wachstum des Unternehmens bei und erfordern hohe Investitionen.
- Die Zone der Kapitalfreisetzung (links unten; zumindest eine Dimension niedrig; "Roter Bereich). Dieser Bereich ist durch mittlere bis niedrige Marktattraktivität und durch mittlere bis niedrige relative Geschäftsfeldstärke gekennzeichnet. Das Ziel besteht in Abschöpfung der Gewinne und/oder Desinvestition durch eine Abschöpfungs-/Desinvestitions-Strategie. Der Cash-Flow ist kurzfristig positiv, mittel- und langfristig negativ, das Risiko ist gering. Insgesamt können diese SGF kurzfristig zum Gewinn des Unternehmens beitragen, erfordern allerdings keine Investitionen und sind in der Regel mittel- bis langfristig aus dem Markt zu nehmen.
- Die Zone der selektiven Strategien (auf der Diagonale; "Gelber Bereich") erfordert selektiv Offensiv-, Übergangs- oder Defensivstrategien.
  - Offensivstrategie bei hoher Marktattraktivität und bei niedriger Wettbewerbsstärke, um Wettbewerbsvorteile gegenüber dem Hauptwettbewerber aufbauen zu können. Der Cash-Flow ist kurz- bis mittelfristig negativ, langfristig positiv, das Risiko ist hoch. Sollte die Verbesserung der Wettbewerbsstärke unrealistisch sein, empfiehlt sich eine rasche Aufgabe des SGF. Aus diesen SGF muß das Unternehmen die zukünftigen Gewinnpotentiale auswählen.
  - Übergangsstrategie bei mittlerer Marktattraktivität und bei mittlerer Wettbewerbsstärke, um über eine Investitions-/Wachstums-Strategie, über eine Abschöpfungs- oder über eine Desinvestitionsstrategie den Cash-Flow ohne großen Ressourceneinsatz (aber durch Rationalisierungsmaßnahmen) zu maximieren. Der Cash-Flow ist kurz- bis mittelfristig positiv, das Risiko ist niedrig. Diese SGF tragen zum gegenwärtigen Gewinn des Unternehmens bei und erfordern geringe Investitionen zur Erhaltung der Wettbewerbsposition.
  - Defensivstrategien bei niedriger Marktattraktivität und bei hoher Wettbewerbsstärke, um Wettbewerbsvorteile zu halten und Konkurrenzunternehmen vom Markt fernzuhalten. Der Cash-Flow ist kurz- bis mittelfristig positiv, das Risiko ist niedrig. Diese SGF tragen zum gegenwärtigen Gewinn des Unternehmens bei und erfordern geringe Investitionen zur Erhaltung der Wettbewerbsposition.

Die aus dem Marktattraktivitäts/Wettbewerbsstärken-Portfolio abgeleiteten Normstrategien können nur als Empfehlung einer Hauptstoßrichtung verstanden werden. Die Zuordnung von Investitionsprioritäten erleichtert eine langfristige, strategische Ressourcenverteilung.

Das Neun-Felder-Portfolio weist zwar den Vorteil auf, daß die beiden Dimensionen nicht nur durch zwei Kriterien (Marktwachstum – relativer Marktanteil), sondern anhand mehrerer gewichteter Kriterien bewertet werden, hat aber zugleich den Nachteil der Subjektivität und der teilweisen Willkür bei der Auswahl, bei der Gewichtung und bei der anschließenden Bewertung der Kriterien.

Neben den beiden angeführten Portfolios wurde in den letzten Jahrzehnten ein Reihe von unterschiedlichsten Portfoliomodellen entwickelt, von denen insbesondere das Technologieportfolio von Mc Kinsey mit den Achsen "Technologieattraktivität" und "relative Technologieposition des Geschäftsfelds" erwähnenswert erscheint (Henzler [Marketing], S. 80f.). In diesem Portfolio werden zunächst die technologischen Marktmöglichkeiten getrennt beurteilt und erst im abschließenden Gesamtportfolio zusammengeführt.

Ein weiteres Technologieportfolio wurde von Pfeiffer (vgl. Pfeiffer [Technologie-Portfolio], S. 93) entwickelt und besteht aus den Achsen "Technologieattraktivität" und "Ressourcenstärke".

3.2.4 Strategiekonzeption

Im Unterschied zur strategischen Unternehmens- und Umfeldanalyse ist die instrumentelle Unterstützung der Strategiekonzeption gering. Es existieren nur wenige Bezugsrahmen und Modelle, die Hilfestellung bei der inhaltlichen Erarbeitung und Festlegung von Strategien leisten. Die Erstellung von Strategien wird überwiegend als kreativ schöpferischer Akt gesehen, der zwar durch entsprechende Arbeitsorganisation (Projektgruppen, Workshops etc.) und durch Kreativitätstechniken unterstützt werden kann, es gibt jedoch kaum inhaltliche Orientierungsrahmen für die Planenden.

Im folgenden werden die wenigen vorhandenen Modelle und Instrumente zur Strategieplanung überblicksartig dargestellt. Man unterscheidet verschiedene Ansatzpunkte

- zur Wahl der strategischen Grundposition,
- zur Gestaltung des Geschäftsportfolios und
- zur Gestaltung der Wertkette.

Die konzeptionellen Überlegungen, die Formulierung von Arealstrategien zu unterstützen, gehen über eine Typologisierung der möglichen Strategievarianten nicht hinaus (vgl. z. B. Hoffmann [Herausforderungen], S. 2147), die Bezugsrahmen für die Entwicklung von Funktionsbereichsstrategien hängen stark von der behandelten betrieblichen Funktion ab. Aus diesen Gründen wird auf eine Darstellung von Orientierungshilfen zur Formulierung von Arealstrategien (bzw. Internationalisierungsstrategien) und Funktionsbereichsstrategien an dieser Stelle verzichtet.

3.2.4.1 Wahl der strategischen Grundposition

Die Basisstrategietypen nach Porter

Nach Porter können drei verschiedene Basisstrategien unterschieden werden (vgl. Porter [Wettbewerbsstrategie], S. 62):

- Umfassende Kostenführerschaft
- Differenzierung
- Konzentration auf Schwerpunkte (Nischenstrategie).

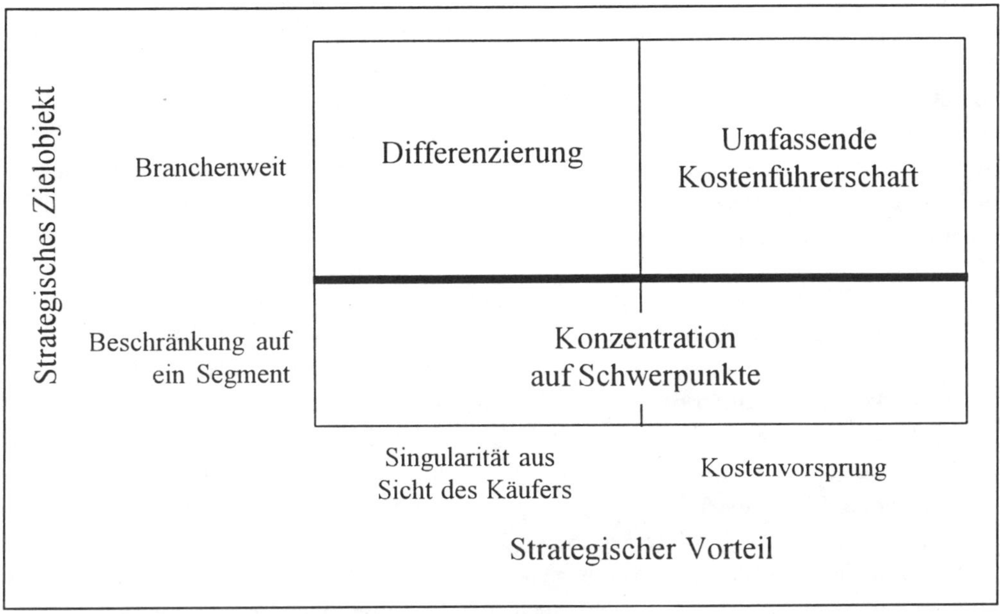

Abb. 3.33: Die Basisstrategien (vgl. Porter [Wettbewerbsstrategie], S. 67)

Die umfassende Kostenführerschaft hat das Ziel, einen umfassenden Kostenvorsprung gegenüber den Wettbewerbern zu erreichen. Dieser Strategietyp erfordert den gezielten Aufbau von Produktionsanlagen effizienter Größe und die Nutzung von Kostendegressionsvorteilen, konsequentes Ausnutzen erfahrungsbedingter Kostensenkungspotentiale, strikte Kontrolle der Einzel- und Gemeinkosten in allen Funktionsbereichen, weitgehende Vermeidung von Komplexitätskosten und Optimierung der Wertkette des Unternehmens. Die Kostenführerschaft erfordert in der Regel große Produktionsmengen und eine schlanke Kostenstruktur. Die Qualität des Produkts darf bei der Kostenführerschaft nicht außer acht gelassen werden, der eigentliche Wettbewerbsvorteil besteht aber in der günstigen Kostenstruktur: "Cost leadership starts with a good product." (Porter [Guide], S. 9)

Die Qualität, definiert als die Anforderungen der Kunden an ein Produkt oder an eine Leistung, wird bei der Kostenführerschaft zumeist auf den wesentlichen Kern der Problemlösung – auf die Basisanforderungen – reduziert. Kostentreibende Produktvarianten und aufwendige Nebenleistungen werden ebenso vermieden wie großangelegte Werbekampagnen oder exklusive Aufmachung der Produkte.

Ein eindrucksvolles Beispiel für Kostenführerschaft ist Reh-Faber, der größte Schaumweinproduzent der Welt: Die Produktion ist zentralisiert und läßt weitgehende Kostendegressionseffekte zu, die Unternehmensführung und der Verwaltungsbereich sind auf ein Minimum reduziert, es wird keine klassische Werbung betrieben, die Produktgestaltung ist einfach, und die Kunden sind fast ausschließlich im organisierten Lebensmittelhandel zu finden, der effizient in Großmengen beliefert werden kann. Die Bekanntheit der "Marke" wird durch die hohe und konstante Distributionsquote erzielt. Neben Produkten, die unter eigener Marke verkauft werden, erzeugt das Unternehmen auch Schaumweine, die als Handelsmarken abgesetzt werden; die zusätzlichen Produktionsmengen erlauben weitere Kostendegressionseffekte in der Produktion. Da der primäre Wettbewerbsvorteil in der günstigen Kostenstruktur und nicht in der Produktdifferenzierung liegt, ist Konkurrenz durch die selbsterzeugten Handelsprodukte weitgehend ausgeschlossen.

Das Ziel der Differenzierung besteht darin, das Produkt oder die Dienstleistung des Unternehmens zu unterscheiden, um damit einen zusätzlichen Wert zu schaffen, für den der Kunde auch eine entsprechende Preisprämie zu zahlen bereit ist. Ansätze zur Differenzierung können in der Marke, im Design, in der Technologie, im Kundendienst, im Distributionssystem etc. liegen. Mintzberg unterscheidet vier zentrale Quellen der Differenzierung, nämlich Qualität, Design, Image und Service (Mintzberg fügt als fünfte Spielart der Differenzierung die Preisdifferenzierung hinzu, die im Sinn Porters jedoch eher der Strategievariante Kostenführerschaft zuzuordnen ist; vgl. Mintzberg [Strategies], S. 75 f.). Im Normalfall erstreckt sich die Differenzierung des Unternehmens auf mehrere Dimensionen. Die Kostenseite darf bei der Differenzierung nicht ignoriert werden, doch sind die Kosten nicht das primäre strategische Ziel. Ein Beispiel für eine Differenzierungsstrategie liefert der Baumaschinenhersteller Caterpillar, der für sein Händlernetz, für die extrem lange Haltbarkeit und für die Zuverlässigkeit seiner Produkte bekannt ist, womit eine Preisprämie durchgesetzt werden kann. Ein anderes Beispiel ist die Brauerei Warsteiner, die Anfang der achtziger Jahre begonnen hat, ihre Marke im Premiumbereich zu positionieren und in der Folge das gesamte Unternehmen darauf ausgerichtet hat: Der Vertrieb erfolgt primär über ausgewählte Gastronomiebetriebe und über den nicht-preisaggressiven Handel; die Produktqualität, die Produktaufmachung, die Werbelinie und das Marktauftreten vermitteln die Exklusivität eines Premiumprodukts.

Das Ziel der Nischenstrategie besteht in der Konzentration eines Unternehmens auf die ganz speziellen Bedürfnisse eines Segments innerhalb der Branche (= Marktnische), beispielsweise einer bestimmten Abnehmergruppe, eines Teils eines Produktprogramms oder eines geographisch abgegrenzten Markts. Die Nischenstrategie kann entweder an der Kostenführerschaft oder an der Differenzierung ansetzen, bezieht sich jedoch nur auf einen Teilmarkt. Eine derartige Strategie ist primär dann empfehlenswert, wenn ein auf eine Marktnische konzentriertes Unternehmen den spezifischen Bedürfnissen des Segments besser gerecht werden kann als Unternehmen, die sich auf den Gesamtmarkt ausrichten. Die Nischenstrategie bietet auch für kleinere Unternehmen die Möglichkeit, Wettbewerbsvorteile aufzubauen, wobei nicht jedes kleine Unternehmen automatisch ein Nischenanbieter ist: Viele kleine Unternehmen sind auf einem kleinen Gesamtmarkt tätig oder einfach schlecht positionierte Anbieter auf dem Gesamtmarkt. Ein Beispiel für eine Nischenstrategie mit Kostenführerschaft in einem Teilmarkt ist die Firma Martin-Brower, der drittgrößte Lieferant von Lebensmitteln in den USA. Das Unternehmen hat seine Kundenliste auf die acht führenden Schnellrestaurant-Ketten reduziert. Dadurch konnten die Produktlinien entsprechend gestrafft werden, die Bestellaufnahmeverfahren nach den Einkaufszyklen der Kunden ausgerichtet werden, die Lagerhäuser entsprechend der Standorte der Kunden opimiert werden etc. Das Unternehmen ist nicht Kostenführer auf dem gesamten Markt, sondern nur auf dem relevanten Teilmarkt. Beispiele für Nischenstrategien mit Differenzierungsschwerpunkt sind Diätmarmelade-Hersteller, Spezialitätenbierbrauereien, die Pkw-Hersteller Jaguar oder Porsche.

Unternehmen, denen es nicht gelingt, zumindest eine der drei Basisstrategien konsequent und erfolgreich umzusetzen, sitzen "zwischen den Stühlen" – in einer äußerst schlechten strategischen Position: Für die Kostenführerschaft fehlt den Unternehmen der notwendige Marktanteil, die konsequente Umsetzung oder das Kapital für entsprechende Produktionsanlagen, für eine Differenzierung fehlt die USP (Einzigartigkeit) aus Kundensicht, und für eine Nischenstrategie fehlt die notwendige Konzentration auf ein begrenztes Marktsegment. Solche Unternehmen weisen überwiegend niedrige Rentabilitäten auf und sind insbesondere bei Intensivierung des Wettbewerbs stark gefährdet. Ähnliche Probleme haben auch Unternehmen, die mehrere Strategietypen gleichzeitig realisieren wollen, durch ständiges Hin- und Herwechseln zwischen den einzelnen Typen aber keinen eindeutigen Wettbewerbsvorteil erzielen können.

Vereinfacht legen die oben angeführten Strategievarianten eine Beziehung zwischen Marktanteil (im Sinne von Branchenanteil) und Rentabilität nahe (vgl. Porter [Wettbewerbsstrategie], S. 72ff.).

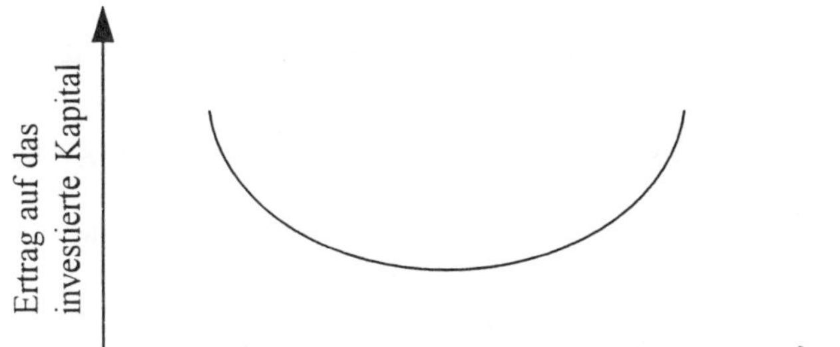

Abb. 3.34: Rentabilität und Branchenanteil (vgl. Porter [Wettbewerbsstrategie], S. 73)

In vielen Branchen sind kleine Unternehmen, die sich auf ein Marktsegment konzentrieren, und größere Unternehmen, die sich differenzieren beziehungsweise die Kostenführerschaft anstreben, wirtschaftlicher als Unternehmen mittlerer Größe. Das führt zu einer U-förmigen Beziehung zwischen Rentabilität und Branchenanteil wie in Abbildung 3.34 dargestellt. (Der

Zusammenhang gilt allerdings nicht für alle Branchen und sollte nicht als direkte Beziehung oder gar als Gesetzmäßigkeit, sondern eher als Tendenz verstanden werden.)

Der Strategieansatz von Porter mit den drei Grundsatzstrategien hat die gesamte betriebswirtschaftliche Strategieliteratur und Strategiediskussion entscheidend geprägt. Dabei wird jedoch häufig übersehen, daß zahlreiche erfolgreiche Unternehmen keineswegs eine Trennung der Strategietypen verfolgen, sondern vielmehr eine Kombination der strategischen Ansätze realisieren – und dennoch nicht "zwischen den Stühlen" sitzen.

Solchen Unternehmen gelingt es, beide Dimensionen – Differenzierung und Kostenführerschaft – erfolgreich zu kombinieren. Heineken, die größte Brauerei Europas, versucht beispielsweise, neben einer Differenzierungsstrategie auch eine optimale Produktionsgrößenstruktur zu haben, um Kostendegressionseffekte nützen zu können. Im Vordergrund der strategischen Zielsetzung steht die Differenzierungsstrategie auf dem Gesamtbiermarkt in Kombination mit einer Volumenstrategie, die große Braustätten mit einer optimale Kostenstruktur ermöglicht. Viele japanische Unternehmen (Nissan, Canon, Sony etc.) sind den umgekehrten Weg gegangen. Der Markteinstieg erfolgt mit sehr einfachen Produkten (man denke an die ersten japanischen Autos), die primär die Basisproduktanforderungen erfüllen, durch eine optimierte Kostenstruktur aber sehr günstig hergestellt werden können. Durch die niedrigen Preise werden die notwendigen Marktanteile (und damit das Volumen) gewonnen. Parallel zur Marktetablierung wird das Produkt laufend verbessert und an die Bedürfnisse der Kunden angepaßt, wobei man darauf achtet, daß Komplexitätskosten die Kostenführerschaft nicht gefährden. Konsequente Analyse der Kundenbedürfnisse trägt dazu bei, daß nur Produktverbesserungen durchgeführt werden, die vom Kunden als solche wahrgenommen werden, während kostenintensive Überqualitäten vermieden werden. In beiden Phasen kommt dem Kostenmanagement entscheidende Bedeutung zu: Das Target Costing zielt darauf ab, bereits in der Phase der Produktkonzeption den Kosteneinsatz für die neu entstehenden Produkte und Prozesse zu beeinflussen, um möglichst frühzeitig die Kostenstrukturen zu optimieren. Durch Kaizen Costing werden die Kosten durch laufende Prozeßverbesserung ständig gesenkt.

Das Ergebnis bei diesen Unternehmen ist eine Differenzierung mit Kostenführerschaft. Beispiele japanischer Unternehmen, die durch ihre Strategiekombination in vielen Branchen zu den schärfsten Wettbewerbern der europäischen und der amerikanischen Unternehmen geworden sind, zeigen, daß es offensichtlich leichter ist, ausgehend von einer Kostenführerschaft eine Differenzierung zu beginnen als umgekehrt. Oder anders formuliert: "Es ist leichter, ausgehend von einem geringen Produktkostenniveau, Produktwert hinzuzufügen, als von einem hohen Produktwertstandard aus geringere Produktkostenniveaus zu erreichen." (Seidenschwarz [Target], S. 39) Die Schwierigkeiten der europäischen Automobilhersteller, neben der traditionell verfolgten Differenzierungsstrategie wettbewerbsfähige Kostenniveaus zu erzielen, dokumentieren diese Aussage.

Eine Kombination der Strategietypen erfordert ein außergewöhnlich professionelles Management, wobei die Gefahr, keine der beiden Strategietypen umsetzen zu können, groß ist.

Aufgrund des immer stärker werdenden Wettbewerbs und der Sättigungstendenzen in zahlreichen Branchen reicht es nicht mehr, nur einen Strategietyp zu verfolgen, so daß immer mehr Unternehmen gezwungen werden, die unterschiedlichen Anforderungen beider Strategietypen (Differenzierung und Kostenführerschaft) zu erfüllen und die widersprüchlichen Zielvorgaben (Kundenbedürfnis versus Zusatzkosten etc.) zu optimieren.

Daher gibt es keinen Strategietyp mehr, bei dem Kosten eine untergeordnete Bedeutung haben – eine Weiterentwicklung der Arbeiten von Porter: Porter weist zwar darauf hin, daß die Kosten auch bei der Differenzierungsstrategie nicht ignoriert werden dürfen, er sieht die Kosten bei diesem Strategietyp aber nicht als das primäre strategische Ziel an (vgl. Porter [Wettbewerbsstrategie], S. 66).

Die Entwicklungsstrategien nach Risak

Im ersten Teil wurde das Konzept des vitalen Unternehmens mit der Herausforderung des simultanen Werdens, Bewahrens und Abschaffens ausführlich beschrieben. Die dahinterstehende Zielsetzung ist die optimale Kombination von Vielfalt und Fokus: Fokussierung fördert die Professionalität und die Effizienz und erlaubt konzentrierten Ressourceneinsatz, Vielfalt bedeutet hohes Innovationspotential und geringere Abhängigkeit. Aufgabe des strategischen Managements muß es daher sein, Gleichgewicht zwischen Vielfalt und Fokus zu erreichen, was die situationsgerechte Kombination der drei Entwicklungsstrategien Werden (Innovieren), Bewahren (Rationalisieren) und Abschaffen (Liquidieren) verlangt.

Die Entwicklungsstrategie **"Bewahren"** ist auf das gesunde Kerngeschäft des Unternehmens anzuwenden, das es zu konsolidieren und schrittweise weiter zu verbessern gilt (Effizienzsteigerung durch kontinuierliche Verbesserung). **"Abschaffen"** muß für jene Geschäfte und Aktivitäten im Vordergrund stehen, die keinen positiven Ergebnisbeitrag leisten und keine strategische Perspektive haben (Freisetzen von Ressourcen, Komplexitätsreduktion). **"Werden"** bedeutet Zukunftsvorsorge durch die Erschließung neuer Potentiale und Entwicklung neuer Kernfähigkeiten.

Im Rahmen der Strategieplanung kann das Modell der Entwicklungsstrategien dazu dienen, den Schwerpunkt der künftigen Unternehmensentwicklung zu bestimmen und für eine ausbalancierte Kombination von Bewahren, Werden und Abschaffen zu sorgen. Ausgehend von der festgelegten Entwicklungsrichtung auf Gesamtunternehmensebene kann für jedes Geschäftsfeld, für jeden Funktionsbereich und für jede Wertaktivität die zweckdienliche Entwicklungsrichtung festgelegt werden.

Die TOWS-Matrix

Die TOWS-Matrix (Threats-Opportunities-Weaknesses-Strengths) basiert auf der Stärken-Schwächen- beziehungsweise Chancen-Risken-Analyse und liefert in Form eines morphologischen Kastens Ansatzpunkte zur Strategieplanung (vgl. David [Concepts], S. 214f.).

	Stärken/Strengths 1. 2. 3. 4. 5. 6. 7.	**Schwächen/ Weaknesses** 1. 2. 3. 4. 5. 6. 7.
Chancen/Opportunities 1. 2. 3. 4. 5. 6. 7.	**SO-Strategien** 1. 2. 3. 4. 5. 6. 7. Use Strengths to take advantage of opportunities	**WO-Strategien** 1. 2. 3. 4. 5. 6. 7. Overcome weaknesses by taking advantage of opportunities
Bedrohungen/Threats 1. 2. 3. 4. 5. 6. 7.	**ST-Strategien** 1. 2. 3. 4. 5. 6. 7. Use strengths to avoid threats	**WT-Strategien** 1. 2. 3. 4. 5. 6. 7. Minimize weaknesses and avoid threats

Abb. 3.35: Die TOWS-Matrix (vgl. David [Concepts], S. 215)

Aus der Gegenüberstellung der wichtigen Stärken und Schwächen mit den bedeutenden Chancen und Risken ergeben sich folgende vier Ansatzpunkte zur Strategieplanung:

- SO-Strategien (Strengths/Opportunities) nützen interne Stärken, um externe Chancen wahrzunehmen.
- ST-Strategien (Strengths/Threats) verwenden interne Stärken, um externe Bedrohungen in ihren Auswirkungen zu minimieren.
- WO-Strategien (Weaknesses/Opportunities) versuchen externe Chancen zum Abbau interner Schwächen zu benützen beziehungsweise durch die Beseitigung interner Schwächen externe Chancen besser zu nützen.
- WT-Strategien (Weaknesses/Threats) sind Defensivstrategien mit dem Ziel, zugleich interne Schwächen abzubauen und externe Bedrohungen abzuwehren. Unternehmen, die WT-Strategien verfolgen (müssen), befinden sich in der Regel in existentiellen Krisen.

Bei der Auswahl und der Umsetzung sollte den stärkeorientierten Strategietypen (SO- und ST-Strategien) erste Priorität gegeben werden. Aufgabe der Strategieplanung ist es, die knappen Ressourcen auf die Verstärkung der Stärken (die im Wettbewerb von Bedeutung sind) zu konzentrieren. Ein Abbau von Schwächen sollte nur dann angestrebt werden, wenn sie das Unternehmen bei der Nutzung von Stärken oder Chancen nachhaltig behindern (z. B. strategischer Engpaß).

3.2.4.2 Gestaltung des Geschäftsportfolios

Die Normstrategien der Portfoliotechnik/Grand Strategy-Matrix

Die Normstrategien für die einzelnen Quadranten des Vier- und Neun-Felder-Portfolios wurden bereits unter Punkt 3.2.3.3 erläutert. Unter der Bezeichnung Grand Strategy-Matrix werden die bekannten Normstrategien der Portfoliotechnik vertieft und verallgemeinert (vgl. David [Concepts], S. 227f.). Anhand der beiden Kriterien Marktwachstum und Marktanteil lassen sich Geschäftsbereiche und Geschäftsfelder eines Unternehmens (bei geringem Diversifikationsgrad auch ganze Unternehmen) einem von vier Quadranten zuordnen. Für jeden Quadranten gibt die Grand Strategy-Matrix eine strategische Hauptstoßrichtung und empfehlenswerte Strategieoptionen an. Die Abbildung zeigt die Grand Strategy-Matrix samt Strategieempfehlungen (die Rangfolge gibt die relative Attraktivität der Strategieoptionen wieder):

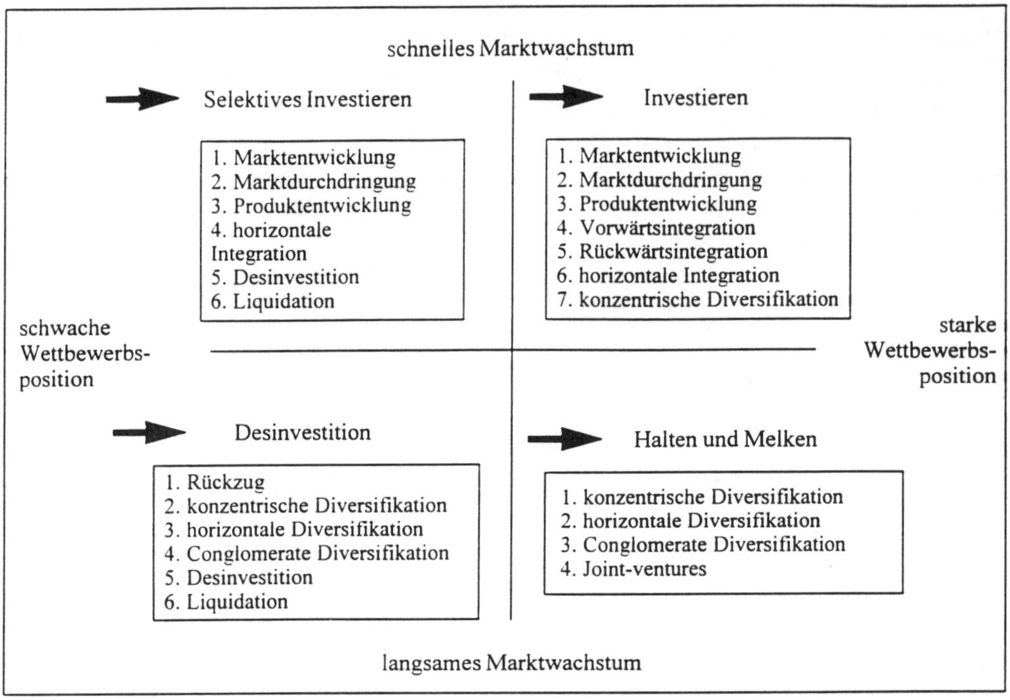

Abb. 3.36: Grand Strategy-Matrix (vgl. David [Concepts], S. 227)

Bei der Anwendung der vorgeschlagenen Normstrategien auf einzelne Geschäftsbereiche und Geschäftsfelder darf nicht die Notwendigkeit zur Gesamtoptimierung des Geschäftsportfolios unter Ertrags- und Risikogesichtspunkten aus den Augen verloren werden.

Die Diversifikationsmatrix

Die Diversifikationsmatrix von Ansoff gibt einen Überblick über die bestehenden Möglichkeiten zur Ausweitung des Leistungsprogramms des Unternehmen (vgl. Ansoff [strategy] S. 131). Ausgehend vom derzeit betriebenen Geschäft hilft diese Matrix, die Möglichkeiten zur Markt- und Produktausweitung zu visualisieren, indem sie vier Möglichkeiten der strategischen Neuausrichtung des Geschäfts-Portfolios aufzeigt:

- Marktpenetration (Marktdurchdringung mit bestehenden Produkten)
- Marktausweitung (neue Kundengruppen bzw. Erschließung neuer Absatzregionen)

- Sortimentsausweitung (Produkt- oder Technologieausweitung)
- Laterale Diversifikation.

Die Abbildung verdeutlicht die vier Strategieoptionen:

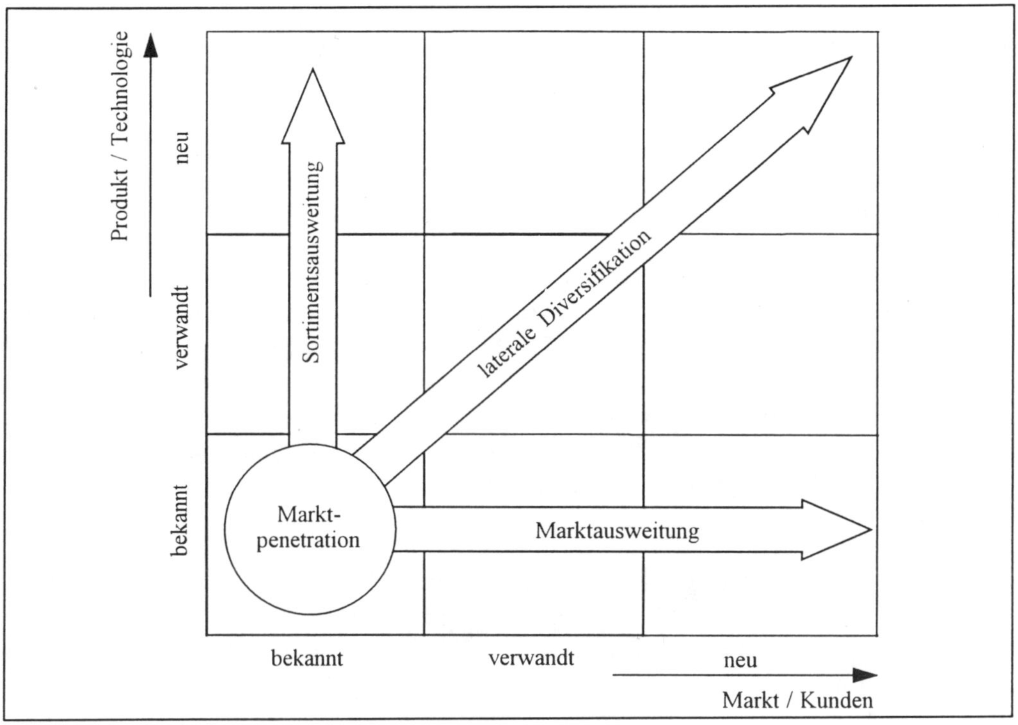

Abb. 3.37: Die Diversifikationsmatrix (vgl. Ansoff [strategy], S. 131)

Bei der Diversifikation des Leistungsprogramms muß man darauf achten, daß das Diversifikationsrisiko mit der "Entfernung" des Neugeschäfts vom bestehenden Geschäft exponentiell ansteigt, was auf fehlendes Produktwissen beziehungsweise auf mangelndes technologisches Know-how (Sortiments- bzw. Technologieausweitung) oder auf fehlende Marktkenntnisse (Marktausweitung) auf den neuen Tätigkeitsgebieten zurückzuführen ist. Grundsätzlich ist jede Diversifikation des Leistungsangebots nur dann zu empfehlen, wenn die damit verbundenen Ertragsaussichten das jeweilige Diversifikationsrisiko rechtfertigen.

Zahlreiche Unternehmen, die eine Politik der lateralen Diversifikation verfolgt haben, mußten in diesem Zusammenhang hohes "Lehrgeld" zahlen. Die Rückbesinnung auf Kernkompetenzen und die Rücknahme überzogener Diversifikationsstrategien der siebziger und der frühen achtziger Jahre in der jüngsten Vergangenheit belegen eindrucksvoll die Nachteile eines zu hohen Diversifikationsgrades. Anstelle der lateralen Diversifikation empfiehlt sich die schrittweise Vergrößerung des Leistungsprogramms durch sukzessive Produkt- und Marktausweitungen, ohne auf einmal einen "zu großen Sprung" zu machen.

3.2.4.3 Gestaltung der Wertkette

Bei der Gestaltung der Wertkette bestehen bei jeder einzelnen Wertaktivität folgende Strategieoptionen:

- Integration (Eigenerstellung)
- Kooperation
- Zukauf (out-sourcing).

Die **Integration** ist für alle Wertschöpfungsstufen anzuraten, bei denen das Unternehmen über aktuelle oder über potentielle Wettbewerbsvorteile verfügt oder die ein hohes Innovationspotential aufweisen (Kernaktivitäten). Die **Kooperationsstrategie** empfiehlt sich für alle Wertaktivitäten, die erfolgskritisch sind und vom Unternehmen aufgrund fehlender Ressourcen oder eines nicht vertretbaren Risikos nicht allein ausgeführt werden können oder die über ein hohes Synergiepotential verfügen. Der **Zukauf** ist für jene Wertschöpfungsstufen geeignet, die nicht erfolgskritisch sind und deren Auslagerung die Flexibilität des Unternehmens erhöht, ohne Abhängigkeiten aufzubauen.

Die folgende Tabelle faßt die Einsatzempfehlungen der drei Strategievarianten zusammen:

	Strategieempfehlung		
Rahmenbedingungen	Integration	Kooperation	Zukauf
Kosten- und Differenzierungsvorteil	ja	complementary asset	nein
Innovationspotential	hoch	hoch	niedrig
interne Ressourcenausstattung	ausreichend	nicht ausreichend	zu teuer bzw. flexibilitäts-hemmend
unternehmerisches Risiko der Eigenerstellung	vertretbar	hoch	hoch
Synergiepotential einer zwischenbetrieblichen Zusammenarbeit	niedrig	hoch	mittel

Abb. 3.38: **Strategien zur Optimierung der Wertkette**

3.2.5 Bewertung und Quantifizierung von Strategien

Zu den Hauptaufgaben der strategischen Unternehmensführung und des strategischen Controlling zählt die Bewertung von Strategien, wobei zwischen einer quantitativen und einer qualitativen Strategiebewertung zu unterscheiden ist. Die qualitativen Bewertungsverfahren haben zwar den Vorteil, daß sie auch nicht-monetäre Dimensionen erfassen können, sie liefern jedoch keine Hilfestellung bei der Ermittlung des ökonomischen Nutzens einer Strategie. Nach dem Überblick der qualitativen Bewertungsverfahren unter Punkt 3.1.3.5 werden im folgenden die Möglichkeiten zur quantitativen Bewertung von Strategien vorgestellt. Quantitative Bewertungsmaßstäbe entstammen üblicherweise dem Finanz- und Rechnungswesen – also dem operativen Steuerungssystem eines Unternehmens. Für Fragen der strategischen Unternehmenssteuerung sind diese Steuerungsgrößen nicht geeignet. Nur in Zeiten eines stabilen Umfelds erlauben diese Maßstäbe eine adäquate Steuerung des Unternehmensgeschehens. In Anbetracht steigender Komplexität und zunehmender Dynamik des unternehmerischen Umfelds besteht heute dringender Bedarf nach neuen, aussagekräftigen quantitativen Maßstäben für strategische Entscheidungen. Die beiden wichtigsten Methoden zur Quantifizierung von Strategien sind das PIMS-Modell und die Wertsteigerungsanalyse (Shareholder Value-Analyse).

3.2.5.1 PIMS

PIMS (Profit Impact of Market Strategy) ist ein Forschungsprogramm, das Ende der sechziger Jahre bei General Electric seinen Ausgang nahm und Mitte der siebziger Jahre von der Harvard Business School übernommen wurde. Seit Ende der siebziger Jahre, mit dem Vorliegen eines marktreifen Beratungsprodukts, wird das Wissen vom Strategic Planning Institute und von international angeschlossenen Partnerunternehmen weltweit zu kommerziellen Zwecken eingesetzt.

PIMS zielt auf die Beantwortung folgender Fragestellungen ab:

- Welche strategischen Faktoren sind im Sinn einer dauerhaften Ertragskraft von ausschlaggebender Bedeutung für das strategische Erfolgspotential eines Unternehmens – gemessen am ROI (Return on Investment)?
- Wie hängen diese Faktoren zusammen, und inwiefern tragen sie zur Erhöhung von Erfolgspotentialen bei?
- Welche strategisch relevanten Faktoren erklären in welchem Maß Unterschiede in den Rentabilitäten zwischen Unternehmen (bzw. strategischen Geschäftseinheiten)?
- Wie reagiert die Rentabilität auf Änderungen von Strategien und auf Änderungen der Marktbedingungen?

Entsprechende Antworten gewinnt man aus einer umfangreichen Datenbank, dem Kernstück des PIMS-Forschungsprogramms, die nahezu 500 Parameter von mehr als 3000 strategischen Geschäftseinheiten umfaßt. Die Daten stammen von rund 250 Mitgliedsfirmen, die an das PIMS-Programm angeschlossen sind und bieten einen Einblick in die Markterfahrungen unterschiedlichster Geschäftseinheiten, die auf der Basis einer Querschnittanalyse auf Erfolgsdeterminanten hin untersucht wurden.

Die allgemeinen Forschungsergebnisse sind weitgehend veröffentlicht, wobei insbesondere das Buch von Buzell und Gale Erwähnung verdient, von dem auch eine deutsche Übersetzung vorliegt (vgl. Buzell; Gale [PIMS-Programm]). Es enthält eine umfangreiche Bibliographie sowie eine Beschreibung der Datenbank(en) und Angaben zu den verwendeten statistischen Methoden. Mitgliedsunternehmen, die an PIMS angeschlossen sind, stehen darüber hinaus spezielle Analysen und Projektionen zur Verfügung.

Allgemeine Forschungsergebnisse

Die wichtigste Erkenntnis des PIMS-Forschungsprogramms besteht darin, daß 60 bis 70 % des tatsächlichen Erfolgs einer Geschäftseinheit, gemessen am ROI, auf rund ein Dutzend Einflußfaktoren zurückgeführt werden können. Diese lassen sich in drei Kategorien zusammenfassen:

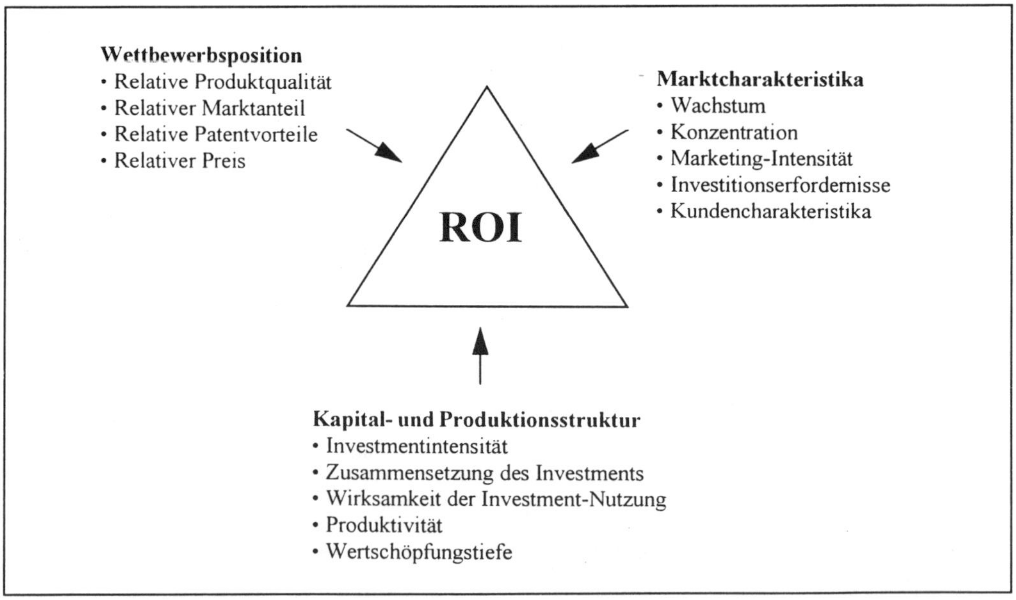

Abb. 3.39: Die wichtigsten Bestimungsfaktoren des ROI (vgl. Malik [Management-Perspektiven], S. 113)

Damit wird die Notwendigkeit deutlich, diese Faktoren durch entsprechendes Management unter Kontrolle zu bringen, um sich entsprechende Erfolgspotentiale zu sichern. Besonders interessant sind jene Aussagen, die in Kreuztabellen einzelne strategische Faktoren gegenüberstellen. Dazu folgendes Beispiel:

Die PIMS-Forschungsergebnisse belegen die überragende Bedeutung hoher relativer Marktanteile und hoher relativer Qualität, wobei dem Marktanteil größere Bedeutung beizumessen ist. Die höchsten Werte für den ROI (im Durchschnitt 37 %) konnten in Geschäftseinheiten geortet werden, deren Marktanteil größer als 28 % ist und deren relative Qualität im obersten Drittel des "bedienten Markts" liegt. Beinahe hoffnungslos ist hingegen die Situation von Geschäftseinheiten mit einem Marktanteil von weniger als 13 % und unterlegener Qualität.

Unternehmensspezifische Nutzung der PIMS-Datenbank

Unternehmen, die eine PIMS-Mitgliedschaft erwerben, ziehen besonderen Nutzen, da sie Zugang zu spezifischen Informationen der PIMS-Datenbank erhalten. Nach der Erhebung der strategisch relevanten Daten wird dem Unternehmen eine Reihe von Berichten zur Verfügung gestellt (PAR-Report, Limited Information Model, Strategy Analysis Report, Optimum Strategy Report, Report on Look Alikes). Im folgenden wird beispielhaft der PAR-Report herausgegriffen:

Der PAR-Report ist ein strategischer Vergleichsbericht. Der Vergleich basiert auf vergangenen Leistungen von Geschäftseinheiten unter vergleichbaren Bedingungen. Dieser Report beinhaltet eine Liste von 28 strategisch relevanten Faktoren und Angaben über die jeweiligen Durchschnittswerte in der PIMS-Datenbank und liefert ein Stärken-Schwächen-Profil der eigenen Geschäftseinheit. Daraus ergeben sich Anhaltspunkte für strategisch notwendige Anpassungsmaßnahmen.

Der PAR-ROI bezeichnet denjenigen ROI, der realistischerweise erzielbar wäre, wenn die strategischen Erfolgspotentiale optimal genutzt würden. Er ist eine entscheidende Meßlatte ("benchmark") für eine sachgerechte strategische Zielformulierung und für eine fundierte Bewertung von Strategien (der PAR-ROI als Meßgröße für die Qualität der strategischen Positionierung). Im Vergleich mit der eigenen, tatsächlichen Performance kann eine qualifizierte Einschätzung der operativen Effizienz des Unternehmens vorgenommen werden.

PIMS eröffnet also die Möglichkeit der Quantifizierung von Erfolgspotentialen und der empirischen Fundierung von strategischen Entscheidungen. PIMS erlaubt es, systematisch aus den Erfahrungen anderer Unternehmen mit ähnlichen strategischen Merkmalen zu lernen. Aktuelle Forschungsergebnisse belegen, daß die PIMS-Erkenntnisse auch für Mittelstandsunternehmen Gültigkeit besitzen (vgl. Barilits [Gültigkeit]). Problematisch erscheint hingegen die unreflektierte Projektion von in der Vergangenheit beobachteten empirischen Zusammenhängen in die Zukunft.

3.2.5.2 Wertsteigerungsanalyse (Shareholder Value-Analyse)

Die Mergers & Acquisitions-Debatte der achtziger Jahre, das Entstehen eines Markts für Unternehmenskontrolle und die Verschiebung im Kräftegleichgewicht der Anspruchsgruppen hin zu den Kapitalgebern begünstigten das Entstehen einer Methode, deren Ursprünge in der Finanzanalyse wurzeln. In der Zwischenzeit entwickelte sich die Wertsteigerungsanalyse (ähnlich wie die Portfolio-Analyse) zu einem Instrument der strategischen Unternehmensführung und des strategischen Controlling.

Grundlogik

Zukünftige Erfolge werden durch strategische Entscheidungen von Führungskräften in der Gegenwart und durch effiziente Umsetzung dieser Entscheidungen geschaffen. Aufgabe von Führungskräften im Rahmen der wertorientierten Unternehmensführung ist die Schaffung und Erhaltung von Wettbewerbsvorteilen und ihre Umsetzung in Unternehmenswert.

Strategische Entscheidungen von Führungskräften müssen sich primär am Kundennutzen orientieren. Anschließend gilt es, die finanziellen Ansprüche von Anspruchsgruppen zu befriedigen, die einen vertraglich verbrieften finanziellen Anspruch gegenüber dem Unternehmen haben (Mitarbeiter, Lieferanten etc.). Der verbleibende ökonomische Wert, auf den die Eigentümer ein Anrecht haben, nennt sich "Eigentümerwert" (Shareholder Value).

Der Eigentümerwert läßt sich nur dann erhöhen, wenn das Unternehmen im Vergleich zu seiner Konkurrenz über Wettbewerbsvorteile verfügt. Umgekehrt formuliert: Die Erhöhung des Eigentümerwerts ist ein Indiz für Wettbewerbsvorteile. Zusätzlicher Unternehmenswert entsteht nur, wenn die eingeschlagene Strategie eine höhere Verzinsung des eingesetzten Kapitals als die Kapitalkosten erwarten läßt. Der Beitrag einer Strategie zur Erhöhung des Eigentümerwerts ist somit ein Maß für die Bewertung der Qualität strategischer Entscheidungen.

Vorgehensweise

Die Wertsteigerungsanalyse ist das Herzstück einer am Eigentümer orientierten strategischen Steuerung von Unternehmen und bietet ein strukturiertes Vorgehen zur Ermittlung des strategiebedingten Eigentümerwerts.

Der Ausgangspunkt der Wertsteigerungsanalyse ist eine Branchenanalyse sowie eine Beurteilung der strategischen Position eines Unternehmens in einer Branche. Es wird untersucht, inwiefern sich die strategische Situation eines Unternehmens durch eine anstehende Entscheidung ändert.

Nach diesen Überlegungen wird geklärt, wie sich die Umsetzung dieser strategischen Entscheidung auf die wertbestimmenden Faktoren, die Werttreiber (Value Drivers), auswirkt (siehe Abbildung 3.42). Diese Werttreiber haben den Vorzug, daß sie Anknüpfungspunkte bieten zu strategischen Konzepten, zu bekannten strategischen Gesetzmäßigkeiten und zu empirisch fundierten Erkenntnissen der Erfolgsfaktorenforschung.

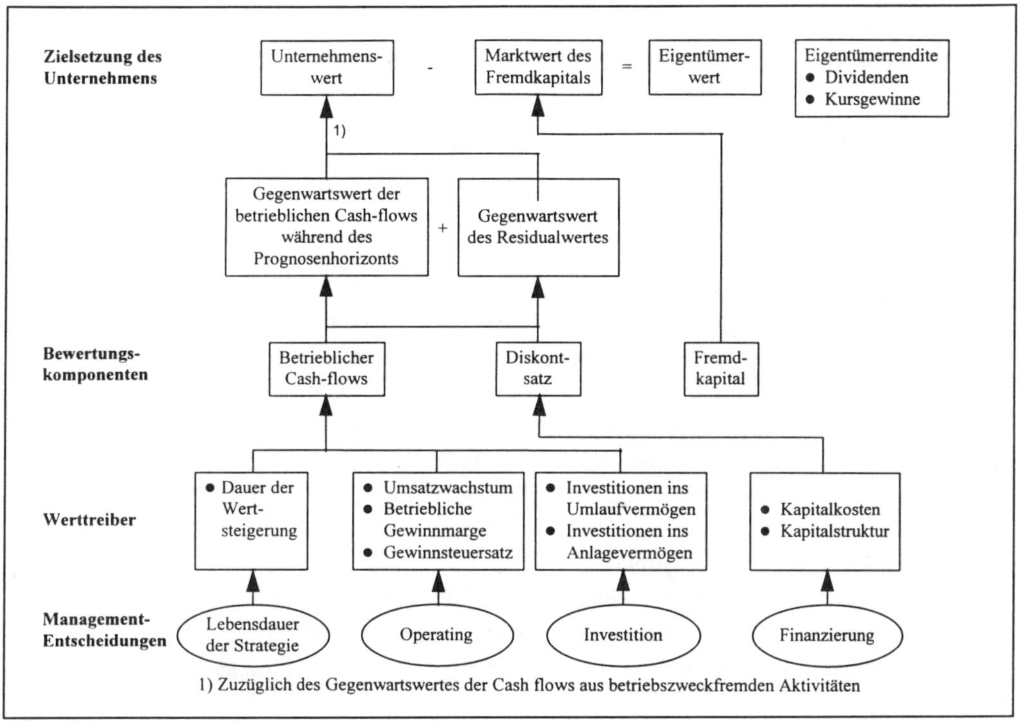

Abb. 3.40: Das Gefüge der Wirkungsbeziehungen der Wertsteigerungsanalyse (in Anlehnung an Rappaport* [Shareholder], S. 76)

Durch Aggregation werden die beiden Rechengrößen betrieblicher CashFflow und Diskontsatz bestimmt. Letzterer berücksichtigt auch das Risiko, daß die zukünftigen freien Cash-Flows vom Erwartungswert abweichen. Für die Bestimmung des Diskontsatzes stehen kapitalmarkttheoretische Konzepte zur Verfügung (vgl. Klien [Technik], S. 93ff.). Ähnlich wie in Kapitalwertverfahren werden die freien Cash-Flows mittels des Diskontsatzes auf den Bewertungszeitpunkt abgezinst. Nach der Berücksichtigung von verschiedenen Prognosezeiträumen und von Zahlenreihen mit unterschiedlichen Risikomerkmalen sowie von unterschiedlichen Residualwerten (Simulationen) läßt sich über den Unternehmenswert der Eigentümerwert berechnen.

Für die Bewältigung von komplexen Rechenproblemen, wie sie im Rahmen der Wertsteigerungsanalyse auftreten, erhält der Benutzer Unterstützung durch spezielle Software-Pakete (z. B. den Value Planner der ALCAR GROUP; London).

*) Alfred Rappaport (1932) Begründer des Shareholder Value-Ansatzes durch die Verknüpfung der Theorie der strategischen Unternehmensplanung mit der Finanzplanung und der Kapitalmarkttheorie.

Die Wertsteigerungsanalyse erlaubt aber, basierend auf einer strategischen Analyse und unter Zuhilfenahme von finanzanalytischen Modellen, eine Quantifizierung von Strategien im Hinblick auf die Erhöhung des Eigentümerwertes.

3.2.6 Maßnahmen- und Umsetzungsplanung

Die konsequente Implementierung der erarbeiteten Strategiekonzepte stellt in der Wirtschaftspraxis regelmäßig den größten Engpaß dar und entscheidet über Erfolg oder Mißerfolg des Strategieprozesses. Eine wesentliche Voraussetzung für eine erfolgreiche Umsetzung von Strategiekonzepten ist die Partizipation der für die Strategierealisierung verantwortlichen Führungskräfte an der strategischen Analysearbeit und an der Konzeptionsarbeit. Ein weiterer wichtiger Faktor für den Implementierungserfolg ist die Konkretisierung und die Operationalisierung von Zielsetzungen, Maßnahmen und Budgets im Sinn unmittelbarer Handlungsanweisungen zur Strategieumsetzung. Häufig bleibt der Erfolg von Strategieentwicklungsprozessen aus, weil die konzeptionellen Ergebnisse auf zu hohem Abstraktionsniveau "steckenbleiben" und den zur Strategieumsetzung verantwortlichen Mitarbeitern keine konkreten Vorgaben für ihr Handeln geben. Zielgerichtete Strategieimplementierung verlangt, daß die Führungskräfte des Unternehmens wissen, welchen Beitrag sie zur Strategierealisierung leisten müssen und woran der Erfolg der Strategieimplementierung gemessen wird.

Aus diesem Grund empfiehlt es sich, die Strategieplanung mit einer detaillierten Maßnahmenplanung abzuschließen, die festlegt, wer welche Beiträge zur Strategieumsetzung bis zu welchem Termin mit welchen gewünschten Ergebnissen leisten soll. Die folgende Abbildung zeigt die Struktur eines derartigen Maßnahmenkatalogs:

WER	WAS	WANN	ERGEBNIS (ZIEL)

Abb. 3.41: Maßnahmenplan zur Strategieumsetzung

Der operationalisierte Maßnahmenplan bildet die Grundlage für die Dotierung der Budgets (strategische Budgets), die zur Maßnahmendurchführung erforderlich sind.

Im Zuge der Präzisierung und der Festlegung von Maßnahmen zur Erreichung bestimmter strategischer Ziele (z. B. zum Abbau des strategischen Engpasses, zur Reduktion der Wertschöpfungstiefe etc.) steht man vor dem Problem, aus einer Fülle von Maßnahmenvorschlägen die vorteilhaftesten Handlungsoptionen auszuwählen. In der Praxis der Strategieentwicklung hat sich zur Vereinfachung und Strukturierung dieses Bewertungsproblems das Instrument der **MOSES-Analyse** bewährt. Die MOSES-Analyse ermöglicht die Bewertung der Maßnahmenvorschläge hinsichtlich der drei Kriterien Operationalität, Schnelligkeit der Wirksamkeit und Effektivität (Zielerreichungsbeitrag) und unterstützt dadurch die Konzentration der knappen Ressourcen zur Strategieumsetzung (Managementkapazität, Finanzmittel) auf die wichtigsten Aktivitäten (vgl. Mann [Praxis], S. 52). Das Kriterium der Operationalität soll sicherstellen, daß keine Maßnahmen verabschiedet werden, die nicht ausreichend präzisiert sind und sich damit einer Erfolgskontrolle entziehen. Die Schnelligkeit der Wirksamkeit ist insbesondere am Beginn der Strategieumsetzung von besonderer Bedeutung, da durch rasche Umsetzungserfolge die Dynamik des Prozesses gefördert wird und die Motivation der Führungskräfte steigt. Dabei darf nicht übersehen werden, daß gewisse – notwendige – strategische Maßnahmen aufgrund ihres Vorsteuercharakters ihre Wirkung erst längerfristig entfalten. Die Effektivität der geplanten Maßnahmen wird damit – eine operationale Maßnahmenformulierung vorausgesetzt – zum zentralen Beurteilungskriterium für die Ressourcenallokation.

Die Abbildung zeigt ein Beispiel für die Bewertung von Maßnahmen zum Abbau des strategischen Engpasses "Personal" mit Hilfe der MOSES-Analyse:

Maßnahmenvorschlag	Operationalität	Schnelligkeit	Effektivität	Summe
Erarbeitung eines Personalentwicklungskonzepts durch den Personalleiter bis 30. 6. 199x	2	2	2	6
Einführen von jährlichen Mitarbeitergesprächen ab 199x	1	1	2	4
Einrichten einer Lehrwerkstätte für metallverarbeitende Berufe	1	0	2	3
Einrichten eines betrieblichen Vorschlagwesens bis Ende des Jahrs durch die Personalabteilung	2	2	1	5
Im Fertigungsbereich Akkordlohn durch Prämienlohn ersetzen	0	2	2	4
Qualität der Werksküche verbessern	1	2	0	3
Verbesserung der abteilungsübergreifenden Zusammenarbeit durch Bildung von Projektteams	1	2	2	5
Sofortige Erhöhung des jährlichen Budgets für Aus- und Weiterbildung je Angestelltem auf öS 30.000,--	2	2	1	5

Abb. 3.42: Beispiel einer MOSES-Analyse

3.3 Aufgaben und Verantwortlichkeiten des Controllers

Aufgrund seiner führungsergänzenden Funktion leistet der Controller wesentliche Beiträge im Strategieentwicklungsprozeß. Nach Siller hat sich der Controller dabei an folgenden vier Grundsätzen des Strategischen Controlling zu orientieren (vgl. Siller [Grundsätze], S. 111ff.):

1. Der Controller muß einerseits für **strategisches Bewußtsein** im Unternehmen sorgen und die Auswirkungen von operativen Entscheidungen auf die strategische Position des Unternehmens aufzeigen. Damit kommt ihm die Rolle des "strategischen Gewissens" des Unternehmens zu, das die Manager in Richtung strategisches Denken und Handeln "missioniert", den strategischen Handlungsbedarf aufzeigt sowie Transparenz in die strategische Zielerreichung bringt.

2. Der Controller muß im Strategieentwicklungs- und Strategiedurchsetzungsprozeß als **Treiber und Bremser** auftreten. Er nimmt die Rolle des Prozeßpromotors und Prozeßmanagers ein, der den Strategieplanungs- und Implementierungsprozeß initiiert, organi-

siert, moderiert und koordiniert sowie die notwendigen Instrumente und Methoden zur Aufgabenerfüllung bereitstellt. Je nach Situation muß der Controller Impulse setzen ("treiben") oder geplante Zielsetzungen und Aktivitäten hinterfragen ("bremsen"), um die Existenzfähigkeit des Unternehmens sicherzustellen.

3. Der Controller ist dem Prinzip der **Rechtzeitigkeit** verpflichtet. In seiner Funktion als Informationsmanager des Unternehmens muß er ein Früherkennungssystem einrichten, das das unternehmerische Umfeld nach schwachen Signalen absucht und diese in verdichteter Form an die Unternehmensführung weiterleitet. Besonderes Augenmerk ist dabei einer etwaigen Veränderung der den Strategien zugrundeliegenden Annahmen und Prämissen zu widmen. Derartige Änderungen (z. B. im politisch-rechtlichen Umfeld, im Kunden- oder im Wettbewerberverhalten) können ein Überdenken der eingeschlagenen Strategien notwendig machen. In diesem Fall wäre es Aufgabe des Controllers, einen Strategierevisionsprozeß einzuleiten.

4. Der Grundsatz der **ordnungsgemäßen Dokumentation** besagt, daß der Controller die Ergebnisse des Strategieentwicklungs- und Strategiedurchsetzungsprozesses entsprechend dokumentieren muß und für die Einrichtung eines strategischen Berichtswesens zu sorgen hat.

Aus den vier Grundsätzen des ordnungsgemäßen strategischen Controlling ergibt sich für den Controller folgender strategischer Aufgaben- und Verantwortlichkeitskatalog:

- Der Controller unterstützt die strategische Unternehmens- und Umfeldanalyse durch die Bereitstellung von aufbereiteter und verdichteter Information sowie durch die Mitgestaltung und Implementierung von Informationssystemen und Analyseinstrumenten.
- Der Controller unterstützt die Entwicklung der strategischen Unternehmensziele und sorgt für ihre termingerechte Verabschiedung.
- Der Controller initiiert, moderiert und koordiniert die Erarbeitung und Bewertung von Strategien und stellt ihre termingerechte Verabschiedung sicher. Er unterstützt den Strategieentwicklungs- und Strategiedurchsetzungsprozeß durch Prozeß- und Methoden-Know-how.
- Der Controller schafft im Unternehmen strategisches Bewußtsein und stellt die Umsetzung der verabschiedeten Strategien in die operative Planung sicher. Er bringt durch operationalisierte Maßnahmenpläne und strategische Budgets Konsequenz in die Strategierealisierung.
- Der Controller schafft die für die Strategieplanung und Strategieumsetzung notwendigen Institutionen (Strategieklausur, Strategieausschuß).
- Controlling institutionalisiert strategische Soll-Ist-Vergleiche und betreibt strategische Frühaufklärung. Controlling informiert die Unternehmensleitung laufend über Fortschritt und Ergebnis der Strategieumsetzung und leitet schwache Signale über Risiken und Chancen aus dem Unternehmensumfeld in verdichteter Form an die Unternehmensleitung weiter.
- Controlling leitet bei Bedarf die Überprüfung und die Anpassung der Unternehmensstrategie an geänderte Umfeldbedingungen.
- Controlling bereitet Steuerungsmaßnahmen für Zielabweichungen vor und initiiert ihre Durchsetzung.

Auf jeden Fall ist sicherzustellen, daß die Aufgabenfelder des strategischen und des operativen Controlling von einer Controllingabteilung gesamthaft wahrgenommen werden, um die Einheitlichkeit der Unternehmensplanung und Unternehmenssteuerung und die konsistente Umsetzung strategischer Vorgaben in die Operation zu gewährleisten.

4 Strategische Vor- und Rückkopplung

Georg Turnheim

Häufige Turbulenzen im Unternehmensumfeld machen strategische Vor- und Rückkopplungen in der industriellen Praxis immer wichtiger. Horizontale Kommunikation muß stärker genutzt werden, da die vertikale Kommunikation aufgrund bestehender Hierarchiestrukturen ausreichend ausgebaut ist. Alle hierarchieübergreifenden Kooperationen und Kommunikationen innerhalb und außerhalb des Unternehmens führen zu Rückkopplungsprozessen, ebenso wie Projektmanagement, ad hoc-Gruppenbildung innerhalb und außerhalb des Unternehmens oder das Management-Rotationsprinzip. Das nachfolgende Kapitel stellt jene Elemente der strategischen Vor- und Rückkopplung dar, die heute bereits in der Unternehmenspraxis angewendet werden und vermittelt gleichzeitig auch Änderungstendenzen, die die Aufgaben und Verantwortlichkeiten des Controllers erweitern.

4.1 Aufgabenstellung

In der Unternehmenspraxis ist der **Kontrollprozeß** im wesentlichen durch den Ist-Soll-Vergleich klar umrissen und durch hohe Erfahrungswerte abgesichert. Das Festlegen von Planzielen und die zeitlich nachfolgende Feststellung des Erzielten ist der allgemein verständliche Kontrollvorgang, durch den **aufgetretene Abweichungen** festgestellt werden und Handlungsbedarf abgeleitet wird. So betrachtet ist der Kontrollprozeß (biokybernetisch) eine **negative Rückkopplung**, die vereinfacht als Wiederholung erfolgreicher Rezepte in ähnlichen Situationen definiert werden kann. Negative Rückkopplungen führen zu Regelungen, zur Stabilisierung bestehender Prozesse. Abweichungen werden beachtet, um geplante SOLL- oder PLAN-Ziele durch entsprechende Maßnahmen doch noch zu erreichen.

Strategische Vor- und Rückkopplungsprozesse sind dagegen positive Rückkopplungen, die Szenarioüberlegungen einbeziehen und gerade ablaufende Unternehmensprozesse (oft exponentiell) verstärken. Positive Rückkopplungen enthalten somit die Möglichkeiten und Wahrscheinlichkeiten eines Zukunftsszenarios (ein Prozeß der strategischen Vorkopplung), die wiederum zu Schlußfolgerungen und damit Maßnahmen in der Gegenwart führen sollen (und damit Rückkopplungen von der Zukunft in die Gegenwart), um noch nicht aufgetretene Abweichungen zu verhindern oder abzuschwächen. Damit ist ein wesentlicher Prozeß der Vernetzung von Unternehmen mit dem Umfeld in dynamischen Situationen angesprochen, nämlich die Optimierung von Abweichungen. Optimierung deshalb, weil Abweichungen nicht zu verhindern sind; im Gegenteil, Abweichungen sind für Entwicklungsprozesse unbedingt notwendig. Im Führungsprozeß müssen Abweichungstrends erkannt werden, um den Unternehmenserfolg zu optimieren.

Die klassische Managementlehre unterscheidet drei Typen strategischer Vor- und Rückkopplung, die diesem Gedanken unterschiedlich stark Rechnung tragen (Steinmann; Schreyögg [Management], S. 221ff.):

- Strategische Durchführungskontrolle
- Strategische Prämissenkontrolle
- Strategische Überwachung.

Diese Begriffe sind dem konstruktivistisch-technomorphen Weltbild entnommen und entsprechen daher dem (hier vertretenen) systemischen Gedankengut nur unzureichend. Sie sollen in der Folge durch geeignetere Begriffe und Inhalte ersetzt werden.

Die strategische **Durchführungskontrolle** entspricht im wesentlichen dem Ist-Soll-Vergleich. Im Zuge der Strategieumsetzung werden bereits eingetretene oder klar abzusehende Abweichungen von strategischen Zwischenzielen (Meilensteinen) gezeigt. Die Blickrichtung ist vergangenheitsorientiert und strategiestabilisierend. Bei dynamischen Umfeldbedingungen des gegenwärtigen Wirtschaftsgeschehens ist eine Ausweitung in Richtung Zukunft (**Ist-Wird-Vergleich**) erforderlich.

Strategie-Auswahl durch das Management bedeutet, daß ein wahrscheinliches Szenario ausgewählt und der Strategieformulierung unterlegt wird. Die Annahmen des Szenarios werden damit zu Rahmenbedingungen für Planungsprämissen. Die Wahrscheinlichkeiten des Szenarios und die damit in Verbindung stehenden Deskriptorenprojektionen (Prämissen) müssen laufend überprüft werden, um die Strategie an veränderte Szenariowahrscheinlichkeiten anzupassen. Dies geschieht im Rahmen der **Prämissenkontrolle (Optimierung von Abweichungen).**

Sowohl Durchführungskontrolle als auch Prämissenkontrolle setzen an der getroffenen strategischen Entscheidung an und sind damit selektiv. Die strategische Überwachung soll dieser Selektivität entgegenwirken. Im Rahmen eines strategischen Informationssystems müssen Umfeldtrends und schwache Signale (vgl. Ansoff [Surprise], S. 129ff.) aufgefangen und im Unternehmen kommuniziert werden. Das entspricht einem Diffusionsprozeß, bei dem keineswegs nur unwesentliche Vorgänge ausgefiltert werden (vgl. Simon [Signale]).

4.1.1 Optimierung von Abweichungen (Management by Deviation)

Die Dynamik des gegenwärtigen Umfelds erschwert die Hauptaufgabe des Managements, nämlich das Unternehmen dem sich ständig verändernden Umfeld anzupassen. Die Veränderungen in den Kundenbedürfnissen, den Wettbewerbsstrukturen, in den sozialen und legislativen Rahmenbedingungen oder die Veränderungen in den Handelsbedingungen, in Währungsbeziehungen usw. haben uns sensibel dafür gemacht, daß wir uns des Prinzips der **Entstehung neuer Ordnungen durch Störungen** und Abweichungen (vgl. Foerster [Systems]) besonders bewußt sind. Wir benötigen heute Methoden und Instrumente, um Störungen und

Abweichungen in einem dynamischen Ablauf zu erfassen. Die Chaosforschung der letzten 15 bis 20 Jahre zeigt sehr einprägsam, wie neue Ordnungen durch Störung und Abweichung entstehen, und macht bewußt, daß auch kleinste und für uns im Moment unbedeutende Abweichungen zu grundsätzlich neuen Ordnungsstrukturen führen. Der sogenannte Schmetterlingseffekt (vgl. Lorenz [Flow]), der aus der Wetterforschung abgeleitet wird, zeigt, daß geringfügige Abweichungen im globalen Wettergeschehen zu grundsätzlich unvorhersagbaren Wetterveränderungen führen. Für die Unternehmensführung bedeutet das, sich einerseits bewußt zu sein, daß zukünftige Abläufe unvorhersehbar sind, und andererseits neben den bestehenden Methoden des operativen und strategischen Controlling Methoden und Instrumente zur Früherkennung von Abweichungen einzusetzen. Durch Vor- und Rückkopplungen wird so ein interaktiver Anpassungsprozeß an das sich ständig verändernde Umfeld ermöglicht.

Die Optimierung von Abweichungen ist ein Prozeß, der eine klare Zeitachse besitzt und rückblickend wie auch vorausblickend stattfindet. Die Unternehmensführung über Abweichungen (Management by Deviation) gliedert sich heute im wesentlichen in drei Abschnitte: Einmal ist es die Buchhaltung, die den Gewinn feststellt und die Bilanz erstellt, also eine rückblickende Sichtweise hat (vgl. Abb 4.1). Auf der Zeitachse folgt ihr das Controlling mit der Gewinnsteuerung, in dem tatsächliche Abweichungen erkannt werden und Ist-Soll-Abweichungen korrigiert werden. Weiter auf der Zeitachse (also vorausblickend) ist die strategische Vor- und Rückkopplung angesiedelt, die – mit dem Ziel der Gewinnsicherung – mögliche und wahrscheinliche Abweichungen erkennen soll.

BUCHHALTUNG	OPERATIVES CONTROLLING	STRATEGISCHE VOR- und RÜCKKOPPLUNG
IST	IST - SOLL	IST - WIRD
Gewinnfestlegung	Gewinnsteuerung	Gewinnsicherung
Situation erkennen	tatsächliche Abweichung erkennen	mögliche und wahrscheinliche Abweichungen erkennnen
Bilanz erstellen	SOLL-IST-Abweichung korrigieren	SOLL-IST-Abweichung verhindern
VERGANGENHEIT	GEGENWART	ZUKUNFT

Abb. 4.1: Optimierung von Abweichungen

Im Rahmen einer dynamischen Zielvorstellung müssen daher sowohl Abweichungen definiert als auch Abweichungsuntersuchungen praktiziert werden, um Abweichungsoptimierungen vornehmen zu können.

4.1.2 Der Ist-Wird-Vergleich

Um das dynamische Umfeld zu bewältigen, ist es notwendig, neben dem Ist-Soll-Vergleich – bei Fragen nach der vergangenen Abweichung zur Zielsetzung – den Ist-Wird-Bezug herzustellen, also das Heute mit der Zukunft in Relation zu setzen. Unser dynamisches Umfeld ist durch eine Vielzahl verschiedener Turbulenzen gekennzeichnet, die zerstörend auf geordnete Systeme einwirken. Wir finden darin fortschreitende Verzweigungsprozesse (Bifurkationen = Alternativen), so daß eine Turbulenz einer Turbulenz von einer Turbulenz einer Turbulenz usw. zu beobachten ist. Für die meisten heute im Unternehmen eingesetzten Controllingmethoden gibt es jedoch keine Turbulenzen, da die Methoden und Instrumente eine Handhabung von Turbulenzen nicht zulassen. Keine der so wichtigen Zielgrößen, wie ROI, ROS oder Dividende, kann man planen, man kann sie nur erahnen oder erspielen (am besten in einem Spiel wie "Mensch ärgere Dich nicht"). Wer sich im heutigen dynamischen Wirtschaftsgeschehen auf die Ist-Soll-Vergleiche stützt, praktiziert im wesentlichen ein Management by Surprise: Das Management "schaltet" regelmäßig erst nach dem Eintritt von Ereignissen. Der Unternehmenserfolg hängt heute immer mehr davon ab, inwieweit das Management die Fähigkeit entwickelt, mögliche, noch nicht stattgefundene Abweichungen zu erahnen und die Unternehmensführung weitgehend so zu gestalten, daß keine Soll-Ist-Abweichungen stattfinden.

Die **positive Rückkopplung** im kybernetischen Sinn sollte uns befähigen, schneller zu lernen und Steuerimpulse so zu geben, daß weitgehende Annäherungen an dynamische Veränderungen im Umfeld vollzogen werden können. Das Denken in Szenarien, das Denken in Simulationen und Möglichkeiten unter Berücksichtigung des Zeitmanagements ist eine Art und Weise der Unternehmenssteuerung, die zu höheren Umsatz- und Kapitalrenditen führt. Wir erkennen operative Schwierigkeiten im Markt (Umsatzrückgang, Auftragsrückgang, Reklamationen usw.) und im Unternehmen (Kostenerhöhungen, Umlaufmittelerhöhungen, Mitarbeiterdemotivationen usw.) rechtzeitig im Moment des Entstehens, also im Frühstadium. Statt in diesem Moment zu kommunizieren und anschließend zu handeln, wird vielfach der Ist-Soll-Vergleich abgewartet. Der dann vorliegende "konsolidierte" Bericht führt in der Hierarchie (eventuell) zu einer Krisensitzung des Vorstands oder Aufsichtsrats – alles Wochen oder Monate später, als das Ereignis sich angekündigt beziehungsweise stattgefunden hat.

Die Praxis des Ist-Soll-Vergleichs ohne das Hinzufügen des Ist-Wird-Vergleichs (Erwartungsrechnung) ist daher heute in der Unternehmensführung ein echtes Dilemma. Wird nur der Ist-Soll-Vergleich angewendet, verleitet das oft zum Verschleiern und bewußt falschen Darstellen "rosiger" Zukunftsannahmen (Planungen), die danach – wenn Abweichungen eingetreten sind – intelligent erläutert werden (eine Erläuterung der Geschichte). In dem Moment, in dem man den Irrtum (also die Nichtplanbarkeit) im Unternehmensszenario zuläßt, wird der Ist-Wird-Vergleich praktizierbar (denn die Zukunft ist nicht vorhersagbar). Im Ist-Wird-Vergleich wird der **Zufall durch den Irrtum** ersetzt und damit ein Element zur Bewältigung des dynamischen Umfelds geschaffen. Der Zufall ist eine bewußte Akzeptanz einer Passivität im Management in bezug auf die kommenden Ereignisse (Planung). Demgegenüber ist der Irrtum eine bewußt in die Zukunft orientierte Aktivität (Szenario), die eben richtig oder falsch sein kann. Ein Irrtum im Ist-Wird-Vergleich ist somit eine falsche Abweichungsannahme, denn in einem bewußt durchdachten dynamischen Umfeld sind Turbulenzen akzeptiert und werden nicht geleugnet.

4.1.3 Strategische Informationssysteme

In der Systemtheorie (vgl. Vester [Denken], S. 167ff.) wird die Kommunikationsfähigkeit mit der Fähigkeit definiert, Rückkopplungsschleifen zu verknüpfen. Dieser Zusammenhang ergibt sich aus der Erkenntnis, daß diese Verknüpfung zum Selbsterhalt des Systems und damit zu seiner **Lebensfähigkeit** führt. In der unternehmerischen Praxis erfolgen derartige Verknüpfungen so lange "automatisch", das Unternehmen erfolgreich mit Gewinn arbeitet und daher lebensfähig ist (Erfolg wirkt als Elixier für "gute" Kommunikation).

Erst wenn ein sogenannter **Sanierungsfall** vorliegt, entdecken Manager plötzlich, daß ihr Unternehmen verlernt hat, Rückkopplungsschleifen zu verbinden und zu lernen, auf Veränderungen im Umfeld durch Veränderungen im Unternehmen zu reagieren. Die Ursache liegt auch darin, daß in solchen Unternehmen bevorzugt lineare Modelle der Informationsverarbeitung benutzt werden, die aber ungeeignet sind, in einem dynamischen Umfeld Wesentliches zu erkennen. **Wesentliche Vorgänge** sind nicht linear und benötigen daher positive Rückkopplungen. Die gegenwärtig vorherrschende hierarchische Struktur in den Unternehmen verleitet dazu, die Information hierarchisch zu nutzen und nicht zuzulassen, daß jeder im Unternehmen Wissenszugang hat. Im Gegenteil, es gibt eine Vielzahl von Unternehmen, wo das Management überzeugt ist, nur dann das Unternehmen richtig führen zu können, wenn es über alles informiert wird, also selbst den größten Wissensstand besitzt.

Ein strategisches Informationssystem zeichnet sich dadurch aus, daß in der Unternehmenshierarchie die höheren Ebenen weniger Information erhalten. Sie können daher langsamer schwingen als die niedrigeren Hierarchiebenen, die von innen gesteuert werden sollen. **Je weiter oben** in der Hierarchie der Adressat angesiedelt ist, **desto weniger Daten** sind auszuweisen, beziehungsweise in umso stärker verdichteter Form sind sie vorzulegen. In gutgeführten Unternehmen weisen Top-Informationssysteme nur wenige unternehmensspezifische Kennzahlen (meist Verhältniszahlen) auf, die in einem entsprechenden Zeitrhythmus erstellt werden. Die optimale Wissenshierarchie funktioniert dann, wenn die Anzahl der Daten und die Anzahl der Berichte je Zeiteinheit in Abstimmung mit der Komplexität des Unternehmens erstellt werden und eine systeminhärente Wissenshierarchie ermöglichen.

Die hohe Schule des strategischen Informationssystems in turbulenten Zeiten besteht darin, das Wichtige vom Dringenden zu trennen und dem Wichtigen Zeit zu geben, sich von selbst (an Ort und Stelle) erledigen zu lassen.

Leider herrscht in der heutigen Unternehmenspraxis das **operative** Informationssystem vor (überspitzt kann man sogar von Beherrschen sprechen). Oft werden Drei- bis Fünf-Jahresplanungen als strategische Planungen bezeichnet. Das ist sicher ein Irrtum, denn einem Strategen würde es nicht in den Sinn kommen, für drei oder fünf Jahre im voraus Dollarparitäten oder andere Grundannahmen zu treffen, auf deren Basis die entsprechenden Mittelfristplanungen in ihrer kompletten Struktur wie eine Jahresplanung erarbeitet werden. Strategische Planungen sind (insbesondere in Zeiten hoher Turbulenzen) stets Szenarien, die bei Eintritt unvorhersagbarer Ereignisse sofort überprüft und neu formuliert werden. Die Überbetonung des operativen Informationssystems in der Unternehmenspraxis bedingt eine Informationsverarbeitung, die stark bottom-up-orientiert ist und die eine unterentwickelte top-down-Rückkopplung aufweist.

Die Erfahrung zeigt, daß eine Organisation ohne zielorientiertes Handeln nicht zu führen ist. Handeln muß in bestimmten Grenzen vorhersagbar sein und man muß damit planen, und zwar unabhängig davon, wie turbulent oder dynamisch das Umfeld ist oder einzelne Informationsimpulse sein mögen. Daher ist eine **Verknüpfung** der autonomen, chaotischen Informationsinputs im Rahmen eines strategischen und operativen Informationsnetzwerks mit Knotenpunkten in der Hierarchiestruktur notwendig. Erst dadurch wird ein Zusammenwirken und rationelles Ausrichten einer Organisation auf das temporäre Ziel ermöglicht. Lebensnotwendig ist der Widerstand einer sich selbst erneuernden (autopoietischen – Maturana) Struktur gegen Fluktuation, also das Streben nach Stabilität beziehungsweise Gleichgewicht (Homöostase), was nichts anderes heißt, als den natürlichen Widerstand gegen Umfeldveränderungen zuzulassen und damit die Kommunikation mit dem Umfeld gleichgewichtig mit der Kommunikation innerhalb des Unternehmens zu sehen (vgl. Jantsch [Selbstorganisation]). Diese Autonomie im Netzwerk zuzulassen ist eine Managementaufgabe, die – optimal gelöst – die Synergiepotentiale einer Struktur voll zur Wirkung bringen kann.

4.2 Instrumente zur Aufgabenerfüllung

4.2.1 Strategischer Radar

Dynamik bedeutet, daß der Markt in kurzen Zeiträumen eine große Anzahl verschiedener Zustände annimmt, also sehr komplex ist. Da man komplexe Vorgänge nicht ausreichend vorhersagen kann, sind Prognosen – erfolgreich in der Vergangenheit eingesetzt – heute keine zielführende Methode mehr. Prognosen sind nicht als mehr eine Fortführung der Betrachtungsweise der Vergangenheit in der Zukunft (Vorhersagbarkeit) – und das in einer Umwelt, die nicht linear ist und in der das Unternehmen sich selbst als ein offenes System mit nichtlinearen Prozeßabläufen versteht –, die Prognosemethode ist für die Unternehmenssteuerung und -planung an sich falsch, denn es gibt keine Wiederholung der Zeit.

Man sollte die Vergangenheit daher nicht in die Zukunft projizieren, da es falsch wäre, aus der Vergangenheit rückzukoppeln. Eine solche Rückkopplung würde voraussetzen, daß es auch eine Zeit "zurück" gäbe, also reversible Vorgänge möglich wären, was nicht stimmt, denn die Zeit hat nur eine Richtung. Was jedoch möglich ist, ist eine Rückkopplung aus einer Szenarioüberlegung, also **aus der Langfristigkeit in die Kurzfristigkeit** der unternehmerischen Tätigkeit, aber nicht umgekehrt.

Eine derartige **strategische Rückkopplung** aus der Lang- in die Kurzfristigkeit ist der große Vorteil der Anwendung von Szenarien gegenüber Prognosen (vgl. Abb. 4.2). Um Szenarien zu erstellen (siehe auch Kapitel 7.2.1.3.), ist eine intensive Beobachtung des Umfelds und des Innenlebens des Unternehmens unabdingbar (Strategischer Radar).

PROGNOSE	SZENARIEN
• Unterstellt, daß die Zukunft vorhersagbar (berechenbar) ist	• Unterstellen, daß die Zukunft nicht vorhersagbar ist
• Extrapolation der Vergangenheit als die "richtige" Antwort	• Beschreibung möglicher Szenarien als Hintergrund zur Entscheidungsfindung
• Rückkopplung aus der Kurzfristigkeit in die Langfristigkeit	• Rückkopplung aus der Langfristigkeit in die Kurzfristigkeit
• Nur EINE Entwicklung	• Mehr als nur ein Entwicklungspfad
• Entscheidungsträgern wird die Entscheidung abgenommen	• Verantwortung bleibt beim Entscheidungsträger

Abb. 4.2: Unterschied zwischen Prognosen und Szenarien

4.2.1.1 Umfeldradar – aktuell

Die Dynamik des Geschehens bedingt, daß heute ein **Informationsvorsprung** über Veränderungen im Umfeld (bei Kundenbedürfnissen, Innovationen bei Produkten oder Verfahren, Kooperationsbestrebungen bei Mitbewerbern usw.) direkt mit dem Unternehmenserfolg – der Kapitalrendite – gekoppelt ist. Erfolgreiche Unternehmen müssen daher heute die Informationsflut aus dem Umfeld des Unternehmens selektieren. Die tägliche, stündliche oder sogar minütliche Informationsselektion ist zwar von Branche zu Branche sehr verschieden (der Kapitalmarkt benötigt z. B. fast sekundenschnelle Verarbeitung), aber notwendig, da die in den verschiedenen Medien verarbeiteten Informationen nicht unternehmensspezifisch strukturiert sind.

Es hat sich bewährt, auf dem Markt vorhandene aktuelle Datenbanken zu nützen, die durch unternehmensspezifische Suchfeldraster eine "automatische" Selektion der aktuellen Meldungen ermöglichen. Durch Formulieren mehrerer Suchfeldraster (durch 15 oder 20 Stichwörter und Sachgebiete) kann eine Selektion der aktuellen Meldungen für das gesamte Unternehmen, aber auch dessen unterschiedliche Produktsparten stattfinden. Zum Einbinden einer solchen aktuellen Informationsdatenbank dient das PC-Netzwerk eines Unternehmens, so daß der Manager jederzeit auf seinem Tisch-PC die oft nur zwei bis drei für ihn wichtigsten Mitteilungen des jeweiligen Tags erhält, ohne daß dazu ein hoher Selektions- und Papieraufwand nötig wäre. Die beschriebene Selektion der aktuellen Meldungen verschafft dem Management einen Informationsvorsprung von etwa ein bis zwei Tagen. Aufgrund des spezifischen Suchfeldrasters werden auch Meldungen gelesen, die – aufgrund sehr allgemein orientierter Printmedien – sonst verlorengehen würden.

4.2.1.2 Umfeldradar – Trends

Trotz Unvorhersagbarkeit und Nichtlinearität (Chaos) in fast allen Märkten und Branchen können Trends durch Früherkennung und durch langfristiges Beobachten des **zyklischen Verhaltens** erkannt und daraus strategische Steuerimpulse für die Unternehmensführung abgeleitet werden. In turbulenten Zeiten erweisen sich die Interpretationen des zyklischen Verhaltens von Industriestrukturen, Branchen oder Unternehmen als besonders hilfreich.

Zyklen werden in vielfältiger Form veröffentlicht, so daß deren Nutzung unabhängig von der Unternehmensgröße möglich ist. Abbildung 4.3 zeigt als allgemeines Beispiel den Industriezyklus von Deutschland und Österreich, der für viele österreichische Unternehmen insofern ein wesentliches strategisches Element darstellt, als die wirtschaftlichen Beziehungen zu Deutschland Priorität haben. Macht man sich den bisherigen Zyklusverlauf bewußt und versucht – nicht durch Extrapolation, sondern durch ein szenariomäßiges Nachempfinden – den möglichen oder wahrscheinlichen weiteren Verlauf zu erahnen, so kann man – wie in diesem Beispiel dargestellt – einen weiteren zyklischen Verlauf annehmen: Man kann im Herbst 1992 zu dem Szenario, daß die Industrieproduktion Österreichs etwa im Frühjahr 1994 ihren Tiefpunkt erreichen wird.

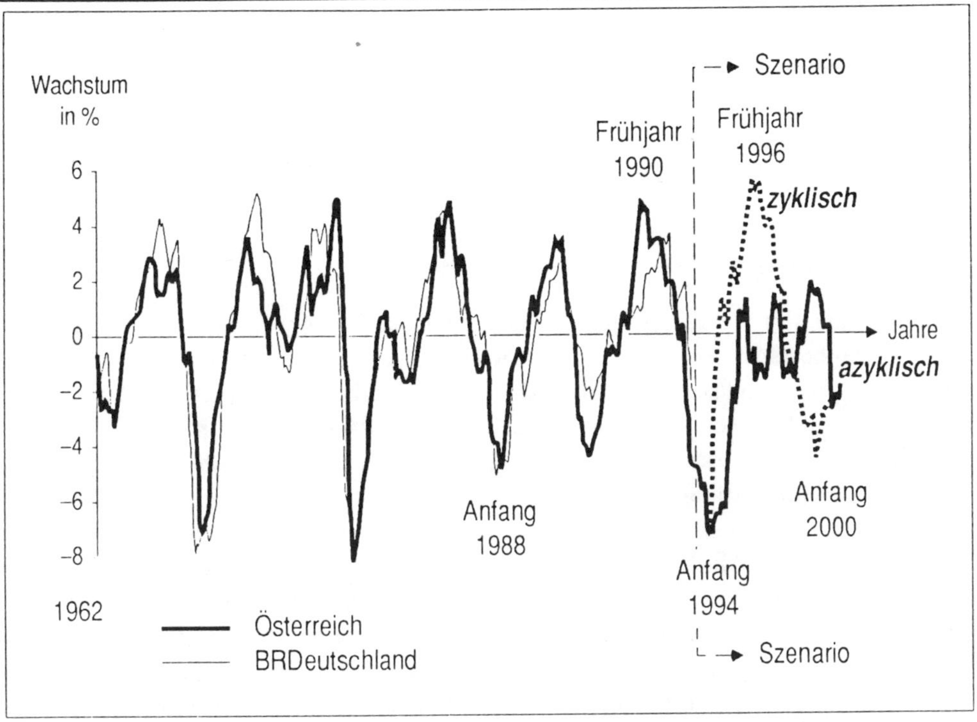

Abb. 4.3: Österreichische Industrieproduktion

Ebenfalls frei zugänglich sind die Zykluskurven für viele wichtige Abnehmerbranchen, wie z. B. die Automobilindustrie, dieTextilindustrie oder den Maschinenbau. Für einen Autozulieferanten ist die Beobachtung und eigene Deutung des Zyklusses der PKW-Branche ein wesentliches Element zur Steuerung der eigenen Investitionstätigkeit oder der Zielvorgaben für Produktivität oder Umlaufmittelsenkung. Würde man erst dann die notwendigen Rationalisierungsmaßnahmen oder Investitionsentscheidungen fällen, wenn es die Printmedien verkünden, dann wäre der eigene Erfolg höchstens gleich groß wie der der Mitbewerber.

Aber nicht nur die Industrie- und Branchenstrukturen zeigen dieses zyklische Verhalten, sondern auch die Hauptkunden. Diese Beobachtungen sind jedoch nicht oder selten allgemein zugänglich und müßten von jedem Unternehmen für seine Hauptkunden selbst erarbeitet werden. Hat ein Unternehmen jedoch einen Hauptkunden, so ist es von hohem strategischem Wert, die Lebenszykluskurve dieses Unternehmens (entweder mit der Kennzahl Umsatz und/oder Umsatzrendite und/oder Umsatz/je Beschäftigtem usw.) über einen längeren Zeitraum zu verfolgen, womit mindestens zehn Jahre gemeint sind. Daraus kann man sehr deutlich Veränderungen – sei es in der Produktivität oder Ertragsstärke – feststellen und – gemeinsam mit der Information aus dem Strategischen Radar – spezifische Schlußfolgerungen über das mögliche Verhalten des Hauptkunden ableiten.

Weitere Umfeldtrends in einem Strategischen Radar liefert die Beobachtung von Veränderungen in der allgemeinen Gesetzgebung (z. B. Umweltschutz, Steuern), von Handelsverträgen oder Energiepreisen usw. und deren Verdichtung auf einige wenige unternehmensspezifische Szenariensätze, die wiederum bei der Unternehmenssteuerung (z. B. einer Planerstellung) anzuwenden sind. Damit ist ein wesentliches Element des Strategischen Radars angesprochen, nämlich die primäre Bereitstellung von Anregungen zur Verbesserung des Planungsprozesses.

4.2.1.3 Mitbewerberradar

Die Information über die Mitbewerber gewinnt ständig an Bedeutung, weil man aus dem Verhalten der Mitbewerber wesentliche zusätzliche Impulse für die Abschätzung des eigenen Markts, der Kunden und sonstiger, im gleichen Umfeld wirkender Faktoren erhält. Dabei geht es nicht um das militärische "Spionieren", sondern um den Aufbau einer oft auf beiderseitigen Vorteilen beruhenden Gesprächsbasis mit den Mitbewerbern. Der Wettbewerbsradar ist ein **strategisches Informationssystem** und unterscheidet sich damit vom operativen Informationssystem. Sich innerhalb des strategischen Informationssystems Wissen zu beschaffen konzentriert sich ausschließlich auf das Abtasten von Tendenzen und möglichen Reaktionen der Mitbewerber auf dieselben oder ähnliche Umfeldfaktoren. Diese Wissensbeschaffung ist vielfältig, wobei die effizienteste und qualitativ hochwertigste das Gespräch ist. In vielen Branchen ist es daher heute üblich, bilaterale Beziehungen aufzubauen oder sogar Vereinbarungen über Datenaustausch (z. B. einer Kostenstruktur für einen bestimmten Produktionsabschnitt – benchmarking) zu treffen.

Der Wettbewerbsradar ist ein System von Umfeldspiegeln, die – auf die eigene Vision und Strategie fokussiert – Rückkopplungen und Kurskorrekturen ermöglichen. Unsere Unternehmenspraxis leidet nämlich nicht unter einem Mangel an Information, sondern unter einem Mangel an Kommunikation. Die meisten ablauforganisatorischen Prozesse im Unternehmen sind überdeterminiert. Die Gespräche zwischen den Managern der im Mitbewerb stehenden Unternehmen finden überwiegend bei Kongressen, Seminaren oder branchenspezifischen Zusammenkünften statt. Allerdings werten nur wenige Betriebe diese Gespräche aus, so daß jene Unternehmen, die sich der Bedeutung und Qualität dieser Mitbewerberkommunikation bewußt sind und daher auch eine Auswertung vornehmen, einen nicht zu unterschätzenden Informations- und Wettbewerbsvorsprung erhalten.

Die Implementierung eines Wettbewerbsradars im Unternehmen kann je nach Unternehmensgröße sehr unterschiedlich sein. Auch für ein kleines Unternehmen ist ein Wettbewerbsradar jederzeit und ohne hohen zusätzlichen Aufwand durchführbar, z. B. durch die Vertriebs- oder Marketingstruktur. Neben den Gesprächen der Manager verschiedener Hierarchiestufen zwischen Mitbewerberfirmen müssen auch Geschäftsberichte, Pressekonferenzen, Stellenannoncen, Geschäftsordnungen usw. ausgewertet werden. Mit Berücksichtigung der strategischen Bedeutung der Marktposition für die Rendite des Unternehmens genügt die Beobachtung der zwei bis drei wichtigsten, an der Spitze des jeweiligen Markts beziehungsweise der jeweiligen Branchen stehenden Mitbewerber (benchmarking).

Der US-Konzern General Electric hat ein "global best practice"-Programm entwickelt, bei dem Arbeitsgruppen in fremde Unternehmen geschickt werden (soweit diese Firmen zustimmen), in denen auf speziellen Gebieten bessere Verfahren angewendet werden als im eigenen Unternehmen. Die dabei entstehenden "case studies" werden in den zuständigen Bereichen und im eigenen "development center" ausgewertet. In kleineren Unternehmen können solche "Schilderungen", was die zwei bis drei wichtigsten Unternehmen gegenwärtig tun, ein- bis zweimal im Jahr in einem Tages-Workshop besprochen werden. Solche Workshops sind besonders gut geeignet – neben der Darstellung der wichtigsten Mitbewerber und anderer Informationen aus dem strategischen Radar –, die eigenen Szenarioüberlegungen und anschließend Prämissen für die aktuelle Unternehmensplanung zu formulieren. Unternehmen, die sich für die "Schönsten" am Markt halten, sollten aus der Informationsverarbeitung lernen: Wie im Märchen "Schneewittchen" gibt es "hinter den sieben Bergen" – in dem Fall auf dem Markt – immer noch schönere Unternehmen mit höheren Renditen, obwohl sie in der gleichen Branche unter gleichen konjunkturellen Einflüssen bei denselben Kunden tätig sind.

4.2.1.4 Interner Radar

Ein weiteres Element des strategischen Radars ist das **im Unternehmen vorhandene Wissen:** über die eigenen Stärken und Schwächen, über die Stärken und Schwächen der Mitbewerber und über die Entwicklungen im Markt. Jedes Unternehmen – egal wie groß es ist – verfügt über formelle und informelle Informationsnetzwerke. Die formellen Informationsnetzwerke werden durch die Ablauforganisation strukturiert und sind überwiegend informationsverarbeitend oder informationstransformierend. Dagegen sind die **informellen** Informationsnetzwerke vorwiegend Kommunikationsstrukturen, die sich wesentlich in der Qualität, aber oft auch in der Schnelligkeit von den formellen Informationsnetzwerken unterscheiden.

Für den strategischen Radar ist es wichtig, die informellen Informationsnetzwerke zu pflegen und zu nutzen. Die Informationsverarbeitung in informellen Netzwerken macht es möglich, Störfaktoren sichtbar zu machen, so daß derartige Informationsnetzwerke von der Hierarchie unabhängig funktionieren sollen. Die Eingabe von Informationen – unabhängig von der Hierarchie – ermöglicht es, interessante, aktuelle und schnelle Information zu erhalten. Das kann dadurch erfolgen, daß man im Unternehmen sogenannte strategische Beobachter etabliert, die, unabhängig von ihrer hierarchischen Stellung, selbstorganisatorisch aktuelle Informationen in ein – vorzugsweise EDV-gestütztes – strategisches Informationsnetzwerk eingeben und daraus empfangen. Die Benennung solcher strategischer Beobachter aus den verschiedenen funktionalen Strukturen des Unternehmens (Produktion, Vertrieb, Marketing, Werbung, Forschung und Entwicklung, aber auch Lager und Versand) kann zu entsprechenden (oft adhoc) Zusammenkünften und damit zu strategischer Kommunikation und Szenario-Korrekturdiskussion im Unternehmen führen.

Der Aufbau eines internen strategischen Radars schafft Informationsnetze, mit denen frühzeitig interne und externe Konfliktpotentiale im Unternehmen erkannt werden können. Derartige informelle Informationsnetzwerke sind selbsterneuernde (autopoietische) Unternehmensstrukturen und ermöglichen die Herausbildung von Informationssenken (**Informationsattraktoren**), die eine Art "Gravitationszentren" darstellen: Dorthin strömt ein vielfältiger Informationsfluß, und von dort gehen unvorhergesehene Impulse für die Unternehmenssteuerung und damit Veränderung im Unternehmen aus. Die gegenwärtigen Entwicklungen in der Unternehmensorganisation, wie das lean management, zeigen die hohe Bedeutung solcher Informations- und Kommunikationsattraktoren im Unternehmen, da sie oft die Kernstruktur für die Selbstorganisation und Eigeninitiative der Mitarbeiter sind.

4.2.2 Die strategischen Spiele

Es wäre schön, wenn man die Zukunft erfinden könnte, was nach unserem heutigen Wissensstand leider nicht möglich ist. Wie kann man aber doch zu einem Szenario und zu einer Unternehmensvision gelangen? In dem Moment, in dem man akzeptiert, daß ein Szenario oder eine Unternehmensvision etwas Subjektives ist und dazu dient, in der Realität ein Gefühl für die Zukunft zu bekommen, wird einem bewußt, daß Szenarien und Unternehmensvisionen eher durch Fühlen und weniger durch Denken "erarbeitet" werden können, also durch **Verlassen der Realität**. Da unser Denken stark in der Struktur und Realität unseres Seins verankert ist, sind unserem Denken damit Schranken gesetzt. Diese Schranken sind allein schon durch unseren Arbeitsplatz und unsere Beziehungen am Arbeitsplatz bedingt, wo sehr wenig Gefühle und sehr viel Sachlichkeit gefragt sind. Somit ist die Unternehmensrealität für eine Szenario- oder Visionserstellung hemmend. Es gibt jedoch Tätigkeiten, die fast ausschließlich Spaß machen und bei denen man von der Realität abrücken kann. Das sind Spiele oder Tagträume in ihren vielfältigen Formen. So wie für das Kind das Spiel und der Tagtraum oft eine "Weltenerforschung " darstellt, kann für den Erwachsenen das Spiel eine "Zukunftserforschung" sein. Im Spiel kann man sich durch Gefühle, Erfahrungen und Bilder das bewußt machen, was zu jenem Funken führt, der ein wahrscheinliches Szenario oder eine attraktive Vision hervorbringt.

Wir tragen zwei Erfahrungswelten in uns, die bewußte (an die wir stets denken und die wir aussprechen können) und die unbewußte Erfahrung (die wir unsere Intuition nennen und die wir nicht aussprechen, aber fühlen können). In Zeiten hoher Turbulenzen gewinnt die **unbewußte Erfahrung** gegenüber der bewußten an Bedeutung – als Wegweiser zur Bewältigung der Turbulenzen. Daher sollten wir in der Unternehmensführung und -praxis der Kreativität, dem Spiel, der Intuition usw. mehr Möglichkeiten zur Entfaltung geben.

Zukunftsszenarien und -visionen sind nicht berechenbar, aber erfühlbar, und zwar oft im Spiel, wo man Zukunftssituationen – ohne Gewähr – ausprobieren und fühlen darf. Statt viele Stunden mit Besprechungsritualen zu verbringen, wo oft Schattenboxen praktiziert wird und Profilierungsneurosen "blühen", sollten Manager in heterarchischen Netzwerken, in entspannter Atmosphäre die Zukunft ihrer Mitbewerber, Kundenwünsche und Lieferantenprobleme erspielen, also nach- oder sogar -vorempfinden.

4.2.2.1 Strategienachempfindungen

Das Wissen um die wahrscheinliche Strategie der Mitbewerber und die daraus abzuleitende Differenzierung der eigenen Unternehmensstrategie ist eine wesentliche Voraussetzung zur Erfolgssicherung (vgl. Porter [Wettbewerbsstrategie]). Da sich in dynamischen Zeiten auch die Strategie der Mitbewerber oft ändert, ist es heute notwendig, immer wieder eine Nachempfindung für die Unternehmensstrategie der Mitbewerber durchzuführen. Eine einfache, aber sehr effiziente Methode dafür ist das Rollenspiel.

Der Mensch als offenes und nachweislich sehr lebensfähiges System speichert 24 Stunden lang alle aus dem Umfeld auf ihn einströmenden Informationen. Diese allgemeine Feststellung – fokussiert auf die Probleme der Mitbewerber – bedeutet, daß alle Mitarbeiter eines Unternehmens bewußt und unbewußt eine Vielzahl von Informationen über den Mitbewerber in ihrem Gedächtnis "gespeichert" haben. Wie gelangt man zu diesen Informationen? Im Rollenspiel können diese Informationen "heraufgeholt", also bewußtgemacht und in Beziehung zur eigenen Unternehmensrealität gesetzt werden Eine Gruppe von etwa fünf bis sechs Personen teilt unter sich die wichtigsten Rollen eines der Mitbewerber auf, um dann eine entsprechende Mitbewerbersitzung zu spielen. Die entsprechenden Rollen sind danach zu bestimmen, ob es um die Unternehmensvision oder -strategie des jeweiligen Mitbewerbers, um seine Forschungs- und Entwicklungspläne oder um seine Marketing- oder Werbestrategie geht.

Nehmen wir als Beispiel die Forschung- und Entwicklungstrategie beziehungsweise den Forschungs- und Entwicklungsplan eines Mitbewerbers. Für dieses Rollenspiel werden der F&E-Leiter des Mitbewerbers, sein Marketingleiter oder Vertriebsleiter, der Produktionsleiter und der Vorstandsvorsitzende (dem in den meisten Fällen die Forschung und Entwicklung funktional zugeordnet ist) als Rollen fixiert. In einer ein- bis eineinhalbstündigen Sitzung wird der Forschungs- und Entwicklungsplan für die nächste Zeitperiode dieses Unternehmens "besprochen" oder "erspielt". Die Unternehmenspraxis solcher Rollenspiele zeigt, daß es in diesen eineinhalb Stunden gelingt, die F&E-Strategie des Mitbewerbers weitestgehend (also zu etwa 60 bis 80 %) nachzuempfinden und darüber hinaus auch die wichtigsten F&E-Schwerpunkte, deren zeitlichen Ablauf und die dafür vorgesehenen Budgetgrößenordnungen nachzuvollziehen. Das ist deshalb möglich, weil eine Vielzahl von Informationen in unserem Gedächtnis vorhanden sind, die es hervorzuholen gilt (und dafür eignet sich das Spiel sehr gut). Wenn man bedenkt, wie wichtig solche Informationen sind und wie schwierig und teuer es ist (sei es durch einen Berater oder andere bekannte Mittel), solche Informationen zu erhalten, so ist es wert, in einem Unternehmen Rollenspiele auszuprobieren, und zwar im vollen Bewußtsein darüber, daß es sich um moderne und effiziente Managementmethoden handelt.

4.2.2.2 Kundenmonitoring versus Kundenspiel

Geht man davon aus, daß das Wissen um **latente Kundenbedürfnisse** die Entscheidungen in der Unternehmensführung wesentlich beeinflussen soll, ist es heute, wo die Kundenbedürfnisse hohen Veränderungsraten unterliegen und die Individualität im Markt vorherrscht, besonders schwierig, Aussagen zu diesem wichtigen Teilgebiet zu erhalten. Die Instrumente des Kundenmonitorings, also die Befragung von Kunden (in welcher Form und in welchem Abstand auch immer) und die daraus abzuleitenden Entscheidungen – sei es für die Forschung und Entwicklung, das Marketing oder die Werbung – sind gerade deshalb unzureichend, weil die befragten Personen zum Befragungszeitpunkt zwar nach bestem Wissen und Gewissen antworten, jedoch bei Stellung derselben Frage zu einem beliebig späteren Zeitpunkt (der auch relativ kurz danach sein kann) eine völlig andere Antwort geben: nicht, weil sie das erste Mal die Unwahrheit gesagt haben, sondern, weil in der Zwischenzeit Eindrücke aus dem Umfeld empfangen wurden, die sie dazu veranlassen, zu reagieren und damit eine andere Position zum gleichen Fragenkomplex einzunehmen. Anders ausgedrückt: Der Wandel in unserem Umfeld ist so dynamisch, daß auch die Kunden ein etwa gleiches dynamisches Verhalten zeigen und sich die meisten Kundenbedürfnisse sehr stark und rasch verändern.

Das Kundenspiel ist ein Instrument, latente Kundenbedürfnisse zu erfassen. Wie bei anderen Spielarten steht auch hier die Vernetzung unbewußter und bewußter Informationsverarbeitung im Vordergrund. Während des Spiels können damit im Unterbewußtsein abgespeicherte Trends und Gefühle zu bestimmten Umweltveränderungen in sprachliche und damit bewußte Wiedergabe umgesetzt werden. Ein derartiges Kundenspiel zu einem bestimmten Produkt, zu einem Forschungs- und Entwicklungsthema oder zu einem Werbe- und Marketingkonzept benötigt ebenfalls etwa eine bis eineinhalb Stunden Zeit und ist mit fünf bis sechs Personen durchzuführen, die verschiedene Kundenstrukturen widerspiegeln. Das Darstellen der jeweiligen Kunden und die aus deren Sicht zu formulierenden Ansichten über das jeweilige Problem des Unternehmens (vorzugsweise durch eine Videokamera dokumentiert) ermöglicht nach der nachfolgenden Rekapitulation erstaunlich treffsichere Formulierungen latenter Kundenbedürfnisse.

Der Unterschied zu einer Befragung von anonymen Kunden besteht darin, daß die im Unternehmen tätigen Personen sich in der Rolle der Kunden unbewußt auch des komplexen Wissens über den Markt, die Mitbewerber, die eigenen Produkte, die grundsätzlichen Trends usw. bedienen und so die Treffsicherheit steigt.

Ein zusätzliches Element in der Erforschung latenter Kundenbedürfnisse ist die **Beobachtung der Marktführer** (damit sind jene zwei bis drei Unternehmen gemeint, die die höchsten Marktanteile im jeweiligen Markt aufweisen), insbesondere deren Forschungs- und Entwicklungsaktivitäten beziehungsweise deren Marketingstrategien. Die Dynamik des Marktgeschehens verleitet die Kundenstrukturen dazu, den Marktführern in ihren Marktaktivitäten zu folgen und sich der eigenen Entscheidung in der vielfältigen Bedürfniserfüllung zu entziehen. Da Marktführer nicht zufällig an der Spitze der jeweiligen Branche stehen, sie erzielen nicht nur hohe Umsätze und Renditen, sondern auch entsprechend hohe Qualitäten in der Forschung und Entwicklung, im Marketing und im Vertrieb. Damit haben sie auch gute Kundenbeziehungen und ein "Gespür" für latente Kundenbedürfnisse. Die Beobachtung und Analyse der Mitbewerber aus dieser Sicht ist somit ein oft zielführender Input für die eigene Strategieentwicklung. Beides verknüpft, Kundenspiel und Beobachtung der Marktführer, bringt erfahrungsgemäß hohe Treffsicherheit bezüglich latenter Kundenbedürfnisse und ist vom Aufwand und damit von den Kosten her eine effiziente Methode.

4.2.2.3 Risikospiel

Der Erfolg im Beruf oder in einer x-beliebigen Tätigkeit ist einem Menschen sicher, wenn er daran Spaß hat. Der Spaß am Beruf und damit die Zufriedenheit mit der Arbeit beinhaltet den in diesem Kapitel dargelegten Gedanken des Spielerischen. Nun hat fast jede Tätigkeit auch ein Risikopotential, und gerade in der Unternehmensführung ist es notwendig, sich trotz des dabei empfundenen Spaßes ständig auch des Risikos der Tätigkeit bewußt zu sein. Diese Abschätzung des Risikopotentials kann durch spielerische Methoden effizient bewältigt werden.

Ein wichtiges Element im Risikospiel ist die Erfahrung, daß Fanatismus eine schlechte Basis für das Spiel an sich und insbesondere für das Unternehmensspiel darstellt. Ein **fanatischer Spieler** erscheint zwar oft als dynamischer Spieler oder Manager, was jedoch eine Fiktion ist. Fanatiker kennen nur eine sehr enge Problemsicht, nur eine Wahrheit, so daß Spieler, die dem Spiel verfallen sind, eher den Untergang des Unternehmens herbeiführen als seine Prosperität. Fanatische Spieler sind Schattenspieler – in einem Spiel von Licht und Dunkel, von Gut und Böse, von richtig oder falsch. Fanatische Spieler haben nur ein Ziel: "Ich gewinne und der andere muß verlieren."

Das Risikospiel ist kein fanatisches Spiel, im Gegenteil, es kann die Freiheitsgrade der Unternehmensführung erweitern, indem es die verschiedenen Möglichkeiten der Entscheidungsfindung offenlegt. Wir unterscheiden zwischen zwei grundsätzlichen Risikospielarten: die **finiten** und die **infiniten** Spiele. Im Rahmen von finiten Spielen wird versucht, aus der überprüften Unternehmensvergangenheit und Gegenwart auf die Unternehmenszukunft zu schließen und damit das Risiko mit der Erfahrung aus der Vergangenheit zu konfrontieren. Ein oft praktiziertes finites Risikospiel besteht darin, die erarbeitete Unternehmensstrategie oder das neu konzipierte Werbekonzept in einem Spiel vorzutragen und die Mitbewerber oder Kunden im Spiel auf diese vorgetragene Strategie reagieren zu lassen. So kann man in diesem Spiel die Erfahrungen der Vergangenheit und die Ist-Situation der Gegenwart mit der zukünftigen Strategie konfrontieren und die dabei gemachten Einwände (der "Mitbewerberspieler" und "Kundenspieler") zur Risikoabschätzung und damit Risikodefinition verwenden.

Dagegen macht ein infinites Risikospiel die möglichen Veränderungen aus der Zukunft für die Gegenwart sichtbar. Infinite Spiele bauen auf einem möglichen Szenario auf und reflektieren daraus Aktivitäten in der Gegenwart, die damit eine vollkommen neue Form annehmen können, wodurch sich auch eine Korrektur vergangener Aktivitäten ableiten läßt. Um infinite Risikospiele durchzuführen, ist es notwendig, daß sich eine oder mehrere Personen über ein mögliches Szenario (vgl. Abb. 4.4) vorweg einigen und durch Präsentation dieses Szenarios während des Spiels mögliche Auswirkungen auf das eigene Unternehmen (vertreten durch ein bis zwei Spieler) und Mitbewerber oder Kunden (ebenfalls vertreten durch ein bis zwei Spieler) reflektieren. Die dabei entstehende Rückkopplung der Spieler auf dieses Szenario ergibt eine auf das jeweilige Problem (z. B. Unternehmensstrategie oder Werbestrategie) bezogene neue Sichtweise, die – ausgewertet – zu einer "spielerischen" Risikoabschätzung führt. Finite und infinite Risikospiele sind – wie auch die anderen Spielarten – mit wenig Aufwand, aber mit viel Spaß und hoher Effektivität verknüpft.

Was enthält ein Szenario?

1. Wie könnte das Umfeld (ohne uns) in der Zukunft aussehen?
   - Märkte (quantitativ und qualitativ)
   - Mitbewerber und ihre Stärken
   - Kunden und ihre Bedürfnisse
   - Gesetzgebung

   etc.

2. Wie könnten wir in der Zukunft aussehen?
   - Unsere Produkte, Märkte, Leistungen
   - Unsere Struktur, unser Aussehen
   - Unser Unternehmenswert
   - Unsere Unternehmenskultur

   etc.

Abb. 4.4: Szenarien

Das Unternehmensspiel ist an sich nichts Neues, und trotzdem wird es nur in geringem Ausmaß angewendet. Im zivilen Miteinander wird eher Kriegsvokabular nicht nur ausgesprochen, sondern auch verwendet. Statt in der Unternehmenspraxis vom Spiel um Marktanteile zu sprechen, geht es um den Kampf um Marktanteile, statt von einer Spielkasse zu sprechen, gibt es eine Kriegskasse, statt von Mitspielern spricht man von Gegnern usw. Das Spiel um Marktanteile ist ein Spiel mit Instabilitäten, das man nicht mit analytischen Methoden bewältigen kann.

4.2.3 Strategische Kommunikation

4.2.3.1 Strategisches Kommunikationsnetzwerk

Durch die erfolgreiche Methode der Arbeitsteilung (Taylorismus) und den damit verknüpften Aufbau hierarchischer Unternehmensstrukturen haben sich auch die Ablauforganisation und das interne Berichtswesen einer stark hierarchisch orientierten Struktur angenähert. Die heute vorherrschende Dynamik im Wirtschaftsgeschehen, die hohe Turbulenz der Informationserstellung und -verarbeitung macht es erforderlich, daß neben der hierarchisch dominierten Informationsverarbeitung im Unternehmen bewußt vom Top-Management zusätzlich strategische Kommunikationsnetzwerke eingeführt und praktiziert werden. Dabei ist zwischen Informationsverarbeitung und Kommunikation zu unterscheiden. Es geht darum, die Kommunikation im Unternehmen nicht nur zuzulassen, sondern neu zu organisieren. Die Kommunikation in Netzwerken geschah immer schon intuitiv oder besser gesagt "intrigenhaft", weil lebende Organismen oder die von Menschen geschaffenen Strukturen ohne netzwerkartige Kommunikation gar nicht existieren können.

Alle heute so modernen Begriffe wie "lean production", "just in time", "CIM" usw. können ohne organisierte Kommunikation in Netzwerken nicht realisiert werden. Jedes Projektmanagement ist nur dann erfolgreich, wenn es ein Kommunikationsnetzwerk besitzt oder bewußt organisiert. Bekannte strategische Kommunikationsnetzwerke sind horizontale Arbeitsteams im Unternehmen, die regelmäßig zusammenkommen, um bestimmte Probleme zu besprechen und zu lösen. Vorstand oder Geschäftsführung stellen ein solches horizontales Kommunikationselement dar, um so wichtiger ist es, auch in den weiteren Hierarchieebenen gleichartige horizontale Kommunikationsgremien zu installieren und sie auch miteinander zu vernetzen. Bekannte Beispiele solcher Kommunikationselemente sind Arbeitsgruppen der Forschungs- und Entwicklungsleute, der Controller oder der Finanzplaner des Unternehmens, beziehungsweise treten die Controller aller Hierarchieebenen regelmäßig zu gemeinsamen Besprechungen zusammen, wo die strategische Netzwerkkommunikation stattfindet.

Wesentliche Grundlage für den Unternehmenserfolg ist heute nicht nur die interne Kommunikation, sondern auch die systemische Vernetzung mit dem Umfeld. Die strategische Kommunikationsvernetzung mit den Mitbewerbern, den Kunden und den Lieferanten ist eine **Organisationsaufgabe des Top-Managements**. Bekannte Elemente der systemischen Vernetzung mit dem Umfeld sind Fachkongresse oder branchenorientierte Interessenvertretungen und die darin verankerten Arbeitsgruppen. Darüber hinaus ist es sehr effizient, fachlich orientierte Kommunikationsnetzwerke in einer Branche selbst zu organisieren, wie z. B. den regelmäßigen Besuch der Fachkollegen bei den Mitbewerbern: Der Controller des Unternehmens besucht ein- bis zweimal im Jahr seine Controllerkollegen in den wichtigsten Mitbewerberunternehmen, um den Meinungsaustausch über die generellen Trends der Branche, über die der Controllingmethoden in der Branche und über bestimmte Kennzahlen usw. zu pflegen. Damit sind interne und externe Kommunikationsnetzwerke ein Instrument der strategischen Rückkopplung des Unternehmens und befähigen zur besseren Differenzierung gegenüber den Mitbewerbern.

4.2.3.2 Strategische Ad hoc-Kommunikation

Neben organisierter und regelmäßig stattfindender Kommunikation sollte auch die ad hoc-Kommunikation gepflegt werden. Da die Dynamik unseres Umfelds immer wieder und oft viel zu schnell mit unvorhergesehenen Überraschungen aufwartet, ist eine Reaktion des Unternehmens durch Zulassen von ad hoc-Strukturen zu empfehlen.

Unter Ad-hoc-Kommunikation versteht man unvorhergesehene und nicht geplante Zusammenkünfte mit strategischem Inhalt. Gelangt ein Früherkennungssignal (schwaches Signal) in ein Unternehmen, das – wenn es zutreffend wäre – hohe Bedeutung für die weitere Unternehmensstrategie hätte, sollte man dieses Früherkennungssignal nicht "in die Schublade legen". Durch einen Ad-hoc-Workshop, an dem auch externe Personen teilnehmen können, kann geprüft werden, welche weitere Beachtung man diesem Signal oder Problem beimessen sollte. Solche ad hoc-Workshops oder "Round-tables" sind eine sehr kostensparende Form, dem Informationschaos im Umfeld des Unternehmens oder im Unternehmen selbst zu begegnen. Die Methode der strategischen Ad-hoc-Kommunikation ist jedoch nur möglich, wenn Selbstorganisation im Unternehmen zugelassen wird, was also heißt, daß solche Ad-hoc-Workhops oder Round-tables selbstorganisatorisch im Unternehmen einberufen werden und deren Ergebnisse zu weiteren selbstorganisatorischen Aktivitäten führen dürfen.

Strategische Kommunikationsnetzwerke sind eine Lockerung der hierarchischen Unternehmensstrukturen, die bereits mit dem "small is beautiful" in den siebziger Jahren begonnen hat und nun in den Vernetzungen der selbständigen Unternehmenseinheiten ihre Fortsetzung findet.

Die Wissensbeschaffung innerhalb der strategischen Kommunikationsnetzwerke konzentriert sich ausschließlich auf das Abtasten von Tendenzen und möglichen Aktionen oder Reaktionen der Mitbewerber auf dieselben oder ähnliche Umfeldfaktoren.

Die Wissensbeschaffung ist vielfältig, wobei die effizienteste und qualitativ hochwertigste das Gespräch ist. Unsere Unternehmenspraxis leidet nicht unter dem Mangel an Information, sondern unter dem Mangel an Kommunikation. Die meisten ablauforganisatorischen Prozesse im Unternehmen sind überdeterminiert.

4.3 Aufgaben und Verantwortlichkeiten des Controllers

Die Zunahme der Komplexität im Umfeld von Unternehmen bedingt, daß auch die Komplexität innerhalb des Unternehmens zunimmt. Aus diesem Grund nahm auch die Bedeutung der Anwendung struktureller Vernetzungen im Unternehmen zu (vgl. Abb. 4.5). Da aber auch diese Unternehmensvernetzungen der Turbulenz des heutigen Wirtschaftslebens unterliegen, ist eine der gegenwärtigen Hauptaufgaben zur Verbesserung der Effizienz des Unternehmens im **Re-Engineering des Kontrollprozesses** begründet. Die Überprüfung des Kontrollprozesses unter dem Gesichtspunkt der Zeitoptimierung (und nicht der Kostenoptimierung) ist unternehmensspezifisch oder branchenspezifisch durchzuführen und führt bei Beachtung der Gesetzmäßigkeiten von positiven und negativen Rückkopplungsschleifen zu besseren und damit neuen Kontrollabläufen. Die Funktion und die Aufgabenstellung des strategisch arbeitenden Controllers wird durch die Dimension des Re-Engineering oder besser gesagt des Re-Controlling bereichert. Die Voraussetzung für das Re-Controlling ist es, bisherige Ablaufstrukturen Frage zu stellen, um so zu neuen und effizienteren Prozeßabläufen zu gelangen. Element neuer Kontrollprozesse ist die Übertragung von bestimmten Kontrollaufgaben an die prozeß- oder verfahrensorientierten Verantwortungsstrukturen oder die Vernetzung von Strategieerarbeitung und Controlling, also Strategiesteuerung. Für den modernen Controller ist diese Aufgabe des "Re-Controlling" im Rahmen der strategischen Vor- und Rückkopplung eine reizvolle und erfolgversprechende Herausforderung.

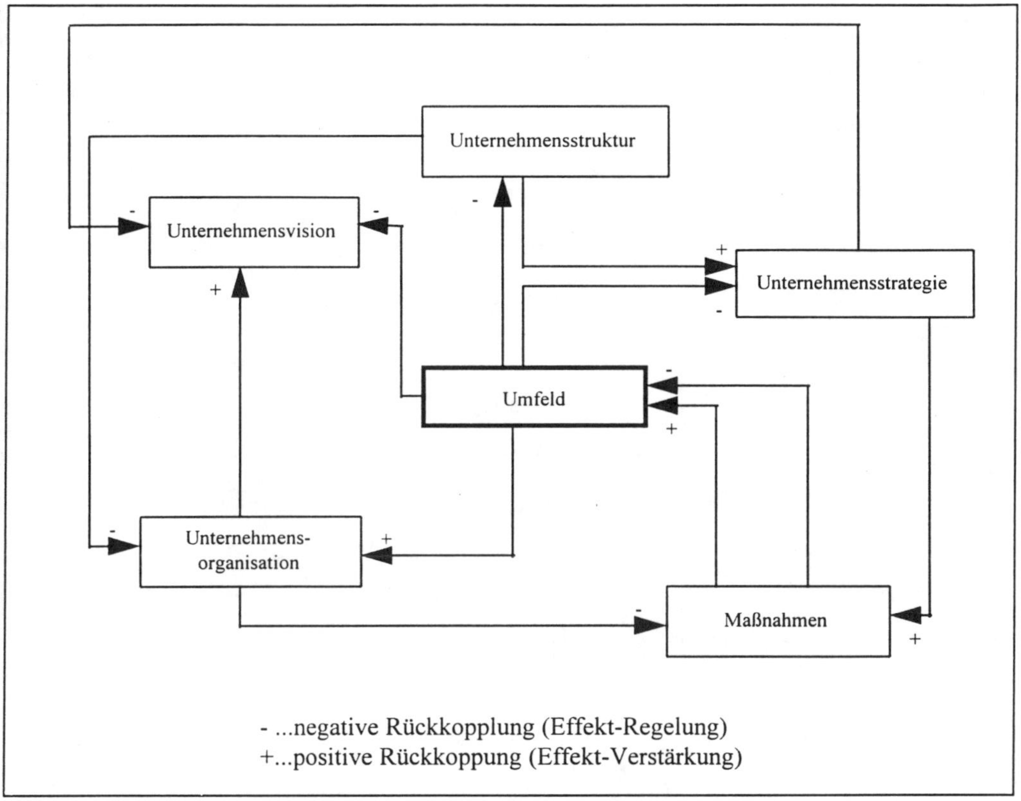

Abb. 4.5: Strukturelle Vernetzungen im Unternehmen

5 Investitionsplanung und -steuerung

Karlheinz Zügner *

Das Controlling von Investitionen weist im Vergleich zum Controlling des laufenden Geschäftsbetriebs einige Besonderheiten auf. Im folgenden sollen die verschiedenen Investitionsentscheidungssituationen, Investitionsarten und Aufgaben im Entscheidungsprozeß beschrieben werden. Schwerpunkte bilden die Aufarbeitung der unterschiedlichen Instrumente zur Beurteilung von Investitionen sowie die Verantwortlichkeiten und Aufgaben des Controllers im Investitionsentscheidungsprozeß.

5.1 Aufgabenstellungen

5.1.1 Einleitung

Planung, Entscheidung und Steuerung von Investitionen zählen aufgrund der meist langfristigen Auswirkungen und der **Kapitalbindung** zu den bedeutendsten Aufgaben im Unternehmen. Investitionen sind mit **Erfolgs- und Liquiditätsrisiko** verbunden, und es bestehen sowohl hinsichtlich der involvierten Beträge als auch bezüglich der Anfallszeitpunkte für die mit den Investitionen einhergehenden Aus- und Einzahlungen Unsicherheiten. Das Controlling und der Controller sind daher aufgefordert, die Entscheidungsträger entsprechend zu unterstützen.

Jede Verwendung von Liquidität kann zwar als Investition bezeichnet werden, primär sind darunter aber solche Ausgaben oder Anschaffungen zu verstehen, die sich überwiegend im Anlagevermögen eines Unternehmens niederschlagen und für die sich auch die Konsequenzen monetär oder nutzenmäßig abschätzen und beurteilen lassen.

Bei Investitionen, die von bereits getätigten oder noch vorzunehmenden Investitionen unabhängig sind, ist für die Beurteilung der **eigene absolute Vorteil oder Nutzen** heranzuziehen, während bei Investitionen mit Substitutions- oder Komplementärbeziehungen neben dem absoluten auch der **relative Vorteil oder Nutzen** in die Betrachtung einbezogen werden muß.

Bei Investitionsentscheidungssituationen kann man Einzelbeurteilung, Auswahlproblem, Ersatzproblem und Terminfragen unterscheiden, wobei die zwei letztgenannten Varianten Spezialformen des Auswahlproblems darstellen.

---

* mit Unterstützung von Katharina Neumann

Seicht führt folgende Wahlhandlungen für Investitionsentscheidungen an, wobei auch Kombinationen denkbar sind (vgl. Seicht [Investition], S. 17):

- Wahl zwischen Investition und Nichtinvestition
- Wahl zwischen sofortiger Investition und späterer Investition
- Wahl zwischen verschiedenen Investitionsvorhaben
- Wahl zwischen verschiedenen Anlageobjekten für das gleiche Investitionsvorhaben
- Weiterbetrieb oder (ersatzlose) Liquidation.

Investitionen stehen mit zahlreichen Teilbereichen des Unternehmens im Zusammenhang, wie z. B. Finanzierung, Beschaffung, Produktion, Absatz und Personal. Daher müssen immer auch entsprechende Informations- und Koordinationstätigkeiten über diese Schnittstellen oder über den Controller laufen.

5.1.2 Investitionsplanungs- und -entscheidungsprozeß

Abb. 5.1 zeigt ein vereinfachtes Ablaufschema für die Planung, Beurteilung, Realisierung und Kontrolle von Investitionen.

Investitionsanregungen können sowohl **unternehmensintern** (z. B. aus der strategischen Planung oder aufgrund von bisher unbefriedigenden operativen Lösungen) als auch **extern** (z. B. durch einen Berater oder durch Absatzmarkt- oder Technologieentwicklungen) erfolgen. Im strategischen Bereich ist der Controller mitverantwortlich für die strategische Planung. Bei dieser Tätigkeit erhält er rechtzeitig Hinweise für anstehende Investitionen.

Zur weiteren Bearbeitung sind Investitionsanregungen hinsichtlich ihrer Dringlichkeit und ihrer ökonomischen Auswirkungen zu beschreiben. Informationen müssen auch bezüglich ihrer technischen, rechtlichen und sozialen **Rahmenbedingungen** (Voraussetzungen und Konsequenzen) gesammelt werden. Häufig gibt es bei der Lösung eines Investitionsproblems mehrere Alternativen.

Die Investitionswünsche übersteigen meist die finanziellen Möglichkeiten. Nicht jede Investitionsanregung kann bei einer ökonomischen Beurteilung bestehen, daher wird vor einer zeit- und kostenintensiven Detailanalyse üblicherweise eine grobe **Vorauswahl** anhand standardisierter Bewertungskriterien erfolgen. Einerseits ist die Übereinstimmung mit den Unternehmenszielen und der strategischen Planung zu überprüfen. Andererseits können erste quantitative und qualitative Kriterien (z. B. Kapitaleinsatz, Nutzungsdauer, Kosteneinsparungen, Marktchancen, Konkurrenzentwicklung etc.) herangezogen werden. Außerdem ist global zu hinterfragen, ob wirtschaftliche, technische, rechtliche, soziale und andere für das Unternehmen wichtige Nebenbedingungen oder Begrenzungsfaktoren eingehalten werden.

Jene Investitionsvorhaben, die die Hürde der Vorauswahl positiv absolviert haben, sind als Vorbereitung auf die Bewertungsphase einer **Detailanalyse** zu unterziehen. Dabei sind – abhängig von einem geeigneten Beurteilungsverfahren – möglichst alle entscheidungsrelevanten Informationen über die einzelnen Investitionen oder die zur Lösung des Investitionsproblems möglichen Alternativen zusammenzutragen. Aus der Bewertung soll sich eine Empfehlung für Annahme oder Ablehnung eines bestimmten Investitionsvorhabens oder eine Rangordnung bei mehreren möglichen Alternativen ergeben.

Die Empfehlungen aus der Bewertung entsprechen nicht immer den Ergebnissen der **Entscheidungen**. Sei es, daß zusätzliche Beurteilungskriterien neue Erkenntnisse gebracht haben, sei es aber auch, daß personenspezifisches Verhalten oder die Gruppensituation die Investitionsentscheidung beeinflußt haben. Hier wird der Controller besonders gefordert sein, durch seine Unterstützung eine nach objektiven Faktoren vorgehende Beurteilung und Entscheidung zu erreichen.

5.1.3 Realisierung, Steuerung und Kontrolle von Investitionen

Basis für die Realisierung der Investition ist eine positive Investitionsentscheidung. Die Durchführungsphase umfaßt die Anlagenbeschaffung (Anordnung, Bestellung, Zugang etc.) und die Nutzungsphase (Inbetriebnahme, Probelauf, Normalbetrieb).

Parallel zur Realisierung sollen entsprechende Steuerungsaktivitäten sicherstellen, daß das **Investitionsziel** und damit eine Beitragsleistung zum Unternehmensziel erreicht wird. Angesprochen ist hier vor allem ein effektives Projekt-Controlling.

Kontrollaktivitäten können sich einerseits auf die **Ausführungskontrolle** und andererseits auf die Ergebniskontrolle beziehen. In den ersten Bereich gehört die Kontrolle der Ausgaben, der Termine und der technisch-organisatorischen Konzeption. Die **Ergebniskontrolle** enthält die Beobachtung und Überprüfung der Wirtschaftlichkeit und Rentabilität, des technischen und organisatorischen Erfolgs und der sonstigen, mit der Investition verbundenen Zielsetzungen. Zeitpunkt, Dauer und Intensität der Investitionskontrolle sind abhängig vom Investitionsvolumen und von der Bedeutung der Investition für die wirtschaftliche und technische Fortentwicklung des Unternehmens zu wählen (vgl. Olfert [Investition], S. 82f.).

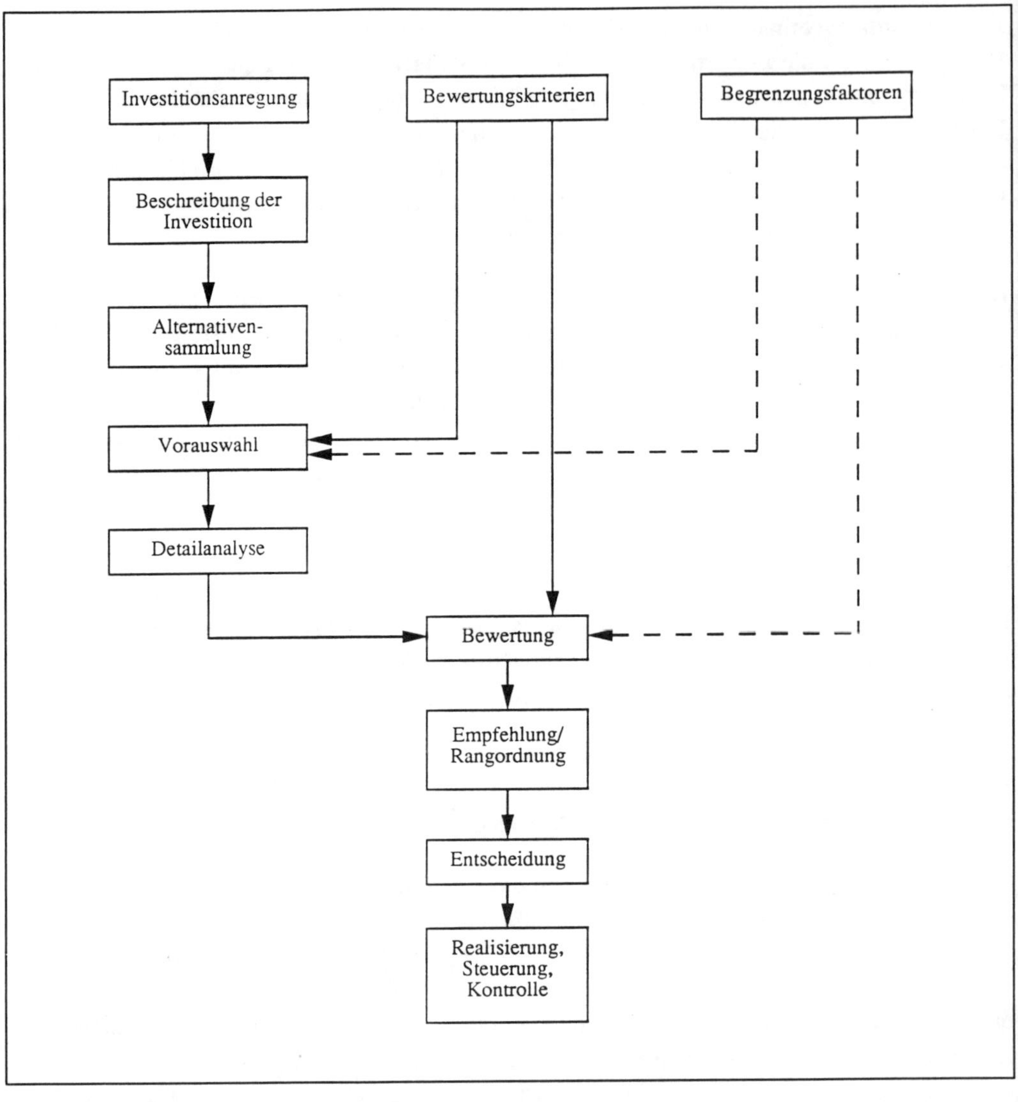

Abb. 5.1: Phasenschema für Investitionsplanungs- und -entscheidungsprozeß

5.2 Instrumente zur Aufgabenerfüllung

5.2.1 Gesamtplanungsansätze versus Einzelplanungsansätze

Im Rahmen der Planung und Beurteilung von Investitionen werden die Investitionsvorhaben entweder als **Gesamtprogramm** oder als **einzelne Vorhaben** behandelt.

Bei den Gesamtplanungsansätzen werden die Investitionsalternativen häufig kategorisiert, z. B. nach Art und Höhe der Zahlungsströme oder der Laufzeit. Bei der Optimierung beziehungsweise Auswahl werden entweder die Unternehmensteilpläne hintereinander (sukzessiv) oder parallel (simultan) abgestimmt. Investitionsplan und Finanzplan sollten immer koordiniert werden, doch in der Praxis haben sich simultane Gesamtplanungsansätze wegen ihrer Komplexität und Nebenbedingungen – auch bei Einbeziehung von anderen Teilplänen, wie z. B. Produktions-, Absatz- oder Steuerplan – nicht durchsetzen können (vgl. z. B. Kruschwitz [Investitionsrechnung], S. 232ff., Blohm; Lüder [Investition], S. 293ff.).

Bei Einzelplanungs- und -beurteilungsansätzen steht ein konkretes Investitionsvorhaben im Mittelpunkt der Analyse. Parallel dazu müssen die mit der Investition verbundenen Auswirkungen auf andere Unternehmensbereiche und -funktionen untersucht beziehungsweise berücksichtigt werden.

5.2.2 Ansätze aus strategischer Unternehmensplanung und strategischem Controlling zur Investitionsanregung

Ziel der strategischen Gesamtplanung, aus der auch die strategische Investitionsplanung entwickelt werden muß, ist es, Chancen ausnützen und Risiken abwehren zu können.

Stoßrichtungen oder Schwerpunktsetzungen für Investitionen oder Desinvestitionen ergeben sich aus **Portfolio-Analysen**, etwa aus einer Wettbewerbsposition-Marktattraktivitäts-Matrix (vgl. z. B. Reichmann [Controlling], S. 214ff.) oder aus einem Technologie-Portfolio, in dem Technologieattraktivität und Ressourcenstärke für die einzelnen Produkte oder Geschäftseinheiten gegenübergestellt werden (vgl. z. B. Peemöller [Investitions-Controlling], S. 371ff.).

Auch aus dem "einfachsten" Portfolio, der Marktwachstum-Marktanteil-Matrix, können in Verbindung mit dem Produktlebenszyklus Cash-flow-Analysen hinsichtlich der Cash-Produzenten und der Cash-Verbraucher unter den Produkten oder Geschäftseinheiten durchgeführt werden (vgl. z. B. Hammer; Hinterhuber [Instrumente], S. 235ff.). Entsprechend der Marktposition und der Lebenszyklusphase lassen sich Strategieempfehlungen (vgl. Hax [Management], S. 208) ableiten, die regelmäßig mit Investitions- oder Desinvestitionsentscheidungen verbunden sind.

Bei einer **Potential- und Lückenanalyse** werden Hinweise gesucht, um Lücken zwischen Basisgeschäft und Entwicklungsgrenzen schließen zu können. Um die Unternehmensziele zu erreichen, sind dafür häufig Investitionen erforderlich.

Investitionsanregungen können aber auch noch aus anderen strategischen Überlegungen kommen. Hier seien beispielhaft noch PIMS-Analyse, Strategische Bilanz, Stärken-Schwächen-Profile, Szenarios und Früherkennungssysteme erwähnt.

5.2.3 Beurteilungsverfahren im Überblick

Investitionsplanung und -kontrolle müssen durch geeignete **Beurteilungsverfahren** unterstützt werden. "Die Verfahren der Investitionsrechnung zur Beurteilung des Erfolgs von Investitionsprojekten und -programmen sowie zur Berücksichtigung unsicherer Erwartungen bilden den Kern des Informationssystems für den Investitionsbereich." (Küpper [Gegenstand], S. 173)

Je nach Möglichkeit der Erfassung und Zurechnung von Kosten und Nutzen können verschiedene Gruppen von Beurteilungsverfahren abgegrenzt werden (vgl. Abb. 5.2).

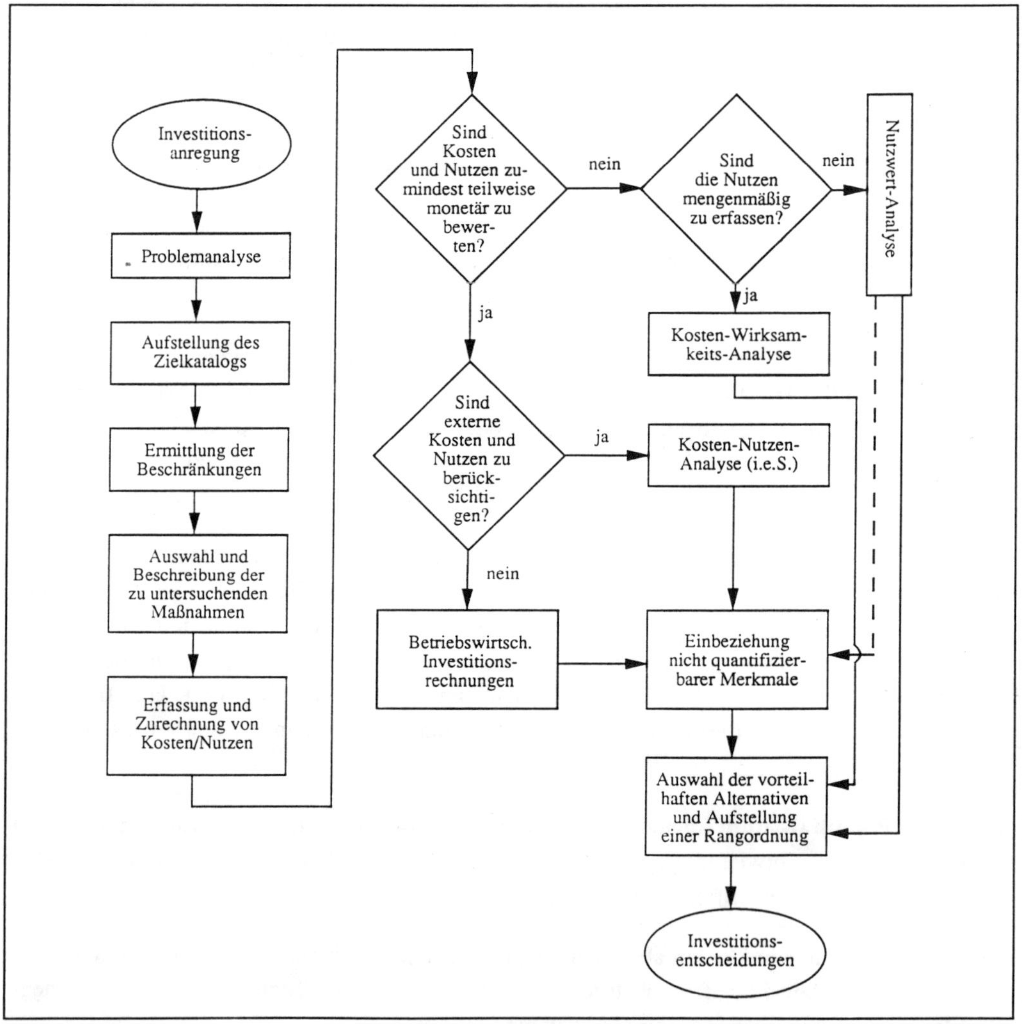

Abb. 5.2: Beurteilungsverfahren (vgl. Müller-Hedrich [Investitionswirtschaft], S. 53)

Die traditionellen und in der Praxis sehr verbreiteten betriebswirtschaftlichen Investitionsrechnungen versuchen eine **monetäre Bewertung** von Kosten und Nutzen, ohne externe Komponenten zu berücksichtigen. Dabei gibt es statische und dynamische Investitionsrechnungsverfahren.

Wenn **externe Kosten und Nutzen** berücksichtigt werden, kann man von Kosten-Nutzen-Analysen i. e. S. sprechen. So wurden beispielsweise Entlastungsalternativen für die Wirtschaftsuniversität Wien bewertet (vgl. Manner; Pelizon; Otruba [Kosten-Nutzen-Analyse]).

Ist die monetäre Bewertung von Kosten und Nutzen der Investitionsvorhaben nicht möglich oder nicht sinnvoll, stehen bei der Methodenauswahl Nutzwertanalysen (vgl. Kapitel 5.2.4) oder Kosten-Wirksamkeits-Analysen zur Verfügung. Während die Nutzwertanalyse bei einem mehrdimensionalen Zielsystem hinsichtlich der Beurteilungskriterien herangezogen wird, erfolgt bei der Kosten-Wirksamkeits-Analyse eine mengenmäßige Bestimmung der Vorteile beziehungsweise eine stärkere Einbeziehung der Kosten, z. B. durch Bezug des Nutzwertes des Investitionsobjekts auf dessen Kostenbarwertsumme (vgl. Seicht [Investition], S. 188).

5.2.4 Nutzwertanalyse

Mit Hilfe der Nutzwertanalyse sollen anhand von Nutzwerten komplexe Handlungsalternativen und somit auch Investitionsalternativen entsprechend den Präferenzen des Unternehmens in einem **multidimensionalen Zielsystem** geordnet und beurteilt werden. Zumindest einige Kriterien der Beurteilung lassen sich dabei nicht monetär quantifizieren.

Die Vorgangsweise unterscheidet folgende Schritte:

1. Bestimmung der Ziele und Kriterien für die Zielerreichung
2. Gewichtung der Ziele
3. Wahl der geeigneten Skalierung für die Erfüllungsgrade
4. Festlegung und Bewertung der Handlungsalternativen
5. Ermittlung der Gesamtnutzwerte aus den Nutzwertbeiträgen (Erfüllungsgrade oder Punktebewertungen) in den einzelnen Beurteilungsfeldern
6. Sensibilitätsanalyse (z. B. hinsichtlich der Gewichtung der Ziele)
7. Festlegung der Präferenzordnung der Alternativen.

Die Nutzwertanalyse ermöglicht somit einen **Alternativenvergleich** mehrerer Kriterien (quantitative und qualitative, monetäre und nicht monetäre Aspekte von Investitionen) und mehrerer Zielsetzungen, die mit einer Investition verfolgt werden. Einsatzmöglichkeiten bieten sich beispielsweise bei Standortentscheidungen, EDV-Projekten, Produktalternativen, komplexen Maschineninvestitionen oder Beurteilungen im Bereich Forschung und Entwicklung an.

5.2.5 Statische Investitionsrechnungsverfahren

Die **statischen Investitionsrechnungsverfahren** berücksichtigen im Gegensatz zu den dynamischen Methoden **nicht** den **Zeitfaktor**, was den Hauptmangel darstellt. Außerdem betrachten sie teilweise nur **eine Nutzungsperiode** und verlieren bei einer **Durchschnittsbetrachtung** die Informationen hinsichtlich der Streuung von Kosten und Leistungen beziehungsweise Erträgen. Die Komponenten der einzelnen Perioden gehen trotz unterschiedlicher Anfallszeitpunkte mit gleicher Gewichtung in die Rechnung ein.

Beim statischen Kostenvergleich werden neben den Betriebskosten zwar auch kalkulatorische Abschreibungen und kalkulatorische Zinsen berücksichtigt, aber keine Erfolgskomponenten erfaßt, sodaß auch keine Einzelbeurteilung ohne Alternativenvergleich möglich ist. Der statische Gewinnvergleich erfolgt anhand der Haupt- und Nebenerlöse abzüglich der Betriebs- und Kapitalkosten. Bei den verschiedenen Formen der statischen Rentabilitätsrechnung werden Kosten und Erlöse der Investition auf das eingesetzte oder auf das noch gebundene Kapital bezogen. Die statische Amortisationsrechnung zeigt an, wie lang es dauert, bis das für die Investition verwendete Kapital über die Rückflüsse wieder zurückgekommen ist. Im Gegensatz zu den vorher genannten statischen Verfahren verwendet die Amortisationsrechnung Rückflüsse (und inkludiert somit keine kalkulatorischen Posten), aber auch für sie sind frühere und spätere Perioden gleichwertig.

5.2.6 Dynamische Investitionsrechnungsverfahren

5.2.6.1 Charakteristika und Kalkulationszinssatz

Die dynamischen Investitionsrechnungsverfahren arbeiten mit den **Ausgaben / Auszahlungen und Einnahmen / Einzahlungen** von Investitionen während der Nutzungsperioden innerhalb des Planungszeitraums. Die unterschiedlichen Anfallszeitpunkte der Zahlungen werden entweder durch eine **zinseszinsmäßige Abzinsung** (Barwertverfahren) oder durch eine **zinseszinsmäßige Aufzinsung** (Endwertverfahren) auf einen Bezugszeitpunkt berücksichtigt. Bei einigen Methoden kommt es auch zu einer Kombination aus Ab- und Aufzinsung.

Der **Kalkulationszinssatz** dient primär dazu, den **Zeitfaktor** zu berücksichtigen. Die beiden sonstigen Funktionen, Berücksichtigung der Geldwertverschlechterung und des Investitionsrisikos, sind auf andere Art methodisch besser lösbar. **Inflation** ist zwar oft auch in **Finanzierungskosten** oder alternativen Veranlagungsrenditen inkludiert, sie kann aber bei entsprechenden Prognosen aus inflationierten Werten mittels Deflatoren herausgerechnet werden, so daß die Investitionsrechnung nur mit geldwertstabilen Zahlungen durchgeführt wird (vgl. z. B. Seicht [Investition], S. 94ff.). **Unsicherheit und Risiko** können mit zahlreichen anderen Methoden bewältigt werden (vgl. Kapitel 5.2.9), damit der Kalkulationszinssatz frei von Risikozuschlägen bleiben kann.

Während sich die Höhe des Kalkulationszinssatzes im Gesamtplanungsmodell aus dem Schnittpunkt der Kapitalnachfragekurve und der Kapitalangebotskurve sämtlicher Investitionen und Finanzierungen ergibt, ist er in der Einzelbetrachtung von der Finanzierungslage abhängig. "Solange das Kapital keinen Engpaß darstellt, sind als Kalkulationszinssatz die Grenzkosten des Kapitals anzusetzen; solange das Kapital einen Engpaß bedeutet, ist als Kalkulationszinssatz der Grenznutzen der besten nicht mehr realisierten Anlagemöglichkeit des Kapitals anzusetzen." (Seicht [Investition], S. 108)

Werden unternehmensinterne oder konzernmäßige **Sollzinssätze** festgelegt, so weicht man aufgrund von Steuerungsüberlegungen und diversen Zu- und fallweise auch Abschlägen mitunter von diesen Grundsätzen ab. Die Höhe des Kalkulationszinssatzes hängt außerdem auch davon ab, ob die Rechnung ohne oder mit Einbeziehung von Ertragsteuern durchgeführt wird (vgl. Kapitel 5.2.7).

5.2.6.2 Kapitalwertmethode

Bei der Kapitalwertmethode werden sämtliche Aus- und Einzahlungen einer Investition auf einen Bezugszeitpunkt abgezinst. Man erhält den Barwert einer Quasirente (= Einzahlungen minus Auszahlungen) durch Multiplikation mit dem Abzinsungsfaktor $D^{II}=1/(1-i)$. Ein **positiver Kapitalwert** (Summe der Barwerte > Anfangsinvestition) zeigt den monetären Überschuß, den die Zahlungen einer Investition neben der Amortisation und der geforderten Verzinsung in der Höhe des Kalkulationszinssatzes erzielen.

Wendet man die Kapitalwertmethode an, so unterstellt man einen unendlich elastischen Kapitalmarkt, auf dem jederzeit zum **einheitlichen Kalkulationszinssatz** Mittel aufgenommen und veranlagt werden können. Dieser Kapitalmarktzinssatz ist gleichzeitig auch Grenzzinssatz des optimalen Investitionsprogramms (vgl. Blohm; Lüder [Investition], S. 74). Bei knappem Kapital hält Seicht die Kapitalwertmethode für "grundsätzlich unbrauchbar, da sie einen absoluten Überschußbetrag ohne unmittelbare Rücksichtnahme auf die Höhe des zu seiner Erzielung erforderlichen Kapitaleinsatzes errechnet" (Seicht [Investition], S. 67).

Bei Alternativenvergleichen ist auf gleiche Nutzungsdauern oder entsprechende Anpassungen (Abkürzung der längeren oder Folgeinvestition für die kürzere Alternative) zu achten. Kapitalmäßige Differenzen oder Unterschiede im zeitlichen Anfall der Zahlungen werden über den unendlich elastischen Kapitalmarkt ausgeglichen (vgl. Blohm; Lüder [Investition], S. 73).

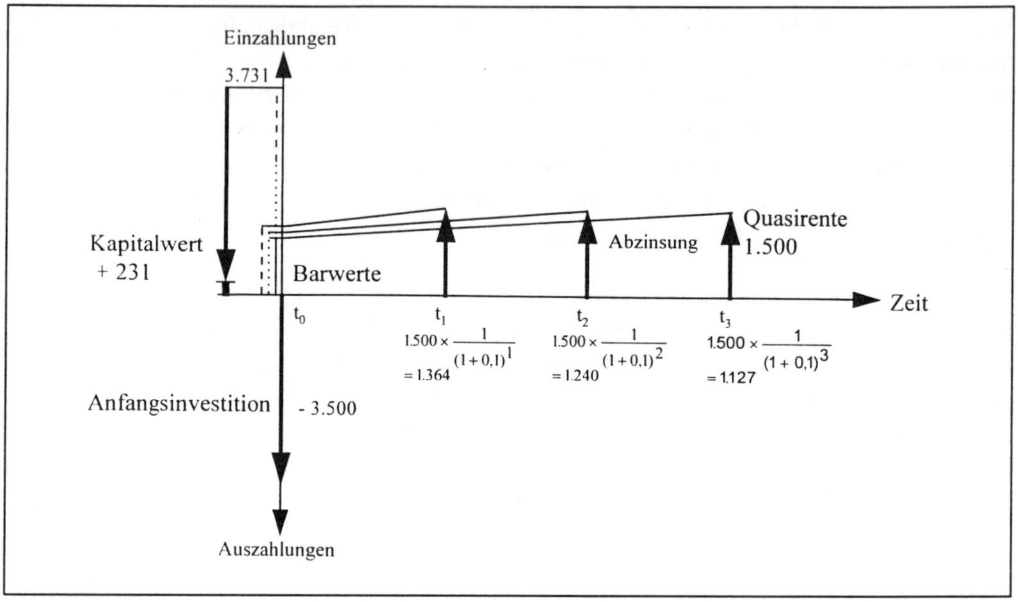

Abb. 5.3: Kapitalwertmethode

5.2.6.3 Methode des Internen Zinssatzes

Der Interne Zinssatz ist jener Kalkulationszinssatz, bei dessen Anwendung auf die Ein- und Auszahlungen sich ein **Kapitalwert von Null** ergibt. Er drückt den gesamten Erfolg einer Investition aus und kann daher einerseits als Projektrendite und andererseits als kritischer Finanzierungskostensatz angesehen werden. Ermittelt wird er durch Iterationen mit Hilfe zweier Kapitalwerte als Stützwerte. Die besten Ergebnisse erhält man, wenn die beiden Kapitalwerte nahe am gesuchten internen Zinsfuß liegen, wobei die Kalkulations-Zinssätze so gewählt werden, daß ein Kapitalwert positiv und der andere negativ ist.

Die Methode des Internen Zinssatzes sollte auf isoliert durchführbare Investitionen beschränkt werden, bei denen es zu **keinen Zwischenveranlagungen** kommt. Ansonsten wird implizit unterstellt, daß sich zwischenzeitlich angelegte Einnahmenüberschüsse ebenfalls zum jeweiligen internen Zinssatz der Investition verzinsen (Reinvestitionsprämisse).

Führt man anhand der Internen Zinssätze der Investitionsvarianten einen Alternativenvergleich durch, so nimmt man an, daß eine eventuelle Differenzinvestition bei unterschiedlichen Kapitaleinsätzen den gleichen Internen Zinssatz erzielt wie die Primärinvestition (vgl. Blohm; Lüder [Investition], S. 100). Der für eine rechnerische Differenzinvestition ermittelte interne Zinssatz stellt ein Grenzkriterium bei der Suche nach Ergänzungsinvestitionen für die Alternative mit dem geringeren Kapitaleinsatz dar (vgl. Seicht [Investition], S. 73).

Der interne Zinssatz sollte aufgrund dieser Einsatzprämissen nur selektiv zur Beurteilung herangezogen werden. Die **Reinvestitionsprämisse** wird häufig nur in Unternehmen mit einer weiterhin breiten Palette von Investitionen und daraus ermittelten internen Zinssätzen einzuhalten sein.

Bei längeren Betrachtungszeiträumen und mehrfachem Wechsel zwischen Aus- und Einzahlungsüberschüssen in den einzelnen Nutzungsperioden kann es Lösungsschwierigkeiten geben – (mehrdeutige oder gar keine Ergebnisse für den internen Zinssatz (vgl. z. B. Kruschwitz [Investitionsrechnung], S. 89ff.).

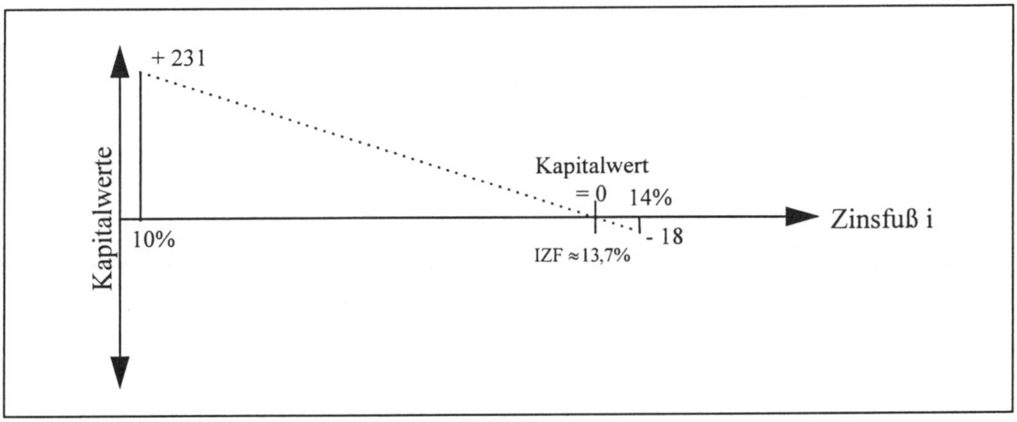

Abb. 5.4: Methode des Internen Zinsfußes

5.2.6.4 Dynamische Amortisationsrechnung

Die dynamische Amortisationsrechnung, die vor allem bei nicht **konstanten Rückflüssen** in den einzelnen Nutzungsperioden als **stufenweise Kapitalwertrechnung** angesehen werden kann, zeigt, innerhalb welches Zeitraums das eingesetzte Kapital wieder zurückkommt beziehungsweise für neue Dispositionen zur Verfügung steht.

Der Gesamterfolg der Investition kann daraus nur dann abgelesen werden, wenn dafür sämtliche Periodenrückflüsse benötigt werden. Ansonsten stehen **Kapitalbindungs-** oder **Finanzierungsüberlegungen**, eventuell auch **Risikogesichtspunkte** im Vordergrund. Amortisationsrechnungen sollten daher nur in Kombination mit erfolgs- oder rentabilitätsorientierten Beurteilungsmethoden eingesetzt werden. Wie bei der Kapitalwertmethode ist auch auf die notwendige Annahme des unendlich elastischen Kapitalmarkts und die entsprechende Wahl des Kalkulationszinssatzes zu verweisen.

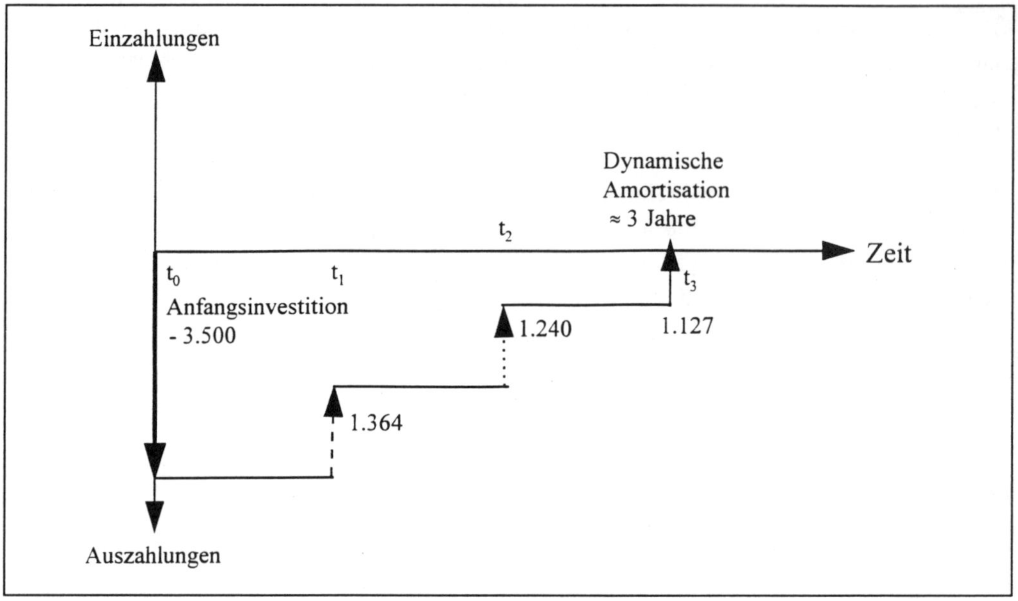

Abb. 5.5: Dynamische Amortisationsrechnung

5.2.6.5 Annuitätenrechnung

Die Annuitätenrechnung transformiert Gesamtbeträge unter Berücksichtigung der Zins- und Zinseszinseffekte in **uniforme Periodenraten** (in der Regel Jahresraten). Aus einem Kapitalwert kann eine Gewinnannuität oder aus einer Kostenbarwertsumme eine Kostenannuität als jährliches Äquivalent berechnet werden, indem die Werte mit dem Annuitätenfaktor

$$D^V = \frac{(1+i)^t \times i}{(1+i)^t - 1}$$

multipliziert werden. Mit der Annuitätenrechnung kann auch ein Kreditbetrag in (konstante) Jahresraten umgerechnet werden.

Werden Annuitäten zum Alternativenvergleich verwendet, so unterstellt man neben dem unendlich elastischen Kapitalmarkt entweder übereinstimmende Laufzeiten oder eine endliche oder sogar eine unendliche Kette von gleichartigen (Folge-)Investitionen (vgl. z. B. Seicht [Investition], S. 59ff. und S. 73f.). Die Prämisse der unendlichen Reinvestitionsmöglichkeit wird in der Praxis nur selten erfüllt, daher hilft die Annuitätenrechnung bei unterschiedlichen Nutzungsdauern von Alternativen kaum weiter. Dadurch werden auch die Einsatzmöglichkeiten bei der Berechnung der optimalen Nutzungsdauer (vgl. z. B. Seicht [Investition], S. 84ff.) und des optimalen Ersatzzeitpunkts (vgl. z. B. Seicht [Investition], S. 91ff.) eingeschränkt.

5.2.6.6 TRM-Sollzinssatzmethode

Beurteilungskriterium der Sollzinssatzverfahren ist der **kritische Sollzinssatz** (auch "Vermögensrentabilität" oder "kritischer Beschaffungszinssatz" genannt), bei dem sich ein Vermögensendwert von Null ergibt. Ökonomisch betrachtet ist das jener Zinssatz, der sich bei gegebenem Veranlagungszinssatz (Habenzinssatz) auf das noch gebundene Kapital (negative Vermögen) erzielen läßt (vgl. Blohm; Lüder [Investition], S. 110).

Bei der TRM-Sollzinssatzmethode von Teichroew, Robichek und Montalbano herrscht das **Kontenausgleichsgebot**: Einnahmenüberschüsse werden zunächst zum Abbau eines negativen Vermögens und erst dann für Zwischenveranlagungen zum Habenzinssatz verwendet. Ausgabenüberschüsse werden aus bisher angesammelten Projektmitteln finanziert, beziehungsweise sie erhöhen bei Unterdeckung den negativen Vermögens(end)wert.

Die Ermittlung des kritischen Sollzinssatzes erfolgt durch Iteration oder Interpolation auf Basis von Vermögensendwerten, die sich aus den Zahlungen und den angenommenen Sollzinssätzen (für die Aufzinsung negativer Vermögenswerte) sowie einem gegebenen Habenzinssatz (für Zwischenveranlagungen nach erfolgter Schuldenabdeckung) errechnen (vgl. Blohm; Lüder [Investition], S. 110f.).

Das spezifische Einsatzgebiet der TRM-Methode ist die Beurteilung von Investitionen mit Zwischenveranlagungen bei unterschiedlichen Zinssätzen für Finanzierung und Veranlagung. Das Kontenausgleichsgebot erscheint dann sinnvoll, wenn die Finanzierungskosten über den möglichen Zwischenveranlagungserträgen liegen.

5.2.6.7 Vermögensrentabilitätsmethode

Bei der Vermögensrentabilitätsmethode von Henke, einer weiteren Variante der Sollzinssatzmethode, wird das **Kontenausgleichsverbot** unterstellt. Einnahmenüberschüsse werden – unabhängig vom aktuellen Stand des Vermögens(end)werts – bis zum Planungshorizont zum Habenzinssatz veranlagt, während Ausgabenüberschüsse durch zusätzliche, endfällige Mittel finanziert werden.

Zur Berechnung des kritischen Sollzinssatzes wird ein Vermögensendwert von Null aus der Zusammenführung der getrennt berechneten Teil-Vermögensendwerte aus negativen Zahlungen (aufgezinst mit angenommenen Sollzinssätzen) und positiven Periodenüberschüssen (aufgezinst mit dem Habenzinssatz) ermittelt (vgl. Blohm; Lüder [Investition], S. 113ff.).

Die Anwendung dieser Methode hängt von der Sinnhaftigkeit des Kontenausgleichverbots ab. Diese Regel gilt, wenn die Zwischenveranlagungserträge höher sind als die Finanzierungskosten, die man durch Schuldentilgung vermeiden kann, z. B. bei geförderten Krediten. Kontenausgleichsverbot herrscht auch dann, wenn nur endfällige Tilgungen möglich sind.

5.2.6.8 Baldwin-Methode und Modifizierter Interner Zinssatz

Bei der Baldwin-Methode werden Investitionsausgaben und Liquidationserlöse mit dem Habenzinssatz auf den Beginn des Planungszeitraums abgezinst, während für die Rückflüsse mit demselben Habenzinssatz eine Aufzinsung auf das Ende des Planungszeitraums erfolgt. Der ermittelte Zinssatz ist der, mit dem man den Barwert aus Investitionsausgaben und Liquidationserlös auf das Ende des Planungszeitraums aufzinsen muß, damit er so hoch wie der Endwert der Rückflüsse ist (vgl. Blohm; Lüder [Investition], S. 114).

Während das Saldierungsverbot zwischen Investitionsausgaben und den in der gleichen Periode anfallenden positiven Rückflüssen als Ergänzung zur **Kontenausgleichsverbotsannahme** akzeptiert wird, erscheint die Abzinsung von Investitionsausgaben und Liquiditätserlös mit dem Habenzinssatz sowie die Saldierung der Barwerte vor der Berechnung des kritischen Sollzinssatzes strittig (vgl. Blohm; Lüder [Investition], S. 118f.).

Die Berechnung des Modifizierten Internen Zinssatzes folgt der Baldwin-Methode, wobei häufig auf die Sonderbehandlung von Investitionsausgaben und Liquidationserlösen verzichtet wird. Aus dem Endwert der mit dem Habenzinssatz aufgezinsten Rückflüsse wird mit Bezug auf den Kapitaleinsatz eine (durchschnittliche) Rentabilität ermittelt (vgl. z. B. Seicht [Investition], S. 75ff.). Diese ergibt sich aus einer Kombination von internem Zinssatz der Investition und Zwischenveranlagungszinssatz (Habenzinssatz). Der für eine Investition geforderte Modifizierte Interne Zinssatz wird mindestens der Höhe des Zwischenveranlagungszinssatzes entsprechen müssen.

Im Vergleich zur Methode des Internen Zinssatzes haben der **einheitliche Habenzinssatz für die Zwischenveranlagungen** aller Investitionen und die **Unmöglichkeit des Auftretens von mehrdeutigen oder komplexen Lösungen** Vorteile. Der ermittelte Modifizierte Interne Zinssatz kann mit der Höhe von geforderten Renditen verglichen werden, ohne daß diese Sollvorgaben direkt in die Rechnung eingehen. Damit sind auch kombinierte kalkulatorische Zinssätze oder Risikozuschläge beim Anforderungsniveau möglich.

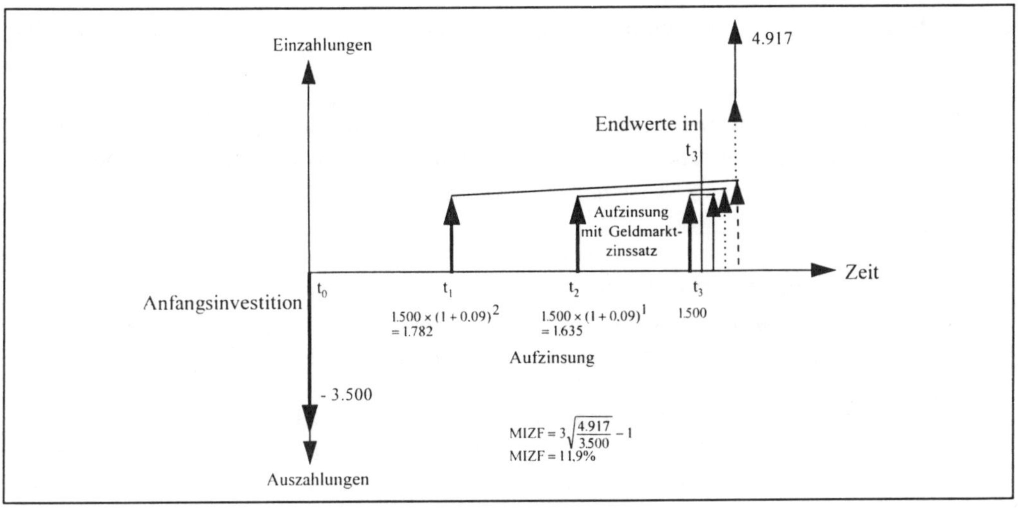

Abb. 5.6: Modifizierter Interner Zinsfuß

5.2.7 Berücksichtigung von Ertragsteuern in dynamischen Investitionsrechnungsverfahren

Steuerlich relevante Merkmale von Investitionen und zeitliche Verteilung der **Steuerzahllasten** sind unterschiedlich, daher ist die "Einbeziehung der Erfolgssteuer in die Investitionskalküle ein unbedingtes Erfordernis jeder sinnvollen (dynamischen) Investitionsrechnung" (Seicht [Investition], S. 97). Nur wenn wegen einer Steuerbefreiung keine Ertragsteuern anfallen oder auch mittelfristig mit einer Verlustsituation gerechnet wird, müssen Ertragsteuern in der Investitionsrechnung nicht berücksichtigt werden. Bestehen verwertbare Verlustvorträge oder vorübergehende Verlusterwartungen, können die Verzögerungseffekte bei der Versteuerung im Zahlungstableau geltend gemacht werden. Ansonsten sind "grundsätzlich versteuerte Quasirenten anzusetzen (...), wenn das Ziel des Investors darin besteht, das ihm verbleibende Ergebnis nach Steuern zu optimieren" (Seicht [Investition], S. 98).

Wenn mit Zahlungen nach Steuern gerechnet wird, muß auch der Kalkulationszinssatz vor Steuern im Ausmaß des Ertragsteuersatzes reduziert werden. In Österreich wurde 1993 die Gewerbeertragsteuer abgeschafft; seither sind bei Einzelunternehmungen und Personengesellschaften nur mehr die Auswirkungen der zu beurteilenden Investition auf die Einkommensteuerzahlungen zu ermitteln. Bei Kapitalgesellschaften müssen die Körperschaftsteuer und eventuelle Steuern auf Ausschüttungen berücksichtigt werden.

Für die Ermittlung der Zahlungen (Quasirenten, Rückflüsse) nach Steuern gibt es zwei Vorgangsweisen:

1. Erfassung von baren Komponenten im **Zahlungstableau und parallele Steuerrechnung** für bare und unbare Komponenten der Investition sowie Berücksichtigung der ermittelten (zusätzlichen) Steuerzahlung oder -ersparnis im Zahlungstableau (vgl. z. B. Seicht [Investition], S. 99).

2. Ansatz der baren und der unbaren Komponenten (letztere nur, wenn damit Steuerersparnisse oder -zahlungen und somit wieder bare Komponenten verbunden sind) inklusive der **steuerlichen Auswirkungen im Zahlungstableau** (vgl. Abb. 5.7 und Abb 5.8).

Abb. 5.7 zeigt ein Arbeitsblatt zur Ermittlung der Quasirenten nach Ertragsteuern für den absoluten Vorteil einer Investition, Abb. 5.8 stellt den relativen Vorteil bei einer Ersatzbeurteilung dar. Bei beiden Zusammenstellungen gehen Zahlungen mit vollem Gewicht ein, die zum Anfallszeitpunkt keine erfolgssteuerlichen Konsequenzen nach sich ziehen. Steuerpflichtige Einnahmen und steuerlich absetzbare Ausgaben werden um den Erfolgssteuersatz gekürzt. Unbare Komponenten, wie z. B. Abschreibungen oder Buchwerte, werden nur in der Höhe der daraus resultierenden Wirkungen auf die Steuerzahlungen einbezogen. Abb. 5.9 zeigt einige Beispiele für die einzelnen Kategorien.

Der Ansatz der Werte nach Steuern im Zahlungstableau unterstellt bei den baren Komponenten, daß die steuerliche Auswirkung in zeitlicher Nähe zur Zahlung liegt. Bei den unbaren Komponenten bestimmt der Zeitpunkt der resultierenden Steuerzahlung oder -ersparnis den Ansatzzeitpunkt im Zahlungstableau.

ARBEITSBLATT ZUR ERMITTLUNG DER QUASIRENTEN NACH ERTRAGSTEUERN

Einzelbeurteilung oder Auswahlproblem ohne Ersatz (absoluter Vorteil)

Investitionsobjekt: ________ Investitionsart: ________ Referenznr.: ___

Betrieb: ________ Werk: ________ Kostenstelle: ________

Bezugszeitpunkt (t_0): ________ Periodendauer: ________ Ertragsteuersatz: s = ___ %

	Perioden								
Bewegungsgrößen	...	t_0	t_0-t_1	t_1-t_2	t_2-t_3	t_3-t_4	t_4-t_5	t_5-t_6	...
Einzahlung, kein Ertrag (+) × 1									
Auszahlung, kein Aufwand (−) × 1									
Bare Erträge (+) × (1-s)									
Bare Aufwände (−) × (1-s)									
Unbare Aufwände (+) × s									
Unbare Erträge (−) × s									
SUMME = QUASIRENTE									

Anmerkungen:

Die Begriffe AUFWAND und ERTRAG sind steuerlich zu verstehen, d. h. AUFWAND als steuerlich anerkannter Abzugsposten und ERTRAG als zu versteuernder Erfolgsteil.

Die QUASIRENTE ergibt sich als Summe nach Gewichtung der Bewegungsgrößen mit den angegebenen Faktoren, die zusätzliche Steuerzahlungen oder -ersparnisse berücksichtigen.

Abb. 5.7: Arbeitsblatt zur Ermittlung der Quasirenten nach Ertragsteuern (Einzelbeurteilung)

ARBEITSBLATT ZUR ERMITTLUNG DER QUASIRENTEN

NACH ERTRAGSTEUERN

Ersatzbeurteilung (relativer Vorteil)

Investitionsobjekt: ________________ Investitionsart: ______________ Referenznr.: ___

Betrieb: ______________ Werk: ____________________ Kostenstelle: ___________

Bezugszeitpunkt (t_0): __________ Periodendauer: ________ Ertragsteuersatz: s = ___ %

	Perioden								
Bewegungsgrößen	...	t_0	t_0-t_1	t_1-t_2	t_2-t_3	t_3-t_4	t_4-t_5	t_5-t_6	...
Zusätzliche Einzahlung, kein Ertrag Entfallende Auszahlung, kein Aufwand (+) × 1									
Zusätzliche Auszahlung, kein Aufwand Entfallende Einzahlung, kein Ertrag (–) × 1									
Zusätzliche bare Erträge Entfallende Baraufwände (+) × (1-s)									
Zusätzliche Baraufwände Entfallende bare Erträge (–) × (1-s)									
Zusätzliche unbare Aufwände Entfallende unbare Erträge (+) × s									
Zusätzliche unbare Erträge Entfallende unbare Aufwände (–) × s									
QUASIRENTE									

Abb. 5.8: Arbeitsblatt zur Ermittlung der Quasirenten nach Ertragsteuern (Ersatzbeurteilung/relativer Vorteil)

Bewegungsgrößen	Gewichtung zur Berechnung der Quasirente nach Ertragsteuern			Beispiele für Komponenten von Investitionen
(Zusätzliche) Einzahlung, kein Ertrag	(+)	×	1	Erhalt einer steuerfreien Investitionsprämie oder eines steuerfreien Zuschusses
Entfallende Auszahlung, kein Aufwand	(+)	×	1	Vermeidung einer steuerlich nicht absetzbaren Auszahlung, z. B. vermiedene Rückzahlung einer Investitionsprämie, vermiedene Großreparatur (nicht sofort absetzbar)
(Zusätzliche) Auszahlung, kein Aufwand	(-)	×	1	Anschaffungskosten (außer GWG), Rückzahlung einer Investitionsprämie
Entfallende Einzahlung, kein Ertrag	(-)	×	1	Entgehender steuerfreier Investitionszuschuß
(Zusätzliche) bare Erträge	(+)	×	(1-s)	Mehrerträge, Rohertrag, Liquidationserlös
Entfallende Baraufwände	(+)	×	(1-s)	Kostenersparnisse (Material, Personal)
(Zusätzliche) Baraufwände	(-)	×	(1-s)	Zahlungen für Löhne, Gehälter, Material, Energie, Miete, Werbung
Entfallende bare Erträge	(-)	×	(1-s)	Entgehender Liquidationserlös
(Zusätzliche) unbare Aufwände	(+)	×	s	Abschreibung, IFB-Dotation, Buchwertabgang, vorzeitige Abschreibung
Entfallende unbare Erträge	(+)	×	s	Vermeidung einer IFB-Auflösung
(Zusätzliche) unbare Erträge	(-)	×	s	Auflösung eines Investitionsfreibetrags (IFB)
Entfallende unbare Aufwände	(-)	×	s	Entgehende Abschreibung, entgehender Buchwert

Abb. 5.9: Beispiele für Bewegungsgrößen in Investitionsrechnungen mit Ertragsteuern

5.2.8 Berücksichtigung von Investitionsbegünstigungen in dynamischen Investitionsrechnungsverfahren

Dynamische Investitionsrechnungsverfahren sollen möglichst **alle zurechenbaren Komponenten und Auswirkungen** von Investitionen berücksichtigen, daher sind auch direkte Investitionsbegünstigungen einzubeziehen, die selbst zahlungswirksam sind oder über den "Umweg" der Steuerzahlungen beziehungsweise -ersparnisse zahlungswirksam werden.

Dafür können folgende Beispiele angeführt werden:

Der österreichische **Investitionsfreibetrag** gemäß § 10 EStG ermöglicht über eine steuerlich absetzbare Rücklagendotation zusätzlich zu den Normalabschreibungen laut betriebsgewöhnlicher Nutzungsdauer eine Abschreibung von insgesamt mehr als 100 % der Anschaffungs- oder Herstellungskosten der Investition. Im Ausmaß des Ertragsteuersatzes ergeben sich entsprechende Ersparnisse bei den Ertragsteuerzahlungen, wenn die Behaltefrist für das Investitionsobjekt eingehalten wird.

Eine **vorzeitige Abschreibung** würde einen Vorzieheffekt bei den Steuerabsetzungen und somit zinseszinsmäßige Vorteile bringen.

Eine steuerfreie **Investitionsprämie**, die als Gutschrift auf dem Steuerkonto verbucht wird, würde wie eine Einzahlung wirken, die nicht versteuert werden muß.

Nimmt man Investitionsbegünstigungen in Anspruch, sind häufig Nebenbedingungen zu beachten. Außerdem kommt es immer wieder zu wirtschaftspolitisch bedingten oder fiskalorientierten Änderungen, die schwer abzuschätzen sind.

5.2.9 Methodische Ansätze zur Berücksichtigung von Unsicherheit und Risiko in der Investitionsplanung

Die Investitionsplanung rechnet mit erwarteten (zukünftigen) Auswirkungen der Investition. Sichere Erwartungen sind selten (vgl. aber z. B. Fixpreise für Anschaffungskosten). Wenn empirisch-stochastische Eintrittswahrscheinlichkeiten vorliegen, spricht man von **Risikoerwartungen**. Bei **Unsicherheit** gibt es bestenfalls subjekte Wahrscheinlichkeitsvorstellungen. Die Kombination von Erfahrung und Prognose sollte dafür eingesetzt werden, die Unsicherheit einzuengen und nach Möglichkeit kalkulierbar zu machen (vgl. z. B. Seicht [Investition], S. 149).

Korrekturverfahren im Sinne von **Risikozu- und -abschlägen** sind eine einfache, pauschale Form, Unsicherheit zu berücksichtigen. Zuschläge sind beispielsweise bei den erwarteten Ausgaben oder beim Kalkulationszinssatz denkbar (vgl. aber Einsatzprämissen und Reinvestitionsannahme bei der Kapitalwertmethode und den verwandten Verfahren). Abschläge könnten bei Rückflüssen, Liquidationserlös und/oder Nutzungsdauer vorgenommen werden.

Zu den Korrekturverfahren muß kritisch angemerkt werden, daß die Auswirkungen der Unsicherheit **nicht analytisch** aus der Unsicherheit der Einflußfaktoren abgeleitet werden. Pauschale Korrekturen können auch Komponenten betreffen, die selbst nicht unsicher sind. Die Anwendung dieser Methode drückt meist eine negative Einschätzung der Zukunft aus. Nehmen mehrere Personen oder Gremien Risikozu- und/oder -abschläge bei verschiedenen Größen einer Investitionsrechnung vor, entstehen Kumulationseffekte, die nicht mehr überschaubar sind. Korrekturverfahren können daher lediglich als Faustregeln angesehen werden, die am Vorsichtsprinzip orientiert sind (vgl. z. B. Blohm; Lüder [Investition], S. 234).

Beim Rechnen mit **Erwartungswerten** wird entweder nur mit jener Variante kalkuliert, die die höchste objektive (stochastische) oder subjektive Wahrscheinlichkeit hat, oder es wird auf Basis einer Wahrscheinlichkeitsverteilung ein mathematischer Erwartungswert ermittelt. Aufgrund unterschiedlicher Risikoneigung und Entscheidungsregeln differieren die Ergebnisse (vgl. z. B. Seicht [Investition], S. 150ff., Hax [Entscheidungsmodelle], S. 53ff.). Ähnlich ist es bei **Variantenrechnungen**, z. B. für optimistische, wahrscheinliche und pessimistische Szenarien. Dabei ist die Ableitung der Entscheidung aus den unterschiedlichen Ergebnissen oft schwierig.

Sensitivitätsanalysen können zwei Arten von Fragestellungen behandeln:

"a) Wie weit darf der Wert einer oder mehrerer Inputgrößen vom ursprünglichen Wertansatz abweichen, ohne daß die Outputgröße einen vorgegebenen Wert über- oder unterschreitet?

b) Wie ändert sich der Wert der Outputgröße bei vorgegebener Abweichung einer oder mehrerer Inputgrößen vom ursprünglichen Wertansatz?" (Blohm; Lüder [Investition], S. 235)

Bei der Variante a) werden **kritische Werte** berechnet. Fallweise können auch Ergebnisse von Investitionsrechnungen so interpretiert werden (z. B. Interner Zinssatz/kritischer Kalkulationszinssatz; Sollzinssatz/kritischer Finanzierungskostensatz; dynamische Amortisationsdauer/kritische Nutzungsdauer).

Variante b) zeigt vor allem, "ob die Unsicherheit für die Lösung des anstehenden Entscheidungsproblems bedeutungsvoll ist oder nicht" (Kruschwitz [Investitionsrechnung], S. 270).

Wird die Sensitivitätsanalyse als Partialanalyse durchgeführt, wird unterstellt, daß die Ausgangswerte aller nicht in die Schwankungsbetrachtung einbezogenen, unsicheren Inputgrößen konstant bleiben. Bei einer Globalanalyse oder einer Partialanalyse mit Variation von mehr als einer Inputgröße werden die funktionalen Abhängigkeiten zwischen den variierten Inputgrößen ermittelt und in das Rechenmodell eingebaut. Bei partieller Variation von mehreren Inputgrößen um ein vorgegebenes Änderungsausmaß (z. B. 10 % vom Ausgangswert) müssen die Wahrscheinlichkeiten der Über- oder Unterschreitung des geänderten Werts für alle ausgewählten Inputgrößen gleich sein und diese Inputgrößen voneinander stochastisch unabhängig sein (vgl. Blohm; Lüder [Investition], S. 239f.).

Besser geeignet, unsichere Erwartungen zu berücksichtigen, ist die **Risikoanalyse**. Diese leitet aus sicheren und unsicheren Informationen über die relevanten Inputgrößen eine Wahrscheinlichkeitsverteilung für die Outputgröße einer Investitionsrechnung (z. B. Kapitalwert, Endvermögen) ab.

Es gibt folgende Verfahrensschritte (vgl. Blohm; Lüder [Investition], S. 247ff.):

1. Auswahl der als unsicher erachteten Inputgrößen
2. Schätzung subjektiver Wahrscheinlichkeitsverteilungen für die ausgewählten Inputgrößen
3. Berücksichtigung stochastischer Abhängigkeiten zwischen den unsicheren Inputgrößen (Korrelationen, bedingte Wahrscheinlichkeiten)

4. Ermittlung der Ergebnisverteilung aus den Verteilungen der Inputgrößen (analytisch/ rechnerisch oder experimentell/simulativ)

5. Analyse und Interpretation der Ergebnisverteilung.

Die Ergebnisverteilung gibt an, mit welcher Wahrscheinlichkeit aus der geplanten Investition ein positiver Kapitalwert erzielt werden kann oder mit welcher (anderen) Wahrscheinlichkeit der Kapitalwert innerhalb einer bestimmten Spannweite liegen wird.

Als Prämissen der Risikoanalyse sind zu beachten:

Die unsicheren Inputgrößen der Investitionsrechnung sind zufallsabhängig, somit nicht vom Entscheidungsträger kontrollier- oder beeinflußbar. Für diese unsicheren Komponenten müssen Wahrscheinlichkeitsverteilungen explizit angegeben oder der Verteilungstyp samt Parametern festgelegt werden. Dazu kommt die Schätzung der stochastischen Abhängigkeiten zwischen den unsicheren Inputgrößen und deren Berücksichtigung bei der Ermittlung der Ergebnisverteilung. Wird ein analytisches Verfahren der Risikoanalyse angewendet (z. B. nach Hillier/Heebink), setzt das die Normierung der Wahrscheinlichkeitsverteilungen, mindestens der Ergebnisverteilung voraus. Wird die Ergebnisverteilung computergestützt ermittelt, können zahlreiche Inputgrößen mit verschiedenartigen und auch typmäßig nicht festgelegten Wahrscheinlichkeitsverteilungen einbezogen werden (vgl. Blohm; Lüder [Investition], S. 263).

Für sequentielle Investitionsentscheidungen hinsichtlich der Auswahl der im Zeitablauf optimalen Folge von Investitionen kann man auf das **Entscheidungsbaumverfahren** zurückgreifen. Zuerst werden die Struktur des Entscheidungsbaums bestimmt, die Investitionsausgaben für jedes Investitionsprojekt und die Rückflüsse für jeden alternativen Umweltzustand ermittelt sowie die Wahrscheinlichkeit für jede Gruppe der alternativen Umweltzustände geschätzt. Danach wird die optimale Entscheidungsalternative zu Beginn des Planungszeitraums bestimmt. Das **Rollback-Verfahren** von Magee kann für jeden Entscheidungsknoten die erwartungswertmaximale Alternative stellen. Für die Rückverfolgung auf den Ausgangspunkt werden nur diese Varianten berücksichtigt, sodaß sich jene Abfolge von Investitionsvarianten ergibt, die den Erwartungswert der Zielgröße (z. B. Kapitalwert) maximiert (vgl. z. B. Kruschwitz [Investitionsrechnung], S. 286ff., Blohm; Lüder [Investition], S. 265ff., Hax [Entscheidungsmodelle], S. 79ff.).

Dieses einfache Verfahren der Entscheidungsbaumanalyse setzt beim Entscheidungsträger Risikoneutralität voraus. Ansonsten kann auch eine simulative Ermittlung der Wahrscheinlichkeitsverteilungen erfolgen. Die Simulation hilft auch bei höherer Komplexität, wenn mehrere, von unterschiedlichen Zufallsereignissen abhängige Inputgrößen auftreten. Die Gliederung der Inputgrößen in determinierte und zufallsabhängige Variablen ist manchmal schwierig. Einsatzprämisse des Entscheidungsbaumverfahrens ist auch, daß die Baumstruktur, die Werte der Inputgrößen und die Wahrscheinlichkeitsverteilungen für die zufallsabhängigen Inputgrößen abgeschätzt werden können. Das Verfahren wird vor allem für abschnittsweise gegliederte Großprojekte empfohlen, wobei zu Beginn jeder Teilperiode Zustandskontrollen und eventuelle Prognosekorrekturen erfolgen können (vgl. Blohm; Lüder [Investition], S. 270f.). Der Planungs- und Analyseaufwand beim Entscheidungsbaumverfahren kann sehr groß werden, weil in der Praxis häufig eine große Anzahl von Alternativen je Entscheidungsknoten auftritt.

Für Finanzinvestitionen sei abschließend vor allem auf die **Portfolio-Selection** hingewiesen, die unter den Gesichtspunkten Rentabilität, Risiko und Korrelation Kombinationen von Investitionen auswählt.

5.2.10 Investitionsbudget, Investitionsplan, Investitionsprogramm

Neben den Instrumenten zur Investitionsanregung und -beurteilung sind auch finanzwirtschaftliche Ansätze im Rahmen der Investitionsplanung wichtig.

Das **strategische Investitionsbudget**, das sich vor allem am frei disponierbaren mittel- bis langfristigen Cash-flow und an den Finanzierungsmöglichkeiten orientieren wird, ist in der Regel als globales Rahmenbudget anzusehen und zeigt die finanziellen Mittel für neue strategische Investitionsvorhaben. Das langfristige Investitionsbudget umfaßt daneben noch das Budget für Investitionen, um den Betrieb aufrechtzuerhalten, und die bereits in Vorperioden genehmigten strategischen oder langfristigen Investitionen. Die in den Budgets vorgesehenen Finanzmittel und die in den vorläufigen Investitionsplänen enthaltenen Investitionsvorhaben sind aufeinander abzustimmen oder anzupassen (vgl. Schermann [Entwicklung], S. 139ff.).

Planung und Budgetierung sind auch im operativen Bereich komplementäre Funktionen, die simultan ausschreiben iterativ auszuführen sind. Der **operative Investitionsplan** enthält alle vorgesehenen Investitions- und Desinvestitionsobjekte. Diese umfassen sowohl die aus der strategischen Investitionsplanung abgeleiteten und in der operativen Investitionsplanung konkretisierten Objekte als auch die Investitionen, die zur Aufrechterhaltung des Betriebs notwendig sind. Aus der Abstimmung zwischen Investitionsplan und Finanzierungsplan ergibt sich das Investitionsprogramm, das nur noch die finanziell durchführbaren Projekte enthält (vgl. Olfert [Investition], S. 104). Das **Investitionsprogramm** faßt somit die Investitionsanträge zusammen oder ist bereits das Ergebnis der Beschlußfassung. In der Praxis wird jedoch nicht immer zwischen Investitionsbudget, -plan und -programm unterschieden.

Sowohl für **Investitionsanträge** (vgl. z. B. Seicht [Investition], S. 310ff., Holl [Controlling], Kap. 10.3.7 S. 2f. und Kap. 10.3.9 S. 2, Zügner [Investitions-Controlling], Anlage) als auch für die Darstellung des Investitionsprogramms werden Formulare oder Standardgliederungen (vgl. z. B. Holl [Controlling], Kap. 10.3.6 S. 4ff.) vorgeschlagen.

5.2.11 Investitionsbericht

Zeitpunkte und Umfang von Investitionsberichten während der Realisierung hängen von der Bedeutung der einzelnen **Investitionsprojekte** ab. Außerordentliche Berichte sind notwendig, wenn Abweichungen vorher definierte Ausmaße überschreiten oder wichtige Meilensteine in der Projektdurchführung nicht ordnungsgemäß passiert werden. In dieser Information sollten neben der Abweichungsermittlung und -analyse auch Gegensteuerungsvorschläge enthalten sein, um eine Entscheidung zu erleichtern.

Neben diesen Zwischenberichten und Sondermeldungen empfiehlt sich – zumindest bei wesentlichen Investitionen – auch eine Investitionskontrollrechnung. Die Ergebnisse gehen in einen Abschlußbericht ein, der den Planungsträgern, den jeweiligen Bereichsmanagern und gegebenenfalls auch der Unternehmensleitung zugänglich gemacht wird. Neben dem Informationsaspekt soll damit auch die Planungsqualität gefördert werden.

Zusätzlich zu Berichten über bedeutende Einzelinvestitionen ist ein **Rechenschaftsbericht** zum Investitionsprogramm notwendig. Dieser wird im Regelfall auch an den Aufsichtsrat oder an die Eigentümer gerichtet sein. Er enthält Angaben zur Inanspruchnahme des Investitionsbudgets, Informationen über den Verlauf der wichtigsten Projekte, aber auch Anträge über eventuelle Nachgenehmigungen, Verschiebungen oder Streichungen von Investitionen, wenn keine Deckung in Bereichs- oder Vorstands-Pauschalbudgets zu finden ist (vgl. Holl [Controlling], Kap. 10.3.11 S. 4ff.).

5.3 Aufgaben und Verantwortlichkeiten des Controllers

5.3.1 Investitions-Controlling und Investitions-Controller

Der Investitions-Controller realisiert nicht allein die vielfältigen Tätigkeiten des Investitions-Controlling. Die Ergebnisverantwortung wird von der zuständigen Führungskraft getragen, der Controller unterstützt dabei und hat sicherzustellen, daß die Managementinformation ordnungsgemäß erfolgt und Ergebnistransparenz besteht. Controlling entsteht auch an dieser Stelle durch Manager und Controller im Team.

Ziel des Investitions-Controlling ist die **Unterstützung der Führungsprozesse** auf allen Hierarchieebenen im Investitionsbereich. Daher lassen sich sowohl in der Planungsphase als auch in der Realisierungsphase und in der Kontrollphase von Investitionen folgende Aufgabenbereiche unterscheiden: Bereitstellung von Investitions-Controlling-Instrumenten, entscheidungsebenenbezogene Informationsversorgung, Koordination und Kontrolle (vgl. Lange [Investitionsentscheidungen], S. 134f., vgl. auch Kapitel 5.3.4).

Wesentliche Aufgabe des Investitions-Controlling bei der Unterstützung der Unternehmensführung in Investitionsentscheidungen ist die **Entwicklung eines Planungs- und Kontrollsystems** sowie eines entsprechenden **Informationssystems** (vgl. Peemöller [Investitions-Controlling], S. 367ff., vgl. auch Kapitel 5.3.2.1). Unter Berücksichtigung von strategischen und operativen Gesichtspunkten sollen der Investitionsbedarf abgeleitet, konkrete Investitions- und Desinvestitionsvorschläge entwickelt und das Investitionsbudget erstellt werden.

Besondere Bedeutung hat die **Koordination**, und zwar "innerhalb der Investitionsplanung, zwischen Investitionsplanung und -kontrolle sowie in der Abstimmung mit der Investitionsrechnung, der Organisation und der Personalführung bei Investitionsprozessen. Sie wird ergänzt um die Koordination mit dem Unternehmens-Controlling sowie mit dem Controlling anderer Bereiche, insbesondere dem Produktions- und dem Personal-Controlling" (Küpper [Gegenstand], S. 171).

Damit das Investitions-Controlling Unternehmens- und somit auch Controllingziele im Zusammenhang mit Investitionen erfüllen kann, sind **Entscheidungshilfen**, **Richtlinien** und **Abläufe** entsprechend zu gestalten, erforderlichenfalls zu verbessern und deren Einhaltung zu überwachen (vgl. Bozem [Investitions-Controlling], S. 12). Investitions-Controlling ist ein zentraler Bestandteil der ergebnisorientierten Unternehmensplanung und -steuerung und fungiert als Begleiter während des gesamten Investitionsverlaufs (vgl. Liebsch [Investitions-Controlling], S. 36, Deyhle; Steigmeier [Controller], S. 47ff.).

Investitions-Controlling umfaßt Aufgaben und Verantwortlichkeiten im strategischen und im operativen Bereich (vgl. Kapitel 5.3.3 und 5.3.4). Investitionen können einerseits der Beseitigung der strategischen Vorsteuerungsgröße Knappheit dienen, andererseits berühren Anlageninvestitionen die langfristige Finanzplanung, den operativen Erfolgsplan und die strategische Planung (vgl. Egger [Unternehmensplanung], S. 55f.). Auch in Klein- und Mittelbetrieben gehören Wirtschaftlichkeits- und Investitionsrechnung zum Mindestinstrumentarium des Controllers und stellen zusammen mit entsprechenden Kontrollinstrumenten Controlling-Ansatzpunkte beispielsweise im Fertigungsbereich dar (vgl. Preißler [Unternehmen], S. 267 und S. 291).

5.3.2 Investitions-Controlling-Organisation

Die Investitions-Controlling-Organisation soll sicherstellen, daß die personellen und sachlichen Organisationselemente im Rahmen des Investitionsplanungs- und Investitionsentscheidungsprozesses systematisch, bestmöglich und unternehmenszielorientiert zusammenwirken. Während in mittleren und größeren Unternehmen die Investitions-Controlling-Organisation häufig in **Investitionsrichtlinien** beziehungsweise **Handbüchern/Manuals** festgelegt wird, findet man in kleinen Unternehmen seltener **standardisierte Prozesse**. Aus der Betriebsübung kann aber auch ohne Formalisierung ein geregelter Ablauf entstehen (vgl. Wienhold [Investitions-Controlling-Organisation], S. 62).

5.3.2.1 Investitions-Controlling-System

Das Investitions-Controlling und die hauptsächlich damit befaßten Personen müssen die **Voraussetzungen** schaffen, damit Investitionsplanung und -kontrolle systematisch ablaufen und rationale – zielorientierte – Investitionsentscheidungen getroffen werden: der Controller hinsichtlich der Entwicklung, Ausgestaltung, Durchführung und Unterstützung beim Einsatz und die Unternehmensleitung hinsichtlich der Festlegung von entsprechenden Rahmenbedingungen im Unternehmen. Außerdem sind Regelungen für den Umfang und die Form von Durchführungs- und Nachkontrollen zu entwickeln (vgl. Reichmann [Controlling], S. 218f.).

Die Ausgestaltung des Investitions-Controlling-Systems hängt sowohl von internen als auch von externen Einflußgrößen auf das Unternehmen ab (z. B. Unternehmensgröße, Investitionsintensität, Konzernzugehörigkeit oder Branche, Umweltdynamik und -komplexität etc.) (vgl. Schermann [Entwicklung], S. 63ff.). Die Effizienz des Investitions-Planungs- und -Kontrollsystems zeigt sich darin, ob die notwendigen **Informationen** in den einzelnen Investitionsphasen zur Führungs- und Entscheidungsunterstützung rechtzeitig und in ausreichender Qualität und Quantität zur Verfügung gestellt werden können.

Im Zuge der Entwicklung von Richtlinien zur **Aufbauorganisation** des Investitions-Planungs- und -Kontrollsystems hat der Investitions-Controller die Träger, die Funktionen und die Instrumente der Investitionsplanung und -kontrolle festzulegen. Zum System gehören auch die Investitionspläne (strategisch und operativ), deren Beziehungen untereinander und die Informationsbasis (vgl. Schermann [Entwicklung], S. 87ff.).

Der Controller muß auch Richtlinien für die **Ablauforganisation** entwickeln, wobei Koordinationsmaßnahmen die Interdependenzen zwischen den einzelnen Investitions-Planungs- und Investitions-Kontroll-Teilsystemen und gegenüber den anderen Teilplänen des Unternehmens steuern sollen (vgl. Schermann [Entwicklung], S. 89ff.).

Die Methode der **Wertanalyse** mit ihren sechs Grundschritten (Projekt vorbereiten, Ausgangssituation analysieren, Soll-Zustand festlegen, Lösungsideen entwickeln, Lösung auswählen, Lösung verwirklichen) läßt sich als systematische Problemlösungsmethode auch auf Investitionsplanungsprozesse übertragen (vgl. Lange [Investitionsentscheidungen], S. 140ff., vgl. auch Kapitel 5.1.2).

Zur zielorientierten Gestaltung und Kontrolle des Planungsprozesses gehören die Entwicklung und die Kontrolle von **Planungs- und Bewilligungsrichtlinien** für das System der Investitionsplanung sowie von entsprechenden Investitionsbeurteilungskonzepten samt Festlegung von Entscheidungskriterien. Außerdem sind die einzubeziehenden Größen festzulegen, eventuell mit Ermittlungs- und Prognosegrundsätzen, und bestimmte Daten für gewisse Zeiträume zu normieren, z. B. Kalkulationszinssatz, Steuersätze, Inflationsraten etc. Weiters ist zu regeln, für welche Investitionen und von wem detaillierte Investitionsrechnungen zu erstellen sind und in welchem Ausmaß eine Kontrolle der Investitionsanträge und der dezentral durchgeführten Wirtschaftlichkeitsanalysen erfolgt (vgl. Reichmann [Controlling], S. 216f.). Die

Art der Weiterleitung an die Entscheidungsträger kann ebenso wie die Bearbeitung formalisiert werden (vgl. z. B. Holl [Controlling], Kap. 10.3). Regelungen sind auch für die Art und den Umfang der Realisationskontrolle (vgl. Kapitel 5.3.4.2) und der Investitionsnachrechnung (vgl. Kapitel 5.3.4.3) zu treffen.

5.3.2.2 Organisatorische Einordnung

Die Aufgaben und Verantwortlichkeiten des Controllers im Investitionsbereich hängen auch von der organisatorischen Einordnung ab. Die Investitions-Controlling-Funktion kann einerseits zentral durch das Unternehmens-Controlling, andererseits durch eine (oder mehrere) Investitions-Controlling-Stelle(n) oder durch die Bereichsmanager selbst wahrgenommen werden. Für die zentrale Variante sprechen Neutralität hinsichtlich der Unternehmensbereiche und der Objekte, Einheitlichkeit, geringe Unternehmensgröße, eventuell auch Erfahrung und Controlling-Spezialisierung (vgl. Bozem [Investitions-Controlling], S. 18).

Gibt es einen (oder mehrere) Investitions-Controller, werden diesem (diesen) mindestens die prozeßunterstützenden Aufgaben im Bereich der operativen Investitionsplanung und -kontrolle übertragen, während die systembildenden Aufgaben beziehungsweise die prozeßunterstützenden Aufgaben im Zusammenhang mit der strategischen Investitionsplanung und -kontrolle eventuell beim zentralen Unternehmens-Controlling verbleiben.

Je stärker der Grad der Dezentralisierung ist, umso wichtiger werden Kompetenzregelungen und Koordinationserfordernisse. Weiters muß die fachliche und disziplinarische Unterstellung der dezentralen Controller bezüglich des Zentralcontrollers und des Fachbereichsleiters geregelt werden (vgl. Schermann [Entwicklung], S. 227ff.). "Bindestrich-Controller" sind häufig stärker in das Tagesgeschäft der Sparte oder des Funktionalbereichs involviert und erfüllen außer der Controller-Funktion im engen Sinn mitunter noch andere (administrative) Aufgaben. Das kann die Befangenheit oder die Bereichsorientierung zu sehr vergrößern. Ein dezentraler Controller benötigt doppelte Loyalität: einerseits gegenüber dem Bereich, andererseits gegenüber dem Gesamtunternehmen (vgl. Deyhle [Entwicklungsperspektiven], S. 373f.).

Dezentrale Regelungen können mehr Eigenverantwortung und Motivation in den Fachbereichen bringen (vgl. Bozem [Investitions-Controlling], S. 17f.). Die Controlling-Qualität und die Ausrichtung am Gesamtunternehmensziel müssen aber durch Serviceleistungen oder entsprechende Richtlinien sichergestellt werden.

5.3.3 Funktionen des Controllers im strategischen Investitionsbereich

5.3.3.1 Entwicklung von Investitionsstrategien

Der Investitions-Controller sollte berechtigt beziehungsweise (mit-)verantwortlich sein, **strategische Investitions- und Desinvestitionsvorschläge** – allein oder gemeinsam mit den Fachbereichen – zu erarbeiten. "Das (strategische) Investitions-Controlling muß dazu sicherstellen, daß zur Ausnutzung künftiger Chancen und zur Abwendung künftiger Risiken in reaktiver oder antizipativer Anpassung an Umweltänderungen eine systematische, mit der strategischen Gesamtplanung abgestimmte Konzeption der langfristigen Investitionsplanung existiert." (Reichmann [Controlling], S. 214)

Der Controller hat dafür geeignete Instrumente zur Verfügung zu stellen und die Anwendung der Methoden und die Interpretation der Ergebnisse zu unterstützen. Investitions- oder Desinvestitionsstrategien können sich beispielsweise aus Portfolio-Analysen, Gap- und Produktlebenszyklus-Analysen, aber auch aus konkreten Marktentwicklungen oder Konkurrenzmaßnahmen ergeben (vgl. Kapitel 5.2.2). Das Controlling leistet dabei umfassende Informations- und Analysearbeiten, z. B. im Rahmen einer Umwelt- oder einer Unternehmensanalyse (vgl. Schermann [Entwicklung], S. 103ff.).

5.3.3.2 Bewertung von Investitionsstrategien

Der Controller zeigt bei der Beurteilung der entwickelten Investitions- oder Desinvestitionsstrategien die Konsequenzen der einzelnen Alternativen auf: z. B. Akquisition versus Eigenaufbau, Eigenleistung versus Fremdbezug, Technologieentwicklungen etc.

Die Vollständigkeit der Alternativen sollte möglichst gut sichergestellt werden. Auch die Wirkungen der Strategien auf die Unternehmensziele sind zu erfassen und hinsichtlich ihrer Kompatibilität zu beurteilen.

Darüber hinaus gibt es zahlreiche **Koordinationserfordernisse**. Die strategische Investitionsplanung soll aus der gesamtbetrieblichen Strategie abgeleitet und mit der finanziellen Gesamtstrategie koordiniert werden, damit Rentabilitäts- und Liquiditätsziele berücksichtigt werden. Das Instrumentarium für diese Koordinationstätigkeit stammt aus dem Finanz-Controlling und umfaßt Bilanzstrukturplanung, Finanzplanung und -kontrolle, langfristige Budgetierung und Simultanoptimierung. Auch zwischen strategischer und operativer Investitionsplanung muß eine Koordination erfolgen. Dabei werden Kapazitäts- und Investitionsbedarf, Technologie und Produktionsprogramm für einen langfristigen, strategischen Zeitraum abgestimmt. Die Koordination in zeitlicher Hinsicht betrifft den Anpassungspfad vom Ist-Zustand zum Soll-Zustand, z. B. bei der Einführung einer neuen Technologie oder eines neuen Geschäftsbereichs (vgl. Peemöller [Investitions-Controlling], S. 373ff.).

Die Evaluierung strategischer Investitionsalternativen ist häufig nur mit ordinal meßbaren Größen möglich. Varianten, die bestimmte Mindestkriterien erfüllen, können mit **Scoring-Modellen** bewertet werden (vgl. Schermann [Entwicklung], S. 134ff., vgl. auch Nutzwertanalyse im Kapitel 5.2.4), wobei der Controller bei der Auswahl der Beurteilungskriterien und bei der Methodenanwendung mitwirken soll.

Finden die positiv beurteilten Investitionsstrategien im **strategischen Investitionsbudget** Deckung, das sich meist am verfügbaren Cash-flow sowie an den sonstigen Kapitalquellen orientiert und im Finanz-Controlling entwickelt wird, so kann der Investitions-Controller den strategischen Investitionsplan zusammenstellen (vgl. auch Kapitel 5.2.10). Ansonsten sind Rückkopplungen, Verschiebungen oder Planrevisionen erforderlich. Der Investitions-Controller muß dabei auf die Auswirkungen der Änderungen auf die Unternehmensziele hinweisen.

5.3.3.3 Kontrolle von Investitionsstrategien

Zur Absicherung des strategischen Wegs ist eine strategische Kontrolle einzurichten, die den strategischen Planungs- und Realisierungsprozeß begleitet.

Im Rahmen der Prämissenkontrolle müssen die internen Ressourcen-Situationen und Ressourcen-Entwicklungen sowie die strategischen Schlüsselannahmen über die Umwelt laufend auf ihre weitere Gültigkeit überprüft werden. Dazu sind vom Investitions-Controller entsprechende Dokumentationen und ständige Informationen gefordert. Die Durchführungskontrolle beschäftigt sich mit der Wirkung der realisierten strategischen Aktionen. Als Maßstab dienen kürzerfristige Handlungsziele, die Meilensteine genannt werden. Eine strategische Überwachung soll als Gesamtkontrolle die gewählten Geschäftsfelder und Wettbewerbskonzepte absichern. Dafür wird das Controlling ein Frühwarnsystem entwickeln, das auf die kritischen Prämissen oder Parameter der strategischen Investitionsplanung ausgerichtet ist (vgl. Peemöller [Investitions-Controlling], S. 375f.).

Der Investitions-Controller muß das Management rechtzeitig von wesentlichen Abweichungen informieren und bei der Strategieanpassung mitwirken. Die strategische Kontrolle erfolgt somit vor allem als Vorkopplung, da strategische Fehlentscheidungen kaum mehr zu korrigieren sind, wenn sich die Wirkungen schon in der laufenden Geschäftstätigkeit zeigen.

5.3.4 Funktionen des Controllers im operativen Investitionsbereich

5.3.4.1 Planungsphase

Die strategische Investitionsplanung stellt den Orientierungsrahmen für die operative Investitionsplanung, dabei hat letztere eine Vollzugsfunktion zur ersteren. Der Controller wird daher auf die Einbindung von strategischen Zielen und Investitionsstrategien in die operative Investitionsplanung achten. Die Auswirkungen der strategischen Maßnahmen, die innerhalb des Planungshorizonts der operativen Planung verwirklicht werden sollen, müssen in der operativen Investitionsplanung konkretisiert werden. Daneben sind auch jene Investitionsvorhaben zu berücksichtigen, die der Aufrechterhaltung des "normalen" Unternehmensbetriebs dienen (vgl. Schermann [Entwicklung], S. 149f.).

Für die einzelnen Phasen des Investitionsplanungs- und -entscheidungsprozesses (vgl. Kapitel 5.1.2), aber auch im Rahmen der Desinvestitionsplanung sind zahlreiche Controlling-Funktionen vom Controller selbst oder von den damit befaßten Managern und Mitarbeitern zu verrichten (vgl. Lange [Investitionsentscheidungen], S. 137 Schermann [Entwicklung], S. 151ff.):

Bei der Bereitstellung und beim Einsatz von **Investitions-Controlling-Instrumenten** geht es einerseits um Investitionsanregungen beziehungsweise um die Ermittlung des Investitionsbedarfs, andererseits um die Bestimmung des optimalen Investitionsvolumens und die Aufteilung auf Investitionsbudgets der einzelnen Bereiche. Dafür müssen sowohl die strategische Gesamtplanung als auch das Finanz-Controlling eingebunden werden. Auch der Planungsablauf muß entsprechend organisiert werden (vgl. Kapitel 5.3.2.1). Ein weiterer Controlling-Schwerpunkt ist es, Investitionsbeurteilungsmethoden und Richtlinien für deren Einsatz zur Verfügung zu stellen (vgl. z. B. Reichmann [Controlling], S. 249ff., Bozem [Investitions-Controlling], S. 13). Der Controller gibt dabei entsprechende Hilfestellungen und sorgt für Bewertungstransparenz.

Die entscheidungsbezogene **Informationsversorgung** durch das Controlling betrifft sowohl die Investitionsanregung (inklusive Beschreibung des Investitionsproblems, Ist-Analyse und Beratung hinsichtlich Soll-Vorgabe) als auch die Entscheidungsvorbereitung. Der Investitions-Controller initiiert die Suche nach Investitionsalternativen, unterstützt sie mit Informationen, ermittelt und beurteilt die Konsequenzen der Alternativen. Investitionsrechnungen erfordern quantitative und qualitative Festlegungen von Daten und Prognosegrundsätzen. Zur Informationsversorgung gehört auch die Durchführung von Investitionsrechnungen (gegebenenfalls von Alternativrechnungen) und die Zusammenstellung von Entscheidungsvorlagen.

Im Rahmen der **Koordinationsfunktion** ist neben der bereits erwähnten Abstimmung mit der strategischen Gesamtplanung und mit der langfristigen Investitionsplanung die Koordination mit der finanziellen Gesamtplanung als Schnittstelle zum Finanz-Controlling von besonderer Bedeutung (vgl. z. B. Hauschildt; Sachs; Witte [Finanzplanung], S. 37ff.). Außerdem sind Koordinationsaufgaben im Rahmen der Entscheidungsvorbereitung innerhalb des Investitionsbereichs und bereichsübergreifend wahrzunehmen (vgl. Schermann [Entwicklung], S. 182ff.).

Eine weitere Aufgabe ist die Investitionsprogrammabstimmung: Danach sollen in der Investitionsplanung nur noch jene in einer bestimmten Periode zu realisierenden Investitionsobjekte enthalten sein, die einander nicht gegenseitig ausschließen, wobei auch auf die Wechselwirkungen von Investitionen und Desinvestitionen zu achten ist. Der operative Investitionsplan inkludiert dann alle Investitions- und Desinvestitionsobjekte aus strategischer Planung und operativer Notwendigkeit. Nach der Abstimmung zwischen Investitions- und Finanzierungsplan bilden die realisierbaren Investitions- und Desinvestitionsobjekte das Investitionsprogramm (vgl. Schermann [Entwicklung], S. 173ff., vgl. auch Kapitel 5.2.10).

An die Investitionsentscheidung schließen die **Budgetierung** der Investitionen und die Einführungsplanung an. Während im ersten Bereich vor allem eine Zusammenarbeit des Investitions-Controllers mit dem Finanz-Controller zur Vorgabe der Zahlungen nach Höhe und Zeitpunkten erfolgt, sind bei der **Einführungsplanung** alle betroffenen Bereiche, z. B. Produktion, Materialwirtschaft, Personalwesen, Verkauf etc. einzubinden (vgl. Peemöller [Investitions-Controlling], S. 379f.).

Bereits in der Planungsphase sind bestimmte **Kontrollaktivitäten** zu erfüllen. Der Investitions-Controller wird gemeinsam mit dem Finanz-Controller eine Kapitalbindungskontrolle vornehmen, bei der die Mittelverwendung der Mittelaufbringung gegenübergestellt wird. Weitere Investitions-Controlling-Tätigkeiten sind die Kontrolle der Einhaltung von Investitionsplanungsrichtlinien, die laufende Prämissenkontrolle, die Kontrolle der vorgelegten Investitionsanträge und eventueller Investitionsrechnungen der Fachbereiche, die laufende Budgetkontrolle einzelner Unternehmenseinheiten und die Budgetkontrolle bei nicht genehmigungspflichtigen Kleininvestitionen.

Gegenstand der Planungskontrolle sind somit der Investitionsplanungsprozeß sowie dessen Ergebnisse, wobei sowohl die Prozeßkontrolle als auch die Planungsinhaltskontrolle in den Aufgabenbereich des Investitions-Controlling fallen. Daher hat der Investitions-Controller auch die Vollständigkeit, die Aktualität und die Richtigkeit der Informationserfassung in der Investitionsplanung zu analysieren. Ziel ist die Steigerung der Planungsqualität (vgl. Schermann [Entwicklung], S. 194ff.).

5.3.4.2 Durchführungsphase mit projektbegleitender Steuerung und Kontrolle

Zu den Tätigkeitsbereichen des Investitions-Controlling können in der Realisierungsphase von Investitionen auch der Aufbau und die Überwachung eines zielorientierten Systems des **Projekt-Controlling** gehören. Dazu zählt auch die Erstellung von laufenden Berichten über Bestellungen, Liefertermine, Zahlungsfristen, Investitionsauszahlungen, Budgetausnutzung, Finanzierungsein- und -auszahlungen sowie eventuelle Änderungen in den Planungsprämissen. Aus Soll-Ist-Vergleichen und Analysen bei wesentlichen Abweichungen sind rechtzeitig Gegenmaßnahmen vorzuschlagen. Der Investitions-Controller kann auch für die Entgegennahme und Überprüfung beziehungsweise Erstellung von Investitionszusatzanträgen zuständig sein (vgl. Lange [Investitionsentscheidungen], S. 139). Richtlinien für Nachtragsbewilligungen erscheinen erforderlich (vgl. Schermann [Entwicklung], S. 180ff.).

Der Investitions-Controller wird bei diesen Tätigkeiten vor allem mit den technischen Abteilungen, der Beschaffung/Materialwirtschaft und dem Finanzbereich zusammenarbeiten (vgl. Reichmann [Controlling], S. 217). Auch in der Realisierungsphase hat der Investitions-Controller Instrumente (z. B. Projektplanungstechniken) und Informationen (z. B. aus den von der Investition betroffenen Unternehmensbereichen) bereitzustellen sowie Koordinations- und Kontrolltätigkeiten zu verrichten oder an geeignete Personen zu übertragen.

Bei größeren Projekten wird auch für die Durchführungsphase ein **Projektteam** erforderlich sein, wobei Zusammensetzung der Gruppe und Auswahl des Teamleiters sehr wichtig sind (vgl. Liebsch [Investitions-Controlling], S. 39). Der Projektleiter hat die Führungsaufgabe, der Projekt-Controller moderiert und unterstützt den Projektleiter in allen Fragen des Controlling, von der Planung bis zum Schlußbericht, und berichtet auch an ihn, insbesondere bei Abweichungen. Je nach Position, Kompetenzen und Erfahrungen kann dem Projekt-Controller mehr oder weniger Verantwortung zugewiesen werden (vgl. Deyhle; Steigmeier [Controller], S. 47ff.).

Die **projektbegleitende Kontrolle** umfaßt eine Termin-, Kosten- und Leistungskontrolle (vgl. Peemöller [Investitions-Controlling], S. 380f.), um bei Soll-Ist-Abweichungen entsprechende Steuerungsmaßnahmen einzuleiten. Damit sollen die Investitionsprojektziele im größtmöglichen Ausmaß erreicht werden. Die Tätigkeitsbereiche für das Controlling ergeben sich aus den Zielsetzungen der operativen Kontrolle (vgl. Peemöller [Investitions-Controlling], S. 382):

- Kontrolle der wirtschaftlichen Abwicklung des Projekts
- Termin-, Kosten- und Leistungskontrolle mit Korrekturmaßnahmen
- Prüfung und Neuberechnung einzelner Kenngrößen aus den Erfahrungswerten
- Ursachenanalyse bei (wesentlichen) Abweichungen
- Aufdecken von Schwachstellen im Planungs- und Realisierungsprozeß zur zukünftigen Qualitätsverbesserung.

5.3.4.3 Kontrollphase

In sämtlichen Phasen des Investitionsentscheidungs- und -realisierungsprozesses sind Kontrollaktivitäten erforderlich. Diese reichen von der Planung über die Beschaffung und die Nutzung bis zu einer ex-post-Betrachtung (vgl. Schermann [Entwicklung], S. 194ff.).

Die Investitions-Controlling-Aktivitäten umfassen auch die Bereitstellung von **Instrumenten zur objektweisen Wirtschaftlichkeitskontrolle**. Neben den schon als Planungsrechnungen verwendeten Methoden bieten sich Kennzahlen, ein auftragsorientiertes Rechnungswesen (vgl. Bozem [Investitions-Controlling], S. 15 und S. 17), die Integration der Investitionsnachrechnung in die Kosten- und Leistungsrechnung und die Einrichtung von Vor-Kostenstellen beziehungsweise Objektnummern – zumindest für alle größeren Objekte – an (vgl.

Reichmann [Controlling], S. 250ff., Lange [Investitionsentscheidungen], S. 144ff.). Auch eine Kostenrechnung des Anlagebaus oder eine Projektkostenrechnung als Bindeglied zwischen Investitionsrechnung und Kosten- und Leistungsrechnung kann die Planung, Steuerung und Kontrolle des Prozesses der Umsetzung von Investitionsalternativen erleichtern (vgl. Küpper [Gegenstand], S. 180ff.).

Zu den möglichen Investitions-Controlling-Aktivitäten im Rahmen der entscheidungsbezogenen **Informationsversorgung** in den Kontrollphasen gehören die laufende Erfassung der objektrelevanten Daten, wobei entsprechende Methoden die objektbezogenen Einzelkosten und Leistungen abgrenzbar machen müssen, die Durchführung von Investitionsnachrechnungen, die Bestimmung des optimalen Ersatzzeitpunkts und die Anregung von Anpassungsmaßnahmen zur Gegensteuerung (vgl. Lange [Investitionsentscheidungen], S. 140).

Informations- und **Koordinationsaufgaben** liegen nicht nur in der Zusammenarbeit zur Erfassung der Ist-Daten und zur Ermöglichung eines **Soll-Ist-Vergleichs** und in einer **Abweichungsanalyse** samt Empfehlung von Gegensteuerungsaktivitäten, sondern auch in den Rückmeldungen an die beteiligten Stellen zur Verbesserung zukünftiger Schätzungen (vgl. Schermann [Entwicklung], S. 206ff.).

Die **Kontrolle** im engeren Sinn betrifft einerseits wieder die Prämissenkontrolle, andererseits die Kontrolle der Zielerreichung des Investitionsobjekts in Form einer Zwischen- oder Nachkalkulation.

Der Controller muß in Zusammenarbeit mit der Unternehmensleitung oder mit dem Projektverantwortlichen

- Umfang (Total- versus Partialkontrolle, die meist nur Investitionen mit hohem Kapitaleinsatz betrifft),
- einzubeziehende Größen (Voll- versus Teilkontrolle, die nur Variablen und Parameter mit großem Einfluß auf das Investitionsergebnis umfaßt) sowie
- Zeitpunkt und Häufigkeit der Kontrollaktivitäten festlegen (vgl. Schermann [Entwicklung], S. 188ff.) und die notwendigen Voraussetzungen dafür schaffen.

Ergebnisorientierte Investitionskontrolle ist zwar aus Kapazitäts- und Kostengründen sowie wegen mangelhafter organisatorischer Voraussetzungen noch nicht allgemein gelebter Standard in der betrieblichen Praxis, doch der Controller hat zumindest bei größeren oder kritischen Investitionsprojekten dafür vorzusorgen. Die Meilensteine beziehungsweise Kontrolltermine (vgl. z. B. Holl [Controlling], Kap. 10.6.3) sind so zu wählen, daß eventuelle Gegensteuerungsmaßnahmen ermöglichen, das Investitionsziel wenigstens teilweise zu erreichen. Alle mit der Planung und der Realisierung der Investitionen befaßten Stellen und Personen sollen aus den Investitionsberichten (vgl. Kapitel 5.2.11) und den sonstigen Kontrollinformationen für die folgenden, möglicherweise sogar vergleichbaren Projekte lernen, um die Qualität zu verbessern und gemeinsam mit dem Controller erfolgreiches Investitions-Controlling zu praktizieren.

6 Projektplanung und -steuerung

*Günter Rattay**

Projekt-Controlling unterstützt das Projektmanagement. Als Instrumente des Projekt-Controlling stehen eine große Zahl an Projektmanagement-Instrumenten zur Verfügung. Im Rahmen des Projektcontrolling ist insbesondere auf eine zweckmäßige organisatorische Eingliederung des Projekt-Controllers und auf die Aufgabenabgrenzung zwischen Projektmanager und Projektcontroller zu achten.

6.1 Aufgabenstellung

Projektcontrolling ist ein System der Führungsunterstützung für den Projektmanager, mit dem Ziele und Zielerreichung von in Projekten ablaufenden Managementprozessen optimiert werden. Projektcontrollingaufgaben sind einerseits als Teil der Projektmanagement-Aufgaben anzusehen, andererseits als begleitende Funktion – vom Start bis zum Abschluß eines Projekts – wahrzunehmen.

Projektcontrolling umfaßt folgende Aufgaben:

- Die Unterstützung des Projektmanagers durch den Projektcontroller bei der Formulierung von Projektzielen und Erfolgskriterien.
- Die Entwicklung von Kennzahlen und Meßsystemen, um Abweichungen erkennen und den Projekterfolg abschätzen zu können.
- Die Implementierung entsprechender Controllingstandards und -zyklen.
- Den Vergleich der Projektpläne (Leistung, Termine, Kosten) mit den Ergebnissen (Soll-Ist-Vergleich).
- Die Interpretation der Resultate und die Entwicklung von Steuerungsmaßnahmen.
- Die Erstellung von Projektberichten und die Sicherstellung einer adäquaten Projektdokumentation.
- Die optimale Nutzung der im Projekt gemachten Erfahrungen und Synergien.

Um die Funktion des Projektcontrollers klar zu definieren, wird diese im folgenden von der einer Projektrevision und der eines Projektmanagers abgegrenzt.

* mit Unterstützung von Falko Müller-Tyl

Projektrevision ist im Gegensatz zur begleitenden Projektcontrollingfunktion die punktuelle und nachgelagerte Analyse und Auswertung einer Projektphase oder eines gesamten Projekts. Sie bietet daher keine Möglichkeit zur laufenden Projektsteuerung. Die Bedeutung der Projektrevision liegt in der Auswertung abgelaufener Projektphasen oder Projekte zur

- Darstellung der bisherigen Mängel im Management-Prozeß,
- Dokumentation der ordnungsgemäßen Vorgangsweise,
- Nutzung der Erfahrungen für zukünftige Projekte,
- Projektabrechnung.

Im Rahmen der Projektrevision ist sicherzustellen, daß zwischen dem Projektrevisor und dem Projektteam keine regelmäßigen gegenseitigen Abhängigkeiten bestehen, damit der Projektrevisor das Projekt quasi als objektive Stelle beurteilen kann.

Projektmanagement umfaßt alle Aufgaben, die zur klaren Zielformulierung und zur zielgerechten Projektdurchführung notwendig sind. Es begleitet – wie das Projektcontrolling – ein Projekt während seines gesamten Ablaufs. Die folgende Gegenüberstellung soll eine idealtypische Funktionstrennung zeigen, obwohl die Grenzen zwischen Projektmanagement und Projektcontrolling in konkreten Projekten häufig verschwimmen:

Aufgaben des Projektmanagements	Instrumente des Projektmanagements
Projektplanung	Projektabgrenzung, Projektstrukturplan, Terminplan, Einsatzmittel-, Kosten- und Finanzplan, Qualitätsplan
Management der Umfeldbeziehungen	Umfeldanalyse
Gestaltung der Projektkultur	Werte, Normen, Regeln
Festlegung der Projektorganisation	Rollen, Kompetenzen-, Verantwortungsverteilung, Kommunikationsstrukturen
Management des Personals	Personalauswahl, Teambildung, Teamführung, Auflösung von Teams
integrierte Projektsteuerung	Leistung, Zeit, Kosten, Qualität
Risikomanagement	Risikoanalyse, -bewertung, -minimierung

Abb. 6.1: Aufgaben und Instrumente des Projektmanagements

Im Rahmen der **Projektplanung**, der **Projektsteuerung** und des **Risikomanagements** gibt es einen Überschneidungsbereich zwischen den Funktionen des Projektmanagements und des Projektcontrolling.

Aufgabe des Projektcontrolling **in der Projektplanung** ist die Empfehlung gewisser Strukturen und der Einsatz adäquater Instrumente, um Transparenz zu wahren, um eine Projektsteuerung zu ermöglichen und um eine möglichst übersetzungsfreie Integration der Projektinformationen in das Unternehmensinformationssystem zu gewährleisten. Das Projektmanagement ist dafür verantwortlich, daß diese Strukturen und Instrumente mit realistischen Daten (Ziele, Aufgaben, Termine, Kosten, Qualität) gefüllt werden.

Im Rahmen der **Projektsteuerung** gehört es zu den ureigensten Aufgaben des Projektcontrollers, ein System zur Erfassung von Ist-Daten zu entwickeln, das eine möglichst einfache Darstellung von Abweichungen und Konsequenzen auf den Projekterfolg erlaubt. Die laufende Ist-Daten-Erfassung, die EDV-unterstützte Wartung und die Kommunikation der Ergebnisse sind üblicherweise ebenfalls dem Projektcontrolling zuzuzählen. Dabei gehört es aber zum Aufgaben- und Verantwortungsbereich des Projektmanagements, die richtigen Steuerungsmaßnahmen einzuleiten.

In der Funktion des **Risikomanagements** besteht die Aufgabenteilung darin, daß das Know-how über adäquate Instrumente und Darstellungsformen zur Risikoanalyse, -bewertung und -minimierung Teil des Projektcontrolling ist, während die tatsächliche Anwendung anhand des konkreten Projekts Teil des Projektmanagements ist.

6.2 Instrumente zur Aufgabenerfüllung

6.2.1 Nutzwertanalyse, Kosten-Nutzen-Analyse, Projekteportfolio zur Projektauswahl

Projekte als neuartige, komplexe Aufgabenstellungen sind zu Beginn oft nicht mehr als interessante Ideen oder vage Anfragen. Aus diesem Grund müssen zielgerichtete Unternehmen eine systematische Auswahl der erfolgversprechenden Vorhaben treffen und Prioritäten zwischen diesen Projektideen setzen.

Idealerweise führt ein Führungsgremium des Unternehmens (Projektkoordinationsteam) die Projektauswahl durch, wobei vor allem auch ein Controller – allerdings der Unternehmens- oder Multiprojektcontroller und nicht der Projektcontroller – vertreten sein sollte.

Eine erste Sitzung dieses Führungsgremiums überprüft die vorhandenen Projektideen und -anfragen auf ihre Übereinstimmung mit den Unternehmensstrategien. Danach werden die "vergleichbaren" Projekte anhand geeigneter Kriterien bewertet, um eine Rangfolge bilden zu können; je nach Unternehmenstyp entstehen daraus mehrere Projektkategorien.

Externe Kundenaufträge werden üblicherweise an ihren Deckungsbeiträgen gemessen. In speziellen Fällen, beispielsweise wenn man in einem neuen Marktsegment oder mit einem neuen Kunden langfristige Gewinne erwartet, kann auch der kumulierte Erfolg innerhalb einer mehrjährigen Periode als Kriterium herangezogen werden.

Bei **internen Investitions- oder Organisationsentwicklungsprojekten** sollte der return on investment als Reihungsparameter herangezogen werden, der mit geeigneten Investitionsrechnungsmethoden ermittelt wird. Bei Projekten, die Organisationsstrukturen verändern oder auf Verhaltensänderungen der Mitarbeiter abzielen, ist der Erfolg mit Hilfe von Investitionsrechnungsmethoden kaum meßbar. In solchen Situationen können Nutzwertanalysen oder Kosten-Nutzen-Analysen herangezogen werden (vgl. Patzak [Systemtechnik-Planung], S. 279ff.).

Die Nutzwertanalyse wird besonders dann eingesetzt, wenn in Geldeinheiten meßbare Kriterien für die Wirtschaftlichkeitsberechnung fehlen oder nur schwer formulierbar sind. Anhand von Entscheidungskriterien werden Maßgrößen und mit Punkten bewertete Ausprägungen formuliert. Jede Projektidee wird mit Punkten je Entscheidungskriterium bewertet. Die Summe der Punkte ergibt den sogenannten Nutzwert, der als Vergleichsparameter für andere Projektideen gilt.

Obwohl die Nutzwertanalyse den Entscheidungsprozeß transparent macht, sollte darüber hinaus auch die Erfahrung (das Gefühl) der Entscheidungsträger berücksichtigt werden.

Die Kosten-Nutzen-Analyse dient der verbalen Gegenüberstellung der qualitativen Nutzenaspekte und der dafür einzusetzenden Kosten. (Ein Beispiel ist dem Kapitel "Einführung und Aufbau von Controllingsystemen als Projekt" zu entnehmen.)

Der Controller stellt bei der Projektauswahl adäquate Instrumente zur Verfügung und arbeitet bei der einheitlichen und übersichtlichen Darstellung von Projektideen mit, um eine rasche Entscheidungsfindung im Führungsgremium (Projektkoordinationsteam) zu erzielen.

6.2.2 Zielformulierung, Projektdefinition

Eine mehr oder weniger konkrete Projektidee oder -anfrage (Anlaß für das Projekt) sollte durch die Zielformulierung und die Projektdefinition operationalisiert werden. Operationalisierung bedeutet, daß für jedes Ziel der Zielgegenstand (Betrachtungsobjekt), das gewünschte Ausmaß (Zielerreichungsgrad) und der Zeitbezug (Zeitpunkt der Zielerfüllung) zu definieren ist. Weiters ist darauf zu achten, daß die formulierten Ziele unter den bestehenden Rahmenbedingungen (Finanzmittel, Ressourcen, Umfeld etc.) realistisch sind, was anhand von Quervergleichen mit ähnlichen Vorhaben im eigenen Unternehmen oder extern geprüft werden kann. Unscharfe Grauzonen lassen sich durch Ausgrenzung (Formulierung von Nicht-Zielen) klären.

Um die wesentlichen Rahmenbedingungen für das Projekt abzustecken, sollten noch weitere Parameter festgelegt werden:

- Das vorgesehene Projektbudget: Dieser Wert resultiert allerdings noch nicht aus einer detaillierten Projektkostenrechnung, sondern entspricht entweder dem vom Kunden oder von der Konkurrenz vorgegebenen Vergleichswert bei externen Kundenaufträgen oder den einer ersten groben Wirtschaftlichkeitsberechnung entstammenden wahrscheinlichen Werten. Daher ist das Projektbudget im Zuge der weiteren Projektplanung, wenn detaillierte Kalkulationen vorliegen, noch zu revidieren.
- Der Startzeitpunkt und das Startereignis, ab dem dem Projekt offiziell Ressourcen gewidmet werden.
- Das Endereignis und der dazugehörige Zeitpunkt, wodurch der Verantwortlichkeitsbereich des Projektleiters und seines Teams definiert wird.
- Die wesentlichen Verantwortlichen (Projektauftraggeber, Projektleiter, Projektteam).
- Die wesentlichen Risikofaktoren und Umfeldeinflüsse, die das Projekt im Ablauf stören oder zur Gefährdung der Projektziele führen könnten.
- Die kritischen Erfolgsfaktoren: Im Sinn einer ABC-Analyse entsprechen diese jenen Parametern, die in hohem Ausmaß den Projekterfolg beeinflussen. Wenn diese wenigen Kriterien nicht erfüllt sind, kann das Projekt nicht erfolgreich abgeschlossen werden.
  Durch die frühzeitige Darstellung der kritischen Erfolgsfaktoren werden die Beteiligten von Anfang an auf die heiklen Punkte sensibilisiert und können daher in der Folge ihre Aufmerksamkeit und die Ressourcen in erster Linie auf diese Faktoren richten.

Die folgende Abbildung zeigt einen Formularvorschlag zur Definition von Projekten:

Definition des Projekts: ____________

Ursache/Anlaß für das Projekt:
(Was ist der Grund, was war der Auslöser für dieses Projekt, wodurch kam es zustande?)

Projektziele:
(Was soll mit dem Projekt erreicht werden? Was soll am Ende des Projekts vorliegen?)
Möglichst sollen der Zielgegenstand, das Zielausmaß und der Zeitbezug festgelegt werden.
Kontrollfrage: Was ist nicht Ziel des Projekts?

Risiken / Kritische Erfolgsfaktoren:	**Nutzen:**

Projektbudget / Rentabilität:

Projektstart:
(Mit welchem Ereignis wurde das Projekt offiziell gestartet, wann war dieses Ereignis?)

Projektende:
(Mit welchem Ereignis wird das Projekt offiziell beendet, wann wird dieses Ereignis sein?)

Projektauftraggeber: ____________

Projektleiter: ____________

Projektteam: ____________ ____________
____________ ____________
____________ ____________
____________ ____________

Abb. 6.2: Projektdefinition

Im Rahmen der Zielformulierung und der Projektdefinition gehört es zur Rolle des Projektcontrollers, auf die Formulierung von operativen Zielen zu drängen, die die Erfolgskontrolle am Ende des Projekts ermöglichen. Weiters unterstützt der Projektcontroller den Projektmanager dabei, realistische und von allen beteiligten Personen und Abteilungen akzeptierte Ziele zu finden. Dieser Abstimmungsprozeß zwischen den einzelnen Teilinteressen ist eine äußerst anspruchsvolle Aufgabe.

Ein ausgefeiltes Projektcontrollingsystem stellt auch einheitliche Formulare oder EDV-Instrumente zur Dokumentation aller Projektdefinitionen zur Verfügung. Damit wird der Entscheidungsprozeß zur Projektgenehmigung beim Auftraggeber optimiert.

6.2.3 Projektplanung

6.2.3.1 Überblick über die Projektplanungsinstrumente

Die detaillierte Projektplanung beinhaltet die Planung der Leistung, der Qualität, der Termine, Ressourcen, Kosten und Finanzmittel. Um Transparenz und einfache Wartung der Projektpläne zu gewährleisten, sollte der Projektcontroller sicherstellen, daß eine durchgängige und einheitlich verwendete Struktur im Projekt existiert. Diese einheitliche Struktur beruht auf dem im Kapitel 6.2.3.2 beschriebenen Projektstrukturplan.

Die folgende Abbildung zeigt den Zusammenhang zwischen den Methoden der Projektplanung und -steuerung:

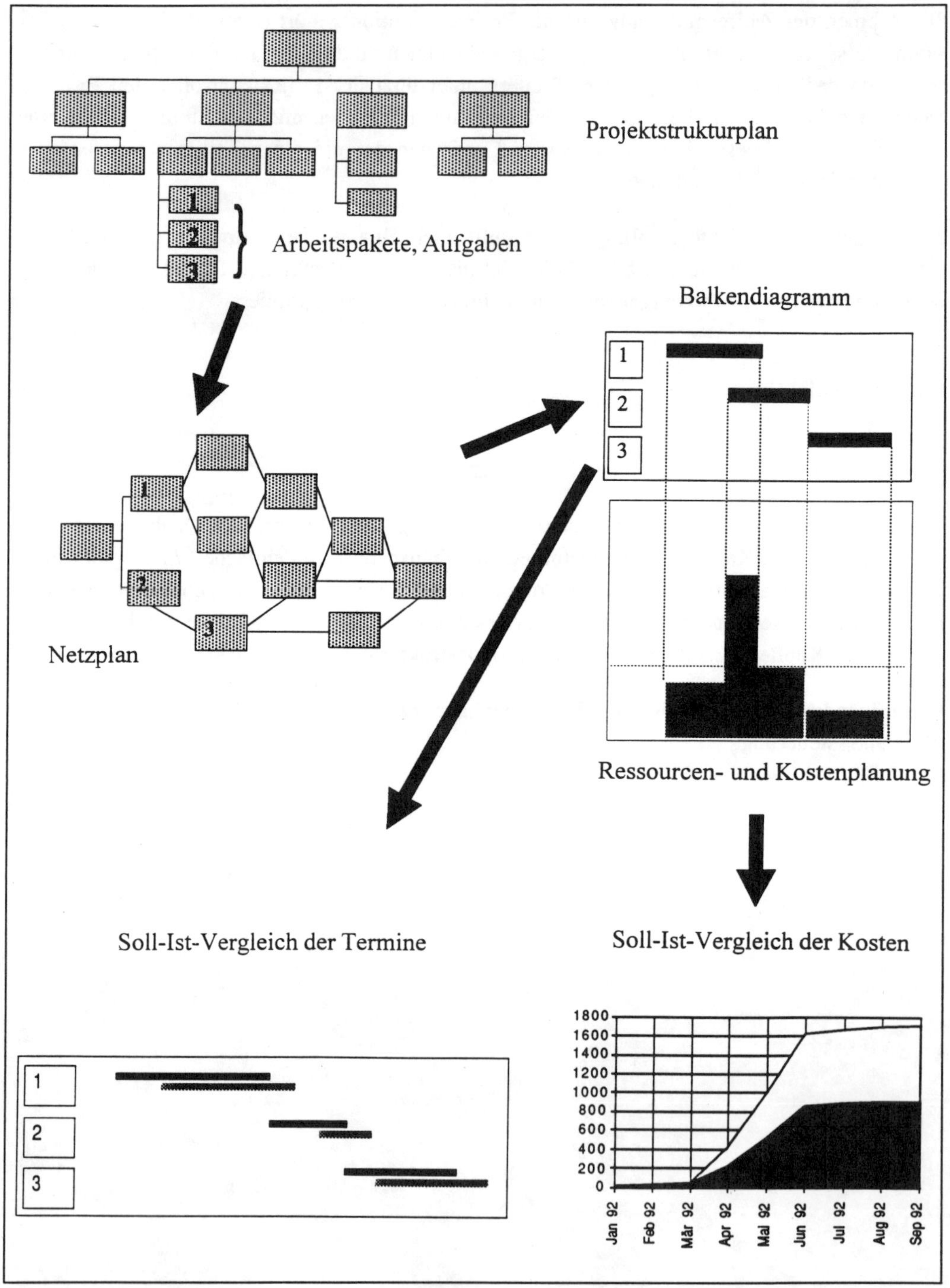

Abb. 6.3: Methoden der Projektplanung und -steuerung

6.2.3.2 Projektstrukturplan zur Leistungsplanung

Der Projektstrukturplan ist die systematische und ganzheitliche Zerlegung des Projekts in plan- und kontrollierbare Arbeitspakete. Die dadurch definierten Einheiten werden als Basis für alle weiteren Projektplanungs- und -steuerungsmethoden eingesetzt (vgl. Burghardt [Projektmanagement], Kerzner [management]).

Die übersichtliche Darstellung der Arbeitspakete in einer Baumstruktur macht den Projektstrukturplan zu einem kontinuierlichen Kommunikationsinstrument über das Projekt. Der einmal entwickelte Projektstrukturplan kann als Checkliste für die Besprechungspunkte bei Sitzungen, als Basis für die Protokolle und als grundlegende Struktur für die projektbezogene Ablage eingesetzt werden.

Das Projektteam sollte bei der Entwicklung eines Projektstrukturplans folgendermaßen vorgehen:

- **Listung der Arbeitspakete** zur Zielerreichung. Dabei empfiehlt sich der Einsatz von Kreativitätstechniken wie Brainstorming oder Kartenmethoden sowie die laufende Visualisierung der Gruppenergebnisse, um die vorhandenen Potentiale zu nützen und nichts zu vergessen. Bei der Festlegung der Aufgaben sollte immer der Zusammenhang zu den Projektzielen und der Projektdefinition hergestellt werden.
- **Auswahl einer Gliederungsstruktur der zweiten Detaillierungsebene** (für die zweite Detaillierungsebene der Baumstruktur), wobei folgende Kriterien berücksichtigt werden können:
  - Phasengliederung des Projekts
  - Gliederung nach Teilen des Endergebnisses (Objektgliederung)
  - Gliederung nach Funktionen des Endergebnisses (Funktionsgliederung)
  - Gliederung nach Beteiligten (Umfeldgliederung).
- **Auswahl einer Gliederungsstruktur weiterer Detaillierungsebenen** (für die dritte und weitere Detaillierungsebenen der Baumstruktur), sofern dieser Detaillierungsgrad notwendig ist. Man sollte soweit gliedern, bis Arbeitspakete entstehen, denen man Termine, Kosten, Verantwortliche sowie die Messung des Fortschritts im Rahmen der Steuerung leicht zuordnen kann.

Die folgende Abbildung zeigt einen Projektstrukturplan eines Bauprojekts:

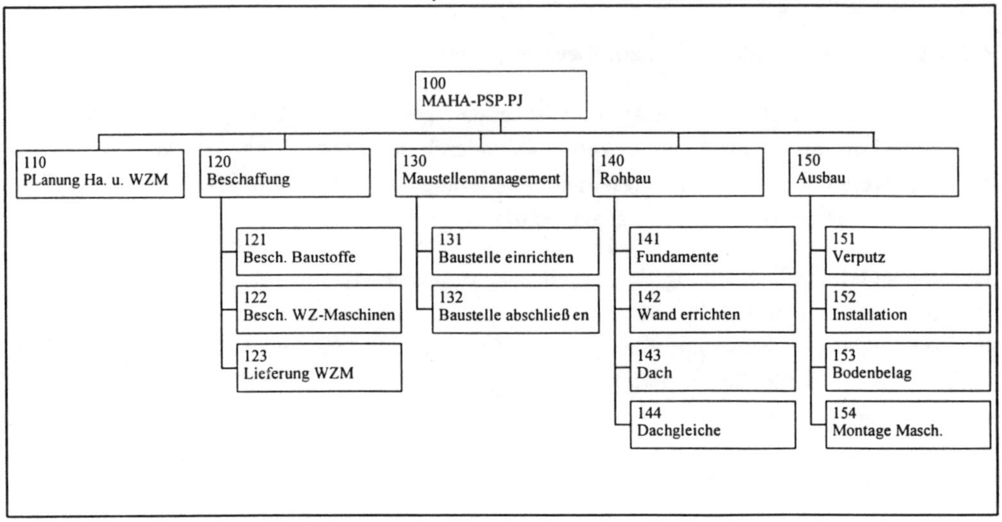

Abb. 6.4: Projektstrukturplan eines Bauprojekts

6.2.3.3 Qualitätsplan zur Festlegung der Anforderungen

Der Qualitätsplan enthält die definierten Qualitätsstandards sowie alle Maßnahmen und organisatorischen Regelungen, die eine Qualitätssicherung in allen Projektphasen sicherstellen. Außerdem beschreibt er die Kunden- und Umfeldanforderungen hinsichtlich der Ergebnis- und der Prozeßqualität (Qualität der Zusammenarbeit mit dem Umfeld).

Ein Qualitätsplan läßt sich in folgenden Schritten entwickeln:

- Identifikation von Qualitätskriterien
- Entwicklung von Meßsystemen, um die Qualitätskriterien überprüfbar zu machen
- Definition der Organisation der Qualitätssicherung (Verantwortlichkeiten,Termine)
- Abstimmung im Projektteam und mit Entscheidungsträgern
- Abstimmung mit dem Kunden und mit dem betroffenen Umfeld.

6.2.3.4 Ablauf- und Terminplanung zur Vereinbarung von Fristen und Zeiten

Planung und Kontrolle des Ablaufs und der Termine von Projekten können grundsätzlich mit Hilfe von

- Terminlisten,
- Balkenplänen,
- vernetzten Balkenplänen und
- Netzplänen.

vorgenommen werden. Diese Methoden bieten in der genannten Reihenfolge einen ansteigenden Informationsgehalt.

Eine **Terminliste** entsteht, wenn wesentliche Arbeitspakete oder Meilensteine aus dem Projektstrukturplan aufgelistet und mit Fertigstellungsterminen versehen werden. Die Terminliste ist in folgenden Fällen einsetzbar:

- Für Projekte, in denen ein hohes Ausmaß an externer Terminfixierung vorherrscht (z.B: gibt der Auftraggeber des Projekts viele Termine vor).
- Für eher kleine, wenig komplexe Projekte, bei denen die Vereinbarung einiger Zwischen- und eines Endtermines ausreicht.
- Wenn viele Projektaufgaben parallel durchgeführt werden, so daß eine eindeutige Ablaufplanung nicht der realen Abwicklung entsprechen würde.

erl.	Aufgabe	Verantwortlicher	Start	Ende	Ressourceneinsatz
	1. Problembeschreibung 1.1 Vorgespräche Kunde 1.2 Informationssammlung 1.3 Projektabgrenzung 1.4 Präsentation der Problembeschreibung beim Kunden				
	2. Entwicklung der Lösung 2.1 Entwicklung eines Anforderungsprofils 2.2 Zusammenstellung Projektteam 2.3 Entwicklung von Lösungsalternativen 2.4 Erstellung einer Kosten-Nutzen-Rechnung				
	3.				

Abb. 6.5: Terminliste

Bei der **Balkenplan-Technik** geht man vom Projektstrukturplan aus. Die Arbeitspakete werden in der Vertikalen des Balkendiagramms soweit wie möglich chronologisch gereiht. In der Horizontalen werden – einer Zeitachse entsprechend – zeitproportionale Balken je Vorgang eingezeichnet. Die Zuordnung der Balken zu den entsprechenden Zeitpunkten erfolgt entweder durch die Festlegung von Start- oder Endterminen je Arbeitspaket oder – wie bei der Netzplantechnik – durch die Definition von Abfolgen (Verknüpfungen), die die einzelnen Balken nicht absolut an den Zeitraster binden, sondern die Relation zueinander festlegen. Dadurch ist es möglich, Konsequenzen von Abweichungen einfach und automatisiert darzustellen.

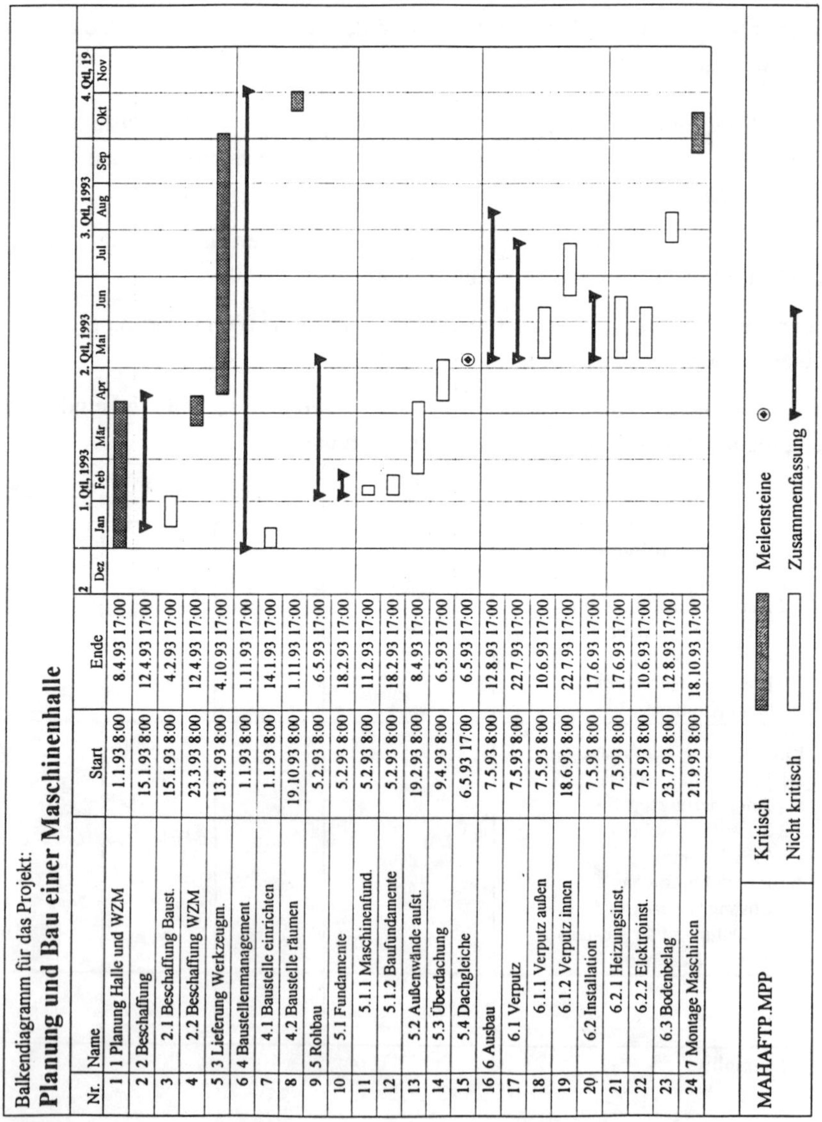

Abb. 6.6: Balkenplan

In der **Netzplantechnik** wird als Modell das Ablaufdiagramm verwendet. Dabei kann in

- Vorgangspfeil-Netzpläne und
- Vorgangsknoten-Netzpläne

unterschieden werden.

Um einen Netzplan zu erstellen, geht man üblicherweise folgendermaßen vor:

- Überprüfung der Arbeitspakete aus dem Projektstrukturplan, ob die Detaillierung den Anforderungen der Ablauf- und Terminplanung entspricht.
- Sammlung der wesentlichen Ecktermine, Meilensteine (Übergabe, Zwischenpräsentationen etc.).
- Definition von logischen Anordnungsbeziehungen zwischen einzelnen Arbeitspaketen (Ablaufplan).
- Schätzung von Dauern und Ressourcenbedarf je Vorgang / Arbeitspaket.
- Errechnung der Termine und Darstellung des Terminplans als Terminliste oder Balkenplan.

Der vernetzte Balkenplan versucht die Vorteile des Balkenplans (Übersichtlichkeit, professionelle Graphik, leichte Verständlichkeit) mit den Vorteilen eines Netzplans (Darstellung der Abhängigkeiten; dadurch können Abweichungen rasch auf ihre Konsequenzen hin beurteilt werden) zu kombinieren. Die dabei gewählte Darstellungsform ist prinzipiell ein Balkenplan, in dem jedoch die Abhängigkeiten in Form von zusätzlichen Verbindungslinien zwischen den Balken eingezeichnet sind (vgl. Reschke; Schelle; Schnopp [Handbuch], Bd. 1, S. 296 und Gareis [Projektmanagement], S. 78ff.).

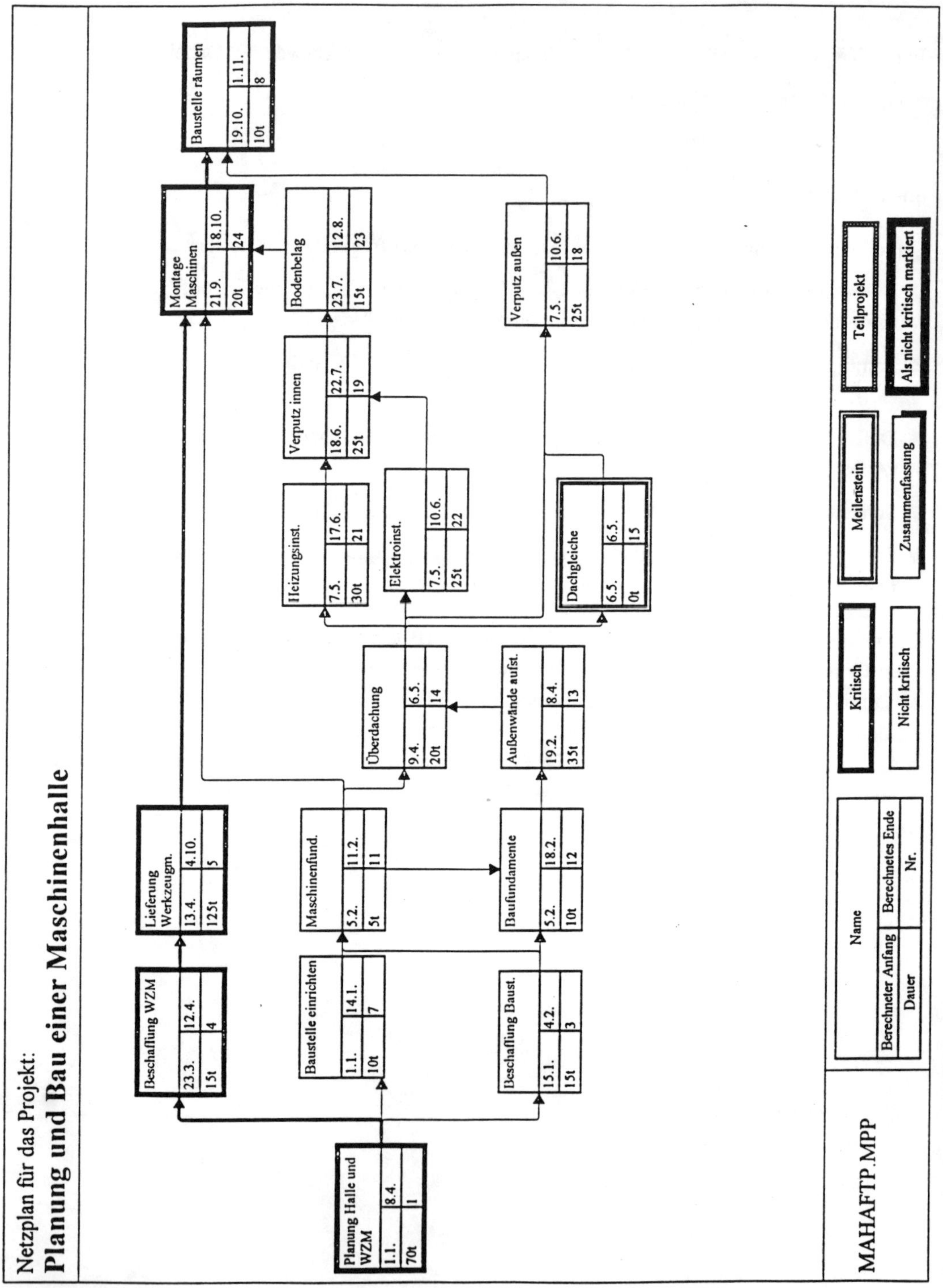

Abb. 6.7: Netzplan

Die Netzplangraphik (Darstellung der verknüpften Vorgänge als Ablaufdiagramm) hat sich wegen ihrer Komplexität und Unübersichtlichkeit nur in wenigen Anwendungsfällen durchgesetzt. Neuerdings erhält die Netzplantechnik als Methode zur Definition von Abläufen wieder Gewicht, da mittlerweile moderne Software-Pakete entstanden sind, die eine sehr einfache Eingabe und eine ansprechende Ausgabe über Balkenplan oder vernetzten Balkenplan erlauben. Die Vorteile der Netzplantechnik, wie automatisiertes Aufzeigen von Konsequenzen bei Änderungen im Projekt oder einfaches Änderungsmanagement, bleiben generell erhalten.

6.2.3.5 Ressourcen-, Kosten- und Finanzplanung

Eine umfassende Projektplanung liefert auch Aussagen über die Realisierbarkeit des Projekts unter Berücksichtigung von **Kapazitätsengpässen**. Die in der Terminplanung geschätzte Dauer der einzelnen Arbeitspakete stehen in engem Zusammenhang zum jeweiligen Ressourceneinsatz.

Wenn – vom Auftraggeber, von externen Rahmenbedingungen etc. – die maximale Dauer eines Arbeitspakets vorgegeben ist, hat die Ressourcenplanung diejenigen Einsatzmittel zu kalkulieren, die die Abwicklung in der vorgegebenen Zeit ermöglichen.

Der zweite Fall der Ressourcenplanung geht davon aus, daß sich die Dauer eines Arbeitspakets aus einer dafür vorgesehenen, optimalen Ressourcenzusammensetzung ergibt. In diesem Fall wird bereits bei der Dauerschätzung die Menge der Einsatzmittel definiert.

In beiden Fällen wird mit Hilfe einer Ressourcenplanung bezweckt, sogenannte Engpaßressourcen – also diejenigen Einsatzmittel, die sehr knapp verfügbar oder sehr teuer sind – möglichst optimal in das Projekt einzubinden. Ergebnis einer Ressourcenplanung sind entweder Listen oder Graphiken (Auslastungsdiagramm), die den notwendigen Ressourcenbedarf je Zeiteinheit belegen.

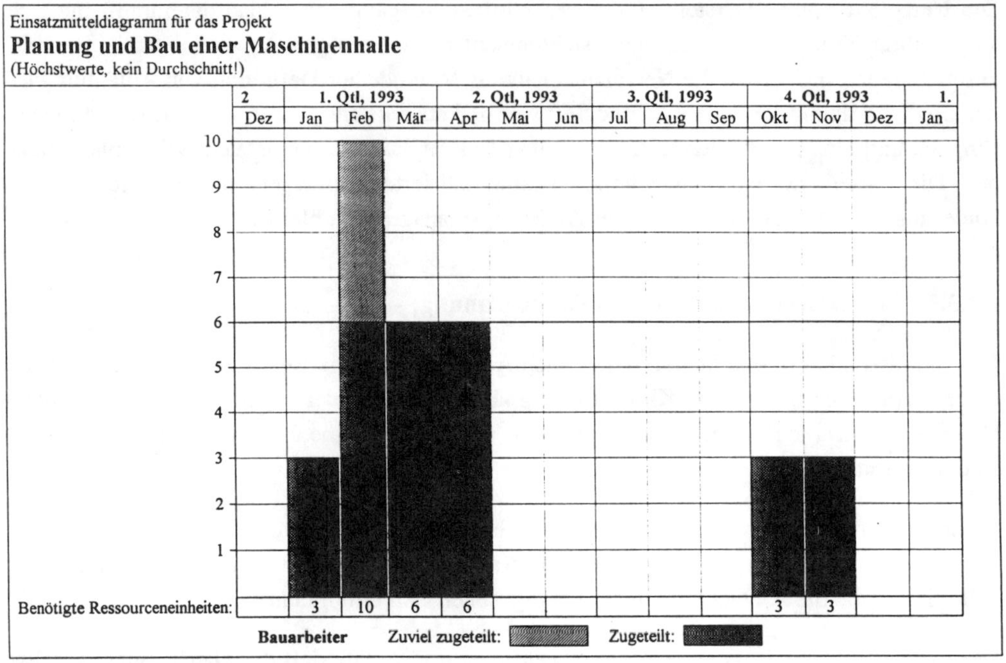

Abb. 6.8: Auslastungsdiagramm

Zweck der **Projektkostenrechnung** ist es, mit Hilfe einer

- **gegenwartsorientierten** Projektkostenrechnung einen entsprechenden Preis für das zu verkaufende Objekt kalkulieren zu können;
- **zukunftsorientierten** Projektkostenrechnung die Höhe, den zeitlichen Anfall und die Zurechenbarkeit von zukünftigen Kosten planen zu können;
- **vergangenheitsorientierten** Kontrollrechnung bis zum jeweiligen Kontrollstichtag die aktuellen Kosten zu erheben, mit den dafür geplanten Werten zu vergleichen und aus den erkannten Abweichungen Maßnahmen für das weitere Projekt abzuleiten.

Ziel der expliziten Planung und Kontrolle von Projektkosten ist es, die in der Projektdurchführung verursachten Kosten zu kennen und zu erfassen, um dadurch Informationsgrundlagen für Entscheidungen und für Steuerungsaufgaben zu erhalten.

Anforderungen an eine adäquate Projektkostenrechnung

- Die Gliederung der Projektkalkulation sollte der Gliederung des Projektstrukturplans entsprechen, um eine transparente Projektplanung und -steuerung zu ermöglichen. Die einzelnen Arbeitspakete oder verdichteten Arbeitspakete (Phasen, Subprojekte etc.) des Projektstrukturplans sollen daher jene Kontrolleinheiten darstellen, für die Soll-Kosten, Ist-Kosten und der Arbeitsfortschritt erfaßt werden können. Eine dem Projektstrukturplan entsprechende Kostengliederung schafft die Möglichkeit, die Projektkosten auf verschiedenen Aggregationsebenen zu beeinflussen und die Konsequenzen von Veränderungen eines Parameters (Leistung, Zeit, Kosten) auf die jeweiligen anderen Parameter zu erkennen.

- Ein wesentlicher Erfolgsfaktor einer Projektkostenrechnung ist eine adäquate Detaillierung. Zu geringe Detaillierung reduziert die Möglichkeit, Abweichungen rechtzeitig zu erkennen und im Projekt noch gegenzusteuern. Ein zu hoher Detaillierungsgrad ist mit einem ebenso hohen Verwaltungsaufwand verbunden.
  Ein gangbarer Ausweg ist die Festlegung der kritischen Kostenfaktoren. Dabei handelt es sich um jene Kostenarten oder Arbeitspakete, die im Sinne einer ABC-Analyse 80% des Kostenwerts und des Risikos, jedoch nur 20% der Kalkulationszeilen und des Administrationsaufwands ausmachen.

- Die Gliederung und Detaillierung der Kosten soll sich mit den bei der Erfassung und der Verrechnung der Ist-Kosten verwendeten Strukturen decken (einheitlicher Datenfluß).

- Projekte sollten als Gesamtheit betrachtet werden, um zu verhindern, daß aufgrund der üblichen jahresbezogenen Denkweise suboptimal gesteuert wird. Das gilt auch für die Projektkostenrechnung. Eine jahresbezogene Kostenrechnung eines mehrjährigen Projekts birgt zwei Gefahrenmomente in sich: Einerseits können zugesicherte Budgets verfallen, weil sich Leistungen in die nächste Abrechnungsperiode verzögern, andererseits kann die Qualität des Projekts kurzfristig verringert werden, um ein Jahresbudget zu schönen, obwohl man bereits weiß, daß in der (oder den) folgenden Periode(n) durch Mängelbehebungen in Summe wesentlich höhere Kosten anfallen werden.

- Es sollten alle Möglichkeiten ausgeschöpft werden, Kosten direkt dem Projekt zuzuordnen, auch – verursachungsgerecht – für das Projekt eingesetzte Akquisitions- und Vorbereitungsaufwand.
  Diese Forderung gilt auch, wenn aus strategischen Gründen Projekte durchgeführt werden, für die es keine positiven Deckungsbeiträge gibt. Ein Verschleiern derartiger Projekte, indem ein Teil der Kosten anderen Projekten oder den allgemeinen Gemeinkosten zugerechnet wird, macht die Gesamtkostensituation des Unternehmens undurchsichtig, so daß rationale Entscheidungen kaum noch zu treffen sind.

- Zur Projektkostenrechnung gehört auch die Besprechung des Gesamtprojektstatus als Ergebnis der Fortschrittsmeldungen. An diesen Abstimmungsbesprechungen, bei denen auch weitere Maßnahmen geplant werden, sollen neben dem Projektleiter und -controller alle Kostenverantwortlichen teilnehmen.

Vorgangsweise bei der Kostenplanung

1. Voraussetzungen klären
   Die für die Kostenplanung notwendigen Voraussetzungen sind vom Projektcontroller rechtzeitig zu klären.

2. Definition relevanter Kostenarten
   Die Kosten werden nach Primärgruppen gegliedert (z. B.: Personal, Material, Subauftragnehmer).

Kosten-code	Kostenart	Einheit	Kosten/Einheit
1000 1010 1020 usw.	Personal Bauarbeiter Installateur	 Stunden Stunden	 400,-- öS/h 450,-- öS/h
2000 2010 usw.	Material Ziegel	 Stück	 33,-- öS/Stk.
3000 3010 usw.	Subauftragnehmer Stahlbau	 laut Anbot	

Abb. 6.9: Definition relevanter Kostenarten

3. Zuordnung von Kosten zu Arbeitspaketen
   Die in Punkt 2 definierten Kostenarten werden den einzelnen Arbeitspaketen mengenmäßig zugeordnet.

4. Aggregation der Kosten
   Als Ergebnis der Kostenkalkulation sind folgende Auswertungen möglich:

   - Kosten je Arbeitspaket,
   - Kosten je Kostenart,
   - Kosten je Zeiteinheit (durch die Verknüpfung mit dem Terminplan). Sofern die jeweiligen Zahlungszeitpunkte berücksichtigt wurden, entspricht das auch der Finanzmittelplanung des Projekts.

6.2.4 Instrumente zur Projektsteuerung (Leistung, Qualität, Termine und Kosten)

Die Instrumente der Projektsteuerung bezwecken:

- Koordination und Überwachung der Projektpläne
- Rechtzeitiges Erkennen von Abweichungen
- Entwicklung und Umsetzung von Steuerungsmaßnahmen.

Im Rahmen der Projektsteuerung werden die Parameter **Leistung, Qualität, Termine und Kosten** betrachtet, wobei man jeden Parameter einzeln oder alle gemeinsam (integrierte Projektsteuerung) berücksichtigen kann. Bei der integrierten Projektsteuerung geht es auch um die Wirkungszusammenhänge zwischen Kosten, Terminen etc., die gerade bei Projekten von besonderer Bedeutung sind.

Daher gewinnt die integrierte Projektsteuerung immer mehr an Wert und wird vor allem auch von Projektmanagement-Software mitunterstützt.

Das folgende Beispiel soll die Zusammenhänge zwischen den Parametern illustrieren:

Im Zuge einer Projektfortschrittsmessung treten Terminverzögerungen auf, die sich auf den pönalisierten Endtermin auswirken. Der Projektleiter ist gezwungen, Steuerungsmaßnahmen einzuleiten, um den Projektablauf zu beschleunigen.

Wenn die verlore Zeit beispielsweise durch Überstunden oder erhöhten Ressourceneinsatz wettgemacht werden soll, so haben diese Beschleunigungsmaßnahmen auch Auswirkungen auf die Kosten, auf die einzusetzenden Ressourcen und auf die Qualität. Teil der integrierten Projektsteuerung ist es, diese Auswirkungen zu erkennen und sie mit dem eingesparten Pönale zu vergleichen.

Die Projektsteuerung erfolgt zu bestimmten Stichtagen, die am Beginn des Projekts oder bei Vorliegen eines bestimmten Anlasses vereinbart wurden. An jedem Stichtag werden gewisse Schritte erledigt, die man als Controllingregelkreis bezeichnen kann:

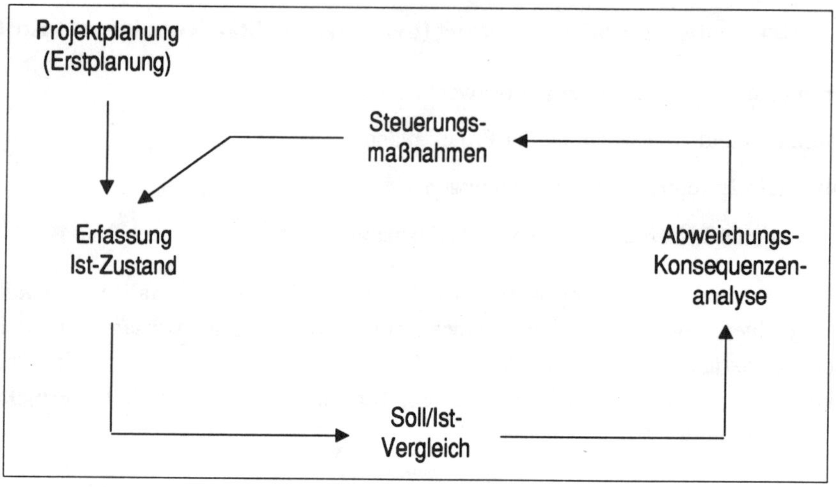

Abb. 6.10: Controllingregelkreis

Erfassung des Ist-Zustands

Die zum Stichtag aktuellen Ist-Daten werden gesammelt, überprüft und in die entsprechenden Darstellungsformen (Graphik, Tabellen etc.) eingetragen.

Kriterien für die Ist-Daten-Erfassung sind:

- **Inhaltliche Richtigkeit** (Gültigkeit): Relevanz (geforderter inhaltlicher Bezug), Aktualität, vereinbarter Maßstab, geforderte Aussagegenauigkeit/Bestimmtheit.
- **Formale Richtigkeit** (Abbildungsgüte): Vollständigkeit, geforderte Detaillierung, verarbeitungsgerechte Darstellung.
- **Zuverlässigkeit:** Reproduzierbarkeit, Objektivität, meßtechnische Präzision.

Folgende Ist-Daten-sollten erfaßt werden:

Leistung (Menge)	% Fertigstellungsgrad je Arbeitspaket
Qualität	Abnahmen durchgeführte Qualitätskontrollen Dokumentation, daß Qualitätsmerkmale erfüllt sind
Termine	Ist-Start je Arbeitspaket, das bereits begonnen wurde Ist-Ende je Arbeitspaket, das bereits beendet wurde noch zu erwartende Dauer (Restdauer)
Ressourcen	bis zum Stichtag eingesetzte Mengen (Personalstunden, Materialmengen etc.) noch zu erwartende Mengen
Kosten	Ist-Kosten Restkosten

Abb. 6.11: Ist-Daten-Erfassung

Wenn das Projektcontrollingsystem funktioniert, werden die genannten Ist-Daten von den Arbeitspaketverantwortlichen laufend rückgemeldet. Diese Meldung kann auf vorbereiteten Listen oder bereits im verwendeten EDV-System erfolgen.

Der Projektcontroller erhebt diese Ist-Daten häufig auch, indem er die Arbeitspaketverantwortlichen über den aktuellen Projektstatus befragt und die Umsetzung in das jeweilige System selbst vornimmt.

Bei der Erfassung des Leistungsfortschritts bereiten jene Arbeitspakete Schwierigkeiten, die zum Stichtag zwar begonnen, aber noch nicht beendet sind. In diesen Fällen muß aufgrund von Indikatoren eine Prozent-Fortschrittsmessung vorgenommen werden, bei der folgende methodische Hilfen angewendet werden können:

- Mengenmessung anhand eines quantitativen Indikators (m^2, lfm, Tonne ...)

  Läßt sich ein Indikator feststellen, dessen Zuwachs proportional zum Zeitverbrauch und zu den Kosten anfällt, sollte dieser in jedem Fall als Meßgröße für den Leistungsfortschritt eingesetzt werden. Es gibt aber in jedem Projekt eine Reihe von Arbeitspaketen, für die solche Indikatoren nicht existieren. Alle diese Indikatoren sind nur dann funktional, wenn sich das mit 100% in der Planung angenommene Leistungsvolumen nicht ändert.

- 50 – 100 % Methode:

  Mit dem Start eines Arbeitspakets wird es als 50% fertig, erst wenn es vollständig abgeschlossen ist, als 100% fertig gemeldet. Diese Methode ist zwar sehr ungenau, reicht aber für kurz andauernde oder wenig kosten- und risikointensive Arbeitspakete aus. Auch bei der Ist-Erfassung sollte man den durch die zusätzliche Information generierten Nutzen in Bezug zum Aufwand setzen, der für einen Informationsgewinn nötig ist.

- Meilensteine im Arbeitspaket

  Projektcontroller und Arbeitspaketverantwortliche vereinbaren bereits während des Planungsprozesses einige klar innerhalb des Arbeitspakets erkennbare Ergebnisse (Meilensteine), die mit Prozent-Fertigstellungswerten belegt werden.
  Bei der stichtagsbezogenen Ist-Daten-Erhebung wird der Arbeitspaketstatus anhand der Erreichung dieser Meilensteine gemessen, wie das folgende Beispiel illustriert:

Arbeitspaket "Ist-Analyse durchführen"				
% PLAN	% PLAN kumuliert	MEILENSTEIN	IST zum Stichtag	IST % kumuliert zum Stichtag
20 %	20 %	Fragebogen entwickelt	erledigt	20 %
60 %	80 %	Befragung durchgeführt (100 Interviews)	50 Interviews durchgeführt	50 %
20 %	100 %	Auswertung fertig		
			aktueller Leistungsfortschritt zum Stichtag:	50 %

Abb. 6.12: Projekt-Meilensteine

- Schätzung der Rest-Leistung

  Eine weitere Möglichkeit, den aktuellen Status festzustellen, ist die Schätzung der noch zu erledigenden Leistung in %. Häufig ist es einfacher, die zukünftig zu erledigende Arbeit als die bereits abgeschlossene zu bewerten. Dabei ist zu beachten, ob sich der ursprünglich angenommene Gesamtbezug (100%) in der Zwischenzeit verändert hat. Diese Änderung ist als Leistungsänderung explizit auszuweisen.

Ermittlung der Ist-Kosten

Parallel zur Projektdurchführung müssen die Ist-Kosten erhoben werden, um Kostenabweichungen rechtzeitig erkennen und geeignete Steuerungsmaßnahmen einleiten zu können. Diese zeitgleiche Ist-Kosten-Erfassung setzt voraus, daß die Ermittlung und Zusammenfassung der Ist-Kosten den in der Kostenplanung angewandten Strukturen entspricht.

Die Ist-Kosten-Erfassung kann aufgrund folgender Faktoren vorgenommen werden:

- Stundenaufschreibungen (eigenes Personal)
- Reiseabrechnungen
- Eingangsrechnungen

- Abrechnung von Subaufträgen
- Abrechnungen von Lizenzen
- Materialabrechnungen der Lagerwirtschaft
- Lieferscheine über gelieferte und eingesetzte Materialien
- etc.

Dabei stellen die erfaßten Kosten

- einerseits **Ist-Kosten zu Ist-Preisen** (wenn bereits Abrechnungen vorliegen),
- andererseits **Ist-Kosten zu Planpreisen** (z. B. bei Lieferscheinen Wagniskosten etc.)

dar.

Einige **Beispiele** zur Ist-Kosten-Erfassung:

- Eigene **Personalkosten** werden durch Stundenaufschreibungen erfaßt und den einzelnen Projekten zugerechnet. Die geleisteten Stunden können zunächst nur mit Plankostensätzen bewertet werden.
- Die Verwendung von Plankostensätzen ist auch für die Errechnung der **Verwaltungs- und Vertriebsgemeinkosten** notwendig. Diese Sätze werden auf die direkt zugeordneten Projektkosten aufgeschlagen.
- **Gewährleistungskosten** fallen erst nach Inbetriebnahme der Anlage an. Im begleitenden Controlling können daher nur die Vorkalkulationswerte angesetzt werden.
- Die Erfassung und Bewertung von **Subauftragnehmerleistungen** wird in folgenden Schritten durchgeführt, wobei bei jedem Schritt die ursprünglichen Werte durch aktuellere Ist-Werte zu ersetzen sind:

  - Bei der Bestellung ("disponierte Kosten")
  - Bei der Rechnungslegung
  - Bei der Auszahlung.

  Die Genauigkeit der Kostenerfassung nimmt bei jedem Schritt zu, die Einflußnahme auf die Kostenentwicklung aber ab. Die Zurechnung der Ist-Kosten der Subauftragnehmerleistungen sollte aber auch – wie bei anderen Kostenarten – entsprechend dem Leistungsfortschritt erfolgen. Nur wenn diese Bedingung erfüllt ist, ist ein stichtagsbezogener Soll-Ist-Vergleich durchführbar.

Im folgenden wird ein Formularvorschlag abgebildet, der zur Erfassung der Ist-Daten eingesetzt werden kann:

Arbeitspaket	% Leistungs-fortschritt	Rest-Aufgaben	Ist-Start	Ist-Ende	Rest-Dauer	Ist-Kosten	Rest-Kosten

Abb. 6.13: Formular zur Ist-Daten-Erfassung

Soll-Ist-Vergleich

Die ursprünglichen Plandaten werden zu Soll-Daten, wenn sie mit dem aktuellen Leistungsfortschritt je Arbeitspaket bewertet werden. Diese Soll-Daten werden anschließend mit den aktuellen Ist-Daten verglichen. Die Bewertung der Plandaten und ihre Umwandlung in Soll-Daten ist Voraussetzung für den Vergleich, da dadurch sowohl Plan als auch Ist auf die gleiche Basis (den aktuellen Leistungsfortschritt) bezogen werden.

- Soll-Ist-Vergleich der Leistung/Qualität
  Der **Leistungsfortschritt** kann durch eine **Markierung im Projektstrukturplan** oder Prozent-Angabe in einem schriftlichen Fortschrittsbericht dargestellt werden.

  Die **Qualität** kann durch das **Erreichen von definierten Qualitätskriterien, Meilensteinen** gemessen werden.

- Soll-Ist-Vergleich der Termine:
  Der Soll-Ist-Vergleich der Termine sollte auf einem Detaillierungsniveau stattfinden, auf dem eine proportionale Beziehung zwischen Leistungsfortschritt und verbrauchter Zeit unterstellt werden kann. Daraus kann man schließen, daß bei einem 50%igen Leistungsfortschritt auch 50% der Dauer abgelaufen sind. Verglichen wird also die Soll-Dauer eines Arbeitspakets (=Plandauer * Leistungsfortschritt in %) mit der Ist-Dauer.
  Diese auf den Stichtag bezogene Sicht sollte durch eine Hochrechnung der Termine ergänzt werden. Bei der Hochrechnung (Erwartungsrechnung) wird als einheitliche Vergleichsbasis nicht der Stichtag, sondern das Projekt- beziehungsweise Arbeitspaketende herangezogen. Die ursprüngliche Plandauer wird daher mit der hochgerechneten Plandauer (Ist-Dauer + Rest-Dauer) verglichen.
  In einem Balkenplan oder in einer Terminliste lassen sich sowohl der terminliche Fortschritt als auch eine aktualisierte Hochrechnung der Termine zum Projektende visualisieren (darstellen).

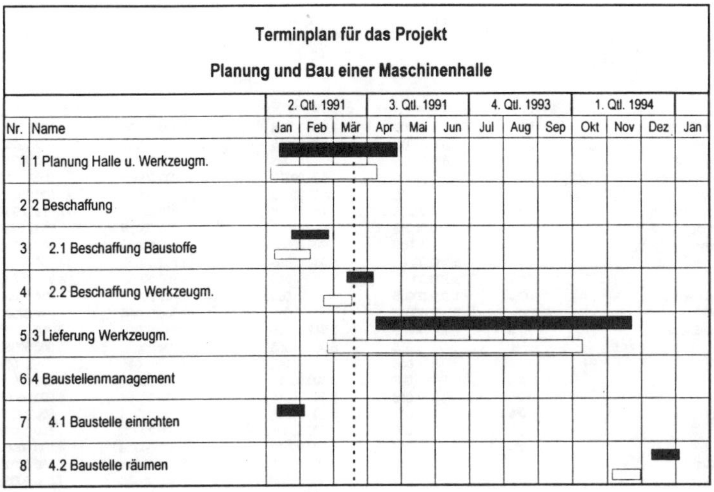

Abb. 6.14: Balkenplan mit Soll-Ist-Vergleich

- Soll-Ist-Vergleich der Ressourcen und Kosten:
  Auch beim Soll-Ist-Vergleich der Ressourcen und Kosten kann man prinzipiell zwischen dem **stichtagbezogenen Soll-Ist-Vergleich** und der **Erwartungsrechnung (Hochrechnung)** unterscheiden.
  Die **Kosten** und **Finanzmittel** sollten in **adäquaten Kostentabellen und Finanzflußdiagrammen** dargestellt werden (Vergleich der Ist-Kosten mit Soll-Kosten).

Nr.	Name	%abg.	Istkosten	Sollkosten	Kostenabw.
1	Planung Halle u. WZM	60%	2.000.000öS	2.100.000öS	(100.000öS)
2	Beschaffung	50%	200.000öS	200.000öS	0öS
3	Beschaffung Baustoffe	100%	200.000öS	200.000öS	0öS
4	Beschaffung Werkzeugm.	0%	0öS	0öS	0öS
5	Lieferung Werkzeugm.	0%	0öS	0öS	0öS
6	Baustellenmanagement	50%	310.000öS	306.000öS	4.000öS
7	Baustelle einrichten	100%	310.000öS	306.000öS	4.000öS
8	Baustelle räumen	0%	0öS	0öS	0öS
9	Rohbau	36%	5.100.000öS	5.024.400öS	75.600öS
10	Fundamente	100%	3.700.000öS	4.016.000öS	(316.000öS)
11	Maschinenfundamente	100%	1.200.000öS	2.084.000öS	(884.000öS)
12	Baufundamente	100%	2.500.000öS	1.932.000öS	568.000öS
13	Außenwände aufstellen	20%	1.400.000öS	1.008.400öS	391.600öS
14	Überdachung	0%	0öS	0öS	0öS
15	Dachgleiche	0%	0öS	0öS	0öS
16	Ausbau	0%	0öS	0öS	0öS
17	Verputz	0%	0öS	0öS	0öS
18	Verputz außen	0%	0öS	0öS	0öS
19	Verputz innen	0%	0öS	0öS	0öS
20	Installation	0%	0öS	0öS	0öS
21	Heizungsinstallation	0%	0öS	0öS	0öS
22	Elektroinstallation	0%	0öS	0öS	0öS
23	Bodenbelag	0%	0öS	0öS	0öS
24	Montage Maschinen	0%	0öS	0öS	0öS
			7.610.000öS	7.630.400öS	(20.400öS)

Abb. 6.15: Stichtagbezogener Soll-Ist-Vergleich

Nr.	Name	%abg.	Istkosten	Restkosten	Erwartete Kosten	Plankosten	Kostenabw.
1	Planung Halle u. WZM	60%	2.000.000öS	1.400.000öS	3.400.000öS	3.500.000öS	(100.000öS)
2	Beschaffung	50%	200.000öS	200.000öS	400.000öS	400.000öS	0öS
3	Beschaffung Baustoffe	100%	200.000öS	0öS	200.000öS	200.000öS	0öS
4	Beschaffung Werkzeugm.	0%	0öS	200.000öS	200.000öS	200.000öS	0öS
5	Lieferung Werkzeugm.	0%	0öS	20.000.000öS	20.000.000öS	20.000.000öS	0öS
6	Baustellenmanagement	50%	310.000öS	906.000öS	1.216.000öS	1.212.000öS	4.000öS
7	Baustelle einrichten	100%	310.000öS	0öS	310.000öS	306.000öS	4.000öS
8	Baustelle räumen	0%	0öS	906.000öS	906.000öS	906.000öS	0öS
9	Rohbau	36%	5.100.000öS	8.642.000öS	13.742.000öS	14.058.000öS	(316.000öS)
10	Fundamente	100%	3.700.000öS	0öS	3.700.000öS	4.016.000öS	(316.000öS)
11	Maschinenfundamente	100%	1.200.000öS	0öS	1.200.000öS	2.084.000öS	(884.000öS)
12	Baufundamente	100%	2.500.000öS	0öS	2.500.000öS	1.932.000öS	568.000öS
13	Außenwände aufstellen	20%	1.400.000öS	3.642.000öS	5.042.000öS	5.042.000öS	0öS
14	Überdachung	0%	0öS	5.000.000öS	5.000.000öS	5.000.000öS	0öS
15	Dachgleiche	0%	0öS	0öS	0öS	0öS	0öS
16	Ausbau	0%	0öS	9.000.000öS	9.000.000öS	9.000.000öS	0öS
17	Verputz	0%	0öS	1.000.000öS	1.000.000öS	1.000.000öS	0öS
18	Verputz außen	0%	0öS	500.000öS	500.000öS	500.000öS	0öS
19	Verputz innen	0%	0öS	500.000öS	500.000öS	500.000öS	0öS
20	Installation	0%	0öS	4.000.000öS	4.000.000öS	4.000.000öS	0öS
21	Heizungsinstallation	0%	0öS	2.500.000öS	2.500.000öS	2.500.000öS	0öS
22	Elektroinstallation	0%	0öS	1.500.000öS	1.500.000öS	1.500.000öS	0öS
23	Bodenbelag	0%	0öS	4.000.000öS	4.000.000öS	4.000.000öS	0öS
24	Montage Maschinen	0%	0öS	3.000.000öS	3.000.000öS	3.000.000öS	0öS
			7.610.000öS	43.148.000öS	50.758.000öS	51.170.000öS	(412.000öS)

Abb. 6.16: Projekthochrechnung (Erwartungsrechnung)

- Abweichungsanalyse, Konsequenzanalyse

Die im Soll-Ist-Vergleich sichtbar gewordenen Abweichungen sind auf ihre Konsequenzen zu analysieren. Dieser Schritt ist eine wesentliche Voraussetzung, um die Steuerungsmaßnahmen entsprechend zu dosieren.

Es kann vorkommen, daß bei einem Arbeitspaket eine Terminverzögerung erkannt wurde, die aber keine Konsequenzen auf das Projektende hat. In diesem Fall wären teure Beschleunigungsmaßnahmen falsch. Mit Hilfe einer EDV-gestützten integrierten Projektdatenbank werden die Konsequenzen im Sinne von "Was wäre, wenn ..."-Analysen automatisch darstellbar und damit zu einer professionellen Entscheidungsgrundlage.

- Ermittlung von Steuerungsmaßnahmen

Dabei handelt es sich um die Ermittlung von Alternativen zur optimalen Steuerung des Projekts im Sinn der Zielvorgaben. Im Prinzip gibt es dabei folgende Möglichkeiten von Steuerungsmaßnahmen:

Heranführen des Ist an das Soll (Plan) – **korrektive Maßnahmen**

Anpassung des Soll (Plan) an das Ist – **Planänderungen.**

Leistung zu gering (quantitativ/qualitativ)	höherer Ressourceneinsatz Wechsel der Durchführenden Qualitätskontrolle -sicherung
Zeit überschritten	höherer Ressourceneinsatz (Überstunden) Kürzung der Dauer am kritischen Weg Zukauf weiterer Ressourcen/Fremdvergabe Veränderung von Abhängigkeiten Qualität und Detaillierungsgrad kritisch prüfen
Kosten überschritten	Kosten überwälzen Qualität und Detailierungsgrad kritish prüfen Nutzung von günstigeren Varianten (Technologie, Zeit)

Abb. 6.17: Steuerungsmaßnahmen

6.2.5 Berichtswesen (Projektfortschrittsbericht, -abschlußbericht)

Das projektbezogene Berichtswesen sollte so aufgebaut sein, daß es den Bedürfnissen der Zielgruppen entspricht (Auftraggeber, Projektteam, Sublieferanten, Partner, Behörden etc.).

Ein professionelles Berichtswesen nimmt Rücksicht auf die unterschiedlichen Erwartungen der Zielgruppen hinsichtlich Inhalt, Darstellungsform und Detaillierungsgrad. Daher gibt es nicht einen – für alle Zielgruppen gleich aussehenden – Projektfortschrittsbericht, sondern die Informationen werden an die speziellen Bedürfnisse der jeweiligen Informationsempfänger angepaßt.

Im folgenden werden einige ausgewählte Berichts- und Dokumentationstypen über den Projektfortschrittsbericht hinaus, beschrieben:

Der Projektfortschrittsbericht

Der Projektfortschrittsbericht informiert über den aktuellen Status eines Projekts zu einem bestimmten Stichtag. Die folgende Abbildung zeigt den generellen Aufbau eines derartigen Projektfortschrittsberichts.

1. genereller Projektstatus
   1.1 Leistungen, Qualität
   1.2 Termine
   1.3 Ressourcen, Kosten
2. detaillierte Beschreibung kritischer Arbeitspakete

   AP 100.000
   - Soll-Ist-Vergleich
   - Abweichungsanalyse
   - Konsequenzenanalyse
   - Steuerungsmaßnahmen

   AP xxx
   - Soll-Ist-Vergleich
   - Abweichungsanalyse
   - Konsequenzenanalyse
   - Steuerungsmaßnahmen

Abb. 6.18: Projektfortschrittsbericht

Das Projekthandbuch

Das Projekthandbuch soll eine begleitende und übersichtliche Projektmanagement-Dokumentation eines Projekts sein. Aufbau und Gliederung des Handbuchs werden zu Beginn einmal festgelegt und dann beibehalten, während der Inhalt wächst und laufend aktualisiert wird.

Zweck des Handbuchs ist eine lückenlose **Abbildung des Projektmanagement-Prozesses** wie auch der wesentlichen **inhaltlichen Ergebnisse** im Projektablauf, um damit

- ein laufend aktualisiertes Nachschlagewerk für das Projektteam und alle Beteiligten zu haben,
- neue Projektmitarbeiter rasch auf den erforderlichen Wissensstand bringen zu können,
- die Nachvollziehbarkeit des Ablaufs sicherzustellen,
- eine Projektauswertung zur Erfahrungssammlung und Nutzung für Nachfolgeprojekte zu erleichtern (organisational learning).

Das Projekthandbuch ist daher **kein** Organisationshandbuch "Projektmanagement" in einem Unternehmen, sondern die Dokumentation für ein **bestimmtes Projekt**, allerdings unter Berücksichtigung der gegebenen betrieblichen Projektregelungen und der jeweiligen Projektkultur.

Inhalte des Projekthandbuchs

1. Projektdefinition
- 1.1 Abgrenzung, Ziele
- 1.2 Objektgliederung (Objektstrukturplan)
- 1.3 Aufgabengliederung (Projektphasen, Projektstrukturplan)
- 1.4 Aufgabenspezifikation
- 1.5 Schnittstellen- und Änderungsmanagement

2. Umfeldmanagement

3. Gestaltung der Projektorganisation
- 3.1 Beschreibung der Rollen und Teams
- 3.2 Graphische Darstellung der Projektorganisation
- 3.3 Aufgaben- und Verantwortlichkeitsverteilung

4. Projektplanung
- 4.1 Terminplanung
- 4.2 Ressourcenplanung
- 4.3 Projektkostenplan

5. Qualitätsmanagement

6. Risikomanagement

7. Projektinformationswesen und -kommunikations-System

9. Projektadministration und -dokumentations-System

10. Projekt-Controllingsystem

Abb. 6.19: Inhalte des Projekthandbuchs

Projektabschlußbericht

1. Ziele und Inhalte des Abschluß-Berichts
2. Projektabgrenzung, -ziele, -strukturplan
3. Projektergebnisse
   AP 100.000
      Ziele:
      Ergebnisse:
      Konsequenzen:
4. Projektabrechnung (Nachkalkulation)
5. Noch zu erledigende Aufgaben
6. Erkenntnisse / Erfahrungen aus dem gegenständlichen Projekt

6.2.6 EDV-Unterstützung in Projekten

Der Funktionsumfang von Projektmanagement-Software umfaßt folgende Methoden:

Leistungsumfang
Projektmanagement-Software

- **Leistungsplanung**
- **Terminplanung**
- **Einsatzmittel- und Kostenplanung**
- **Integriertes Projektcontrolling**
- **Berichtswesen**
- **Aufgaben-, Verantwortungsverteilung**

Abb. 6.20: Projektmanagement-Software

Bei EDV-Unterstützung kann man prinzipiell zwischen zentralen, unternehmensweiten und dezentralen DV-Lösungen unterscheiden.

Die Graphik auf der folgenden Seite stellt die wesentlichen Vor- und Nachteile dar.

Der Vorteil einer EDV-gestützten Projektplanung und -steuerung liegt in der Integration der Parameter Leistung, Zeit und Kosten, sodaß die Auswirkungen von Änderungen eines Kriteriums auf die anderen aufgezeigt werden. Stehen beispielsweise weniger Ressourcen als geplant zur Verfügung, zeigt die Software auf, welche Aktivitäten des Projekts sich um wieviel verzögern werden. Führungskräfte können diese Entscheidungsgrundlage einsetzen, um

Steuerungsmaßnahmen (Überstunden, Zukauf von Leistungen etc.) abzuwägen und geeignete auszuwählen.

Eine zentrale Unternehmensrechneranlage stellt viele Informationen im Bereich der Projektkosten zur Verfügung. Wenn dezentrale Projektmanagement-Software verwendet wird, muß die Gliederung der Projektkosten mit den Gliederungen auf der zentralen EDV übereinstimmen, da sonst die Erfassung und Abgrenzung von Ist-Daten sehr mühsam ist.

Vor- und Nachteile verschiedener EDV-System-Lösungen im Projektmanagement			
	Zentrale HOST-Lösung **(SAP, ...)**	**dezentrale Tabellenkalkulation**	**dezentrale Projektmanagement-Software**
Vorteile	• automatische Verwendung von: - BH-Daten - Kalkulation • weniger Aufwand dadurch, daß Daten nicht dopel eingegeben werden • Organisation der Datenerfassung geregelt	• flexible Gestaltung und Auswertung • an Projekte anpaßbar	• Verknüpfung aller PM-Methoden. (Leistung, Zeit, Kosten)
Nachteile	• keine Flexibilität • entspricht nicht immer den Aktulatiätsbedürfnissen des Projektmanagers • Terminplanung und -Verfolgung meist vernachlässigt	• Größenbeschränkung • keine Integration von Leistung, Zeit und Kosten • keine automatischen „Was wäre wenn ..." Analysen über alle Parameter möglich	• mangelende Funktionalität hinsichtlich Tabellenkalkulation

Abb. 6.21: Vor- und Nachteile verschiedener EDV-System-Lösungen im Projektmanagement

Eine ideale Lösung scheint in der Verknüpfung verschiedener Systeme zu liegen.

6.3 Organisatorische Einbettung des Projekt-Controlling

6.3.1 Organisatorische Modelle zur Gewährleistung der Controllingfunktion

Es gibt unterschiedliche organisatorische Modelle, mit denen die in den vorangegangenen Kapiteln beschriebenen Aufgaben gelöst werden können. In einem Unternehmen kann durchaus auch eine Mischform vorkommen:

- Der Projektcontroller ist vollständig einem Projekt zugeordnet (Projektcontrolling wird durch eine eigene Person übernommen).
- Projektcontrollingfunktionen werden vom Projektleiter übernommen.
- Projektcontrollingfunktionen werden vom Projektauftraggeber übernommen.
- Der Projektcontroller steht gleichzeitig für mehrere Projekte zur Verfügung.

Wird ein Projektcontroller ausschließlich für ein Projekt bestimmt, handelt es sich dabei um ein sehr komplexes und heikles Vorhaben. Dieses Modell ist bei einigen Projekten des Anlagenbaus, Bauwesens oder in Forschungs- und Entwicklungsbereichen mit entsprechender Größe anzutreffen. Vorteilhaft ist, daß der Projektcontroller auch die inhaltlichen beziehungsweise technischen Details des Projekts kennt und dem Team daher ein wertvoller Ratgeber in heiklen Situationen sein kann.

Bei der Mehrzahl der Projekte wird in den Unternehmen dem Projekt keine eigene Person (Projektcontroller) zugeordnet, sondern die Aufgaben werden teilweise **vom Projektmanager wahrgenommen**. Diese Variante bringt manchmal den Nachteil mit sich, daß der inhaltlichen Qualität der Vorzug vor Kosten und Terminen gegeben wird. Ein Projektcontroller, der stärker auf Kosten- und Termineinhaltung Bezug nimmt, würde diese "Liebe zur inhaltlichen Ausgestaltung" rechtzeitig relativieren. Ein aktiver Projektauftraggeber, der sich im entsprechenden Ausmaß für das Projekt interessiert, kann ebenfalls diese Funktion wahrnehmen.

Ein adäquater Kompromiß zwischen den beiden Varianten ist in vielen Fällen die Implementierung eines qualifizierten Projektcontrollers, der für mehrere Projekte gleichzeitig zur Verfügung steht. Dieses Modell sichert Termin- und Kostenbewußtsein und ist gleichzeitig nicht zu personalintensiv.

6.3.2 Selbstverständnis und Erfolgskriterien eines Projekt-Controllers

Wie gut (effizient) ein Projektcontroller seine Aufgaben erfüllen kann, hängt sehr stark davon ab, wie diese Rolle von den "Anderen" im Unternehmen gesehen wird (Fremdwahrnehmung) und wie die Projektcontroller ihre eigene Rolle wahrnehmen (Selbstverständnis).

In manchen Unternehmen wird der Begriff Projektcontrolling als Durchführung von Kontrollen im traditionellen Sinn verstanden. Der sogenannte Projektcontroller agiert dort als Kontrolleur, der – nicht zum Team gehörend – punktuelle Stichproben aufnimmt, um der Geschäftsführung erkennbare Abweichungen zu melden. Dieses Rollenverständnis führt dazu, daß dem Projektcontroller vor allem die positiven Aspekte des Projektfortschritts gemeldet und die heiklen Themen eher vermieden werden. Der Projektcontroller wird als Störung im Projektablauf empfunden und kann daher keinerlei Beratungsfunktion zur Projektsteuerung übernehmen. Das Erfolgskriterium eines solchen Projektcontrollers ist die Menge an Abweichungen, die er der Geschäftsführung aufzeigt.

Modernes Projektcontrolling verlangt, daß der Projektcontroller dem Projektleiter und dem Projektteam beratend und unterstützend zur Verfügung steht, das heißt als Teammitglied regelmäßig an der Teamarbeit teilnimmt. Wird die Arbeit des Projektcontrollers als Hilfe anerkannt, um abweichende Tendenzen frühzeitig erkennen und geeignete Steuerungsmaßnahmen entwickeln zu können, werden auch keine Daten gefiltert und positiviert.

Das Erfolgskriterium des Projektcontrollers ist in diesem Fall die zielkonforme Projektdurchführung.

Trotzdem ist darauf zu achten, daß der Projektcontroller nicht ausschließlich die Sicht des Projektleiters annimmt, da sonst seine kritische Distanz verlorengeht.

6.3.3 Einbettung des Projekt-Controllers in das Projektteam / Unternehmenscontrolling

Die folgende Abbildung zeigt die Eingliederung des Projektcontrollers in die Unternehmensorganisation:

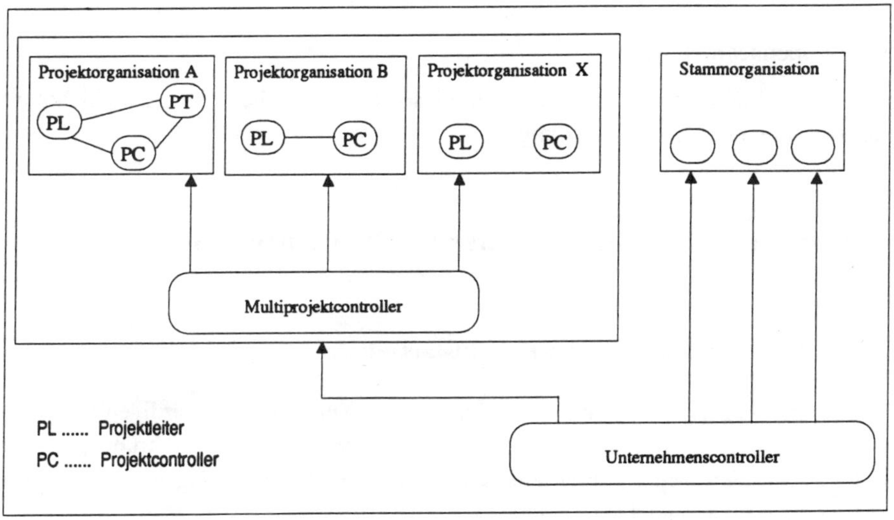

Abb. 6.22: Eingliederung des Projektcontrollers in die Unternehmensorganisation

- **Projektcontroller**

Betrachtungsobjekt ist das jeweilige Einzelprojekt. Zum Aufgabenbereich des Projektcontrollers gehört

- die **Unterstützung** in der Formulierung und Vereinbarung von Projektzielen und -strategien,
- die **Implementierung** entsprechender Controllingzyklen,
- der **Vergleich** der Projektpläne (Leistung, Termine, Kosten) mit den Ergebnissen (Soll-Ist-Vergleich),
- die **Interpretation** der Resultate und die Entwicklung von Steuerungsmaßnahmen.

- **Mulitprojektcontroller**

  Betrachtungsobjekt ist das Projektportfolio (alle gleichzeitig im Unternehmen ablaufenden Projekte). Daher sind die Aufgaben des **Multiprojektcontrollers**

  - die Schnittstellen zwischen den Projekten aufzuzeigen,
  - das Projektportfolio zu planen (Leistung, Kosten, Einsatzmittel),
  - die Beziehung einzelner Projekte zur Stammorganistion zu berücksichtigen.

  Der Multiprojektcontroller berichtet

  - Projektleitern oder Managern der Stammorganisation über Schnittstellen zwischen Projekten
  - dem Unternehmenscontroller oder der Geschäftsführung über das gesamte Projekteportfolio.

- **Unternehmenscontroller**

  Betrachtungsobjekt ist das Unternehmen in seiner Gesamtheit. Der Unternehmenscontroller berichtet der Geschäftsführung.

6.4 Aufgaben und Verantwortlichkeiten des Controllers

6.4.1 Controllingaufgaben in der Projektstart-Phase

Projektstartphase bezeichnet jenen Zeitabschnitt, der von einer projektwürdigen Idee oder von einem Projektauftrag bis zum Beginn der ersten projektbezogenen Ausführungsphase reicht. Am Ende der Projektstartphase liegt eine klare Projektzielformulierung und -definition vor, und die Projekterstplanung ist abgeschlossen.

Die im folgenden aufgelisteten Aufgaben umspannen die Projektcontrollingfunktion in der Startphase eines Projekts, wobei der jeweilige Aufgabenumfang und die methodische Detaillierung anhand des konkreten Projekts zu entscheiden sind:

- Methodische Unterstützung, um die Priorität eines Projekts einzuschätzen (**Methoden der Projektauswahl**): Dadurch soll ein Verzetteln in zu viele und vor allem nicht koordinierte Projekte verhindert und sichergestellt werden, daß die knappen Ressourcen (Finanzmittel, qualifiziertes Personal, technologisches Know-how etc.) optimal eingesetzt werden.
- Methodische Unterstützung bei der **Zielformulierung** und Abgrenzung des Projekts (**Projektdefinition**) zu anderen Vorhaben.
- Sicherstellung, daß die Projektziele zu den Unternehmensstrategien und zu den Zielen weiterer Projekte passen (**Projektumfeldanalyse**).

- Sicherstellung, daß Projekte bereits beim Start einheitlich und übersichtlich dokumentiert werden (**Projektbewertung**).
  Die Einteilung des Projekts in unternehmensrelevante Kategorien bildet die Basis, um ein für das jeweilige Projekt passendes Projektmanagement und -controllingsystem zu definieren. Dazu gehören auch Alternativen in der Teamzusammensetzung, in der Ausstattung des Projektleiters mit Kompetenzen (Einbindung des Projekts in die Stammorganisation), in der Häufigkeit von Berichten etc.
- Methodische Unterstützung bei der Anwendung von **Projektplanungsinstrumenten** (z. B. entsprechende Gliederung eines **Projektstrukturplans**, Einsatz passender **Terminplaninstrumente**, optimale Planungsdetaillierung ...), bei der Erfassung von **Engpaßressourcen** und bei der übersichtlichen Kalkulation der **Projektkosten**.
- Einbindung der geplanten Projektbudgets in das Unternehmensbudget (**Finanzplanung**): Aufteilung des meist mehrjährigen Projektbudgets auf die betroffenen Jahre und Sicherstellung, daß diese Budgets in der Unternehmensplanung vorgesehen sind.
- Unterstützung bei der Vorbereitung und Durchführung der Projekt-Start-Sitzung (Moderation, Dokumentation, Einbindung aller Betroffenen ...).
- Implementierung eines adäquaten Controllingsystems (Entwicklung projektbezogener Kennzahlen und Meßsysteme, um Abweichungen frühzeitig erkennen zu können; Häufigkeit von Soll-/Ist-Vergleichen und Berichten, Verantwortlichkeiten bezüglich der Datenerfassung und -verarbeitung, Berichts- und Kommunikationssystem etc.).

6.4.2 Controllingaufgaben in den Ausführungs- und Koordinationsphasen

Ausführungsphasen umfassen die inhaltliche Bearbeitung der Projektaufgaben. In einem Projekt gibt es üblicherweise mehrere Ausführungsphasen, die entweder durch Projektstart- oder Koordinationsphasen initialisiert werden oder durch Koordinationsphasen oder die Projektabschlußphase beendet werden.

Koordinationsphasen umspannen jenen Zeitraum, in dem eine Ausführungsphase abgeschlossen und auf ihren Erfolg überprüft wird und die Strategien, Ziele und Steuerungsmaßnahmen für die nächste Ausführungsphase definiert werden.

In den Ausführungs- und Koordinationsphasen fallen folgende Projektcontrollingaufgaben an:

- (Unterstützung bei der) **Erfassung der Ist-Daten** zum jeweiligen Stichtag: In der Projektstartphase wird durch die Vereinbarung von Controlling-Zeitpunkten (Stichtagen) und die Definition der zu erhebenden Informationen über den Ist-Zustand das auf das jeweilige Projekt passende Controllingsystem aufgebaut. In den Koordinationsphasen stellt der Projektcontroller sicher, daß die Informationen von den Arbeitspaketverantwortlichen (Projektteammitglieder, Lieferanten etc.) rechtzeitig, vollständig und in der vereinbarten Qualität an den Projektcontroller geliefert werden.

- Erstellung von **Soll-Ist-Vergleichen** (Leistung, Qualität, Termine, Kosten): Die Informationen aus der Ist-Erhebung werden übersichtlich dargestellt, so daß Abweichungen zwischen dem ursprünglichen Plan und dem aktuellen Stand einfach zu erkennen sind. Dabei werden folgende Instrumente am häufigsten eingesetzt:
  - Projektstrukturplan für den quantitativen Leistungsvergleich
  - Qualitätsplan für den qualitativen Leistungsvergleich
  - Balkenplan für den terminlichen Vergleich
  - Auslastungsdiagramme für den Ressourcenvergleich
  - Kostentabellen oder -graphiken für den Kostenvergleich
  - Spezifische Kennzahlen, die das Projekt in Relation zu anderen Projekten darstellen.
- **Abweichungs- und Konsequenzenanalyse**: Dabei werden mit dem Projektleiter die Daten aus dem Soll-Ist-Vergleich in bezug auf Engpässe, kritische Vorgänge etc. analysiert.
- **Entwicklung von Steuerungsmaßnahmen:** Diese werden vom Projektmanager und Projektcontroller gemeinsam entwickelt und implementiert.
- **Erstellung von Fortschrittsberichten:** Je nach Stellung zum Projekt sind die beteiligten Personen und Interessengruppen spezifisch über den Projektstatus zu informieren. In diesem Zusammenhang sind vor allem die unterschiedlichen Bedürfnisse und Erwartungen der Informationsempfänger bezüglich Detaillierung und Darstellungsform zu berücksichtigen.
- **Entwicklung von Unterlagen** zur Entscheidungsvorbereitung sowie Dokumentation der projektrelevanten Daten.
- **Vorbereitung und Moderation von Koordinationssitzungen**.

6.4.3 Controllingaufgaben in der Projektabschluß-Phase

- Unterstützung bei der Vorbereitung und Moderation der Projekt-Abschluß-Sitzung (Moderation, Dokumentation).
- Sicherstellung der Erfahrungen im Projekt, um zu verhindern daß die im Projekt entwickelten Stärken verlorengehen oder Fehler wiederholt werden.
- Überprüfung der Ziele und Qualitätskriterien auf ihre Erfüllung, um den Projekterfolg darstellen zu können. Das ist einerseits eine wichtige Information für den Auftraggeber des Projekts, andererseits für das Projektteam eine Möglichkeit, Feedback zu geben.
- Erstellung eines Abschluß-Berichts.

7 Operative Unternehmensplanung

Günter Eichhübl, Hermann Kunesch

Die folgenden Abschnitte geben einen Überblick über die Methoden und Instrumente der operativen Unternehmensplanung. Nach einer Darstellung der wesentlichen Planungsparameter und Grundsätze werden der Planungsablauf selbst und die dabei zur Anwendung kommenden Instrumente, im Anschluß daran die Aufgaben und Verantwortlichkeiten des Controllers beschrieben.

Neben grundsätzlichen Überlegungen stehen vor allem praktische Aspekte im Vordergrund, die sich im wesentlichen beispielhaft an den operativen Planungsmethoden eines weltweit agierenden Industriekonzerns der Elektrobranche orientieren.

7.1 Aufgabenstellung

7.1.1 Originäre Aufgabenstellungen

Operatives Management heißt, vorhandene Erfolgspotentiale bestmöglich zu nutzen. Die operative Planung und ihr Herzstück, das operative Rechnungswesen, liefern jene Informationen, die zur erfolgs- beziehungsweise ergebnisorientierten Steuerung des Unternehmens notwendig sind.

Die operative Planung hat dabei drei **originäre** Aufgabenstellungen zu erfüllen (vgl. Siegwart [Rechnungswesen], S. 10ff.):

Sicherung eines Bestands liquider Mittel

Voraussetzung für die Existenz eines Unternehmens ist die Erhaltung der Zahlungsfähigkeit. Alle strategischen und operativen Entscheidungen müssen auf ihre Liquiditätswirkung geprüft werden. Diese Forderung kann allerdings nur dann erfüllt werden, wenn das Management über ein geeignetes Instrument zur Liquiditätssteuerung verfügt.

Bildung von Zukunftsreserven und Bedienung der Kapitalinteressen

Der betriebswirtschaftliche Gewinn ist seit jeher eine zentrale Steuergröße des operativen Managements. Handlungsspielraum und Entscheidungsfreiheit des Managements hängen mit dem erzielten Gewinn zusammen. Wird über längere Zeit kein Gewinn erwirtschaftet, wirkt sich das auf die Lebensfähigkeit des Unternehmens aus: Produktentwicklungen, Innovationen, strategische Projekte etc. können nicht mehr aus eigener Kraft bewerkstelligt werden.

Erhöhung des realen Kapitalwerts

Das Eigenkapital beziehungsweise die Relation zwischen Eigen- und Fremdkapital ist eine weitere zentrale Größe für die Eigenständigkeit eines Unternehmens. Je höher der Eigenkapitalanteil ist, desto leichter können Krisensituationen aus eigener Kraft überwunden werden. Darüber hinaus stellen die Kapitalgeber selbst Ansprüche an ein Unternehmen, die erfüllt werden müssen: Mindestrendite und Wertzuwachs.

Das operative Planungssystem hat eine Reihe von **derivativen** Aufgaben zu erfüllen:

7.1.2 Koordination des Führungs- und Ausführungssystems

Je komplexer der Aufbau der zu planenden Organisation ist und je detaillierter die Planung sein soll, desto präziser muß der Planungsablauf selbst organisiert und institutionalisiert werden. Die Planung der einzelnen Teilpläne kann nicht parallel erfolgen, sondern baut auf anderen, bereits erstellten Plänen auf. Die operative Planung erfolgt somit sukzessiv.

Im Rahmen dieses Prozesses kommt es zwangsläufig zu Zielkonflikten, die im Sinn eines strikten Zeitmanagements für eine vollständige und schlüssige Planung rasch gelöst werden müssen. Nachdem sich viele (bereits als klassisch anzusehende) Konfliktpotentiale im Planungsprozeß in der Praxis mit großer Regelmäßigkeit wiederholen, kann das Controlling mit gewissenhafter und umsichtiger Planungsvorbereitung und Planungskoordination mehr Planungseffizienz und kürzere Planungszeiträume erreichen.

Es gibt zwar eine Vielfalt von Unternehmensorganisationen, aber generell ist zu empfehlen, die Planung auf der untersten Organisationsstufe aufzubauen: bottom up-Planung. Die Planung beginnt daher auf der Ebene der Kostenstelle (Sammeltopf des Gemeinkostenbereichs) und der Profit Center (umsatzverantwortliche Teilorganisationen). Dazwischen liegen unterschiedlich viele Verdichtungsstufen, unterstützt von Formblättern und EDV-Programmen.

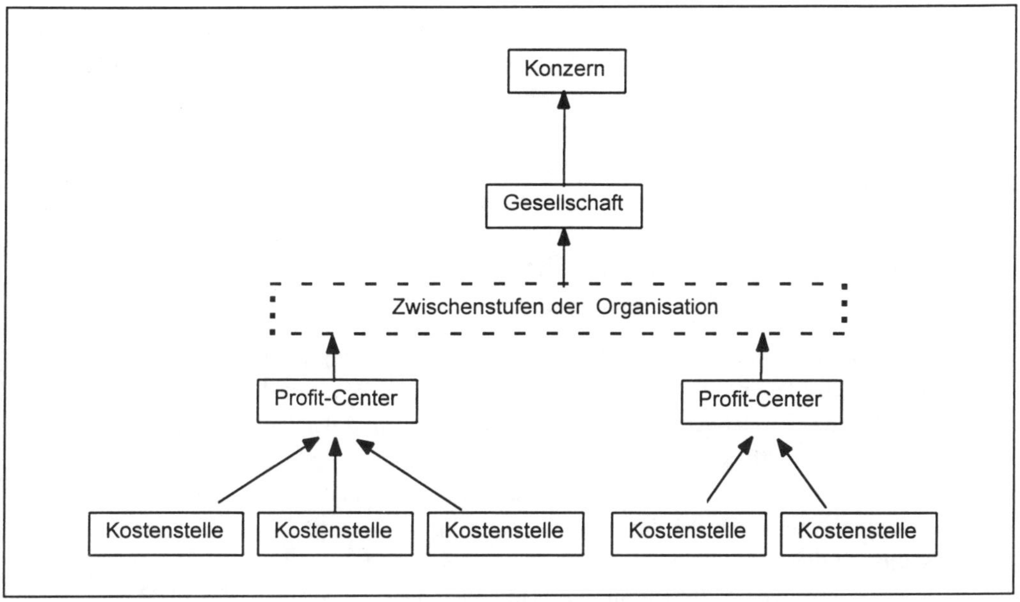

Abb. 7.1: Hierarchischer Aufbau der operativen Planung

Geht man von einer Unternehmensplanung nach dem down up- beziehungsweise Gegenstromverfahren aus, muß man Bereichsegoismus und Bereichsoptimierung (vor Gesamtoptimierung) berücksichtigen. Sinnvolle Gesamtpläne erhält man nur durch Abstimmung der Teilpläne. Das Controlling ist für die systemorientierte Koordination verantwortlich. Dabei unterscheidet man vier Dimensionen der Koordination (vgl. Egger; Winterheller [Unternehmensplanung], S. 50ff.):

- Zeitliche (Kurz- und Langfristplanung)
- Vertikale (unter- und übergeordnete Stellen)
- Horizontale (Leistungsbeziehungen gleichgestellter Unternehmensbereiche)
- Sachliche (Strategie und Operation).

Zeitliche Koordination

Bei einem synoptischen Planungsansatz werden zukünftig gewünschte Zustände retrograd geplant. Langfristige operative Ziele werden in mittel- und kurzfristige Ziele und Maßnahmen umgewandelt. In einer Anpassungsschleife gibt es ein Feedback zurück zur Langfristplanung.

In der Praxis werden langfristige Ziele von mittelfristigen (drei bis fünf Jahre) und kurzfristigen Zielen verdrängt, aus denen längerfristige Überlegungen abgeleitet werden. Im Planungsprozeß finden Rückkopplung und Koordination statt.

Der tatsächlich sinnvolle Zeithorizont ist vom jeweiligen Unternehmenstyp und von der Branche abhängig. Eine Reihe von Konzernen (z. B General Motors) plant detailliert und langfristig, etwa in Form einer rollierenden Fünfjahresplanung. Andere Unternehmen versuchen den Planungsaufwand zu reduzieren und legen die Mittelfristplanung nur auf das folgende Jahr aus. Die Frage nach dem "richtigen" Zeithorizont kann nicht eindeutig beanwortet werden, allerdings spricht einiges dafür, den Planungshorizont nicht unnötig auszuweiten. Zeitlich zu weitreichende Projektionen werden von den Mitarbeitern nicht ernst genommen und unterliegen noch vor der Ist-Periode derart vielen Veränderungen, daß sie als Werkzeug zur Unternehmenssteuerung nicht geeignet sind.

Je nach Art der zu planenden Aktivität können bekannte Planungsparamter als Grundlage für den mittelfristigen Planungszeitraum herangezogen werden. Wieweit die Grunddaten der Planung (z. B Umsatz) "verläßlich" sind, bestimmt in erster Linie das Unternehmensumfeld und die zu planende Geschäftsaktivität. Während irrationale Parameter in einer sensiblen Branche der Konsumgüterindustrie mitunter einen Strich durch die genaueste Umsatzplanung machen können, werden Annahmen der Mittelfristplanung in der Investitionsgüterindustrie oder im Energiesektor tendenziell zuverlässiger sein. In diesen Branchen ist der Umsatz des folgenden Jahrs oft schon mit dem Auftragsstand des laufenden Jahrs abgedeckt, und für die zur Leistungserstellung erforderlichen Ressourcen sind Fixpreise mit den Lieferanten vereinbart.

Der Kern der operativen Planung, die Kurzfristplanung, deckt die laufende Periode ab (bis zu einem Jahr) und ist häufig eine Überarbeitung der vorangegangen Mittelfristplanung. Sie wird als "rollierende Planung" bezeichnet, weil sie früher geplante Inhalte und zwischenzeitlich gewonnene Erkenntnisse in der aktuellen Planungsrunde neu aufrollt.

Der Beginnzeitpunkt für eine Planungsrunde während des laufenden Jahrs hängt von der Art der zu planenden Geschäftsaktivität ab, und der Planungsrhythmus muß auf einen zeitlich unregelmäßigen Geschäftsverlauf Rücksicht nehmen (z. B Saisongeschäft). Die Kurzfristplanung sollte dann ansetzen, wenn die wesentlichen Annahmen aus der laufenden Budgetperiode bereits definitiv sind. Wenn das Geschäftsjahr dem Kalenderjahr entspricht und nicht außergewöhnliche Ereignisse einen speziellen Planungszeitpunkt erfordern, wird die Planung des Folgejahrs nicht beginnen, bevor Informationen über den Verlauf des zweiten Quartals des laufenden Jahrs vorliegen; aus diesem Grund legen viele Unternehmen ihre Kurzfristplanung in die Monate August und September.

Vertikale Koordination

Die betrieblichen Teilpläne gehen vom Minimumsektor (in der Regel vom Absatzplan) aus, und werden in einen Gesamtplan und in die Budgetierung integriert. Die vertikale Koordination stimmt dabei die in untergeordneten Unternehmensbereichen zur Zielerreichung erarbeiteten Teiloptima im Sinn des Gesamtoptimums für das Unternehmen ab.

Alle Planungseinheiten – beginnend mit den Kostenstellen und Profit-Centern – präsentieren ihre Planungen. Danach sind die Einzelplanungen (abzustimmen und) zur Gesamtunternehmensplanung zu konsolidieren. Interne Lieferungen und deren Verrechnungssätze sind dabei ebenso einzubeziehen, wie zum Beispiel Leistungsstundensätze zwischen verrechnender und empfangender Kostenstelle (oder Kostenträger) verglichen werden müssen (horizontale Koordination).

Horizontale Koordination

Die einzelnen Instrumente, die im Rahmen der Planung und Budgetierung eingesetzt werden, sind aufeinander abzustimmen. Planungsvorgehen, Detaillierungsgrade und Planungsparameter müssen standardisiert werden.

Folgende Planungsparameter sind dabei von Bedeutung:

- Erwartete Gehalts- und Lohnsteigerungen
- Volkswirtschaftliche Indikatoren wie Inflationsraten, Zinssätze
- Wechselkurse, besonders wenn internationale Konzernplanungen auf eine einheitliche Fremdwährungsbasis (z. B US-Dollar) konsolidiert werden müssen.

Planungs- und Istrechnung – Detaillierungsgrade, Struktur (beispielsweise die Zusammenführung einzelner Absatzgüter zu Planungseinheiten), Bildung von Unterperioden etc. – müssen für eine sinnvolle Planung und Kontrolle übereinstimmen.

Koordination von operativer und strategischer Planung

Die Bedeutung der Koordination strategischer und operativer Planung wird in der Praxis oft unterschätzt. Die Basis, auf der die operative Planung aufsetzt, sind die in der strategischen Unternehmensplanung festgelegten und als verbindlich definierten Ziele. Strategische Absichten, etwa die Erschließung eines neuen Markts oder die Einführung eines neuen Produkts, wirken sich unmittelbar auf die Umsatzplanung der Folgeperiode aus und sind daher im operativen Planungsergebnis zu zeigen.

Von der Strategie zur operativen Umsetzung muß laufend ein reibungsloser Informationsfluß gegeben sein. In der Praxis wird dieser in Planungs- oder Budgetgesprächen verwirklicht, in denen der operative Manager die strategischen Ziele erfahren und verstehen muß, um ihre Auswirkungen im operativen Unternehmensplan beurteilen zu können. In der Diskussion wird der Controller gemeinsam mit den Fachstellen des Unternehmens (Marketing, Verkaufsorganisation, Techniker etc.) die monetären Konsequenzen des beschlossenen strategischen Ziels im Detail darstellen.

Die folgende Graphik zeigt schematisch und vereinfacht den Zusammenhang zwischen strategischem und operativem Controlling. In der Praxis ist eine weit komplexere Vernetzung interner Kommunikationswege anzutreffen.

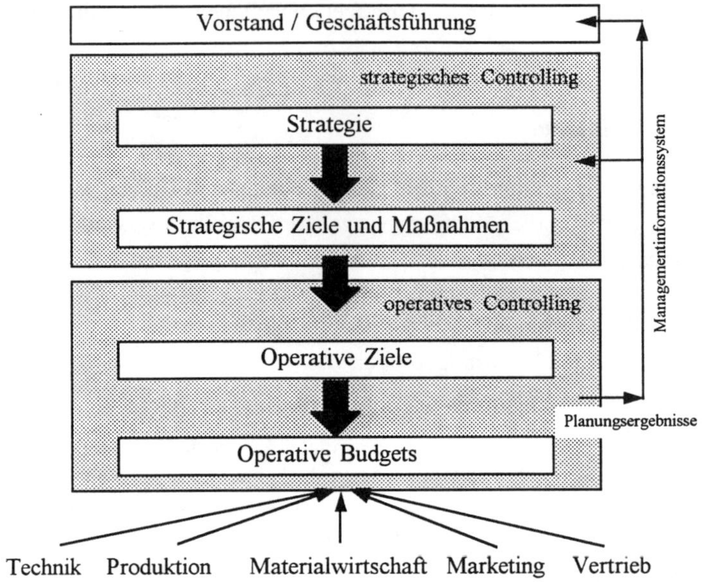

Abb. 7.2: Vom strategischen Ansatz zur operativen Planung

7.1.3 Ergänzende Aufgabenstellungen, Sonder- und Detailfragen

In der Praxis gibt es eine große Zahl von weiteren Fragestellungen, die im Zuge der operativen Planung mitzuberücksichtigen sind:

- Mitarbeiterstand
- Ausgaben für Forschung und Entwicklung
- Werte aus dem Working Capital (überfällige Forderungen, durchschnittliche Außenstandsdauer etc.)
- Regionalpläne
- Produktpläne
- Analyse von Mittelherkunft und Mittelverwendung
- Kalkulation
- Arbeitsabläufe, interne Organisation etc.

7.2 Instrumente zur Aufgabenerfüllung

Für die Erfüllung der operativen Planungsaufgaben steht eine Vielzahl von Instrumenten zur Verfügung, an zentraler Stelle Leistungsbudget, Finanzplanung und Planbilanz. Dieses System wird durch weitere Instrumente zur Budgetierung ergänzt, die zusätzliche Fragestellungen beantworten. Die folgende Grafik gibt einen Überblick (vgl. Siegwart [Rechnungswesen], S. 17):

Ausgewählte Instrumente der operativen Planung	
Aufgabenstellungen	Instrumente
Planung des Vermögens- und Kapitalstands	**Planbilanz**
Planung des Periodengewinns	**Plan-G +V**
Steuerung der Liquidität	**Finanzplan**
Steuerung des Periodenertrags und der Profitabilität von Ertragskomponenten	**Leistungsbudget (Periodenerfolgsrechnung)**
Analyse der Mittelherkunft und Verwendung	**Kapitalflußrechnung** **Cash Flow-Rechnung**
Kalkulation / Kosten- und Leistungskontrolle	Kosten- und Leistungsrechnung
Prozeßsteuerung und -kontrolle / Analyse der Wertschöpfung	Prozeßkostenrechnung/ Wertschöpfungsrechnung
Analyse der Produktkosten nach diversen Kriterien	z. B target costing / life-cycle-accounting
Betriebsvergleiche	Benchmarking
Unternehmensanalyse und Globalsteuerung / Berichtswesen	diverse Kennzahlen

Abb. 7.3: Instrumente der operativen Planung

Die wesentlichen Bestandteile einer periodischen Planung hängen eng zusammen:

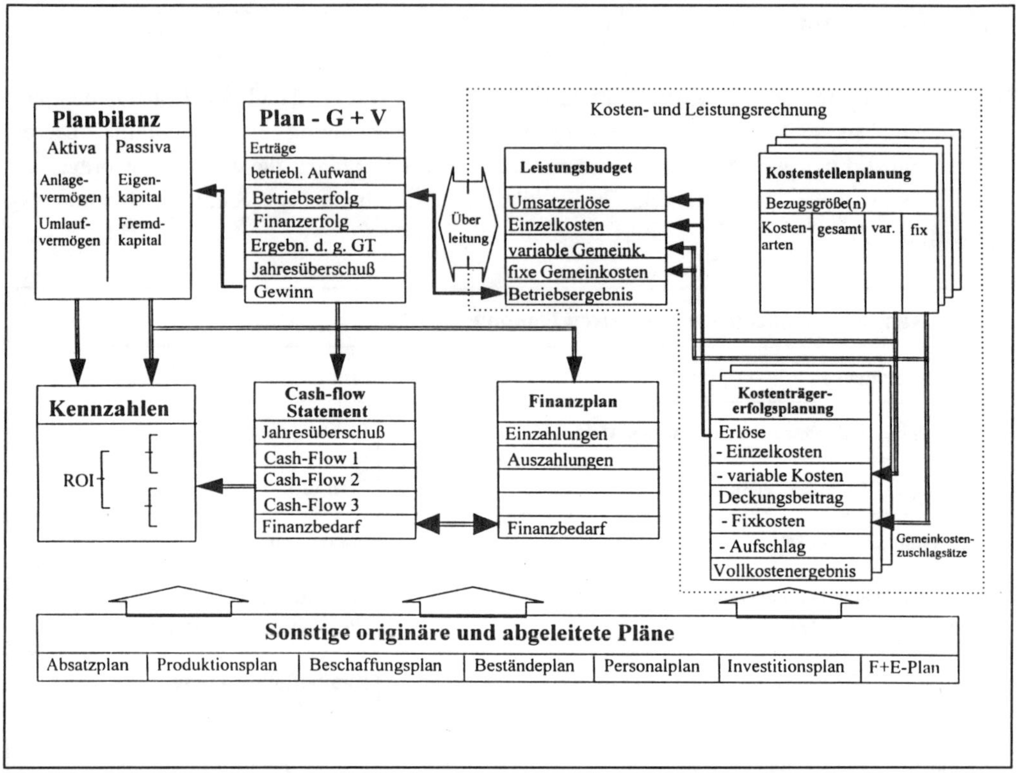

Abb. 7.4: Zusammenhänge zwischen den Bestandteilen der Planung

7.2.1 Leistungsbudget (Periodenerfolgsrechnung)

Die Summe aller kalkulierten Auftragsvolumina abzüglich der zur Leistungserstellung notwendigen Ressourcen (inklusive kalkulatorischer Kosten) ergeben ein auftragsbezogenes Gesamtergebnis des Unternehmens. Je nach Konzept der Kostenrechnung kann auf verschiedenen Stufen von Deckungsbeiträgen (stufenweise Deckungsbeitragsrechnung) und/oder auf Vollkostenbasis gearbeitet werden.

Die Daten des Leistungsbudgets werden im bottom up-Verfahren ermittelt. Die Keimzelle aller Aktivitäten eines Unternehmens ist die Kostenstelle. Es ist daher sinnvoll, aber nicht zwingend, die operative Planung dort anzusetzen. Die Kostenarten der einzelnen Kostenstellen werden vom Kostenstellenverantwortlichen beziehungsweise vom Profitcenterleiter budgetiert und in einem einheitlichen Format erfaßt. Eine rechnergestützte interne Leistungsverrechnung funktioniert nur dann, wenn umzulegende Verwaltungs-, Vertriebs- und Hilfskostenstellen EDV-mäßig abgebildet werden.

Die Kostenplanung erfolgt idealerweise analytisch: Das Mengengerüst wird ausgehend von der Planbeschäftigung der Kostenstelle berechnet und mit einem (Standard-) Preis bewertet. Nur wenn eine analytische Planung nicht möglich ist, sollte der Plan für das folgende Jahr aufbauend auf den Vorjahrswerten (durch Ab- und Aufschläge) ermittelt werden.

Auch die Absatzplanung wird analytisch ermittelt. Die mengenmäßigen Absätze werden pro Produkt oder Produktgruppe prognostiziert, mit dem Planpreis bewertet und um erwartete Erlösschmälerungen verringert. Das Ergebnis ist der Nettoumsatz, der in die Plankalkulation und kumuliert in das Leistungsbudget einfließt. Aus dem mengenmäßigen Absatz lassen sich auch Einzelkostenmengen berechnen und mit Standardpreisen bewerten.

Die Budgets sind bezüglich der Planungsprämissen flexibel zu gestalten. Dadurch können Abweichungen, die aus veränderten Planungsprämissen herrühren, bereits vorweggenommen und nachträgliche Diskussionen über die Wirkung von Prämissenvereinbarungen vermieden werden. Die Auswirkungen von Prämissenänderungen (Umsatz-, Beschäftigungsveränderung) werden entsprechend einer Sensitivitätsanalyse vereinbart (Kostenanpassung unter Bedacht auf Remanenzen, Degressionseffekte etc.)

Liegen sämtliche Daten vor, kann das Leistungsbudget erstellt werden. Dafür stehen zwei alternative Verfahren zur Auswahl: das Umsatzkosten- und das Gesamtkostenverfahren.

Leistungsbudget nach Gesamtkostenverfahren	**Leistungsbudget nach Umsatzkostenverfahren**
Umsatzerlöse ± Bestandsveränderungen (zu variablen Kosten) – variable Kosten der Periode	Umsatzerlöse – variable Kosten der abgesetzten Menge
Deckungsbeitrag 1 – Bereichsfixkosten	Deckungsbeitrag 1 – Bereichsfixkosten
Deckungsbeitrag 2 – Unternehmensfixkosten	Deckungsbeitrag 2 – Unternehmensfixkosten
Deckungsbeitrag 3 = Betriebsergebnis	Deckungsbeitrag 3 = Betriebsergebnis

Abb. 7.5: Vergleich Gesamtkostenverfahren – Umsatzkostenverfahren

Das Gesamtkostenverfahren weist sämtliche Kosten der erstellten Menge aus. Die Leistung muß um die Bestandsveränderungen korrigiert werden. Dabei ist sicherzustellen, daß die Bestandsveränderungen zu variablen Kosten kalkuliert sind. Nur dann werden die entstandenen Periodenfixkosten im Periodenergebnis richtig ausgewiesen.

Beim Umsatzkostenverfahren werden die Bestandsveränderungen nicht gesondert ausgewiesen. In die Leistungsbudgetierung werden nur die variablen Herstellkosten der abgesetzten Menge einbezogen. Die Darstellungsform des Leistungsbudgets nach dem Umsatzkostenverfahren ist klarer als jene des Gesamtkostenverfahrens. In der Regel unterlaufen bei der Berechnung von Kennzahlen weniger Fehler.

Jedoch sind für die Durchführung des Umsatzkostenverfahrens höhere Anforderungen an die Kostenrechnung zu stellen (die insbesondere von Klein- und Mittelbetrieben nicht immer erfüllt werden), da die variablen Kosten der abgesetzten Menge ausgewiesen werden müssen.

Eine Überleitung zur Gewinn- und Verlustrechnung läßt sich durch Neutralisierung kalkulatorischer Positionen herstellen. Die Ergebnisplanung erfolgt somit auf zwei Schienen: im Sinn einer Plangewinn- und Verlustrechnung auf der Basis von Aufwandspositionen und im Sinn einer Periodenerfolgsrechnung auf kalkulatorischer Basis.

7.2.2 Kapitalflußrechnung (Cash-Flow-Statement, indirekte Finanzplanung)

Im Rahmen der Kapitalflußrechnung (vgl. Egger; Winterheller [Unternehmensplanung], S. 134ff. und 170f., Lechner; Egger; Schauer [Einführung], S. 795ff.) werden die Veränderungen zwischen der erwarteten Schlußbilanz der laufenden Periode und der Planbilanz der Folgeperiode gegenübergestellt. Dabei unterscheidet man zwischen Mittelherkunft und Mittelverwendung. Gegenstand der Kapitalflußrechnung und Bilanzplanung sind drei wesentliche Bestimmungsgrößen des Alltagsgeschäfts: das Ergebnis, die Entwicklung im Working Capital und die Investitionen. Das Ergebnis geht aus den Plan-G+V-Rechnungen hervor, die Rückstellungserfordernisse werden aus den Einzelplänen abgeleitet, die Entwicklung des Working Capital errechnet sich aus dem Zahlungsverhalten der Kunden und der eigenen Liquiditätspolitik. Die Investitionen müssen aus der Investitionsplanung entnommen werden.

Wird die Kapitalflußrechnung in geeigneter Form gegliedert, lassen sich mehrere Cash-Flow-Stufen ermitteln. Die einzelnen Positionen der Mittelherkunft und -verwendung sind beliebig detaillierbar; dadurch wird das Cash-Flow-Statement vor allem bei komplexen Konzernstrukturen zu einer unentbehrlichen Planungsstütze. Ein aussagekräftiges Cash-Flow-Statement gilt vielfach als das wichtigste Planungsinstrument, da im Cash-Flow alle Vermögens- und Ertragspositionen ihren Niederschlag finden.

Wertveränderungen schlagen sich erst langfristig liquiditätsmäßig nieder und machen eine monats-, wochen- oder sogar tagesgenaue Liquiditätsplanung mit der Kapitalflußrechnung unmöglich. Die Kapitalflußrechnung ist somit ein mittelfristiges beziehungsweise periodenbezogenes Planungsinstrument.

7.2.3 Finanzplan (Direkte Finanzplanung)

Im Regelfall reicht eine Cash-Flow-Übersicht, die die Liquiditätsveränderung im definierten Zeitraum angibt, nicht aus, um das Unternehmen liquiditätsmäßig durch ein Geschäftsjahr zu steuern: Der Cash-Flow unterliegt zeitlich gesehen zu großen Sprüngen. Eine Detaillierung würde entsprechend häufig Zwischenbilanzen voraussetzen, aus denen sich Cash-Flows ableiten lassen. Mit einer direkten Finanzplanung (vgl. Hahn [Planungsrechnung], S. 213 und 572ff.), die an den erwarteten Einnahmen und Ausgaben der Planperiode anknüpft, kann man diesen Arbeitsaufwand umgehen.

Die erwarteten Zahlungsströme werden – ausgehend vom Liquiditätsstand zum Periodenanfang – nach deren Ursprung katalogisiert und auf Tages-, Wochen oder Monatsbasis fortgeschrieben. Es empfiehlt sich, die Zeitreihe zu staffeln, zum Beispiel: den laufenden Monat auf Tagesbasis, die sechs Folgemonate auf Wochenbasis und bis zum Periodenende auf Monatsbasis (rollierende Finanzplanung).

Die Einzahlungen der Kunden können unter Berücksichtigung der Zahlungsziele und Zahlungsgewohnheiten anhand der Planumsätze je Monat geplant werden. Die Auszahlungsplanung erfolgt durch die Fachabteilungen, im wesentlichen die Kreditorenbuchhaltung und die Lohn- und Gehaltsabrechnung. Investitionsausgaben werden aus der Investitionsplanung abgeleitet. Vom Treasuring erhält man langfristig fixierte Aus- und Einzahlungen, die durch die Finanzierung bedingt sind etc.

Im Idealfall stimmt die Differenz der so geplanten Ein- und Ausgaben am Ende der Planperiode mit dem vorliegenden Plan-Cash-Flow (auf der untersten Cash-Flow-Stufe) überein.

Die Bedeutung des Finanzplans liegt in der Darstellungsmöglichkeit von Liquiditätsspitzen. Während das Cash-Flow-Statement die jeweilige Liquiditätsveränderung zwischen zwei Bilanzstichtagen erkennbar macht, kann der Finanzplan die dazwischenliegenden Liquiditätsspitzen – auch tagesgenau – abbilden und als Grundlage für Finanzierungsüberlegungen dienen.

Der Finanzplan wird um die Finanzierungsquellen ergänzt, sobald der Tages-, Wochen- oder Monatsbedarf errechnet ist, oder es wird im Fall eines Liquiditätsüberschusses die Veranlagungspolitik festgelegt.

Finanzplan
Liquiditätstand Periodenanfang
Einnahmen der Periode
Umsätze, Anzahlungen
Provisionen
Zinsen, Dividenden
Devestitionen etc.
Summe Einnahmen
Ausgaben der Periode
Kreditoren
Löhne und Gehälter
Zinsen, Steuern
Dividenden
Investitionen etc.
Summe Ausgaben
Finanzüberschuß oder Finanzbedarf
Kapitalaufnahme
Kapitalrückzahlung
Liquiditätsstand Periodenende
(+ nicht ausgenützte Kreditrahmen)

Cash-Flow Statement
Bilanzgewinn, –verlust
± Unbare G+V-Positionen
+ Abschreibungen
± Veränderung Rückstellungen
± Veränderung Rücklagen
Cash Flow 1
± Veränderungen kurzfrist. Verbindlichkeiten
± Bestandsveränderungen
± Veränderungen der Kundenforderungen
± sonstige Veränderungen des Umlaufverm.
Working Capital (Cash-Flow 2)
- Investitionen/+ Desinvestitionen
± Beteiligungen
± Darlehen
Mittel- und langfr. Disposition (Cash-Flow 3)
+ Kapitalerhöhung
- Dividenden
Veränderung der Liquiditätsposition
Finanzüberschuß oder Finanzbedarf

Abb. 7.6: Vergleich Finanzplan und Cash-Flow-Statement

7.2.4 Planbilanz und Plan-Gewinn- und Verlustrechnung

Das Leistungsbudget läßt sich mit Hilfe einer Betriebsüberleitung (- Zusatzkosten, + neutraler Aufwand) problemlos in eine Plan-Gewinn- und -Verlustrechnung überführen. Die Planbilanz (vgl. Egger; Winterheller [Unternehmensplanung], S. 142ff.) ergibt sich zwingend aus der Plan-Gewinn- und -Verlustrechnung und aus der Kapitalflußrechnung. Als Vergleichsbilanz wird die erwartete Planschlußbilanz der laufenden Periode (Anfangsbilanz der Folgeperiode) herangezogen.

Die Erstellung der Planbilanz dient zur Beobachtung der Vermögens- und Kapitalentwicklung eines Unternehmens. Ein Unternehmen sollte darauf nicht verzichten, weil auch bei einer positiven Entwicklung des Leistungsbudgets negative Vermögens- und Kapitalveränderungen auftreten können (vgl. Goronzy [Praxis], S. 22).

Planbilanz				
	Erwartung Anfangsbilanz	Ist Anfangs-bilanz	Soll Schlußbilanz	Ist Schluß-bilanz
Anlagevermögen immaterielle Vermögensgegenstände Sachanlagen Finanzanlagen				
Umlaufvermögen Vorräte Forderungen Wertpapiere flüssige Mittel				
Summe Vermögen				
Eigenkapital Nennkapital Kapitalrücklagen Gewinnrücklagen Bilanzgewinn/Bilanzverlust				
Verbindlichkeiten				
Summe Kapital				
Dividende				

Abb. 7.7: Planbilanz (vgl. Hahn [Planungsrechnung], S. 211)

Abstimmung der operativen Planungskomponenten

Die rechentechnischen Interdependenzen der operativen Planungsinstrumente, die jeweils unterschiedlichen Aufgabenstellungen dienen, wurden bereits angedeutet. Im Rahmen der operativen Planung muß sichergestellt werden, daß die Erfolgs-, Bestands- und Liquiditätsziele simultan erfüllt werden. Dies erfordert in aller Regel einen Abstimmungsprozeß zwischen den Planansätzen im Rahmen der einzelnen Planungsinstrumente. Beispielsweise muß gewährleistet werden, daß die im Leistungsbudget durchgeführte Erfolgsplanung zu einer ausgeglichenen Finanzplanung führt und darüber hinaus den Vermögens- und Kapitalstand nicht gefährdet. Andernfalls ist eine Überarbeitung der operativen Planung notwendig. Beispielsweise kann es bei einer Finanzmittelunterdeckung zu einem Aufschieben von Ersatzinvestitionen kommen, was Rückwirkungen auf das Leistungsbudget (veränderte Kostenstruktur) und die Planbilanz (veränderte Vermögensstruktur) hat.

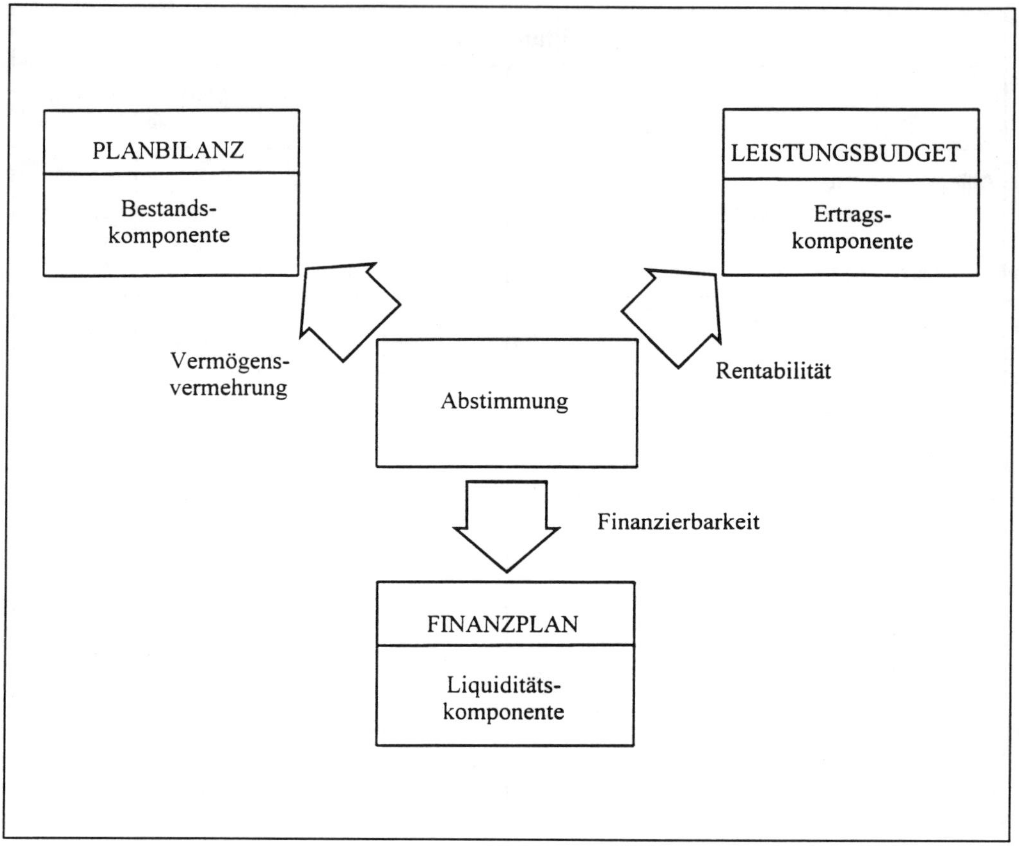

Abb. 7.8: Abstimmung der operativen Planungsinstrumente

Beispiel einer integrierten Erfolgs-, Bestands- und Liquiditätsplanung

Ein kleines kunststoffverarbeitendes Produktionsunternehmen plant folgende Leistungswerte (in 1.000 öS):

Umsatz:	25.000	
Erlösschmälerungen	1.000	(der Forderungsbestand verändert sich in der Planperiode nicht und beträgt 400)
Fertigungslöhne:	6.800	
Fertigungsmaterial	9.000	(der Fertigungsmaterialbestand bleibt konstant)
Variable Fertigungsgemeinkosten	1.000	
Abschreibungen	1.600	kalkulatorisch
	1200	buchhalterisch
Verwaltungskosten	2.500	(zur Gänze ausgabewirksam, davon 500 am Jahresende unbeglichen)
Zins- und Beteiligungserträge	300	
Fremdkapitalzinsen	800	
Betriebssteuern	300	
Saldo aus der Dotierung und Auflösung von Rücklagen	400	
Saldo aus der Dotierung und Auflösung von Rückstellungen	300	
Investitionen in das Anlagevermögen	2.900	
Kreditrückzahlungen	500	
geplante Ausschüttungen an Gesellschafter	300	(im Folgejahr)
Anlagevermögen zum 1.1.	12.000	
Materialbestand zum 1.1.	2.500	
Forderungsbestand zum 1.1.	4000	
Stammkapital	10.000	
Rücklagen zum 1.1.	1.000	
Darlehen und Kredite zum 1.1.	6.500	
Rückstellungen zum 1.1.	1.000	

Die integrierte operative Planung für das Produktionsunternehmen hat folgendes Aussehen:

Erfolgsplanung (Leistungsbudget)			
	Leistungsbudget	BÜB	Plan-G+V
Bruttoumsatz	25.000		25.000
– Erlösschmälerungen	1.000		1.000
Nettoumsatz	24.000		24.000
– variable Kosten			
Fertigungslöhne	6.800		6.800
Fertigungsmaterial	9.000		9.000
variable Fertigungsgemeinkosten	1.000		1.000
Deckungsbeitrag	7.200		7.200
– Fixkosten			
Abschreibungen	1.600	-400	1.200
sonstige Fixkosten (ausgabenw.)	2.500		2.500
Betriebsergebnis	3.100		3.500
Zins- und Beteiligungserträge			300
Fremdkapitalzinsen			-800
Finanzergebnis			-500
Ergebnis der gew. Geschäftstätigkeit			3.000
– Betriebssteuern			300
Jahresüberschuß			2.700
Dotierung Rücklagen (Saldo)			-400
Gewinn			2.300

Indirekte Finanzplanung	
Jahresgewinn	2.300
+ Abschreibungen	1.200
+ Rücklagendotierung	400
Cash-flow 1	3.900
+ Verbindlichkeiten	500
Cash-flow 2	4.400
– Investitionen	2.900
– Kreditrückzahlung	500
Cash-flow 3	1.000
– Dividendenausschüttung	300
Zahlungsmittelüberschuß	700

Planbilanz			
	Anfangsbilanz	Veränderung	Planbilanz
Anlagevermögen	12.000	1.700	13.700
Materialbestände	2.500	0	2.500
Forderungen und sonstiges UV	4.000	1.000	5.000
Aktiva	18.500	2.700	21.200
Stammkapital	10.000	0	10.000
Rücklagen	1.000	400	1.400
Gewinn	0	2.300	2.300
Rückstellungen	1.000	0	1.000
Darlehen und Kredite	6.500	-500	6.000
Verbindlichkeiten	0	500	500
Passiva	18.500	2.700	21.200

Abb. 7.9: Beispiel einer integrierten Erfolgs-, Bestands- und Liquiditätsplanung

7.2.5 Ergänzende Planungsinstrumente

Kennzahlensysteme

Betriebe lassen sich heute nur mit aussagekräftigen Kennzahlensystemen führen, daher sind mehr oder weniger umfangreiche Kennzahlenkataloge Bestandteil jeder operativen Planung. Kennzahlen sind aus den bereits geplanten Werten ableitbar und dienen als Maßstab, um Ursache und Wirkung von Vorgängen als kausalen Zusammenhang (vgl. Preißler [Controlling], S. 104ff.) erkennen und bewerten zu können. Sie gestatten eine Loslösung von absoluten Größen und eignen sich daher für einen "geglätteten" Vergleich mehrerer Perioden.

Das ROI-Schema (vgl. Hahn [Planungsrechnung], S. 662ff.) von DuPont ist das bekannteste Kennzahlensystem zur Unternehmenssteuerung. Das System stellt die Gesamtkapitalrentabilität (eigentlich Gesamtvermögensrentabilität) und ihre Einflußgrößen in einem rechnerisch verknüpften Zusammenhang dar. Veränderungen des ROI können direkt aus den Veränderungen einzelner Größen errechnet werden. Da sich so gut wie alle lang-, mittel- und kurzfristigen unternehmerischen Entscheidungen in einer oderer mehreren Komponenten des ROI-Systems niederschlagen, lassen sich ihre Auswirkungen auf die Gesamtvermögensrentabilität zeigen.

Kritisch ist anzumerken: Der ROI ist ein globales Steuerungsinstrument und verliert insbesondere bei einem heterogenen Produktionsprogramm und längerfristiger Betrachtung schnell an Genauigkeit und Aussagekraft.

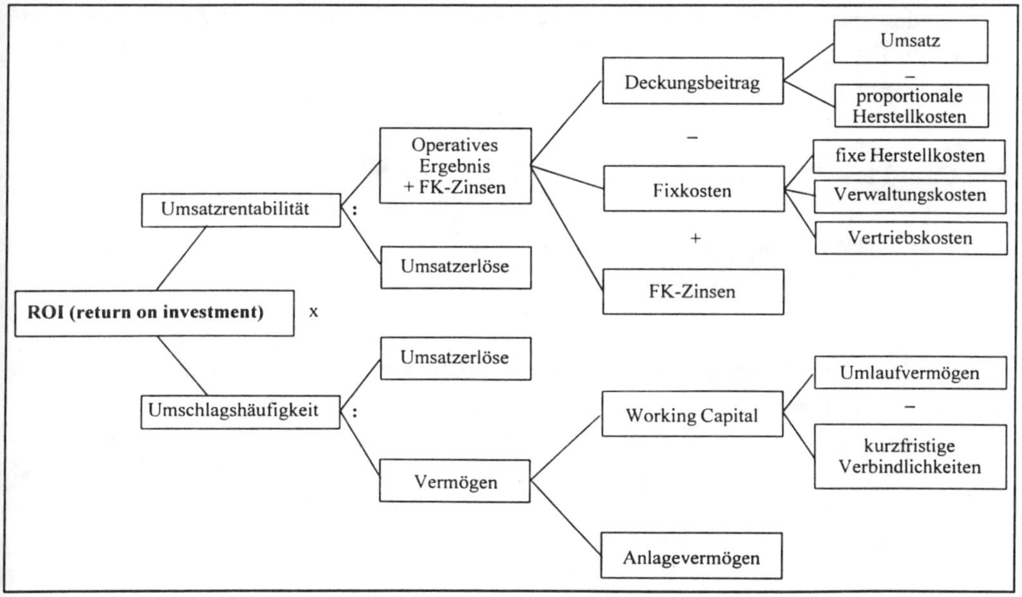

Abb. 7.10: ROI-Kennzahlensystem nach DuPont

Neben den Kennzahlen, die in den ROI-Baum einfließen, sind noch die folgenden Kennzahlen im Rahmen der operativen Planung von herausragender Bedeutung. Ihre Ermittlung erlaubt eine Sensitivitätsbetrachtung der mengen- und wertmäßigen Leistungsgrößen. Aus den Kennzahlen läßt sich ableiten, wie stark das Betriebsergebnis von Mengen- und Umsatzschwankungen betroffen ist.

- **Umsatzrentabilität (ROS)**

$$\text{ROS} = \frac{\text{Betriebsergebnis}}{\text{Umsatz}} \times 100$$

Die Umsatzrentabilität zeigt, wieviel Prozent des Umsatzes sich als Betriebsergebnis niederschlagen. Aus diesem Anteil kann – bei konstanten Mengen – die Sensitivität gegenüber wertmäßigen Umsatzschwankungen abgeleitet werden: Um wieviel darf der Istumsatz gegenüber dem Planumsatz sinken, ohne daß ein negatives Betriebsergebnis eintritt?

- **Mindestumsatz (break even point, BEP)**

$$\text{BEP} = \frac{\text{Fixkosten}}{\text{Deckungsbeitrag/Umsatz}}$$

Der Mindestumsatz zeigt, ab welchem Umsatz ein Unternehmen ein positives Betriebsergebnis erzielt. Bei konstanten Preisen und konstantem Sortiment läßt sich aus dem Mindestumsatz der mengenmäßige Mindestabsatz (Mindestmenge) errechnen.

- **Cash-Flow-Umsatz (cash flow point, CFP)**

$$\text{CFP} = \frac{\text{ausgabewirksame Fixkosten}}{\text{Deckungsbeitrag/Umsatz}}$$

Entsprechend dem Mindestumsatz zeigt der Cash-Flow-Umsatz jenen Umsatz an, ab dem ein positiver Cash-Flow erzielt wird und damit die Zahlungsfähigkeit des Unternehmens grundsätzlich gewährleistet ist. Da in Unternehmen in aller Regel nicht-ausgabewirksame Fixkosten anfallen, ist der CFP immer niedriger als der BEP. Liegt der Istumsatz zwischen BEP und CFP, wird zwar kein positives Betriebsergebnis erzielt, es bedarf aber (über die Gesamtperiode gesehen) keiner Zuführung an liquiden Mitteln.

- **Sicherheitsspanne (SP)**

$$SP = \frac{\text{Planumsatz} - \text{Mindestumsatz}}{\text{Planumsatz} \times 100}$$

Stellt man Planumsatz und Mindestumsatz gegenüber, läßt sich die Sicherheitsspanne ermitteln, die bei konstanten Preisen und konstantem Sortiment die mengenmäßige Sensitivität angibt: Um wieviel darf der Absatz zurückgehen, ohne ein negatives Betriebsergebnis zu erzielen?

Für das zuvor dargestellte Beispiel ergeben sich folgende Kennzahlen:

Umsatzrentabilität	13%
Kapitalumschlag	1,21
ROI	16%
CFP	8.333
Mindestumsatz	9.933
Sicherheitsspanne	65%

Prozeßkostenrechnung

In den letzten Jahrzehnten hat der Anteil der fixen Gemeinkosten in den indirekten Leistungsbereichen der Unternehmen – gemessen an den Gesamtkosten – deutlich zugenommen. Mit mehr oder weniger kasuistischen Bezugsgrößensystemen versucht man diese Kostenbereiche in die Preiskalkulation einfließen zu lassen. Dabei wird auf wirtschaftliche Hintergründe und die wirklichen kostenverursachenden Einflußgrößen wenig Rücksicht genommen, was zu Gemeinkostenzuschlagsätzen bis zu mehreren 100% führen kann. Nach "schwammigen" Schlüsseln verteilte indirekte Gemeinkosten sind gefährlich und stellen auch in der Praxis den Controller laufend vor Probleme.

Hier setzt die Prozeßkostenrechnung (vgl. Kunesch [Grundlagen], S. 89 ff.) ein, indem auch in den indirekten Leistungsbereichen des Unternehmens die Kostentransparenz durch systematische Aufdeckung von Bezugsgrößen (cost drivers) verstärkt wird. Tätigkeitsanalysen und Leistungsmessungen stehen dabei im Vordergrund.

Die betrieblichen Vorgänge werden nicht nur isoliert betrachtet, sondern zusammenhängende Aktivitäten mehrerer Kostenstellen werden zu Hauptprozessen integriert. Die Kostenstelle als kleinste unternehmerische Einheit wird durch den unternehmerischen Prozeß (Aktivität oder Teilprozeß) in ihrer Bedeutung abgelöst.

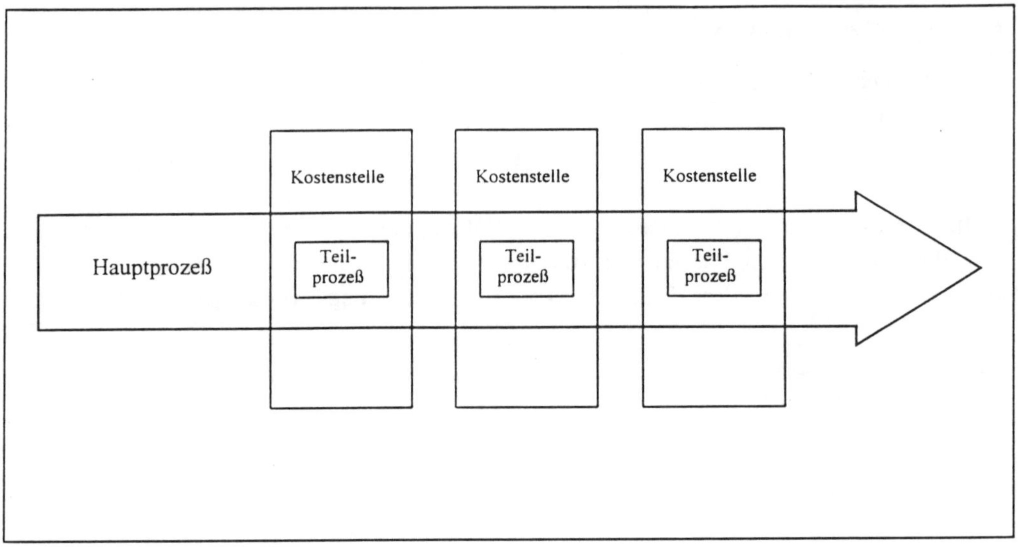

Abb. 7.11: Hauptprozeßbildung

Die Gemeinkosten werden in weiterer Folge nicht nach Schlüsseln, sondern nach Inanspruchnahme der Prozesse mittels Prozeßkostensätzen den Kostenträgern zugerechnet. Dabei wird die Trennung in fixe und variable Kosten zugunsten einer Trennung in leistungsmengeninduzierte und leistungsmengenneutrale Kosten aufgegeben. Leisungsmengeninduziert sind jene Kosten, die direkt mit einem Prozeß in Verbindung stehen, von diesem also ausgelöst werden (vgl. Niemand [Prozeßkostenrechnunt] S 162ff.). Daraus ergibt sich folgende Kostenübersicht:

			Prozeß-	Kapazität		Prozeßkosten		Prozeßkostensätze	
Hauptprozesse	cost driver	Teilprozesse	menge	lmi	lmn	lmi	lmn	lmi	gesamt
Beschaffen	Bestellungen	disponieren							
		Angebote einholen							
		Lieferanten auswählen							
		verhandeln und Vertrag							
		Bestellung überwachen							
		Summe							
...		...							

Abb. 7.12: Kostenübersicht nach Hauptprozessen

Benchmarking

Benchmarking ist ein Planungsinstrument, das einen Vergleich des eigenen Unternehmens mit dem "Klassenbesten" der Konkurrenzanbieter im Sinn einer Orientierung und Positionierung am Markt beabsichtigt und darüber hinaus auch Vergleiche mit branchenfremden Unternehmen anstellt. Obwohl Benchmarking eher ein Instrument für die strategische Unternehmensplanung ist, werden die Daten aus der operativen Planung entnommen; die dabei gewonnenen Erkenntnisse wirken direkt auf die operative Planung zurück.

Benchmarking ist kein Kopieren von Produkten oder Dienstleistungen, sondern ein Prozeß, der Methoden und Abläufe betrieblicher Funktionen mit einem oder mehreren anderen Unternehmen vergleicht. Gerade der Vergleich mit branchenfremden Unternehmen zeigt oft interessante Ansatzpunkte, weil die eigene Branche Potentiale traditionell nicht nützt, die in anderen Zusammenhängen weit entwickelt sind. Ziel des Benchmarkingprozesses ist eine Prüfung der Übertragbarkeit solcher Ansätze (für Technik, Administration, Vertrieb etc.) auf das eigene Unternehmen (vgl. Horváth; Herter [Benchmarking], S. 5ff., Wallek; O´Halloran; Leader [Benchmarking], S. 8ff.).

Target-Costing

Target Costing wurde in den siebziger Jahren in japanischen Betrieben als Instrument des Kostenmanagements entwickelt. Mit dem Maßstab "Zielkosten" wird eine marktorientierte Steuergröße in die Kostenrechnung eingeführt: Im Vordergrund muß die Frage stehen "Was darf ein Produkt kosten?" - und nicht "Was wird ein Produkt kosten?" (Seidenschwarz [Costing], S. 199). Die Produktkalkulation erfolgt strategisch ex ante und nicht wie üblich korrigierend ex post. Die Kostenplanung läuft Hand in Hand mit der Produktplanung und setzt auf dem von der Marktforschung ermittelten Preis auf. Dadurch wird das Hauptaugenmerk automatisch auf die Phase der Produktentwicklung gelenkt: Der Ausgangspunkt für die spätere Kostenkontrolle ist der erzielbare Verkaufspreis (vgl. Bäurle; Schulte [Kostenmanagement], S. 18f.).

Life-Cycle-Accounting

Das Konzept des Lebenszyklus stammt aus dem Marketing und wird dort vor allem bei Produkten angewendet. Die Systemtheorie zeigt, daß auch sämtliche Systeme einem Lebenszyklus unterliegen. Man unterscheidet fünf typische Lebenszyklusphasen: Planung, Einführung, Wachstum, Sättigung und Abstieg/Stillegung. Die traditionelle Kostenrechnung erfaßt nicht den gesamten Lebenszyklus; ihre Stärke liegt in der effizienten Steuerung der Wachstums- und Sättigungsphase; Konstruktion, Planung und Folgekosten einer Stillegung werden nicht berücksichtigt.

In den letzten Jahren sind gerade diese Kostenbestandteile stark angestiegen und bedürfen daher einer genaueren Planung und Kontrolle, zum Beispiel Entwicklung und Einführung komplizierter Produkte, hochspezialisierte und daher teure Servicefacharbeiter zur laufenden Wartung oder Entsorgungskosten anläßlich der Verschrottung. Bereits bei der Produktentwicklung werden viele kostenentscheidende Überlegungen angestellt, daher bietet sich eine gesamtheitliche Kostenbetrachtung über den Produktlebenszyklus an (vgl. Bäurle; Schulte [Kostenmanagement], S. 22f.). Ziel einer derartigen Lebenszykluskostenrechnung ist dabei nicht die Optimierung der Kosten einer einzelnen Lebenszyklusphase, sondern die Optimierung der gesamten Lebenszykluskosten (vgl. Wübbenhorst [Lebenszykluskosten], S. 246ff.).

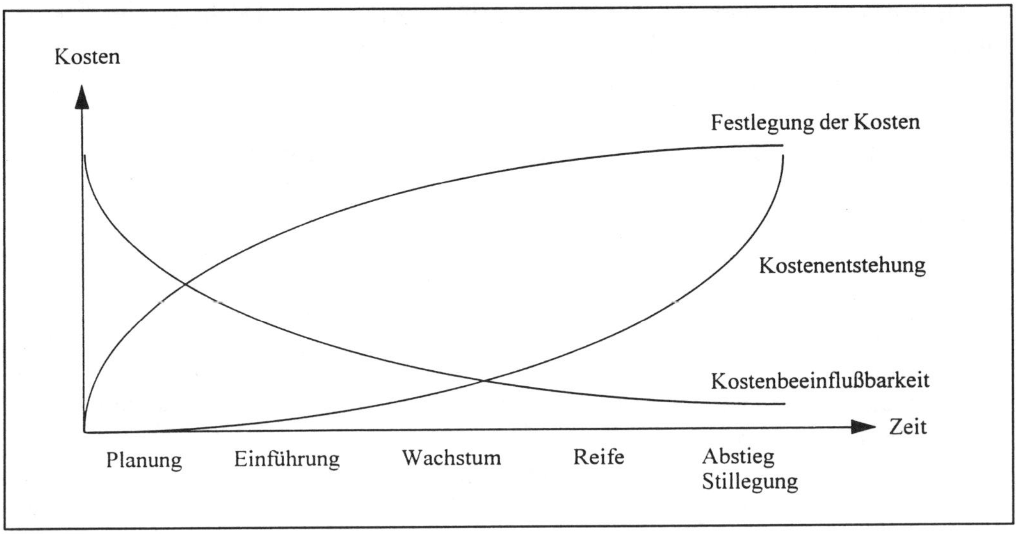

Abb. 7.13: Charakteristische Kostenverläufe (vgl. Wübbenhorst [Lebenszykluskosten], S. 252)

Das operative Planungssystem am Beispiel der Asea Brown Boveri Gruppe

Asea Brown Boveri ist ein weltweit tätiger Konzern in der Elektrobranche mit rund 1.300 Einzelgesellschaften und etwa 30 Mrd. US-Dollar Jahresumsatz 1992. Die Planungen und das Ist-Reporting aller ABB-Firmen weltweit laufen letztlich, nach einigen Schritten zur Zwischenkonsolidierung, bei der ABB-Holdinggesellschaft in der Schweiz zusammen. Um dies zu erreichen, gibt es innerhalb des Konzerns nur eine einzige, dafür aber umfassende internationale betriebswirtschaftliche Sprache, nämlich die des Asea Brown Boveri Accounting and Communication Systems (ABACUS).

ABACUS umfaßt:

- Katalog von betriebswirtschaftlichen Definitionen
- Kontenrahmen (weltweit verbindlich)
- verbindliche Standards (Vollkostenrechnung, Bewertungsmethoden, Behandlung lokaler Steuern etc.)
- Konsolidierungsvorschriften
- einheitliche Berichts- und Planungsformulare
- EDV-Reportingsysteme
- EDV-Informationssysteme
- sonstige Inhalte (Wechselkurse, Terminpläne etc.)

Ist und Plan sind im Reporting absolut deckungsgleich aufgebaut, so daß eine laufende Vergleichbarkeit sowohl unterschiedlicher Ist-Perioden untereinander als auch von Ist-Perioden mit Plan-Perioden gegeben ist.

Das Planungssystem

Die Planungsformulare gliedern sich in folgende Bereiche:

- External Income Statement (G+V)
- Internal Income Statement (Leistungsbudget)
- Balance Sheet
- Cash-Flow-Statement
- Supplimentary Specifications

Die Formulare sehen im einzelnen wie folgt aus:

ABB
ASEA BROWN BOVERI

ACCOUNTING AND REPORTING GUIDELINES

10. QUARTERLY REPORTING

Page 3

Company code	Period	Reporting type	Reporting time		Date	
		A	Q			**ES 1/2**

EXTERNAL INCOME STATEMENT		Reporting code ES	Value 1)
Sales	Third party	060	....
Other operating income	Third party	063	....
Interest on advances	Third party	066	....
Revenues	**Third party**	**069**	....
Sales	ABB Group	080	....
Other operating income	ABB Group	083	....
Interest on advances	ABB Group	086	....
Revenues	**ABB Group**	**089**	....
REVENUES		**099**	....
Material expenses		120	....
Personnel expenses		140	....
Other expenses		160	....
Changes in work in progress and finished goods		180	....
Depreciation of machinery and equipment		380	....
Depreciation of land and buildings		383	....
Depreciation of goodwill		384	....
Profits/losses from disposal of land and buildings:			
sold to	Third party	385	....
sold to	ABB Group	386	....
Profits/losses on sales of shares and participations:			
sold to	Third party	387	....
sold to	ABB Group	388	....
Write-down of shares and participations	Third party	389	....
Write-down of shares and participations	ABB Group	390	....
Write-down of loans granted	Third party	391	....
Write-down of loans granted	ABB Group	392	....
Profit/loss coverage and group int. transfers	ABB Group	393	....
Costs for discontinued operations	Third party	394	....
Amortization FAS106 (only US-comp)	Third party	396	....
Unusual items (ES385-396)		398	....
OPERATING EARNINGS AFTER DEPRECIATION		**399**	....

1) Normally thousands of local currency, except ITALIAN LIRAS which have to be in MILLIONS

ABB
ASEA BROWN BOVERI

ACCOUNTING AND REPORTING GUIDELINES

10. QUARTERLY REPORTING Page 4

Company code	Period	Reporting type	Reporting time		Date	
		A	Q			ES 2/2

EXTERNAL INCOME STATEMENT		Reporting code ES		Value 1)
Earnings before taxes from associated/divested companies 2) ...		405		....
Dividend income	Third party	410		....
Dividend income	ABB Group	415		....
Profit/Loss absorption from contractual agreements 3)	ABB Group	425		....
Interest income	Third party	430		....
Interest income	ABB Group	435	*	....
Interest on advances		450		....
Interest on pension liabilities	Third party	471		....
Interest on financial liabilities	Third party	472		....
Interest expense	ABB Group	475	*	....
Exchange differences 4)		490		....
Interest net of Financial Services (FS) reversed 5)		492		....
EARNINGS AFTER FINANCIAL ITEMS		**499**		....
Extraordinary items 3)	Third party	597		....
INCOME BEFORE TAXES		**599**		....
Current taxes:				
Current taxes, income		620		....
Current taxes, other		630		....
Tax consolidation effect		635		....
Deferred taxes on changes in:				
excess tax depreciation		641		....
inventory reserves		642		....
other untaxed reserves		643		....
other reserves and timing differences		645		....
Taxes in equity accounted companies 6)		685		....
NET INCOME BEFORE MINORITY INTEREST		**699**		....
Minority interest in net income		750		....
NET INCOME		**799**		....

1) Normally thousands of local currency, except ITALIAN LIRAS which have to be in MILLIONS

* To be specified on input form IG

2) Only to be used for equity accounted companies, selected by CS-CO, and for divested companies up to the date of divestiture

3) See instructions

4) Code applies for all companies except FS companies

5) To be reported by FS-activities only. Represents the sum of codes ES430/435/472/475

6) Only to be used for equity accounted companies, selected by CS-CO

ABB
ASEA BROWN BOVERI

ACCOUNTING AND REPORTING GUIDELINES

10. QUARTERLY REPORTING Page 5

Company code	Period	Reporting type	Reporting time		Date	
		A	Q			IS

INTERNAL INCOME STATEMENT	Reporting code IS	Value 1)
ORDERS RECEIVED:		
Orders received (revenue value) .... Third party	020	....
Orders received (revenue value) .... ABB Group	030	....
ORDERS RECEIVED	**039**	....
Production costs	043	- ....
Sales and administration costs	044	- ....
Total costs	046	- ....
Net result .... (IS039+IS046)	049	....

INTERNAL INCOME STATEMENT:		
Revenues	099	....
Material costs	110	....
Other production costs	160	....
Over/underabsorbed costs	170	....
Changes in work in progress and finished goods	190	....
GROSS RESULT	**199**	....
Sales costs	210	....
Administration costs	220	....
CALCULATED RESULT	**299**	....
Change in provisions for loss orders	310	....
Differences in valuation of change in W I P and finished goods	315	....
Calculated interest costs, reversed	330	....
Calculated depreciation, reversed	335	....
Sundries (see instructions)	350	....
Depreciation of fixed assets	388	....
Unusual items	398	....
OPERATING EARNINGS AFTER DEPRECIATION	**399**	....

1) Normally thousands of local currency, except ITALIAN LIRAS which have to be in MILLIONS

ABB
ASEA BROWN BOVERI

ACCOUNTING AND REPORTING GUIDELINES

10. QUARTERLY REPORTING Page 19

Company code	Period	Reporting type	Reporting time		Date	
		A	Q			CF

CASH FLOW STATEMENT		Reporting code CF	Value 1)
Net cash position, opening balance 2) 3)		890	
Net cash position, ending balance 2) 3)		895	
Change in net cash position		**899**	
Earnings after financial items	(ES499)	900	
Depreciation added back	(ES380-384)	905	
Reversal of codes ES385-392 under unusual items		912	
Change in provisions	(BS550-595)	915	
Change in pension liabilities	(BS760)	916	
Specific adjustments (see instructions)		917	
Subtotal	(CF900-917)	919	
Change in trade receivables	(BS160-165)	920	
Change in other current receivables (see instructions)		925	
Change in inventories	(BS270-274)	930	
Change in trade payables	(BS520-525)	935	
Change in other current liabilities (excl. taxes due) 4)		940	
Change in advances from customers	(BS700-705)	945	
Working capital from acquired/sold units		950	
Change in net working capital	(CF920-950)	959	
Capital expenditure in machinery and equipment	(SS010-025)	960	
Sale of machinery and equipment	(SS210-215)	965	
Net expenditure in machinery and equipment	(CF960-965)	966	
Change in receivables, finance leases 4)	(BS320-325)	967	
Capital expenditure in land and buildings	(SS040-050)	968	
CASH FLOW I	**(CF919+959+966+967+968)**	**969**	
Current taxes	(ES620-630)	970	
Change in taxes due	(BS600)	975	
Dividends paid and payments/receipts of group contributions, profit/loss absorption		977	
CASH FLOW II	**(CF969-977)**	**979**	
Change in financing receivables 4)		980	
Sale of land and buildings	(SS230-235)	985	
Capital expenditure - acquisitions, asset buyouts	(SS199)	987	
Sale of shares and participations, asset sellouts	(SS250-285)	990	
External financing from acquired/sold units		993	
New share capital issued and paid in		995	
Various items (reconciliations)		997	
CHANGE IN NET CASH POSITION (CF899)	**(CF979-997)**	**999**	

1) Normally thousands of local currency, except ITALIAN LIRAS which have to be in MILLIONS
2) BS100-140, BS651-665 and BS730-745
3) BS205, BS310-315 (Treasury centers only)
4) See instructions in binder 1

Allgemein soll noch folgendes zum Planungsinhalt vermerkt werden:

Anmerkungen

In den Konzern wird kein Finanzplan rapportiert. Dieser wird in jeder Region nach den jeweiligen Bedürfnissen erstellt und dient dann der eigenen Finanzplanung. Konzernseitig ist diesbezüglich mit dem Cash-Flow-Statement genüge getan. Die Bindung des Kapitals beziehungsweise die Reduktion des eingesetzten Kapitals wird vornehmlich über das Working Capital gesteuert, das auch monatlich berichtet wird. Dem Trend der meisten multinationalen Konzerne folgend laufen auch bei ABB Programme, um vor allem Grund- und Gebäudevermögen zu reduzieren und das dadurch gewonnene Kapital im Produktionsprozeß einzusetzen. Die dabei freiwerdende Liquidität spiegelt sich im Cash-Flow wider.

Jede Berichtszeile ist in den ABACUS Accounting and Reporting Guidelines beschrieben und inhaltlich definiert. Dies macht eine weltweit einheitlich operative Planung möglich.

Die Zusammenhänge zwischen External Income Statement und Balance Sheet entsprechen den Grundsätzen doppelter Buchführung und sind demnach in sich geschlossen. Die Ertragspositionen des Internal Income Statements basieren auf den Informationen der Kostenträger- und Kostenstellenrechnung (gross result, calculated result). Das hat zur Folge, daß im Internal Income Statement die Aufwandsarten (material expense, personnel expense und other expense) durch Kostenarten (production cost, sales and administration cost) ersetzt werden und in weiterer Folge der gross-margin als eine der wichtigsten Kenngrößen des ABB-Konzerns ermittelt werden kann (gross result in Prozent der Umsätze). Erst nachdem die kalkulatorischen Kosten eliminiert wurden, trifft das Internal Income Statement bei der Position operating earnings after depreciation wieder auf die Aufwandsartenrechnung des External Income Statements.

Zum Zweck der späteren Konsolidierbarkeit ist es bereits in der Planung erforderlich, interne von externen Transaktionen zu unterscheiden. Das gilt sowohl für die Plan-G+V als auch für die Planbilanz.

Der Zeithorizont des Planungssystems

Folgendes Schema zeigt den zeitlichen Ablauf der strategischen und operativen Planung während eines Kalenderjahrs.

Der Planungsprozeß beginnt im April/Mai mit einer strategisch orientierten Mittelfristplanung, die im Juni abgeschlossen ist. Darauf aufbauend erfolgt in der zweiten Jahreshälfte die operative Planung der Folgejahre.

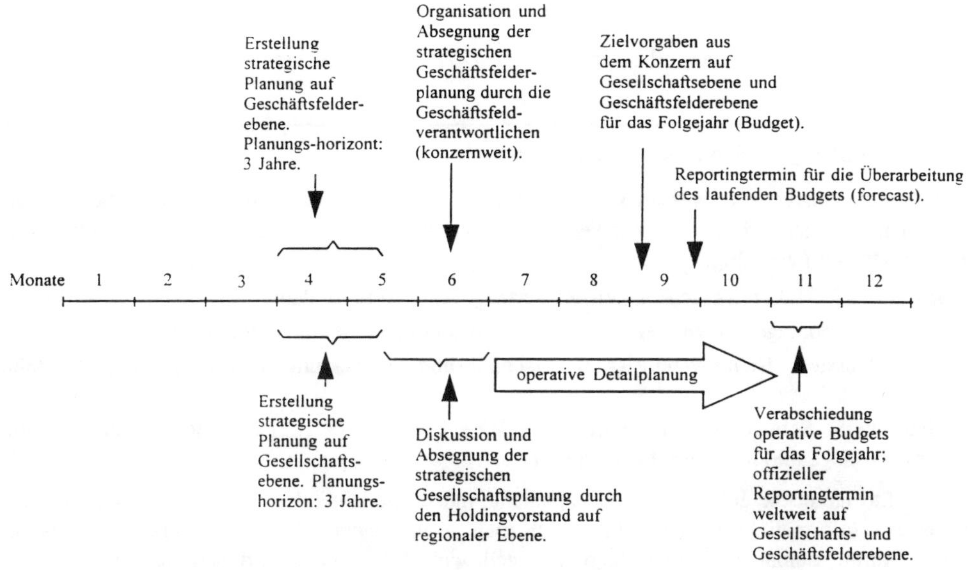

Abb. 7.14: ABB Planungsprozeß

Die Kurzfristplanung zur Überarbeitung des Budgets des laufenden Jahrs beginnt nach Vorliegen der Werte des zweiten Quartals. Nach der Analyse von Abweichungen des ersten Halbjahrs wird anschließend von etwa Mitte August bis Mitte September der Forecast erstellt und nach Abstimmung mit dem Management in die Konzernzentrale rapportiert.

Die Budgetarbeiten für das Folgejahr (ABB-Mittelfristplanung) beginnen in vorerst groben Zügen im Juni für das Folgejahr und werden im Herbst konkretisiert und abgestimmt. Budgetabgabetermin ist etwa Mitte November.

In diesem Zusammenhang ist noch erwähnenswert, daß der ABB-Konzern lediglich das Folgejahr in seine Budgetplanung aufnimmt, die Mittelfristplanung daher auf ein Minimum beschränkt ist. Es steht aber jeder Organisation frei, weiterreichende Planungen durchzuführen, die dann aber nicht berichtet werden.

7.3 Der Planungsablauf und seine Instrumente

Der Planungsablauf soll anhand einer "typischen" ABB-Gesellschaft aufgezeigt werden:

- Leistungsbudget / Plan Gewinn- und Verlustrechnung

Bevor an Zahlen gedacht werden kann, ist die für die Planperiode beabsichtigte Organisationsstruktur festzulegen. Die Gründe zur Festlegung und laufenden Anpassung der internen Organisationsstruktur sind vielfältig:

- Ein neues Produkt mit eigenem Vertrieb verlangt neue Kostenstellen;
- Eine neue Montagelinie wird eröffnet und als Kostenstelle (oder mehrere) eingerichtet;
- Eine Stabsstelle ist notwendig (z. B Forschung und Entwicklung) und wird als Kostenstelle organisiert;
- Eine interne Servicestelle (Telefonzentrale, Werksküche, EDV etc.) wird neu eingerichtet und als (umzulegende) Kostenstelle definiert, etc.

Auf Profitcenterebene erfolgt die Umsatzplanung, indem die laufende Markteinschätzung aus verschiedenen Informationsquellen und natürlich auch, so vorhanden, die bekannte Fristigkeit des aktuellen Auftragsstands in Umsatzzahlen dargestellt wird. Wo es keinen offenen Auftragsstand gibt (z. B Großhandel), müssen angenommene Mengen mit Planpreisen bewertet werden.

Informationsquellen für die Umsatzplanung sind vor allem:

- Kundengespräche, Kundenwünsche
- Konzernstrategien
- Marktanalysen, Veröffentlichungen, etc.

Wenn die Kostenstellenstruktur und ihre Auslastung für die Planperiode festgelegt ist, kann der Planungsprozeß beginnen.

EDV-gestützt werden die einzelnen Kostenarten nach Blöcken gegliedert, wie Gehaltskosten, externe Kosten, interne Kosten, Umlagen und kalkulatorische Kosten. Die Abfolge und Struktur der einzelnen Planungsschritte werden vom Controlling und vom Rechnungswesen der jeweiligen Tochtergesellschaft nach Abstimmung mit der Geschäftsführung firmenindividuell festgelegt.

Für umzulegende Kostenstellen wird dann, entsprechend dem festgelegten Verteilungsschlüssel (z. B Zahl der Mitarbeiter für Telefonanschlüsse, Quadratmeter Büroraum für die Raummiete, Bestellvolumen für Materialgemeinkosten, etc.), eine Umlage ermittelt und den empfangenden Kostenstellen angelastet.

Über Stundensätze zu verrechnende Kostenstellen (Montagekostenstellen, Engineeringskostenstellen etc.) ermitteln anhand der Kostenstellensumme und der erwarteten Auslastung den für die Planperiode zur Anwendung kommenden Stundensatz. Auch hier gilt es, bei sinkender Auslastung primär die Kapazitäten zu reduzieren anstatt den Stundensatz zu erhöhen.

Nachdem alle Gemeinkosten des Unternehmens vorliegen und EDV-mäßig auf Kostenstellen (Profitcenter) abgelegt sind, ist ein wesentlicher Schritt im Budgetierungsprozeß bereits geschehen. Es stehen auf der Ebene der Aufwandsarten (Plan-G+V, External Income Statement) bereits Personalaufwand (personnel expenses) und große Teile des sonstigen Aufwandes (other expenses) fest.

Der Materialaufwand (material expenses) und die verbleibenden Teile des sonstigen Aufwands, die nicht über Kostenstellen, sondern direkt dem Kostenträger zugerechnet werden, sind daran anschließend zu ermitteln. Art und Umfang der Geschäftstätigkeit der jeweiligen Gesellschaft läßt diesen Prozeß sehr unterschiedlich ausfallen. Genaue und zuverlässige Kenntnis des Geschäfts, bereits zum Budgetzeitpunkt bekannte Umstände (z. B Preistrends am Einkaufssektor) sowie die zum Budgetzeitpunkt für das Folgejahr bereits bekannte Preisqualität des Auftragsstands (order backlog) sind die wesentlichen Indikatoren für die Planung.

Für die weitere Aufwandsplanung fehlen im wesentlichen noch drei Positionen: Finanzergebnis, Abschreibungen und Steuern. Während Zinsertrag und -aufwand sinnvollerweise erst nach Vorliegen einer Planbilanz zu errechnen sind, liegen die Abschreibungen aus der Anlagenbuchhaltung bereits vor. Diese werden ergänzt um die Abschreibungen von Anlagenzugängen in der Planperiode und gekürzt um bereits zum Budgetzeitpunkt bekannte Abgänge größeren Umfangs. Die Steuerplanung erfolgt bei ABB-Österreich infolge steuerlicher Organschaft der Gruppe in der Holdinggesellschaft, gemäß der Fortschreibung von steuerlichen Verlustvorträgen und dem steuerlichen Plangewinn.

- Planbilanz

Zur Planung von Forderungen und Verbindlichkeiten sind die eigene Kreditpolitik und das Zahlungsverhalten der Kunden von entscheidender Bedeutung. Natürlich wird auch die Umsatzentwicklung direkten Einfluß auf durchschnittliche Außenstände haben. Hier greifen Erwartungen an die Durchsetzbarkeit von liquiditätsverbessernden Maßnahmen am Markt mit der Volumenplanung ineinander. Ähnliche Überlegungen gelten auf der Lieferantenseite.

Die Planung des Anlagevermögens basiert bei ABB auf einer Investitionsvorschau, die, bevor sie in die Planbilanz aufgenommen wird, im Detail auf Kostenstellenebene nach Investitionsarten (EDV, Gebäude, PKW, Maschinen etc.) durchgeführt wird. Nach Genehmigung durch das Management werden die beabsichtigten Investitionen in die Planbilanz aufgenommen. Auf bekannten Abschreibungssätzen aufbauend, wird eine Ergänzung der bereits laufenden Abschreibungen vorgenommen und die Abschreibungssumme in die Plan-G+V übernommen.

Die Liquiditätsentwicklung der Planbilanz ist de facto die Saldogröße und das rechnerische Schlußlicht der Planbilanzerstellung, was aber nicht bedeutet, daß darauf kein Augenmerk gerichtet wird. Verschlechtert sich die Liquiditätslage, so werden Maßnahmen gesetzt, um den Trend umzukehren. Unter dem Begriff "Cash race" ist es ABB weltweit gelungen, über eine Reduktion des gebundenen Kapitals die Finanzierungslage wesentlich zu entspannen.

- Cash-Flow -Statement

Das Cash-Flow-Statement wird unmittelbar aus der Planbilanz und dem Ergebnis der Plan-G+V abgeleitet und ist mit dieser auch rechnerisch abgestimmt.

- Laufende Optimierung

Ein laufender Optimierungsprozeß über einige Wochen schließt die Budgetplanung ab. Jeder Planungswert wird in weiterer Folge überprüft und an neue Erkenntnisse angepaßt. Die Vorstellungen des Eigentümers (Holding) werden mit den übermittelten Planungsdaten abgestimmt und in Budgetgesprächen zur Übereinstimmung gebracht.

7.4 Aufgaben und Verantwortlichkeiten des Controllers

Systembildende Aufgaben des Controllers

Bevor der erste Planungsschritt gesetzt wird, muß klar formuliert sein, welche Inhalte geplant werden sollen, welche Aussagen verlangt werden und wo welche Schwerpunkte zu setzen sind. Wird die operative Planung neu eingeführt, muß das Controlling die Dimensionen der Planung unter Berücksichtigung des Zeithorizonts, der vertikalen und horizontalen Planungstiefe und des Planungsinhalts definieren. Der Controller vermittelt in diesem Prozeß die notwendigen Techniken und Fertigkeiten und ist Moderator des Projekts.

Ist das Planungssystem im Unternehmen bereits seit längerer Zeit etabliert, greift man bei der jährlichen Planung in erster Linie auf das vorhandene System zurück. Der Controller muß aber die bestehenden Usancen ständig hinterfragen und erforderliche Systemrevisionen durchführen.

Ein weiterer wichtiger Aspekt systembildender Aufgaben des Controllers ist das Erarbeiten und Durchsetzen von Planungsgrundsätzen. Diese stellen Rahmenbedingungen und Spielregeln auf, denen der Planungsprozeß folgen muß, um jenes Resultat zu erbringen, das den notwendigen Anforderungen zur Unternehmenssteuerung entspricht. Planungsprämissen müssen unternehmensindividuell abgeleitet werden, es lassen sich aber auch allgemeingültige Aussagen treffen.

Planungsgrundsätze

- **Herausfordernd und erreichbar**

Das Ergebnis der Planung ist die Meßlatte für den Erfolg der geplanten Periode. Voraussetzung ist, daß sich jeder einzelne Mitarbeiter des Unternehmens mit den gesteckten Zielen identifizieren muß und kann. Planung, Motivation und Unternehmensergebnis sind ein geschlossener Regelkreis.

- **Operativ planen heißt intensiv kommunizieren**

Während des Planungsprozesses ist der Controller Sammelpunkt aller Informationen und Daten, die das Gesamtergebnis beeinflussen. Auch wenn dieser Informationsfluß eingespielt ist und durch geeignete Werkzeuge standardisiert abgewickelt wird (z. B Planungsformulare, Planungsprogramme), sind viele und oft sehr entscheidende Informationen nur "zwischen den Zeilen" zu finden. Der Controller darf Information daher nicht nur als Bringschuld verstehen, sondern muß intensiv und laufend mit den Informationsträgern des Unternehmens kommunizieren. Mitunter werden die Planungsergebnisse neben der zahlenmäßigen Darstellung auch verbal umschrieben (management comments), so daß das Ergebnis solcher Gespräche als qualitative Beurteilung der operativen Planung in einen Kommentar einfließen kann.

- **Planung muß nachvollziehbar sein**

Der Begriff der Nachvollziehbarkeit umfaßt einige Planungserfordernisse, die die Planung in der Realisierungsphase mit den Ist-Werten der laufenden, aber auch vergangener Perioden vergleichbar machen soll. Dazu gehören unter anderem:

Planungskontinuität: Die Planungsinhalte müssen einen Vorjahresvergleich zulassen (vgl. Preißler [Controlling], S. 91f.).

Abstimmbarkeit: Die einzelnen Planungsparameter und Teilpläne müssen untereinander abstimmbar sein (Kostenstellensummen müssen sich in der Gesamtplanung wiederfinden, die Planbilanz muß mit der Plan-G+V abgestimmt sein etc.).

Planungsstetigkeit: Bei gleichen Planungssachverhalten muß gleichartig vorgegangen werden; das bedeutet, daß Gleiches gleich, aber Ungleiches differenziert zu planen ist. Die Praxis zeigt, daß sprunghafte und sachlich nicht gerechtfertigte Differenzierungen oftmals große Probleme bei der Konsolidierung von Teilplänen zum Gesamtunternehmensplan verursachen oder bei Planinterpretationen zu Fehlern führen. Eine detaillierte Planungsvorbereitung (etwa mit einem Planungsleitfaden für Kostenstellenverantwortliche) hilft dabei, einen reibungslosen Planungsablauf sicherzustellen.

Planungsvollständigkeit: Die Planung muß alle für die geplante Periode maßgeblichen Umstände entsprechend berücksichtigen. Entscheidend ist dabei nicht die hundertprozentige Detaillierung auf Kontenebene, sondern vielmehr die vollständige Berücksichtigung aller Umstände des Unternehmensumfelds.

Planungsdokumentation: Die wichtigsten Überlegungen und Entscheidungen während der Planungsphase sollten entsprechend dokumentiert sein, damit Ursachen von Planabweichungen in der Ist-Phase erklärt und offengelegt werden können. Dabei helfen einheitliche Planungsunterlagen und EDV-Dokumentationen.

Systemkoppelnde Aufgaben des Controllers

Der Controller ist für den gesamten operativen Planungsprozeß verantwortlich. Er arbeitet dabei die Bedingungen für die Unternehmensziele (Planungsprämissen) auf und berücksichtigt diese bei der Durchsprache der quantitativen Zielgrößen. Die bloße Fortschreibung von Istwerten aus der Vorperiode kann nicht als Planung bezeichnet werden. Planung heißt, den Blick in die Zukunft zu richten und Vergangenheitsdaten nur dann als Planungsgrundlage zuzulassen, wenn ihre Anwendbarkeit für die Planperiode eindeutig geprüft wurde. Grundsätzlich sollte man von der Frage ausgehen, welche Parameter und Prämissen in der zu planenden

Periode entscheidend sein werden. Darauf aufbauend können die Ressourcen zur Leistungserstellung ermittelt werden und man kann über ihren Einsatz entscheiden.

Wenn vom Eigentümer des Unternehmens detaillierte quantitative Zielgrößen vorgegeben werden, sind sie dem Gestaltungsspielraum der Geschäftsführung und des Controlling entzogen. Der Controller hat die Aufgabe, die operativen Teilbudgets aus der Vorgabe zu errechnen. In vielen Fällen werden nur grobe Rahmendaten mit langfristigem beziehungsweise strategischem Charakter als Anforderung an das Unternehmen herangetragen.

In diesem Fall muß das Management in einem partizipativen Prozeß Teilbudgets und Unternehmensbudgets entwickeln. Der Controller nimmt dabei jene (Unternehmens-)Stelle ein, die – ausgehend von bereits formulierten strategischen Ansätzen – unternehmerische Absichten, Einzeldaten und Maßnahmen gemeinsam mit den Funktionsbereichen entwickelt, durchspricht und in Zahlen der Folgeperiode umsetzt.

Es hängt wesentlich vom Entwicklungsstand des Controlling ab, wieweit der Controller dabei mitgestaltende oder bloß steuernde und koordinierende Aufgaben wahrnimmt; auf jeden Fall fällt die systemkoppelnde Koordination in seinen alleinigen Verantwortungsbereich.

Folgene typische Problembereiche sind Beispiele für die bereits dargestellten Koordinationsaufgaben (zeitliche, sachliche, horizontale, vertikale Koordination):

- **Planungskalender erstellen:** Jeder Planungsschritt muß vom Controller terminlich festgelegt und zu einem Planungskalender zusammengestellt werden. Dieser Kalender ist mit allen Betroffenen rechtzeitig abzustimmen und absolut verbindlich.
- **Strategisches Bewußtsein schaffen:** So wie die Strategie auf operative Entscheidungen wirkt, gibt es Rückkopplungen von der operativen Planung zur Strategie. Operative Entscheidungen können strategische Erfolgspotentiale nachhaltig beeinträchtigen oder zunichte machen. Der Controller sorgt für ein strategisches Bewußtsein, indem er die strategischen Auswirkungen operativer Entscheidungen aufzeigt.
- **Formularsätze, EDV-Tools und Indikatoren bereitstellen:** Der Controller muß den planenden Linienmanagern die notwendigen Mittel zur Planerstellung zur Verfügung stellen: einheitliche Formularsätze, EDV-Tools, verbindliche Rechengrößen wie Zinssätze, Wechselkurse etc.
- **Interne Leistungsverrechnung administrieren:** Ein wesentliches Element der Koordination ist die Auswahl des Verfahrens und die Durchführung der internen Leistungsverrechnung. Die Höhe der intern verrechneten Leistungen hat in vielen Fällen erheblichen Einfluß auf das Ergebnis einer Kostenstelle oder eines Kostenträgers, wobei der Kostenstellenleiter nur sehr eingeschränkte Möglichkeiten hat, den Wert der verrechneten Leistungen zu beeinflussen.
- **Durchsprache der Bereichsbudgets:** Abhängig von der Planungskultur werden die Planungen der einzelnen Kostenstellen und Funktionsbereiche direkt in die weitere Budgetierung übernommen oder mit Hilfe des Controllers überarbeitet. Bei dieser Budgetdurchsprache muß der Controller sämtliche ungerechtfertigten Sicherheitsreserven aufdecken und "herausneten". Das Ergebnis dieser "Knetungsphasen" ist ein realistisches und anspruchsvolles Budget.

- **Zusammenführen der Teilbudgets:** Ausgehend von den Teilbudgets der Funktionsbereiche erstellt der Controller das Leistungsbudget des Gesamtunternehmens, den Finanzplan und die Planbilanz. Er interpretiert diese Teilbudgets, ergänzt sie durch Kennzahlen und stimmt sie mit der Unternehmensführung ab.

Controller und unternehmerische Politik

Der Controller hat im Rahmen der operativen Planung großen Gestaltungsspielraum und trägt die damit verbundene Verantwortung. Die Frage, wieweit der Controller durch seine Einflußnahme unternehmerische Politik betreibt, ist aus konzeptioneller Sicht zu verneinen. Planung basiert auf klaren internen und externen Spielregeln, wie etwa Konzern-Guidelines, auf dem Rahmen, den das Steuerrecht oder die Rechnungslegungsvorschriften abstecken und auf den strategischen Ansätzen. Für Unternehmenspolitik bleibt in der Phase der operativen Planung kein Raum.

Die betriebliche Praxis spricht eine differenzierte Sprache und ist mitunter den Wünschen nach entsprechender Darstellung oder erwarteten Ergebnissen unterworfen. Gestalterische Spielräume sollten, wenn notwendig, auch genützt werden, aber gerade dabei muß der Controller die Grundsätze der Vernunft, der kaufmännischen Vorsicht und natürlich der gesetzlichen Rahmenbedingungen vollinhaltlich beachten. Es ist seine Pflicht, im Zuge der Entscheidungsfindung immer wieder darauf hinzuweisen, daß betriebswirtschaftliche Kriterien im Vordergrund stehen.

Aufgaben des Controllers im Konzern

Controlling in der Konzernstruktur unterscheidet sich im Aufgabenbereich und in der Verantwortlichkeit inhaltlich von Controlling in Einzelgesellschaften mit flachem Aufbau. Auch die Unternehmensgröße und der Komplexitätsgrad in der Wertschöpfungskette des Unternehmens (Produktionsbetrieb mit hoher Fertigungstiefe oder Handelsbetrieb) haben auf den Wirkungs- und Verantwortungsbereich des Controllers wesentlichen Einfluß.

Der Aufgabenbereich des Controllers in der Holdinggesellschaft, deren hauptsächlicher Zweck die Verwaltung von Beteiligungen ist (Finanzholdinggesellschaften), wird nur wenig operative Planungsaufgaben umfassen. Marktdaten, Kundenbedürfnisse oder Investitionsprojekte stehen in der Holding bereits aufgearbeitet zur weiteren Entscheidung zur Verfügung. Ebenso werden technologische Notwendigkeiten zur Produktentwicklung nur im strategischen Ansatz entschieden. Die für die operative Planung notwendige Information kommt aus jenen Stellen der Organisation, die den laufenden Kontakt zum Umfeld des Unternehmens hat (Techniker, Verkäufer, Profit Center Leiter, Geschäftsführer und Vorstände operativ tätiger Gesellschaften).

Der Controller der Holding hat im wesentlichen folgende Aufgaben im Planungsprozeß zu erfüllen:

- Sind Konzernzielsetzungen Bestandteil des Planungsprozesses (Top Down Planung), dann werden diese Ziele vom Controller an die Gesellschaften im Verantwortungsbereich der Holding weitergegeben. Der Holdingcontroller stimmt die Einzelplanungen der Tochtergesellschaften mit der Gesamtunternehmensplanung des Konzerns und gegebenenfalls vorliegenden Konzernzielsetzungen ab.
- Der Controller der Holding konsolidiert die Einzelplanungen und übermittelt das Ergebnis an seine übergeordnete Stelle (zumeist Holdinggeschäftsführer oder Vorstand).
- Der Controller der Holding "moderiert" – wie in einem Frage-Antwort-Spiel – den weiteren Planungsprozeß zwischen Holding und operativen Gesellschaften, bis die Planungsvorstellungen der Holding mit jenen der Tochtergesellschaften akkordiert sind.
- Grundsätzliche Fragen der Bilanzierung und des Bilanzausweises können zum Aufgabenbereich des Controllers der Holding gehören, wenn diese Entscheidungen wesentliche Weichen für die Zukunft des Unternehmens stellen und somit planenden Charakter haben (z. B. Bewertungsfragen oder Fragen zur Kapitalisierung des Unternehmens). Damit sind auch alle Aspekte der Finanzierung verknüpft, sowohl im kurzfristigen als auch im langfristigen Bereich (Geldaufnahme oder Veranlagung, Dividendenpolitik etc.).

In der Praxis übernimmt das Controlling der Holding, abhängig von der Unternehmenskultur und den internen Spielregeln, noch eine Reihe von begleitenden Maßnahmen und Aufgaben mit unterstützendem Charakter:

- Die Bearbeitung von grundsätzlichen, gruppenübergreifenden Fragestellungen (Festlegung volkswirtschaftlicher Parameter für Planungszwecke, Wechselkurse, Lohn- und Gehaltssteigerungen etc.)
- Rückfragen und zwischenzeitliches Feedback der Konzernzentralstellen
- Hilfestellung bei Problemen in den operativ planenden Gesellschaften
- Positiver Einfluß auf die Planungskultur in der Planungsphase – Sorge für einen reibungslosen Planungsablauf (Koordination von Planungsmeetings, Schnittstelle zur Kommunikation in Planungsfragen etc.).

Die Spezialisten der einzelnen Regional- beziehungsweise Produktbereiche des Konzerns sind in die operativen Gesellschaften eingegliedert, da nur dort unmittelbarer Kontakt des Unternehmens nach außen stattfindet. Der Controller erhält daher die für den Planungsprozeß unerläßlichen Informationen des Unternehmensumfelds (Marktverhalten, technologisches Umfeld etc.) ausschließlich von diesen Stellen zur Weiterverarbeitung und Konsolidierung zu einem gesamtheitlichen Planungsergebnis.

8 Operative Vor- und Rückkopplung

Alfred Friedinger, Alexander Weger

Die operative Planung muß durch eine operative Vor- und Rückkopplung ergänzt werden. Im folgenden wird das Wesen der operativen Vor- und Rückkopplung erläutert und anhand von Beispielen dargestellt. Im Zentrum der operativen Vor- und Rückkopplung stehen Abweichungsanalysen und Erwartungsrechnungen.

8.1 Aufgabenstellung der operativen Vor- und Rückkopplung

Kontrolle ist ein funktionales Subsystem des Managementsystems (vgl. Pfohl [Planung], S. 20). Sie ist **Ergänzung der Planung**, folgt der Durchführung oder begleitet diese (Steuerung) und ist somit die letzte Phase im Führungsprozeß (vgl. Hahn [Planungsrechnung], S. 43). Kontrolle stellt die Realisierung der festgelegten Ziele sicher, daher bedingen Maßnahmen und Ressourcen Planung und Kontrolle einander gegenseitig.

Inhaltlich ist unter Kontrolle die Durchführung eines **Vergleichs** zwischen zwei oder mehreren Kontrollgrößen zu verstehen, von denen eine normativ als Vergleichswert vorgegeben wird. Die Größen, die im Rahmen der Planung prognostiziert oder als wünschenswert festgesetzt wurden, werden mit den tatsächlich eingetretenen beziehungsweise realisierten Größen verglichen (vgl. Pfohl [Planung], S. 17 und S. 59). Wenn man den Begriff weiter faßt, gehört zur Kontrolle auch der Vergleich von Istgrößen sowie der Vergleich von Sollgrößen mit voraussichtlichen Istgrößen (Wirdgrößen) (vgl. Hahn [Planungsrechnung], S. 43). Pfohl unterscheidet danach systematisch zwischen folgenden Arten von Kontrolle (vgl. Pfohl [Planung], S. 59ff.):

- **Ist-Ist-Vergleich**: Der Ist-Ist-Vergleich wird ex post durchgeführt, wie z. B. der Vergleich von Unternehmensdaten mit Branchendaten. (Der Ist-Ist-Vergleich erlebt unter dem Begriff Benchmarking eine Renaissance; darunter versteht man den Vergleich von Unternehmensfunktionen mit "Klassenbesten" – diese können auch Branchenfremde sein.) Der Vorteil zu traditionellen Branchen- oder Konkurrenzvergleichen besteht darin, daß beim Benchmarking ein Vergleich mit dem Unternehmen angestellt wird, das eine bestimmte Funktion am besten ausübt, und nicht mit demjenigen, das in der Gesamtbetrachtung der größte Konkurrent ist. Dadurch werden Potentiale nicht ungenützt gelassen, und ein Überholen des größten Konkurrenten ist leichter möglich (vgl. Camp [Benchmarking]).
- **Soll-Soll-Vergleich**: Der Soll-Soll-Vergleich wird ex ante durchgeführt und dient zur Überprüfung der Konsistenz von geplanten Sollgrößen.
- **Wird-Wird-Vergleich**: Der Wird-Wird-Vergleich ist die Überprüfung prognostizierter Größen auf ihre Konsistenz.

- **Soll-Ist-Vergleich**: Unter dem Soll-Ist-Vergleich versteht man Kontrolle im engeren Sinn, und zwar einen Vergleich geplanter Größen (Soll) mit realisierten Größen (Ist). Diese Art der Kontrolle ist wesentlicher Bestandteil des Prinzips der **Rückkopplung**.
- **Soll-Wird-Vergleich**: Beim Soll-Wird-Vergleich werden Sollgrößen schon während der Realisationsphase den Wirdgrößen gegenübergestellt; die Wirdgrößen sind Prognosen über die spätere Planrealisierung (Erwartungsrechnung). Der Soll-Wird-Vergleich beruht auf dem Prinzip der **Vorkopplung**.
- **Wird-Ist-Vergleich**: Die Prämissenkontrolle überprüft, ob die Prämissen der Planung (prognostizierte Wirdgrößen) noch zutreffen, also mit den gegenwärtigen Istgrößen übereinstimmen. Pläne können auch unbrauchbar werden, wenn ihre Ausgangsdaten nicht mehr zutreffen. Die Planrealisierung allein ist nicht immer ein Erfolg, wenn man unter Umständen mehr erreichen hätte können.

Läßt ein Vergleich Abweichungen erkennen, so können ihre Ursachen im Bereich der Planung oder im Bereich der Realisation liegen: Entweder waren die Annahmen über die Stärken und Schwächen des Unternehmens beziehungsweise die Chancen und Gefahren im Umfeld des Unternehmens falsch, oder es wurden unrealistische Ziele vorgegeben oder vereinbart. Andere Ursachen können sein, daß die Ziele bei der Realisation nicht verfolgt oder die geplanten Maßnahmen nicht ergriffen oder nicht mit den geplanten Ressourcen durchgeführt wurden.

Die Kontrolle soll die Voraussetzung dafür schaffen, daß Fehler in der Planung oder in der Realisation erkannt und entsprechende Maßnahmen zu ihrer Beseitigung ergriffen werden können (vgl. Pfohl [Planung], S. 17).

Der Kontrollprozeß läßt sich durch folgende Phasen kennzeichnen:

- Festlegen von Kontrollmaßstäben
- Erfassen der erreichten Ist-Werte
- Feststellen von Abweichungen zwischen den Kontrollmaßstäben (Soll-Werten) und den Ergebnissen (Ist-Werten)
- Durchführen von Abweichungsanalysen
- Veranlassen korrigierender Maßnahmen (vgl. Ziegenbein [Controlling], S. 361f.).

Die Kontrolle hat daher drei Funktionen zu erfüllen:

- **Beobachtungsfunktion**: Erheben von Informationen über realisierte Istgrößen.
- **Beurteilungsfunktion**: Bewerten der Istgrößen anhand vereinbarter Ziele (Sollgrößen), um gewünschte Verhaltensweisen und Maßnahmen in Zukunft zu verstärken sowie negative zu verhindern.
- **Präventivfunktion**: Fördern zielkonformen Leistungsverhaltens durch die bloße Existenz der Kontrolle (vgl. Müller [Kontrolle], Sp 1083).

Im Rahmen der Führungs- und Serviceaufgaben nimmt auch das Controlling Kontrollfunktionen im Sinn eines erweiterten Kontrollbegriffs wahr: Während sich der **traditionelle Kon-**

trollbegriff auf die letzte Phase des Führungsprozesses – die Kontrollphase – beschränkt, greift dieser anhand der Vor- und Rückkopplung auf die Planungsphase zurück (vgl. Welge [Unternehmungsführung], S. 2).

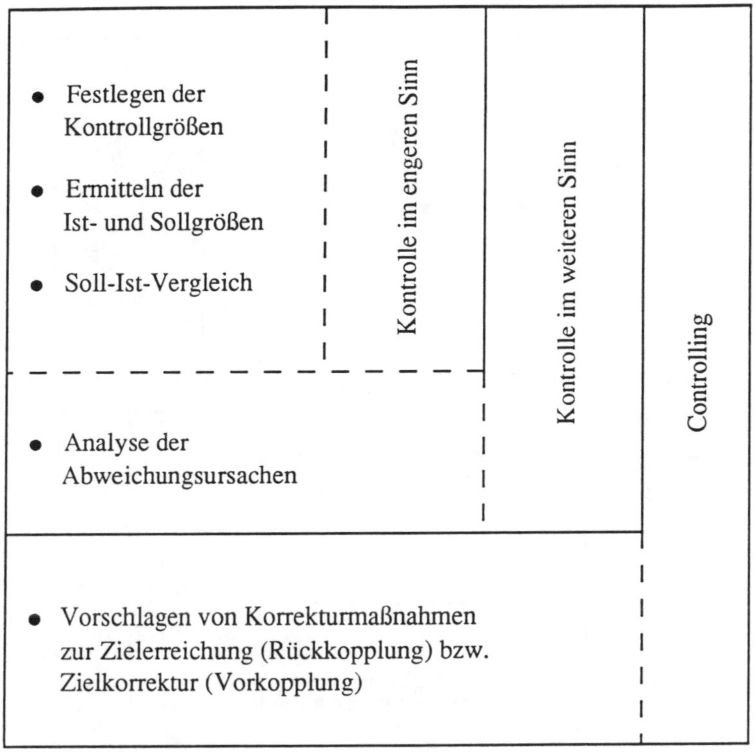

Abb. 8.1: Der Zusammenhang zwischen Kontrolle und Controlling (in Anlehnung an: Welge [Unternehmungsführung], S. 2)

Der Zusammenhang zwischen Planung und Kontrolle wird häufig durch einen geschlossenen Regelkreis dargestellt (Abb. 8.2) und gilt unabhängig von **Zeithorizont**, Komplexität und Unsicherheit der Planung.

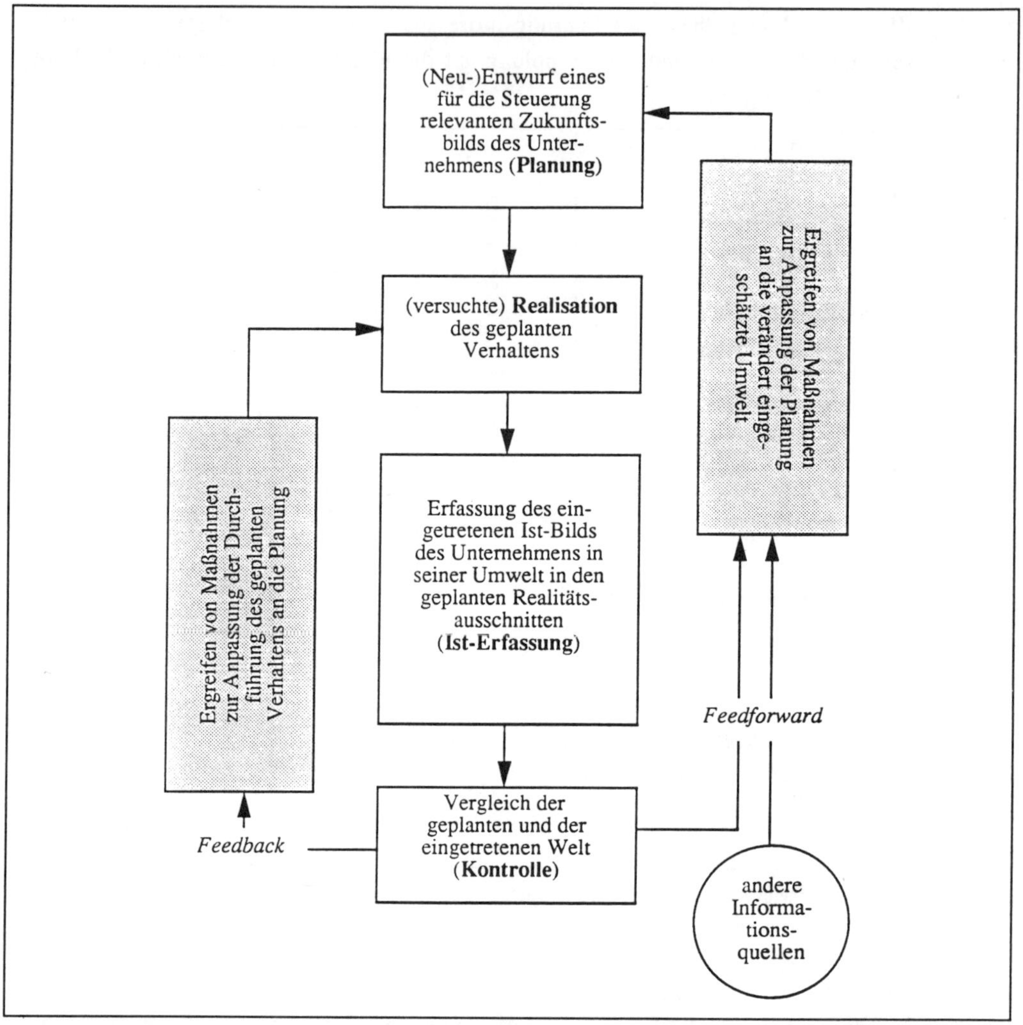

Abb. 8.2: Schematische Darstellung des Planungs- und Kontrollregelkreises (vgl. Weber [Einführung], S. 162)

Ziel der Kontrolle ist Erkenntnisgewinn, der sich sowohl auf das Ist als auch auf das Soll richten kann. Eine auf das Ist gerichtete Kontrolle, Feedback-Kontrolle, dient primär der Sicherstellung der Planerreichung; sie ist vergangenheitsorientiert. Durch Beobachtung werden bereits realisierte Soll-Ist-Abweichungen festgestellt. Der Nachteil liegt darin, daß Abweichungen möglicherweise zu spät erkannt werden, um darauf reagieren zu können.

Im zweiten Fall der Kontrolle, die auf die Anpassung oder Neuformulierung des Sollwerts (z. B. Korrektur unrealistischer Leistungsvereinbarungen, geänderter Rahmenbedingungen) gerichtet ist, geht es nicht um die Beobachtung realisierter Ist-Werte, sondern um das mehr oder weniger systematische Erfassen von "Störgrößen" im Unternehmen (Ursachen für Soll-

Ist-Abweichungen), aber auch im Unternehmensumfeld. Die Indikatoren zur Messung unterscheiden sich von denen bei Feedback-Kontrollen:

Während bei der Beobachtung der Istgrößen Indikatoren zur Messung von Graden der Zielerreichung, der Maßnahmenausführung und der Ressourcenbeanspruchung notwendig sind, benötigt man zur Erfassung der Störgrößen Indikatoren zur Messung von vorhandenen oder potentiellen Stärken und Schwächen des Unternehmens beziehungsweise der Chancen und Risiken im Unternehmensumfeld. Im Gegensatz zu dem auf dem Wirkungsprinzip der Rückkopplung basierenden Regelungsvorgang spricht man hier von einem Steuerungsvorgang, der auf dem Wirkungsprinzip der Vorkopplung (**"Feedforward"**) beruht. Dadurch erhält die Planung **frühzeitig** Informationen über vorhandene oder potentielle Störgrößen und kann rechtzeitig Korrekturmaßnahmen festlegen, um die Störgrößen zu kompensieren.

Das Controlling hat im Rahmen der Vorkopplung die Störgrößen zu antizipieren, potentielle Soll-Ist-Abweichungen festzustellen und gegebenenfalls Gegenmaßnahmen zu entwickeln. Die potentiellen Soll-Ist-Abweichungen beruhen auf Prognosen darüber, daß die angestrebten Sollgrößen nicht erreicht werden. Die der Sollgröße gegenübergestellte Größe ist also keine realisierte Istgröße, sondern eine prognostizierte Wirdgröße, so daß es sich um einen Soll-Wird-Vergleich, Erwartungsrechnung handelt (vgl. Weber [Einführung], S. 149).

Sowohl **Handlungen**, **Personen** als auch **Ergebnisse** von Handlungen können **Objekte der Kontrolle** sein: Bei der **Ergebniskontrolle** sind es Ergebnisse von Realisierungsprozessen, bei der **Verfahrenskontrolle** dagegen Handlungen, der Ablauf von Planungs- und Realisierungsprozessen, die Einhaltung von Verhaltensgrundsätzen und Arbeitsanweisungen usw. (vgl. Pfohl [Planung], S. 118). Die **verhaltensorientierte Kontrolle** knüpft an unternehmensrelevantem Mitarbeiterverhalten und -eigenschaften an (vgl. Merchant [Control], S. 40ff.). Sie wird unter die Verfahrenskontrolle subsumiert, weil Handlungen genauso wie bei der verfahrensorientierten Kontrolle von Menschen überwacht werden (vgl. Welge [Unternehmungsführung], S. 324). Im weiteren wird daher nur mehr zwischen Durchführungs- beziehungsweise Verfahrens- und Ergebniskontrollen unterschieden.

Durchführungs- beziehungsweise Verfahrens- und Ergebniskontrollen weisen unterschiedliche Einsatzprofile auf. Ergebniskontrollen räumen dem Handlungsträger größere Spielräume in der Handlungsausführung und in der Auswahl der einzusetzenden Mittel ein als Verfahrenskontrollen. Sie werden aus Motivationsgründen (Anreizwirkung von Gestaltungsfreiräumen) oder zur Minimierung von Kontrollkosten eingesetzt und setzen Beschreibbarkeit und Planbarkeit des Ergebnisses voraus. Daher sind Ergebniskontrollen z. B. zur Sicherstellung von Dienstleistungsqualitäten nur bedingt nutzbar. Für solche personen- und situationsunabhängige Qualitätsstandards sowie bei Effizienzverlusten und Koordinationsproblemen durch Entscheidungsdelegation werden Verfahrenskontrollen verwendet (vgl. Weber [Einführung], S. 150f.).

Bei der Frage nach dem **Kontrollträger**, der für die Durchführung der Kontrolle zuständig ist, unterscheidet man zwischen Eigen-/Selbst- und Fremdkontrolle. Selbstkontrolle obliegt dem Mitarbeiter oder der Gruppe von Mitarbeitern, die für die zu kontrollierende Tätigkeit verantwortlich ist oder diese selbst erledigt; Fremdkontrolle ist Aufgabe eines mit der Ausführung nicht involvierten Mitarbeiters (vgl. Welge [Unternehmungsführung], S. 327).

Eigenkontrollen verursachen geringere Kontrollkosten und weisen eine höhere Güte (der Kontrolle) als Fremdkontrollen auf. Der Handelnde verfügt in der Regel selbst über die besten Kenntnisse über die Handlung. Eigenkontrollen begünstigen den Lernprozeß durch unmittelbare Kopplung an den Ergebnis- beziehungsweise Ausführungsverantwortlichen (vgl. Weber [Einführung], S. 151). Allerdings lassen sich durch Eigenkontrollen keine dysfunktionalen Wirkungen von Kontrollen aufdecken. Bewußte unternehmensschädigende Handlungen (z. B. Verringerung von Leistungsanforderungen oder strafrechtliche Tatbestände wie Unterschlagung oder Betrug) bleiben unerkannt.

Die Vor- und Nachteile von **Fremdkontrolle** ergeben sich aus denen der Eigenkontrolle: Größerer Objektivität, Neutralität und Kontrollkompetenz stehen höhere Kosten sowie negative Verhaltenswirkungen gegenüber.

Das Verhältnis zwischen Eigen- und Fremdkontrolle wird zum einen von der vorherrschenden Unternehmenskultur bestimmt ("Vertrauen ist gut, Kontrolle ist besser" versus vertrauensbasierte Organisation), zum anderen von der überwiegenden Kontrollart. Ergebniskontrollen können zu einem wesentlich größeren Teil den Ausführenden selbst übertragen werden; Verfahrenskontrollen erfordern fast zwangsläufig Fremdkontrollen (vgl. Weber [Einführung], S. 152).

Die Vergleichswerte für die operative Vor- und Rückkopplung werden aus der strategischen Zielsetzung abgeleitet und operationalisiert. Für die Kontrolle steht eine Vielzahl an Instrumentarien zur Verfügung, die zumeist nach ihrem Kontrollzeitraum klassifiziert werden. Für die Kontrolle einjähriger Pläne eignet sich die operative Abweichungsanalyse am besten.

8.2 Instrumente der Vor- und Rückkopplung

Moderne operative Controllinginstrumente der Vor- und Rückkopplung dürfen sich nicht nur auf die der Durchführung zeitlich folgende Kontrollphase beziehen, sondern müssen bereits während der Realisierungsphase steuerungsrelevante Informationen liefern, damit im Wege der Vor- beziehungsweise Rückkopplung auf die Planungsphase Bezug genommen werden kann.

Ein Soll-Ist-Vergleich, der die Umsetzungsphase begleitet, liefert daher durch seine unterfristige Gegenüberstellung von vereinbarten Soll-Daten und erreichten Ist-Daten Informationen über aufgetretene Abweichungen (= Differenzen) sowie erste Anhaltspunkte für notwendige Steuerungsmaßnahmen. Dieser Soll-Ist-Vergleich ist ein mehrstufiges Verfahren, dessen Kernstück eine Abweichungsanalyse bildet. Aus der Analyse (dieser Differenz) sind Konsequenzen zu ziehen und Korrekturmaßnahmen zu ergreifen.

Der Aufgabenbereich des Controllers erstreckt sich vom Feststellen der Abweichungen bis zum Ausarbeiten von Korrekturvorschlägen. Besondere Bedeutung hat dabei das Festlegen von Toleranzgrenzen für Abweichungen, die in der Unternehmenspraxis die Regel sind; Ursachen dafür sind oft falsche Planungsprämissen. Ohne Festlegen von Toleranzgrenzen müßten die Verantwortlichen bei jeder Abweichung Korrekturmaßnahmen ergreifen – diese Mikrosteuerung führt zu einer Konzentration und Fokussierung auf Nebensächlichkeiten. Die Toleranzgrenzen hängen von der Bedeutung des Kontrollobjekts für das Gesamtunternehmen ab (je bedeutender, desto enger); für ihre Angabe sind prozentuelle Größen absoluten vorzuziehen. Als "Vorsteuergröße" für potentielle Abweichungen eignen sich die Veränderungsraten der Kontrollgrößen. Sie geben bereits zu einem frühen Zeitpunkt Informationen über mögliche Abweichungen.

8.2.1 Die operative Abweichungsanalyse

Die Abweichungsanalyse des Soll-Ist-Vergleichs kann sowohl kostenträgerbezogen als auch periodenbezogen durchgeführt werden. Die kostenträgerbezogene Analyse liefert wesentliche Informationen über die Qualität der Kalkulation; damit können zukünftige Planungsfehler minimiert werden. Eine Abweichungsanalyse mit lediglich pauschalen Vergleichen von Soll- mit Ist-kosten und Soll- und Isterlösen brächte nur wenige Erkenntnisse, Abweichungen sind daher auf ihre Ursachen hin zu analysieren. Periodenbezogene Abweichungen ergeben sich aus der Differenz der für eine Periode geplanten und der tatsächlich realisierten Werte. Sie liefern Aussagen über die Ursachen der Differenzen zwischen diesen Soll- und Istwerten (vgl. Egger; Winterheller [Unternehmensplanung], S. 166ff.).

Die periodenbezogenen Gesamtabweichungen werden grundsätzlich in Erlös- und Kostenabweichungen geteilt.

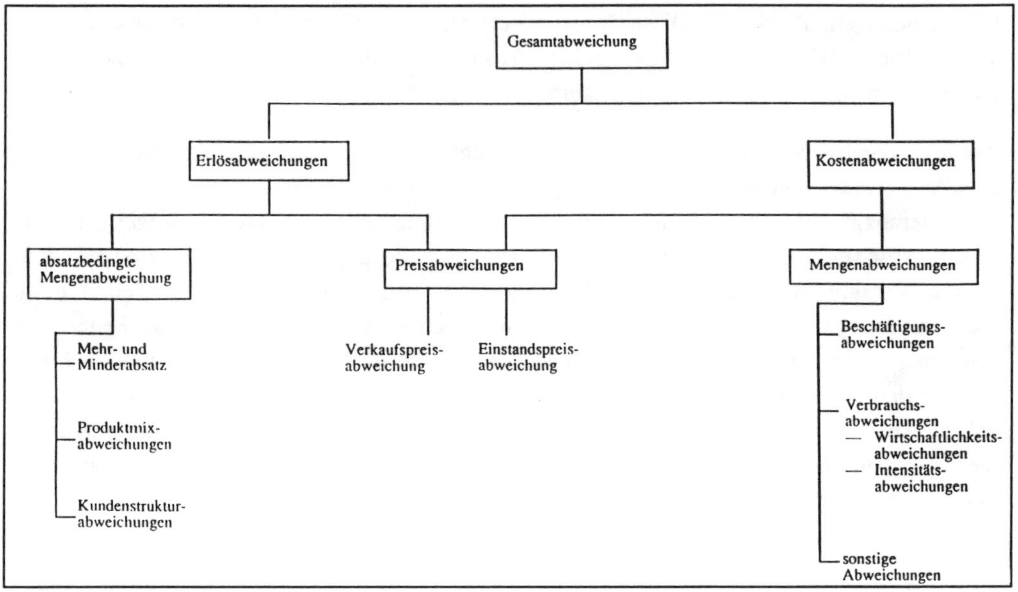

Abb. 8.3: Abweichungsarten

Erlösabweichungen

Eine Veränderung der Menge an abgesetzten Produkten oder Leistungen führt zu einer Veränderung der Erlöse und der variablen Kosten. Die erlös- oder absatzbedingten Abweichungen können unterschiedlich sein: abhängig von der Änderung der Mengenrelation verschiedener Produkte oder Produktgruppen mit unterschiedlichem Deckungsbeitrag (Produktmixabweichung) oder von einer Änderung des Verhältnisses verschiedener Kundengruppen beziehungsweise Absatzmärkte (Kundenstrukturabweichungen) mit unterschiedlichen Preisen. Das Errechnen dieser Abweichungen ist daher nur dann sinnvoll, wenn die Produkte unterschiedliche Deckungsbeiträge aufweisen oder auf unterschiedlichen Märkten verschiedene Preise für das gleiche Produkt verlangt werden.

Berechnung der Absatzabweichung:

$$\begin{array}{ll} & \text{Planmenge} \times \text{Planpreis} \\ - & \text{Istmenge} \times \text{Planpreis} \\ \hline = & \text{Mehr-/Minder-Absatz (zu Planpreisen)} \end{array}$$

Berechnung der Produktmixabweichung:

Istmenge des geplanten Sortiments × Planpreis
– Istmenge des realisierten Sortiments × Planpreis
= Produktmixabweichung

Abweichungen nach Absatzmärkten und Kostenstrukturen lassen sich analog dazu errechnen.

Kostenabweichungen

Zu den Kostenabweichungen gehören Preis-, Beschäftigungs- und Verbrauchsabweichungen. Letztere werden in Wirtschaftlichkeits- und Intensitätsabweichungen aufgespaltet. Die Beschäftigungs- und die Verbrauchsabweichungen sind Ausprägungsformen der Mengenabweichung.

Preisabweichungen können sowohl fixe (z. B. Kollektivlöhne) als auch variable Kosten (z. B. Materialpreise) betreffen. Auf der Absatzseite bildet die Istabsatzmenge die Grundlage für die Ermittlung der Preisabweichung, auf der Einsatzseite der mengenmäßige Faktoreinsatz (vgl. Egger; Winterheller [Unternehmensplanung], S. 181). Mögliche Ursachen für Preisabweichungen sind Fehleinschätzungen in der Preisentwicklung.

Berechnung der Preisabweichung:

Istmenge × Planpreis
– Istmenge × Istpreis
Preisabweichung

Beschäftigungsabweichungen geben Auskunft über Auslastungsschwankungen. Sie zeigen den Grad nicht ausgelasteter Fixkosten (= Leerkosten) an, das sind jene Fixkostenanteile, die auf nicht ausgelastete Kapazitäten entfallen. Wird eine Anlage nur zu 80% genutzt, sind ihre Fixkosten zu 80% Nutzkosten und zu 20% Leerkosten. Eine flexible Plankostenrechung zeigt, wieviel an Fixkosten bei einer negativen (positiven) Beschäftigungsabweichung in der Vorkalkulation zuwenig (zuviel) verrechnet wurde.

Berechnung der Beschäftigungsabweichung:

Sollkosten (reale Plankosten bei Istbeschäftigung)
– verrechnete Kosten (ideale Plankosten bei Istbeschäftigung)
Beschäftigungsabweichung

Das entspricht:

Fixkosten + (variable Kosten × Istbeschäftigungsgrad)
– geplante Gesamtkosten × Istbeschäftigungsgrad
Beschäftigungsabweichung

Verbrauchsabweichungen sind wie Beschäftigungsabweichungen eine Form der Mengenabweichung. Sie repräsentieren jene Kostendifferenz, die sich aus dem Mehr- oder Minderverbrauch der einzelnen Produktionsfaktoren ergibt. "Bei den Erlösen ist eine Verbrauchsabweichung nicht denkbar." (Egger; Winterheller [Unternehmensplanung], S. 183)

Berechnung der Verbrauchsabweichung:

Planmenge × Planpreis
− Istmenge × Planpreis
Verbrauchsabweichung

Verbrauchsabweichungen sind in der Regel **Wirtschaftlichkeitsabweichungen.** Die Differenz entsteht bei Mehr- oder Minderverbrauch von Produktionsfaktoren in der Istbeschäftigung im Vergleich zu dem für die Istbeschäftigung geplanten Verbrauch.

Berechnung der Wirtschaftlichkeitsabweichung:

Istmenge × Planpreis
− Sollkosten
Wirtschaftlichkeitsabweichung

Wirtschaftlichkeitsabweichungen treten in der Regel nur bei beschäftigungsvariablen Kosten auf (z. B. Kosten von Roh-, Hilfs- oder Betriebsstoffen). Sie sind grundsätzlich von den Kostenstellenleitern in der Leistungserstellung zu verantworten und sollten diese zu verstärkter Überwachung der eingesetzten Materialmengen motivieren.

Intensitätsabweichungen entstehen, wenn bei der Istbeschäftigung weniger als geplant geleistet wurde. Sie signalisieren eine vom Plan abweichende Betriebsgeschwindigkeit oder Arbeitsintensität und sollen zu produktivitätssteigernden Maßnahmen führen.

Berechnung der Intensitätsabweichung:

ideale Plankosten bei Istbeschäftigung
− ideale Plankosten bei Istleistung
Intensitätsabweichung

Nachstehende Übersicht gibt den Zusammenhang zwischen den Kostenabweichungen wieder:

	Plankosten
+	Istleistungsgrad
=	Ideale Plankosten bei Istleistung
±	Intensitätsabweichungen
=	Verrechnete Kosten
±	Beschäftigungsabweichungen
=	Sollkosten
±	Wirtschaftlichkeitsabweichungen
=	Istverbrauch zu Planpreisen
±	Preisabweichungen
=	Istkosten

Alle angeführten Kostenabweichungen – Gesamt-, Preisabweichung etc. – lassen sich auch graphisch darstellen (siehe Abb. 8.4). Die linke grau unterlegte Fläche zeigt die Abweichungen, die sich aufgrund der Grenzplankostenrechnung ergeben und bis jetzt behandelt wurden. Für den Unternehmensalltag sind sie jedoch oftmals zu aufwendig , oder es sind ihre Voraussetzungen (z. B. Grenzplankostenrechnung) im Unternehmen nicht realisiert. Daher wird in der rechten grau unterlegten Fläche ein vereinfachter Soll-Ist-Vergleich abgebildet, wie er häufig in der Unternehmenspraxis vorzufinden ist. Dabei werden neben der Gesamtabweichung nur noch die Divergenzen zwischen den Plan-Ist-Werten (Budgetabweichung) und zwischen den Plan-Soll-Werten (Budgetanpassung an Istbeschäftigung) angeführt.

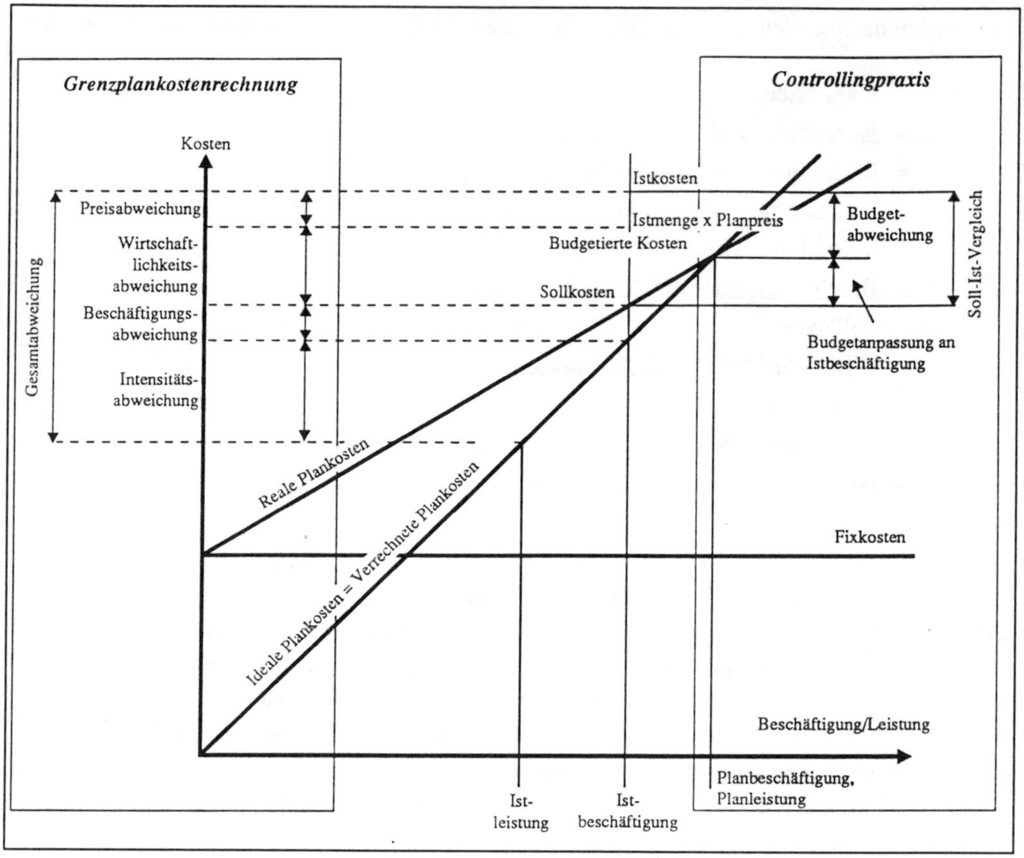

Abb. 8.4: Abweichungsdiagramm

8.2.2 Weitere Ausprägungsformen des Soll-Ist-Vergleichs

Für einen periodischen Soll-Ist-Vergleich werden folgende Instrumente eingesetzt:

- Leistungsstunden-Soll-Ist-Vergleich
- Kostenstellen-Soll-Ist-Vergleich
- Ergebnis-Soll-Ist-Vergleich
- Return on investment-Soll-Ist-Vergleich.

Der Leistungsstunden-Soll-Ist-Vergleich

Ein Leistungsstunden-Soll-Ist-Vergleich ist eine einfache und (meist) ausreichend genaue Methode zur **mengenmäßigen** Auslastungsverfolgung.

	Std. PLAN	% PLAN	Std. IST	% IST	% IST kum.
Jänner	12.257	100 %	11.090	90 %	90 %
Februar	12.902	100 %	12.867	100 %	95 %
März	14.837	100 %	14.453	97 %	96 %
April	13.547	100 %	13.629	101 %	97 %
Mai	12.257	100 %	11.970	98 %	97 %
Juni	13.547	100 %			
Juli	14.192	100 %			
August	14.192	100 %			
September	14.192	100 %			
Oktober	12.902	100 %			
November	13.547	100 %			
Dezember	12.902	100 %			
Summe	161.274				

Abb. 8.5: Leistungsstunden-Soll-Ist-Vergleich

Die geplanten Jahresstunden aller produktiven Kostenstellen eines Kostenstellenverbands (z. B. alle Konstruktionskostenstellen) ergeben die Jahreskapazität, die nach dem erwarteten Stundenanfall (z. B. saisonale Schwankungen, Arbeitstage) auf die einzelnen Monate aufgeteilt wird. Diese Monatskapazität (= 100%) wird den tatsächlich geleisteten Stunden monatlich gegenübergestellt. Durch Addition der monatlichen Auslastungsgrade und Division durch die Anzahl der summierten Monate erhält man die kumulierte Auslastung. Da bereits in den ersten Tagen nach Monatsende die Anzahl der geleisteten Stunden vorliegt, können Gegensteuerungsmaßnahmen für den Folgemonat frühzeitig ergriffen werden, um Unterauslastungen durch Überplanbeschäftigung – aufgrund kapazitärer Engpässe – zu vermeiden

Ursachen für Unterauslastung können z. B. Maschinenbruch, Umstellungen, Personalengpässe oder fehlende Kundenaufträge sein, wobei Unterauslastung aufgrund eines zu geringen Auftragsstands vorhersehbar ist. Das Management kann darauf durch Vorziehen disponierter Aufträge und Arbeitszeitflexibilität (Urlaub, Minderarbeitszeit etc.) reagieren. Nicht empfehlenswert ist es, auf Lager zu produzieren, weil daraus zusätzliche Zinsbelastung aus erhöhter Kapitalbindung und erhöhtes Risiko der Nichtabsetzbarkeit der Güter entstehen.

Längerfristige Auftragslücken erfordern Kapazitätsanpassungen, die sich meist über das laufende Planjahr hinaus auswirken; personelle Anpassungen verursachen zusätzliche Kosten wie Abfindungszahlungen, Sozialpläne etc.; Rücknahmen bei der technischen Kapazität führen zu Leerkosten.

Der Kostenstellen-Soll-Ist-Vergleich

Der Kostenstellenverantwortliche hat die Aufgabe, als "Unternehmer im Unternehmen" zu agieren. Zielvereinbarung für die Planperiode ist die Einhaltung seines Kostenstellenbudgets.

Der monatliche **Kostenstellen-Soll-Ist-Vergleich** als zentrales Steuerungsinstrument hilft, den Zielerreichungsgrad zu verfolgen.

Der Kostenstellen-Soll-Ist-Vergleich ist abhängig von der Wertigkeit des Ergebnisses monatlich oder quartalsweise zu erstellen. Er enthält in der Kopfzeile Angaben über die betreffende Kostenstelle (vgl. Abb. 8.6). Vertikal werden die Kostenstellenkosten nach maschinenabhängigen und personalabhängigen Kosten getrennt, damit wird eine Berechnung von Maschinenstundensätzen (ohne Personalkosten) und Personalstundensätzen (ohne Maschinenkosten) möglich.

Horizontal wird in die Hauptspalten Budget, Soll-, Istkosten, Preisabweichungen, Wirtschaftlichkeitsabweichungen und Soll-Ist-Vergleich gegliedert. Ihre Berechnungsarten wurden im Abschnitt 8.2.1 erörtert. Weitere Ausgestaltungsmöglichkeiten sind je nach Bedarf möglich.

Kostenstelle:

Kostenstellenverantwortlicher:
Maschinenausstattung:
Belegschaft:

Istbeschäftigung:
(1) Maschinenstunden:
(2) Mannstunden:
Istleistung

Kostenart		Budget	Sollkosten			Ist-kosten	Soll-Ist-Vergleich		Preisabweichungen		Wirtschaft-lichkeitsab-weichungen
Nr.	Bezeichnung		Gesamt-kosten	Fixe Kosten	Variable Kosten		abs.	%	abs.	%	
I	**Maschinenabhängige Kosten**										
	Summe I										
II	**Personalabhängige Kosten**										
	Summe II										
III	**Sekundäre Kosten**										
	Summe III										
	Gesamtsumme										
	Istkosten-verrechnungssätze (1) Maschinenkostensatz (2) Mannkostensatz										

Abb. 8.6: Kostenstellen-Soll-Ist-Vergleich

Kostenstellen-Soll-Ist-Vergleich

Die folgende Abbildung zeigt einen Kostenstellen-Soll-Ist-Vergleich, gegliedert in:

- Kostenvergleich nach Kostenarten (Kostenartengruppen)
- Vergleich der Kostensätze und Leistungsarten
- Vergleich der Beschäftigung und Kostendeckung.

Monat				SOLL/IST-KOSTENVERGLEICH NACH KOSTENARTENGRUPPEN	seit Jahresbeginn		
Sollkost.	Istkosten	Abweich.	Abw.%	Kostenarten	Istkosten	Abweichung	Abw.%
165.305	177.090	11.785-	7-	1 *Lohnkosten*	501.949	283.991	36
				2 *Gehaltskosten*			
9.167		9.167	100	3 *Fremd-Energie*	6.295	39.528	86
5.833		5.833	100	4 *Fremdreparaturen*	16.619	12.548	43
46.667	6.647	40.020	86	5 *Hilfsmaterial, GWG*	34.606	198.728	85
69.833	82.283	12.450-	18-	6 *Versch. Gemeinkosten*	187.498	161.669	46
				7 *Sonst. Eigenleistungen*	150	150-	
55.833	8.061	47.772	86	8 *Kapitalkosten*	38.865	240.302	86
7.782	7.782	0		9 *Umlagen*	36.787	4	0
360.420	281.863	78.557	22	*S U M M E*	822.769	936.630	53

KOSTENSÄTZE UND LEISTUNGSARTEN

Grenzkostensatz		Vollkostensatz		Leistungsarten	Leistungsartenmengen			Besch.Grad	
Plan	Ist Kum:	Plan	Ist Kum.		Plan	ist	Ist Kum.	Mon.	Kum.
	1		21	ABZ ABWESENHEITSZEIT		118	248		
39	32	701	376	FH8 FERTIGUNGSSTUNDEN	506	655	2.167	129	86
	3		40	REH REGIESTUNDEN		96	128		

Monat				GESAMTBESCHÄFTIGUNG UND KOSTENDECKUNG	seit Jahresbeginn			
Prop.Sollko.	Prop.Planko.		B.Grad	Ges.Beschäftigung	Prop.Sollko.	Prop.Planko.		B.Grad
25.281	19.555		129		83.703	97.773		86
Planfixko.	Ged.Fixko.	Abweichung	Abw.%	Fixkosten	Planfixko.	Ged.Fixko.	Abw.	Abw.%
335.139	432.329	97.190	129		1.675.695	1.424.341	251.354-	85

Abb. 8.7: Kostenstellen-Soll-Ist-Vergleich: Praxisbeispiel

In der Mitte des Soll-Ist-Vergleichs befindet sich die Textspalte, links davon stehen die Monatswerte, rechts neben der Textspalte sind die kumulierten Jahreswerte dargestellt.

Bei einem Kostenvergleich nach Kostenarten (Kostenartengruppen) kann der Kostenstellenverantwortliche ablesen, daß bei der Kostenart Lohnkosten im Berichtsmonat um öS 17.785,– oder 7% mehr Kosten als geplant angefallen sind, kumuliert hingegen um öS 283.991,– oder 36% weniger.

Der Vergleich der Kostensätze und Leistungsarten zeigt die Plan- und Istkostensätze je Bezugsgröße auf der Basis der Grenz- und Vollkosten. Darüber hinaus werden die monatlichen und kumulierten Beschäftigungsgrade je Leistungsart ausgewiesen. Spalte 1 zeigt den geplanten Grenzkostensatz je Leistungsart laut Kostenplanung, Spalte 2 den Ist-Grenzkostensatz kumuliert über alle Monate seit Jahresbeginn.

Die folgenden Spalten enthalten dasselbe Schema auf Vollkostenbasis. Im vorgegebenen Beispiel sind auf der Kostenstelle drei Bezugsgrößen abgebildet: Abwesenheitszeiten, Fertigungsstunden und Regiestunden. Unter Leistungsarten wird aufgezeigt, daß nur Fertigungsstunden geplant sind, und zwar 506 Stunden für den Berichtsmonat. Im Ist wurden im Berichtsmonat 655 Stunden geleistet, kumuliert 2167 Fertigungsstunden. Bezogen auf den Beschäftigungsgrad sind das 129% im Berichtsmonat, kumuliert auf das Gesamtjahr nur 86%. Der Soll-Ist-Vergleich dokumentiert auch nichtgeplante Abwesenheitszeiten und Regiestunden. Der Kostenstellenverantwortliche muß die zukünftige Entwicklung beziehungsweise die Vermeidbarkeit in seine Kostenvorschau mit einbeziehen.

Mit diesem Teil des Soll-Ist-Vergleichs kann der Kostenstellenverantwortliche sowohl die Kostensatzentwicklung verfolgen als auch das Leistungs- und Mengengerüst und damit den Beschäftigungsgrad seines Verantwortungsbereichs erkennen.

Der wichtigste Teil des Kostenstellen-Soll-Ist-Vergleichs ist der Vergleich der Beschäftigung und Kostendeckung. Er bringt die Zusammenfassung der Fixkostendeckung und des Beschäftigungsgrads über alle Leistungsarten der betreffenden Kostenstelle: auf der linken Seite neben der Textzeile die Monatswerte; in Spalte 1 die Aufteilung der Sollkosten des Berichtsmonats in proportionale und fixe Kosten; in Spalte 2 die Plankosten laut Beschäftigungsgrad, daneben die Abweichung und der Beschäftigungsgrad in Prozent; im rechten Feld neben der Textzeile proportionale Sollkosten und proportionale Plankosten beziehungsweise die Abweichung der Fixkostendeckung seit Jahresbeginn. Im gegenständlichen Fall wird bei einem stundenmäßigen Beschäftigungsgrad von 86% (Unterdeckung von 14%) eine Fixkostendeckung von 85% erreicht.

Zusammenfassend gibt der Kostenstellen-Soll-Ist-Vergleich sowohl Auskunft über die Kostendeckung der Kostenstelle, die Beschäftigungsgrade in den einzelnen Leistungsarten der Kostenstelle als auch über die Kostenabweichungen der einzelnen Kostenarten. Daraus können aufgrund der Kenntnis über den Auftragsstand und den erwarteten weiteren Auftragseingang Verlaufsprognosen über die Beschäftigung abgegeben werden.

Der Ergebnis-Soll-Ist-Vergleich

Die zentrale Informationsquelle für das Management ist der monatliche Ergebnisvergleich (**Managementerfolgsrechnung**), der den Erfolg des Unternehmens wiedergibt. Ein wie in Abb. 8.8 aufgebauter Soll-Ist-Vergleich gibt Auskunft über die verschiedensten vereinbarten Zielsetzungen, über den Betriebserfolg des Gesamtunternehmens, aber auch seiner Einzelteile. Die Daten können nach Produkt(gruppen), Kunden, Märkten, Mitarbeitern, Perioden etc. strukturiert werden, was systematische Vergleiche in regelmäßigen Abständen möglich macht. Die aggregierten Größen in der Managementerfolgsrechnung erleichtern es, den Gesamtzusammenhang zu erkennen und Entwicklungen aufzuzeigen.

Der Return on investment-Soll-Ist-Vergleich

Neben absoluten Erfolgsgrößen (z. B. Gewinn) ist die relative Größe Rentabilität das wichtigste Maß zur Erfolgsbeurteilung. Ausgehend vom Return on Investment (ROI) wurde beim **Du Pont-System** ein durchgängiges, aussagefähiges und steuerungsrelevantes Kennzahlensystem entwickelt. Der ROI eignet sich als Planungs- und Steuerungsinstrument; Abweichungen können auf ihre Ursachen hin untersucht werden, ebenso können entlang der einzelnen Verästelungen die einzelnen Ertrags- und Kostenarten für vorgeschlagene Korrekturmaßnahmen "durchgerechnet" und auf ihre Tauglichkeit geprüft werden (Abb. 8.9). Der dargestellte quartalsweise ROI-Soll-Ist-Vergleich erlaubt die strukturierte Vorschaubetrachtung und läßt Modellrechnungen für Handlungsalternativen sowie Aktionsprogramme und deren Auswirkungen auf den ROI zu.

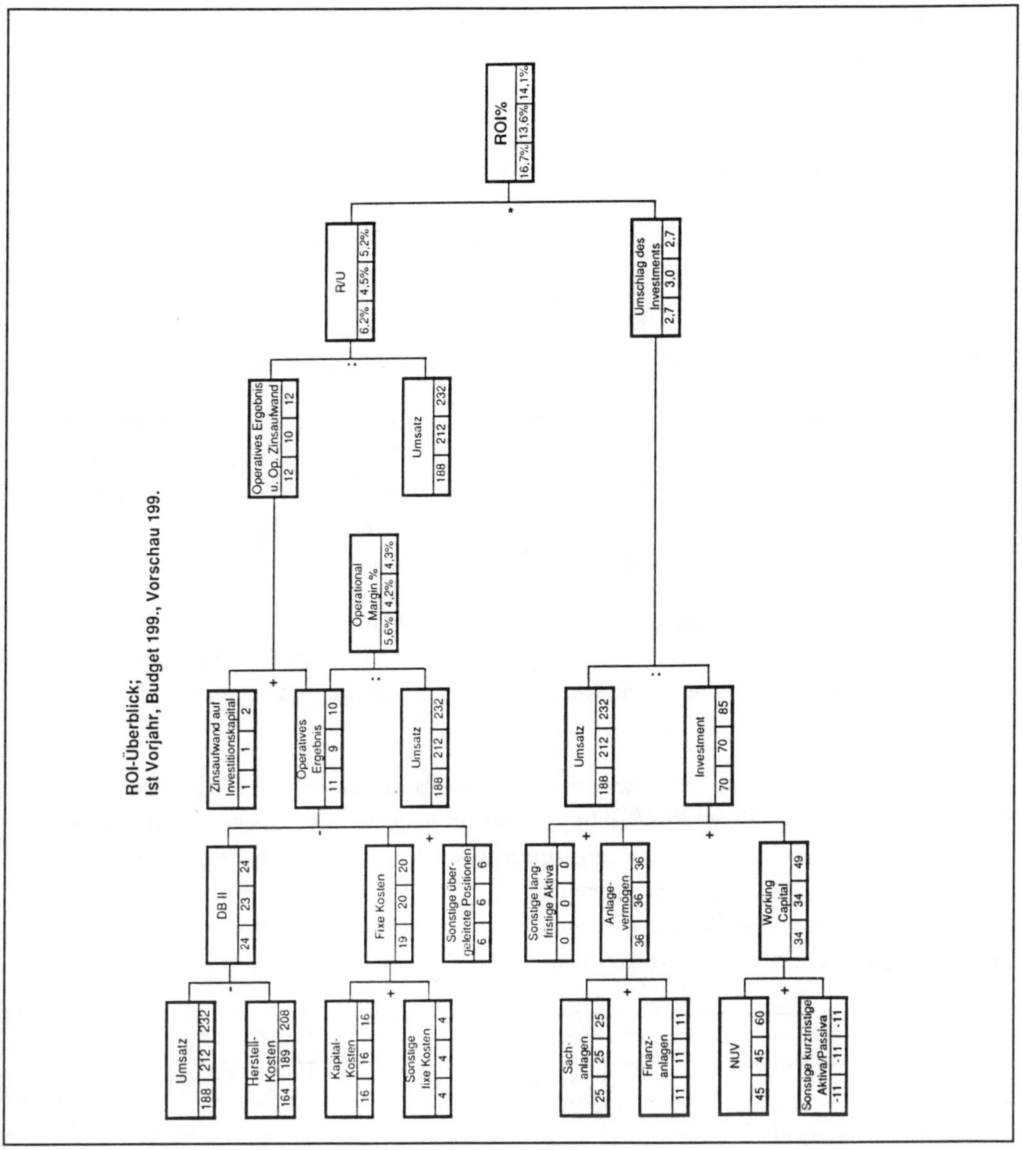

Abb. 8.8: Du Pont-System

Der ROI-Überblick in Abb. 8.8 zeigt einen Umsatz- und Ergebnisanstieg in der Vorschau. Mit dem Umsatzanstieg gegenüber dem Budget von 20 wird eine DB-Steigerung von 1 erreicht: 5% DB im Mehrvolumen gegenüber 10% DB im Basisgeschäft. Der gestiegene Zinsaufwand stammt aus einer nicht geplanten Verschuldung. Insgesamt wird eine Ergebnissteigerung von 2 prognostiziert.

Im Investment steigt das Nettoumlaufvermögen um 15, was mehrere Gründe haben kann:

- Die Geschäftsbelebung reicht über das Jahresende hinaus und führt zu vermehrtem Umlaufvermögen.
- Aus Auslastungsgründen werden Arbeiten vorgezogen, die zum Jahresende den Halbfabrikate- oder Fertigwarenbestand erhöhen.
- Die Zahlungsmoral der Kunden sinkt.

Insgesamt wird ein ROI-Anstieg von einem halben Prozentpunkt gegenüber dem Budget vorausgesagt.

8.2.3 Zukunftsorientierte Abweichungsanalyse: Erwartungsrechnung

Die Abweichungsanalyse ist vergangenheitsorientiert und zeigt zeitraum- oder zeitpunktbezogen die Abweichungen bis zum Kontrollzeitpunkt. Sie verleitet dazu, lediglich Abweichungen zu analysieren und ihre Ursachen zu eruieren. Um zukunftsorientiert vorzugehen und potentielle Abweichungen zu vermeiden, sollte man aus dem vorhandenen Wissensstand die Konsequenzen aufzeigen und den Einsatz der Ressourcen planen.

Maßstab für das Ausmaß der zukünftigen korrigierenden Maßnahmen ist die voraussichtliche Gesamtabweichung. Sollte es auch nach Ausschöpfung aller Möglichkeiten nicht gelingen, die Ziele zu erreichen, so ist eine angekündigte Zielabweichung immer noch besser als eine Überraschung am Ende der Planungsperiode.

Bei der Erwartungsrechnung wird während der Realisationsphase der Sollgrößen ein Soll-Wird-Vergleich durchgeführt. Sie beruht auf dem Prinzip der Vorkopplung und instrumentalisiert sowie dokumentiert dadurch eine **zukunftsorientierte Betrachtungsweise**. Als controllergerechte Form eines Soll-Ist Vergleichs gibt die Erwartungsrechnung die Kosten- und Ertragswirkungen jener Maßnahmen wieder, die bis zum Ende der Planperiode noch zu ergreifen sind, um die Planwerte zu erreichen.

Ergebnisse/Kosten		Informationen per Monat (kumuliert)					Erwartung zum Jahresende					
Nr.	Produkte/ Bereiche	Budget	Soll	Ist	Soll-Ist-Vergleich		Jahres-Budget	Jahres-Soll	Erwartung	voraussichtl. Ist zum Jahresende	Soll-Ist-Vergleich	
					abs.	%					abs.	%
		(1)	(2)	(3)	(4)	(5)	(6)	(7)	(8)	(9)	(10)	(11)
1	Absatz (Stk.)											
2	Umsatz (öS)											
3	DB I											
4	DB II											
5	DB III											
6	BE											

Abb. 8.9: Erwartungsrechnung (vgl. Deyhle [Management-Brevier], S. 152)

Die Erwartungsrechnung ist **mehr als** eine **Extrapolation** bisheriger Verläufe und Trends. Da sie bereits Entscheidungen über Ressourcenumverteilungen und zukünftige Maßnahmen zur Zielerreichung beinhaltet (vgl. Deyhle [Controller], S. 135), liegt sie im Verantwortungsbereich des Managements. Der Controller als Führungsunterstützung hat die Erwartungsrechnung zu veranlassen, die Ergebnisse zu kommentieren, alternative Maßnahmenkataloge aufzuzeigen sowie eine empfängerorientierte Gestaltung und Aufmachung zu gewährleisten. Die Erwartungsspalte (Spalte 8 der Abb. 8.9) sollte nicht nur zwischen dem Manager und dem Controller festgelegt werden, sondern unter Einbeziehung der Mitarbeiter: einerseits um deren Informationen über zukünftige Entwicklungen zu verarbeiten, andererseits um Verbindlichkeiten und Veranwortlichkeiten zu begründen (vgl. Deyhle [Controller Handbuch], Bd. II, S. 18). Die Spalte 9 der Abb. 8.9 ergibt sich dann aus der Addition der Spalten 3 und 8. Der monatliche Soll-Ist-Vergleich (Spalte 4) errechnet sich aus der Differenz der Spalten 2 und 3; die voraussichtlichen Abweichungen (Spalte 10) zum Jahresende sind die Differenzen aus den Spalten 7 und 9.

8.3 Aufgaben und Verantwortlichkeiten des Controllers bei der operativen Vor- und Rückkopplung

Der Controller trägt beim Soll-Ist-Vergleich **Prozeß- und Informationsverantwortung**. Er hat für die fachlich richtige, rechtzeitige und regelmäßige Durchführung zu sorgen, ebenso für die Initialisierung notwendiger Korrekturmaßnahmen zur Zielerreichung. Im Anschluß an die Abweichungsanalyse müssen Abweichungsgespräche stattfinden, bei denen die eventuell notwendigen Korrekturmaßnahmen zu diskutieren sind. Eine mündliche Durchsprache ist einem schriftlichen Abweichungsbericht vorzuziehen.

Die Informationen der Abweichungsanalyse dienen als Hilfsmittel zur Eigenkontrolle. Die Projekt-, Abteilungs- beziehungsweise Bereichsverantwortlichen sind aber nur für die Abweichungen verantwortlich, die sie beeinflussen können. Dabei ist bei der Informationsaufbereitung zu berücksichtigen, daß alle Verantwortungsträger verdichtete, aktionsorientierte Daten aus ihrem Verantwortungsbereich zur Vorinformation für das Abweichungsgespräch erhalten:

- der Kostenstellenverantwortliche seinen Kostenstellen-Soll-Ist-Vergleich,
- der Projektleiter seine Projektdarstellung,
- der Profitcenterverantwortliche und sein zugehöriger Bereichscontroller die Kontrollinformationen für ihren Bereich, für eine Ebene darunter und den Überblick über das Gesamtunternehmen,
- die Unternehmensleitung die Gesamtdarstellung für das Unternehmen, für die einzelnen darunterliegenden Geschäftsbereiche sowie bei Ressortaufteilung im Vorstand die dementsprechenden ressortmäßigen Verdichtungen.

In der Unternehmenspraxis gelten zwei Grundregeln für zeitnahe Information:

- Die Informationen müssen den Adressaten noch in der ersten Hälfte der Folgeperiode erreichen.
- Die Informationen dürfen nicht hierarchisch verteilt werden, da sonst Rückfragen zu Informationen gestellt werden, die der Befragte mangels Informationsgleichstand nicht beantworten kann.

Je früher Informationen an den Adressaten gelangen, desto eher kann periodennah gegengesteuert werden: Mindestmaß für Monatsmeldungen ist die Monatsmitte des Folgemonats usw. Bei Jahresdaten wird dieses Mindesterfordernis weithin eingehalten, aber es gibt auch Controllingsysteme, die bei Quartals- und Monatsdaten, insbesondere was die Ergebnisabrechnung betrifft, gegen dieses Aktualitätsgebot verstoßen.

Auftragseingangs- und Umsatzdaten werden fortlaufend EDV-mäßig erfaßt und stehen daher relativ schnell zur Verfügung, weil sie bei Periodenende nur aufzusummieren sind. Die Ergebnisdaten werden je Periode nur einmal ermittelt und bedürfen wegen der Datenzusammenhänge eines abgestimmten Verarbeitungswegs.

Eine empfehlenswerte Maßnahme, um die geforderte Aktualität zu erreichen, ist es, den bisherigen Ablauf des Entstehens der Ist-Daten und die Dauer bis zum Einlangen der Soll-Ist-Vergleiche bei den Empfängern auf einer Zeitachse festzuhalten.

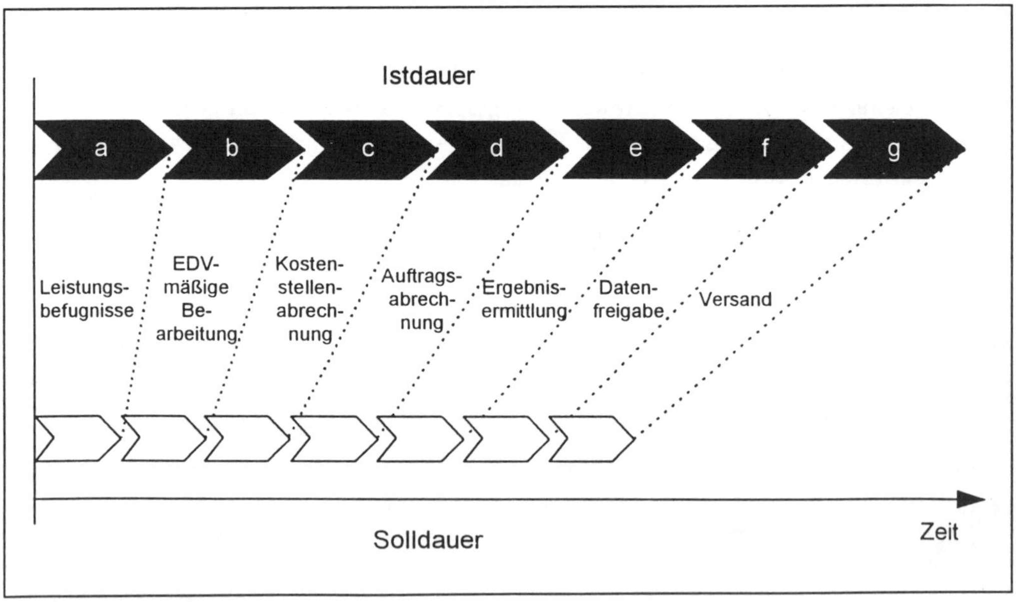

Abb. 8.10: Ablaufoptimierung

Die Erstellung des Controller-Berichts besteht aus den von a bis g gekennzeichneten Aktivitäten. Die linke Zeitachse zeigt die Istdauer für den Ablauf des Abrechnungs- und Zustellungswegs in Arbeitstagen; die rechte Zeitachse die Solldauer ohne Puffer für Eingriffe zur Fehlerbehebung.

Zwischen den einzelnen Schritten müssen Kontrollzeiten eingebaut werden, in denen mögliche Fehler korrigiert werden können. Nach der Ermittlung der einzelnen Schritte und ihrer zeitlichen Auswirkung können unnötige Puffer eliminiert und die gewünschte Aktualität erreicht werden. Viele Controllingsysteme erlauben den Adressaten den direkten EDV-mäßigen Zugang zur Kontrollinformation oder aber die rasche Übermittlung mittels Mailing. Dennoch ist es zweckmäßig, ein Mindestmaß an Kontrollinformationen als Papierausdruck zu versenden, da Führungskräfte ihre Schreibtischarbeiten oft nicht am Arbeitsplatz, sondern unterwegs oder zu Hause erledigen.

9 Führungskräfteinformation

Christian Böhm, Jürgen Müller

Das Berichtswesen eines Unternehmens umfaßt alle offiziellen, materiell und formell bestimmten Informationen, die den Verantwortlichen zur Aufgabenerfüllung zur Verfügung gestellt werden. Der Controller trägt durch seine Informationsaufgabe die Verantwortung für das Berichtswesen des Unternehmens. Der Controller muß die Daten für die Weiterleitung an die Führungskräfte aufbereiten und verdichten. Die wesentlichsten Anforderungen an Führungskräfteinformation werden nachfolgend dargestellt.

9.1 Aufgabenstellung

9.1.1 Grundlagen

Unternehmen sind in einem sich rasch ändernden Umfeld ständigem Anpassungsdruck ausgesetzt. Dadurch werden die Entscheidungsbereitschaft und Entscheidungsfähigkeit der Führungskräfte im Wettbewerb ausschlaggebend. Grundlage für die Steuerung eines Unternehmens bildet die Versorgung von Führungskräften mit aktuellen und qualitativ hochwertigen Umweltinformationen sowie die systematische und vollständige Informationsversorgung über die eigenen unternehmerischen Aktivitäten (vgl. Groffmann [Führungsinformationssystem], S. 1).

Führungskräfteinformation ist jener Teil des **Berichtswesens** des Controllers, der sich in Form und Inhalt an Entscheidungsträger wendet. Der Controller sorgt durch die Gestaltung eines Führungskräfteinformationssystems dafür, daß Führungskräfte die zur Erfüllung ihrer Aufgaben notwendigen internen und externen Informationen (vgl. Hoffmann [Informationssysteme], S. 13) zeitgerecht erhalten.

Unter einem Führungskräfteinformationssystems versteht man

- die Aufbereitung von erfolgs- und steuerungsrelevanten Informationen für
- Führungskräfte unter
- Wahrung einer Mindeststruktur
- durch einen definierten Ablauf.

Aufbereitung erfolgs- und steuerungsrelevanter Daten

Viele Aufgabenstellungen im Controlling setzen die Erfassung und Aufbereitung großer Datenmengen voraus. Der Begriff der Führungskräfteinformation ist wegen des Datenvolumens, der geforderten Flexibilität in der Aufbereitung der Daten und der notwendigen Schnelligkeit der Informationsbereitstellung heute eng mit der Thematik EDV-gestütztes Controlling verknüpft.

Ziel der Datenaufbereitung ist es, unter Berücksichtigung bestimmter qualitativer Anforderungen, aktuelle Führungskräfteinformationen bereitzustellen. Die Datenflut muß zunächst kanalisiert und so beherrscht werden, daß die jeweilige Führungsebene die entscheidungsrelevanten Informationen verdichtet erhält, wobei die Informationen empfängergerecht zu interpretieren sind.

Erfolgs- und steuerungsrelevante Information

Das Controlling verfaßt Berichte mit dem Führungskräfteinformationssystem, die sich an den Erfolgsfaktoren des Unternehmens orientieren, analysiert und interpretiert und bereitet die Informationen für Führungskräfte auf. Controllinginformationen sind mit leicht verderblicher Ware vergleichbar, denn sie müssen zeitnah bereitstehen und sofort "konsumiert" werden, um wirkungsvolle Steuerungsimpulse auslösen zu können.

Führungskräfte benötigen für die **strategische Steuerung** Informationen zur Überprüfung von Strategiealternativen auf ihre wirtschaftlichen Konsequenzen. Der Controller muß Entscheidungsgrundlagen zur Evaluierung dieser Strategiealternativen schaffen. Gleichzeitig sollten die Auswirkungen von Veränderungen wichtiger Einflußparameter und Prämissen festgestellt werden können.

Um die **operative Steuerung** zu ermöglichen, sind im Führungskräfteinformationssystem nur erfolgsrelevante Informationen abzubilden. Es ist daher nicht sinnvoll, detaillierte Berichte über Kostenbereiche zu verfassen, die den Unternehmenserfolg nur minimal beeinflussen.

Führungskräfte

Unter Führungskräften versteht man die Führungsspitze des Unternehmens. Dazu gehören die Mitglieder im Vorstand und in der Geschäftsführung, die geschäftsführenden Gesellschafter, in kleineren Unternehmen auch die Mitglieder von Aufsichts- und Beiräten und leitende Angestellte mit Aufgaben, die das ganze Unternehmen betreffen. Dabei handelt es sich um einen firmen- oder konzerninternen Personenkreis, der hierarchisch übergeordnet angesiedelt ist (vgl. Staehle [Management], S. 83).

Mindeststruktur der Führungskräfteinformation

Alle von Führungskräften benötigten Informationen sind mit dem notwendigen Genauigkeits- und Verdichtungsgrad am richtigen Ort und zum richtigen Zeitpunkt unter Wahrung einer Mindeststruktur bereitzustellen.

Diese Mindeststruktur muß (vgl. Hofmeister; Stiegler [Controlling], S. 132)

- zielorientiert,
- engpaßorientiert und
- aktivitätsorientiert

sein.

Für das Führungskräfteinformationssystem lassen sich somit folgende Berichtstypen mit unterschiedlichen Mindeststrukturen unterscheiden (vgl. Müller [Controlling-Standardsoftware], S. 127):

- **Standardberichte**: In den Standardberichten sollen technische und wirtschaftliche Daten für die unternehmerischen Meinungsbildungs- und Entscheidungsprozesse transparent gemacht und zentrale Steuerungsinformationen durch aktuelle Darstellung steuerungsrelevanter Eckdaten des Unternehmens zur Verfügung gestellt werden. Standardberichte werden daher in der Regel zu einem bestimmten Termin in einer definierten Struktur erstellt und sind
  - Planungsberichte (strategische und operative Planung, Budget),
  - Abweichungsberichte (Monats- und Quartalsberichte) und
  - Statusberichte (Bilanz, Geschäftsbericht).
- **Ausgelöste Berichte und Sonderberichte**: Ausgelöste Berichte sollen sowohl wirtschaftliche als auch technische Informationen zur Kontrolle und Bewertung von bestimmten Situationen und Entwicklungen beinhalten. Darüber hinaus gibt es noch Sonderberichte, wie z. B. Risikoanalysen, Produktbewertungen, Gemeinkostenanalysen und Feasibility-Studien.

Ablauf der Erstellung von Führungskräfteinformation

Zwischen den Stellen, wo Information ensteht und wo sie angewendet wird, müssen definierte Informationsübermittlungsvorgänge (vgl. Horváth [Controlling], S. 604) stattfinden. Führungskräfteinformation kann sich nicht auf die Erstellung eines schriftliches Berichts ohne ausgedehnte Analysephasen vor oder nach Konzeption des Berichts beschränken.

Der richtige Ablauf der Berichtserstellung für Führungskräfte ist im Sinn der Prozeßorientierung in vier Phasen zu sehen:

Abb. 9.1: Ablauf der Berichtserstellung von Führungsinformationen

Phase 1: Datenerhebung

Der Controller bezieht Ist-Werte aus dem Rechnungswesen, führt Gespräche mit den Verantwortlichen und erhält somit ein Bild über die Ursachen von Abweichungen gegenüber Plänen sowie über zukünftige Entwicklungen.

Phase 2: Berichtserstellung

Der Controller erstellt in Abstimmung mit den Verantwortlichen einen (schriftlichen) Bericht und gibt diesen an die Führungskräfte weiter. Aufbereitete Ist-Werte müssen im Rechnungswesen sehr einfach nachvollziehbar sein: Das Controlling-Rechenwerk darf keine Welt für sich sein.

Phase 3: Präsentation

Der Bericht wird den Führungskräften mündlich präsentiert. An dieser Sitzung sollten die Verantwortlichen und der Controller teilnehmen.

Phase 4: Maßnahmen

Der Controller erstellt im Namen der Führungskräfte ein Ergebnisprotokoll der Sitzung. Maßnahmen, die zur Erreichung der gesetzten Ziele (z. B. Budget) formuliert wurden, werden mit Termin und Verantwortlichkeiten niedergeschrieben. Der Controller ist dafür verantwortlich, in angemessen Zeiträumen die Durchführung der beschlossenen Maßnahmen zu prüfen und etwaige Abweichungen den Entscheidungsträgern zu berichten.

9.1.2 Rahmenbedingungen eines Führungskräfteinformationssystems

Das Führungskräfteinformationssystem wird von einer Vielzahl von Rahmenbedingungen beeinflußt.

Managementverhalten

Das Führungskräfteinformationssystem unterscheidet sich von den im Unternehmen eingesetzten Berichtssystemen vor allem durch die unterschiedlichen Anforderungen der Adressaten. Die Entscheidungsträger legen fest, welche Art von Bericht für die gegebene Entscheidungssituation zu erstellen ist. Die Wirtschaftlichkeit der Berichterstellung wird durch die Art und Weise, wie Entscheidungen getroffen werden, stark beeinflußt.

Dabei sind drei Entscheidungsarten zu unterscheiden:

- **TYP A/Intuitive Entscheidungen**: Diese sind bei hoher Komplexität und weitgehend fehlender Datenbasis notwendig. Beispiele dafür sind strategische Entscheidungen mit langfristigen Auswirkungen, etwa das Engagement in einem neuen Markt oder eine Firmenakquisition. Aufgabe des Controllers ist es, Indikatoren zur Entscheidungsunterstützung zur Verfügung zu stellen sowie Unterlagen für übergeordnete Stellen (z. B. Genehmigung der Investition durch den Aufsichtsrat) controllinggerecht aufzubereiten.
- **TYP B/Entscheidungen auf Basis analytisch aufbereiteter Daten:** Diese werden bei analytisch erfaßbaren Zusammenhängen und weitestgehend gesicherter Datenbasis getroffen. Beispiele dafür sind bedeutende operative Entscheidungen, etwa die Annahme eines Großauftrags auf Basis einer Risikoanalyse oder einer Wirtschaftlichkeitsberechnung. Der Controller erstellt auf Grund der Ziel- und Wertvorstellungen der Entscheidungsträger einen Bericht im "klassischen Sinn", der zur Entscheidungsfindung herangezogen wird.
- **TYP C/Delegation der Entscheidung:** Diese erfolgt bei eingeschränkter Auswirkung auf den Unternehmenserfolg. Es handelt sich dabei um fachspezifische Fragen wie Reparaturen oder Auswahl von Werbemitteln. Das Rechnungswesen stellt die Daten zur Verfügung, Berichte werden nur in Ausnahmefällen erstellt.

Das Controlling kann nur dann wirtschaftlich arbeiten, wenn das Management das zu lösende Problem in die genannten Kategorien richtig einordnet und die geeignete Berichtsart festlegt. Völlig unwirtschaftlich wäre es, beim Entscheidungstyp A oder C einen 100-Seiten-Bericht einzufordern.

Aufbauorganisation

In **funktional** gegliederten Unternehmen sind die Anforderungen an die Führungskräfteinformation anders als in **Profit-Center-**Organisationen. Die Wirtschaftlichkeit des Führungskräfteinformationssystems ist in Mischkonzernen problematisch. Einerseits muß ein einheitliches Schema aus Konzernsicht zur Konsolidierung und zur einheitlichen Betrachtung vorliegen, andererseits verlangt die operative Führung der einzelnen Unternehmen die Ermittlung spezifischer erfolgsrelevanter Kennziffern. Da diese Doppelläufigkeit nicht zu vermeiden ist, muß Kompatibilität an den Schnittstellen sichergestellt sein, wenn zwei Informationssysteme parallel geführt werden.

Internationalität

Tochterfirmen von Konzernen müssen Führungskräfteinformation nach zwei Gesichtspunkten erstellen: einerseits für die eigenen Führungskräfte, andererseits nach konzerninternen Regeln, die von der Muttergesellschaft vorgegeben werden, für die Konzernführung.

9.1.3 Anforderungen an das Führungskräfteinformationssystem

Objektivität

Der Controller steht sehr oft im Spannungsfeld unterschiedlicher Interessen innerhalb des Unternehmens. Aus diesem Grund muß die rationale Entscheidungsbasis des Managements durch objektive Führungskräfteinformation gesichert werden. Die Berichtserstellung verläuft wesentlich konfliktfreier, wenn die Interessen der Ansprechpartner des Controllers homogen sind. Bei widersprüchlichen Zielsetzungen befindet sich der Controller in einer Konfliktsituation, die er aufzeigen, moderieren und überbrücken muß.

Nachprüfbarkeit

Nachprüfbarkeit und Nachvollziehbarkeit der Ergebnisse des Führungskräfteinformationssystems sind wesentliche Voraussetzungen der Objektivität.

Da die Berichte des Controllers im Detail hinterfragt werden, muß er diese selbsterklärend verfassen. Methode und Rechenweg, die zur Ermittlung des Ziffernwerks angewandt wurden, müssen klar dokumentiert sein. Die Definitionen der Kennzahlen können beispielsweise. in einem Controllinghandbuch angeführt werden. Bei qualitativen Annahmen (z. B. für die Ermittlung von Planwerten) sind diese Prämissen schriftlich niederzulegen.

Termintreue

Die Termintreue hat besonders in Konzernen große Bedeutung. Wenn Firmenergebnisse weltweit zu konsolidieren sind, wird in der Regel nicht nur ein Stichtag, sondern sogar die genaue Uhrzeit der spätestmöglichen Berichtslegung festgelegt.

Der Controller steht vor dem Problem, den Termindruck mit dem geforderten Detaillierungsgrad der Berichterstattung in Einklang zu bringen und mit dem Führungskräfteinformationssystem zu lösen. Es wird zwar von "quick and dirty" gesprochen, eigentlich wird aber "quick and clean" verlangt. Führungskräfte müssen akzeptieren, daß etwa Monatsberichte, die am fünften Tag des Folgemonats abzugeben sind, nur Schätzwerte des letzten Monats beinhalten können, weil die Leistungsverrechnung noch nicht lückenlos durchgeführt ist.

Aktionsorientierung

Die Führungskräfteinformationen müssen Reaktionen auslösen und Konsequenzen nach sich ziehen (vgl. Preissler [Controlling], S. 101f.), - sie müssen aktionsorientiert sein. Auswertungen, die aus einer nicht controllingorientierten Finanzbuchhaltung kommen, haben keinen Bezug zu den Erfolgsfaktoren des Unternehmens.

Benutzerfreundlichkeit

Die mangelnde Benutzerfreundlichkeit von Führungskräfteinformationssystemen stellt – ähnlich wie die mangelnde Aktionsorientierung – oft einen Kritikpunkt des Managements dar. Benutzerfreundlich sind Unterlagen dann, wenn sie entweder nach allgemeingültigen Gestaltungsnormen (vgl. Hierhold [Präsentieren], S. 138ff.) oder nach individuellen Vorgaben des Empfängers aufbereitet sind und dadurch der Inhalt, die Botschaft und die Logik vom Empfänger rasch erfaßt werden können.

Ungeeignete Form oder Gliederung führen dazu, daß Berichte erst gar nicht gelesen werden. Für die Controllerberichte empfiehlt sich daher ein Corporate Design: Der Controller muß die Methoden der Präsentationstechnik beherrschen und diese auch am Computer umsetzen können.

Bei der Präsentation von Daten gibt es einige Grundregeln:

- Im allgemeinen sollten Führungskräfteinformationen sehr kurz sein (grundsätzlich nicht mehr als eine Seite).
- Empfängerorientiert berichten: Jeder Adressat muß seinen spezifisch empfängerorientierten Inhalt zur Verfügung gestellt bekommen. Die Berichte müssen so gestaltet sein, daß der Inhalt ohne zusätzliche Interpretation oder Hilfestellung klar und verständlich als Arbeitsgrundlage herangezogen werden kann.
- Keine Schuldbeweise sammeln: Zentraler Inhalt von Führungskräfteinformationen muß der Weg zur Zielerreichung sein und nicht das Aufzeigen von Schuldigen.
- Keine häufigen Änderungen: Die Anzahl der Änderungen ist nach Möglichkeit zu beschränken, um die Kontinuität und Aussagefähigkeit der Führungsinformationen auch im Zeitverlauf zu gewährleisten. Änderungen müssen immer dokumentiert werden, um unterschiedliche Berichtszeiträume vergleichen zu können.

- Weniger schriftliche Berichte, mehr persönliche Präsentation.
- Berichte empfängerorientiert bezeichnen: Berichte sollen mit dem Empfängernamen bezeichnet werden, um eine höhere Identifikation der Führungskräfte mit den ihnen präsentierten Führungsinformationen zu gewährleisten.
- Zahlen verdichten: Große Datenvolumina sollen verdichtet und auf die erfolgsrelevanten Kennzahlen konzentriert werden. Zahlenfriedhöfe sind durch Interpretationen zu ergänzen. Grafiken sollten dort eingesetzt werden, wo sie gelesen werden können.
- Eindeutige Bezeichnungen: Die Informationen sollen nicht verschlüsselt, sondern durch verständliche Bezeichnungen dargestellt werden.
- Periodizität: Einführung eines periodischen Berichtswesens, um die Controllingperspektive zu erhalten und sicherzustellen, daß die erfaßten Daten auch aktuell sind (vgl. Noest [Controller], S. 137). Kernstück eines institutionalisierten Berichtswesens sollte ein gut aufgebauter Monatsbericht sein (vgl. Kraus [Steuerungsinstrument], S. 188).

Konsistenz

Je größer und komplexer eine Unternehmensorganisation ist, desto umfangreicher sind in der Regel die notwendigen Führungskräfteinformationen und die notwendigen Abläufe der Informationsgewinnung. Der Controller hat durch seine Systemgestaltungsaufgabe dafür Sorge zu tragen, daß ein konsistentes Führungskräfteinformationssystem im Unternehmen vorhanden ist. **Prüfziffern** (Logik-Checks) im Berichtswesen helfen, Inkonsistenzen zu vermeiden. Wesentliche Kennziffern sollten aus diesem Grund nach zwei Methoden gleichzeitig ermittelt werden.

Wirtschaftlichkeit

Die Wirtschaftlichkeit der Erstellung von Führungskräfteinformationen wird aufgrund der Kostenrelevanz immer öfter hinterfragt, vor allem in Konzernunternehmen (vgl. Wingefeld [Controller], S. 154ff.).

Ein wirtschaftliches Führungskräfteinformationssystem (siehe auch das Kapitel Wirtschaftlichkeit einer EDV-Unterstützung im Controlling) sollte folgende Anforderungen erfüllen:

- Erstellung der Führungskräfteinformation nur durch das Controlling (Informationsträger), Berichtswesen ist klassische Controllingaufgabe – "**WER?**".
- Einstellung überflüssiger Routineberichte, Minimierung von Sonderberichten ("Schnellschüssen") – "**WAS?**".
- Verhinderung von Mehrfacherstellung von Führungskräfteinformationen durch Steuerung und "Erziehung" der Auftraggeber – "**WIE OFT?**".

- Vorhandensein von gesicherten Ist-Daten im zentralen Rechnungswesen und entsprechender Hard- und Software-Ausstattungen bei den jeweiligen Berichterstellern – "**WOMIT?**".
- Führungskräfteinformationen als tatsächliche Basis für Unternehmensentscheidungen – "**WOZU?**".

Schwachstellen bei der Erfüllung der Anforderungen

Fehlende Akzeptanz des Controllers oder des Führungskräfteinformationssystems

Controlling ist aktivitätsorientiert: auf Reaktionen der Entscheidungsträger ausgerichtet (vgl. Hofmeister; Stiegler [Controlling], S. 14). Das im Unternehmen eingesetzte Führungsinformationssystem muß daher so gestaltet sein, daß es von den Führungskräften in

- Inhalt und
- Form

akzeptiert wird.

Findet das Controlling selbst keine Akzeptanz, werden informell erstellte Berichte das formale Führungskräfteinformationssystem überlagern. Die Geschäftsleitung muß das Controlling als Machtpromotor bei der Realisierung des Führungskräfteinformationssystems unterstützen, um solche Schwachstellen zu vermeiden. Zu diesem Zweck muß festgelegt werden, daß nur Führungskräfteinformationen, die mit dem Controlling abgestimmt sind, von den Führungskräften akzeptiert werden.

Ungeeignete Datenbasis

Eine ungeeignete Datenbasis verursacht hohen Aufwand bei der Ermittlung und Abstimmung der Daten. Sie kann auf Systemumstellungen oder ein nicht transparentes Rechnungswesensystem zurückgeführt werden.

Führungskräfteinformationen können nur durch eine controllinggerechte Datenbasis geliefert werden. Deshalb ist im Bereich der Kosten- und Leistungsrechnung den verwendeten Systemen und Methoden besonderes Augenmerk zu schenken.

Ungeeignete Werkzeuge

Durch ungeeignete PC-Software- oder Hardware-Ausstattung kann hoher Aufwand bei der Berechnung, Darstellung und Präsentation von Führungskräfteinformationen entstehen. Der Leiter des Controlling trägt daher die Verantwortung dafür, daß seinen Mitarbeitern geeignete Hilfsmittel zur Verfügung gestellt werden.

9.2 Instrumente der Aufgabenerfüllung

Die Erfüllung der Informationsaufgabe (Informationsbeschaffung, -verdichtung, -übermittlung und -darstellung) ist eine wesentliche Funktion des Controllers, der dabei vom Führungskräfteinformationssystem unterstützt wird (vgl. Welge [Controlling], S. 339f.).

Als Instrument des Führungskräfteinformationssystems kann der Controller Eckdatenblätter – als klassisches "Papierberichtswesen" – oder ein EDV-gestütztes Informationssystem einsetzen.

9.2.1 Eckdatenblätter

Grundlage eines Führungskräfteinformationssystems ist die Zusammenfassung der wichtigsten Informationen in Eckdatenblättern. Im Extremfall kann die Führungskräfteinformation ausschließlich aus einem regelmäßig erstellten Eckdatenblatt bestehen. Detailinformationen sind im Controlling abzurufen.

Folgende Grundregeln sind zu beachten:

- **Inhalte:** Operative Inhalte orientieren sich an der aktuellen Chancen-Risiken-Situation, während strategische Inhalte von den kritischen Erfolgsfaktoren und von den Potentialen des Unternehmens bestimmt werden. Der Inhalt des Führungskräfteinformationssystems ist darüber hinaus vom Reifegrad des Rechnungswesens abhängig. Beispielsweise ist es wenig sinnvoll, von einer Tochterfirma in den Reformstaaten Osteuropas detaillierte Kostenstellenauswertungen zu verlangen, wenn nicht einmal der aktuelle Stand an Forderungen und Verbindlichkeiten klar ist.

INHALTE EINES ECKDATENBLATTES

	Detaildaten	Aussage	Kommentar
BILANZDATEN	Forderungen und Verbindlichkeiten	Liquiditätsprognose	Bei Kunden mit problematischen Zahlungsverhalten, bei hohen Außenständen.
G+V-DATEN	Aufwand und Erlöse	Bilanzergebnis	Finanzbuchhaltung weicht von Kostenrechnung ab, d. h. Erlöse von Umsätze, Kosten von Aufwände.
	Betriebsleistung		Bestandsveränderungen sind von Bedeutung.
FINANZDATEN	Cash-Flow	Liquidität	Bei hohen Fremdleistungsanteil, welcher mit Teilzahlungen beglichen wird. Bei hohen unbaren Aufwänden.
	Investitionen		Bei hoher Anlagenintensität oder bei Beteiligungszukäufen.
	Kreditrahmen, Bankensaldo		Bei hohen Fremdkapitalanteil (Bankkredit).
OPERATIVE DATEN	Betriebsergebnis		Abhängig von kritischen Erfolgsfaktoren des Unternehmens.
	Auftragseingang	Strategische und	Beispiel:
	Deckungsbeitrag	operative	1) Auftragseingang bei Langfristgeschäften.
	Auslastung	Positionierung	2) Auslastung bei hoher Personalintensität.
	Projektergebnisse	sowie	3) Leihkräfte bei hohen Anteil von
	Personalstand	Wirtschaftlichkeit	Fremdpersonal.
	Marktanteile etc.		
KENNZIFFERN	ROI	Vergleiche mit Vorjahr oder Konkurrenz	Nur wenn Konkurrenzdaten vergleichbar vorliegen oder das Geschäft kontinuierlich verläuft für "Quick-Checks" geeignet.
	Betriebsleistung/ Beschäftigte Eigenkapitalquote etc.		

Abb. 9.2: Inhalte eines Eckdatenblatts

- **Berichtstypen und Periodizität:** Die Häufigkeit der Berichterstattung ist von der "Reagibilität" des Geschäfts abhängig. Wenn sich wesentliche Erfolgsfaktoren des Unternehmens rasch verändern können, müssen Berichte und Eckdatenblätter in kürzeren Zeitabständen erstellt werden.

- **Planungsberichte** (Budget, strategische und operative Planung) sind vorzugsweise detailliert für das nächste Jahr (mit Monatsbudgets) und grob für die beiden darauffolgenden Jahre zu verfassen (z. B. 1994: detaillierte Planung für 1995, Eckdatenplanung für 1996 und 1997).

- **Abweichungsberichte** werden in Abhängigkeit von der Branche des Unternehmens monatlich oder quartalsweise erstellt (nur in Ausnahmefällen wöchentlich). Im langfristigen Projektgeschäft reicht es in der Regel aus, im Rahmen des Führungskräfteinformationssystems quartalsweise Abweichungsberichte zu verfassen. Mußbestandteile von Abweichungsberichten sind Budgetwerte/unterjährig im Vergleich zu Istwerten und Budgetwerte/Gesamtjahr im Vergleich zu Vorschauwerten/Gesamtjahr (Erwartungsrechnung, siehe Teil 2, Kapitel 8). Sollwerte sind zu ermitteln, wenn Beschäftigungsabweichungen relevant sind. Vergleiche mit dem Vorjahr und mit dem Budget des Folgejahrs sind nur dann sinnvoll, wenn von einer hohen Kontinuität des Geschäfts ausgegangen werden kann (z. B. Hotelauslastung). Generell verlieren Vergleiche mit der Vergangenheit auf Grund geänderter Rahmenbedingungen zunehmend an Bedeutung. In jedem Fall muß der Controller die Abweichungen qualitativ interpretieren und ihre Auswirkungen auf die Unternehmensziele durch eine Erwartungsrechnung im Rahmen des Führungskräfteinformationssystems darstellen. Die folgende Abbildung illustriert die Struktur eines Soll-Ist-Vergleichs samt Erwartungsrechnung in Form eines monatlichen Berichtswesens.

Ergebnisse/ Kosten		Informationen per Monat (kumuliert)					Erwartung zum Jahresende					
Nr.	Produkte/ Bereiche	Budget	Soll	Ist	Soll-Ist-Vergleich		Jahres-Budget	Jahres-Soll	Erwartung	voraussichtl. Ist zum Jahresende	Soll-Ist-Vergleich	
					abs.	%					abs.	%
1	Absatz (Stk.)											
2	Umsatz (öS)											
3	DB I											
4	DB II											
5	DB III											
6	BE											

	Kostenarten	Budget	–	Ist	Budget-Ist-Vergleich		Jahres-Budget	–	Erwartung	voraussichtl. Ist zum Jahresende	Soll-Ist-Vergleich	
					abs.	%					abs.	%
7	Personalkosten											
8	Sachkosten											

	Bestände	Plan	–	Ist	Über-/ Unterschreitung		Jahres-Plan	–	Erwartung	voraussichtl. Endbestand	Planüber-/ unterschreitung	
					abs.	%					abs.	%
9	Lager											
10	Debitoren											
11	Anlagen											

	Liquiditätsstatus	Plan	–	Ist	Über-/ Unterschreitung		Jahres-Plan	–	Erwartung	voraussichtl. Ist zum Jahresende	Planüber-/ unterschreitung	
					abs.	%					abs.	%
12	Liquiditätsgrad I											
13	Liquiditätsgrad II											
14	Liquiditätsgrad III											

Abb. 9.3: Soll-Ist-Vergleich und Erwartungsrechnung (Monatsbericht)

MONATSBERICHT PROJEKT AG

Bericht Nr.: 3 Stand per Ende März 1993 Ersteller: Controlling

ECKDATEN	1992	1993 UNTERJÄHRIG			1993 GESAMTJAHR			1994
(in Mio öS)	IST	BUD. 03/93	IST 03/93	ABWEICH.	BUDGET	Erwartung	ABWEICH.	PLAN
A-Stand per Anfang	3.400	4.100	4.200	-100	4.200	4.000	200	4.600
Auftragseingang	2.000	400	**300**	100	2.500	**2.400**	100	2.700
Umsatz	1.400	400	**200**	200	2.100	**2.600**	-500	2.500
A-Stand per Ende	4.000	4.100	4.300	-200	4.600	3.800	800	4.800
DB-Eingang	600	120	**70**	50	750	**720**	30	810
Kosten	700	180	**165**	15	720	**730**	-10	770
Umsatzergebnis	20	0	0	0	15	15	0	25
Kostenstellenergebnis	-30	5	-10	15	-5	-5	0	0
Betriebsergebnis	-10	5	**-10**	15	10	**10**	0	25
Leistung	1.300	100	95	5	2.250	2.100	150	2.500
Cash-Flow	30	25	15	10	45	45	0	60
Personalstand	850	845	840	5	835	830	5	835
Leihkräfte	35	35	32	3	30	30	0	35

AUFTRAGSEINGANG 1993	LAND	Betrag	DB	Ergebnis
ABWICKLUNGSPROJEKT A	Österreich	100	30	10
ABWICKLUNGSPROJEKT B	Thailand	50	10	0
ABWICKLUNGSPROJEKT C	Indonesien	50	5	-5
ABWICKLUNGSPROJEKT D	Türkei	35	10	0
Diverse	Diverse	65	15	5
Summe		300	70	10

PROJEKTE - TOP	LAND	Betrag	DB	Ergebnis
TOP-PROJEKT A	Österreich	300	105	20
TOP-PROJEKT B	Thailand	250	50	5
TOP-PROJEKT C	Polen	100	20	0
TOP-PROJEKT D	Ungarn	100	25	0
Summe		750	200	25

PROJEKTE - AUSSICHTSREICH	1.000	280	30
ANGEBOTE - VERBINDLICH	2.500	700	100
VORPROJEKTE	2.000	500	100
PROJEKTVOLUMEN GESAMTSUMME	6.250	1.680	255

POTENTIAL (in Mio öS)	
DB-Potential	550
davon Ergebnispotential	20
Vorsorgepotential	100
GESAMTPOTENTIAL	650

DB- REICHWEITE	DB-Offen	Reichweite in Monaten
Engineering	200	10 Monate
Fertigung	50	4 Monate
Montage	180	14 Monate
Ergebnis	20	- -
Gemeinkosten	200	12 Monate

STUNDENBILANZ	1993 UNTERJÄHRIG				1993 GESAMTJAHR			
(in Stunden und %)	Bu 03/93	%	Ist 03/93	%	Budget	%	Erwartung	%
Aufträge	72.500	70%	**69.000**	**68%**	290.000	70%	**280.000**	**67%**
Verkauf	13.750	13%	15.000	15%	55.000	13%	65.000	16%
Forschung	8.750	8%	9.250	9%	35.000	8%	30.000	7%
unproduktiv	8.750	8%	8.500	8%	35.000	8%	30.000	7%
Summe Engineering	103.750	100%	101.250	100%	415.000	100%	405.000	100%
NTB-Stunden	85.000		83.000		340.000		340.000	
GESAMTSTUNDEN	188.750		186.250		755.000		745.000	

Abb. 9.4: Standardbericht der Projekt AG

STANDARDBERICHTE PROJEKT- UND FERTIGUNGS AG				
BERICHTSART	**INHALT**	**TERMIN**	**EMPFÄNGER**	**ERSTELLER**
STRATEGISCHE UND OPERATIVE PLANUNG	Planziffern über alle kaufmännischen Details der nächsten drei Jahre. Qualitative Strategie.	Ende Oktober des Vorjahrs.	Eigentümer, Vorstand	Vorstand, Controlling
ECKDATENÜBERSICHT	Ist-Plan-Hochrechnung für Auftragseingang, DB, Umsatz, Auslastung etc. Aktuelle Projekte.	Monatlich grob, quartalsweise detailliert.	Vorstand, Bereichsleiter	Controlling
PROJEKTFORTSCHRITTS-BERICHTE	Ist-Plan-Hochrechnung der Kosten, Aktivitäten und Maßnahmen.	Bis zum Ende des Quartals.	Vorstand, Controlling	Projektleitung
VORPROJEKTBERICHTE	Auflistung aller bearbeiteten Vorprojekte, Auftragswert, DB, Ergebnis, Land, Produkt.	Bis zum 10. des Folgemonats.	Vorstand, Bereiche, Controlling	Vertrieb
AUSLASTUNGSBERICHTE	Ist-Plan-Hochrechnung detailliert für die Fachabteilungen (Konstruktion, Montage, Fertigung).	Bis zum 10. des Folgemonats.	Vorstand, Controlling	Fachabteilung
BERICHTE AN DEN EIGENTÜMER	Finanzielle Eckdaten (Liquidität, Bankrahmen, Bilanzergebnis, Dividende).	Quartalsweise.	Eigentümer	Vorstand, Controlling
AUFSICHTSRATS-BERICHTE	Plan-Ist-Hochrechnung der Eckdaten, genehmigungspflichtige Geschäfte.	Quartalsweise, 14 Tage vor der AR-Sitzung.	Aufsichtsrat	Vorstand, Controlling

Abb. 9.5: Standardberichtstypen der Projekt- und Fertigungs AG

9.2.2 EDV-gestütztes Führungskräfteinformationssystem

Controlling ohne EDV-Unterstützung ist heute nur mehr schwer vorstellbar, weil das Controlling Führungskräfteinformation schnell, empfängerorientiert (vgl. Reichmann [Entwicklungen], S. 1) und situationsgerecht zur Verfügung stellen muß, um seiner Aufgabe gerecht zu werden (vgl. Szymanski [EDV-Anwendung], S. 223). Der Controller soll sich vom "Zahlenfriedhofsgärtner" (vgl. Albrecht [Zahlenfriedhofsgärtner], S. 279) zum Navigator des Unternehmens entwickeln können.

Seit Mitte der achtziger Jahre wird für EDV-gestützte Führungskräfteinformationssysteme der Begriff Executive Information System (EIS) verwendet. Unter einem **EIS** versteht man ein EDV-gestütztes, offizielles, programmiertes Informationssystem, das den Executive (Top-Management) durch Bereitstellen von entscheidungsrelevanten internen und externen Informationen bei seiner Aufgabenstellung unterstützt (vgl. Weiß [EIS], S. 15).

Eine in den Monaten Februar bis Mai 1992 durchgeführte empirische Erhebung des Ist-Zustands von EIS in Österreich läßt auf den Einsatz von EDV-gestützten Informationssystemen schließen. Die Erhebung erfolgte bei 438 österreichischen Unternehmen mit Hilfe von Telefoninterviews unter Verwendung eines standardisierten Fragebogens. Als Gesprächspartner dienten Controller und EDV-Leiter der einzelnen Unternehmen. Alle befragten Unternehmen erwirtschafteten im Jahr 1990 einen Umsatz von mehr als 550 Millionen Schilling.

Das Ergebnis erläutert die grundsätzliche Frage nach dem bereits realisierten **Einsatz** beziehungsweise dem grundsätzlichen Vorhandensein der **Bereitschaft zum Einsatz von EIS**:

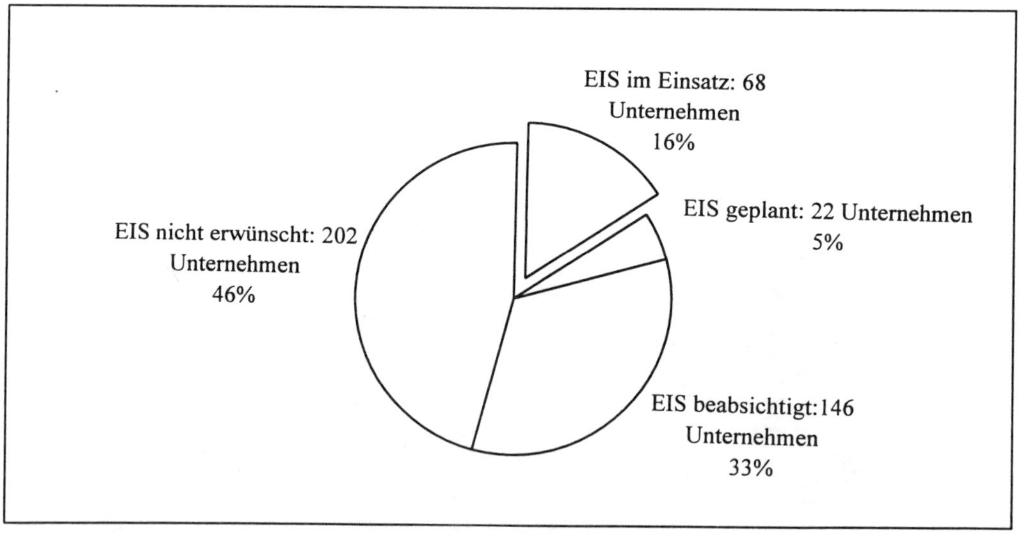

Abb. 9.6: Einsatz von EIS bei den größten Unternehmen Österreichs (Weiß [EIS], S. 62)

Derzeit setzen zwar erst 15% der Unternehmen EIS ein, aber weitere 5% sind bei Aufbau oder Planung eines EIS. Ein weiteres Drittel aller Unternehmen äußert die vage Absicht, ein EIS in den nächsten Jahren einführen zu wollen. Der Großteil der Unternehmen (46%) lehnt EIS aber immer noch ab.

Aufgrund der hohen Ablehnungsrate lohnt sich ein Blick auf die genannten Gründe für die negative Einstellung gegenüber dem EIS-Einsatz. Von fast 50 % der Unternehmen – und damit bei weitem am häufigsten – wurde die Ablehnung des EIS durch das Managements genannt.

Als weitere Gründe wurden aufgezählt:

- Ein EIS ist nicht notwendig.
- Die Zeit zur Entwicklung fehlt.
- Die EDV im Unternehmen ist noch nicht soweit.
- In diesem Bereich herrscht aufgrund von Konzernvorgaben eingeschränkte Entscheidungsfreiheit.

Nur sehr selten wird die Meinung vertreten, die Realisation eines EIS sei technisch unmöglich, was auf einen bereits sehr hohen Stand der EDV-Technik im Bereich von EIS schließen läßt. Zu denken gibt die hohe Ablehnung durch das Management. Diese zeigt sich auch darin, daß ein großer Anteil der Probleme, die bei der Einführung von EIS auftreten, in Akzeptanzproblemen des Managements liegt. Um diese Aversion der Manager gegenüber EIS zu überwinden, ist sicher noch einiges an Überzeugungsarbeit zu leisten. Hier kann der Controller als Fach-Promotor entscheidenden Einfluß gewinnen, da er bereits vor Einführung eines EIS für das Papier-Berichtswesen des Unternehmens verantwortlich ist. Diese Bedeutung des Controllers im Einführungsprozeß, beispielsweise als Projekt-Manager, kann auch bei Befragung der Unternehmen, die bereits ein EIS im Einsatz haben, beobachtet werden.

9.3 Aufgaben und Verantwortung des Controllers im Führungskräfteinformationssystem

Führungskräfte können durch die verbesserte und beschleunigte Informationsversorgung sowie durch zeitnahe Kontrolle schneller auf geänderte Bedingungen reagieren und damit die Wettbewerbsposition des Unternehmens nachhaltig stärken. Der Controller hat im Rahmen seiner Verantwortung als Träger des Führungskräfteinformationssystems folgende Hauptaufgaben:

- **Regelung und Koordination** des innerbetrieblichen Informationsflusses (in vertikaler, horizontaler und diagonaler Richtung) und
- **Gestaltung** des Führungskräfteinformationssystems im Unternehmen.

Der Controller muß sich im Rahmen der Regelungs- und Koordinationsaufgabe mit den Methoden des Informationsmanagements auseinandersetzen. Er muß die Informationsnachfrage der Führungskräfte mit dem Informationsangebot aus den internen und externen Datenquellen abgleichen sowie einen controllinggerechten, "objektiven" Informationsbedarf formulieren, der durch das Führungskräfteinformationssystem unbedingt abzubilden ist.

Die Gestaltungsmöglichkeiten des Controllers sollen das Führungskräfteinformationssystem aus einem "Zahlenfriedhof" zu einem "Zahlensupermarkt" entwickeln. Dafür müssen die erfolgs- und steuerungsrelevanten Informationen in einer Mindeststruktur zur Verfügung gestellt werden.

Die Gestaltung des Führungskräfteinformationssystems kann in folgenden Phasen erfolgen:

- **Phase 1:** Festlegen der strategischen Vorgaben (Produkte, Märkte, Kunden)
- **Phase 2:** Festlegen der Anforderungen des Controlling (z. B. Profit-Center-Abrechnungen, Methode der Ergebnisrechnung, Struktur des Kalkulationsschemas)
- **Phase 3:** Systemauswahl
- **Phase 4:** Implementieren.

Mit den folgenden Empfehlungen zur Systemgestaltung können vorhersehbare Probleme vermieden werden:

- **Perfektionisten** werden in Zeiten rascher Veränderungen **scheitern.** Daher gilt auch für Führungskräfteinformationen, daß die 70%-Lösung, die vom Controlling heute zur Verfügung gestellt wird, besser ist als die 100% Lösung, die nie fertiggestellt wird.
- Der **Controller** trägt die Verantwortung für die **Projektleitung** bei der Erstellung des Führungskräfteinformationssystems. Er nimmt eine Koordinationsfunktion (mit Entscheidungsgewalt) zwischen operativen Bereichen, EDV und Rechnungswesen ein.

Teil III:

Aufbau und Gestaltung

1 Einsatzvoraussetzungen, Gestaltungskontext und kritische Erfolgsfaktoren für die Gestaltung von Controllingsystemen

Robert Denk, Hermann Kunesch

Unternehmen sind soziale Systeme, in denen Planungs- und Kontrollaktivitäten nicht nur zu einer zielorientierten Steuerung führen, sondern sich auch auf das Verhalten der Mitarbeiter auswirken. Jedes Controllingsystem beeinflußt daher neben dem Ergebnis und den Aktivitäten auch das Verhalten der Mitarbeiter im System (vgl. Drucker [Control], S. 375).

Will man kritische Einsatzvoraussetzungen und Erfolgsfaktoren des Controlling ableiten, muß man neben den rein sachlichen Erfolgsdimensionen auch verhaltensbezogene Aspekte beachten (vgl. Gaulhofer [Controlling], S. 145). In der Folge werden die bedeutendsten Kontextfaktoren und kritischen Erfolgsfaktoren dargestellt.

In den vorangegangenen Kapiteln wurden die Bestandteile von Controllingsystemen unabhängig vom Unternehmenskontext beschrieben. Die Erkenntnisse der Managementforschung legen nahe, daß es nicht **ein** für alle Unternehmen gleichermaßen geeignetes Controllingsystem gibt, sondern sich die unternehmensspezifische Gestaltung am jeweiligen Kontext orientieren muß. Zu diesem Zweck werden im folgenden Kapitel Einsatzvoraussetzungen und Gestaltungskontext des Controlling dargestellt. Weiters können kritische Erfolgsfaktoren festgestellt werden, die positiven Einfluß auf Einführung und Durchsetzung des Controlling ausüben (vgl. Welge [Unternehmungsführung], S. 462ff.).

1.1 Einsatzvoraussetzungen

Einsatzvoraussetzungen sind Kriterien, die erfüllt sein müssen, um in einem Unternehmen Controlling einsetzen zu können. Diese Kriterien gelten unabhängig vom Unternehmenstyp und von der Situation, in der sich das Unternehmen befindet.

Controllinggerechte Führung

Controlling stellt, gewisse Mindestanforderungen an die Führungsphilosophie. Controllinggerechte Führung ist zielorientiert, planungs- und kontrolldeterminiert, antizipativ, adaptiv, dezentral.

Auch wenn eine Oganisation nach diesen Grundsätzen geführt wird, bedeutet das noch nicht, daß Controlling erfolgreich institutionalisiert werden kann. Die entscheidende Frage lautet:

Wie kann das Management von der Kraft des Controlling überzeugt werden?

Der Erfolg des Controlling hängt primär vom Linienmanager ab. Controllingorientierte Führung entsteht, wenn das Linienmanagement die Herausforderung annimmt, sich selbst über Ziele zu steuern und sich zu diesen Zielen zu verpflichten. Nur unter dieser Voraussetzung können Mißtrauens- und Akzeptanzbarrieren gegenüber Controlling abgebaut werden.

Controllingorientierte Manager verfügen über hohe Eigeninitiative in Zielsetzung und Planung (Eigengestaltungswille), Selbststeuerung und Eigenkontrolle.

Die Einführung eines Controllingsystems kann erst dann als erfolgreich bezeichnet werden, wenn sich das Linienmanagement aktiv in den Controllingprozeß einbringt und sich des Controllers als Servicefunktion bedient.

Bedarf an Führungsergänzung

Eine weitere Einsatzvoraussetzung ist der Bedarf nach Führungsergänzung. Dieser leitet sich aus den in Teil 1, Kapitel 1 dargestellten Umfeldentwicklungen ab und basiert somit auf drei Faktoren:

- Komplexität
- Vielfalt und Dynamik
- Wettbewerbsintensität.

Je höher diese Faktoren ausgeprägt sind, desto notwendiger wird eine Führungsergänzung. Die Veränderungen im Unternehmensumfeld zielen damit heute immer stärker in Richtung eines steigenden Controllingbedarfs.

Transparente, steuerbare Strukturen

Controlling ist ein führungsergänzendes System. Sind die Verantwortungen, Entscheidungskompetenzen und Zuständigkeiten in einem Unternehmen nicht abgegrenzt und transparent, kann Controlling nicht wirksam werden, da weder der Steuerungsbedarf noch der Ort der Steuerungsmöglichkeit erkennbar sind. Ähnliches gilt für bürokratische, behäbige Strukturen. Um steuernd aktiv werden zu können, müssen relativ kleine, überschaubare Strukturen vorhanden sein, was in aller Regel zu einer Divisionalisierung der Organisation führt.

Generell lassen sich folgende Zusammenhänge erkennen:

- **Profitcenterorientierte Strukturen** stehen in krassem Widerspruch zu zentralen Controllingkonzepten.
- **Marktnahe Strukturen** haben positiven Einfluß auf ein zukunftsorientiertes Controllingverständnis, weil Wettbewerbs- und Marktorientierung bereits in der Struktur verankert sind.

- Produktionsorientierte Strukturen fördern Orientierung des Controlling primär in Richtung Kostenrechnung. Die Konzentration auf technisch/organisatorische Optimierung läßt den Controller zum Kosteningenieur werden.

Basisinformationssysteme

Controlling baut auf dem betrieblichen Rechnungswesen auf. Nur wenn Aufzeichnungen über die betrieblichen Mengen-und Werteflüsse und -bestände vorhanden sind, kann Controlling aktiv werden. Basis des operativen Controlling sind das Budgetierungssystem und die damit in Verbindung stehenden Meßsysteme. Zentrale Steuerungsgrößen sind Umsatzbudget, Leistungsbudget, Finanzbudget etc., also die zu Preisen bewerteten Konsequenzen des Planungsprozesses. In vielen Fällen reicht eine rein wertmäßige Betrachtung für eine effiziente Steuerung nicht aus. Wertkettenmanagement, Prozeßmanagement, just in time-Konzepte, Total Quality Management, Time-based Performance Management usw. lassen sich nicht nur (allein) über Wertgrößen steuern, sondern neben der Werterfassung muß auch eine Mengenerfassung und -steuerung durchgeführt werden und bedarf auch vielfach der Ergänzung um zeitpunkt-/zeitraumbezogene Erfolgsgrößen sowie qualitativer Performance-Kriterien. Existiert in einem Unternehmen kein detailliertes Mengengerüst oder werden Mengengrößen rechentechnisch nicht ausreichend erfaßt, ist das Aktionspotential des Controlling auf reine Wertsteuerung beschränkt und damit stark beeinträchtigt.

Fähigkeit zur Selbststeuerung

Die Fähigkeit zur Selbstgestaltung zeigt sich in der eigenverantwortlichen Zielformulierung. Überall dort, wo dem Management nicht die Möglichkeiten der eigenverantwortlichen Zielformulierung gegeben werden, besteht kein Spielraum für die Selbstgestaltung, und Controlling wird sinnlos. Das zeigt sich am deutlichsten in der öffentlichen Verwaltung und in einer Reihe von Non-Profit-Organisationen.

1.2 Gestaltungskontext und Bezugspunkte für die Identifikation kritischer Erfolgsfaktoren

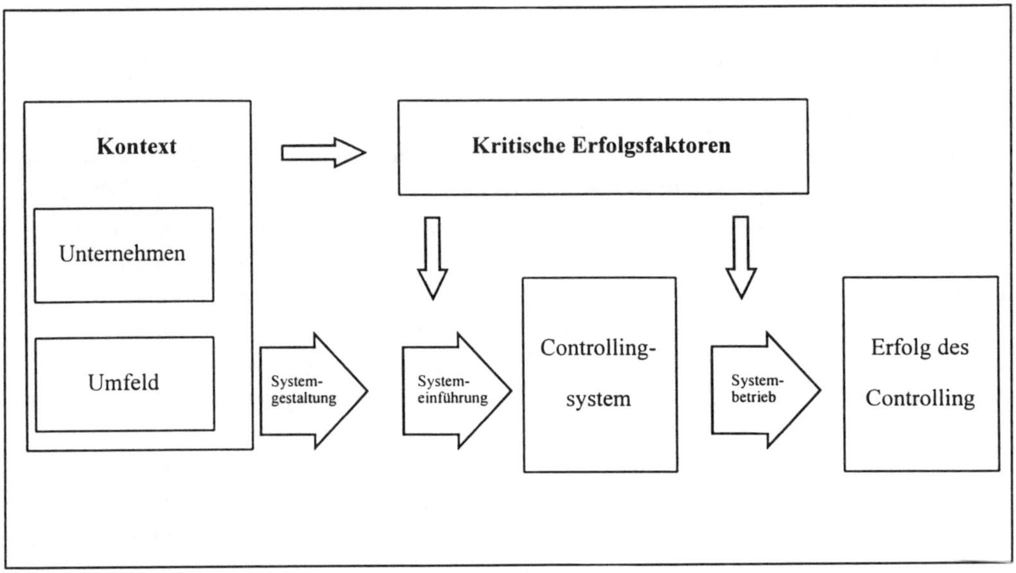

Abb. 1.1: Situatives Modell des Controlling

Trotz eines umfangreichen Spektrums empirischer Forschungsarbeiten über die Kontextabhängigkeit von Controllingsystemen ist die Diskussion nicht abgeschlossen, und einige Zusammenhänge bleiben weiterhin erklärungsbedürftig (vgl. Welge [Unternehmungsführung], S. 1ff.). In der Folge werden die wichtigsten unternehmensinternen und -externen Kontextfaktoren aufgelistet und beispielhaft beschrieben. Es handelt sich dabei um die heuristische Aufarbeitung praktischer Erfahrung und empirischer Forschung. Diese Darstellung ist der Ausgangspunkt für die Ableitung kritischer Erfolgsfaktoren und für die Beschreibung von Besonderheiten des Controlling in ausgewählten Unternehmenstypen.

Kontextfaktoren	
intern	**extern**
Motive für die Einführung des Controlling	Branche, Branchenstruktur
Entwicklungsgeschichte des Unternehmens	Umfelddynamik
Rechtsform, Selbständigkeit	Umfeldkomplexität
Struktur der Geschäfte	Wettbewerb
Struktur und Orientierung des Managements	Eigentümerstruktur und Eigentümerziele
Fertigungstechnologie	Konzernzugehörigkeit
Einstellung der Mitarbeiter gegenüber Controlling	Außeneinflüsse auf ökonomische Zielbildung und Gestaltungsfähigkeit
Unternehmensgröße, Organisation	
Veränderungsbereitschaft und Veränderungsfähigkeit	

Abb. 1.2: Kontextfaktoren

Im folgenden werden beispielhaft markante Kontextfaktoren herausgegriffen und in ihrer Wirkungsweise erläutert.

Motive, die zur Einführung des Controlling geführt haben

Die Einführungsmotive des Controlling lassen sich aus den in der Praxis auftretenden **Controlling-Philosophien** ableiten. Dabei gibt es drei Ausprägungsformen: passiv-vergangenheitsorientierte Philosophie (Motive: Sicherung von Planung und Kontrolle, Qualität des Rechnungswesens), aktiv-zukunftsorientierte Philosophie (Motive: operative Steuerung, Konkretisierung der Zukunftserwartungen, Informationsversorgung), innovativ-antizipierende Philosophie (Motive: kritisches Gewissen des Unternehmens, strategische Führung, Früherkennung) (vgl. Amshoff [Controlling], S. 236ff.).

Will man die Wirkung von Einführungsmotiven im Einzelfall näher betrachten, lassen sich die Motive weiter detaillieren. Im folgenden einige Beispiele:

Einführungsmotive für Controlling
Wirtschaftliche Schwierigkeiten
Wachstumsschwellen und damit verbundene Probleme
Strukturprobleme
Umsatzrückgänge
Wachsende Umfelddynamik
Erhöhung der internen Koordination
Verbesserung der Anpassungsbereitschaft an Umfeldveränderungen
Kosteneinsparung
Personelle Veränderungen im Top-Management
Veränderungen bei den Eigentümern (Fusionen etc.)
Interesse an strategischen Fragestellungen
Konzernerfordernisse
Zu erwartende massive Umfeldveränderungen (z. B. EU-Integration)
Stärkere Kontrolle über Tochterunternehmen, Geschäfts- oder Funktionsbereiche

Abb. 1.3: Einführungsmotive für Controlling

In der Regel sind mehrere Motive gleichzeitig für die Einführung von Controlling ausschlaggebend. Vielfach werden vom Top-Management nicht (offiziell) artikulierte Erwartungen an das Controlling herangetragen, die für die Gestaltung des Controllingsystems ebenfalls relevant sind, weil sie die grundsätzliche Ausrichtung nachhaltig determinieren.

Bereits bei der Systemgestaltung muß auf die Erfüllung der relevanten Erwartungen und deren Konsequenzen geachtet werden. Auch ausgereifte Controllingsysteme sind effizienz- und akzeptanzgefährdet, wenn die situativ vorrangigen Einführungsziele, beispielsweise die kurzfristige Kostenreduktion, nicht erfüllt werden. Einseitige Systemauslegungen können aufgrund der situativen Dominanz der Einführungsmotive eine zukunftsorientierte Gestaltung des Controllingsystems von vornherein beeinträchtigen.

Wird Controlling beispielsweise mit dem Motiv der Kostenorientierung und verstärkten Überwachung dezentraler Einheiten (Geschäftsbereiche, Tochterunternehmen etc.) als bloße Weiterentwicklung des traditionellen Rechnungswesens eingeführt, dominiert die Rechtfertigungsorientierung das gesamte System. Der operative Soll-Ist-Vergleich wird zum zentralen Controllinginstrument, die Blickrichtung ist auf die Vergangenheit gelenkt, und dem Management entgehen wichtige Leistungen, die das Controlling für Marktorientierung und zukünftigen Markterfolg erbringen kann. In diesen Controllingsystemen fehlt zwangsläufig die Antizipationsorientierung sowie Offenheit, Mut und Wille, Zukunftserwartungen zu artikulieren und sich an diesen auszurichten. Die Zusammenführung von strategischer und operativer Blickrichtung scheitert.

Wirksames Controlling erfordert diese Zusammenführung im Sinn einer Synthese und ganzheitlichen Betrachtung des Unternehmensgeschehens und der Unternehmensentwicklung.

Damit steigen die Anforderungen an die Qualifikation des Controllers: Neben einem breiten betriebswirtschaftlichen Fundament insbesondere im operativen Rechnungswesen ist der Blick für Zusammenhänge notwendig.

Entwicklungsgeschichte des Unternehmens und der Controllinginstrumente

Es gilt als empirisch gesichert, daß die Evolution des Unternehmens und der im Unternehmen herrschenden Planungs- und Kontrollphilosophie in Entwicklungsschritten erfolgt. Der Zusammenhang zwischen dem Entwicklungsstand der Managementqualität und der Gestaltung des Controllingsystems ist hinlänglich dokumentiert (vgl. Hopfenbeck [Betriebswirtschaftslehre], S. 793ff., Risak [Blick], S. 3ff., Niedermayr (System) S. 217).

Abhängig von der jeweiligen **Entwicklungsstufe** eines Unternehmens müssen angepaßte Formen des Controlling eingesetzt werden, dabei wirken unterschiedliche kritische Erfolgsfaktoren. Die Systementwicklung des Controlling muß sich an der Entwicklungsstufe des Gesamtunternehmens beziehungsweise des Managements orientieren (vgl. Denk [Methoden], S. 47ff.).

Dieser Ansatz darf nicht statisch verstanden werden: Controllingsysteme sollen und werden in der Regel neue Anforderungen an die Informationsbasis und an das Führungssystem eines Unternehmens stellen und sind damit Teile des Entwicklungsprozesses. Treffen jedoch theoretisch ausgeklügelte Vorschläge für die einzuführende Controllingkonzeption auf praktisch in vertretbarer Zeit oder mit dem gegebenen System nicht erfüllbare Informationserfordernisse oder verlangen sie kurzfristige Verhaltensänderungen, die nur durch einen längerfristigen kulturellen Anpassungsprozeß erreichbar sind, ist der Mißerfolg vorprogrammiert.

Die Identität der Entwicklungsstufen von Führungssystem und Controllingsystem definiert die zu erfüllenden Mindestanforderungen, ohne die dynamischen Entwicklungsziele einer Organisation zu beeinträchtigen. Ein Informationssystem muß das messen und bewerten können, wonach die Organisation geführt werden soll. Ist z. B. die Schlüsselkennzahl der Erfolgsbeurteilung der geschäftsbereichsbezogene return on investment, so muß es unabhängig von der Rechtsform der Geschäfte möglich sein, sowohl Return als auch Investment zuverlässig zuzurechnen und zu messen. Das gilt auch für alle Angelpunkte, in denen Return und Investment beeinflußt werden können. Gelingt das nicht, wird die Wahl des return on investment (ROI) als zentrale Steuerungsgröße von den Führungskräften nicht akzeptiert werden und auch nicht die beabsichtigten Verhaltensänderungen auslösen.

Bei der Untersuchung der Entwicklungsstufen muß eine Reihe von Subfaktoren beachtet werden:

- Formalisierungsgrad der Führung (Organisationsrichtlinien, Kostenstellengliederung etc.)
- Führungsverhalten (straffe oder lockere Führung)
- Stand der Betriebsdatenerfassung (EDV-Unterstützung, Tagesgenauigkeit etc.)

- Vorhandenes betriebswirtschaftliches Instrumentarium (Kostenrechnungssystem, Investitionsrechnungssystem, Budgetierungsgewohnheiten, -tools und -regeln etc.)
- Erfahrungen der Mitarbeiter mit dem Rechnungswesen (Vorurteile, Sympathie, Anwendungs-Know-how etc.)
- Unternehmensinterne Meßinstrumente (reine Werterfassung, Mengengerüste, Qualitätssteuerung etc.).

Die Einstellung der Führungskräfte gegenüber Controlling, Rechnungswesen und den im Controlling eingesetzten Mitarbeitern sind für den Erfolg der Controllingeinführung entscheidend. Im Extremfall werden in Unternehmen bestehende Kontrollinstanzen in Controllingstellen umbenannt, ohne Inhalte und Arbeitsschwerpunkte wesentlich zu ändern, was falsche Erwartungen und Vorurteile gegenüber den Funktionsträgern des Controlling zur Folge hat (vgl. Küpper [Controlling], S. 886).

Struktur der Geschäfte

Die Ausgestaltung der Instrumente und Systeme des Controlling hängt wesentlich von der Struktur der Geschäfte ab. Dabei sind folgende Einflußfaktoren zu erkennen:

- Stellung der Produkte oder Leistungen im Marktlebenszyklus
- Werthaltigkeit der Produkte
- Investitionsintensität.

Weiters ist es entscheidend, ob sich bei den Produkten um Konsum- oder Investitionsgüter handelt und was die treibenden Kräfte der Branche sind. Hier kann man zwischen technologie-, kunden-, marketing- und beschaffungsgetriebenen Branchen unterscheiden. Das Controlling hat die Strukturen zu berücksichtigen und sich an diese anzupassen.

Veränderungsbereitschaft und Veränderungsfähigkeit

Controlling initiiert sowohl auf der strategischen als auch auf der operativen Ebene einen dauernden Anpassungsprozeß an sich verändernde Bedingungen. Controlling ist der ständige Promotor des geplanten Wandels im Unternehmen und somit von der Veränderungsfähigkeit und -bereitschaft des Unternehmens beziehungsweise der Mitarbeiter abhängig.

Veränderungsfähigkeit entsteht aus Faktoren wie Flexibilität, hohem individuellem Handlungsspielraum, informellen Organisationsstrukturen, Konfliktfähigkeit, Motivation, Selbstkontrolle etc. Veränderungsbereitschaft bedeutet Aufgeschlossenheit der Mitarbeiter gegenüber Veränderungen ihrer Aufgaben und ihres Arbeitsumfelds. Häufig treten Widerstände gegen solche Veränderungen auf, insbesondere Trägheit, Angst, persönliche Antipathie etc. (vgl. Staehle [Management], S. 900ff.).

Umfeldkomplexität

Versteht man Controlling als Antwort auf verstärkte Diskontinuitäten und höhere Komplexität, ist es ein Mittel zur Komplexitätsbewältigung. Controlling darf daher nicht weitere Komplexität aufbauen, muß aber über ausreichende Varietät verfügen, um die Komplexität der Führungssituation absorbieren zu können. Das darf jedoch nicht zum Aufbau übertrieben komplizierter und differenzierter Führungssysteme führen. Die Folgen sind überzogene Informationsstrukturen, hoher Ressourcenbedarf, zunehmender Zeitbedarf in der Willensbildung, Führungsunsicherheit und Systemträgheit.

Wettbewerb

In der Praxis ist derzeit verstärkt der Wunsch nach Controlling festzustellen, der in engem Zusammenhang mit dem härter gewordenen Wettbewerb durch Deregulierung, Internationalisierung und Entstaatlichung steht. Beispielhaft für diesen Trend seien Ministerien, Bundesbahn, Post, Universitäten und ähnliche Organisationen genannt.

Obwohl die Entwicklungsgeschichte des Controlling in weiten Bereichen der Wirtschaft schon zehn bis 20 Jahre alt ist, beginnt man in einer Reihe sehr großer Unternehmen erst jetzt, Controlling als Funktion zu verankern. Je stärker die Wettbewerbsintensität einer Branche ist, desto eher wurde bereits in der Vergangenheit die Notwendigkeit für die Einrichtung von Controlling erkannt und desto umfassender und moderner sind in der Regel die eingesetzten Controllinginstrumente. Man erwartet sich davon eine Stärkung der Wettbewerbsfähigkeit des Unternehmens.

1.3 Typen kritischer Erfolgsfaktoren

Im situativen Modell können zwei Arten von Erfolgsfaktoren unterschieden werden: solche, die primär in der Konzeptions- und Einführungsphase zu beachten sind, und Erfolgsfaktoren der Durchsetzung des Controlling. Die Abgrenzung zwischen diesen beiden Gruppen ist fließend, da bei einer Weiterentwicklung des Controlling auch einige Erfolgsfaktoren der Einführung wirksam bleiben.

In der Folge werden beide Formen von Erfolgsfaktoren gemeinsam behandelt. Nachstehende Kategorien lassen sich unterscheiden:

Kategorien kritischer Erfolgsfaktoren	Wirkungsbereich
Akzeptanzbezogene Erfolgsfaktoren	Akzeptanz von Controller und Controlling durch die Mitarbeiter, Akzeptanz der vom Controlling aufgezeigten externen und internen Informationen
Führungsverhaltensbezogene Erfolgsfaktoren	Einzel- und Gruppenverhalten von Controller und Linienmanagement
Strukturelle Erfolgsfaktoren	Organisatorische Verankerung des Controlling, Dezentralisationsgrad, Zusammenarbeit mit controllingnahen Funktionsbereichen
Prozeßorientierte Erfolgsfaktoren	Gestaltung und Durchsetzung des Controllingprozesses, Überführung der Zielplanung in eine Aktivitäts- und Maßnahmenplanung, Kommunikationsprozesse
Betriebswirtschaftlich-inhaltliche Erfolgsfaktoren	Sachlich-inhaltliche Gestaltung des Controllingsystems: z. B. Art der Kostenrechnung, MIS etc.
Machtbezogene Erfolgsfaktoren	Macht (Formalmacht, Expertenmacht), Kompetenz und Verantwortung des Controlling, Allianzen mit Machtpromotoren (formell, informell)
Ressourcenbezogene Erfolgsfaktoren	Personelle und technische Ausstattung des Controlling (quantitativ und qualitativ), Know-how der Controllingmitarbeiter
Entwicklungsbezogene Erfolgsfaktoren	Weiterentwicklung von Controllingsystemen: Lernfunktion, Controllingentwicklungspfade (Einführung, Ausbau, Konsolidierung)
Unternehmenskulturbezogene Erfolgsfaktoren	Mißtrauens-/Vertrauens-Bild eines Unternehmens, Vertrauen in Controllingsysteme, Ethik, Sinnvermittlung
Komplexitätsbezogene Erfolgsfaktoren	Einfachheit, Schnelligkeit, Selbstvertrauen im Controlling und in der Führung
Persönlichkeitsbezogene Erfolgsfaktoren	Persönlichkeitsmerkmale des Controllers, fachliches Know-how, gesellschaftliches, politisches und betriebswirtschaftliches Grundverständnis

Abb. 1.4: Kritische Erfolgsfaktoren und ihr Wirkungsbereich

Im folgenden werden wiederum einige Faktoren herausgegriffen und dargestellt.

Akzeptanzbezogene kritische Erfolgsfaktoren

Untersuchungen zeigen, daß die Identifikation mit dem eigenen Aufgabengebiet, ein umfassender Erfahrungsschatz und die positive Einstellung gegenüber dem Unternehmenszweck positiv mit dem eigenen Selbstvertrauen und der Akzeptanz des Controlling korrelieren (vgl.

Küpper [Controlling], S. 886). Die Einstellung gegenüber dem Controlling ist auch stark von der Unterstützung und Förderung durch das Management geprägt. Insbesondere die frühzeitige Artikulation der Einführungsmotive und die Einbindung der Mitarbeiter in die Controllingsystemgestaltung haben positive Auswirkungen.

Der Controller muß auf das spezifische **Informationsaufnahmeverhalten** Rücksicht nehmen. Damit rückt die Frage in den Mittelpunkt, wie es dem Controlling gelingt, die Führungskräfte von der Relevanz kritischer Größen zu überzeugen. Je sachlicher die Information dargestellt wird, desto eher wird sie von den Empfängern als Tatsache akzeptiert.

Die Akzeptanz von Controllinginformationen hängt von der Objektivität, Nachvollziehbarkeit und Gleichbehandlung ab, wobei sich die Flexibilität der Standards günstig auswirkt. Daher muß bei der Vor- und Rückkopplung die jeweilige Situation des Controlling-Adressaten berücksichtigt werden (vgl. Küpper [Controlling], S. 888). Übereifer, Besserwisserei und detektivisches Gehabe schädigen die gute Zusammenarbeit zwischen Controller und Controlling-Adressat. Fremdkontrolle und persönliche Leistungsbeurteilung der Führungskräfte durch den Controller stehen in krassem Widerspruch zur Konzeption des Controlling und sind negativ für die Akzeptanz (vgl. Siegwart [Aspekte], S. 95f.). Empirische Erhebungen bescheinigen dem Controller noch immer kontrolleurhaftes und entwicklungshemmendes Auftreten (vgl. Witt [Einschätzung], S. 127ff.). Erhöhte Selbständigkeit und größere Handlungsspielräume, die eine dezentrale, partizipative Führung mit sich bringen, dürfen durch Controlling nicht eingeschränkt werden (vgl. Hauschildt [Schaffung], S. 152).

Die **Intensität des Controlling** richtet sich in der Regel nach der Struktur der betrachteten Aufgabe: straffes Controlling bei Routineaufgaben, lockeres Controlling bei komplexen Aufgaben (vgl. Hauschildt [Schaffung], S. 152). Ohne Rücksicht auf die Notwendigkeit, Grundstrukturen des Controlling und situations- beziehungsweise aufgabenspezifische Steuerungsinstrumente auch in komplexen Strukturen zu verankern, darf es nicht Ziel des Controlling sein, den eigenen Gestaltungsbereich und die damit verbundene Machtfülle unbeschränkt auszuweiten. Geringere Formalisierungsgrade sind in komplexen Strukturen günstiger, weil sie mehr Führungsflexibilität erfordern.

Strukturelle Erfolgsfaktoren

Controllingsysteme müssen - zumindest in Teilbereichen - stark formalisiert sein. Beispiele sind routinisierte und stark formalisierte Planungs- und Budgetierungssysteme, Planungsbesprechungen und -klausuren. Besonders in dezentralen Strukturen (Konzernen, Profitcenterstrukturen) kann es zu Konfliktsituationen hinsichtlich Gestaltung und Nutzung des Controllingsystems kommen, wenn innerhalb eines Unternehmens oder Konzerns unterschiedliche (Größen-)Strukturen aufeinandertreffen.

Insgesamt muß ein Mindestmaß an **Einheitlichkeit** gewahrt werden. Eine inhomogene Struktur, Kapital- und Personalintensität der Geschäfte, Größe der Tochterunternehmen sowie

Produktions- oder Marktorientierung erfordern hohe Systemflexibilität, um den spezifischen Gegebenheiten gerecht werden zu können. Linienmanagement und Controlling müssen flexibel sein, das Controllingsystem muß leben. Bei aller Rücksicht auf Einheitlichkeitserfordernisse ist die Bereitschaft zur Flexibilität und das Verständnis für spezifische Anforderungen eine Voraussetzung für Akzeptanz.

Im **Abstimmungsprozeß** zwischen zentralen Controllingerfordernissen und dezentralen Geschäftsinteressen werden vom Controller Führungsverhalten und Managementgeist gefordert. Eine "Justament-Haltung" gegen die dezentralen Linienmanager auf der Grundlage zentraler Machtstrukturen vermindert schlußendlich Effizienz und Effektivität des Systems.

Die höhere Schlagkraft zentraler Controllingsysteme (und -organisationen) wird durch den Mangel an Vertrauen in den dezentralen Einheiten wieder zunichte gemacht. Zentralistische Erfordernisse hinsichtlich einheitlicher Auslegung sollte man daher so gering wie möglich halten. Gefordertes Ziel ist die maximale Freiheit dezentraler Systeme, um die Erfordernisse eines Geschäfts zu erfüllen.

Controlling ist **weder Selbstzweck noch Mittel zur Administration**, sondern eine dezentrale, umfeld- und geschäftsfeldorientierte Systemsteuerung. Controlling wird in dezentralen Strukturen zu einer Gratwanderung zwischen zentralen und dezentralen Erfordernissen einerseits, zwischen dezentralen und zentralen Loyalitäts-, Akzeptanz- und Vertrauensfragen andererseits.

Machtbezogene Erfolgsfaktoren

Nach Witte (vgl. Witte [Kraft], S. 322ff.) kann der Controller als Fachpromotor verstanden werden. Der klassische Fachpromotor braucht einen Machtpromotor, um im Unternehmen wirken zu können. Daher muß eine formelle Allianz zwischen dem Controller als Fachpromotor und einem geeigneten Machtpromotor (Manager) herbeigeführt werden, um dem Controlling die nötigen Gestaltungsmöglichkeiten zu geben. Witte weist in seinen Arbeiten auf den informellen Charakter der Zusammenarbeit zwischen Fach- und Machtpromotor hin (vgl. Gaulhofer [Controlling], S. 148f.). Vor diesem Hintergrund scheint es für den Controller von besonderer Bedeutung zu sein, projekt- beziehungsweise aufgabenbezogen informelle Gestaltungsallianzen einzugehen. Die Auswahl des für die jeweilige Aufgabenstellung geeigneten Partners im Promotorengespann wird zum Erfolgsfaktor für die Controllingarbeit.

Der Controller darf nicht als reiner Fachpromotor ohne Formalmacht gesehen werden. Diese Ansicht würde das Controlling seiner verhaltensbeeinflussenden Wirkung berauben. Macht sei hier als Potential verstanden, auf das Verhalten anderer Einfluß zu nehmen. Der Controller verfügt in der Regel nicht über das einem Machtpromotor innewohnende hierarchische Potential der Möglichkeit der Belohnung und Bestrafung etc. (vgl. Staehle [Management], S. 371ff.). Controller können Macht formell nur insofern ausüben, als sie mit prozessualer Linienverantwortung ausgestattet sind (vgl. Gaulhofer [Controlling], S. 148f.).

Für die Durchsetzung des Controllinggedankens muß der Controller auf andere Formen der **Macht** zurückgreifen.

Die Legitimation für Planungs-, Steuerungs und Kontrollaktivitäten muß durch eine **Allianz** mit Personen durchgesetzt werden, die über formale Macht verfügen. Dabei ist von Bedeutung, ob eine solche Allianz mehr formellen (z. B. Teilnahme an Vorstandssitzungen) oder auch informellen (z. B. persönliches Vertrauensverhältnis) Charakter besitzt.

Die eigene Machtposition des Controllers beruht in erster Linie auf dessen Methodenkenntnissen und Informationsvorteilen gegenüber den Controlling-Adressaten (**Expertenmacht**). Controller-Berichte sind in der Regel rückäußerungspflichtig; der Controlling-Adressat ist gezwungen, gegenüber dem Controller Stellung zu nehmen.

Eine **Legitimationsmacht** des Controllers ist formal nicht gegeben, jedoch über das hierarchische Potential des Zentralcontrolling in manchen Fällen informell existent. Die Nutzung dieser zentralen Legitimationsmacht beispielsweise durch Druckausübung über den Vorstand kann das Vertrauensverhältnis zwischen Controller und Linienmanager nachhaltig stören. Controller sollten eher gemeinsam mit dem Linienmanager Überzeugungsarbeit leisten. Der Controller als Mitglied des Führungsteams liefert die notwendigen Daten für die gemeinsame Analyse und Interpretation von Zielen, Erwartungen, Ergebnissen und Abweichungen. (Krystek [Speerspitze], S. 22)

Der Controller verfügt über formelle und informelle Machtbefugnisse, denen keine äquivalente Mitverantwortung gegenübersteht - eine Tatsache, die sich negativ auf die Akzeptanz des Controlling auswirken kann (vgl. Krystek [Speerspitze], S. 19f.). Diese Disparität zwischen Linienmanager und Controller muß es aber geben, sonst würde der Controller zum Parallelmanager.

Unternehmenskulturbezogene Erfolgsfaktoren

In der Vergangenheit wurden Organisation und controllingähnliche Stellen, bedingt durch das tayloristische Managementverständnis, als Sicherheitsnetz und Lückenbüßer für erwartete menschliche Unzulänglichkeiten verstanden. In modernen, evolutionären Unternehmen muß dieses Managementverständnis überwunden und durch eine vertrauensbasierte Organisation ersetzt werden (vgl. Krystek; Zumbrock [Planung]).

Das Vertrauen weist dabei in vier Richtungen:

Inhaltlich-systemseitiger Bezug: Vertrauen in die Verläßlichkeit von Systemen.

Normativer Bezug: Vertrauen in die Gültigkeit normativ gesetzter Werte.

Personaler Bezug: Vertrauen in die Zuverlässigkeit, Glaubwürdigkeit und Kompetenz der Personen und zwischen Personen.

Evolutionärer Bezug: Vertrauen in die Lernfähigkeit des Systems und in den evolutionären Nutzen proaktiver operativer und strategischer Soll-Ist-Vergleiche.

Zielsetzung ist, generelles **Vertrauen in Controllingsysteme** zu erreichen. In der Praxis sind komplexe Controllingsysteme häufig mit hohem Mißtrauen der Linienmanager konfrontiert, die Aufbau und Funktionsweise der Systeme nicht vollständig überblicken. Der Linienmanager fühlt sich als "Betroffener" und nicht als beteiligter Nutzer des Controllerservice. Die Antizipationsfähigkeit (Fähigkeit, Früherkennungsinformationen aufzugreifen) hängt jedoch sehr vom Vertrauen in die Systeme ab. Die Wirkung des Vertrauens ist vielfältig und in hohem Maße controllingrelevant.

Wirkung von Vertrauen
Komplexitätsreduktion In komplexen Strukturen muß das Denken in linearen Entwicklungen zugunsten eines Denkens in Szenarien aufgegeben werden. Durch Vertrauen kann der unweigerlich ansteigende Komplexitätsgrad in Grenzen gehalten werden. Das vertrauende Management geht bewußt mit einem Informationsmangel und dem damit verbundenen Risiko um, indem es auf das normativ geleitete, zweckorientierte Handeln des Gesamtsystems vertraut.
Koordinationswirkung Koordination ist eine zentrale Funktion des Controlling. Koordination wird umso schwieriger, je höher das Mißtrauen der zu Koordinierenden ist. Aus der Spieltheorie ist bekannt, daß Mißtrauen zu einer Suboptimierung des Gesamtsystems führt. Besteht dagegen Vertrauen in die Verhaltensweisen der Systemteile, ist eine kooperative Orientierung auf das Gesamtoptimum möglich. Vertrauen darf dabei aber nicht als Leichtgläubigkeit mißverstanden werden.
Kommunikationswirkung Mit steigendem Vertrauen nimmt nicht nur das quantitative Ausmaß der Kommunikation, sondern auch deren Qualität spürbar zu. Die Angst vor der eigenen Artikulation wird genommen, die Offenheit für Anregungen von Kollegen und die Akzeptanz einer gegenseitigen Abhängigkeit im Gesamtsystem wird erhöht.
Individualitätswirkung Nonkonformes Gruppenverhalten wird in mißtrauensbasierten Systemen nicht geduldet. Das unterdrückt die Individualität der einzelnen Systemmitglieder und ist mit dysfunktionalen Entwicklungen verbunden. Vertrauensbasierte Unternehmen räumen allen Mitgliedern hohen Vertrauensvorschuß ein und tolerieren oder nützen ein von der Norm abweichendes Gruppenverhalten.
Teamwirkung Aus empirischen Tests ist bekannt, daß das Ausmaß des Vertrauens und die Effektivität von Gruppenentscheidungen hoch positiv korrelieren, wodurch sich Aufgeschlossenheit, Arbeitsmotivation und Innovationsneigung erhöhen.
Streßwirkung Das durch Vertrauen erhöhte Unterstützungsniveau des einzelnen führt zu merkbarem Streßabbau. Mißtrauen und Rivalität erzeugen Angst und sind daher hohe Streßfaktoren.

Abb. 1.5: Wirkung von Vertrauen (vgl. Krystek; Zumbrock [Planung], S. 13ff., Krystek [Speerspitze], S. 21)

Beim Aufbau von Vertrauen ist eine Reihe von Faktoren zu beachten (vgl. Krystek [Planung]). Durch Überstandardisierung entstehen stark eingeschränkte Handlungsspielräume, die Zweifel an einer positiven Kosten-Nutzen-Relation des Controlling aufkommen lassen **(Instrumenten-Overkill)**. Instrumente und Methoden müssen als Hilfsmittel und dürfen nicht als Selbstzweck verstanden werden. Routinisierung und Formalisierung von Abläufen führen vielfach zu Versteinerung und Rigidität.

Das Management (Controller und Linienmanager) muß lernen, **Unschärfen zu akzeptieren**. Probleme im Umgang mit mehrwertigen Erwartungen und Szenarien führen oft zu Mißtrauen gegenüber den abgeleiteten Ergebnissen und der darauf aufbauenden Planung. Besonders qualitative, strategische Prognosen erfordern ein hohes Maß an Akzeptanz von Mehrdeutigkeit und Unschärfe.

Eine **Überbewertung der Stabsarbeit** des Controlling erzeugt häufig generellen Mißtrauensvorschuß des Linienmanagements, was in der Regel noch durch übertriebene Konzentration auf Details und Ausweitung der Analyse verstärkt wird und in Informationsüberlastung mündet. Die Konsequenzen sind Verlust an Aufmerksamkeit für neue Probleme und Mangel an Initiative und Mitarbeit im Controllingsystem. Das Linienmanagement verlangt auf der anderen Seite nach einer schnellen, risikofreudigen und gesamthaften Führungsunterstützung.

Das Mißtrauen in die zukunftsorientierte Urteilskraft des Mittelmanagements wird oft durch das Auseinanderfallen von strategischer und operativer Kompetenz dokumentiert, im speziellen durch eine Strategieplanung in eigens dafür zuständigen Strategieabteilungen(-stäben). Dem muß durch eine **Verbindung von strategischem und operativem Management** und durch **Partizipation** am Planungsprozeß ein Gegengewicht gesetzt werden.

Vertrauen ist für den einzelnen, aber auch für eine gesamte Organisation mit viel Überwindung verbunden, weil es

- die eigene Verwundbarkeit steigert (bei falsch verstandenem Vertrauen Risiko des Mißbrauchs und der Mittelmäßigkeit),
- Systemteilen (Personen, Sachen) entgegengebracht werden muß, die nur bedingt der Selbstkontrolle unterliegen,
- auch in Situationen herrschen muß, in der der zufügbare Schaden größer ist als der gewinnbare Vorteil,
- durch Rücknahme der Spezialisierung zu Effizienzverlusten führt und
- die Zentrifugalkräfte im Unternehmen steigert.

Komplexitätsbezogene Erfolgsfaktoren

Die Notwendigkeit ausgereifter operativer und strategischer Controllingsysteme wird vielfach mit ständig anwachsender Umfeldkomplexität begründet. Der Großteil der Controllinginstrumente geht von einer zumindest mittelfristig überschaubaren Umfeldentwicklung aus, daher wird die Forderung nach höherer Controllingintensität zum Widerspruch (vgl. Schreyögg [Unternehmensstrategie], S. 72ff.). Vor diesem Hintergrund wird eine neue Form der **Kontextsteuerung** im Sinn einer Minimalkoordination der Unternehmenssubsysteme in Richtung Vision und Flexibilität im Tagesgeschäft gefordert (vgl. Turnheim [Chaos], S. 23).

Eine detaillierte Analyse dieses Problems soll in der Folge anhand der Dimensionen Schnelligkeit, Einfachheit und Selbstvertrauen erfolgen (vgl. Denk [Schnelligkeit], S. 233ff.).

Schnelligkeit

Im Zusammenhang mit Controlling ist Schnelligkeit einer der grundlegendsten Erfolgsfaktoren. Informationen über Umfeldveränderungen müssen möglichst zeitgleich mit dem Eintritt der Veränderung oder bereits davor zur Verfügung stehen. Die gleiche Forderung gilt hinsichtlich der Informationen über innerbetriebliche Prozeßabläufe.

Schnelligkeit ist kein Wert für sich; die Forderung danach muß sachlogisch begründbar sein. Ob eine kurzfristige Erfolgsrechnung am fünften oder zehnten Arbeitstag des Folgemonats vorliegt, hat für den Erfolg des Unternehmens vielfach keine substantielle Bedeutung. Das Auslösen von Steuerungsmaßnahmen auf sich negativ entwickelnde Prozesse oder Umfeldbedingungen darf nicht an starre Monatsabschlußtermine gebunden sein, sondern ist zum Teil wesentlich kurzfristiger orientiert. Instrumente mit dokumentarischem Charakter, die der Detailanalyse dienen, unterliegen einem weit geringeren Zeitdruck.

Ein weiterer Aspekt der Schnelligkeit liegt in der Inkongruenz der Geschwindigkeit der Planung von Steuerungsmaßnahmen und der Umsetzungsgeschwindigkeit. Überzogene Forderungen nach der Einleitung von Steuerungsmaßnahmen können zu einem Maßnahmen-Overkill führen.

Die Forderung nach Schnelligkeit kann auf zwei Aufgabenkreise reduziert werden, in denen Schnelligkeit zum Erfolgsfaktor für Controlling wird:

- Schnelligkeit in der Chancen- und Risikoerkennung: Rasches "Hissen der strategischen beziehungsweise operativen red flag" unter Inkaufnahme von Vereinfachungen.
- Schnelligkeit in der Überwindung der Hierarchie: Hierarchien sind neben ihrer führungs- und verantwortungsbezogenen Bedeutung auch Filter und Zeitkonsumenten. Bei Gefahr muß es dem Controller möglich sein, den direkten Weg zum jeweiligen Entscheidungsträger zu gehen.

Einfachheit

Die Weiterentwicklung von Controllingsystemen ist scheinbar zwangsläufig mit einer ständigen Zunahme der Systemkomplexität und des Systemumfangs verbunden. Empirische Ergebnisse lassen vermuten, daß eine Erhöhung der Controllingintensität nicht streng proportional zu einem Anstieg der Effizienz führt. Ab einem bestimmten Intensitätsgrad übersteigen die Komplexitätskosten den Controllingnutzen. Daraus läßt sich ein umgekehrt-U-förmiger Verlauf der Controllingnutzen-Kurve annehmen (vgl. Hauschildt [Schaffung], S. 148ff.).

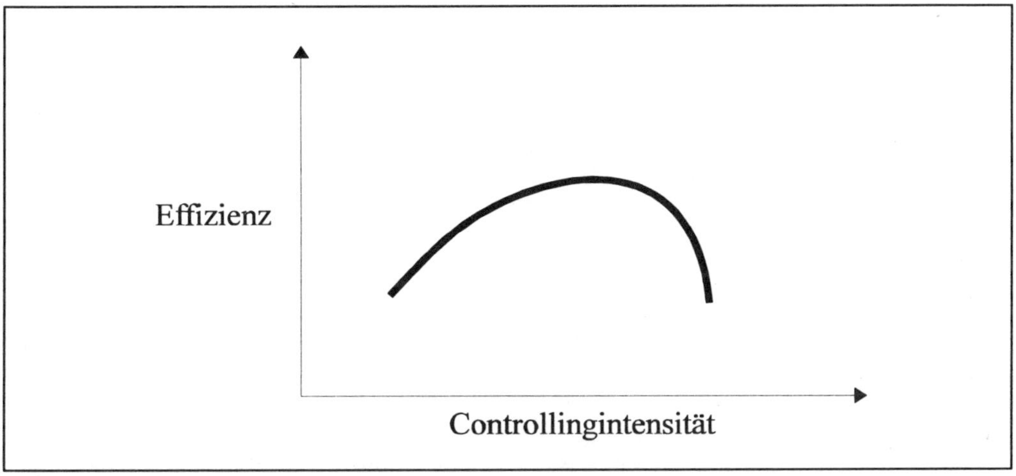

Abb. 1.6: Controllingnutzen-Kurve

Hauschild fordert die konsequente Schaffung von Handlungsspielräumen im Controlling. Diese Forderung legt folgende Entwicklung nahe:

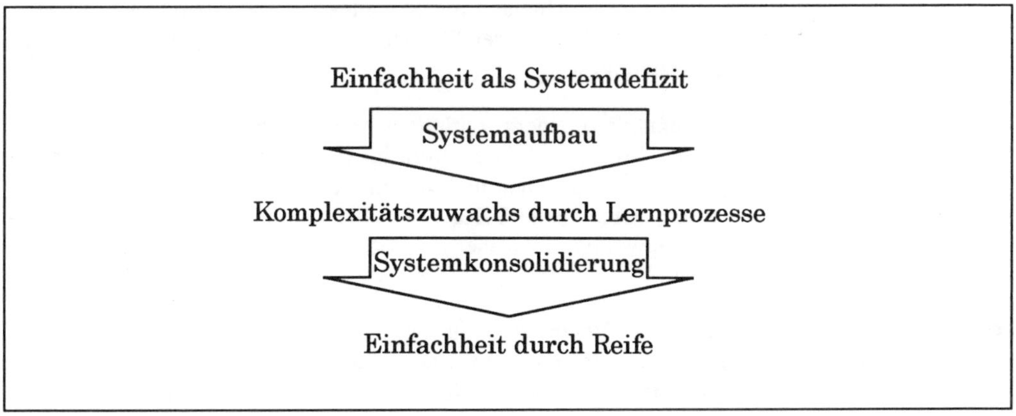

Abb. 1.7: Entwicklung des Controllingsystems

Kennzeichen für den ersten Entwicklungsschritt ist die unbefriedigende Informationslage über das Unternehmensumfeld und die Unternehmensprozesse. Dieses Informationsdefizit kann durch den Aufbau von Informationssystemen verringert werden. Die ansteigende Komplexität kann zu einem **System-Overkill** führen, der eine Beschränkung auf die wichtigsten Systembestandteile notwendig macht. Diese Formulierung auf die wesentlichen Größen wird möglich, weil die bereits vorhandenen Informationen Erkenntnisse über das Wesen der Umfeldkomplexität und der ablaufenden Prozesse gebracht haben.

Einfachheit wird zum kritischen Erfolgsfaktor, sofern sie nicht aus Unwissenheit und Naivität heraus angestrebt wird und zu einem Glauben an Linearität führt. Einfachheit ist eine intelligente Form der Komplexitätsbewältigung. Es existiert eine starke positive Korrelation zwischen Einfachheit und Schnelligkeit, aber auch ein negatives Korrelationspotential zur Genauigkeit. Reduktion der Komplexität in Controllingsystemen und Prozeßbeschleunigung verlangt daher ein neues Verständnis der Datenpräzision.

Selbstvertrauen

Im Controllingprozeß müssen laufend Barrieren überwunden werden, wofür der Controller ein ausgeprägtes Selbstvertrauen benötigt. Beispielhaft seien einige Aspekte aufgezeigt:

- Selbstvertrauen, die Herausforderung anspruchsvoller Ziele anzunehmen.
  Informationen aus dem Unternehmensumfeld werden oft nur zögernd angenommen, speziell wenn es sich um negative Informationen und neue, anspruchsvolle Gestaltungsherausforderungen handelt. Die Planung muß sich aber an diesen externen Vergleichsgrößen (Benchmarks) orientieren, um Wettbewerbsvorteile zu erzielen. Nur mit ausgeprägtem Selbstvertrauen lassen sich diese externen Daten intern "vermarkten".

- Selbstvertrauen für konsequentes Risk-Assessment.
  Die Auseinandersetzung mit latenten Risiken, schwachen Signalen und negativen Szenarien ist zu einer Schlüsselfunktion im Umgang mit Komplexität geworden. Der Controller muß Selbstvertrauen und Stehvermögen an den Tag legen, wenn er in diesem Zusammenhang der Schwarzmalerei bezichtigt wird.

- Selbstvertrauen für ein Bekenntnis zu einem continuous improvement.
  Der Prozeß des Aufbaus von Erfolgspotentialen droht im Unternehmen ständig zu versanden, weil erzielte Erfolge Selbstzufriedenheit und Sicherheit erzeugen. Gewonnener Boden darf nicht durch Ruhepausen verlorengehen. Der Controller muß auf die jederzeitige Verwundbarkeit der Geschäfte hinweisen, um seiner Funktion als Treiber (gegen die Kraft der Bremser) gerecht zu werden.

- Selbstvertrauen zur Annahme der Verantwortungsbegründung von Controllingsystemen.
  Der Controller unterliegt ständig der Tendenz zur ausgefeilten Analytik und damit der Gefahr, in der Problemorientierung zu verharren. Neue Forschungsarbeiten zeigen, daß bürokratische Unternehmen mit überzogenen Führungsstrukturen beispielsweise in den Overheads einen sehr hohen Anteil von "problem fixers" oder einen sehr geringen Anteil an "core management" und "process improvers" besitzen (vgl. Blaxill; Hout [Fallacy], S. 98). Perfektion in der Suche nach Lösungen muß aber Vorrang vor Perfektion in der Analyse haben. Der Controller braucht Mut und Selbstvertrauen, um auf hundertprozentige Genauigkeit verzichten zu können.

Zwischen der Funktionstüchtigkeit von Controllingsystemen und einem wirkungsvollen Management besteht über die Selbstvertrauensfrage ein unmittelbarer Zusammenhang. Durch Controllingsysteme soll unter anderem folgendes bewirkt werden:

- Erhöhte Entscheidungssicherheit

- Reduzierte Komplexität und Konzentration des Steuerungssystems auf die Schlüsselfaktoren
- Verbesserter objektiver Informationsgrad
- Verbesserte subjektive Einschätzung der Führungskräfte, aktuell und gestaltungsorientiert informiert zu sein
- Risikobewußteres Planungsverhalten.

Controllingsysteme, die diese Ziele erreichen, schaffen erhöhtes Selbstvertrauen in Führungsangelegenheiten und damit erhöhte Handlungsfähigkeit und Gestaltungsfähigkeit im gesamten Führungssystem.

Persönlichkeitsbezogene Erfolgsfaktoren

Die Auswahl der geeigneten Controller-Persönlichkeit ist ein wichtiger Erfolgsfaktor. Grundvoraussetzung für den Controllingerfolg ist die **methodisch-fachliche** Kompetenz des Controllers. Der Controller muß die modernen betriebswirtschaftlichen Instrumente einsetzen und deren Ergebnisse kritisch beurteilen können. Darüber hinaus benötigt er fundiertes betriebswirtschaftliches und allgemeinwirtschaftliches Know-how, breites Allgemeinwissen und soziale Kompetenz, um als Gesprächspartner für das Management fungieren zu können.

Der Controller sollte folgende Persönlichkeitsmerkmale aufweisen (vgl. Siegwart [Aspekte], S. 97f.):

- Fähigkeit zu unternehmerischem Denken
- Fähigkeit zu Arbeiten mit "dienendem" Charakter
- Fähigkeit zur Integration und Abgleichung von Widersprüchlichem
- Fähigkeit zu **analytischem und synthetischem** Denken
- Konfliktfähigkeit und Konfliktakzeptanz.

1.4 Mißerfolgsfaktoren

Spiegelbildlich zu den Erfolgsfaktoren sind die Ursachen für Mißerfolge zu sehen:

Internal Auditing-Orientierung und einzelfallbezogene Prüfungsaufträge
Installation des Controllers als Parallelmanager
Controlling als bloße Rechtfertigung vor Eigentümer und Konzernmutter
Controlling als Modeartikel
Controlling als Instrument des Nachbesserns
Fremdkontrollzentrierung

Abb. 1.8: Mißerfolgsfaktoren

Viele Unternehmen wollen sich durch die Einführung von Controlling als "in" präsentieren. Die empirische Erfahrung zeigt aber, daß nur solche Instrumente wirkungsvoll eingesetzt werden können, die auch methodischen Ansprüchen genügen.

Controlling darf nicht als Funktion verstanden werden, die nur dazu da ist, mangelhafte konstitutive Entscheidungen (Strukturwahl, Innovationen ...) nachzubessern, sondern muß bereits beim Treffen dieser Entscheidungen eingebunden werden. Daher muß Controlling alle Aktivitäten, die einem Lebenszyklus unterliegen, bereits in der Anfangsphase begleiten. Wird der Controller erst in späteren Phasen - insbesondere wenn sich die ersten negativen Entwicklungen einstellen, beigezogen, haftet ihm das Image des **trouble-shooters** an. Das Einführungsmotiv ist in diesem Fall der **turnaround**, Controlling wird zum Instrument für "schlechte Zeiten".

Der Controller eignet sich durchaus als turnaround-Manager, wenn er im Unternehmen bereits anerkannt wird, aber er darf nicht ausschließlich als solcher in die Organisation eingebracht werden.

Die Verpflichtung einer controllingorientierten Selbstkontrolle als Kontrapunkt zur Fremdkontrolle trifft das Management. Eine Überwachung durch den Controller führt direkt zu dysfunktionalen Verhaltenswirkungen der Linienmanager. Beispiele dafür sind (vgl. Krystek; Zumbrock [Planung], S. 96ff.):

- Offene oder verdeckte Widerstände
- Verschweigen oder Manipulieren von Informationen
- Rigides und bürokratisches Verhalten
- Vernachlässigen strategischer Aspekte
- Entstehen von Ressortegoismen
- Beharren auf Justament-Standpunkten.

2 Einführung und Aufbau von Controllingsystemen als Projekt

Christian Horak, Günter Rattay

Die Einführung eines Controllingsystems stellt eine tiefgreifende organisatorische Veränderung für ein Unternehmen dar. Vor diesem Hintergrund wird die Projektwürdigkeit der Controllingeinführung geprüft. Der Prozeß der Einführung wird theoretisch und anhand eines Beispiels dargestellt. Dadurch sollen die Vorteile des Projekt-Managements bei der Controllingeinführung erkennbar werden.

2.1 Grundlagen der Controllingeinführung

Unter dem Begriff Controllingeinführung werden verschiedene Ausprägungen zusammengefaßt, die unterschiedliche Anforderungen an ein **Projektmanagement** stellen können.

- Die Neueinführung oder Institutionalisierung eines Controllingsystems: Neueinführung bedeutet, daß Controlling als Konzept in einer Organisation überhaupt nicht existiert. Davon kann nur in den wenigsten Fällen gesprochen werden, da zumindest in den Köpfen der Entscheidungsträger Fragmente eines Controllingsystems stecken (vgl. Horváth [Controlling], S. 859). In den meisten Fällen handelt es sich um eine Neuinstitutionalisierung, es wird eine Controllingabteilung mit den entsprechenden Aufgaben gebildet.
- Erweiterung oder Ergänzung: Zu einem bereits existierenden und institutionalisierten Controllingsystem werden einzelne Bausteine ergänzt (z.B. benchmarking, target costing etc.)
- Umgestaltung, Neuorientierung: Das Controllingsystem wird von seiner Philosophie her verändert (z. B. Umstellung des Budgetierungsprozesses).

In der Praxis unterscheidet man eine Vielzahl von unterschiedlichen **Einführungsvarianten**, die nach bestimmten Kriterien kategorisiert werden können.

- Nach der grundsätzlichen Controllingkonzeption: Während für ein Unternehmen Controlling nur aus Kostenrechnung besteht (der Schwerpunkt liegt eindeutig im operativen Bereich), bezieht ein anderes Unternehmen Controlling in erster Linie auf strategische Komponenten.
- Nach den eingeführten Instrumenten: Jede Neueinführung eines operativen Instruments (z. B. Budgetierung, Erwartungsrechnung) oder strategischen Instruments (z. B. Portfolio-Analyse, Potentialanalyse) ist Teilprozeß einer Controllingeinführung oder -erweiterung und kann als eigenes Einführungs-Projekt definiert werden.
- Nach dem Umfang: Die Einführung kann sich auf das gesamte Unternehmenssystem oder nur auf funktionale Teilbereiche beziehen (Marketing-Controlling, Beschaffungs-Controlling, Produktions-Controlling etc.).

- Nach der organisatorischen Auswirkung: In welchem Ausmaß zieht eine Controllingeinführung die Schaffung eigener Controllingstellen nach sich? Wird durch die Controllingeinführung eine Reorganisation in Form von weiteren Stellen- und damit verbundenen Aufgabenänderungen auch außerhalb des Controllingbereichs notwendig oder nicht? In Hinblick auf die grundsätzliche Aufgabenausrichtung einer Controllingstelle ist eine Linienstelle mit diversen Servicefunktionen anzustreben.

Aus diesen Kategorien werden in der Regel jeweils der Situation angepaßte Pakete oder Teilpakete geschnürt.

Grundsätzlich ist bei der Controllingeinführung als Projekt folgendes festzuhalten:

- Controlling ist als führungsergänzendes Subsystem der Unternehmensführung definiert. Der Prozeß der Einführung dieses Subsystems in ein Gesamtsystem muß als **komplexer Ablauf** erkannt und dementsprechend geplant und vorbereitet werden. Man spricht von einer "tiefgreifenden organisatorischen Veränderung" (Ihring [Einführung], S. 101ff.), die sowohl die formal-organisatorische als auch die individuell-psychologische Ebene betrifft, wobei eine strikte Trennung der beiden Bereiche nicht möglich ist. Die Komplexität kommt durch die Verknüpfung der verschiedenen Aufgabengebiete zustande. Mit der Einführung eines neuen Instrumentariums sind beispielsweise organisatorische Veränderungen, Neueinschulung von Personal und die Anschaffung adäquater Hilfsmittel (z. B. EDV) verbunden.
- Jeder Einführungsprozeß ist in seiner Art von verschiedenen Variablen abhängig, die Einfluß auf die konkrete Ausführung haben. Als Hauptvariable gelten die Branche, die Größe der Organisation, der Organisationstyp (Unternehmen, öffentliche Verwaltung etc.), das Verhalten der Betroffenen oder Beteiligten und das organisatorische Umfeld (controllingfreundlich oder -feindlich).
- Für den Einführungsprozeß des Controlling als Projekt gibt es **keine Musterlösungen**, die auf alle Einsatzmöglichkeiten 1:1 übertragbar sind. Die Methoden des Projektmanagements können allerdings eine gewisse Standardisierung schaffen (vgl. Horváth [Controlling], S. 864).

Nachfolgend wird die Projektwürdigkeit einer Controllingeinführung beurteilt, die wichtigsten Schritte einer Controllingeinführung werden als Phasenmodell dargestellt und anhand eines Fallbeispiels illustriert.

2.2 Projektwürdigkeit einer Controllingeinführung

2.2.1 Merkmale des Projekts "Controllingeinführung"

Als Projekt wird ein Vorhaben mit besonderen Merkmalen definiert. Projekte unterscheiden sich vom normalen Routinebetrieb eines Unternehmens. Das Besondere an Projekten läßt sich meist an folgenden Kriterien erkennen:

- Zeitlich begrenzte, zielgerichtete Aufgabe mit einer gewissen Mindestdauer

- Einmaliger, außergewöhnlicher Charakter
- Komplexer, unübersichtlicher Aufgabenumfang
- Dynamik durch unvorhergesehene Einflüsse aus dem Umfeld
- Hohes Risiko, da das Vorhaben neuartig für das Unternehmen ist
- Abteilungsübergreifende, interdisziplinäre Zusammenarbeit
- Hohe soziale Komplexität durch unterschiedliche Interessen bei den Beteiligten.

Bis vor wenigen Jahren waren der Begriff Projekt und die dafür anzuwendenden Instrumente und Vorgehensweisen für die Planung und Errichtung großer Anlagen und Bauwerke reserviert. Das sich laufend verändernde Umfeld zwingt Unternehmen, sich ständig anzupassen. Starre Strukturen und zur Routine gewordene Abläufe werden daher immer häufiger durch flexible Organisationsformen und temporäre Teams ergänzt oder ersetzt. Die offizielle Bezeichnung für derartige Ad-hoc-Strukturen ist Projekt(organisation). Diesem Trend entsprechend, werden Vorhaben mit den typischen Merkmalen eines Projekts im Unternehmen auch immer häufiger als Projekt abgebildet. Dazu gehören:

- Entwicklung neuer Produkte
- Beteiligung an Unternehmen (Joint-ventures)
- Aufbau neuer Märkte
- Einführung von EDV-Systemen
- Einführung neuer Management-Ansätze und Methoden (Weiterentwicklung der Organisation).

Der Aufbau und die Einführung von Controllingsystemen ist als Spezialfall einer Weiterentwicklung der Organisation zu sehen und erfüllt durchaus die angeführten Projektkriterien.

2.2.2 Konsequenzen der Einführung von Controlling als Projekt

Wenn man ein Vorhaben in einem Unternehmen als Projekt definiert, kommt eine Reihe von Verhaltensweisen und Instrumenten zum Tragen, die unter dem Begriff **Projektmanagement** zusammengefaßt werden können.

Projekte unterscheiden sich untereinander sehr, daher sind die im Rahmen des Projektmanagements anzuwendenden Methoden auf das jeweilige Projekt abzustimmen. Folgende Kriterien müssen als Grundlage für einen erfolgreichen Verlauf in jedem Projekt erfüllt sein:

- Formulierung klarer Projektziele und -erfolgskriterien
- Festlegung Projektverantwortlicher
- Aufbau einer für die Projektabwicklung adäquaten Organisation (Projektteam, Projektauftraggeber etc.)
- Ausstattung des Projektleiters und -teams mit den notwendigen Kompetenzen und Ressourcen

- Erstellung projektbezogener Pläne (Aufgaben, Qualitäten, Termine, Kosten)
- Entwicklung und Einsatz eines projektbezogenen Controllingsystems.

Die Erfüllung der genannten Kriterien stellt eine absolut unverzichtbare Grundlage für die Einführung oder die Erweiterung von Controlling im Rahmen eines Projekts dar.

2.2.3 Nutzen eines professionellen Projektmanagements

Für die Gesamtorganisation entstehen durch die explizite Behandlung eines Vorhabens als Projekt einige Vorteile:

- Effiziente Vorgangsweisen
  durch die Definition von klaren Zielen und Verantwortlichen.
- Optimierung des Gesamtsystems,
  indem das Projekt als Einheit geplant und gesteuert wird und nicht die einzelnen Abteilungen, Organisationseinheiten die jeweiligen Teilsysteme einführen. Dadurch wird auch gewährleistet, daß einzelne Teile integriert und die Schnittstellen entsprechend optimiert sind.
- Verbesserung der Entscheidungsqualität,
  da im Projektteam eine breitere Informationspalette zur Verfügung steht. Dadurch können mehr Lösungsalternativen entwickelt werden, und aus der Sicht der Gruppe kann die beste Entscheidung getroffen werden.
- Transparenz von Entscheidungen
  durch eine einheitliche und nachvollziehbare Projektdokumentation. Dadurch werden die vom Projektteam getroffenen Entscheidungen auch für nicht regelmäßig involvierte Personen (Entscheidungsträger etc.) verständlich.
- Vereinfachung der Kommunikationswege und verbesserter Informationsstand
  durch direkten Informationsaustausch in Teamsitzungen. Teams können auch mit Personen aus verschiedenen hierarchischen Stufen des Unternehmens besetzt sein. Dadurch wird es möglich, Entscheidungen direkt zu treffen, die sonst mit den entsprechenden Informationsverlusten gehen würden über mehrere Hierarchiestufen.
- Verbesserung der Akzeptanz und Identifikation,
  indem der einzelne nicht nur einen kleinen Ausschnitt des Ganzen sieht (wie es bei der traditionellen funktionalen Arbeitsteilung üblich ist), sondern durch die Arbeit im Projektteam die Gesamtziele des Vorhabens und auch die Beiträge und die Schnittstellen der anderen beteiligten Teammitglieder kennt.
- Einhaltung/Verkürzung der Projektlaufzeit
  durch gemeinsam vereinbarte Terminpläne und laufende Projektsteuerung.
- Effizienter Ressourceneinsatz,
  weil die für die Projektdurchführung notwendigen Ressourcen explizit geplant und dem Projekt zur Verfügung gestellt werden.

Dem Nutzen der Projektarbeit stehen allerdings auch einige **Kostenfaktoren** gegenüber, beispielsweise:

- Bindung von personellen Ressourcen durch Teamsitzungen und Abstimmungsprozesse
- Hohe Anforderungen an die Qualifikation und das Verhalten der Teammitglieder (Führungskräfte aus unterschiedlichen hierarchischen Ebenen arbeiten zusammen)
- Hohe Anforderungen an die Art der Verantwortungs- und Erfolgszurechnung (erfolgreich ist das Team und nicht einzelne Führungskräfte)
- Demotivation durch falsch eingesetzte Teamarbeit (entweder zu lange oder zu häufige Sitzungen).

2.2.4 Ab wann ist eine Controllingeinführung projektwürdig?

Aus den oben angeführten Nutzen- und Kostenaspekten ergibt sich, daß es weder effizient noch möglich ist, alle Organisationsentwicklungsaufgaben eines Unternehmens projektorientiert zu führen. Projektarbeit sollte vor allem bei **neuartigen Problemstellungen**, bei Aufgaben mit **hohem Komplexitäts- und Innovationsgrad** oder für jene Aufgabenstellungen stattfinden, an die von verschiedenen Umfeldfaktoren besonders **hohe Anpassungs- und Flexibilitätsanforderungen** gestellt werden. Abteilungsübergreifende Problemstellungen lassen sich eher mit einem aus den beteiligten Bereichen zusammengesetzten Projektteam lösen, da die Akzeptanz für die gefundene Lösung höher ist, als wenn diese Organisationsentwicklung von einzelnen Personen durchgeführt würde.

Das systematische Aufstellen von Kriterien zur Bewertung der **Projektwürdigkeit** ist eine spezielle Ausformung der Nutzwertanalyse. Die definierten Kriterien sind verbal beschrieben und mit Punkten versehen. Ein anstehendes Vorhaben wird anhand der Ausprägungen mit Punkten bewertet. Die Summe aller Punkte wird als Nutzwert bezeichnet. Wird ein bestimmter Wert überschritten, so empfiehlt es sich, dieses Vorhaben im Unternehmen als offizielles Projekt durchzuführen.

Die Projektwürdigkeit sollte von Fall zu Fall anhand der **Nutzwertanalyse** beurteilt werden. Je komplexer das Projekt ist – zu erkennen an der Höhe des Nutzwerts (= Summe der Punkte) –, desto intensiver sollte die Unterstützung durch den Einsatz von Projektmanagementmethoden sein.

Kriterium	Ausprägung	1	2	3	4	5	Σ Punkte
Neuartigkeit des einzuführenden Controlling-Systems	Erfahrung mit Veränderungen im Controlling	laufende Adaptierung des bestehenden Controlling-Systems	Einführung einzelner neuer Controlling-Ansätze	Umstrukturierung des bestehenden Controlling	Einführung noch unbekannter Teilsysteme	es existiert kein Controlling, völlig neuer Aufbau	
Funktionsumfang	Anzahl der Controlling-Subsysteme	nur 1 Controlling-Teil-System wird eingeführt	2 Controlling-Teil-Systeme werden eingeführt	3 Controlling-Teil-Systeme werden eingeführt	4 Controlling-Teil-Systeme werden eingeführt	alle relevanten Controlling-Systeme werden eingeführt	
Organisations-umfang	Anzahl betroffener Stellen/ Abteilungen	nur die Rechnungswesen-Abteilung ist betroffen	die Controlling-Abteilung und eine weitere Fachabteilung sind betroffen	mehrere Abteilungen eines Unternehmens sind betroffen	alle relevanten Abteilungen eines Unternehmens sind betroffen	mehrere Unternehmen und die entsprechende Holding sind betroffen	
soziale Komplexität	erwartete Interessenunterschiede und Akzeptanz	es gibt keine Interessen-unterschiede (solche Einführungen stoßen auf rege Mitarbeit)	die bestehenden Interessen-unterschiede sind einfach aufzuheben	wenn die Mitarbeiter laufend involviert werden, gibt es kaum Akzeptanz-probleme	ein hohes Maß an Meinungsunterschieden und Widerständen ist zu erwarten	bisherige Einführungen sind häufig gescheitert	
Risiko / Bedeutung für das Unternehmen	Schaden für das Unternehmen bei einem Scheitern des Projekts	es kann kein Schaden eintreten	geringer Schaden	mittlerer Schaden	großer Schaden	unbehebbarer Schaden	
Kosten / Aufwand	• in Personentagen • Fremdleistungen • Sachkosten	Aufwand < 20 Personentage	20 ... 50	50 ... 100	100 ... 300	Aufwand > 300 Personentage	
						Nutzwert	

Abb. 2.1: Systematische Prüfung, ob eine Controllingeinführung als Projekt behandelt werden soll

Die Controllingeinführung wird in der Regel als projektwürdig beurteilt werden, da sie praktisch alle genannten Kriterien erfüllt. Für Neueinführungen oder umfassendere Erweiterungen ist es daher nicht notwendig, die Nutzwertanalyse mit dem dargestellten Detaillierungsgrad durchzuführen – ein derartig komplexes Vorhaben sollte in der Regel als Projekt strukturiert und gesteuert werden.

2.3 Phasenmodell der Controllingeinführung als Projekt

Inhalt und Umfang von Controllingsystemen können sehr unterschiedlich gestaltet sein, was vor allem von den bereits existierenden Voraussetzungen und vom gewünschten Soll-Zustand des Controllingsystems abhängt. Das folgende – in der Praxis häufig vorkommende – Beispiel basiert auf einer Neueinführung systematischer Controllingkonzepte für alle Funktionsbereiche des gegenständlichen Unternehmens.

Die Einführung von Controllingsystemen ist ein Prozeß, der in mehrere Phasen unterteilt werden kann. Die Aufgliederung des Projekts in Phasen hat folgende Vorteile:

- Schaffung **abgegrenzter, überschaubarer Teile.**
- **Zielorientierte, effiziente Vorgangsweise** durch die Definition von Zielen und Ergebnissen je Phase.
- **Reduktion des Risikos** durch die Möglichkeit, Projekte an den Phasenübergängen auf ihre zielkonforme Realisierbarkeit zu überprüfen und gegebenenfalls vorzeitig gegenzusteuern oder abzubrechen. Bei einem Abbruch gehen zwar die bis zu diesem Zeitpunkt eingesetzten Aufwände verloren, allerdings werden die Ressourcen nicht auch noch für die weiteren Phasen gebunden.
- Möglichkeit, zu vorhergehenden Phasen zurückzuspringen oder die Ziele der nächsten Phasen zu adaptieren. Gerade Projekte zeichnen sich aufgrund der Neuartigkeit und Komplexität dadurch aus, daß unvorhergesehene Einflüsse die ursprüngliche Zielsetzung unrealistisch werden lassen. In solchen Fällen ist das **rechtzeitige Erkennen und entsprechende Reagieren** ein wichtiges Erfolgskriterium.
- **Flexibilität**, indem man die Strategien, Werthaltungen und Strukturen in jeder Phase auf den spezifischen Bedarf anpassen kann.
- Schrittweises **Verringern von Unsicherheiten und Ungenauigkeiten** durch ein systematisches Vorgehen vom Groben ins Detail.

Die Einführung von Controllingsystemen umfaßt folgende Schritte:

- **Projektdefinitions-Phase**
  Die richtige Gestaltung der Projektdefinitions-Phase ist besonders erfolgskritisch, weil hier die Weichen für den gesamten Projektablauf gestellt werden: Der Grundstein für ein erfolgreiches Projekt wird beim Projekt-Start gelegt.
- **Entwicklung eines adäquaten Controllingsystems**
  In dieser Phase wird zunächst der am Projektbeginn vorliegende Ist-Zustand erhoben (Controlling-Audit). Dieser Audit wird in Form einer Feasibility-Studie durchgeführt und zerfällt in drei Teilschritte:
  - Ist-Analyse: Analyse der Voraussetzungen für Controlling

  - Unternehmensorganisation (transparente, flexible Einheiten)
  - unternehmenspolitische Vorgaben
  - Verfügbarkeit von Basisdaten aus vorgelagerten Informationssystemen (FIBU, Kostenrechnung etc.)
  - derzeitiger Planungsablauf und Hilfsmittel zur Unterstützung der Planung
  - derzeitige Aufgabenteilung und Koordination von zentraler und dezentraler Planung
  - derzeitiges Berichtswesen

- derzeitige betriebswirtschaftliche Methoden- und Instrumentenausstattung (man geht davon aus, daß selbst bei einer Neueinführung Controllingaufgaben im Unternehmen schon erfüllt werden):
  - Kosten- und Erlöscontrolling
  - Finanzcontrolling
  - Beständecontrolling
  - Prozeßcontrolling
  - Strategisches Controlling
  - Projektcontrolling

- Ist-Kritik:
  - Beurteilung der vorgefundenen Voraussetzungen, Aufzeigen des Handlungsbedarfs in den einzelnen Bereichen
  - Festlegung der Anforderungen an das Controlling und Vergleich mit derzeitiger Situation
    - instrumentelle Mindestausstattung
    - notwendige Sachmittel (z. B. EDV)

In einer dritten Phase ist aufbauend auf dem Controlling-Audit eine Soll-Konzeption zu entwickeln. Hier werden folgende Dimensionen behandelt:

- Controllingorganisation: Wie kann im konkreten Fall Controlling institutionalisiert werden?
  Vorschläge für Aufgaben- und Kompetenzverteilungen zwischen Controlling und Management innerhalb des Controlling
  Strukturierung des Controllingprozesses
- Aufgabenfelder des Controlling (Funktion): Welche Aufgabenbereiche soll Controlling in welcher Form abdecken?
- Controllinginstrumente: Welche Hilfsmittel soll Controlling verwenden?
- Einschätzung des Ressourcenbedarfs: Was wird an Personal und Sachmitteln benötigt?
- Entwicklung eines Stufenplans zur Einführung.

- **Implementierung des Controllingsystems**

Die Einführung des Controllingsystems in der Organisation ist ebenso aufwendig wie die Entwicklung. Dazu gehören neben Pilotanwendungen auch Test- und Probeläufe sowie die laufende Modifikation des ursprünglich vorgesehenen Modells. Das aktuelle System muß im Controllinghandbuch umfassend und transparent dokumentiert werden. Treten in dieser Phase Anlaufprobleme auf, können diese einen Akzeptanzverlust bei den beteiligten Führungskräften hervorrufen. Daher sind laufende Marketingmaßnahmen und intensive Kommunikation wesentliche Erfolgsbestandteile der Implementierung.

- **Projektabschluß-Phase**
  In dieser Phase wird das Projekt systematisch beendet, der Projekterfolg bewertet, und es gibt ein Feedback. Danach ist von Zeit zu Zeit eine Projekt-Nachbetreuung durchzuführen.

2.3.1 Projektdefinitions-Phase

Das folgende Beispiel, das von einer völligen Neueinführung der Controllingansätze ausgeht, stellt die in der jeweiligen Phase einsetzbaren Projektmanagement-Ansätze dar.

In Unternehmen werden externe Kundenprojekte zwar häufig umfassend geplant und vorbereitet, aber bei internen Projekten und hier insbesondere bei so wenig greifbaren Projektergebnissen, wie sie **Organisationsentwicklungen** liefern, wird der Startschuß oft "per Zuruf" an einen vorgesehenen Mitarbeiter erteilt. Damit ist von seiten des Managements meist bereits verknüpft, daß alles klar ist und das fertige System in wenigen Monaten wunschgerecht funktionieren wird.

Betrachtet man Einführung von Controllingsystemen als Projekt, ist der systematischen Projektplanung während der Projektdefinitions-Phase ausreichend Zeit und Energie zu widmen. Dadurch entsteht folgender Nutzen:

- Klare Definition der Ziele und Erfolgsfaktoren.
- Gleiche Sprache und Verständnis über den Projektumfang und die Vorgangsweisen bei den Beteiligten und beim Management.
- Zusammenhänge und Schnittstellen werden bereits frühzeitig erkannt und im Gesamtprojektplan berücksichtigt.
- Die für eine Einführung nötigen Ressourcen (Finanzen, Personal, externe Experten) sind bekannt und werden dem Projekt zur Verfügung gestellt.

Es empfiehlt sich folgende Vorgangsweise:

Vorbereitung einer Projekt-Start-Sitzung

Nach Erteilung des meist mündlichen **Projektauftrags** durch einen Top-Manager an den Projektleiter sollte dieser die potentiellen Projektteammitglieder zu einer Projekt-Start-Sitzung einladen. Zum Projektteam gehören neben dem Unternehmenscontroller auch Repräsentanten aus dem Rechnungswesen, aus der EDV-Abteilung, aus der Organisationsabteilung sowie die vom Controllingsystem betroffenen Fachabteilungen und Organisationseinheiten. Für einen komplexen Vorgang wie die Controllingeinführung sollte man externe Berater hinzuziehen, die in das Projektteam integriert werden und Erfahrung aus anderen Controllingeinführungen mitbringen. Die erste Aufgabe des externen Beraters ist die Moderation der Projekt-Start-Sitzung. Dabei sollten bereits die Personen ausgewählt werden, die später die Projektarbeit im Team leisten. Nur wenn das in manchen Abteilungen noch nicht geklärt ist, sollte ein "Abteilungsrepräsentant" teilnehmen.

Die Einladung an die potentiellen Teammitglieder ergeht schriftlich, unter Angabe von Sitzungsziel, -inhalten, Zeit, Dauer, Ort und Angabe sonstiger Teilnehmer. Für die Projekt-Start-Sitzung werden je nach Projektumfang vier bis acht Stunden eingeplant.

Einladung zur Projekt-Start-Sitzung für das Projekt:

"Einführung eines Controllingsystems"

Ziele der Projekt-Start-Sitzung:

- Entwicklung einer gemeinsamen Projektsicht
- systematische Planung des Projekts

Inhalte/Tagesordnung:

- allgemeine Informationen über das Projekt
- Projektzielsetzung, Projektdefinition
- Gliederung der Aufgaben im Projekt (Projektstrukturplan)
- Entwicklung einer Projektorganisation (Rollen, Aufgabenverteilung, Entscheidungsprozesse)
- Erwartungen der Beteiligten und wesentlichen Interessengruppen an das Projekt
- Planung der Termine, Ressourcen und Aufwände
- Analyse von Potentialen und Risiken im Projekt
- Vereinbarung weiterer Aktivitäten und Sitzungen

Termin, Ort:

Teilnehmer:

- interne Projektauftraggeber
- Projektleiter
- Nutzer
-
-

Moderator: externer Berater

Abb. 2.2: Muster einer Einladung zur Projekt-Start-Sitzung

Durchführung der Projekt-Start-Sitzung

Die Zielformulierung und die Projektdefinition sollen den mehr oder weniger konkreten Projektauftrag operationalisieren.

Unscharfe Grauzonen lassen sich durch Ausgrenzung (Formulierung von Nicht-Zielen) klären.

Um die wesentlichen Rahmenbedingungen für das Projekt zu definieren, sollten in der Sitzung folgende Aspekte vereinbart werden:

- Der Startzeitpunkt und das Startereignis, ab dem dem Projekt offiziell Ressourcen gewidmet werden.
- Das Endereignis und der dazugehörige Zeitpunkt, wodurch der Verantwortlichkeitsbereich des Projektleiters und seines Teams definiert werden.
- Die wesentlichen Verantwortlichen (Projektauftraggeber, Projektleiter, Projektteam).
- Die wesentlichen Risikofaktoren und Umfeldeinflüsse, die das Projekt im Ablauf stören oder zur Gefährdung der Projektziele führen könnten.
- Die kritischen Erfolgsfaktoren, die im Sinn einer ABC-Analyse jenen Parametern entsprechen, die den Projekterfolg in hohem Ausmaß beeinflussen. Wenn diese wenigen Kriterien nicht erfüllt sind, kann das Projekt nicht erfolgreich abgeschlossen werden. Durch die frühzeitige Darstellung der kritischen Erfolgsfaktoren werden die Beteiligten von Anfang an auf die heiklen Punkte sensibilisiert und können daher in der Folge ihre Aufmerksamkeit und die Ressourcen in erster Linie auf diese Faktoren richten.

Das Ergebnis der gemeinsamen **Projektdefinition** könnte folgendermaßen dargestellt sein:

Projektdefinition für das Projekt: "Einführung eines Controllingsystems"	
Ziel des Projekts: – – –	
Aufgabenumfang des Projekts: – – – –	
Kritische Erfolgsfaktoren im Projekt:	
Projektleiter:	**interner Auftraggeber:**
Projektteam:	
Starttermin:	**Endtermin:**

Abb. 2.3: Projektdefinition für die Einführung von Projektcontrolling-Systemen

Aufbauend auf der Projektdefinition, die die Ziele und **wesentlichen Rahmenbedingungen** des Projekts festlegt, werden die Aufgaben definiert, die zur Erreichung der Ziele notwendig sind. Diese Aufgaben werden mit Hilfe von Kreativitätstechniken im Team entwickelt und als **Projektstrukturplan** dargestellt:

erl.	Aufgabe	Verant-wortl.	Beginn	Ende	Ressourcen-einsatz
	1. Projekt-Start-Phase 1.1 Vorbereitung Projekt-Start-Sitzung 1.2 Durchführung Projekt-Start-Sitzung 1.3 Erstellung Projekthandbuch 1.4 Abstimmung mit Projektauftraggeber				
	2. Entwicklung Controllingsystem 2.1 Controlling-Audit 2.11 Ist-Analyse 2.12 Ist-Kritik 2.2 Sollkonzept 2.3 Stufenplan 2.4 Präsentation und Entscheidung				
	3. Implementierung Controllingsystem 3.1 Top-Management-Klausur (Schaffen von Controllingbewußtsein) 3.2 Auswahl Controller 3.3 Controllingleitbild, Handbuch 3.4 Pilotanwendungen 3.5 Gesamteinführungen				
	4. Projektabschluß-Phase 4.1 Projektabschluß-Sitzung 4.2 Projektabschluß-Bericht 4.3 Projektdokumentation 4.4 Follow-up				

Abb. 2.4: Aufgabencheckliste für die Einführung von Controllingsystemen

Erstellung eines Projekthandbuchs

Die in der Projekt-Start-Sitzung gemeinsam entwickelten Projektpläne sollten für das Projektteam und den internen Projektauftraggeber in einer Unterlage dokumentiert werden. Diese Unterlage wird üblicherweise als Projekthandbuch bezeichnet.

Abstimmung mit dem internen Auftraggeber

Die Ergebnisse der Projekt-Start-Sitzung sind in jedem Fall mit dem internen Auftraggeber (bei der Einführung von Controllingsystemen in der Regel die Unternehmensleitung) abzustimmen. Diese Abstimmung wird häufig noch während der Projekt-Start-Sitzung durchgeführt, indem der interne Projektauftraggeber am Ende der Sitzung eingeladen wird, ihm die Ergebnisse der Sitzung präsentiert und die noch unklaren Punkte angesprochen werden. Sollte das nicht möglich sein, wird die Abstimmung mit dem Projektauftraggeber in einer eigenen Vorstellung (der Vorversion) des Projekthandbuchs durchgeführt. Dieser Schritt bildet den eigentlichen Startschuß für die nächste Phase des Projekts und damit für die inhaltliche Erarbeitung des Controllingsystems.

2.3.2 Entwicklung eines Controllingsystems

Der Projekt-Start und die Auswahl der einzusetzenden Instrumente schaffen die organisatorischen und instrumentellen Rahmenbedingungen für die inhaltliche Ausgestaltung des Controllingsystems. Der Prozeß der **Systementwicklung** besteht grundsätzlich aus der Ermittlung eines Controlling-Ist-Zustands, der Entwicklung eines darauf aufbauenden Soll-Konzepts durch die Festlegung bestimmter Controllingziele und -Aufgabenfelder, der Entwicklung konkreter Umsetzungspläne durch Erarbeitung von Strategien und der Entscheidung über das Einführungsprojekt. Dieser Prozeß läßt sich graphisch folgendermaßen veranschaulichen:

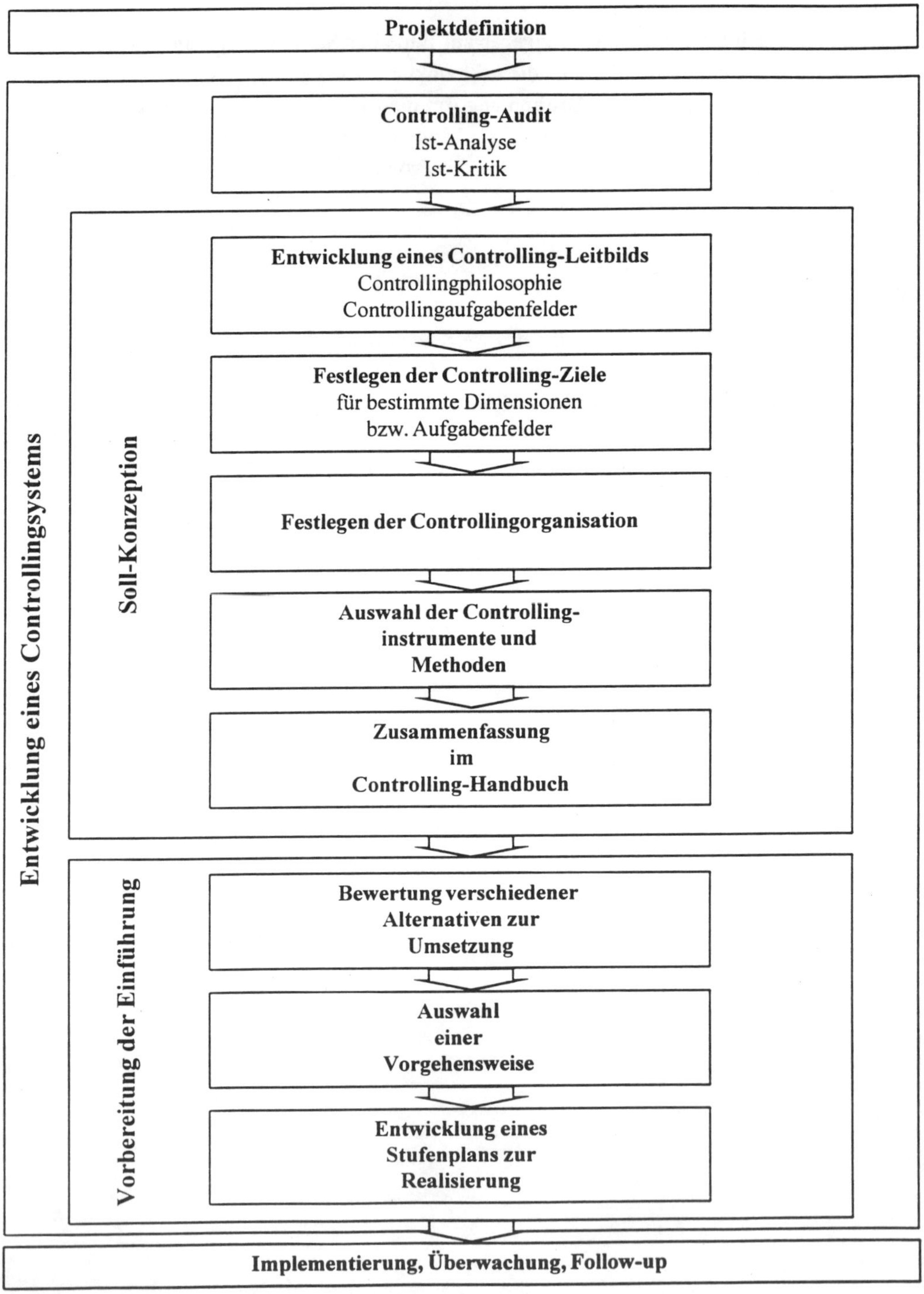

Abb. 2.5: Entwicklung und Realisierung eines Controllingsystems

Dieser Prozeßablauf gilt als grober Anhaltspunkt für die folgenden Ausführungen, wird durch weitere Dimensionen erweitert und hinsichtlich seiner Durchführbarkeit durch eine Projektgruppe analysiert.

2.3.2.1 Controlling-Audit

Grundlage für alle weiteren Schritte im Rahmen der Controllingeinführung ist die Ermittlung der Rahmenbedingungen und Einsatzvoraussetzungen. Wie bereits oben dargestellt, gliedert sich dieser Prozeß in die Phasen Ist-Analyse und Ist-Kritik. Die Projektgruppe hat diese Informationen unter Einbindung der betroffenen Stellen zu beschaffen, die sich auf mehrere Ebenen oder Dimensionen verteilen.

Ist-Analyse

Interne Analyse

- Controllingkonzeption: Wieweit wurde das Controllingkonzept bereits verwirklicht? Inwieweit wird bereits geplant und werden die Ergebnisse mit den Planwerten verglichen? Existiert ein Feedforward-Denken? Welche Controllingaufgaben werden wahrgenommen? Existiert ein Berichtswesen?
- Organisation: Gibt es bereits Controllingstellen oder Stellen, die Controllingaufgaben wahrnehmen? Wie sind diese hierarchisch eingeordnet? Welche Aufgaben nehmen sie wahr? Wie erfolgt die Zusammenarbeit mit anderen Bereichen?
- Aufgabenfelder: Inwieweit werden einzelne Controllingaufgabenfelder bereits wahrgenommen? (z. B. Kosten- und Leistungscontrolling, Prozeßcontrolling etc.)
- Instrumente: Welche Controllinginstrumente werden im strategischen und operativen Bereich bereits eingesetzt? Erfolgt der Einsatz akkordiert? Wer verwendet diese Instrumente? Qualität der vom Controlling gelieferten Information?
- Persönliche Führungs-Einstellung: Wie stehen die Betroffenen zum Controllingkonzept? Wer hat welche Widerstände? Sind die Widerstände fachlich oder persönlich bedingt?

Externe Analyse

Welche Umfeldfaktoren können auf die Einführung eines Controllingsystems einwirken? Welchen Status haben diese momentan (z. B. allgemeine Wirtschaftslage, Entwicklung im EDV-Bereich etc.)? Wie stehen wichtige externe Anspruchsgruppen einer Controllingeinführung gegenüber (z. B. Kreditgeber, Kunden etc.)?

Während die Ermittlung der sachlichen Faktoren in der Regel mittels Fragebögen, Interviews oder sonstiger Analysen von Sekundärmaterial recht einfach zu bewerkstelligen ist, verlangt die Ermittlung und richtige Einschätzung der Einstellung der Betroffenen zum Projekt sehr viel Intuition und Fingerspitzengefühl. Davon hängt in weiterer Folge der Erfolg der Einführung in entscheidendem Ausmaß ab.

Ist-Kritik

Die Ergebnisse der internen und externen Analyse werden von der Projektgruppe zu einer Stärken-Schwächen-Analyse verknüpft. Diese dient gemeinsam mit den ermittelten positiven oder negativen Einstellungen der betroffenen Anspruchsgruppen als Grundlage für die Formulierung der Zielsetzungen und Anforderungen der Einführung des Controllingsystems. Schwachstellen werden erkennbar und Handlungsbedarf wird aufgezeigt.

Das Projektteam ist bei diesem Schritt auch darin gefordert, Meinungen und Aussagen der Betroffenen in Zusammenhang mit ihrer formalen und inofrmellen Machtstellung in der Organisation und den damit verknüpften möglichen starken oder schwachen Widerständen richtig einzuschätzen.

Das Projektteam muß die Möglichkeit haben, sich frei in der Organisation zu bewegen, und muß von allen betroffenen Instanzen die erforderlichen Informationen erhalten. Ein externer Berater als Mitglied des Projektteams sorgt dafür, daß eine mögliche Betriebsblindheit des Projektteams ausgeschaltet wird, und zusätzliches Fach- und Prozeß-Know-how in die Analyse einfließt. .

2.3.2.2 Entwicklung eines Soll-Konzepts

Die Ergebnisse der Ist-Analyse stecken den Rahmen für ein Soll-Konzept ab. Unter dem Motto **"Was fehlt organisatorisch-strukturell?"** (z. B. organisatorische Einordnung, fehlende Instrumente) oder **"Was ist organisationsentwicklungsmäßig möglich?"** (z. B. Wie überwinde ich Widerstände, was kann ich den Betroffenen zutrauen, wie mache ich Betroffene zu Beteiligten?) hat die Projektgruppe ein **Controllingleitbild** zu entwickeln, das die allgemeinen Rahmenbedingungen vorgibt, um daraus konkrete Controllingziele festzulegen (Was möchte ich mit diesem Controllingsystem erreichen?). Durch das Controllingleitbild werden die Philosophie des Controlling beschrieben und die Aufgabenfelder des Controlling im Unternehmen abgesteckt. Jeder Leser sollte durch das Leitbild informiert sein, wie Controlling im Unternehmen läuft und was er sich davon für seinen Aufgabenbereich erwarten kann. Der Prozeß der Leitbilderstellung muß in jedem Fall gemeinsam mit den später vom Controllingsystem Betroffenen ablaufen und deren Meinungen und Ideen zu berücksichtigen.

Aufbauend auf das Controllingleitbild, das generell für den gesamten Controllingbereich entwickelt wird, müssen für die einzelnen Controllingdimensionen Ziele festgelegt werden.

Die Dimensionen lassen sich als "Aufgabendreieck des Controlling" darstellen.

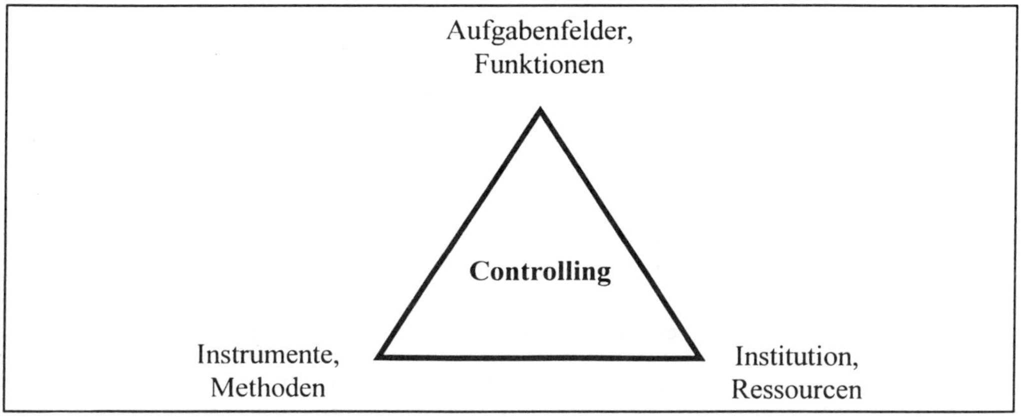

Abb. 2.6: Aufgabendreieck

Es geht konkret darum,

- welche Aufgaben und Funktionen
- mit welchen Instrumenten und Methoden
- in welcher Form und mit welchen Mitteln

Controlling zu erfüllen hat.

Die Festlegung von Zielen muß im nächsten Schritt zur Erarbeitung von Maßnahmen zur Erreichung der Ziele führen. Dabei steht die Schaffung der erforderlichen betriebswirtschaftlichen Methoden- und Instrumentenausstattung und die Strukturierung des Controllingprozesses im Vordergrund.

Die zusammenfassende Dokumentation der Ergebnisse der Konzeptionsarbeit erfolgt im Controllinghandbuch, das als zentrales Nachschlagewerk für alle Controllingaktivitäten dient.

Die Verantwortung für die Entwicklung des Soll-Konzepts liegt beim Projektteam, das den Prozeß zu steuern hat. Die betroffenen Mitarbeiter müssen für eine spätere Akzeptanz zu Beteiligten gemacht werden.

2.3.2.3 Vorbereitung der Einführung

Bewertung verschiedener Alternativen zur Umsetzung

Eine notwendige Voraussetzung für die kontrollierte Implementierung des Soll-Konzeptes ist die Entwicklung konkreter Umsetzungspläne für die Controllingeinführung. Zur Erstellung des Umsetzungsplanes sind die vorliegenden Alternativen herauszustreichen und zu bewerten.

Eine umfassende Controllingeinführung ist als **tiefgreifender organisatorischer Wandel** zu begreifen. Jeder geplante organisatorische Wandel vollzieht sich in drei Phasen (vgl. Weber [Einführung], S. 336ff.). Eine erfolgreiche Veränderung berücksichtigt folgende Aspekte:

- **Auftauen**: Hier erfolgt das Aufbrechen verfestigter Strukturen, um Veränderungen überhaupt möglich zu machen.
- **Verändern**: Eine Organisation, die aus dem Gleichgewicht geraten ist, strebt einen neuen Gleichgewichtszustand an. Veränderungsmaßnahmen müssen die Erwartungen der Betroffenen berücksichtigen. Der Schwung muß für die Einführung des Controlling genutzt werden.
- **Stabilisieren**: Der neue Gleichgewichtszustand wird auf einem neuen Niveau stabilisiert.

Die Schritte des Auftauens und des Veränderns werden zum Großteil durch das Controlling-Audit und die Entwicklung eines Soll-Konzepts erfüllt, eine Ergänzung durch die konkrete Einführung ist notwendig. Die Stabilisierung des Systems muß in erster Linie durch die verantwortlichen Führungskräfte erfolgen.

Zur Vorbereitung der Einführung im Zuge der Implementierungsphase muß bei den Betroffenen ein **Controllingbewußtsein** geschaffen werden. Dabei gilt:

- Schaffung von **Transparenz**: Alle Betroffenen müssen das Gefühl haben, entsprechend informiert zu sein; sie werden quasi zu Beteiligten gemacht.
- **Investition von Zeit:** Die Bewußtseinsbildung kann nicht von heute auf morgen erfolgen. Deyhle spricht von einem Einführungsprozeß von insgesamt fünf Jahren (vgl. Deyhle [Management Brevier], S. 146).
- Finden von **Machtpromotoren**: Das Projektteam muß bei seiner Aufgabenerfüllung vor allem von der Geschäftsleitung unterstützt werden, indem sie das Controlling aktiv forciert.
- Auswahl des **optimalen Zeitpunkts**: Der Zeitpunkt entscheidet oft über erfolgreiche oder nicht erfolgreiche Einführung von Controlling.

Auswahl einer Vorgehensweise

Für den Prozeß der Einführung selbst haben sich verschiedene Strategien herausgebildet. Extrempole sind die Strategie des **Bombenwurfs** und ein strenges **Stufenkonzept**. Der Bombenwurf geht von einer plötzlichen Organisationsänderung ohne Information der Betroffenen aus, die Stufenkonzepte legen ein schrittweises, evolutionäres Vorgehen zugrunde. Dem Stufenkonzept ist eindeutig der Vorrang zu geben, weil eine Projektumsetzung mittels eines Bombenwurfs nur sehr eingeschränkt möglich wäre. Das Projektteam hat sich für eine grundsätzliche Vorgehensweise zu entscheiden.

Die Entwicklung eines Einführungs-Stufenplans schließt zeitlich an die Konzeptionsphase an. Ein allgemeiner Stufenplan, der auf unterschiedliche Projekte anwendbar ist, hat folgendes Aussehen:

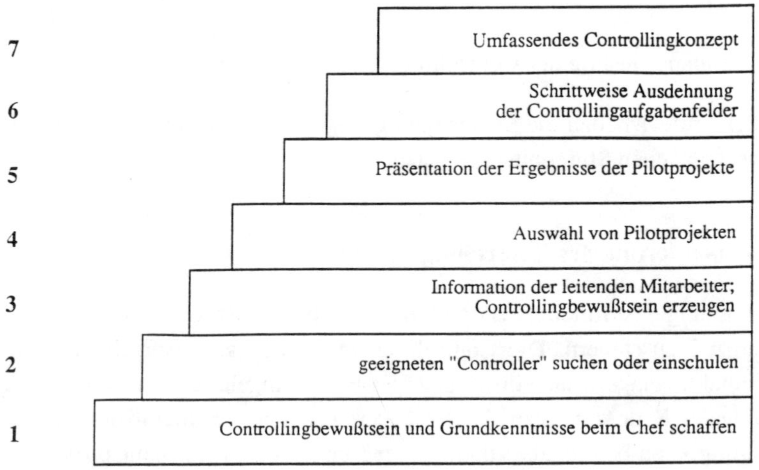

Abb. 2.7: Sieben-Stufen-Konzept

Zu den einzelnen Stufen:

Stufe 1: Im Rahmen von gezielten Top Management-Klausuren beziehungsweise Schulungen werden die Entscheidungsträger über Controlling informiert und auf die Vorteile, die Controlling ihnen persönlich bietet, aufmerksam gemacht. Dieser Vorgang steht zeitlich eigentlich am Beginn eines Einführungsprojekts, da die Entscheidungsträger den Startschuß für die Einführung (inkl. Controlling-Audit etc.) geben müssen. Ohne Bewußtsein der Führungskräfte, daß Controlling für die Organisation sinnvoll ist, wird das gesamte Projekt scheitern.

Stufe 2: Interne oder externe Suche nach Personen, die die Controllingstellen übernehmen sollen. In dieser Phase sollte das Controllingkonzept schon vorliegen. In der Regel werden sich Mitglieder des Projektteams als Controller herauskristallisieren.

Stufe 3: Die Führungskräfte werden nach Abschluß der Konzeptionsphase über die Ergebnisse informiert. Sie müssen die Entscheidung für die konkrete Umsetzung treffen. Insbesondere ist es wichtig, daß die Führungskräfte das Leitbild akzeptieren und dementsprechend "controllerisch" handeln.

Stufe 4: Controlling kann in der Regel, speziell bei größeren Unternehmen, nicht sofort in seiner Endausbaustufe eingeführt werden. Es empfiehlt sich daher, Teilbereiche des Unternehmens auszuwählen, die für eine Controllingeinführung besonders gut geeignet sind. Hier wird zeitlich vorgelagert der Einführungsprozeß durchgezogen.

Stufe 5: Durch die Präsentation der erfolgreichen Einführung und der Ergebnisse wird Controlling auch anderen Abteilungen schmackhaft gemacht. Widerstände werden durch positive Ergebnisse abgebaut. Die Betroffenen müssen erkennen können, welche Vorteile Controlling ihnen persönlich bringt.

Stufe 6: Jetzt ist der Weg geebnet, Controlling schrittweise hinsichtlich der betreuten Abteilungen und Controllingfunktionen auszudehnen.

Stufe 7: Die Endausbaustufe des Controllingsystems ist erreicht.

Im Rahmen der Stufe 1 haben die Entscheidungsträger auch den Startschuß für die Realisierung des vorgeschlagenen Stufenplans zu geben.

2.3.3 Implementierung des Controllingsystems

Nach der Absegnung des Stufenplans durch die Entscheidungsträger hat das Projektteam den Einführungsprozeß zu steuern. Die Controllingeinführung hat entsprechend dem Grundgedanken des Projektmanagements ein festgelegtes Ende. Angelehnt an das Phasenschema von Lewin sollte dieses Ende zwischen der Veränderungs- und der Stabilisierungsphase liegen. Die Stabilisierung kann bereits als Routineprozeß und somit nicht mehr projektabhängig gesehen werden.

Der Prozeß wird mit Hilfe der entsprechenden Instrumente des Projektmanagements gesteuert.. Der Projektstrukturplan gibt einen Überblick über den Gesamtablauf, das Funktionendiagramm verteilt die Aufgaben, der Balkenplan beziehungweise die Terminliste gibt den zeitlichen Ablauf des Projekts wieder.

Das Projektteam ist für den gesamten Einführungsprozeß verantwortlich. Das reicht von der Information der Beteiligten über die Einführung neuer Stellen und Instrumente bis zur Projektdokumentation über den Ablauf der Einführung.

2.3.4 Projektabschluß-Phase

In der Projektabschluß-Phase geht es darum, das Projekt systematisch zu beenden. Das erreichte Ergebnis ist mit den ursprünglich definierten Zielen, Qualitätsanforderungen, Terminen und Aufwänden zu vergleichen und damit in seinem Erfolg zu bewerten. Dadurch wird einerseits dem Projektteam **Feedback** gegeben und andererseits ermöglicht, daß Erfahrungen aus diesem Organisationsentwicklungsprojekt aufgezeigt und bei weiteren Projekten genutzt werden können.

Die **Erfolgsauswertung** des Projekts kann einerseits an den im Projekthandbuch dokumentierten Projektplänen (Projektdefinition, Terminplan etc.) und andererseits durch die Erhebung der Zufriedenheit bei den Benutzern des Controllingsystems (Interviews, Fragebogen) gemessen werden.

Auch die Dokumentation des Projekts ist systematisch zu beenden. Am Ende des Projekts sollte der aktuelle Status des Controllingsystems und dessen Wartung im sogenannten Controllinghandbuch dokumentiert und an alle Betroffenen verteilt sein.

Aus der Einführung eines Controllingsystems ergeben sich häufig neue Voraussetzungen für andere Systeme (Gesamt-EDV, Buchhaltung, Kostenrechnung, Datenerfassung etc.), die in der Folge auch an die neuen Gegebenheiten angepaßt werden müssen. Die Definition von Folgeaktivitäten und -projekten ist daher integraler Bestandteil der Projektabschluß-Phase.

Es empfiehlt sich, das Projekt mit einer gemeinsamen Sitzung (Projektabschluß-Workshop) zu beenden, dessen Ergebnis als Projektabschlußbericht vorliegt. Im Rahmen eines Follow-up werden Aktivitäten zusammengefaßt, die nach dem offiziellen Projektende anfallen und das Projekt betreffen. Sie sind meistens durch die jetzt installierten Controller zu erfüllen.

Fallstudie Grundstoffindustrie

Beschreibung der Ausgangssituation

Beim beschriebenen Unternehmen handelt es sich um ein Unternehmen mit etwa 1000 Mitarbeitern. Der Unternehmensgegenstand besteht zum Teil aus der Entwicklung, Planung und Ausführung komplexer Kundenprojekte, zum Teil aus der Produktion und dem Verkauf von Gütern der Grundstoffindustrie.

Das Unternehmen (Holding) ist in eine Anzahl operativer Firmen untergliedert, die wiederum eine mehr oder minder stark ausgeprägte Matrixorganisation (Fachabteilungen, Projekte) aufweisen.

Die operativen Gesellschaften sind zu unterschiedlichen Zeitpunkten gekauft oder aufgebaut worden.

Die Holding umfaßt die Unternehmensplanung, die Finanzen und die Personalentwicklung.

Aufgrund der vielfältigen Subleistungen und -teile, die jeweils zu einem Kundenprojekt gehören, ist die Anforderung an aktuelle Informationen über den Projektstatus und damit auch über den Status der operativen Gesellschaft von hoher Bedeutung für Steuerungsmaßnahmen im jeweiligen Projekt.

Erschwerend kommt hinzu, daß unterschiedliche Leistungen

- Material, Produkte aus dem eigenen Konzern
- Material, Produkte, die extern zugekauft werden
- externe Subaufträge für abgeschlossene Teilleistungen
- externe Dienstleistungen

in unterschiedlichen EDV-Systemen gewartet werden.

Daraus resultiert das Problem, daß Projektleiter oder Geschäftsführer operativer Gesellschaften nie aktuelle Gesamtdaten über den Status ihrer Bereiche haben und daher ein ganzheitliches Controlling (= Steuerung) nicht möglich ist.

Die Geschäftsführung hat sich entschlossen, die Controlling-Weiterentwicklung für den Fall, daß die Kriterien der Projektwürdigkeit erfüllt werden, als Projekt zu planen. Ab einem Nutzwert von 18 soll diese Weiterentwicklung als Projekt durchgeführt werden. Die Ergebnisse dieses Prozesses sind auf den folgenden Seiten abgebildet.

Beurteilung der Projektwürdigkeit

Kriterium	Ausprägung	1	2	3	4	5	Σ Punkte
Neuartigkeit des einzuführenden Controlling-Systems	Erfahrung mit Veränderungen im Controlling	laufende Adaptierung des bestehenden Controlling-Systems	Einführung einzelner neuer Controlling-Ansätze	Umstrukturierung des bestehenden Controlling	Einführung noch unbekannter Teilsysteme	es existiert kein Controlling, völlig neuer Aufbau	3
Funktionsumfang	Anzahl der Controlling-Subsysteme	nur 1 Controlling-Teil-System wird eingeführt	2 Controlling-Teil-Systeme werden eingeführt	3 Controlling-Teil-Systeme werden eingeführt	4 Controlling-Teil-Systeme werden eingeführt	alle relevanten Controlling-Systeme werden eingeführt	5
Organisationsumfang	Anzahl betroffener Stellen/ Abteilungen	nur die Rechnungswesen-Abteilung ist betroffen	die Controlling-Abteilung und eine weitere Fachabteilung sind betroffen	mehrere Abteilungen eines Unternehmens sind betroffen	alle relevanten Abteilungen eines Unternehmens sind betroffen	mehrere Unternehmen und die entsprechende Holding sind betroffen	5
soziale Komplexität	erwartete Interessenunterschiede und Akzeptanz	es gibt keine Interessen-unterschiede (solche Einführungen stoßen auf rege Mitarbeit)	die bestehenden Interessen-unterschiede sind einfach aufzuheben	wenn die Mitarbeiter laufend involviert werden, gibt es kaum Akzeptanz-probleme	ein hohes Maß an Meinungsunterschieden und Widerständen ist zu erwarten	bisherige Einführungen sind häufig gescheitert	4
Risiko / Bedeutung für das Unternehmen	Schaden für das Unternehmen bei einem Scheitern des Projekts	es kann kein Schaden eintreten	geringer Schaden	mittlerer Schaden	großer Schaden	unbehebbarer Schaden	3
Kosten / Aufwand	• in Personentagen • Fremdleistungen • Sachkosten	Aufwand < 20 Personentage	20 ... 50	50 ... 100	100 ... 300	Aufwand > 300 Personentage	3
						Nutzwert	**23**

Abb. 2.8: Nutzwertanalyse

Definition des Projekts "Controlling-Weiterentwicklung"

Die im folgenden als Ergebnisdokumentation dargestellten Projektmanagement-Methoden

- Projektabgrenzung
- Umfeldanalyse
- Projektstrukturplan
- Terminplan

werden vom Projektteam (das Team wird durch die Mitarbeit eines externen Beraters verstärkt) im Rahmen eines Projektstartprozesses entwickelt (ein bis zwei Sitzungen zur Planung des Projekts).

Diese Methoden werden in einem sogenannten Projekthandbuch dokumentiert und an alle relevanten Umfeldgruppen verteilt.

Ziel des Projekts:

- Etablierung eines einheitlichen Controllingsystems für die Holding und die operativen Gesellschaften
- Dabei sind folgende Merkmale zu berücksichtigen:
  - einheitliche Vorgehensweisen und Dokumentation der strategischen Planung
  - einheitlicher Budgetierungsprozeß (Termine, Strukturen)
  - einheitlich verwendete Controllingberichte und -kennzahlen
  - durchgängiges, einheitliches EDV-System zur Unterstützung des Controllingberichtswesens
  - abgestimmter Informationsfluß: Einzelprojekt-/Projektportfolio einer operativen Gesellschaft/ operative Gesellschaft/Holding
- Dabei soll möglichst auf Bestehendem aufgebaut werden, um die Akzeptanz und Verständlichkeit sicherzustellen.

Nicht- Ziel des Projekts:

- Veränderung der Gesamtorganisation
- Änderung der bereits im Einsatz befindlichen Buchhaltungs- und Kostenrechnungssysteme

Kritische Erfolgskriterien:

- Aktualität der Controllinginformationen
- Ganzheitliche Informationen
- Integrierte EDV-Lösung
- Akzeptanz des Controllingsystems bei den Betroffenen

Start des Projekts: Auftragserteilung durch den Holdingvorstand (1. 4. 1991)

Ende des Projekts: Projektabschluß-Präsentation beim Vorstand (1. 3. 1993)

Projektauftraggeber: Vorstand der Holding

Projektleiter: Leiter der strategischen Planungsabteilung

Abb. 2.9: Definition des Projekts "Controlling-Weiterentwicklung"

Projektumfeld

Das Projektteam erhebt in einer gemeinsamen Projektstart-Sitzung das vom Projekt betroffene Umfeld und die jeweiligen Erwartungen der einzelnen Interessengruppen.

Personen, Interessengruppen:	**Erwartungen:**
o Projektleiter	o einfaches System o benutzerfreundliches System o flexibles System (dezentrale Lösung) o aktuelle, projektbezogene Informationen o Prognoserechnung für das restliche Projekt
o Produktionsleiter	o einfaches System o benutzerfreundliches System o flexibles System (dezentrale Lösung) o aktuelle, projektbezogene Informationen o Prognoserechnung für das restliche Projekt o aktuelle, produktbezogene Informationen
o operative Geschäftsführer	o aktuelle Informationen (Kennzahlen) über die gesamte Gesellschaft o Prognose-, Trendrechnung für das restliche Finanzjahr
o Vorstand Holding	o kumulierte Informationen über das gesamte Unternehmen o Auswertung nach ähnlichen Projekten/gleichen Produkten im Konzern
o Controllingabteilung	o einfache Wartung o flexibles System o möglichst hoher Automatismus der Datengenerierung o (zentrale EDV-Lösung)

Abb. 2.10: Erwartungen der Interessengruppen

Die folgende Graphik zeigt die Einstellung der einzelnen Umfeldgruppen zu Beginn des Projekts:

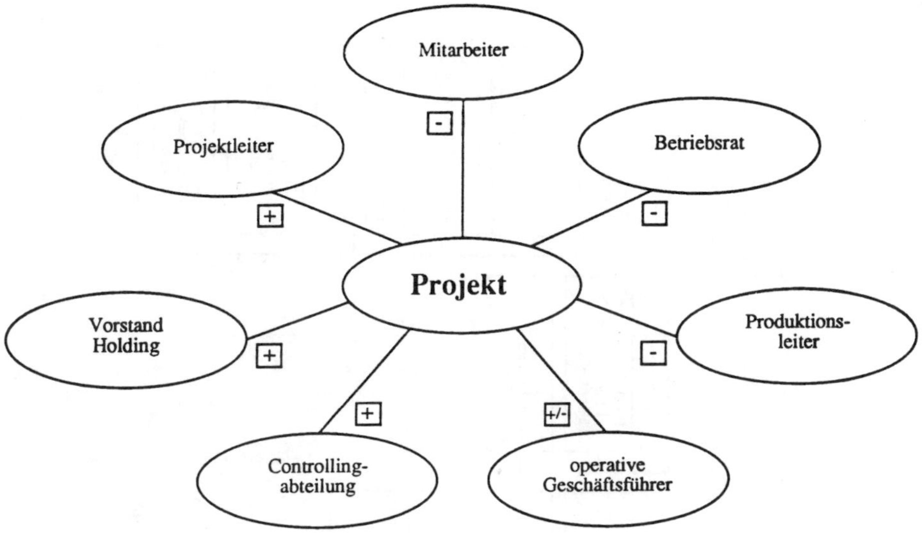

Abb. 2.11: Projektumfeld

Im Projektteam werden Maßnahmen entwickelt, um die im Projekt vorhandenen ambivalenten bis negativen Einstellungen entsprechend zu berücksichtigen. Diese Maßnahmen sollen die negativen Einflüsse minimieren oder in positive Einstellung umkehren.

Folgende Maßnahmen wurden in Betracht gezogen:

- Die Mitarbeiter und der Betriebsrat werden in das Projektteam und in die Subteams eingeladen. Damit ist die laufende Information der Mitarbeiter und des Betriebsrats gewährleistet. Da die Hauptursache für ihre negative Einstellung Unsicherheit über Auswirkungen und Konsequenzen des Projekts und vor allem über die Mehrarbeit ist, die dadurch entstehen könnte, soll die regelmäßige Information und Einbindung ins Projektteam diese Unsicherheit abbauen helfen.
- Die Produktionsleiter befürchten, daß ihr Entscheidungsspielraum von einem einheitlichen Controllingsystem durch die zentrale Controllingabteilung eingeschränkt wird. Diese Umfeldgruppe muß daher rechtzeitig über die Ziele und Interessen des Projekts, aber auch über die möglichen Ergebnisse in bezug auf Entscheidungs- und Verantwortungsstrukturen informiert werden.
- Die operativen Geschäftsführer befürchten ebenfalls eine Einschränkung ihrer individuellen Vorgehensweise und Entscheidungsprozesse. Das kann durch klare Kommunikation und entsprechende Rollenklärung der Controllingabteilung entkräftet werden.

Projektstrukturplan "Controlling-Weiterentwicklung"

Die Gliederung des Projekts orientiert sich am bereits dargestellten Prozeß.

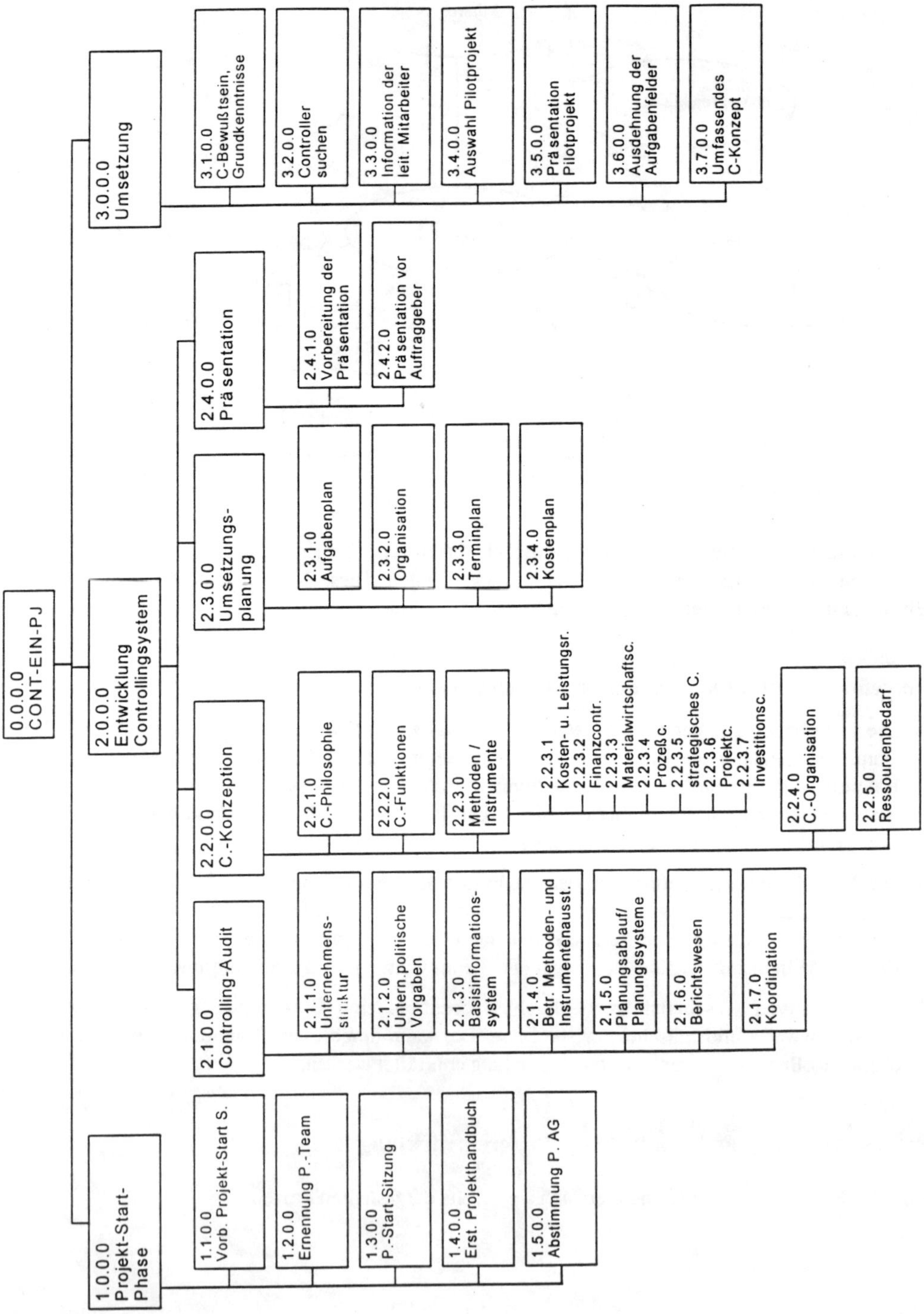

Abb. 2.12: Projektstrukturplan

Terminplan "Controlling-Weiterentwicklung"

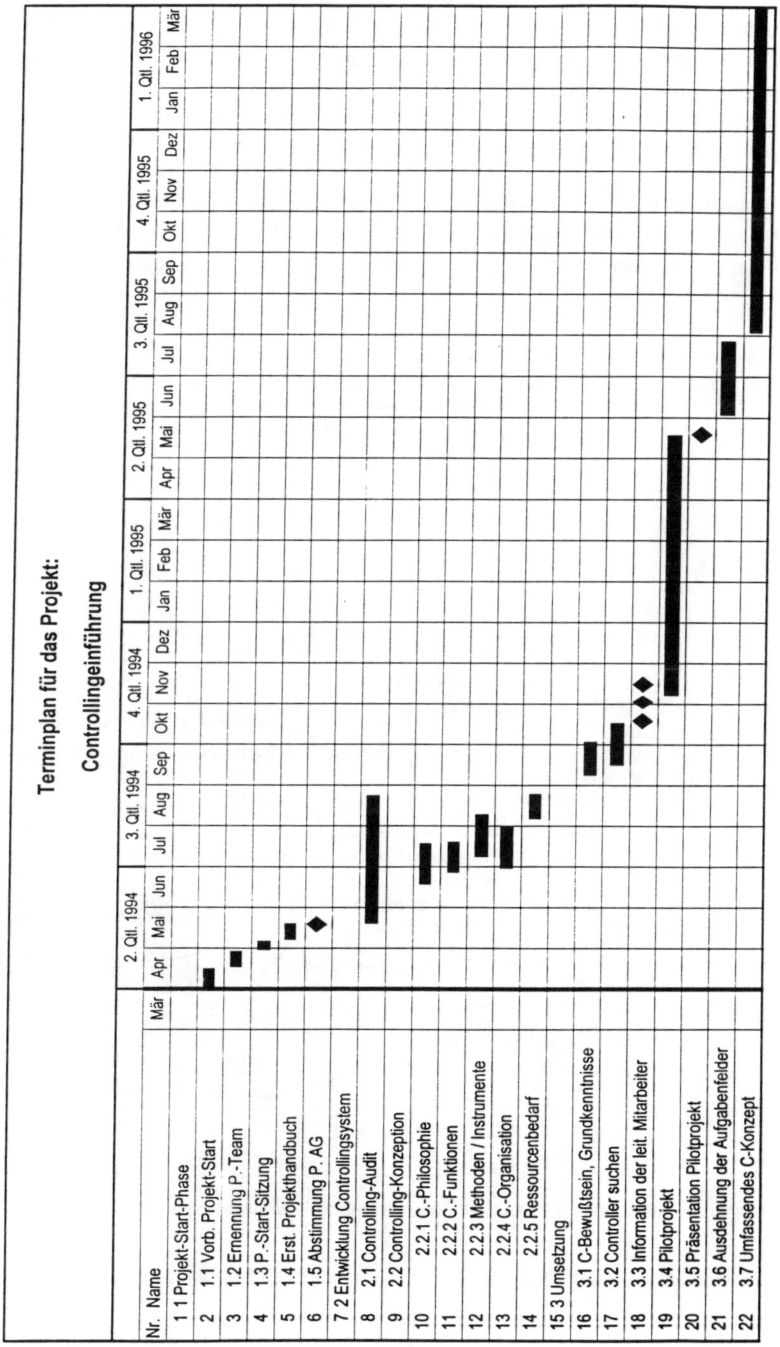

Abb. 2.13: Terminplan "Controlling-Weiterentwicklung"

Projektorganisation "Controlling-Weiterentwicklung"

Die im folgenden dargestellte Projektorganisation soll einerseits die Verantwortlichkeiten und Kompetenzen im Projektteam abgrenzen, andererseits Sitzungs- und Kommunikationsstrukturen sichtbar machen. Sitzungen werden beispielsweise in den einzelnen Subteams abgehalten, darüber hinaus finden in regelmäßigen Abständen Abstimmungssitzungen im Kernteam statt, mit dem Ziel, die einzelnen Subteam-Ergebnisse aufeinander abzustimmen und zu integrieren.

In der Umsetzungsphase wurde eine differenzierte Projektorganisation aufgestellt, verglichen mit der Phase der Ist-Analyse und des Soll-Konzepts. Diese Differenzierung dient dazu, den jeweiligen Erfordernissen der entsprechenden Phase (entsprechend qualifiziertes Personal in entsprechender Anzahl zu haben) nachzukommen.

Projektorganisation in den Phasen Ist-Analyse und Soll-Konzept

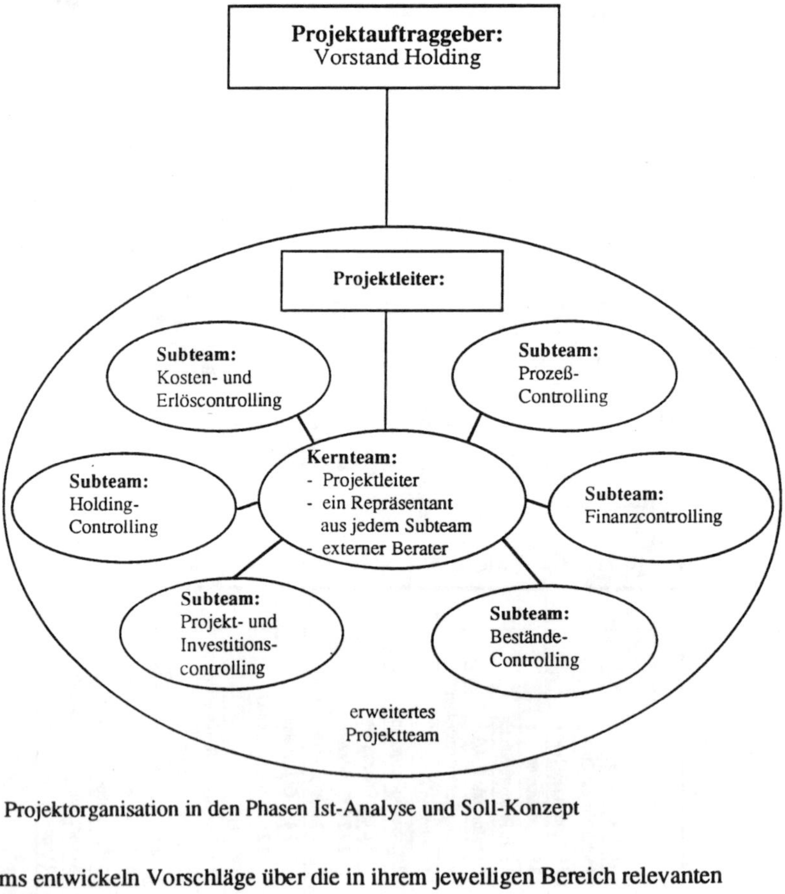

Abb. 2.14: Projektorganisation in den Phasen Ist-Analyse und Soll-Konzept

Die Subteams entwickeln Vorschläge über die in ihrem jeweiligen Bereich relevanten

- Instrumente,
- Kennzahlen,
- Berichtsformate,

- EDV-Anforderungen und
- organisatorischen Veränderungen.

Die Vorschläge der Subteams werden regelmäßig im Kernteam abgestimmt und zu einer Gesamtlösung integriert.

Projektorganisation in der Umsetzungsphase

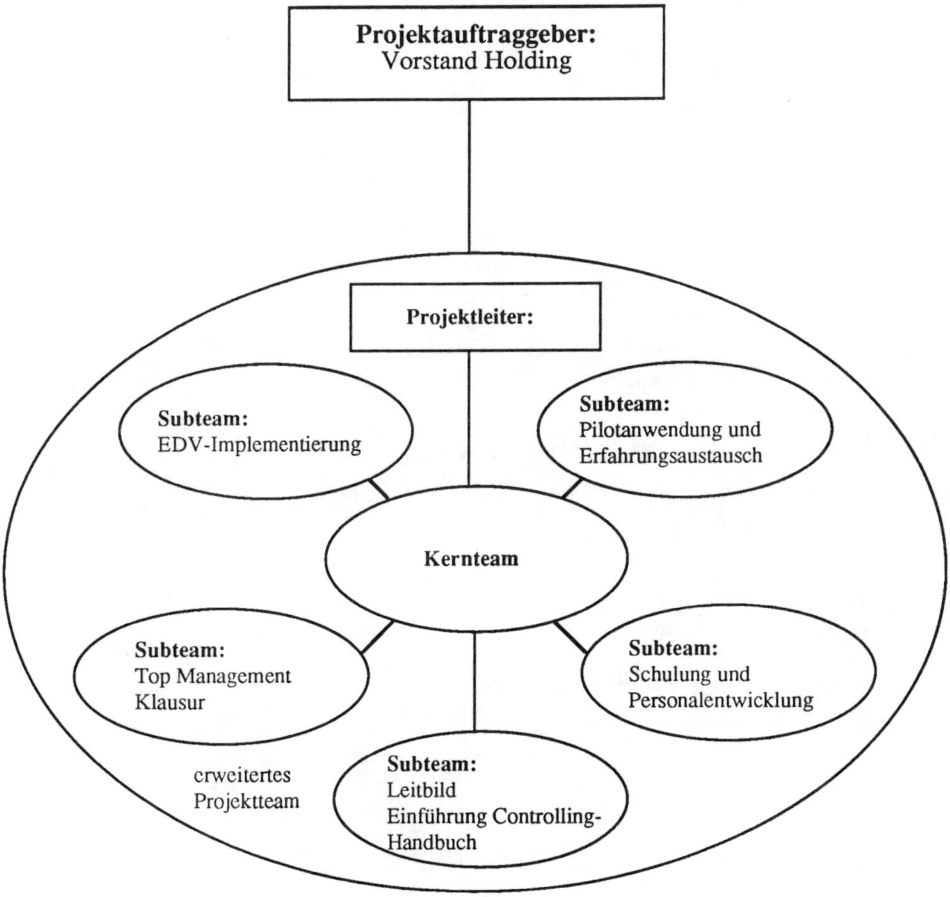

Abb. 2.15: Projektorganisation in der Umsetzungsphase

3 Psychologische Regeln für die Einführung und Durchsetzung von Controllingsystemen

Christian Horak, Linda Pelzmann

Der Erfolg des Controllers wird in der Beziehung zum Linienmanager erarbeitet, welche Regeln sind zu beachten, will man diese Arbeitsbeziehung produktiv gestalten? Die wesentlichen Grundsätze zu Motivation, Kommunikation, Vertrauensbildung, Durchsetzung und Wandel werden im folgenden dargestellt.

3.1 Die Arbeitsbeziehungen des Controllers

Die systematische Analyse von Controller-Problemen hat folgendes gezeigt: Störungen in der Arbeitsbeziehung zwischen Controlling und einzelnen Abteilungen werden zu chronischen Störungsquellen, wenn das anstehende Problem nicht durch Fachkompetenz allein zu lösen ist, sondern wenn auch ein hohes Maß an sozialer Kompetenz und psychologischem Know-how für die Problemlösung erforderlich sind. Die Psycho-Logik charakteristischer Störungsfälle und das für die Lösung notwendige psychologische Wissen soll diese Erkenntnis verdeutlichen.

Die positive Einstellung zum Controlling ist entscheidend für eine fruchtbare Arbeitsbeziehung. Es darf nicht vorausgesetzt werden, daß die Linienmanager die richtige Einstellung mitbringen, sondern der Controller muß sie systematisch entwickeln. Das folgende Kapitel stellt das psychologische Know-how für diesen Entwicklungsprozeß vor.

In der Arbeitsbeziehung zwischen Controllern und ihren "Kunden" kommt es auf sechs psychologische Regeln an: Motivation; Feedback; Kooperation; Vertrauensbildung; Durchsetzung; Wandel. Wird gegen die psychologischen Regeln verstoßen - von welcher Seite auch immer - , sind die Weichen falsch gestellt. Es kommt zu Störfällen, die so lange Probleme in der Zusammenarbeit generieren, bis jemand die Weichen wieder richtig stellt.

3.2 Motivation

Der Controller ist Wegweiser und Helfer, nicht Polizist. Er ist dem Linienmanager Rückmeldung über die Erfüllung von Zielen und die Würdigung des Normalzustands schuldig und darf nicht nur auf negative Abweichungen reagieren. Ohne **positive Information** fixiert sich eine Organisation auf ihre Probleme und das Controlling auf die Suche danach.

Wenn man Gewohnheiten und Verhalten ändern will, muß man die Grundlagen für Anerkennung und Belohnung ändern. Es ist bekannt, daß Menschen in Organisationen auf Erfolg, Anerkennung und Belohnung reagieren. Sie orientieren sich am Erfolg und lernen daraus. Entscheidend für das **Lernen am Erfolg** ist, daß die Reaktion der Umwelt ganz bestimmte Handlungen selektiv "verstärkt", die dadurch mit immer größerer Wahrscheinlichkeit auftreten.

Man läßt sich bei späteren Gelegenheiten nicht nur vom Erfolg des eigenen Verhaltens leiten, sondern auch vom Erfolg der anderen. Zahlreiche Untersuchungen haben bewiesen, daß Personen, die mit Macht und Prestige ausgestattet sind, viel häufiger nachgeahmt werden als Personen in niedriger Position. Statussymbole und Erkennungsmerkmale der mit Macht ausgestatteten Personen haben für die Beobachter wichtigen Informationswert. Diese Information bezeichnet die wahrscheinlichen Konsequenzen, die an das Verhalten geknüpft sind. Aus dem beobachteten Erfolg der anderen werden die **Chancen für das eigene Handeln** in ähnlicher Situation abgeleitet. Da Personen mit hohem Status mehr Aussicht haben, erwünschte Ergebnisse zu erzielen, sind sie für die Beobachter von größerem Informationswert und Nutzen als Personen, die keinen Einfluß und keine wirtschaftliche Macht ausüben. Beobachter lernen von mächtigen Personen mehr, weil bei erwünschten Ergebnissen die vorangegangenen Verhaltensweisen übernommen werden. Wenn "Liniemanager" erkennen, daß das Controlling erwünschtes Verhalten belohnt, werden sie dieses Verhalten übernehmen. Auch wenn unerwünschtes Verhalten, zum Beispiel Intrigen, durch Erfolg belohnt wird, wird dieses Verhalten übernommen werden. Es kommt darauf an, daß der Anreiz für das erwünschte Verhalten richtig gesetzt wird!

3.3 Feedback

Neben Anreiz und Belohnung gibt es einen weiteren wirksamen psychologischen Hebel: das Feedback. Der erste Schritt für einen Controller muß sein, die eigenen Erwartungen genau festzulegen und die Erwartungen der Kollegen an das Controlling kennenzulernen. Der zweite Schritt muß sein, die erzielten Ergebnisse nach einem festgelegten Zeitraum mit den ursprünglichen Erwartungen zu vergleichen. Diese **Rückkopplung** ist ein unverzichtbarer Schlüssel zur Verhaltensänderung, zur Steuerung und zur Selbstkontrolle. Daraus lernt man, was zur Lösung eines Problems beiträgt und was nicht. Ohne diese Information gibt es keine Lernprozesse. Rückkoplung besteht nicht nur aus der nonverbalen oder verbalen Information, sondern auch aus Erwartungen, Arbeitsklima und Unternehmenskultur.

Ein – oft unterschätzter – **psychologischer Hebel** ist die Erwartung. Sowohl positive als auch negative Erwartungen schlagen sich in den Leistungen nieder. Positive Erwartung wirkt leistungssteigernd, weil der Controller unbewußt mehr Feedback gibt. Gleichgültigkeit oder ein kaltes, abweisendes, verstocktes Klima läßt die Resonanz verkümmern. Wo die Resonanz fehlt, geht bald ein Gespenst um: die innere Kündigung – der lautlose Abschied von der Leistung. Das sind teure Führungsfehler: In manchen Betrieben verweigern bis zu 50 % der Kollegen dem Controlling ihre Einsatzbereitschaft und ihren Ideenreichtum.

Ein entscheidender Faktor einer guten Unternehmenskultur und einer funktionierenden Controllingabteilung besteht darin, sich vorurteilsfrei bei jeder Leistungseinheit zu fragen: Wo liegen ihre Stärken? Was können die Leistungseinheiten wirklich besser als andere? Niemand ist produktiv, wenn er seine Schwächen einsetzt, daher müssen durch das Feedback unbedingt die Stärken herausgestellt werden. Vielfach konzentrieren sich Controller darauf, Schwächen zu markieren, was bis zu einem gewissen Punkt auch notwendig ist. Dieses negative Feedback kann einem Anfänger zur nötigen Klarstellung verhelfen, was er nicht tun darf. Aber wenn es der einzige Beitrag ist, den der Controller in die Arbeitsbeziehung einbringt, dann ist er kontraproduktiv. Der psychologisch wirksamere Hebel ist die **Stärkenorientierung**. Zu einem guten Controlling gehört die strikte Befolgung des Grundsatzes, auf den vorhandenen Stärken aufzubauen. Gute Leistungen können nur in dem Maß erwartet werden, wie es gelingt, die Aufgaben so zu gestalten, daß möglichst viele Menschen ihren Beitrag dort erbringen können, wo sie natürliche Begabungen und erworbene Kompetenz besitzen. Wenn das zutrifft, kann man immer wieder feststellen, daß Leistungen dann nicht mehr speziell gefordert werden müssen; im Gegenteil: Sie werden freiwillig und gern erbracht, weil es den meisten Menschen Spaß macht, in den Bereichen hervorragende Resultate zu erbringen, in denen sie gut sind und ihre natürliche Veranlagung es erleichtert.

3.3.1 Positive wie negative Erwartungen schlagen sich in den Leistungen nieder

Woran Dichter immer schon glaubten, das hat der Harvard-Professor Robert Rosenthal für das Management bewiesen: Man verhält sich so, wie es die anderen von einem erwarten. Positive Erwartung wirkt leistungssteigernd und holt aus (jungen) Menschen mehr heraus. Negative Erwartung wirkt wie ein Hemmschuh. Diesen Effekt nennt man nach seinem Entdecker "Rosenthal-Effekt" oder auch "Pygmalion-Effekt".

Pygmalion-Effekt

Der legendäre König Pygmalion schuf aus Marmor eine wunderschöne Frau und glaubte so fest an seine eigenen Phantasien, daß Aphrodite, die Göttin der Liebe, sein Geschöpf zum Leben erweckte. Seine Erwartungen wurden Wirklichkeit.

In der modernen Version von George Bernard Shaw verliebt sich Professor Higgins in das Blumenmädchen Eliza und macht aus ihr eine Herzogin. Auch seine Wünsche werden wahr: Die Herzogin verhält sich so, wie er es von ihr erwartet.

Wirkt der Pygmalion-Effekt auch bei Führungskräften?

Soldaten der israelischen Armee entwickelten bessere Führungsqualitäten, wenn ihre Vorgesetzten glaubten, sie hätten bereits Kommandoerfahrung. Man traute ihnen mehr zu, und diese Erwartungen erfüllten sich.

Auch Versuchstiere gehorchen dem Pygmalion-Effekt!

Für ein Lernexperiment mit Ratten instruierte Professor Rosenthal zwölf Psychologiestudenten als "Trainer". 60 Albinoratten sollten lernen, in einem einfachen Labyrinth den richtigen Weg zur Futterstelle zu finden. Rosenthal erzählte der Hälfte seiner Studenten, daß die Tiere lernfähig seien, der anderen Hälfte, die Tiere seien "dumm". Sechs Trainer waren der Meinung, daß ihnen besonders *"kluge"* Ratten anvertraut wurden, die anderen sechs glaubten, daß sie mit den "dummen" Ratten experimentieren müßten. Tatsächlich waren alle Versuchstiere derselben Population, streng nach dem Zufallsprinzip entnommen. Aber die Erwartungen der Trainer schlugen sich in den Leistungen nieder: Die Ratten lernten besser, wenn der Trainer glaubte, ihm seien durch Zuchtauswahl besonders "kluge" Ratten zugeteilt worden. Aus den Protokollen konnte man ablesen, daß die vermeintlich "klugen" Ratten von ihren Trainern viel liebevoller behandelt wurden als die "dummen" Ratten. Solche Wertschätzung wirkt sogar bei Tieren leistungssteigernd!

Wo liegt der Grund für diesen Effekt? Personen, die viel von Kollegen erwarten, sind aufgeschlossener und geben unbewußt mehr Resonanz, mehr Rückmeldung und damit mehr Information über "Richtig" oder "Falsch" von sich. Gleichgültigkeit, Desinteresse und ein abweisendes, kaltes emotionales Klima läßt die Resonanz – und damit die Informationsübermittlung – verkümmern.

Die verkehrte Welt: In manchen Organisationen ist es zur Norm geworden, daß die Controllingabteilung nur dann auf den Plan gerufen wird, wenn Fehler, Mißerfolge oder gröbere Abweichungen auftreten. Ansonsten funktioniert das Feedback nicht, eine Früherkennung ist bei diesem Verhalten nicht möglich. Diese Einstellung leitet sich aus dem Konzept des Managers als Kontrollinstanz ab. Solange sich das Schiff auf Kurs befindet, ist nichts zu tun. Der Controller achtet darauf, daß es nicht vom Kurs abkommt. Er interveniert nur dann, wenn ersichtlich ist, daß die Normen nicht erfüllt werden. Dieser Beitrag des Controlling ist allerdings kontraproduktiv.

Warum? Weil er nach den Regeln der **Lernpsychologie** Beachtung zur falschen Zeit und für falsches Verhalten austeilt. Das erzielte Ergebnis ist daher dem erwünschten gerade entgegengesetzt.

Ein typisches Beispiel:

Die Sekretärin arbeitet gewissenhaft und problemlos. Der Chef ist froh über den reibungslosen Ablauf und schenkt ihr keine Beachtung. Die Sekretärin beginnt, unter dieser unpersönlichen Atmosphäre zu leiden. Sie findet kleine Probleme, die ihr gestatten, zum Chef zu gehen und ihn um Rat zu fragen. Jetzt wendet sich der Chef ihr zu, redet mit ihr, beachtet sie und verstärkt damit ihre Neigung, mit Problemen zu ihm zu kommen.

Aufmerksamkeit ist für die meisten Mitarbeiter ein massiver Verstärker. Wenn der Chef nicht von sich aus einen Führungsstil entwickelt, der es ihm gestattet, von Zeit zu Zeit mit seinen Mitarbeitern über konstruktive, erfreuliche, aufbauende, angenehme Dinge zu sprechen, dann wird sich früher oder später von selbst die typische negative Kommunikation entwickeln:

Man spricht einander wegen unzähliger kleiner Problemchen an und hält so die aversiven frustrierten Kontakte in Gang. Nach den Regeln der Lernpsychologie müßten Controller ihr Verhalten umstellen und Problemlösungskompetenz durch positive Beachtung belohnen.

Jeder braucht das Gefühl, daß sein Beitrag gewürdigt wird. Arbeit und Anerkennung dafür tragen zu **Selbstwertgefühl** bei. Lob erzeugt Energie, sofern es angemessen ist. Unverdientermaßen mit Lob überschüttet zu werden, kann wie eine Beleidigung wirken, weil es auf die Gleichgültigkeit dessen hinweist, der dieses Lob austeilt.

Zusammenfassend müssen folgende Voraussetzungen für wirkungsvolle psychologische Steuerung geschaffen werden:

- Unerläßlich ist, daß die Erwartungen und Zielsetzungen für das Unternehmen eindeutig festgelegt sind. Aus diesen Vorgaben leitet sich die Relevanz und die Sinnhaftigkeit jeder Information ab.
- Unerläßlich ist ein straff durchorganisiertes Feedback. Jeder muß sich selbst überprüfen können, indem er die Erwartungen mit dem tatsächlich Erreichten vergleicht. Die informationsgestützte Organisation braucht ein klar definiertes Rückmeldungs-System, das es erlaubt, Erwartungen und Ergebnisse, Soll und Ist miteinander zu vergleichen, damit sich jeder einzelne Mitarbeiter selbst steuern kann.
- Unerläßlich ist, daß das Unternehmen das Kommunikationssystem so einrichtet, daß Informationen auch von unten nach oben fließen und nicht nur umgekehrt. Fließt Information nur von oben nach unten, ist organisierte und effiziente Rückmeldung nicht möglich. Die Struktur muß zulassen, daß die Unternehmensspitze darüber unterrichtet wird, was an der Basis der Organisation vor sich geht.
- Unerläßlich ist, daß jeder Informations-Verantwortung übernimmt. Informationen sind Daten, die mit Relevanz, Zweck und Ziel ausgestattet sind. Die Fähigkeit, Daten mit diesem Mehrwert auszustatten, kann man entwickeln. Sie unterscheidet einen kompetenten, guten Controller von einem "Zahlenklauber".

3.3.2 Über den Umgang mit Fehlern

Wenn positive Beachtung nachweislich wirkungsvoller ist, warum bedienen sich dann Controller der negativen Verstärkung?

Viele sehen sich vielleicht aufgrund von **Arbeitsüberlastung** gezwungen, zu solchen Methoden zu greifen. Wenn ein Controller die negativen Abweichungen und Fehlentwicklungen übersieht, kann das für ihn persönlich verheerende Folgen haben. Übersieht oder ignoriert er positive Leistungen, passiert ihm gar nichts!

Einem Controller kann die Fähigkeit, Anerkennung auszuteilen, von vornherein fehlen, oder sie ist ihm im Lauf der Zeit abhanden gekommen. Eine unterdurchschnittliche Leistung ist auch für den Controller augenfälliger als eine überdurchschnittliche. Laboruntersuchungen belegen, daß Vorgesetzte für die Leistungsbeurteilung unterdurchschnittlich arbeitender Personen eine wesentlich kleinere Stichprobe benötigen, als wenn sie überdurchschnittliche Leistungen erkennen und beurteilen sollen. Führungskräften fällt es leichter, schlechte Leistungen zu erkennen. Diese Asymmetrie mag darauf zurückzuführen sein, daß die Kriterien für Minimalwerte und schlechte Leistungen meist viel klarer definiert sind als die Kriterien für überragende Leistungen. Schlechte Leistung hat auf die ganze Gruppe deutlicheren Einfluß als hervorragende Leistung. Vorgesetzte werden allgemein auf das Erkennen erster Anzeichen von Leistungsabfall sensibilisiert, während nur wenige unter ihnen ein Gespür für das Hervorragende, Außergewöhnliche, Vielversprechende entwickeln. Das kann mit der Angst vor Sanktionen zusammenhängen und mit der Gefahr, selbst für den Leistungsabfall zur Rechenschaft gezogen zu werden. Durch diese Strategie kann man Menschen bestenfalls "bei der Stange halten", man kann sie aber nicht anspornen, mehr Problemlösungskompetenz zu entwickeln.

3.3.3 Auf Stärken aufbauen

Der psychologisch wirksamere Hebel ist die **Stärkenorientierung**. Zu einem guten Controller gehört die Erkenntnis, es nur mit "gewöhnlichen" Menschen zu tun zu haben, nicht mit Universalgenies. Im Vordergrund darf nicht die Frage stehen, was die Menschen nicht können, die in einer Institution arbeiten, sondern was sie können. Nur wenn sie dort eingesetzt werden, besteht eine Chance auf Wirksamkeit und gute Ergebnisse.

Die beste Methode, Qualität und Kompetenz eines guten Controlling noch zu steigern, besteht darin, einen Controller zu bitten, "das Geheimnis seines Erfolgs" beim nächsten Controllertreffen vorzutragen. Eine weitere Steigerung erreicht man, wenn der Controller "sein Geheimnis" den Kunden der Controllingabteilung in anderen Geschäftsbereichen erklärt. Das zwingt beide Seiten, den Kommunikationsprozeß nicht immer nur auf "Sendung" laufen zu lassen, sondern auch auf "Empfang" umzuschalten.

- Der Controller lernt den Empfänger seiner Informationen – seinen Kunden – besser kennen und kann sich besser an dessen Erfordernissen orientieren. Damit sieht er seine eigentliche Aufgabe klarer und kann seine Effizienz und Produktivität erhöhen.
- Das Wissen der Mitarbeiter aus anderen Abteilungen und Geschäftsbereichen, die mit den Controllern in Berührung kommen, wird "angezapft" und in die Gestaltung und Durchführung der verschiedenen Aufgaben einbezogen.
- Der Controller kann sein Wissen an andere Mitarbeiter weitergeben.
- Es werden Allianzen mit anderen Abteilungen und Geschäftsbereichen gebildet. Damit wird verhindert, daß man den Controller als denjenigen betrachtet, der Sündenböcke produziert, da andere Mitarbeiter selbst an der Aufdeckung ihrer Fehler teilnehmen, mit dem Gefühl, selbst zu dieser Einsicht gekommen zu sein. Der Controller wird mehr als Begleiter oder Moderator empfunden, weniger als Polizist.

Wenn man Mitarbeitern und Kollegen etwas schuldig ist, sind es vor allem zwei Dinge: erstens eine Arbeitssituation, in der sie sich bewähren können, und zweitens Rückmeldung über Stärken, Talente und Fähigkeiten, die sie bei der Arbeit zeigen.

3.4 Kommunikation

Jede Führungsebene, die "koordinierend" tätig ist, wirkt als Relais. Sie verlangsamt den Entscheidungsprozeß und verstärkt Mißverständnisse. Jedes Relais reduziert die übertragene Information auf die Hälfte und erhöht den Lärm auf das Doppelte.

3.4.1 Die effektive Kommunikationsspanne

Eine an Informationen ausgerichtete Organisationsstruktur macht das Prinzip der effektiven Führungsspanne obsolet. Dieses Prinzip besagt, daß ein Vorgesetzter höchstens fünf bis sechs Mitarbeiter haben kann, die ihm direkt unterstellt sind und ihm direkt berichten. Diese Doktrin wird durch ein neues Prinzip ersetzt – Peter Drucker nennt es "Kommunikationsspanne": "Die Zahl der einem Vorgesetzten direkt unterstellten Mitarbeiter wird nur durch die Bereitschaft der Mitarbeiter, die Verantwortung für ihre Kommunikation und sämtliche Arbeitsbeziehungen zu Vorgesetzten, Kollegen und Mitarbeitern selbst zu übernehmen, begrenzt." (Drucker [Chance], S. 212)

"Kontrolle" wird zur Fähigkeit, Informationen zu beschaffen. Die effektive Kommunikationsspanne ist beträchtlich weiter, als es früher die Führungsspanne war, wenn man ein hohes Maß an Selbständigkeit bei der Arbeit, an Selbststeuerung und Selbstkontrolle zugrunde legt und davon ausgeht, daß die Mitarbeiter auch über die notwendige Kommunikation mit höheren Ebenen selbst entscheiden. Eine informationsgestützte Organisation (wie das Controlling) kann nur funktionieren, wenn jeder in seinem Wirkungsbereich die Verantwortung für Information, Verständigung und Arbeitsbeziehungen übernimmt. Der Schlüssel zu einem solchen System ist, daß sich jeder fragt:

- Worin besteht mein Beitrag zum Ganzen?
- Wem arbeite ich zu?
  Wer ist von welchen meiner Informationen abhängig?
  Wer braucht Informationen von mir?
  In welcher Form? (Mündlich? Daten? Beurteilung? Report?)
  Worin besteht der Beitrag meiner Mitarbeiter?
- Wer arbeitet mir zu?
  Von wem brauche ich Informationen?
  In welcher Form?
  Von wem bin ich mit welchen Informationen abhängig?

Ein guter Vergleich ist die Beziehung zwischen Operationsschwester, Chirurg und Anästhesist: Sie müssen bei jeder Operation den Austausch von Informationen und die Koordinierung ihrer Arbeitsbeziehungen nach genau festgelegten Standards vollziehen.

Dabei müssen Leistungsstandards fixiert und der Beitrag, den jeder einzelne an die Institution leistet, koordiniert werden. Das allein genügt noch nicht, weil es auch auf die richtigen Resultate ankommt; und die lassen sich nur bestimmen, wenn man von Zeit zu Zeit den Blick von seinem unmittelbaren Verantwortungsbereich, von seinem engeren Spezialgebiet weg und auf das Ganze hin richtet.

Das Bemühen, eine Organisation als Ganzes zu verstehen, ist weithin unterentwickelt. Je mehr Arbeitsteilung und Spezialisierung vorherrschen, umso leichter verliert man das Verständnis für den Zweck und die Sinnhaftigkeit des Ganzen und umso größer ist die Gefahr, daß die Resultate, die man erzielt, keinen Beitrag zu diesem Zweck leisten. Nur die immer wieder neu gestellte Frage nach diesem Beitrag, den jeder einzelne für das Ganze leisten kann, kann das verhindern und begründet das, was man als Selbstregulierung, Selbstkoordination und Selbstorganisation in einer Institution bezeichnet.

3.4.2 Psychologischer Komfort erleichtert den Zugang

Es gibt eine ganze Palette von **psychologischen Hebeln**, die der Controller einsetzen kann, um das Tor zum Empfänger zu öffnen und die Durchsetzung seines Ziels zu unterstützen. Sie beruhen alle auf dem gleichen Prinzip: Man erhöht den "**psychologischen Komfort**" für den Empfänger der Mitteilung; das heißt, man ermöglicht ihm die mühelose Aufnahme der Mitteilung; man gestaltet die Rahmenbedingungen für die Zusammenarbeit so angenehm, daß das, was man ihm zu sagen hat, leichter "hineingeht". Psychologischer Komfort erhöht die Bereitschaft, aufgeschlossen zu sein und zuzuhören – auch gegenüber unangenehmen Berichten. Kurzfristig erhöht auch Schmeicheln den psychologischen Komfort, aber das ist gefährlich: Langfristig unterläuft man damit sowohl die Kompetenz, die Produktivität als auch die Glaubwürdigkeit des Chefs und seine eigene. Für den Controller ist es wichtig, die Informationen, die er als wahr und richtig aus den Daten herausliest, dem Adressaten in einer leicht zugänglichen und angenehmen Form zu präsentieren. Der psychologische Komfort, den er dem Informations-Empfänger bereitet, entscheidet darüber, ob seine Botschaft ankommt und etwas bewirkt oder nicht.

Jeden Bericht qualifiziert überreichen

Das erste Gebot für die Durchsetzung von Interessen ist, daß ein Anliegen qualifiziert überreicht wird. Wird ein Anliegen mit Geringschätzung übermittelt, wird es vom Empfänger auch mit Geringschätzung behandelt.

Fragen stellen – Fragen kritisieren nicht, sondern erziehen

Fragen sind besser als Statements: Statements provozieren Widerstand, Fragen dagegen Problemlösungsvorschläge. Fragen gestatten der Gegenseite, ihre Absichten zu überprüfen, und ermöglichen es dem Fragesteller, sie zu verstehen.

Sich der Kritik öffnen

Offenheit gegenüber Kritik wirkt wie ein Vertrauensvorschuß. Die andere Seite wird gegenüber den vorgebrachten Einwänden nur dann offen sein, wenn man sich selbst der Kritik öffnet. Wenn man die Gegenseite einlädt: "Verbessern Sie mich, wenn etwas nicht stimmt ...", zeigt man Offenheit. Wird man nicht korrigiert, bedeutet das, daß die Lagebeschreibung akzeptiert wird.

Bei klugen und erfolgreichen Controllern kann man beobachten, daß sie Kritiker nicht niedermachen, sondern hochheben. Schlaue Controller vergeuden nicht viel Energie damit, ihre eigenen Vorstellungen mit Zähnen und Klauen zu verteidigen, sondern sie laden die Gegenseite zu Kritik und Ratschlag ein.

Kritik kann auch noch in anderer Weise kanalisiert und in eine konstruktive Richtung gelenkt werden: indem man die Gegenseite um Rat fragt, wie sie sich in der gegebenen Situation verhalten würde. Man kann die eigenen Vorstellungen vom gegnerischen Standpunkt aus verbessern und überarbeiten. Auf diese Weise wird Kritik vom Hindernis zum Bestandteil einer Übereinkunft.

Das einfachste Zugeständnis: Zuhören

Aufmerksam zuhören und Rückmeldung über das Gesagte geben ist grundwichtig, aber gerade im Streß besonders schwer. Nur wer wirklich zuhört, versteht die Vorstellungen der Gegenseite, erkennt ihre Emotionen und erfaßt, was die anderen tatsächlich wollen. Aktives Zuhören verbessert nicht nur die Wahrnehmung, sondern auch die Aufmerksamkeit der Gegenseite. Sie erkennt, daß sie nicht ihre Zeit vergeudet und daß es sich nicht um bloße Routine handelt. Sie fühlt sich gehört und verstanden, und das befriedigt ungemein. Eine alte Weisheit sagt: Das einfachste Zugeständnis anderen gegenüber besteht darin, sie wissen zu lassen, daß man ihnen zuhört.

Verstehen bedeutet noch nicht Übereinstimmen

Während des Zuhörens soll man keine Antwort formulieren, sondern die Sache so zu sehen versuchen wie die Gegenseite selbst – mit allen Vorstellungen, Zwängen und Befangenheiten der anderen.

Manche halten es für eine gute Taktik, den Interessen der Gegenseite nicht allzuviel Aufmerksamkeit zu schenken und deren Standpunkt keine Berechtigung zuzugestehen. Ein guter Controller macht genau das Gegenteil. Gibt man keine Rückmeldung und zeigt man nicht, daß man verstanden hat, glaubt die Gegenseite, daß man nicht zuhört. Legt man seinen gegensätzlichen Standpunkt dar, glauben die anderen, daß man nichts verstanden hat. Wenn man seine Auffassung wiederholt, muß man sie positiv formulieren, und zwar vom Standpunkt der Gegenseite aus. Dabei sollen die Vorteile dieser Argumentation deutlich werden.

Verstehen bedeutet noch nicht Übereinstimmen. Man kann den anderen vollkommen verstehen und doch ganz anderer Meinung sein. Aber es ist sinnlos, einen Standpunkt darzulegen, ohne die anderen vom Bemühen um Verständnis überzeugt zu haben.

Die richtige Reihenfolge einhalten

Wenn man will, daß jemand zuhört und Begründungen versteht, dann muß man die Gründe an den Anfang setzen und danach die Konsequenzen oder Vorschläge zur Lösung folgen lassen.

Berichtet man zuerst über die Gefahren, werden die anderen aufmerksam zuhören, und wenn es nur deshalb geschieht, weil sie darauf warten, worauf die Argumentation hinausläuft – und wenn sie es erfahren, werden sie verstehen, warum. Wenn Entscheidungsprinzipien erst nachträglich eingebracht werden, erscheinen diese nicht als objektive Kriterien, sondern nur noch als Rechtfertigung.

Der Gegenseite die Entscheidung erleichtern

Wenn Erfolg davon abhängt, daß die Gegenseite Entscheidungen trifft, sollte man alles tun, um diese Entscheidungen zu erleichtern. Die Dinge sollten für die Gegenseite niemals schwierig, sondern möglichst schmerzlos gemacht werden. Die Durchsetzung eines Anliegens ist eine Funktion der Schmerzhaftigkeit. Je weiter man von der Schmerzgrenze entfernt ist, umso besser – auch für das Anliegen. Die Aufgabe besteht darin, nicht noch mehr Fragen aufzuwerfen, sondern Antworten zu finden, die die anderen nicht vor eine schwierige, sondern vor eine leichte Entscheidung stellen. Die folgenden Anhaltspunkte helfen dabei.

Den Sender auf Empfang umstellen

Der Controller bleibt auf seiner Information sitzen, wenn er immer nur "sendet" und nicht gelegentlich zum "Empfang" umstellt. Richtiges Informationsverhalten setzt voraus, daß man nach dem Sendevorgang auf Empfang umstellt. Damit ist sichergestellt, daß Störungen (Mißverständnisse, Unverständnis auf beiden Seiten) rechtzeitig erkannt und behoben werden können. Bei der mündlichen oder schriftlichen Stellungnahme ist die Verständigung zwischen dem Empfänger und dem Controller ein wesentlicher Faktor. Er bestimmt, ob die Controller-

Information beim Empfänger ankommt oder nicht, ob sie ausgewertet oder zu den Akten gelegt, ob sie im Dienst des Unternehmens genutzt oder abgeblockt wird. Daten und Fakten sind erst die halbe Hausaufgabe.

Inhalt plus Absender ergibt die Botschaft

Jede Information besteht aus Inhalt und Absender. Erst beide zusammen geben ihr das entsprechende Gewicht. Je komplexer und undurchschaubarer der Inhalt ist, umso mehr orientiert sich der Empfänger am Absender. Die Erfahrungen, die der Empfänger mit dem Absender in der Vergangenheit gemacht hat, sind in seinem Kopf gespeichert. Mit jeder neuen Mitteilung werden sie aktiviert, sie verleihen der Information Glaubwürdigkeit oder rufen Mißtrauen hervor. Für den Controller ist daher wesentlich, daß er langfristig Vertrauen aufbaut. Hat er das Vertrauen verspielt, kann er sich damit behelfen, bei Bedarf Information durch andere übermitteln zu lassen, um seiner Botschaft Glaubwürdigkeit zu verleihen.

3.4.4 Wie lenke ich meinen Chef?

Oft steht der Controller vor dem Problem, wie er es anstellen soll, daß ihm sein Vorgesetzter Gehör schenkt. Peter Drucker gibt in seinem 1967 erschienen Buch "Die effektive Führungskraft" wertvolle Hinweise (vgl. Drucker [Führungskraft]). Das Geheimnis effektiver Controller besteht darin, daß sie die positiven und konstruktiven Kräfte ihrer Chefs zur vollen Wirkung bringen. Ein kluger und effektiver Controller fragt: "**Worin besteht die Stärke meines Vorgesetzten wirklich?** Was muß ich ihm an Information liefern, damit er seine Sache gut machen kann und die Stärken nützen kann?" Außerdem beobachtet der Controller die Arbeitstechnik des Vorgesetzten und richtet sich danach.

Entgegenkommen bei der Arbeitstechnik

Für den, der darauf achtet, gibt es keinen Zweifel, daß der Mensch **entweder Leser oder Zuhörer** ist. Es ist Zeitvergeudung, mit einem Leser zu sprechen. Er hört erst richtig hin, nachdem er gelesen hat. Genauso ist es Zeitvergeudung, einem Hörer einen umfangreichen Bericht vorzulegen. Nur das gesprochene Wort ermöglicht es ihm, mühelos zu begreifen, worum es sich handelt.

Einigen Menschen kann man das Verständnis dadurch erleichtern, daß man die Dinge schriftlich auf einer Seite zusammenfaßt. Andere wollen den Gedankengängen des Menschen folgen, der die Vorschläge macht, und brauchen einen ausführlichen Bericht, bevor etwas für sie Gestalt annimmt. Manche Vorgesetzte verlangen sechzig Seiten Zahlen zu jedem Punkt. Einige wollen über die Dinge in ihrem Anfangsstadium informiert werden, damit sie sich auf Entscheidungen vorbereiten können. Andere möchten von der Sache überhaupt nichts hören, bevor sie "spruchreif" ist.

Dieses Entgegenkommen betrifft immer nur das "Wie", nicht das "Was". Es betrifft mehr die Reihenfolge, in der verschiedene Dinge, die alle wesentlich sind, vorgetragen werden, als die Entscheidung darüber, was wesentlich oder richtig ist.

Unangenehme Wahrheiten

Menschen sehen sich selbst gern im besten Licht und achten auf Wertschätzung durch die anderen. Wer ihnen Wertschätzung entgegenbringt, macht sie aufgeschlossener für seine eigenen Interessen. Aber Menschen können auch ärgerlich, niedergeschlagen, ängstlich, frustriert, beleidigt sein. Ihr Ego wird leicht erschüttert. Sie sehen die Welt im Licht ihres eigenen Vorteils und verwechseln ihre Vorstellungen oft mit der Realität. Je weiter oben Menschen in der Hierarchie ihrer Organisation stehen, umso mehr Zeit verwenden sie darauf, ihre Position und ihre Interessen abzusichern.

In langfristigen Beziehungen verliert der aktuelle psychologische Komfort an Bedeutung gegenüber dem **Vertrauenskapital** und der **Glaubwürdigkeit**, die man erworben hat. Freunde oder Vorgesetzte lassen sich auch unangenehme Wahrheiten sagen, wenn sie aus Erfahrung wissen, daß man auf ihrer Seite steht. Ein Grundsatz der Vertrauensbildung lautet: Wenn man eine Stellungnahme, ein Gutachten oder ein Zeugnis über jemanden abgibt, soll cs der Betreffende wissen. So gewinnt man sein Vertrauen.

3.5 Vertrauensbildung

3.5.1 Controlling ist ein Vertrauensdienst

"Die erste Bedingung ist volle Aufrichtigkeit. Man muß ihn über die tatsächlichen Verhältnisse fortlaufend aufklären, ohne daß man aus falscher Rücksicht auf seine Bequemlichkeit ihm schönfärberische Berichte liefert oder hinter seinem Rücken Regierung treibt. Macht der Fürst trotz dieser Aufrichtigkeit ihm gegenüber einen Fehler, so scheue man nicht ein festes Wort und trete ihm ins Angesicht entgegen; denn es gilt das Wohl des Staates." (Konfuzius 551-479 v. Chr.)

Controlling ist ein Vertrauensdienst. Ein Vorstand, der sich mit Ja-Sagern umgibt, gleicht einem Piloten, der sich im Blindflug auf Instrumente verläßt, die ihm anstelle wahrer Messungen nur Werte angeben, die für ihn angenehm sind. Mehr noch, solche Manager drängen alle starken und unabhängigen Köpfe aus der Organisation hinaus und bringen alle kritischen Einwände zum Verstummen. Wenn es zu Fehlentwicklungen kommt, ist keine vernünftige Alternativpolitik zur Hand, und es gibt auch keinen qualifizierten Leiter, der das Kommando übernehmen könnte.

Fähige Controller: eine Bedrohung?

Was entscheidet darüber, ob sich ein Vorstand im Controlling katzbuckelnde Hofschranzen hält oder fähige, selbstbewußte, kompetente und loyale Menschen?

Die Verantwortung.

Wenn ein Vorstand weiß, daß er allein verantwortlich ist, wenn etwas schiefläuft, dann legt er Wert auf starke Controller. Wenn er auch die Verantwortung für die Fehler seiner Kollegen und Mitarbeiter übernimmt, dann sieht er ihre Erfolge als seine Erfolge an – und nicht als Bedrohung.

Natürlich geht jeder ein Risiko ein, der sich mit fähigen, starken, unabhängigen, selbständigen und selbstbewußten Menschen umgibt. Fähige Menschen sind meistens ehrgeizig. Aber ein fähiger Vorstand erkennt, daß Ehrgeiz im Controlling ein geringeres Risiko ist, als sich mit blinden Ja-Sagern zu umgeben. Wenn er weiß, daß er – und niemand sonst – die letzte Verantwortung für Fehler trägt, dann hat er **keine Angst vor starken Controllern**. Eine Bedrohung ist für ihn nicht, wer Fehlentwicklungen frühzeitig aufdeckt, sondern wer Fehler vertuscht – bis diese außer Kontrolle geraten und nur mehr mit enormen Kosten korrigiert werden können.

Dem Selbstbetrug entgegenwirken

Was beim Mitarbeiter, beim Geschäftspartner, beim Kunden und in der Öffentlichkeit am meisten Vertrauenskapital abbaut, ist fehlende Selbstreinigungskraft und **ungenügende Selbstkontrolle** von Führungskräften in Unternehmungen, Politik, Gewerkschaft, Interessenvertretungen und im Sport. **Vertrauenskiller** Nummer 1 ist die mangelnde Bereitschaft, vor der eigenen Tür zu kehren und die Mißstände in den eigenen Reihen auszuräumen. Menschen verzeihen Fehler, die eine Person oder Organisation macht, eher als das Vertuschen von Fehlern.

Wie stimuliert man moralische Selbstreinigung?
Ein schönes Beispiel wird über Charles Darwin erzählt: Er habe sich nur die Gedanken aufgeschrieben, die gegen ihn sprachen.

Es ist vorteilhaft, wenn man eine zweite Person in der Nähe hat, die widerspricht. In Organisationen und Unternehmen sollte das allerdings nicht dem Talent und der Courage des einzelnen überlassen werden.

Der Advocatus Diaboli

Es ist eine vordringliche Managementaufgabe, die Rolle des Widerparts zu institutionalisieren. Wie man das macht, kann man von der katholischen Kirche lernen: Sie hat in jeder Kurie einem Mitglied die Rolle des Advocatus Diaboli übertragen, der die Funktion hatte, Argumente gegen den Gruppenkonsens mit Sorgfalt und Gründlichkeit vorzutragen, um Selbstbetrug entgegenzuwirken. Diese Rolle des Advocatus Diaboli muß auch in Unternehmen und Organisationen zur Vorbeugung gegen Selbsttäuschung vergeben werden. Intern obliegt diese Aufgabe dem Controlling.

In der Gesellschaft übernehmen Ombudsmänner und Enthüllungsjournalisten die Aufgabe, **"störende" Informationen** ins Spiel zu bringen und der Selbsttäuschung, die sich auf Gruppenkonsens und Korpsgeist stützt, dort vorzubeugen, wo sie fatale Konsequenzen haben könnte. Auch Randgruppen können als Gegengift wirken. Ihr Einfluß trägt dazu bei, dem **Realitätsverlust** und den Wahrnehmungs-Defiziten einer Gruppenmeinung entgegenzuwirken. Ein "Grüner" unter den Interessenvertretern der chemischen Industrie oder eine Frau in einer Männergruppe werden nicht als "Gegengift" angesehen, weil sie besondere geistige Fähigkeiten entfalten, sondern weil man sie ungern in ein kompliziertes, vertrauliches Informationsnetz einbaut. Entweder werden sie radikal ausgeschlossen, oder sie dienen als Katalysator gegen Verschleierung und **Insider-Blindheit**.

Außenseiter sind besonders geeignet für die Rolle des Advocatus Diaboli. Vertrauenswürdig ist, wer sich kompetent, stark und unabhängig verhält. Das macht Entscheidungen nicht einfacher, aber transparenter und weiser – wie schon ein altes Sprichwort lehrt: "Wenn alle Menschen in die gleiche Richtung gehen, dann kippt die Welt um."

3.5.2 Vertrauen ist die freiwillige Übertragung von Kontrolle

Vertrauen ist die freiwillige Übertragung von Kontrolle über Ressourcen und Entscheidungen an einen Menschen oder an eine Organisation. Jemandem zu vertrauen bedeutet, sein Verhalten als vorhersagbar wahrzunehmen. Einem Controller zu vertrauen heißt nicht, ihn auch mögen zu müssen oder unbedingt einer Meinung mit ihm zu sein. Vertrauen ist die Überzeugung, daß der andere zuverlässig und integer ist.

Als höchst wirkungsvoller psychologischer Hebel erhöht Vertrauen die Bereitschaft zur Handlungskoordinierung und schränkt eigenmächtiges Agieren ein. Vertrauen schiebt die Grenzen der Unzumutbarkeit hinaus und erhöht die Toleranz gegenüber Belastungen. Vertrauen verbindet; es entschärft Mißverständnisse und erzeugt eine robuste Basis zur Verständigung. Vertrauen schafft Spielraum in stabilen Rahmenbedingungen.

Die Vertrauensregel des Konfuzius gilt daher auch und ganz besonders für Controller: Erwirb Dir zuerst das Vertrauen der Menschen, bevor Du ihnen Kritik und Belastungen zumutest.

Der Wert des Vertrauens

"Das Vertrauen ist die Grundlage, auf der eine wahrhafte Wirksamkeit erst möglich wird. Daher wird der höhere Mensch es sich überall zu verdienen versuchen, wo er mit Menschen zu tun hat. Hat er es mit Untergebenen zu tun, so erwirbt er sich erst ihr Vertrauen, ehe er ihnen Anstrengungen zumutet; denn wenn sie noch kein Vertrauen gefaßt haben und dennoch zu schwerer Arbeit herangezogen werden, so halten sie dieses Vorgehen nur für Härte. Ebenso sucht er im Verkehr mit seinem Fürsten erst dessen Vertrauen zu gewinnen, ehe er ihm Vorhaltungen macht; denn ohne dieses Vertrauensverhältnis wird der Fürst die Vorhaltungen nur als ungerechte Beschuldigung empfinden." (Kungfutse [Gespräche], S. 209f.)*)

Vertrauen verdienen

Das Vertrauen von Mitarbeitern, Vorgesetzten und Kunden muß man sich verdienen. Es gründet sich auf die Erwartung, daß geschriebene und ungeschriebene Vereinbarungen respektiert werden. Vertrauen ist der Glaube an die Integrität der anderen Seite.

Vertrauenskiller

- Unzuverlässigkeit
- Unglaubwürdigkeit und Korruptheit
- Inkompetenz
- Verlierer-Image und Schwäche
- Ehrgeiz ohne Loyalität
- Gewinnstreben ohne Verantwortung
- Zuviel Rampenlicht

In Vertrauenskrisen gibt es eine Reihe hinderlicher Einflüsse von außen, z. B. Presse, Rückfragen beim Auftraggeber oder unbeteiligte Dritte. Man sucht die Partner nicht mehr zu konstruktiven Schritten zu veranlassen, sondern die Zuschauer zur Parteinahme zu gewinnen. Eine Verständigung zwischen den Parteien ist unmöglich, wenn sich alle ins Rampenlicht setzen wollen. Diese Einflüsse sollte man reduzieren, dafür sollte man mit der Gegenseite auch private und vertrauliche Kommunikationsformen pflegen.

---

*) Niemand, der den Wert des Vertrauens im Umgang mit Menschen ergründen will, kommt ohne die Erkenntnisse aus, die Konfuzius in seinen Grundsätzen für das Regieren formuliert hat. Der Philosoph und Minister hat 551 bis 419 v. Chr. in China gelebt. Die chinesische Bezeichnung Kung Fu Dsi bedeutet ´Meister Kung´ und wurde von den Jesuiten zu ´Konfuzius´ verändert; diesen Namen hat man in Europa beibehalten. Im Alter von 50 Jahren, als Minister für Verwaltung der öffentlichen Arbeiten und später als Justizminister, konnte Konfuzius zeigen, was seine Prinzipien in der Praxis der Staatsverwaltung und Führung von Menschen zu leisten imstande sind. Sie ruhen auf drei Säulen der Vertrauensbildung: Attraktivität, Kompetenz, Sicherheit.

Verständnis und Vertrauen kann man durch drastische Beschränkung der Gruppengröße fördern. Ganz gleich, wie viele Leute an einer Verhandlung beteiligt sind: Die wichtigen Entscheidungen kommen bezeichnenderweise dann zustande, wenn nur zwei Personen im Raum sind.

Der Streik bei Austrian Airlines 1993 konnte erst beendet werden, nachdem man die Rahmenbedingungen für die Verhandlungen geändert hatte. Es wurden drei vertrauensbildende Maßnahmen gesetzt, die für erfolgreiches Krisen-Management charakteristisch sind:

1. Die Zahl der Unterhändler wurde drastisch verringert.
   Der Radius wurde enger gezogen.
2. Die Unterhändler gingen in Klausur, redeten miteinander statt mit den Medien.
   Das Rampenlicht wurde ausgeschaltet.
3. Es wurde nicht mehr um die endgültige Lösung verhandelt, sondern nach einer vorläufigen Zwischenlösung gesucht. Der Zeithorizont wurde geändert.

3.6 Durchsetzung

3.6.1 Druck und Leistung

Die primitivste Methode, ein Anliegen durchzusetzen, ist verstärkter Druck. Wie reagieren Menschen, wenn man sie unter Druck setzt – Zeitdruck, sozialen, psychologischen oder finanziellen Druck? Die Reaktion folgt vier elementaren psychologischen Regeln:

- Der geistige, soziale und zeitliche Horizont wird verengt. Diese "Scheuklappen" erfüllen eine wichtige Funktion: Sie dienen der Konzentration und verhindern Ablenkung vom Problem; zugleich blockiert die Einengung flexible Reaktionen.
- Die Kommunikation wird zur Einbahnstraße oder bricht ganz zusammen. Der Sender wird immer lauter aufgedreht, der Empfang bricht ab.
- Dominante Verhaltensweisen setzen sich durch. Unter Druck treten verstärkt Reaktionen auf, die durch Anlage und Gewohnheit verankert sind, und verdrängen jene Verhaltensweisen, die später gelernt oder antrainiert wurden.
- Zwischen Druck und Leistungsfähigkeit besteht eine nicht-lineare Beziehung, die durch das Yerkes-Dodson-Gesetz beschrieben wird:

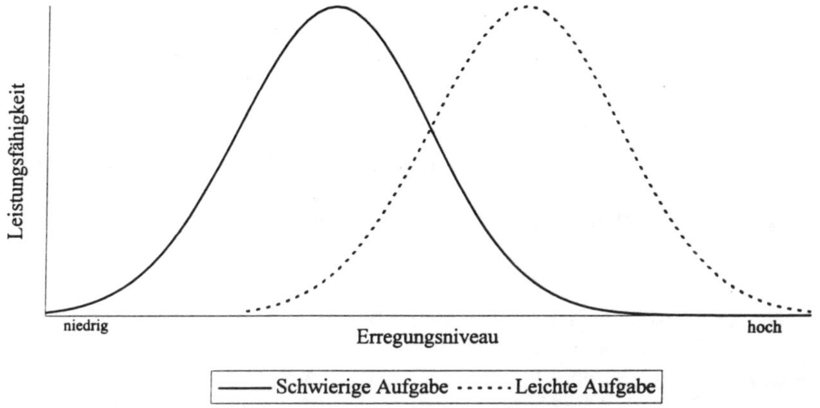

Abb. 3.1: Die Leistungsfähigkeit als Funktion von psychischer Erregung und Aufgabenschwierigkeit gemäß dem Yerkes-Dodson-Gesetz (1908) (vgl. Yerkes; Dodson [relation], zitiert nach Eysenck; Eysenck [Persönlichkeit], S. 206)

Das Gesetz besagt, daß die Beziehung zwischen Spannung und Leistungsfähigkeit einer umgekehrten U-Kurve entspricht: Die Leistung ist bei mittlerem Druck am besten. Das optimale Erregungsniveau ist umgekehrt proportional zur Aufgabenschwierigkeit, bei leichteren Aufgaben liegt der optimale Druck höher als bei schwierigen Aufgaben. Steigender Druck, Erregung, Angst oder Emotionalität bewirken zunehmende Einschränkung der beachteten Hinweise aus der Umgebung; Erregung führt zur Einengung der Aufmerksamkeit. Nimmt man an, daß es im Kontext mit schwierigen Aufgaben mehr Hinweise gibt als im Kontext mit leichten Aufgaben, kommt es bei steigender Erregung in schwierigen Aufgaben früher zum Leistungsabfall als bei leichten Aufgaben.

3.6.2 Die Methode

Wenn Unter-Druck-Setzen und Zurückschlagen fruchtlos ist, was hilft dann? Wie kann man die Spirale aus Aktion und Reaktion vermeiden?

Wenn man ein Anliegen durchsetzen will, braucht man eine Methode. Dieses Werkzeug sollte auf dem **persönlichen Verhaltensrepertoire** aufbauen, es wirkungsvoll einsetzen und gleichzeitig um einige Varianten erweitern.

Das "program on negotiation" an der Harvard University hat zehn Jahre lang Methoden zur Verhandlung und **Durchsetzung von Interessen** getestet. Die effizientesten teilt der Harvard-Professor Roger Fisher gemeinsam mit dem Konfliktberater William Ury im Bestseller "getting to yes" mit (vgl. Fisher; Ury [Harvard-Konzept]). Diese Methoden helfen bei der Lösung des Problems: Wie kann man sein Anliegen durchsetzen, ohne sich zu zerstreiten?

Die Strategien beruhen im wesentlichen auf vier Grundsätzen:

1. MENSCHEN:	Menschen und Probleme getrennt voneinander behandeln!
2. INTERESSEN:	Nicht Positionen, sondern Interessen in den Mittelpunkt stellen!
3. OPTIONEN:	Vor der Entscheidung verschiedene Wahlmöglichkeiten entwickeln!
4. KRITERIEN:	Das Ergebnis auf objekten Entscheidungsprinzipien aufbauen!

Grundsatz Nr. 1: MENSCHEN und Probleme getrennt behandeln

Emotionen werden meist mit der objektiven Sachlage des Problems verquickt. Die besten Resultate erzielt man, wenn man diese Verwicklung auflöst. Bildlich gesprochen sollten sich die Partner Seite an Seite sehen, wie sie gemeinsam das Problem angehen – und nicht, wie sie aufeinander losgehen.

Man soll die Dinge sachlich anpacken, **ohne den Menschen Schuld zuzuweisen**. Noch besser ist persönliche Zuwendung: respektvolles Zuhören, **Wertschätzung** für aufgewandte Zeit und Mühe ausdrücken. Im Mittelpunkt soll das Problem stehen, nicht der Mensch. Eine Faustregel besagt, daß man dem Menschen auf der Gegenseite persönliche Hilfe in genau derselben Stärke zuteil werden läßt, in der man das Problem selbst attackiert. Dabei wirkt vor allem die **Mischung aus Hilfe und Angriff**, jede Methode allein ist unwirksam.

Will man Interessen durchsetzen, ist der erste und wichtigste Schritt **persönliche Anerkennung** der Person auf der anderen Seite. Die Menschen hören besser zu, wenn sie das Gefühl haben, verstanden zu werden. Sie glauben gerne, daß diejenigen, die sie verstehen, intelligent und symphatisch sind, und daß man deren Meinung anhören sollte. Wenn die andere Seite "eigene" Interessen würdigen soll, muß man zuerst die Interessen des "anderen" würdigen.

Sich in die Lage des anderen versetzen: Wie man die Welt sieht, hängt davon ab, wo man steht. Menschen haben die Eigenart, nur das zu sehen, was sie sehen wollen. Aus einer Unmenge spezieller Informationen holen sie das heraus und versteifen sich darauf, was ihre früheren Vorstellungen bestärkt; was ihre Vorstellungen in Frage stellt, lassen sie außer acht oder deuten es falsch. Viele sehen nur ihre eigenen Verdienste und die Fehler der anderen.

So schwer es auch sein mag, eine Situation von der anderen Seite her zu sehen, diese Fähigkeit ist eine der wichtigsten für jeden, der etwas durchsetzen will. Die Erkenntnis, daß die anderen die Sache anders sehen, reicht nicht. Wenn man Einfluß haben will, muß man sich auch in die Emotionen einfühlen, mit der die Gegenseite daran hängt.

Nicht blind für die Beweggründe der Gegenseite sein: Was die Gegenseite denkt, "ist" auch das Problem. Ob man ein Geschäft macht oder einen Streit schlichtet: Die Differenzen bestimmen sich immer als Unterschied zwischen dem eigenen Denken und dem der

Gegenseite. Der Konflikt liegt nicht in der objektiven Wirklichkeit, sondern in den Köpfen der Menschen. Entdeckt man "Wahrheiten", ist das ein zusätzliches Argument – manchmal ein gutes, manchmal ein weniger gutes. Die Differenzen existieren, weil die Menschen sie in ihren Köpfen denken. Selbst wenn Ängste unbegründet sind, sind sie doch real, und man muß sie beachten. Auch unrealistische Hoffnungen verursachen mitunter Kriege.

Das Nachgeben in einer Kernfrage wird nicht automatisch Freundschaft einbringen. Möglicherweise hat Nachgeben nur den Effekt, daß man von der Gegenseite ausgenutzt wird. **Psychologische Probleme können nicht durch Zugeständnisse in der Sache gelöst werden**. Wenn es um psychologische Probleme geht, sollten psychologische Techniken eingesetzt werden: Wenn die Vorstellungen vage sind, ist Präzisierung notwendig. Wenn die Emotionen hochgehen, braucht man Wege zum Abbau der Erregung. Gibt es Mißverständnisse, muß die Kommunikation verbessert werden. Es gilt der Grundsatz: Sanft zum Menschen – hart zum Problem!

Grundsatz Nr. 2: INTERESSEN – und nicht Positionen – in den Mittelpunkt stellen

Will man ein Anliegen durchsetzen, muß man Interessen finden, die man zu beiderseitigem Nutzen verwenden kann. Ziel ist es, der Gegenseite die Entscheidung zu erleichtern. Da die meisten Leute mit ihren eigenen Problemen beschäftigt sind, achten sie zu wenig auf Möglichkeiten, ihre eigenen Vorteile durch die Beachtung von **Interessen der Gegenseite** zu fördern. Viele Übereinkünfte spiegeln dieses Prinzip wider. Unterschiedliche Interessen machen oft einen Konnex zwischen großem Nutzen für den einen und geringen Kosten für den anderen möglich.

Oft fällt man auf den Eindruck herein, daß **nur finanzielle Interessen** im Spiel sind, was in den meisten Fällen ein fundamentaler Irrtum ist. Bei der Suche nach den Interessen, die sich hinter den Positionen verbergen, sollte man besonders darauf achten, was alle Menschen motiviert. Wenn man solche **Grundbedürfnisse** berücksichtigt, vermehren sich die Chancen, ein Anliegen durchzusetzen und auch von der Gegenseite Zustimmung zu erhalten. Menschliche Grundbedürfnisse sind vor allem:

- Sicherheit
- wirtschaftliches Auskommen
- Zugehörigkeitsgefühl
- Anerkanntsein
- Selbstbestimmung.

Grundsatz Nr. 3: OPTIONEN vermehren – die Basis der Wahlmöglichkeiten verbreitern

Das Geheimnis erfolgreicher Verhandlungs- und Durchsetzungs-Strategien liegt in der Auswahl aus einer großen Zahl von **Optionen**. Wer gut aussteigen will, muß danach trachten, die Zahl der Optionen zu vermehren, statt nach "der einzigen" Lösung zu suchen. Er muß nach Vorteilen für alle Seiten Ausschau halten, und er muß Vorschläge entwickeln, die den anderen die Entscheidung erleichtern.

In der Vorstellung vieler Menschen gehört die **Entwicklung von Alternativen** nicht zum Verhandlungsprozeß. Sie sehen ihre Aufgabe darin, die Kluft zwischen den Positionen zu verkleinern und eine Übereinkunft zu erreichen, anstatt die verfügbaren Optionen zu erweitern. Eine der größten Barrieren für den beiderseitigen Vorteil ist die Meinung, daß die anderen ihre Probleme selbst lösen sollen. Will ein Controller seine Interessen wahren, muß er sich um eine Lösung bemühen, die auch die Interessen der anderen umfaßt. Man braucht eine gewisse Ungezwungenheit, um die Interessen beider Seiten zu wahren: "Wir haben genug eigene Probleme; sollen wir uns auch noch den Kopf der anderen zerbrechen?" Man kommt sich fast verräterisch gegen sich selbst vor, wenn man über Wege nachdenkt, die auch die anderen befriedigen. Aber wenn es gelingt, die Optionen zum beiderseitigen Vorteil zu vermehren, hat man leichtes Spiel bei der Durchsetzung.

Grundsatz Nr. 4: Auf objektiven KRITERIEN aufbauen und die Macht der Legitimität nutzen

Das Prinzip dient dazu, dem Druck eines hartnäckigen Partners nicht nachzugeben, und ist eine Form von **"Recht macht stark"**. Man kann sich leichter der Willkür verweigern, als die Gegenseite sich der **Legitimität** entziehen kann. Objektive Kriterien sollten, zumindest theoretisch, beiden Seiten passen. Ein Test zeigt, ob die Entscheidung fair und unabhängig vom Willen beider Parteien ist. Ein gutes Beispiel ist die alte Methode, ein Stück Kuchen zwischen zwei Kindern zu teilen: Das eine zerschneidet den Kuchen, das andere darf wählen. Keines von beiden kann sich über ungerechte Teilung beklagen.

Wie nutzt man die Macht der Legitimität?

- Jeder Streitfall soll zur gemeinsamen Suche nach Legitimität und nach gerechten, objektiven Kriterien umfunktioniert werden.
- Durch vernünftiges Argumentieren und Offenheit gegenüber solchen Argumenten, die auf einsichtigen Kriterien beruhen und die sagen, wie man sie entsprechend umsetzen soll.
- Die Argumentation wird durchschlagender, wenn sie auf Kriterien aufgebaut ist, die die Gegenseite selbst vorgeschlagen hat. Das macht Widersprechen schwierig.
- Nachgeben wird problematisch, wenn man den Vorschlägen anderer Leute folgen soll. Hat man die Kriterien selbst ins Spiel gebracht, ist Nachgeben nicht ein Akt der Schwäche, sondern Ausdruck von Korrektheit: Man steht zu seinem Wort.

- Man soll niemals irgendwelchem Druck nachgeben, sondern sich nur legitimen und sinnvollen Prinzipien beugen, nach dem Grundsatz: Offen für Vernunftgründe sein, sich aber jeder Drohung verschließen.

3.6.3 Checklist für die Durchsetzung – eine Hilfe zu klarem Denken

- Können Sie eine Übereinkunft formulieren, die für die Gegenseite leicht realisierbar ist?
- Wenn Sie die anderen wären, welche Ergebnisse würden Sie am meisten fürchten?
- Wenn Sie die anderen wären, worauf würden Sie hoffen?
- Sind Sie imstande, einen Vorschlag niederzuschreiben, bei dem ein schlichtes "Ja" der Gegenseite ausreichend und realistisch für die Zusammenarbeit wäre?
- Sind Ihre Alternativen schlechter, als die Gegenseite denkt? Dann geben Sie sie nicht preis!
- Können Sie die Anzahl der Leute reduzieren, deren Zustimmung nötig ist?
- Haben Sie sich ein Bild von den Abhängigkeiten Ihres Gegenübers gemacht?
- Gibt es einen Präzedenzfall? Dann nutzen Sie ihn. Suchen Sie eine Entscheidung oder einen Kernsatz, den die Gegenseite in einer ähnlichen Situation gemacht hat, und bauen Sie Ihren Vorschlag darauf auf.
- Gibt es eingefleischte Gewohnheiten und eine Tradition? Setzen Sie ein, was schon einmal getan oder gesagt wurde!
- Hilft kurzfristig ein Provisorium? Damit kommen Sie der Lösung näher.
- Würde es die anderen gewinnen oder ihnen entgegenkommen, wenn sie den abschließenden Vorschlag unterbreiten oder der Öffentlichkeit vorstellen?
- Es ist leichter, den Entscheidungsprozeß zu ändern als die Menschen, mit denen man es zu tun hat.
- Stellen Sie die Taktik in Frage, nicht die persönliche Integrität der anderen!
- Manchmal ist nicht zu wenig, sondern zu viel Kommunikation vorhanden. Gibt es viel Ärger und Unbehagen, läßt man manche Gedanken besser unausgesprochen.
- Kämen Sie in Verlegenheit, wenn alles, was Sie gesagt haben, in der Zeitung stünde?
- Halten Sie die Minimalforderung der Vertrauenswürdigkeit ein?
- Wenn sich der Käufer geprellt fühlt, hat der Verkäufer einen Fehler begangen. Er verliert einen Kunden und seinen guten Ruf.

3.7 Wandel

3.7.1 Psychologischer Widerstand

Organisatorische Änderungen und Entwicklungen, die eine wesentliche Einschränkung des Handlungsspielraums mit sich bringen, werden von den meisten Mitarbeitern und Kunden nicht widerstandslos hingenommen.

Wenn Sanktionen zu befürchten sind, äußert sich der **Widerstand** versteckt, meist in illegalen Praktiken, die von Kollegen weitgehend toleriert werden.

Es gibt zwei psychologische Regeln, die das Verhalten von Menschen beschreiben, wenn man ihren Handlungsspielraum einengt. Nach der Theorie des psychologischen Widerstands von Wortman & Brehm (1975) wird die betroffene Person kurzfristig alle Ressourcen mobilisieren, um den **verlorenen Einfluß wieder verfügbar zu machen** (vgl. Pelzmann [Wirtschaftspsychologie], S. 45ff.). Dieser psychologische Widerstand bleibt aus, wenn der Verlust nicht als endgültig, sondern nur als vorübergehend wahrgenommen wird, und wenn die Ursachen als variabel erlebt werden.

Das Modell der gelernten Hilflosigkeit von Seligmann (1975) postuliert, daß Menschen nach einer längeren Phase der Handlungsohnmacht die Erwartung abbauen, ihre Umgebung unter Kontrolle zu haben (vgl. Seligmann [Hilflosigkeit], zitiert nach Pelzmann [Wirtschaftspsychologie], S. 224ff.). **Langfristig führt der Entzug von Handlungsspielraum dazu, daß der Betreffende nichts anderes mehr erwartet** – weder Kontrolle, Macht oder Einfluß.

Die **"gelernte Hilflosigkeit"** baut Eigeninitiative, Motivation und Interessen ab. Menschen gehen zu dem, was sie nicht durchschauen oder nicht beeinflussen können, auf Distanz. Die Folge ist innere Kündigung. Bei der Umgestaltung von Organisationen und Befugnissen kommt es darauf an, den Blick auf neue Handlungsspielräume zu lenken anstatt auf den Entzug der alten. Der folgende Abschnitt zeigt, wie man als Controller den Veränderungsdruck als Hebel für organisatorischen Wandel mit positivem Resultat nutzt.

3.7.2 Promotoren- und Opponenten-Modell von Witte

Dieses Modell geht von Fähigkeits- und Willensbarrieren der Individuen aus, die einen Innovationsprozeß verhindern wollen.

Willensbarrieren werden aufgebaut, um einen vertrauten Ist-Zustand zu halten. Dadurch soll die Ungewißheit und Unsicherheit von Innovationen vermieden werden. Innovationen verlangen nach dem **Verlassen eines Gleichgewichtszustands**, das ein Individuum nur vollzieht, wenn es bestimmte Anreize geboten bekommt oder Sanktionen bei Verweigerung drohen. Anreize und Sanktionen sind mit einer gewissen Machtstellung verbunden.

Fähigkeitsbarrieren: Innovationen hängen mit neuen Ideen und Abläufen zusammen. Für viele Individuen entsteht durch Neuheit Unsicherheit, da die **eigenen Fähigkeiten noch nicht ausreichen**, mit der neuen Situation umzugehen. Diese Barriere muß durch Personen mit dem entsprechenden Fachwissen überwunden werden. Witte leitet aus dieser Barrierendarstellung das **Promotoren-Opponenten-Modell** zur Ermöglichung innovativer Veränderungen ab (vgl. Witte [Organisation], S. 15ff.).

Promotoren fördern einen Innovationsprozeß aktiv und intensiv. Sie sorgen für Veränderung und Ablösung des Alten. Dazu muß der Promotor neben der Erfüllung seiner eigentlichen Stellenaufgaben zusätzliche Energie für bestimmte Veränderungen einsetzen können. Witte differenziert zwischen **Machtpromotoren** (zur Überwindung von Willensbarrieren) und **Fachpromotoren** (zur Überwindung von Fähigkeitsbarrieren). Diese beiden Promotorentypen müssen einander ergänzen, um eine Innovation zu ermöglichen. Der Machtpromotor muß, um hierarchisches Potential zu entwickeln, nach Möglichkeit in der Organisation auf höchster Ebene angesiedelt sein. Der Fachpromotor fördert den Prozeß durch sein Fachwissen, ist daher nicht von der Hierarchie abhängig; eine zu schwache hierarchische Position würde den Prozeß allerdings gefährden. Das Verhältnis der beiden Promotoren kann als Koalition, als Gespann bezeichnet werden, sie müssen aber nicht unbedingt in einem fixen hierarchischen Verhältnis stehen. Dem Promotorengespann steht ein Opponentengespann gegenüber, das – ebenfalls mit Macht und Fachwissen ausgestattet – den Innovationsprozeß kritisch hinterfragt und quasi den Sparringspartner der Promotoren darstellt.

Witte hat dieses Modell im Rahmen einer empirischen Untersuchung bei der Kaufentscheidung von Unternehmen bezüglich EDV-Anlagen getestet und verifiziert. Bei der Einführung und Durchsetzung von Controlling wird der Ansatz von Witte von Siller (vgl. Siller [Grundsätze], S. 11ff.) zum **Grundsatz des Treibens und Bremsens** im Rahmen seiner Grundsätze des ordnungsgemäßgen strategischen Controlling weiterentwickelt. Die Treiber werden von den Promotoren, die Bremser von den Opponenten verkörpert. Siller faßt zusammen: "Dem strategischen Controller ist in multipersonalen innovativen Entscheidungsprozessen unbeschadet der Teilnahme anderer über fachliche Autorität verfügender Funktionsträger die Rolle eines permanenten Impulsgebers mit Informationsmacht und Realisationsverantwortung zuzuweisen. Im Interesse der Erfüllung der ihm gestellten Sicherungsaufgaben hat der Controller der jeweiligen Situation im Problemlösungsprozeß entsprechend als Fachpromotor bzw. Fachopponent den Entscheidungsprozeß wirksam zu steuern." (Siller [Grundsätze], S. 121) Die Rolle des Machtpromotors beziehungsweise Machtopponenten muß in diesem Fall von den Entscheidungsträgern der Organisation eingenommen werden. Die Durchsetzung von Controlling in einer Organisation funktioniert nur dann, wenn der Controller aktiv an der strategischen Steuerung mitwirkt und hierarchisch von den Entscheidungsträgern unterstützt wird.

3.7.3 Macht als Phänomen im Rahmen des organisatorischen Wandels

Macht kann als die Fähigkeit definiert werden, Veränderungen auch gegen den Willen anderer durchzusetzen.

Man unterscheidet verschiedene Arten von Macht:

- Macht durch Belohnung setzt positive Sanktionen.
- Macht durch Bestrafung bedeutet Androhung oder Vollzug von negativen Sanktionen.
- Positionsmacht: Diese Machtkategorie entspricht etwa dem Machtpromotor von Witte. Macht kommt aus der hierarchischen Position, wird aber nicht unbedingt mit sachlicher Kompetenz verbunden.
- Identifikationsmacht ergibt sich aus der Wertschätzung des Machtunterworfenen für den Machtausübenden.
- Expertenmacht wird durch den Fachpromotor ausgeübt. Sie korreliert am stärksten mit Zufriedenheit und Leistung.

Unter der Annahme, daß sich durch organisatorische Veränderungen auch Machtstrukturen verändern, muß bei der Einführung und Durchsetzung von Controlling die jeweils richtige Machtbasis – bezogen auf die beteiligten Individuen – eingesetzt werden.

Beurteilung von Führungsstilen bezüglich Controllingeinführung

Der Führungsstil beschreibt die Art und Weise, wie eine Führungskraft Entscheidungen trifft oder delegiert und allgemein mit Mitarbeitern umgeht. In der Literatur werden verschiedene Führungsstile nach unterschiedlichen Kriterien beurteilt.

Autoritärer Führungsstil →						← Demokratischer Führungsstil
Vorgesetzter zeigt autoritäres Verhalten						Vorgesetzter läßt Untergebenen Freiheit
1) Vorgesetzter trifft Entscheidungen und kündigt sie an	2) Vorgesetzter "verkauft" Entscheidungen	3) Vorgesetzter schlägt Ideen vor und erwartet Fragen	4) Vorgesetzter schlägt Versuchsentscheidung vor, die geändert werden kann	5) Vorgesetzter zeigt das Problem, erhält Lösungsvorschlag und entscheidet	6) Vorgesetzter gibt Grenzen an und fordert Gruppe auf, die Entscheidung zu fällen	7) Vorgesetzter gestattet den Untergebenen in den systembedingten Grenzen, frei zu handeln

Abb. 3.2: Führungsstile zwischen autoritär und demokratisch
(vgl. Tannenbaum; Schmidt [leadership], S. 96, zitiert nach Steinmann, Schreyögg [Management], S 554)

Während Tannenbaum/Schmidt nach der Möglichkeit der Handlungsfreiheit der Mitarbeiter differenzieren, haben Blake/Mouton ein zweidimensionales Verhaltensgitter entwickelt, dessen Kriterien Produktionsorientierung und Mitarbeiterorientierung sind. Je nach Schwerpunktsetzung ergibt sich ein bestimmter Führungsstil.

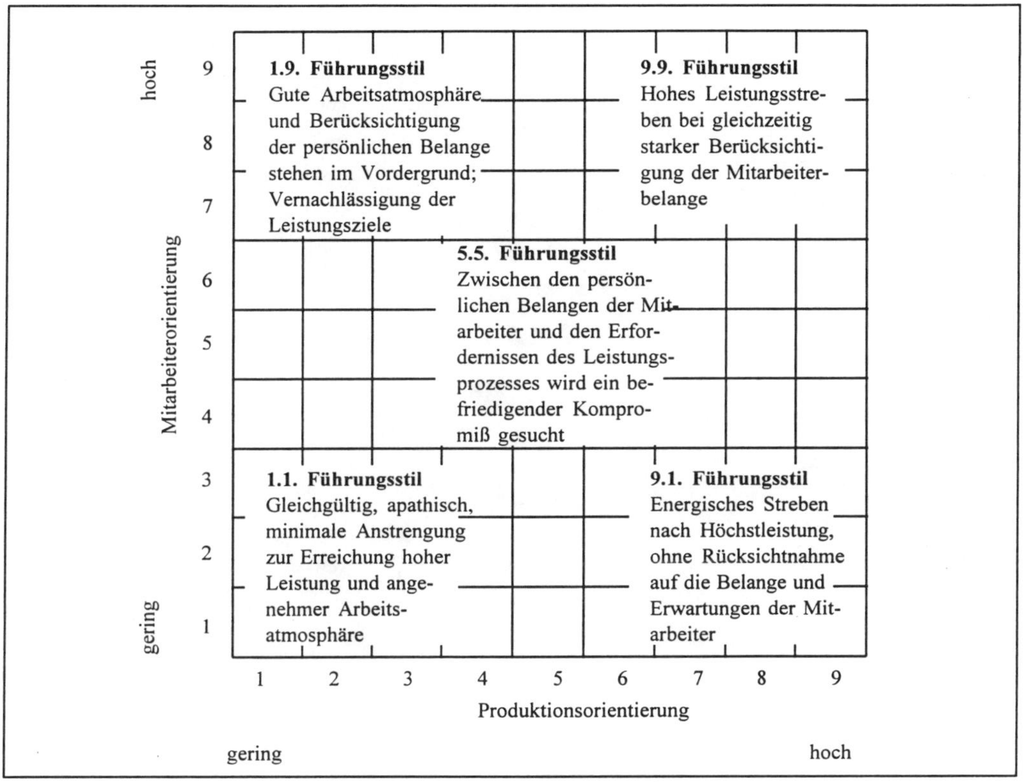

Abb. 3.3: Verhaltensgitter nach Blake/Mouton.
(vgl. Steinmann; Schreyögg [Management], S. 562)

Nimmt man allgemeine Untersuchungen als Maßstab, fördern **demokratische** oder **mitarbeiterorientierte** Führungsstile die Überwindung von Barrieren bei innovativen Veränderungen – wie z. B. bei der Einführung und Durchsetzung von Controlling. Umgekehrt kann man schließen, daß reine Machtausübung durch Autorität ohne Berücksichtigung der Bedürfnisse der Beteiligten (Beteiligte werden nicht zu Betroffenen gemacht) eher Barrieren erzeugt als abbaut.

4 EDV-Unterstützung von Controllingsystemen

Christoph Müller, Jürgen Müller

Die EDV ist aus der Arbeit des Controlling nicht mehr wegzudenken. Die Auswirkungen der Hard- und Softwareentwicklung auf das Controlling müssen aufgearbeitet werden. Mit der zunehmenden EDV-Unterstützung des Controlling ändern sich aber auch die Aufgaben des Controlling. In der Folge wird eine Konzeption für die Gestaltung eines EDV-gestützten Controllingsystems dargestellt. Der Prozeß der Konzeption, Auswahl und Implementierung sowie die damit in Verbindung stehenden Erfolgsfaktoren werden beschrieben.

4.1 Controllingsysteme und EDV-Unterstützung

Die zunehmende EDV-Orientierung der Betriebswirtschaftslehre im allgemeinen konfrontiert auch das **Controlling** im speziellen mit der Fragestellung einer optimalen Unterstützung durch EDV (vgl. Scheer [Betriebswirtschaftslehre], S. 1f.). Das Rechnungswesen war im Unternehmen schon bisher für den Einsatz von EDV-Anwendungen prädestiniert. In Hinblick auf eine stärkere Betonung des **entscheidungsorientierten Rechnungswesens** (vgl. Mertens; Pfuhl [Computereinsatz], S. 58) ist in jüngster Zeit verstärkt der Einsatz von EDV-Lösungen im Controlling festzustellen. Die zunehmende Komplexität und Menge der entscheidungsrelevanten Informationen erfordert den Einsatz von EDV. Insbesondere das operative Controlling ist ohne EDV-Unterstützung nur schwer vorstellbar, da diese dabei hilft, die Hauptaufgabe des Controlling zu erfüllen, Informationen schnell, empfängerorientiert und situationsgerecht zur Verfügung zu stellen. Controlling-Software, die dem Stand der Technik entspricht, ermöglicht optimale Unterstützung der Controller-Tätigkeit.

Unter **EDV-gestütztem Controlling** versteht man "die Nutzung des Werkzeugs Computer bei der Erfüllung der Controllingaufgaben. Dieser Instrumentalcharakter unterscheidet das computergestützte Controlling von der Funktion des **EDV-Controlling** (vgl. Horváth [Controlling], S. 679-744 und Roithmayer [Controlling]). Aufgrund der technologischen Entwicklung in der EDV geht der Trend in Richtung Controlling-Standardsoftware und Personalcomputer.

Die EDV-Unterstützung des Controlling muß folgende Anforderungen erfüllen:

- Die **Verbindung von controllinggerechten** Methoden,
- aufbauend auf eine durch **effiziente** Schnittstellen
- abgesicherte **Datenbasis**, die die
- Zusammenstellung der wesentlichen Informationen ermöglicht,

- um sowohl als Decision Support System **(DSS)**
- als auch als Management Information System **(MIS)**
- dem Controller als zukunftsorientiertes Werkzeug zur Erreichung der **Unternehmensziele**
- zur Verfügung zu stehen,
- das durch ausreichende Flexibilität
- an sich ändernde Umweltbedingungen anpaßbar ist.

Der Entwicklungsstand des Controlling im Unternehmen ist grundsätzlich keine Restriktion für den Einsatz von **Controlling-Software** (zum Entwicklungsstand des Controlling in Österreich vgl. Eschenbach [Controlling-Konzepte]). Befindet sich ein Unternehmens-Controlling in einer niedrigeren Entwicklungsphase (zur Darstellung der verschiedenen Entwicklungsphasen des Controlling vgl. Eschenbach [Unternehmensführung], S. 2212f.), kommt es im Zuge der Software-Einführung zur Zufuhr von betriebswirtschaftlichem Know-how. Durch EDV-Unterstützung kann der Entwicklungsstand und die **Effizienz des Controlling** beträchtlich angehoben werden (vgl. Österreichisches Controller-Institut [Controlling]).

Eine bestimmte Unternehmensgröße oder Branche ist nicht Bedingung für den Einsatz von Controlling-Software. Der Funktionsumfang des Controlling in kleineren Unternehmen ist meist ein anderer als in Großunternehmen, was aber nicht heißt, daß der Mittelstand mit methodisch einfacheren Software-Lösungen vorliebnehmen muß. Auch mittelständische Unternehmen können mit Hilfe des Personal-Computers ein schlagkräftiges, aussagefähiges und systematisches Controlling auf- und ausbauen. Dieses Potential zur Stärkung der **Wettbewerbsposition** wurde bisher viel zu wenig ausgeschöpft oder überhaupt noch nicht erkannt. Durch EDV-Einsatz im Controlling kann dieser vernachlässigte Bereich genutzt werden (vgl. Lachnit; Ammann [Erfolgsplanung], S. 73ff.).

4.2 Veränderung der Aufgabenstellung des Controllers

Das **Berufsbild** und der **Aufgabenbereich** des Controllers verändert sich durch den Einsatz von EDV (im Controlling) entscheidend. Durch die automatisch erfaßbaren und verarbeitbaren Daten entstehen neue Aufgabenbereiche:

- Prüfung der **Datenintegrität**
- Erstellung von **Datendefinitionen** und **Datenmodellen**
- Darstellung logischer **Datenverknüpfungen**
- Integration von externen und internen Informationen
- Erhöhte Verantwortung für die Informationslogistik im Unternehmen.

Die neuen Aufgabenstellungen verändern das Selbstverständnis und das Berufsbild des Controllers von einem **Informationsbeschaffer** zu einem **Informationsmanager** des Unternehmens. Der Controller muß den Zahlenfriedhof zu einem attraktiven **Zahlensupermarkt** aufbereiten. Die Benutzer dieses Supermarkts werden ihre Informationsbedürfnisse zunehmend selbst formulieren und das Angebot auch fordern. Der Controller wird die "Verpackung" und die Formulierung des "Begleittexts" zu diesen Informationsgütern liefern müssen. Weiters wird er für Kontrolle und Koordination des Informationsbedarfs verantwortlich sein, um ein Ansteigen der Gemeinkosten durch "Pseudoinformationsbedarf" zu vermeiden. Die Regale des Zahlensupermarkts müssen aber auch gefüllt und laufend betreut werden. Diese **"Regalbetreuung"**, die Koordination der zunehmend dezentralen Informationsverarbeitung und -bereitstellung, wird als neues Aufgabenfeld des Controllers an Bedeutung gewinnen.

In der Zusammenarbeit mit dem Management werden Veränderungen eintreten, da durch den Einsatz der EDV die Erwartungen an den Controller steigen. Die Informationslogistik wird entscheidend verbessert, der Controller gewinnt durch die bessere Informations-Qualität an Kompetenz und kann seine Stellung im Unternehmen festigen.

Diese Veränderungen können durch zwei Aspekte der Nutzung von EDV im Controlling beschrieben werden:

- Der **sachliche Aspekt:**
  Der Computer dient dem Controller als Instrument bei der Informationsbeschaffung und -bereitstellung. Daraus resultiert eine verbesserte Informationslogistik im Controlling.
- Der **verhaltensbezogene Aspekt**:
  Der Computer wird als "Partner" des Controllers verstanden und hilft bei der Lösung aktueller Fragestellungen (vgl. Wingefeld [Controller], S. 153).

4.3 Chancen eines EDV-gestützten Controlling

Durch den Einsatz der EDV entstehen zusätzliche Chancen im Controlling und auch im gesamten Unternehmen:

- Der Einsatz einer Controlling-Software ist Anlaß und Gelegenheit, sich mit der **Controllingkonzeption** und -Institution sowie mit den Controllingaufgaben allgemein (zur Formulierung des Sollkonzepts) und speziell mit dem im Unternehmen realisierten Controllingsystem auseinanderzusetzen. Diese intensive Beschäftigung mit dem Controlling kann zu neuen Impulsen im gesamten Unternehmen führen.
- Mit den neuen Aufgabenstellungen des Controlling erleichtert der Controller dem Management wesentliche Aufgaben, die für den Erfolg des Unternehmens von entscheidender Bedeutung sind. Der Controller kann zweifach zur Optimierung des Geschäftserfolgs beitragen: durch das aktuelle Aufzeigen von möglichen strategischen und operativen Chancen und Problemfeldern und durch die Verkürzung des time-lags zwischen Kursabweichung und Kurskorrektur.
- Der Einsatz von Controlling-Software erfordert intensive Beschäftigung mit der Organisation und den Abläufen im Unternehmen. Dadurch können historische Strukturen aufgeweicht, Gewohnheiten in Frage gestellt und Änderungen bewirkt werden. Durch die Offenlegung von nicht zweckentsprechenden Abläufen, Beziehungen und Organisationsstrukturen im Unternehmen, die

bisher – durch den Einsatz von zusätzlichen Ressourcen (Personalaufwand etc.) – nicht aufgefallen sind, kann im Rahmen des organisatorischen Gestaltungsprozesses ein enormes Rationalisierungspotential erschlossen werden. Bisher gewollte – oder als Tatsachen akzeptierte – Vorgänge können kritisch hinterfragt werden, um eventuell als Basis für eine Abschaffung oder Reorganisation zu dienen.

- Die Implementierung einer geeigneten Controlling-Software kann auch betriebswirtschaftlichen Know-how-Zuwachs bedeuten (insbesondere für Unternehmen, die noch kein hochentwickeltes Controlling haben).
- Das Controlling bekommt durch den Einsatz der EDV die Chance, dem geforderten **Feedforward-Denken** besser zu entsprechen, ohne auf die Wirtschaftlichkeit bei der Informationserhebung und -verarbeitung verzichten zu müssen. Mit Hilfe EDV-unterstützter Planungs-, Simulations- und Erwartungsrechnungen kann der Controller dafür sorgen, daß das Management die Zukunft des Unternehmens rechtzeitig realistisch plant.
- Durch den Wegfall von Routinearbeiten werden Kapazitäten zur Entscheidungsvorbereitung frei, wodurch die Controller-Arbeit qualitativ aufgewertet wird und der Controller sich mehr seinen eigentlichen Aufgaben widmen kann. Die Software-Lösungen unterstützen den Controller dabei, dem **"kybernetischen Konzept des Controlling"** Rechnung zu tragen. Controlling-Software ermöglicht die zeitnahe Prüfung der Pläne, wodurch im Regelungsprozeß auftretende Zielabweichungen rascher analysiert und kommentiert werden können. Der Controller kann verstärkt ergebnis- und zukunftsorientiert agieren.
- Die Einführung eines EDV-gestützten Controlling in den Tochterunternehmen eines Konzerns erlaubt eine Angleichung der betriebswirtschaftlichen Verfahren. Dadurch wird die Vergleichbarkeit und die Aussagefähigkeit der Leistungsdaten der einzelnen Unternehmen entscheidend erhöht, was auch die Beurteilung und Führung der Verantwortlichen in den Tochterunternehmen erleichtert.

4.4 Konzeption, Auswahl und Implementierung

Da die Konzeption, Auswahl und Implementierung eines EDV-gestützten Controllingsystems die Effizienz und Praktikabilität wesentlich bestimmt, ist dem Aufbau und der Gestaltung dieses Prozesses als Erfolgsfaktor besondere Beachtung zu schenken.

Der gesamte Konzeptions-, Auswahl- und Implementierungsprozeß sollte aufgrund seiner **Komplexität**, des Investitionsvolumens und der Notwendigkeit der **Erfolgskontrolle** mit den Methoden des Projekt-Controlling strukturiert, koordiniert und überwacht werden und kann im Fall von personellen Engpässen und fehlendem Know-how durch einen externen Berater unterstützt werden.

Die folgende Abbildung gibt einen Überblick über den Zusammenhang der verschiedenen Phasen. Der daraus ersichtliche Ablauf stellt eine Maximalstruktur und eine grundsätzliche Orientierung dar.

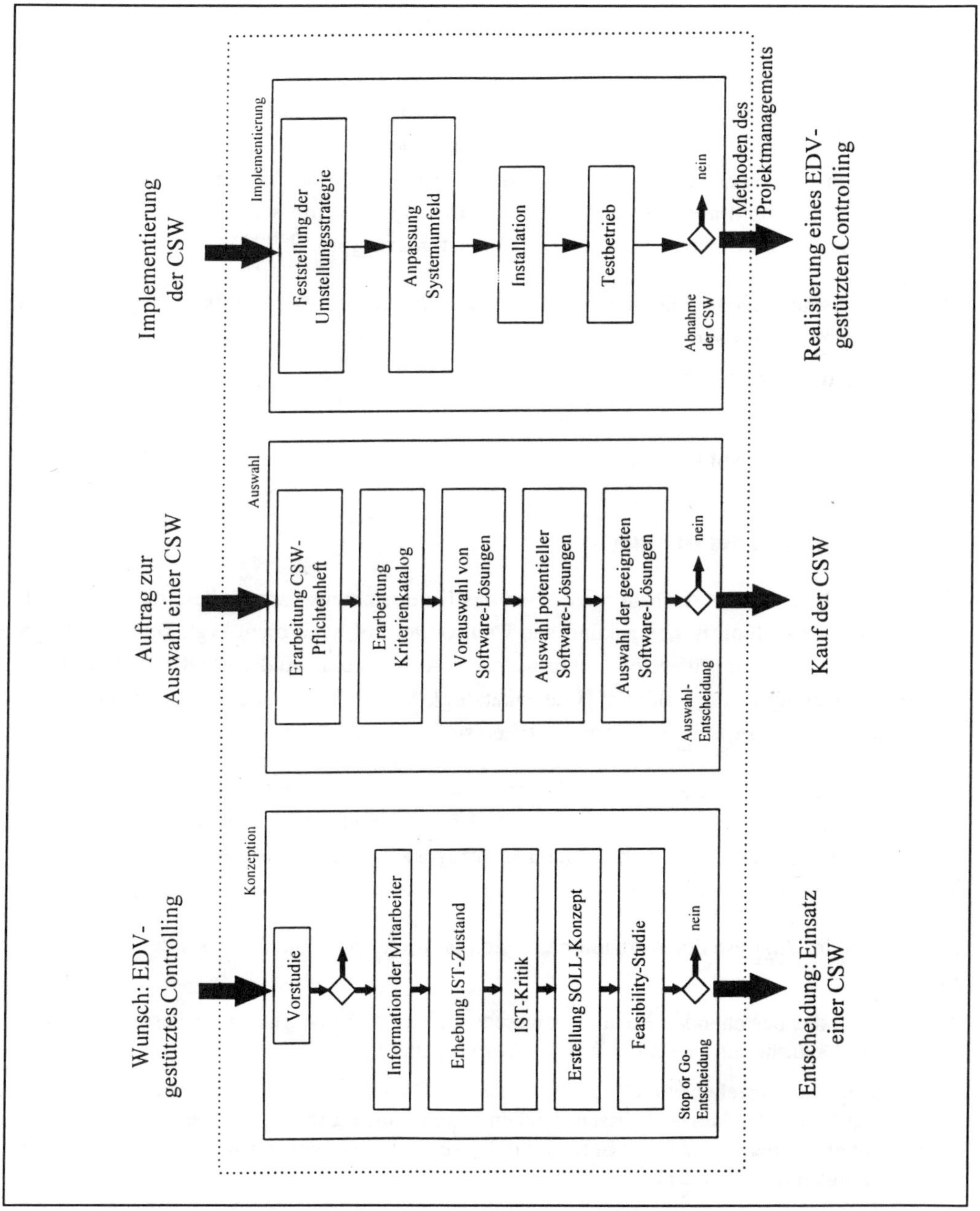

Abb. 4.1: Ablauf der Auswahl und Implementierung von Controlling-Software (vgl. Müller [Controlling-Standardsoftware], S. 13)

4.4.1 Konzeption eines EDV-gestützten Controllingsystems

Ergebnisrelevante Schlußfolgerungen werden erst durch ein leistungsfähiges, integriertes Informationssystem ermöglicht, das Geschäftsabläufe systematisch und ganzheitlich erfaßt und damit die Grundlage für die Planung, Analyse und Steuerung liefert. Aus diesem Grund muß das Entstehen von nicht integrierten Informationslösungen bereits in der Konzeptionsphase verhindert werden, und alle vor- und nachgelagerten Systeme müssen in das EDV-gestützte Controllingsystem einfließen (vgl. Schrade [Herausforderungen], S. 327).

Will man leistungsfähige EDV-Unterstützung des Controlling sicherstellen, empfiehlt sich folgendes stufenweises Vorgehen:

- Erhebung des Istzustands
- Istkritik
- Entwicklung eines Sollkonzepts.

4.4.1.1 Erhebung des Istzustands

Im **ersten Schritt** ist die Aufbauorganisation des Unternehmens darzustellen, die als Grundlage für eine Abbildung in der zukünftigen Controlling-Software dient (vgl. Budde [Checklisten], S. 15). Es ist zu prüfen, ob und in welchem Ausmaß eine Änderung der **Aufbauorganisation** notwendig ist (vgl. Büttner [Fragenkatalog], S. 278) beziehungsweise welche Anforderungen an die Controlling-Software zu stellen sind.

Die Überprüfung der Organisation und eine eventuelle Reorganisation kann für das Unternehmen positive Konsequenzen haben, die mit der EDV-Einführung vordergründig nichts zu tun haben: Sie bedeutet ein Durchdenken und Infragestellen der Aufbauorganisation, die vielleicht längst reformbedürftig war.

Im Rahmen der Analyse der Aufbauorganisation ist folgenden Punkten besondere Beachtung zu schenken:

- Erfassung des bestehenden Rechnungswesens und seiner Infrastruktur, insbesondere Erfassung der Qualität und Funktionalität der Kostenrechnung.
- Check-up des bestehenden Controllingsystems: Das Controlling muß eventuell auf den heutigen Stand der betriebswirtschaftlichen Erkenntnisse gebracht werden, bevor die Implementierung der Controlling-Software durchgeführt wird (vgl. Fock [Standard-Software-Erwartungshaltung], S. 21).
- Beschreibung der momentanen organisatorischen Gegebenheiten (Strukturen, Besonderheiten etc.): Ist eine Transformation in die EDV möglich?
- Darstellung der Bereiche samt ihrer Ausgangsposition, die jetzt oder später auf EDV umgestellt werden sollen.

Im **zweiten Schritt** erfolgt die Analyse der **Ablauforganisation**, um eine möglichst vollständige Erfassung der das Controllingsystem betreffenden Abläufe, des Mengengerüsts und der Schnittstellen zu gewährleisten.

In der **Ablaufanalyse** sind folgende Fragen zu klären (vgl. Grupp [Wahl], S. 112f.):

- Wie laufen die vorhandenen Verfahren ab, die in die Software-Lösung einbezogen werden sollen?
- Gibt es festgelegte **Informations- und Berichtswege** im Unternehmen, werden diese durch den Einsatz der Controlling-Software beeinflußt?
- Welche Stärken und Schwächen haben die vorhandenen Abläufe?
- Welche Verbesserungen werden von den betroffenen Mitarbeitern gewünscht?
- Welche Kommunikationsabläufe gibt es, wie werden diese durch den Einsatz der Controlling-Software verändert?
- Ist die Zusammenarbeit der Abteilungen und Bereiche zufriedenstellend geregelt und koordiniert?
- Wer liefert welche Daten?
- Wer erhält welche Berichte und Auswertungen?

In der Istanalyse geht es darum, die Gesamtheit des betrieblichen Informationssystems zu erfassen, um die Verflechtungen und Beziehungen zwischen den Teilsystemen zu erkennen und den maximalen Integrationseffekt zu verwirklichen (vgl. Petsch [Budgetinformationssysteme], S. 226). Das Ziel der Implementierung einer Controlling-Software sollte ein integriertes Informationssystem sein, in das die Daten aller relevanten Systeme im Unternehmen einfließen (vgl. Reese [Erfahrungen], S. 70).

Die erfolgreiche Realisierung eines EDV-gestützten Controlling ist stark in- und outputabhängig, daher muß man in der Ablaufanalyse den Schnittstellen Beachtung schenken. Alle Schnittstellen und Aufgabenzusammenhänge zwischen den einzelnen Sachgebieten sind sowohl innerhalb des untersuchten Aufgabenbereichs als auch nach außen zu erfassen und zu dokumentieren (vgl. Grupp [EDV-Pflichtenheft], S. 34):

- Welche Arbeitsgebiete haben gemeinsame Datenbestände und gemeinsame Schnittstellen, welche Kontroll- und Überwachungsmethoden werden verwendet (vgl. Litsauer [Software], S. 16ff.)? Welche Maßnahmen müssen getroffen werden, um die Controlling-Software in eine bestehende Software-Umgebung integrieren zu können. Dabei sind vor allem die Formate für den Export beziehungsweise den Import von Daten zu kontrollieren.
- Wo und wie werden die Daten erfaßt, die Eingang in die Verantwortungsrechnung des Controlling finden sollen?
- Welche Schnittstellen sind gewünscht, aber noch nicht vorhanden?
- Welche **Primärdatenbereiche** sind im Unternehmen vorhanden? Können auch aus den der Controlling-Software vorgelagerten Systemen Daten übernommen werden?

- Beachtung des **GIGO-Prinzips** (garbage in – garbage out) (vgl. Wickenhäuser [EDV-Instrument], S. 148):
  Die Qualität des Ergebnisses der Controlling-Software wird von der Qualität der Eingabedaten bestimmt. Die Software-Lösung kann Qualität, Relevanz und Redundanz der Eingabedaten grundsätzlich nicht erkennen. Ein Nichtbeachten dieses Prinzips kann zu verfälschten Aussagen der Controllinginstrumente führen.

Bei der Konzeption des Einsatzes der Controlling-Software ist darauf zu achten, daß mit Hilfe der Controlling-Software sowohl Daten aus vorgelagerten Systemen als auch Daten der Controlling-Software selbst in nachgelagerten Systemen weiterverarbeitet werden können. Die Controlling-Software muß Schnittstellen zu den im Unternehmen verwendeten Programmen haben, um eine effiziente Datenübernahme zu gewährleisten. Insbesondere der Einsatz mehrerer, auf bestimmte Aufgabenbereiche des Controlling spezialisierter Software-Lösungen erfordert die Definition von **Standardschnittstellen** zwischen den eingesetzten Lösungen, um die EDV-Unterstützung möglichst effizient zu nutzen.

Wenn alle Abläufe und Schnittstellen dokumentiert sind, wird in einem **dritten Schritt** das **Mengengerüst** erstellt. Die Datenbestände sind in ihrer Form und in ihrem Umfang zu erfassen, wobei zukünftige Entwicklungen im Mengengerüst des Unternehmens berücksichtigt werden sollten. Damit wird ein "Mitwachsen" der Controlling-Software mit dem Unternehmen möglich, und die zu erwartende Leistungsfähigkeit, insbesondere die notwendige Kapazität der Software-Lösung, kann abgeschätzt werden.

Mittel- und langfristig sind folgende Faktoren von Bedeutung:

- Informationsbedarf
- Zu verarbeitendes Volumen
- Verarbeitungsfrequenz
- Anzahl der Empfänger und Sender von Information
- Häufigkeit der Abfragen und
- Manipulation der Daten (vgl. Becker [EDV-Wissen], S. 376ff.).

4.4.1.2 Istkritik

Ziel der Istkritik ist, daß sich die mit der Einführung eines EDV-gestützten Controllingsystems beauftragten Teammitglieder mit den **Schwächen** des bestehenden **Controllingsystems** auseinandersetzen. Gestützt auf die Istanalyse und -kritik, können die **Anforderungen** an die Controlling-Software abgeleitet werden (vgl. Grupp [EDV-Pflichtenheft], S. 31), um die festgestellten Schwächen zu beseitigen.

Die Einführung eines EDV-gestützten Controlling erlaubt es, neue Verfahren und Instrumente im Controlling einzusetzen. Daher sollte sich die Istkritik **nicht nur auf die Schwächen des** Istzustands beschränken, sondern – soweit möglich – auch **neue Controllingverfahren** und -

Instrumente berücksichtigen. Diese Verfahren und Instrumente müssen von der später im Unternehmen eingesetzten Controlling-Software unterstützt und abgebildet werden.

Die Istkritik hat folgende Punkte zu umfassen (vgl. Fock [Standard-Software-Erwartungshaltung], S. 22):

- **Feststellung organisatorischer Mängel im Aufbau und Ablauf**
  Welche Probleme liegen vor? Können die Probleme mit der Controlling-Software bewältigt werden?
- **Feststellung jener Arbeitsbereiche, in denen Fehler auftreten**
  Erfüllen die bisher erzielten Ergebnisse die Anforderungen? Welche Veränderungen sollen durch den Einsatz der Software erreicht werden?
- **Feststellung der Arbeitsbereiche mit überhöhtem manuellem Aufwand**
  Welche Aufgaben werden vom Controlling nicht oder nicht zufriedenstellend wahrgenommen? Ist das bestehende Berichtswesen ausreichend strukturiert, um ohne einschneidende Änderung übernommen zu werden? Kann die Controlling-Software das etablierte Berichtswesen abbilden?
- **Überprüfung der Qualität der Istdaten**
  Istdaten müssen für jene Bereiche gesichert zur Verfügung stehen, die in der Controlling-Software abgebildet werden sollen (Erfassung, Schätzung oder Rückrechnung von Basisgrößen). Welche Informationen fehlen, sind ungenau oder kommen zu spät? Es muß überprüft werden, ob die Datenqualität der zu liefernden Subsysteme (z. B. FIBU, KORE) im Controlling einwandfreie Ergebnisse erlaubt. In vielen Fällen wird die Datenqualität den Anforderungen nicht entsprechen und muß angepaßt werden.

4.4.1.3 Erstellung des Sollkonzepts

Die am Beginn des Gestaltungsprozesses stehende Istanalyse ist bei vollständiger und detaillierter Durchführung sehr zeitintensiv. Aus diesem Grund sollte die Sollkonzeption zeitnah und teilweise überlappend mit der Erhebung des Istzustands und der Istkritik erarbeitet werden – erkannte Mängel können dann sofort und ohne Bedeutungsverlust in den Anforderungskatalog und das Pflichtenheft überführt werden.

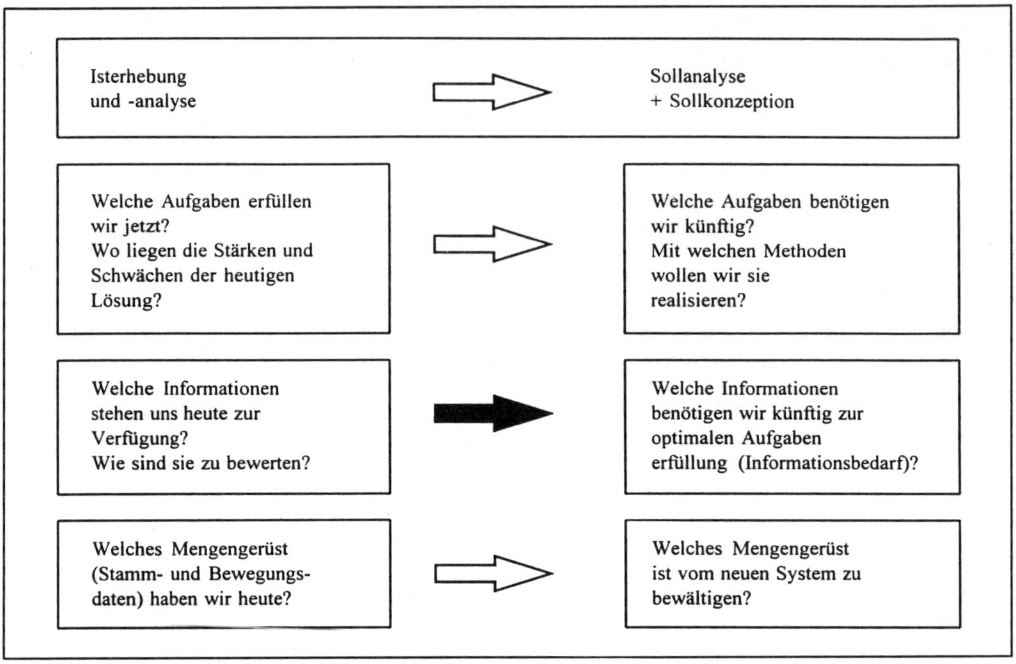

Abb. 4.2: Parallele Erstellung der Istanalyse und der Sollkonzeption (vgl. Grupp [EDV-Pflichtenheft], S. 34)

4.4.2 Auswahl einer Controlling-Software

Ziel der durch einen hohen Grad an Formalität gekennzeichneten Auswahlphase ist es, einen kontrollierbaren Weg zum und ein kontrollierbares Überschreiten des "Point of no return" – der Auswahlentscheidung – zu ermöglichen. Aus der Gesamtheit der am Markt vertretenen Software-Lösungen soll die am besten geeignete Controlling-Software herausgefunden werden.

Es empfiehlt sich, den Auswahlprozeß in überschaubare Einheiten zu gliedern, wobei die Ergebnisse jeder Auswahlstufe als Input in die jeweils nächste Auswahlstufe einfließen. Den ersten Input für die in diesem Abschnitt dargestellte Auswahl bildet die Grobselektion der Software-Lösungen. Software-Pakete, die die Mußkriterien erfüllt haben, kommen in die eigentliche Auswahlphase.

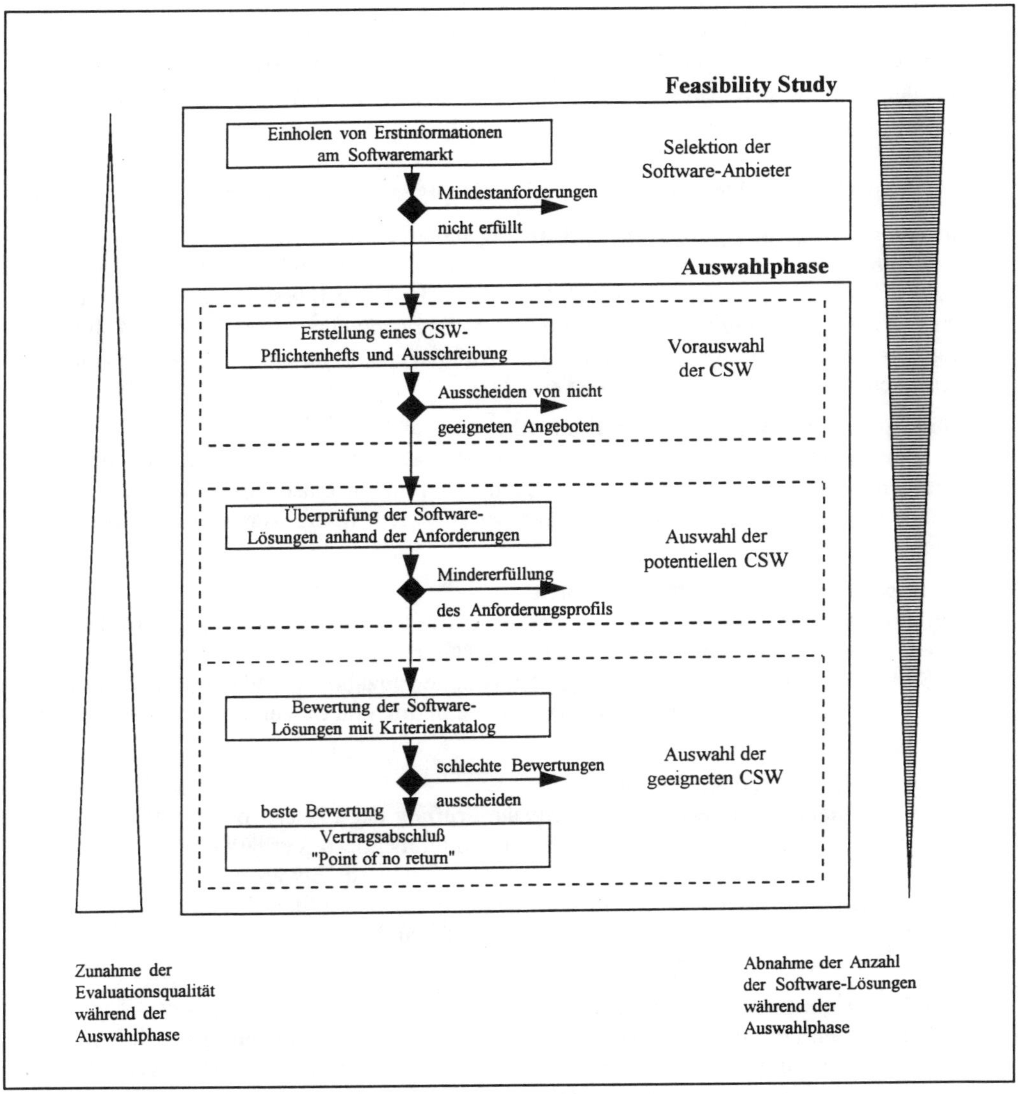

Abb. 4.3: Die unterschiedlichen Stufen der Auswahlphase (vgl. Müller, J. [Controlling-Standardsoftware], S. 13)

4.4.2.1 Erstellen eines Anforderungskatalogs und eines Pflichtenheftes

Im ersten Schritt der Auswahlphase sind die **Anforderungen aus der Konzeptionsphase** abzuleiten. Diese Anforderungen bilden die Grundlage für die Auswahl der geeigneten Software-Lösungen. Ohne kritisches Hinterfragen der Anforderungen des Unternehmens könnten Software-Lösungen implementiert werden, die das Controlling nicht in der gewünschten Form unterstützen.

Auch wenn eine Standardanwendungs-Software im Controlling vorgesehen ist, kann man sich der Entwicklung einer eigenen Sollkonzeption nicht entziehen. Verzichtet man auf eine Definition der gewünschten Anforderungen und Zielsetzungen, läuft man Gefahr, die falsche Software-Lösung auszuwählen.

An eine controllinggerechte Software sind folgende **allgemeine Anforderungen**[1)] zu stellen:

- **Die Verbindung von operativem und strategischem Controlling**
  Das Controlling muß das ergebnis- und potentialorientierte Denken und Handeln auf der strategischen und operativen Ebene fördern. Beide Bereiche müssen eng miteinander verzahnt werden, was durch EDV-gestützte Controllingwerkzeuge ermöglicht wird. Im Vordergrund einer empfängerorientierten Informationsversorgung muß die Vernetzung der operativen und strategischen Regelkreise stehen.
- **Abbildung steuerungsrelevanter Kennzahlen**
  Die Controlling-Software muß die wesentlichsten, zur Steuerung des Unternehmens notwendigen Kennzahlen abbilden. Diese Kennzahlen sollen entscheidungsrelevante Informationen, insbesondere bei Überschreitung der gesetzten Toleranzgrenzen, zur Verfügung stellen.
- **Planungsmöglichkeit in allen Bereichen**
  Mit Hilfe von Planungs-, Simulations- und Prognoserechnungen kann der Controller dafür sorgen, daß das Management die Zukunft des Unternehmens rechtzeitig realistisch plant. Die Software hat komfortable Planungsmöglichkeiten anzubieten und den Controller in der Koordination der Teilpläne zu unterstützen, um eine Integration zur Unternehmensgesamtplanung zu gewährleisten.
- **Soll-Ist Vergleich in allen Bereichen**
  Die EDV-Unterstützung erlaubt eine zeitnahe Prüfung der Pläne. Im Regelprozeß auftretende Zielabweichungen werden analysiert und kommentiert, Verhaltensänderungen können rascher ausgelöst werden. Durch eine EDV-gesteuerte Erwartungsrechnung muß es dem Controller möglich sein, die Auswirkungen der festgestellten Abweichungen auf die wichtigsten Zielgrößen des Unternehmens sofort zu beurteilen, um rechtzeitig Steuerungsmaßnahmen einleiten zu können.
- **Berücksichtigung von Interdependenzen**
  Abhängigkeiten und ihre Auswirkungen auf das Unternehmen müssen in der Software abgebildet werden, um sie abschätzen zu können. Der Einsatz der Informationsverarbeitung ermöglicht Simulationsrechnungen, die in kürzester Zeit Entscheidungsalternativen testen können und schnelle Erarbeitung optimierter Lösungen ermöglichen.
- **Informationsdarstellung und -übermittlung der relevanten Daten (Reporting)**
  Da das Zahlenmaterial als Basis für Unternehmensentscheidungen immer umfangreicher und komplexer wird, muß durch die Controlling-Software eine entscheidungsbezogene Verdichtung und Aufbereitung der Steuerungsinformationen erfolgen.

---

1) Eine Übersicht über mögliche Hauptkriterien zur Bewertung von Controlling-Standardsoftware bietet der Anhang dieses Kapitels.

Für diese Anforderungen gelten folgende Nebenbedingungen:

- Steigerung der Wirtschaftlichkeit
- Erhöhung der Wettbewerbsfähigkeit
- Rationalisierung und Modernisierung der eingesetzten Verfahren und Abläufe
- Erhöhung der Mitarbeiterqualität
- Verbesserung der Informationsqualität
- Schwachstellenbeseitigung.

Der Anforderungskatalog ist im Pflichtenheft abzubilden und in folgenden Punkten zu konkretisieren:

- Welche Problemlösungen werden vom Programm erwartet?
- Umfassende Formulierung der Anforderungen an den controllingbezogenen Leistungsumfang der Software.
- Welche softwaretechnischen Anforderungen werden an die zukünftige Controlling-Software gestellt?
- Operationalisierung von Restriktionen, die in sachlicher und finanzieller Hinsicht Einfluß auf die Auswahlentscheidung haben können.
- Welche Zusammenhänge und Querverbindungen sollen vom Programm wahrgenommen werden, wie groß muß die Integrationsfähigkeit in eine bestehende EDV-Umgebung sein?
- Festlegen des zeitlichen Realisierungsrahmens und wichtiger Vertragsbestandteile.

Die verschiedenen Phasen der Auswahl bauen auf dem Vergleich des jeweiligen Anforderungsprofils mit dem Leistungsprofil der zur Auswahl stehenden Software auf. Daher muß das Pflichtenheft das vollständige Anforderungsprofil zeigen. Im **Pflichtenheft** muß zwischen folgenden Anforderungen unterschieden werden:

- **Muß-Anforderungen**
  Werden diese Anforderungen nicht erfüllt, scheidet die Software aus dem weiteren Auswahlprozeß aus. Die entsprechende Prüfung sollte möglichst früh erfolgen, um die Kosten für die folgende Auswahlphase zu minimieren.
- **Sollanforderungen**
  Die Erfüllung dieser Anforderungen ermöglicht die Auswahl der potentiellen Softwarelösungen.
- **Wunsch-Anforderungen**
  Diese Anforderungen tragen in der letzten Phase der Auswahl maßgeblich zur Entscheidung für die am besten geeignete Controlling-Software bei.

4.4.2.2 Erarbeitung eines Kriterienkatalogs und Bewertung

Der **Kriterienkatalog** ist im Gegensatz zum Anforderungskatalog im Pflichtenheft ein internes Papier zur Bewertung der Software-Lösungen im Auswahlprozeß.

Der Anforderungskatalog wird durch Operationalisierung der einzelnen Anforderungen in einen Kriterienkatalog übergeführt, der als Checkliste fungiert. Die enthaltenen Kriterien werden nach ihrem Beitrag zum **Nutzen** des Gesamtsystems so gewichtet, daß die Summe einer Kriterienebene jeweils 100% ergibt. Die einzelnen Hauptkriterien (oder Teilkriterien) werden paarweise in Beziehung gesetzt:

- 9:1 Kriterium A ist sehr viel wichtiger als Kriterium B (Kriterium B spielt gegenüber A praktisch kaum eine Rolle)
- 7:3 Kriterium A ist viel wichtiger als Kriterium B
- 6:4 Kriterium A ist wichtiger als Kriterium B
- 5:5 Beide Kriterien sind etwa gleich wichtig
- 4:6 Kriterium A ist weniger wichtig als Kriterium B
- 3:7 Kriterium A ist viel weniger wichtig als Kriterium B
- 1:9 Kriterium A ist sehr viel weniger wichtig als Kriterium B (Kriterium A spielt gegenüber Kriterium B praktisch kaum eine Rolle)

Die relative Gewichtung in Prozent errechnet sich folgendermaßen:

relative Gewichtung = [(100/Summe (absolut)] × Punkte (absolut)

Ein detaillierter Kriterienkatalog ermöglicht die Suche nach geeigneten Produkten und unterstützt einen systematischen Produktvergleich. Der notwendige Detaillierungsgrad wird durch **Dekomposition** der Kriterien erzielt, bei der auf Interdependenzen zwischen den einzelnen Beurteilungskriterien geachtet werden muß. Eine Mißachtung dieser Abhängigkeiten und Beziehungen führt zu einer Verzerrung der Bewertung.

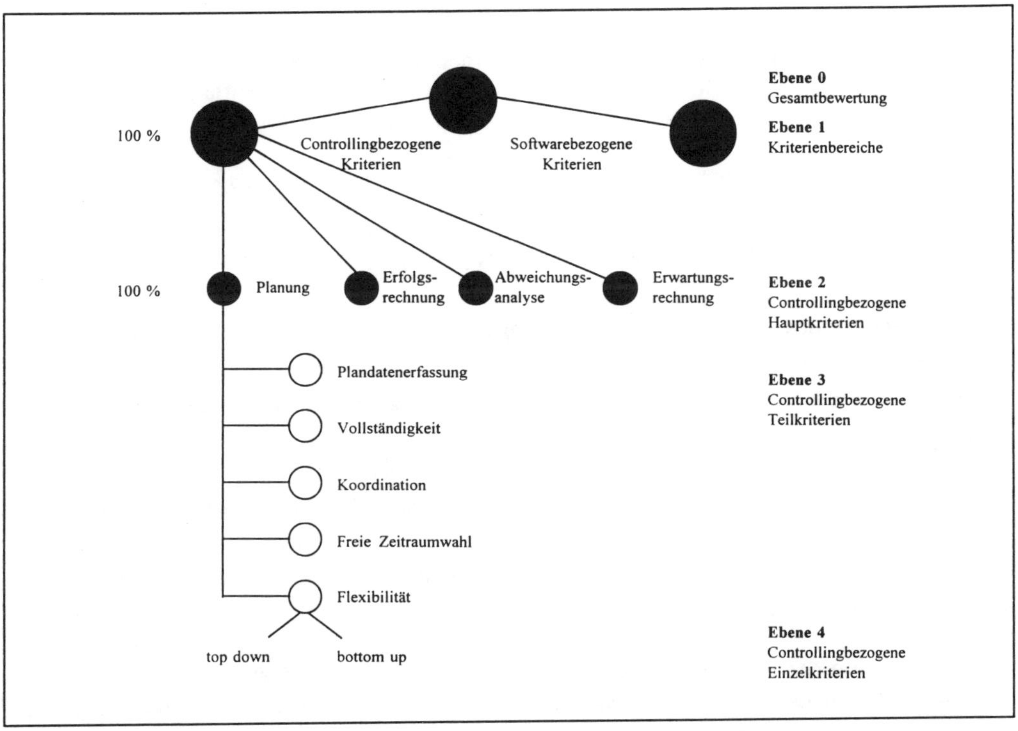

Abb. 4.4: Beispielhafte Dekomposition der controllingbezogenen Kriterien (vgl. Müller, J. [Controlling-Standardsoftware], S. 74)

Die eigentliche Bewertung der Controlling-Software kann in zwei Teile zerlegt werden, wobei der Schwerpunkt in der Überprüfung der controllingbezogenen Anforderungen liegt:

- **Anforderungserfüllung**
  Bewertung der geforderten Programmfunktionen anhand des Kriterienkatalogs. Austesten des Systems mit Testdaten.
- **Akzeptanz**
  Beurteilung der Akzeptanz der Software-Lösung bei den Mitarbeitern, die zu einem bedeutenden Teil von der Erfüllung der softwarebezogenen Kriterien abhängt (Benutzerfreundlichkeit etc.).

Die mit der Bewertung beauftragten Mitarbeiter müssen direkt und selbständig mit den Software-Lösungen arbeiten. Neben der Möglichkeit, die Controlling-Software direkt beim Software-Anbieter zu bewerten, können zwei andere Möglichkeiten empfohlen werden:

1) **Bewertung eines Demo-Programms der Controlling-Software**
   Manche Software-Anbieter vergeben gegen einen Kostenbeitrag Demonstrationsprogramme, mit denen sich der Interessent einen Überblick über den Funktionsumfang der Controlling-Software verschaffen kann.

2) **Bewertung eines Prototyps der Controlling-Software**
Durch die Installation eines Prototyps im Unternehmen können – bei quasi realem Einsatz – die Bedingungen des Software-Verhaltens getestet und leichter beurteilt werden, ob die Anforderungen erfüllt werden.

Durch ein Demonstrationsprogramm oder die Installation eines Prototyps kann der Anwender die Produkte der Vorauswahl direkt prüfen:

- Entspricht die Controlling-Software den controllingbezogenen Kriterien im täglichen Einsatz?
- Einschätzung des Einflusses des **Erfüllungsgrads** softwarebezogener Kriterien auf die Auswahlentscheidung: Welcher Bedienungskomfort ist tatsächlich gegeben?
- Ist die Verbindung zwischen verschiedenen Aufgabenbereichen ausreichend?
- Wie reagiert die Software bei Fehlbedienung?

Am Ende der Auswahlphase präsentiert das **Projektteam** den **Entscheidungsträgern** jene Software-Lösungen, die in die letzte Stufe der Auswahlphase gekommen sind. Weiters sind die dokumentierten Ergebnisse der Bewertung darzustellen sowie eine Empfehlung für die endgültige Auswahl abzugeben.

Die Präsentation der Alternativen, die Ergebnisse der Bewertung sowie die Empfehlung der mit der Auswahl beauftragten Mitarbeiter bildet die formale Grundlage für die endgültige Auswahlentscheidung.

4.4.3 Implementierung der bestgeeigneten Software-Lösung

Ziel der letzten Phase ist es, die ausgewählte Controlling-Software schnell und wirtschaftlich zu implementieren. Das Ergebnis der **Implementierung** soll eine effizient arbeitende Controlling-Software sein.

Um die Controlling-Software optimal nutzen zu können, ist die Konzeption des Controllingsystems bereits vor der Implementierung der Software-Lösung mit "Leben" zu füllen. Neue Abläufe, Instrumente etc. müssen den betroffenen Mitarbeitern erklärt werden. Die Einführung und effiziente Bedienung von EDV im Controlling erfordert flankierende Weiterbildungsmaßnahmen, wobei direkte und indirekte personalpolitische Maßnahmen zu setzen sind, die eine Erweiterung oder Veränderung der Fähigkeiten der Mitarbeiter bewirken sollen. Ziel der Personalentwicklung ist nicht nur Vermittlung der notwendigen Fachkenntnisse, sondern auch Erzeugen einer positiven Grundhaltung gegenüber dem neuen Instrument.

Ausreichende Schulung und parallele Übernahme des Systems durch den Anwender erlaubt eine frühere "Abnabelung" vom Software-Anbieter. Das bringt nicht nur Kostenersparnis, sondern bestimmt Zufriedenheit und Akzeptanz der Software-Lösung beim Benutzer.

Aufbereitung, Verdichtung und Entscheidungsrelevanz von Informationen können nur so gut sein wie das zugrundeliegende Konzept; die laufende Nutzung der Software nur so gut wie die Implementierung und Umsetzung der Konzeption. Aus diesem Grund ist eine entsprechende Vorbereitung des Controllingumfelds notwendig.

Der durch den Einsatz der Controlling-Software ausgelöste Anpassungsprozeß muß hinsichtlich Art, Intensität und Richtung determiniert werden. Es ist unzureichend, ein technisches System bereitzustellen, ohne den Untergrund vorzubereiten, auf dem die Software-Lösung aufgesetzt werden soll. Besonders in der Phase der Implementierung muß die Verantwortung für die notwendigen Vorbereitungsarbeiten geklärt sein (offene Planung, Partizipation der Betroffenen), da von der Qualität dieser Arbeiten der Erfolg des Einsatzes der Software-Lösung im Controlling abhängt.

Die Implementierungsphase bedingt – und ermöglicht – einen geplanten organisatorischen Wandel. Auch wenn die heutige Software-Technologie flexible Standardanwendungs-Software erlaubt, die an unternehmensspezifische Gegebenheiten angepaßt werden kann, können Änderungen in der Unternehmensorganisation erforderlich sein. Mit dem Einsatz der Controlling-Software können neue betriebswirtschaftliche Instrumente und Verfahren eingeführt werden, die eine Umstrukturierung des Unternehmens voraussetzen (z. B. die Bildung von Profit Centern).

Die durch die EDV notwendigen Veränderungen im Unternehmen sind als Chance zu sehen und den betroffenen Mitarbeitern – mit Unterstützung der Unternehmensführung – als solche zu erklären. Dabei ist der Informations- und Kommunikationsbedarf zur Vermeidung beziehungsweise zum Abbau von Einführungswiderständen nicht zu unterschätzen.

Um die Unternehmensorganisation durch die Implementierung der Controlling-Software nicht zu überlasten und Frustrationen in den tangierten Unternehmensbereichen zu vermeiden, empfiehlt sich eine stufenweise Umstellung. Die Installationsstufen sind nach der Belastbarkeit der bestehenden Organisation festzulegen:

- **Stufe 1**
  Umstellung jener Arbeitsgebiete, deren Daten aus der Vergangenheit problemlos in maschinenlesbarer Form übernommen werden können. Erstellung der Planung für das Folgejahr.
- **Stufe 2**
  Übernahme jener Arbeitsgebiete, die Vorbereitungsaufwand erfordern oder auf anderen EDV-Ergebnissen aufbauen. Koordination der Planung mit bereits vorhandenen Plandaten.
- **Stufe 3:**
  Übernahme jener Arbeitsgebiete, die Aktualität und Vollständigkeit der Arbeitsgebiete und Daten aus Stufe 1 und 2 voraussetzen. Erstellen von Vorjahrsvergleichen, Erwartungsrechnungen etc.
- **Stufe 4**
  Ausweitung der Arbeitsgebiete, bis die Controlling-Software das ganze Unternehmen abbildet.

Der maximale Nutzen der Controlling-Software hängt von der **laufenden Erfolgskontrolle** ab. Die erste Erfolgskontrolle nach der Implementierung der Controlling-Software stellt die Abbildung der unternehmensspezifischen Anforderungen in der Software-Lösung sicher. Die weiteren Erfolgskontrollen ermöglichen Nachführung und Aktualisierung der Controllingkonzeption und der eingesetzten Controlling-Software. Nur laufende Erfolgskontrolle bewirkt, daß das Controlling das Management optimal unterstützen kann.

Die Controlling-Software sollte idealerweise einige Jahre konzeptionell unverändert laufen. Die vom Programm zur Verfügung gestellte Flexibilität darf nicht exzessiv ausgenützt werden, um ausreichende Kontinuität der Controllinganwendungen zu gewährleisten. Der Controller wird durch diese Forderung nicht von der Aufgabe entbunden, das Programm entsprechend den Entwicklungen im Unternehmen (z. B. neue Produkte) nachzuführen.

Das Ergebnis der genau durchgeführten Konzeptions-, Auswahl- und Implementierungsphase ist der Einsatz der bestgeeigneten Controlling-Software als Basis eines effizienten EDV-gestützten Controlling.

4.5 Erfolgskritische Faktoren EDV-gestützter Controllingsysteme

4.5.1 Information und Einbeziehung der betroffenen Mitarbeiter

Die EDV-Einführung beziehungsweise -Veränderung im Controlling führt in letzter Konsequenz auch zu einer Veränderung in der Personal- und Organisationsstruktur. Der reibungslose Ablauf dieser **Umstrukturierung** erfordert starke Beteiligung der betroffenen Mitarbeiter sowie organisatorische Begleitmaßnahmen.

Um von den Mitarbeitern der betroffenen Abteilungen unterstützt zu werden, empfiehlt es sich, diese bereits in der Konzeptionsphase zu informieren und sie nach Möglichkeit in das Projekt einzubinden.

Dabei sind nicht die Mitarbeiter in der Controllingabteilung gemeint (im Normalfall wird der Bedarf der EDV-Unterstützung von dieser Abteilung selbst geäußert), sondern vielmehr die in direktem Kontakt mit den Controllern stehenden Mitarbeiter (z. B. Profit Center-Verantwortliche etc.). Diese müssen in der Einführung einer Softwarelösung eine Chance und dürfen darin nicht eine Gefahr sehen.

Bereits in dieser Phase können die durch Information sensibilisierten Mitarbeiter aufgefordert werden, Schwachstellen festzuhalten, die durch die Controlling-Software zu beseitigen sind. Dieser Schwachstellen- oder Verbesserungskatalog sollte bei der Erhebung des Istzustands berücksichtigt werden und in den Anforderungskatalog an die Controlling-Software Eingang finden.

Bei der Einführung eines EDV-gestützten Controlling können verschiedene Befürchtungen der Mitarbeiter auftreten und Motivation und Akzeptanz beeinflussen:

- Abhängigkeit von der EDV
- **Kompetenzverlust**
- Verlust des Arbeitsplatzes
- Minderung der Arbeitsqualität
- Mißerfolge im Umgang mit der EDV
- Erhöhte Transparenz der Leistungen.

Ausführliche Information des von der EDV-Einführung betroffenen Personals (unter anderem durch Seminare) sowie Unterrichtung der Führungskräfte über Grundlagen und Nutzungsmöglichkeiten der EDV bilden den Rahmen einer erfolgreichen Einführung der Controlling-Software.

4.5.2 Erfassen der Nebenbedingungen

Erfolgreiche Auswahl und Implementierung von Controlling-Software werden auch von kritischen Faktoren beeinflußt.

Relevante Nebenbedingungen für eine reibungslose Einführung eines EDV-gestützten Controlling sind:

- Aufbereitung, Verdichtung und Entscheidungsrelevanz von Informationen und Daten können nur so gut sein wie das zugrundeliegende Konzept. Deshalb muß in die Auswahl, Verknüpfung und Aggregation von Daten sehr viel Zeit investiert und die Konzeption ständig überprüft werden.
- Ein geeignetes, funktionierendes Rechnungswesen muß vor allem die Kosten- und Erlösdaten möglichst zeitnah zur Verfügung stellen. Um den Übertragungsaufwand so gering wie möglich zu halten, sollten die Daten des Rechnungswesens in maschinenlesbarer Form vorliegen.
- Im Unternehmen sollten die wesentlichen Controllinginstrumente eingesetzt werden, wie z. B: **Managementerfolgsrechnung**, Kostenstellenbudgets, Soll-Ist-Vergleiche, Vor- und Nachkalkulation, Investitions- und Wirtschaftlichkeitsrechnungen etc.
- Im Unternehmen sollte ein System **strategischer** und **operativer Unternehmensplanung** etabliert sein, und es sollte budgetiert werden.
- Die Geschäftsleitung muß das Controlling und die Implementierung einer Software-Lösung als **Machtpromotor** eindeutig unterstützen.
- Der Controller sollte in der Unternehmenshierarchie möglichst weit oben angesiedelt sein, um das Fachkonzept durchsetzen zu können.

4.5.3 Die Wirtschaftlichkeit der EDV-Unterstützung des Controlling

Betriebswirtschaftliche Investitionsentscheidungen werden aufgrund der Beurteilung der Wirtschaftlichkeit von Investitionsobjekten gefällt. Um eine Kosten-Nutzen-Entscheidung treffen zu können, müssen über Kosten und Nutzen der Auswahl und Implementierung einer Controlling-Standardanwendungs-Software Aussagen getroffen werden. Die Wirtschaftlichkeit einer Controlling-Software erklärt sich aus der Relation zwischen dem durch den Einsatz der Software hervorgerufenen **Nutzen** und den verursachten **Kosten**. Diese triviale Feststellung führt in der Praxis immer wieder zu Diskussionen: Welche Kosten der EDV-Unterstützung sind dem Controlling zuzurechnen, und wie kann der erzielbare Nutzen operationalisierbar und meßbar gemacht werden?

Die Wirtschaftlichkeit als Entscheidungskriterium für die Auswahl und Beurteilung von Controlling-Software heranzuziehen ist problematisch, weil zwar die durch den Einsatz der Software begründeten Kosten ermittelt und prognostiziert werden können, der Nutzen aber nicht unmittelbar quantifizierbar ist: Der Hauptnutzen von Controlling-Software ist in qualitativ besserer **Informationsversorgung** der Entscheidungsträger zu sehen.

Zur Beurteilung der Wirtschaftlichkeit einer Software stehen nur wenige Kriterien zur Verfügung:

- Kriterien des **Software-Produkts**, wie Flexibilität, Portabilität oder aufgabenbezogene Kriterien.
- Kriterien des **Software-Umfelds**, wie Installation, Dokumentation oder Wartung sowie die Anbieterqualifikation.
- Schätzung des **Rationalisierungspotentials** (=Kostenreduzierung).

Damit ist eine Beurteilung nicht in zufriedenstellendem Ausmaß möglich und kann zu Fehlentscheidungen führen. Der Benutzer muß die Einflußfaktoren einer zu erreichenden Wirtschaftlichkeit kennen, um sie in seinem Sinn gestalten und beeinflussen zu können:

$$\text{Wirtschaftlichkeit} = \frac{\text{Formelle Qualität} \times \text{Qualität des Konzepts}}{\text{Einmalige Kosten} + \text{Laufende Kosten}}$$

$$\text{Formelle Qualität} = \text{Qualität der CSW} \times \text{Qualität des Controllers}$$

Abb. 4.5: Wirtschaftlichkeit einer Controlling-Software

Geht eine der Größen im Zähler gegen null, ist die Wirtschaftlichkeit des Einsatzes einer Controlling-Software sehr klein. Dafür gibt es mehrere Gründe: Es wurde eine nichtgeeignete Software ausgewählt, das Qualifikationsniveau der Benutzer war ungenügend, oder es wurde der Konzeption zu wenig Aufmerksamkeit gewidmet (Analyse des bestehenden Controlling, Vorbereitung des Controllingumfelds). Dadurch ist kein ausreichend großer Nutzen gegeben, der die anfallenden Kosten rechtfertigen würde. Der eigentliche Nutzen beziehungsweise die Wirtschaftlichkeit einer Controlling-Software wird erst durch das Zusammenwirken der Fähigkeit der Benutzer mit der Qualität der Controlling-Software und des Konzepts erreicht.

4.5.4 Flopfaktoren eines EDV-gestützten Controlling

Folgende Probleme und Restriktionen können die erfolgreiche Implementierung eines EDV-gestützten Controlling beeinträchtigen oder sogar verhindern:

- Die EDV-Abteilung (wenn vorhanden) fühlt sich in ihrer Kompetenz beschnitten, es entsteht ablehnendes Verhalten gegenüber dem Projekt: **"Not invented here"-Effekt**
- Hard- und Software passen nicht im erforderlichen Ausmaß zur bestehenden Organisation: Das Controlling hat sich auf der Basis von Kalkulationsprogrammen ein Controllingwerkzeug zusammengestellt, sieht aber seine Entwicklungsarbeit nicht geschätzt und verhält sich ablehnend: **"My baby"-Effekt**
- Das Projekt der gewünschten EDV-Unterstützung ist für das Unternehmen zu groß. Die Organisation ist mit der Implementierung überfordert, und das Investitionsvolumen ist im Verhältnis zum Nutzen unverhältnismäßig hoch.
- Die Geschäftsleitung beziehungsweise das Top-Management hat einerseits widersprüchliche Forderungen an die Controlling-Software, ist aber andererseits aus einer konservativen Haltung heraus nicht bereit, eine Änderung der Informations-Präsentation zuzulassen (vgl. Fock [Standard-Software-Erwartungshaltung], S. 21f.).
- Der **Erwartungshorizont** ist bereits am Projektanfang wesentlich überhöht (vgl. Grupp [Methoden], S. 124), was zu Frustrationen im Projektverlauf und zum Abbruch des Projekts führt.
- Die Möglichkeiten der Controlling-Software werden nicht ausgeschöpft, oder das Controllingumfeld wurde nicht auf den Einsatz der Software-Lösung vorbereitet. Beides führt dazu, daß das Controlling nicht optimal unterstützt wird.
- Die Mitarbeiter werden nicht in den EDV-organisatorischen Gestaltungsprozeß eingebunden, die Konsequenz ist emotionale Ablehnung der EDV.

4.6 Künftige Entwicklungen auf dem Soft- und Hardwaremarkt und ihre Auswirkungen auf das Controlling

Die Wahrnehmung der Controllingaufgaben kann heute nicht mehr ohne das "Werkzeug" Computer erfolgen. Computerunterstützung wird den Alltag des Controlling immer stärker bestimmen, wobei sich die Anwendungen auf das Gebiet der strategischen Planung ausweiten.

Für die Zukunft ist zu erwarten, daß im Controlling verstärkt **Expertensysteme** eingesetzt werden, was vor allem für den Soll-Ist-Vergleich, die Ursachenanalyse und die strategische Planung gilt. Diese neuen Werkzeuge können als Weiterentwicklung der bestehenden Daten- und Methodenbanken in Richtung künstlicher Intelligenz verstanden werden.

Weitere Entwicklungen sind (vgl. Österreichisches Controller-Institut [Manageware]):

- Durch die gesteigerte Leistungsfähigkeit der Hardware ist die Software nicht mehr durch das Abprogrammieren betriebswirtschaftlich einfacher Abrechnungsfunktionen dominiert, sondern paßt sich dem Stand der betriebswirtschaftlichen Forschung an und bildet anspruchsvolle Planungs- und Entscheidungsmodelle ab.
- Durch die Entwicklung der Informationstechnologie wird dem dezentralen Rechnereinsatz im Unternehmen eine tragende Rolle zukommen. In der EDV geht der Trend von der Verwaltung von Massendaten zur Bereitstellung regelungsrelevanter Informationen.
- Dem Controller werden integrierte Werkzeuge auf PC-Basis zur Verfügung gestellt, die ihm umfassende Bearbeitung betriebswirtschaftlicher Fragestellungen erlauben. Neue Technologien ermöglichen neue Formen der Computeranwendung: Workgroups und Groupware werden die Arbeit des Controllers entscheidend beeinflussen.
- Neue Formen des alten "Managementordners" oder "Eckdatenpapiers" werden sich durchsetzen. Die Manager erhalten die notwendigen Informationen auf tragbaren Minicomputern. Erste Entwicklungen im Bereich von "Notebook-PCs" zeichnen sich bereits ab.
- Integration des EDV-gestützten Controlling in Konzepte wie "Office and Factory of the Future". Übergang von partieller Betrachtungsweise zu totaler Betrachtung und Integration.
- Einsatz von neuen Programmiersprachen, die den Umgang mit der Controlling-Software erleichtern und den Anforderungen besser gerecht werden, z. B. Einsatz von vom Anwender definierbaren Methodenbanken.

Anhang

Beispielhafter controllingbezogener Hauptkriterienkatalog

1. **Planung**
   - Plandatenerfassung
   - Vollständigkeit
   - Koordination
   - Freie Zeitraumwahl
   - Flexibilität
   - Simulation
   - Prognose

2. **Abweichungsanalyse – Erwartungsrechnung – Datenartenvergleich**

3. **Erfolgsrechnung**
   - Abbildung der Erfolgsrechnung
   - Definition der Zeilen
   - Speicherung der Erfolgsrechnung
   - Deckungsbeitragsrechnung

4. **Berichte**
   - Darstellungsform der Berichte
   - Berichtsgenerator
   - Adressatenkreis

5. **Kennzahlen**
   - Standardkennzahlen
   - Freie Definition von Kennzahlen
   - Kennzahlenbäume
   - Kennzahlen im Zeitverlauf

6. **Sonstige Auswertungen**
   - Ad-hoc-Analyse
   - Investitions- und Wirtschaftlichkeitsrechnung
   - Projektcontrolling
   - Finanzplanung
   - Konsolidierungsfähigkeit

Musterbewertung einer Controlling-Standard-Software mit der Nutzwertanalyse

Kriterien	Rel. Gewichtung in Prozent			abs. Gew.	Pkt.	Pkt. eff.	Anm.
	G1	G2	G3				
I. PLANUNG	21						
A. Plandatenerfassung		18					
1. Eingabe von Plandaten			70	2,7	3	8,1	1)
2. Kopieren und Anpassung eines Datenbestands einer anderen Datenart in die Planung			30	1,2	1	1,2	2)
B. Vollständigkeit		18					
1. Abbildung der Teilpläne			30	1,1	3	3,4	
2. Planung im selben Differenzierungsgrad wie die Ergebnisbeurteilung			30	1,1	3	3,4	
3. Zuordnung von Planungsbereichen zu Verantwortlichen			30	1,1	3	3,4	
4. Hintergrundtext zu Planungen			10	0,4	0	0,0	3)
C. (Automatische) Koordination		15					4)
1. Koordination kurzfristiger und langfristiger Planung			25	0,8	3	2,4	
2. Koordination der Teilpläne zu einem Gesamtunternehmensplan			25	0,8	3	2,4	
3. Koordination von Leistungsbudget und Finanzplan			25	0,8	3	2,4	
4. Koordination von top down- und bottom up-Planungen			25	0,8	0	0,0	5)
D. Freie Zeitraumwahl		11					
1. Planung auf verschiedene Periodenarten			40	0,9	3	2,8	6)
2. Verschobenes Geschäftsjahr			40	0,9	2	1,9	7)
3. Rollierende Planung			20	0,5	0	0,0	8)
E. Flexibilität		11					
1. Anlegen mehrerer Plan-Datenarten			30	0,7	1	0,7	9)
2. top down Planung (Splitting)			30	0,7	2	1,4	10)
3. Bottom-Up-Planung (Verdichtung)			40	0,9	3	2,8	
F. Simulation		15					11)
1. Anlegen von Simulationsdatenarten			20	0,6	0	0,0	
2. Simulation über mehrere Jahre			20	0,6	0	0,0	
3. "What to do to achieve"-Fragestellungen			20	0,6	0	0,0	
4. Gleichzeitige Veränderung mehrerer Parameter			15	0,5	0	0,0	
5. Automatische Durchrechnung der Konsequenzen über alle Teilpläne			25	0,8	0	0	
G. Prognose		13					12)
1. Methoden der Prognose			30	0,8	1	0,8	
2. Abbildung eines eigenen Prognosemodells			40	1,1	0	0,0	
3. Prognose über längere Zeiträume			30	0,8	2	1,6	
ZWISCHENSUMME PLANUNG		**100**		**21**	**36**	**39**	

5 Abhängigkeit der Controllingsysteme von Unternehmensgegenstand und -struktur

Wie bereits in den vorangegangenen Kapiteln ausgeführt, stellen die Branche, das Wesen der Geschäfte sowie die Struktur eines Unternehmens wesentliche Kontextfaktoren für Controlling dar. Dieser Sachverhalt wird im folgenden wieder aufgegriffen. Die Auswirkungen von Branchensituation beziehungsweise Strukturerfordernissen werden anhand von neun typischen Konstellationen beispielhaft gezeigt, wobei jeweils die Einflußfaktoren auf das Controlling dargestellt und die wesentlichen Besonderheiten beschrieben werden, die sich für das Controlling ergeben,

5.1 Besonderheiten des Controlling in Klein- und Mittelbetrieben

Hermann Kunesch

5.1.1. Controllingumfeld

Traditionell orientiert sich die Betriebswirtschaftslehre stark an den Entwicklungen und Bedürfnissen von Großbetrieben. Das europäische und insbesondere das österreichische Wirtschaftsleben ist jedoch stark von klein- und mittelbetrieblichen Unternehmensstrukturen geprägt (vgl. Mugler [Betriebswirtschaftslehre], S. 35ff.). Bei eingehender Betrachtung zeigt sich, daß man nicht alle betriebswirtschaftlichen Konzepte und Instrumente direkt in Klein- und Mittelbetrieben einsetzen kann. Das Konzept des Controlling und die Controllinginstrumente müssen an die spezifische Struktur kleiner und mittlerer Unternehmen angepaßt werden.

Um kleine und mittelgroße Unternehmen von Großunternehmen abzugrenzen, bieten sich quantitative und qualitative Kriterien an. Quantitative **Abgrenzungsmerkmale** (Umsatz, Beschäftigte) haben den Vorteil, daß sie eindeutige Maßstäbe liefern, die auch Außenstehende leicht erkennen können.

In der Regel werden je nach Wirtschaftsbereich (Handel, Gewerbe, Industrie) andere Maßstäbe angewendet. Eine allgemein anerkannte Abgrenzung hat sich bisher nicht durchgesetzt. So wird in manchen Fällen die Grenze zwischen Mittel- und Großbetrieben bei 500 Beschäftigten, in einigen Fällen aber auch erst bei 1000 Beschäftigten gesehen (vgl. Mugler [Betriebswirtschaftslehre], S. 23ff.).

Die vorliegenden Überlegungen orientieren sich jedoch sinnvollerweise an qualitativen Kriterien, die – unabhängig von der tatsächlichen Betriebsgröße – an den Eigenheiten kleiner und mittelgroßer Unternehmen anknüpfen. Pfohl und Kellerwessel (vgl. Pfohl; Kellerwessel [Abgrenzung], S. 28ff.) bieten eine umfassende Charakterisierung von Klein- und Mittelbetrieben. Die wesentlichsten Merkmale für die Gestaltung von Controllingsystemen werden in der Folge exemplarisch wiedergegeben. Für die Abgrenzung von Klein- und Mittelbetrieben ist es nicht notwendig, daß im Einzelfall alle betriebstypischen Merkmale zutreffen, sondern daß die Tendenz in Richtung Klein- und Mittelbetrieb weist.

Controllingrelevante Besonderheiten von Klein- und Mittelbetrieben	
Merkmale von Klein- und Mittelbetrieben	**Auswirkungen auf das Controlling**
Organisation und Management • Eigentümer-Unternehmer • Überlastung des Managements • wenig Delegation • kaum Koordinationsprobleme • kaum Abteilungsbildung • Funktionsanhäufungen • geringer Formalisierungsgrad • persönlichkeitsorientierte Organisation • partriarchalische Führung • geringe Bedeutung des Gewinnziels • starke Abhängigkeit von den Kapitalgebern	Kein hauptamtlicher Controller vorhanden. Controllingfunktionen übernehmen jene Mitarbeiter, die sich am besten für die jeweiligen Aufgaben eignen. Controlling wird in vielen Fällen zur Chefsache. Die Koordinationsfunktion des Controlling tritt in den Hintergrund, dagegen gewinnt die Unterstützungsfunktion an Bedeutung. Der Controller wird zum Sparringspartner des Managements.
Planung, Steuerung, Kontrolle • mangelnde Unternehmensführungskenntnisse • unzureichendes Informationswesen • mangelndes Wissen über das Unternehmensumfeld • unterentwickelte Planung • keine strategische Planung • Improvisation im Vordergrund • Steuerung und Kontrolle im informellen persönlichen Kontakt • geringe Verbreitung von Kostenrechnung und Budgetierung	Die Informationsaufgabe des Controlling steht im Vordergrund. Formale Planung und Kontrolle gewinnen durch Controlling zunehmend an Bedeutung, sollen aber die Flexibilität und Improvisationsbereitschaft nicht untergraben, sondern fördern. Die Controllinginstrumente müssen leicht handhabbar sein und dürfen keine umfassenden betriebswirtschaftlichen Kenntnisse voraussetzen.

Abb. 5.1/1: Controllingrelevante Besonderheiten von Klein- und Mittelbetrieben (vgl. Pfohl; Kellerwessel [Abgrenzung], S. 28ff., Lanz [Controlling], S. 80)

Typen von Klein- und Mittelbetrieben

Mit dem Ziel, die heterogene Gruppe der Klein- und Mittelbetriebe zu systematisieren, wurden **Typologien** entwickelt. Eine bereits als klassisch zu bezeichnende Typologie stammt von Heuss (vgl. Mugler [Betriebswirtschaftslehre], S. 17ff.). Eine weit jüngere, aber in den Ergebnissen übereinstimmende Klassifizierung wurde von Fröhlich und Pichler entwickelt (vgl. Fröhlich; Pichler [Werte], S. 59ff.). Demnach können vier Unternehmertypen unterschieden werden:

- **Pionier** – ist dynamisch, kreativ und auf Veränderung ausgerichtet. Er entspricht dem "Schumpeter-Unternehmer".
- **Imitator** (Allrounder) – ist vielseitig und universell begabt, ohne klare Schwerpunkte und verfügt über ein hohes Maß an Beweglichkeit. Er ist bereit, Risiko einzugehen, und ist konkurrenzorientiert.
- **Reagierer** (Organisator) – ist administrativ orientiert, mit besonderen Stärken im Analytischen und Organisatorischen. Unter Druck ist er bereit, sich anzupassen.
- **Immobiler** (Routinier) – ist der Gegenpart zum Pionier, mit geringer Veränderungsbereitschaft. Ist nur in einem stationären Umfeld überlebensfähig.

5.1.2 Anforderungen aus dem Controllingumfeld

Aus der Erfolgsfaktorenforschung lassen sich die wesentlichsten Erfolgsfaktoren von Klein- und Mittelbetrieben ablesen, auf die das Controlling Rücksicht nehmen muß (vgl. Eschenbach; Müller-Tyl [Erfolgsfaktoren], S. 68ff., Fröhlich; Pichler [Werte], S. 150ff., Schröder [Erfolgsfaktoren], S. 107ff.):

- Identifikation mit dem Produkt
- Teamarbeit, partizipative Entscheidungsfindung, mit dem Vorbehalt, autoritär durchzugreifen – "straff-lockere Führung"
- Glaubhaftes "Vorleben" der eigenen Werte – der Unternehmer prägt die Kultur
- Hierarchische Organisationsstrukturen mit flexibler Koordination
- Kundennähe, Flexibilität und Schnelligkeit
- Suchen eines Optimums zwischen Innovation und Bewährtem
- Inkrementaler Managementansatz – management by muddling through
- Finden der für den Unternehmertyp entsprechenden Strategie.

In der strategischen Ausrichtung der unterschiedlichen Unternehmertypen zeigen sich anhand der Ansoff-Matrix folgende erfolgversprechende strategische Grundhaltungen:

Märkte	Produkte alt	Produkte neu
alt	Immobiler	Reagierer
neu	Imitator/Allrounder	Pionier

Abb. 5.1/2: Erfolgversprechende Grundhaltungen von Unternehmertypen

5.1.3 Management-Problemstellungen und Controllingziele

Aus der Darstellung der Situation von Klein- und Mittelbetrieben leitet sich die Notwendigkeit einer **größenspezifischen** und **unternehmertypspezifischen Modifikation** von Controllingsystemen ab. Nicht jeder Unternehmertyp benötigt ein ausgebautes Controlling. Ein Wechsel in der Unternehmensidentität (Änderung der strategischen Grundhaltung, Generationenwechsel in der Geschäftsführung) und ein Überschreiten der Schwelle der Überschaubarkeit des Unternehmensgeschehens erfordern aber auch eine Anpassung des Controllingsystems (vgl. Kirsch [Fingerspitzengefühl], S. 403ff.).

Der Typ des immobilen Unternehmers setzt sich nur beschränkt mit seinem Umfeld auseinander und ist demnach für einen umfeldorientierten Controllinggedanken nur wenig aufgeschlossen.

Der Reagierer braucht ein funktionierendes Informationssystem, um Krisensituationen rechtzeitig erkennen zu können. Laufende interne Planung und Steuerung ist für ihn aufgrund des Mangels an Bereitschaft zu einem innengeleiteten Wandel zweitrangig. Trotzdem dürften gerade Vertreter dieses Unternehmertyps häufig formale Organisationsmittel und Managementinstrumente zur internen Steuerung einsetzen.

Den höchsten Controllingbedarf hat der Pionier, der dem Controllinggedanken auch aufgeschlossener gegenübersteht.

Aus der allgemeinen Charakteristik von Klein- und Mittelbetrieben und aus den typenspezifischen Besonderheiten beziehungsweise. den Erwartungen, die von den Unternehmern in Controllingsysteme gesetzt werden (vgl. Witt; Witt [Controlling], S. 49ff.), lassen sich klein- und mittelbetriebsspezifische Ziele des Controlling formulieren:

Ziele der Systemgestaltung	Einfache Handhabbarkeit Beschränkung auf wenige tools Instrumente, die wenig Vorwissen benötigen Instrumente, die keinen hohen Informationsbedarf haben
Wirtschaftlichkeits-ziele	Investitionsentscheidungen erleichtern Kostensenkung/Erfolgssteigerung Erhöhung der Anpassungsfähigkeit
Ziele des Informationswesens	Bessere Grundlagen für die Preisfindung Umfassendere Informationen aus dem Unternehmen und dem Unternehmensumfeld Entlastung des Unternehmers
Umfeldziele	Rechtfertigung gegenüber Banken, Förderungsgeldgebern etc.

Abb. 5.1/3: Ziele des Controlling in Klein- und Mittelbetrieben

5.1.4 Zentrale Steuerungsgrößen

Die zentralen Steuerungsgrößen, die für das Controlling in kleinen und mittleren Unternehmen von Bedeutung sind, unterscheiden sich nicht wesentlich von jenen der Großunternehmen. Man kann jedoch von einer Dominanz der im **externen Rechnungswesen** ermittelten Daten ausgehen. Budgetierung, Kostenrechnung und Investitionsrechnung orientieren sich mangels einer eigenständigen kostenorientierten Betriebsdatenerfassung stark an den Bedürfnissen und Gegebenheiten des externen Rechnungswesens (beispielsweise kalkulatorische Kosten, Abschreibungen, Kostenstellen- und Kostenartengliederung).

5.1.5 Controllingsystem

Im folgenden soll gezeigt werden, wie ausgewählte Bestandteile eines Controllingsystems auf die Situation von Klein- und Mittelbetrieben angepaßt werden können (vgl. Lanz [Controlling], S. 184ff., Kirsch [Fingerspitzengefühl], S. 409f.).

Strategische Planung

Die Wahl des eingesetzten strategischen Konzepts, der strategischen Instrumente und der Umfang ihres Einsatzes hängen stark vom Unternehmertyp und von der strategischen Grundhaltung ab. Pioniere verlangen nach anderen Instrumenten als Reagierer und immobile Unternehmer. Auf jeden Fall sollte aber strategische Rahmenplanung stattfinden und ein Unternehmensleitbild formuliert werden. Zielsetzung im Klein- und Mittelbetrieb ist die Überprüfung der Unternehmensidentität und der strategischen Grundhaltung sowie das Erkennen kritischer Wachstumsschwellen.

Die Mehrzahl der strategischen Konzepte ist allerdings an den Bedürfnissen von Großunternehmen orientiert. Sie stellen zu hohe Ansprüche bezüglich interner und externer Informationen und sind in der Regel zu formal für die informellen Entscheidungsstrukturen in Klein- und Mittelbetrieben.

Die strategische Planung in Klein- und Mittelbetrieben ist mit verschiedenen Problemen konfrontiert:

- Das Wissen über das Unternehmensumfeld ist gering, Marktforschung ist nicht möglich.
- Objektivierungsfunktion kooperativer Planungsverfahren (Potentialanalyse, Szenarioanalyse etc., die in Gruppen erstellt werden) tritt in Kleinbetrieben nicht in Kraft (zu geringe Teilnehmerzahl, Dominanz des Unternehmers).
- Kleines Portfolio mit vielen Interdependenzen.
- Die Abgrenzung des relevanten Marktes und damit die Erfassung der Konkurrenzsituation ist nur schwer oder gar nicht möglich.
- Strategische Orientierungsgrößen wie Marktanteil, Marktwachstum etc. sind für Kleinbetriebe nur von nachrangigem Interesse, da Kostenvorteile und Unternehmenswachstum nicht im Vordergrund stehen.

Ein weiteres zentrales Problem ist die mangelnde Methodenkenntnis. Daher sollten Kleinunternehmen bei der strategischen Planung verstärkt externe Berater mit ausgeprägtem Branchen-Know-how einsetzen.

Kurzfristige Planungsrechnung, Kostenrechnung

Auf die Bedeutung der Grenzplankostenrechnung als controllinggerechte Form der Kostenrechnung wurde bereits hingewiesen. Das trifft auch für Klein- und Mittelbetriebe zu. Die größenbedingten Modifikationen lassen sich folgendermaßen zusammenfassen :

In der Regel genügt es in Kleinbetrieben, eine geringe Anzahl von Kostenstellen zu bilden (beispielsweise: Produktion I und II, Montage, Verwaltung, Lager). In Kleinstunternehmen kann auf Kostenstellen verzichtet werden. Die Gemeinkosten werden in diesem Fall direkt auf den Kostenträger verrechnet. Um die unterschiedlichen Kostenstrukturen von Maschinen zu erfassen, können mehrere Maschinenstundensätze oder Bezugsgrößen gebildet werden. Damit ist es natürlich nicht mehr möglich, eine stufenweise Grenzkostenrechnung in Form einer Verrechnung von Abteilungs- und Bereichsfixkosten durchzuführen.

Um eine aufwendige innerbetriebliche Leistungsverrechnung zu vermeiden, sollte man überall dort auf eine Bildung von Hilfskostenstellen verzichten, wo die variablen Kosten der Hilfskostenstellen niedrig oder sogar vernachlässigbar sind.

Die Betriebsdatenerfassung beschränkt sich auf eine Material- und Arbeitszeiterfassung (sowie eine Erfassung der Maschinenbelegung im mittelständischen Industiebetrieb). In Klein- und Mittelbetrieben, in denen keine EDV-gestütze Lagerstandsführung betrieben wird, ist es in der Regel nicht möglich, den Materialverbrauch tagesgenau festzustellen. Unterjährige Inventuren zusätzlich zur Jahresinventur sind nicht zweckmäßig. Eine für Zwischenabrechnungen notwendige Bestimmung des Materialeinsatzes muß daher geschätzt (Kleinstunternehmen) oder mittels auftragsbezogener Materialaufschreibungen realisiert werden. Materialverbrauch und Lohnstunden werden damit direkt je Auftrag erfaßt.

Die Grenzplankostenrechnung verlangt weiters nach einer analytischen Kostenplanung (Planmenge ×Planpreis). Ein genereller Einsatz eines derartig aufwendigen Planungsverfahrens ist jedoch insbesondere in Kleinunternehmen nicht sinnvoll. Eine analytische Kostenplanung ist nur für anteilsmäßig bedeutende Kostenarten (Lohn, Rohmaterial) sowie in anteilsmäßig bedeutenden Kostenstellen (Produktion) vorzusehen. In Kleinstunternehmen ist es zweckmäßig, eine Kostenschätzung je Kostenart durchzuführen. Damit ist es allerdings nicht mehr möglich, bei der Abweichungsanalyse in eine Mengen- und Preisabweichung zu differenzieren.

Die Erfassung der Kostenträger wird in solchen Klein- und Mittelbetrieben zum Problem, in denen die Auftragsfertigung und die Anpassung der Produkte an die Kundenbedürfnisse vorherrscht. Der gangbarste Weg scheint hier die Bildung von sehr globalen Produktgruppen zu sein, die sich durch eine ähnliche Kostenverursachung auszeichnen (unternehmensorientierte statt marktorientierter Produktgruppenbildung). In diesem Fall wird es auch möglich, den einzelnen Produktgruppen zurechenbare Fixkosten anzulasten. Vor- und Nachkalkulation erhalten im Vergleich zu Großunternehmen jedenfalls einen höheren Stellenwert.

Um unnötigen Abstimmungsaufwand zu umgehen, ist es günstig,, in der laufenden Planungsrechnung den Anteil der kalkulatorischen Kosten möglichst gering zu halten und statt dessen mit den in der Buchhaltung eingehenden Größen zu rechnen. Das bedeutet, daß weitgehend die Fremdkapitalzinsen, gesetzlichen Abschreibungen etc. zugrunde gelegt werden.

5.1.6 Kernaussagen

Controlling ist in Klein- und Mittelbetrieben ebenso wichtig wie in Großunternehmen. Die Gestaltung von Controllingsystemen muß sich jedoch an den spezifischen Gegebenheiten und Bedürfnissen von Klein- und Mittelbetrieben orientieren. Auch in Kleinstunternehmen kann ein ideales Controllingsystem realisiert werden, wenn man bereit ist, auf übertriebene Genauigkeit zu verzichten und eine gewisse "Hemdsärmeligkeit" zu akzeptieren!

5.2 Konzerncontrolling

Wilhelm Großeibl

5.2.1 Controllingumfeld

In der Betriebswirtschaftslehre gibt es keine einheitliche Definition für den Begriff Konzern. In der Praxis wird überwiegend auf die wirtschaftliche Einheit beziehungsweise auf die einheitliche Leitung abgestellt.

Die Bildung von Konzernen wurde durch den politischen Willen unterstützt, größere Wirtschaftsräume zu bilden (EG, EFTA, EWR, GATT ...). Voraussetzung dafür war die weitgehende Liberalisierung der Finanzmärkte und der Abbau von Hemmnissen beim grenzüberschreitenden Leistungs- und Warenverkehr.

Historisch gesehen hat sich der Wettbewerb in vielen Bereichen von der nationalen Ebene auf die Ebene der wichtigsten Wirtschaftsregionen Amerika, Europa und Japan verlagert, wobei sich dieser Konkurrenzkampf in einigen Bereichen bereits auf die nächste Stufe verschoben hat. Länder oder Wirtschaftsregionen buhlen um Investoren und damit um Beschäftigung und Wohlstand ihrer Bewohner (Schlagwort: Produktionsstandort Europa ist gefährdet).

International tätige Unternehmensgruppen haben heute die Möglichkeit, Produktionsteile oder ganze Produktionen in das für sie günstigste wirtschaftliche Umfeld zu transferieren. Das Umfeld internationaler Konzerne ist durch globale Betrachtungen und ein hohes Maß an **Komplexität** gekennzeichnet. Ausprägungen dieser Komplexität sind:

- Unterschiedliche Markt-, Produkt- und Konkurrenzsituationen
- Unterschiedliche Rechtsordnungen und Normen
- Unterschiedliche Kulturen und Sozialordnungen
- Unterschiedliche Sprachen
- Unterschiedliche Währungen (Inflation).

Überlagert werden diese Komplexitätskriterien durch den Faktor der räumlichen Entfernung.

5.2.2 Anforderungen aus dem Controllingumfeld

Organisationsformen von Konzernen

Die Anforderungen sind weitgehend von der Organisationsform von Unternehmensgruppen abhängig. Idealtypisch gibt es drei Konzern-Formen (vgl. Hungenberg [Aufgaben], S. 349ff.):

- Operative Holding
- Finanzholding
- Managementholding.

Die **operative Holding** zeichnet sich durch weitgehende Einflußnahme der Zentrale auf die dezentralen Konzerngesellschaften aus. Dabei werden neben der strategischen Führung auch große Teile der operativen Führung übernommen.

Häufig werden die Funktionen Einkauf, F&E, Produktion, Marketing, Personalentwicklung, EDV sowie Finanzierung zentral wahrgenommen.

Die **Finanzholding** ist die gegenteilige Organisationsform. Die Konzernspitze beschränkt sich auf ihre Holdingfunktion (Holding = Halten von Gesellschaftsanteilen). Sie greift nur vereinzelt in strategische Entscheidungen ein (z. B. Akquisitionspolitik) und steuert ihre Tochtergesellschaften durch rein finanzielle Zielgrößen (ROI, ROE, CF ...). Diese Art von Holding beschäftigt oft nur wenige Mitarbeiter.

Typische Finanzholdingfunktionen sind Konzernfinanzierung, Finanzclearing, Konzerncontrolling und Konzernrechnungswesen.

Die **Managementholding** liegt zwischen beiden Extremen und ist bei den heutigen Rahmenbedingungen oft am besten geeignet. In einem solchen Konzern liegt die operative Führung bei den Tochtergesellschaften. Die strategische Führung wird durch Zusammenarbeit zwischen Holding und Geschäftsleitung der operativen Gesellschaften durchgeführt, wobei die strategischen Rahmenbedingungen von der Konzernspitze ausgehen und dadurch die strategische Koordination sichergestellt wird. Die Führung einer Managementholding läßt sich am besten mit den Worten – **"think global, act local"** – beschreiben.

Einflußfaktoren auf die Holdingstruktur

Folgende Faktoren haben zentralen Einfluß auf die Organisationsform:

- Synchronität der Märkte (Kundenwünsche, Normen, Marktstrukturen ...)
- Synergien innerhalb der Wertschöpfungsketten zwischen den einzelnen strategischen Geschäftsfeldern
- Diversifikationsgrad von Konzernen.

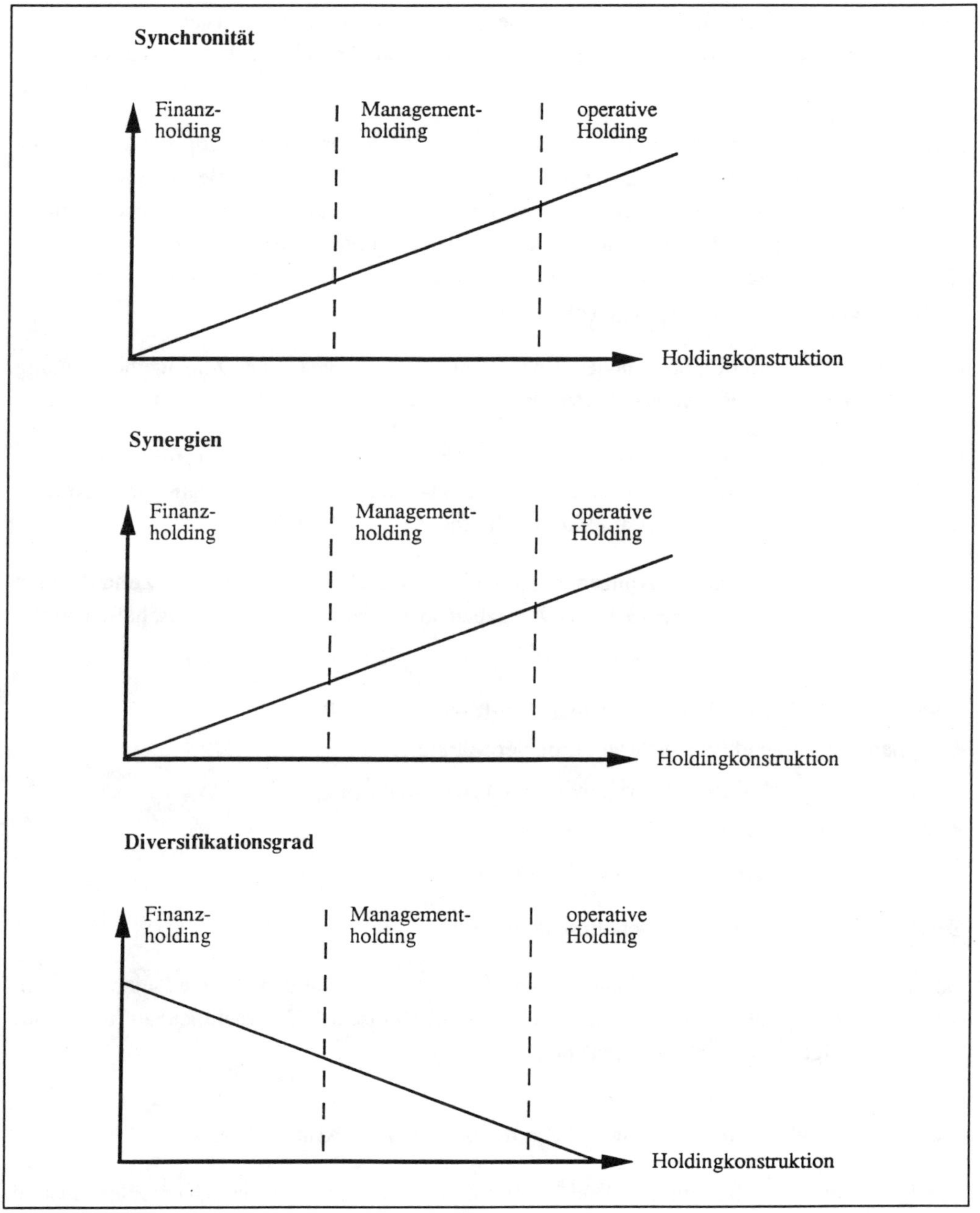

Abb. 5.2/1: Einflußfaktoren auf die Holdingstruktur

Unter **Synchronität** ist der Stand und die Entwicklung von Marktanforderungen beziehungsweise Marktgegebenheiten zu verstehen. Märkte, die sich durch ein hohes Maß gleicher Kundenanforderungen, gleicher Normen und gleicher Marktstrukturen auszeichnen, eignen sich besser für eine zentrale Steuerung durch eine operative Holding als Märkte mit stark asynchronen Eigenschaften, die weitgehende Unabhängigkeit der lokalen Gesellschaften erfordern.

Synergien sind Wettbewerbsvorteile, die sich aus der gemeinsamen Nutzung von Know-how oder durch economies of scale (Losgrößenvorteile) ergeben. Empirische Befunde zeigen, daß die Nutzung von Synergien oft Triebfeder für Akquisitionen und zentrale Führungsstrukturen ist. Die Praxis zeigt, daß Synergien nur dann realisiert werden können, wenn wichtige (d.h. für den Kundennutzen entscheidende) Funktionen innerhalb der Wertschöpfungskette (Einkauf, Produktion, F&E, Marketing, Vertrieb) betroffen sind.

Bei geschickter Strukturierung lassen sich Synergien auch von einer Managementholding nutzen, ohne die erheblichen Nachteile einer operativen Holding in Kauf nehmen zu müssen.

Breit diversifizierte Konzerne können wegen der hohen Komplexität nicht erfolgreich zentral geführt werden. Unterschiedliche Markt-, Produkt- und Konkurrenzsituationen erfordern weitgehende Selbständigkeit der am Markt auftretenden Gesellschaften.

Eine Reihe zentral geführter Konzerne ist in einer Umstrukturierungsphase: Zentralstellen werden zerschlagen, Kompetenzen und Aufgaben in operative Tochtergesellschaften verlagert.

Viele dieser Umorganisationen beruhen auf folgenden Faktoren:

- Dynamisierung und Entsynchronisation der Märkte
- Kundennähe und Marktpräsenz gewinnen an Bedeutung
- Zulässige Reaktionszeiten verkürzen sich
- Höhere Gestaltungsansprüche der Mitarbeiter.

Zentral geführte Konzerne können diese Anforderungen oft nicht erfüllen.

Gesellschaften, die von einer Managementholding geführt werden, können einerseits am Markt als schlagkräftige, rasch reagierende "mittelständische" Unternehmen auftreten, andererseits einige "Schlüsselsynergien" nutzen.

Aufgabenverteilung in Abhängigkeit von der Konzernstruktur

Die Konzernstruktur hat entscheidenden Einfluß auf die Verteilung von Kompetenzen und Aufgaben controllingrelevanter Funktionen.

Überblick			
	operative Holding	Finanz-holding	Management-holding
Vorgabe strategischer Rahmenbedingungen	KS	KS	KS
Strategische Planung	KS	GF	KS/GF
Strategische Rückkopplung und Vorschau	KS	GF	KS/GF
Operative Planung	KS/GF	GF	GF
Operative Rückkoppelung und Vorschau	KS/GF	GF	GF
Planung und Entscheidung relevanter Investitionen	KS	KS/GF	KS/GF
Planung und Entscheidung von "Normalinvestitionen"	KS/GF	GF	GF

KS .... Konzernspitze mit Unterstützung durch Konzerncontrolling
GF .... Geschäftsführung der operativen Gesellschaft

Abb. 5.2/2: Überblick über Holdingstrukturen

5.2.3 Management-Problemstellung und Controllingziele

Da der Konzerncontroller keine direkte Führungskompetenz gegenüber der operativen Gesellschaft hat, kann er die nachfolgend angeführten Aufgaben und Instrumente nur durch Interaktion mit dem Konzernvorstand erfolgreich erfüllen beziehungsweise einsetzen.

Aufgaben und Instrumente in einer operativen Holding

- Vorgabe der strategischen Rahmenbedingungen und der strategischen Hauptstoßrichtung
- Strategische Rückkopplung und Vorschau (strategischer Soll-Ist-Vergleich, strategisches Monitoring)
- Investitionsplanung und Entscheidung von "relevanten" Investitionen
- Kontrolle der "Normalinvestitionen"
- Mitwirkung bei operativer Budgetierung
- Mitwirkung bei operativem Soll-Ist-Vergleich und Erwartungsrechnung
- Umfangreiches Konzernberichtswesen mit hohem Detaillierungsgrad
- Aggregations- und Konsolidierungsaufgaben: Zusammenfassung der Einzelberichte zu einem Konzernbericht (Umsatz, Kosten, Ergebnis, Finanz- und Bilanzdarstellung für Ist- und Plandaten).

Aufgaben und Instrumente in einer Finanzholding

- Mitarbeit und Koordination der strategischen Vorgaben
- Grobkontrolle bei strategischer Rückkopplung und Vorschau
- Grobkontrolle der wichtigsten Investitionen
- Grobkontrolle bei operativer Budgetierung, Soll-Ist-Vergleich und Erwartungsrechnung
- Konzernberichtswesen mit geringem Detaillierungsgrad
- Aggregations- und Konsolidierungsaufgaben (siehe operative Holding).

Aufgaben und Instrumente in einer Managementholding

- Vorgabe der strategischen Rahmenbedingungen und der strategischen Hauptstoßrichtung
- Strategische Rückkopplung und Vorschau
- Mitwirkung bei Investitionsplanung und Entscheidung von "relevanten" Investitionen
- Grobkontrolle der Normalinvestitionen
- Mitwirkung bei Erstellung der Planungsprämissen für operative Budgetierung
- Grobkontrolle bei operativem Soll-Ist-Vergleich und Erwartungsrechung
- Konzernberichtswesen mit mittlerem Detaillierungsgrad
- Aggregations- und Konsolidierungsfunktion (siehe operative Holding).

Neben den für die drei Konzerntypen angeführten "Kernaufgaben" des Konzerncontrolling ist in der Praxis vom Controller oft eine Reihe von typischen Finanz- und Rechnungswesen-Aufgaben und Servicefunktionen zu erfüllen:

- Unterstützung bei Bilanzpolitik für Holding und operative Gesellschaften
- Finanzierungsaufgaben
- Steuertaktik für Konzern und operative Gesellschaften
- Unterstützung bei M&A-Aufgaben.

5.2.4 Zentrale Steuerungsgrößen im Konzern

Diese Größen sind grundsätzlich von der gewählten Konzernstruktur unabhängig. Zentrales Ziel der Konzernspitze ist langfristige Maximierung des Eigentümerwerts der Unternehmensgruppe (Shareholder-Value-Ansatz; SVA). Auch die Geschäftsführung in einem Unternehmen ohne Konzernverbund ("Einzelunternehmen") sieht als zentrale Steuerungsgröße die Maximierung des Unternehmenswerts.

Grundsätzlich besteht sowohl im "Einzelunternehmen" als auch im Konzern das Ziel, den Unternehmenswert

- **durch bestmögliche Kapitalaufbringung** (Minimierung Kapitalkosten, Optimierung Kapitalstruktur, Sicherung der Liquidität und Bonität)
- **und durch bestmögliche Kapitalverwendung** (Optimierung von Investitionen und Akquisitionen mit dem Ziel ROI, ROE, VROI usw. zu maximieren)

maximiert.

Beim Konzern tritt eine dritte Dimension der Steuerung auf. Die einzelnen strategischen Geschäftsfelder (Gesellschaften) eines Konzerns stehen insbesondere bei der Kapitalverwendung in Konkurrenz und in Ergänzung zueinander. Die Konzernspitze übernimmt es, das grundsätzlich limitierte Kapital optimal zwischen den operativen Gesellschaften zu verteilen.

Optimierungskriterien sind:

- Ausgleich der Finanzströme
- Risikodiversifikation
- Abgleich eigener Stärken mit Marktattraktivität.

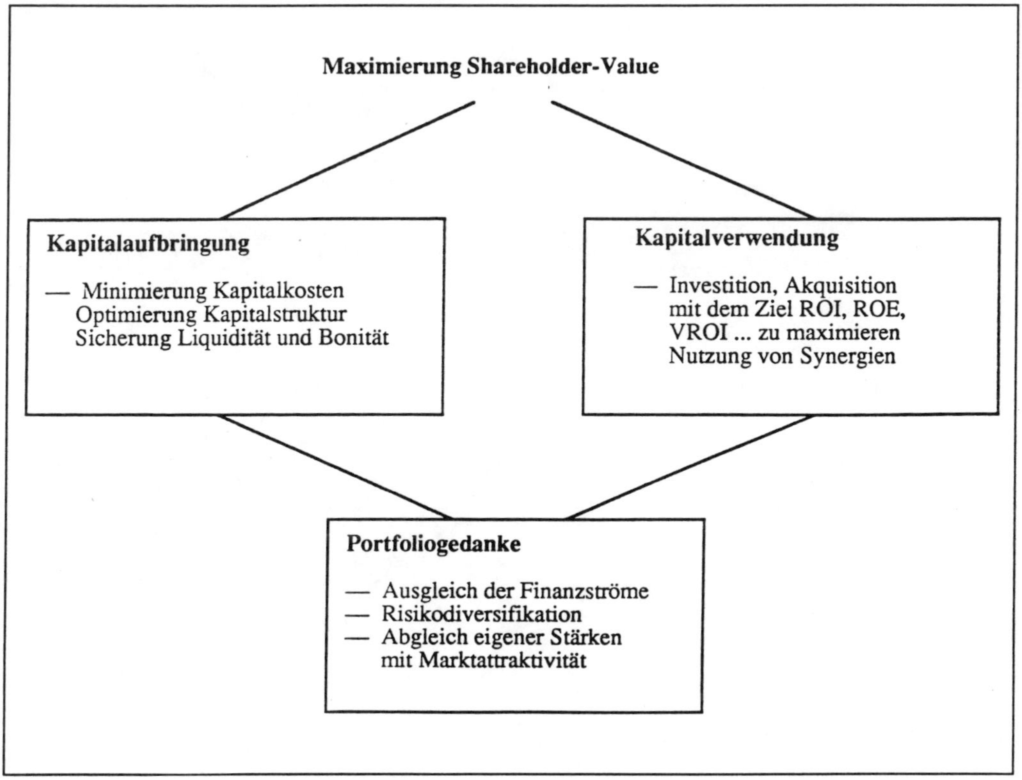

Abb. 5.2/3: Maximierung Shareholder-Value

5.2.5 Controllingsysteme

Institutionalisierung

Der Konzerncontroller hat keine direkte Führungskompetenz gegenüber den operativen Gesellschaften. Die Geschäftsführer der operativen Gesellschaften unterstehen entweder einem Konzernvorstandsmitglied oder dem gesamten Konzernvorstand. Das erfolgreiche Wirksamwerden des Konzerncontrollers kann in der Praxis nur durch Interaktion mit dem Konzernvorstand und der ihm von den operativen Gesellschaften entgegengebrachten Akzeptanz erfolgen.

Hinsichtlich der Controllingsysteme übernimmt der Konzerncontroller folgende Aufgaben:

- Standardisierung der Controllinginstrumente und Methoden (insbesondere bei operativer Holding und Managementholding)
- Hilfestellung bei Implementierung
- Vorgabe der Prozeduren (timetable).

Standard-Controllingprozeduren im Konzern

Jänner	MB12, (= vorläufiges Ist Vorjahr)	KB 12	Vorlage Rohbilanzen der operativen Gesellschaften, Konsolidierung zu vorläufigem Konzernergebnis
Februar	MB1,	KB 1	Vorlage der testierten Bilanzen der operativen Gesellschaften (Ende Februar)
März	MB2,	KB 2	Erstellung der testierten Konzernbilanz (Ende März)
April	MB3,	KB 3	Strategiemeetings mit operativen Gesellschaften, Überarbeitung der strategischen Planung, Strategierevision (falls notwendig)
Mai	MB 4,	KB4	Erwartungsrechnung der operativen Gesellschaften und Konsolidierung zu Konzernvorschau, Abschluß Investitionskontrolle Projekte Vorjahr, laufendes Investitionscontrolling
Juni	MB 5,	KB 5	Konzentration Sonderprojekte
Juli	MB 6,	KB 6	Konzentration Sonderprojekte
August	MB 7,	KB 7	Konzentration Sonderprojekte
September	MB 8,	KB 8	Erarbeitung der Budgetprämissen und Grundsatzziele für jede operative Gesellschaft, Erwartungsrechnung der operativen Gesellschaften und Konsolidierung zu Konzernvorschau
Oktober	MB 9,	KB 9	Vorlage Budgetentwurf inklusive Finanzplan, Investplan und Planbilanz der operativen Gesellschaften, Diskussion mit Konzernführung und Überarbeitung
November	MB 10,	KB 10	Beschluß Budgets der operativen Gesellschaften, Konsolidierung und Aggregation zu Konzernbudget
Dezember	MB 11,	KB 11	Letzte Maßnahmen für Steuertaktik, Schätzung Jahresergebnis der operativen Gesellschaften und Konzernergebnis

MB.... Vorlage Monatsberichte der operativen Gesellschaften bis zum zehnten Arbeitstag nach Monatsende

KB ... Kontrolle MB und Erstellung Konzernmonatsberichte bis zum dreizehnten Arbeitstag nach Monatsende

Abb. 5.2/4: Controllingprozeduren in Konzernen

Beispiel für Konzernmonatsbericht

In großen Konzernen sind Monatsberichte sehr umfangreich. Der Konzerncontroller hat besonders für **Übersichtlichkeit**, **Plausibilität** und **Konsistenz** des Inhalts zu sorgen.

Teil 1: Executive Summary
Kurze verbale Beschreibung des Geschäftsgangs der operativen Gesellschaften beziehungsweise der strategischen Geschäftsfelder (SGF). Erläuterung der Konzernsituation.

Teil 2: Kurzfristige Konzernerfolgsrechnung
Konsolidierung der Monatsberichte der operativen Gesellschaften zu Konzernerfolgsrechnung.

Siehe Abb. 5.2/5 (Erfolgsrechnung; Fixkosten je Bereich bzw. Fixkosten je Kostenart)

Teil 3: Für jede der operativen Gesellschaften

3.1: Executive Summary der Gesellschaft

3.2: Kurzfristige Erfolgsrechnung (***gleicher*** Aufbau wie Konzernerfolgsrechnung)

3.3: Ergebnisdarstellung nach Produkten, Regionen, Werken inkl. Abweichungsanalysen

3.4: Vergleich der wichtigsten Kostenarten (Material, Personal, Regiekosten), Darstellung der Werte für Vorjahr/Budget/Ist für Monatswerte und kumuliert

3.5: Sonstige Daten

Vertrieb: Auftragsstand
Nettoerlös je Einheit
Umarbeitungsspanne je Produkt
Markt und Konkurrenzdaten

Produktion: Menge, Herstellkostenübersicht
Produktions- und Stillstandszeiten

Lager: Lagerstände, Umschlagshäufigkeiten

Bilanz: Stand Forderungen und Verbindlichkeiten,
Bankstände, Kreditrahmen

Fortschrittskontrolle Projekte (Vergleich mit Meilensteinplan)

Teil 4: Anhang Währungsumrechnungen
Konsolidierungskreise
Sonstiges

Aufgrund der Datenvielfalt ist sowohl die Konsolidierung als auch der Vergleich mit den Vorjahrs- und Plandaten nur bei **identer** Datenstruktur möglich.

	Monatswerte				Text		Kumulierte Werte			
Vorjahr	Budget	Ist	diff % VJ	diff % B		Vorjahr	Plan	Budget	diff % VJ	diff % B
					Umsatzerlöse					
					sonst. Erlöse					
					Gesamterlöse					
					Provisionen,Lizenzen					
					Skonti, Rabatte					
					sonst. Erlösschmälerungen					
					Nettoerlöse					
					Wareneinsatz					
					Fertigungsmaterial					
					Fertigungslöhne					
					sonst. var. Kosten					
					Summe var. Kosten					
					Deckungsbeitrag					
					Personalkosten					
					Fremde Dienstleistungen					
					Büromaterial					
					Versicherungen					
					Rechts-, u. Beratungskosten					
					.					
					Kostenarten (fix)					
					.					
					.					
					Summe Fixkosten					
					kalk. Betriebsergebnis					
					+ kalk. Afa					
					+kalk. Zinsen					
					Brutto Cash-flow					
					+ /-buchm. Zinsen					
					Cash-flow					
					-buchm. Afa					
					Betriebsergebnis					
					Beteiligungsergebnisse n. kons.					
					a.o. Ergebnis					
					unverst. Unternehmensergebnis					
					(Gewerbesteuer)					
					Körperschaftsteuer					
					verst. Unternehmensergebnis					

Monatswerte					Text	Kumulierte Werte				
Vorjahr	Budget	Ist	diff % VJ	diff % B		Vorjahr	Budget	Ist	diff % VJ	diff % B
					Umsatzerlöse					
					sonst. Erlöse					
					Gesamterlöse					
					Provisionen,Lizenzen					
					Skonti, Rabatte					
					sonst. Erlösschmälerungen					
					Nettoerlöse					
					Wareneinsatz					
					Fertigungsmaterial					
					Fertigungslöhne					
					sonst. var. Kosten					
					Summe var. Kosten					
					Deckungsbeitrag					
					fixe Produktionskosten					
					Verwaltungskosten					
					fixe Vertriebskosten					
					F&E-Kosten					
					Controlling Kosten					
					.					
					Bereichskosten (fix)					
					.					
					Summe Fixkosten					
					kalk. Betriebsergebnis					
					+ kalk. Afa					
					+kalk. Zinsen					
					Brutto Cash-flow					
					+ /-buchm. Zinsen					
					Cash-flow					
					-buchm. Afa					
					Betriebsergebnis					
					Beteiligungsergebnisse n. kons.					
					a.o. Ergebnis					
					unverst. Unternehmensergebnis					
					(Gewerbesteuer)					
					Körperschaftsteuer					
					verst. Unternehmensergebnis					

Abb. 5.2/5: Kurzfristige Konzernerfolgsrechnung

5.2.6 Kernaussagen

Die Globalisierung der Märkte und die Liberalisierung der wirtschaftlichen Rahmenbedingungen fördert weltweit die Bildung von Konzernen. Die Losgrößen der Produktionen werden sich tendenziell vergrößern, die zulässigen Reaktionszeiten am Markt hingegen verkürzen. Zentrale Herausforderung für Konzerne wird die bestmögliche Nutzung von Synergien bei gleichzeitiger Verkürzung der Produktlebenszyklen sein. Zentral geführte Konzerne mit einer großen operativen Holding werden diese Anforderungen vielfach nicht erfüllen können. Langfristig werden nur Konzerne überlebensfähig sein, die einerseits die Vorteile der Größe und andererseits die Flexibilität und Schnelligkeit der "mittelständischen" Unternehmen verbinden können, was hohes Maß an dezentraler Kompetenz und entsprechend viele "Unternehmer" im Unternehmen erfordert. Organisatorisch lassen sich diese Anforderungen oft am besten in Form einer schlagkräftigen Managementholding erfüllen. Das Konzerncontrolling leistet einen wichtigen Beitrag zur Reduktion der Komplexität und – durch die Querschnittsfunktion des Controlling – zur Realisierung von Synergien.

5.3 Besonderheiten des Controlling in Nonprofit-Organisationen (NPO)

Christian Horak

5.3.1 Controllingumfeld

Definition und Abgrenzung

Der aus dem Englischen übernommene Ausdruck "Nonprofit-Organisation" trägt zu zahlreichen Mißverständnissen bei, wenn es um die Charakteristik der darunter verstandenen Organisationsformen geht. Weit verbreitet ist die Ansicht, daß NPO keinen Gewinn beziehungsweise Überschuß durch ihre Tätigkeit erzielen dürfen.

Diese Fehlmeinung wird in erster Linie durch den schlichtweg falschen Begriff gefördert. Bei genauerer Betrachtung erscheint es absurd, daß eine Organisation ihrer Aufgabe langfristig ohne Schaffung neuer Ressourcen nachgehen kann.

Eine Definition des Begriffs muß sehr allgemein bleiben, weil die darin zusammengefaßten Organisationstypen sehr vielfältig sind. NPO können genauso wie Unternehmen als zielgerichtete, produktive, soziale, offene, dynamische, komplexe Systeme bezeichnet werden, deren Ziel die Befriedigung der Interessen verschiedener Gruppen (**Stakeholder**) ist, indem bestimmte Sach- und Dienstleistungen erbracht werden. Im Gegensatz zur Praxis in Unternehmen dürfen erzielte Überschüsse nicht an Organisationsmitglieder ausgeschüttet werden, sondern müssen zur Erfüllung des gesetzten Hauptziels wieder in die NPO reinvestiert werden (vgl. Horak [Controlling], S. 18). Man kann daher nicht von einem Gewinnverbot, sondern muß von einer Überschußverwendungsbeschränkung reden.

Typen und Ausprägungen von NPO

Die allgemein gehaltene Definition führt dazu, daß sehr viele verschiedene Organisationstypen unter den Begriff NPO zusammengefaßt werden können. Die Spannweite reicht von der öffentlichen Verwaltung über Genossenschaften, Sportklubs, Interessenvertretungen bis zu karitativen Hilfsorganisationen. Um diesen komplexen Objektbereich zu strukturieren, sind dementsprechend viele Ansätze zur Gliederung der NPO nach Typen beziehungsweise Merkmalen entwickelt worden (vgl. Horak [Controlling], S. 29ff.). Die gängigste Gliederung orientiert sich an den unterschiedlichen Austauschbeziehungen der Organisationstypen.

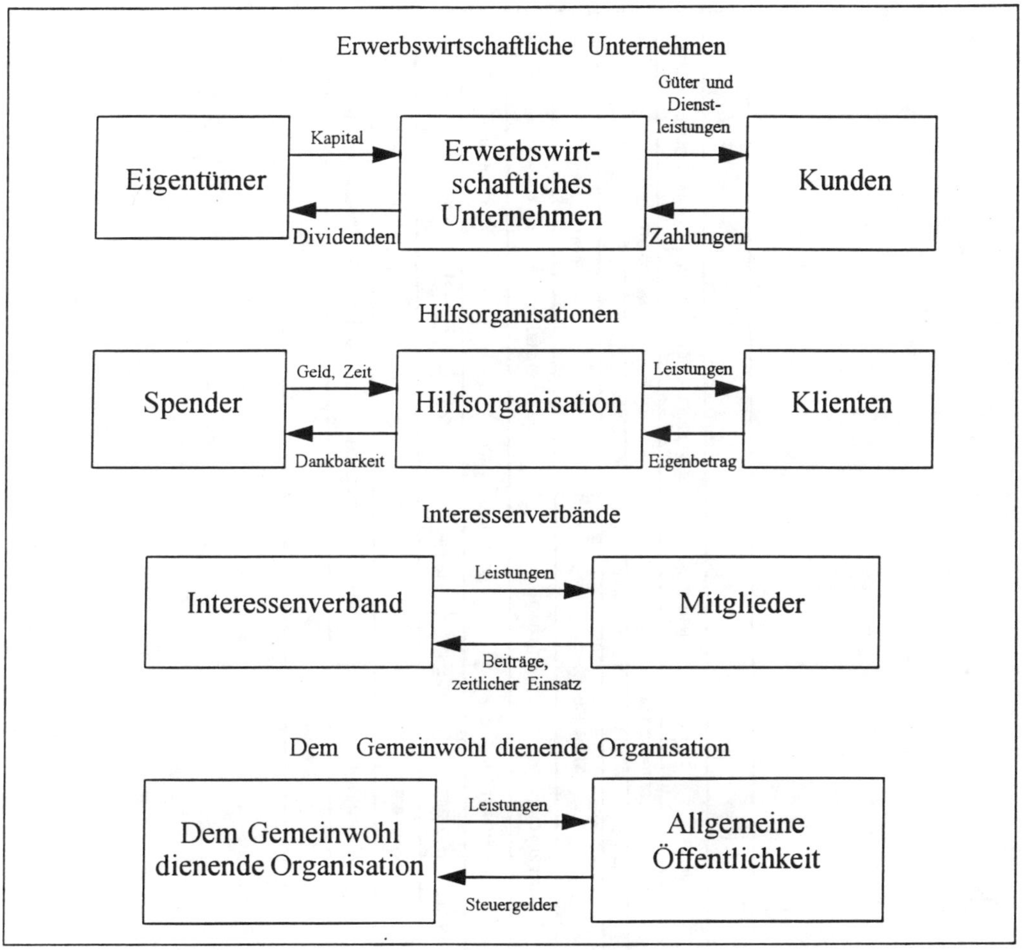

Abb. 5.3/1: Austauschbeziehungen der Organisationstypen (vgl. Kotler [Marketing], S. 31)

Derartige Typisierungen erlauben nur eine grobe Zuordnung der einzelnen NPO. Eine exaktere Einordnung einer bestimmten Form der NPO in den Betrachtungsbereich wird durch Kataloge von Merkmalsausprägungen in Form von morphologischen Kästen möglich: Von jedem Merkmal treffen eine oder mehrere Ausprägungen auf einen NPO-Typ zu.

GRÖSSE	KLEIN	MITTEL	GROSS					
RECHTSFORM	VEREIN	STIFTUNG/ANSTALT	KÖRPERSCHAFT ÖFF. RECHTS	KAPITALGESELLSCHAFT				
STEUERN	ERTRAGSTEUERN: begünstigt	ERTRAGSTEUERN: nicht begünstigt	SONSTIGE STEUERN: begünstigt	SONSTIGE STEUERN: nicht begünstigt				
TRÄGERSCHAFT	STAATLICH	PRIVAT						
LEISTUNG	INDIVIDUALGUT	MERITORISCHES GUT	KOLLEKTIVGUT	ÖFFENTLICHES GUT				
MITARBEITER	HAUPTAMTLICH	EHRENAMTLICH	GEMISCHT					
FINANZIERUNG	ANTEILE	KREDIT	PREIS	GEBÜHREN	BEITRÄGE	ZUSCHÜSSE/ SPENDEN	KAPITAL-ERTRÄGE	STEUERN/ SPONSORING
ADRESSATEN	MITGLIEDER	DRITTE	ALLGEMEINHEIT					
ORGANISATION	HIERARCHISCH	OLIGARCHISCH	DEMOKRATISCH					
ZIELE	FORMALZIEL	SACHZIEL						

Abb. 5.3/2: Objektbereich NPO nach Merkmalen gegliedert (vgl. Horak [Controlling], S. 61)

Der Objektbereich der NPO läßt sich zusammenfassend als vielschichtig und komplex bezeichnen. Zur Vereinfachung der Controllingüberlegungen werden die öffentliche Verwaltung und öffentliche Unternehmen aufgrund ihrer verschiedenartigen Strukturen ausgeklammert. Das entspricht der amerikanischen Gliederung, die unter dem dritten Sektor alle privatrechtlich organisierten NPO zusammenfaßt. Statistische Daten über die Bedeutung dieses Sektors liegen in Österreich nur vereinzelt vor; 1988 existierten 73.708 eingetragene Vereine, die Zahl ist weiter steigend.

5.3.2 Anforderungen aus dem Controllingumfeld

Peter Drucker definiert die Girl Scouts USA als "the best runned company in the States"; Monsignore Schüller, Präsident der Caritas Wien, wurde von der Wirtschaftsuniversität Wien 1993 zum Manager des Jahres gewählt: Indizien dafür, daß das Management von NPO als wichtig anerkannt wird und diese Leistungen in einigen Fällen über die in Unternehmen zu stellen sind. Hinter hervorragendem Management verbergen sich in vielen Fällen hohe Anforderungen an Führungskräfte, die sich in einigen Erfolgsfaktoren zusammenfassen lassen:

Komplexes Zielsystem: Im Gegensatz zu Unternehmen, die in vielen Fällen ein meist monetär bewertbares Oberziel (Gewinn, Deckungsbeitrag etc.) anstreben, ist das Zielsystem der NPO sehr komplex gestaltet.

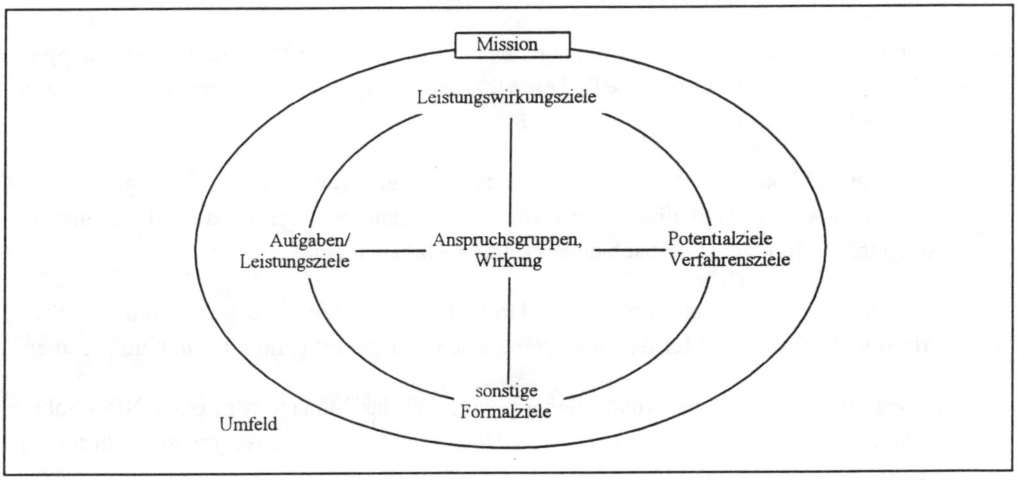

Abb. 5.3/3: Zielsystem der NPO (vgl. Horak [Controlling], S. 165)

Allgemeiner Rahmen ist die **Mission**, der Zweck der NPO, an der sich alle Überlegungen zu orientieren haben.

Die **Leistungswirkungsziele** legen fest, welche Wirkungen bei den Anspruchsgruppen (Klienten, Mitarbeiter, diverse Umfelder etc.) durch die Erbringung der Leistungen erzielt werden sollen.

Die **Leistungserbringungsziele** legen den Output der NPO in Form von erfaßbaren Leistungseinheiten fest (z. B. Anzahl der zu betreuenden Patienten).

Potentialziele erfassen die notwendigen Ressourcen zur Leistungserstellung (Personal, Sach- und Geldmittel), Verfahrensziele definieren den Prozeß der Leistungserstellung.

Formalziele geben weitere Rahmenbedingungen vor, z. B. muß die Leistungserstellung möglichst effizient erfolgen.

Formalziele geben weitere Rahmenbedingungen vor, z. B. muß die Leistungserstellung möglichst effizient erfolgen.

Alle Teilziele sowie die Mission werden auf die relevanten internen und externen Anspruchsgruppen (Stakeholder) ausgerichtet, bei denen eine Wirkung erzielt und damit der Zweck der Organisation erfüllt werden soll.

Die mehrheitlich qualitative Ausrichtung der Ziele wirft automatisch Probleme bei der Erfolgs- beziehungsweise Nutzenmessung auf und hat direkte Auswirkungen auf die Entwicklung einer adäquaten Controllingkonzeption.

Die NPO beschränkt sich nicht nur darauf, Preise zu erzielen, sondern sie muß je nach Typ ihr Einkommen aus verschiedensten Quellen sicherstellen.

Im Bereich des Human-Ressources-Management sind in vielen Organisations-Typen Spannungsfelder zwischen den unterschiedlichen Mitarbeiter-Typen (z. B. haupt- oder ehrenamtliche Mitarbeiter) festzustellen.

Die Innovationsfähigkeit einer NPO wird vielfach durch innovationsfeindliche Organisationsstrukturen (demokratischer Aufbau, bürokratische Elemente etc.) erschwert und verlangt zur Durchsetzung von Innovationen nach einem starken Management.

NPO leben nicht in einem konkurrenzfreien Umfeld, im Gegenteil, die Konkurrenzbeziehungen sind oft viel subtiler und für das Management schwieriger erkennbar als in Unternehmen.

Die auf den ersten Blick etwas kühne Behauptung, daß das Management einer NPO höhere Anforderungen an Führungskräfte stellt als in Unternehmen, wird durch die angeführten Erfolgsfaktoren verständlicher.

5.3.3 Management-Problemstellungen und Controllingziele

Aus der Darstellung der spezifischen Rahmenbedingungen und Erfolgsfaktoren für NPO leitet sich zwingend der Bedarf und die Sinnhaftigkeit des Controlling ab – entsprechend der hier vertretenen Philosophie, Controlling als führungsergänzendes System für die Entscheidungsträger einer Organisation zu sehen.

Konkrete Problemstellungen, wie zunehmende Entscheidungskomplexität, steigender Legitimations- und Erfolgsdruck, inhomogene und intransparente Märkte, vielfältige interaktive Beziehungen zwischen den Anspruchsgruppen (Stakeholdern) beziehungsweise deren unterschiedlichen Interessenlagen, führen zu zunehmender Belastung der Entscheidungsträger und erhöhen den Bedarf nach Controlling (vgl. Horak [Controlling], S. 246).

Controlling muß in diesem Zusammenhang dazu beitragen, die Komplexität zu bewältigen, indem es ein **höheres Zielbewußtsein** ermöglicht, durch Erhöhung der Kostentransparenz

Effizienzsteigerungen mitrealisiert, und die Argumentationsposition gegenüber externen und internen Interessengruppen verbessern hilft und umfangreiche Koordinationsaufgaben in der Organisation wahrnimmt (vgl. Reiss [Einrichtungen], S. 11).

Die Teilaufgaben sind mit denen eines Unternehmens vergleichbar.

Die **Koordinationsfunktion** wird durch die Komplexität der Managementaufgaben immer wichtiger. In NPO sind tendenziell mehr systembildende und systemkoppelnde Koordinationsaufgaben zu lösen als in Unternehmen (vgl. Horak [Controlling], S. 258f.). Ergänzt wird diese Dimension der unpersönlichen Koordination durch die personenorientierte Koordination, (vgl. Reiss [Controlling], S. 24), begründet durch die Vielzahl von Interaktionen zwischen den verschiedenen Anspruchsgruppen der NPO. Controlling hat diese Interaktionen zu unterstützen.

Die **Steuerungs- und Regelungsfunktion** ermöglicht durch die Ermittlung von Abweichungen die Analyse der gesetzten Maßnahmen, was problematisch sein kann, da als Vergleichsgrößen des öfteren nur qualitative Werte (z. B. Zufriedenheit der Klienten) herangezogen werden können, die eine exakte Bewertung erschweren. Controlling ist im Rahmen des beschriebenen Zielsystems und Festlegung von qualitativen oder quantitativen Größen zum Soll-Ist-Vergleich für Initiierung des Prozesses der Bestimmung operationaler Ziele verantwortlich. Aufgrund dieser Abweichungsanalysen muß das Controlling Steuerungs- und Regelungsmaßnahmen vorschlagen.

Die **Berichtsfunktion** gewinnt durch die Notwendigkeit der Einbeziehung der externen Anspruchsgruppen an Bedeutung. Das Berichtswesen kann in eine interne Sphäre (Management-Informationssystem) und eine externe Sphäre (bezugsgruppenorientiertes Informationssystem) aufgegliedert werden. Controlling hat für den Informationsfluß zwischen den Anspruchsgruppen und dem Management zu sorgen und die Daten für die Organisation entscheidungsgerecht aufzubereiten, andererseits zu gewährleisten, daß den Anspruchsgruppen über die NPO relevante Informationen zur Verfügung gestellt werden. Entsprechend der oben angeführten Charakteristik muß im Berichtswesen in verstärktem Ausmaß mit qualitativen Größen beziehungsweise Indikatoren gearbeitet werden.

5.3.4 Zentrale Steuerungsgrößen

Die zentralen Steuerungsgrößen können prinzipiell aus dem Zielsystem der NPO abgeleitet werden. Steuerungsgrößen müssen sich – bedingt durch die Betonung der qualitativen Ziele – teilweise von Steuerungsgrößen der Unternehmen unterscheiden.

Eine NPO hat dann Erfolg, wenn die Mission erfüllt wird. Das läßt sich durch die erzielte Wirkung bei den relevanten Anspruchsgruppen näher definieren. Der Ermittlung des Erfolgs der NPO in bezug auf die Leistungswirkungsziele muß daher ein umfangreicher Prozeß zur

Identifikation, zur Rangreihung, zur Behandlung und zur Ermittlung der Zufriedenheit der Stakeholder vorangehen.

Die zentrale Steuerungsgröße für die Leistungswirkungsziele ist die **Zufriedenheit der Anspruchsgruppen**. Als qualitative Größe muß sie entweder direkt über empirische Untersuchungen (Befragungen) oder indirekt über relevante Indikatoren (indirekte quantitativ meßbare Größen = spezielle Kennzahlen) festgestellt werden. Jede als wichtig erachtete Anspruchsgruppe muß diesem Prozeß unterzogen werden, um Gesamtaussagen und eventuelle Abweichungen ableiten zu können.

Die Steuerungsgröße für die Leistungserbringungsziele sind die Outputdaten der Organisation, die ihrerseits als Indikatoren für Wirkungsziele verwendet werden können (z. B. Anzahl der Betreuungsfälle). Die Daten sind quantitativ erfaßbar und somit einem Soll-Ist-Vergleich direkt unterziehbar.

Ähnliches gilt für die Potentialziele, die durch entsprechende Inputdaten gesteuert werden können (z. B. geplantes und tatsächlich benötigtes Personal).

Bei den Formalzielen, wobei es sich in erster Linie um die Effizienz handelt, besteht das Problem, daß in vielen Fällen in den Organisationen nur Kostendaten zur Verfügung stehen. Die Erlöskomponente ist – bedingt durch teilweise fehlende Marktpreise – sehr stark eingeschränkt. Dementsprechend muß das Gewicht bei den Steuerungsgrößen auf die Kostenseite verlagert werden.

5.3.5 Controllingsystem

Die Besonderheiten des Controllingsystems ergeben sich zwangsläufig aus den spezifischen Management-Problemstellungen und aus den zentralen Steuerungsgrößen für NPO.

Strategische und operative Instrumente

Durch die primär qualitative Ausrichtung der strategischen Instrumente kann man davon ausgehen, daß ein Großteil der aus der Literatur bekannten Instrumente (Szenario-Technik, Umfeldanalyse, Portfolio-Analyse etc.) mit leichten Anpassungen teilweise auch in NPO angewandt werden können. Als wichtige Ergänzung muß hier die Stakeholder-Analyse gesehen werden, mit deren Hilfe die vielfältigen Anspruchsgruppen einer NPO erfaßt, nach Prioritäten gereiht und dementsprechende Strategien erarbeitet werden können.

Im Bereich der operativen Instrumente muß stärker differenziert werden. Grundlage aller Überlegungen ist eine controllinggerechte Kostenrechnung. In vielen Fällen muß in NPO die Erlöskomponente direkt berücksichtigt werden; Instrumente wie Periodenerfolgsrechnungen nach dem direkten Deckungsbeitragsprinzip können nicht eingesetzt werden.

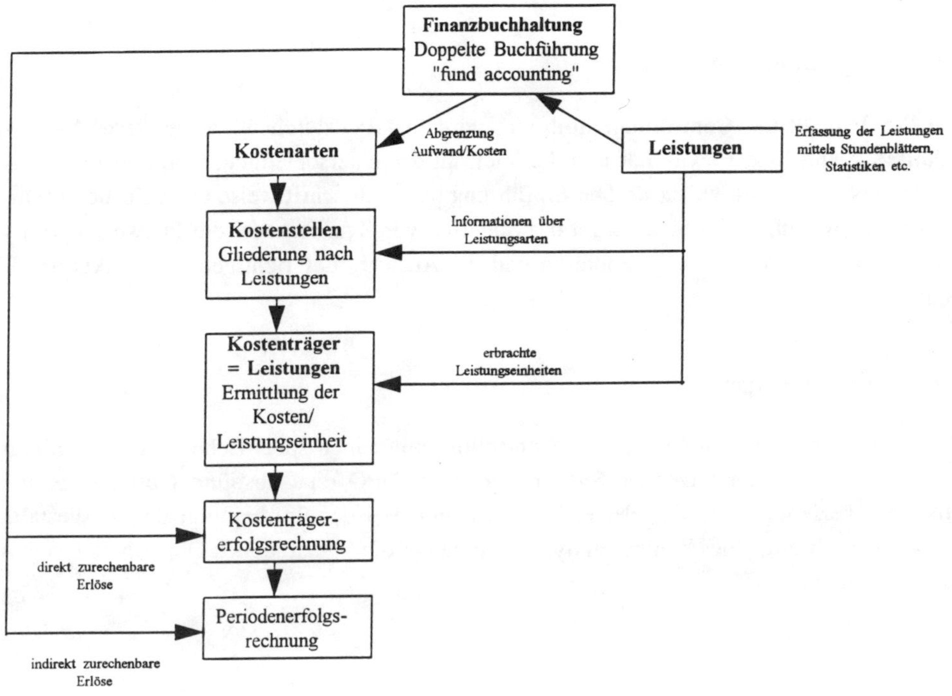

Abb. 5.3/4: Formalzielorientiertes Rechnungswesen in NPO (vgl. Horak [Controlling], S. 355)

Dementsprechend müssen weitere Instrumente, z. B. Leistungsbudget und Finanzplan, an die geänderten Rahmenbedingungen angepaßt werden.

Die Instrumente des Rechnungswesens in NPO müssen um qualitative Instrumente – wie Indikatorenrechnung, gesellschaftsbezogene Rechnungslegung oder Leistungsbericht – ergänzt werden.

Anforderungen an den NPO-Controller

Die Anforderungen an einen NPO-Controller sind aufgrund der Aufgabenstellung sehr hoch. Zu den aus Unternehmen allgemein bekannten Controller-Anforderungen kommen eine NPO-gerechte Einstellung zum Wirtschaftsleben, Identifikation mit der Mission der NPO, sehr hohe Koordinations-, Durchsetzungs- und Innovationsfähigkeit sowie die Fähigkeit, auf Mitarbeiter eingehen zu können, die keinerlei wirtschaftliche Vorbildung haben.

Controllingeinführung

Die Problematik der Controllingeinführung wird in NPO durch teilweise starre Machtverhältnisse, mangelnde Flexibilität und die Vielzahl der unterschiedlichen und zu überzeugenden Interessengruppen verstärkt. Die Einführung kann nur schrittweise und sehr behutsam erfolgen. Als wichtige Attribute gelten das Schaffen von Transparenz, die Investition von viel Zeit, das Finden von Machtpromotoren und die Auswahl des richtigen Zeitpunkts der Einführung.

5.3.6 Kernaussagen

Die Ausführungen sollen zeigen, daß Controlling mit seinen spezifischen Rahmenbedingungen als führungsunterstützendes System gerade in NPO eine absolute Notwendigkeit zur Missions- beziehungsweise Zielerreichung darstellt. Bei der Erarbeitung, der Ausgestaltung und der Einführung eines konkreten Systems muß auf die Spezifika des Objektbereichs eingegangen werden.

5.4 Controlling in Produktionsunternehmen

Christian Kreuzer

5.4.1 Controllingumfeld

5.4.1.1 Begriffsbestimmung

Produktion ist der zielgerichtete Entstehungsprozeß von Sachgütern, Energie oder Dienstleistungen. Der Produktionsprozeß wandelt produktive Faktoren (Arbeit, Stoffe, Betriebsmittel) durch Bearbeitungs-, Montage- und Transportprozesse in marktfähige Produkte um. Produktionsunternehmen im engeren Sinn unternehmen die industrielle Fertigung von Sachgütern, um die betrieblichen Unternehmensziele zu erreichen; sie sind Gegenstand der folgenden Ausführungen (vgl. Hahn; Laßmann [Produktionswirtschaft], S. 5f.).

Die Leistungserstellung eines Produktionsunternehmens umfaßt alle Tätigkeiten vom Entwurf über die Fertigung bis zum Vertrieb der Produkte. Die Produktion ist als Teilprozeß dieser Leistungskette zu sehen, die ihrerseits wieder aus Teilprozessen besteht: Programmplanung – Arbeitsvorbereitung – Beschaffung und interne Logistik – Fertigung – Qualitätskontrolle. Die Abgrenzung des Produktionsbereichs sowie seiner inneren Struktur ist sehr stark von der Unternehmenssituation und dem Umfeld abhängig und daher nicht idealtypisch darzustellen (vgl. Heinen [Industriebetriebslehre], S. 399).

5.4.1.2 Typen von Produktionsunternehmen

Produktionsunternehmen können nach den Kriterien Komplexität und Variabilität in Typen eingeteilt werden. Komplexität beschreibt die Anzahl und die Verschiedenartigkeit der zur Fertigung nötigen Teilaufgaben, Variabilität die Anzahl und die Vorhersehbarkeit von Veränderungen der an die Produktion gestellten Anforderungen. Die folgende Matrix zeigt relevante Produktionstypen (vgl. Heinen [Industriebetriebslehre], S. 405ff.):

Variabilität		niedrig	hoch
	hoch	*Feld 1* **Auftragsorientierte Serienfertigung** - teilweise standardisierte Produkte - nach Kundenauftrag - in Serienfertigung z. B.: Bekleidungsindustrie	*Feld 2* **Auftragsorientierte Einzelfertigung** - nicht-standardisierte Produkte - nach Kundenauftrag - in Einzelfertigung z. B.: Großanlagenbau
	niedrig	*Feld 3* **Marktorientierte Massenfertigung** - standardisierte Produkte - für anonyme Abnehmer - in Großserienfertigung z. B.: Nahrungsmittelindustrie	*Feld 4* **Marktorientierte Serienfertigung** - teilweise standardisierte Produkte - für anonyme Abnehmer - in Serienfertigung z. B.: EDV-Hardware
		niedrig Komplexität	hoch

Abb. 5.4/1: Vier Produktionstypen

Jeder Produktionstyp ist durch verschiedene Zielprioritäten und Erfolgsfaktoren gekennzeichnet:

Typ I: auftragsorientierte Einzelfertigung

Feld 2 der Matrix ist von hoher Komplexität und von hoher Variabilität geprägt, was darauf zurückzuführen ist, daß Individualprodukte in enger Abstimmung mit dem Kunden gefertigt werden. Erfolgsfaktor ist hohe Flexibilität, um umfassend und schnell Kundenwünsche erfüllen und die hohe Planungsunsicherheit auffangen zu können. Produktionsbetriebe entwickeln sich zusehends in diese Richtung kundenorientierter Einzelfertiger.

Typ II: gemischte Serienfertigung

Feld 1 und Feld 4 können unter dem Begriff gemischte Serienfertigung zusammengefaßt werden. Komplexität oder Variabilität des Produktionsprozesses oder des Produktionsprogramms sind hoch. Die Produkte können als typisierte Erzeugnisse mit kundenspezifischen Varianten charakterisiert werden. Planungsunsicherheit und Flexibilitätsbedarf sind von der Kundenstruktur abhängig.

Typ III: marktorientierte Massenfertigung

Unternehmen in Feld 3 erzeugt bei hoher Planungsstabilität Standardprodukte. Die Abstimmung mit dem Kunden ist von untergeordneter Bedeutung, Die Produktmerkmale orientieren sich an den Bedürfnissen eines anonymen Markts. Flexibilität tritt hinter die Notwendigkeit von kostengünstigen, standardisierten Prozessen mit hoher Arbeitsteilung zurück.

5.4.2 Management-Problemstellungen und Controllingziele

Strategische Ziele

Die Produktion verfolgt strategische Ziele in vier komplementären Bereichen:

- **Wirtschaftlichkeit**

wird als Verhältnis der erbrachten Leistung zu den benötigten Kosten definiert. Sie wird durch die Produktivität, die Höhe der Kosten und der Preise sowie durch den Wert der erbrachten Leistung beeinflußt. Produktionsstrukturen legen die potentiell erreichbare Wirtschaftlichkeit langfristig fest und sind oft nur durch hohen Kapitaleinsatz zu gestalten. Im Rahmen der strategischen Planung ist daher die Wirtschaftlichkeit von Produktionssystemen zu berücksichtigen.

- **Flexibilität**

beschreibt die Fähigkeit der Produktion, durch Anpassung und Umstellung rasch auf veränderte Markterfordernisse zu reagieren. Hohe Flexibilität muß in der Regel durch niedrigere Wirtschaftlichkeit erkauft werden. Die Unternehmensführung muß in diesem klassischen Spannungsfeld der Produktion grundsätzlich Prioritäten festlegen. Moderne Technologien (z. B. CIM) bemühen sich um einen Ausgleich dieses Konflikts.

- **Qualität**

ist die Menge der einem Produkt zugeordneten Eigenschaften in Hinblick auf einen gegebenen Verwendungszweck (vgl. Heinen [Industriebetriebslehre], S. 498). Qualität ist nicht zu maximieren, sondern den Anforderungen anzupassen. Sie entsteht während des gesamten Prozesses der Leistungserstellung und ist daher ganzheitlich zu betrachten.

- **Humanisierung**

Durch zunehmende Technisierung verlagert sich die Rolle des Menschen in der Produktion. Menschen übernehmen zwar immer weniger, dafür aber umfassendere Aufgaben. Basis für die Erreichung der drei anderen Zielfelder ist die Humanisierung - die Ausrichtung der Arbeitsumwelt an die Bedürfnisse des Mitarbeiters, die regelmäßig zu gestalten ist.

Operative Ziele

Das operative Produktionsmanagement verlangt einen Ausgleich von Sach-, Wert- und Humanzielen. Operative Ziele dienen der Präzisierung und Umsetzung der strategischen Zielbereiche (vgl. Hahn; Laßmann [Produktionswirtschaft], S. 11ff.).

- **Sachziele**

umfassen die Anforderung, die vom Markt nachgefragten Sachgüter nach Maßgabe der Beschaffungs- und Lagerdispositionen in der richtigen Qualität und Menge in geringster Zeit herzustellen und am richtigen Ort bereitzuhalten.

- **Wertziele**

der Produktion werden im allgemeinen durch die Kennzahl Produktivität (Input/Output) gemessen. Im speziellen unterscheidet man :

- Produktivität der Arbeit: Produktmenge/Arbeitsleistung
- Produktivität des Sachkapitals: Produktmenge/eingesetztes Kapital
- Produktivität des Fertigungsmaterials: Produktmenge/Materialeinsatz
- Produktivität der Energieumwandlung: Produktmenge/Energieeinsatz.

- **Humanziele**

sind Erhaltungsziele (Arbeitsplatzsicherheit, Arbeitsbedingungen, Entlohnung) und Entfaltungsziele (Gestaltungsmöglichkeiten der Arbeitsbedingungen, monetäre und nicht-monetäre Leistungsanerkennung).

5.4.3 Steuerungsgrößen

Strategische Steuerungsgrößen

Zur Erreichung der strategischen Ziele sind Maßnahmen zu setzen, die geeignet sind, wesentliche Wettbewerbsvorteile vor den Konkurrenten aufzubauen. Folgende Bereiche, die als Schlüsselfaktoren der strategischen Entwicklung eines Produktionsunternehmens angesehen werden, sind zielgerecht zu gestalten und zu steuern (vgl. Zäpfel [Produktions-Management], S. 115ff.):

- **Technologie**

Technologien prägen das Leistungspotential von Produktionssystemen und die Anforderungen des Markts. Nach ihrem Potential, nachhaltige Wettbewerbsvorteile zu schaffen, unterscheidet man Basis-, Schlüssel- und Schrittmachertechnologien. Weiters grenzt man Produkttechnologien und Prozeßtechnologien voneinander ab. Das Innovationsmanagement hat die Aufgabe, die technologische Entwicklung des Unternehmens zu steuern.

- **Kapazität**

Die Kapazität bestimmt das Leistungsvermögen des betrieblichen Produktionssystems. Einschätzungen der zukünftigen Markt- und Nachfragesituation sowie Prognosen der Technologieentwicklung geben Hinweise auf die benötigte Kapazität. Zu geringe Kapazität führt zu Opportunitätskosten in Form entgangener Erlöse, zu hohe Kapazitäten belasten das Unternehmen durch nicht ausgelastete Fixkosten.

- **Fertigungstiefe**

Die Fertigungstiefe charakterisiert den Umfang an Wertschöpfung, den ein Unternehmen durch eigene Produktion im Verhältnis zur insgesamt erforderlichen Wertschöpfung für ein Endprodukt erbringt (vgl. Zäpfel [Produktions-Management], S. 132ff.). Kernpunkt ist die Entscheidung "Eigen- oder Fremdfertigung" in bezug auf die einzelnen Komponenten des finalen Produkts.

- **Qualität**

Qualitätsmerkmale bilden die Grundlage für die Auswahl des Fertigungsverfahrens, das die jeweiligen Qualitätsanforderungen sicherstellen soll. Der Regelkreis der innerbetrieblichen Qualitätssicherung muß die vor- und nachgelagerten Bereiche der Produktion mit umfassen und bedarf einer gesamtheitlichen Planung.

- **Standort**

Die zukünftige räumliche Verteilung der Produktionskapazitäten muß in Abhängigkeit von Standortfaktoren geplant werden und bestimmt die Notwendigkeit, Betriebsstätten zu errichten, zu erwerben oder zu schließen.

Operative Steuerungsgrößen

Zur Erreichung der operativen Produktionsziele muß das Management bestimmte Werte steuern und unter Kontrolle halten. Diese Steuerungsgrößen sind (vgl. Heinen [Industriebetriebslehre], S. 536ff.):

- **Durchlaufzeiten**

Die Durchlaufzeit ist die Dauer von Bearbeitungsbeginn bis zur Ablieferung des fertigen Produkts. Kurze Durchlaufzeiten machen es möglich, kurzfristige Liefertermine zusagen zu können - ein oft entscheidender Vorteil gegenüber Wettbewerbern. Sie führen auch zu geringeren Beständen an halbfertigen Erzeugnissen und verringern dadurch die Kapitalbindung. Konsequentes Denken in Durchlaufzeiten berücksichtigt Umrüstkosten und Umrüstzeiten, innerbetriebliche Transportkosten, Fehlmengenkosten sowie Lagerkosten.

- **Kapazitätsauslastung**

Hohe und gleichmäßige Auslastung der Kapazitäten ist notwendig, um Personal und Anlagen möglichst gut zu nutzen. Die Arbeitsgänge (Kapazitätsnachfrage) werden in freie Arbeitsplätze (Kapazitätsangebot) eingelastet und bearbeitet. Ein hohes Kapazitätsangebot wirkt positiv auf die Durchlaufzeit (keine Wartezeiten), aber negativ auf die Kapazitätsauslastung (niedrige Umschlaghäufigkeit). Daher besteht ein Zielkonflikt zwischen maximaler Kapazitätsauslastung und minimaler Durchlaufzeit.

- **Losgrößen**

Die Losgröße ist jene Anzahl von Produkten, die als geschlossener Posten einen Fertigungschritt durchläuft. Die optimale Losgröße verursacht die geringsten Kosten je Produkt. Je geringer die optimale Losgröße ist, desto flexibler kann ein Unternehmen auf Marktanforderungen reagieren.

5.4.4 Controllingsystem

Das Produktionscontrolling unterstützt Planung, Durchführung und Kontrolle der industriellen Leistungserstellung durch Information, Koordination und Systementwicklung.

5.4.4.1 Strategisches Produktionscontrolling – Aufgaben und Instrumente

Das strategische Produktionscontrolling entwickelt die Produktionsstrategie und stellt deren Koordination mit der Unternehmensstrategie und mit der Unternehmensphilosophie sicher.

Produktionsstrategie

"Eine Produktionsstragie legt fest, welche Fähigkeiten und Potentiale im Bereich der Leistungserstellung zu schaffen bzw. zu bewahren sind, damit sie ihren Beitrag zur Wettbewerbsfähigkeit des Unternehmens leistet." (Zäpfel [Produktions-Management], S. 115) Das Controlling hat die Entscheidungsbereiche der Produktion so an die Prioritäten im Wettbewerb anzupassen, daß die Unternehmensziele erreicht werden. Grundlegende Strategiealternativen zur Entwicklung der Produktion sind Innovation, Variation und Elimination. Diese strategischen Möglichkeiten beziehen sich sowohl auf das Produkt als auch auf den Produktionsprozeß.

Prozeßmodell der Produktionsstrategie

Die Vorgehensweise zur Entwicklung einer Produktionsstrategie kann in zehn Schritten dargestellt werden (vgl. Ettlie [strategy], S. 6):

Abb. 5.4/2: Schritte zur Entwicklung der Produktionsstrategie

Ausgehend vom Leitbild der Produktion (z. B.: Null-Fehler, Losgröße 1...) werden quantifizierbare Produktionsziele abgeleitet. Eine externe Technologie-, Markt- und Konkurrenzanalyse und eine interne Stärken- und Schwächen-Analyse erlaubt die Bestimmung der Wettbewerbsposition unter Berücksichtigung der Produktionsziele. Danach wird ein Idealbild der Produktion gezeichnet, das den gewünschten Entwicklungsstand aufzeigt. Kritische Faktoren sind Hindernisse, für die Maßnahmen entwickelt werden. Die eigentliche Produktionsstrategie beschreibt Wege zur Erreichung der idealen Produktion, die in Programme präzisiert und schließlich umgesetzt werden.

Das Controlling hat die Aufgabe, den Prozeß zu initiieren, zu koordinieren und zu kontrollieren. Wesentlich ist, bei der Auswahl der Teilnehmer nicht nur den technischen und den finanziellen Bereich zu berücksichtigen, sondern auch das Marketing und das Personal frühzeitig einzubeziehen. Dadurch können rechtzeitig Motivations- und Schnittstellenprobleme vermieden werden, die zu Verzögerungen bei der Umsetzung führen. Aufgrund des hohen finanziellen und zeitlichen Ressourceneinsatzes werden bei der Umsetzung oft Methoden des Projektmanagements eingesetzt, die Unterstützung durch Instrumente des Projektcontrolling erfordern.

Technologieportfolio

Das Technologieportfolio ist ein Instrument, das die herkömmlichen Strategieportfolios an die Bedürfnisse eines Produktionsunternehmens anpaßt. Der strikte Marktbezug wird durch dezidierte Berücksichtigung der technologischen Entwicklung ersetzt. Ziel ist es, die technologische Position des Unternehmens in Abhängigkeit von Technologie- und Innovationszyklen darzustellen und Normstrategien vorzuschlagen. Wie bei den Marktportfolios ist eine unbeeinflußbare externe Achse und eine beeinflußbare interne Achse zu unterscheiden. Je nach Portfoliotyp werden gegenübergestellt: Technologieattraktivität – Ressourcenstärke, Marktpriorität – Technologiepriorität, Technologieattraktivität – relative Technologieposition, Technologiezyklus – Technologieposition. Aus der Position der Technologiefelder kann das langfristige strategische Gewinnpotential eines Produktionsunternehmens bestimmt werden. Normstrategien für die unterschiedlichen Portfoliofelder geben Hinweise auf sinnvolle weitere strategische Entwicklung. (Einen Überblick über verschiedene Technologieportfolios und ihre Anwendung geben Elbling; Kreuzer [Handbuch].)

Unternehmensphilosophie und Produktion

Unternehmen mit einer ausgeprägten Produktionsstrategie verfügen im Fertigungsbereich über eine Vielzahl von allgemein anerkannten Werten, Prinzipien und Normen. Diese Produktionsphilosophie wirkt bei der Verfolgung von Zielen als treibende Kraft und ist ein entscheidendes Identifikationsmerkmal für die Produktion. Japanische Unternehmen sind weniger wegen technologischen Vorsprungs als aufgrund ihrer einzigartigen Produktionsphilosophie, die von allen Mitarbeitern getragen wird, erfolgreicher als andere Erzeugerländer (vgl. Noori [Dynamics], S. 263 ff.).

Die "Produktionskultur" ist ein Erfolgsfaktor, der gezielt gestaltet und an die Erfordernisse des Unternehmens angepaßt werden muß. Vor allem in zwei Bereichen kann Unternehmenskultur als Erfolgsfaktor wirken:

- **"Null-Fehler Fertigung"** verlangt hohe Motivation und Identifikation der Mitarbeiter und ist durch rein pekuniäre Anreizsysteme nicht umzusetzen. Eine Kultur oder eine Vision vom bestmöglichen Produkt kann den Ausschuß dagegen merklich verringern.
- Die **Integration des Wertschöpfungsprozesses** über die Grenzen des Produktionsbereichs hinaus muß Abteilungsgrenzen und damit Kulturgrenzen überwinden. Eine bereichsübergreifende Unternehmenskultur verringert die Schnittstellenproblematik und kann beispielsweise den Wettbewerbsfaktor "time to market" entscheidend verbessern.

Durch seine Rolle als Prozeßgestalter und durch seine Informationsmacht hat der Controller die Aufgabe, als "Katalysator" die Entstehung einer strategiegerechten Unternehmenskultur zu fördern.

5.4.4.2 Operatives Produktionscontrolling – Aufgaben und Instrumente

Die Aufgaben des operativen Produktionscontrolling betreffen nicht nur den eigentlichen Produktionsprozeß, sondern auch seine Eingliederung in die Unternehmensorganisation.

Produktionsprogrammplanung

Das Produktionsprogramm bestimmt Art, Menge und Qualität der in einem bestimmten Zeitraum gefertigten Produkte und legt die potentielle Auslastung und die Durchlaufzeit fest. Zu berücksichtigen ist vor allem die Absatz- und Fertigungsverwandtschaft der Produkte. Das Controlling hat den optimalen Ausgleich zwischen fertigungstechnischen Gegebenheiten und den oft divergierenden Interessen der Funktionsbereiche (hoher Umsatz oder hohe Auslastung) zu finden.

Produktionsprozeßplanung und -steuerung

Produktionsplanung und Produktionssteuerung greifen eng ineinander. Fertigungsplanung ist die vorschauende Festlegung der den Produktionsprozeß determinierenden Faktoren (etwa Stücklisten), während Fertigungssteuerung sich mit der konkreten Auftragsabwicklung befaßt (vgl. Blohm [Produktionswirtschaft], S. 255). Durch die Planungsschritte Ablaufplanung, Materialbedarfsplanung, Lagerplanung und Auftragssteuerung ist optimaler Ausgleich der Steuerungsgrößen Durchlaufzeit, Kapazität und Losgröße möglich.

Prozeßüberwachung

Der Produktionsprozeß ist ständig zu überwachen, um eine zuverlässige, wirtschaftliche und fehlerlose Fertigung zu gewährleisten. Laufende Rückmeldungen aus dem Prozeß sind in Soll-Ist-Vergleichen auf Abweichungen zu prüfen, danach sind entsprechende Anpassungsmaßnahmen einzuleiten. Gegenstand laufender Überwachung sind Zeiten und Qualitäten. Regelmäßige Kontrollen umschließen weiters: Fertigungsverfahren, Eignung von Werkstoffen,

Arbeitsbedingungen, Materialbestände, Investitionen, Energieverbrauch, Kostenentstehung, Erfolgsbeitrag u. a. (vgl. Blohm [Produktionswirtschaft], S. 313).

Integration

Die Teilprozesse der Produktionssteuerung sind eng vernetzt; die Losgröße bestimmt etwa die Umrüsthäufigkeit und damit die zur Verfügung stehende Kapazität in der Planungsperiode. Nur eine ganzheitliche Betrachtung der Produktion ermöglicht eine optimale Harmonisierung ihrer Teilsysteme. Modelle der Simultanplanung versuchen die Anforderungen der Einzelpläne abzustimmen. Intensiver EDV-Einsatz, etwa durch die Gestaltung von Unternehmenssimulationen, zeigt Lösungsmöglichkeiten auf. Das Controlling hat die Aufgabe, durch Kosten- und Nutzenvergleiche einen adäquaten Integrationsgrad zu finden.

Schnittstellenmanagement

Dem Controlling kommt als bereichsübergreifendes Konzept gerade in der Produktion die wichtige Aufgabe zu, die Kommunikation mit anderen Unternehmensbereichen sicherzustellen:

- Kommunikation zu vor- und nachgelagerten Bereichen
  Die Schnittstelle Produktion – Vertrieb/Marketing birgt das klassische Konfliktpotential, den vielfältigen Kundenwünschen durch möglichst wenige Standardprodukte zu entsprechen. Das Controlling hat hier als Vermittler zu wirken und Alternativen aufzuzeigen.

- Kommunikation zwischen Technik und Betriebswirtschaft
  In der Produktion treffen zwei Welten aufeinander, die aufgrund ihrer unterschiedlichen Ausbildung und ihrer Zielsetzungen oft Kommunikations- und Verständnisprobleme haben, was von Prozeßverzögerungen bis zur Verschlechterung des Betriebsklimas führen kann. Das Controlling muß für Transparenz sorgen und durch verständlichen Sprachgebrauch im Berichtswesen Barrieren soweit wie möglich abbauen.

Instrumente des operativen Produktionscontrolling

Die Instrumente des operativen Produktionscontrolling werden von den Unternehmen stark an den jeweiligen Verwendungszweck und an das Umfeld angepaßt. Es ist daher nicht möglich, generelle Anwendungsanweisungen zu geben. Im folgenden sind einige Instrumente im Überblick dargestellt (vgl. ausführlicher Hahn; Laßmann [Produktionswirtschaft], S. 209ff.):

- Statische und dynamische Investitionsrechnungen
- Netzplantechnik
- Lineare Optimierung
- Instrumente des Projektmanagements
- Berechnungsverfahren (optimale Losgröße, optimale Bestellmenge ...)

- Graphentheorie
- Kombinatorische Verfahren.

5.4.5 Neuere Entwicklungen

In den letzten Jahren ist der Produktionsbereich in den Mittelpunkt des betriebswirtschaftlichen Interesses gerückt. Diese Entwicklung entstand auf Basis verschiedener Unzulänglichkeiten der Produktion, vor allem der Planungsunsicherheit und der steigenden Gemeinkostenanteile, die moderne Technologien und Konzepte zu lösen versprachen.

5.4.5.1 CIM

CIM (Computer Integrated Manufacturing) beschreibt die computergestützte Integration der betriebswirtschaftlichen und der technischen Informations- und Steuerungssysteme der Produktion und ihrer angrenzenden Bereiche. Im speziellen definiert der AWF (Ausschuß für Wirtschaftliche Fertigung) CIM als informationstechnische Verbindung zwischen dem CAD/CAM-System und dem PPS-System eines Unternehmens (vgl. Ausschuß für Wirtschaftliche Fertigung [AWF-Empfehlung], S. 10f.).

Integration ist der Kernbegriff von CIM und wird durch zwei Zielsetzungen erreicht (vgl. Scheer [CIM], S. 3f.):

- Datenintegration
- Ablauf- und Aufgabenintegration.

Datenintegration heißt, daß alle Unternehmensdaten aufgrund von Aktualität und Konsistenz nur einmal vorhanden sind. Alle Bereiche greifen auf einen gemeinsamen Datenpool zu.

Ablauf- und Aufgabenintegration hat das Ziel, die Organisation dem Produktentstehungsprozeß anzupassen. Abteilungsorientierte Spezialisierung weicht einer flexiblen Prozeßstruktur, die ganz auf die Optimierung von Durchlaufzeiten gerichtet ist.

Ergebnis von CIM ist eine oft radikale Umstellung der Produktionsabläufe mit gänzlich neuen Aufgabeninhalten für die Mitarbeiter. Hohe Investitionen in EDV-Ausstattung und vor allem in Schulung machen ein CIM-Projekt zu einer strategischen Herausforderung für das ganze Unternehmen.

Der Erfolg sind höhere Flexibilität, schnellere Durchlaufzeiten und wirtschaftlicher Ressourceneinsatz. Im Personalbereich ist mit einer Einsparung von schlechter qualifizierten Mitarbeitern und mit einer Reduktion beim mittleren Management zu rechnen. Nachteilig wirkt die hohe Fixkostenbelastung und der damit verbundene hohe Auslastungsdruck sowie die Unflexibilität durch Übertechnisierung.

Die Aufgabe des Controlling besteht einerseits in der ganzheitlichen CIM-Einführungsplanung und in der Projektsteuerung, die auch die strategische Position des Unternehmens berücksichtigt. Der Controller muß vor allem Kosten-Nutzen-Überlegungen zur Ermittlung eines sinnvollen Integrationsgrads einfließen lassen.

Die laufenden Aufgaben des Controllers werden durch ein CIM-Umfeld vor allem hinsichtlich der verbesserten Informationsbasis beeinflußt. Die Integration betriebswirtschaftlicher und technischer Daten soll vom Controllingsystem berücksichtigt und mitgestaltet werden. Der Controller muß sicherstellen, daß die Datenintegration für das Controlling und für die Controllingkunden nicht nur mehr, sondern bessere, benutzergerechtere und aktuellere Informationen bereithält.

Trotz großer Anstrengungen und hoher Investitionen sind umfassende CIM-Konzepte bisher nur vereinzelt realisiert worden. Die Kosten, die Zeitdauer und vor allem die Probleme einer Totalintegration des Unternehmens wurden vielfach unterschätzt. Man hat aber auch erkannt, daß ein Großteil der erwarteten Vorteile auch durch geringere Investitionen realisierbar ist, beispielsweise durch das Konzept des Lean Management.

5.4.5.2 Lean Production

Verschiedene Untersuchungen haben gezeigt, daß überdurchschnittlich erfolgreiche Unternehmen folgende Eigenschaften aufweisen (vgl. Rommel [Unternehmenskonzept], S. 9ff.):

- Konzentration auf Kundennutzen und auf Stärken in der Wertschöpfung
- Vereinfachung und Reduktion von Strukturen und Abläufen.

Lean Management ist ein Konzept, das diese Ideen regelmäßig im Unternehmen verankert. Der Produktionsprozeß steht dabei mit den Problembereichen Leistungstiefe, Logistik und Technologie im Mittelpunkt der Betrachtungen (vgl. Teil 1, Kapitel 1).

Zur Definition der optimalen Leistungstiefe ist der gesamte Wertschöpfungsprozeß über die Unternehmensgrenzen hinaus zu beachten. Leistungen, die günstiger von Zulieferern zu erfüllen sind, werden konsequent ausgelagert. Um einen reibungslosen Prozeß zu gewährleisten, müssen Schnittstellen und Beziehungen zu den Zulieferern klar definiert werden. Wenigen, engen Lieferantenbeziehungen ist der Vorzug vor vielen, sich konkurrierenden Zulieferern zu geben.

Die Logistik richtet sich konsequent auf den Kunden und hat in den Schlüsselbereichen Lieferzeit, Liefertreue und Flexibilität wahrnehmbaren Kundennutzen zu generieren. Zusammengehörende Funktionen und Abläufe werden räumlich zusammengefaßt, Produkte und Vormaterialien nach Typen differenziert und typengerecht behandelt.

Technologieeinsatz in schlanken Unternehmen ist kein Selbstzweck. Automatisierung und Investition erfolgen erst nach Analyse und Vereinfachung von Abläufen und Produkten und nur dann, wenn die Technologie nachweislich zur Erhöhung des Kundennutzens beiträgt. Die eingesetzte Technologie ist einfach und bewährt und gliedert sich in funktionsfähige Organisationsstrukturen ein, ohne sie zu dominieren.

Das japanische Konzept des KAIZEN institutionalisiert die Grundüberlegungen der Lean Production. Durch die Einbindung der Mitarbeiter wird ein ständiger Verbesserungsprozeß aufrechterhalten (vgl. Teil 1, Kapitel 1).

5.4.6 Kernaussagen

Die Ausgestaltung des Controlling in Produktionsunternehmen ist stark vom Produktionstyp abhängig. Das Controlling muß eine Vielzahl strategischer und operativer Steuerungsgrößen im Auge behalten.

Durch prozeßtechnologische Entwicklungen in den letzten Jahren (Flexibilisierung etc.) verändert sich das Aufgabengebiet des Controlling.

5.5 Controlling im Handel

Gerhard Unterganschnigg

5.5.1 Controllingumfeld

Die Arbeitsdefinition für den Begriff "Handel" umfaßt jene Tätigkeiten von Intermediären, die Warenangebot und Nachfrage einander physisch näherbringen können. Abgesehen von der üblichen Trennung in Groß- und Einzelhandel sowie in den Food- und Non-Food-Bereich hat sich in den letzten Jahren eine Reihe weiterer markanter Unternehmenstypen herausgebildet: Warenhäuser, Verbrauchermärkte, Discounter, regional filialisierte Häuser, der Produktionsverbindungshandel, Nischenanbieter (schmales, tiefes Sortiment), Versandhandel etc.

Wie in fast allen Branchen gab es auch im Handel in den letzten Jahren **massive Strukturänderungen**, die vor allem zu einer Abnahme kleiner, lokaler Anbieter geführt haben ("Greißlersterben"). Die Entwicklung steuert in Richtung großer, verkehrsstrategisch günstig gelegener Shopping-Citys oder überregionaler Filialsysteme, die die Erwartungshaltungen eines Konsumenten erfüllen, der gleichzeitig ein tiefes und breites Warenangebot auf engem Raum sucht. Dabei sind klar abgegrenzte Betriebstypen, Kundengruppen oder Sortimente kaum mehr vorhanden. Als entscheidende Zielgröße gilt der Zusatznutzen, der aber nicht unmittelbar aus dem Sortiment oder Warenangebot resultiert, sondern insbesondere durch das Konsumerlebnis oder eine Erlebnisorientierung beeinflußt wird. Der Erfolg eines Handelsunternehmens hängt daher nicht nur vom Warensortiment, sondern auch stark von der Gestaltung der Rahmenbedingungen des Einkaufs ab. Abgesehen von diesen Handelsspezifika müssen darüber hinaus auch noch allgemeine Entwicklungen im Wettbewerb wie stark verkürzte Produktlebenszyklen, raschere Trendänderungen und die "Emanzipation des Konsumenten" als Managementprobleme berücksichtigt werden.

5.5.2 Anforderungen an das Controlling im Handel

Die oben angeführten Einflußgrößen bedingen im wesentlichen eine Verkürzung der Reaktionszeiten auf Veränderungen im Markt und damit eine enge Bindung von Verkauf und Einkauf. Da Controlling in den meisten Handelsbetrieben noch immer unterrepräsentiert ist, ergeben sich daraus erhebliche Probleme. Daher gelten allgemeine Anforderungen an das Management- und Controllingsystem (vgl. Witt [Handelscontrolling], S. 2ff.):

- **Marketingorientierung** als Basis: Höherer Konkurrenzdruck und Zusatzpositionierungen angesichts von Käuferwandlungen lassen die Warenwirtschaft zwar nicht in den Hintergrund treten, verlangen aber eine umfassendere Sichtweise. In diesen Bereich fallen insbesondere die Frage der Positionierung einzelner Filialen sowie die Regalplatzoptimierung (vgl. Meffert [Marketingstrategien], S. 229ff.).

- Das **Rechnungswesen**, das in den meisten Handelsunternehmen noch primär quantitativ ausgerichtet ist, muß durch qualitative Aspekte erweitert werden: Das entspricht dem besonderen Status des Handels, der sich durch eher dienstleistungsorientierte Marketingaktivitäten im Wettbewerb profiliert (z. B. erlebnisorientierte Sortimentsgestaltung, bei der der Kaufvorgang selbst für den Kunden Nutzen stiftet). Innovatives Erlöscontrolling (z. B. die Frage der Effizienz von Marketingaktivitäten) und Portfoliotechniken erfüllen diese Anforderungen am besten.

5.5.3 Management-Problemstellungen und Controllingziele

Die oben kurz skizzierten Problemfelder bilden die Basis für die Definition von Zielen für das Gesamtunternehmen und in weiterer Folge für das Controlling. Die folgende Graphik faßt diese Ziele zusammen, wie sie aus empirischen Erhebungen zum Praxisbedarf hervorgehen (vgl. Witt [Handelscontrolling], S. 15):

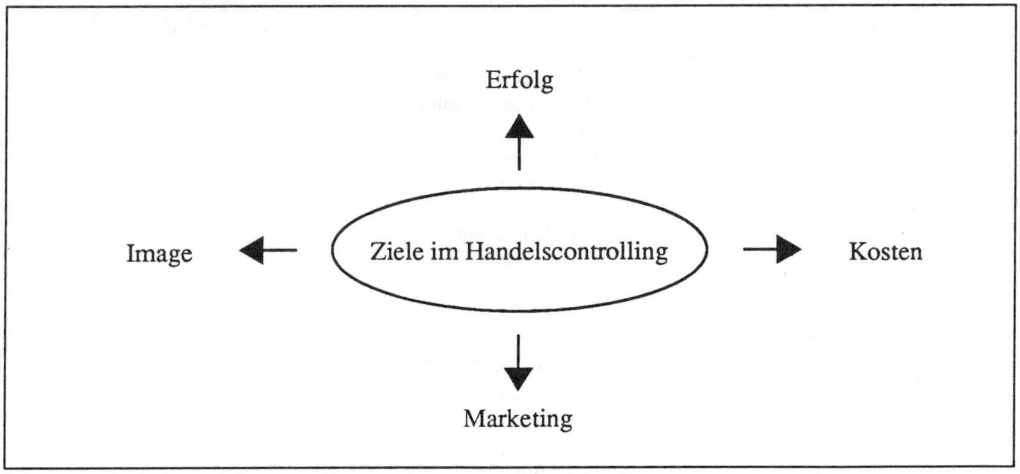

Abb. 5.5/1: Ziele im Handelscontrolling

Die angeführten Zielgrößen enthalten dabei folgende Steuerungsparameter:

- **Erfolg:** Handelsspanne (z. B. nach Warengruppen), Kosten (z. B. Personal, Verwaltung), Erlöse (Effizienz der Marketinginstrumente, Warengruppen, Filialen)
- **Image:** Positionierung (Filialen, Warengruppen), Gesamtimage (Bekanntheit, Preisimage, Warenimage), Qualität
- **Kosten:** Einstandspreise, Transport, sonstige Logistik
- **Marketing:** Warenumschlag, Preisniveau/Preislage, Instrumenteneffizienz, Marktanteil.

5.5.4 Steuerungsgrößen

Der Handel orientiert sich traditionell an der Kennziffer "**Rohertrag**", der sich aus Umsatz minus Wareneinstandspreis beziehungsweise .Wareneinstandskosten errechnet. Diese Zahl ist deshalb so dominant, weil schon geringe Verschiebungen in der sogenannten Marge (definiert als Umsatz minus Wareneinsatz) zu erheblichen Schwankungen im Betriebsergebnis führen können. Zusätzliches Gewicht erhält diese Zahl als Koordinationsinstrument von Ein- und Verkauf (insbesondere in der Budgetierungsphase). Prinzipiell sollte der Einkauf die Verantwortung für die Durchsetzung des Margenziels tragen, weil das Warenangebot über dessen "Verkaufsfähigkeit" entscheidet.

Die isolierte Betrachtung der Marge verbaut aber Perspektiven, die nicht nur in operativer, sondern auch in strategischer Betrachtung von Interesse sind. Eine skizzierte **stufenweise Deckungsbeitragsrechnung**, wie sie für eine Filialkette konzipiert wurde, soll die operative Sichtweise erweitern:

	Umsatzerlöse AA		Umsatzerlöse AB		Umsatzerlöse AC
-	Warenkosten AA	-	Warenkosten AB	-	Warenkosten AC
=	DB1 Abteilung AA	=	DB1 Abteilung AB	=	DB1 Abteilung AC
		Σ	DB1 Verkaufsabteilungen		
		-	abteilungsgruppendirekte Kosten		
		=	DB2 Abteilungsgruppe A		
		Σ	DB2 aller Abteilungsgruppen		
		-	filialdirekte Kosten		
		=	DB3 Filiale		
		Σ	DB3 aller Filialen		
		-	divisionsdirekte Kosten		
		=	DB4 Division		
		Σ	DB4 aller Divisions		
		-	konzerndirekte Kosten		
		=	DB5 Konzern		

Abb. 5.5/2: Stufenweise Deckungsbeitragsrechnung einer Filialkette

In dieser Darstellungsform ist insbesondere der DB2 als Steuerungsgröße hervorzuheben. Die Zusammenfassung verschiedener Abteilungen zu Abteilungsgruppen ermöglicht eine **Profit Center**-ähnliche Betrachtung, vorausgesetzt, daß anteilige Raumkosten und Personalkosten eindeutig zugerechnet werden können. Bei den Raumkosten spielt die Frage der Standortkosten eine wesentliche Rolle. Diese sollten als kalkulatorische Kostengrößen eingesetzt werden und sich an den ortsüblichen Mietpreisen orientieren. Stockwerkabhängig können dabei zusätzliche Faktoren berücksichtigt werden (z. B. Erdgeschoß 100%, 1. OG 75% des ortsüblichen Mietpreises). Der DB2 dient somit der Beurteilung der **Flächenproduktivität** (DB2/m²), der Mitarbeiterproduktivität (DB2/Mitarbeiter) und der Sortimentseffizienz und kann in weiterer Folge auch als Entscheidungsgrundlage für die eigene Nutzung der Verkaufsfläche oder die Vergabe an Einmieter herangezogen werden.

Der DB3 hat Einfluß auf den Verbund von strategisch unterschiedlich positionierten Filialen, weil das Filialergebnis als Resultat einer Produkt-Markt-Kombination interpretiert werden kann und auf diese Weise die Schnittstelle zum strategischen Controlling (Portfoliotechnik) gegeben ist.

Ergänzend zur DB-Rechnung sind Lagerumschlag (z. B. Umsatz/Ø Bestand zu VK-Preisen) und Lagerreichweite (1/Lagerumschlag * 360) als wichtige Einflußgrößen anzuführen, weil sie einerseits Aussagen über die "Qualität des Sortiments" und die daraus folgenden notwendigen Aktivitäten zum Lagerabbau (Preisänderungen bei Sonderangeboten), andererseits die Bindung von Kapital im Lagerbereich (die auch schon im DB1 als kalkulatorischer Lagerzins berücksichtigt sein sollte) zulassen.

Neben diesen quantitativen Steuerungsgrößen müssen aber auch qualitative Parameter berücksichtigt werden. Die Rahmensituation des Einkaufs muß dahingehend analysiert werden, in welchen Bereichen der Kunde dem Händler besondere Kompetenz zuspricht oder wie preisbewußt der "Durchschnittskunde" kauft. Aus den Ergebnissen solcher Analysen können Stärken-/Schwächen-Portfolios abgeleitet werden, die als Grundlage für die Entwicklung von Artikelrückzugsstrategien beziehungsweise Aufnahme neuer Artikel in das Sortiment dienen (vgl. Dambmann [Planung], S. 17ff.).

5.5.5 Controllingsystem

Technische Faktoren

Der oben angeführte Gliederungsvorschlag einer stufenweisen DB-Rechnung bildet zwar die Voraussetzung für ein funktionierendes Controlling, wenn sie auf die einzelne Verkaufsabteilung aufbaut, aber an die Integration mit vorgelagerten Systemen (Warenwirtschaftssystemen, Betriebsdatenerfassungssystemen, Buchhaltungssystemen) werden hohe Ansprüche gestellt. Im Regelfall ist das dadurch entstehende Datenvolumen nur mehr durch den Einsatz relationaler Datenbanken zu bewältigen. Die Einführungskosten eines solchen Datenbank-Systems liegen dabei weniger in den Anschaffungsausgaben als im Aufbau bis zur vollen Funktionsfähigkeit und in der erforderlichen laufenden Wartung (vgl. Kuhn [Controlling], S. 239ff.).

Controlling-Mindestausstattung

Die Mindestausstattung eines Handelscontrolling setzt sich zusammen aus

- kostenstellen-genauer Budgetierung mit Hilfe dezentraler Erfassung von Verkaufsabteilungs- und Filial-Plandeckungsbeiträgen,
- Limitplanung für Einkauf (in Koordination mit Verkauf),
- Parallelrechnungen (Vollkosten-/Teilkostenrechnung/Einkaufserfolgsrechnungen etc.),
- mehrdimensionalen Kalkulationsobjekten, so daß nicht nur warenbezogen ausgewertet werden kann,
- Servicecontrolling,
- Portfolios und Lebenszyklustechniken,
- Stärken-/Schwächen-Analysen,
- Reporting (einschließlich Datenaufbereitung).

Institutionalisierung des Controlling

Controlling ist im Handelsbetrieb in der Regel in zwei unterschiedlichen Ebenen repräsentiert (vgl. Witt [Handelscontrolling], S. 86f.). Der strategische Handelscontroller ist tendenziell auf der Zentralebene eines Handelshauses angesiedelt und dort insbesondere für Plankoordination, Abstimmung mit Filialcontrollern, Entwicklung strategischer Perspektiven, Konzernreporting, unternehmensweites Erfolgscontrolling sowie für die Entwicklung von Controllingstandards zuständig. Der Filialcontroller dagegen ist dezentral positioniert und vielfach von einem Filialleiter-Stellvertreter besetzt. Er beschränkt sich auf die tiefgehende Analyse von Details (z. B. Logistik innerhalb der Filiale, DB1 und DB2). Die Bedeutung des Filialcontrollers liegt in der engen Bindung zur jeweiligen Filiale und damit verbundenen Wissen um standortspezifische Probleme.

Da Controlling in den meisten Handelsunternehmen erst etabliert werden muß, sollte die hierarchische Ansiedlung des Controlling innerhalb des Unternehmens mindestens auf Hauptabteilungsleiter-Ebene oder höher geschehen. Nur dadurch ist – insbesondere in der Einführungsphase – gewährleistet, daß man unternehmensinternen Widerständen entsprechend entgegentreten kann.

Anforderungen an den Handelscontroller

Abgesehen von den inzwischen "üblichen" Controllingaufgaben (wie z. B. Navigationsfunktion, Sparringsfunktion, Aufbau eines Informationsmanagements, Förderung strategischen Denkens etc.) ergeben empirische Untersuchungen folgende spezifische Anforderungen (vgl. Witt [Handelscontrolling], S. 80):

- Der Handelscontroller ist stark marketingorientiert tätig (Mitgestaltung von Artikelnamen, Ladenlokal-Atmosphäre oder Recyclingkosten von Produkten) sowie eventuell sogar an der Entwicklung und Auswahl konzeptioneller Marktbearbeitungen beteiligt.
- Der Handelscontroller übernimmt generelle Rechnungswesenaufgaben und beschäftigt sich daher intensiv mit Erfolgscontrolling.
- Darüber hinaus ist er in hohem Maße für generelle betriebswirtschaftliche Aufgaben zuständig (Teilnahme an Vertragsgesprächen mit der Herstellerebene, Warenwirtschaftscontrolling, Kontakte zu Dienstleistern).

5.5.6 Kernaussagen

Im Handel dominiert das "Einkaufserlebnis", d.h. die Orientierung verlagert sich auf den Zusatznutzen des Kunden. Das bedingt neben ausgebauten operativen Controllingsystemen die verstärkte Berücksichtigung qualitativ-strategischer Aspekte wie Kompetenz und Produktlebenszyklen (Portfoliotechnik). Die eindimensionale Betrachtung des Rohertrages (DB1) wird dabei von umfassenden stufenweisen Deckungsbeitrags-Rechnungen abgelöst, die sich am Profit-Center Gedanken orientieren. Daraus ergibt sich ein vierdimensionales Controllingzielsystem, bestehend aus Erfolg, Kosten, Image und Marketing. Die Besonderheiten des Handelscontrolling liegen in der starken Marketingorientierung und dem generellen Nachholbedarf, Controllingsysteme in Handelsunternehmen einzuführen und auszugestalten.

5.6 Controlling im Bankbetrieb

Franz-Gerhard Kolarik

5.6.1 Controllingumfeld

Banken oder Kreditinstitute sind erwerbswirtschaftlich orientierte Unternehmen (vgl. Hagenmüller [Bankbetrieb], S. 20), die

1. Kapital ansammeln, Geld und Kredit leihen,
2. Wertpapiere für andere emittieren, handeln und verwalten,
3. Investmentfonds verwalten und Investmentzertifikate ausgeben sowie
4. die Abwicklung des Zahlungsverkehrs übernehmen.

Banken sind **Dienstleistungsunternehmen**, die definitionsgemäß die von ihnen erbrachten Marktleistungen nicht auf Vorrat (Lager) produzieren können, sondern die Kapazitäten bereitstellen müssen. Banken sind – bedingt durch die technische Infrastruktur – kapitalintensive Dienstleistungsbetriebe, deren Investitionen je Arbeitsplatz die Vergleichswerte der Industrie erreichen.

Charakteristisch für die wichtigsten Bankdienstleistungen und damit für den Bankbetrieb ist die **Übernahme/Vermarktung von Risken des Finanzbereich**, vor allem Veranlagungs- (Kredit-), Zinsänderungs-, Wechselkurs- und sonstige Preisrisken.

Die folgenden Ausführungen über Controlling im Bankbetrieb sollen vor allem für den in Europa am weitesten verbreiteten Banktypus gelten, der sowohl die gesamte Produktpalette der Bankdienstleistungen anbietet ("**Universalbank**"), als auch über ein Netz von Außenstellen ("**Filialbank**") verfügt.

Das Umfeld der Banken ist gekennzeichnet durch den starken Wettbewerb und wesentliche strukturelle Veränderungen (vgl. Haiss; Schicklgruber [Bankstrategien], S. 871-885), vor allem als Folge von

- Deregulierung,
- Internationalisierung,
- Disintermediation und
- technologischen Veränderungen.

5.6.2 Anforderungen aus dem Controllingumfeld

Der starke Strukturwandel und die damit verbundenen veränderten Rahmenbedingungen haben die lange Zeit geschützten und regulierten Finanzmärkte zu Wettbewerbsmärkten verändert. Diese Entwicklung verlangt, die Qualität der **Kosten- und Leistungsrechnung** der Banken (management accounting) auf den höheren Standard in industriellen Unternehmen anzuheben und für die erbrachten Marktleistungen aussagefähige - steuerungsrelevante Kosten- und Ergebnisinformationen zur Verfügung zu stellen. Darüber hinaus hat die rasante Entwicklung der internationalen Geld- und Kapitalmärkte die Rolle der Banken als Vermarkter von Risken noch verstärkt, insbesondere im Bereich der derivativen Produkte. Dementsprechend müssen Veranlagungs- und Marktrisken als Kalkulationsobjekt quantifiziert und in ein umfassendes **Risikokosten-Management** integriert werden (vgl. Hölscher [Risikokosten-Management]).

Banken sind verpflichtet, wachsende Geschäftsvolumina mit zusätzlichen Eigenmitteln zu unterlegen, was im Normalfall zur regelmäßigen Inanspruchnahme des Kapitalmarkts führt, da der steigende Kapitalbedarf nur in Ausnahmefällen zur Gänze durch Innenfinanzierung abgedeckt werden kann.

Damit heißt das zentrale Unternehmensziel des Bankbetriebs, nachhaltig eine marktgerechte Rendite auf das von den Aktionären zur Verfügung gestellte Eigenkapital zu erwirtschaften.

5.6.3 Management-Problemstellungen und Controllingziele

Die Engpaßgröße Eigenmittel verlangt, daß Banken im Rahmen ihrer Kosten- und Leistungsrechnung (management accounting) den einzelnen Teilbereichen (Profit Center) die erforderlichen Eigenmittel nach der Höhe des Risikopotentials zuordnen und so die Rentabilität des in den einzelnen Profitcentern eingesetzten Eigenkapitals ermitteln = RORAC (**return on risk adjusted capital**) .

Vergleichswerte für den erzielten Ist-RORAC des Profitcenters sind einerseits die für die Gesamtbank zu erzielende Eigenkapitalrentabilität und andererseits die sich aus dem jeweiligen Marktpotential ergebende Renditeerwartung. Marktorientiertes management accounting im Bankbetrieb muß daher die Instrumente des **Marketing-Controlling** (Marktforschung, Marktpotentialanalysen) als integrierenden Bestandteil in das Bank-Controlling mit einbeziehen.

Die für den Bankbetrieb kritischen Erfolgsfaktoren Mitarbeiterqualität und technische Infrastruktur erfordern darüber hinaus ein effizientes **Ressourcen-Controlling** - sowohl für die Entwicklung und den Einsatz der Ressource Personal als auch für den Aufbau und die Verwendung der Ressource Informationstechnologie und -systeme.

Für überregional tätige Banken, die in den verschiedenen Märkten durch Filialen oder Tochterbanken präsent sind, bedeutet das, ein Controlling auf der Ebene der Bankengruppe einzuführen. Dieses **Group-Controlling** stellt sicher, daß die Controllinginstrumente konsistent für die Gruppe vorliegen und die Auswirkungen unterschiedlicher handelsrechtlicher und steuerlicher Bestimmungen und Kapitalausstattungen von Töchtern eliminiert oder vergleichbar gemacht werden.

5.6.4 Die Steuerungsgrößen des Controlling im Bankbetrieb

Das Instrumentarium des operativen und strategischen Controlling der Banken mußte in den vergangenen Jahren als Folge des starken Wettbewerbs und der zunehmenden Komplexität erheblich verbessert werden. Dabei wurden bewährte Controllingkonzepte aus der Industrie unter Berücksichtigung der zum Teil stark unterschiedlichen Ergebnismechanismen auf den Bankbetrieb übertragen.

Zeitgemäße Controllingsysteme spalten das Betriebsergebnis der Bank in fünf wesensverschiedene Steuerungsbereiche auf (vgl. Schüller [Steuerung], S. 264):

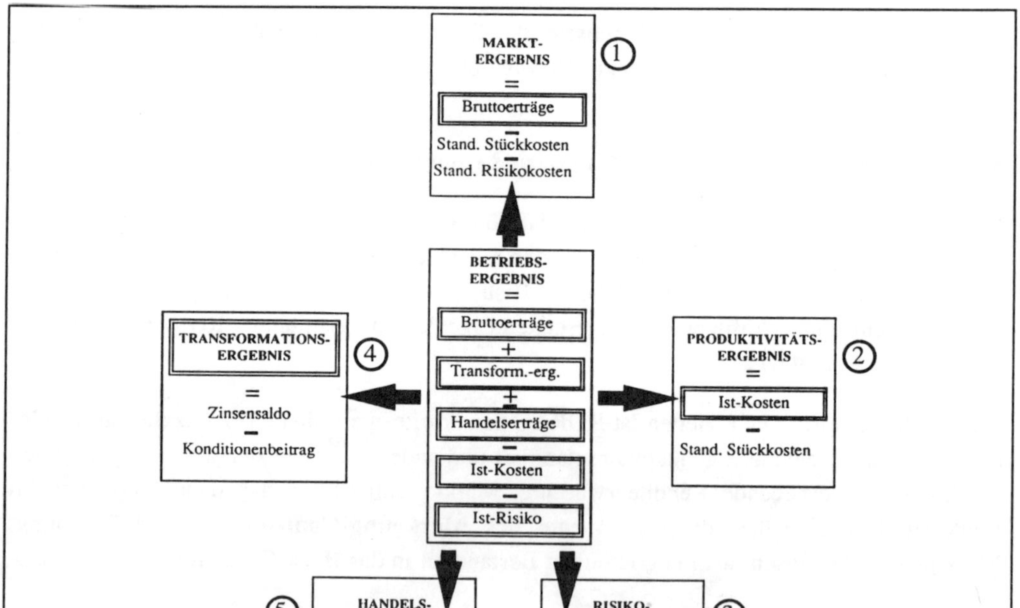

Abb. 5.6/1.: Steuerungsbereiche

Steuerungsbereich Marktergebnis

Im Marktergebnis wird für das Kerngeschäft der Bank – das Kundengeschäft – die Absatzleistung mit Standardkosten gemessen und bewertet.

Das Kalkulationsschema für das **Einzelgeschäft** zeigt dabei folgende für den Bankbetrieb charakteristische kalkulatorische Komponenten:

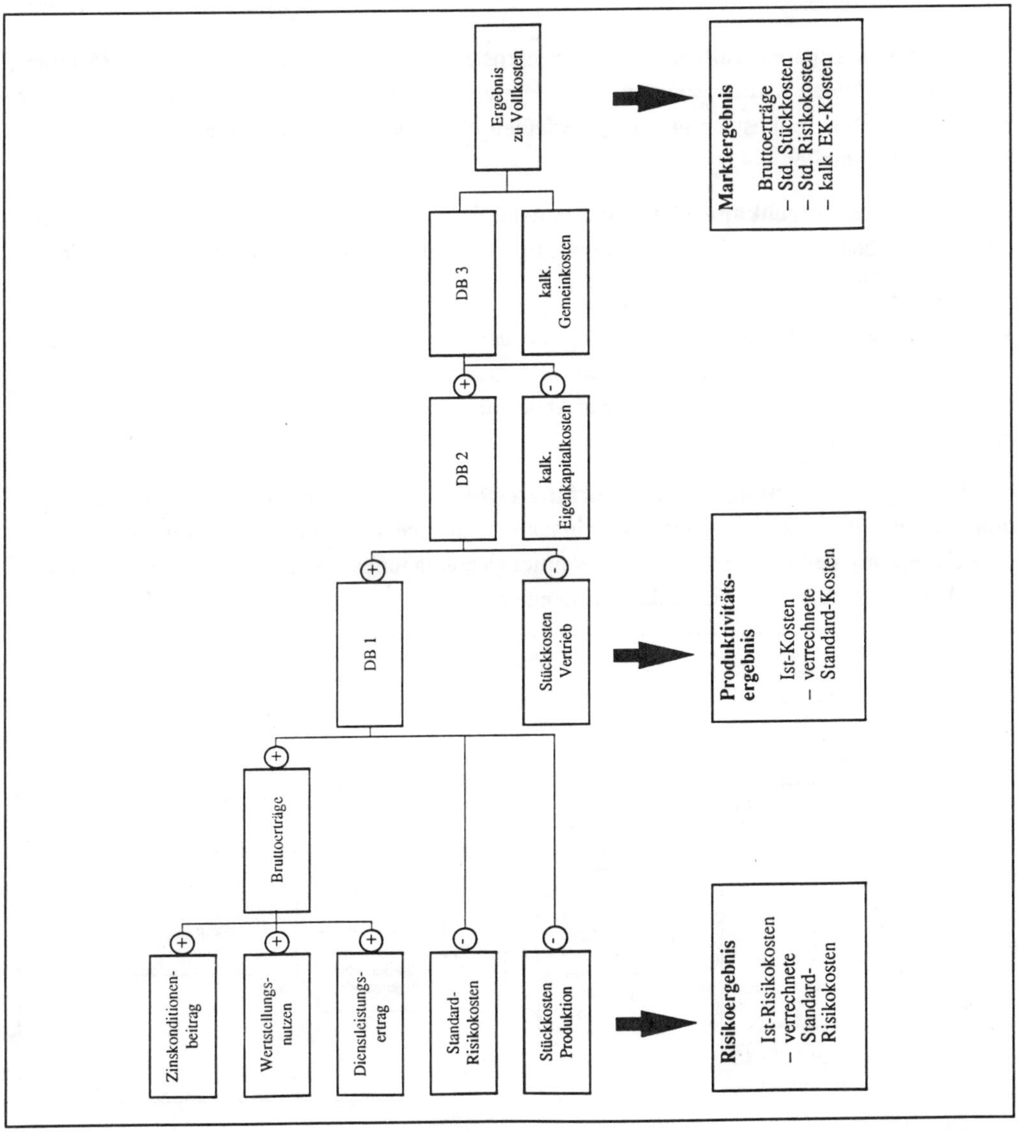

Abb. 5.6/2: Kalkulationsschema für das Einzelgeschäft

Zinskonditionenbeitrag: Nach der Marktzinsmethode wird jedem Einzelgeschäft der jeweilige am Abschlußtag geltende laufzeitkongruente Marktzins zugeordnet: Abspaltung des Strukturbeitrags, um das Ergebnis der Fristentransformation der Gesamtbank (vgl. Schierenbeck [Bankmanagement], S. 78ff.) zu ermitteln.

Standard-Risikokosten zur Kalkulation der Kosten des Ausfallsrisikos: Ihr Ansatz und ihre Durchsetzung am Markt stellen sicher, daß die kalkulierten Ausfälle ergebnisneutral abgedeckt werden können.

Standard-Stückkosten, aufbauend auf Einzelkosten, die nicht nur die im Bankbetrieb unbedeutenden variablen Kosten, sondern auch die mit Hilfe von Ablauf- und Zeitstudien – in der Methodik der Prozeßkostenrechnung – erfaßten fixen, jedoch leistungsbezogenen direkten Stückkosten enthalten.

Kalkulatorische Eigenkapitalkosten: Der zentralen Bedeutung der Engpaßgröße Eigenmittel im Bankbetrieb entspricht die notwendige Kalkulation der Kosten der erforderlichen Eigenmittel für das einzelne Bankgeschäft.

Kalkulatorische Gemeinkosten: Die Summe aller Deckungsbeiträge einer Periode muß ausreichen, um die Gemeinkosten (overhead) abzudecken. Der Ansatz kalkulatorischer Gemeinkosten und damit eines Soll-Beitrags zur Abdeckung bietet eine zusätzliche Information über die Ertragsqualität des Einzelgeschäfts.

Die **Profitcenterrechnung für die Marktbereiche** der Bank baut auf der Ergebniskalkulation der Einzelgeschäfte auf. Darüber hinaus erfolgt eine kalkulatorische "Kapitalisierung", eine Zuordnung der erforderlichen Eigenmittel (Veranlagungsertrag) und die Ermittlung der Eigenkapitalrentabilität RORAC des Profitcenters.

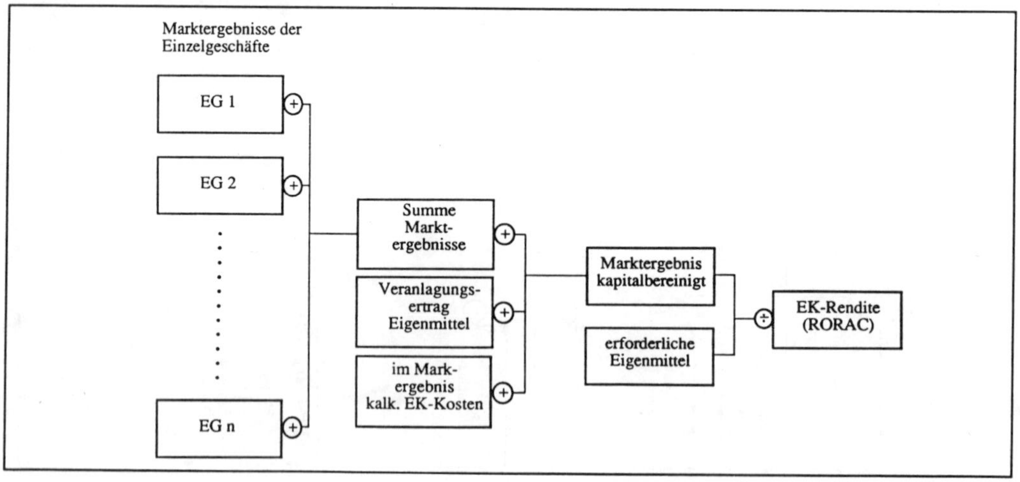

Abb. 5.6/3: Ermittlung der Eigenkapitalrentabilität RORAC des Profitcenters

Die Bildung von Profitcentern im Marktbereich folgt dabei der für den Bankbetrieb charakteristischen dreifachen Sicht des Markts - einer Strukturierung nach Produkten, Regionen (Geschäftsstellen) und Kunden(gruppen).

Diese Marktstruktur wird vom Controlling durch eine dreidimensionale Ergebnisstruktur ("Ergebniswürfel") abgebildet (vgl. Kolarik [Überlegungen], S. 394). Dabei werden alle Einzelgeschäfte (Ergebniselemente) einer Abrechnungsperiode zugeordnet:

- einem Produkt (Geschäftsartenrechnung),
- einer Region (Geschäftsstellenrechnung) und
- einem Kunden (Einzelkunden- und Kundengruppenrechnung).

Steuerungsbereich Produktivitätsergebnis

Der Wettbewerbsdruck im Bankwesen hat den Stellenwert eines effizienten Kostenmanagements deutlich angehoben. Das Produktivitätsergebnis, definiert als Differenz der im Markt- und Handelsergebnis kalkulierten Standard-Stückkosten und den in den Produktions- und Vertriebsstellen angefallenen Ist-Kosten, ist Ausgangspunkt eines systematischen Kosten-Controlling im Bankbetrieb (vgl. Schüller [Steuerung], S. 265). Dabei sind die wichtigsten Controllinginstrumente

- für mengenabhängige Aktivitäten: ein **Kapazitätssteuerungssystem** mit Ist- und Planmengen sowie Standardbearbeitungszeiten,
- für alle übrigen Tätigkeiten ("strategieorientierte Aktivitäten"): ein **Anforderungs- und Genehmigungsverfahren** (für die Ressource Personal) und ein **Projektcontrolling** (für die Ressourcen Infrastruktur und Systeme).

Steuerungsbereich Risikoergebnis

Das Risikoergebnis vergleicht die erwarteten und in den Markt- und Handelsergebnissen kalkulierten Standard-Risikokosten mit den tatsächlich angefallenen **Kredit- oder Ausfallsrisken**.

Basis für ein umfassendes Kreditrisikomanagement und für ein effizientes Risiko-Controlling im Bankbetrieb sind Anzahl und Struktur der gewählten Risikoklassen.

Wichtige Segmentierungskriterien zur Bildung von Risikoklassen und damit von unterschiedlichen Standard-Risikokosten sind vor allem die Bonität des Kunden (Rating), die Kreditart (Barkredit, Wechsel, Garantie) und die Besicherung des Kredits.

Steuerungsbereich Transformationsergebnis

Die Marktzinsmethode errechnet für jedes Einzelgeschäft den Zinskonditionenbeitrag und liefert als Differenzgröße zum Zinsensaldo der Periode das **Transformationsergebnis**. Dieses zeigt das Ergebnis aus den Zinsunterschieden für unterschiedliche Fristigkeiten in den einzelnen Währungen (Zinsbindungen) und der Geschäftsstruktur der Gesamtbank. Die Steuerung des Transformationsergebnisses und damit des **Zinsänderungsrisikos** erfolgt durch die Steuerung der Bilanzstruktur auf der Grundlage von Zinsbindungs- und Zinselastizitätsbilanzen sowie alternativer Zinsszenarien.

Steuerungsbereich Handelsergebnis

Neben dem im Marktergebnis erfaßten Kundengeschäft und dem zentralen Steuerungsbereich Fristentransformation (Bilanzstrukturmanagement) gibt es einen weiteren Steuerungsbereich im Bankbetrieb: die Handelsabteilungen mit ihren eigenständigen Marktaktivitäten. Die direkte Präsenz der Bank in den Geld- und Kapitalmärkten entspricht den aus dem Kundengeschäft resultierenden Anforderungen und ermöglicht es, darüber hinaus Handelsgewinne im Rahmen vorgegebener Limits für Währungs- und sonstige Preisrisken zu erzielen. Die Quantifizierung der dabei eingegangenen Marktrisken (z. B. gemessen an der Volatilität) und die darauf aufbauende Zuordnung der erforderlichen Eigenmittel sind Voraussetzung sowohl für ein umfassendes Risikomanagement für die Gesamtbank als auch für die in der Ergebnisrechnung des Profitcenters Eigenhandel zu ermittelnde Rentabilität (RORAC).

5.6.5 Der Controllingprozeß im Bankbetrieb

Im Bankbetrieb besteht der Controllingprozeß aus einer Verknüpfung von zentraler Struktursteuerung und dezentraler Selbststeuerung.

Zentrale Struktursteuerung

Die zentrale Struktursteuerung im Bankbetrieb umfaßt neben der Geschäftsfeldsteuerung des strategischen Controlling vor allem die Steuerung der Kredit- und Marktrisken für die Gesamtbank beziehungsweise die Bankengruppe. Aufgabe dieses **zentralen Risiko-Managements** ist es,

- die Kredit- und Marktrisken zu analysieren und quantifizieren,
- ihre Gesamtsumme aufgrund der Risikotragfähigkeit der Bank (Bankengruppe) zu begrenzen und
- die Steuerung dieser Risken sicherzustellen.

Dem organisationsüberschreitenden Charakter entsprechend wird die Aufgabe des Risiko-Managements bei größeren Banken von einem **Aktiv-Passiv-Management-Ausschuß** (für das

Zinsänderungsrisiko) und einem **Marktrisiko-Management-Ausschuß** (für Währungs- und sonstige Preisrisken) wahrgenommen. In diesen Ausschüssen sind die Bereiche Markt, Handel und Controlling eingebunden.

Dezentrale Selbststeuerung

Die im Kunden- und Handelsbereich erforderliche Marktnähe und die Notwendigkeit kurzer Reaktionszeiten und hoher Entscheidungskompetenz führen im Bankbetrieb zu einem hohen Dezentralisierungsgrad des operativen Controlling innerhalb des vom zentralen Risiko-Management vorgegebenen Risikorahmens. Diese marktbezogene Selbststeuerung im Sinne eines **Self-Controlling** (vgl. Mertin [(Self-)Controlling], S. 1118-1121) erfolgt durch dezentrale Controllingstellen (Spartencontroller, Filialcontroller) in den Steuerungsbereichen Markt und Handel (Profitcenter) beziehungsweise Produktivität (Costcenter). Damit wird neben der stärkeren Kunden-/Markt-Nähe auch eine hohe Akzeptanz des Controlling sichergestellt.

5.6.6 Kernaussagen

Das Bankgeschäft ist von starkem Wettbewerb und strukturellen Veränderungen geprägt.

Aus der Sicht des Controlling liegt der Schwerpunkt der Banktätigkeit in der Übernahme und Vermarktung von Risken des Finanzbereiches, wobei den Eigenmitteln die Funktion der Risiko- und damit Geschäftsvolumensbeschränkung zukommt. Dementsprechend sind Rentabilitätssteuerung und Risikosteuerung die wichtigsten Controllingbereiche im Bankbetrieb und ist der Ertrag auf die risikobedingt erforderlichen Eigenmittel (Return on risk adjustet capital, RORAC) die zentrale Steuerungsgröße des Bankcontrolling.

Bei der Kalkulation der Bankleistungen erfordert der nur geringe Anteil an variablen Kosten eine prozeßorientierte Betrachtung der Fixkosten. Darüber hinaus verwendet ein effizientes Kosten-Controlling die Produktivität als Meßgröße für die Leistungserstellung im Bankbetrieb.

Der gegenwärtige Entwicklungsstand des Bank-Controlling kann wie folgt charakterisiert werden: Die weit überwiegende Zahl der Bankbetriebe verfügt über ein gut ausgebautes und den bankspezifischen Erfordernissen entsprechendes Controllinginstrumentarium. Demgegenüber dürfte jedoch bei vielen Banken im Controllingprozeß, d.h. in der effizienten Handhabung dieser Instrumente noch ein erhebliches Verbesserungspotential bestehen.

5.7 Controlling in Versicherungen

Walter Steidl, Peter De Martin, Harald Wimmer

5.7.1 Controllingumfeld

Versicherungen sind erwerbswirtschaftlich orientierte Unternehmen, die das Gut "Sicherheit" anbieten. Die Komponenten (vgl. Farny [Versicherungsbetriebslehre], S. 14ff.) des Gesamtversicherungsgeschäfts sind:

Risikogeschäft
Spar- und Entspargeschäft
Dienstleistungsgeschäft

Das **Risikogeschäft** umfaßt die Übertragung eines Risikos vom Versicherungsnehmer auf den Versicherer gegen Zahlung einer Prämie. Untrennbar damit verbunden sind Spar- und Entsparprozesse, die in den Sparten der Personenversicherung stattfinden. Im Dienstleistungsgeschäft geht es um Beratung und Information des Kunden sowie um ergänzende Serviceleistungen.

Das Wirtschaftsgut **"Versicherungsschutz"** ist eine abstrakte Dienstleistung, die abgesetzt werden muß, bevor sie produziert wird. Da Versicherungsschutz nicht auf Vorrat hergestellt werden kann (vgl. Delisle [Absatz], S. 2), verfügen Versicherungsunternehmen traditionellerweise über ausgedehnte Vertriebsorganisationen. Die Langfristigkeit der Vertragsbeziehungen verhindert Produktpreiskalkulationen auf Einzelkostenbasis. Ziel ist die statistische Ermittlung von Erlösen und Kosten eines Gesamtbestands über längere Zeiträume. Die wichtigsten Kostenfaktoren im Versicherungsunternehmen sind neben den Schadenskosten vor allem die Kosten des Vertriebs und der Informationsverarbeitung.

Für den Zeitraum zwischen Einzahlung der Prämien und Auszahlung von Leistungen stehen Geldmittel zur Verfügung, die vom Versicherungsunternehmen in ertragbringende Vermögenswerte umgewandelt werden.

Neben den beschriebenen Spezifika des Versicherungsgeschäfts gibt es noch andere Umfeldszenarien, die das zu untersuchende Controllingumfeld abrunden.

- **Gesellschaftliches Umfeld**
  - Polarisierung der Kunden in Gruppen mit verändertem Anspruchsverhalten
  - Verstärkte individuelle Risikoabdeckung (Selbstversicherung)
  - Wachsende Zahl der informierten und kritischen Konsumenten
  - Demographische Veränderungen:
    Rückgang der Bevölkerungszahlen
    Relative Überalterung durch Geburtenrückgang
    Steigender Anteil der Singles
  - Trend zur Freizeitgesellschaft und Wunsch nach Selbstverwirklichung

- **Wirtschaftliches Umfeld**
  - Wirtschaftliche Einigung Europas im Fokus "EU/EWR" (Dienstleistungsfreiheit, Preis- und Produktfreiheit)
  - Internationalisierung des Geschäfts
  - Größere Unternehmenseinheiten in etablierten Branchen (Konzentration und Größe)
  - Entstehen völlig neuer Branchen (Umweltbereich)

- **Umfeld Absatzmarkt und Konkurrenz**
  - Trend zur Deregulierung mit verstärktem Wettbewerb (Verdrängungswettbewerb)
  - Sättigungstendenzen in einigen Sparten (Rückgang KFZ-Zulassungen)
  - Zunehmende Konkurrenz durch branchenfremde Unternehmen (Banken, Kaufhäuser ...)
  - Diversifikation der Vertriebswege und zunehmende Bedeutung der Makler

- **Politisches Umfeld**
  - Umweltbewußtere Gesetzgebung (z. B. Verpackungsverordnung)
  - Restriktivere Gesetzgebung (z. B. Umkehrung der Beweislast in der Produkthaftung)

- **Technologisches und ökologisches Umfeld**
  - Steigendes Umweltbewußtsein
  - Explosionsartiges Ansteigen der zu verarbeitenden Datenmengen
  - Rasanter Technologiewandel (down-sizing, client-server-Architekturen)
  - Rasche Entwicklung der Kommunikationstechnik

Abb. 5.7/1: Umfeldentwicklungen

5.7.2 Anforderungen an das Controlling von Versicherungen

Die umfangreichen Veränderungen im Umfeld bedingen verstärkte Markt- und Kundennähe und führen zur Restrukturierung des Versicherungsmarkts. Die bisher – durch die staatliche Regulierung vorherrschende – Spartenorientierung mit gleichartigen Produkten wird in absehbarer Zeit überholt sein. In Verbindung mit dem **Strukturwandel** innerhalb der Versicherungsbranche wird dem Kunden eine größere Vielfalt von Produkten zu unterschiedlichen Konditionen angeboten. In diesem intransparenten Markt muß sich der Versicherer als "Begleiter des Kunden für Risikofragen" profilieren. Da Produktinnovationen nur kurzfristig Wettbewerbsvorteile bringen, können nachhaltige Differenzierungen nur über zusätzliche Serviceleistungen erzielt werden (vgl. Schäfer; Feilbach [Serviceleistungen], S. 820). Die Konzentration auf Kernkompetenzen darf nicht zu Lasten des nachgefragten Serviceangebots gehen, sondern muß über Kooperationsvereinbarungen und Allianzen abgedeckt werden.

In gesättigten Märkten muß mehr Augenmerk auf Sicherung und Erweiterung des Stammkundenpotentials gelegt werden. Dabei nimmt die Vertriebsorganisation – mit direktem Kontakt zum Kunden – die strategische Schlüsselrolle ein. Moderne EDV-Systeme werden in diesem Bereich zunehmend zum Wettbewerbsfaktor und sichern den Informationsfluß von außen nach innen. Für die Steuerung der dezentralen kundennahen Einheiten ist die Entwicklung effektiver Controllinginstrumente notwendig. Alle organisatorischen Strukturen und Abläufe müssen an die geänderten Markterfordernisse angepaßt werden. Das Instrumentarium des Controlling wird in Versicherungsunternehmen bei dieser Neugestaltung eine aktive Rolle spielen.

5.7.3 Management-Problemstellungen und Controllingziele

Der zukünftige Wettbewerb in einem gemeinsamen Versicherungsmarkt wird verstärkt über Preise und Konditionen geführt werden. Verbunden mit hohen Schadensquoten in Schlüsselsparten (z. B. KFZ-Kasko und Feuer-Industrie) und mit höheren Rückversicherungskosten, führt das auch im bisher geschützten Versicherungsmarkt zu verschlechterter Ertragslage und internem Kostendruck. Die Problemstellungen, die sich für das Management und das Controlling ergeben, sind das Erkennen und Beseitigen von operativen und strategischen Erfolgsengpässen.

Durch die Vernetzung der unternehmerischen Funktionsbereiche und daraus abgeleitete Steuerungsgrößenmodelle können die erkannten Engpässe mit Maßnahmen zur Ertragssteigerung und Kostenoptimierung beeinflußt werden.

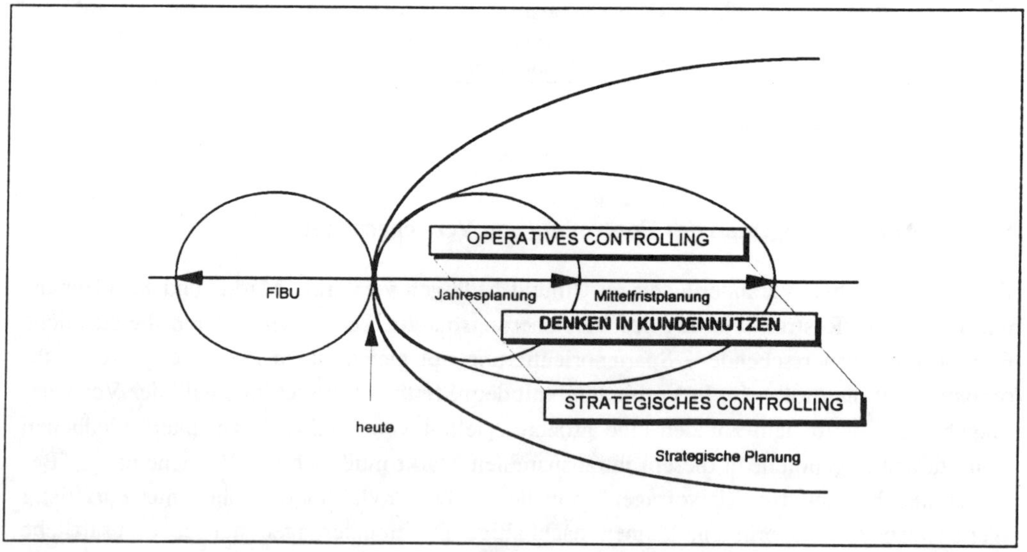

Abb. 5.7/2: Der Kundennutzen als Brücke zwischen operativem und strategischem Controlling (in Anlehnung an Mann [Praxis], S. 22)

Die **Kundendeckungsbeitragsrechnung** ist – als "Brücke" zum strategischen Controlling – eines der wichtigsten Instrumente des operativen Controlling. Sie fördert den Zwang zu Umdenkprozessen in Richtung Kundennutzen und somit zur langfristigen Existenzsicherung am Markt. Der konsequente nächste Schritt ist der Aufbau einer kundenorientierten Organisation zur Erreichung der Zielgruppen: Dezentrale flexible Einheiten für schnellere und fehlerfreie Bearbeitung vor Ort, Straffung der Vertriebswege und moderne Informationssysteme ermöglichen den Einsatz aller Ressourcen auf lokalisierte Erfolgspotentiale.

5.7.4 Steuerungsgrößen

Ausgehend vom Ertrag als Engpaßgröße, ist eine **Ergebnisrechnung** notwendig, die den Führungskräften entscheidungsorientierte Informationen – auf **verschiedenen Verdichtungsebenen** – über Kunden, Sparten, Vertriebswege und Regionen liefert. Traditionell einzeln geplante Positionen (z. B. Umsatz) werden als Deckungsbeitrag in einen Gesamtsteuerungszusammenhang gebracht. Die folgende Abbildung zeigt ein mögliches Deckungsbeitragsschema für einen Schaden-Unfall-Versicherer:

	Verrechnete Prämie
–	Wirksamer Schaden
=	**DB I**
–	Provisionen
–	Feuerschutzsteuer
=	**DB II**
–	Sonstige direkt zurechenbare Kosten je Dimension
=	**DB III** (Vertragsdeckungsbeitrag je Dimension)
–	Kosten der Aufbauorganisation
=	**DB IV**
±	Abstimmposten zwischen DB-Rechnung und G+V
=	**technisches Ergebnis**
+	finanzielles Ergebnis
=	**Jahresgewinn vor Steuern**

Abb. 5.7/3: Vereinfachtes Deckungsbeitragsschema für einen Schaden-Unfall-Versicherer

Hauptverantwortlich für das technische Ergebnis (=Kerngeschäft) sind die Versicherungsprämien als erzielbare Erlöse und die Schadens-, Rückversicherungs- und Provisionskosten je betrachteter Dimension (Kundengruppe, Vertriebsweg, Sparten). Die ermittelten Vertragsdeckungsbeiträge werden um die Strukturkosten der Aufbauorganisation vermindert.

Das finanzielle Ergebnis setzt sich aus Zins- und Mieterträgen, aus der Realisierung von Veräußerungsgewinnen und -verlusten und aus Abschreibungen zusammen.

Eine konsequente Fortsetzung des Einsatzes der Deckungsbeitragsrechnung im operativen Controlling ist die Erweiterung zum strategischen Controlling. Am Beispiel eines **Sparten-Portfolios** wird der Deckungsbeitrag als wichtiger Faktor der Marktattraktivität dargestellt. Die Kreisflächen dokumentieren das Prämienvolumen der betrachteten Sparten; die Kreissegmente zeigen die entsprechenden Deckungsbeiträge.

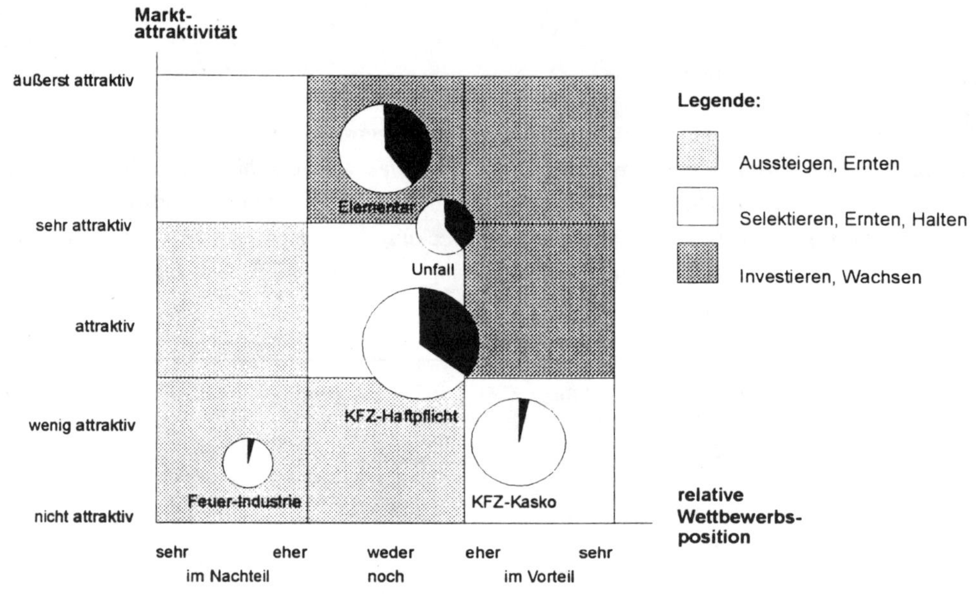

Abb. 5.7/4: Sparten-Portfolio

In Hinblick auf eine kundenorientierte Aufbau- und Ablauforganisation müssen neben der quantitativen Ergebnisrechnung verstärkt nicht-monetäre Steuerungsgrößen für den Leistungsprozeß eines Versicherungsunternehmens lokalisiert werden. Im Sinn eines prozeßorientierten Controlling werden die einzelnen Aktivitäten auf die Erfolgsfaktoren Qualität, Zeit und Information untersucht. Die einzelnen unternehmerischen Funktionsbereiche leisten – ausgehend vom konkret erhobenen Kundennutzen – meßbare Beiträge zu dessen positiver Beeinflussung (vgl. Rieder; Fransen [Optimierung], S. 552). Indikatoren für Kundenzufriedenheit sind z. B. Befragungen, Stornoquoten, cross-selling-Raten oder die Anzahl der Beschwerdefälle.

Ein Beispiel soll diese Zusammenhänge illustrieren: Ein falsch oder unleserlich ausgefülltes Antragsformular bewirkt mehrere Rückfragen bei der Erfassung. Die unangenehmen Folgen sind Verzögerungen, höhere Bearbeitungskosten und Unzufriedenheit des Kunden, der auf seine Versicherungspolizze warten muß.

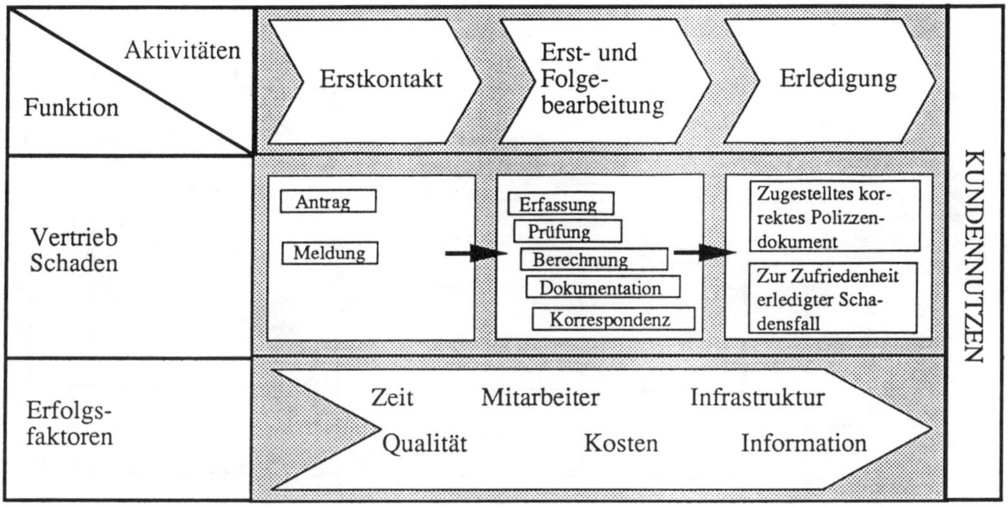

Abb. 5.7/5: Geschäftsfallorientierte Wertkette

5.7.5 Controllingsystem

Durch die Verlagerung operativer Entscheidungen in dezentrale Einheiten (Profit Center) kann man größere Marktnähe und damit schnelle Reaktionszeiten auf Kundenanforderungen erreichen. Um Synergien zwischen den dezentralen Einheiten zu nützen, sind neben der Gesamtsteuerung auch Überlegungen wichtig, welche Funktionen vor Ort notwendig sind und welche zentral effizienter zu erfüllen sind (vgl. Hungenberg [Aufgaben], S. 351ff.). Im Beispiel der EA-Generali AG sind solche Funktionen die zentrale Vermögensverwaltung, die Rückversicherungsbeschaffung, das Finanzwesen und der Betrieb des gemeinsamen Rechenzentrums für alle operativen Unternehmen.

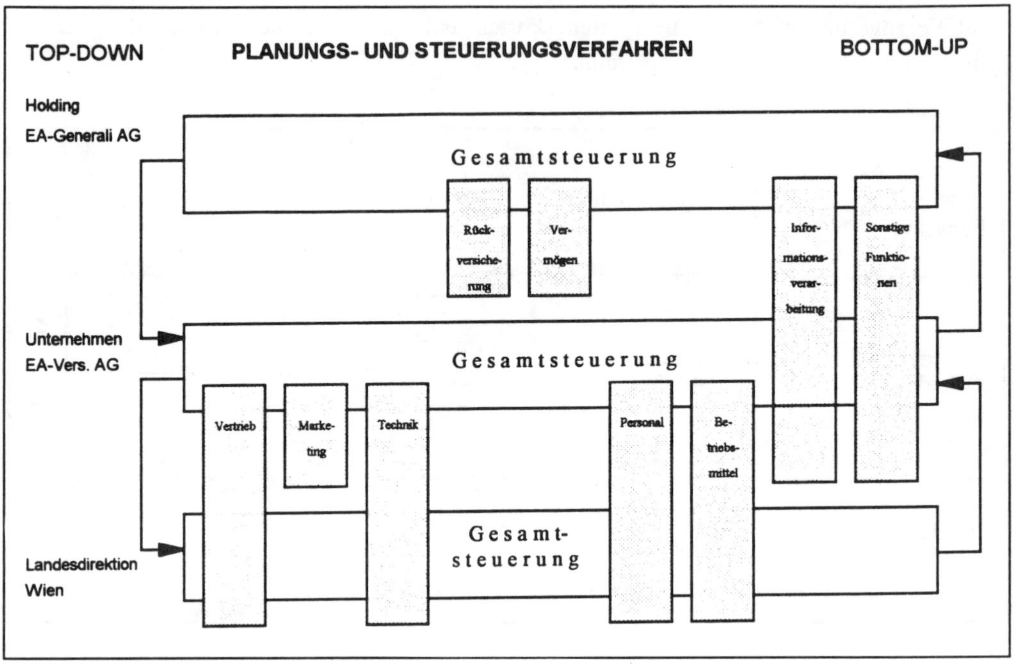

Abb. 5.7/6: Stufengerechte Planung und Steuerung am Beispiel der EA Generali AG

Die Holding bestimmt die strategischen Vorgaben, und die operativen Gesellschaften erarbeiten zusammen mit der Holding ihre Ziele und Pläne, in deren Rahmen sie dezentral und völlig frei ihre Entscheidungen treffen können.

Die Entwicklung der organisatorischen Einheiten wird durch das Berichtswesen auf Basis einer stufenweisen **Dimensions-Deckungsbeitragsrechnung** gesteuert. Das Berichtswesen liefert nicht nur einen Soll-Ist-Vergleich Rechnungsjahr zum Vorjahr je Dimension, sondern beinhaltet auch eine Erwartungsrechnung auf das voraussichtliche Ist (kurz: VIST) des Jahresendergebnisses. Durch die Konzentration auf das VIST soll der Fokus auf Abweichungen (=**Abweichungsanalyse zukunftsorientiert**) des Jahresendergebnisses gelenkt werden, damit man Steuerungsmaßnahmen setzen kann, um Planuntererfüllungen zu kompensieren, oder damit sich abzeichnende Chancen konsequent genutzt werden, die in Planübererfüllungen zum Ausdruck kommen.

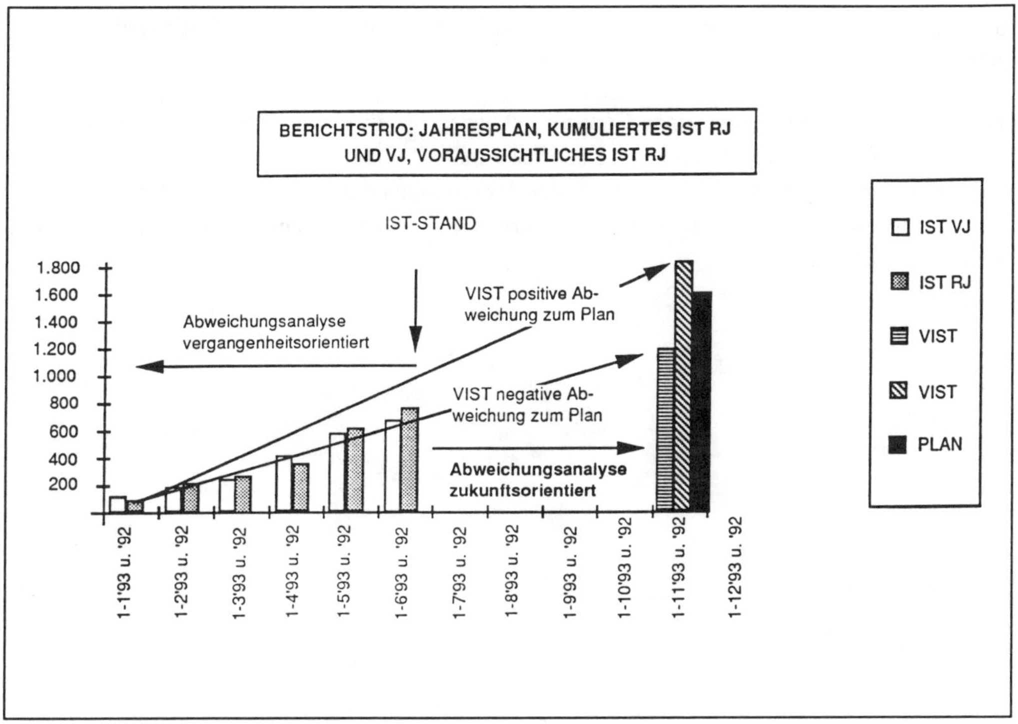

Abb. 5.7/7: Zukunftsorientiertes Berichtswesen

Die Ergebnisse werden dem Management pro Monat zur Verfügung gestellt, und zwar institutionalisiert in Form des Berichtswesens.

5.7.6 Kernaussagen

Im dynamischen Umfeld eines international tätigen Versicherungsunternehmens bieten sich in Zukunft viele Chancen, in neuen Märkten erfolgreich zu agieren. Demgegenüber steht das hohe Risiko, mit den bestehenden Unternehmensstrukturen, Denkhaltungen und Instrumenten dafür nicht vorbereitet zu sein.

Nur mit klaren Strategien und der unternehmensweiten Ausrichtung von Maßnahmen und Ressourcen auf die gesteckten Ziele kann die Zukunft aktiv gestaltet werden. Ob man sich dabei auf dem richtigen Weg befindet, zeigen vor allem die Controllinginstrumente. Eine Hauptaufgabe liegt darin, neben den operativ meßbaren Engpaßfaktoren auch die qualitativen Erfolgsgrößen steuerbar zu machen. Das Denken in Kundennutzen ist eine Brücke zum strategischen Controlling, um die sich bietenden Marktchancen zu erkennen und zu verwerten. Einen wichtigen Beitrag zur Sensibilisierung auf die Erfolgsgrößen liefert die konzernweite

Implementierung einer Gesamtsteuerung auf Basis einer mehrdimensionalen Ergebnisrechnung.

Die erfolgreiche Umsetzung einer Controllingkonzeption in einem Versicherungsunternehmen erfordert stufengerechte Steuerung der dezentralen Einheiten und Entwicklung von Führungsinformationssystemen. Garanten für den langfristigen Erfolg eines Unternehmens sind jedoch – neben allen Hilfsmitteln eines modernen Controllingsystems – engagierte und begeisterte Mitarbeiter.

5.8 Besonderheiten des Controlling in Freien Berufen

Alexander Weger

5.8.1 Das Controllingumfeld Freier Berufe

Freie Berufe erbringen Leistungen, die sowohl für den einzelnen als auch für das **Gemeinwesen** von besonderer Bedeutung sind (der Arzt gewährleistet z.B. durch seine Tätigkeit Heilung des Patienten und Volksgesundheit). Trotz des Stellenwerts der Freien Berufe und wachsender wirtschaftlicher Probleme (z. B. Kostenexplosion im Gesundheitswesen) hat der wirtschaftliche Gesichtspunkt nach Meinung vieler in dieser Berufssparte nichts zu suchen, dennoch besteht die Tatsache der Knappheit als Grundproblem wirtschaftlichen Handelns.

Generell werden folgende Berufe und Berufsgruppen zu den Freien Berufen gezählt:

Freie heilkundliche Berufe	Ärzte, Zahnärzte, Tierärzte, Apotheker, Psychotherapeuten, Hebammen, Krankenschwestern (selbständig) etc.
Freie rechts- und wirtschaftsberatende Berufe	Rechtsanwälte, Patentanwälte, Wirtschaftsprüfer, Steuerberater, Notare etc.
Freie technische und naturwissenschaftliche Berufe	Architekten, beratende Ingenieure etc.
Freie Kulturberufe im engeren Sinn	Schriftsteller, Musiker, darstellende Künstler, Journalisten, Pädagogen, Dolmetscher etc.

Abb. 5.8/1: Gruppen Freier Berufe

Sieht man von der besonderen Verantwortung bei der Erbringung freiberuflicher Leistungen ab, da eine falsche Diagnose oder ein Fehlurteil gravierende Folgen haben kann, dann bleibt als zentrale Aufgabe des freiberuflichen Betriebs die unternehmerische Führung unter wirtschaftlicher Leistungserstellung – analog zu den übrigen Unternehmen. Darüber hinaus trägt der Freiberufler in den meisten Fällen auch das wirtschaftliche Risiko seines "Unternehmens".

Der Begriff des Freien Berufs ist nicht exakt definiert. Für eine wirtschaftliche Betrachtungsweise sind folgende Aspekte relevant (vgl. Trautwein [Stellung], S. 135ff.):

Die **persönliche Leistungserstellung** durch den Freiberufler selbst gilt als wesentlichstes Abgrenzungskriterium zur gewerblichen und zur industriellen Betriebsform, wo der "Betriebsleiter" nur mehr Führungs- und keine Leistungserstellungsaufgaben ausübt.

Das **gegenseitige, persönliche Vertrauensverhältnis** zwischen Freiberufler und Leistungsnehmer: Asymmetrische Informationsverteilungen machen es dem Leistungsnehmer unmöglich, Qualität und Angemessenheit der Leistungen zu beurteilen, weil der Erfolg der Leistungen stark von der Beteiligung des Leistungsnehmers am Leistungserstellungsprozeß abhängt. (In den übrigen Wirtschaftszweigen ist Vertragstreue ausreichend).

Aufgrund von persönlichen Notlagen, Informationsasymmetrien etc. existieren nicht die Bedingungen einer Marktwirtschaft, und es kommt zu Fällen des **Marktversagens** (natürliche Monopole, ruinöse Konkurrenz, meritorische Güter, anbieterinduzierte Nachfrage). Die Freien Berufe zählen daher in weiten Bereichen zur Nichtmarkt-Ökonomie. Bei der flächendeckenden Versorgung der Bevölkerung mit freiberuflichen Leistungen sowie bei der Qualitätssicherung haben sich daher historisch erhebliche Wettbewerbsbeschränkungen entwickelt, die sich in Marktzutritts- und Marktverhaltensbarrieren einteilen lassen:

- **Marktzutrittsschranken**: Berufszugangsbeschränkungen (Leistungsmonopole) und Organisationszwänge (Verkammerung).
- **Marktverhaltensbeschränkungen**: Honorar- und Gebührenordnungen, Werbeverbote, Kontrahierungszwänge, Filial- und Sozietätsverbote.

Die Freien Berufe weisen Ähnlichkeiten mit dem Mittelstand und mit Dienstleistungsbetrieben auf. Mit dem Mittelstand haben sie gemeinsam, daß sich beispielsweise Leitung und Kapitalbesitz in einer Hand befinden und daß es mithelfende Familienangehörige gibt. Mit den Dienstleistungsbetrieben teilen Freie Berufe die Bedeutung des Faktors Arbeit, auch wenn er durch zunehmende Technisierung und Computerisierung von anderen Inputfaktoren bereits wertmäßig überholt wurde. Freiberufler können in der Regel auch nicht auf Vorrat produzieren und sind bei der Leistungserstellung auf die Mitwirkung des Leistungsnehmers angewiesen.

Aufgrund der persönlichen Leistungserstellung und des besonderen Vertrauensverhältnisses haben freiberufliche Betriebsformen quantitative (Anzahl der Leistungen ist aufgrund der Ressourcen begrenzt) und qualitative (Freiberufler kann bestimmte Leistungen aufgrund mangelnder Kompetenz nicht erbringen) Kapazitätsbeschränkungen. Mitarbeiter können nur zur Arbeitsvorbereitung und zur Arbeitsunterstützung herangezogen werden. Herkömmlichen Wachstumsüberlegungen sind wegen der beschränkten Ressourcen des einzelnen Freiberuflers enge Grenzen gesetzt. Darüber hinaus haben Freiberufler eingeschränkte Dispositionsmöglichkeiten aufgrund von Kontrahierungszwängen (z. B. Pflichtverteidiger) zur Erfüllung öffentlicher Aufgaben.

Die Freien Berufe weisen nur in geringem Umfang economies of scale auf. Für sie sind vielmehr der Zugang (ihre Attraktivität) für Leistungsnehmer und für qualifizierte Mitarbeiter (größere Delegationsmöglichkeiten) entscheidende Erfolgsfaktoren. Freiberufler sind fachlich sehr qualifiziert, betriebswirtschaftlich aber kaum vorgebildet. Wirtschaftliche Angelegenheiten werden oft intuitiv auf Anregung Externer (Hausbank, Steuerberater) unter dem Gesichtspunkt der Steuerminimierung erledigt.

Die typische Investition ist eine Ersatzinvestition abgenutzter Betriebsmittel, wodurch es zur Verwirklichung technischen Fortschritts kommt. Erweiterungsinvestitionen sind aus den angeführten Gründen kein Thema. Gewinne können daher oft nur betriebsfremd angelegt werden (z. B. in Finanzanlagen).

Bei Freien Berufen ist aufgrund der hohen Markteintrittsbarrieren eine vergleichsweise hohe Konzentration irreversibler strategischer Entscheidungstatbestände in der Gründungsphase festzustellen (strategische Positionierung, Standort, Rechtsform, Finanzierung, Marktanalyse, Marketingkonzeption etc.). Diese erhöhten betriebswirtschaftlichen Anforderungen treffen in dieser Phase auf einen Menschen, der noch geringere berufliche Erfahrung und eine schlechtere finanzielle Situation als ein erfahrener Freiberufler aufweist.

5.8.2 Anforderungen an das Controlling in Freien Berufen

Controlling in Freien Berufen existiert derzeit praktisch nicht. Rudimentär werden Kosten- beziehungsweise Erlösvergleiche zwischen einzelnen Freiberuflern durchgeführt, die aber nur informativen Charakter haben und vergangenheitsorientiert sind.

Die gängigen Controllingkonzeptionen orientieren sich an den Bedürfnissen von großen Industrieunternehmen. Controlling für Freie Berufe muß dem Grundsatz der Einfachheit und der Anwendbarkeit dienen. Aufgrund mangelnder Qualifikation und Zeit des Freiberuflers sind komplexe, arbeitsintensive Systeme ungeeignet. Voraussetzung für die Installierung eines Controllingsystems ist die Schaffung eines Controllingbewußtseins, eine ausreichende Schulung des Freiberuflers und seiner Mitarbeiter sowie die Beseitigung der Mängel des vorhandenen Rechnungswesens.

5.8.3 Management-Problemstellungen und Controllingziele

Das Management ist ressourcenmäßig stark eingeengt. Aufgrund geringer Karrierechancen bereitet auch die Akquisition und Bindung qualifizierter Mitarbeiter große Probleme. Das betriebliche Informationswesen genügt in den meisten Fällen ausschließlich steuerlichen Anforderungen, ist sehr spät verfügbar und vergangenheitsorientiert.

Oberste Controllingzielsetzung ist daher eine Ziel- und Zukunftsorientierung.

5.8.4 Zentrale Steuerungsgrößen

Strategische Steuerungsgrößen wie relative Marktanteile, Erfahrungskurveneffekte und lösungsinvariate Anwenderprobleme erscheinen für Freie Berufe aufgrund der Probleme der Marktabgrenzung, eingeschränkter economies of scale etc. als nicht geeignet. Für die nachhaltige Sicherung der Überlebensfähigkeit freiberuflicher Betriebsformen muß die Umfeldorientierung verstärkt und systematisiert werden. In diesem Bereich könnten die jeweiligen Kammerorganisationen und Interessenverbände dem einzelnen Freiberufler den Planungsaufwand durch regelmäßiges environmental scanning und Szenarienerstellung abnehmen.

Im operativen Bereich gibt es keine wesentlichen Unterschiede zu gewerblichen Betriebsformen. Die aufgrund des externen Rechnungswesens ermittelten Wirtschaftlichkeitskennzahlen sind jedoch um einige wesentliche "off-balance-sheet"-Größen in den Bereichen Weiterbildung, Qualitätssicherung und Leistungsnehmerbeziehung zu ergänzen.

5.8.5 Controllingsystem

Eine interne Institutionalisierung des Controlling ist einerseits wegen mangelnder Kapazität und Qualifikation des Freiberuflers nicht möglich, andererseits kann aufgrund des geringen Arbeitsaufwands kein eigener Controller angestellt werden. Dessen Gehalts- und Karrierevorstellung wären in einer Freiberuflerpraxis auch nicht zu verwirklichen (vgl. Goetzke; Knief [Controlling], S. 408ff.).

Als Alternative bietet sich der Zukauf des Controlling als externe Dienstleistung an. Der **externe Controller** muß dieselben Anforderungen erfüllen, die an interne gestellt werden. Voraussetzung für externes Controlling ist eine längerfristige, regelmäßige, institutionalisierte Zusammenarbeit zwischen Controller und Unternehmer (Freiberufler). Durch den zeitlich limitierten Kontakt zwischen beiden besteht die Gefahr, daß zu viele Informationen generiert werden und zu wenig Augenmerk auf konzentrierte Umsetzung der wesentlichen Erkenntnisse gelegt wird. Der externe Controller hat die Planungen und Abweichungen selbständig zu erheben. Danach sind in einem gemeinsamen Dialog die Gründe der Abweichungen aufzuarbeiten und Lösungen zu finden, wobei Neutralität, Qualifikation und Erfahrung des Controllers von zentraler Bedeutung sind.

Das externe Controlling ist in einem Phasenkonzept modulartig aufzubauen (vgl. Grote [Controlling], S. 194ff.). In der ersten Phase sind Wissenslücken, Berührungsängste und generelle Bedenken zu beseitigen. In einem weiteren Schritt ist vom externen Controller die konzeptionelle Basis für ein Steuerungssystem zu erarbeiten. Dabei soll in die vorhandene Datenorganisation sowenig wie möglich eingegriffen werden. Verfeinerungen und Veränderungen sind erst im weiteren Verlauf zu unternehmen und häufig auch dann erst notwendig. Dritter Schritt ist die gemeinsame Erarbeitung eines wirtschaftlichen und außerwirtschaftlichen Zielsystems. Davon ausgehend hat der externe Controller die Planungen durchzuführen - in Kleinbetrieben oft vernachlässigter Aufgabenbereich.

Das Ergebnis dieser drei Phasen ist die organisatorische und instrumentelle Definition des für einen spezifischen freiberuflichen Betrieb geeigneten Controllingsystems.

Das in den Freien Berufen vorherrschende wirtschaftliche Informationssystem ist die steuerliche Einnahmen-Ausgaben-Rechnung. Da diese nur zahlungswirksame Größen des laufenden Jahrs berücksichtigt, ist sie für die Planung wenig geeignet. Durch eine einfache Planungsrechnung, die mit bereits sicheren oder wahrscheinlichen zukünftigen Ein- und Auszahlungen arbeitet, kann viel für die Zukunftssicherung der Freien Berufe erreicht werden. Dadurch würden diese von einer einjährigen Liquiditätsbetrachtung zu einer mehrjährigen Erfolgsorientierung kommen.

Die Planungsrechnung soll einen Zeithorizont von drei bis fünf Jahren umfassen. Sie setzt sich aus den erwarteten Abfertigungszahlungen für Mitarbeiter, einem kalkulatorischen Entgelt für den Freiberufler selbst (Gehaltsäquivalent für seine Arbeitsleistung) und den geplanten Investitionsausgaben für die nächsten Jahre zusammen. Die Summe ist der Kapitalbedarf für die einzelnen Jahre. Diesem Kapitalbedarf wird der jährliche Cash-Überschuß/Fehlbetrag gegenübergestellt, der sich aus den jährlichen Überschüssen/Fehlbeträgen, Geldern aus der persönlichen Sphäre des Freiberuflers (z. B. Einkünften aus einem Angestelltenverhältnis) und Krediten von Banken, Geräteherstellern etc. errechnet. Ergibt sich ein Cash-Fehlbetrag, kann der Freiberufler die Zahlungen, die den langfristigen Fortbestand seines Betriebs sichern, nicht aus seinem Betrieb begleichen, und er nützt seine wirtschaftliche Substanz ab. Ein kurzfristiger Fehlbetrag kann über Fremdkapital überbrückt werden (z. B. bei Praxisgründung).

Langfristig sollte ein Cash-Überschuß erzielt werden, der den notwendigen Kapitalbedarf decken kann und damit die Sicherung der wirtschaftlichen Überlebensfähigkeit der freiberuflichen Arbeitsstätte gewährleistet. Die Veranlagung der für künftige Zahlungen notwendigen Gelder hat außerbetrieblich in Form von Wertpapieren, Immobilien etc. zu erfolgen.

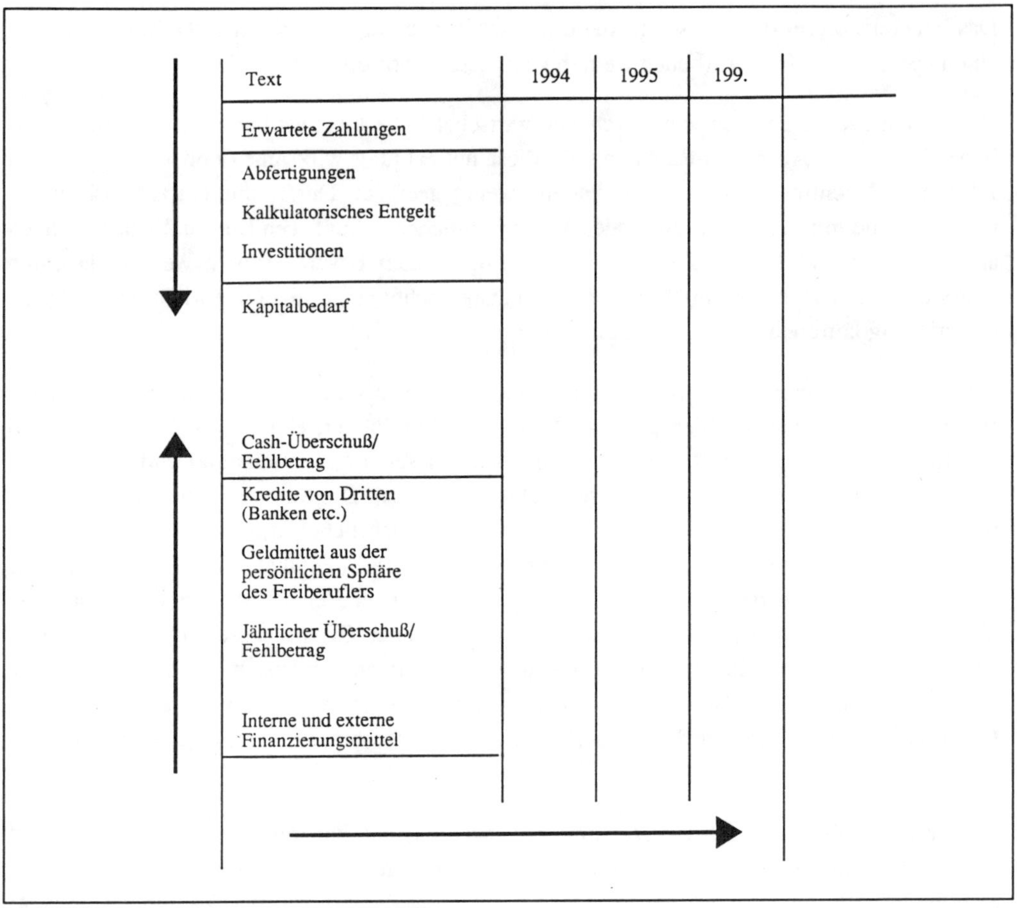

Abb. 5.8/2: Planungsrechnung für Freiberufler

5.8.6 Kernaussagen

Unter dem Einfluß sich verändernder Rahmenbedingungen wächst der ökonomische/(betriebs-)wirtschaftliche Problemdruck. Die Freien Berufe begreifen sich immer stärker auch als wirtschaftliche Einheit, die sich nach den Gesetzen der Wirtschaft zu verhalten haben, sie rücken auch verstärkt in den Vordergrund der wissenschaftlichen Arbeit und Forschung. Sie müssen lernen, sich antizipativ zu verhalten und langfristig zu orientieren.

Controlling hat einen Beitrag zur Sicherung der Freiheiten der Freien Berufe zu leisten, in erster Linie geht es dabei um wirtschaftliche Überlebensfähigkeit und wirtschaftliche Unabhängigkeit.

5.9 Controlling in projektorientierten Unternehmen

Christian Böhm

5.9.1 Controllingumfeld

Die **klassische Organisationslehre** versteht Organisation als Mittel zur Erzielung einer inneren Ordnung, ausgehend vom Wunsch nach klaren Strukturen.

In einer Wirtschaftswelt, die von hoher Kontinuität und Stabilität gekennzeichnet ist, beschäftigen sich Unternehmen vorwiegend mit Routineaufgaben. Bei Diskontinuität oder **Chaos seitens** des Markts muß man intern **zusätzliche komplexe Organisationsformen** einsetzen, die flexibel auf die ständigen Umfeldveränderungen reagieren. Sie müssen auch ermöglichen, daß Mitarbeiter heranreifen, die Veränderung positiv erleben, die unterschiedliche Aufgaben parallel erledigen können und sich nicht an ein Chef-Untergebenen-Verhältnis klammern.

Die genannten Anforderungen werden in **projektorientierten Unternehmen** erfüllt.

Mitarbeiter erhalten nicht nur eine Stellenbeschreibung für ein Kästchen in der Aufbauorganisation, sondern werden darüber hinaus verschiedenen Projektteams zugeordnet, um temporäre Aufgaben zu erfüllen. Derselbe Mitarbeiter kann in den verschiedensten Teams unterschiedliche Rollen wie Coach, Experte oder Projektleiter einnehmen. Ist ein Projekt beendet, löst sich das Projektteam wieder auf.

Selbstverständlich können nicht alle Aufgaben in Form von Projekten erledigt werden. Es hängt vom Unternehmenszweck (z. B. Behörden) ab, welche Routineaufgaben traditionelle Organisation erfordern; die Folge ist ein Nebeneinander von hierarchischer und Projektorganisation.

Wenn die Umfeldbedingungen sich weiter so rasch verändern, ist zu erwarten, daß die Projektorientierung dominanter wird und ihre Kulturbestandteile immer mehr in den Vordergrund treten: Ein Beispiel dafür sind hierarchieunabhängige Bezahlungen. Es ist vorstellbar, daß die **hierarchisch gegliederte Struktur in einer Reihe von Unternehmen komplett wegfällt.**

In Unternehmen, deren Kundenaufträge Projektcharakter haben, ist die Projektorganisation schon seit Jahren fixer Bestandteil der Unternehmensorganisation. Das trifft vor allem auf Bau- und Anlagenbau-Unternehmen zu, die für ihre Kunden langfristige, komplexe, risikobehaftete, einzigartige Aufträge erfüllen. Experten aus Fachabteilungen werden mit voller Kompetenz Projektteams zugewiesen. Die Funktion des Fachabteilungsleiters beschränkt sich auf die Rekrutierung von neuem Personal, auf die Disposition der bestehenden Mannschaft sowie auf die Sicherung des Fach-Know-hows. Diese Kompetenzverteilung entspricht der reinen Projektorganisation. Kritischer Faktor dabei ist, entsprechend kompetentes Personal zur Verfügung zu haben, das eine derartige Organisationsform ermöglicht.

Die Größe der einzelnen Projekte setzt eine natürliche Grenze für die Implementierung der reinen Projektorganisation: Wo viele kleine Forschungs- und Entwicklungsprojekte, Investitionsprojekte, Beteiligungsprojekte oder auch Kundenaufträge durchgeführt werden, wird immer eine Art von Matrix-Projektorganisation bestehenbleiben.

5.9.2 Anforderungen aus dem Controllingumfeld

Unternehmen haben eine externe Projektorientierung, wenn die Mehrzahl der **Kundenaufträge** folgende Kennzeichen aufweist:

- **Langfristig** von der Auftragserteilung bis zur Übergabe liegt mehr als ein Jahr)
- **Neuartig** vor allem technologisch in neuartigen Konfigurationen, aber auch in neuen Kunden- und neuen Abnehmermärkten)
- **Komplex** viele Beteiligte, wie Behörden, Banken, Sublieferanten)
- **Bedeutend** ein Auftrag entspricht zumindest 5% des Jahresumsatzes).

Diese Merkmale treffen überwiegend bei Bau- und Anlagenbau-Unternehmen zu, die als Generalunternehmen Aufträge von einem Kunden übernehmen.

Das Controlling wird in diesen Unternehmen mit besonderen Anforderungen konfrontiert. Daraus ergeben sich sowohl für strategische als auch für operative Instrumente des Controlling Konsequenzen.

5.9.3 Management-Problemstellungen und Controllingziele

"Von der Vision zur Aktion"

In projektorientierten Unternehmen wird der Großteil der traditionellen Controllinginstrumente eingesetzt. Daher gelten auch hier die Fragen:

"Tun wir die richtigen Dinge?"

"Was unterscheidet uns von der Konkurrenz?"

"Welche Stärken und Schwächen haben wir?"

Die Bedeutung des Einzelgeschäfts hat allerdings Konsequenzen für Marktanteilsbetrachtungen, Wertschöpfungsstrategie und Beurteilung von kritischen Erfolgsfaktoren.

Das folgende Beispiel eines großen österreichischen Anlagenbauers illustriert die Struktur eines projektorientierten Strategiekonzepts:

Strategiekonzept

- Die Vision 2000
- Der Marktanteil 2000
- Die Produktpalette
- Die Produkt-Markt-Matrix
- Die Vorteile der High-Tech-Produkte
- Die Ziele der Entwicklungsprodukte
- Die **kritischen Erfolgsfaktoren**
- Die **Wertschöpfungsstrategie**
- Die erhaltenen Aufträge – Die **Gründe für den Verlust von Projekten**
- Die Länderstrategie
- Die Maßnahmen zur Strategiesicherung

Näher eingegangen sei nun auf die Spezifika des projektorientierten Unternehmens.

5.9.4 Zentrale Steuerungsgrößen

Marktanteile/kritische Erfolgsfaktoren

In projektorientierten Unternehmen kann man kaum sinnvoll über Marktanteile sprechen. Folgendes Beispiel soll dieses Problem verdeutlichen:

Im Raum Budapest werden Hotelbauten in Auftrag gegeben: 1990 – drei Hotels, 1991 – fünf Hotels, 1992 – ein Hotel. Ein Unternehmen erhält jedes Jahr einen Auftrag, daher sind seine Marktanteile:

1990: 33%

1991: 20%

1992: 100%

Diese Ziffern haben keine Aussagekraft, weil sich die Vergabevolumina jährlich zu stark verändern. Der Unternehmenserfolg dieser Branche ist in hohem Maß von Einzelinvestitionen des Kunden abhängig. Kritische Erfolgsfaktoren lassen sich in der Regel projektspezifisch und nicht unternehmensbezogen definieren.

Bei den **kritischen Erfolgsfaktoren für das gesamte Unternehmen** ist besonders zu beachten

- die **Unternehmensgröße**/die **Eigenkapitalbasis** und
- die Fähigkeit, dem Kunden **Projektfinanzierungen** anzubieten.

Da in diesem Markt Projekte in Größenordnungen von öS 50 Millionen bis zu mehreren Milliarden Schilling in Auftrag gegeben werden, können nur Unternehmen ab einer gewissen Größenordnung Erfolg haben: Eine solide Eigenkapitalbasis oder ein Großkonzern als Eigentümer sind Voraussetzungen dafür, Präqualifikationen zu überstehen.

Auf Grund der Projektgröße hat der Investor meist weder genügend Eigen- noch Fremdmittel zur Verfügung, um sein Vorhaben zu realisieren. Wesentlicher Erfolgsfaktor für den potentiellen Lieferanten ist es daher, dem Kunden eine interessante Finanzierungsform anzubieten.

Kritische Erfolgsfaktoren beziehen sich auf einzelne Projekte oder Projektgruppen (Gruppe = Region, Technologie oder Kundengruppe) und sind zu definieren, was aufgrund der Größe und der Bedeutung eines Einzelprojekts gerechtfertigt ist. Ein bestimmter kritischer Erfolgsfaktor, z. B. politisches Lobbying, kann bei einem anderen Projekt unbedeutend, wenn nicht sogar kontraproduktiv sein.

Wertschöpfungsstrategie

Eine strategische Entscheidung muß darüber getroffen werden, welche Leistungen im eigenen Haus erbracht werden und welche fremd vergeben werden (**"make or buy "**).

Unternehmen neigen dazu, die eigenen Ressourcen zu minimieren, weil Projekte zu diskontinuierlichen Auslastungen führen (z. B. ist ein Projekt schon beendet, während das neue noch nicht begonnen hat). Auch der Kostendruck, der durch lokale Billiganbieter in Osteuropa oder Fernost entstanden ist, hat zu einer Reduzierung der eigenen Fachabteilungskapazitäten geführt.

Dabei darf nicht unterschätzt werden, daß aus dem Zusammenspiel von eigener Konstruktion, Fertigung und Montage Know-how-Übertragungen möglich sind, die bei Fremdvergaben wegfallen; aber auch Fehler können im eigenen Haus rascher und billiger ausgebessert werden. Zwei weitere Faktoren sollte man berücksichtigen: Deckungszusagen öffentlicher oder quasi öffentlicher Stellen werden nur bei einem nationalen Mindestlieferanteil erteilt; öffentliche Kunden neigen dazu, Lieferanten mit möglichst hoher nationaler Wertschöpfung zu beauftragen.

Bedeutendster strategischer Erfolgsfaktor im High-Tech-Bereich ist die hohe technologische Produktkompetenz. Wer diese nicht durch ausreichende personelle Ressourcen gewährleistet, wird mittelfristig aus dem Markt verdrängt.

5.9.5 Controllingsystem

Mittelfristplanung

Der Langfristcharakter von Projekten (Durchlaufzeit von drei bis vier Jahren) erleichtert die Mittelfristplanung von Kennziffern (z. B. Umsatz). Die verfügbaren Daten reichen jedoch nicht für eine genaue und detaillierte operative Planung (Leistungsbudget und Bilanz).

Basis der operativen Planung sind die Projektplanungen. Man unterscheidet Projekte, die bereits im Auftragsstand sind ("Abwicklungsprojekte"), und Projekte, deren Auftrags-Hereinnahme geplant ist ("Akquisitionsprojekte").

Für den Controller sind in der Planung folgende **Auftragsdaten** relevant (soweit sie noch in der Zukunft liegen):

- **Deckungsbeitrag(=Wertschöpfung)/Gewinn oder Verlust** des Projekts
- Quartal/Jahr der **Auftragshereinnahme**, **Durchlaufzeit** und Quartal/Jahr des Umsatzes des Projekts
- **Wertschöpfungsstruktur** des Projekts, welche Leistungen werden eigen und welche werden fremd erbracht? Für die Planung der Kapazitätsauslastung ist auch von Bedeutung, in welchen Perioden welche Leistungen erbracht werden. (Wann beginnt z. B. die Montage?)
- Berücksichtigung der **Projektrisiken**: Um zu einer Gesamtrisikopolitik des Unternehmens zu kommen, müssen kalkulierte Projektvorsorgen explizit dargestellt werden.

Bei Abwicklungsprojekten werden diese Informationen detaillierten Projektfortschrittsberichten entnommen. Bei Akquisitionsprojekten sind Kalkulationen und sonstige relevante Informationen vom Vertrieb einzufordern.

Es hat sich nicht bewährt, im Rahmen der Planungen die Wahrscheinlichkeit der Auftragshereinnahme von Akquisitionsprojekten mit Prozenten zu bewerten. Ein Projekt "kommt, oder es kommt nicht". Es empfiehlt sich daher, bei drei aussichtsreichen Projekten eines in die Planung aufzunehmen und die anderen beiden als Alternative zu nennen. Gibt es keine Alternativprojekte, wird die operative Abhängigkeit des Bereichs von einem Projekt sichtbar. Große Einmalprojekte sollten nicht explizit in die Planung aufgenommen werden. Hier gilt das Prinzip: "Kommt es, ist es gut, kommt es nicht, haben wir auch unser Ziel erreicht."

Bei der Abwicklung solcher "Jumbos" ist es entscheidend, die kritischen Ressourcen rechtzeitig zur Verfügung zu stellen, weil nach Beendigung der Konstruktion nur mehr rund 20 % der Gesamtkosten beeinflußt werden können. Das gilt allerdings nur für Kostenreduktionen; weitere Kostenerhöhungen drohen durch schlechtes Management und schlechtes Controlling.

Kennziffern

Die **Eckdatenblätter** von projektorientierten Unternehmen weisen einige Spezifika auf, die im folgenden detailliert beschrieben werden.

Deckungsbeitrag: Wertschöpfung oder Eigenleistung des Unternehmens oder Projekts. Dieser Definition liegt die Annahme zugrunde, daß alle Eigenressourcen kurzfristig als fixe Kosten zu betrachten sind.

Deckungsbeitrag aus Auftragseingang: Deckungsbeiträge der neuen, im laufenden Jahr abgeschlossenen Projekte. Der Betrag errechnet sich aus den Abschlußkalkulationen.

Umsatzergebnis: Verkaufspreis minus Selbstkosten eines Auftrags.

Kostenstellenergebnis: Entstandene minus weiterverrechnete Kosten (auf Aufträge oder andere Kostenstellen) einer Kostenstelle ergeben die Kostenstellendeckung (=Kostenstellenergebnis).

Top-Projekt: Nur mehr ein Konkurrent, Endverhandlungen finden bereits statt, Auftragserhaltchance ist größer gleich 50%.

Aussichtsreiches Projekt: Noch drei Konkurrenten, Auftragserhaltchance etwa 33%.

Abb. 5.9/1: Spezialbegriffe des Projektmanagements

Bei projektorientierten Unternehmen liegen im Gegensatz zu den meisten anderen Unternehmenstypen Auftragsabschluß (Auftragseingang) und Auftragsfertigstellung (Übergabe an den Kunden=Umsatz) mehrere Jahre auseinander. Die Auftragseingänge eines Jahrs stammen daher nicht aus denselben Projekten wie die Umsätze.

Die Prognosefähigkeit des Umsatzes der nächsten Planungsperiode ist ungleich höher als die des Auftragseingangs, weil die Umsätze des Folgejahrs zu mehr als 90% bereits im Auftragsstand des Unternehmens sind.

In diesem Beispiel werden aus einem Auftragsstand von öS 4.200 Millionen am Anfang des Jahrs 1993 öS 2.100 Millionen fakturiert. Es ist anzunehmen, daß etwa öS 2.000 Millionen der öS 2.100 Millionen in den 4.200 Millionen beinhaltet sind. Der Rest, öS 100 Millionen, sind Klein- und Ersatzteilaufträge mit kurzen Durchlaufzeiten. Der geplante Auftragseingang von öS2.500 ist durch neu abzuschließende Aufträge zu erreichen. Fallen nur zwei geplante Großprojekte aus, kann das Auftragseingangsziel wesentlich verfehlt werden.

Die absolute Höhe des Auftragseingangs allein hat aber wenig Aussagekraft, was folgendes Beispiel aus dem Eckdatenblatt zeigt:

Projekt B/Thailand: Auftragseingang öS 50 Millionen, öS 20 Millionen Deckungsbeitrag, Projektergebnis öS 0 Millionen.

Projekt C/Indonesien: Auftragseingang ebenfalls öS 50 Millionen, Deckungsbeitrag öS 5 Millionen, Projektergebnis ebenfalls öS 0 Millionen.

Beim Thailandprojekt ist der DB 25% vom Umsatz, beim Indonesienprojekt nur 10%. Beide Projektergebnisse sind öS 0 Millionen, der Thailandauftrag bringt aber öS 15 Millionen mehr eigene Wertschöpfung (=Gemeinkostendeckung).

Zur Beurteilung der Wirtschaftlichkeit von Aufträgen müssen daher der Deckungsbeitrag und das Projektergebnis eines Auftrags herangezogen werden.

Das Controlling muß ständig die Wahrscheinlichkeit prüfen, ob das Auftragseingangsziel erreicht werden kann.

Aus dem Beispiel:

Auftragseingangsziel 1992: öS 2.500 Millionen
Auftragseingang per Ende März 1993: öS 300 Millionen
Stand der Top-Projekte: öS 750 Millionen
Stand der aussichtsreichen Projekte: öS 1.000 Millionen

Am Ende des ersten Quartals hat das Unternehmen rund 10 % seines Auftragseingangsziels erreicht. Können alle Top-Projekte und alle aussichtsreichen Projekte abgeschlossen werden, wird ein Auftragseingang von öS 2.050 Millionen erzielt. Addiert man Klein- und Ersatzteilaufträgen, kommt man auf etwa öS 2.200 Millionen. Zur Zielerreichung sind weitere Auftragsabschlüsse notwendig. Es ist auch nicht wahrscheinlich, daß alle TOP-Projekte und alle aussichtsreichen Projekte zu Aufträgen werden. Durch Herabsetzen der Prognose auf öS 2.400 Millionen sind bereits erste Anzeichen für eine Zielverfehlung zu erkennen. Würde der Controller am Ende des zweiten oder gar des dritten Quartals mit einer ähnlichen Situation konfrontiert, müßten bereits längst gegensteuernde Maßnahmen ergriffen worden sein.

Aus bisherigen Auftragseingängen, Top-Projekten und aussichtsreichen Projekten ist auf jeden Fall immer die Plausibilität der Erreichung des Auftragseingangsziels zu prüfen.

Deckungsbeitragspotential: Summe aller Deckungsbeiträge (=Eigenleistungen), die noch aus im Auftragsstand befindlichen Projekten abzuarbeiten sind.

Ergebnispotential: Summe aller Projektergebnisse, die noch nicht erfolgswirksam im Betriebsergebnis realisiert wurden. Das Ergebnispotential ist Teil des Deckungsbeitragspotentials.

Vorsorgepotential: Summe aller Vorsorgen, die noch in den im Auftragsstand befindlichen Projekten zur Abdeckung von Risiken berücksichtigt sind.

Deckungsbeitragsreichweite: Gibt die Monate der gesicherten Auslastung von Fachabteilungen an.

Abb.5.9/2 Spezialbegriffe des Projektmanagements

Jeder Unternehmer muß wissen, wie lange seine Fachabteilungen noch ausgelastet sind. Die **gesicherte Auslastung** errechnet sich aus dem Stundenvorrat der Projekte, die sich in Abwicklung befinden.

Aus dem Beispiel:

Im Auftragsstand befinden sich noch abzuarbeitende Engineeringstunden im Wert von öS 200 Millionen. Diese errechnen sich aus den Fortschrittsberichten der einzelnen Projekte.

Wird eine Stunde mit öS 600 bewertet, entspricht dies rund 333.000 Stunden. Bei einer Gesamtkapazität des Engineeringbereichs von 405.000 Stunden p.a. (siehe auch Stundenbilanz) ergibt sich eine gesicherte Auslastung von rund zehn Monaten (333/405*1.2). Berücksichtigt man, daß für Aufträge nur etwa. 70% der Gesamtkapazität verwendet werden, ist die Auslastung für ca. 14 Monaten gesichert.

Die Information funktioniert als **Frühwarnsystem**, weil neu hereingenommene Aufträge in den Fachabteilungen nicht sofort stundenwirksam werden. Im speziellen gilt dies für die Montageabteilung mit einem Vorlauf von ein bis zwei Jahren. **Kapazitäten** können damit bewußter und **rechtzeitig gesteuert** werden.

Stundenbilanz

Einer der kritischsten Erfolgsfaktoren ist die Qualitität der High-Tech-Produkte, die von den eigenen Fachabteilungen abgesichert wird. Die Auslastung dieser Abteilungen hat daher operativ hohe Bedeutung. In projektorientierten Unternehmen müssen diese Abteilungen monatlich Stundennachweise über ihre Tätigkeiten führen.

Erfahrungswerte aus dem Anlagenbau zeigen, daß bei durchschnittlicher Auslastung ungefähr folgendes gilt:

70% der Leistung werden operativ **für Abwickungsaufträge** verbraucht,

10% der Zeit dienen der Unterstützung des Vertriebs bei Akquisitionsprojekten,

10% werden derzeit in F+E investiert

10% der Zeit werden unproduktiv verbracht (Verwaltung, übergeordnete Tätigkeit).

In Unternehmen anderer Branchen sieht die Produktivität anders aus; entscheidend ist, daß das Controlling eine Definition vornimmt.

Im obigen Beispiel liegt die Auslastung durch Aufträge in den ersten drei Monaten statt bei geplanten 70% nur bei 68%. Dafür stiegen die Stunden für Verkaufsunterstützung von 13% auf 15% (schwaches Signal). Offensichtlich läuft die Auftragshereinnahme nicht so wie geplant. Bei einem weiteren Absinken der Produktivität müssen gegensteuernde Maßnahmen ergriffen werden.

Projektkostenrechnung

Unternehmen (auch jene, deren Kundenaufträge keinen Projektcharakter haben) gehen zunehmend dazu über, eine Vielzahl von internen Aufgaben in Projektform abzuwickeln.

Die Folge davon ist, daß die herkömmlichen Methoden der Kostenrechnung nicht mehr ausreichen, um die internen Aufwände zu steuern und zu kontrollieren. Die klassische Kostenstellenrechnung gibt keine Auskunft darüber, wieviel Aufwand in die Bearbeitung eines internen Projekts geflossen ist.

Es wird daher notwendig, interne Projektaufgaben zu budgetieren und während der Abwicklung durch Doppelkontierungen zu kontrollieren. Will man beispielsweise die Kosten einer Messeveranstaltung im Ausland prüfen, werden die Kosten einerseits auf die Werbekostenstelle kontiert und andererseits, durch einen zweiten Code, auf einen internen "Kostenträger" (= eine projektorientierte Kostenstelle) erfaßt. Durch einfache Abfragen können sowohl die gesamten Werbekosten (siehe Werbekostenstelle) als auch die Kosten der Messeveranstaltung festgestellt werden.

Diese Art der Erfassung eignet sich für folgende Vorhaben:

- **EDV- und Organisationsprojekte**
- **F&E-Projekte**
- **Investitionsprojekte**
- **Große Werbe- und PR-Veranstaltungen**
- **Gemeinkostenrestrukturierungsprojekte.**

In einem weiteren, allerdings noch visionären Schritt kann bei sehr hoher interner Projektorientierung die **klassische Kostenstellenrechnung zugunsten der projektorientierten internen Kostenrechnung aufgegeben werden.**

Neben der Projektkostenrechnung sind noch weitere instrumentelle Aspekte von Interesse:

- Das Wissen der Mitarbeiter, welche Projekte gerade gleichzeitig bearbeitet werden, um Schnittstellen, Zusammenhänge und Synergien zu erkennen. Häufig werden gleiche Vorhaben mehrmals oder zumindest mit überlappenden Zielen und Inhalten beauftragt.
- Eine klare Prioriätensetzung des Managements zwischen den internen Projekten.
- Klare organisatorische Regeln (Projektleiter, Auftraggeber, Verantwortlichkeiten).
- Abgestimmte Termine und Laufzeiten der Projekte, um die Mitarbeiter nicht zu überfordern.

Um die Wirtschaftlichkeit der parallelen Abwicklung von internen Projekten zu gewährleisten, kommt dem Informations- und Prioritätenmanagement höchste Bedeutung zu.

5.9.6 Kernaussagen

In projektorientierten Unternehmen stellen sich eine Reihe von controllingrelevanten Problemstellungen anders dar als in traditionellen Strukturen. Insbesondere bei Großprojekten kann das Controlling vielfach nicht auf die klassischen Controllinginstrumente zurückgreifen.

Teil IV:

Ausblick

Ausblick

Rolf Eschenbach

1. Dynamik

Controlling als führungsergänzendes System entwickelt sich weiterhin stürmisch. Wann sich das Entwicklungstempo verlangsamen wird, ist nicht abzusehen. Völlig zur Ruhe wird das Controlling-System wahrscheinlich nie kommen, weil sich auch sein Umsystem ständig verändert.

Ein Vergleich von Controllingsystemen, die weit fortgeschritten sind, mit solchen, die sich noch in einem frühen Entwicklungszustand befinden, zeigt beträchtliche qualitative Unterschiede in der Unternehmensplanung und -steuerung, was für Unternehmen mit Controlling-Entwicklungsbedarf ein erhebliches Potential zur Stärkung ihrer Wettbewerbsfähigkeit darstellt. Im Controlling-Entwicklungsstand unterscheiden sich Branchen und Betriebsgrößenklassen: Controlling ist in Unternehmen im allgemeinen weiter fortgeschritten als im öffentlichen Bereich und in anderen Non-Profit-Organisationen. Auch nationale Unterschiede sind deutlich zu bemerken – Unternehmen in Reformstaaten bemühen sich gerade erst darum, Basisdatensysteme als Grundlage für Controlling aufzubauen.

Heute finden sich in der Praxis nebeneinander Unternehmen und andere Organisationen (NPO, öffentliche Verwaltung), die "Stand der Technik" im Controlling praktizieren, Seite an Seite mit Unternehmen, für die Controlling eine Innovation ist und in denen Controlling in einem Umfeld mit kaum ausgeprägtem controllerischen Bewußtsein um Anerkennung und Durchsetzung ringt.

Historisch betrachtet wurde Controlling als konzeptionelle Innovation unter Nutzung weitgehend herkömmlicher Instrumente (Kostenrechnung, Planung, einfacher Soll-Ist-Vergleich) zunächst in der Industrie eingeführt und vor dem Hintergrund industrieller Rahmenbedingungen weiterentwickelt. Der Industrie folgte der Handel und diesem mit Abstand die Kredit- und Versicherungswirtschaft mit speziell für die Bedürfnisse von Finanzdienstleistern ausgerichteten Sonderformen des Controlling.

Gegenwärtig fordern öffentliche Stellen verstärkt Controlling, wobei in diesem Sektor dem Controllingbewußtsein vielfach – von wenigen Ausnahmen abgesehen – ganz ungewöhnlich große sachliche und personelle Hindernisse entgegenstehen. Darüber hinaus fehlen auch gesetzliche Grundlagen. Der einzelne Mitarbeiter der öffentlichen Verwaltung sieht sich in aller Regel persönlich von der Krise der öffentlichen Haushalte kaum betroffen. Aber Controlling ohne Bereitschaft und Fähigkeit zur Anpassung und Flexibilität ist wie die Navigation eines Schiffes mit festgebundenem Steuerrad.

Non-Profit-Organisationen im sportlichen, sozialen, kulturellen und medizinischen Bereich sind für die Controllingkonzeption grundsätzlich aufgeschlossen. An der Anpassung der Controllingziele und -instrumente der Wirtschaft an die spezifischen Ziele der NPO wird gearbeitet. Es liegen einzelne erfolgreiche Controllingeinführungen vor, wenn auch noch nicht von einem allgemeinen Durchbruch gesprochen werden kann (vgl. Horak [Controlling] S. 249). Im NPO-Bereich reift ein sehr beträchtliches Entwicklungspotential für die weitere Forschung, aber auch für praktische Lösungen heran. Wenn man – wie in den USA – erst einmal erkannt hat, daß für fähige und gut ausgebildete Manager in NPO durchaus erstrebenswerte Arbeitsplätze vorhanden sind, dann wird es dort am Nachdruck für die Durchsetzung von Controlling nicht fehlen.

Als vorläufig letzte Gruppe von Controllingnutzern zeichnen sich aufgrund des zunehmenden Wettbewerbs und Kostendrucks die Freiberufler ab. Größere Architekten-Büros, Gemeinschaftspraxen niedergelassener Ärzte, medizinische Untersuchungslabors, Kanzleien von Wirtschaftsprüfern und Steuerberatern, Anwaltssozietäten etc. ähneln in ihrer Struktur vielfach Gewerbebetrieben und bieten sich für Controlling in fachlich angepaßter Form an.

Die Entwicklungsgeschichte des Controlling zeigt: Es gibt kaum "Quereinsteiger". Wie das Kind im Mutterleib in neun Monaten die Entwicklung der Menschwerdung nachvollzieht (freilich im Zeitraffertempo), so muß offenbar ein Unternehmen, das heute erst ins Controlling einsteigt, den Aufbau des Controlling ebenfalls stufenweise vornehmen. Sicher profitiert es dabei vom inzwischen angesammelten betriebswirtschaftlichen und Durchsetzungs-Know-how, lernt aus den Fehlern der Pioniere und braucht deshalb nicht Jahrzehnte, um den Vorsprung der Wettbewerber aufzuholen. Die Me-too-Strategie ist auch im Controlling ein durchaus gangbarer und erfolgversprechender Weg und ein Trost für alle, die sich erst spät für Controlling entscheiden.

Die heute controllerisch fortschrittlichsten Unternehmen unterliegen ebenfalls dem Zwang, sich ständig anpassen und weiterentwickeln zu müssen, um im Wettbewerb zu überleben. Solange sich das unternehmensinterne und -externe Controlling-Umfeld ändert, solange ist auch die Entwicklung des Controlling selbst nicht abgeschlossen. Der Grund ist die führungsergänzende Funktion des Controlling, das sein Systemumfeld zwar beeinflußt, aber auch in hohem Maß von ihm beeinflußt wird.

Controlling wird in seinen vielfältigen Ausprägungen unterschiedlich rasch und intensiv aufgebaut. Zu unterscheiden sind dabei:

- Konzeption
- Institution
- Instrumentarium.

Vereinfacht können drei Ausbaustufen der **Controlling-Konzeption** genannt werden (vgl. Teil 1, Punkt 2.1.2.2):

- Rechnungswesenorientierte Konzeption
- Informationsorientierte Konzeption
- Führungssystembezogene Konzeption.

Von Stufe zu Stufe wechseln Chancen und Risiken für die Weiterentwicklung von Controlling-Konzeptionen. Das Top-Management steuert – von Controllern oder äußeren Umständen mehr oder weniger geleitet – die Ressourcen, um in Hinsicht auf die Wettbewerbsfähigkeit des Unternehmens besondere Chancen wahrzunehmen oder Risiken abzuwehren.

Die **institutionelle (organisatorische) Entwicklung** folgt der konzeptionellen, wobei Akzeptanz- und Durchsetzungserfordernisse des Controlling (Promotoren- und Opponentenrolle) und die durch Controlling zu bewältigenden Aufgaben bestimmend sind: Die Aufgabe bestimmt die Struktur. Dabei ist zu unterscheiden zwischen der

- sachlichen Controllingorganisation unter Einschluß der Eingliederung und Kompetenz einzelner Controllerstellen (Organisation des Systems Controlling) und der
- Eingliederung des Controlling in die Gesamtorganisation (Unternehmen, Konzern, NPO) unter Berücksichtigung des Zusammenwirkens zwischen Managern und Controllern (Organisation des Systems Unternehmen unter Berücksichtigung des Subsystems Controlling).

Bei der Eingliederung des Controlling in die Unternehmensorganisation muß beachtet werden, daß auch das Management der Führungsspitze eine angemessene controllerische Ergänzung braucht – in erster Linie Sparring. Als Sparringspartner für Topmanager kommen aber nur annähernd gleich "starke" – kompetente, mit unternehmerischen Format ausgestattete – Führungskräfte in Frage, auf deren Loyalität sich die Führungsspitze verlassen kann, also Controller auf erster (Vorstand, Geschäftsführer), mindestens aber auf zweiter Führungsebene. Nur wenn der Leiter der Controlling-Funktion (Chef-Controller) mit dem zur Durchsetzung des Controllingprozesses erforderlichen hierarchischen Potential ausgestattet ist, kann Controlling seine Wirkung entfalten. Der hierarchische Aufstieg von Controllern und zunehmend auch von Controllerinnen wird sich in Zukunft fortsetzen. Die klassische funktionale Dreiteilung des Managements in Fertigungsunternehmen – Absatz, Produktion, Verwaltung und Finanzen – wird einer Vierteilung mit den Funktionen Absatz, Produktion, Controlling und Finanzen Platz machen, wie sich das in einigen Unternehmen unterschiedlicher Branchen schon seit einigen Jahren abzeichnet.

In Kleinunternehmen werden in der Regel keine eigenen Controllerstellen eingerichtet. Die vorwiegend operative Controlling-Routine muß vom Rechnungswesen bestritten werden. Für controllerische Innovationen und strategisches von Fall-zu-Fall-Controlling wird externe Controllingunterstützung zweckmäßiger sein. Der Vorteil liegt in weniger Betriebsblindheit, unverbrauchten Ideen und verminderter Fixkostenbelastung.

Der Aufgabendefinition des Controlling folgt die erforderliche **instrumentelle Ausstattung** als Grundlage für die Erfüllung der Aufgaben. Gemäß den verschiedenen Zielen wird unterschieden zwischen

- Instrumenten der führungsergänzenden operativen Erfolgsverwirklichung (operative Instrumente) und
- Instrumenten der führungsergänzenden strategischen Erfolgsvorsorge und -sicherung (strategische Instrumente).

Im Zuge der instrumentellen Entwicklung kann man drei wesentliche Entwicklungsstufen feststellen (vgl. Teil 1, Punkt 4.6):

- rechnungswesenorientiert (operatives Entwicklungsniveau niedrig, d. h. Mindestausstattung / strategisches Entwicklungsniveau niedrig)
- operativ entwickelt (operatives Entwicklungsniveau hoch, d. h. voll ausgebautes operatives Instrumentarium / strategisches Entwicklungsniveau niedrig)
- integriert (operatives und strategisches Entwicklungsniveau hoch, d. h. voll ausgebautes operatives und strategisches Instrumentarium, aktive und passive Informations- und Ergänzungsbeziehungen [Netzwerk] zu allen internen und externen Adressaten und Absendern / Systemmitgliedern)

Gerade im instrumentellen Bereich hat Controlling in den letzten Jahren eine bemerkenswerte Neuorientierung erfahren. Nach einer Phase der relativen Stagnation auf dem Gebiet der operativen Informations-, Planungs- und Steuerungssysteme haben die Ansätze der Prozeßkostenrechnung, des target costing, der Lebenszykluskostenrechnung und des Benchmarking einen wahren Innovationsschub ausgelöst.

Auch strategische Konzepte und Instrumente zur Fundierung der Erfolgsvorsorge befinden sich weiterhin in stürmischer Entwicklung (vgl. Eschenbach/Kunesch [Konzepte]).

Besondere Dynamik zur Verbesserung von Controlling-Systemen geht von der Informationswirtschaft aus. Das immer günstigere Preis-Leistungs-Verhältnis von EDV-Hardware und die zunehmende Verfügbarkeit von ausgereifter Standard-Anwendungssoftware für Controlling-Aufgabenstellungen ermöglichen heute in Verbindung mit einer zeitgemäßen EDV-Infrastruktur eine kostenwirtschaftliche Versorgung aller Führungskräfte mit adressatengerechter Controllingdienstleistung. Mit der verstärkten Integration und Nutzung externer Informationsquellen (Datenbanksysteme, aber auch Vernetzung mit Kunden und Lieferanten) ist auf diesem Gebiet in den nächsten Jahren ein weiterer Leistungsschub zu erwarten.

Eine Mittelstellung in der Entwicklungsdynamik nimmt der Controller selbst ein. Sein Berufsbild – sowohl in den eigenen Augen als auch in den Augen derjenigen, die mit ihm zusammenarbeiten – ist bereits recht stabil, während am Ausbildungsniveau und an der Durchsetzungsfähigkeit noch gearbeitet wird.

Man kann annehmen, daß die controllingfördernden Umfeldeinflüsse in Wirtschaft und Gesellschaft insgesamt zunehmen werden: wachsende Dynamik, mehr Wettbewerb, höhere Konzentration verbunden mit weiterer Internationalisierung, Ablöse von Managern mit unzeitgemäßem Führungsverhalten etc. Führungsergänzung durch Controlling wird daher auch in Zukunft große Bedeutung haben und in weitere Bereiche vorstoßen (NPO, Freie Berufe, öffentliche Verwaltung).

In diesem Zusammenhang stellt sich die Frage, welche Anforderungen Controlling-Systeme erfüllen müssen, um zeitgemäße Führungsleistungen und -dienstleistungen erbringen zu können. Drei zentrale Anforderungskategorien sind zu beachten, die zugleich als Gestaltungsgrundsätze gelten:

- Stakeholder-Orientierung
- Prozeß- und Projektorientierung
- Konzentration auf das Wesentliche.

2. Stakeholder-Orientierung

Unternehmen operieren in einem Beziehungsgeflecht von Ansprüchen und Erwartungshaltungen von Kapitalgebern, Mitarbeitern, Kunden, Lieferanten, Wettbewerbern, dem Staat etc. Ziel der Unternehmenssteuerung ist es, ein Fließgleichgewicht zwischen dem Unternehmen und seinem Umfeld – repräsentiert durch die Stakeholder – aufrechtzuerhalten. Dabei müssen die Erwartungen der Stakeholder erfaßt und entsprechende Erfüllungs- beziehungsweise Beeinflussungsstrategien erarbeitet und durchgesetzt werden. In seinem höchsten Entwicklungsstand (integrierte, systemorientierte Stufe) fungiert Controlling als "Schnittstellenmanagement" zwischen Unternehmensinnen- und -außenwelt. Hinsichtlich der drei Koalitionäre (Stakeholder-Gruppen) ergeben sich daraus folgende Anforderungen an Controlling:

- **(Eigentümer-)Wertorientierung**

Jahrelang wurden die Ansprüche der Kapitalgeber im Rahmen der Diskussion des Stakeholder-Managements vernachlässigt, aber in jüngster Zeit erlebt die Forderung der Kapitalgeber nach Mehrung und angemessener Verzinsung des eingesetzten Kapitals durch den Shareholder Value-Ansatz eine Renaissance. Im Mittelpunkt der Betrachtung stehen der Unternehmens- oder Eigentümerwert von Unternehmen und deren wesentliche Bestimmungsgrößen (value-drivers), die als Steuerungsparameter aufgefaßt werden (vgl. Teil 1, Punkt 3.2.5.2). Für das Controlling bedeutet Wertorientierung, daß die Auswirkungen von unternehmerischen Entscheidungen auf den Unternehmenswert transparent gemacht und bei der Entscheidungsfindung berücksichtigt werden müssen. Das Unternehmens ist so zu steuern, daß der ökonomische Wert des Unternehmens langfristig optimiert und Wertvernichtung vermieden wird. Dabei ist zu beachten, daß nur solche Strategien und Projekte zu einer Mehrung des Unternehmenswerts führen, deren Rentabilität höher ist als die risikobereinigten Kosten des eingesetzten Kapitals. Durch die instrumentelle Verankerung der Shareholder Value-Analyse im Unternehmen kann das Controlling einen wichtigen Beitrag zur Schließung der Lücke zwischen der qualitativen Strategieplanung und der operativen Mittelfristplanung leisten. Aufbauend auf der quantitativen Strategieplanung, kann ein quantitatives strategisches Controlling eingerichtet werden, das die in der Unternehmenspraxis nach wie vor anzutreffende rollierende Fünf-Jahres-Planung ersetzen sollte.

- **Mitarbeiterorientierung/Verhaltensorientierung**

Während die Kapitalziele die Betriebswirtschaftslehre von Beginn an beschäftigen, hat erst die Weiterentwicklung der Disziplin zu einer Managementlehre in den letzten Jahren zu einer stärkeren Auseinandersetzung mit Mitarbeiterverhalten und Mitarbeiterzielen geführt. Diese vermehrte Einbeziehung von Mitarbeiterinteressen hat auf die führungsergänzende Funktion des Controlling zwei Auswirkungen:

Erstens wird Controlling seine Führungsdienstleistungen stärker an den jeweiligen Unterstützungsbedarf der Manager anpassen müssen. Der Controller entwickelt sich auf diesem Weg zunehmend zu einem "persönlichen" betriebswirtschaftlichen Servicemann, der neben standardisierten vor allem – einzelfallbezogen – maßgeschneiderte Führungsdienstleistungen erbringt.

Zweitens wird sich der Controllingprozeß in Zukunft noch stärker als Lernprozeß profilieren müssen. Die formalisierten Instrumente und Vorgehensweisen prädestinieren Controlling hervorragend dafür, als institutioneller Rahmen für die Verwirklichung des Konzepts der lernenden Organisation zu dienen. Unternehmensplanung, Soll-Ist-Vergleich und Frühaufklärung sind wichtige Quellen organisationalen Lernens, die im Zuge des Controllingprozesses ausgeschöpft werden können. Weiters bringt Controlling durch operationalisierte Aktionspläne Konsequenz in die Maßnahmenumsetzung. Permanente Verbesserung (continuous improvement) verlangt die Selbstverpflichtung zum Lernen und zum Wandel und kann von Controlling institutionalisiert werden, indem es kurze Rückkopplungsschleifen setzt und die für die Ausführung der Aufgaben Verantwortlichen in den Verbesserungsprozeß einbezieht (z. B. in Form von quality circles).

Auf der Grundlage einer dezentral wahrgenommenen, planungs- und kontrollbasierten Unternehmensführung kann Controlling durch seine Führungsphilosophie und Infrastruktur einen wichtigen Beitrag zu einer effektiven Verhaltenssteuerung leisten. Das ist von besonderer Bedeutung, weil letztendlich menschliches Verhalten die betrieblichen Zahlen bestimmt und ein nur zahlenorientiertes Controlling daher zu kurz greifen würde. Vorsteuerung im Sinne Gälweilers ist vor allem auch Verhaltenssteuerung!

● Markt- und Wettbewerbsorientierung

Umfeldorientiertes Controlling heißt, bei der Erfüllung der Informations- und Koordinationsfunktion die externen Einflußgrößen auf die Unternehmensentwicklung weitestgehend zu berücksichtigen. Die für die Unternehmensplanung und -steuerung wichtigsten Umfeldgruppen sind zweifellos die aktuellen und potentiellen Marktpartner (Kunden und Lieferanten) und Wettbewerber. Controlling muß die Unternehmensführung noch stärker für die Anforderungen und Veränderungen im Bereich der Marktpartner und Wettbewerber sensibilisieren. Beim Instrumenten- und Methodenaufbau geht es primär darum, die Qualität der Versorgung mit Umfeldinformationen zu steigern. Branchen- und Wettbewerbsanalysen sowie laufende systematische Markt- und Wettbewerbsbeobachtung (strategic intelligence) sind in vielen Unternehmen noch unterentwickelt. Auch wenn solche Informationssysteme häufig von Marketing- oder Marktforschungsabteilungen (Beschaffungsabteilungen) betrieben werden, muß das Controlling im Rahmen der systembildenden Koordination den Anstoß zum Aufbau dieser Instrumente geben und für eine Integration in den bestehenden betriebswirtschaftlichen "Werkzeugkasten" sorgen.

Das Controlling hat bei der Stärkung der Kunden- und Wettbewerbsorientierung der Unternehmensplanung und -steuerung hohen Stellenwert. Mit Hilfe des Benchmarkingkonzepts verfügt das Controlling heute über ein effektives methodisches Hilfsmittel zur wettbewerbsorientierten Planung und Steuerung. Nach dem Grundsatz "Vergleiche dich mit dem Besten und entwickle dich!" müssen in Zukunft vor allem jene Unternehmensbereiche, die sich in der Regel dem unmittelbaren Marktdruck entziehen (interne, indirekte Leistungsbereiche) ihre Leistungsfähigkeit und Kostenwirtschaftlichkeit durch regelmäßigen Markt- und Wettbewerbsvergleich unter Beweis stellen. Ein wesentliches methodisches Hilfsmittel zur Steigerung der Marktorientierung ist der Anatz der Zielkostenrechnung (target costing). In Zukunft wird es notwendig sein, daß nicht nur für Produkte und Dienstleistungen, sondern für ganze Wertschöpfungsstufen und Unternehmensbereiche die Kostenstrukturen retrograd – ausgehend von den Markt- beziehungsweise Wettbewerbsanforderungen – geplant oder neu konzipiert werden. Diese Aufgabe verlangt vom Controlling radikales Umdenken und konsequente Ausrichtung an den – antizipierten – künftigen Anforderungen des Markts und des Wettbewerbs.

Neben den Erwartungen von Kunden, Lieferanten und Wettbewerbern müssen vom Controlling selbstverständlich auch andere relevante Anspruchsgruppen berücksichtigt werden. Insbesondere die gesellschaftliche und ökologische Verträglichkeit der Leistungserstellung und -verwertung darf – trotz vorübergehend geringerer öffentlicher Sensibilisierung bei diesen Themen – nicht aus den Augen verloren werden. Unternehmensethik kann nicht ausschließlich ein "Schönwetterthema" sein. Langfristige Erfolgsvorsorge bedeutet, Werthaltungen und Verhaltensgrundsätze auch in wirtschaftlich rauheren Zeiten nicht über Bord zu werfen. Nur dann können Glaubwürdigkeit und Verläßlichkeit des Unternehmens gestärkt werden.

3. Prozeß- und Projektorientierung

Die Konzentration der Planung, Steuerung und Organisation auf Funktionen und starre Funktionsbereiche hat in der Vergangenheit zahlreiche negative Begleiterscheinungen mit sich gebracht. Zunehmende Bereichsegoismen, Ablaufverzögerungen und Schnittstellenprobleme sowie mangelnde Flexibilität und Anpassungsfähigkeit der Strukturen an sich ändernde Rahmenbedingungen stellen vor allem größere Unternehmen vor erhebliche Probleme.

Nachdem die betriebliche Leistungserstellung und -verwertung funktionsbereichsübergreifend erfolgt, muß auch Planung, Steuerung und Organisation verstärkt bereichsübergreifend und bereichsverbindend durchgeführt werden. Für Controlling bedeutet das eine konsequente Ausrichtung der Unternehmensplanung und -steuerung an bereichsübergreifende Geschäftsprozesse. Im Bereich der Kostenrechnung wurde dieser Anforderung durch die Entwicklung der Prozeßkostenrechnung entsprochen. Sie erlaubt eine Zuordnung von leistungsmengeninduzierten Gemeinkosten zu betrieblichen Aktivitäten. Dadurch kann die Kostentransparenz in indirekten Leistungsbereichen gesteigert und können Ansatzpunkte zur Erhöhung der Produktivität (Ablaufoptimierung, Komplexitätsreduktion) identifiziert werden. Die Prozeßkostenrechnung tritt dabei nicht in Konkurrenz mit den traditionellen Kostenrechnungssystemen (wie Grenzplankostenrechnung und stufenweise Fixkostendeckungsrechnung), sondern ergänzt diese.

Die konsequente Wende von einem Funktionsbereichs-Controlling (Kostenstellen-Controlling) zu einem Prozeß-Controlling verlangt nicht nur eine Weiterentwicklung des betriebswirtschaftlichen Instrumentariums, sondern auch entsprechende organisatorische Veränderungen. Ermutigende Beispiele zeigen, daß durch die Bildung von Prozeßstellen und die Ernennung von "process-owners" Schnelligkeit, Qualität und Kostenwirtschaftlichkeit von Geschäftsprozessen erheblich gesteigert werden können. Aus heutiger Sicht bleibt offen, ob es sinnvoller ist, daß die Prozeßorganisation die funktionale Primärorganisation im Sinn einer dualen Organisation überlagert oder daß die Primärorganisation selbst stärker nach prozessualen Gesichtspunkten strukturiert wird. Geringere Komplexität des Organisations-, Planungs- und Kontrollsystems läßt eher die prozeßorientierte Primärorganisation günstiger erscheinen.

Auch im Bereich der Strategieplanung tritt die Prozeßorientierung stärker in den Vordergrund. Neben dem Geschäfts-Portfolio und den betrieblichen Funktionsbereichen wird die Analyse und strategische Neuausrichtung der betrieblichen Wertschöpfungskette und ihrer einzelnen Wertschöpfungsstufen zunehmend wichtiger. Die Optimierung der Wertschöpfungskette (Leistungstiefe etc.) darf allerdings nicht nur nach Kostengesichtspunkten vorgenommen werden, sondern muß auch die überlegte Gestaltung von Abhängigkeiten und die Sicherung und Entwicklung der Know-how-Basis des Unternehmens einschließen.

Neben der Prozeßorientierung ist in der Projektorientierung der Unternehmensführung die zweite wichtige Reaktion auf mangelnde Schnelligkeit, Kostenwirtschaftlichkeit und Anpassungsfähigkeit traditionell organisierter und gelenkter Unternehmen zu sehen. Unternehmen werden immer stärker mit zeitlich befristeten, außerordentlichen Vorhaben konfrontiert, die innerhalb der standardisierten Strukturen schwer abzuwickeln sind und einen spezifischen, vom Routinegeschäft abweichenden Planungs- und Steuerungsbedarf aufweisen. Derartige Projekte verlangen nach einer entsprechenden Projektorganisation und einem maßgeschneiderten Projektcontrolling. Dabei muß sichergestellt werden, daß das Projektcontrolling in das Routinecontrolling eingebunden und über definierte Schnittstellen integrierbar ist.

Controlling wird sich in Zukunft als ein Miteinander von Prozeßcontrolling des Routinegeschäfts (standardisierte Geschäftsabläufe) und Projektcontrolling für Vorhaben mit Projektcharakter darstellen. Dadurch kann die Anpassungs- und Fortschrittsfähigkeit von Unternehmen steigern und dem unterschiedlichen Steuerungsbedarf von Routinegeschäften und zeitlich befristeten Vorhaben bestmöglich entsprechen. Das Denken und Handeln in Prozessen und Projekten wird aus diesem Grund in der operativen wie in der strategischen Unternehmensführung weiter an Bedeutung gewinnen. Das Controlling muß dieser Entwicklung beim Systemaufbau und beim Anstoß zur Restrukturierung (Reengineering) Rechnung tragen.

Für die Gestaltung der Controlling-Systeme bedeutet Prozeß- und Projektorientierung, daß die für eine zeitgemäße Projekt- und Prozeßplanung und -steuerung erforderlichen Instrumente und Methoden zur Verfügung gestellt werden müssen. Dabei darf sich die Systemunterstützung nicht auf die "hands-off Steuerung" finanzieller Größen beschränken, sondern es müssen zur zeitnahen Steuerung verstärkt auch nicht-monetäre Steuerungsgrößen (Leistungs-, Produktivitäts-, Qualitäts-, Zeitgrößen) herangezogen werden.

Im Mittelpunkt von Reengineeringvorhaben müssen die konsequente Ausrichtung und Optimierung der Organisation im Hinblick auf bereichsübergreifende Geschäftsabläufe und die Reduktion von Komplexität (insbesondere durch eine Bereinigung des Kunden- und Produktportfolios) stehen.

4. Konzentration auf das Wesentliche

Auch Controlling muß sich laufend einer Kosten-Nutzen-Bewertung seiner Leistungsbeiträge stellen. Zu Recht wurde dem Controlling in jüngster Vergangenheit vorgeworfen, eine aufwendige "Zahlenschaufelmaschinerie" zu betreiben – mit geringen Auswirkungen auf den Erfolg der Unternehmensführung. Aus diesem Vorwurf ist die Anforderung an das Controlling abzuleiten, sich auf die erfolgskritischen Gestaltungs- und Lenkungsparameter zu konzentrieren und keine Informations-, Planungs- und Kontrollsysteme mit unnötiger Komplexität aufzubauen. Anstelle eines aufwendigen Aufzeichnungs- und Administrationssystems gilt es, schlanke, führungsunterstützende Systeme zu schaffen, die eine zeitnahe, kontrollierte Steuerung der erfolgskritischen Parameter ermöglichen. Das Beispiel erfolgreicher Unternehmen lehrt, daß mit der Konzentration der Planungs- und Steuerungstätigkeit auf die zentralen unternehmerischen Erfolgspotentiale und Abhängigkeiten sowie mit der Fokussierung des Kostenmanagements auf die langfristige Gestaltung von Kostenstrukturen und auf die Entwicklungs- und Konstruktionsphase (in der bekanntlich bis zu 75 % der Produktkosten determiniert werden) ein optimales Verhältnis von Mitteleinsatz und Ergebnis erzielt werden kann. Der Grundsatz des schlanken Controlling lautet: "Weniger ist mehr, konzentriere dich auf das Wesentliche." Mit Interesse ist festzustellen, daß zur kurzfristigen Unternehmenssteuerung verstärkt nicht-monetäre Prozeß- und Projektkenngrößen (Leistungsmengen, Produktivitäten, Durchlaufzeiten, Einsatzmittel, Qualitätskennzahlen, Kundenzufriedenheitsindikatoren etc.) herangezogen werden, während monetäre Größen wegen der abnehmenden kurzfristigen Beeinflußbarkeit verstärkt für die mittel- und langfristig ausgerichtete Struktursteuerung eingesetzt werden.

Die im vorliegenden Buch ausführlich dargelegten wachsenden Anforderungen an das Controlling dürfen keinesfalls dazu führen, daß der "Controlling-Apparat" weiter aufgebläht wird. Konzentriertes, effektives Controlling muß sich um die zeitnahe Steuerung der kritischen Erfolgsfaktoren bemühen und darf keinen Anspruch auf Vollständigkeit und Exaktheit erheben. Dem notwendigen Methoden- und Instrumentenaufbau auf der einen Seite muß ein Abbau beziehungsweise eine Entfeinerung überflüssig gewordener oder überdimensionierter Controlling-Hilfsmittel auf der anderen Seite gegenüberstehen.

Controlling wird auch in Zukunft ein zentrales Hilfsmittel zur Reduktion und Beherrschung der Komplexität der Unternehmensinnen- und -außenwelt sein. Um diesem Zweck mit vertretbarem Aufwand zu entsprechen, ist es notwendig, daß Controlling verstärkt Strukturen und Mechanismen schafft, die zur Selbststeuerung und Selbstorganisation befähigen.

Literaturverzeichnis

Albrecht, P.: (Zahlenfriedhofsgärtner) Vom Zahlenfriedhofsgärtner zum Controller. In: Mann, R.; Mayer, E. (Hrsg.): Der Controlling-Berater, Gruppe 9, Loseblattzeitschrift, Freiburg im Breisgau 1983ff., S. 279-318

Amshoff, B.: (Controlling) Controlling in deutschen Unternehmungen: Realtypen, Kontext und Effizienz, Wiesbaden 1993

Ansoff, H. I.: (strategy) The new corporate strategy, New York 1988

Ansoff, H. I.: (Surprise) Managing Surprise and Discontinuity – Strategic Response to Weak Signals. In: zfbf 3/1976, S. 129-152

Anthony, R. N.: (Management) The Management Control Function, Boston 1988

Arlt, P.: (Berufsbild) Berufsbild des Controllers, DA, Wien 1983

Ausschuß für Wirtschaftliche Fertigung e.V.: (AWF-Empfehlung) AWF Empfehlung – Integrierter EDV-Einsatz in der Produktion, Eschborn 1985

Backhaus, K. u. a.: (Analysemethoden) Multivariate Analysemethoden, 7. Aufl., Berlin 1994

Bannow, W.: (Controlling) Controlling ist wichtiger denn je. In: Harvard Manager 1/1983, S. 20-25

Barilits, M.: (Gültigkeit) Die Gültigkeit der PIMS-Erkenntnisse für Klein- und Mittelbetriebe: Eine empirische Überprüfung, Wiesbaden 1995

Baumgartner, B.: (Controlling-Konzeption) Controlling-Konzeption, Theoretische Darstellung/praktische Anwendung, Bern 1980

Bäurle, R.; Schulte, C.: (Kostenmanagement) Effektives Kostenmanagement: Anforderungen und neue Ansätze. In: Schulte, C. (Hrsg.): Effektives Kostenmanagement: Methoden und Implementierung, Stuttgart 1992, S. 3-27

Becker, J.: (Grundlagen) Grundlagen der Marketing-Konzeption: Marketingziele, Marketingstrategien, Marketingmix, München 1983

Becker, M. u. a.: (EDV-Wissen) EDV-Wissen für Anwender, 7. Aufl., Zürich 1987

Becker, R.; Mackenthun, M.; Müller, R.: (Controlling) Controlling. In: Kienbaum, G.: Strategische Unternehmensführung, München 1978

Becker, W.: (Funktionsprinzipien) Funktionsprinzipien des Controlling. In: ZfB 3/1990, S. 295-318

Beer, S.: (Kybernetik) Kybernetik und Management, Frankfurt 1967

Bitz, M. u. a.: (Kompendium) Vahlens Kompendium der Betriebswirtschaftslehre, Band 1, 3. Aufl., München 1993

Blaxill, M. F.; Hout, T. M.: (Fallacy) The Fallacy of the Overhead Quick Fix. In: HBR 4/1991, S. 93-101

Bleicher, K.: (Konzept) Das Konzept: Integriertes Management, 2. Aufl., Frankfurt 1992

Bleicher, K.; Meyer, E.: (Führung) Führung in der Unternehmung, Reinbek bei Hamburg 1976

Blohm, H.: (Produktionswirtschaft) Produktionswirtschaft, 2. Aufl., Herne 1988

Blohm, H.; Lüder, K.: (Investition) Investition, Schwachstellen im Investitionsbereich des Industriebetriebes und Wege zu ihrer Beseitigung, 7. Aufl., München 1991

Bösenberg, D.; Metzen, H.: (Management) Lean Management – Vorsprung durch schlanke Konzepte, Landsberg am Lech, 1992

Bozem, K.: (Investitions-Controlling) Investitions-Controlling in der Versorgungswirtschaft. In: cm 1/1987, S. 11-20

Braun, H.: (Controller-Funktion) Controller-Funktion in der Praxis. In: cm 2/1979, S. 45-55

Buchner, M.: (Controlling) Controlling – Ein Schlagwort?, Frankfurt 1981

Budde, R.: (Checklisten) Checklisten für Planung und Einführung eines Computersystems, Köln 1984

Burghardt, M.: (Projektmanagement) Projektmanagement: Leitfaden für die Planung, Überwachung und Steuerung von Entwicklungsprojekten, Siemens Aktiengesellschaft, München 1988

Büttner, R.: (Fragenkatalog) Ein Fragenkatalog zur EDV-Organisation in einem Mittelstandsunternehmen. In: ÖVD-Online 4/1973, S. 278-288

Buzell; R.; Gale, B. T.: (PIMS-Programm) Das PIMS-Programm: Strategien und Unternehmenserfolg, Wiesbaden 1989

Camp, R.: (Benchmarking) Benchmarking – The Search for Industry Best Practices that Lead To Superior Performance, Milwaukee, Wis. 1989

Coenenberg, A. G.; Günther, T.: (Stand) Stand des strategischen Controlling in der BRD. In: DBW 4/1990, S. 459-470

Crosby, P. B.: (Qualität) Qualität bringt Gewinn, Hamburg 1986

Dambmann, K.: (Planung) Strategische Planung im Einzelhandel. In: BAG-Nachrichten 11/1986, S. 17-21

David, F. R.: (Concepts) Concepts of Strategic Management, 3. Aufl., New York 1991

Delisle, E.: (Absatz) Absatz. In: Farny, D. u. a. (Hrsg.): Handwörterbuch der Versicherungen, Karlsruhe 1988, S. 1-11

Denk, R.: (Methoden) Neue Methoden der Gemeinkostengestaltung. In: Risak, J.; Denk, R.; Wirth, W.: Der betriebswirtschaftliche Blickpunkt, Wien 1983, S. 36-108

Denk, R.: (Schnelligkeit) Schnelligkeit, Einfachheit, Selbstvertrauen. Eine Controlling-Analogie zu einem HBR-Interview. In: Seicht, G. (Hrsg.): Jahrbuch für Controlling und Rechnungswesen 1991, Wien 1991, S. 233-250

Deyhle, A.: (Controller) Controller und Controlling. In: Die Orientierung Nr. 93, Bern 1988

Deyhle, A.: (Controller-Handbuch) Controller-Handbuch – Enzyklopädisches Lexikon für die Controller-Praxis, Band I bis V, 2. Aufl., Gauting bei München 1980

Deyhle, A.: (Entwicklungsperspektiven) Entwicklungsperspektiven des Controlling. In: Risak; J.; Deyhle, A. (Hrsg.): Controlling, State of the Art und Entwicklungstendenzen, 2. Aufl., Wiesbaden 1992, S. 359-385

Deyhle, A.: (Management-Brevier) Management- & Controlling-Brevier, Band 1: Manager & Controller im Team, 5. Aufl., Gauting bei München 1989

Deyhle, A.; Steigmeier, B. u. a.: (Controller) Controller und Controlling, Bern/Stuttgart/Wien 1993

Döpke, U.: (Marketing) Strategisches Marketing Controllership, Frankfurt/Bern/New York 1986

Drucker, P. F.: (Chance) Die Chance des Unternehmers, Düsseldorf 1987

Drucker, P. F.: (Control) Controls, Control and Management. In: Steinmann, H. (Hrsg.): Planung und Kontrolle, München 1981, S. 373-382

Drucker, P. F.: (Ethics) The Ethics of Responsibility. In: Madsen, P.; Shafritz, J. M.: Essentials of Business Ethics, New York 1990, S. 27-38

Drucker, P. F.: (Führungskraft) Die Ideale Führungskraft, Originaltitel: The Effective Executive, Düsseldorf 1993

Dunst, K. H.: (Portfolio) Portfoliomanagement – Konzeption für die strategische Unternehmensplanung, 2. Aufl., Berlin, New York 1983

Eckhardt, A.: (Strategien) Strategien der organisatorischen Gestaltung, DISS, Frankfurt 1979

Egger, A.: (Unternehmensplanung) Operative Unternehmensplanung – Die operativen Teilpläne und deren Integration in die unternehmerische Gesamtplanung. In: Risak, J.; Deyhle, A. (Hrsg.): Controlling: State of the Art und Entwicklungstendenzen, 2. Aufl., Wiesbaden 1992, S. 47-67

Egger, A.; Winterheller, M.: (Unternehmensplanung) Kurzfristige Unternehmensplanung, 7. Aufl., Wien 1994

Elbling, O.; Kreuzer, C.: (Handbuch) Handbuch der strategischen Instrumente, Wien 1994

Eschenbach, R.: (Ansätze) Ansätze zu einem Gleichgewichtsmodell der Unternehmensziele. In: Brauwelt 121/1981, S. 1395-1399

Eschenbach, R.: (Controlling-Konzepte) Controlling-Konzepte und Controlling-Funktionen in Österreich. In: Mayer, E.; Landsberg, G. von; Thiede, W.: Controlling-Konzepte im internationalen Vergleich, Freiburg 1986, S. 85-104

Eschenbach, R.: (Supercontrolling) Supercontrolling, Österreichischer Controllertag 1989, Wien 1990

Eschenbach, R.: (Unternehmensführung) Die überraschungsfreie Unternehmensführung – Entwicklungstendenzen des Controlling. In: Brauwelt 123/1983, S. 2208-2215

Eschenbach, R.: (Weg) Auf dem Weg zum besseren Unternehmen, Österreichischer Controllertag 1988, Wien 1989

Eschenbach, R.; Kunesch, H.: (Konzepte) Strategische Konzepte, Stuttgart 1994

Eschenbach, R.; Müller-Tyl, F.: (Erfolgsfaktoren) Strategische Erfolgsfaktoren innovativer mittelständischer Unternehmen. In: Liessmann, K. (Hrsg.): Controlling-Konzepte für den Mittelstand, Freiburg im Breisgau 1993, S. 57-72

Ettlie, J. u. a.: (strategy) Manufacturing strategy - the research agenda for the next decade, Boston 1990

Eysenck, H. J.; Eysenck, M. W.: (Persönlichkeit) Persönlichkeit und Individualität: ein naturwissenschaftliches Paradigma, München/Weinheim 1987

Farny, D.: (Versicherungsbetriebslehre) Versicherungsbetriebslehre, Karlsruhe 1989

Fischer, A.: (Organisation) Organisation des Controlling in einem Großunternehmen (Am Beispiel der Continental AG, Hannover). In: Mayer, E.; Weber, J. (Hrsg.): Handbuch Controlling, Stuttgart 1990, S. 565-578

Fisher, R.; Ury, W.: (Harvard-Konzept) Das Harvard-Konzept: Sachgerecht verhandeln – erfolgreich verhandeln, 11. Aufl., Originaltitel: Getting to Yes, Frankfurt 1993

Fock, U.: (Standard-Software-Erwartungshaltung) Standard-Software-Erwartungshaltung und Wirklichkeit. In: cm 1/1982, S. 21-24

Foerster, H. v.: (Systems) On Self-Organizing Systems and their Environment. In: Yovits, M. C.; Cameron, S. (Hrsg.): Self-Organizing Systems, London 1990

Franzen, W.: (Controlling) Controlling – Von der Kostenrechnung zur strategischen Planung, Überblick zur aktuellen Controlling-Literatur. In: DBW 5/1987, S. 607-621

Fröhlich, E.; Pichler, J. H.: (Werte) Werte und Typen mittelständischer Unternehmer, Berlin 1988

Gälweiler, A.: (Determinanten) Determinanten des Zeithorizonts in der strategischen Planung. In: Hahn, D.; Taylor, B. (Hrsg.): Strategische Unternehmungsplanung – strategische Unternehmungsführung, 5. Aufl., Heidelberg 1990, S. 203-220

Gälweiler, A.: (Unternehmensführung) Strategische Unternehmensführung; zusammengestellt, bearbeitet und ergänzt von Schwaninger, M., 2. Aufl., Frankfurt 1990

Gaulhofer, M.: (Controlling) Controlling und menschliches Verhalten. In: ZfB 2/1989, S. 141-154

Gaydoul, P.: (Controlling) Controlling in der deutschen Unternehmenspraxis, Darmstadt 1980

Gerhardt, T; Nippa, M; Picot, A: (Optimierung) Harvard Forum – Die Optimierung der Leistungstiefe. In: Harvard Manager 3/92, S. 136-142

Geschka, H.; Reibnitz, U. v.: (Szenario-Technik) Die Szenario-Technik: Ein Instrument der Zukunftsanalyse und der strategischen Planung. In: Töpfer, A.; Afheldt, H. (Hrsg.): Praxis der strategischen Unternehmensplanung, Frankfurt 1982, S. 125-170

Goetzke, W.; Knief, P.: (Controlling) Externes Controlling. In: BFuP 5/1982, S. 408-426

Goronzy, F.: (Praxis) Praxis der Budgetierung, Heidelberg 1975

Grabatin, G.: (Effizienz) Effizienz von Organisationen, DISS, Berlin 1981

Grochla, E.: (Grundlagen) Grundlagen der organisatorischen Gestaltung, Stuttgart 1982

Groffmann, H.-D.: (Führungsinformationssystem) Kooperatives Führungsinformationssystem: Grundlagen – Konzept – Prototyp, Wiesbaden 1992

Grote, K.-P.: (Controlling) Externes Controlling. In: krp 4/1991, S. 191-196

Grün, O.: (Organisation) Duale Organisation. In: Szyperski, N.; Winand, U. (Hrsg.): Handwörterbuch der Planung, Stuttgart 1989, Sp. 304-316

Grün, O.; Risak, J.: (Weg) Der Weg aufwärts! Abschaffen. In: DBW 6/1985, S. 646-656

Grupp, B.: (EDV-Pflichtenheft) EDV-Pflichtenheft, Köln 1987

Grupp, B.: (Methoden) Methoden der Istaufnahme und Problemanalyse, Wiesbaden 1987

Grupp, B.: (Wahl) Die Wahl des richtigen Kleincomputers, 3. Aufl., Wien 1987

Günther, T.: (Erfolg) Erfolg durch strategisches Controlling, München 1991

Gutenberg, E.: (Grundlagen) Grundlagen der Betriebswirtschaftslehre, Band 1, Die Produktion, 24. Aufl., Berlin/Heidelberg/New York 1983

Haedrich, G.: (Entwicklung) Entwicklung von Marketingstrategien. In: Marketing 3/1983, S. 175-180

Hagenmüller, K. F.: (Bankbetrieb) Der Bankbetrieb, 4. Aufl., Wiesbaden 1976, Band 1

Hahn, D.: (Konzept) Hat sich das Konzept des Controllers in Unternehmungen der deutschen Industrie bewährt? In: BFuP 2/1978, S. 101-128

Hahn, D.: (Konzepte) Konzepte und Beispiele zur Organisation des Controlling in der deutschen Industrie. In: ZO 1/1979, S. 4-39

Hahn, D.: (Kostenrechnung) Kostenrechnung und Controlling. In: Männel, W. (Hrsg.): Handbuch Kostenrechnung, Wiesbaden 1991, S. 406-420

Hahn, D.: (Planungsrechnung) Planungs- und Kontrollrechnung – PuK, 4. Aufl., Wiesbaden 1994

Hahn, D.; Oppenländer, K. H.; Scholz, L.: (Stand) Stand und Entwicklungstendenzen der strategischen Unternehmensplanung in der BR Deutschland – Erste Ergebnisse eines empirischen Forschungsprojekts. In: Hahn, D.; Taylor, B. (Hrsg.): Strategische Unternehmungsplanung – Strategische Unternehmungsführung, 6. Aufl., Heidelberg 1992, S. 971-1010

Hahn, L.; Laßmann, G.: (Produktionswirtschaft) Produktionswirtschaft, Heidelberg 1989

Haiss, P.; Schicklgruber, W.: (Bankstrategien) Bankstrategien unter geänderten Rahmenbedingungen. In: Bank Archiv 10/1992, S. 871-885

Hammer, R.: (Unternehmungsplanung) Unternehmungsplanung, 5. Aufl., München 1992

Hammer, R.; Hinterhuber, H.: (Instrumente) Instrumente der Strategieentwicklung und -umsetzung. In: Risak, J.; Deyhle, A. (Hrsg.): Controlling: State of the Art und Entwicklungstendenzen, 2. Aufl., Wiesbaden 1992, S. 231-257

Hammer, R. u. a.: (Management) Strategisches Management in den 90er Jahren, Wien 1990

Harbert, L.: (Controlling-Begriffe) Controlling-Begriffe und Controlling-Konzeptionen – eine kritische Betrachtung des Controlling und des Entwicklungsstandes, Möglichkeiten seiner Fortentwicklung, Bochum 1982

Hauschildt, J.: (Informationsverhalten) Informationsverhalten bei innovativen Problemstellungen. In: ZfB 4/1989, S. 377-396

Hauschildt, J.: (Schaffung) Schaffung von Handlungsspielraum – durch Organisation und Controlling? In: Krumnow, J.; Metz, M. (Hrsg.): Rechnungswesen im Dienste der Bankpolitik, Stuttgart 1987, S. 145-158

Hauschildt, J.; Sachs, G.; Witte, E.: (Finanzplanung) Finanzplanung und Finanzkontrolle, München 1981.

Hax, A. C. u. a.: (Management) Strategic Management, Englewood Cliffs 1984

Hax, A. C.; Majluf, N. S.: (Management) Strategisches Management: ein integratives Konzept aus dem MIT, Frankfurt 1991

Hax, H.: (Entscheidungsmodelle) Entscheidungsmodelle in der Unternehmung: Einführung in Operations Research, Reinbek bei Hamburg 1974

Hayek, F. A.: (Studien) Freiburger Studien. Gesammelte Aufsätze, Freiburg 1969

Heckert, J. B.; Wilson, J. D.: (Controllership) Controllership, 2. Aufl., New York 1963

Heigl, A.: (Controlling) Controlling – Interne Revision, Stuttgart 1978

Heinen, E.: (Industriebetriebslehre) Industriebetriebslehre: Entscheidungen im Industriebetrieb, 9. Aufl., Wiesbaden 1991

Heinen, E.; Dietel, B.: (Ziele) Ziele der Führung. In: Kieser, A. u. a. (Hrsg.): Handwörterbuch der Führung, Stuttgart 1987, Sp. 2073-2083

Henderson, B. D.: (Erfahrungskurve) Die Erfahrungskurve in der Unternehmensstrategie, 2. Aufl., Frankfurt/New York 1984

Henzler, H.: (Marketing) Strategisches Marketing als Impulsgeber der 80er Jahre. In: zfbf Sonderheft 11/1980, S. 70-86

Henzler, H. A.: (Vision) Vision und Führung. In: Management heute, Wiesbaden 1991, S. 35-53

Hierhold, E.: (Präsentieren) Sicher präsentieren – wirksamer vortragen, 2. Aufl., Wien 1992

Hill, W.; Fehlbaum, R.; Ulrich, P.: (Organisationslehre) Organisationslehre, 5. Aufl., Bern/Stuttgart 1994

Hinterhuber, H.: (Unternehmungsführung) Strategische Unternehmungsführung, Band 1: Strategisches Denken, 5. Aufl., Berlin/New York 1992

Hoffmann, F.: (Führungsorganisation) Führungsorganisation, Band 1, Tübingen 1980

Hoffmann, F.: (Informationssysteme) Computergestützte Informationssysteme, München 1984

Hoffmann, W.: (Faktoren) Faktoren erfolgreicher Unternehmensberatung, Wiesbaden 1991

Hoffmann, W.: (Herausforderungen) Neue Herausforderungen für die europäische Brauwirtschaft IV: Entwicklung und Umsetzung von Strategien. In: Die Brauwelt 1993, S. 2145-2151

Hofmeister, R.; Stiegler, H.: (Controlling) Controlling – Gestaltung und Anwendung für Klein- und Mittelbetriebe, 3. Aufl., Linz 1990

Holl, H.-G.: (Controlling) Controlling – das Unternehmen mit Zahlen führen, Loseblattsammlung, Kissing 1990

Hölscher, R.: (Risikokosten-Management) Risikokosten-Management in Kreditinstituten, Frankfurt/Main 1987

Hopfenbeck, W.: (Betriebswirtschaftslehre) Allgemeine Betriebswirtschafts- und Managementlehre, 7. Aufl., Landsberg am Lech 1993

Horak, C.: (Controlling) Controlling in Nonprofit-Organisationen, Wiesbaden 1993

Horváth, P.: (Controlling) Controlling, 5. Aufl., München 1994

Horváth, P.; Gaydoul, P.: (Bestandsaufnahme) Bestandsaufnahme zur Controlling-Praxis in deutschen Unternehmen. In: DB Heft 42/1978, S. 1989-1994

Horváth, P.; Gaydoul, P.: (Controlling) Controlling in der deutschen Unternehmung. In: krp 1/1978, S. 7-18

Horváth, P.; Herter, R.: (Benchmarking) Benchmarking – Vergleich mit den Besten der Besten. In: Controlling 1/1992, S. 4-11

Horváth, P. u. a.: (Budgetierung) Budgetierung im Planungs- und Controllingsystem der Unternehmung. In: DBW 2/1985, S. 136-155

Hungenberg, H.: (Aufgaben) Die Aufgaben der Zentrale – Ansatzpunkte zur zeitgemäßen Organisation der Unternehmensführung in Konzernen. In: zfo 6/1992, S. 341-354

Ihring, H. C.: (Einführung) Einführung in das Controlling für Mittelstandsunternehmen, Wien 1986

Imai, M.: (Kaizen) Kaizen – Der Schlüssel zum Erfolg der Japaner im Wettbewerb, 8. Aufl., München 1993

Jantsch, E.: (Selbstorganisation) Die Selbstorganisation des Universums, München 1988

Kerzner, H.: (management) project management – a systems approach to planning, scheduling and controlling, 4. Aufl., New York 1992

Kieser, A.: (Management) Fremdorganisation, Selbstorganisation und evolutionäres Management. In: ZfBf Heft 3/1994, S. 199-228

Kieser, A.; Kubicek, H.: (Organisation) Organisation, 3. Aufl., Berlin/New York 1992

Kieser, A.; Kubicek, H.: (Organisation/2) Organisation, 2. Aufl., Berlin/New York 1983

Kieser, A.; u. a.: (Handwörterbuch) Handwörterbuch der Führung, Stuttgart 1987

Kirsch, W.: (Fingerspitzengefühl) Fingerspitzengefühl und Hemdsärmeligkeit bei der Planung im Mittelstand. In: Kirsch, W.; Roventa, P. (Hrsg.): Bausteine eines Strategischen Managements: Dialoge zwischen Wissenschaft und Praxis, Berlin 1983, S. 399-422

Kirsch, W.: (Unternehmungsziele) Die Unternehmungsziele in organisatorischer Sicht. In: zfbf 1969, S. 665-675

Kirsch, W.; Esser, W.; Gabele, E.: (Management) Das Management des geplanten Wandels von Organisationen, Stuttgart 1979

Klien, W.: (Technik) Technik und Logik der Wertsteigerungsanalyse und deren Nutzung zur Bewertung von Managementleistungen, DISS, Wien 1993

Kolarik, F. G.: (Überlegungen) Überlegungen zum Profitcenter-Konzept im Bankbetrieb. In: Seicht, G. (Hrsg.): Management und Kontrolle, Festschrift für E. Loitlsberger, Berlin 1981, S. 391-407

Koontz, H.; O`Donell, C.: (Principles) Principles of Management – An Analysis of Managerial Functions, 5. Aufl., New York 1972

Kosmider, A.: (Controlling) Controlling im Mittelstand – Ergebnisse einer empirischen Untersuchung, Vallendar 1991

Kosmider, A.: (Ergebnisse) Ergebnisse einer empirischen Erhebung. In: Hochschulnachrichten aus der Wissenschaftlichen Hochschule für Unternehmensführung, Koblenz 1/1989, S. 7-8

Kotler, P.: (Marketing) Marketing in Nonprofit-Organisationen, Stuttgart 1978

Kraus, H.: (Steuerungsinstrument) Controlling als Steuerungsinstrument. In: Mayer, E. (Hrsg.): Controlling-Konzepte, Wiesbaden 1986

Kreikebaum, H.: (Unternehmensplanung) Strategische Unternehmensplanung, 5. Aufl., Berlin 1993

Kreikebaum, H.; Grimm, U.: (Unternehmensplanung) Strategische Unternehmensplanung in der BRD – Ergebnisse einer empirischen Untersuchung, In: Hahn, D.; Taylor, B. (Hrsg.): Strategische Unternehmensplanung, 2. Aufl., Würzburg/Wien 1983, S. 629-651

Kreilkamp, E.: (Management) Strategisches Management und Marketing, Berlin/New York 1987

Kruschwitz, L.: (Investitionsrechnung) Investitionsrechnung, 5. Aufl., Berlin/New York 1993

Krystek, U.: (Krisenbewältigungs-Management) Krisenbewältigungs-Management und Unternehmensplanung, Wiesbaden 1981

Krystek, U.: (Speerspitze) Speerspitze einer Mißtrauensorganisation. In: Gablers Magazin 5/1991, S. 18-22

Krystek, U.; Zumbrock, S.: (Planung) Planung und Vertrauen, Stuttgart 1993

Kuhn, H.: (Controlling) Controlling mit EDV in Filialbetrieben des Handels. In: cm 5/1984, S. 239-244

Kunesch, H.: (Erfolgsnachweis) Materialwirtschaftlicher Erfolgsnachweis: Konzeption, Bezugsrahmen und empirische Ergebnisse, DISS, Wien 1992

Kunesch, H.: (Grundlagen) Grundlagen des Prozeßmanagements, Wien 1993

Kungfutse: (Gespräche) Gespräche: Aus dem Chinesischen verdeutscht und erläutert von R. Wilhelm, Jena 1914

Küpper, H.-U.: (Controlling) Industrielles Controlling. In: Schweitzer, M.: Industriebetriebslehre, München 1990, S. 785-891

Küpper, H.-U.: (Controlling-Anforderungsprofil) Controlling-Anforderungsprofil in der Theorie. In: Mayer, E.; Weber, J. (Hrsg.): Handbuch Controlling, Stuttgart 1990, S. 325-342

Küpper, H.-U.: (Gegenstand) Gegenstand, theoretische Fundierung und Instrumente des Investitions-Controlling. In: ZfB-Ergänzungsheft 3/1991, S. 167-192

Küpper, H.-U.: (Konzeption) Konzeption des Controlling aus betriebswirtschaftlicher Sicht. In: Scheer, W. (Hrsg.): 8. Saarbrücker Arbeitstagung, Rechnungswesen und EDV, Saarbrücken 1987

Küpper, H.-U.; Hoffmann, H.: (Ansätze) Ansätze und Entwicklungstendenzen des Logistik-Controlling in Unternehmen der Bundesrepublik Deutschland. In: DBW 5/1988, S. 587-601

Küpper, H.-U.; Weber, J.; Zünd, A.: (Verständnis) Zum Verständnis und Selbstverständnis des Controlling. In: ZfB 3/1990, S. 281-293

Lachnit, L.; Ammann, H.: (Erfolgsplanung) PC-gestützte Erfolgsplanung – Ausgestaltung und Anwendungsmöglichkeiten zur Unternehmensführung in mittelständischen Betrieben. In: Handbuch der modernen Datenverarbeitung, 132/1986, S. 73

Landsberg, G. v.: (Berufspraxis) Berufspraxis Controlling – Aufgaben, Instrumente und Probleme der Controller. In: Eschenbach, R. (Hrsg.): Schwerpunkte der Unternehmensführung von Morgen, Österreichischer Controllertag 1986, Wien 1987, S. 73-90

Landsberg, G. v.; Mayer, E.: (Berufsbild) Berufsbild des Controllers, Stuttgart 1988

Lange, C.: (Investitionsentscheidungen) Investitionsentscheidungen im Umbruch: Struktur eines Investitions-Controllingsystems. In: Reichmann, T. (Hrsg.): Controlling-Praxis, Erfolgsorientierte Unternehmenssteuerung, München 1988, S. 133-146

Lanz, R.: (Controlling) Controlling in kleinen und mittleren Unternehmen, Bern/Stuttgart 1989

Lechner, K.; Egger, A.; Schauer, R.: (Einführung) Einführung in die allgemeine Betriebswirtschaftslehre, 14. Aufl., Wien 1992

Lehmann, F. O.; Weber, J.: (Budgetierung) Strategische Budgetierung. In: cm 2/1990, S. 93-96

Liebsch, D.: (Investitions-Controlling) Investitions-Controlling, Begriff, Voraussetzungen, Instrumente und Hindernisse des Investitionserfolgs. In: cm 1/1987, S. 35-42

Liedtke, U.: (Controlling) Controlling und Informationstechnologie, München 1991

Liessmann, K.: (Bestimmungsfaktoren) Bestimmungsfaktoren und Varianten der Controller-Organisation. In: Mayer, E.; Weber, J. (Hrsg.): Handbuch Controlling, Stuttgart 1990, S. 511-533

Link, J.: (Aspekte) Die methodologischen, informationswirtschaftlichen und führungspolitischen Aspekte des Controlling. In: ZfB 3/1982, S. 261-280

Litsauer, H.: (Software) Software für die Finanzbuchhaltung, Wien 1988

Lorenz, E.: (Flow) Deterministic Nonperiodic Flow. In: Journal of the Atmospheric Sciences 20/1963

Madsen, P.; Shafritz, J. M.: (Essentials) Essentials of Business Ethics, New York 1990

Maier, P. H.: (Controller) Der deutsche Controller. In: cm 2/1977, S. 69-73

Malcolm, D. J.; Rowe, A. J.; McConnel, L. F.: (Management) Management Control Systems, New York/London 1960

Malik, F.: (Controlling) Controlling und vernetztes Denken, strategische Führung. In: Risak, J.; Deyhle, A. (Hrsg.): Controlling: State of the Art und Entwicklungstendenzen, 2. Aufl., Wiesbaden 1992, S. 197-230

Malik, F.: (Management) Systemisches Management, Evolution, Selbstorganisation, Bern/Stuttgart/Wien 1993

Malik, F.: (Management-Perspektiven) Management-Perspektiven, Bern/Stuttgart/Wien 1994

Malik, F.: (Strategie) Strategie des Managements komplexer Systeme. Ein Beitrag zur Management-Kybernetik evolutionärer Systeme, 4. Aufl., Bern/Stuttgart/Wien 1992

Mandl, D.: (Kostenrechnungs-Handbuch) Kostenrechnungs-Handbuch, Wien 1981

Mann, R.: (Controlling) Die Praxis des Controlling: Instrumente, Einführung, Konflikte, München 1977

Mann, R.: (Praxis) Praxis strategisches Controlling mit Checklists und Arbeitsformularen – von der strategischen Planung zur ganzheitlichen Unternehmensführung, 5. Aufl., Landsberg am Lech 1989

Männel, W.: (Handbuch) Handbuch Kostenrechnung, Wiesbaden 1991

Manner, G.; Pelizon, P.; Otruba, H.: (Kosten-Nutzen-Analyse) Kosten-Nutzen-Analyse der Entlastungsalternativen für die WU auf den Donaugründen, wu-memo 31, 28. November 1989

Marr, R.: (Betrieb) Betrieb und Umwelt. In: Bitz, M. u. a. (Hrsg.): Vahlens Kompendium der Betriebswirtschaftslehre, Band 1, 3. Aufl., München 1993, S. 47-114

Mayer, E.: (Controlling) Controlling als Führungskonzept. In: Mayer, E.; Weber, J. (Hrsg.): Handbuch Controlling, Stuttgart 1990, S. 33-90

Mayer, E.; Weber, J.: (Handbuch) Handbuch Controlling, Stuttgart 1990

Meffert, H.: (Marketing) Marketing: Einführung in die Absatzpolitik, 7. Aufl., Wiesbaden 1993

Meffert, H.: (Marketingstrategien) Marketingstrategien der Warenhäuser. Strategische Unternehmensführung und Marketing, Wiesbaden 1988

Meimberg, P.: (Aspekte) Betriebswirtschaftliche Aspekte der Kooperation. In: Präsidium des Deutschen Raiffeisenverbandes (Hrsg.), Freiheit und Ordnung, Bonn 1970, S. 245-254

Merchant, K. A.: (Control) Control in Business Organizations, Cambrigde, Mass. 1985

Mertens, P.; Puhl, W.: (Computereinsatz) Computereinsatz im betrieblichen Rechnungswesen. In: JfB 1/1981, S. 53-62

Mertin, K.: ((Self-)Controlling) (Self-)Controlling. In: ZfgK 24/1982, S. 1118-1121

Milward, G. E.: (Approach) An Approach to Management, London 1946

Mintzberg, H.: (Mintzberg-Struktur) Die Mintzberg-Struktur – Organisationen effektiver gestalten, Landsberg am Lech, 1992

Mintzberg, H.: (Organization) Organization design: fashion or fit? In: HBR 1/1981, S. 103-116

Mintzberg, H.: (Strategies) Generic Strategies. In: Mintzberg, H.; Quinn, J.: The Strategy Process, Englewood 1991, S. 70-82

Mugler, J.: (Betriebswirtschaftslehre) Betriebswirtschaftslehre des Gewerbes und der Klein- und Mittelbetriebe I, Wien 1990

Müller, J.: (Controlling-Standardsoftware) Controlling-Standardsoftware, Anforderungen – Auswahl – Implementierung, Wien 1991

Müller, W.: (Kontrolle) Organisation der Kontrolle. In: Grochla, E. (Hrsg.): Handwörterbuch der Organisation, 2. Aufl. Stuttgart, 1980, Sp. 1082-1091

Müller, W.: (Koordination) Die Koordination von Informationsbedarf und Informationsbeschaffung als zentrale Aufgabe des Controlling. In: zfbf 10/1974, S. 683-693

Nash, L. L.: (Ethics) Ethics Without the Sermon. In: Madsen, P.; Shafritz, J. M.: (Essentials) Essentials of Business Ethics, New York 1990, S. 38-62

Nell-Breuning, O. v.: (Baugesetze) Baugesetze der Gesellschaft. Solidarität und Subsidiarität, Freiburg/Basel/Wien 1990

Niedermayr, R.: (System) System, Kontext und Effizienz des Controlling in österreichischen Unternehmen. Konzeption, Bezugsrahmen und empirische Ergebnisse, DISS, Wien 1993

Noest, J. F.: (Controller) Wie schnell muß der Controller sein? In: cm 3/1984, S. 137-141

Noori, H.: (Dynamics) Managing the Dynamics of New Technology, Englewood Cliffs 1990

Olfert, K.: (Investition) Investition, 5. Aufl., Ludwigshafen am Rhein 1992

Österreichisches Controller-Institut: (Controlling) Effizientes Controlling durch Software-Einsatz, Tagungsband zum 3. Österreichischen Kongreß für EDV-gestütztes Management und Informationstechnologie, Wien 1993

Österreichisches Controller-Institut: (Manageware) Manageware, jährlich stattfindende Fachmesse für EDV-gestütztes Controlling des Österreichischen Controller-Instituts

Patzak, G.: (Systemtechnik-Planung) Systemtechnik-Planung komplexer innovativer Systeme, Berlin 1982

Peemöller, V. H.: (Controlling) Controlling: Grundlagen und Einsatzgebiete, 2. Aufl., Herne 1992

Peemöller, V. H.: (Investitions-Controlling) Investitions-Controlling. In: Seicht, G. (Hrsg.): Jahrbuch für Controlling und Rechnungswesen '93, Wien 1993, S. 363-386

Peemöller, V. H.; Schmid, R.; Meister, U.: (Berufsbild) Berufsbild des Controllers (1985-1987). In: cm 6/1989, S. 295-301

Pelzmann, L.: (Wirtschaftspsychologie) Wirtschaftspsychologie, 2. Aufl., Wien/New York 1988

Perlitz, M.: (Organisation) Organisation des Planungsprozesses. In: Szyperski, N.; Winand, U. (Hrsg.): Handwörterbuch der Planung, Stuttgart 1989, Sp. 1299-1309

Peters, T. J.; Waterman, R. H.: (Suche) Auf der Suche nach Spitzenleistungen, Landsberg am Lech 1984

Petsch, M.: (Budgetinformationssysteme) Budgetinformationssysteme – Computerunterstützte Erfolgsplanung und Kontrolle, Darmstadt 1985

Pfeiffer, W. u. a.: (Technologie-Portfolio) Technologie-Portfolio zum Management strategischer Zukunftsgeschäftsfelder, 6. Aufl., Göttingen 1991

Pfohl, H.-C.: (Planung) Planung und Kontrolle, Stuttgart 1981

Pfohl, H.-C.; Kellerwessel, P.: (Abgrenzung) Abgrenzung der Klein- und Mittelbetriebe von Großbetrieben. In: Pfohl, H.-C. u. a. (Hrsg.): Betriebswirtschaftslehre der Mittel- und Kleinbetriebe, Berlin 1982, S. 9-34

Pfohl, H.-C.; Zettelmeyer, B.: (Controlling) Controlling, strategische Planung und strategisches Controlling, Auswertung von Stellenanzeigen, Ergebnisse einer Expertenbefragung, Darmstadt 1985

Porter, M. E.: (Guide) Viewers Guide zu Michael Porter on Competitive Strategy, Harvard Business School Video Series, Harvard 1988

Porter, M. E.: (Wettbewerbsstrategie) Wettbewerbsstrategie: Methoden zur Analyse von Branchen und Konkurrenten, 7. Aufl., Frankfurt 1992

Porter, M. E.: (Wettbewerbsvorteile) Wettbewerbsvorteile: Spitzenleistungen erreichen und behaupten, Frankfurt/New York 1992

Prahalad, C.; Hamel, G.: (Core Competence) The Core Competence of the Corporation. In: HBR, May/June 1990, S. 79-91

Preißler, P.: (Controlling) Controlling, Lehrbuch und Intensivkurs, 5. Aufl., München/Wien, 1994

Preißler, P.: (Unternehmen) Controlling in mittelständischen Unternehmen. In: Risak, J.; Deyhle, A. (Hrsg.): Controlling: State of the Art und Entwicklungstendenzen, 2. Aufl., Wiesbaden 1992, S. 261-294

Probst, G.; Gomez, P.: (Denken) Vernetztes Denken im Management. In: Die Orientierung Nr. 89, Bern 1987

Probst, G.; Gomez, P.: (Methodik) Die Methodik des vernetzten Denkens zur Lösung komplexer Probleme. In: Probst, G.; Gomez, P. (Hrsg.): Vernetztes Denken, 2. Aufl., Wiesbaden 1991, S. 3-20

Probst, G.; Gomez, P.: (Systemdenken) Systemdenken im Management. In: Zeitschrift für kaufmännisches Bildungswesen 12/1984, S. 179-193

Probst, G.; Schmitz-Dräger, R.: (Controlling) Controlling und Unternehmensführung, Bern 1985

Quinn; J. u. a.: (Dienstleister) Wie Dienstleister Industrien umkrempeln. In: Harvard Manager 4/1990, S. 133-142

Rappaport, A.: (Shareholder) Creating Shareholder Value: The New Standard for Business Performance, 4. Aufl., New York 1986

Rathe, A. W.: (Management) Management Controls in Business. In: Malcolm, D. J.; Rowe, A. J.; McConnel, L. F. (Hrsg.): Management Control Systems, New York/London 1960, S. 28-62

Reese, G.: (Erfahrungen) Erfahrungen mit der Einführung eines EDV-gestützten Kostenrechnungssystems in einem Versicherungsunternehmen. In: krp Sonderheft 1985, S. 67-70

Reibnitz, U. v.: (Szenarien) Szenarien als Grundlage strategischer Planung. In: Harvard Manager 1/1983, S. 71-79

Reichmann, T.: (Controlling) Controlling mit Kennzahlen: Grundlagen einer systemgestützten Controlling-Konzeption, 3. Aufl., München 1993

Reichmann, T.: (Entwicklungen) Entwicklungen und Trends im Controlling. In: Reichmann, T. (Hrsg.): (Controlling) Controlling Praxis, München 1988

Reichmann, T.; Kleinschnittger, U.: (Controlling-Funktion) Controlling-Funktion in der Unternehmenspraxis. In: ZfB 11/1987, S. 1090-1120

Reichmann, T.; Voßschulte, A.: (Controlling) Kennzahlengestütztes Controlling für national und international tätige Unternehmen. In: Risak, J.; Deyhle, A. (Hrsg.): Controlling: State of the Art und Entwicklungstendenzen, 2. Aufl., Wiesbaden 1992, S. 69-92

Reiss, C.: (Controlling) Controlling in der freien Wohlfahrtspflege, DISS, Koblenz 1991

Reiss, C.: (Einrichtungen) Controlling in Einrichtungen der Verbände der freien Wohlfahrtspflege. In: Verbands-Management 1/1990, S. 11-18

Reschke, H.; Schelle, H.; Schnopp, R.: (Handbuch) Handbuch Projektmanagement, Köln 1989

Richter, H.: (Strukturkriterien) Strukturkriterien für die Entwicklung von Controlling, Frankfurt 1987

Rieder, W.; Fransen, M.: (Optimierung) Die strategische Optimierung von Geschäftsprozessen bei Versicherern. In: Versicherungswirtschaft 24/1993, S. 1552-1556

Risak, J.: (Blick) Der betriebswirtschaftliche Blick. In: Risak, J.; Denk, R.; Wirth, W.: Der betriebswirtschaftliche Blick, Wien 1983, S. 3-20

Risak, J.: (BWA-Modell) Das BWA-Modell – Konzept zur evolutionären Unternehmensentwicklung. In: Eschenbach, R. (Hrsg.): Werden, Bewahren, Abschaffen, Tagungsband zum 13. Österreichischen Controllertag 1992, Wien 1993, S. 9-18

Risak, J.: (Einführung) Einführung und Entwicklung der Personalplanung: Unternehmensplanung, Organisation, Personalwesen, Habilitationsschrift, Wien 1981

Risak, J.: (Vorüberlegungen) Vorüberlegungen zur Gestaltung. In: Risak, J.; Deyhle, A. (Hrsg.): Controlling – State of the Art und Entwicklungstendenzen, 2. Aufl., Wiesbaden 1992, S. 3-26

Risak, J.; Deyhle, A.: (Controlling) Controlling: State of the Art und Entwicklungstendenzen, 2. Aufl., Wiesbaden 1992

Roithmayer, F.: (Controlling) Controlling von Informations- und Kommunikationssystemen, München 1988

Rommel, G. u. a.: (Unternehmenskonzept) Einfach überlegen: Das Unternehmenskonzept, das die Schlanken schlank und die Schnellen schnell macht (McKinsey & Company, Inc.), Stuttgart 1993

Rufer, D.; Wüthrich, H. A.: (Grundfragen) Die drei Grundfragen des strategischen Managements. In: Harvard Manager 2/1987, S. 60-66

Sattelberger, T.: (Organisation) Die lernende Organisation – Konzepte für eine neue Qualität der Unternehmensentwicklung, 2. Aufl., Wiesbaden 1994

Schäfer, S.; Feilbach, W.: (Serviceleistungen) Serviceleistungen als Differenzierungsmöglichkeit deutscher Versicherungsunternehmen. In: Versicherungswirtschaft 13/1993, S. 820-822

Schasching, J.: (Renaissance) Renaissance der Wirtschaftsethik. In: Eschenbach, R. (Hrsg.): Auf dem Weg zum besseren Unternehmen, Österreichischer Controllertag 1988, Wien 1989, S. 76-88

Scheer, A.-W.: (Betriebswirtschaftslehre) EDV-orientierte Betriebswirtschaftslehre: Grundlagen für ein effizientes Informationsmanagement, 3. Aufl., Berlin 1987

Scheer, A.-W.: (CIM) CIM – Der computergesteuerte Industriebetrieb, 4. Aufl., Berlin 1990

Scheffler, H. E.: (Grundlagen) Grundlagen des Controlling. In: WISU 8/1981, S. 382-386

Schermann, A.: (Entwicklung) Entwicklung eines Controllingkonzeptes für den Investitionsbereich, DISS, Wien 1993

Schierenbeck, H.: (Bankmanagement) Ertragsorientiertes Bankmanagement: Controlling in Kreditinstituten, 3. Aufl., Wiesbaden 1991

Schmutz, J.: (Organisation) Die Organisation von Controlling-Systemen in Kreditinstituten. In: zfo 6/1986, S. 373-381

Schoemaker, P.: (Vision) How to link Strategic Vision to Core Capabilities. In: Sloan Management Review, Fall 1992, S. 67-81

Schrade, E.: (Herausforderungen) Herausforderungen des Controlling an Standardsoftware – Unternehmensindividulle Lösungen haben Vorrang. In: krp 6/1992, S. 327-329

Schrader, S.; Sattler, H.: (Kooperation) Zwischenbetriebliche Kooperation: Informaler Informationsaustausch in den USA und Deutschland. In: DBW 5/1993, S. 589-608

Schreyögg, G.: (Unternehmensstrategie) Unternehmensstrategie, Berlin 1984

Schröder, E.: (Erfolgsfaktoren) Erfolgsfaktoren zur Führung mittelständischer Unternehmen. In: Liessmann, K.: Controlling-Konzepte für den Mittelstand, Freiburg im Breisgau 1993, S. 103-123

Schüller, S.: (Steuerung) Steuerung des Produktivitätsergebnisses. In: Die Bank 1990, S. 264-272

Schweitzer, M.; Friedl, B.: (Beitrag) Beitrag zu einer umfassenden Controlling-Konzeption. In: Spremann, K. (Hrsg.): Controlling, Wiesbaden 1992, S. 141-167

Seicht, G.: (Investition) Investition und Finanzierung, 7. Aufl., Wien 1992

Seidenschwarz, W.: (Costing) Target Costing – ein japanischer Ansatz für das Kostenmanagement. In: Controlling 4/1991, S 198-203

Seidenschwarz, W.: (Target) Target Costing – durch marktgerechte Produkte zu operativer Effizienz, oder: wenn der Markt das Unternehmen steuert. In: Horváth, P. (Hrsg.): Target Costing, Stuttgart 1993, S. 29-52

Seligmann, M.: (Hilflosigkeit) Erlernte Hilflosigkeit, München 1979

Serfling, K.: (Controlling) Controlling, 2. Aufl., Stuttgart 1992

Siegwart, H.: (Aspekte) Aspekte erfolgreicher Durchsetzung des Controllerdienstes. In: Liessmann, K. (Hrsg.): Controlling-Konzepte für den Mittelstand, S. 90-102

Siegwart, H.: (Rechnungswesen) Das betriebswirtschaftliche Rechnungswesen als Führungsinstrument, 2. Aufl., Stuttgart 1991

Siller, H.: (Grundsätze) Grundsätze des ordnungsmäßigen strategischen Controlling, DISS, Wien 1985

Simon, D.: (Signale) Schwache Signale: Die Früherkennung von strategischen Diskontinuitäten durch Erfassung von 'weak signals', DISS, Wien 1986

Simon, H.: (Preismanagement) Preismanagement, Wiesbaden 1982

Spremann, K.: (Controlling) Controlling, Wiesbaden 1992

Staehle, W.: (Management) Management, Eine verhaltenswissenschaftliche Perspektive, 6. Aufl., München 1991

Stahl, P.: (Konzept) Das Konzept des strategischen Controlling. In: Risak, J.; Deyhle, A. (Hrsg.): Controlling: State of the Art und Entwicklungstendenzen, 2. Aufl., Wiesbaden 1992, S. 157-193

Stalk, G. J.; Haut, T. M.: (time) Competing against time, New York 1990

Stalk, G. J.; Evans, P.; Shulman, L.: (Capabilities) Competing and Capabilities: The New Rules of Corporate Strategy. In: HBR, March/April 1992, S. 57-69

Steinhausen, D.; Langer, K.: (Clusteranalyse) Clusteranalyse, Berlin/New York 1977

Steinmann, H.; Schreyögg, G.: (Management) Management: Grundlagen der Unternehmensführung, 3. Aufl., Wiesbaden 1993

Steinmann, H.: (Unternehmensethik) Unternehmensethik. In: Hammer, R. M. u. a. (Hrsg.): Strategisches Management, Wien 1990, S. 291-307

Szymanski, B.: (EDV-Anwendung) EDV-Anwendung im Controlling. In: cm 5/1985, S. 223-229

Szyperski, N.; Müller-Böling, D.: (Gestaltungsparameter) Gestaltungsparameter der Planungsorganisation. In: DBW 3/1980, S. 357-373

Tannenbaum, R.; Schmidt, W.: (leadership) How to choose a leadership pattern. In: HBR 2/1958

Thom, N.; Brölingen, B.: (Berufsbild) Berufsbild des Organisators, Stuttgart 1982

Timmermann, A.: (Haupterfolgsfaktoren) An Haupterfolgsfaktoren orientierte Geschäftsfeldstrategien: Grundbausteine der Multi-Faktor-Portfolio-Methode. In: AGPLAN-Handbuch zur Unternehmensplanung, Kennzahl: 4835, Berlin 1982

Töpfer, A.: (Planungssysteme) Planungs- und Kontrollsysteme industrieller Unternehmungen, Berlin 1976

Trautwein, H.-M.: (Stellung) Die Stellung der Freien Berufe in einer marktwirtschaftlichen Ordnung. In: Sahner, H. u. a.: Zur Lage der Freien Berufe 1989, Teil 1, Lüneburg 1989, S. 121-170

Trux, W.; Kirsch, W.: (Management) Strategisches Management oder: Die Möglichkeit wissenschaftlicher Unternehmensführung, München 1981

Turnheim, G.: (Chaos) Chaos und Management, Wien 1993

Übele, H.: (Verbreitungsgrad) Verbreitungsgrad und Entwicklungsstand des Controlling in der deutschen Industrie, Köln 1982

Ulrich, H.: (Controlling) Controlling als Managementaufgabe. In: Probst, G.; Schmitz-Dräger, R. (Hrsg.): Controlling und Unternehmensführung, Bern 1985, S. 15-27

Ulrich, H.: (Unternehmenspolitik) Unternehmenspolitik, Bern/Stuttgart 1987

Ulrich, H.: (Unternehmung) Die Unternehmung als produktives soziales System – Grundlagen der allgemeinen Unternehmungslehre, 2. Aufl., Bern/Stuttgart 1970

Ulrich, H.; Probst, G.: (Anleitung) Anleitung zum ganzheitlichen Denken und Handeln, 3. Aufl., Bern/Stuttgart 1993

Vellmann, K.: (Organisation) Organisation des Controlling in einem Konzern. In: Mayer, E.; Weber, J. (Hrsg.): Handbuch Controlling, Stuttgart 1990, S. 535-563

Vester, F.: (Denken) Vernetztes Denken. In: cm 4/1990, S. 167-173

Vester, F.: (Neuland) Neuland des Denkens, München 1984

Vester, F.: (Welt) Unsere Welt – Ein vernetztes System, 7. Aufl, Stuttgart 1991

Wallek, S.; O'Halloran, D.; Leader, C.: (Benchmarking) Benchmarking world-class performance. In: McKinsey Quarterly, 1/1993, S. 3-24

Weber, J.: (Einführung) Einführung in das Controlling, 4. Aufl., Stuttgart 1993

Weber, J.: (Einführung/3) Einführung in das Controlling, Teil 1, 3. Aufl., Stuttgart 1991

Weber, J.: (Logistik) Logistik als Koordinationsfunktion. In: Männel, W.: Logistik-Controlling: Konzepte, Instrumente, Wirtschaftlichkeit, Wiesbaden 1993, S. 11-24

Weiß, G.: (EIS) Executive Information Systems, Der Einsatz von EIS in Österreich, DA, Wien 1992

Welge, M.: (Unternehmungsführung) Unternehmungsführung, Band 3: Controlling, Stuttgart 1988

Wickenhäuser, F.: (EDV-Instrument) EDV-Instrument des Controllers, DISS, München 1970

Wienhold, K.: (Investitions-Controlling-Organisation) Investitions-Controlling-Organisation. In: Controlling 1/1989, S. 62-63

Wilke, E.: (Kontextsteuerung) Kontextsteuerung. In: Eschenbach, R. (Hrsg.): Supercontrolling, Österreichischer Controllertag 1989, Wien 1990, S. 63-96

Wingefeld, V.: (Controller) Was macht ein Controller eigentlich mit einem PC? In: cm 4/1985, S. 153-158

Witt, F.-J.: (Einschätzung) Gegenseitige Einschätzung von Managern und Controllern. In: krp 3/1989, S. 127-130

Witt, F.-J.: (Handelscontrolling) Handelscontrolling, München 1992

Witt, F.-J.; Witt, K.: (Controlling) Controlling für Klein- und Mittelbetriebe, München 1993

Witte, E.: (Kraft) Kraft und Gegenkraft im Entscheidungsprozeß. In: ZfB Nr. 4/5, 1976, S. 319-326

Witte, E.: (Organisation) Organisation für Innovationsentscheidungen – Das Promotorenmodell, Göttingen 1973

Wübbenhorst, K.: (Lebenszykluskosten) Lebenszykluskosten. In: Schulte, C. (Hrsg.): Effektives Kostenmanagement: Methoden und Implementierung, Stuttgart 1992, S. 245-272

Yerkes, R. M.; Dodson, J. D.: (relation) The relation of strength of stimulus to rapidity of habit formation. In: Journal of Comparative and Neurological Psychology 18/1908, S. 459-482

Zäpfel, G.: (Produktions-Management) Strategisches Produktions-Management, Berlin 1989

Ziegenbein, K.: (Controlling) Controlling, 4. Aufl., Ludwigshafen 1992

Zügner, K.: (Investitions-Controlling) Investitions-Controlling, Arbeitsunterlage Österreichisches Controller-Institut, Wien 1993

Zünd, A.: (Begriff) Zum Begriff des Controlling – ein umweltbezogener Erklärungsversuch. In: Goetzke, W.; Sieben, G. (Hrsg.): Controlling – Integration von Planung und Kontrolle, Köln 1979, S. 15-26

Abkürzungen zum Literaturverzeichnis

AOS .... Accounting, Organisation und Society
Aufl. .... Auflage
BFuP .... Betriebswirtschaftliche Forschung und Praxis
cm .... controller magazin
DA .... Diplomarbeit
DB .... Der Betrieb
DBW .... Die Betriebswirtschaft
DISS .... Dissertation
HBR .... Harvard Business Review
Hrsg. .... Herausgeber
JfB .... Jahrbuch für Betriebswirte
Jg. .... Jahrgang
krp .... Kostenrechnungs-Praxis
o. J. .... ohne Jahrgang
u. a. .... und andere
WISU .... Das Wirtschaftsstudium
ZfB .... Zeitschrift für Betriebswirtschaft
zfbf .... Zeitschrift für betriebswirtschaftliche Forschung
ZfgK .... Zeitschrift für das gesamte Kreditwesen
zfo .... Zeitschrift Führung + Organisation
ZO .... Zeitschrift für Organisation
ZP .... Zeitschrift für Planung

Literaturempfehlungen

Ansoff, H. I.: Implanting Strategic Management, London 1991, 500 Seiten. Umfassende Darstellung des Strategischen Managements und dessen Entwicklung. Fragen des Portfolio-Managements werden ebenso dargestellt wie Fragen zur Internationalisierung, strategiegerechten Struktur, Technologie etc. Breiter Raum ist dem Modell der Schwachen Signale gewidmet.

Buzzell, R.; Gale, B. T.: Das PIMS-Programm, Wiesbaden 1989, 255 Seiten. Umfassende, leichtverständliche und anschauliche Aufbereitung des PIMS-Programms. Viele Grafiken und Tabellen und eine Reihe von Literaturhinweisen.

Deyhle, A.: Controller-Handbuch, Gauting bei München 1980, 5 Bände – Praktiker-Lexikon des Controlling. Leicht lesbar geschriebene Erläuterung der Controlling-Begriffe mit vielen anschaulichen Beispielen. Als Nachschlagewerk für den Praktiker bestens geeignet.

Drucker, P.: Die Praxis des Managements, Düsseldorf 1956, 475 Seiten. Basiswerk des "Management-Gurus" Peter Drucker. Fast vierzig Jahre alt und dennoch noch immer aktuell. Drucker hat in seinen Arbeiten viele Entwicklungen bereits vorweggenommen. Leicht lesbar und mit vielen Beispielen untermauert.

Egger, A.; Winterheller, M.: Kurzfristige Unternehmensplanung, Wien 1992, 300 Seiten. Gut verständliche und umfassende Einführung in der Budgetierung mit vielen durchgerechneten Beispielen. Als Einstiegsliteratur insbesondere für den interessierten Praktiker geeignet.

Gälweiler, A.: Strategische Unternehmensführung, Frankfurt 1987, 335 Seiten. In diesem Buch werden die Grundlagen des modernen Strategiebegriffs gelegt. Gut verständlich und dennoch theoretisch anspruchsvoll. Viele späteren Autoren beziehen sich explizit auf die Erkenntnisse Gälweilers.

Gareis, R.: Projektmanagement im Maschinen- und Anlagenbau, Wien 1991, 400 Seiten. Gut gegliederte und leichtverständliche Darstellung des Projektmanagements und -controlling. Viele Formulare und Checklisten.

Hahn, D.: Planung und Kontrolle, Wiesbaden 1994, 1160 Seiten. Umfassende Darstellung des gesamtem operativen und strategischen Planungs- und Kontrollsystems. Das Buch eignet sich als Nachschlagewerk ebenso wie als weiterführende Darstellung für den interessierten Leser. Viele Darstellungen verdeutlichen den Systemzusammenhang der Instrumente. Vier umfassende Fallstudien bekannter Unternehmen.

Hinterhuber, H. H.: Strategische Unternehmungsführung, Band 1 und 2, Berlin/New York 1992. Zusammen 570 Seiten. Umfassende Darstellung des Ablaufs und der Instrumente des strategischen Managements. Lehrbuch mit vielen Abbildungen und Literaturhinweisen.

Horvath, P.(Hrsg.): Vahlens großes Controllinglexikon, München, 1993, 682 Seiten. Umfassendes Nachschlagewerk zum Controlling. Viele Literaturangaben und Empfehlungen.

Horvath, P.: Controlling, München 1992, 848 Seiten. Controlling-Klassiker. Theoretische Aufarbeitung des aktuellen Controllingwissens auf der Grundlage der Systemtheorie. Als weiterführende Literatur für den theoretisch interessierten Leser besonders geeignet. Viele Zitate.

Kilger, W.: Flexible Plankostenrechnung und Deckungsbeitragsrechnung, Bearbeitet von K. Vikas, Wiesbaden 1993, 946 Seiten. Zahlreiche Abbildungen und Beispiele - Klassiker der Grenzplankostenrechnung. Gibt eine theoretisch fundierte und dennoch überaus praxisnahe umfassende Darstellung des gesamten Kostenrechnungswissens mit Schwergewicht auf dem praktischen Einsatz der Grenzplankostenrechnung. Die Überarbeitung von Vikas paßt das Werk an die neuen Strömungen und den aktuellen Wissensstand in der Kostenrechnung an.

Kreilkamp, E.: Strategisches Management und Marketing, 605 Seiten. Umfassender Einstieg in das strategische Management mit Schwerpunkt auf der Branchenanalyse und der Portfoliotechnik. Verständlich geschrieben.

Malik, F.: Strategie des Managements komplexer Systeme, Bern 1992. In diesem Buch werden die theoretischen Grundlagen des St. Galler Ansatzes gelegt. Insbesondere für am Systemansatz wissenschaftlich interessierte Leser geeignet.

Malik, F.: Systemisches Management, Evolution, Selbstorganisation, Bern 1993, 253 Seiten. Wissenschaftliche Aufsatzsammlung zum systemischen Management. Kurze, leichtverständliche Beiträge, die Einblick in die systemorientierte Denkweise geben.

Mann, R.: Praxis Strategisches Controlling, Landsberg am Lech 1987, 230 Seiten. Klassiker des strategischen Controlling für Praktiker. Rudolf Mann gelingt es auf eindrucksvolle Weise, die Sprache der Praxis zu finden, ohne zu simplifizieren. Eines der wenigen Praktikerbücher, das Eingang in die wissenschaftliche Diskussion gefunden hat. Viele Formulare, Checklisten und Grafiken.

Mann, R., Mayer, E.: Der Controlling-Berater, Freiburg im Breisgau 1983ff., Loseblattsammlung. Aktuelle Darstellung des Controlling in Einzelbeiträgen. Ausgestattet mit einem umfassenden Stichwortverzeichnis. Als Nachschlagewerk insbesondere für Praktiker bestens geeignet.

Mayer, E.; Weber, J.: Handbuch Controlling, Stuttgart 1990, 1050 Seiten. Sammelband mit Darstellungen der typischen strategischen, operativen und konzeptionellen Probleme des Controlling. Interessant sind vor allem die Länder- und Unternehmensdarstellungen.

Mintzberg, H.: (Management) Mintzberg über Management, Wiesbaden 1991, 382 Seiten. Aufsatzsammlung zu den Themen Management, Organisation und Gesellschaft. Witzig, leicht zu lesen und mit vielen anschaulichen Beispielen angereichert.

Mintzberg, H.: (Rise) The Rise and Fall of Strategic Management, New York 1994, 458 Seiten. Umfassende Auseinandersetzung mit Fragen des strategischen Managements, insbesondere für wissenschaftlich interessierte Leser zu empfehlen, viele Literaturhinweise.

Pfeil, B.: Planungshandbuch, Landsberg am Lech, 230 Seiten. Praktikerlektüre zur strategischen und operativen Unternehmensplanung, mit Schwergewicht auf der Budgetierung. Leicht lesbare und einfach verständliche Einführung mit vielen Musterformularen und Checklisten.

Porter, M.: Wettbewerbsstrategie, Frankfurt 1984, 488 Seiten. Standardliteratur zur Strategischen Unternehmensführung. Anschaulich und durch viele Fallstudien angereichert, werden Wettbewerbsanalyse und strategische Positionierung aufgearbeitet. Das Buch ist Pflichtlektüre für jeden Strategen.

Porter, M.: Wettbewerbsvorteile – Spitzenleistungen erreichen und behaupten, Frankfurt am Main/New York 1992, 688 Seiten. Aufbauend auf der "Wettbewerbsstrategie", wird der Aufbau von Wettbewerbsvorteilen anhand vieler anschaulicher Beispiele dargestellt.

Rappaport, A.: Shareholder Value, Stuttgart 1994, 245 Seiten. Das Standardwerk zum Thema Shareholder Value, richtungsweisend für zahlreiche Arbeiten zum wertorientierten Management.

Risak, J.; Deyhle, A.: Controlling, Wiesbaden 1992, 400 Seiten. Sammelband, der Beiträge der bekanntesten Vertreter des Controlling mit Beiträgen zu deren Hauptarbeitsgebieten vereint. Interessante Ergänzung und Weiterführung zu Controlling-Lehrbüchern für Wissenschafter und Praktiker.

Seicht, G.: Moderne Kosten- und Leistungsrechnung, Wien 1993, 608 Seiten. Zahlreiche Beispiele und Zitate. Standardwerk zur Kostenrechnung, das die praktischen und theoretischen Probleme der Kostenrechnung an vielen Beispielen erläutert.

Staehle, W.: Management, München 1992, 970 Seiten - Standardwerk zum verhaltenswissenschaftlichen Managementansatz. Kritische und theoretisch fundierte Auseinandersetzung mit Modellen, Konzepten und aktuellen Entwicklungen des strategischen Managements. Zahlreiche Zitate.

Steinmann, H.; Schreyögg G.: Management, Wiesbaden 1993, 721 Seiten. Theoretische Darstellung eines den Verhaltenswissenschaften verpflichteten Management-Ansatzes. Aus Controlling-Sicht sind vor allem die Überlegungen zur strategischen und operativen Planung und Kontrolle von Interesse. Eine umfangreiche Zahl an Zitaten und Fallstudien zu jedem Kapitel runden die Darstellung ab. Insbesondere als Einstieg in eine theoretische Durchdringung der Thematik von Interesse.

Süchting, J.: Finanzmanagement – Theorie und Politik der Unternehmensfinanzierung, Wiesbaden 1991, 566 Seiten. Lehrbuch zum Finanzmanagement mit vielen Literaturhinweisen und Beispielen.

Turnheim G.: Chaos und Management, Wien 1993, 233 Seiten. Extravagante, leicht lesbare und sehr anschauliche Zusammenführung von Chaosforschung und Managementlehre. Aufgelockert durch Cartoons.

Ulrich, H.: Die Unternehmung als produktives soziales System, St. Gallen 1970, 353 Seiten. Basiswerk zum betriebswirtschaftlichen Systemansatz. Das Buch ist Ausgangspunkt vieler weiterer wissenschaftlicher Arbeiten, insbesondere für den wissenschaftlich interessierten Leser geeignet. Viele Literaturverweise.

Weber, J.: Einführung in das Controlling, Stuttgart 1993, 380 Seiten. Lehrbuch mit wissenschaftlichem Anspruch. Der Koordinationsansatz des Controlling wird theoretisch begründet, die verschiedenen Controllinginstrumente werden vor dem Hintergrund ihrer Koordinationsleistung dargestellt. Viele Zitate und Literaturempfehlungen. Taschenbuch.

Welge, M.: Unternehmungsführung. – Controlling, Stuttgart 1988, 519 Seiten. Aufarbeitung des Controlling aus der Sicht der empirischen Sozialforschung. Das Werk gibt einen umfassenden Überblick über empirische Untersuchungen zum Thema Controlling und leitet daraus eine Controlling-Konzeption ab. Für den empirisch und theoretisch interessierten Leser gedacht. Umfassende Literaturverweise.

Witte, E.; Hauschildt, J.; Grün, O.: Innovative Entscheidungsprozesse, Tübingen 1988, 324 Seiten. Aushängeschild der theoriegeleiteten empirischen Forschung in den Wirtschaftswissenschaften mit Schwerpunkt auf Entscheidungs- und Innovationsprozeßforschung. Ausgangspunkt aller Beiträge ist das legendäre Projekt Columbus. Insbesondere für wissenschaftlich interessierte Leser geeignet.

Zeitschriften

Controller Magazin, Herausgegeben von A. Deyhle. Magazin von Praktikern für Praktiker ohne wissenschaftliche Ambitionen und mit vielen Grafiken, Formularen, Checklisten und Tabellen. Ein Großteil der Beiträge ist Erfahrungsberichten aus der Praxis gewidmet.

ControllerNews, herausgegeben von R. Eschenbach. Informiert in knapper und leichtverständlicher Form über Entwicklungen des Controlling und des strategischen Managements. Wird durch Kongreßberichte und Veranstaltungskalender abgerundet.

Controlling, herausgegeben von P. Horvath und Th. Reichmann. Praktikerzeitschrift mit wissenschaftlichem Anspruch. Der Inhalt gliedert sich in Fachbeiträge, Unternehmensprofile,

"Controlling-Lexikon" und Literaturempfehlung. Veranstaltungsvorschau und -nachlese sowie ein Veranstaltungskalender runden das breite Spektrum ab.

Kostenrechnungspraxis, herausgegeben von W. Männel: Alteingesessene Praktikerzeitschrift mit wissenschaftlichem Anspruch. Das Schwergewicht liegt auf dem kostenrechnungsorientierten operativen Controlling. Inhalt: Fachbeiträge, Kongreßberichte, Bücher und "Stichwörter" sowie Fallbeispiele aus der Praxis.

Schlagwortverzeichnis

A

B

C

D

E

F

K

L

M